Principios
DE ADMINISTR
DE OPERACIONES

Principios DE ADMINISTRACIÓN DE OPERACIONES

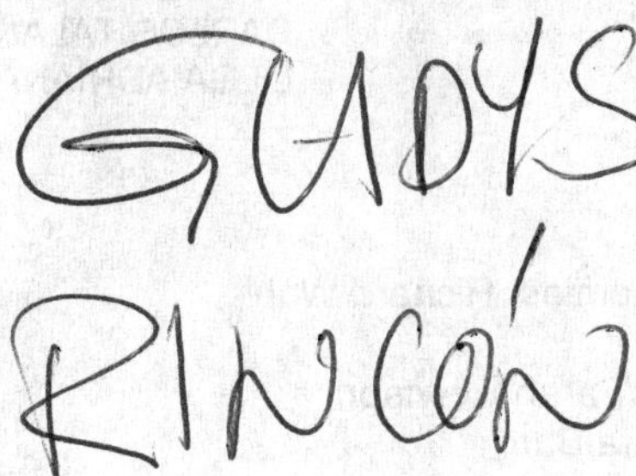

Primera Edición

BARRY RENDER

Charles Harwood Professor of Operations Management
Roy E.Crummer Graduate School of Business, Rollins College

JAY HEIZER

Jesse H. Jones Professor of Business Administration
Texas Lutheran College

TRADUCCIÓN:

Ing. Juan Purón Mier y Terán
Profesor del Depto. de Matemáticas
Universidad Iberoamericana
Profesionista en Sistemas CAD

REVISIÓN TÉCNICA:

Ángel Fernández Gamero
Universidad Iberoamericana

PRENTICE HALL HISPANOAMERICANA, S.A.

MÉXICO-NUEVA YORK • BOGOTÁ • LONDRES • SYDNEY
PARÍS • MUNICH • TORONTO • NUEVA DELHI • TOKIO • SINGAPUR
RÍO DE JANEIRO • ZURICH

EDICIÓN EN ESPAÑOL:

PRESIDENTE DIVISION LATINOAMERICA DE SIMON AND SCHUSTER:	RAYMUNDO CRUZADO GONZALEZ
DIRECTOR GENERAL:	MOISES PEREZ ZAVALA
DIRECTOR DE EDICIONES:	ALBERTO SIERRA OCHOA
GERENTE DIVISION UNIVERSITARIA:	ENRIQUE IVAN GARCIA HERNANDEZ
GERENTE EDITORIAL COLLEGE:	JOSE TOMAS PEREZ BONILLA
EDITOR:	LUIS GERARDO CEDEÑO PLASCENCIA
GERENTE DE PRODUCCION:	JULIAN ESCAMILLA LIQUIDANO
GERENTE DE TYCE:	JORGE BONILLA TALAVERA
SUPERVISOR DE TRADUCCION:	CARLOS TALANCON ESPINOZA
SUPERVISOR DE PRODUCCION:	OLGA ADRIANA SANCHEZ NAVARRETE

EDICIÓN EN INGLÉS:

Editor-in-Chief, Business and Economies: Richard Wohl
Text Designer: Glenna Collett
Photo Researcher: Photosynthesis/Sarah Evertson
Editorial Production Service: Barbara Barg

Los créditos de las fotografías aparecen al final del índice y constituyen una continuación de la página legal.

RENDER: PRINCIPIOS DE ADMINISTRACIÓN DE OPERACIONES, 1ra. Edición.

Traducido del inglés de la obra: PRINCIPLES OF OPERATIONS MANAGEMENT

ISBN 968-880-722-2

Miembro de la Cámara Nacional de la Industria Editorial, Reg. Núm. 1524

Original English Language Edition Published by Prentice-Hall Inc.

ISBN 0-205-15644-4

IMPRESO EN MÉXICO/PRINTED IN MEXICO

OCT

ENC. TECNICA EDITORIAL, S.A.
CALZ. SN. LORENZO No. 279 LOC. 45 AL 48
COL. GRANJAS ESTRELLA, IZTAPALAPA, D.F.
C.P. 09880

3000 1996

A Donna y Charles

A Kay, Donna, Kira y Janée

Semblanza de los autores

Barry Render es profesor distinguido con el título Charles Harwood de Administración de operaciones en la Escuela de Graduados de Administración Crummer del Rollins College, en Winter Park, Florida. Estudió su maestría en investigación de operaciones y su doctorado en análisis cuantitativo en la Universidad de Cincinnati (1975). Antes fue maestro en la Universidad George Washington, Universidad de Nueva Orleáns, Universidad de Boston y en la Universidad George Mason, donde tuvo el profesorado de la Fundación GM en Ciencias de toma de Decisiones. El doctor Render también ha trabajado en la industria aeroespacial para General Electric, McDonnell Douglas y NASA.

El Profesor Render ha sido coautor de nueve libros de texto con Allyn & Bacon, incluyendo *Quantitative Analysis for Management*, *Service Operations Management*, *Production and Operations Management*, y *Cases and Reading in Management Science*. Sus más de 100 artículos sobre una variedad de temas han aparecido en *Decision Sciences*, *Interfaces*, *Information and Management*, *Journal of Management Information Systems*, *Socio-Economic Planning Sciences* y *Operations Management Review*, entre otros.

El doctor Render también ha sido honrado como Asociado AACSB y nombrado Escolar Senior Fulbright en 1982 y nuevamente en 1993. Fue dos veces vicepresidente del Instituto de Ciencias de toma de Decisiones Región Sudeste y ha sido revisor de edición de Software para *Decision Line* desde 1989. Es editor de la serie Allyn & Bacon para métodos cuantitativos y libros de texto de estadística aplicada. Por último, el profesor Render ha estado activamente involucrado en la consultoría para agencias del gobierno y para muchas corporaciones, incluyendo NASA, FBI, U.S. Navy, Fairfax County, Virginia y C&P Telephone. Imparte cursos de producción y administración de operaciones en el MBA de Rollins College y programas de MBA para ejecutivos.

Jay Heizer tiene el lugar Jesse. H. Jones de Administración de Empresas en el Texas Lutheran College en Seguin, Texas. Recibió su licenciatura y maestría en administración de empresas de la Universidad del Norte de Texas y su doctorado en administración y estadística por la Universidad Estatal de Arizona (1969). Previamente fue miembro de la facultad en la Universidad Estatal de Memphis, la Universidad de Oklahoma, la Universidad de Virginia Commonwealth, y la Universidad de Richmond. También ha ocupado puestos en la Universidad de Boston y la Universidad de George Mason.

La experiencia del Dr. Heizer en la industria es extensa. Aprendió el lado práctico de la producción/administración de operaciones como aprendiz de maquinista en Foringer and Company, planeación de producción para Westinghouse Airbrake y en General Dynamics, donde trabajó en ingeniería administrativa. También, ha estado activamente involucrado en consultoría en áreas de producción/operaciones y sistemas de información para dirección para una variedad de organizaciones, entre ellas Philip Morris, Firestone, Dixie Container Corporation, Columbia Industries, y Tenneco. Tiene un certificado CPIM de la American Production and Inventory Control Society.

El profesor Heizer ha sido coautor de cuatro libros y ha publicado dos docenas de artículos sobre una variedad de temas administrativos. Sus trabajos han aparecido publicados en *Academy of Management Journal*, *Journal of Purchasing*, *Personnel Psychology* y *Engineering Management*, entre otros. Ha impartido cursos sobre producción y administración de operaciones en programas para ejecutivos, a nivel licenciatura y posgrado.

Síntesis de contenido

parte uno

parte dos

parte tres

Contenido

Prefacio

Principios de administración de operaciones ofrece una introducción en el campo de la administración de operaciones. Está diseñado para ser utilizado como un texto tanto para profesionistas como estudiantes.

En este libro presentamos una panorámica de vanguardia de las actividades básicas en las funciones operativas de las organizaciones. Las funciones operativas son un área interesante de la administración ya que tienen un profundo efecto en la producción y en la productividad. Pocas actividades tienen tanto impacto en la calidad de nuestras vidas. Aunque muchos de los temas se refieren al ambiente de la manufactura, también se aplican en el sector servicios. Presentamos debates y ejemplos para ambos. La meta de *Principios de administración de operaciones* es presentar el campo de operaciones como una actividad real y práctica que puede mejorar la calidad de nuestras vidas.

La administración de operaciones incluye una gama de temas que van desde la contabilidad, ingeniería industrial, administración, ciencia de la administración y estadística. Aproximadamente el 40% de la fuerza laboral en Estados Unidos se emplea en trabajos con operaciones. Estos trabajos pueden ser retos importantes y recompensados, guiándolos a carreras exitosas. Aun si no está empleado en el área operativa, las técnicas pueden a menudo aplicarse en otras disciplinas y pueden ayudar a entender cómo funciona la disciplina e impacta nuestras vidas.

CARACTERÍSTICAS

Cada capítulo incluye preguntas para análisis y problemas divididos en tres grados de dificultad. Muchos de los casos presentados al final del capítulo son cualitativos, lo que permite una flexibilidad adicional. Mediante la elección de una mezcla de capítulos, puede presentarse una variedad de materiales y técnicas. El curso puede enfocarse al material cuantitativo o al cualitativo o una combinación entre ambos.

Principios de administración de operaciones está organizado alrededor de conceptos duales de la construcción y administración de operaciones de clase mundial. Se construyen operaciones de clase mundial a través de la administración de la calidad total, del diseño del producto y del servicio, diseño y capacidad del proceso, localización y gente. Se manejan operaciones de clase mundial mediante la planeación (agregada, de corto plazo y proyectos), compras y administración de inventarios (demanda independiente y dependiente).

- Se utiliza un **punto de vista global,** desde la perspectiva de manufactura y servicios de calidad mundial, para presentar la teoría y práctica que se han encontrado.
- Virtualmente todo el material se presenta como **discusión** y **ejemplos** relacionados, y de nuevo como **problemas resueltos.** Además, los problemas pares tienen **respuestas cortas** que se presentan al final del texto.

- El formato de diagramas, fotografías y gráficas contribuyen a la enseñanza y el aprendizaje.

Con ayuda de gran cantidad de personas, creemos que hemos ensamblado un paquete educativo que será útil tanto a profesores como a estudiantes mientras recorren el camino a través del mundo de la administración de operaciones.

AGRADECIMIENTOS

Agradecemos a todas las personas que tuvieron la amabilidad de ayudarnos en esta empresa. Entre ellas se incluyen a los numerosos revisores de este libro y de nuestro otro libro, *La producción y la administración de operaciones*, en su tercera edición, que leyeron muchas cuartillas manuscritas y nos brindaron apoyo y fortaleza. Sin su ayuda, jamás habríamos recibido la retroalimentación necesaria para conjuntar un texto didáctico. Entre los revisores están Sema Alptekin, Universidad de Missouri-Rolla; Moshen Attaran, Cal State-Bakersfield; John H. Blackstone, Universidad de Georgia; Theodore Boreki, Universidad Hofstra; Jim Goodwin, Universidad de Richmond; James S. Hawkes, Universidad de Charleston; Larry LaForge, Universidad de Clemson; Mike Maggard, Universidad Northeastern; Laurie E. MacDonald, Colegio Bryant; David W. Pentico, Universidad Duquesne; Leonard Presby, William Patterson, Colegio Estatal de Nueva Jersey; Robert J. Schlesinger, Universidad Estatal de San Diego; Vicki L. Smith-Daniels, Universidad de Minnesota-Twin Cities; Stan Stockton, Universidad de Indiana; John Swearingen, Colegio Bryant; Bruce M. Woodworth, Universidad de El Paso-Texas; Kambiz Tabibzadeh, Universidad del Este de Kentucky; Damodar Golhar, Universidad del Oeste de Michigan; Henry Crouch, Universidad Estatal de Pittsburgh; Barbara Flynn, Universidad Estatal de Iowa; Joao Neves, Colegio Estatal de Trenton; Hugh Leach, Universidad Washburn; M. J. Riley, Universidad Estatal de Kansas; Paul Jordan, Universidad de Alaska; Susan Sherer, Universidad Lehigh; Marilyn K. Hart, Universidad de Wisconsin-Oshkosh; y Jay Nathan, Universidad St. John's.

Asimismo, agradecemos a aquellos que aportaron tanto ayuda como determinación: Rich Wohl, nuestro editor y Marjorie Payne, quien ayudó a impulsar el proceso productivo. Barbara J. Barg dio seguimiento al manuscrito a través de las actividades diarias de producción. Reva Shader desarrolló un magnífico índice para el texto.

Nuestra intención es que la administración de operaciones le resulte atractiva y didáctica al lector.

Barry Render
Roy E. Crummer Graduate
School of Business
Rollins College
Winter Park, FL 32789
(407) 646-2657
FAX: (407) 646-1550

Jay Heizer
Texas Lutheran College
1000 W. Court Street
Seguin, TX 78155
(210) 372-6056
FAX: (210) 372-8096

Principios
DE ADMINISTRACIÓN DE OPERACIONES

INTRODUCCIÓN

parte uno

Introducción a la administración de operaciones, productividad y estrategia

capítulo **1**

PERFIL DEL CAPÍTULO

OBJETIVOS DE APRENDIZAJE

Cuando termine este capítulo usted podrá:

Identificar o definir:

Producción y productividad
Producción/administración de operaciones (P/OM)
Lo que hacen los gerentes de producción/operaciones
Las tres funciones principales de un negocio
Transformación
Estrategia
Misión
Ventaja competitiva
Clase mundial

Describir o explicar:

Una breve historia de la administración de operaciones
Oportunidades de carreras en administración de producción/operaciones
El futuro de la disciplina
Cómo establecer una misión y estrategias
La contribución de la función P/OM a la estrategia

Al avanzar en el texto, descubriremos la forma de construir y administrar operaciones de clase mundial. Se presenta una serie de lecturas informativas, diagramas, texto y fotografías. Los ejemplos van desde Minit-Lube y McDonald's a General Motors y Disney World. Veremos cómo los administradores de operaciones crean los bienes y servicios que enriquecen nuestras vidas.

En este primer capítulo tratamos la producción, la productividad y la herencia de la disciplina. También mostramos la forma en que los administradores de operaciones determinan e instrumentan una estrategia que pueda proporcionar una ventaja competitiva.

¿QUÉ ES LA ADMINISTRACIÓN DE PRODUCCIÓN/ OPERACIONES?

Producción
Administración de producción/operaciones (P/OM)

La **producción** es la creación de bienes y servicios. La **administración de producción/ operaciones (P/OM** por sus siglas en inglés) son las actividades que se relacionan con la creación de bienes y servicios a través de la transformación de insumos en salidas. Las actividades que generan bienes y servicios tienen lugar en todas las organizaciones. En empresas de manufactura, las actividades productivas que crean bienes son bastante obvias. En ellas, podemos ver la creación de un producto tangible, como un televisor o un camión Chevy. Cuando hacemos referencia a tal actividad tendemos a utilizar el nombre de *administración de la producción*.

En otras organizaciones que no manufacturan productos físicos, la función de producción puede ser menos obvia. Puede estar "escondida" para el público y aun para el cliente. Un ejemplo es la transformación que toma lugar en un banco, oficina de aerolínea o universidad. El producto que se produce puede tomar algunas formas inusuales, como marcas en papel que pueden ser leídas por máquinas, ocupar un asiento vacío en un avión, o la educación. A este tipo de compañías las llamamos *organizaciones de servicio*. La actividad productiva que se lleva a cabo en estas organizaciones a menudo se le conoce como *operaciones* o *administración de operaciones*. A lo largo de este texto emplearemos los términos producción y operaciones, así como la combinación *administración de producción/operaciones* (o P/OM), cuando se discuta este proceso de transformación.

HERENCIA DE LA ADMINISTRACIÓN DE OPERACIONES

Muchas de las innovaciones en la administración de operaciones fueron desarrolladas por las personas y organizaciones que aparecen en la figura 1.1. En la siguiente presentación resaltamos varias de estas contribuciones, ya que ofrecieron una base que ha hecho posible otros avances.

A Eli Whitney (1800) se le ha reconocido como el inventor del sistema de partes intercambiables, que se logró mediante la estandarización y el control de calidad en la manufactura. A través del contrato que firmó con el gobierno de Estados Unidos para 10 000 fusiles, fue capaz de ofrecer un precio ventajoso debido a las partes intercambiables.

Frederick W. Taylor (1881), conocido como el padre de la administración científica, contribuyó a la selección de personal, planeación y programación; estudios de tiempos y movimientos, y el ahora popular campo de los recursos humanos. Una muestra de su aprecio por el individuo y la motivación humana, se hace evidente en su trabajo. Pero su mayor contribución ha sido su creencia de que la administración debe tener más recursos y agresividad en la mejora de los métodos de trabajo. Taylor y sus colegas; Henry L. Gantt, Frank y Lillian Gilbreth, se contaron entre los primeros que buscaban sistemáticamente la mejor forma de producir. Otra de las contribuciones de Taylor fue la distinción entre administración (por ejemplo, aquellos que planean, organizan, asesoran, dirigen y controlan) y trabajo. Él creía que la administración debía asumir mayor responsabilidad para:

1. ayudar a los trabajadores en la selección del trabajo adecuado, dadas sus capacidades;
2. proveer el entrenamiento adecuado;
3. ofrecer los métodos de trabajo y herramienta adecuados;
4. establecer incentivos legítimos para el trabajo cumplido.

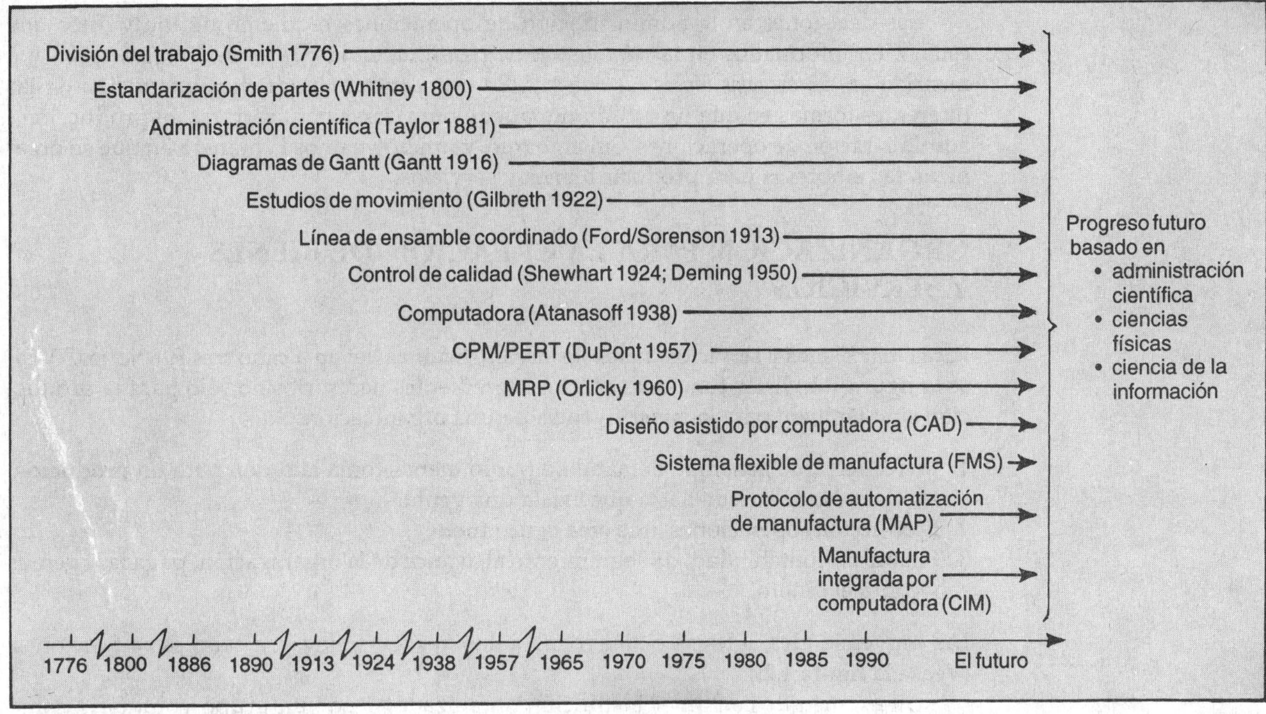

FIGURA 1.1 Eventos significativos en producción/administración de operaciones.

Alrededor de 1913, Henry Ford y Charles Sorenson combinaron lo que conocían acerca de partes estandarizadas con las incipientes líneas de ensamble en las industrias de empaque de carne y de órdenes por correo, y desarrollaron el concepto de línea de ensamble coordinada.

Otra contribución histórica significativa es la que se refiere al control de calidad. Walter Shewhart (1924) combinó sus conocimientos acerca de estadística con la necesidad del control de calidad, y proporcionó los fundamentos para el muestreo estadístico y el control de calidad. W. Edwards Deming (1950) cree, así como Frederick Taylor, que la administración debe hacer más para mejorar el ambiente de trabajo y los procesos, de tal forma que la calidad pueda ser mejorada. Se muestra un sumario de eventos significativos en producción/administración de operaciones en la figura 1.1.

Ingeniería industrial
Administración científica

La administración de operaciones continuará su progreso basada en las contribuciones de otras disciplinas, que incluyen la **ingeniería industrial** y la **administración científica.** Estas disciplinas han contribuido sustancialmente a una mayor productividad. Reúnen diversas disciplinas como matemáticas, estadística, administración y economía para hacer posible el análisis sistemático y la mejora de los sistemas operativos. La programación lineal, teoría de colas, simulación y análisis estadístico, así como una variedad de herramientas analíticas son introducidas en otros capítulos y suplementos.

Ciencias físicas

Las aplicaciones de **ciencias físicas** también han contribuido a la P/OM en una variedad de formas. Las innovaciones de biología, anatomía, química, física y ciencias de ingeniería han traído una variedad de nuevos desarrollos. Éstos incluyen nuevos adhesivos, procesos químicos para tabletas de circuitos impresos, rayos gama para higienizar productos alimenticios, y mesas de plomo fundido sobre las cuales flota vidrio líquido de alta calidad mientras se enfría. Los capítulos 4 y 5 tratan del diseño de productos y procesos, que a menudo dependen de las ciencias biológicas y físicas.

Ciencias de la información

Una contribución especialmente importante al P/OM ha venido de las **ciencias de la información,** las cuales definimos como el proceso sistemático de datos para producir información. Las ciencias de la información contribuyen de gran manera a una productividad mejorada, que al mismo tiempo ofrece a la sociedad con una mayor diversidad de bienes y servicios.

Las decisiones en la administración de operaciones requieren de individuos que estén bien informados en la *administración científica,* en la *ciencia de la información,* y a menudo en las *ciencias biológicas o físicas.* En este capítulo tendremos una visión de las diferentes formas en que un estudiante puede prepararse para carreras en producción/ administración de operaciones. Sin embargo, primero veamos la manera en que se organizan las empresas para producir bienes y servicios.

ORGANIZACIÓN PARA LA CREACIÓN DE BIENES Y SERVICIOS

Para crear bienes y servicios, todas las organizaciones llevan a cabo tres funciones. (Véase la figura 1.2.) Estas funciones son los ingredientes necesarios no sólo para la producción sino también para la supervivencia de una organización.

1. Mercadeo, que genera la demanda o por lo menos toma la orden para un producto o servicio. Nada sucede hasta que exista una venta.
2. Producción/operaciones, que crea el producto.
3. Finanzas/contabilidad, da seguimiento al avance de la organización, paga las cuentas y cobra el dinero.

Las universidades, iglesias o sinagogas, y los negocios, llevan a cabo estas funciones. (Véase la figura 1.2.)

Un examen de cualquier institución organizada, desde un grupo voluntario como los Boy Scouts of America, mostrará que se encuentra organizada para llevar a cabo estas tres funciones básicas. Los diagramas que muestran cómo tres tipos de negocios se organizan para llevar a cabo estas funciones y las relacionadas se presentan en la figura 1.3.

¿POR QUÉ ESTUDIAR P/OM?

P/OM es una de las tres funciones principales de cualquier organización (según se muestra en la figura 1.2) y está relacionada íntegramente con las otras funciones de negocios. Todas las organizaciones comercializan (venden), financian (contabilizan) y producen

ORGANIZACIÓN	MERCADEO	OPERACIONES	FINANZAS/ CONTABILIDAD
Iglesias	Llaman a recién llegados Proselitismo	Llevan a cabo bodas Llevan a cabo funerales Llevan a cabo servicios Salvan almas	Cuentan los donativos Dan seguimiento a los votos Pagan la hipoteca Pagan cuentas misceláneas
Comidas rápidas	Anuncios en TV Materiales promocionales de regalo	Hacer hamburguesas Hacer papas a la francesa Mantener el equipo Diseñar nuevas instalaciones Desarrollar proveedores	Pago a proveedores Cobranza Pago a empleados Pago a préstamos bancarios
Universidades	Enviar catálogos por correo Visitar preparatorias	Investigación de la verdad Divulgar la verdad	Pagar al profesorado Pagar asesores Cobrar colegiaturas
Manufactura automotriz	Anunciarse en TV, periódico, etcétera. Patrocinar carreras de autos	Diseñar automóviles Manufacturar partes Ensamblar automóviles Desarrollar proveedores	Pago a proveedores Pago a empleados Preparar presupuestos Pagar préstamos bancarios Pagar dividendos Vender acciones Pedir préstamos

FIGURA 1.2 Tres funciones que son requeridas por todas las organizaciones.

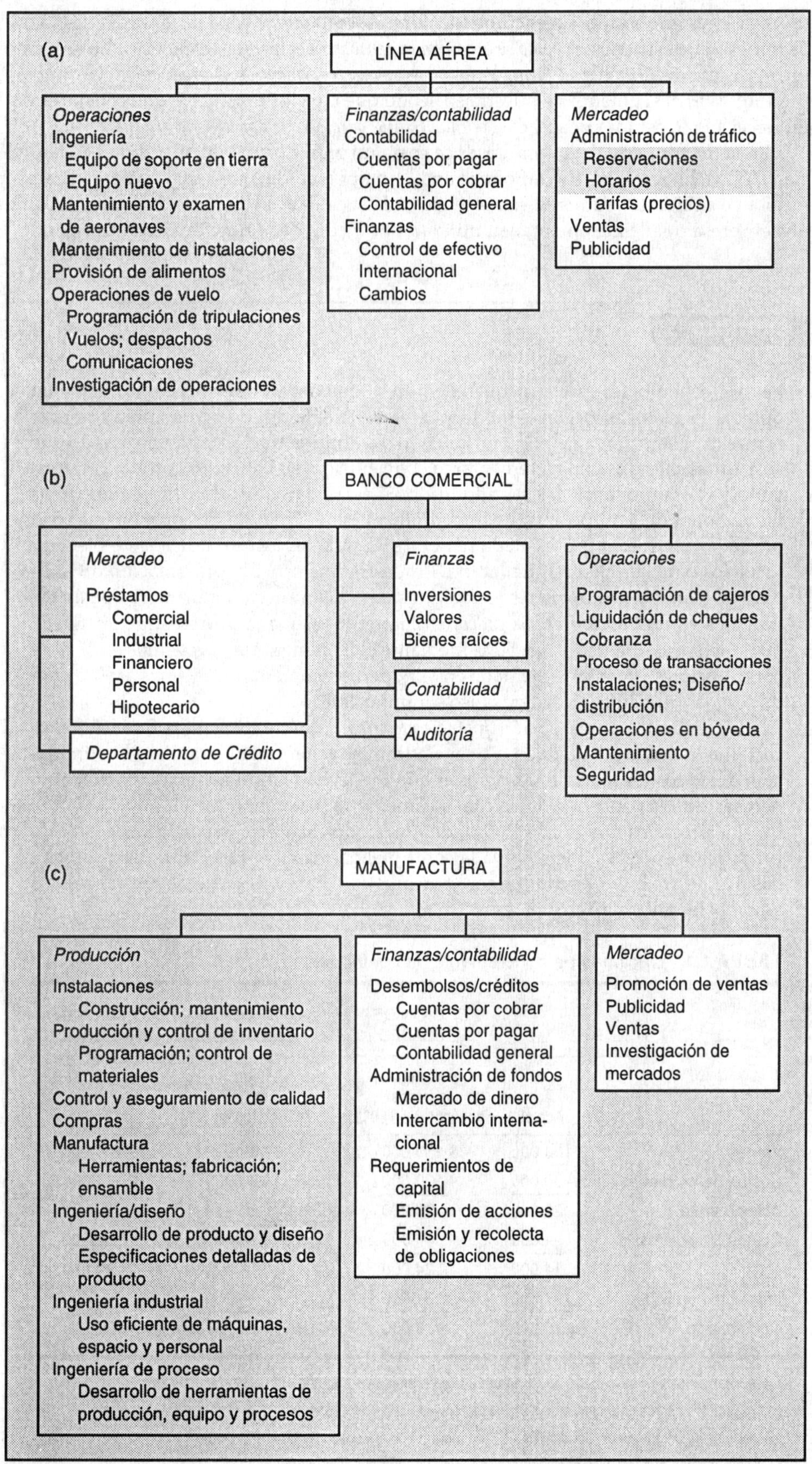

FIGURA 1.3 Organigramas para (a) Línea aérea, (b) Banco y (c) Organización manufacturera.

(operan), y es importante saber cómo funciona el segmento P/OM de las organizaciones. Es por eso que estudiamos *cómo se organiza la gente para empresas productivas*. En segundo lugar, deseamos conocer *la forma en que los bienes y servicios son producidos*. La función productiva es el segmento de nuestra sociedad que crea los productos que consumimos. En tercer lugar, estudiamos P/OM *porque es una porción costosa de una organización*.

En la mayor parte de las empresas se gasta un gran porcentaje de utilidad en la función P/OM. En realidad, P/OM ofrece una gran oportunidad para que una organización mejore su utilidad y aumente sus servicios a la sociedad. El ejemplo 1 considera cómo una empresa puede incrementar su utilidad por medio de la función de producción.

ejemplo 1

Payne Technologies es una pequeña empresa que debe doblar su contribución en dólares en gastos fijos, con el fin de tener la suficiente utilidad como para comprar la nueva generación de equipo productivo. La administración ha determinado que si la empresa fracasa en incrementar la contribución, su banco no aprobará el préstamo y el equipo no podrá ser adquirido. Si ésta no puede adquirir el equipo, las limitaciones del equipo antiguo impedirán a Payne Technologies mantenerse en el negocio, viéndose imposibilitada para ofrecer trabajos a sus empleados o bienes y servicios para sus clientes. La tabla 1.1 muestra una sencilla presentación de utilidad y pérdida y tres opciones estratégicas para la empresa. La primera opción estratégica es una *opción de mercadeo*, en la cual una buena administración puede incrementar las ventas en un 50%. Mediante el incremento de las ventas en 50%, la contribución se verá incrementada en 71%, pero incrementar las ventas al 50% puede ser más que difícil; puede incluso ser imposible.

La segunda es una opción *financiera/contable* donde los costos financieros se cortan a la mitad a raíz de una buena administración financiera. Pero la eliminación de todos los costos financieros es aún inadecuada para generar el incremento necesario en la contribución, la cual solamente se incrementa en 21%.

La tercera es una *opción P/OM*, donde la administración reduce sus costos de producción en 20% e incrementa la contribución ¡hasta 114%! Dadas las condiciones de nuestro breve ejemplo, ahora tenemos a un banco deseoso de prestar fondos adicionales a Payne Technology.

TABLA 1.1 Opciones para incrementar la contribución.

		OPCIÓN DE MERCADEO[1]	OPCIÓN FINANCIERA[2]	OPCIÓN DE PRODUCCIÓN[3]
	Actual	Incrementar ingresos por ventas en 50%	Reducir costos financieros en 50%	Reducir costos de producción en 20%
Ventas	$ 100 000	$ 150 000	$ 100 000	$ 100 000
Costos de los bienes	–80 000	–120 000	–80 000	-64 000
Utilidad bruta	20 000	30 000	20 000	36 000
Costos financieros	–6000	–6000	–3000	–6000
	14 000	24 000	17 000	30 000
Impuestos en 25%	–3500	–6000	–4250	–7500
Contribución [4]	$ 10 500	$ 18 000	$ 12 750	$ 22 500

[1] Al aumentar las ventas un 50% se incrementa la contribución por $7500 o 71% (7500/10 500).

[2] Al reducir los costos financieros un 50% se incrementa la contribución en $2250 o 21% (2250/10 500).

[3] Al reducir los costos de producción un 20% se incrementa la contribución en $12 000 o 114% (12 000/10 500).

[4] La contribución al costo fijo (excluyendo los costos financieros) y la utilidad.

La opción de productividad tomada en el ejemplo 1, es la estrategia exitosa recientemente utilizada por varias compañías que encaran la competencia global. Cerramos esta sección con una cuarta respuesta a la pregunta, ¿por qué estudiar P/OM? La razón final es la de *analizar las oportunidades de carreras en la disciplina*. Examinemos lo que hacen los administradores de producción/operaciones y qué tipos de carreras se encuentran disponibles en P/OM.

LO QUE HACEN LOS ADMINISTRADORES DE PRODUCCIÓN/OPERACIONES

Todos los buenos administradores llevan a cabo las funciones básicas del proceso administrativo. El **proceso administrativo** consiste en *planear, organizar, asesorar, liderear y controlar*. Los administradores de producción/operaciones aplican este proceso administrativo a las decisiones que se llevan a cabo en la función P/OM. Los administradores contribuyen a la producción y las operaciones a través de las actividades mostradas en la tabla 1.2. Cada una de estas actividades necesita planeación, organización, asesoría, dirección y control. Las actividades mostradas en la tabla 1.2 requieren que los administradores de operaciones tomen una gran cantidad de decisiones.

Proceso administrativo

Estas decisiones necesitan de un claro entendimiento en el proceso de toma de decisiones y del impacto que provocan en la eficiencia de la operación y estrategia de la empresa. En este texto ofreceremos una introducción a la forma correcta de tomar estas decisiones. De la misma forma, hacemos notar el impacto que estas decisiones puedan tener en la estrategia y productividad de la empresa.

TABLA 1.2 Las decisiones que toman los administradores de P/OM.

ALGUNAS PREGUNTAS SOBRE PRODUCCIÓN/OPERACIONES	ÁREA DE DECISIÓN	CAPÍTULO
¿Cómo contribuye la función P/OM a los objetivos organizacionales?	Productividad y estrategia	1
¿Cuáles son nuestros criterios para planear? ¿Cuántas unidades tenemos la expectativa de vender?	Pronósticos	2
¿Quién es responsable de la calidad? ¿Cómo definimos la calidad que queremos en nuestro producto o servicio?	Administración de la calidad	3
¿Qué producto o servicio debemos ofrecer? ¿Cómo debemos diseñar estos productos y servicios?	Producto, servicio y diseño	4
¿Qué procesos serán necesarios para estos productos y en qué orden? ¿Qué equipo es necesario para estos procesos?	Selección del proceso y diseño	5
¿Dónde debemos poner las instalaciones? ¿Sobre qué criterio debemos basar nuestra decisión acerca de la localización?	Localización	6
¿Cómo proporcionamos un ambiente de trabajo adecuado? ¿Cuánto podemos esperar que produzcan nuestros empleados?	La gente y los sistemas de trabajo	7
¿Cómo debemos arreglar nuestra instalación? ¿De qué tamaño debe ser nuestra instalación para cumplir con nuestro plan?	Distribución	8
¿Es buena idea la subcontratación de la producción? ¿Nos encontramos en mejores circunstancias manteniendo a la gente en nómina durante baja de trabajo?	Intermedia, corto plazo y programación del proyecto	9,13,14
¿Debemos hacer o comprar este componente? ¿Quiénes son nuestros proveedores de bienes y cuántos debemos tener?	JIT y compras	10
¿Cuánto inventario de cada partida debemos tener? ¿Cuándo reordenamos?	Inventario, MRP	11,12
¿Quién es responsable de la confiabilidad y el mantenimiento? ¿Cómo construimos y mantenemos sistemas confiables?	Mantenimiento y confiabilidad	13

CARRERAS EN P/OM

¿Cómo principia uno en una carrera en producción u operaciones? Las decisiones identificadas en la tabla 1.2 son llevadas a cabo por individuos que trabajan en las disciplinas de las áreas sombreadas de la figura 1.3. Los estudiantes de administración competentes que conocen de contabilidad, estadística, finanzas y P/OM tienen una oportunidad de ocupar puestos de nivel en cualquiera de estas áreas. Conforme lea el texto, observe las disciplinas que puedan ayudarle a tomar estas decisiones. Entonces tome cursos en dichas áreas. Mientras más experiencia en contabilidad, estadística, sistemas de información y matemáticas tenga un estudiante de P/OM, más oportunidades de trabajo tendrá disponibles. Aproximadamente 40% de *todos* los trabajos están en P/OM. Aquí aparecen únicamente algunas de las oportunidades de trabajo para los graduados en P/OM:

1. Especialista en producción y control de inventario
2. Analista de sistemas de manufactura
3. Analista de costos
4. Analista de métodos de trabajo/estándares laborales
5. Ingeniero industrial
6. Gerente de mantenimiento
7. Comprador/expeditor
8. Analista de control de calidad
9. Desarrollo de sistemas de información para inventarios, órdenes, contabilidad
10. Pronosticador

EL RETO DE LA PRODUCTIVIDAD

Productividad

La *producción* es la creación de bienes y servicios. Es la transformación de recursos en productos y servicios. La **productividad** implica la mejora del proceso productivo. La mejora significa una comparación favorable entre la cantidad de recursos utilizados (insumos) y la cantidad de bienes y servicios producidos (salidas) (véase la figura 1.4). Una reducción de los insumos mientras las salidas permanecen constantes, o un incremento de las salidas mientras los insumos permanecen constantes, representa un aumento en productividad. En un sentido económico, los insumos son el terreno, trabajo, capital y administración que están combinados en un sistema productivo. La administración crea

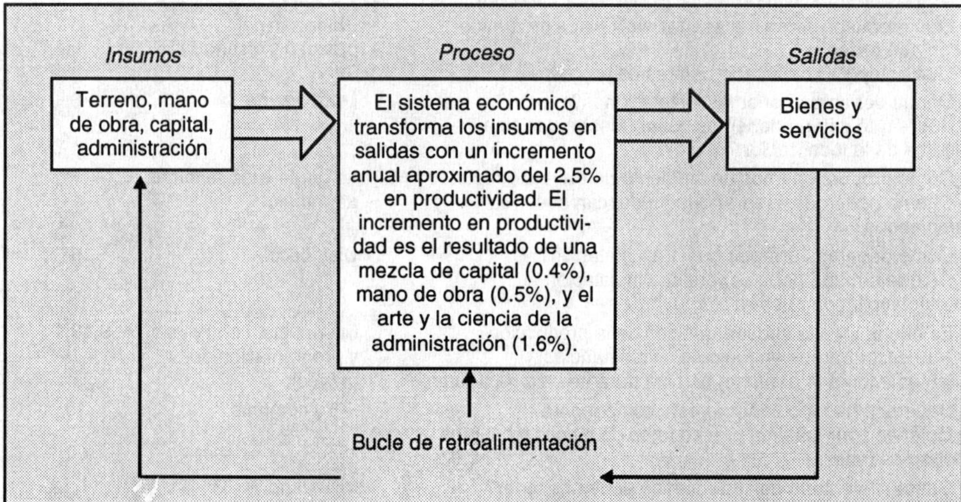

FIGURA 1.4 El sistema económico transforma los insumos en salidas. Un bucle de retroalimentación efectivo evalúa el desempeño del proceso contra el plan. En este caso, también evalúa la satisfacción del cliente y manda señales a aquellos que controlan los insumos y el proceso.

este sistema productivo que ofrece la conversión de insumos en salidas. Las salidas son bienes y servicios e incluyen partidas tan diversas como armas, mantequilla, educación, sistemas judiciales mejorados y lugares para esquiar.

La medición de la productividad es una manera excelente para evaluar la habilidad de un país para ofrecer una mejora del nivel de vida de sus habitantes. *Únicamente por medio de los incrementos en la productividad puede mejorar el nivel de vida.* Más aún, únicamente a través de los incrementos en la productividad pueden la mano de obra, el capital y la administración recibir pagos adicionales. Si los rendimientos a la mano de obra, capital o administración aumentan sin incrementar la productividad, los precios crecen. Por otro lado, la presión hacia la baja en los precios se dará según se incremente la productividad, porque se produce más con los mismos recursos.

Desde 1889, Estados Unidos ha podido incrementar la productividad a un promedio de cerca de 2.5% anual. Tal crecimiento duplica su riqueza cada 30 años. Sin embargo, no se ha podido sostener dicho crecimiento en la productividad en los últimos años. Si la productividad de Estados Unidos continúa con su retraso, el demérito en la calidad de vida pronto estará sobre ellos. En este texto veremos la manera de mejorar la productividad.

La medición de la productividad

La medición de la productividad es, en algunos casos, bastante directa, como cuando la productividad puede ser medida como horas de mano de obra por tonelada de un tipo específico de acero, o como la energía necesaria para generar un kilowatt de electricidad.[1] Un ejemplo es:

$$\text{Productividad} = \frac{\text{unidades producidas}}{\text{insumos empleados}}$$

$$= \frac{\text{unidades producidas}}{\text{horas de mano de obra usadas}} = \frac{1000}{250} = 4$$

Sin embargo, en muchos casos, existen problemas sustanciales para llevar a cabo la medición.[2] Ahora examinaremos algunos de estos problemas de medición.

1. La **calidad** puede variar mientras la cantidad de insumos y salidas permanece constante. Compare un radio de esta década con uno de los años cuarenta. Ambos son radios, pero sólo unos cuantos pueden negar que la calidad ha mejorado. La unidad de medida (un radio) es la misma, pero la calidad ha variado.
2. Los **elementos externos**[3] pueden causar un crecimiento o disminución en la productividad por el cual el sistema en estudio puede no ser el directamente responsable. Un servicio de suministro eléctrico más confiable puede mejorar de gran manera la producción, de ahí que la mejora en la productividad de la empresa se deba más a este sistema de soporte, que a las decisiones administrativas que se hayan tomado.
3. Pueden hacer falta **unidades precisas de medición.** No todos los automóviles requieren de los mismos insumos; algunos automóviles son subcompactos; otros son Porsches 944.

Los problemas de medición anotados arriba son particularmente delicados en el sector servicio. Se define el **sector servicio** como reparación y mantenimiento, gobierno, comida y hospedaje, transporte, seguros, comercio, finanzas, bienes raíces, educación, legal, médico y otras ocupaciones profesionales. Observe por ejemplo, los problemas de medición en un bufete legal donde cada caso es diferente. Cada asunto legal tendrá va-

Sector servicio

[1] La calidad y el periodo de tiempo se consideran constantes.
[2] Véase John W. Henrici, "How Deadly Is The Productivity Desease?" *Harvard Business Review* **59** (noviembre-diciembre de 1981), pp. 123-129, para la discusión de problemas de medición a nivel nacional; y David J. Sumanth, *Productivity Engineering and Management* (Nueva York: McGraw Hill, 1984) para una excelente discusión a nivel empresarial.
[3] Éstas son variables exógenas, es decir, variables fuera del sistema que influyen en él.

riación, alterando la exactitud en la medición de "casos por hora de mano de obra" o "casos por empleado". Debido a estos problemas en la medición de la productividad dentro de este sector de servicio es difícil hacer una medición certera. Aun así, el administrador de la producción debe buscar la mejora en la productividad y los datos por los cuales documentar dicho progreso.

Variables de la productividad

Variables de la productividad

Estados Unidos ha tenido un incremento promedio anual de 2.5% en la productividad casi por 100 años. Este incremento en la productividad consta de tres factores, las **variables de la productividad:**

1. *mano de obra,* que contribuye con el 0.5% del incremento;
2. *capital,* que contribuye con el 0.4% del incremento;
3. *artes y ciencia de la administración,* que contribuye con 1.6%.

Estos tres factores son críticos para la mejora de la productividad. Representan las grandes áreas en que los administradores pueden tomar acciones para mejorar la productividad.

Mano de obra. La mejora en la contribución de la mano de obra a la productividad es el resultado de una fuerza laboral más sana, mejor educada y mejor fomentada. Algún incremento puede ser atribuido a una semana laboral más corta. Históricamente, cerca del 20% del incremento anual de la productividad es atribuida al mejoramiento en la calidad de la mano de obra. Tres variables clave para mejorar la productividad laboral son:

1. educación básica apropiada para una fuerza laboral efectiva;
2. dieta de la fuerza laboral;
3. gastos fijos sociales que permiten la disponibilidad de la fuerza de trabajo, como transporte y sanidad.

En las naciones desarrolladas, un cuarto reto a la administración es el *mantenimiento y el realce de las habilidades laborales* en el seno de una tecnología de rápida expansión y conocimiento. Información reciente sugiere que el promedio de los muchachos americanos de 17 años conoce la mitad de las matemáticas, que el promedio japonés de su edad. En forma más general, los estudiantes de primaria y secundaria en Estados Unidos cae cerca del fondo de cualquiera de las pruebas comparativas internacionales.[4]

Sobreponerse a estas debilidades en la calidad de la mano de obra mientras otros países tienen una mejor fuerza laboral representa un gran reto. Quizá las mejoras no se encuentren únicamente a través del incremento de la competencia laboral, sino también mediante un quinto factor, *la mejor utilización de la mano de obra con un compromiso mayor.* La administración por objetivo, la motivación, el tiempo flexible y las estrategias de los recursos humanos del capítulo 7, así como la educación mejorada, pueden estar entre las técnicas que contribuyen al incremento de la productividad laboral. Las mejoras de productividad en la mano de obra son posibles; sin embargo, se espera que cada vez sean más difíciles y caras.

Capital. Los seres humanos son animales que utilizan herramientas. La inversión de capital provee de esas herramientas, y se ha incrementado en Estados Unidos cada año, excepto por muy escasos periodos de fuerte recesión. Las inversiones anuales del capital en Estados Unidos han crecido hasta años recientes a razón del 1.5% de la base de inversión. Esto significa que la cantidad de capital invertido, después de tomar en cuenta la depreciación, ha crecido en 1.5% anual.

[4] Michael L. Dertouzos, Richard K. Lester y Robert M. Solow, *Made in America: Regaining the Productive Edge* (Cambridge, MA:MIT Commission on Industrial Productivity, MIT Press, 1989); también véase "U.S. Science Students Near Root of Class," *Science,* **239** (marzo de 1988), p. 1237; también véase Richard M. Wolf, "The NAEP and International Comparisons," *Phi Delta Kappan* (abril de 1988), pp. 580-581.

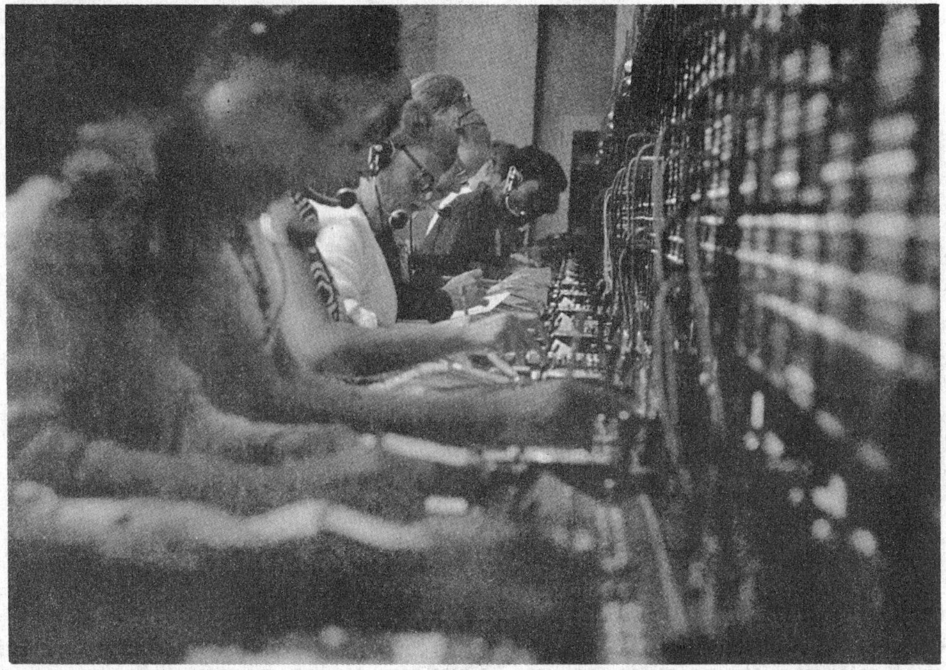

La mejora de las habilidades de lectura, escritura y matemáticas de los trabajadores para que sean capaces de manejar empleos más difíciles en los años noventa es una gran preocupación si se requiere el incremento en la productividad. Cuando la compañía New York Telephone Company arregló recientemente que 57 000 solicitantes llevaran a cabo un examen de ingreso, mediante una prueba sencilla que mide las habilidades básicas en lectura, matemáticas y razonamiento, la severidad del problema fue obvia, menos del 4 por ciento (únicamente 2100 solicitudes) pasaron.

A medida que la inflación y los impuestos incrementan el costo del capital, la inversión de capital se torna más cara. Cuando se reduce el capital invertido por empleado, como ha pasado en los años recientes, podemos esperar una reducción en la productividad. El empleo de mano de obra, más que el capital, puede reducir el desempleo a corto plazo, pero hace economías menos productivas, por lo tanto, reduce los sueldos a largo plazo. El intercambio entre el capital y la mano de obra se encuentra en constante fusión. Adicionalmente, mientras más alta sea la tasa de interés, mayor cantidad de proyectos que requieren de capital "son rechazados", es decir, no se llevan a cabo debido a que el retorno potencial del capital sobre la inversión para un cierto riesgo se ha reducido. Los administradores ajustan sus planes de inversión hacia los cambios en el costo de capital.

Las artes y ciencias de la administración. La administración es un factor de la producción y un recurso económico, y las artes y ciencias de la administración proporcionan la mejor oportunidad para el incremento en la productividad. Esta categoría cuenta con el 60% del incremento anual de la productividad (cerca del 1.6% del 2.5% de incremento anual). La administración incluye mejoras llevadas a cabo por medio de la tecnología y la utilización del conocimiento.

Las mejoras pueden llevarse a cabo mediante la aplicación de la tecnología y el uso de nuevos conocimientos que requieren de entrenamiento y educación. La educación permanecerá como una partida de alto costo en las sociedades postindustriales. La mayor parte de las sociedades occidentales son postindustriales. Una **sociedad de conocimiento** es aquella en que una gran cantidad de la fuerza laboral ha emigrado de trabajos manuales a trabajos basados en el conocimiento. La investigación, empleo y divulgación del conocimiento específico en la técnica y tecnología, pueden ser un defecto común en Estados Unidos.

Sociedad de conocimiento

Debido al constante cambio en la sociedad y el comercio, los requerimientos en educación y entrenamiento se encuentran en constante crecimiento. Por ejemplo, la introducción de las computadoras no sólo necesita entrenamiento adicional, sino que cada generación de nuevas computadoras requiere de mayor entrenamiento. Cada técnica adicional de ciencia administrativa necesita de educación; y cada diseño organizacional requiere de más desarrollo organizacional. Esta demanda de más entrenamiento y educación es el resultado inevitable de la explosión del conocimiento y del desarrollo de una sociedad altamente tecnificada. El administrador de operaciones efectivo *debe asegurarse de que se utilicen el conocimiento y la tecnología disponibles.*

Con el drama de naufragio digno de una película, los países europeos del este se encuentran con alzamientos masivos económicos y políticos. La gran pregunta es cómo competirán en un sistema de mercado libre estos países socialistas nuevos y viejos, que están retrasados con respecto a Estados Unidos, Europa Occidental y Asia.

Muchos expertos temen que no podrán, debido a las diferencias éticas del trabajo. Por ejemplo, los administradores del bloque del Este, sin estar acostumbrados a contabilidades para utilidades o pérdidas, han sobrevivido largamente con "ingresos sobornados". Los trabajadores desmotivados se pueden resistir a trabajar duro.

Casi todo lo producido en Europa del este es inferior a lo hecho en el oeste. Polonia ha sido llamada, por su propio líder en 1980, "el reino de los bienes aparentes". En un periodo de tres meses, cada pequeño Fiat que salía de las líneas de ensamble polacas en la planta Fiat se juzgaba por apariencia como inadecuado para venderse.

Mientras continúa la globalización de los negocios, las técnicas administrativas necesitarán ajustarse para la cultura singular de cada país.

El *empleo más efectivo del capital,* contra el capital adicional, es también importante. El administrador, como catalizador de la productividad, está encargado de llevar a cabo mejoras en la productividad del capital con las restricciones existentes. Los crecimientos de productividad en las sociedades de conocimiento necesitan administradores que estén bien adaptados a los componentes tecnológicos, las ciencias administrativas, y en el arte y la ciencia de la administración.

El reto de la productividad es difícil. Un país no puede ser competidor de clase mundial con insumos de segunda categoría. Los insumos laborales con baja educación, insumos inadecuados de capital y tecnología anterior, son insumos de segunda clase. La alta productividad y las salidas de alta calidad requieren de insumos de alta calidad.

El sector servicio

Otra variable que influencia la productividad es el tamaño del sector servicio. El sector servicio es motivo de un desempeño de baja productividad en Estados Unidos. Esto sucede debido a que el trabajo de este sector es:

1. típicamente intensivo en mano de obra;
2. frecuentemente se procesa en forma individual;
3. a menudo es una tarea intelectual llevada a cabo por profesionales;
4. casi siempre difícil de mecanizar y automatizar.

Mientras el trabajo sea más intelectual y personal, más difícil es lograr incrementos de productividad. La baja productividad del sector servicio se refleja en el hecho de que aunque más del 70% de la fuerza laboral de Estados Unidos se encuentra ocupada en servicios, este sector contribuye en cerca de la mitad del producto nacional bruto.

LA PRODUCTIVIDAD REQUIERE MISIÓN Y ESTRATEGIA

Para lograr una función de producción eficaz, la organización debe tener una misión y estrategia. La misión de la organización se define como su propósito, lo que contribuirá a la sociedad. Este propósito es la razón de ser de la organización, esa es, su **misión.** Una misión se debe establecer a la luz de amenazas y oportunidades en el medio ambiente, y en las fuerzas y debilidades de la organización. La misión es el concepto sobre el que la empresa sobrevive y establece la razón de existencia de la organización. El desarrollo de una buena estrategia es difícil, pero es más sencilla si la misión ha sido bien definida. También se puede pensar en la misión como el intento de la estrategia; lo que la estrategia va a lograr.

Misión

Una vez que se ha decidido el objetivo de la organización, cada área funcional dentro de la empresa determina la misión de soporte. Por "área funcional" queremos decir las grandes disciplinas que requiere la empresa, como mercadeo, finanzas/contabilidad, y producción/operaciones. Las misiones de cada función se desarrollan para sostener la misión global de la empresa.

Una vez que se establece la misión, se puede comenzar con la estrategia y su implementación. La **estrategia** es un plan de acción de la empresa que le permite lograr sus objetivos (misión). Cada área funcional maneja una estrategia para lograr su objetivo y para ayudar a la organización a lograr su misión en conjunto. En las siguientes secciones describiremos cómo se desarrollan e implementan las estrategias.

Estrategia

El mercado americano de aparatos electrodomésticos crece a un ritmo del 2% o menos, cerca de la mitad de lo proyectado para Europa. Por lo mismo, la estrategia del presidente de la junta directiva de Whirlpool, David Whitwam es globalizar a esta empresa. Whirlpool adquirió recientemente intereses mayores en Ingils Limited of Canada, Vitromatic de México, y un 53% de N. V. Philips en Holanda. También se ha movido hacia la procuración global de 35 materiales y componentes estratégicos. Los gigantes en electrodomésticos Maytag, Electrolux y G.E. se han desarrollado en forma similar e implementan estrategias globales, para permitirles competir internacionalmente y ser parte de la nueva Comunidad Europea. También están posicionados para una nueva ronda de reducción de tarifas.

Consideraciones de estrategia en P/OM

El administrador de operaciones identifica lo que la función P/OM puede y no puede realizar. Una estrategia de P/OM exitosa es consistente con:

1. demandas del entorno (¿Bajo qué condiciones económicas y tecnológicas intenta la compañía ejecutar su estrategia?);
2. demandas competitivas (¿Cuáles son las ventajas y desventajas de los competidores? ¿qué están intentando hacer?);
3. estrategia de la compañía (¿Qué intenta hacer la compañía?);
4. ciclo de vida del producto (¿En qué parte del ciclo de vida están los productos de la compañía?).

Por consiguiente, una estrategia P/OM también:

1. identifica y organiza las tareas de P/OM (¿Qué debe hacer esta función P/OM en particular y cómo debe estar organizada en relación con otros segmentos de la organización, de modo que contribuya a la misión de la empresa?);
2. hace las elecciones necesarias dentro de la función P/OM (ya que nadie hace todo en forma excepcional, ¿en qué tareas específicas se debe enfocar P/OM?);
3. encuentra la ventaja competitiva (¿Cómo contribuirá la función P/OM a la fuerza de la organización?).

Instrumentación de la estrategia

Como lo sugiere el ejemplo 2, las empresas evalúan sus fuerzas y debilidades así como las oportunidades y amenazas del entorno. Entonces la empresa se posiciona a través de las decisiones para tener una ventaja competitiva. Las compañías identifican las opciones disponibles para maximizar las oportunidades y minimizar las amenazas. La estrategia se evalúa constantemente contra el valor ofrecido por el cliente y las realidades competitivas. Un procedimiento que lleva esto a cabo se muestra en la figura 1.5.

ejemplo 2

¿Cómo puede ganar ventaja competitiva una compañía en la ya madura y establecida industria del empaque de carne?[5] Iowa Beef Packers pudo ganar una fuerte ventaja competitiva mediante la reestructuración de las operaciones tradicionales del proceso de reses. Las operaciones tradicionales en el empaque de carne de res involucraban la cría de ganado en granjas y ranchos diseminados, embarcándolos en pie a rastros sindicalizados que incluía mucha mano de obra, y luego transportaban las reses en canal a detallistas de abarrotes cuyos departamentos de carnicería las cortaba en piezas menores y empacaba para la venta al cliente.

Iowa Beef Packers reorganizó las operaciones tradicionales con una estrategia radicalmente diferente: grandes plantas automatizadas, que emplearon mano de obra no sindicalizada, fueron construidas cerca de abastos de ganado económicamente transportable. Entonces la carne se cortaba parcialmente en la planta procesadora en cortes menores de alto rendimiento (algunas veces se sellaba en plástico listo para su compra), metida en cajas y embarcada a los detallistas. Los costos de transporte internos de Iowa Beef Packers, que tradicionalmente eran una partida de alto costo, se redujeron significativamente al evadir grandes pérdidas que ocurrían cuando los animales vivos se embarcaban grandes distancias. Adicionalmente, se lograron ahorros en costos de embarque externo, al no tener que embarcar mitades completas de res con un alto factor de desperdicio. La estrategia de Iowa Beef Packers fue tan exitosa que, por 1985, se convirtió en el empacador de carne más grande de Estados Unidos, sobrepasando a los líderes de aquel entonces en la industria, Swift, Wilson y Armour.

[5] Adaptado de información en Michael E. Porter, *Competitive Advantage* (Nueva York: Free Press, 1985) p. 109; Arthur A. Thompson, Jr. y A. J. Strickland III, *Strategy Formulation and.*

Análisis de situación competitiva

Entendimiento del entorno.
Entendimiento de las expectativas del público.
Identificar las características económicas de la industria y el entorno.
Identificar los factores críticos en la industria.
Evaluar las amenazas de los competidores.
Identificar las posiciones competitivas de los participantes en la industria.
Evaluar las oportunidades de la industria.
Identificar movimientos futuros de la competencia.

Análisis de la situación de la compañía

Evaluar el desempeño actual de la compañía.
Analizar amenazas y oportunidades.
Evaluar las fuerzas competitivas relacionadas con la compañía.
Identificar los puntos estratégicos que la compañía debe consignar.
Identificar las debilidades de la compañía.
¿Puede la compañía consignar satisfactoriamente las debilidades?

Desarrollo de la misión

La razón de la existencia de la empresa.
El por qué la sociedad debe endosar la asignación de recursos a la organización.
El valor que se genera para el cliente.

Consideraciones de estrategia

¿Pueden ser igualadas las fuerzas de la empresa en el mercado?
¿Pueden ser sobrepuestas las debilidades de la empresa?
¿Puede anticiparse la empresa a los movimientos de los competidores y responder favorablemente?
¿Puede construir una ventaja competitiva la empresa?
¿Puede conseguir la empresa órdenes con esta estrategia en este entorno?

Formar una estrategia

¿Qué pasos estratégicos se deben tomar para construir una ventaja competitiva?
¿Qué pasos se deben tomar para construir una participación del mercado?
¿Qué pasos se deben tomar para llegar a ser de clase mundial?
¿Qué decisiones estratégicas son críticas para el éxito?
¿Puede instrumentarse la estrategia?

Instrumentación de decisiones estratégicas en las áreas funcionales

Mercadeo

Servicio
Distribución
Promoción
Precio
Canales de distribución
Posicionamiento del producto (imagen, funciones)

Finanzas/contabilidad

Apalancamiento
Costo de capital
Capital de trabajo
Cuentas por cobrar
Cuentas por pagar
Control financiero
Líneas de crédito

Producción/operaciones

Decisiones	Opciones de ejemplo	Capítulo
Calidad	Cómo instrumentar la calidad; estándares de calidad	3
Producto	Personalizado o estandarizado	4
Proceso	Tamaño de la instalación, tecnología	5
Localización	Proveedor cercano o cliente cercano	6
Distribución	Células de trabajo o línea de ensamble	8
Sistemas de trabajo	Trabajos especializados o enriquecidos	7
Compras	Proveedores de fuentes sencillas o múltiples	10
Programación	Tasa de producción estable o fluctuante	9,13,14
Inventario	Cuándo reordenar; cuánto guardar en mano	11,12
Mantenimiento	Reparar cuando se requiera o mantenimiento preventivo	13

FIGURA 1.5 Determinación e instrumentación de la estrategia por medio de decisiones funcionales específicas: ejemplos de mercadeo, finanzas/contabilidad, producción/operaciones.

Cummins Engine Company manufactura motores diesel para autobuses, camiones y equipo pesado para vender en todo el mundo. Cummins es una organización americana que opera internacionalmente. Desde la introducción de su motor L 10 de bajo consumo de combustible en el Reino Unido, su participación en el mercado de autobuses en ese país ha crecido constantemente. Cummins prospera mediante el contacto con sus proveedores y clientes, incrementando la calidad, el servicio y la innovación.

El administrador de producción/operaciones desarrolla la estrategia, agrupa las actividades en una estructura organizada, y se asesora con personal que llevará a cabo el trabajo. El administrador trabaja con administradores subordinados para construir planes, presupuestos y programas que instrumentarán estrategias exitosas para lograr la

Un ejemplo de cómo debe cambiar la estrategia mientras cambia el entorno se demuestra en la feroz competencia de la manufactura internacional de equipo para mover tierra. Komatsu ha tenido estrategias P/OM de mejora de calidad, crecimiento de líneas de productos y reducción de costos. Pero un yen más fuerte, el ataque inexorable por un competidor digno de mérito, Caterpillar (mostrado aquí), y el debilitamiento de la posición en Estados Unidos de Komatsu ha requerido que Komatsu altere continuamente su estrategia. En su último cambio de estrategia, Komatsu se unió con Dresser Industries para utilizar la capacidad excedente de Dresser en Estados Unidos para sobreponerse al fuerte yen. Adicionalmente, la unión empresarial puede ayudar a Komatsu a ganar una participación en el mercado, lograr economías de escala, e incrementar la producción según cambien los mercados y las tasas de intercambio.

realización de las misiones. Las empresas toman esta organización de la función de operaciones de varias maneras. Los organigramas mostrados antes en la figura 1.3 indican la manera en que algunas empresas se han organizado para llevar a cabo las actividades requeridas.

La organización de la función de operaciones y su relación con otras partes de la organización varía con la misión de P/OM. Por ejemplo, la programación a corto plazo en la industria de la aviación está dominada por la gran variación en los patrones de viaje del cliente. La preferencia de días entre semana, días de asueto, estacionalidad, calendarios escolares y otros, todos juegan un papel en el cambio de programas de vuelos. Consecuentemente, aunque la programación de una aerolínea, aunque es una actividad de P/OM, puede ser parte de una organización de mercadeo (figura 1.3a). La programación eficaz en la industria del transporte se refleja en la cantidad de tiempo en que los camiones viajan cargados. Sin embargo, la programación de los camiones requiere de información que varía desde puntos de entrega y recolección, choferes y otras partes de la organización. Cuando la organización de la función P/OM trae por consecuencia la programación efectiva en las industrias del pasajero aéreo y el transporte comercial, puede existir una ventaja competitiva.

El administrador de operaciones ofrece un medio de transformar los insumos en salidas. Las transformaciones pueden ser en términos de almacenamiento, transporte, manufactura, divulgar la información, y utilidad del producto o servicio. *El trabajo del administrador de operaciones es llevar a cabo una estrategia P/OM que incremente la productividad del sistema de transformación y proporcione una ventaja competitiva.*

Para asegurar la máxima contribución de P/OM a la organización, el departamento de operaciones necesita enfocarse en esas tareas clave que están identificadas como cruciales para su éxito. El administrador de operaciones pregunta: "¿Qué operaciones deben llevarse a cabo en forma efectiva para que cierta estrategia de operaciones sea especialmente satisfactoria? ¿Qué elementos contienen la mayor apariencia de fallar, y cuáles necesitarán mayor compromiso administrativo, monetario, tecnológico y de recursos humanos?"

Ventaja competitiva

Cuando la estrategia de operaciones se encuentra bien integrada con otras áreas funcionales de la empresa y soporta los objetivos totales de la compañía, se puede crear una ventaja competitiva. Una función de operaciones bien cimentada y bien administrada incrementa la productividad *y* genera una ventaja competitiva. La **ventaja competitiva** implica la creación de un sistema que tiene una ventaja única sobre sus competidores.

Ventaja competitiva

Más aún, las empresas que compiten en forma satisfactoria dentro de la economía global son conocidas como empresas de clase mundial. La mayoría de tales empresas, sean de manufactura o de servicios, tendrán funciones P/OM de clase mundial. Una **función de clase mundial** es aquella que obtiene mejoras continuas para satisfacer los requerimientos del cliente. Puede contribuir a la ventaja competitiva, haciendo a la organización exitosa en el presente, y proporcionar productos, servicios y empleos en el futuro. En este texto explicaremos cómo construir y administrar operaciones de clase mundial.

Función P/OM de clase mundial

RESUMEN

La producción es una de las tres funciones básicas en todas las organizaciones. La función de producción/operaciones crea bienes y servicios. Mucho del progreso de la administración de operaciones se ha desarrollado en el siglo XX, pero desde el inicio del tiempo la humanidad ha intentado mejorar su bienestar material. La administración de producción/operaciones es el primer vehículo para lograrlo.

La gran mayoría de las mejoras en la productividad (60%) se encuentra al alcance de administradores asertivos, innovadores y emprendedores que funcionan en su papel como catalizadores de la productividad. La sociedad tecnológica moderna consiste en organizaciones complejas que claman por una administración eficaz. Aunque es una tarea retadora, los administradores pueden mejorar la productividad en este ambiente. Pueden construir y administrar funciones P/OM que contribuyen en forma significativa a la competitividad de una organización. Las organizaciones identifican en forma realista sus potenciales y debilidades, entonces desarrollan misiones y estrategias que responden a estas fuerzas y debilidades, compensando las oportunidades y amenazas del medio ambiente. Si esto se logra, la organización puede tener una ventaja competitiva y desempeñarse como de clase mundial. Tal desempeño es la responsabilidad del administrador profesional, ellos están entre los pocos en nuestra sociedad que pueden lograr tal desempeño. El reto es enorme, y las recompensas al administrador y a la sociedad son sustanciales.

TÉRMINOS CLAVE

Producción (*p. 4*)
Administración de producción/operaciones (P/OM) (*p. 4*)
Ingeniería industrial (*p. 5*)
Administración científica (*p. 5*)
Ciencias físicas (*p. 5*)
Ciencias de la información (*p. 5*)
Proceso administrativo (*p. 9*)
Productividad (*p. 10*)
Sector servicio (*p. 11*)
Variables de la productividad (*p. 12*)
Sociedad de conocimiento (*p. 13*)
Misión (*p. 15*)
Estrategia (*p. 15*)
Ventaja competitiva (*p. 19*)
Función P/OM de clase mundial (*p. 19*)

PROBLEMA RESUELTO

problema resuelto 1.1

La productividad puede ser medida en diversas formas, tales como mano de obra, capital, energía, uso de material, etc. En Modern Lumber, Inc., Art Binley, presidente y productor afamado de canastas de manzanas que se venden a los cultivadores, ha podido, con su equipo actual, producir 240 canastas con 100 troncos. Él compra 100 troncos diariamente, y cada tronco requiere de tres horas de mano de obra de proceso. Cree que puede contratar un comprador profesional, el cual pueda comprar troncos de mejor calidad al mismo precio. Si éste es el caso, puede incrementar su producción a 260 canastas por cada 100 troncos. Sus horas de mano de obra se incrementarán ocho horas por día.

¿Cuál será el impacto en productividad (medida en canastas por hora de trabajo) si se contrata el comprador?

$$\text{Productividad actual del trabajo} = \frac{240 \text{ canastas}}{100 \text{ troncos} \times 3 \text{ horas}} = \frac{240}{300}$$

$$= 0.8 \text{ canastas por hora de trabajo.}$$

$$\text{Productividad del trabajo con comprador} = \frac{260 \text{ canastas}}{(100 \text{ troncos} \times 3 \text{ horas}) + 8 \text{ horas}}$$

$$= \frac{260}{308} = 0.844.$$

Utilizando la productividad actual (esto es, 0.80) como base, el incremento será de 5.5%: 0.844/0.8=1.055 o sea un incremento del 5.5%.

autoevaluación capítulo 1

• *Antes de iniciar la autoevaluación* refiérase a los objetivos de aprendizaje listados al principio del capítulo y a los términos clave listados al final del mismo.
• Utilice la clave al final del texto para *corregir* sus respuestas.
• *Vuelva a estudiar* las páginas correspondientes a cualquier pregunta que haya contestado erróneamente o el material en el que se sienta inseguro.

1. El "padre" de la administración científica es:
   a. Henry Ford
   b. Eli Whitney
   c. Frederick W. Taylor
   d. Nelson Piquet
2. Las tres funciones básicas necesarias de los negocios en toda organización son:
   a. mercadeo, finanzas, producción/operaciones
   b. contabilidad, personal, producción/operaciones
   c. mercadeo, contabilidad, personal
   d. mercadeo, contabilidad, producción/operación
3. ¿Qué porcentaje de todos los trabajos constituyen los trabajos P/OM?
   a. 20%
   b. 35%
   c. 13%
   d. 40%
4. El procesamiento sistemático de datos para obtener información es parte de:
   a. administración científica
   b. ciencias de la información
   c. ingeniería industrial
   d. ciencia de la administración
5. La productividad se incrementa cuando:
   a. los insumos crecen mientras que las salidas permanecen constantes
   b. los insumos bajan mientras que las salidas permanecen constantes
   c. las salidas bajan mientras que los insumos permanecen constantes
   d. los insumos y las salidas crecen proporcionalmente
   e. ninguno de los anteriores
6. La inversión de capital anualmente en Estados Unidos normalmente:
   a. se reduce
   b. permanece constante
   c. aumenta
   d. decrece a menos que se favorezca en los impuestos
   e. es muy cíclica
7. Los incrementos en productividad anualmente en Estados Unidos son el resultado de tres factores que incluyen:
   a. mano de obra, capital, arte y ciencia administrativa
   b. ingeniería, mano de obra, capital
   c. ingeniería, capital, control de calidad
   d. ingeniería, mano de obra, procesamiento de datos
   e. ingeniería, capital, procesamiento de datos
8. ¿Qué ofrece la mejor oportunidad para incrementar la productividad?
   a. mano de obra
   b. capital
   c. artes y ciencias de la administración
   d. ninguno de los anteriores
9. Cuando las ganancias en mano de obra, capital o administración se incrementan sin incrementar la productividad, los precios:
   a. aumentan
   b. disminuyen
   c. permanecen igual
   d. no se puede determinar
10. Los problemas en la medición de la productividad incluyen:
    a. el efecto desconocido de los elementos externos
    b. la ausencia de unidades de medición precisas
    c. los efectos de la calidad en el tiempo
    d. todos los anteriores
    e. ninguno de los anteriores
11. La persona que introdujo las partes estandarizadas e intercambiables fue:
    a. Eli Whitney
    b. Henry Ford
    c. Adam Smith
    d. W. Edwards Deming
    e. Frederick W. Taylor
12. Las organizaciones que producen otra cosa que no sean productos físicos son conocidas como:
    a. organizaciones de transformación
    b. grupos de transferencia de datos
    c. organizaciones de servicio
    d. transformadores de bienes culturales
    e. todos los anteriores
13. La persona que desarrolló sistemas de control de calidad en toda la planta fue:
    a. Eli Whitney
    b. Henry Ford
    c. Adam Smith
    d. W. Edwards Deming
    e. Frederick W. Taylor
14. Entre las formas que una empresa utiliza la función P/OM eficazmente para producir una ventaja competitiva se encuentran:
    a. personalizar el producto
    b. velocidad de entrega
    c. mantenimiento de una variedad de opciones de producto
    d. todos los anteriores
    e. ninguno de los anteriores
15. La producción es ______________________________.
16. Las tres funciones fundamentales de cualquier negocio son
    ______________, ______________, ______________.
17. El administrador de producción y operaciones dirige y controla
    ______________________________.

PREGUNTAS PARA DISCUSIÓN

1. Defina la administración de producción/operaciones en sus propias palabras. ¿Su definición contemplaría tanto las operaciones de manufactura como las de servicio?
2. Considere la contribución potencial de las ciencias de la información al P/OM. ¿Por qué es tan importante divulgar la información en la administración de la "producción"?
3. La figura 1.3 remarca las funciones de mercadeo, operaciones y finanzas/contabilidad de tres organizaciones. Prepare un organigrama similar al de la figura 1.3 remarcando las mismas funciones para:
   a) un periódico metropolitano grande
   b) una farmacia
   c) una biblioteca escolar
   d) una organización de servicio local (Boy Scouts, Girl Scouts, Rotary International, Lions, Grange, etc.)
   e) la oficina de un doctor o de un dentista
   f) una fábrica de joyería
4. Realice el ejercicio anterior para alguna otra empresa de su elección, quizá una organización donde haya trabajado.
5. ¿Cuál es la diferencia entre producción y operaciones?
6. Identifique tres disciplinas que contribuirán grandemente al futuro desarrollo de P/OM.
7. ¿Puede identificar la(s) función(es) de operación de un empleo anterior o actual? Dibuje un organigrama para la función de operaciones de esa empresa.
8. ¿Cuáles son las tres funciones clásicas de una empresa?
9. ¿Qué departamentos podrá encontrar en la función P/OM de un fabricante de electrodomésticos?
10. Describa el sistema de registro en su universidad. ¿Cuáles son los insumos, transformaciones y salidas?
11. ¿Cuáles son las similitudes y diferencias en el proceso de transformación entre un restaurante de comida rápida y un fabricante de computadoras?
12. Identifique la transformación que toma lugar en su taller de reparación de autos.
13. Como tarea de estudio, identifique la misión de una empresa y la estrategia que soporta dicha misión.

PROBLEMAS

• **1.1** Art y Sandy Binley hacen canastas para manzanas para revender a los productores locales. Ellos y sus tres empleados invierten 50 horas diarias haciendo 150 canastas.

a) ¿Cuál es su productividad?
b) Ellos han discutido la reasignación del trabajo de tal forma que el flujo a través del taller sea más suave. Si están en lo cierto y pueden llevar a cabo el entrenamiento, ellos creen que pueden incrementar la producción de canastas a 155 diarias. ¿Cuál es su nueva productividad?
c) ¿Cuál es su incremento en productividad?

• **1.2** Joanna produce adornos para árboles de Navidad para revender en ferias locales de artesanías y bazares navideños. Actualmente trabaja 15 horas diarias para producir 300 adornos.

a) ¿Cuál es la productividad de Joanna?
b) Joanna piensa que rediseñando los adornos y cambiando el uso de cemento de contacto a una pistola de pegamento caliente puede incrementar su producción a 400 adornos diarios. ¿Cuál es su nueva productividad?
c) ¿Cuál es el incremento en productividad?

• **1.3** Carl Sawyer hace bolas de billar en su planta de Dallas. Con el reciente incremento de impuestos, sus costos han aumentado y tiene un renovado interés en la eficiencia. Carl está interesado en determinar la productividad de su organización. Tiene los registros del año anterior y datos actuales confiables. Él quisiera conocer si su organización mantiene el promedio nacional de 2.5% de incremento anual en productividad. Dispone de la siguiente información.

	AÑO ANTERIOR	*ACTUAL*
Producción	1000	1000
Mano de obra (horas)	300	275
Resina	50	45
Capital invertido ($)	10 000	11 000
Energía (Btu)	3000	2850

Muestre el incremento de la productividad para cada categoría y después determine la mejora anual para horas de trabajo, el estándar típico de comparación.

• **1.4** Lackey's, una panadería local, está preocupada por el incremento de los costos, particularmente la energía. Los registros del año pasado presentan una buena estimación para los parámetros de este año. El dueño, Charles Lackey, no cree que las cosas hayan cambiado mucho, pero él invirtió $3000 adicionales para modificar los hornos de la panadería para hacerlos más eficientes en cuanto a consumo de energía. Se supone que las modificaciones hicieron a los hornos por lo menos 15% más eficientes, pero fueron necesarias horas extra para familiarizarse con los cambios en el proceso. Charles le ha pedido a usted que verifique los ahorros en energía para los nuevos hornos, y también que revise las otras medidas de la productividad de la panadería para corroborar si las modificaciones fueron benéficas. Se dispone de la siguiente información para trabajar:

	AÑO ANTERIOR	*ACTUAL*
Producción (docena)	1500	1500
Mano de obra	350	325
Capital	15 000	18 000
Energía	3000	2750

• **1.5** Elija una compañía e identifique cómo los cambios en el ambiente político y económico afectan la estrategia de la función P/OM (conservando todas las otras cosas iguales). Por ejemplo, discuta qué impacto tendrán los siguientes factores en la estrategia P/OM.

a) fuerte incremento en los precios del aceite
b) legislación en la calidad del agua y del aire
c) menos cantidad de perspectivas de empleados jóvenes entrando al mercado laboral durante el periodo de 1995 a 2005
d) inflación contra precios estables

CASO DE ESTUDIO

Minit-Lube, Inc.

En años recientes se ha desarrollado un mercado sustancial para los talleres de afinación y lubricación de automóviles. Esta demanda llegó debido a cambios en los patrones de compra cuando se extendieron las estaciones de gasolina de autoservicio. Los consumidores adquirieron el hábito de servir su propia gasolina; esto hace necesaria una segunda parada para aceite y lubricación. En consecuencia, Minit-Lube y Jiffy-Lube desarrollaron una estrategia para acomodar esta oportunidad.

Las estaciones Minit-Lube realizan cambios de aceite, lubricación y limpieza interior en un ambiente de pulcritud. Los edificios están limpios, pintados de blanco, y rodeados de arbustos recortados en forma ordenada. Para facilitar el servicio rápido, los autos se pueden conducir a través de tres filas. En Minit-Lube el cliente es recibido por representantes de servicio que están graduados en la escuela de Minit-Lube en Salt Lake City. La escuela de Minit-Lube no es diferente de la universidad de la Hamburguesa de McDonald's, cerca de Chicago, o la escuela de entrenamiento de Holiday Inn en Memphis, Tennessee. El recepcionista toma la orden, que suele incluir chequeo de fluidos (aceite, agua, líquido de frenos, líquido de transmisión, grasa del diferencial) y la lubricación necesaria, así como cambios de filtro para aire y aceite. El personal de servicio, con uniformes aseados entra en acción; el estándar de equipo son tres personas; una que revisa los niveles de fluidos bajo el cofre; otro que se encarga del aspirado y limpieza de vidrios; el tercero se encuentra en la fosa del taller, retira el filtro del aceite y lo drena, revisa el diferencial, la transmisión, y lubrica cuando hace falta. La asignación de tareas precisas y el buen entrenamiento están diseñados para recibir y dar salida al automóvil del centro de trabajo en 10 minutos. La idea es no cobrar más, y posiblemente menos, que las gasolineras, cadenas de talleres automovilísticos, y distribuidoras de automóviles, al tiempo que se ofrece un mejor servicio.

Preguntas para discusión

1. ¿Qué constituye la misión de Minit-Lube?
2. ¿Cómo la estrategia de operación de Minit-Lube ofrece una ventaja competitiva?
3. ¿Es cierto que Minit-Lube o Jiffy-Lube hayan aumentado la productividad sobre sus más tradicionales competidores? ¿Por qué? ¿Cómo mediría la productividad en esta industria?

CASO DE ESTUDIO

Michelin, Inc.

Michelin es un fenómeno. Después de la Segunda Guerra Mundial, la familia Michelin se dedicó temerariamente y con coraje al desarrollo de su nuevo y controvertido producto, la llanta radial. Aunque tuvo gran éxito con dicha llanta, Michelin apenas era la séptima empresa a nivel mundial en el ramo llantero al finalizar los años sesenta. En ese momento, la compañía decidió una estrategia de crecimiento mundial.

Michelin se encontró con grandes deudas y pérdidas cuando procedió a construir nuevas fábricas, a razón de dos por año, a finales de los setenta. Unos cuantos años más tarde, la crisis del petróleo redujo el mercado llantero, pero afortunadamente, la compañía sobrevivió. El secreto de Michelin radica en que continuamente sacrifica las ventajas de corto plazo por sus dos objetivos a largo plazo: la calidad y su participación en el mercado.

Para evitar los sindicatos, Michelin prefiere construir plantas en el sur de Estados Unidos. El 80% de su producción se encuentra en varios países fuera de Francia, y los franceses representan sólo una pequeña minoría de los empleados.

Michelin gasta en forma consistente el 5% en investigación, que es el mismo porcentaje que la Bridgestone Japonesa. Goodyear atribuye su alto gasto en investigación de menos de 4%, como la razón de que es la única de los mayoristas americanos que ha evitado un desplazamiento.

Aunque Michelin se concentra en llantas y sus componentes, hace mapas y guías para transportistas. Goodyear y Bridgestone producen más de 25% de beneficios de productos que no son llantas, pero las llantas representan más del 90% de las ventas de Michelin. Casi todos los materiales, incluyendo los cinturones de acero y la goma sintética utilizada en sus llantas, son producidas por Michelin.

Michelin está preocupada sobre su postura a largo plazo como se demuestra por su compra de Goodrich Uniroyal. Esta transacción claramente aumentará la deuda y mantendrá bajas las utilidades. Pero para Michelin la compra es estratégica; sus costos son secundarios.

Preguntas para discusión

1. ¿Qué estrategias de Michelin se han instrumentado en la función de producción?
2. ¿Cuál es la ventaja competitiva de Michelin?

BIBLIOGRAFÍA

Babbage, C. *On the Economy of Machinery and Manufacturers*, 4a. edición. Londres: Charles Knight, 1835.

Drucker, P.F. "The Emerging Theory of Manufacturing." *Harvard Business Review* (mayo-junio de 1990), p. 94.

Edmondson, H.E. y S.C. Wheelwright. "Outstanding Manufacturing in the Coming Decade." *California Management Review* **31** (verano de 1989), pp. 70-90.

Fabricant, S. *A Primer on Productivity*. Nueva York: Random House, 1969.

Gale, B.T. "Can More Capital Buy Higher Productivity." *Harvard Business Review* **58**, 4 (julio-agosto de 1980) pp. 78-86.

George, C.S., Jr. *The History of Management Thought*. Englewood Cliffs, NJ: Prentice-Hall, 1968.

Ohmae, K. "The Borderless World." *Sloan Management Review* **32** (invierno de 1991), p. 117.

Ohmae, K. "Getting Back to Strategy." en *Harvard Business Review* **66** (noviembre-diciembre de 1988), pp. 149-156.

Porter, M.E. *The Competitive Advantage of Nations*. Nueva York: The Free Press, 1990.

Skinner, W. *Manufacturing: The Formidable Competitive Weapon*. Nueva York: John Wiley, 1985.

Smith, A. *An Inquiry into the Nature and Causes of the Wealth of Nations*. Londres: A. Strahan and T. Cadell, 1776.

Stalk, George, Jr. "Time: The Next Source of Competitive Advantage." en *Harvard Business Review* **66** (julio-agosto de 1988), pp. 41-51.

Taylor, F.W. *The Principles of Scientific Management*. Nueva York: Harper & Bros., 1911.

Urwick, L. y E.F.L. Brech. *The Making of Scientific Management*, vol. 1, *The Thirteen Pioneers*. Londres: Management Publications Trust, 1949.

Womack, J.P., D.T. Jones y D. Roos. *The Machine That Changed the World*. Nueva York: Rawson Associates, 1990.

Wren, Daniel A. *The Evolution of Management Thought*. Nueva York: Ronald Press, 1972.

Herramientas para la toma de decisiones

suplemento

capítulo 1

PERFIL DEL CAPÍTULO

OBJETIVOS DE APRENDIZAJE

Cuando termine este suplemento usted podrá:

Identificar o definir:

El proceso de decisión
Maximax
Maximin
Semejanza
Valor monetario mayor
Árbol de decisión
Valor esperado de información perfecta

Explicar:

Uso de modelos
Teoría de decisión

Los administradores de operaciones son personas que toman decisiones. Para lograr las metas de sus organizaciones, los administradores deben tener un conocimiento de cómo se toman las decisiones y conocer, asimismo, qué herramientas están disponibles para tomar decisiones. El éxito o fracaso que experimentan las personas y compañías depende, en un alto grado, de la calidad de sus decisiones. El administrador que insistió en lanzar el transbordador espacial *Challenger* (que explotó en 1986) no progresó dentro de la NASA. El administrador que encabezó el equipo de diseño del Mustang que generó grandes ventas, con el tiempo llegó a ser presidente de Ford y Chrysler.[1]

Este suplemento y el resto del texto utiliza el término popular *modelo* una y otra vez. Los modelos se encuentran en el corazón del enfoque científico de la toma de decisiones en P/OM. En forma sencilla, un **modelo** es una representación de la realidad. Puede ser un modelo físico, como el modelo a escala de una fábrica o un avión para ser utilizado en el túnel de viento. O se puede tratar de un modelo matemático, que suele ser lo más común. Un modelo matemático sencillo que usted aprendió en geometría es la fórmula: Área = Longitud × Ancho. Pero hay otros modelos que son mucho más complejos, incluso representan la operación de un negocio. Tal modelo de negocio puede tener variables para contabilizar los costos de producción, de transporte, de inventario y de manejo de datos, así como una amplia variedad de otros posibles insumos y salidas.

Modelo

Los modelos y las técnicas de administración científica pueden ayudar a los administradores a:

1. tener una visión más profunda de la naturaleza de las relaciones del negocio;
2. encontrar mejores caminos para determinar valores a tales relaciones;
3. ver una manera de reducir, o por lo menos comprender, la incertidumbre que rodea los planes y acciones del negocio.

A través de este libro, usted conocerá un amplio rango de modelos y herramientas que ayudan a los administradores de operaciones a tomar mejores decisiones. Este capítulo primero examina el proceso analítico de la toma de decisiones, luego categoriza los modelos de trabajo, y finalmente presenta la teoría de decisiones, que es una de las herramientas de toma de decisiones de uso más común.

EL PROCESO DE DECISIÓN

¿Qué diferencia existe entre una buena y una mala decisión? Una "buena" decisión utiliza criterios científicos o analíticos, basada en la lógica, considera todos los datos disponibles y las posibles alternativas, y sigue estos seis pasos:

1. **Definir el problema y los factores que lo influencian.**
   Esto significa establecer el problema en forma clara y concisa, que a menudo es el paso más importante y difícil.
2. **Establecer criterios de decisión y metas.**
   Los administradores deben desarrollar objetivos específicos y medibles. La mayor parte de las empresas tiene más de una meta que maximice la utilidad.
3. **Formular un modelo o relación entre las metas y las variables.**
   En otras palabras, deseamos desarrollar una representación de la situación, o sea, un modelo. La mayoría de los modelos presentados en este libro contiene una o más variables. Una variable, como su nombre lo implica, es una cantidad medible que puede variar o que está sujeta a cambio.
4. **Identificar y evaluar las alternativas.**
   Este paso significa generar tantas soluciones al problema como sea posible (usualmente en forma rápida). A los administradores les gusta tener un *rango* o conjunto de opciones.

[1]Él también llegó a ser presidente de Chrysler Motors. Su nombre, por supuesto, es Lee Iacocca.

En 1969, Robert Freitag era la cabeza del equipo de la NASA responsable del aterrizaje seguro del *Apolo II* en la luna. El éxito de esa misión se debió a los modelos matemáticos que permitieron integrar miles de tareas, con el único objetivo de llevar al hombre a la luna y su regreso a casa en forma segura. Aquí están los comentarios de Freitag sobre la tarea:

"Fue un suceso muy singular. Lo que se hace es descomponer en piezas: el lugar del lanzamiento, los vehículos para el mismo, la nave espacial, el módulo lunar y las redes mundiales de monitoreo. Entonces, una vez que esas piezas están determinadas, se asignan a una u otra organización. Ellas, a su vez, toman esas pequeñas piezas, como el cohete, y las separan en motores y estructuras o equipo para guiar. Esta operación de desarmado, o "árbol", es en realidad la parte ruda de la administración. Se debe estar seguro que las piezas se junten en el momento correcto, y que trabajen una vez ensambladas. Los modelos matemáticos ayudan a eso. El número total de personas que trabajó en el Apolo fue de 400 000 a 500 000 aproximadamente, todos hacia un solo objetivo."

5. **Seleccionar la mejor alternativa.**
   Esta es la solución más satisfactoria y consistente con las metas establecidas.
6. **Instrumentar la decisión.**
   Llevar a cabo las acciones indicadas por la alternativa que se seleccionó finalmente es, algunas veces, la fase más retadora en la toma de decisiones. Involucra la asignación de tareas y una guía para su realización.

Debemos puntualizar que estos pasos no siempre se siguen uno al otro sin algún giro y revisión. No es raro tener que modificar uno o más pasos antes de que los resultados finales se lleven a cabo. De cualquier forma, la toma de "buenas" decisiones en problemas de operación significa llevar a cabo todos los pasos.

MODELOS PARA LA TOMA DE DECISIONES

Hemos presentado el proceso de decidir como una herramienta que ayuda a la toma de decisiones en la administración de operaciones. Cuando se aplica a las decisiones de la administración de operaciones, este proceso tiene un fuerte impacto en el uso de modelos y el análisis "cuantitativo".

Existen ventajas y desventajas cuando se modela. Utilizamos los modelos para tratar de representar la realidad de un sistema verdadero por medio de la duplicación de sus aspectos importantes, apariencia y características. Los modelos no son una panacea: concretamente son simplificaciones del mundo real. El énfasis en este libro no es el de construir modelos *per se*, sino en utilizarlos para ayudar a los administradores de operaciones en la toma de decisiones. Creemos que usted debe poder determinar:

1. cuándo es apropiado un modelo y cuáles son sus supuestos y limitaciones;
2. cuál es la utilidad del modelo para un problema específico;
3. cómo utilizar el modelo y producir resultados;
4. cómo interpretar, en términos administrativos, los resultados del modelo.

Ventajas y desventajas del uso de modelos

Los modelos matemáticos que serán presentados en este libro son herramientas ampliamente aceptadas por los administradores debido a múltiples razones.

1. Son más económicos y menos complicados que experimentar con el sistema real.
2. Permiten a los administradores de operaciones resolver preguntas acerca de "qué ocurriría" si el costo del inventario se incrementa en un 3% el siguiente año, y de qué manera cambiarían las utilidades.
3. Se construyen para problemas administrativos y fomentan las entradas de información administrativas.
4. Obligan a un seguimiento consistente y sistemático en el análisis de los problemas.
5. Requieren que los administradores sean específicos sobre restricciones y metas relacionadas con un problema.
6. Pueden reducir el tiempo necesario en la toma de decisiones.

Las limitaciones principales de los modelos son:

1. Pueden ser caros y consumir mucho tiempo para desarrollarlos y probarlos.
2. A menudo son subutilizados y mal comprendidos (y temidos) debido a su complejidad matemática.
3. Tienden a relegar el papel y valor de la información no cuantificable.
4. A menudo tienen suposiciones que simplifican exageradamente las variables del mundo real.

Procedamos a nuestra discusión sobre modelos mediante la presentación de la teoría de decisiones, una de las más ampliamente utilizadas y útiles de nuestras herramientas de la toma de decisiones.

TEORÍA DE DECISIONES

La teoría de decisiones es un intento analítico para seleccionar la mejor alternativa o curso de acción. Es utilizada en una amplia variedad de situaciones de P/OM cuyo rango va desde análisis de nuevos productos (capítulo 4), a la planeación de la localización (capítulo 6), la selección de equipo (capítulo 5), la programación (capítulo 13) y la planeación del mantenimiento (suplemento capítulo 13).

Existen tres clasificaciones típicas en la teoría de decisiones. Dependen del grado de certidumbre de las posibles salidas o consecuencias que afronte el que tome las decisiones. Los tres tipos de modelos de decisiones son:

1. *Toma de decisiones bajo certidumbre: quien toma decisiones sabe con certeza* la consecuencia o salida de cualquier alternativa cuando elige la decisión. Por ejemplo, el que toma decisiones tiene amplia certeza de que un depósito de $100, en una cuenta de cheques generará un incremento de $100 en el saldo de dicha cuenta.
2. *Toma de decisiones bajo riesgo:* el *que toma decisiones conoce la probabilidad* de ocurrencia de las salidas o consecuencias de cada elección. No sabemos si lloverá mañana, pero sabemos que la probabilidad de lluvia es de 0.3.
3. *Toma de decisiones bajo incertidumbre:* el *que toma decisiones no conoce la probabilidad* de ocurrencia de las salidas de cada alternativa. Por ejemplo, la probabilidad de que un demócrata sea presidente dentro de 20 años no se conoce.

Se ha creado una isla temporal en el Mar de Beaufort cerca de la costa norte de Alaska disparando agua de mar hacia el cielo. El agua se congela inmediatamente formando cascadas de cristales de hielo y constituye una masa sólida. Para el perforado de un pozo de prueba, los ejecutivos de Amoco consideraron varias alternativas de decisión: (1) una plataforma marina, (2) un barco perforador, (3) una isla de grava, (4) una isla de concreto, o (5) la isla temporal de hielo. Empleando la teoría de decisión, optaron por la isla de hielo, ya que el costo sería menos de la mitad que la isla de grava. En el verano, el hielo se disolvería a su estado natural.

En la toma de decisiones bajo certidumbre, el responsable conoce las salidas de su acción y elegirá la alternativa que maximizará su beneficio o que tendrá la mejor consecuencia. En la toma de decisiones bajo riesgo, el responsable intentará maximizar su consecuencia *esperada*. El intento de decisión normalmente utilizado es la maximización del valor monetario esperado. El criterio de toma de decisiones bajo incertidumbre que trataremos incluye el *maximax, maximin,* y el de *semejanza.*

Fundamentos de la teoría de decisiones

Independientemente de la complejidad de una decisión o de la sofisticación de la técnica empleada en el análisis de la decisión, todos los que toman decisiones se encuentran con alternativas y estados naturales. La siguiente notación será utilizada en este capítulo:

1. Términos:
   a) *Alternativa:* un curso de acción o una estrategia que puede ser elegida por quien toma las decisiones (por ejemplo, no llevar un paraguas mañana).
   b) *Estado natural:* una ocurrencia o una situación sobre la cual, quien toma las decisiones tiene poco o nulo control (por ejemplo, el clima de mañana).
2. Símbolos usados en un árbol de decisión:
   a) □: un nodo de decisión desde el cual se pueden seleccionar varias alternativas.
   b) ○: un nodo de estado natural desde el cual ocurrirá ese estado.

Para presentar las alternativas de decisión de un administrador, podemos desarrollar *árboles de decisión* y *tablas de decisión* utilizando los símbolos anteriores.

Al construir un árbol de decisión, debemos estar seguros de que todas las alternativas y estados naturales se encuentran en sus lugares correctos y lógicos y de que se incluyan *todas* las posibilidades de ambas.

ejemplo S1

La Getz Products Company investiga la posibilidad de producir y mercadear cobertizos de almacenamiento para patios. Llevar a cabo este proyecto necesitaría de la construcción de una planta manufacturera grande o pequeña. El mercado para el producto fabricado (cobertizos de almacenamiento) puede ser favorable o desfavorable. Getz, desde luego, tiene la opción de no desarrollar el nuevo producto. Se presenta un árbol de decisión para esta situación en la figura S1.1.

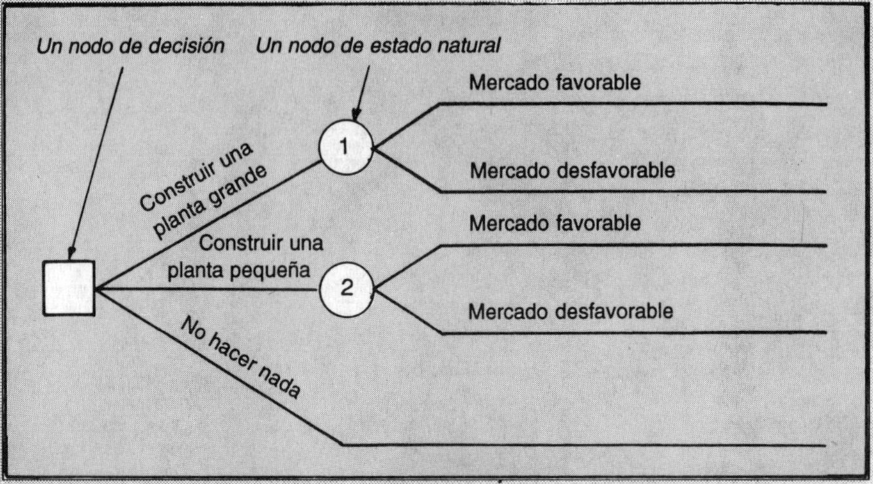

FIGURA S1.1 Árbol de decisión de Getz.

Tablas de decisión

También se puede desarrollar una decisión o tabla de resultados para ayudar a Getz Products a definir sus alternativas. Para cualquier alternativa y un estado natural particular, existe una consecuencia o salida, que generalmente se expresa en valor monetario. A esto se le conoce como valor condicional. Nótese que todas las alternativas del ejemplo S2 están listadas a la izquierda de la tabla, los estados naturales (salidas) están listados de arriba abajo y los valores condicionales (resultados) se encuentran en el cuerpo de la **tabla de decisión.**

Tabla de decisión

ejemplo S2

Se construye una tabla de decisión para Getz Products, que incluye valores condicionales basados en la siguiente información. Con un mercado favorable, unas instalaciones grandes proporcionarían a Getz Products una utilidad neta de $200 000. Si el mercado es desfavorable, se produciría una pérdida neta de $180 000. Una planta pequeña acarrearía una utilidad neta de $100 000 en un mercado favorable; pero una pérdida neta de $20 000 si el mercado fuera desfavorable.

TABLA S1.1 Tabla de decisión con valores condicionales para Getz Products.

	ESTADOS NATURALES	
ALTERNATIVAS	Mercado favorable	Mercado desfavorable
Construir una planta grande	$200 000	–$180 000
Construir una planta pequeña	$100 000	–$20 000
No hacer nada	$0	$0

Toma de decisión bajo incertidumbre. Cuando existe una completa incertidumbre como para asignar un estado natural en una tabla de decisión (es decir, no se puede asignar probabilidades a cada posible resultado), se aplican tres criterios para la toma de decisiones bajo incertidumbre:

1. **Maximax:** este criterio encuentra una alternativa cuyo resultado o consecuencia es el valor *máx*imo para cada alternativa. Primero se encuentra el resultado máximo para cada alternativa, y después se elige la alternativa con el número mayor. Ya que el criterio de decisión localiza la alternativa con la *más alta ganancia* posible, se le llama un criterio de decisión "optimista". **Maximax**
2. **Maximin:** este criterio encuentra la alternativa que *max*imiza el resultado o consecuencia con la *mín*ima pérdida para cada alternativa. Primero se encuentra el mínimo resultado para cada alternativa, y después se elige la alternativa con el número mayor. Ya que el criterio de decisión localiza la alternativa con la *más baja pérdida* posible, se le llama un criterio de decisión "pesimista". **Maximin**
3. **Semejanza:** este criterio de decisión encuentra la alternativa con el resultado promedio más alto. Primero se calcula la salida promedio para cada alternativa, que es la suma de todos los resultados, dividida entre el número de resultados. Después se elige la alternativa con el máximo número. El intento de semejanza asume que todas las probabilidades de ocurrencia para los estados naturales son iguales, entonces cada estado natural es semejante. **Semejanza**

El ejemplo S3 aplica cada uno de estos acercamientos para la Getz Products Company.

ejemplo S3

Con la tabla de decisión de Getz en el ejemplo S2, determinar el criterio de decisión maximax, maximin y de semejanza.

1. La elección maximax es construir una planta grande. Este es el *máx*imo del número *máx*imo de cada renglón o alternativa.
2. La elección maximin es no hacer nada. Este es el *máx*imo del número *mín*imo de cada renglón o alternativa.
3. La elección de semejanza es la de construir una planta pequeña. Este es el máximo de los resultados promedio de cada alternativa. El intento asume que todas las salidas para cualquier alternativa son *igualmente semejantes*.

TABLA S1.2

ALTERNATIVAS	ESTADOS NATURALES: Mercado favorable	ESTADOS NATURALES: Mercado desfavorable	Máximo en el renglón	Mínimo en el renglón	Promedio del renglón
Construir una planta grande	$200 000	–$180 000	$200 000	–$180 000	$10 000
Construir una planta pequeña	$100 000	–$20 000	$100 000	–$20 000	$40 000
No hacer nada	$0	$0	$0	$0	$0
			Maximax	Maximin	Semejante

Toma de decisiones bajo riesgo. La toma de decisiones bajo riesgo, un suceso más común, es una situación de decisión probabilística. Varios estados naturales pueden ocurrir, cada uno con una probabilidad. Dada una tabla de decisión con valores condicionales y de probabilidad para todos los estados de la naturaleza, podemos determinar un **valor monetario esperado (EMV)** para cada alternativa. Esta figura representa el valor esperado o valor *promedio* para cada alternativa, si pudiéramos tomar la decisión un gran número de veces. Escoger la alternativa con el valor máximo de EMV es uno de los criterios de decisión más populares. **Valor monetario esperado (EMV)**

El EMV, para una alternativa, es la suma de los posibles resultados de la alternativa, cada una ponderada por la probabilidad de ocurrencia de tal resultado.

EMV (Alternativa i) = (Resultado del 1er estado natural) × (Probabilidad del 1er estado natural)
+ (Resultado del 2do estado natural) × (Probabilidad del 2do estado natural)
+ · · · + (Resultado del último estado natural) × (Probabilidad del último estado natural)

El ejemplo S4 ilustra el procedimiento computacional típico empleado para determinar el EMV máximo.

ejemplo S4

El gerente de P/OM de Getz Products cree que la probabilidad de un mercado favorable es exactamente la misma que la de un mercado desfavorable; esto es, cada estado natural tiene una oportunidad de 0.50. Ahora se puede determinar el EMV para cada alternativa (véase tabla S1.3).

1. EMV(A_1) = (0.5)($200 000) + (0.5)(–$180 000) = $10 000
2. EMV(A_2) = (0.5)($100 000) + (0.5)(–$20 000) = $40 000
3. EMV(A_3) = (0.5)($0) + (0.5)($0) = $0

El valor máximo de EMV se encuentra en la alternativa A_2. Por consiguiente, de acuerdo con el criterio de decisión de EMV, se construiría una planta pequeña.

TABLA S1.3

	ESTADOS NATURALES	
ALTERNATIVAS	Mercado favorable	Mercado desfavorable
Construir una planta grande (A_1)	$200 000	–$180 000
Construir una planta pequeña (A_2)	$100 000	–$ 20 000
No hacer nada (A_3)	$0	$0
Probabilidades	0.50	0.50

Para ilustrar cómo puede utilizarse AB:POM para resolver el ejemplo S4, véanse los Programas S1.1 y S1.2.

Programa S1.1 El programa de tabla de decisión de AB:POM con pantallas generales mostrado para un problema con tres alternativas, y dos estados naturales. Una vez que respondamos con 3 alternativas, 2 estados naturales y utilidad maximizada, aparece la siguiente tabla. En el programa S1.2, se muestran todas las entradas y salidas.

```
                              Decision Tables
Number of alternatives (1-10) 3          Number of nature states (1-8) 2
Profits   -maximize profits
---------------------------------------------------------------------------
                              Sample Screen
Probability->   0.000    0.000
             state 1  state 2
alternatv 1        0        0
alternatv 2        0        0
alternatv 3        0        0
```

Programa S1.2 Salida AB:POM para el ejemplo S2-S5 (Getz Products).

```
                    GETZ PRODUCTS EXAMPLES S2-S5
Probability ->     0.500  0.500
                   FAV MKT  BAD MKT      EMV      Row Min    Row Max
LG. FACILITY        200000  -180000    10000     -180000     200000
SM. FACILITY        100000   -20000    40000      -20000     100000
DO NOTHING               0        0        0           0          0
               column maximum ->       40000           0     200000
The maximum expected monetary value is 40000 given by
SM. FACILITY
The maximin is        0   given by DO NOTHING
The maximax is  200000   given by LG. FACILITY

PERFECT          200000        0     100000<-EV under certn
The expected value of perfect information is 60000
```

Ahora suponga que el administrador de P/OM de Getz Products ha estado en comunicación con una empresa de investigación de mercado que propone ayudarle a tomar la decisión sobre si construir o no la planta para producir cobertizos de almacenamiento. Los investigadores de mercado insisten en que su análisis técnico le dirá a Getz con certeza si el mercado es favorable o no para el producto propuesto. En otras palabras, cambiará el entorno de Getz una decisión de bajo riesgo a una toma de decisión bajo certeza. Esta información puede prevenir que Getz Products cometa un error muy caro. La empresa de investigación de mercado cobraría a Getz $65 000 por la información. ¿Qué recomendaría a Getz? ¿Debe el administrador de P/OM contratar a la empresa para hacer el estudio de mercado? Aun si la información del estudio es totalmente exacta, ¿vale $65 000?, ¿cuánto puede costar? Aunque algunas de estas preguntas son difíciles de contestar, la determinación del valor de dicha *información perfecta* puede ser muy útil. Le asigna un límite superior a lo que se desea gastar en información, tal como la que vende la consultora en mercados. En la siguiente sección, se presentará el concepto del valor esperado de la información perfecta.

Valor esperado de la información perfecta (EVPI). Si un administrador es capaz de determinar cuál estado natural va a suceder, también sabe qué determinación puede tomar. Una vez que el administrador conoce qué decisión tomar, el resultado se incrementará porque es ahora una certeza y no una probabilidad. Ya que el resultado se incrementará con el conocimiento del estado natural que tendrá lugar, este conocimiento tiene valor. Por lo tanto, ahora se verá cómo determinar el valor de dicha información. A esta diferencia entre el resultado bajo certeza y el resultado bajo riesgo se le conoce como **valor esperado de la información perfecta (EVPI).**

Valor esperado de la información perfecta (EVPI)

$$\text{EVPI} = \text{Valor esperado bajo certeza} - \text{EMV máximo}$$

Valor esperado bajo certeza

Para encontrar el EVPI, primero se debe computar el **valor esperado bajo certeza** que es el retorno esperado o promedio, si se tiene información perfecta antes de tomar la decisión. Para calcular este valor, se elige la mejor alternativa para cada estado natural y su resultado se multiplica por la probabilidad de ocurrencia de tal estado natural.

Valor esperado bajo certeza = (Mejor salida del 1er estado natural) × (Probabilidad del 1er estado natural) + (Mejor salida del 2do estado natural) × (Probabilidad del 2do estado natural) + . . . + (Mejor salida del último estado natural) × (Probabilidad del último estado natural)

Se utilizarán los datos y la tabla de decisión del ejemplo S4 para examinar el valor esperado de la información perfecta. Esto se hace en el ejemplo S5.

ejemplo S5

Al referirse a la tabla S1.3 anterior, el administrador de P/OM de Getz Products puede calcular lo máximo que pagaría por la información, esto es, el valor esperado de la información perfecta, o EVPI. Él sigue un proceso de dos pasos. Antes que nada, se calcula el valor esperado bajo certeza. Luego, utilizando esta información, se calcula el EVPI. El procedimiento se resume de la siguiente manera.

1. La mejor salida para el estado natural "mercado favorable" es "construir una planta grande" con un resultado de $200 000. La mejor salida para el estado natural "mercado desfavorable" es "no hacer nada" con un resultado de $0.0. Valor esperado bajo certeza = ($200 000)(0.50) + ($0.0)(0.50) = $100 000. Entonces, si se tuviera información perfecta, se esperaría (en promedio) $100 000 si la decisión pudiera repetirse muchas veces.
2. El EMV máximo es $40 000, que es la salida esperada sin la información perfecta.

EVPI = Valor esperado bajo certeza – EMV máximo
= $100 000 – $40 000 = $60 000

De este modo *lo más* que Getz Products debe estar dispuesto a pagar por información perfecta es $60 000. Esto, desde luego, está basado en el supuesto de que la probabilidad de cada estado natural es de 0.50.

Árboles de decisión

Las decisiones que se prestan a desplegarse en una tabla de decisión, también pueden ser desdobladas en un árbol de decisión. Se deben analizar algunas decisiones, utilizando árboles de decisión. Es conveniente utilizar una tabla de decisión en problemas que tengan un conjunto de decisiones y de estados naturales. Muchos problemas, sin embargo, incluyen decisiones *secuenciales* y estados naturales. Cuando hay dos o más decisiones secuenciales y las decisiones posteriores están basadas en la salida de otras anteriores, es apropiada la propuesta de árboles de decisión. Un **árbol de decisión** es la representación gráfica de un proceso de decisión que indica sus alternativas, estados naturales y sus probabilidades respectivas así como los resultados para cada combinación de alternativas y estados naturales.

Árbol de decisión

Aunque se puedan aplicar todos los criterios de decisión comentados anteriormente, el valor monetario esperado (EMV) es el más utilizado y normalmente es el criterio apro-

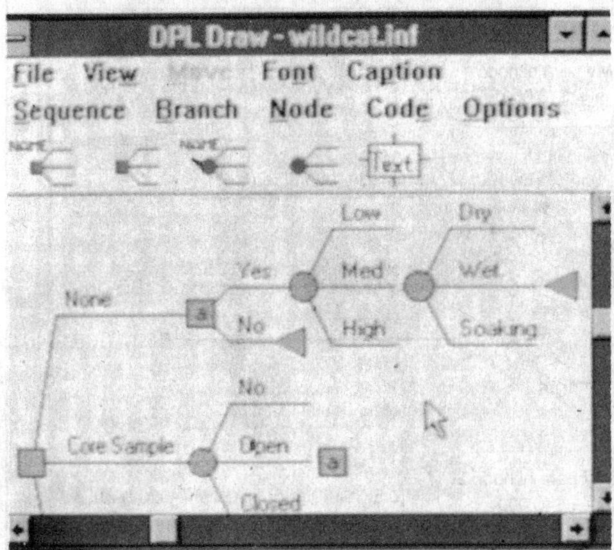

El software de árbol de decisión es un avance relativamente nuevo que permite a los usuarios resolver problemas de análisis de decisión con flexibilidad, poder y facilidad. Los programas tales como DPL y Supertree permiten que los problemas de decisión sean analizados con menos esfuerzo y en mayor profundidad que nunca antes. Las presentaciones a todo color de las opciones abiertas a los administradores siempre causan impacto. En esta fotografía las opciones de perforado de exploración son analizadas por medio de DPL, un producto de Applied Decision Analysis en Menlo Park, California.

piado para análisis de árbol de decisión. Uno de los primeros pasos en el análisis es el de graficar el árbol de decisión y especificar las consecuencias monetarias de todas las contingencias o salidas para un problema dado.

Analizar los problemas con *árboles de decisión* involucra cinco pasos:

1. Definir el problema.
2. Estructurar o dibujar el árbol de decisión.
3. Asignar probabilidades a los estados naturales.
4. Estimar resultados para cada posible combinación de alternativas y estados naturales.
5. Resolver el problema mediante el cómputo de valores monetarios esperados (EMV) para cada nodo de estado natural. Esto se realiza al trabajar *hacia atrás*, es decir, se empieza a la derecha del árbol y trabajando hacia atrás, a los nodos de decisión de la izquierda.

ejemplo S6

Un árbol de decisión completo y resuelto para Getz Products se presenta en la figura S1.2. Obsérvese que los resultados se colocan a mano derecha de cada una de las ramas del árbol. Las probabilidades (que fueron empleadas inicialmente por Getz en el ejemplo S4) son colocadas en paréntesis junto a cada estado natural. Los valores monetarios esperados para cada nodo de estado natural se calculan y se colocan junto a sus nodos respectivos. El EMV del primer nodo es de $10 000. Esto representa la rama del nodo de decisión para construir una planta grande. El EMV para el nodo 2, construir una planta pequeña, es de $40 000. No construir o no hacer nada tiene, desde luego, un resultado de $0.0. La rama que sale del nodo de decisión y lleva al nodo del estado natural con el EMV más alto será elegida. En el caso de Getz, debe construirse una planta pequeña.

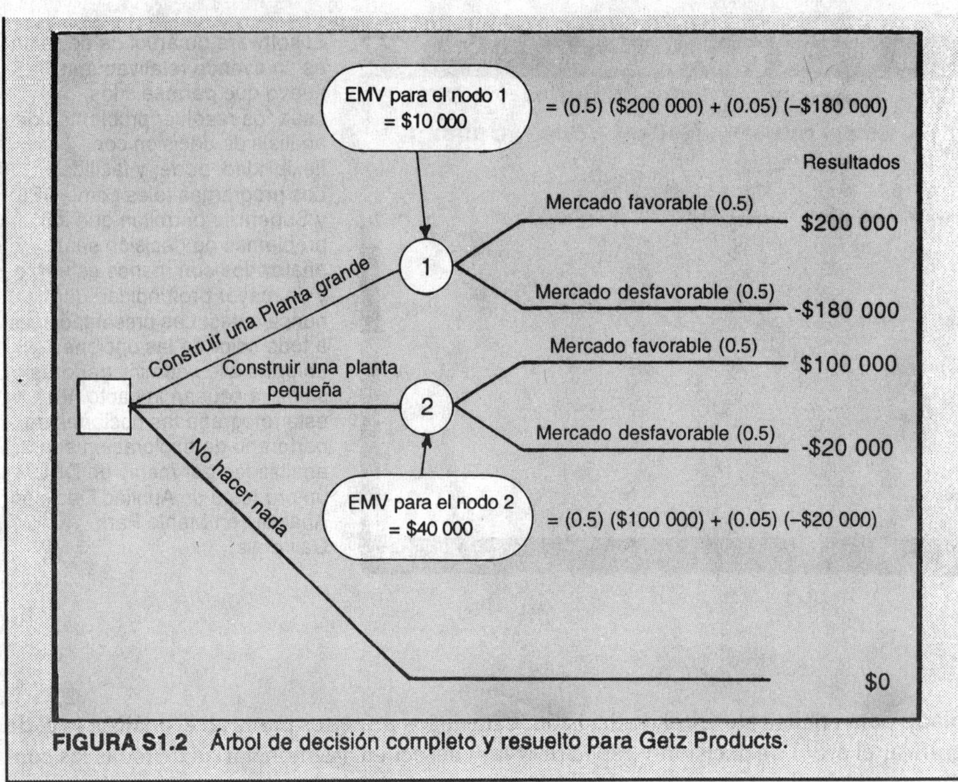

FIGURA S1.2 Árbol de decisión completo y resuelto para Getz Products.

Un árbol de decisión más complejo. Cuando se debe hacer una *secuencia* de decisiones, los árboles de decisión son herramientas mucho más potentes que las tablas de decisión. Digamos que Getz Products tiene que tomar dos decisiones, siendo la segunda decisión dependiente del resultado de la primera. Antes de decidir sobre si construir una nueva planta, Getz tiene la opción de llevar a cabo su propia encuesta de investigación de mercado, a un costo de $10 000. La información de la encuesta puede ayudar a decidir si construir una planta grande, una planta pequeña, o no hacer nada. Getz Products reconoce que tal encuesta de mercado no ofrecerá una información *perfecta*, sin embargo puede *ayudar* en algo.

El nuevo árbol de decisión de Getz se representa en la figura S1.3 del ejemplo S7. Observe cuidadosamente este árbol más complejo. Nótese que *todas las posibles salidas y alternativas* se encuentran incluidas en su secuencia lógica. Esta es una de las potencialidades del uso de árboles de decisión en la toma de decisiones. El administrador está forzado a examinar todas las salidas posibles, incluyendo las desfavorables. También se encuentra forzado a tomar decisiones de una manera lógica y secuencial.

ejemplo S7

Al examinar el árbol de la figura S1.3, se ve que el primer punto de decisión de Getz es elegir si llevará a cabo la encuesta de mercado de $10 000. Si se elige *no* llevar a cabo el estudio (la parte inferior del árbol) puede, o bien construir una planta grande, o bien una pequeña, o no hacer nada. Éste es el segundo punto de decisión de Getz. El mercado será favorable (0.50 de probabilidad) o desfavorable (también 0.50 de probabilidad) si se construye. Los resultados para cada una de las posibles consecuencias se listan a lo largo de la mano derecha. De hecho, esta porción inferior de árbol de Getz es *idéntica* al árbol de decisión más sencillo mostrado en la figura S1.2.

La parte superior de la figura S1.3 refleja la decisión de llevar a cabo la encuesta de mercado. El nodo de estado natural número 1 tiene dos ramas que salen de él. Digamos que hay una oportunidad del 45% de que los resultados de la encuesta indiquen un mercado favorable para los cobertizos de almacenamiento. Nótese también que hay una probabilidad del 55% de que los resultados de la encuesta sean negativos.

El resto de las probabilidades mostradas en paréntesis en la figura S1.3 son todas probabilidades *condicionales*. Por ejemplo, 0.78 es la probabilidad de un mercado favorable para los cobertizos *dado* un resultado positivo en la encuesta de mercado. Por supuesto, se puede esperar encontrar una alta probabilidad de un mercado favorable, dado que la investigación determinó que el mercado era bueno. No se debe olvidar, de cualquier forma, que existe una oportunidad de que la encuesta de mercado de $10 000 de Getz no haya tenido información perfecta o ni siquiera confiable. Cualquier estudio de investigación de mercado está sujeto a error. En este caso, existe una oportunidad de 22% de que el mercado para cobertizos sea desfavorable aunque los resultados de la encuesta sean positivos.

De la misma forma, nótese que hay una oportunidad de 27% de que el mercado de cobertizos sea favorable si los resultados de la encuesta de Getz son negativos. La probabilidad es mucho más alta, (0.73), de que el mercado sea en realidad desfavorable dado que la encuesta sea negativa.

Finalmente, al ver la columna de resultados de la figura S1.3, se observa que los $10 000 (el costo del estudio de mercado) tiene que ser restado de cada una de las 10 ramas superiores del árbol. Por ende, una planta grande con un mercado favorable tendría normalmente una utilidad neta de $200 000. Pero ya que el estudio de mercado fue llevado a cabo, este dato se reduce en $10 000. En un caso desfavorable, la pérdida de $180 000 aumentaría a $190 000. De igual forma, llevar a cabo la encuesta y no construir *ninguna planta* ahora tiene un resultado de –$10 000.

Con todas las probabilidades y los resultados ya especificados, se puede comenzar a calcular el valor monetario esperado para cada una de las ramas. Se principia al final o mano derecha del árbol de decisión y se trabaja hacia atrás, hacia el origen. Al finalizar, se conocerá la mejor decisión.

1. Dados resultados favorables de la encuesta,

   EMV(nodo 2) = (0.78)($190 000) + (0.22)(–$190 000) = $106 400
   EMV(nodo 3) = (0.78)($90 000) + (0.22)(–$30 000) = $63 600

   El EMV de ninguna planta es, en este caso, –$10 000. Entonces, si los resultados de la encuesta son favorables, se debe construir una planta grande.

2. Dados resultados negativos de la encuesta,

   EMV(nodo 4) = (0.27)($190 000) + (0.73)(–$190 000) = –$87 400
   EMV(nodo 5) = (0.27)($90 000) + (0.73)(–$30 000) = $2400

   El EMV de ninguna planta es de nuevo –$10 000, para esta rama. Entonces, si los resultados de la encuesta son negativos, Getz debe construir una planta pequeña con un valor esperado de $2400.

3. Al continuar con la parte superior del árbol y recorrerse hacia atrás, se calcula el valor esperado de llevar a cabo la encuesta de mercado.

   EMV(nodo 1) = (0.45)($106 400) + (0.55)($2400) = $49 200

4. Si la encuesta de mercado no se lleva a cabo,

   EMV(nodo 6) = (0.50)($200 000) + (0.50)(–$180 000) = $10 000
   EMV(nodo 7) = (0.50)($100 000) + (0.50)(–$20 000) = $40 000

   El EMV de ninguna planta es de $0.0. Entonces, construir una planta pequeña es la mejor elección, dado que la investigación de mercado no se lleve a cabo.

5. Ya que el valor monetario esperado de llevar a cabo una encuesta es de $49 200 (contra un EMV de $40 000 por no llevar a cabo el estudio) la mejor elección es *buscar información de mercado*. Si los resultados de la encuesta son favorables, Getz debe construir una planta grande; pero si la investigación es negativa, debe construirse una planta pequeña.

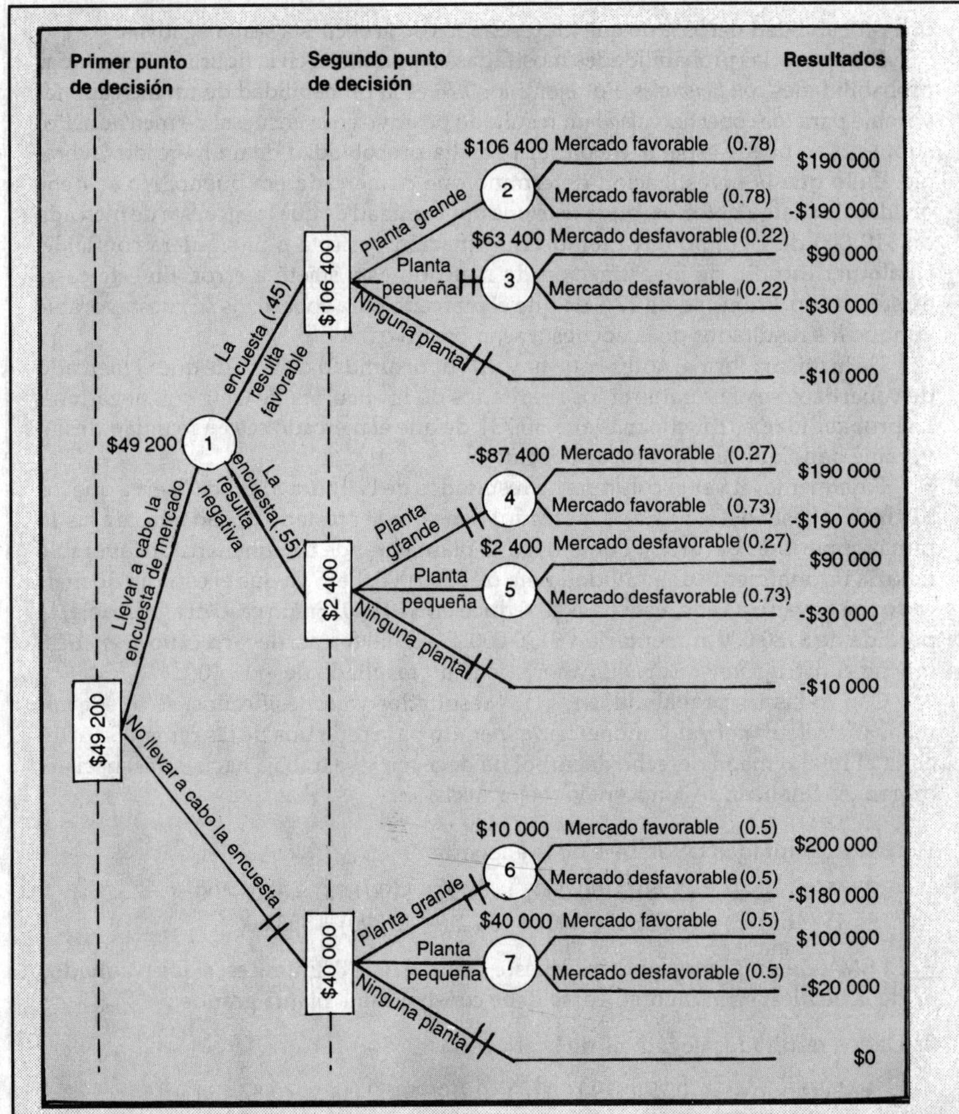

FIGURA S1.3 El árbol de decisión de Getz mostrando probabilidades y EMVs. Las líneas paralelas cortas significan "podar" dicha rama, ya que es menos favorable que otra opción disponible y debe desecharse.

RESUMEN

Este suplemento examinó el proceso de toma de decisiones que utilizan los administradores de operaciones para ayudar a lograr las metas de sus organizaciones. Se vio que este proceso involucra seis pasos:

1. definir el problema
2. establecer metas
3. formular un modelo
4. identificar soluciones alternas
5. seleccionar la mejor alternativa
6. llevar a cabo la decisión

Hay muchas categorías de modelos que serán presentadas en este libro, se incluyen modelos esquemáticos, algebraicos, de pronóstico, de control de calidad, de teoría de decisiones, de colas, simulaciones, inventarios y redes. Uno de los modelos más utilizado en las decisiones de operación es la teoría de decisión. Los árboles de decisión son especialmente valiosos para tomar decisiones bajo riesgo e incertidumbre. Las inversiones en investigación y desarrollo, planta y equipo, y aun la de nuevos edificios y estructuras se puede analizar con la teoría de decisión. Los problemas de control de inventario, planeación agregada, mantenimiento, programación y control de producción son únicamente unas cuantas aplicaciones más de la teoría de decisiones.

TÉRMINOS CLAVE

Modelo (*p. 26*)
Tabla de decisión (*p. 30*)
Maximax (*p. 31*)
Maximin (*p. 31*)
Semejanza (*p. 31*)
Valor monetario esperado (EMV) (*p. 31*)
Valor esperado de la información perfecta (EVPI) (*p. 33*)
Valor esperado bajo certeza (*p. 33*)
Árbol de decisión (*p. 34*)

PROBLEMA RESUELTO

problema resuelto S1.1

La demanda diaria para los casos del limpiador Tidy Bowl en el supermercado de Sarita Uribe ha sido siempre de cinco, seis o siete paquetes. Desarrollar un árbol de decisión que ilustre sus alternativas de decisión sobre si tener en inventario cinco, seis o siete paquetes.

Solución
El árbol de decisión se muestra en la figura S1.4.

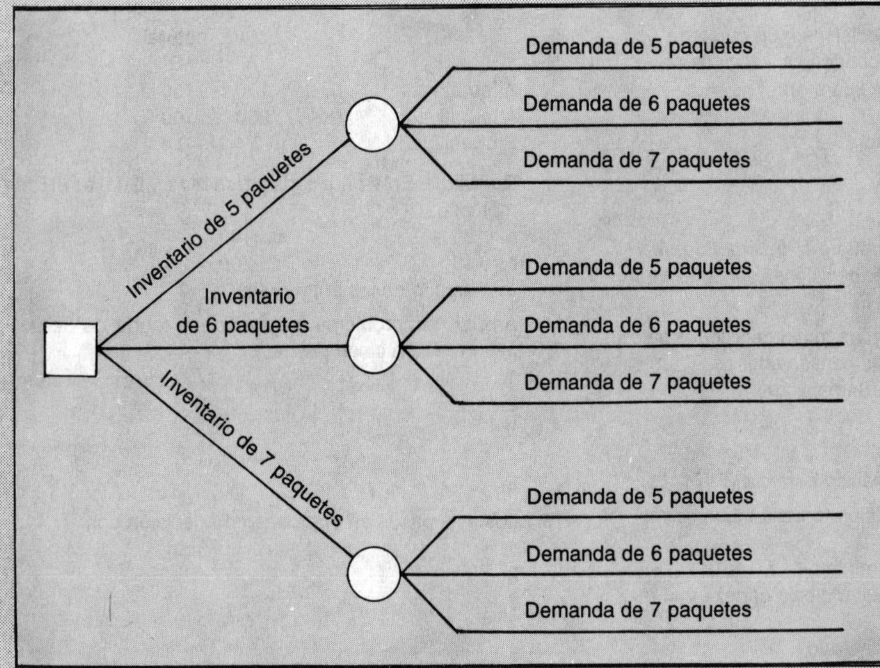

FIGURA S1.4 Demanda del supermercado de Sarita Uribe.

autoevaluación capítulo S1

- *Antes de iniciar la autoevaluación* refiérase a los objetivos de aprendizaje listados al principio del suplemento y a los términos clave listados al final del mismo.
- Utilice la clave al final del texto para *corregir* sus respuestas.
- *Vuelva a estudiar* las páginas correspondientes a cualquier pregunta que haya contestado erróneamente o el material en el que se sienta inseguro.

1. Los modelos deben ser utilizados básicamente para ayudar al administrador de operaciones a tener profundidad en la naturaleza de las relaciones del negocio y reducir, o por lo menos hacer frente, a la incertidumbre que afecta a la mayoría de las decisiones.
a. Cierto **b.** Falso

2. El primer paso en el proceso de decisión es:
a. Establecer un criterio de decisión y las metas
b. Seleccionar la mejor alternativa
c. Formular un modelo entre metas y variables
d. Definir el problema y los factores que lo influencian
e. ninguno de los anteriores

3. Cuando se toman decisiones bajo incertidumbre, ¿conocemos más o menos la semejanza de las salidas posibles que cuando tomamos las decisiones bajo riesgo?
a. más
b. menos
c. ninguna de las anteriores

4. En términos de teoría de decisiones, una ocurrencia o situación sobre la cual el que toma las decisiones no tiene control se llama(n):
a. árbol de decisión
b. decisión bajo incertidumbre
c. estado natural
d. alternativa
e. ninguno de los anteriores

5. En términos de teoría de decisiones, un curso de acción o una estrategia que pueden ser elegidos por el que toma las decisiones se llama(n):
a. árbol de decisión
b. decisión bajo incertidumbre
c. estado natural
d. alternativa
e. ninguno de los anteriores

6. Una *tabla de decisión* se prefiere a un *árbol de decisión* cuando uno debe hacer decisiones secuenciales.
a. Cierto **b.** Falso

7. De los criterios de decisión para tomar decisiones bajo incertidumbre, el criterio más conservador es:
a. Maximax **c.** Semejanza
b. Maximin **d.** EVPI
e. EMV

8. El *valor esperado de información perfecta* (EVPI) es:
a. el resultado de una decisión tomada bajo información perfecta
b. el resultado bajo riesgo mínimo
c. la diferencia entre el resultado bajo certeza y el resultado bajo riesgo
d. el resultado promedio esperado
e. ninguno de los anteriores

9. Los árboles de decisión son útiles únicamente cuando se toman decisiones bajo certeza.
a. Cierto **b.** Falso

10. La toma de decisiones bajo incertidumbre existe cuando se toma una decisión donde pueden existir varias salidas o estados naturales, como resultado de una decisión o alternativa y se conocen las probabilidades de las salidas de los estados naturales.
a. Cierto **b.** Falso

11. Una buena decisión puede tener una salida desfavorable mientras que una mala decisión puede tener una salida favorable.
a. Cierto **b.** Falso

12. Harry Lender está haciendo su primera visita a Las Vegas y planea intentar una nueva estrategia en el blackjack. Él cree que tiene una oportunidad del 51% de ganar cada mano y una oportunidad de 49% de perder cada mano basándose en su estrategia. Si apuesta $10 en cada mano, ¿cuál sería su utilidad esperada (EMV)? Asuma que en cada mano él ganará $10 o perderá $10.
a. 4.90 **b.** 5.10
c. 0 **d.** 0.20
e. ninguno de los anteriores

13. Considere la siguiente tabla de resultados:

	Estado natural A	Estado natural B
Alternativa 1	100	150
Alternativa 2	200	100
Probabilidad	0.4	0.6

Calcular el EMV para cada alternativa. ¿Cuál es el EMV más alto?
a. 130 **b.** 140
b. 140 **d.** 200
e. ninguno de los anteriores

14. Analizar un problema empleando la teoría de decisiones involucra cinco pasos:
1.
2.
3.
4.
5.

15. Los seis pasos en el proceso de decisión son:
1.
2.
3.
4.
5.
6.

PREGUNTAS PARA DISCUSIÓN

1. Describa cada paso en el proceso de decisión.
2. ¿Por qué los administradores de operaciones construyen modelos? ¿Qué tipo es más útil?
3. Dé un ejemplo de una buena decisión que haya tomado y que tuvo un mal resultado. También dé un ejemplo de una mala decisión que tuvo un buen resultado. ¿Por qué fue buena o mala cada decisión?
4. ¿Qué es una alternativa? ¿Qué es un estado natural?
5. Discuta las diferencias entre toma de decisiones bajo certeza, bajo riesgo y bajo incertidumbre.
6. Jenine Duffey está tratando de decidir si invertir en bienes raíces, acciones o certificados de depósito. Qué tan bien le vaya depende de que la economía entre en un periodo de recesión o inflación. Desarrolle una tabla de decisión (excluyendo los valores condicionales) para describir esta situación.
7. Describa el significado de EMV y EVPI. Dé un ejemplo en que el EVPI pueda ayudar a un administrador.
8. ¿Qué técnicas se utilizan para resolver problemas de toma de decisiones bajo incertidumbre? ¿Qué técnica ofrece en una decisión optimista? ¿Qué técnica ofrece una decisión pesimista?

PROBLEMAS

• **S1.1** Dada la siguiente tabla de valores condicionales, determine la decisión apropiada bajo incertidumbre utilizando:

a) maximax
b) maximin
c) semejantes
d) minimax

	Estados naturales		
Alternativas	*Mercado muy favorable*	*Mercado promedio*	*Mercado desfavorable*
Planta grande	$275 000	$100 000	–$150 000
Planta pequeña	$200 000	$ 60 000	–$ 10 000
Tiempo extra	$100 000	$ 40 000	–$ 1 000
No tomar medidas	$ 0	$ 0	$ 0

• **S1.2** La compañía de Jerry Bauman está considerando la expansión de sus instalaciones actuales para afrontar la creciente demanda. Una expansión mayor costaría $500 000, mientras que una expansión menor costaría $200 000. Si la demanda es alta en el futuro, la expansión mayor acarrearía una utilidad adicional de $800 000, pero si la demanda es baja, habría una pérdida de $500 000. Si la demanda es alta, la expansión menor traería un incremento de utilidades de $200 000, pero si la demanda es baja, habría una pérdida de $100 000. La compañía tiene la opción de no expandirse. Si existe una oportunidad de 50% de que la demanda sea alta, ¿qué debe hacer la compañía para maximizar las utilidades promedio a largo plazo?

•• **S1.3** Foto Color es un pequeño proveedor de químicos y equipo utilizado por algunas tiendas de fotografía para procesar la película de 35mm. Un producto que Foto Color provee es el BC-6. Doug Niles, presidente de Foto Color, normalmente almacena 11, 12 o 13 paquetes de BC-6 cada semana. Por cada paquete que Doug vende, recibe una utilidad de $35. Ya que el BC-6, como muchos químicos fotográficos, tiene una vida de estante muy corta, si el paquete no se vende para el fin de semana Doug debe descartarlo. Puesto que cada paquete le cuesta a Doug $56, y pierde $56 por cada paquete que no se venda para el fin de semana. Hay una probabilidad de 0.45 de vender 11 paquetes, una probabilidad de 0.35 de vender 12 paquetes y una probabilidad de 0.2 de vender 13 paquetes.

a) ¿Cuál es el curso de acción que recomienda?
b) Si Doug es capaz de desarrollar el BC-6 con un ingrediente que estabiliza el BC-6 de modo que ya no tenga que ser descartado, ¿cómo cambiaría esto su curso de acción recomendado?

•• **S1.4** Young Cheese Company es un pequeño fabricante de varios productos diferentes de queso. Uno de estos productos es un queso untable que se vende a los detallistas. Peg Young debe decidir cuántos paquetes de queso fabricar cada mes. La probabilidad de que la demanda sea de 6 paquetes es de 0.1, para 7 paquetes es de 0.3, para 8 paquetes es de 0.5, y de 9 paquetes es de 0.1. El costo de cada paquete es de $45, y el precio que Peg consigue para cada paquete es de $95. Desafortunadamente, cada paquete que no se venda para el fin de mes no tiene valor debido a que se echa a perder. ¿Cuántos paquetes de queso debe fabricar Peg cada mes?

•• **S1.5** El ingeniero en jefe de Atlantic Chemical, Inc., Coleman Moses, tiene que decidir si construir o no unas instalaciones de procesamiento nuevas, utilizando la última tecnología. Si la nueva instalación de procesamiento trabaja, la compañía podría aumentar su utilidad en $200 000. Si la instalación de procesamiento falla, la compañía tendría una pérdida de $150 000. En este momento, Coleman estima que hay una oportunidad de 60% de que este nuevo proceso falle.

La otra opción es la de construir una planta piloto y entonces decidir si se construye o no una instalación completa. La construcción de la planta piloto costaría $10 000. Coleman estima que hay una oportunidad de 50/50 de que la planta piloto trabaje. Si la planta piloto trabaja, hay un 90% de probabilidad de que la planta completa, si se construye, trabaje. Si el proyecto de la planta piloto no trabaja, únicamente hay una oportunidad del 20% de que el proyecto completo (si se construye) trabaje. Coleman se enfrenta un dilema. ¿Debe construir la planta? ¿Debe construir el proyecto piloto y tomar una decisión después? Ayude a Coleman mediante el análisis de este problema de teoría de decisiones.

•• **S1.6** El presidente de SS Industries, Stanley Shader, está considerando construir o no una planta en Ozarks. Su decisión se concentra en la tabla siguiente:

Alternativas	*Mercado favorable*	*Mercado desfavorable*
Construir una planta grande	$400 000	–$300 000
Construir una planta pequeña	$80 000	–$10 000
No construir	$0	$0
Probabilidades del mercado	0.4	0.6

a) Construir un árbol de decisión.
b) Determinar la mejor estrategia utilizando el valor monetario esperado (EMV).
c) ¿Cuál es el valor esperado de la información perfecta?

• **S1.7** Varzandeh Mfg. Corp., compra switches on-off de dos proveedores. La calidad de los switches de los proveedores se indica como sigue:

Porcentaje defectuoso	*Probabilidad del proveedor A*	*Probabilidad del proveedor B*
1	0.70	0.30
3	0.20	0.40
5	0.10	0.30

Por ejemplo, la probabilidad de obtener un lote de switches del proveedor, que tenga 1% de defectuosos es de 0.70. Ya que Varzandeh pide 10 000 por orden, esto significa que hay un 0.7 de probabilidad de tener 100 switches defectuosos en 10 000 piezas si se utiliza el proveedor A para surtir el pedido. Un switch defectuoso se puede reparar por $0.50. Aunque la calidad del proveedor B es inferior, venderá una orden de 10 000 por $37 menos que el proveedor A.
a) Desarrolle un árbol de decisión.
b) ¿Qué proveedor debe utilizar Varzandeh?

•• **S1.8** Judy Shaw, un concesionario del parque de pelota local, ha desarrollado una tabla de valores condicionales para varias alternativas (decisión de almacenamiento) y estados naturales (tamaño de la asistencia).

	Estados de naturaleza (tamaño de la asistencia)		
Alternativas	*Grande*	*Promedio*	*Pequeña*
Inventario grande	$20 000	$10 000	–$2000
Inventario promedio	$15 000	$12 000	$6000
Inventario pequeño	$ 9 000	$ 6 000	$5000

Si las probabilidades asociadas con los estados naturales son de 0.30 para una gran asistencia, 0.50 para una asistencia promedio, y 0.20 para una asistencia pequeña, determine:
a) la alternativa que ofrece el mayor valor monetario esperado (EMV).
b) El valor esperado de la información perfecta (EVPI).

•• **S1.9** Aunque las estaciones independientes de gasolina han pasado tiempos difíciles, Susan Myers ha estado pensando comenzar con una nueva estación independiente de gasolina. El problema de Susan es decidir qué tan grande debe ser su estación. El retorno anual de la inversión, dependerá tanto del tamaño de su estación como de un número de factores relacionados con la industria del petróleo y de la demanda de gasolina. Después de un cuidadoso análisis, Susan desarrolló la siguiente tabla.

Tamaño de la primera estación	*Mercado bueno ($)*	*Mercado promedio ($)*	*Mercado malo ($)*
Pequeño	50 000	20 000	–10 000
Mediano	80 000	30 000	–20 000
Grande	100 000	30 000	–40 000
Muy grande	300 000	25 000	–160 000

Por ejemplo, si Susan construye una estación pequeña y el mercado es bueno, ella tendrá una utilidad de $50 000.

a) Desarrolle una tabla de decisión para esta decisión.
b) ¿Cuál es la decisión maximax?
c) ¿Cuál es la decisión maximin?
d) ¿Cuál es la decisión de semejanza?

•• **S1.10** Usando los datos del problema S1.9, desarrolle un árbol de decisión y determine la mejor decisión basada en el criterio de valor monetario máximo esperado. Asuma que cada salida es semejante.

•• **S1.11** Carla Daves es administradora del Lowell Hospital. Ella está tratando de determinar entre la construcción de una gran ala del hospital existente, un ala pequeña o nada. Si la población de Lowell continúa creciendo; una ala grande le daría $150 000 de ganancias anuales al hospital. Si el ala pequeña se construyera, y la población continúa creciendo, le daría $60 000 al hospital anualmente. Si la población de Lowell permanece constante, y se construyera una ala grande, el hospital se enfrentaría a una pérdida de $85 000. Por otro lado, se tendría una pérdida de $45 000 si se construye una ala pequeña y la población permanece constante. Desafortunadamente, Carla no tiene información alguna acerca de la población futura de Lowell.

a) Construya un árbol de decisión.
b) Construya una tabla de decisión.
c) Usando el criterio de semejanza, determine la mejor alternativa.
d) Si la probabilidad de crecimiento en la población es de 0.6 y la de permanecer constante es de 0.4, y el criterio de decisión es el de valor monetario esperado, ¿cuál es la decisión que debe tomar Carla?

• **S1.12** Jim Rice está considerando abrir una tienda de bicicletas en Oshkosh. A Jim le gusta andar en bicicleta, pero ésta es además una opción de negocio del cual quiere vivir. Jim puede abrir una tienda pequeña, una tienda grande, o no abrir nada. Dado que existe un arrendamiento de cinco años en el edificio que Jim proyecta utilizar, quiere estar seguro de tomar la decisión correcta. Jim también piensa contratar a su viejo profesor de mercadotecnia, para que lleve a cabo un estudio de investigación de mercado y ver si existe un mercado para sus servicios. A partir de los estudios hechos, los resultados pueden ser favorables o desfavorables. Desarrolle un árbol de decisión para Jim.

•• **S1.13** Jim Rice (del problema S1.12) ha hecho algunos análisis sobre su proyecto de la tienda de bicicletas. Si Jim construye una tienda grande ganará $60 000 si el mercado es favorable, pero perderá $40 000 si el mercado es desfavorable. La tienda pequeña le dará ganancias por $30 000 con un mercado favorable, y una pérdida de $10 000 si el mercado es desfavorable. Actualmente él cree que exista una oportunidad de 50/50 de que haya un mercado favorable. Su antiguo profesor de mercadotecnia le cobrará $5000 por la investigación de mercado. Él ha estimado que hay un 0.6 de probabilidad de que la encuesta de mercado sea favorable. Más aún, hay una probabilidad de 0.9 de que el mercado sea propicio, si el resultado del estudio es favorable. Sin embargo, el profesor de mercadotecnia ha advertido a Jim que sólo hay una probabilidad de 0.12 de un mercado favorable, si la investigación de mercado da resultados desfavorables. Expanda el árbol de decisión del problema S1.12 para ayudar a Jim a decidir sobre lo que debe hacer.

• **S1.14** Dick Holliday no está seguro de lo que debe hacer. Puede construir una sección grande para renta de videos o bien una pequeña en su farmacia. También puede reunir información adicional, o sencillamente no hacer nada. Si obtiene información adicional, los resultados pueden sugerir un mercado favorable o desfavorable, pero le costaría $3000 reunir la información. Dick piensa que hay una oportunidad de 50/50 de que la información sea favorable. Si el mercado de rentas es favorable, Dick ganará $15 000 con la sección grande o $5000 con la pequeña. Sin embargo con un mercado desfavorable en renta de video, Dick perdería $20 000 con la sección grande o $10 000 con la sección pequeña. Sin reunir información adicional, Dick estima que la probabilidad de un mercado de renta favorable es de 0.7. Un reporte favorable del estudio, incrementaría la probabilidad de un mercado de renta favorable a 0.9. Más aún, un reporte desfavorable de la información adicional restaría la probabilidad de un mercado de renta favorable a 0.4. Desde luego, Dick puede olvidarse de todos estos números y no hacer nada. ¿Qué consejo le daría a Dick?

•• **S1.15** Bakery Products está considerando la introducción de una nueva línea de productos. Con el fin de producir la nueva línea, la panadería está considerando una renovación mayor o menor de la planta actual. La siguiente tabla de valores condicionales ha sido desarrollada por la panadería.

Alternativas	*Mercado favorable*	*Mercado desfavorable*
Renovación mayor	$100 000	–$90 000
Renovación menor	$ 40 000	–$20 000
No tomar medidas	$ 0	$ 0

Bajo el supuesto de que la probabilidad de un mercado favorable sea igual a la probabilidad de un mercado desfavorable, determine:

a) el árbol de decisión apropiado mostrando resultados y probabilidades.
b) la mejor alternativa utilizando valor monetario esperado (EVM).

CASO DE ESTUDIO

La operación *Bypass* de corazón de Nigel Smythe

Nigel Smythe, un robusto administrador de preparatoria de 50 años de edad, que vive en los suburbios del norte de Dallas, ha recibido el diagnóstico de una cardióloga de la Universidad de Texas diciendo que tiene una válvula del corazón defectuosa. Aunque él es sano en todo lo demás, el problema del corazón de Smythe puede ser fatal si no se atiende.

No se tienen disponibles datos confiables de investigaciones que predigan la probabilidad de supervivencia sin cirugía para un hombre de la edad y condiciones del Sr. Smythe. Basada en su propia experiencia y artículos recientes de diarios médicos, la cardióloga le ha dicho que si él elige evadir el tratamiento quirúrgico del problema de la válvula, las oportunidades para vivir serían aproximadamente como sigue: únicamente un 50% de oportunidad de vivir un año, un 20% de oportunidad de sobrevivir dos años, una tasa de 20% para cinco años, y un 10% de vivir hasta los 58 años. Ella cree que la probabilidad de vivir después de los 58 años sin un bypass en el corazón es extremadamente baja.

La operación de bypass, sin embargo, es un procedimiento quirúrgico serio. El 5% de los pacientes fallece durante la operación o en el periodo de recuperación, con un 45% adicional que muere durante el primer año. Un 20 % sobrevive cinco años, 13% sobrevive 10 años, y 8, 5 y 4% sobreviven, respectivamente, 15, 20 y 25 años.

Preguntas para discusión

1. ¿Cree usted que el Sr. Smythe deba seleccionar la operación de bypass?
2. ¿Qué otros factores deben ser tomados en cuenta?

BIBLIOGRAFÍA

Brown, R. "Do Managers Find Decision Theory Useful?" *Harvard Business Review* (mayo-junio de 1970), pp. 78-89.

Pratt, J. W., H. Raiffa y R. Schlaifer. *Introduction to Statistical Decision Theory.* Nueva York: McGraw-Hill, 1965.

Raiffa, H. *Decision Analysis: Introductory Lectures on Choises Under Certainty.* Reading, MA: Addison-Wesley, 1968.

Render, B. y R. M. Stair, Jr. *Introduction to Management Science.* Boston: Allyn and Bacon, 1992.

Render, B. y R. M. Stair, Jr. *Quantitative Analysis for Management*, 5a. edición, Boston: Allyn and Bacon, 1991.

Schlaifer, R. *Analysis of Decisions Under Certainty.* Nueva York: McGraw-Hill, 1969.

Ulvila, J. "Postal Automation Technology: A Decision Analysis." *Interfaces* **17** (marzo-abril de 1987), pp. 1-12.

Ulvila, J. y R. Brown. "Decision Analysis Comes of Age." *Harvard Business Review* (septiembre-octubre de 1982), p. 130.

Pronósticos

capítulo **2**

PERFIL DEL CAPÍTULO

OBJETIVOS DE APRENDIZAJE

Cuando termine este capítulo usted podrá:

Identificar o definir:

Pronósticos
Tipos de pronósticos
Horizontes de tiempo
Aproximaciones a pronósticos

Explicar:

Promedios móviles
Suavización exponencial
Proyecciones con tendencia
Análisis de regresión y correlación

A diario los administradores toman decisiones sin saber qué sucederá en el futuro. El inventario se ordena sin una certeza de lo que serán las ventas; el equipo nuevo se compra a pesar de la incertidumbre sobre la demanda de los productos; y las inversiones se hacen sin saber cuál será la utilidad. Los administradores siempre están tratando de hacer mejores estimaciones acerca de lo que sucederá en el futuro al afrontar la incertidumbre. El propósito fundamental de los pronósticos es el de hacer buenas estimaciones.

En este capítulo se examinarán los diferentes tipos de pronósticos, y se presentará una variedad de modelos de pronósticos con nombres tales como promedios móviles, suavización exponencial y regresión lineal. El propósito es mostrar que hay muchas maneras en que los administradores pueden pronosticar el futuro. También se ofrece un repaso sobre el pronóstico de ventas en los negocios y describiremos cómo preparar, monitorear y juzgar la exactitud de un pronóstico. Los buenos pronósticos son una parte *esencial* de un servicio eficiente y de las operaciones de manufactura; también son una herramienta importante en la construcción de modelos para la toma de decisiones.

¿QUÉ ES PRONOSTICAR?

Pronosticar

Pronosticar es el arte y la ciencia de predecir los eventos futuros. Puede involucrar el manejo de datos históricos para proyectarlos al futuro, mediante algún tipo de modelo matemático. Puede ser una predicción del futuro subjetiva o intuitiva. O bien una combinación de ambas, es decir, un modelo matemático ajustado por el buen juicio de un administrador.

Al conocer las diferentes técnicas de pronósticos en este capítulo, se dará cuenta de que rara vez existe un único modelo superior. Lo que mejor funciona en una empresa bajo un conjunto de condiciones, puede ser un desastre completo en otra organización, o incluso en otro departamento de la misma empresa. En forma adicional, podrá advertir que existen límites sobre lo que puede esperarse de los pronósticos. Rara vez son, si acaso, perfectos; también son caros y consumen tiempo en su preparación y monitoreo.

Sin embargo, pocos negocios pueden darse el lujo de evitar el proceso del pronóstico sólo en espera de lo que pueda suceder para tomar entonces las oportunidades. La planeación efectiva depende del pronóstico de la demanda para los productos de la compañía.

Horizontes de tiempo en pronósticos

Los pronósticos se clasifican generalmente en el horizonte de tiempo futuro que describen. Las tres categorías son útiles para los administradores de operaciones, y se numeran a continuación:

1. *Pronóstico a corto plazo.* Este tiene un lapso de hasta un año, pero es generalmente menor a tres meses. Se utiliza para planear las compras, programación de planta, niveles de fuerza laboral, asignaciones de trabajo y niveles de producción.
2. *Pronóstico a mediano plazo.* Un pronóstico de rango mediano, o intermedio, generalmente con un lapso de tres meses a tres años. Es valioso en la planeación de producción y presupuestos, planeación de ventas, presupuestos de efectivo, y el análisis de varios planes de operación.
3. *Pronóstico a largo plazo.* Generalmente con lapsos de tres años o más, los pronósticos a largo plazo se utilizan para planear nuevos productos, desembolsos de capital, localización de instalaciones o su expansión, y la investigación y el desarrollo.

Los pronósticos a mediano y largo plazo tienen tres características que los distingue de los pronósticos a corto plazo. Primero, los pronósticos a mediano y largo plazo tienen que ver con asuntos más extensos, apoyan las decisiones administrativas con respecto a la planeación, los productos, plantas y procesos. Implementar algunas decisiones de la planta, tal como abrir una nueva planta de manufactura para automóviles Saturn, puede

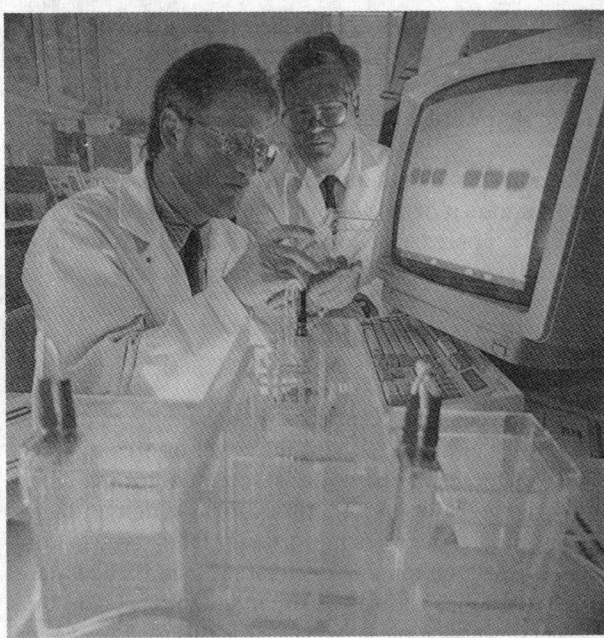

Para darse cuenta de las tendencias futuras en el mundo de la investigación médica, Bristol-Myers Squibb Company interrogó a 200 científicos investigadores reconocidos. Estos líderes formaron un *jurado de opinión ejecutiva* que sugirió que el tratamiento de las enfermedades se concentrara en la causa de la enfermedad. En otras palabras, en lugar de tratar enfermedades como el cáncer a través de la eliminación de sus síntomas, el tratamiento médico se enfocará en atacar células individuales de la propia enfermedad. Como resultado de este pronóstico cualitativo, Bristol-Myers creó el clasificador de células activadas con fluorescencia, que apunta hacia los anticuerpos de células con tumor a través del uso de rayo láser y computadoras.

llevarse de cinco a ocho años desde el principio hasta la terminación. En segundo lugar, el pronóstico a corto plazo generalmente utiliza metodologías diferentes de aquellos a mayor plazo. Las técnicas matemáticas tales como promedios móviles, suavización exponencial y extrapolación con tendencia (los cuales se explicarán más adelante) son comunes en los proyectos cortos. En forma más amplia, los métodos *menos* cuantitativos son valiosos para predecir cuestiones tales como si un nuevo producto, como una grabadora de disco óptico, debe ser incorporada a la línea de productos de una compañía. Y tercero, como es de esperarse, los pronósticos a corto plazo tienden a ser más exactos que los pronósticos a mayor plazo. Los factores que influyen en la demanda cambian diariamente; así que, si existe incremento en el horizonte de tiempo, es probable que la exactitud del pronóstico disminuya. Es casi inútil decir, por consiguiente, que los pronósticos de ventas tienen que actualizarse con regularidad con objeto de mantener su valor. El pronóstico tiene que revisarse después de cada periodo de ventas.

La influencia del ciclo de vida del producto

Otro factor que se debe considerar cuando se desarrollen pronósticos de ventas, especialmente a plazos largos, es el ciclo de vida del producto. Los productos, y aun los servicios, no se venden a niveles constantes a través de sus vidas. Los productos más exitosos pasan a través de cuatro estados: (1) introducción, (2) crecimiento, (3) madurez y (4) declinación.

Los productos, en los dos primeros estados de su ciclo de vida necesitan pronósticos más largos que aquellos en sus fases de madurez y declinación. Los pronósticos son útiles para proyectar diferentes niveles de asesoría, niveles de inventarios, y capacidad de la planta mientras el producto pasa del primer estado al último. El tema de lanzar productos nuevos, y sus ciclos de vida, se trata con más detalle en el capítulo 4.

TIPOS DE PRONÓSTICOS

Las organizaciones utilizan tres tipos principales de pronósticos al planear el futuro de sus operaciones. Los dos primeros, pronósticos económicos y tecnológicos, son técnicas especializadas que pueden ser ajenas al papel del administrador de operaciones; sólo se describen brevemente aquí. El énfasis en este libro se refiere únicamente al tercero, los pronósticos de la demanda.

Pronósticos económicos

1. **Pronósticos económicos** marcan el ciclo del negocio al predecir las tasas de inflación, oferta de dinero, nuevas construcciones, y otros indicadores de planeación.

Pronósticos tecnológicos

2. **Pronósticos tecnológicos** tienen que ver con tasas de progreso tecnológico, que pueden dar por resultado el nacimiento de productos novedosos, que requieren nuevas plantas y equipo.

Pronósticos de demanda

3. **Pronósticos de demanda** son proyecciones de la demanda para los productos o servicios de una compañía. Estos pronósticos, también llamados pronósticos de ventas, conducen la producción de una compañía, la capacidad, y los sistemas de programación, y sirven como insumos a la planeación financiera, de mercado y de personal.

ENFOQUES PARA PRONOSTICAR

Pronósticos cuantitativos

Pronósticos cualitativos

Existen dos enfoques generales para pronosticar, así como existen dos maneras de abordar todos los modelos de decisión. Uno es el análisis cuantitativo; el otro es el acceso cualitativo. Los **pronósticos cuantitativos** manejan una variedad de modelos matemáticos que utilizan datos históricos y/o variables causales para pronosticar la demanda. Los **pronósticos cualitativos** o subjetivos incorporan factores importantes tales como la intuición, emociones, experiencias personales del que toma la decisión, y sistema de valores para alcanzar un pronóstico. Algunas compañías utilizan solamente una forma; algunas utilizan la otra; pero en la práctica una combinación o mezcla de los dos estilos es generalmente lo más efectivo.

Repaso de métodos cualitativos

En esta sección se consideran cuatro técnicas de pronóstico *cualitativo* diferentes.

Jurado de opinión ejecutiva

1. **Jurado de opinión ejecutiva.** Este método toma la opinión de un pequeño grupo de administradores de alto nivel, a menudo en combinación con modelos estadísticos, y se obtiene una estimación de grupo sobre la demanda.

Compuesto de fuerza de ventas

2. **Compuesto de fuerza de ventas.** En este pronóstico, cada vendedor realiza un estimado de ventas para su región; estos pronósticos son revisados para asegurarse que son realistas, y entonces se combinan a niveles de distrito y nacionales para lograr un pronóstico global.

Método Delphi

3. **Método Delphi.** Este proceso grupal iterativo permite a los expertos, que pueden estar situados en diferentes lugares, hacer pronósticos. Existen tres tipos diferentes de participantes en el proceso Delphi: los que toman la decisión, personal asesor y encuestados. Los tomadores de decisión generalmente consisten en un grupo de cinco a 10 expertos que harán el pronóstico real. El personal asesor asiste a los que toman la decisión al preparar, distribuir, recolectar y resumir una serie de cuestionarios y resultados de encuestas. Los encuestados son un grupo de personas cuyos juicios son evaluados y vistos. Este grupo alimenta información a los responsables de la toma de decisiones antes de que se haga el pronóstico.

Encuesta a consumidores de mercado

4. **Encuesta a consumidores de mercado.** Este método solicita la información de los clientes o clientes potenciales acerca de sus planes futuros de compra. Puede ayudar no solamente a preparar el pronóstico sino también a mejorar el diseño del producto y la planeación de productos nuevos.

Visión general de métodos cuantitativos

En este capítulo se tratan cinco métodos cuantitativos para pronosticar. Ellos son:

1. Simplista 2. Promedios móviles 3. Suavización exponencial 4. Proyección de tendencia	Modelos de series de tiempo
5. Modelo causal de regresión lineal	Modelo causal

La economía de Alaska está dominada por el petróleo. Un impresionante 90% del presupuesto se deriva de los 1.5 millones de barriles de petróleo que se extraen diariamente en Prudhoe Bay. La construcción de una fuente más amplia y una economía basada en los ingresos de una industria, el petróleo, es un gran reto para desarrollar. Por lo mismo, se hizo necesario pronosticar cualquier plan a largo plazo.

El pronóstico estadístico generalmente no ayuda cuando es difícil confiar en los datos históricos y en la tendencia. El método Delphi se volvió el eje de los pronósticos a largo plazo en Alaska.

El panel Delphi de expertos tuvo que representar a todos los grupos y opiniones en el estado y en todas las áreas geográficas. Esto significa un gran panel. Pero Delphi fue la herramienta perfecta para pronosticar, porque se podían evitar los viajes del grupo de expertos. Esto también permitía la participación de los líderes de Alaska, porque sus agendas no se impactaban con juntas y viajes.

Modelos de series de tiempo. Los primeros cuatro se llaman modelos de **series de tiempo.** Ellos predicen sobre la base de la suposición de que el futuro es una función del pasado. En otras palabras, ellos ven lo que ha pasado en un periodo de tiempo y usan una serie de datos pasados para hacer el pronóstico. Si se hacen predicciones sobre ventas semanales de podadoras de pasto, se utilizan las ventas realizadas en semanas anteriores para hacer el pronóstico.

Modelos de series de tiempo

Modelos causales. La regresión lineal, un modelo causal, incorpora al modelo las variables o factores que pueden influenciar la cantidad que se pronostica. Un modelo causal para ventas de podadoras de pasto puede incluir factores tales como principios de planta nuevos, presupuesto para anunciar y precios de los competidores.

Modelos causales

Ocho pasos para un sistema de pronósticos

Independientemente del método utilizado para pronosticar, se siguen los mismos ocho pasos:

1. Determinar el uso del pronóstico: ¿qué objetivos se persigue obtener?
2. Seleccionar las partidas que se van a pronosticar.
3. Determinar el horizonte de tiempo del pronóstico: ¿es a corto, mediano o largo plazo?
4. Seleccionar un(os) modelo(s) de pronóstico.
5. Juntar los datos necesarios para hacer el pronóstico.
6. Validar el modelo de pronóstico.
7. Hacer el pronóstico.
8. Instrumentar los resultados.

Estos pasos presentan una manera sistemática de iniciar, diseñar y llevar a cabo un sistema de pronósticos. Cuando el sistema se emplea para generar pronósticos en forma regular durante un tiempo determinado, los datos deben recolectarse en forma rutinaria, y los cómputos reales usados para pronosticar, se obtienen de manera automática, generalmente por computadora.

PRONÓSTICOS DE SERIES DE TIEMPO

Una serie de tiempo se basa en la secuencia de puntos de datos separados de manera uniforme (semanal, mensual, trimestral, y así sucesivamente). Los ejemplos incluyen ventas semanales de IBM PS/2s, reportes trimestrales de ganancias de acciones de AT&T, embarques diarios de pilas Eveready, e índices anuales de precios a consumidores en Estados Unidos. El pronóstico en series de tiempo implica que los valores futuros se predicen *únicamente* a partir de valores pasados, y que otras variables se ignoren, no importa que tan potencialmente valiosas sean.

Descomposición de una serie de tiempo

El análisis de las series de tiempo propone fraccionar los datos en componentes para proyectarlos hacia el futuro. Una serie de tiempo tiene cuatro componentes típicos: tendencia, estacionalidad, ciclos y variación al azar.

1. *Tendencia (T)* es el movimiento gradual, ascendente o descendente, de los datos a través del tiempo.
2. *Estacionalidad (S)* es el patrón de datos que se repite a sí mismo después de un periodo de días, semanas, meses o trimestres (de este último surgió el término *estacionalidad*, *i.e.*, las estaciones, otoño, invierno, primavera y verano). Existen seis patrones estacionales comunes:

Periodo del patrón	*Longitud*	*Número de estaciones del patrón*
Semana	Día	7
Mes	Semana	$4\text{-}4^1/_2$
Mes	Día	28-31
Año	Trimestre	4
Año	Mes	12
Año	Semana	52

3. *Ciclos (C)* son patrones que ocurren en los datos cada varios años. Generalmente se encuentran ligados al ciclo del negocio y son de importancia vital en el análisis y planeación de negocios a corto plazo.
4. *Variaciones al azar (R)* son "señales" en los datos causadas por oportunidades y situaciones inusuales; no siguen un patrón perceptible.

La figura 2.1 muestra una serie de tiempo y sus componentes.

En estadística existen dos formas generales de modelos de series de tiempo. El más ampliamente utilizado es un modelo multiplicativo, que asume que la demanda es el producto de los cuatro componentes:

$$\text{Demanda} = T \times S \times C \times R$$

Un modelo aditivo ofrece un estimado mediante la suma de los componentes. Se establece como:

$$\text{Demanda} = T + S + C + R$$

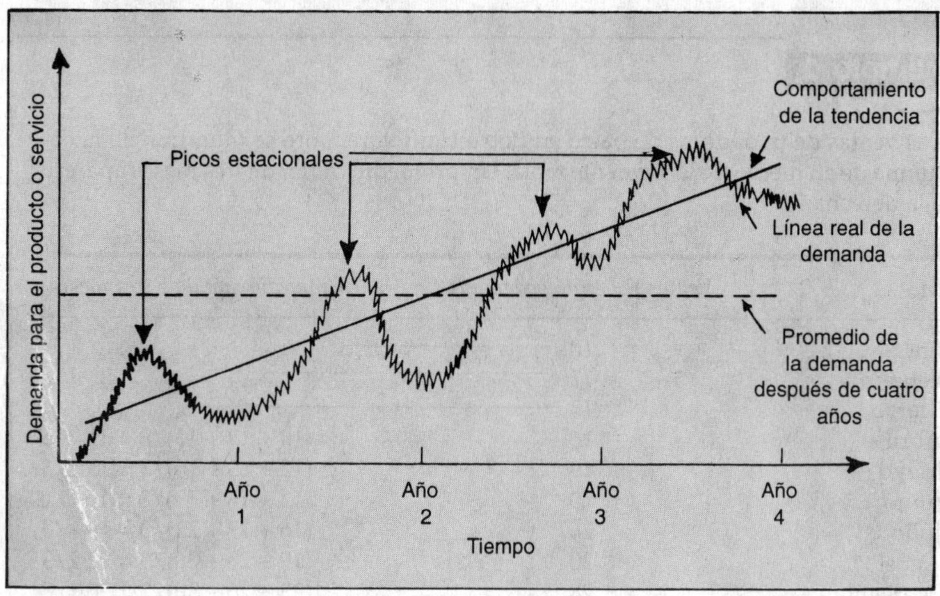

FIGURA 2.1 Demanda del producto, graficada sobre cuatro años con la tendencia y estacionalidad indicadas.

En los modelos del mundo real, los que pronostican asumen que las variaciones al azar se promedian en el tiempo. Por lo tanto, se concentran únicamente en el componente estacional. Un componente es la combinación de la tendencia y los factores cíclicos.

Enfoque simplista

La manera más fácil de pronosticar es asumir que la demanda del siguiente periodo es justamente igual a la demanda en el periodo más reciente. En otras palabras, si las ventas de un producto, por ejemplo teléfonos celulares, fue de 68 unidades en enero, podemos pronosticar que las ventas de febrero serán también de 68 teléfonos. ¿Qué sentido tiene esto? Resulta que algunas líneas de productos, seleccionan a este **enfoque simplista** porque es el modelo de pronóstico más eficiente en costo y más objetivo. Por lo menos ofrece un punto de partida sobre el que se pueden comparar los modelos más sofisticados que vienen a continuación.

Enfoque simplista

Promedios móviles

Los **promedios móviles** son útiles si se asume que las demandas del mercado serán más o menos constantes durante un determinado periodo de tiempo. Un promedio móvil de cuatro meses se toma sencillamente, como la suma de la demanda durante los últimos cuatro meses dividida entre 4. Con cada mes que pasa, el dato del mes más reciente se adiciona a la suma de los datos de los tres meses previos, y el primer mes se suprime. Esto tiende a suavizar las irregularidades a corto plazo en las series de datos.

Promedios móviles

Matemáticamente, el promedio móvil simple (que sirve como estimación de la demanda del periodo siguiente) se expresa como:

$$\text{Promedio móvil} = \frac{\Sigma \text{ Demanda en } n \text{ periodos previos}}{n} \tag{2.1}$$

donde n es el número de periodos en el promedio móvil; por ejemplo, cuatro, cinco o seis meses, respectivamente, para un promedio móvil de cuatro, cinco o seis periodos.

Ejemplo alterno 2.1

ejemplo 1

Las ventas de podadoras de pasto en Bob's Hardware Store se muestran en la columna de en medio de la siguiente tabla. Un promedio móvil de tres meses aparece a la derecha.

Mes	*Ventas reales de podadoras*	*Promedio móvil de tres meses*
Enero	10	
Febrero	12	
Marzo	13	
Abril	16	(10 + 12 + 13)/3 = 11 2/3
Mayo	19	(12 + 13 + 16)/3 = 13 2/3
Junio	23	(13 + 16 + 19)/3 = 16
Julio	26	(16 + 19 + 23)/3 = 19 1/3
Agosto	30	(19 + 23 + 26)/3 = 22 2/3
Septiembre	28	(23 + 26 + 30)/3 = 26 1/3
Octubre	18	(26 + 30 + 28)/3 = 28
Noviembre	16	(30 + 28 + 18)/3 = 25 1/3
Diciembre	14	(28 + 18 + 16)/3 = 20 2/3

Programa 2.1 Programa para pronosticar con promedios móviles de AB:POM utilizando los datos del ejemplo 1. Las salidas del programa incluyen el pronóstico del siguiente periodo, error estándar, Bias, MAD y MSE. Para accesar este programa desde el Menú de Pronósticos, primero solicite modelos de "Time Series", luego seleccione "Moving Averages".

Forecasting Solution

Number of past data periods (2-99) 12

BOB'S HARDWARE STORE, EXAMPLE 1

Method -> Moving averages (Unweighted)

n pds -> 3

	Period (x)	Demand (y)	Forecast	Error	|Error|	Error^2
Jan	1	10.00				
Feb	2	12.00				
Mar	3	13.00				
Apr	4	16.00	11.6667	4.33333	4.33333	18.7778
May	5	19.00	13.6667	5.33333	5.33333	28.4444
Jun	6	23.00	16.00	7.00	7.00	49.00
Jul	7	26.00	19.3333	6.66667	6.66667	44.4444
Aug	8	30.00	22.6667	7.33333	7.33333	53.7778
Sep	9	28.00	26.3333	1.66667	1.66667	2.77778
Oct	10	18.00	28.00	-10.00	10.00	100.0000
Nov	11	16.00	25.3333	-9.3333	9.33333	87.11
Dec	12	14.00	20.6667	-6.6667	6.66667	44.4445
TOTALS	78.00	225.00		6.33333	58.3333	428.778
AVERAGE	6.50	.541667		.703704	6.48148	47.6420
				(Bias)	(MAD)	(MSE)

Next period's forecast 16.00 Standard error = 7.826491

Promedios móviles ponderados

Cuando existe una tendencia o patrón, los pesos pueden ser utilizados para poner más énfasis en los valores recientes. Esto hace que las técnicas sean más sensibles a los cambios, ya que los periodos recientes pueden tener mayor peso. Decidir qué pesos se van a utilizar requiere de alguna experiencia y un poco de suerte. La elección de los pesos es de alguna forma arbitraria ya que no existe fórmula alguna para determinarlos. Si el último mes o periodo tiene demasiado peso, el pronóstico puede reflejar un cambio rápido e inusual en la demanda o patrón de ventas.

Un promedio móvil ponderado se puede expresar matemáticamente como:

$$\text{promedio móvil} = \frac{\Sigma\,(\text{Peso para el periodo } n)(\text{Demanda para el periodo } n)}{\Sigma\,\text{Pesos}} \qquad (2.2)$$

Bob's Hardware Store (véase ejemplo 1) decide pronosticar las ventas de podadoras de pasto pesando los últimos tres meses como sigue:

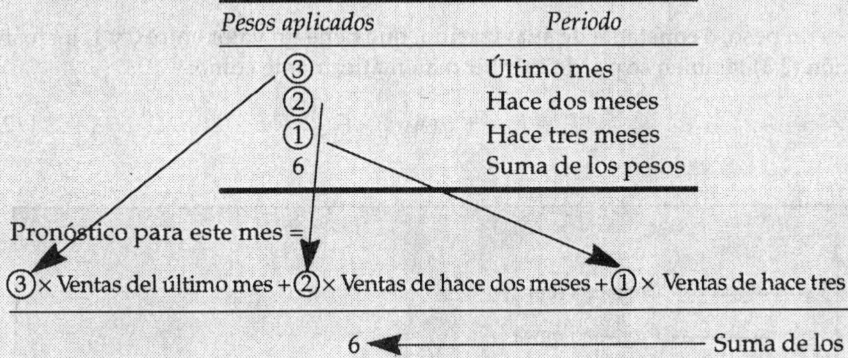

Pesos aplicados
Periodo
③ Último mes
② Hace dos meses
① Hace tres meses
6 Suma de los pesos
Pronóstico para este mes =
③× Ventas del último mes + ②× Ventas de hace dos meses + ①× Ventas de hace tres meses
6 Suma de los pesos

Los resultados de este pronóstico de promedios ponderados se muestra en la tabla siguiente.

Mes	*Ventas reales de podadoras*	*Promedio móvil ponderado para tres meses*
Enero	10	
Febrero	12	
Marzo	13	
Abril	16	[(3 × 13) + (2 × 12) + (10)]/6 = 12 1/6
Mayo	19	[(3 × 16) + (2 × 13) + (12)]/6 = 14 1/3
Junio	23	[(3 × 19) + (2 × 16) + (13)]/6 = 17
Julio	26	[(3 × 23) + (2 × 19) + (16)]/6 = 20 1/2
Agosto	30	[(3 × 26) + (2 × 23) + (19)]/6 = 23 5/6
Septiembre	28	[(3 × 30) + (2 × 26) + (23)]/6 = 27 1/2
Octubre	18	[(3 × 28) + (2 × 30) + (26)]/6 = 28 1/3
Noviembre	16	[(3 × 18) + (2 × 28) + (30)]/6 = 23 1/3
Diciembre	14	[(3 × 16) + (2 × 18) + (28)]/6 =18 2/3

En esta particular situación de pronóstico, se observa que al ponderar más el último mes, ofrece una proyección mucho más acertada.

Tanto los promedios móviles simples como los ponderados son efectivos para suavizar las variaciones abruptas en el patrón de demanda, con el fin de ofrecer estimados estables. Sin embargo, los promedios móviles tienen tres problemas. Primero, el incremento del valor de n (el número de periodos promediados) suaviza mejor las fluctuaciones, pero hace al método menos sensitivo a los cambios *reales* en la información. Segundo, los promedios móviles no pueden reconocer muy bien las tendencias. Puesto que son promedios, siempre se mantendrán dentro de niveles pasados, y no predecirán un cambio a mayor o menor nivel. Finalmente, los promedios móviles requieren una gran cantidad de registros de datos anteriores.

La figura 2.2 muestra la impresión de los datos en los ejemplos 1 y 2, ilustra el efecto de retraso de los modelos de promedios móviles.

Suavización exponencial

Suavización exponencial

La **suavización exponencial** es un método de pronóstico fácil de usar y se maneja en forma eficiente por medio de las computadoras. Aunque es un tipo de técnica de los promedios móviles, involucra *poco* respaldo de información pasada. La fórmula de la suavización exponencial básica se muestra a continuación:

$$\text{Pronóstico nuevo} = \text{Pronóstico del último periodo} + \alpha\,(\text{Demanda real del último periodo} - \text{pronóstico del último periodo}) \quad (2.3)$$

Constante de suavización

donde a es un peso, o **constante de suavización,** que tiene un valor entre 0 y 1, inclusive. La ecuación (2.3) también se puede escribir matemáticamente como:

$$F_t = F_{t-1} + \alpha(A_{t-1} - F_{t-1}) \quad (2.4)$$

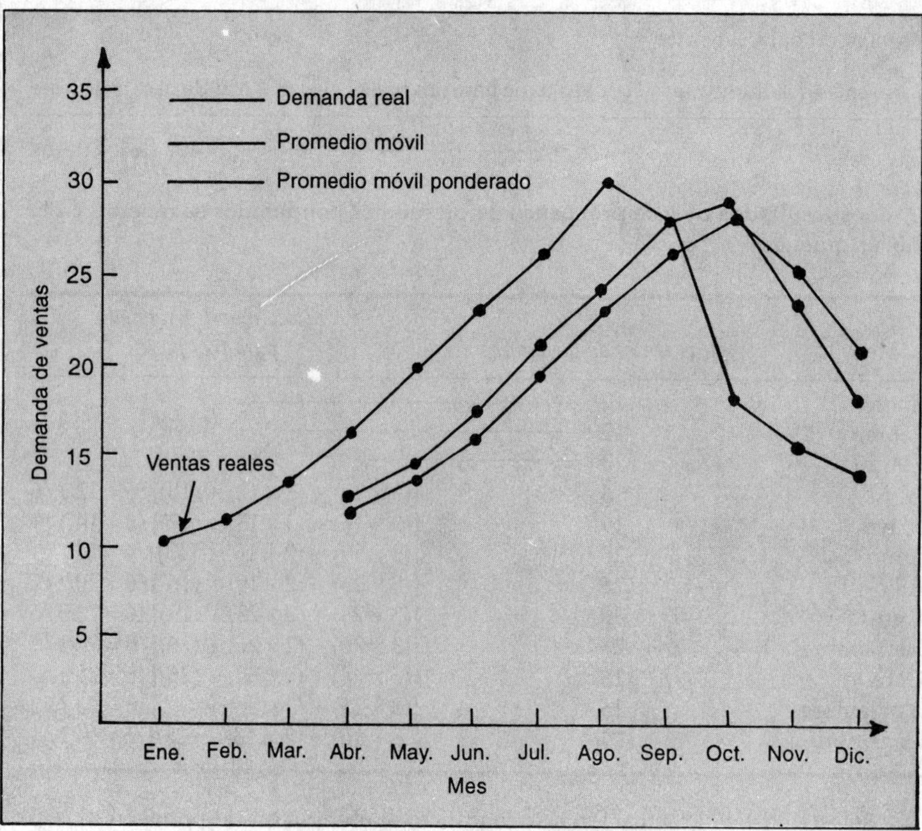

FIGURA 2.2 Demanda real *vs.* métodos promedio móvil y promedio móvil ponderado para Bob's Hardware Store.

donde:

F_t = el pronóstico nuevo
F_{t-1} = el pronóstico anterior
α = constante de suavización ($0 \leq \alpha \leq 1$)
A_{t-1} = demanda real del periodo anterior

El concepto no es complejo. La última estimación de la demanda es igual a nuestra estimación anterior ajustada por una fracción de la diferencia entre la demanda real del periodo anterior y el estimado anterior.

ejemplo 3

En enero, un agente de viajes que se especializa en cruceros pronosticó una demanda en febrero para 142 cruceros de una semana. La demanda real de febrero fue de 153 cruceros. Utilizando una constante de suavización de $\alpha = 0.20$, podemos pronosticar la demanda de marzo usando el modelo de suavización exponencial. Al sustituir en la fórmula, se obtiene:

$$\text{Pronóstico nuevo (para la demanda de marzo)} = 142 + 0.2(153-142) = 144.2$$

Por lo que el pronóstico de la demanda para cruceros de una semana en marzo se redondea a 144.

La *constante de suavización*, α, está generalmente en el rango de 0.05 a 0.50 para aplicaciones de negocios. Puede cambiarse para dar mayor peso a los datos recientes (cuando a es alta), o mayor peso a los datos anteriores (cuando α es baja). La importancia de los datos de periodos pasados se reduce rápidamente cuando α se incrementa. Cuando α alcanza el extremo de 1.0, entonces en la ecuación 2.4, $F_t = 1.0\,A_{t-1}$. Todos los demás valores anteriores se eliminan, y el pronóstico se vuelve idéntico al modelo simplista que se mencionó anteriormente en este capítulo. Esto significa que el pronóstico para el siguiente periodo es justamente igual a la demanda del actual.

La siguiente tabla ayuda a ilustrar este concepto. Por ejemplo, cuando $\alpha = 0.5$, se puede observar que el nuevo pronóstico se basa casi en su totalidad en la demanda de los últimos tres o cuatro periodos. Cuando $\alpha = 0.1$, el pronóstico proporciona poco peso en la demanda reciente y toma *muchos* periodos (aproximadamente 19) de valores históricos en consideración.

	Peso asignado a				
Constante de suavización	*Periodo más reciente* (α	*Segundo periodo más reciente* $\alpha(1-\alpha)$	*Tercer periodo más reciente* $\alpha(1-\alpha)^2$	*Cuarto periodo más reciente* $\alpha(1-\alpha)^3$	*Quinto periodo más reciente* $\alpha(1-\alpha)^4$
$\alpha = 0.1$	0.1	0.09	0.081	0.073	0.066
$\alpha = 0.5$	0.5	0.25	0.125	0.063	0.031

Selección de la constante de suavización. El método de suavización exponencial es fácil de usar, y se ha aplicado satisfactoriamente en bancos, compañías manufactureras, mayoristas y otras organizaciones. El valor adecuado de la constante de suavización, α, hace la diferencia entre el pronóstico exacto y el inexacto. Al seleccionar un valor para la constante de suavización, el objetivo es el de obtener el pronóstico más exacto. La exactitud global de un modelo de pronóstico puede determinarse al comparar los valores pronosticados contra los valores observados o reales.

El error del pronóstico se define como:

$$\text{Error del pronóstico} = \text{Demanda} - \text{Pronóstico}$$

Desviación media absoluta (MAD)

Una medida del error global del pronóstico para un modelo es la **desviación media absoluta (MAD).** Esta se calcula al sumar los valores absolutos de los errores individuales del pronóstico y dividiéndolos entre el número de periodos de información (n):

$$\text{MAD} = \frac{\Sigma|\text{errores del pronóstico}|}{n} \tag{2.5}$$

Apliquemos este concepto con una prueba de ensayo y error de dos valores de α en el ejemplo 4.

ejemplo 4

El puerto de Nueva Orleáns ha descargado grandes cantidades de carne de barcos procedentes de Sudamérica durante los ocho trimestres pasados. El administrador de operaciones del puerto desea probar el empleo de la suavización exponencial y la efectividad del método en la predicción del tonelaje descargado. Él asume que el pronóstico de grano descargado en el primer trimestre fue de 175 toneladas. Se examinan dos valores de α, $\alpha = 0.10$ y $\alpha = 0.50$. La siguiente tabla muestra los cálculos *detallados* únicamente para $\alpha = 0.10$:

Trimestre	*Tonelaje descargado real*	*Pronóstico redondeado usando $\alpha = 0.10$**	*Pronóstico redondeado usando $\alpha = 0.50$**
1	180	175	175
2	168	176 = 175.00 + 0.10(180 – 175)	178
3	159	175 = 175.50 + 0.10(168 – 175.50)	173
4	175	173 = 174.75 + 0.10(159 – 174.75)	166
5	190	173 = 173.18 + 0.10(175 – 173.18)	170
6	205	175 = 173.36 + 0.10(190 – 173.36)	180
7	180	178 = 175.02 + 0.10(205 – 175.02)	193
8	182	178 = 178.02 + 0.10(180 – 178.02)	186
9	?	179 = 178.22 + 0.10(182 – 178.22)	184

* Pronósticos redondeados a la tonelada más cercana.

Para evaluar la exactitud de cada constante de suavización se pueden calcular las desviaciones absolutas y MADs.

Trimestre	*Tonelaje descargado real*	*Pronóstico redondeado con $\alpha = 0.10$*	*Desviación absoluta para $\alpha = 0.10$*	*Pronóstico redondeado con $\alpha = 0.50$*	*Desviación absoluta para $\alpha = 0.50$*
1	180	175	5	175	5
2	168	176	8	178	10
3	159	175	16	173	14
4	175	173	2	166	9
5	190	173	17	170	20
6	205	175	30	180	25
7	180	178	2	193	13
8	182	178	4	186	4
Suma de desviaciones absolutas			84		100
$\text{MAD} = \frac{\Sigma\|\text{desviaciones}\|}{n}$			10.50		12.50

Sobre la base de este análisis, una constante de suavización de $\alpha = 0.10$ se prefiere a $\alpha = 0.50$ porque su MAD es menor.

Para una ilustración de cómo AB:POM puede ser utilizado para resover el ejemplo 4, véase el programa 2.2.

Programa 2.2 Programa de suavización exponencial de AB:POM utilizando información del ejemplo 4. Este programa demuestra las entradas/salidas para la suavización exponencial, usando datos del ejemplo 4. Se capturaron: (1) el número de periodos de datos, (2) el modelo deseado, (3) alfa, (4) las ocho demandas, (5) el pronóstico inicial de 175, y (6) los títulos para cada periodo (*i.e.*, TRI1, TRI2, y así sucesivamente). La salida es similar a la del modelo de promedios móviles.

Forecasting Solution

Number of past data periods (2-99) 8

PORT OF NEW ORLEANS, EXAMPLE 4

Method -> Exponential Smoothing

alpha (α) 0.100

	Period (x)	Demand (y)	Forecast	Error	|Error|	Error^2
QTR 1	1	180.00	175.00			
QTR 2	2	168.00	175.50	-7.50	7.50	56.25
QTR 3	3	159.00	174.75	-15.75	15.75	248.063
QTR 4	4	175.00	173.175	1.82500	1.82500	3.33061
QTR 5	5	190.00	173.357	16.6425	16.6425	276.97
QTR 6	6	205.00	175.022	29.9783	29.9783	898.70
QTR 7	7	180.00	178.020	1.98042	1.98042	3.92208
QTR 8	8	182.00	`178.218	3.78	3.78	14.31
TOTALS	36.00	1439.00		30.9586	77.4586	1501.54
AVERAGE	4.50	0.5625		4.42265	11.0655	214.506
				(Bias)	(MAD)	(MSE)

Next period's forecast 178.60 Standard error = 17.3294

F1 = Summary Table F3 = Graph F9 = Print Esc

Aparte de la desviación media absoluta (MAD), también se utilizan otras dos medidas de la exactitud de los errores históricos. El **error medio cuadrado (MSE)** es el promedio de las diferencias al cuadrado, entre el pronóstico y los valores observados. El **error porcentual medio absoluto (MAPE)** es la diferencia absoluta entre el pronóstico y los valores observados expresado como un porcentaje de los valores observados.

Error medio cuadrado (MSE)

Error porcentual medio absoluto (MAPE)

Suavización exponencial con tendencia

Así como con cualquier técnica de promedio móvil, la suavización exponencial simple falla al responder a las tendencias. Para suavizar nuestras correcciones por tendencias, se calcula un promedio de suavización exponencial simple como el anterior, y se ajusta para retrasos positivos o negativos. La ecuación para la selección de tendencia emplea una constante de suavización, β, de la misma manera que el modelo simple utiliza α.

El valor de la constante de suavización de la tendencia, β, asemeja a la constante α en que una β alta es más sensible a resentir los cambios en la tendencia. Una β baja da menor peso a las tendencias más recientes y tiende a suavizar la tendencia presente. Los valores de β pueden ser encontrados por el sistema de prueba y error, utilizando el MAD como una medida de comparación.

A la suavización exponencial simple, a menudo se le refiere como suavización de primer grado, y a la suavización ajustada por la tendencia se le llama suavización de segundo grado, o doble. Otros modelos de suavización exponencial avanzada también se encuentran en uso, incluyendo el ajustado por estacionalidad y de suavización triple, pero éstos se encuentran más allá de los objetivos de este libro.[1]

Proyecciones con tendencia

Proyección con tendencia

El último método de pronóstico de series de tiempo que se discutirá es el de **proyección con tendencia.** Esta técnica ajusta una línea de tendencia a una serie de puntos de datos históricos, y después proyecta la línea hacia el futuro para pronósticos con un rango de mediano a largo plazo. Se pueden desarrollar varias ecuaciones matemáticas con tendencia (por ejemplo, exponenciales y cuadráticas), pero en esta sección se verán únicamente las tendencias *lineales* (líneas rectas).

Si se decide desarrollar una línea de tendencia recta mediante un método estadístico preciso, se puede aplicar el *método de mínimos cuadrados*. Este intento da por resultado una línea recta que minimiza la suma de los cuadrados de las diferencias verticales entre la línea y cada una de las observaciones reales. La figura 2.3 ilustra el proceso por mínimos cuadrados.

Una línea de mínimos cuadrados se describe en términos de su intersección-y (la altura a la cual intercepta el eje-y) y su pendiente (el ángulo de la línea). Si se puede calcular la pendiente e intersección-y, es posible expresar la línea en la siguiente ecuación:

$$\hat{y} = a + bx \tag{2.6}$$

donde:

$\hat{y}$ (llamada "y testada" = valor calculado de la variable a predecir (llamada la variable dependiente)

a = intersección eje-y,

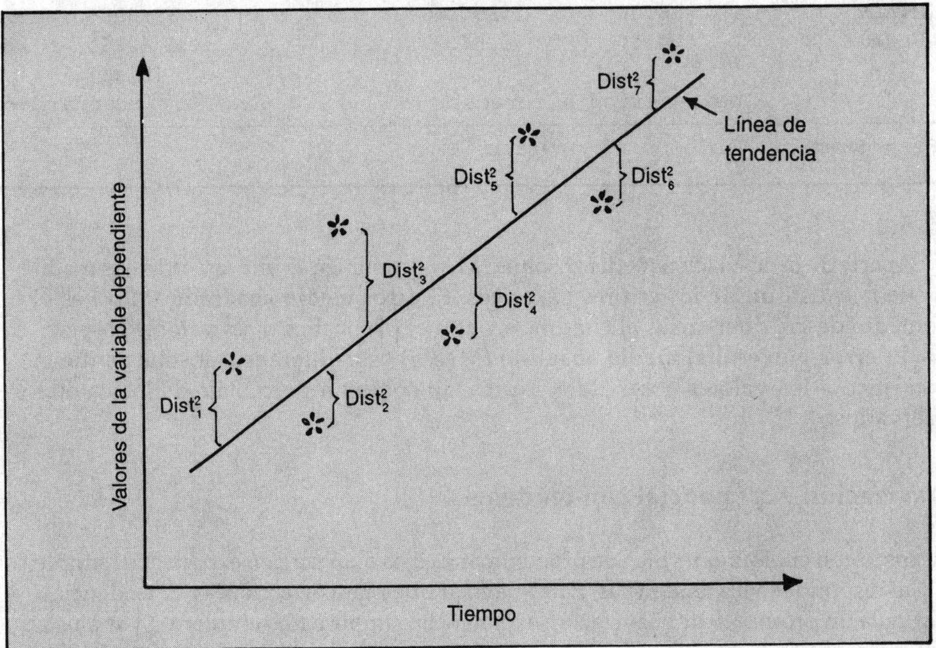

FIGURA 2.3 El método de mínimos cuadrados para encontrar la línea recta que mejor convenga. Los asteriscos son las localizaciones de los siete puntos de observaciones reales o puntos de datos.

[1]Para más detalles, véase E. S. Gardner. "Exponential Smoothing: The State of the Art." *Journal of Forecasting* **4,** 1 (marzo de 1985); o R. Brown. *Smoothing, Forecasting and Prediction*. (Englewood Cliffs, NJ: Prentice-Hall, 1973).

b = pendiente de la línea de regresión (o rango de cambio en y para cambios dados en x),
x = la variable independiente (que en este caso es el *tiempo*)

Profesionales de la estadística han desarrollado ecuaciones que pueden ser utilizadas para encontrar los valores de las variables a y b, en cualquier línea de regresión. La pendiente b se encuentra por:

$$b = \frac{\Sigma xy - n\overline{x}\overline{y}}{\Sigma x^2 - n\overline{x}^2} \tag{2.7}$$

donde:

b = pendiente de la línea de regresión
Σ = signo de sumatoria
x = valores de la variable independiente
y = valores de la variable dependiente
$\overline{x}$ = el promedio de los valores de las x
$\overline{y}$ = el promedio de los valores de las y
n = el número de puntos de datos, eventos u observaciones

Se puede calcular la intersección de a con y como sigue:

$$a = \overline{y} - b\overline{x} \tag{2.8}$$

El ejemplo 5 muestra cómo aplicar estos conceptos.

ejemplo 5

La demanda para la energía eléctrica en N.Y. Edison en el periodo 1987-1993 se muestra a continuación, en megawatts. Ajustar una línea recta con tendencia a estos datos y pronosticar la demanda de 1993.

Año	*Demanda de energía eléctrica*	*Año*	*Demanda de energía eléctrica*
1987	74	1991	105
1988	79	1992	142
1989	80	1993	122
1990	90		

Con una serie de datos en el tiempo, se pueden minimizar los cálculos mediante la transformación de los valores de x (tiempo) a números más simples. Por lo tanto, en este caso, se puede designar a 1987 como año 1, 1988 como año 2, y así sucesivamente.

Año	*Periodo*	*Demanda de energía eléctrica*	x^2	xy
1987	1	74	1	74
1988	2	79	4	158
1989	3	80	9	240
1990	4	90	16	360
1991	5	105	25	525
1992	6	142	36	852
1993	7	122	49	854
	$\Sigma x = 28$	$\Sigma y = 692$	$\Sigma x^2 = 140$	$\Sigma xy = 3063$

$$\bar{x} = \frac{\Sigma x}{n} = \frac{28}{7} = 4 \qquad \bar{y} = \frac{\Sigma y}{n} = \frac{692}{7} = 98.86$$

$$b = \frac{\Sigma xy - n\bar{x}\bar{y}}{\Sigma x^2 - n\bar{x}^2} = \frac{3063 - (7)(4)(98.86)}{140 - (7)(4)^2} = \frac{295}{28} = 10.54$$

$$a = \bar{y} - b\bar{x} = 98.86 - 10.54(4) = 56.70$$

En consecuencia, la ecuación de tendencia de los mínimos cuadrados es $\hat{y} = 56.70 + 10.54x$. Para proyectar la demanda en 1994, primero se denota el año de 1994 en el nuevo sistema de codificación como $x = 8$:

$$\begin{aligned}(\text{Demanda en 1994}) &= 56.70 + 10.54(8)\\ &= 141.02, \text{ o } 141 \text{ megawatts}\end{aligned}$$

Se puede estimar la demanda para 1995 al insertar $x = 9$ en la misma ecuación:

$$\begin{aligned}(\text{Demanda en 1995}) &= 56.70 + 10.54(9)\\ &= 151.56, \text{ o } 152 \text{ megawatts}\end{aligned}$$

Para verificar la validación del modelo, se imprime la demanda histórica y la línea de tendencia en la figura 2.4. En este caso, se pueden tomar precauciones y tratar de entender las oscilaciones en la demanda de 1992-1993.

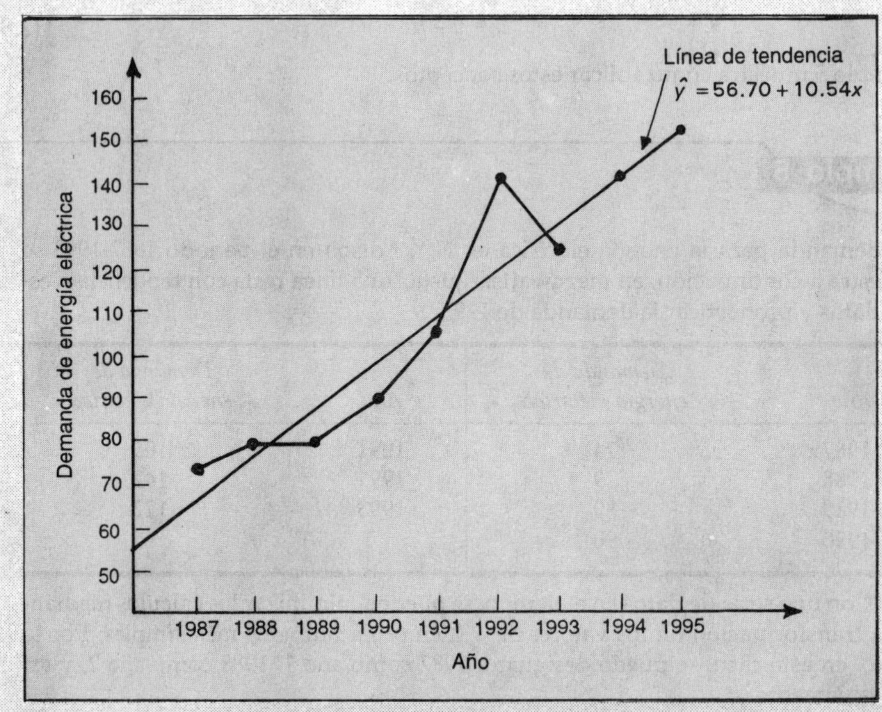

FIGURA 2.4 Energía eléctrica y la línea de tendencia calculada.

VARIACIONES DE INFORMACIÓN ESTACIONALES

El pronóstico de series de tiempo, tal como se indica en el ejemplo 5, involucra examinar la *tendencia* de los datos a través de una serie de observaciones en el tiempo. Sin embargo, algunas veces, las variaciones recurrentes en ciertas estaciones del año ejercen, de forma necesaria un ajuste *estacional* en el pronóstico de la línea de tendencia. Por ejemplo, la demanda de carbón y petróleo combustible, generalmente tiene puntos máximos durante los fríos meses del invierno. La demanda de palos de golf o de loción para broncear pueden tener sus puntos máximos durante el verano. El análisis de datos en términos mensuales o trimestrales generalmente facilita a la persona que hace la estadística seña-

ejemplo 6

A continuación se muestran las ventas mensuales de computadoras laptop IBM en Hardwareland para 1992-1993.

Mes	*Demanda de ventas*		*Demanda promedio 1992-1993*	*Demanda mensual promedio**	*Índice estacional promedio †*
	1992	*1993*			
Enero	80	100	90	94	0.957
Febrero	75	85	80	94	0.851
Marzo	80	90	85	94	0.905
Abril	90	110	100	94	1.064
Mayo	115	131	123	94	1.309
Junio	110	120	115	94	1.223
Julio	100	110	105	94	1.117
Agosto	90	110	100	94	1.064
Septiembre	85	95	90	94	0.957
Octubre	75	85	80	94	0.851
Noviembre	75	85	80	94	0.851
Diciembre	80	80	80	94	0.851

Demanda total promedio = 1128

$$\text{* Demanda mensual promedio} = \frac{1128}{12 \text{ meses}} = 94$$

$$\text{† Índice estacional} = \frac{\text{Demanda promedio 1992 - 1993}}{\text{Demanda mensual promedio}}$$

Utilizando estos índices estacionales, si se espera que la demanda anual para 1994 de computadoras sea de 1200 unidades, la demanda mensual se pronosticaría de la siguiente forma:

Mes	*Demanda*	*Mes*	*Demanda*
Enero	$\frac{1200}{12} \times 0.957 = 96$	Julio	$\frac{1200}{12} \times 1.117 = 112$
Febrero	$\frac{1200}{12} \times 0.851 = 85$	Agosto	$\frac{1200}{12} \times 1.064 = 106$
Marzo	$\frac{1200}{12} \times 0.904 = 90$	Septiembre	$\frac{1200}{12} \times 0.957 = 96$
Abril	$\frac{1200}{12} \times 1.064 = 106$	Octubre	$\frac{1200}{12} \times 0.851 = 85$
Mayo	$\frac{1200}{12} \times 1.309 = 131$	Noviembre	$\frac{1200}{12} \times 0.851 = 85$
Junio	$\frac{1200}{12} \times 1.223 = 122$	Diciembre	$\frac{1200}{12} \times 0.851 = 85$

lar los patrones estacionales. Los índices estacionales pueden desarrollarse mediante varios métodos comunes. El ejemplo 6 ilustra una manera de calcular factores estacionales a partir de datos históricos.

Para simplificar el ejemplo 6, se utilizaron únicamente dos periodos por cada índice mensual, por esa causa se ignoraron los cálculos de tendencia. El ejemplo 7 ilustra la manera en que los índices que se han calculado pueden ser aplicados para ajustar los pronósticos de la línea de tendencia.

Las líneas de ensamble de Glidden Paints llenan miles de latas por hora. Para predecir la demanda de sus productos, la empresa utiliza métodos causales de pronóstico tales como regresión lineal, con variables independientes como ingresos disponibles de personal y GNP. Aunque el almacenaje de inicio sería una variable natural, Glidden lo encontró pobremente correlacionado con las últimas ventas. Resulta que la mayoría de las pinturas Glidden se venden a través de detallistas a los clientes que son propietarios de casas o negocios.

ejemplo 7

El presidente de Rhonda Marx's Chocolate Shop ha utilizado regresión en series de tiempo para pronosticar la venta de menudeo para los próximos cuatro trimestres. Las ventas estimadas son de $100 000, $120 000, $140 000, y $160 000 para los respectivos trimestres. Los índices estacionales para los cuatro trimestres son de 1.30, 0.90, 0.70 y 1.15, respectivamente.

Para calcular un pronóstico estacional o de ventas ajustado, se debe multiplicar cada índice estacional por el pronóstico de la tendencia adecuado.

$$\hat{y}_{\text{estacional}} = \text{Índice} \times \hat{y}_{\text{pronóstico de la tendencia}}$$

Entonces para:

$$\text{Trimestre I:} \quad \hat{y}_{\text{I}} = (1.30)(\$100\ 000) = \$130\ 000$$

$$\text{Trimestre II:} \quad \hat{y}_{\text{II}} = (0.90)(\$120\ 000) = \$108\ 000$$

$$\text{Trimestre III:} \quad \hat{y}_{\text{III}} = (0.70)(\$140\ 000) = \$98\ 000$$

$$\text{Trimestre IV:} \quad \hat{y}_{\text{IV}} = (1.15)(\$160\ 000) = \$184\ 000$$

MÉTODOS DE PRONÓSTICO CAUSAL: ANÁLISIS DE REGRESIÓN Y CORRELACIÓN

Los modelos de *pronóstico causal* generalmente consideran algunas variables que están relacionadas con la variable que se predice. Una vez que estas variables relativas se han encontrado, se construye y utiliza un modelo estadístico para pronosticar la variable de interés. Este intento es más poderoso que los métodos de series de tiempo que únicamente utilizan datos históricos para pronosticar la variable.

Se pueden considerar muchos factores en un análisis causal. Por ejemplo, las ventas de un producto pueden estar relacionadas con el presupuesto para publicidad de la empresa, el precio, los precios de los competidores y las estrategias promocionales, o aun las tasas económicas y de desempleo. En este caso, las ventas serían llamadas *variable dependiente* y las otras variables serían llamadas *variables independientes*. El trabajo del administrador es el de desarrollar la mejor relación estadística entre las ventas y las variables independientes. El modelo de pronóstico causal cuantitativo más común es el **análisis de regresión lineal.**

Análisis de regresión lineal

Uso del análisis de regresión para pronosticar

Se puede utilizar el mismo modelo matemático que se empleó en el método de los mínimos cuadrados para proyectar la tendencia, al llevar a cabo el análisis de regresión lineal. Las variables dependientes que se desean pronosticar seguirán siendo las y. Pero ahora la variable independiente, x, no es el tiempo.

$$\hat{y} = a + bx$$

donde:

$\hat{y}$ = valor de la variable dependiente, en este caso ventas
a = intersección con el eje-y
b = pendiente de la línea de regresión
x = la variable independiente

ejemplo 8

Richard Nodel es dueño de una compañía que construye oficinas en Detroit. Al paso del tiempo, la compañía se ha percatado que el volumen en dólares de su trabajo de renovación es dependiente de la nómina en el área de Detroit. La siguiente tabla enumera ingresos y la cantidad de dinero ganada por los trabajadores asalariados en Detroit durante los años 1988-1993.

Ventas de Nodel ($000 000),y	*Nómina local ($000 000 000),x*
2.0	1
3.0	3
2.5	4
2.0	2
2.0	1
3.5	7

La administración de Nodel desea establecer una relación matemática que le ayude a predecir las ventas. Primero, necesitan determinar si existe una relación de línea recta (lineal) entre la nómina del área y las ventas, para imprimir los datos conocidos en un diagrama.

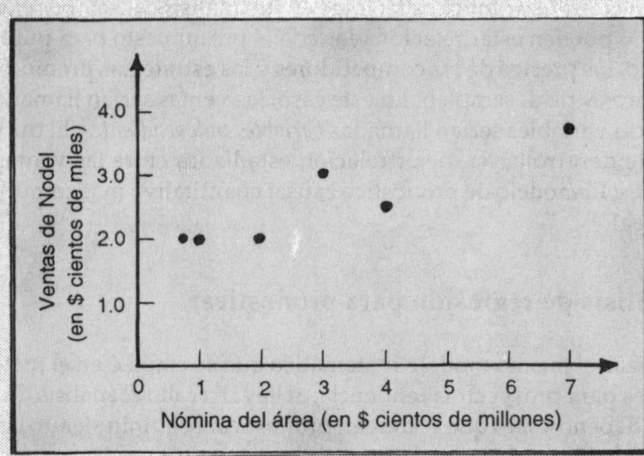

A partir de los seis puntos de datos se puede apreciar que existe una ligera relación positiva entre la variable independiente, la nómina y la variable dependiente; las ventas. Mientras la nómina se incrementa, las ventas de Nodel tienden a ser mayores.

Se puede encontrar una ecuación matemática al utilizar el sistema de regresión por mínimos cuadrados.

Ventas, y	*Nómina, x*	x^2	xy
2.0	1	1	2.0
3.0	3	9	9.0
2.5	4	16	10.0
2.0	2	4	4.0
2.0	1	1	2.0
3.5	7	49	24.5
$\Sigma y = 15.0$	$\Sigma x = 18$	$\Sigma x^2 = 80$	$\Sigma xy = 51.5$

$$\bar{x} = \frac{\Sigma x}{6} = \frac{18}{6} = 3$$

$$\bar{y} = \frac{\Sigma y}{6} = \frac{15}{6} = 2.5$$

$$b = \frac{\Sigma xy - n\bar{x}\bar{y}}{\Sigma x^2 - n\bar{x}^2} = \frac{51.5 - (6)(3)(2.5)}{80 - (6)(3^2)} = 0.25$$

$$a = \bar{y} - b\bar{x} = 2.5 - (0.25)(3) = 1.75$$

La ecuación de regresión estimada, por lo tanto, es:

$$\hat{y} = 1.75 + 0.25x$$

o,

$$\text{Ventas} = 1.75 + 0.25 \text{ nómina}$$

Si la cámara local de comercio predice que la nómina del área de Detroit será de $600 millones el año próximo, es posible estimar las ventas de Nodel con la ecuación de regresión:

$$\begin{aligned}\text{Ventas (en cientos de miles)} &= 1.75 + 0.25(6)\\ &= 1.75 + 1.50 = 3.25\end{aligned}$$

o,

$$\text{Ventas} = \$325\ 000$$

Para ilustrar la forma en que puede usarse AB:POM para resolver el ejemplo 8, véase el programa 2.3.

Programa 2.3 Programa de regresión lineal de AB:POM utilizando los datos del ejemplo 8. Únicamente hay una variable independiente, también llamada regresión simple. Las salidas incluyen la línea de regresión, el coeficiente de correlación y el error estándar. En éste y en otros casos, los puntos de datos también pueden ser graficados al oprimir la tecla de función F3. Este programa se accesa desde el menú de pronósticos al solicitar la opción de "mínimos cuadrados".

Number of past data periods (2-99) 6 Number of independ. variables (1-6) 1

NODEL

Method -> Least Squares-Simple and Multiple Regression

	B 0	B 1				
Coef ->	1.75	0.25				
	SALES	PAYROLL	Forecast	Error	|Error|	Error^2
1988	2.00	1.00	2.00	0.00	0.00	0.00
1989	3.00	3.00	2.50	0.50	0.50	0.25
1990	2.50	4.00	2.75	-0.25	0.25	0.0625
1991	2.00	2.00	2.25	-0.25	0.25	0.0625
1992	2.00	1.00	2.00	0.00	0.00	0.00
1993	3.50	7.00	3.50	0.00	0.00	0.00
TOTALS				0.00	1.00	0.375
AVERAGE				0.00	.166667	0.0625
				(Bias)	(MAD)	(MSE)

Regression line = SALES = 1.75 +0.25*PAYROLL
Correlation coefficient = 0.9013878 Standard error = .3061862

F1 = Summary Table F9 = Print Esc

La parte final del ejemplo 8 ilustra una debilidad importante en los métodos causales como la regresión. Aun cuando se tenga una ecuación de regresión calculada, es necesario ofrecer un pronóstico de la variable independiente x (en este caso, nómina) antes de estimar la variable dependiente y para el siguiente periodo de tiempo. Aunque esto no es un problema para todos los pronósticos, es de suponer la dificultad para determinar los valores futuros de *algunas* variables independientes comunes (tales como tasas de desempleo, producto nacional bruto, índices de precios, y así sucesivamente).

Error estándar del estimado

El pronóstico de $325 000 para las ventas de Nodel en el ejemplo 8 es llamado un *punto estimado* de y. El punto estimado es en realidad la media, o valor esperado, de una distribución de valores de venta posibles. La figura 2.5 ilustra este concepto.

Para medir la exactitud de los estimados en la regresión es necesario calcular el **error estándar del estimado,** $S_{y,x}$. A esto se le llama *desviación estándar de la regresión.* La ecuación 2.9 es una expresión similar a la encontrada en la mayoría de los libros de estadística para calcular la desviación estándar de una media aritmética:

Error estándar del estimado

$$S_{y,x} = \sqrt{\frac{\Sigma(y-y_c)^2}{n-2}} \qquad (2.9)$$

donde:

y = el valor-y para cada punto de dato
y_c = el valor calculado para la variable dependiente, a partir de la ecuación de regresión
n = el número de puntos de datos

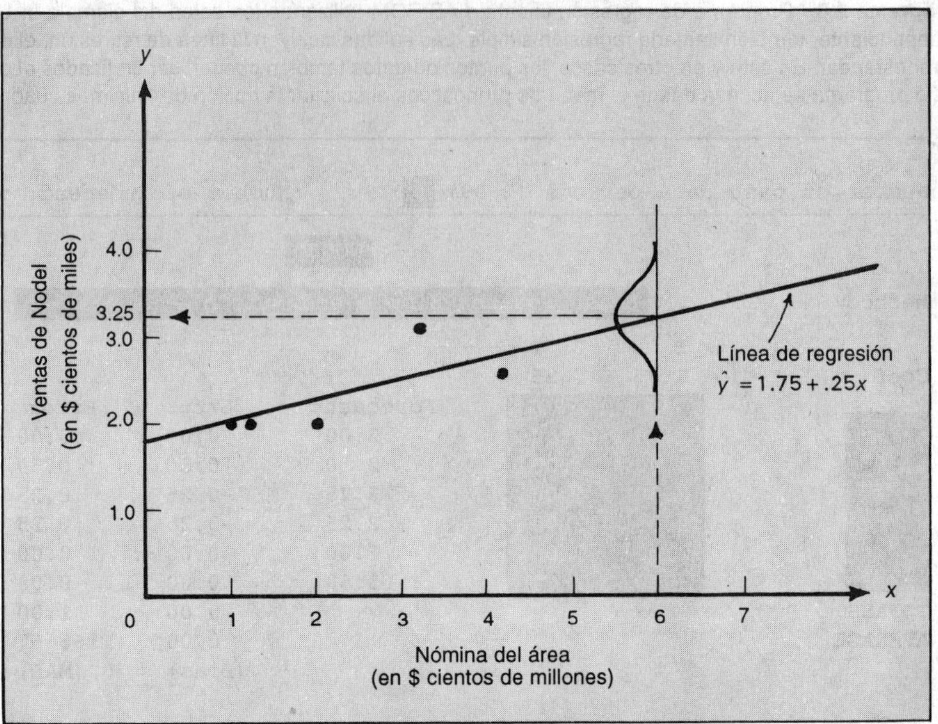

FIGURA 2.5 Distribución sobre el punto estimado de nómina de $600 millones.

La ecuación 2.10 puede parecer más compleja, pero es en realidad una versión más fácil de la ecuación 2.9. Cualquiera de las fórmulas ofrece el mismo resultado y puede ser utilizado al preparar los intervalos de predicción alrededor del punto estimado.[2]

$$S_{y,x} = \sqrt{\frac{\Sigma y^2 - a\Sigma y - b\Sigma xy}{n-2}} \quad (2.10)$$

ejemplo 9

Calcular el error estándar de la estimación para los datos de Nodel en el ejemplo 8. El único número necesario que no está disponible para resolver $S_{y,x}$ es Σy^2. Una suma rápida revela que $\Sigma y^2 = 39.5$. Por lo tanto:

$$S_{y,x} = \sqrt{\frac{\Sigma y^2 - a\Sigma y - b\Sigma xy}{n-2}}$$

$$= \sqrt{\frac{39.5 - 1.75(15.0) - 0.25(51.5)}{6-2}}$$

$$= \sqrt{0.09375} = 0.306 \text{ (en \$ cientos de miles)}$$

El error estándar del estimado es entonces de $30 600 en ventas.

[2] Cuando el tamaño de una muestra es grande ($n > 30$), el intervalo de predicción para un valor individual de y puede ser calculado empleando las tablas normales. Cuando el número de observaciones es pequeño, la distribución-t es apropiada. Véase *Applied Statistics*, de Neter, Wasserman y Whitmore, 3a. edición (Newton, MA: Allyn & Bacon, 1991).

Coeficientes de correlación para regresión lineal

La ecuación de regresión es una forma de expresar la naturaleza de la relación entre dos variables.[3] La ecuación muestra cómo una de las variables se relaciona con el valor y los cambios en otra variable.

Coeficiente de correlación

Otra forma de evaluar la relación entre dos variables es mediante el cálculo del **coeficiente de correlación.** Esta medida expresa el grado o fuerza de la relación lineal. Generalmente definida como *r*, el coeficiente de correlación puede ser cualquier número entre +1 y –1. La figura 2.6 ilustra cómo puede aparecer la diferencia entre valores de *r*.

Para calcular *r* se utiliza casi la misma información que se necesitó anteriormente para calcular *a* y *b* para la línea de regresión. La ecuación para *r* es:

$$r = \frac{n\Sigma xy - \Sigma x \Sigma y}{\sqrt{[n\Sigma x^2 - (\Sigma x)^2][n\Sigma y^2 - (\Sigma y)^2]}} \tag{2.11}$$

ejemplo 10

En el ejemplo 8 observamos la relación entre las ventas de edificios de oficina de Nodel Construction Company y la nómina en Detroit. Ahora, para calcular el coeficiente de correlación para los datos mostrados, únicamente es necesario adicionar una columna más de cálculos (para y^2) y aplicar entonces la ecuación para *r*.

y	x	x^2	xy	y^2 ← Nueva columna
2.0	1	1	2.0	4.0
3.0	3	9	9.0	9.0
2.5	4	16	10.0	6.25
2.0	2	4	4.0	4.0
2.0	1	1	2.0	4.0
3.5	7	49	24.5	12.25
$\Sigma y = 15.0$	$\Sigma x = 18$	$\Sigma x^2 = 80$	$\Sigma xy = 51.5$	$\Sigma y^2 = 39.5$

$$r = \frac{(6)(51.5) - (18)(15.0)}{\sqrt{[(6)(80) - (18)^2][(6)(39.5) - (15.0)^2]}}$$

$$= \frac{309 - 270}{\sqrt{(156)(12)}} = \frac{39}{\sqrt{1872}}$$

$$= \frac{39}{43.3} = 0.901$$

El valor de 0.901 para *r* aparenta ser una correlación significativa y ayuda a confirmar la estrecha relación entre las dos variables.

Aunque el coeficiente de correlación es la medida más utilizada para describir la relación entre dos variables, existe otra medida. Se le llama *coeficiente de determinación*. Es sencillamente, el cuadrado del coeficiente de correlación, es decir r^2. El valor de r^2 será siempre un número positivo en el rango de $0 \le r^2 \le 1$. El coeficiente de determinación es el

[3] Las líneas de regresión no son relaciones de "causa y efecto". Únicamente describen las relaciones entre las variables.

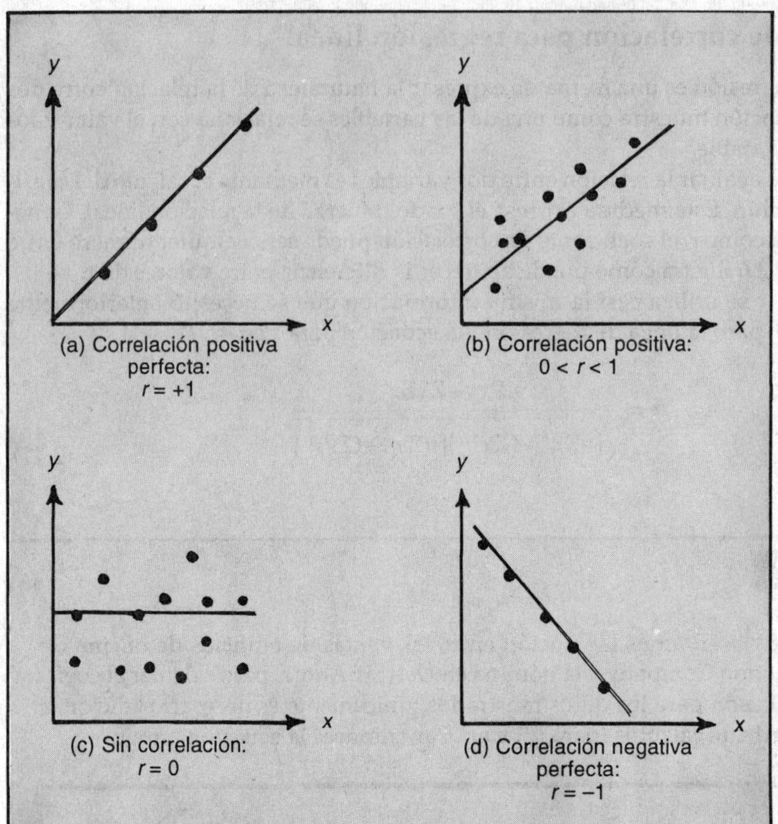

FIGURA 2.6 Para valores del coeficiente de correlación.

porcentaje de variación en la variable dependiente (y) que es explicada por la ecuación de regresión. En el caso de Nodel, el valor de r^2 es de 0.81 ($0.901^2 = 0.811$), e indica que el 81% de la variación total se explica por medio de la ecuación de regresión.

Análisis de regresión múltiple

Regresión múltiple

La **regresión múltiple** es una extensión práctica del modelo que se ha observado. Permite la construcción de un modelo con algunas variables independientes. Por ejemplo, si Nodel Construction deseara incluir el promedio de las tasas de interés anual en su modelo de pronóstico de ventas de renovación, la ecuación adecuada sería:

$$\hat{y} = a + b_1x_1 + b_2x_2 \tag{2.12}$$

donde:

$\hat{y}$ = la variable dependiente, ventas
a = intersección-y
b_1 y b_2 = pendientes de la línea de regresión
x_1 y x_2 = valores de las dos variables independientes, nómina del área y tasas de interés, respectivamente

Las matemáticas de la regresión múltiple se convierten en algo complejo (y a menudo asignadas a la computadora), así que se dejan las fórmulas para a, b_1 y b_2 a los textos de estadística.

Algunos de los mejores cerebros en Estados Unidos están concentrados en el campo de pronósticos económicos a corto plazo. Aunque los pronosticadores mejor conocidos han sido exitosos más de la mitad de las veces en las últimas dos décadas, han existido periodos en los que sus errores fueron grandes. Por ejemplo, en el verano de 1981, la media de cinco pronosticadores destacados, con respecto al pronóstico a un año a futuro, predijo un crecimiento de 2.1% del Producto Nacional Bruto en Estados Unidos para 1982. En su lugar, la economía se sumergió en una profunda recesión, con un *descenso* del PNB de 1.8%. Como comentó un periodista, "Esto es como haber pronosticado seminublado y recibir en cambio una tormenta de nieve de 10 pulgadas. Después de todo, así en economía como en meteorología, es la habilidad de predecir cambios tempestuosos lo que hace valiosos a los pronósticos".

ejemplo 11

La nueva línea de correlación múltiple para Nodel Construction, calculada por medio de software en computadora, es:

$$\hat{y} = 1.80 + 0.30x_1 - 5.0x_2$$

También se encuentra que el nuevo coeficiente de correlación es 0.96, que implica la inclusión de la variable x_2, las tasas de interés, y adiciona más fuerza a la relación lineal.

Ahora se pueden estimar las ventas de Nodel si se sustituyen los valores para la nómina del siguiente año y la tasa de interés. Si la nómina de Detroit será de $600 millones y la tasa de interés será de 0.12 (12%), las ventas se pronosticarán como:

$$\begin{aligned} \text{Ventas (\$ cientos de miles)} &= 1.80 + 0.30(6) - 5.0(0.12) \\ &= 1.8 + 1.8 - 0.6 \\ &= 3.00 \end{aligned}$$

o,

$$\text{Ventas} = \$300\,000$$

MONITOREO Y CONTROL DE PRONÓSTICOS

Toda vez que el pronóstico se ha completado, es importante que no se olvide. Ningún administrador desea que se le recuerde cuando su pronóstico es totalmente inexacto, pero una empresa necesita determinar el motivo por el que la demanda real (o cualquier otra variable que se esté examinando) difiere significativamente de lo que se proyectó.

Señal de rastreo

Una manera de monitorear los pronósticos para asegurar que se estén llevando a cabo en forma adecuada es el empleo de una señal de rastreo. Una **señal de rastreo** es una medida de la efectividad del pronóstico, al predecir los valores reales. Al actualizar los pronósticos en forma semanal, mensual o trimestral, el nuevo valor disponible de la demanda se compara con los valores pronosticados.

La señal de rastreo se calcula como la *suma de los errores de los pronósticos corrientes* (RSFE) dividido entre la *desviación media absoluta* (MAD):

$$\frac{\text{Señal de}}{\text{rastreo}} = \frac{\text{RSFE}}{\text{MAD}}$$

$$= \frac{\Sigma(\text{Demanda real en el periodo} - \text{Demanda pronosticada en el periodo } i)}{\text{MAD}} \qquad (2.13)$$

donde:

$$\text{MAD} = \frac{\sum|\text{Errores de pronóstico}|}{n}$$

como se vio anteriormente en la ecuación 2.5.

Las señales de rastreo positivas indican que la demanda es mayor a la pronosticada. Las señales negativas indican que la demanda es menor que la pronosticada. Una buena señal de rastreo, esto es, con RSFE baja, tiene casi tanto error positivo como negativo. En otras palabras, las desviaciones pequeñas están bien, pero los positivos y los negativos deben balancearse unos a otros de tal forma que la señal de rastreo esté centrada lo más posible alrededor del cero.

Una vez que las señales de rastreo se calculan, se comparan con los límites de control predeterminados. Cuando una señal de rastreo excede un límite superior o inferior, se "prende" una señal. Esto significa que existe un problema con el método para pronosticar, y la administración necesita reevaluar la manera en que pronostica la demanda. La figura 2.7 muestra la gráfica de una señal de rastreo que está excediendo el rango de variación aceptable. Si el modelo utilizado es la suavización exponencial, quizá la constante de suavización deba ser reajustada.

¿Cómo deciden las empresas cuáles deben ser los límites superior e inferior del rastreo? No existe una respuesta única, pero se intenta encontrar valores razonables; en otras palabras, límites no tan bajos que se prendan con cualquier pequeño error de variación de pronóstico, y no tan altos como para permitir que los pronósticos malos sean pasados por alto. George Plossl y Oliver Wight, dos expertos en control de inventario, sugieren la utilización de máximos de ±4 MADs (para partidas con alto volumen de almacenamiento) y ±8 MADs (para partidas de poco volumen).[4] Otros pronosticadores sugieren rangos menores. Un MAD es equivalente a aproximadamente 0.8 desviaciones estándar, así que ±2 MADs = ±1.6 desviaciones estándar; ±3 MADs = ±2.4 desviaciones estándar; y ±4 MADs = ±3.2 desviaciones estándar. Esto sugiere que para mantener un pronóstico "en control", se espera que el 89% de los errores caiga dentro de ±2 MADs; 98% dentro de ±3 MADs; o 99.9% dentro de ±4 MADs.[5]

El ejemplo 12 muestra la forma en que la señal de rastreo y el RSFE pueden ser calculados.

[4]Véase G. W. Plossl y O. W. Wight. *Production and Inventory Control.* (Englewood Cliffs, NJ: Prentice-Hall, 1967).

[5]Para comprobar estos tres porcentajes por usted mismo, sólo coloque una curva para ±1.6 desviaciones estándar (valores z). Utilizando la tabla normal en el apéndice A encontrará que el área bajo la curva es de 0.89. Esto representa ±2 MADs. De igual manera, ±3 MADs = ±2.4 desviaciones estándar que abarcan 98% del área, y así sucesivamente para ±4 MADs.

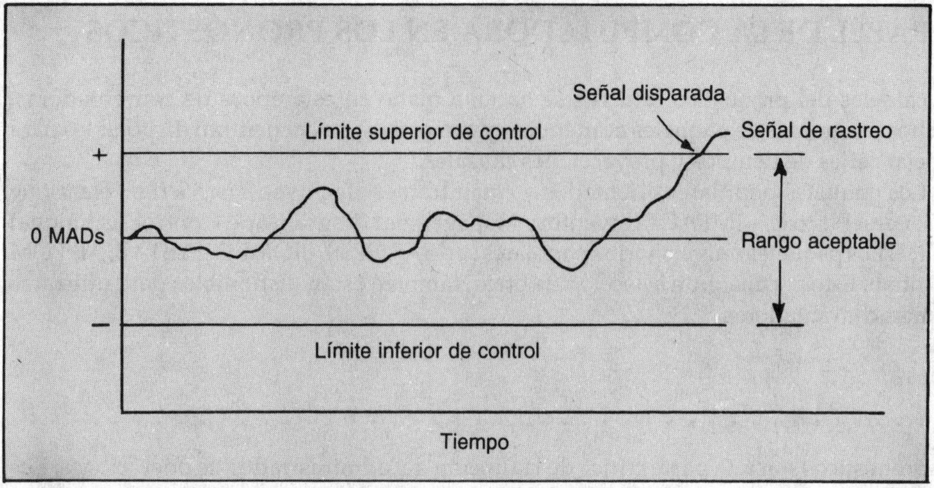

FIGURA 2.7 Una impresión de señales de rastreo.

ejemplo 12

A continuación se muestran las ventas trimestrales (en miles) de Spot-Less Dry Cleaners', así como sus ventas pronosticadas y los cálculos de error. El objetivo es el de calcular la señal de rastreo y determinar si sus pronósticos se comportan adecuadamente.

Trimestre	*Ventas pronosticadas*	*Ventas reales*	*Error*	*RSFE*	*Error del pronóstico*	*Error acumulado*	*MAD*	*Señal de rastreo*
1	100	90	–10	–10	10	10	10.0	–1
2	100	95	– 5	–15	5	15	7.5	–2
3	100	115	+15	0	15	30	10.0	0
4	110	100	–10	–10	10	40	10.0	–1
5	110	125	+15	+ 5	15	55	11.0	+ 0.5
6	110	140	+30	+35	30	85	14.2	+ 2.5

$$\text{MAD} = \frac{\sum|\text{Errores de pronóstico}\,|}{n} = \frac{85}{6} = 14.2$$

$$\text{Señal de rastreo} = \frac{\text{RSFE}}{\text{MAD}} = \frac{35}{14.2} = 2.5\text{MADs}$$

Esta señal de rastreo se encuentra dentro de los límites aceptables. Se observa que se movió de –2.0 MADs a + 2.5 MADs.

Suavización ajustada

Se ha publicado mucha investigación sobre el tema del pronóstico ajustado. El pronóstico ajustado se refiere al seguimiento por computadora de las señales de rastreo, y el autoajuste si la señal rebasa su límite predeterminado. Por ejemplo, cuando se aplica a la suavización exponencial, los coeficientes a y b se seleccionan primero sobre la base de valores que minimizan los errores del pronóstico, y entonces se ajustan cuando la computadora observa una señal de rastreo errante. A esto se le llama **suavización ajustada.**

Suavización ajustada

EL PAPEL DE LA COMPUTADORA EN LOS PRONÓSTICOS

Los cálculos del pronóstico rara vez se hacen a mano en esta época de computadoras. Muchos programas de paquetes académicos y comerciales se encuentran disponibles para manejar series de tiempos y proyecciones causales.

Los paquetes populares orientados a "mainframes" incluyen *Time Series Forecasting* de General Electric, e IMPACT (Inventory Management Program and Control Technique) de IBM. Los paquetes universitarios populares son SAS, SPSS, BIOMED, SYSTAB, AB:POM y Minitab. Estos, y una gran selección de otros, también están disponibles para utilizarse en microcomputadoras.

RESUMEN

Los pronósticos son una parte crítica de la función del administrador de operaciones. Los pronósticos de la demanda dirigen la producción, capacidad y sistemas de programación en una empresa y afectan las funciones financieras, de mercadeo, y de planeación de personal.

En este capítulo, se presentaron una variedad de técnicas de pronósticos cualitativas y cuantitativas. Los sistemas cualitativos emplean el juicio, experiencia, intuición, y varios factores que resultan difíciles de cuantificar. Los pronósticos cuantitativos utilizan datos históricos y relaciones causales para proyectar demandas futuras.

Como se aprendió en este capítulo, ningún método de pronóstico es perfecto bajo todas las condiciones. Y aunque la administración haya encontrado un sistema satisfactorio, aún debe monitorearlo y controlar sus pronósticos para asegurarse de que los errores no se vayan de las manos. Pronosticar puede resultar una parte retadora, pero recompensante, en la administración.

TÉRMINOS CLAVE

Pronosticar (*p. 46*)
Pronósticos económicos (*p. 48*)
Pronósticos tecnológicos (*p. 48*)
Pronósticos de demanda (*p. 48*)
Pronósticos cuantitativos (*p. 48*)
Pronósticos cualitativos (*p. 48*)
Jurado de opinión ejecutiva (*p. 48*)
Compuesto de fuerza de ventas (*p. 48*)
Método Delphi (*p. 48*)
Encuesta a consumidores de mercado (*p. 48*)
Modelos de series de tiempo (*p. 49*)
Modelos causales (*p.* 49)
Enfoque simplista (*p. 51*)
Promedios móviles (*p. 51*)
Suavización exponencial (*p. 54*)
Constante de suavización (*p. 54*)
Desviación media absoluta (MAD) (*p. 56*)
Error medio cuadrado (MSE) (*p. 57*)
Error porcentual medio absoluto (MAPE) (*p. 57*)
Proyección con tendencia (*p. 58*)
Análisis de regresión lineal (*p. 63*)
Error estándar del estimado (*p. 65*)
Coeficiente de correlación (*p. 67*)
Regresión múltiple (*p. 68*)
Señal de rastreo (*p. 70*)
Suavización ajustada (*p. 71*)

PROBLEMAS RESUELTOS

problema resuelto 2.1

Las ventas de Green Line Jet Skis han crecido constantemente durante los últimos cinco años (véase tabla). El gerente de ventas ha predicho en 1988 que las ventas de 1989 serían de 410 jet skis. Utilizando la suavización exponencial con un peso de $\alpha = 0.30$, desarrollar pronósticos para 1990 hasta 1994.

Año	*Ventas*	*Pronóstico*
1989	450	410
1990	495	
1991	518	
1992	563	
1993	584	
1994	?	

Solución

Año	*Pronóstico*
1989	410.0
1990	422.0 = 410 + 0.3 (450 – 410)
1991	443.9 = 422 + 0.3 (495 – 422)
1992	466.1 = 443.9 + 0.3 (518 – 443.9)
1993	495.2 = 466.1 + 0.3 (563 – 466.1)
1994	521.8 = 495.2 + 0.3 (584 – 495.2)

problema resuelto 2.2

Las membresías en el Body-Builder Health Club, el más grande de Chicago, han sido registradas durante los últimos nueve años. La administración desearía determinar la tendencia matemática de las membresías con el fin de proyectar necesidades futuras de espacio. El estimado le ayudaría al club a determinar si es necesaria una futura expansión. Dados los siguientes datos en la serie de tiempo, desarrollar una ecuación de regresión relacionando las membresías con el tiempo. Entonces, pronosticar las membresías para 1995. Las membresías están en miles:

1985: 17 1986: 16 1987: 16 1988: 21 1989: 20
1990: 20 1991: 23 1992: 25 1993: 24

Solución

Año	*Año transformado, x*	*Membresías, y (en miles)*	x^2	xy
1985	1	17	1	17
1986	2	16	4	32
1987	3	16	9	48
1988	4	21	16	84
1989	5	20	25	100
1990	6	20	36	120
1991	7	23	49	161
1992	8	25	64	200
1993	9	24	81	216
	$\Sigma x = 45$	$\Sigma y = 182$	$\Sigma x^2 = 285$	$\Sigma xy = 978$

$$\bar{x} = \frac{45}{9} = 5, \quad \bar{y} = \frac{182}{9} = 20.22$$

$$b = \frac{\Sigma xy - n\bar{x}\bar{y}}{\Sigma x^2 - n\bar{x}^2} = \frac{978 - (9)(5)(20.22)}{285 - (9)(25)} = \frac{978 - 909.9}{285 - 225} = \frac{68.1}{60} = 1.135$$

$$a = \bar{y} - b\bar{x} = 20.22 - (1.135)(5) = 20.22 - 5.675 = 14.545$$

$$\hat{y}\ (\text{membresías}) = 14.545 + 1.135x$$

La proyección de membresías en 1995 (que es $x = 11$ en el sistema de codificación empleado) es:

$$\hat{y} = 14.545 + (1.135)(11) = 27.03$$

o 27 030 miembros en 1995.

problema resuelto 2.3

La demanda trimestral para cirugías rinoplásticas (comúnmente llamados "trabajos nasales") en una clínica de Beverly Hills se pronostica con la ecuación:

$$\hat{y} = 10 + 3x$$

donde x = trimestres, y,

Trimestre I de 1991 = 0
Trimestre II de 1991 = 1
Trimestre III de 1991 = 2
Trimestre IV de 1991 = 3
Trimestre I de 1992 = 4
y así sucesivamente

y,

$$\hat{y} = \text{demanda trimestral}$$

La demanda para esta cirugía particularmente es estacional (debido a los días festivos de verano e invierno), los índices para los trimestres I, II, III y IV son 0.80, 1.00, 1.30, y 0.90, respectivamente. Pronosticar las demandas para cada trimestre de 1993. Luego estacionalizar cada pronóstico para ajustarlo a las variaciones trimestrales.

Solución
El trimestre II de 1992 se codifica $x = 5$; trimestre III de 1992, $x = 6$; trimestre IV de 1992, $x = 7$. Entonces, trimestre I de 1993, $x = 8$; trimestre II, $x = 9$; y así sucesivamente.

$\hat{y}$ (Trimestre I 1993) = 10 + 3(8) = 34 — Pronóstico ajustado = (0.80)(34) = 27.2
$\hat{y}$ (Trimestre II 1993) = 10 + 3(9) = 37 — Pronóstico ajustado = (1.00)(37) = 37
$\hat{y}$ (Trimestre III 1993) = 10 + 3(10) = 40 — Pronóstico ajustado = (1.30)(40) = 52
$\hat{y}$ (Trimestre IV 1993) = 10 + 3(11) = 43 — Pronóstico ajustado = (0.90)(43) = 38.7

autoevaluación capítulo 2

- *Antes de iniciar la autoevaluación* refiérase a los objetivos de aprendizaje listauos al principio del capítulo y a los términos clave listados al final del mismo.
- Utilice la clave al final del texto para *corregir* sus respuestas.
- *Vuelva a estudiar* las páginas correspondientes a cualquier pregunta que haya contestado erróneamente o el material en el que se sienta inseguro.

1. El pronóstico de los horizontes de tiempo incluye:
a. largo plazo
b. mediano plazo
c. corto plazo
d. todos los anteriores
e. ninguno de los anteriores

2. Un pronóstico que proyecta las ventas de la compañía es un:
a. pronóstico económico
b. pronóstico tecnológico
c. pronóstico de demanda
d. ninguno de los anteriores

3. Los métodos cuantitativos para pronosticar incluyen:
a. compuesto de fuerza de ventas
b. jurado de opinión ejecutiva
c. encuesta de consumidores de mercado
d. enfoque simplista
e. todos son métodos cuantificables

4. El método que considera algunas variables que se relacionan con la variable a predecir es:
a. suavización exponencial
b. pronóstico causal
c. promedio móvil ponderado
d. todos los anteriores
e. ninguno de los anteriores

5. La suavización exponencial es un ejemplo de un modelo causal.
a. Cierto **b.** Falso

6. Un modelo de series de tiempo incorpora los varios factores que pueden influenciar la cantidad que se pronostica.
a. Cierto **b.** Falso

7. El descomponer una serie de tiempo se refiere a desglosar los datos pasados en componentes de:
a. constantes y variaciones
b. tendencias, ciclos y variaciones al azar
c. variaciones estratégicas, tácticas y operacionales
d. variaciones a largo plazo, a corto plazo y a mediano plazo
e. ninguna de las anteriores

8. En la suavización exponencial, cuando la constante de suavización es alta, hay más peso en la información más reciente.
a. Cierto **b.** Falso

9. Las tres medidas populares de precisión de pronósticos son:
a. error total, error promedio y error medio
b. error promedio, error mediano y error máximo
c. error mediano, error mínimo y error absoluto máximo
d. error medio absoluto, error medio cuadrado y error porcentual medio absoluto
e. ninguno de los anteriores

10. En un modelo de suavización exponencial con ajuste de tendencia, un valor alto de la constante de suavización de tendencia, b, implica que se desea hacer el modelo menos sensible a los cambios recientes de la tendencia.
a. Cierto **b.** Falso

11. Desafortunadamente, el análisis de regresión únicamente puede ser empleado para desarrollar un pronóstico basado sobre una única variable independiente.
a. Cierto **b.** Falso

12. Una debilidad fundamental en los métodos de pronósticos causales es que se debe obtener primero el pronóstico de la variable independiente, y *entonces* se aplica el valor en el pronóstico de la variable dependiente.
a. Cierto **b.** Falso

13. Con respecto al pronóstico basado en la regresión, el *error estándar del estimado* da una medida de:
a. la exactitud *global* del pronóstico
b. el periodo de tiempo para el cual el pronóstico es válido
c. el tiempo requerido para derivar la ecuación del pronóstico
d. el error máximo del pronóstico
e. ninguno de los anteriores

14. Un método para elegir entre varias constantes de suavización, cuando se utiliza la suavización exponencial, es la evaluación de la Desviación Media Absoluta (MAD) para cada constante de suavización, y entonces elegir la constante de suavización que ofrece el MAD mínimo.
a. Cierto **b.** Falso

15. Ninguna metodología de pronóstico sencillo es apropiada bajo todas las situaciones.
a. Cierto **b.** Falso

16. La diferencia entre una variable *dependiente* y una *independiente* es que ______________________.

17. Los métodos cuantitativos de pronósticos incluyen:
1.________ 2.______ 3.______ 4.________ 5.________

18. Una variable de serie de tiempo típicamente tiene los cuatro componentes:
1.________ 2.________ 3.________ 4.________

19. Los métodos de pronósticos cualitativos incluyen:
1.________ 2.________ 3.________ 4.________

20. El propósito de una señal de *rastreo* es:
____

21. La diferencia entre un modelo de *promedio móvil* y un modelo de *suavización exponencial* es que:
____

PREGUNTAS PARA DISCUSIÓN

1. Describa brevemente los pasos utilizados para desarrollar un sistema de pronósticos.
2. ¿Qué es un modelo de pronóstico de series de tiempo?
3. ¿Cuál es la diferencia entre un modelo causal y un modelo de series de tiempo?
4. ¿Qué es un modelo de pronóstico de juicio, y cuándo es apropiado?
5. ¿Cuál es el significado de mínimos cuadrados en un modelo de regresión lineal?
6. ¿Cuáles son algunos problemas e inconvenientes del modelo de pronósticos de promedios móviles?
7. ¿Qué efecto tiene el valor de la constante de suavización en el peso dado al pronóstico pasado y el valor observado anterior?
8. Describa brevemente la técnica Delphi.
9. ¿Qué es MAD, y por qué es importante en la selección y uso de los modelos de pronósticos?

PROBLEMAS

• **2.1** Las temperaturas máximas diarias en la ciudad de Houston la semana pasada fueron como sigue: 93, 94, 93, 95, 96, 88 y 90 (ayer).

a) Pronosticar la temperatura máxima para hoy, utilizando un promedio móvil de tres días.
b) Pronosticar la temperatura máxima para hoy, utilizando un promedio móvil de dos días.
c) Calcular la desviación media absoluta basada en el promedio móvil de dos días.

• **2.2** Para los datos que están a continuación, desarrollar un pronóstico de promedios móviles de tres meses.

Mes	*Ventas acumuladas para autos*
Enero	20
Febrero	21
Marzo	15
Abril	14
Mayo	13
Junio	16
Julio	17
Agosto	18
Septiembre	20
Octubre	20
Noviembre	21
Diciembre	23

• **2.3** Con los datos que se dan a continuación, desarrollar un pronóstico de demanda de promedios móviles de tres años.

Año	*Demanda*
1	7
2	9
3	5
4	9
5	13
6	8
7	12
8	13
9	9
10	11
11	7

• **2.4** Susan Goodman ha desarrollado el siguiente modelo de pronóstico:

$$\hat{y} = 36 + 4.3x$$

donde:

$\hat{y}$ = demanda para acondicionadores de aire Azteca y
x = la temperatura exterior (°F).

a) Pronosticar la demanda para el Azteca cuando la temperatura es de 70 °F.
b) ¿Cuál es la demanda para una temperatura de 80 °F?
c) ¿Cuál es la demanda para una temperatura de 90 °F?

• **2.5** Los datos recolectados para la demanda de costales de 50 libras de semilla de pasto en Bob's Hardware Store se muestran en la siguiente tabla. Desarrollar un promedio móvil de tres años para pronosticar las ventas. Después determinar una vez más la demanda con un promedio móvil ponderado en el cual a las ventas en el año más reciente se les da un peso de 2 y a las ventas de los otros dos años se les da un peso de 1 a cada una. ¿Cuál método cree que sea mejor?

Año	*Demanda de semillas de pasto (en miles de costales)*
1	4
2	6
3	4
4	5
5	10
6	8
7	7
8	9
9	12
10	14
11	15

• **2.6** Desarrollar un promedio móvil de dos y de cuatro años para la demanda de semillas de pasto del problema 2.5.

• **2.7** En los problemas 2.5 y 2.6, se desarrollaron cuatro diferentes pronósticos para la demanda de semillas de pasto. Estos cuatro pronósticos son promedios móviles de dos años, promedios móviles de tres años, un promedio móvil ponderado y promedios móviles de cuatro años. ¿Cuál utilizaría? Explicar su respuesta.

•• **2.8** Utilizar la suavización exponencial con una constante de suavización de 0.3 para pronosticar la demanda de semillas de pasto del problema 2.5. Asumir que el pronóstico del último periodo para el año 1 es de 5000 costales para principiar el procedimiento. ¿Preferiría utilizar el modelo de suavización exponencial o el modelo de promedio ponderado desarrollado en el problema 2.5? Explicar la respuesta.

• **2.9** Utilizando las constantes de suavización de 0.6 y 0.9, desarrollar un pronóstico para las ventas de Green Line Jet Skis. Véase el problema resuelto 2.1.

• **2.10** ¿Qué efecto tuvo la constante de suavización en el pronóstico de Green Line Jet Skis? Véase el problema 2.1 y el problema 2.9. ¿Cuál constante de suavización ofrece el pronóstico más exacto?

• **2.11** Utilizar un modelo de pronóstico de promedio móvil de tres años para pronosticar las ventas de Green Line Jet Skis. Véase el problema resuelto 2.1.

• **2.12** Utilizando el método de proyección de tendencia, desarrollar un modelo de pronóstico para las ventas de Green Line Jet Skis. Véase el problema resuelto 2.1.

•• **2.13** ¿Utilizaría la suavización exponencial con una constante de suavización de 0.3, un promedio móvil de tres meses, o tendencia para predecir las ventas de Green Lines Jet Skis? Refiérase al problema resuelto 2.1 y los problemas 2.11 y 2.12.

••• **2.14** La demanda para cirugía de transplante de corazón en el Washington General Hospital ha crecido constantemente en los años pasados, como se aprecia en la siguiente tabla:

Año	*Cirugías realizadas de transplante de corazón*
1	45
2	50
3	52
4	56
5	58
6	?

El director de los servicios médicos predijo hace seis años que la demanda en el año 1 sería de 41 cirugías.

a) Use la suavización exponencial, primero con una constante de suavización de 0.6 y posteriormente con una de 0.9, para desarrollar pronósticos para los años 2 a 6.
b) Utilice un promedio móvil de tres años para pronosticar las demandas de los años 4, 5 y 6.
c) Use el método de proyección de tendencia para pronosticar la demanda en los años 1 a 6.
d) Con MAD como criterio, ¿cuál de los cuatro sistemas anteriores de pronóstico es el mejor?

• **2.15** Un cuidadoso análisis del costo de operación de un automóvil fue hecho por una empresa. Se desarrolló el siguiente modelo:

$$Y = 4000 + 0.20X$$

donde:

Y = costo anual
X = millas manejadas

a) Si un automóvil se maneja 15 000 millas este año, ¿cuál es el costo de operación pronosticado para este automóvil?
b) Si un automóvil se maneja 25 000 millas este año, ¿cuál es el costo de operación pronosticado para este automóvil?
c) Suponga que un automóvil se manejó 15 000 millas y el costo anual de operación fue de $6000, mientras que un segundo automóvil se manejó 25 000 millas y el costo de operación real fue de $10 000. Calcule la desviación media absoluta.

• **2.16** Con los siguientes datos, utilice la suavización exponencial ($\alpha = 0.2$) para desarrollar un pronóstico de demanda. Asuma que el pronóstico para el periodo inicial es de 5.

Periodo	*Demanda*
1	7
2	9
3	5
4	9
5	13
6	8

•• **2.17** Calcular a) MAD, b) MSE, c) MAPE para el siguiente pronóstico contra los números de ventas reales.

Pronóstico	*Real*
100	95
110	108
120	123
130	130

•• **2.18** Con los siguientes datos, utilice la regresión por mínimos cuadrados para derivar una ecuación de pronóstico. ¿Cuál es su estimado de la demanda para el periodo 7?

Periodo	*Demanda*
1	7
2	9
3	5
4	11
5	10
6	13

•• **2.19** Con los siguientes datos, utilice la regresión por mínimos cuadrados para desarrollar la relación entre el número de días con lluvia en verano y el número de juegos perdidos por el equipo de *baseball* Boca Raton Cardinal.

Año	*Días con lluvia en verano*	*Juegos perdidos por los Cardinals*
1984	15	25
1985	25	20
1986	10	10
1987	10	15
1988	30	20
1989	20	15
1990	20	20
1991	15	10
1992	10	5
1993	25	20

••• **2.20** Las ventas de aspiradoras industriales en Jack Peters Supply Co., en los últimos 13 meses se muestran a continuación.

Ventas (en miles)	*Mes*
11	Enero
14	Febrero
16	Marzo
10	Abril
15	Mayo
17	Junio
11	Julio
14	Agosto
17	Septiembre
12	Octubre
14	Noviembre
16	Diciembre
11	Enero

a) Utilizando un promedio móvil con tres periodos, determinar la demanda de aspiradoras para el próximo febrero.
b) Usando un promedio móvil ponderado con tres periodos, determinar la demanda de aspiradoras para febrero. Usar 3,2 y 1 para los pesos de los periodos más reciente, segundo más reciente y tercero más reciente, respectivamente. Por ejemplo, si se estuviera pronosticando la demanda para febrero, noviembre tendría un peso de 1; diciembre tendría un peso de 2; y enero tendría un peso de 3.
c) Evaluar la exactitud de cada uno de estos métodos.
d) ¿Qué otros factores puede considerar Peters en sus pronósticos de ventas?

•• **2.21** El gerente de operaciones de una distribuidora de instrumentos musicales cree que la demanda de bombos puede estar relacionada con el número de apariciones por televisión del popular grupo de rock Green Shades durante el mes previo. El gerente ha recolectado los datos que se muestran en la siguiente tabla.

Demanda de bombos	*Apariciones en televisión de Green Shades*
3	3
6	4
7	7
5	6
10	8
8	5

a) Graficar estos datos para ver si una ecuación lineal puede describir la relación entre los *shows* en televisión del grupo y las ventas de bombos.
b) Utilizar el método de regresión de mínimos cuadrados para derivar una ecuación del pronóstico.
c) ¿Cuál es el estimado de ventas de bombos si los Green Shades tocaron en televisión nueve veces durante el último mes?

• **2.22** Un estudio para determinar la correlación entre los depósitos bancarios y los índices de precios a consumidores en Birmingham, Alabama, revelaron lo siguiente (basado en 5 años de datos):

$$\Sigma x = 15$$
$$\Sigma x^2 = 55$$
$$\Sigma xy = 70$$
$$\Sigma y = 20$$
$$\Sigma y^2 = 130$$

a) Encontrar el coeficiente de correlación. ¿Qué significancia tiene para usted?
b) ¿Cuál es el error estándar del estimado?

•• **2.23** El contador de Leslie Wardrop Coal Distributors, Inc., observa que la demanda de carbón parece estar relacionada con un índice de severidad en el clima, de acuerdo con un estudio desarrollado por el U.S. Weather Bureau. Es decir, como el clima fue extremadamente frío en Estados Unidos en los últimos cinco años (y por lo tanto el índice es alto), las ventas de carbón fueron altas. El contador propone que se puede hacer un buen pronóstico para la demanda de carbón del año próximo al desarrollar una ecuación de regresión, y después consultar el *Farmer's Almanac* para ver qué tan severo será el invierno del año próximo. Con los datos de la siguiente tabla, derivar una ecuación de regresión de mínimos cuadrados y calcular el coeficiente de correlación de los datos. También calcular el error estándar del estimado.

Ventas de carbón, y (en millones de tons)	Índice del clima, x
4	2
1	1
4	4
6	5
5	3

•• **2.24** Trece estudiantes se inscribieron al programa de P/OM en el Rollins College hace dos años. La siguiente tabla indica cuáles fueron sus calificaciones (GPAs) después de estar en el programa por dos años y lo que cada estudiante logró en el examen SAT cuando estuvo en la preparatoria. ¿Existe una relación significativa entre las calificaciones y los SATs? Si un estudiante obtuvo 350 en el SAT, ¿cuál cree que sea su calificación en el GPA? ¿Qué tal para un estudiante que obtuvo 800?

Estudiante	Calificación SAT	GPA
A	421	2.90
B	377	2.93
C	585	3.00
D	690	3.45
E	608	3.66
F	390	2.88
G	415	2.15
H	481	2.53
I	729	3.22
J	501	1.99
K	613	2.75
L	709	3.90
M	366	1.60

•• **2.25** La Dra. Jerilyn Ross, una psicóloga de Nueva York, se especializa en tratar pacientes que tienen fobias y temores al salir de casa. La siguiente tabla muestra el número de pacientes que ha atendido la Dra. Ross cada año durante los últimos 10 años. También relaciona la tasa de robos en Nueva York durante el mismo año.

Año	Número de pacientes	Tasa de crimen (robos) por 1000 habitantes
1	36	58.3
2	33	61.1
3	40	73.4
4	41	75.7
5	40	81.1
6	55	89.0
7	60	101.1
8	54	94.8
9	58	103.3
10	61	116.2

Usando el mismo análisis de tendencia, ¿cuántos pacientes atenderá la Dra. Ross en los años 11, 12 y 13? ¿Qué tan bien encaja el modelo en los datos?

•• **2.26** Utilizando los datos del problema 2.25, aplicar la regresión lineal para estudiar la relación entre la tasa de crímenes y la carga de pacientes de la Dra. Ross. Si la tasa de robos se incrementa a 131.2 en el año 11, ¿cuántos pacientes con fobia atenderá la Dra. Ross? Si la tasa de crímenes baja a 90.6, ¿cuál es la proyección de pacientes?

• **2.27** Los contadores de la empresa Gets and Farnsworth creían que varios ejecutivos viajeros presentaban comprobantes de viaje inusualmente altos al regresar de viajes de negocios. Los contadores tomaron una muestra de 200 comprobantes presentados desde el año pasado; posteriormente desarrollaron la siguiente ecuación de regresión múltiple, relacionando el costo esperado del viaje ($\hat{y}$), el número de días de viaje (x_1), y la distancia viajada (x_2) en millas:

$$\hat{y} = \$90.00 + \$48.50x_1 + 0.40x_2$$

El coeficiente de correlación calculado fue de 0.68.

a) Si Bill Tomlinson regresa de un viaje de 300 millas por el que estuvo fuera durante cinco días, ¿cuál es la cantidad esperada que debe reclamar como gastos?

b) Tomlinson reclamó una solicitud de rembolso por $685. ¿Qué debe hacer el contador?

c) ¿Se deben incluir otras variables? ¿Cuáles? ¿Por qué?

• **2.28** En el pasado, la distribución de llantas de Laura Gustafson vendió un promedio de 1000 radiales cada año. En los últimos dos años se vendieron 200 y 250, respectivamente, en el otoño; 300 y 350 en invierno; 150 y 165 en primavera, y 300 y 285 en verano. Al planear una expansión mayor, la Sra. Gustafson proyecta que las ventas del próximo año se incrementen a 1200 radiales. ¿Cuál será la demanda para cada estación?

• **2.29** Suponga que el número de accidentes de automóviles en una cierta región se relaciona con el número de automóviles registrados en miles (b_1), venta de bebidas alcohólicas en $10,000s ($b_2$), y decremento en el precio de la gasolina en centavos (b_3). Más aún, imagine que la fórmula de regresión se ha calculado como:

$$Y = a + b_1X1 + b_2X2 + b_3X3$$

donde:

Y = el número de accidentes de automóviles
$a = 7.5$, $b_1 = 3.5$, $b_2 = 4.5$, y $b_3 = 2.5$

Calcular el número esperado de accidentes automovilísticos bajo las siguientes condiciones:

	X1	*X2*	*X3*
a)	2	3	9
b)	3	5	1
c)	4	7	2

• **2.30** El siguiente modelo de regresión múltiple fue desarrollado para predecir el desempeño del trabajo, de acuerdo con el índice de evaluación de desempeño del trabajo, en una compañía que se basó en la calificación del examen de preempleo y el promedio de calificaciones de la universidad (GPA).

$$Y = 35 + 20X1 + 50X2$$

donde:

Y = índice de evaluación de desempeño del trabajo
X1 = calificación del examen de preempleo
X2 = GPA universitario.

a) Pronosticar el índice de desempeño del trabajo para un solicitante con GPA de 3.0 y calificación de 80 en el examen de preempleo.
b) Pronosticar el índice de desempeño del trabajo para un solicitante con GPA de 2.5 y calificación de 70 en el examen de preempleo.

•• **2.31** El gobierno de la ciudad obtuvo los siguientes datos de recolección de impuestos sobre ventas anuales y registros de automóviles nuevos:

Recolección de impuestos sobre ventas anuales (millones)	*Registros de automóviles nuevos*
1	10
1.4	12
1.9	15
2	16
1.8	14
2.1	17
2.3	20

Determinar:

a) la ecuación de regresión de mínimos cuadrados.
b) utilizando los resultados de la parte a), encontrar la recolección estimada de impuestos sobre ventas, si el total en los registros de automóviles nuevos fue de 22.
c) los coeficientes de correlación y determinación.

••• **2.32** Las millas voladas por pasajeros en Northeast Airlines, una empresa de enlace que da servicio en la ciudad de Boston, se muestran para las 12 semanas pasadas.

Semana	*Millas de pasajero reales (en miles)*
1	17
2	21
3	19
4	23
5	18
6	16
7	20
8	18
9	22
10	20
11	15
12	22

a) Asumiendo que el pronóstico inicial para la semana 1 fue de 17 000 millas, utilizar la suavización exponencial para calcular las millas de las semanas 2 a la 12. Emplear $\alpha = 0.2$.
b) ¿Cuál es el MAD para este modelo?
c) Calcular el RSFE y las señales de rastreo. ¿Se encuentran dentro de límites aceptables?

••• **2.33** Se cree que los viajes en autobús y metro en Washington, D.C., durante los meses del verano están vinculados con el número de turistas que visitan esa ciudad. Durante los últimos 12 años, se han obtenido los siguientes datos:

Año	*Número de turistas (millones)*	*Viajes (millones)*	Año	*Número de turistas (millones)*	*Viajes (millones)*
1	7	1.5	7	16	2.4
2	2	1.0	8	12	2.0
3	6	1.3	9	14	2.7
4	4	1.5	10	20	4.4
5	14	2.5	11	15	3.4
6	15	2.7	12	7	1.7

a) Graficar estos datos y decidir si es razonable un modelo lineal.
b) Desarrollar una relación de regresión.
c) ¿Cuál es la relación esperada si 10 millones de turistas visitan la ciudad en un año?
d) Explicar la relación que se predijo si no hay turistas.
e) ¿Cuál es el error estándar del estimado?
f) ¿Cuál es el coeficiente de correlación del modelo y el coeficiente de determinación?

••• **2.34** Las llamadas de emergencia al sistema 911 de Winter Park, Florida, durante las últimas 24 semanas se muestran a continuación.

Semana	*Llamadas*	*Semana*	*Llamadas*	*Semana*	*Llamadas*
1	50	9	35	17	55
2	35	10	20	18	40
3	25	11	15	19	35
4	40	12	40	20	60
5	45	13	55	21	75
6	35	14	35	22	50
7	20	15	25	23	40
8	30	16	55	24	65

a) Calcular el pronóstico de suavización exponencial de llamadas para cada semana. Asumir un pronóstico inicial de 50 llamadas en la primera semana, y utilizar $\alpha = 0.1$. ¿Cuál es el pronóstico para la semana 25?
b) Pronosticar de nuevo para cada periodo empleando $\alpha = 0.6$.
c) Las llamadas reales durante la semana 25 fueron 85. ¿Qué constante de suavización ofrece un pronóstico mejor? Explicar y justificar la medida de error utilizada.

••• **2.35** Orlando Power and Light ha recolectado información de la demanda de energía eléctrica en la sucursal UCF durante los últimos dos años. Los datos se muestran a continuación:

	Demanda en megawatts			*Demanda en megawatts*	
Mes	*Año pasado*	*Este año*	*Mes*	*Año pasado*	*Este año*
Ene.	5	17	Jul.	23	44
Feb.	6	14	Ago.	26	41
Mar.	10	20	Sep.	21	33
Abr.	13	23	Oct.	15	23
May.	18	30	Nov.	12	26
Jun.	15	38	Dic.	14	17

La empresa de servicio necesita pronosticar la demanda para cada mes del siguiente año, para poder planear la expansión y negociar el préstamo de energía de las instalaciones vecinas durante los periodos pico. Sin embargo, los modelos de pronóstico estándares discutidos en este capítulo no siguen los datos observados durante los dos años.

a) ¿Cuáles son las debilidades de las técnicas estándares de pronósticos cuando se aplican a este conjunto de datos?

b) Debido a que los modelos usados no son realmente apropiados aquí, proponga su propio sistema para pronosticar. Aunque no existe una solución perfecta para atacar datos como éstos (en otras palabras, no hay respuestas 100% correctas o incorrectas), justifique su modelo.

c) Pronostique la demanda para cada mes del año próximo, utilizando el modelo propuesto por usted.

•• **2.36** La asistencia a la atracción Vacation World, un parque similar a Disney en Orlando, se muestra a continuación:

Año	*Trimestre*	*Visitantes (en miles)*
1990	Invierno	73
	Primavera	104
	Verano	168
	Otoño	74
1991	Invierno	65
	Primavera	82
	Verano	124
	Otoño	52
1992	Invierno	89
	Primavera	146
	Verano	205
	Otoño	98

Calcular los índices estacionales, utilizando toda la información anterior.

• **2.37** Samantha Shane, administradora de Shane's Department Store, ha utilizado extrapolación de series de tiempo para pronosticar las ventas al menudeo para los próximos cuatro trimestres. Las ventas estimadas son de $120 000, $140 000, $160 000, y $180 000 para los trimestres respectivos. Los índices estacionales para los cuatro trimestres son de 1.25, 0.90, 0.75 y 1.15, respectivamente. Calcular un pronóstico de ventas estacionalizado o ajustado.

CASO DE ESTUDIO

En junio de 1990, Judith Randolph recibió oficialmente su título de Doctorado en Administración de Operaciones, de una prestigiada Universidad Estatal en el Oeste Medio. Su disertación doctoral, que le tomó dos largos años para terminar, se basó en el desarrollo de un modelo de pronóstico computarizado que podía predecir inscripciones a educación superior en los 43 centros públicos y universidades en su estado. Cuando construyó su modelo, la Dra. Randolph había trabajado muy de cerca con altos directivos de la Cámara Estatal de Regentes, el grupo responsable de la dirección y obtención de recursos de todas las instituciones estatales de educación superior. Ellos le proporcionaron acceso abierto a sus bases de datos, alentaron su proyecto, y sintieron que investigaciones como la de ella les ayudaría a entender y controlar el presupuesto de $2.1 mil millones que administraban.

En agosto de 1990, la Dra. Randolph aceptó un puesto de profesor asistente de POM en una escuela sureña. Durante el otoño, mantuvo correspondencia varias veces con Jim Stevens, el presidente de la Cámara de Regentes en su anterior residencia, a quien propuso implementara oficialmente su modelo como el sistema de pronósticos de la cámara. En noviembre, Randolph viajó para hacer una presentación muy impresionante justificando el motivo por el que la Cámara de Regentes se podría ver beneficiada con su sistema cuantitativo para pronosticar las inscripciones. Una semana más tarde, Stevens le pidió que preparara una propuesta de costo para colocar su sistema en un lugar realmente adecuado. La Cámara no estaba muy ansiosa de gastar los $35 000 que la profesora Randolph solicitaba, pero Stevens estaba muy interesado en encontrar un acercamiento sistemático con el que pudiera remplazar su método anticuado e inexacto.

Hasta este punto, la Cámara se reunía anualmente con cada presidente de escuela, y había escuchado el porqué cada uno de ellos pensaba que sus inscripciones iban a alcanzar la meta. El presupuesto de la escuela se apoyaba en el pronóstico del presidente con un 25% más menos, basado en el ánimo de Stevens y sus asesores. El método estaba cargado de problemas y argumentos sobre la forma de "partir el pastel" multimillonario, y las reuniones se convertían siempre en eventos desagradables. Los líderes colegiales que conseguían lo que querían se marchaban contentos. Aquellos que sentían que se les presupuestaba bajo no se marchaban en la misma forma.

Stevens creía que el modelo de la Profesora Randolph podría "matar varios pájaros de un tiro". Su sistema estaba basado en un modelo de suavización exponencial con capacidad de pronosticar el grupo de graduados de preparatoria, condado por condado, asignándolos como estudiantes de tiempo completo en las 43 escuelas con base en patrones pasados. También utilizaba suavización exponencial para pronosticar en forma separada las inscripciones en cada campus. Con el modelo como arma, Stevens le podría decir a los presidentes que ellos ya no necesitarían pronosticar sus propias inscripciones, que en muchos casos tendían a ser infladas en forma exagerada para así justificar fondos más altos. (Los fondos se basaban en el equivalente al conteo de alumnos de tiempo completo.) En segundo lugar, él podría sostener que contaba con un método cuantitativo, objetivo, y científico, que lo colocaría por encima de las críticas. Y finalmente, sabía lo suficiente sobre suavización exponencial como para que le gustara una de sus principales características, la de la constante de suavización, alfa.

Randolph había preparado el sistema para que la cabeza de la Cámara de Regentes pudiera seleccionar cualquier valor de suavización alfa que fuera adecuado. Por ejemplo, Stevens podría poner un gran peso en las inscripciones recientes, si suponía como razonable que continuaran las inscripciones actuales, o le podría dar mayor peso a los datos de años pasados si sentía que eran más importantes. A Stevens le encantaba la capacidad de su sistema una vez que se acostumbró a utilizarlo. Los presidentes de las escuelas no tenían idea de cómo se construyó el modelo de suavización exponencial, ni tampoco cómo se eligieron los valores de alfa. Ellos estuvieron, por decirlo llanamente, atrapados en la posición de defender sus solicitudes de presupuesto sin armas.

En enero de 1992, Sam Watson, el presidente de Southwestern State University, se sintió obstaculizado. Sus inscripciones se habían mantenido estables en cerca de 15 800 estudiantes durante los últimos cinco años. Sin embargo, la carta de Jim Stevens le pronosticó las inscripciones de 1993 en 13 800, una diferencia que le costaría a Southwestern más de $4 millones del fondo de la Cámara de Regentes. Su enojo se alimentó porque presentía que no le simpatizaba a Stevens, y que éste se alegraría al verlo trasladarse a cualquier otro lugar. Sin embargo, Watson no tenía idea de cómo se había desarrollado el presupuesto, pero pensaba que había algo turbio.

Como resultó, Watson no estaba tan mal encaminado. Stevens, había contactado a la Dra. Randolph seis meses antes para preguntarle cómo podría pasar por encima de los pronósticos de suavización exponencial. Aun utilizando un amplio rango de alfas, Stevens no había podido recortar a Southwestern State y su presidente, Sam Watson. El había solicitado a Randolph que adicionara una característica al software de pronóstico para permitirle, en efecto, capturar el presupuesto de inscripciones que quería que saliera del sistema.

A pesar de la iguala de los $10 000 anuales por darle mantenimiento al software, Randolph replicó. Ella preguntaba ¿Por qué era necesario tal cambio? La respuesta de Stevens fue llana: "Le pagamos a usted como consultora para hacerlo, o nunca volverá a recibir un centavo de ingreso de los regentes."

Preguntas para discusión

1. Si usted fuera Judith Randolph, ¿qué haría?
2. Analice los sistemas actuales desde la perspectiva de un presidente de escuela.
3. ¿Qué se puede hacer para quitar cualquier parcialidad personal de este sistema?
4. ¿Cómo se puede abusar en este modelo?
5. ¿Cómo se puede usar un modelo de regresión para producir resultados favorables a una posición sobre otra?

BIBLIOGRAFÍA

Box, G. E. P. y G. Jenkins. *Time Series Analysis: Forecasting and Control.* San Francisco: Holden Day, 1970.

Brown, R. G. *Statistical Forecasting for Inventory Control.* Nueva York: McGraw-Hill, 1959.

Chambers, J., C., C. Satinder, S. K. Mullick y D. D. Smith. "How to Choose the Right Forecasting Techniques." *Harvard Business Review* **49** (julio-agosto de 1971), pp. 45-74.

Gardner, E. S. "Exponential Smoothing: The State of the Art." *Journal of Forecasting* **4** (marzo de 1985).

Georgoff, D. M. y R. G. Murdick. "Managers Guide to Forecasting." *Harvard Business Review* **64** (enero-febrero de 1986), pp. 110-120.

Mahmoud, E. "Accuracy in Forecasting: A Summary." *Journal of Forecasting* (abril-junio de 1984).

Makridakis, S., S. C. Wheelright y V. E. McGee. *Forecasting: Methods and Applications*, 2a. edición, Nueva York: John Wiley and Sons, 1983.

Murdick, R., B. Render y R. Russell. *Service Operations Management*. Boston: Allyn and Bacon, 1990.

Parker, G. C. y E. L. Segura. "How to Get a Better Forecast." *Harvard Business Review* **49** (marzo-abril de 1971), pp. 99-109.

Plossl, G. W. y O. W. Wight. *Production and Inventory Control*. Englewood Cliffs, NJ: Prentice-Hall, 1967.

Render, B. y R. M. Stair. *Introduction to Management Science.* Boston: Allyn & Bacon, 1992.

Render, B. y R. M. Stair. *Quantitative Analysis for Management*. 5a. edición, Boston: Allyn and Bacon, 1994.

CONSTRUCCIÓN DE OPERACIONES DE CLASE MUNDIAL

parte dos

Las organizaciones de clase mundial tienen las siguientes características:

CALIDAD DE CLASE MUNDIAL

La empresa de clase mundial:

Tiene una filosofía de mejoramiento continuo
Tiene un alto grado de confianza en sus empleados
Utiliza benchmarks (puntos de referencia) para establecer estándares
Utiliza JIT para asegurar una calidad consistente
Tiene fuerza de trabajo capacitada utilizando las herramientas de TQM

PRODUCTO DE CLASE MUNDIAL

La empresa de clase mundial:

Diseña productos con calidad robusta
Continuamente mejora la calidad del producto
Continuamente presenta productos nuevos, variaciones en esos productos y opciones para los mismos
Proporciona una fuerte comunicación entre cliente, diseño del producto, diseño del proceso y proveedores
Enlaza las decisiones del producto a la participación del mercado, ciclos de vida del producto y extensión de la línea del producto

PROCESO DE CLASE MUNDIAL

La empresa de clase mundial:

Diseña procesos de tal forma que cada operación adiciona valor
Estimula el desarrollo de equipo o procesos especiales patentados, con extrema eficiencia.
Genera un dólar de ventas con bajos requerimientos de capital, en la competencia del mercado
Toma decisiones de inversión sobre un criterio de ganar pedidos redituables
Utiliza el ROI como único criterio para inversión

LOCALIZACIÓN DE CLASE MUNDIAL

La empresa de clase mundial:

Encuentra localizaciones que ofrecen una ventaja en costo, retorno, servicio al cliente y penetración de mercado

DISTRIBUCIÓN DE CLASE MUNDIAL

La empresa de clase mundial:

Utiliza celdas de trabajo y otro tipo de instalaciones enfocadas
Hace líneas de flujo para facilitar el acceso al material y adiciona valor con cada movimiento del mismo

GENTE Y SISTEMAS DE TRABAJO DE CLASE MUNDIAL

En la empresa de clase mundial:

Se encuentra presente un alto grado de participación y compromiso hacia los objetivos en los empleados
Existen pocas clasificaciones de puestos
Los empleados están entrenados en forma cruzada de tal manera que puedan desarrollar una gran variedad de trabajos
La comunicación abierta se promueve a través de pocos niveles jerárquicos
Se fomenta el entendimiento y respeto mutuo
Se desarrolla un alto nivel de moral y espíritu de equipo
Se hace un compromiso mayor al asesoramiento sobresaliente por medio del reclutamiento, selección, capacitación y retención efectivos

Administración de la calidad total

capítulo **3**

PERFIL DEL CAPÍTULO

OBJETIVOS DE APRENDIZAJE

Cuando termine este capítulo usted podrá:

Identificar o definir:

Calidad
Premio Malcolm Baldrige
Deming, Juran y Crosby
Conceptos Taguchi

Explicar:

¿Por qué es importante la calidad?
Administración de la calidad total (TQM)
Casa de la calidad
Gráficas de Pareto
Gráficas de flujo de proceso
Productos con calidad robusta
Inspección

No hay asunto más importante en los negocios de hoy que la calidad. El futuro de nuestra nación depende de nuestra habilidad para ofrecer los bienes y servicios de más alta calidad tanto para consumo nacional como internacional. La determinación de las expectativas de calidad es crítica para construir y administrar la función de operaciones. La calidad impacta a la *organización entera*, desde el proveedor hasta el consumidor, y desde el diseño del producto hasta el mantenimiento. En este capítulo se tratarán dos temas de calidad. Primero se define la *calidad* y se discute por qué es importante. Después se presenta el concepto de la Administración de la calidad total (TQM) y sus herramientas. En el suplemento de este capítulo, se explora el tema del control estadístico de la calidad.

DEFINICIÓN DE CALIDAD

Se acepta la definición de *calidad* como la adoptada por la American Society for Quality Control: "La totalidad de los rasgos y características de un producto o servicio que se sustenta en su habilidad para satisfacer las necesidades establecidas o implícitas."[1]

Sin embargo, otros creen que las definiciones de *calidad* caen dentro de varias categorías.[2] Algunas se *basan en usuarios*. Ellos proponen que la calidad "se encuentra en los ojos del espectador". A la gente de mercadotecnia le gusta esta definición, así como a los clientes. Para ellos, una mejor calidad significa mejor desempeño, características más agradables y otras mejoras (algunas veces costosas). Para los administradores de la producción, la calidad se *basa en la manufactura*. Ellos creen que la calidad significa el cumplimiento de los estándares y el "hacerlo bien desde la primera vez". Existe además un tercer intento de definición *basado en el producto*, el cual ve la calidad como una variable precisa y mensurable. Por ejemplo, el helado realmente bueno tiene niveles altos de grasa de mantequilla.

Este texto desarrolla los sistemas y técnicas para señalar las tres categorías de la calidad. Las características que implican calidad deben identificarse inicialmente a través de la investigación (una idea de la calidad basada en el usuario). Estas características se traducen en atributos específicos del producto (una idea de calidad basada en el producto). Posteriormente, el proceso de manufactura se organiza para asegurar que los productos se fabriquen de forma precisa y cumplan las especificaciones (una idea de calidad basada en la manufactura). Un proceso que ignore cualquiera de estos pasos no tendrá como resultado un producto de calidad.[3]

¿POR QUÉ ES IMPORTANTE LA CALIDAD?

Los bienes y servicios con calidad son estratégicamente importantes para la compañía y el país que representan. La calidad de los productos de una empresa, los precios que cobra, y el abasto que lo hace disponible son factores que determinan la demanda. Particularmente, la calidad afecta a una empresa de cuatro maneras:

1. *Costos y participación del mercado.* La figura 3.1 muestra que una calidad mejorada puede conducir a una mayor participación en el mercado y ahorrar en el costo. Aunque ambos pueden afectar también el beneficio. De la misma manera, el mejoramiento de la confiabilidad y la conformidad significa menos defectos y disminución en costos de servicio. Un estudio de fabricantes de equipos de aire acondicionado mostró que la calidad y la productividad se encuentran relacionadas positivamente. En Estados Unidos, las compañías con la más alta calidad fueron cinco veces más productivas (medidas por unidades producidas por hora de trabajo) que las compañías con la calidad más pobre.[4] La perspectiva tradicional ha llevado a cabo el esfuerzo de calidad al costo

[1]Ross Johnson y William O. Winchell, *Production and Quality.* (Milwaukee, WI: American Society for Quality Control, 1989), p. 2.

[2]David A. Garvin. "What Does 'Product Quality' Really Mean?" *Sloan Management Review* **26**, 1 (otoño de 1984), pp. 25-43.

[3]Véase Garvin (otoño de 1984), p. 29.

[4]Garvin (otoño de 1984), p. 36.

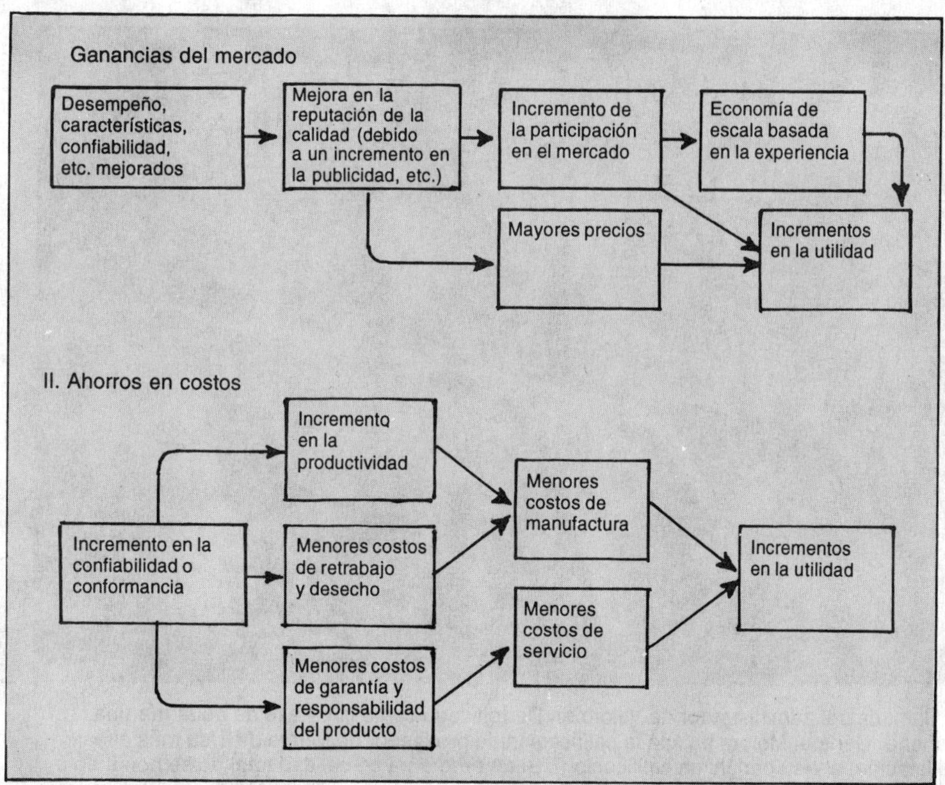

FIGURA 3.1 Calidad y utilidad. (*Fuente*: David A. Garvin. "What Does Product Quality Really Mean?" *Sloan Management Review*, otoño de 1984, 1, p. 37.)

mínimo total de calidad (esfuerzo de la calidad más el costo de la calidad pobre). Sin embargo, el costo de la calidad pobre se ha enfocado mucho en el corto plazo, y ese costo normalmente se subestima. Por lo tanto, cuando se consideran las implicaciones de los costos a largo plazo y el incremento potencial de la participación en el mercado, los costos totales pueden ser un mínimo cuando el 100% de los bienes o servicios se encuentra perfecto y libre de defectos.

2. *La reputación de la compañía.* Una organización debe esperar que la siga su reputación de calidad (sea buena o mala). La calidad surgirá en las percepciones sobre los nuevos productos de la empresa, prácticas de los empleados y relaciones con los proveedores. Una empresa de manufactura, un restaurante, un taller de reparaciones o una escuela que desarrolle una reputación de baja calidad tiene que trabajar al doble para desprenderse de esa imagen cuando llega la disyuntiva de mejorar o cerrar. La autopromoción no es sustituto de la calidad de los productos.
3. *Responsabilidad del producto.* Cada vez es más frecuente que las cortes enjuicien a todos los responsables del producto en la cadena de distribución. Adicionalmente, las organizaciones que diseñan y producen productos o servicios defectuosos pueden ser responsabilizados por daños o lesiones que resulten de su uso. El Consumer Product Safety Act de 1972 reglamenta y refuerza los estándares de los productos al prohibir los productos que no alcanzan dichos estándares. Las drogas que accidentalmente causan defectos de nacimiento, materiales aislantes que producen cáncer o tanques de automóviles que pueden explotar al impacto, pueden llevar a grandes costos legales, costosos arreglos o pérdidas, y una publicidad desastrosa.
4. *Implicaciones internacionales.* En esta era tecnológica la calidad es un asunto internacional así como corporativo. Tanto para una compañía como para un país, en la competencia efectiva dentro de la economía global, sus productos deben cumplir con las expectativas de calidad y precio. Los productos inferiores dañan a las empresas y a las naciones, tanto en forma interna como en el extranjero, y pueden tener severas complicaciones en las balanzas de pagos.

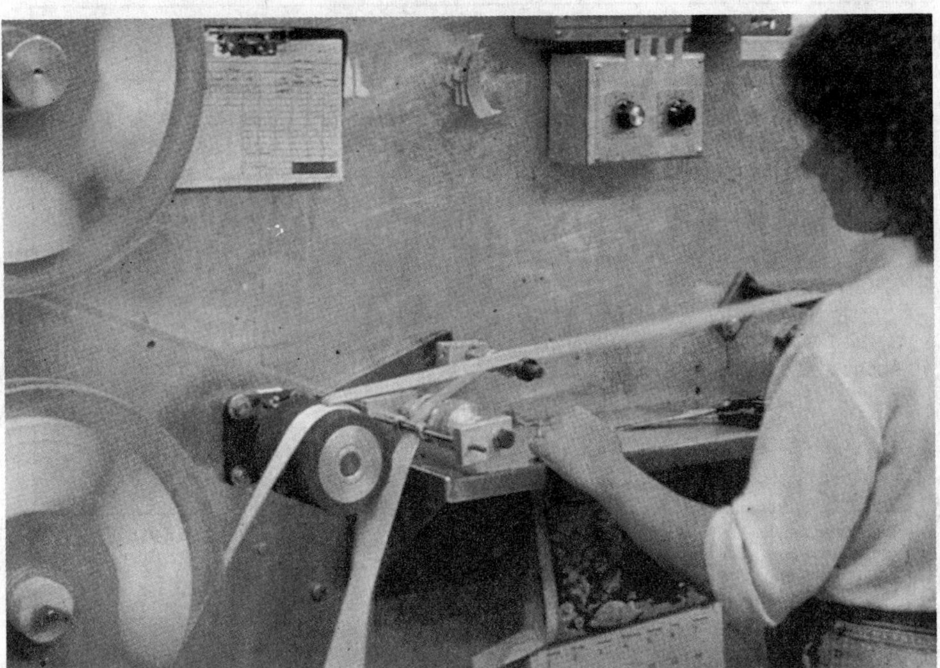

La llamada del administrador de Velcro en Detroit llegó como cubetazo de agua fría una mañana. General Motors bajaba la calificación de proveedor de Velcro de 1(su más alta calificación) a 4(su penúltima calificación). Si un programa de calidad total no se ponía en marcha en la planta de Velcro en sólo tres meses, se podría perder el mercado automotriz.

El día de la fatídica llamada, Velcro tenía 23 trabajadores de control de calidad estacionados alrededor de su planta. Los operadores de máquinas contemplaban la calidad como "el trabajo de la gente de control de calidad".

Las inspecciones se basaban en muestreos aleatorios y si alguna parte contenía defectos se tiraba. Sin la presión en el cambio por parte de GM, o cualquier otro cliente, el proceso no iba a mejorar.

La compañía decidió prestar más atención a los operadores, la reparación de la maquinaria y el diseño, los métodos de medición, comunicaciones, responsabilidades, y la inversión de más dinero en capacitación. Al paso del tiempo, Velcro pudo quitar del proceso a la mitad de su gente de control de calidad, al tiempo que disminuían los defectos.

Las implicaciones internacionales de la calidad son tan importantes que Estados Unidos, en 1988, estableció el *Malcolm Baldrige National Quality Award* por el cumplimiento de la calidad. El premio, lleva el nombre del execretario de comercio Malcolm Baldrige. Los recientes ganadores incluyen a Motorola (1988); Milliken y Xerox (1989); IBM, Fede-

TABLA 3.1 Criterios para el Baldrige National Quality Award.

CATEGORÍA DE EXAMEN	VALORES EN PUNTOS
Liderazgo	90
Información de la calidad, puntos de referencia y análisis	80
Planeación de la calidad estratégica	60
Desarrollo y administración de los recursos humanos	150
Administración de los sistemas de aseguramiento de la calidad	140
Evidencia de calidad en el producto, servicio, proveedor y sistemas de soporte	180
Enfoque y satisfacción del cliente	300
PUNTOS TOTALES	1000

Fuente: Adaptada del criterio de premios de 1992, *The Malcolm Baldrige National Quality Award*, United States Department of Commerce.

ral Express y Cadillac (1990); Solectron, Zytec y Marlow (1991); Ritz-Carlton Hotels, AT&T y Texas Instruments (1992). La tabla 3.1 presenta los criterios para el premio.

ESTÁNDARES INTERNACIONALES DE CALIDAD

Las implicaciones internacionales también han fomentado una cantidad de estándares internacionales. Los japoneses, europeos y americanos han desarrollado cada uno su propio estándar de calidad. Se incluyen:

Estándar industrial de Japón. Los japoneses han desarrollado una especificación para el TQM, que se publica en Japón como el Industrial Standard Z8101-1981. Ese estándar declara, "La instrumentación efectiva del control de calidad necesita la cooperación de toda la gente de la compañía, involucra la alta dirección, gerentes, supervisores y trabajadores de todas las áreas de actividades corporativas tales como investigación de mercados, investigación y desarrollo, diseño de la planeación del producto, preparaciones para la producción, compras, administración de ventas, manufactura, inspección, ventas y servicios posteriores, así como control financiero, administración de personal, capacitación y educación".

Estándar ISO 9000 de Europa. La Comunidad Europea (CE) ha desarrollado estándares de calidad llamados **ISO 9000, 9001, 9002, 9003, 9004.** El foco de los estándares de la CE es forzar el establecimiento de los procedimientos de control de calidad en empresas que tengan negocios con la CE.

ISO 9000

Varios factores hacen de la serie de ISO 9000 el tema de interés: (1) los estándares pueden lograr aceptación mundial, (2) los estándares fueron aplicados en algunos productos hechos en o importados por la CE en 1993, y (3) el cumplimiento de los estándares puede ser necesario para la certificación del producto.

Estándares estadunidenses. Estados Unidos ha tenido especificaciones militares desde hace mucho tiempo para contratos de defensa, y en años recientes la American Quality Control Society ha desarrollado especificaciones equivalentes a las de la CE. Son la Q90, Q91, Q92, Q93 y Q94.

En un esfuerzo por llevar el mensaje de la administración de la calidad total a los empleados de Northrop, que trabajan en el programa Stealth Bomber, Northrop hizo que cada empleado firmara una gran lista de programa. La lista, que dice "El control de calidad total en el B-2 principia conmigo", cuelga sobre la línea de ensamble del B-2, simbolizando el compromiso del empleado con la calidad. Los programas de calidad actuales son una extensión de los círculos de calidad que inicialmente se establecieron en Northrop en los finales de la década de los setenta y de un programa más reciente llamado Desempeño y Reconocimiento del Empleado (EPR).

Líderes en la lucha por la calidad
W. Edwards Deming. (izquierda) La premiación del Deming Prize para el control de calidad es un acontecimiento nacional en la televisión japonesa. Después de la Segunda Guerra Mundial, el Dr. Deming fue a Japón a enseñar calidad. Y los japoneses aprendieron. Deming es franco en su cruzada por la calidad en cuanto a que la administración debe aceptar la responsabilidad para construir buenos sistemas. El empleado, dice él, no puede producir productos que en promedio excedan la calidad de lo que el proceso es capaz de producir. **J. M. Juran.** (centro) Juran es también un pionero en enseñar a los japoneses la forma de mejorar la calidad y cree firmemente en el compromiso de la alta dirección, el apoyo y el compromiso en el esfuerzo por la calidad. Él también es creyente de los equipos que continuamente buscan elevar los estándares de calidad. Juran difiere de Deming en el enfoque del cliente, en un esfuerzo por definir la calidad como capacidad de ser utilizado, y no necesariamente en las especificaciones escritas. **Philip B. Crosby.** (derecha) *Quality is Free* (*La calidad es gratis*) fue el libro publicado de Crosby que acaparó la atención en 1979. El punto de vista tradicional de Crosby ha sido "con el compromiso de la dirección y del empleado se pueden lograr grandes pasos en el mejoramiento de la calidad". Él también cree en el intercambio tradicional entre el costo de mejorar la calidad y el costo de la baja calidad, el costo de la baja calidad se menosprecia. El costo de la baja calidad debe incluir todas las cosas que están involucradas al *no* hacer bien el trabajo desde la primera vez.

ADMINISTRACIÓN DE LA CALIDAD TOTAL

Administración de la calidad total (TQM)

La **Administración de la calidad total (TQM,** por sus siglas en inglés) se refiere al énfasis de calidad que enmarca la organización entera, desde el proveedor hasta el consumidor. TQM enfatiza el compromiso administrativo de llevar una dirección continua y extenderlo a toda la empresa, hacia la excelencia en todos los aspectos de los productos y servicios que son importantes para el cliente.[5]

La construcción de un ambiente de calidad total es importante debido a las decisiones de calidad que influyen cada fase de la *construcción* y *administración* en los sistemas de productos de clase mundial. Cada capítulo que sigue se relaciona con algún aspecto de la construcción o administración de una organización de clase mundial. Sin un énfasis en TQM, ninguna de las otras decisiones que toman los líderes puede concluir en una empresa capaz de competir con el líder de los mercados mundiales.

El experto en calidad W. Edwards Deming utiliza catorce puntos (véase tabla 3.2) para indicar cómo instrumentar el mejoramiento de la calidad. Éstos se desarrollan en cinco conceptos básicos para un TQM efectivo: (1) Mejoramiento continuo, (2) Involucrar al empleado, (3) Benchmarking, (4) Justo a tiempo (JIT) y (5) Conocimiento de las herramientas.

Mejoramiento continuo

La administración de la calidad total (TQM) requiere de un proceso constante, que será llamado mejoramiento continuo, donde la perfección nunca se logra pero siempre se busca. Los

[5]El término *control de calidad extendido a toda la compañía* (CWQC) se utiliza algunas veces para describir el compromiso de una organización con la calidad; véase L. P. Sullivan. "The Seven Stages in Company-Wide Quality Control". *Quality Progress* (mayo de 1986), p. 78.

TABLA 3.2 Catorce puntos de Deming para la instrumentación de la mejora en la calidad.

1. Crear consistencia de propósito.
2. Dirección para promover el cambio.
3. Construir la calidad en el producto; dejar de depender de las inspecciones para descubrir problemas.
4. Construir relaciones a largo plazo basadas en el desempeño en lugar de premiar negocios sobre la base del precio.
5. Mejora continua del producto, calidad y servicio.
6. Principiar la capacitación.
7. Enfatizar el liderazgo.
8. Eliminar el miedo.
9. Romper barreras entre departamentos.
10. Evitar presionar a los trabajadores.
11. Apoyar, ayudar y mejorar.
12. Quitar las barreras del orgullo en el trabajo.
13. Instituir un programa vigoroso de educación y automejora.
14. Poner a todo mundo en la compañía a trabajar en la transformación.

Fuente: Deming ha revisado sus 14 puntos muchas veces al paso de los años. Véase W. E. Deming. "Transformation of Western Style of Management". *Interfaces* **15**, 3 (mayo-junio de 1985), pp. 6-11; "Improvement of Quality and Productivity Action Through Action by Management". *National Productivity Review* (invierno de 1981-1982), pp. 12-22; "Philosophy Continues to Flourish". *APICS-The Performance Advantage* **1**, 4 (octubre de 1991), p. 20.

japoneses utilizan la palabra **Kaizen** para describir este proceso hacia adelante de mejoramiento continuo incremental. En Estados Unidos utilizan *TQM, cero defectos* y *seis sigma* para describir los esfuerzos continuos de mejoramiento. Cualquiera que sea la palabra o frase utilizada, los administradores de P/OM son figuras clave en la construcción de una cultura de trabajo que apoya el mejoramiento continuo. La calidad es una búsqueda sin fin.

Kaizen

Confianza en los empleados

La **confianza en los empleados** involucra a los trabajadores en cada paso del proceso de producción. En forma consistente, la literatura sugiere que el 85% de los problemas de calidad tienen que ver con los materiales y los procesos, y no con el desempeño del empleado. Por lo tanto, la tarea consiste en diseñar el equipo y los procesos que produzcan la calidad deseada. Esto se puede lograr con un alto grado de compromiso de todos aquellos que entienden las carencias del sistema. Aquellos involucrados con el sistema en forma diaria lo entienden mejor que nadie. Cuando existe una discrepancia, el trabajador raramente está equivocado. O bien el producto se diseñó mal o al empleado se le entrenó de manera inadecuada.[6] Aunque el empleado pueda ayudar a resolver el problema, rara vez lo causó.

Confianza en los empleados

Las técnicas para construir la confianza en los empleados incluyen: (1) la construcción de redes de comunicación que incluyan a los empleados, (2) supervisores abiertos y partidarios, (3) mudar las responsabilidades de administración y asesoría a los empleados de producción, (4) construir organizaciones con moral alta, y (5) técnicas formales como la creación de equipos y círculos de calidad.

Se pueden formar equipos para dirigir una variedad de temas. Un intento popular para formar los equipos son los círculos de calidad. Los círculos de calidad han probado ser una manera efectiva en costo para aumentar tanto la productividad como la calidad. Un **círculo de calidad** es un grupo, entre 6 y 12 empleados voluntarios, que se reúnen en forma regular para resolver problemas relacionados con el trabajo. Los miembros, todos de la misma área de trabajo, reciben capacitación de planeación en grupo, solución de

Círculo de calidad

[6]Véase una discusión relativa en: Asher Israeli y Bradley Fisher. "The Worker Is Never Wrong". *Quality Progress* (octubre de 1989), p. 95.

problemas y control estadístico de la calidad. Generalmente se reúnen durante cuatro horas al mes (normalmente después del trabajo, pero algunas veces en horas hábiles). Aunque los miembros del círculo no son recompensados económicamente, sí reciben reconocimiento por parte de la empresa. Un gerente especialmente entrenado, llamado el facilitador, usualmente ayuda en la capacitación de los miembros del círculo y ayuda a que las juntas se desarrollen con suavidad.

Benchmarking*

Benchmarking

El benchmarking (puntos de referencia) es otro ingrediente en el programa de la administración de la calidad total de una compañía. Hacer **Benchmarking** involucra la selección de un estándar de desempeño demostrado que representa el mejor desempeño para los procesos o actividades muy similares a los suyos. La idea es apuntar hacia un objetivo y luego desarrollar un estándar o benchmarking contra el cual comparar su desempeño. Un modelo para desarrollar puntos de referencia es:[7]

- Determinar el estándar de referencia.
- Hacer un equipo.
- Identificar a los socios en benchmarking.
- Recolectar y analizar información sobre el estándar de referencia.
- Tomar acción para igualar o exceder el benchmark.

En la situación ideal, se encuentra a una o más organizaciones con operaciones similares que han demostrado ser líderes en las áreas particulares que se desean estudiar. Entonces compárese usted mismo con ellos. No importa que la compañía no se encuentre en su industria; incluso, para establecer estándares de clase mundial, es mejor buscar fuera de su empresa. Esto involucra el encontrar una organización que sea excelente en el área que se desee referenciar. Si una industria ha aprendido la forma de competir por medio de un rápido desarrollo del producto, pero su empresa no, podría ser inadecuado estudiar su empresa. Los puntos de referencia pueden y deben ser establecidos en una variedad de áreas. La administración de la calidad total requiere de benchmarks mensurables.

Justo-a-tiempo (JIT)

Existe una fuerte relación entre inventario JIT, compras y calidad.

Primero, JIT corta el costo de la calidad. Esto se debe a que los costos de desechos, retrabajo, inversión y daños se encuentran directamente relacionados con el inventario en mano. El inventario esconde la mala calidad y el JIT reduce el inventario. Por lo tanto, JIT reduce la mala calidad y los costos relativos.

Segundo, JIT mejora la calidad. Mientras el JIT reduce el tiempo de preparación, guarda evidencia fresca de los errores y limita el número de fuentes potenciales de error. El JIT crea, en efecto, un sistema de avisos tempranos para los problemas de calidad.

Finalmente, la mejor calidad significa menor inventario y un sistema JIT mejor y más fácil de utilizar. A menudo el propósito de acumular inventario es el de protegerse contra el bajo desempeño de la producción, que es resultado de una calidad no confiable. Si existe una calidad consistente, el JIT permite reducir todos los costos asociados con el inventario.

Conocimiento de las herramientas de TQM

Debido a que se desea confiar en los empleados para instrumentar el TQM y éste es un esfuerzo continuo, cada uno en la organización, debe ser entrenado en las técnicas del TQM. Las herramientas del TQM son diversas y en expansión. En la siguiente sección, se enfocarán algunas de las herramientas y técnicas que son valiosas en la cruzada del TQM.

[7]Adaptado de Michael J. Spendolini, *The Benchmarking Book* (New York: Amcom, 1992).

* La expresión *Benchmarking* no tiene actualmente un equivalente en español; sin embargo, la idea gira alrededor de estándares y/o valores de variables medibles del producto que son logrados por otros departamentos o empresas. El concepo es mucho más versátil que la idea de puntos de referencia. [N. del R.T.]

HERRAMIENTAS PARA TQM

Seis herramientas/técnicas que ayudan al esfuerzo de TQM son: (1) Despliegue de funciones de calidad (Casa de calidad), (2) Técnicas Taguchi, (3) Gráficas de Pareto, (4) Gráficas de flujo, (5) Diagramas de causa y efecto (Diagramas de hueso de pescado) y (6) Control estadístico del proceso.

Despliegue de la función de calidad

Un programa efectivo de administración de la calidad total traslada los deseos del cliente a características específicas designables. El **despliegue de la función de calidad (QFD)** es el término utilizado para: (1) determinar el diseño funcional que satisfaga al cliente y (2) trasladar los deseos del cliente a diseños objetivo. Se emplea el QDF al principio del proceso de producción para ayudar a determinar dónde desplegar los esfuerzos de calidad.

Despliegue de la función de calidad (QFD)

La **casa de calidad** es una técnica para definir la relación entre los deseos del cliente y los atributos del producto (o servicio). Los administradores de operaciones pueden construir productos y servicios con características definidas por los clientes, únicamente al definir esta relación de una forma rigurosa. Definir esta relación es el primer paso para hacer un sistema de producción de clase mundial. Para construir la casa de calidad, se llevan a cabo seis pasos básicos:

Casa de calidad

1. Identificar los *deseos* del cliente.
2. Identificar los atributos del producto/servicio. (Pensar en los atributos y la *forma* en que el producto/servicio cumplirá los *deseos.)*
3. Relacionar los *deseos* del cliente con los *cómos* del producto/servicio.
4. Llevar a cabo una evaluación de los productos de la competencia.
5. Desarrollar especificaciones de desempeño para los *cómos* del producto o servicio.
6. Asignar (desplegar) los *cómos* en el lugar apropiado en el proceso de transformación.

La *casa de calidad,* como se muestra en el ejemplo 1, es una herramienta para alcanzar el QFD.

ejemplo 1

A través de una extensa investigación de mercado, Great Cameras, Inc., determinó los *deseos* del cliente. Esos *deseos* se muestran a la izquierda de la casa de calidad en la página 98 y son ligereza de peso, facilidad de sostenerlo sin mover, sin dobles exposiciones, fácil de usar y confiable. Entonces el equipo de desarrollo del producto determinó *cómo* la organización va a traducir los *deseos* del cliente en objetivos del diseño de producto y los atributos del proceso. El equipo de desarrollo del producto traslada esos *deseos* del cliente a los atributos específicos o *cómos* en la parte superior de la casa de calidad. Estos atributos son: bajos requerimientos eléctricos, componentes de aluminio, autoenfoque, autoexposición, autorebobinado y diseño ergonómico.

El equipo de producto evaluó cada uno de los *deseos* del cliente contra los *cómos.* En la matriz de la casa, el equipo evaluó la efectividad del diseño con las necesidades del cliente. En forma similar, en el "techo" de la casa, el equipo de desarrollo del producto identificó la relación entre los atributos. Finalmente, el equipo elaboró las calificaciones de importancia para los atributos de su diseño y las calificaciones de cómo proceder con el producto y el diseño del proceso.

Se pueden hacer varias modificaciones a la casa de calidad. Por ejemplo, se puede utilizar de la misma forma que se mostró en el ejemplo 1 para evaluar la forma en que un competidor satisface las demandas del cliente.

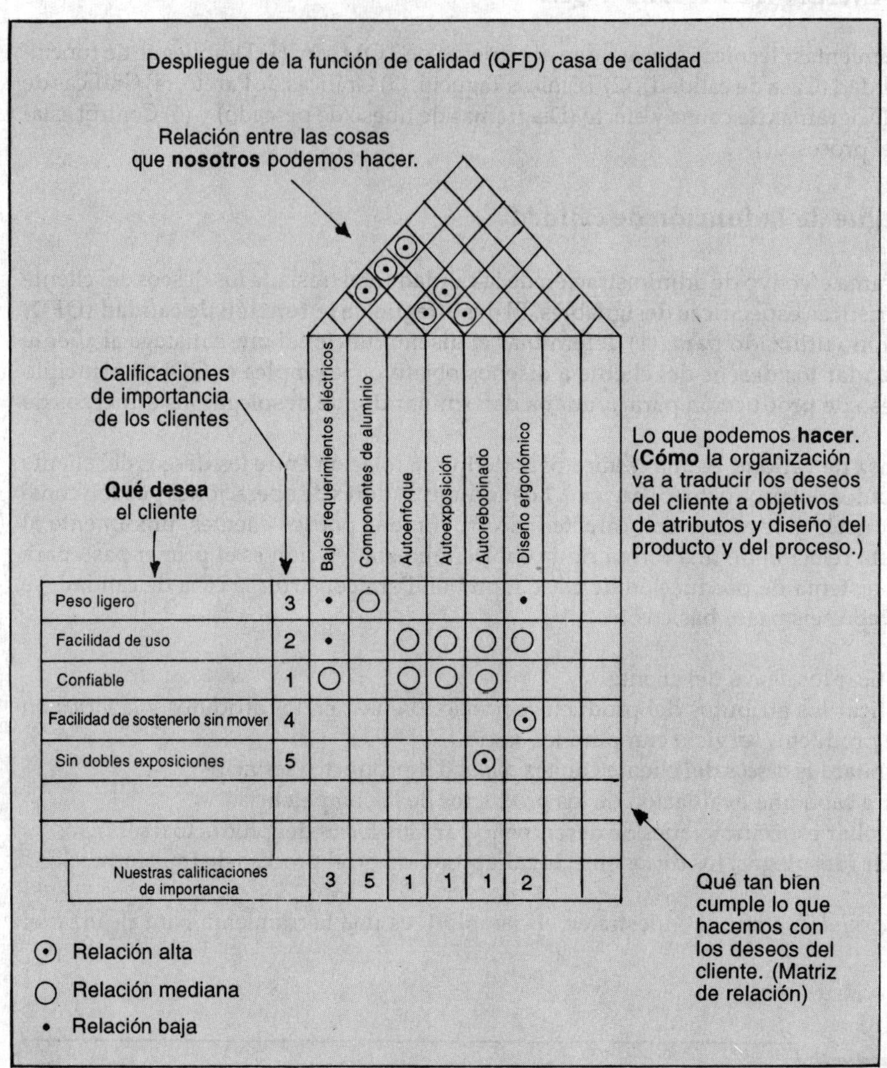

Técnicas Taguchi

La mayoría de los problemas de calidad son el resultado de un mal diseño de producto y de proceso. Por lo tanto, se necesitan herramientas para señalar esas áreas. Una de ellas es el **método Taguchi,** una técnica de calidad mejorada dirigida al mejoramiento tanto del diseño del producto como del proceso.[8]

Método Taguchi

Conceptos Taguchi. Son importantes tres conceptos para entender el sistema y método Taguchi. Estos conceptos son la *consistencia de la calidad, factor de pérdida de la calidad,* y *especificaciones objetivo.*

El método Taguchi busca hacer productos y procesos con *calidad robusta.* Los productos con **calidad robusta** son productos que se pueden producir en forma uniforme y consistente en condiciones ambientales y de manufactura adversas. La idea es quitar los *efectos* de condiciones adversas en lugar de remover las causas.

Calidad robusta

Taguchi sugiere que el remover los efectos es muchas veces más barato que eliminar las causas y que es más efectivo para producir un producto consistente. De esta manera las pequeñas variaciones en materiales y procesos no destruyen la calidad del producto.

[8] R. N. Kackar. "Taguchi's Quality Control, Parameter Design and Taguchi Method" *Journal of Quality Technology* (octubre de 1985), pp. 176-188; y Lance Ealey. "Taguchi Basics". *Quality* (noviembre de 1988), pp. 30-32.

Taguchi también ha definido lo que él llama función de pérdida de calidad. Una **función de pérdida de calidad (QLF)** identifica todos los costos asociados con la baja calidad y muestra la manera en que estos costos se incrementan cuando el producto se separa de lo que exactamente pidió el cliente. Estos costos incluyen no solamente la insatisfacción del cliente sino también los costos de garantía y de servicio; los costos por la inspección interna, reparación y desperdicio; y los costos que se describen mejor como costos a la sociedad. Observe que la figura 3.2(a) muestra la función de pérdida de calidad como una curva que se incrementa en forma rápida; ésta toma la forma general de una fórmula cuadrática simple:

Función de pérdida de calidad

$$L = D^2C$$

donde:

L = Pérdida
D^2 = Cuadrado de la desviación del valor objetivo
C = Costo de evitar la desviación

Todas las pérdidas de la sociedad debido al bajo desempeño se encuentran incluidas en la función de pérdida. Mientras menor sea la pérdida, más deseable es el producto. Mientras más alejado se encuentre el producto del valor objetivo, más severa es la pérdida.

Taguchi observó que la manera tradicional de ver las especificaciones, (es decir, el producto es bueno si cae dentro de los límites de tolerancia) es demasiado simplista. Como se muestra en la figura 3.2(b), la calidad orientada a la conformidad produce más unidades alejadas del objetivo; por lo tanto, la pérdida (costo) es mayor en términos de satisfacción del cliente y beneficios a la sociedad.

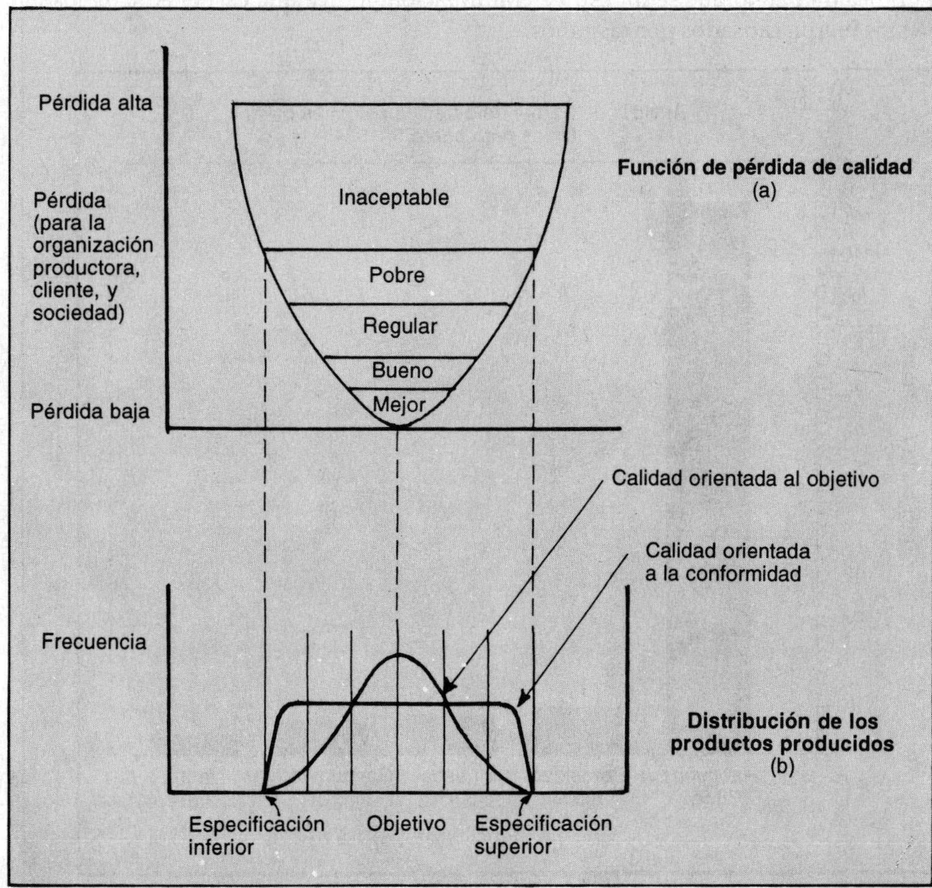

FIGURA 3.2 (a) Función de pérdida de calidad; (b) Distribución de los productos fabricados. Taguchi apunta al objetivo, porque los productos producidos cerca de las especificaciones aceptables inferior y superior acarrean una mayor función de pérdida de calidad.

Valor objetivo

El **valor objetivo** es una filosofía de mejoramiento continuo para lograr un producto exactamente como el objetivo.

Gráficas de Pareto

Gráficas de Pareto

Las **gráficas de Pareto** son un método de organización de errores, problemas o defectos, para ayudar a enfocar los esfuerzos en la resolución de problemas. Éstas se basan en el trabajo de Alfredo Pareto, un economista del siglo XXI. Joseph M. Juran popularizó el trabajo de Pareto cuando sugirió que el 80% de los problemas de una empresa son resultado de únicamente 20% de las causas.

El ejemplo 2 indica que de cinco tipos de defectos identificados, la gran mayoría fueron de un tipo, rasguños.

ejemplo 2

Custom Wine Glasses de Leadville, Colorado, acaba de recopilar datos de 152 defectos en la producción de un día. El jefe decide preparar un análisis de Pareto de los defectos. Los datos ofrecidos son:

Rasguños	121
Porosidad	10
Muescas	9
Contaminación	8
Varios	4

La gráfica de Pareto que se muestra a continuación, indica que casi el 80% de los defectos fueron causados por rasguños.

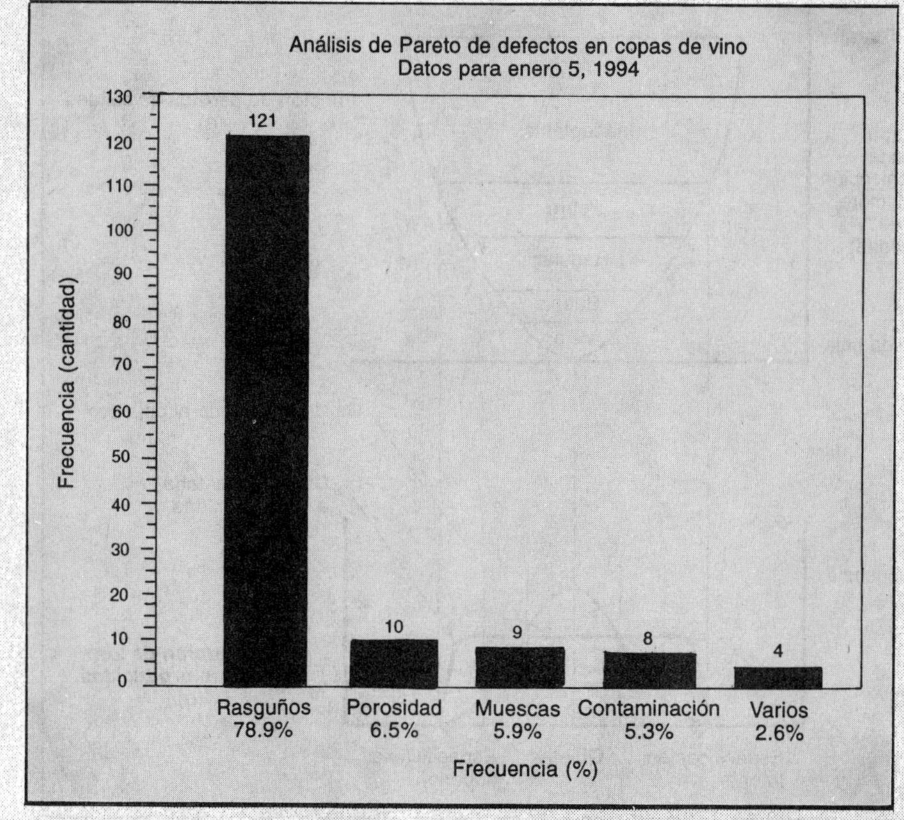

La mayoría de los errores se eliminará cuando este defecto se corrija.

El análisis de Pareto indica qué problemas pueden generar el mayor resultado final.

Gráficas de flujo de proceso

Gráficas de flujo de proceso

Las **gráficas de flujo de proceso** están diseñadas para ayudarnos a entender una secuencia de eventos (es decir, el proceso) a través del cual viaja un producto. La gráfica de flujo del proceso dibuja los pasos del proceso y su relación. Este tipo de análisis puede:

1. ayudar a identificar los mejores puntos de recolección de datos;
2. aislar y seguir el origen de los problemas;
3. identificar el mejor lugar para chequeos del proceso;
4. identificar oportunidades para reducir las distancias recorridas.

Como se muestra en el ejemplo 3, una gráfica de flujo de proceso organiza la información sobre un proceso de una manera gráfica, utilizando cinco símbolos estándares y la distancia.[9]

ejemplo 3

La WJC Chicken Processing Plant en Little Rock, Arkansas, quiere entender más sobre su proceso de empaque y embarque, y le pidió a usted que prepare una gráfica de flujo de proceso y le ayude a hacerlo. Después de observar las líneas de empaque y embarque y comentar con los operadores, usted prepara la siguiente gráfica:

Distancia	*Símbolo*	*Descripción*
10'	⇓	A la estación empacadora
—	○	Empaque
2'	⇓	A la estación pesadora
—	○	Pesar
2'	⇓	Al sellado hermético, pesado y etiquetado
—	○	Sellado automático, pesado y etiquetado
50'	⇓	Al almacén de congelamiento rápido
—	▽	Almacenamiento de congelamiento rápido
25'	⇓	Al empaque en contenedor
—	○	Empaque en contenedor
40'	⇓	Al muelle de embarque
—	○	Cargar en el camión de transporte

Este tipo de análisis le debe de ayudar a determinar (1) dónde debe tener lugar la inspección y recolección de información (quizá después del pesado y etiquetado automático, después del sellado automático y después del congelamiento rápido), (2) las oportunidades para reducir la distancia recorrida, (3) dónde buscar en caso de que aparezcan cierto tipo de problemas.

Como se puede apreciar en el comentario de la gente y los sistemas de trabajo en el capítulo 7, las gráficas de flujo de proceso pueden ser valiosas herramientas analíticas con una amplia variedad de aplicaciones.

Diagrama de causa y efecto

Diagrama de causa y efecto
Diagrama Ishikawa
Diagrama de esqueleto de pescado

Una de las muchas herramientas disponibles para identificar posibles ubicaciones en los problemas de calidad y los puntos de inspección es el **diagrama de causa y efecto,** también conocido como **diagrama Ishikawa** o **diagrama de esqueleto de pescado.** La

[9]Los símbolos de proceso estándares de la American Society of Mechanical Engineers (ASME) son: ○ = operación, ⇒ = transporte, □ = inspección, D = retraso, ▽ = almacenamiento.

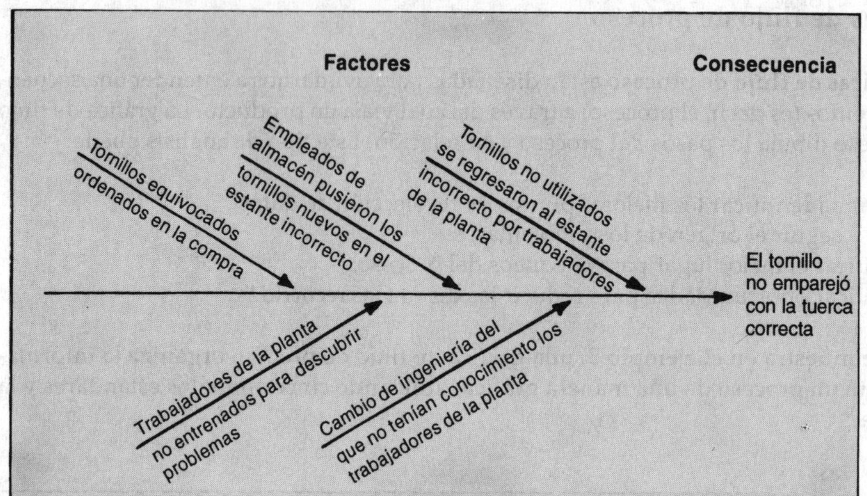

FIGURA 3.3 Diagrama de causa y efecto (también conocido como diagrama de esqueleto de pescado o diagrama Ishikawa) para desemparejamiento de tuerca y tornillo.

figura 3.3 ilustra un diagrama sencillo (observe la forma que recuerda el esqueleto de un pescado) para un error de control de calidad cotidiano: un mal acoplamiento de tornillo y tuerca. Cada espina representa una posible fuente de error. Cuando tal diagrama se desarrolla sistemáticamente, los posibles problemas de calidad y los puntos de inspección se resaltan.

Control estadístico del proceso (SPC)

El control estadístico del proceso tiene que ver con el monitoreo de estándares, mediciones, y toma de acciones correctivas mientras se produce un bien o servicio. Las muestras de las salidas del proceso se examinan; si se encuentran dentro de límites aceptables, se permite continuar el proceso. Si caen fuera de ciertos rangos de especificaciones, se detiene el proceso y, normalmente, se localiza y remueve la causa asignable.

Hace algunos años IBM Canada Ltd., ordenó algunas partes a un nuevo proveedor en Japón. IBM estableció en su compra que la calidad aceptable permitía un 1.5% de defectos, estándar exigido en Norteamérica en esa época. Los japoneses mandaron la orden, con algunos paquetes de plástico empacados separadamente. Su carta decía: "No sabemos para que quieren 1.5% de partes defectuosas, pero para su comodidad las hemos empacado en forma separada."

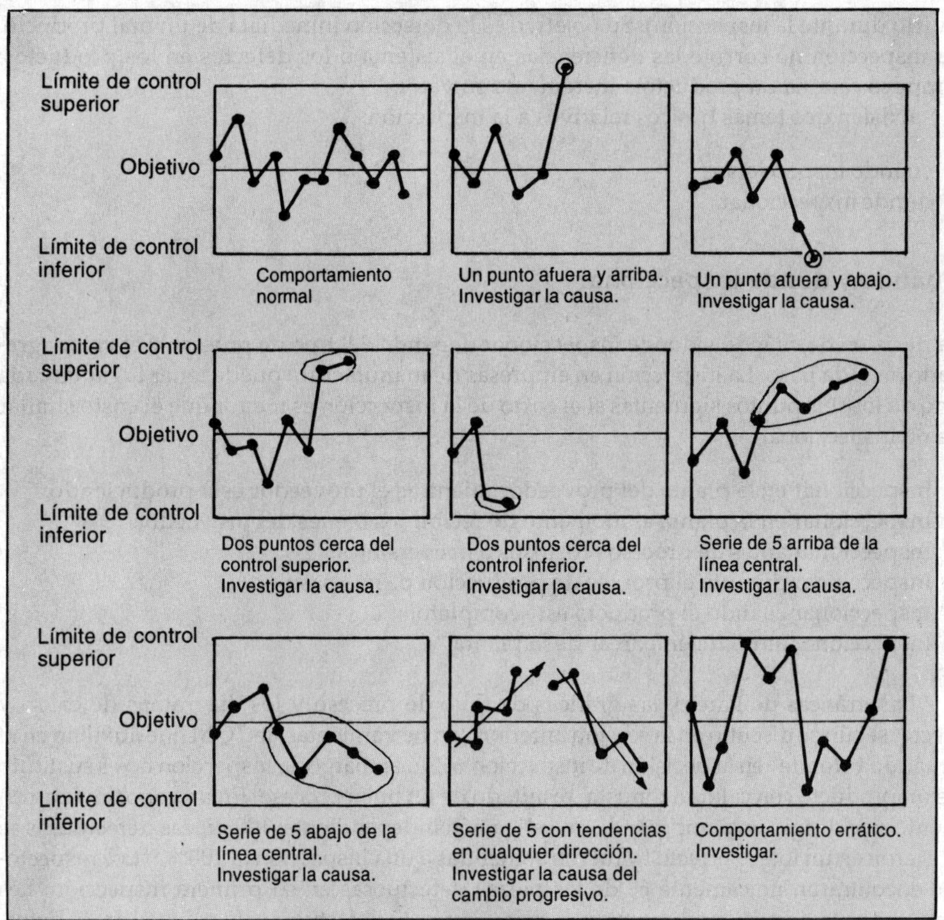

FIGURA 3.4 Patrones por identificar en diagramas de control. (*Fuente*: Bertrand L. Hansen, *Quality Control: Theory and Applications*, © 1963, renovada 1991, p. 65. Reimpresa bajo permiso de Prentice-Hall, Englewood Cliffs, New Jersey.)

Los diagramas de control son gráficas que muestran los límites superior e inferior del proceso que se desea controlar. Un **diagrama de control** es una presentación gráfica de los datos a través del tiempo. Los diagramas de control se construyen de tal forma que los datos nuevos se pueden comparar rápidamente con el desempeño anterior. Los límites superior e inferior en un diagrama de control pueden estar en unidades de temperatura, presión, peso, longitud, etc. Se toman muestras de la salida del proceso y se grafica el promedio de estas muestras en el diagrama que tiene registrados los límites.

Diagrama de control

La figura 3.4 revela en forma gráfica la información útil que puede ser enmarcada en los diagramas de control. Cuando el promedio de las muestras cae dentro de los límites de control superior e inferior y no existe un patrón discernible, se dice que el proceso se encuentra bajo control; de otra forma, el proceso se encuentra fuera de control o fuera de ajuste.

El suplemento de este capítulo detalla la forma en que se desarrollan los diagramas de control de diversos tipos. También trata de los fundamentos estadísticos en que se basa el empleo de esta importante herramienta.

EL PAPEL DE LA INSPECCIÓN

Para asegurarse que una operación esté produciendo al nivel de calidad esperado, se necesita hacer la inspección de algunas o todas las partidas. Esta **inspección** puede involucrar medir, probar, tocar, pesar o examinar el producto (incluso algunas veces des-

Inspección

truirlo durante la inspección). Su objetivo es la detección inmediata de un mal producto. La inspección no corrige las deficiencias en el sistema o los defectos en los productos; tampoco cambia un producto o incrementa su valor.

Existen dos temas básicos relativos a la inspección:

1. cuándo inspeccionar;
2. dónde inspeccionar.

Cuándo y dónde inspeccionar

La decisión de cuándo y dónde inspeccionar depende del tipo de proceso y el valor agregado en cada paso. La inspección en empresas de manufactura puede tener lugar en cada uno de los seis puntos siguientes si el costo de la inspección es menor que el costo similar de no inspeccionar:

1. Inspeccionar en la planta del proveedor mientras el proveedor está produciendo.
2. Inspeccionar en la planta al momento de recibir los bienes del proveedor.
3. Inspeccionar antes de procesos costosos o irreversibles.
4. Inspeccionar durante el proceso de producción paso a paso.
5. Inspeccionar cuando el producto esté completo.
6. Inspeccionar antes de embarcar de la planta.

Las gráficas de Pareto, las gráficas de flujo de proceso y los diagramas de causa y efecto, según se discutió en la sección anterior, son herramientas de TQM que auxilian en el "cuándo y dónde" en la decisión de inspeccionar. Sin embargo, la inspección no es sustituto de un producto con calidad robusta, resultado de un buen proceso. En un conocido experimento que dirigió una empresa de investigación independiente, 100 piezas defectuosas se pusieron en un lote "perfecto" y fueron sometidas a una inspección al 100%.[10] Los inspectores encontraron únicamente 68 de las piezas defectuosas en su primera inspección. Les tomó otras tres revisiones encontrar las siguientes 30 defectuosas. Las dos últimas defectuosas nunca fueron encontradas. Así que la conclusión es que existe una variabilidad en el proceso de inspección. Adicionalmente, los inspectores son humanos: se aburren, se cansan, y el equipo de inspección también tiene su variabilidad. Aun con inspectores que efectúen inspecciones al 100%, no es posible garantizar la perfección.

Inspección en la fuente

En forma consistente con el concepto de confianza a los empleados "empowerment", éstos en forma individual autoinspeccionan su trabajo y el del trabajador precedente a ellos. Este tipo de inspección "fuente" puede ser asistido por el uso de controles tales como los dispositivos "pasa-no pasa" llamados *poka-yoke*. Un **poka-yoke** es un dispositivo o técnico que asegura la producción de unidades buenas cada vez. Emplea listas de chequeo o dispositivos especiales para evitar los errores, y provee la rápida retroalimentación de los problemas. La idea es *tratar el siguiente paso en el proceso como el cliente*, asegurando el envío de un buen producto al siguiente "cliente" en el proceso de producción.

Poka-yoke

Inspección en la industria de servicios

En las organizaciones orientadas al *servicio*, los puntos de inspección pueden tener lugar en un gran rango de localizaciones, según se ilustra en la tabla 3.3. Una vez más, el administrador de operaciones debe decidir dónde se justifican las inspecciones. Las gráficas de Pareto y las gráficas de flujo de proceso pueden ser valiosas cuando se hagan estos juicios.

[10] *Statistical Quality Control*. Monsanto Chemical Company, Springfield, Mass, p. 19 (publicación sin fecha).

TABLA 3.3 Puntos de inspección en tres organizaciones de servicio.

TIPO DE ORGANIZACIÓN	ALGUNOS PUNTOS DE INSPECCIÓN	PUNTOS A CONSIDERAR
Banco	Cajeros	Escasez, cortesía, rapidez, exactitud
	Cuentas de crédito	Colaterales,confirmación de referencias, tasas, plazos de los préstamos, razón de incobrables, relación de préstamos
	Cuentas de cheque	Exactitud, rapidez de acceso, tasa de sobregiros
Tienda departamental	Bodegas	Limpias, sin desorden, organizadas, niveles de inventarios, surtido amplio, rotación de artículos
	Areas de exhibición	Atractivas, bien organizadas y surtidas, artículos visibles, buena iluminación
	Cajeros de ventas	Pulcros, corteses, personal con conocimientos; tiempo de espera; exactitud de la verificación de créditos y registro de ventas
Restaurante	Cocina	Limpia, almacenamiento adecuado, comida no adulterada, observación de reglas de higiene, bien organizada
	Estación de cajas	Rapidez, exactitud, apariencia
	Áreas de mesas	Limpias, cómodas, atención regular por parte del personal

Inspección de atributos contra variables

Cuando se realiza la inspección, las características de calidad se pueden medir como *atributos* o como *variables*. La **inspección por atributos** clasifica las partes como buenas o defectuosas. No se refiere al grado de la falla. Por ejemplo, el foco prende o no prende. La **inspección por variables** mide las dimensiones tales como peso, velocidad, altura o fuerza, para ver si la parte cae dentro de un rango aceptable. Si se supone que una pieza de cable eléctrico debe tener 0.01 pulgadas de diámetro, se puede utilizar un micrómetro para verificar si el producto es lo suficientemente exacto y pasa la inspección.

Inspección por atributos

Inspección por variables

El diseño de un proceso de alta calidad para el llenado de estos frascos farmacéuticos en condiciones estériles, es mucho más provechoso que tener a un inspector evaluando el conteo de bacterias por frascos llenados en un sistema deficiente.

El criterio de inspección por atributos o variables ayuda a decidir qué sistema de control estadístico de la calidad se puede utilizar.

ADMINISTRACIÓN DE LA CALIDAD TOTAL EN SERVICIOS

Es más difícil medir la calidad de los servicios que la calidad de los bienes manufacturados.[11] Generalmente, el usuario de un servicio tiene pocas características y atributos en mente que usará como base de comparación entre varias alternativas. La falta de un atributo puede ser motivo suficiente para descartar a una empresa de servicio. La calidad también puede ser percibida como un grupo de atributos donde muchas características menores llegan a dar superioridad sobre la competencia.

Los profesores Berry, Zeithaml y Parasuraman[12] condujeron entrevistas extensivas y profundas con 12 grupos focales de consumidores, para tratar de identificar los atributos generales o determinantes de la calidad en el servicio. La tabla 3.4 describe sus 10 determinantes de calidad en el servicio. Los mismos profesores también llegaron a las siguientes conclusiones de su estudio:

1. *Las percepciones del cliente sobre la calidad en el servicio son producto de una comparación entre sus expectativas antes de tener su experiencia real con el servicio.* En otras palabras, la calidad en el servicio se juzga sobre la base del cumplimiento en sus expectativas.
2. *Las percepciones de calidad se derivan del proceso del servicio así como del resultado del servicio.* La manera en que se lleva a cabo el servicio puede ser un componente crucial del servicio desde el punto de vista del consumidor.
3. *La calidad en el servicio es de dos tipos, normal y excepcional.* Primero, existe un nivel de calidad en el cual se lleva a cabo el servicio regular, tal como el manejo de una transacción por parte de un cajero de banco. Segundo, existe un nivel de calidad en que se manejan las "excepciones" o "problemas". Esto implica que se debe reconocer un sistema de control de calidad y tener preparado un conjunto de "planes B" para condicio-

TABLA 3.4 Determinantes de la calidad en el servicio.

La *confiabilidad* involucra la consistencia en el desempeño y la responsabilidad. Esto significa que la empresa lleva a cabo el servicio correctamente desde la primera vez y también significa que la empresa cumple sus promesas.

La *responsabilidad* involucra el deseo o disponibilidad de los empleados para proporcionar el servicio. Involucra la oportunidad del servicio.

La *competitividad* significa que se poseen las habilidades y conocimientos requeridos para llevar a cabo el servicio.

El *acceso* involucra el acercamiento y la facilidad del contacto.

La *cortesía* involucra la educación, respeto, consideración y amabilidad del contacto personal (incluyendo recepcionistas, operadores telefónicos, etc.).

La *comunicación* significa mantener a los consumidores informados en lenguaje que puedan entender y a su vez escucharlos. Puede significar que la compañía tenga que ajustar su lenguaje para diferentes consumidores; incrementar el nivel de sofisticación con un cliente experimentado y también hablar sencilla y llanamente con un novato.

La *credibilidad* involucra la integridad, principios, honestidad, así como tener bien identificados los mejores intereses del cliente.

La *seguridad* es la ausencia de peligro, riesgo o duda.

Entender/conocer al cliente involucra hacer el esfuerzo para entender las necesidades del cliente.

Los *tangibles* incluyen la evidencia física del servicio.

Fuente: Seleccionado de A. Parasuraman, Valerie A. Zeithaml y Leonard L. Berry. "A Conceptual Model of Service Quality and Its Implications for Future Research". *Journal of Marketing* (otoño de 1985), p. 44.

[11]Esta sección se ha adaptado de Robert Murdick, Barry Render y Roberta Russell. *Service Operations Management*. (Boston: Allyn & Bacon, 1990), pp. 421-422.

[12]L. Berry, V. Zeithaml y A. Parasuraman. "Quality Counts in Services, Too". *Business Horizons* (mayo-junio de 1985), pp. 45-46.

nes de operación menores a las óptimas. Adicionalmente, cuando ocurra un problema, la empresa de bajo contacto puede convertirse, en un instante, en una empresa de alto contacto. Por lo mismo las buenas relaciones con el consumidor son importantes para mantener la calidad, independientemente del tipo de servicio.

Como un resultado de las conclusiones del estudio y de subsecuentes entrevistas de seguimiento con administradores de servicios, Berry y sus colegas sugieren que la calidad en el servicio puede medirse si éste es capaz de cerrar las brechas entre las expectativas y los servicios proporcionados, de manera efectiva.

RESUMEN

La *calidad* es un término que puede significar cosas diferentes a gente diferente. Pero se define, en este capítulo, como la totalidad de los rasgos y características de un producto o de un servicio que confían en su habilidad para satisfacer las necesidades estipuladas o implícitas. La definición de las expectativas de calidad es crítica para *construir* y *administrar* operaciones efectivas.

Realmente, la calidad requiere de la construcción de un ambiente de administración de calidad total, debido a que la calidad no se puede inspeccionar dentro de un producto. El capítulo también marca cinco conceptos de TQM. Ellos son: mejoramiento continuo, confianza en los empleados, benchmarking, justo-a-tiempo y conocimiento de las herramientas de TQM. Las seis herramientas de TQM presentadas en este capítulo son: Casa de calidad, Método Taguchi, Gráficas de Pareto, Gráficas de flujo, Diagramas de causa y efecto, y Control estadístico de la calidad.

TÉRMINOS CLAVE

ISO 9000 (*p. 93*)
Administración de la calidad total (TQM) (*p. 94*)
Kaizen (*p. 95*)
Confianza en los empleados (*p. 95*)
Círculo de calidad (*p. 95*)
Benchmarking (*p. 96*)
Despliegue de la función de calidad (QFD) (*p. 97*)
Casa de calidad (*p. 97*)
Método Taguchi (*p. 98*)
Calidad robusta (*p. 98*)
Función de pérdida de calidad (*p. 99*)
Valor objetivo (*p. 100*)
Gráficas de Pareto (p. *100*)
Gráficas de flujo de proceso (*p. 101*)
Diagrama de causa y efecto (*p. 101*)
Diagrama Ishikawa (*p. 101*)
Diagrama de esqueleto de pescado (*p. 101*)
Diagrama de control (*p. 103*)
Inspección (*p. 103*)
Poka-yoke (*p. 104*)
Inspección por atributos (*p. 105*)
Inspección por variables (*p. 105*)

autoevaluación capítulo 3

- *Antes de iniciar la autoevaluación* refiérase a los objetivos de aprendizaje listados al principio del capítulo y a los términos clave listados al final del mismo.
- Utilice la clave al final del texto para *corregir* sus respuestas.
- *Vuelva a estudiar* las páginas correspondientes a cualquier pregunta que haya contestado erróneamente o el material en el que se sienta inseguro.

1. El United States Quality Award se llama así en honor: de

a. Taguchi
b. Deming
c. Juran
d. Crosby
e. Baldrige
f. ninguno de los anteriores

2. La función de pérdida de calidad de Taguchi es una:

a. fórmula lineal
b. exponencial negativa
c. hiperexponencial
d. cuadrática
e. todas las anteriores
f. ninguna de las anteriores

3. El método Taguchi incluye tres conceptos importantes. Estos conceptos son todos los que siguen a continuación excepto:

a. involucramiento del empleado
b. eliminar los efectos de las condiciones adversas
c. función de pérdida de calidad
d. especificaciones objetivo
e. todas las anteriores son parte del concepto Taguchi
f. ninguna de las anteriores son parte del concepto Taguchi

4. A los diagramas de causa y efecto también se les conoce como:

a. diagramas de pérdida de calidad
b. gráficas de especificación de objetivo
c. diagramas de esqueleto de pescado
d. diagramas Ishikawa
e. a y b
f. c y d
g. b y c
h. ninguno de los anteriores

5. La inspección por atributos mide:

a. si el producto cae dentro de un rango específico
b. si la conformidad del producto es adecuada
c. si están presentes la causa y el efecto
d. si el producto es bueno o malo
e. ninguno de los anteriores

6. El texto define la *calidad* como:

a. el grado de excelencia a un precio aceptable y el control de la variabilidad a un costo aceptable
b. qué tan bien el producto encaja en los patrones de preferencia del consumidor
c. la totalidad de los rasgos y características de un producto o servicio que se basa en su habilidad para satisfacer las necesidades estipuladas o implícitas.
d. aunque no se pueda definir, usted sabe de qué se trata
e. todos los anteriores son ciertos

7. La inspección al 100%:

a. siempre encontrará todas las partes defectuosas
b. significa que únicamente las partes buenas serán embarcadas al cliente
c. es siempre práctica y generalmente una buena idea
d. significa que cada parte es checada para ver si es defectuosa o no
e. todos los anteriores son ciertos

8. La casa de calidad del despliegue de la función de calidad está diseñada para señalar:

a. los "deseos" del cliente
b. los "cómos" de la organización
c. la relación entre los "deseos" del cliente y los "cómos" de la organización
d. la jerarquía de los "deseos" del cliente
e. ninguno de los anteriores
f. todos los anteriores

9. Las seis herramientas de la administración de la calidad total son:

____________, ____________, ____________, ____________, ____________ y ____________.

10. Adicionalmente al producto, la calidad tiene implicaciones importantes para una compañía. Dentro de estas implicaciones adicionales se encuentran ____________, ____________, ____________, ____________ y ____________.

11. El trabajo de Genichi Taguchi está básicamente relacionado con el desarrollo de ____________.

12. La calidad no puede ser __________ hacia un producto.

13. Los cinco conceptos básicos de TQM son: ____________, ____________, ____________, ____________ y ____________.

PREGUNTAS PARA DISCUSIÓN

1. Dé su propia definición de la calidad del producto.
2. Nombre algunos productos que no requieran de alta calidad.
3. ¿Qué efecto ha tenido el establecimiento del *Malcolm Baldrige Quality Award* en los productos que actualmente se producen en Estados Unidos?
4. ¿Cómo puede una universidad controlar la calidad de su producto (esto es, sus graduados)?
5. ¿Cuáles son los conceptos más importantes de TQM?
6. Encuentre un artículo reciente sobre círculos de calidad y resuma sus puntos más importantes. ¿Cree usted que los círculos de calidad serán populares en todas las organizaciones de Estados Unidos? ¿Por qué?
7. ¿Cómo puede una organización crear un clima de mejoramiento continuo?
8. ¿Cuáles son los tres conceptos básicos del método Taguchi?
9. ¿Cuáles son cinco herramientas del TQM?
10. ¿Qué es la "Casa de calidad"?
11. ¿Por qué es mejor el desempeño orientado al objetivo que el desempeño orientado a la conformación?
12. De acuerdo con el estudio de Berry, Zeithaml y Parasuraman, ¿cuáles son los 10 determinantes de la calidad del servicio?
13. ¿Qué es la función de pérdida de calidad (QLF)?
14. ¿Qué significa la fórmula $L = D^2C$?

PROBLEMAS

•• **3.1** Utilice la técnica de la casa de calidad del despliegue de función de calidad para construir una matriz de relación entre los "deseos" del cliente y el "cómo"; que usted, como administrador de producción atacaría. Considere los *deseos* y *cómos* de lo siguiente:

a) helados.
b) un refresco.

• **3.2** Lleve a cabo una entrevista con un comprador prospecto de una bicicleta nueva y traduzca los "deseos" del cliente a los "cómos" específicos de la empresa.

• **3.3** Utilice el análisis de Pareto para investigar los siguientes datos reunidos en la línea de ensamble de una tarjeta de circuito impreso.

a) Prepare una gráfica de los datos.
b) ¿A qué conclusiones puede llegar?

Defecto	*Número de ocurrencias del defecto*
Componente erróneo	217
Componentes no adhieren	146
Exceso de adhesivo	64
Transistores mal puestos	600
Dimensión errónea de la tarjeta	143
Agujeros para montaje mal posicionados	14
Problemas de circuitos en la prueba final	92

• **3.4** Desarrolle una gráfica de flujo de proceso para uno de los incisos siguientes:

a) cambiar una llanta de automóvil.
b) pagar la cuenta en un restaurante.
c) hacer un depósito en el banco.

• **3.5** Prepare una gráfica de flujo de proceso para uno de los incisos siguientes:

a) una ventana (única) de estación de comida rápida para llevar.
b) una ventana (de dos estaciones, pagar en una y recoger en la otra) de estación para llevar.
c) el proceso de inscripción en su escuela.

CASO DE ESTUDIO

Hospital Central de Nueva Orleáns

Fundado en 1975, el Hospital Central de Nueva Orleáns (NOCH, por sus siglas en inglés) es una instalación privada con 580 camas para pacientes en la parte alta de la ciudad de Nueva Orleáns. El hospital cuenta con 753 empleados y ofrece un amplio rango de servicios para el cuidado de la salud, incluyendo una división para el abuso de drogas y alcohol, salas de emergencia, instalaciones de rayos X y laboratorios, salas de maternidad, unidades de terapia intensiva y de cuidados cardiacos, e instalaciones para pacientes externos. En enero de 1994, el hospital empezó con una serie de anuncios en el *New Orleans Times-Picayune* destacando a sus médicos y enfermeras responsables, su amable staff de soporte, y su filosofía total acerca del cuidado de sus empleados en su trabajo y el de sus pacientes.

El cuidado de la salud con calidad es la meta que ha profesado NOCH desde hace mucho. Pero nunca había desarrollado métodos comprensivos y científicos para preguntar a sus clientes su juicio sobre la calidad del cuidado que recibieron. Los esfuerzos anteriores para medir la calidad en NOCH habían ignorado siempre las percepciones de los clientes: los pacientes, médicos, y los que pagaban. En lugar de considerar las opiniones de calidad de los clientes de manera formal, el hospital se había enfocado casi enteramente en las evaluaciones internas de calidad hechas por los profesionales de la salud que operan el sistema.

La junta de NOCH pensaba que el hospital necesitaba hacer la transformación de la práctica que llevaba, al intentar asegurar la calidad hacia la medición y mejoramiento de la calidad del cuidado desde el punto de vista externo, perspectiva del cliente, e interno, así como desde la perspectiva del proveedor. Alimentado en años recientes por presiones acerca de los costos y la variabilidad de la práctica médica y por la demanda de mayor compromiso social, el hospital encontró una demanda que emergía de los pacientes y la gente que paga para que la calidad del cuidado de la salud se ofreciera en su valor más alto.

La junta de NOCH pensaba que si los precios que la gente pagaría en el futuro para niveles dados de servicio eran equivalentes, los hospitales podrían distinguirse ampliamente sobre la base de su calidad y valor de acuerdo con la evaluación hecha por los clientes. Deseaba información precisa sobre sus clientes, y no solamente la de los profesionales de la salud que laboraban allí, encargados de juzgar la calidad del cuidado en la institución.

En febrero de 1994, la administradora del hospital, Marjorie Payne, citó a una junta a las cabezas departamentales para discutir el asunto de la calidad. Empezó preguntando, "¿Realmente podemos cumplir con nuestras promesas? ¿O nos encontramos en peligro de fracasar para mantener el cuidado de la salud que esperan nuestros clientes, y corremos el riesgo de perderlos? Algunos de los clientes que dejan NOCH contentos pueden, en realidad, haber recibido un tratamiento pobre aquí. Si somos serios con respecto al mejoramiento de la calidad del cuidado, necesitamos más información *válida* y *confiable* sobre la cual actuar. Necesitamos respuestas a preguntas específicas, relacionadas con la calidad acerca de las actividades en áreas que afectan a los pacientes: admisión, enfermería, cuerpo médico, cuidado diario y cuerpo auxiliar".

Preguntas para discusión

1. ¿Por qué es importante conseguir la evaluación del paciente sobre la calidad en el cuidado de la salud? ¿ Tiene el paciente el conocimiento para juzgar el cuidado de la salud que recibe?
2. ¿Cómo puede medir la calidad un hospital?
3. ¿Cómo se puede incluir el valor de una vida humana en el costo del control de la calidad?
4. Seleccione algún departamento de un hospital (por ejemplo, farmacia) y enumere una serie de medidas por las que se deben desarrollar estándares de calidad.
5. Existen algunas líneas paralelas entre la evaluación de la calidad del cuidado de la salud y la calidad de la educación. ¿Cómo se utilizan las encuestas para evaluar la calidad de la educación en su institución? ¿Cómo se utilizan los resultados? ¿Existen otras medidas disponibles para evaluar la calidad educativa? ¿Qué mejoras puede sugerirle al sistema actual?

Fuente: Basada en un caso de Robert Murdick, Barry Render y Roberta Russell. *Service Operations Management.* (Boston: Allyn & Bacon, 1990), pp. 444-445.

BIBLIOGRAFÍA

Camp, R. C. *Benchmarking: The Search for Industry Best Practices That Lead to Superior Performance.* Milwaukee, WI: ASQC Quality Press, 1989.

Crosby, P. B. *Quality is Free.* Nueva York: McGraw-Hill, 1979.

Crosby, P. B. "Working Like a Chef." *Quality* (enero de 1989), pp. 24-25.

Crosby, P. B. *Let's Talk Quality.* Nueva York: McGraw-Hill, 1989.

Deming, W. E. *Out of the Crisis.* Cambridge, MA: Center for Advanced Engineering Study, 1986.

Ealey, L. "Taguchi Basics." *Quality* (noviembre de 1988), pp. 30-32.

Gitlow, H. S. y P. T. Hertz. "Product Defects and Productivity." *Harvard Business Review* (septiembre-octubre de 1983), pp. 131-141.

Hauser, John R. "How Puritan-Bennett used the House of Quality." *Sloan Management Review* **34**, 3 (primavera de 1993), pp. 61-70.

Hauser, J. R. y D. Clausing. "The House of Quality." *Harvard Business Review*, **3** (mayo-junio de 1988), pp. 63-70.

Liswood, L. A. "New System for Rating Service Quality." *The Journal of Business Strategy* (julio-agosto de 1989).

Messina, W. S. *Statistical Quality Control for Manufacturing Managers.* Nueva York: John Wiley & Sons, 1987.

Noori, H. "The Taguchi Methods: Achieving Design and Output Quality." *The Executive* **3**, 4 (1989), pp. 322-326.

Shetty, V. K. "Product Quality and Competitive Strategy." *Business Horizons.* (mayo-junio de 1987), pp. 46-52.

Tribus, M. y G. Szonyi. "An Alternative View of the Taguchi Approach." *Quality Progress.* (mayo de 1989), pp. 46-52.

Wolak, J. "Manage the Process." *Quality.* (septiembre de 1988), pp. 14-15.

Control estadístico de la calidad

suplemento capítulo 3

PERFIL DEL CAPÍTULO

OBJETIVOS DE APRENDIZAJE

Cuando termine este capítulo usted podrá:

Identificar o Definir:

Inspección por atributos
Inspección por variables
Muestreo de aceptación
Control del proceso
Gráficas-$\overline{x}$
Gráficas-R
LCL y UCL
Teorema del límite central
Curva OC
AQL y LTPD
Riesgo del productor
Riesgo del consumidor
AOQ
AQL
Causas asignables de las variaciones
Causas naturales de las variaciones

Explicar:

El papel del control estadístico de la calidad en producción

En este suplemento se estudiarán el control estadístico del proceso y el muestreo de aceptación. El *control estadístico del proceso (SPC)* es la aplicación de técnicas estadísticas al control del proceso. El *muestreo de aceptación* se utiliza para determinar la aceptación o rechazo de un lote de material evaluado por inspección o prueba de una muestra.

CONTROL ESTADÍSTICO DEL PROCESO (SPC)

El control estadístico del proceso es una técnica estadística ampliamente utilizada para asegurar que los procesos están cumpliendo los estándares. Todos los procesos se encuentran sujetos a un cierto grado de variabilidad. En la década de 1920, el Dr. Walter Shewhart de los Laboratorios Bell, mientras estudiaba los datos del proceso, hizo la distinción entre las causas de variación comunes y especiales. En la actualidad, mucha gente se refiere a estas variaciones como causas *naturales* y *asignables*. Desarrolló una herramienta sencilla pero poderosa para separar las dos — el **diagrama de control.**

Diagrama de control

El *objetivo del control estadístico del proceso es el de tomar decisiones económicas adecuadas acerca de acciones que afectan el proceso.* Se dice que un proceso está operando bajo control estadístico cuando la única fuente de variación son las causas comunes (naturales). El proceso se deberá someter a control estadístico para detectar y eliminar las causas de variación especiales (asignables).[1] Entonces su desempeño será predecible, y su capacidad para satisfacer las expectativas del cliente puede cumplirse. La habilidad de un proceso para operar dentro de control estadístico se determina por la variación total que proviene de causas naturales —esto es, la variación mínima, que puede lograrse después de que todas las causas asignables se han eliminado. El objetivo de un sistema de control de proceso, entonces, es el de *ofrecer una señal estadística cuando se presentan causas de variación asignables.* Tal señal puede acelerar la acción apropiada para eliminar las causas asignables.

Variabilidad en el proceso de producción

En la figura S3.1 se muestran los pasos para determinar la variación del proceso. Primero (véase la figura S3.1a), se toma una serie de pequeñas muestras y se les coloca en una escala proporcional (el eje horizontal). Después, en el eje vertical, se indica el número de veces que ocurrieron (su frecuencia). Eventualmente, después de un número de muestras, se tienen las distribuciones mostradas en la figura S3.1(b). Las distribuciones, por supuesto, difieren (véase figura S3.1c) dependiendo de lo que revelaron las muestras. Si sólo se encuentran causas de variaciones naturales en el proceso, entonces las distribuciones serán similares a la que aparece en la figura S3.1(d). Si aparecen causas de variaciones asignables (esto es, causas que no se esperan como parte del proceso), entonces las muestras producirán distribuciones inesperadas, tales como las mostradas en la figura S3.1(e).

El trabajo del administrador de operaciones es, desde luego, eliminar las variaciones asignables y mantener los procesos bajo control. La figura S3.2 muestra tres tipos de salidas del proceso; la figura S3.2(a) muestra un proceso fuera de control; la figura S3.2(b) muestra un proceso bajo control pero que no se desempeña *dentro de los límites de control*, y la figura S3.2(c) muestra un proceso bajo control que se encuentra dentro de los límites establecidos. Ahora se verá cómo construir diagramas de control que ayuden al administrador de operaciones en su tarea de realizarlo.

[1]Remover las causas asignables cuesta trabajo. De acuerdo con la observación de Edwards Deming, "...una situación de control estadístico no es una condición natural en un proceso de manufactura. En lugar de ello, es un logro al que se llegó poco a poco, y como resultado de un decidido esfuerzo de eliminación de las causas especiales de variación excesiva." Véase W. Edwards Deming, "On Some Statistical Aids Toward Economic Production," *Interfaces*, **5**, 4, 1975, p. 5.

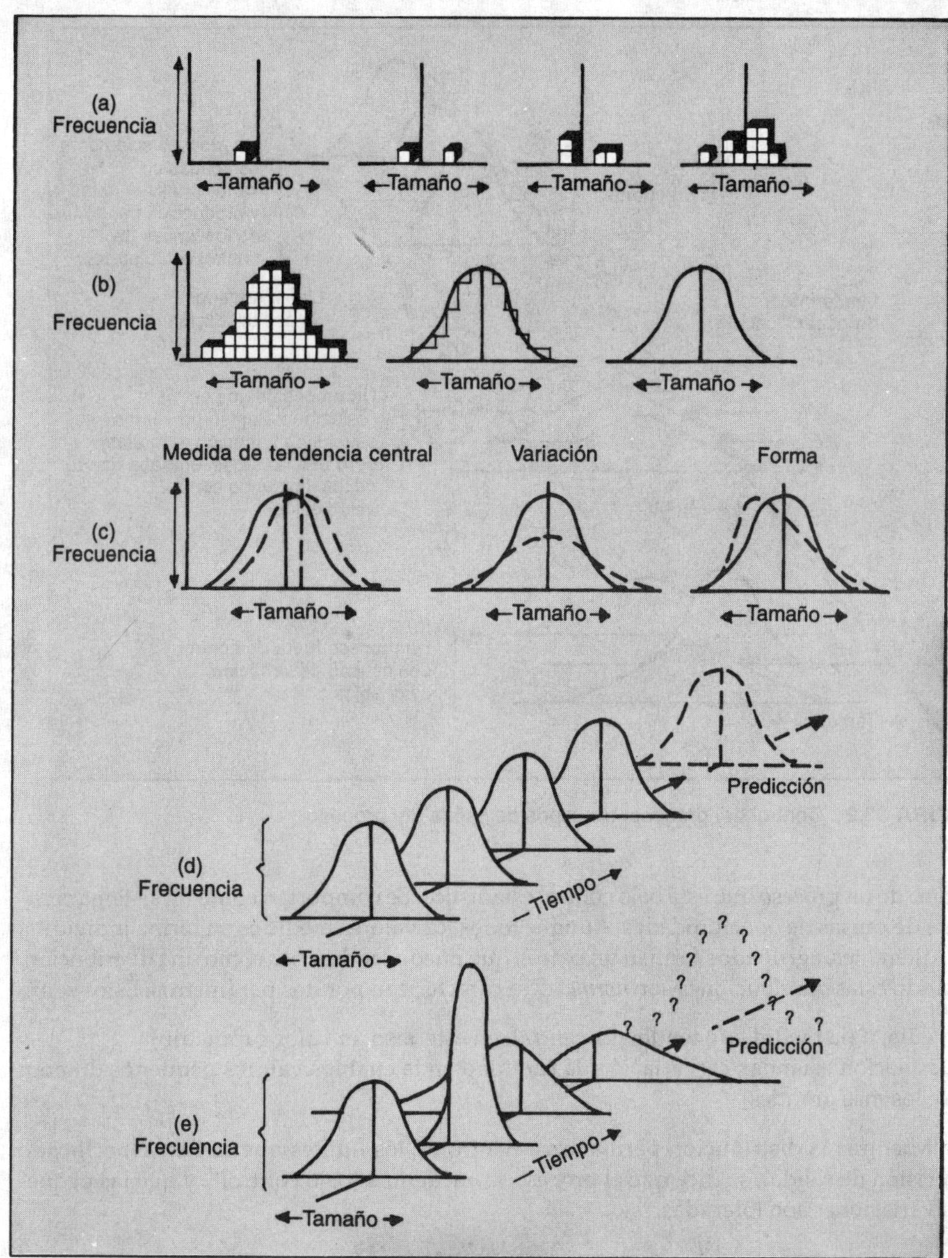

FIGURA S3.1 Variaciones naturales y asignables. (a) Las muestras varían de una a la otra; (b) pero forman un patrón que, si es estable, es llamado distribución; (c) las distribuciones pueden diferir en la medida de la tendencia central, variación, forma, o cualquier combinación de éstas. (d) Si sólo se presentan causas de variación naturales, la salida del proceso forma una distribución que es estable a través del tiempo y es predecible; (e) si se presentan causas de variación asignables, la salida del proceso no es estable a través del tiempo y no es predecible.

Construcción de diagramas de control. Cuando se construyen diagramas de control, se utilizan promedios de muestras pequeñas (a menudo de cinco artículos o partes), en oposición a los datos de partes individuales. Las piezas individuales tienden a ser demasiado erráticas para lograr que las tendencias se hagan rápidamente visibles. El propósito de los diagramas de control es el de ayudar a distinguir entre las variaciones naturales y las variaciones debidas a causas asignables.

Variaciones naturales. Las variaciones naturales afectan casi a cualquier proceso de producción y deben esperarse. Las **variaciones naturales** son las diversas fuentes de variación

Variaciones naturales

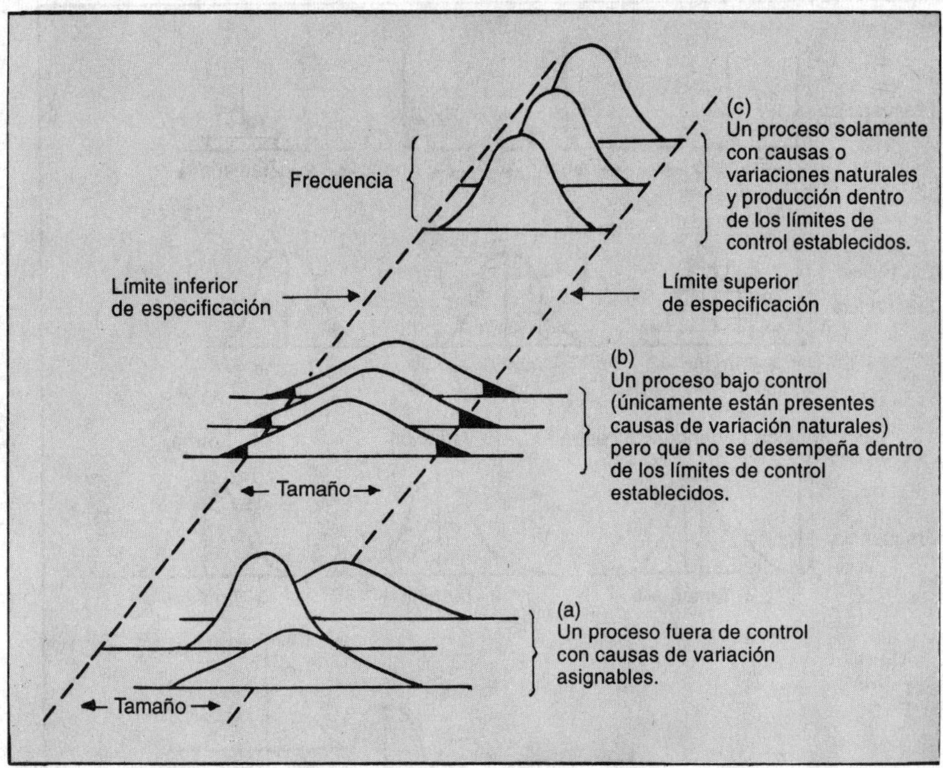

FIGURA S3.2 Control del proceso: tres tipos de salida del proceso.

dentro de un proceso que está bajo control estadístico. Se comportan como un sistema constante de causas de oportunidades. Aunque todos los valores medidos en forma individual son diferentes, agrupados forman un patrón que puede ser descrito como una distribución. Cuando estas distribuciones son *normales*, se caracterizan por dos parámetros. Éstos son:

- media, μ (la medida de tendencia central, en este caso, el valor promedio)
- desviación estándar, σ (variación, la cantidad en la cual los valores pequeños difieren de los más grandes)

Mientras la distribución permanezca dentro de los límites que se han especificado (precisión de salida), se dice que el proceso se encuentra "bajo control", y que las pequeñas variaciones son toleradas.

Variaciones asignables

Variaciones asignables. La variación asignable en un proceso puede ser rastreada a una razón específica. Los factores tales como el desgaste de la maquinaria, el equipo desajustado, la fatiga o falta de entrenamiento de los trabajadores, o nuevos lotes de materia prima son fuentes potenciales de **variaciones asignables.** Las gráficas de control tales como las ilustradas en el capítulo 3 (figura 3.4 de la página 103) y posteriormente en este suplemento ayudan al administrador de operaciones a señalar dónde puede encontrarse el problema.

Gráficas de control para variables

Gráfica-$\bar{x}$

Gráfica-R

Las gráficas de control para la media, $\bar{x}$, y el rango, R, se utilizan para monitorear los procesos que se miden en unidades continuas. La **gráfica-$\bar{x}$** (x-barra) nos dice si existen cambios en la tendencia central de un proceso. Esto puede ser debido a factores tales como el desgaste de la herramienta, un incremento gradual en la temperatura, un método diferente utilizado en el segundo turno, o materiales nuevos y más fuertes. Los valores de la **gráfica-R** indican que se ha presentado una ganancia o pérdida en la uniformidad. Tal cambio puede deberse al desgaste en rodamientos, una parte floja en la herramienta, un flujo errático de los lubricantes en una máquina, o al descuido en alguna parte por el operador de la maquinaria. Los dos tipos de gráficas van de la mano al monitorear las variables.

Teorema del límite central

Teorema del límite central

El fundamento teórico para las gráficas-$\bar{x}$ es el **teorema del límite central.** En términos generales, este teorema establece que a pesar de la distribución de la población de todas las partes o servicios, la distribución de las $\bar{x}$ (cada una de las cuales es la media de una muestra elegida de una población) tenderá a seguir una curva normal mientras el tamaño de las muestras crezcan. Afortunadamente, aunque n sea bastante pequeña (digamos 4 o 5), las distribuciones de los promedios aún seguirán, aproximadamente, la forma de una curva normal. El teorema también establece que: (1) la media de la distribución de las $\bar{x}$'s (llamada $\bar{\bar{x}}$) será igual a la media de la población total (llamada μ); y (2) la desviación estándar de la distribución de la muestra, $\sigma_{\bar{x}}$, será la desviación estándar de la población, σ_x, dividida entre la raíz cuadrada del tamaño de la muestra, n. En otras palabras,

$$\bar{\bar{x}} = \mu \quad \text{y} \quad \sigma_{\bar{x}} = \frac{\sigma_x}{\sqrt{n}}$$

La figura S3.3 muestra tres posibles distribuciones de población, cada una con su propia media, μ, y desviación estándar σ_x. Si una serie de muestras aleatorias ($\bar{x}_1, \bar{x}_2, \bar{x}_3, \bar{x}_4$, y así sucesivamente), cada una de tamaño n, se sacan de cualquiera de éstas, la distribución resultante de las $\bar{x}_i$'s aparecerá como en la gráfica de abajo de esa figura. Debido a que ésta es una distribución normal, se puede establecer que:

1. El 99.7% del tiempo, los promedios de las muestras caerán dentro del $\pm 3\sigma_{\bar{x}}$ si el proceso tiene solamente variables aleatorias; y
2. El 95.5% del tiempo, los promedios de las muestras caerán dentro del $\pm 2\sigma_{\bar{x}}$ si el proceso tiene solamente variables aleatorias.

Si un punto de la gráfica de control cae afuera del $\pm 3\,\sigma_{\bar{x}}$ de los límites de control, entonces se estará 99.7% seguro de que el proceso ha cambiado. Ésta es la teoría detrás de las gráficas de control.

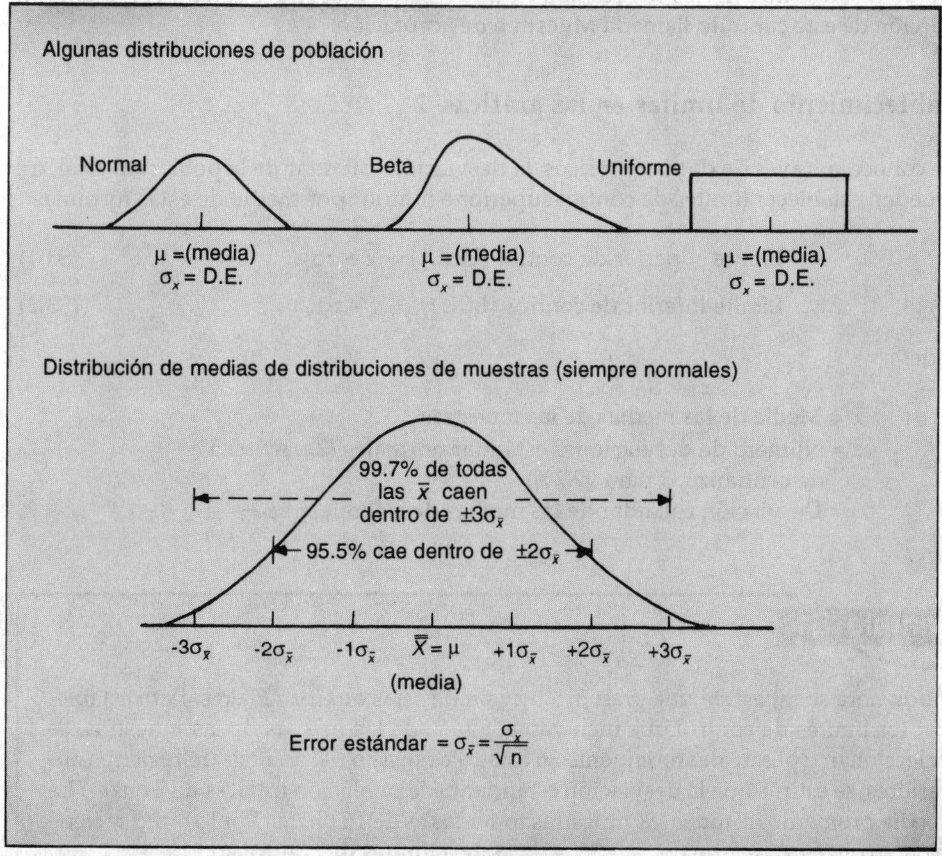

FIGURA S3.3 Población y distribuciones de las muestras.

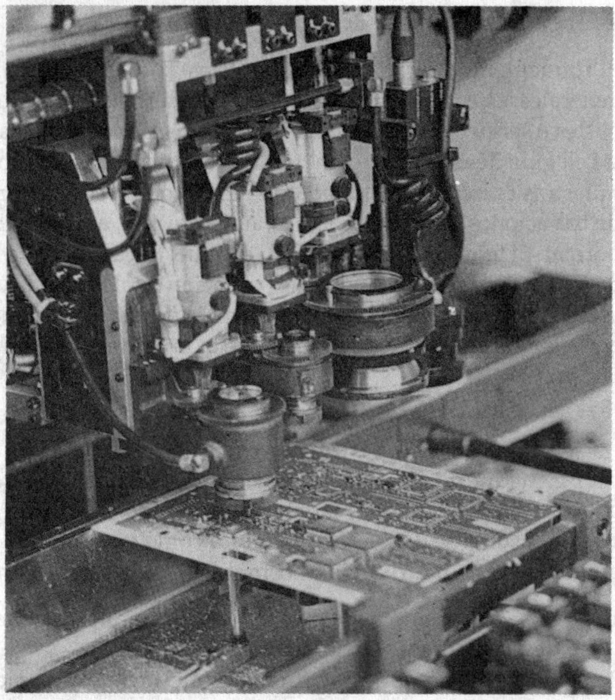

En esta fotografía, Motorola utiliza un sistema de inspección visual para verificar la colocación de los componentes en una tarjeta de circuito impreso. Para hacer trabajar su enfoque de calidad, Motorola hizo una serie de cosas:

- en forma agresiva estableció un programa educativo a nivel mundial para asegurarse que los empleados entiendan la calidad y el control estadístico del proceso.
- estableció metas, específicamente su programa "Six Sigma" (seis sigma, en español). El programa "Six Sigma" de Motorola significa, que ellos pueden esperar una tasa de defectos de no más de algunas partes por millón. La meta de Motorola es lograr este nivel de calidad en cualquier artículo que fabriquen a partir de la década de 1990.
- establecieron una amplia participación de los empleados y un sistema competitivo donde ellos compiten por premios basados en el desempeño de cada grupo de trabajo en particular. Ésta es una competencia a nivel mundial. Las presentaciones son filmadas en video y la competencia es intensa.

Desde luego, es posible encontrar ocasionalmente un punto fuera de los límites de control aunque el proceso se encuentre realmente bajo control. A esto se le llama error tipo I. Se concluye que un proceso se encuentra bajo control cuando en realidad *no* es llamado un error tipo II. Los errores tipo I y tipo II serán discutidos con mayor detalle en la sección de este capítulo llamada Muestreo de aceptación.

Establecimiento de límites en las gráficas-$\bar{x}$

Si se conoce, a través de datos históricos, la desviación estándar de la población total, σ_x, se pueden establecer límites de control superior e inferior por medio de estas fórmulas:

$$\text{Límite superior de control } (UCL_{\bar{x}}) = \bar{\bar{x}} + z\sigma_{\bar{x}} \quad \text{(S3.1)}$$

$$\text{Límite inferior de control } (LCL_{\bar{x}}) = \bar{\bar{x}} - z\sigma_{\bar{x}} \quad \text{(S3.2)}$$

donde:

$\bar{\bar{x}}$ = Media de las medias de las muestras

z = Número de desviaciones estándar normales (2 para 95.5% de confianza, 3 para 99.7%)

$\sigma_{\bar{x}}$ = Desviación estándar de las medias de las muestras $= \dfrac{\sigma_x}{\sqrt{n}}$

ejemplo S1

Cada hora se muestrea una gran producción de cajas de Corn Flakes. Para establecer los límites de control que incluyan el 99.7% de las medias de las muestras, se seleccionan y pesan aleatoriamente 36 cajas. Por medio del análisis de registros anteriores, se estima que la desviación estándar de la población total, es de 2 onzas. La media promedio de todas las muestras tomadas es de 16 onzas. Por lo tanto se tiene $\bar{\bar{x}}$ = 16 onzas, σ_x = 2 onzas, n = 36, y z = 3. Los límites de control son:

$$UCL_{\bar{x}} = \bar{\bar{x}} + zs_{\bar{x}} = 16 + 3\left(\frac{2}{\sqrt{36}}\right) = 16 + 1 = 17 \text{ onzas}$$

$$LCL_{\bar{x}} = \bar{\bar{x}} - zs_{\bar{x}} = 16 - 3\left(\frac{2}{\sqrt{36}}\right) = 16 - 1 = 15 \text{ onzas}$$

Si la desviación estándar del proceso no está disponible o es difícil de calcular, lo cual es común, las ecuaciones anteriores se vuelven imprácticas. En la práctica, el cálculo de los límites de control se basa en los valores de los *rangos* promedio en lugar de sus desviaciones estándar. Se pueden utilizar las ecuaciones:

$$UCL_{\bar{x}} = \bar{\bar{x}} + A_2\bar{R} \quad \text{(S3.3)}$$

y

$$LCL_{\bar{x}} = \bar{\bar{x}} - A_2\bar{R} \quad \text{(S3.4)}$$

donde:

$\bar{R}$ = Rango promedio de las muestras

A_2 = Valor encontrado en la tabla S3.1

$\bar{\bar{x}}$ = Media de las medias de las muestras

ejemplo S2

Super Cola embotella refrescos etiquetados "peso neto 16 onzas". Se ha encontrado un promedio global del proceso de 16.01 onzas al tomar varias muestras de lotes, donde cada muestra contiene cinco botellas. El rango promedio del proceso es de 0.25 onzas. Determinar los límites de control superior e inferior para los promedios en este proceso.

Al ver la Tabla S3.1 para un tamaño de muestra de 5 en la columna de factor de media A_2, se encuentra el número 0.577. Por lo tanto los límites superior e inferior de control en la gráfica son de:

$$\begin{aligned} UCL_{\bar{x}} &= \bar{\bar{x}} + A_2\bar{R} \\ &= 16.01 + (0.577)(0.25) \\ &= 16.01 + 0.144 \\ &= 16.154 \\ LCL_{\bar{x}} &= \bar{\bar{x}} - A_2\bar{R} \\ &= 16.01 - 0.144 \\ &= 15.866 \end{aligned}$$

El límite superior de control es de 16.154, y el límite inferior de control es de 15.866.

Establecimiento de límites en las gráficas de rango

En el ejemplo anterior, se determinaron los límites superior e inferior de control para el proceso *promedio*. Los administradores de operaciones, además de estar interesados en el proceso promedio, también se interesan en la *dispersión* o *variabilidad* del proceso. Aunque el promedio del proceso se encuentra bajo control, es posible que la variabilidad del proceso no lo

TABLA S3.1 Factores para calcular los límites de la gráfica de control.

TAMAÑO DE LA MUESTRA, n	FACTOR DE LA MEDIA, A_2	RANGO SUPERIOR, D_4	RANGO INFERIOR, D_3
2	1.880	3.268	0
3	1.023	2.574	0
4	0.729	2.282	0
5	0.577	2.114	0
6	0.483	2.004	0
7	0.419	1.924	0.076
8	0.373	1.864	0.136
9	0.337	1.816	0.184
10	0.308	1.777	0.223
12	0.266	1.716	0.284
14	0.235	1.671	0.329
16	0.212	1.636	0.364
18	0.194	1.608	0.392
20	0.180	1.586	0.414
25	0.153	1.541	0.459

Fuente: Reimpresa mediante permiso de American Society for Testing Materials, copyright. Tomado de Special Technical Publication 15-C, "Quality Control of Materials," pp. 63 y 72, 1951.

esté. Por ejemplo, algo se puede haber aflojado en una pieza de equipo. Como resultado, el promedio de las muestras puede permanecer igual, pero la variación dentro de las muestras puede ser demasiado grande. Por este motivo, es muy común encontrar una gráfica de control para los rangos con el fin de monitorear la variabilidad del proceso, así como una gráfica de control para el promedio del proceso, el cual monitorea el promedio del proceso. La teoría detrás de las gráficas de control para los rangos es la misma que para el promedio del proceso. Se establecen los límites que contienen ±3 desviaciones estándar de la distribución para el rango promedio $\overline{R}$. Con unos cuantos supuestos simples, se pueden establecer los límites superior e inferior de control para los rangos:

Los niveles de tolerancia aceptables en piezas automotrices en esta planta de New United Motor Manufacturing en Fremont, California, son tan pequeños que la compañía utiliza computadoras para determinar si el proceso se encuentra bajo control o fuera de él.

$$\text{UCL}_R = D_4\overline{R} \qquad \text{(S3.5)}$$
$$\text{LCL}_R = D_3\overline{R} \qquad \text{(S3.6)}$$

donde:

UCL_R = Límite superior de control para el rango
LCL_R = Límite inferior de control para el rango
D_4 y D_3 = Valores de la tabla S3.1

ejemplo S3

El *rango* promedio para un proceso es de 53 libras. Si el tamaño de la muestra es de 5, determinar los límites superior e inferior de control de la gráfica.

Al observar la tabla S3.1 para un tamaño de muestra de 5, se encuentra que $D_4 = 2.114$ y $D_3 = 0$. El rango de los límites de control es:

$$\begin{aligned}\text{UCL}_R &= D_4\overline{R}\\ &= (2.114)(53 \text{ libras})\\ &= 112.042 \text{ libras}\\ \text{LCL}_R &= D_3\overline{R}\\ &= (0)(53 \text{ libras})\\ &= 0\end{aligned}$$

Pasos a seguir al utilizar las gráficas de control. Existen cinco pasos que se siguen en forma general, cuando se utilizan las gráficas $\overline{x}$ y R:

1. Reunir de 20 a 25 muestras de $n = 4$ o $n = 5$ cada una y calcular la media y el rango de cada una.
2. Calcular las medias totales ($\overline{\overline{x}}$ y $\overline{R}$), establecer los límites de control apropiados, generalmente en el nivel de 99.7%, y calcular los límites preliminares superior e inferior de control.
3. Graficar las medias y rangos de las muestras sobre sus respectivas gráficas de control y determinar si caen fuera de los límites aceptables.
4. Investigar los puntos o patrones que indican que el proceso se encuentra fuera de control. Tratar de señalar las causas de variación y continuar entonces el proceso.
5. Recolectar muestras adicionales y, si es necesario, revalidar los límites de control utilizando los datos nuevos.

Gráficas de control para atributos

Las gráficas de control para $\overline{x}$ y R no son aplicadas cuando se están muestreando *atributos*, los cuales se clasifican típicamente como defectuosos o no defectuosos. La medición de defectos implica el contarlos (por ejemplo, la cantidad de focos deficientes en un lote dado, o cantidad de letras o de registros de captura de datos escritos con errores); donde las variables se miden generalmente por longitud o peso. Existen dos tipos de gráficas de control para atributos: (1) aquellas que miden el porcentaje de defectuosos en una muestra —llamadas gráficas-*p*, y (2) aquellas que cuentan el número de defectuosos —llamadas gráficas-*c*.

gráficas-*p*. El uso de las **gráficas-*p*** es la principal manera de controlar los atributos. Aunque los atributos, ya sean, buenos o malos siguen la distribución binomial, se puede utilizar la distribución normal para calcular los límites de la gráfica-*p* cuando los tamaños de las muestras son demasiado grandes. El procedimiento se asemeja al sistema de la gráfica-$\overline{x}$, que también se basa en el teorema del límite central.

gráficas-*p*

Las fórmulas para los límites superior e inferior de control para la gráfica-p se encuentran a continuación:

$$UCL_p = \overline{p} + zs_p \tag{S3.7}$$

$$LCL_p = \overline{p} - zs_p \tag{S3.8}$$

donde:

$\overline{p}$ = Media de la fracción defectuosa en la muestra

z = Cantidad de desviaciones estándar ($z = 2$ para límites de 95.5%; $z = 3$ para límites de 99.7%)

σ_p = Desviación estándar de la distribución de las muestras

σ_p se estima por medio de la fórmula:

$$s_p = \sqrt{\frac{\overline{p}(1-\overline{p})}{n}} \tag{S3.9}$$

cuando n = tamaño de cada muestra.

ejemplo S4

Utilizando un popular paquete de software para bases de datos, los empleados de captura en ARCO introducen miles de registros de seguros diariamente. Las muestras del trabajo de los 20 empleados se muestran a continuación. Cien registros capturados por cada empleado fueron examinados cuidadosamente para asegurarse que no tenían errores; posteriormente, se calculó la fracción defectuosa en cada muestra.

Establecer límites de control que incluyan el 99.7% de la variación aleatoria en el proceso de captura cuando se encuentra bajo control.

Número de la muestra	*Cantidad de errores*	*Fracción defectuosa*	*Número de la muestra*	*Cantidad de errores*	*Fracción defectuosa*
1	6	0.06	11	6	0.06
2	5	0.05	12	1	0.01
3	0	0.00	13	8	0.08
4	1	0.01	14	7	0.07
5	4	0.04	15	5	0.05
6	2	0.02	16	4	0.04
7	5	0.05	17	11	0.11
8	3	0.03	18	3	0.03
9	3	0.03	19	0	0.00
10	2	0.02	20	4	0.04
				80	

$$\overline{p} = \frac{\text{Número total de errores}}{\text{Número total de registros examinados}} = \frac{80}{(100)\,(20)} = 0.04$$

$$\sigma_p = \sqrt{\frac{(0.04)(1-0.04)}{(100)}} = 0.02$$

(*Nota*: 100 es el tamaño de cada muestra = n)

$$UCL_p = \overline{p} + zs_p = 0.04 + 3(0.02) = 0.10$$

$$LCL_p = \overline{p} - zs_p = 0.04 - 3(0.02) = 0$$

(dado que no es posible tener un porcentaje defectuoso negativo)

Cuando se grafican los límites de control y la fracción defectuosa de la muestra, se encuentra que únicamente el trabajo de un empleado de captura (número 17) está fuera de control. La empresa puede examinar el trabajo de dicho individuo de una forma más cercana para ver si existe un problema serio (véase figura S3.4).

Para ilustrar la manera en que AB:POM puede utilizarse en la solución del ejemplo S4, véase el programa S3.1.

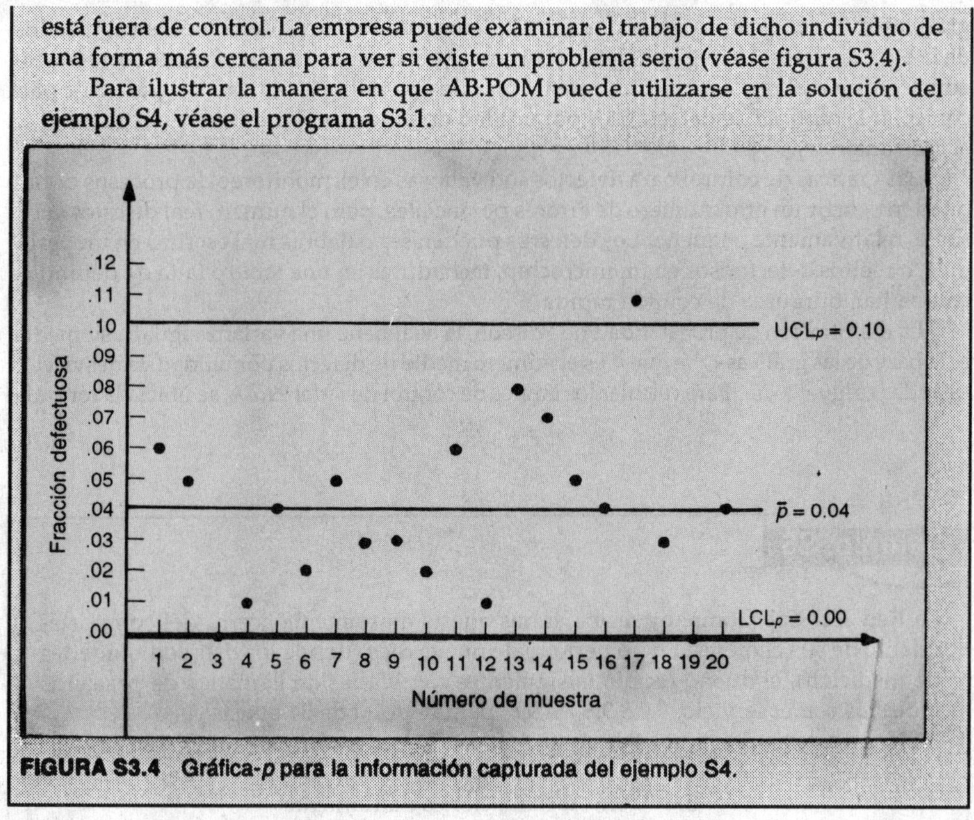

FIGURA S3.4 Gráfica-*p* para la información capturada del ejemplo S4.

Programa S3.1 Opción de gráfica-*p* de AB:POM. AB:POM calcula el porcentaje promedio de defectuosos (la línea central de la gráfica *p*-barra) que se despliega como 0.04 para los datos del ejemplo S4. Al utilizar estos datos, el programa presenta los límites para cuatro gráficas de control diferentes al pie de la pantalla. Existe una gráfica con 95% de confianza, una con 98%, otra con 99%, y una más con 3 desviaciones estándar, (99.7%) de confianza.

Quality Control — Solution

Number of samples (1-36) 20 — Sample size (n) (1-9999) 100

ARCO Insurance Records

Sample number	Number of Defects	Percent Defects	Sample number	Number of Defects	Percent Defects
1	6	0.0600	13	8	0.0800
2	5	0.0500	14	7	0.0700
3	0	0.0000	15	5	0.0500
4	1	0.0100	16	4	0.0400
5	4	0.0400	17	11	0.1100
6	2	0.0200	18	3	0.0300
7	5	0.0500	19	0	0.0000
8	3	0.0300	20	4	0.0400
9	3	0.0300			
10	2	0.0200			
11	6	0.0600			
12	1	0.0100			

	95%	98%	99%	99.7%
Upper Control Limit	0.0784	0.0857	0.0906	0.0988
Center Line (p-bar)	0.0400	0.0400	0.0400	0.0400
Lower Control Limit	.00159	0.0000	0.0000	0.0000

F9=Print Esc

Gráficas-*c*

gráficas-*c*. En el ejemplo S4, contamos el número de registros defectuosos capturados, de la base de datos. Un registro defectuoso era aquel que no era exactamente correcto. Sin embargo, un mal registro puede contener más de una falla. Se utilizan las **gráficas-*c*** para controlar la *cantidad* de defectuosos por unidad de salida (o por registro de seguridad en el caso anterior).

Las gráficas de control para defectos son valiosas en el monitoreo de procesos donde pueden ocurrir un gran número de errores potenciales, pero el número real de estos sucesos es relativamente pequeño. Los defectos pueden ser palabras mal escritas en un periódico, circuitos defectuosos en un microchip, tachaduras en una tabla o falta de pepinillos en una hamburguesa de comida rápida.

La distribución de probabilidad de Poisson, la cual tiene una varianza igual a su media, es la base de las gráficas-*c*. Ya que $\bar{c}$ es el número medio de defectos por unidad, la desviación estándar es igual a $\sqrt{\bar{c}}$. Para calcular los límites de control de $\bar{c}$ del 99.7%, se utiliza la fórmula:

$$\bar{c} \pm 3\sqrt{\bar{c}} \quad \text{(S3.10)}$$

ejemplo S5

La Red Top Cab Company recibe varias quejas diariamente acerca del comportamiento de sus choferes. En un periodo de nueve días (donde los días son unidades de medición), el dueño recibió la siguientes cantidades de llamadas de pasajeros molestos con el servicio: 3,0,8,9,6,7,4,9,8, para un total de 54 quejas.

Para calcular los límites de control de 99.7%, se toman:

$$\bar{c} = \frac{54}{9} = 6 \text{ reclamaciones diariamente}$$

Entonces:

$$UCL_c = \bar{c} + 3\sqrt{\bar{c}} = 6 + 3\sqrt{6} = 6 + 3(2.45) = 13.35$$
$$LCL_c = \bar{c} - 3\sqrt{\bar{c}} = 6 - 3\sqrt{6} = 6 - 3(2.45) = 0$$

Luego, con el resumen de estos datos, el dueño dibujó una gráfica de control, que después situó en un lugar destacado del vestidor de los choferes, el número de llamadas recibidas se redujo a un promedio de tres diarias. ¿Puede explicar por qué sucedió esto?

Observe que mientras se han discutido las gráficas de proceso y los límites de control, es preferible enfocarse en el valor objetivo, no en los límites.

MUESTREO DE ACEPTACIÓN

Muestreo de aceptación

El **muestreo de aceptación** involucra tomar muestras aleatorias de "lotes" o tandas de productos terminados para que el inspector los mida contra estándares predeterminados. El muestreo aleatorio, como se mencionó anteriormente en este capítulo, es más económico que la inspección al 100%. La calidad de la muestra sirve para evaluar la calidad de todos los artículos del lote. Aunque se pueden inspeccionar por muestreo de aceptación los atributos o variables, la inspección por atributos es comúnmente utilizada según se ilustra en esta sección.

El muestreo por aceptación se puede aplicar cuando se reciben las materias primas en la planta de un proceso productivo, o en la inspección final, pero generalmente se utiliza para controlar los lotes de entrada de los productos comprados. Un lote de partes, cuyo rechazo está basado en un nivel inaceptable de defectos encontrados en la muestra, puede (1) devolverse al proveedor, o (2) inspeccionarse al 100% para eliminar todos los defectos; normalmente el costo de esa revisión se carga al proveedor. Sin embargo, el muestreo de aceptación no es un sustituto de los controles adecuados en el proceso. De hecho, el sistema normal es el de hacer controles estadísticos de calidad a nivel de proveedor, de tal forma que el muestreo de aceptación pueda ser eliminado.

Curva característica de operación (OC)

La **curva de característica de operación (OC)** describe qué tan bien un plan de aceptación, discrimina entre los lotes buenos y malos. Una curva pertenece a un plan específico, esto es, una combinación de *n* (tamaño de la muestra) y *c* (nivel de aceptación). Esto es con el fin de mostrar la probabilidad de que el plan acepte lotes de varios niveles de calidad.

Riesgo del productor
Riesgo del consumidor

En el muestreo de aceptación, generalmente están involucradas dos partes: el productor y el consumidor del producto. Al especificar un plan de muestreo, cada parte debe evitar los costosos errores al aceptar o rechazar un lote. El productor desea evitar el error de rechazar un lote bueno **(riesgo del productor).** Esto se debe a que generalmente, él tiene la responsabilidad de remplazar todas las piezas defectuosas en el lote rechazado o pagar para que un nuevo lote sea embarcado al cliente. Por otro lado, el cliente o consumidor desea evitar el error de aceptar un lote defectuoso, porque los defectos encontrados en un lote que había sido aceptado son generalmente responsabilidad del cliente **(riesgo del consumidor).** La curva OC muestra las características de un plan de muestreo en particular, incluyendo los riesgos de tomar una decisión equivocada.[2]

La figura S3.5 puede ser utilizada para ilustrar un plan de muestreo en forma más detallada. Se ilustran cuatro conceptos en esta figura:

En la nueva planta de TRW en Dijon, Francia, el técnico Patrick Debonne inspecciona los piñones del sistema de dirección. El programa de auditoría interna de TRW incluye 14 aspectos: (1) mayor calidad al cliente, (2) medición de los costos, (3) procedimientos para revisar los diseños de calidad, (4) procedimientos para calificar los productos nuevos antes de embarcar, (5) inspección para seguridad y responsabilidad del producto, (6) medición de cada proceso, (7) inspección de los lotes de entrada, (8) conocimiento de los proveedores de sus responsabilidades de calidad, (9) políticas de calidad seguidas por los empleados, (10) planes de inspección y pruebas para todos los productos, (11) anunciar todos los indicadores del desempeño de la calidad, (12) círculos de calidad, (13) equipos de mejoramiento de la calidad, y (14) integrar la calidad a los planes de negocio de TRW.

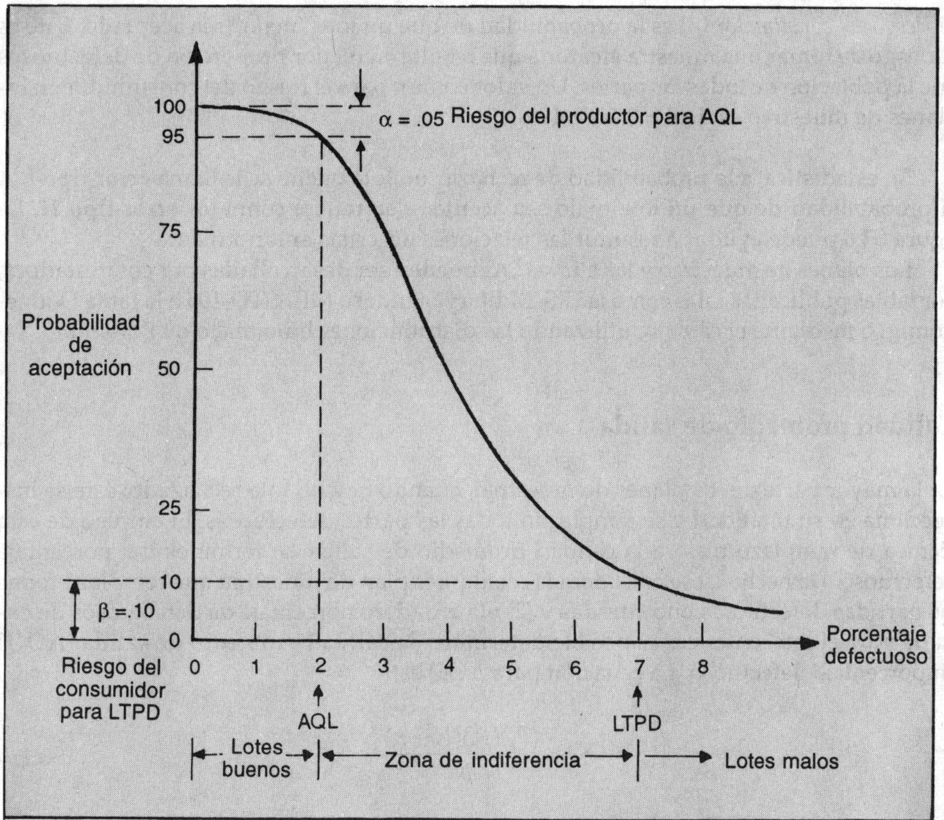

FIGURA S3.5 Una curva característica de operación que muestra los riesgos del productor y del consumidor. *Nota*: Un lote bueno para este plan de aceptación en particular tiene menos o hasta 2% de defectuosos. Un lote malo tiene 7% o más de defectuosos.

[2]Observe que el muestreo siempre corre el peligro de conducir a una conclusión errónea. Digamos en este ejemplo, que la población total bajo inspección es una carga de 1000 chips de computadora, de los cuales únicamente 30 (o 3%) están defectuosos. Lo cual significa, que podemos aceptar el cargamento de chips, ya que el 4%, es la tasa de defectuosos permitida. Pero si seleccionamos una muestra de $n = 50$ chips, es muy posible que se tengan 0 defectuosos y se acepte el embarque (que se apruebe), de igual manera se pueden encontrar todos los 30 defectuosos en la muestra. Si sucede lo último, se concluiría en forma errónea que el total de la población tiene 60% defectuosos y se rechazarían todos.

Nivel aceptable de calidad (AQL)

El **nivel aceptable de calidad (AQL)** es el nivel mínimo de calidad que podemos aceptar. Se pueden aceptar los lotes que tengan este nivel de calidad. Si un nivel aceptable de calidad es de 20 defectuosos en un lote de 1000 artículos o partes, entonces el AQL es de 20/1000 = 2% de defectuosos.

Tolerancia del porcentaje defectuoso en un lote (LTPD)

La **tolerancia del porcentaje defectuoso en un lote (LTPD)** es el nivel de calidad de un lote que se considera como malo. Se desea rechazar aquellos lotes que tengan este nivel de calidad. Si se está de acuerdo que un nivel inaceptable de calidad es de 70 defectuosos en un lote de 1000, entonces el LTPD es de 70/1000 = 7% de defectuosos.

Para derivar un plan de muestreo, el productor y el consumidor deben definir no solamente "lotes buenos" y "lotes malos" a través de AQL y LTPD, sino que deben especificar los niveles de riesgo.

El *riesgo del productor* (α) es la probabilidad de que un lote "bueno" sea rechazado. Éste es el riesgo de tomar una muestra aleatoria que resulte en mucha más alta proporción de defectuosos que la población de todas las partes. Un lote con un nivel aceptable de calidad de AQL aún tiene una oportunidad de α de que sea rechazado. Los planes de muestreo son diseñados a menudo para establecer un riesgo del productor de $\alpha = 0.05$, o 5%.

El *riesgo del consumidor* (β) es la probabilidad de que un lote "malo" sea aceptado. Este es el riesgo de tomar una muestra aleatoria que resulte en menor proporción de defectuosos que la población de todas las partes. Un valor común para el riesgo del consumidor en los planes de muestreo es de $\beta = 0.10$, o 10%.

Error tipo I
Error tipo II

En estadística, a la probabilidad de rechazar un lote bueno se le llama **error tipo I.** A la probabilidad de que un lote malo sea aceptado se refiere como un **error tipo II.** La figura S3.6 puede ayudar a resumir las relaciones descritas anteriormente.

Los planes de muestreo y las curvas OC pueden ser desarrolladas por computadora, por tablas publicadas tales como la U.S. Military Standard MIL-STD-105 o la tabla Dodge-Romig, o mediante el cálculo, utilizando las distribuciones binomial o de Poisson.[3]

Calidad promedio de salida

Calidad promedio de salida (AOQ)

En la mayor parte de los planes de muestreo, cuando hay un lote rechazado, éste se inspecciona en su totalidad y se remplazan todas las partes defectuosas. El empleo de esta técnica de remplazo mejora la calidad promedio de salida en términos del porcentaje defectuoso. De hecho, si se considera (1) cualquier plan de muestreo que remplaza todas las partidas defectuosas encontradas y (2) el verdadero porcentaje de defectuosos de entrada para el lote, entonces es posible determinar la **calidad promedio de salida (AOQ)** en porcentaje defectuoso. La ecuación para AOQ es:

$$\text{AOQ} = \frac{(P_d)(P_a)(N-n)}{N} \tag{S3.11}$$

donde:

P_d = Porcentaje defectuoso verdadero del lote
P_a = Probabilidad de aceptar el lote
N = Cantidad de partidas en el lote
n = Cantidad de partidas en la muestra

[3]Las dos tablas más frecuentemente usadas para los planes de aceptación son: *Military Standard Sampling Procedures and Tables for Inspection by Attributes* (MIL-STD-105D) (Washington, D.C.: U.S. Government Printing Office, 1963); y H. F. Dodge y H. G. Romig, *Sampling Inspection Tables —Single and Double Sampling*, 2da. ed. (Nueva York: Wiley and Sons, 1959).

		Conclusión del muestreo	
		El lote se acepta de acuerdo al plan de muestreo	El lote se rechaza de acuerdo al plan de muestreo
Condición real	Un lote bueno (AQL)	Una salida favorable	El riesgo del productor (α) Error tipo I
	Un lote malo (LTPD)	El riesgo del consumidor (β) Error tipo II	Una salida favorable

FIGURA S3.6 Errores posibles en un plan de muestreo.

El muestreo de aceptación es una forma efectiva de filtrar tanto los lotes de salida como los de entrada. Cuando se remplazan las partes defectuosas con partes buenas, el muestreo de aceptación ayuda a incrementar la calidad de los lotes al reducir el porcentaje defectuoso.

RESUMEN

Hemos dedicado este suplemento a los aspectos estadísticos del control de calidad. Estas técnicas son controles estadísticos del proceso (SPC) y muestreo de aceptación. Primero se describieron las gráficas de control para el control estadístico del proceso (SPC). Después se estudiaron, la gráfica-$\overline{x}$ y la gráfica-*R*, para el muestreo de variabilidad; la gráfica-*p* y la gráfica-*c* para atributos. Finalmente, se presentó la curva característica de operación (OC) para facilitar el muestreo de aceptación.

TÉRMINOS CLAVE

Diagrama de control (*p. 112*)
Variaciones naturales (*p. 113*)
Variaciones asignables (*p. 114*)
gráfica-$\overline{x}$ (*p. 114*)
gráfica-*R* (*p. 114*)
Teorema del límite central (*p. 115*)
gráficas-*p* (*p. 119*)
gráficas-*c* (*p. 122*)
Muestreo de aceptación (*p. 122*)
Curva característica de operación (OC) (*p. 123*)
Riesgo del productor (*p. 123*)
Riesgo del consumidor (*p. 123*)
Nivel aceptable de calidad (AQL) (*p. 124*)
Tolerancia del porcentaje defectuoso en un lote (LTPD) (*p. 124*)
Error tipo I (*p. 124*)
Error tipo II (*p. 124*)
Calidad promedio de salida (AOQ) (*p. 124*)

PROBLEMAS RESUELTOS

problema resuelto S3.1

El fabricante de piezas de precisión para taladros de prensa produce ejes redondos, que se utilizan en la construcción de dichos taladros. El diámetro promedio de un eje es de 0.56 pulgadas. Las muestras para inspeccionar contienen seis ejes cada una. El rango promedio de estas muestras es de 0.006 pulgadas. Determinar los límites superior e inferior de la gráfica de control.

Solución

El factor medio A_2 de la tabla S3.1 donde el tamaño de la muestra es 6, es de 0.483. Con este factor, se pueden obtener los límites superior e inferior de control.

$$\begin{aligned} UCL &= 0.56 + (0.483)(0.006) \\ &= 0.56 + 0.0029 \\ &= 0.5629 \\ LCL &= 0.56 - 0.0029 \\ &= 0.5571 \end{aligned}$$

problema resuelto S3.2

Nocaf Drinks, Inc., un productor de café descafeinado, embotella Nocaf. Cada botella debe tener un peso neto de 4 onzas. La máquina que llena las botellas con café es nueva. Bonnie Crutcher, la administradora de operaciones, desea asegurarse que la máquina está ajustada adecuadamente, para ello toma una muestra de n = 8 botellas y registra el promedio y el rango en onzas para cada muestra. Los datos de varias muestras se encuentran en la siguiente tabla. Tome en cuenta que cada muestra consta de 8 botellas.

Muestra	*Rango de la muestra*	*Promedio de la muestra*	*Muestra*	*Rango de la muestra*	*Promedio de la muestra*
A	0.41	4.00	E	0.56	4.17
B	0.55	4.16	F	0.62	3.93
C	0.44	3.99	G	0.54	3.98
D	0.48	4.00	H	0.44	4.01

¿Se encuentra la máquina ajustada adecuadamente y bajo control?

Solución

Primero se encuentra que $\overline{\overline{x}} = 4.03$ y $\overline{R} = 0.51$. Entonces, utilizando la tabla S3.1, se descubre que:

$$\begin{aligned} UCL_{\overline{x}} &= \overline{\overline{x}} + A_2\overline{R} = 4.03 + (0.373)(0.51) = 4.22 \\ LCL_{\overline{x}} &= \overline{\overline{x}} - A_2\overline{R} = 4.03 - (0.373)(0.51) = 3.84 \\ UCL_R &= D_4\overline{R} = (1.864)(0.51) = 0.95 \\ LCL_R &= D_3\overline{R} = (0.136)(0.51) = 0.07 \end{aligned}$$

Aparece que tanto el promedio como el rango del proceso se encuentran bajo control.

problema resuelto S3.3

Altman Electronics, Inc., fabrica resistencias, y entre las últimas 100 resistencias inspeccionadas, el porcentaje defectuoso ha sido 0.05. Determinar los límites superior e inferior de control para este proceso y una confiabilidad de 99.7%.

Solución

$$UCL_p = \bar{p} + 3\sqrt{\frac{\bar{p}(1-\bar{p})}{n}} = 0.05 + 3\sqrt{\frac{(0.05)(1-0.05)}{100}}$$

$$= 0.05 + 3(0.0218) = 0.1154$$

$$LCL_p = \bar{p} - 3\sqrt{\frac{\bar{p}(1-\bar{p})}{n}} = 0.05 - 3(0.0218)$$

$= 0.05 - 0.0654 = 0$ (dado que el porcentaje defectuoso no puede ser negativo)

autoevaluación capítulo S3

• *Antes de iniciar la autoevaluación* refiérase a los objetivos de aprendizaje listados al principio del suplemento y a los términos clave listados al final del mismo.

• Utilice la clave al final del texto para *corregir* sus respuestas.

• *Vuelva a estudiar* las páginas correspondientes a cualquier pregunta que haya contestado erróneamente o el material en el que se sienta inseguro.

1. Los puntos básicos relativos a la inspección incluyen:

a. qué tanto y qué tan a menudo inspeccionar
b. dónde inspeccionar
c. cuándo inspeccionar
d. todos los anteriores
e. ninguno de los anteriores

2. El tipo de inspección que clasifica las partidas como buenas o malas es:

a. inspección variables
b. inspección atributos
c. inspección fija
d. todas las anteriores
e. ninguna de las anteriores

3. El tipo de gráfica utilizada para controlar la cantidad de defectos por unidad de salida es:

a. gráfica $\overline{x}$-barra
b. gráfica-*R*
c. gráfica-*p*
d. todas las anteriores
e. ninguna de las anteriores

4. Las gráficas de control para atributos son:

a. gráficas-*p*
b. gráficas-*c*
c. gráficas-*R*
d. gráficas-$\overline{x}$
e. ninguna de las anteriores

5. Las gráficas-*c* se basan en:

a. la distribución de Poisson
b. la distribución normal
c. la distribución de Erlang
d. la hiper distribución Erlang
e. La distribución binomial
f. ninguna de las anteriores

6. Si se mide una muestra de partes, y la media de las muestras medidas se encuentra fuera de los límites de tolerancia:

a. el proceso está fuera de control y se puede establecer la causa
b. el proceso está bajo control, pero no es capaz de producir dentro de los límites de control establecidos
c. el proceso está dentro de los límites de control establecidos con causas de variación naturales únicamente
d. todas las anteriores son ciertas
e. ninguna de las anteriores es cierta

7. Si se mide una muestra de partes y la media de las muestras inspeccionadas se encuentra en la mitad de los límites de tolerancia, pero algunas partes están muy abajo del límite inferior, y otras muy arriba del límite superior:

a. el proceso está fuera de control y se puede establecer la causa
b. el proceso está bajo control, pero no es capaz de producir dentro de los límites de control establecidos
c. el proceso está dentro de los límites de control establecidos con causas de variación naturales únicamente
d. todas las anteriores son ciertas
e. ninguna de las anteriores son ciertas

8. El muestreo de aceptación:

a. puede involucrar inspectores que tomen muestras aleatoriamente (o lotes) de productos terminados para medirlos contra estándares predeterminados
b. puede involucrar inspectores que toman muestras aleatoriamente (o lotes) de materias primas de entrada para medirlos contra estándares predeterminados
c. es más económico que la inspección al 100%
d. puede ser tanto por variables como por atributos, aunque la inspección por atributos es más común en el entorno de los negocios
e. todas las anteriores son ciertas

9. El riesgo del ________________ es la probabilidad de que un lote sea rechazado a pesar de que su nivel de calidad exceda o cumpla el ________________.

10. Si se desea un nivel de confianza de 95.5%, los límites de la gráfica-$\overline{x}$ se deben establecer a más o menos ______ ____.

11. Las dos técnicas comentadas para encontrar y resolver las variaciones asignables en el proceso de control son: ________________ y ________________.

12. La inspección ________________ se utiliza para determinar las partes buenas de las defectuosas, mientras que la inspección ________________ en realidad mide los valores de las dimensiones de las partes inspeccionadas.

PREGUNTAS PARA DISCUSIÓN

1. ¿Por qué el teorema del límite central es tan importante en el control estadístico de la calidad?
2. ¿Por qué las gráficas $\overline{x}$ y R generalmente se utilizan de manera conjunta?
3. Explique las diferencias entre los cuatro tipos de gráficas de control.
4. ¿Qué puede causar que un proceso se encuentre fuera de control?
5. Explique por qué un proceso se puede encontrar fuera de control aunque todas las muestras caigan dentro de los límites superior e inferior.
6. ¿Qué significan los términos *riesgo del productor* y *riesgo del consumidor*?
7. Defina los errores tipo I y tipo II.

PROBLEMAS

• **S3.1** El promedio global de un proceso que usted intenta monitorear es de 75 unidades. El rango promedio es de 6 unidades. ¿Cuáles son los límites de control superior e inferior, si usted elige un tamaño de muestra de 10?

• **S3.2** El promedio global de un proceso que usted intenta monitorear es de 50 unidades. El rango promedio es de 4 unidades. ¿Cuáles son los límites de control superior e inferior, si usted elige un tamaño de muestra de 5?

• **S3.3** Su supervisor, Martín Gonzáles, le ha pedido que verifique y reporte la salida de una máquina en la fábrica. Se supone que ésta máquina se encuentra produciendo piezas que tienen un peso medio de 50 gramos, y un rango de 3.5 gramos. La tabla a continuación contiene los datos tomados durante las últimas 3 horas:

Número de la muestra	*Promedio de la muestra*	*Rango de la muestra*
1	55	3
2	47	1
3	49	5
4	50	3
5	52	2
6	57	6
7	55	3
8	48	2
9	51	2
10	56	3

Prepare su reporte.

• **S3.4** Food Storage Technologies produce unidades de refrigeración para productores de alimentos y negocios de alimentos al menudeo. El promedio global de la temperatura que guardan estas unidades es de 46° Fahrenheit. El rango promedio es de 2° Fahrenheit. Se toman muestras de 6 para monitorear el proceso. Determine los límites superior e inferior de la gráfica de control, para los promedios y rangos en estas unidades de refrigeración.

• **S3.5** Cuando se coloca en la posición estándar, Autopitch puede lanzar bolas difíciles hacia el bateador a una velocidad promedio de 60 mph. Los dispositivos Autopitch están hechos para ayudar a mejorar el promedio de bateo, tanto en equipos de ligas mayores como en equipos de ligas menores. Los ejecutivos de Autopitch toman muestras de 10 dispositivos Autopitch a la vez, para monitorear estos equipos y mantener la más alta calidad. El rango promedio es de 3 mph. Utilizando las técnicas de gráficas de control, determine los límites de la gráfica para promedios y rangos de Autopitch.

• **S3.6** Major Products, Inc., produce cereal de granola, barras de granola y otros productos de alimentos naturales. Su cereal de granola natural se muestrea para asegurar el peso apropiado. Cada muestra contiene 8 cajas de cereal. El promedio global de las muestras es de 17 onzas. El rango es de solamente 0.5 onzas. Determine los límites superior e inferior de la gráfica de control para los promedios en las cajas de cereal.

•• **S3.7** Las cajas pequeñas de cereal NutraFlakes están etiquetadas "peso neto 10 onzas". Cada hora, se pesan muestras aleatorias de tamaño $n = 4$ para monitorear el control del proceso. Cinco horas de observaciones condujeron a lo siguiente:

	Pesos			
Hora	*Caja 1*	*Caja 2*	*Caja 3*	*Caja 4*
9 A.M.	9.8	10.4	9.9	10.3
10 A.M.	10.1	10.2	9.9	9.8
11 A.M.	9.9	10.5	10.3	10.1
Mediodía	9.7	9.8	10.3	10.2
1 P.M.	9.7	10.1	9.9	9.9

Utilizando estos datos, construir límites para las gráficas $\bar{x}$ y -*R*. ¿Se encuentra el proceso bajo control? ¿Qué otros pasos debe seguir el departamento de control de calidad en este punto?

•• **S3.8** Las muestras de cuatro piezas de alambre cortado con precisión (para ser utilizado en el ensamble de computadoras) tomadas cada hora, durante las últimas 24 horas, han producido los siguientes resultados (refiérase a la tabla):

Hora	$\bar{x}$	*R*	*Hora*	$\bar{x}$	*R*
1	3.25"	0.71"	13	3.11"	0.85"
2	3.10	1.18	14	2.83	1.31
3	3.22	1.43	15	3.12	1.06
4	3.39	1.26	16	2.84	0.50
5	3.07	1.17	17	2.86	1.43
6	2.86	0.32	18	2.74	1.29
7	3.05	0.53	19	3.41	1.61
8	2.65	1.13	20	2.89	1.09
9	3.02	0.71	21	2.65	1.08
10	2.85	1.33	22	3.28	0.46
11	2.83	1.17	23	2.94	1.58
12	2.97	0.40	24	2.64	0.97

Desarrolle las gráficas de control necesarias y determine si existe alguna causa de preocupación dentro del proceso de corte.

• **S3.9** En el pasado, la tasa de defectuosos para su producto ha sido del 1.5%. ¿Cuáles son los límites superior e inferior de la gráfica de control si usted desea utilizar un tamaño de muestra de 500 y $z = 3$?

• **S3.10** En el pasado, la tasa de defectuosos para su producto ha sido del 3.5%. ¿Cuáles son los límites superior e inferior de la gráfica de control si usted desea utilizar un tamaño de muestra de 500 y $z = 3$?

•• **S3.11** Usted intenta desarrollar un sistema de monitoreo de la calidad para algunas partes compradas a Warton & Kotha Manufacturing Co. Estas partes, o son buenas o son defectuosas. Usted ha decidido tomar una muestra de 100 unidades. Desarrolle una tabla de los límites superior e inferior de la gráfica de control, apropiados para varios valores de la fracción defectuosa de la muestra tomada. Los valores de *p*, en ésta tabla, deben tener un rango entre 0.02 a 0.1 en incrementos de 0.02. Desarrolle los límites superior e inferior de control para tener un nivel de confianza del 99.7%.

•• **S3.12** A causa de la baja calidad de varios productos semiconductores utilizados en su proceso de manufactura, Microlaboratories ha decidido desarrollar un programa de control de calidad. Debido a que las partes semiconductoras que obtienen de los proveedores o son buenas o defectuosas, George Haverty ha decidido desarrollar gráficas de control para los atributos. El número total de semiconductores en cada muestra es de 200. Más aún, George quisiera determinar los límites superiores e inferiores de la gráfica de control para varios valores de la fracción defectuosa (*p*) en la muestra tomada. Para permitir mayor flexibilidad, ha decidido desarrollar una tabla que lista los valores para *p*, UCL y LCL. Los valores para *p* deben tener un rango desde 0.01 a 0.1, con incrementos de 0.01 cada vez. ¿Cuáles son los UCLs y LCLs para tener una confianza del 99.7%?

••• **S3.13** Durante los últimos dos meses, Mary Hart ha estado preocupada sobre la máquina número 5 en la West Factory. Para asegurarse de que la máquina se encuentra operando en forma apropiada, se toman muestras, y se calcula el promedio y el rango de cada muestra. Cada muestra consiste de 12 partidas producidas de esa máquina. Recientemente se tomaron 12 muestras, y para cada una, se calcularon el promedio y el rango. El rango y el promedio de la muestra fueron de 1.1 y 46 para la primera muestra, 1.31 y 45 para la segunda muestra, 0.91 y 46 para la tercera muestra, y 1.1 y 47 para la cuarta muestra. Después de la cuarta muestra, los promedios de las muestras aumentaron. Para la quinta muestra, el rango fue de 1.21 y el promedio fue de 48; para la muestra número 6 fueron 0.82 y 47; para la muestra número 7 fueron de 0.86 y 50, y para la octava muestra de 1.11 y 49. Después de la octava muestra, el promedio de la muestra continuó incrementándose, pero ninguno fue inferior a 50. Para la muestra número 9, el rango y el promedio fueron de 1.12 y 51; para la muestra número 10, fueron de 0.99 y 52; para la muestra número 11, fueron de 0.86 y 50, y para la muestra número 12, fueron de 1.2 y 52.

No hace mucho el jefe de Mary no estuvo muy interesado sobre el proceso. Durante la instalación, el proveedor estableció para el proceso un promedio de 47 con un rango promedio de 1.0. La sensación de Mary estuvo algo incorrecta con la máquina número 5. ¿Está de acuerdo?

•• **S3.14** Pet Products, Inc., abastece el creciente mercado de productos para gato, con una completa línea de productos que van desde camas y juguetes, hasta polvo para pulgas. Uno de sus productos más nuevos, un tubo de fluido que previene la pelusa en los gatos de pelo largo, es producido de forma automatizada, por una máquina para llenar cada tubo con 63.5 gramos de pasta.

Para mantener este proceso bajo control, se extraen cuatro tubos aleatoriamente de la línea de ensamble, cada cuatro horas. Después de varios días, se tienen los datos mostrados a continuación. Establezca los límites de control para este proceso y trace, en la gráfica, los datos de las muestras tanto para la gráfica-$\bar{x}$ como para la gráfica-R.

	Número de muestra												
	1	*2*	*3*	*4*	*5*	*6*	*7*	*8*	*9*	*10*	*11*	*12*	*13*
$\bar{x}$	63.5	63.6	63.7	63.9	63.4	63.0	63.2	63.3	63.7	63.5	63.3	63.2	63.6
R	2.0	1.0	1.7	0.9	1.2	1.6	1.8	1.3	1.6	1.3	1.8	1.0	1.8

	Número de muestra											
	14	*15*	*16*	*17*	*18*	*19*	*20*	*21*	*22*	*23*	*24*	*25*
$\bar{x}$	63.3	63.4	63.4	63.5	63.6	63.8	63.5	63.9	63.2	63.3	64.0	63.4
R	1.5	1.7	1.4	1.1	1.8	1.3	1.6	1.0	1.8	1.7	2.0	1.5

• **S3.15** El menor defecto en un chip de computadora causará que todo el chip no tenga valor. Por lo tanto, se deben establecer las medidas más estrictas de control de calidad para monitorear estos chips. En el pasado, el porcentaje defectuoso para estos chips para una compañía establecida en California era de 1.1%. Con un tamaño de muestra de 1000, determine los límites superior e inferior de control de la gráfica para estos chips de computadora. Utilice $z = 3$.

•• **S3.16** Chicago Supply Company manufactura clips para papel y otros productos de oficina. Aunque son baratos, los clips para papel le han dado a la empresa un alto margen de utilidad. El porcentaje de clips para papel defectuosos producidos por Chicago Supply Company ha tenido un promedio de 2.5%. Se toman muestras de 200 clips para papel. Establezca los límites superior e inferior de la gráfica de control para este proceso con una confianza del 99.7%.

•• **S3.17** Para inspeccionar sus defectos, se han sacado, de la línea de ensamble de Drill Master, 100 taladros diariamente. En los últimos 21 días, se ha reunido la siguiente información. Desarrolle una gráfica-p con una desviación estándar de 3 (del 99.7% de confianza) y grafique las muestras. ¿Se encuentra el proceso bajo control?

Día	*Cantidad de taladros defectuosos*	*Día*	*Cantidad de taladros defectuosos*
1	6	12	5
2	5	13	4
3	6	14	3
4	4	15	4
5	3	16	5
6	4	17	6
7	5	18	5
8	3	19	4
9	6	20	3
10	3	21	7
11	7		

•• **S3.18** Se examinó una muestra aleatoria de 100 mesas de comedor Modern Art que salieron de la línea de ensamble de la empresa. Una inspección cuidadosa revela un total de 2000 desperfectos. ¿Cuáles son los límites superior e inferior de control del 99.7% para la cantidad de desperfectos? Si una mesa tuvo 42 desperfectos, ¿se debe tomar alguna acción especial?

CASO DE ESTUDIO

SPC en el *Gazette*

Es de crítica importancia la correcta tipografía para un periódico. Para asegurar la correcta calidad de la tipografía, se estableció un equipo de mejoramiento de calidad en el departamento de impresión en el *Gazette* en Geronimo, Texas. El equipo desarrolló un procedimiento para monitorear el desempeño de los tipógrafos sobre un periodo de tiempo. Tal procedimiento involucra el muestreo de la salida, el establecimiento de límites de control, la comparación de la exactitud del *Gazzete* con la industria y ocasionalmente la actualización de la información.

El equipo seleccionó aleatoriamente 30 de los periódicos de *Gazette* publicados durante los 12 meses precedentes. De cada periódico, se eligieron 100 párrafos en forma aleatoria y se leyeron para inspeccionar su exactitud. Se registró la cantidad de párrafos con errores en cada periódico y se determinó la cantidad de párrafos con error en cada muestra. La siguiente tabla muestra los resultados del muestreo.

Muestra	*Párrafos con errores en la muestra*	*Fracción de párrafos con errores (por cada 100)*	*Muestra*	*Párrafos con errores en la muestra*	*Fracción de párrafos con errores (por cada 100)*
1	2	0.02	16	2	0.02
2	4	0.04	17	3	0.03
3	10	0.10	18	7	0.07
4	4	0.04	19	3	0.03
5	1	0.01	20	2	0.02
6	1	0.01	21	3	0.03
7	13	0.13	22	7	0.07
8	9	0.09	23	4	0.04
9	11	0.11	24	3	0.03
10	0	0.00	25	2	0.02
11	3	0.03	26	2	0.02
12	4	0.04	27	0	0.00
13	2	0.02	28	1	0.01
14	2	0.02	29	3	0.03
15	8	0.08	30	4	0.04

Preguntas para discusión

1. Grafique la fracción total de errores (p) y los límites superior e inferior en una gráfica de control utilizando un nivel de confianza del 95.45%.
2. Asúmase que los límites superior e inferior de control de la industria son de 0.1000 y 0.0400, respectivamente. Regístrelos en la gráfica de control.
3. Registre la fracción de errores en cada muestra. ¿Caen todos dentro de los límites de control de la empresa? Cuando alguno cae fuera de los límites de control, ¿qué se debe hacer?

Fuente: Adaptado de un caso escrito por el Profesor Jerry Kinard (Francis Marion College) y Joe Iverstine.

BIBLIOGRAFÍA

Crosby, P. B. *Quality is Free*. Nueva York: McGraw-Hill, 1979.

Deming, W. E. *Out of the Crisis*. Cambridge MA: MIT Center for Advanced Engineering Study, 1986.

Garvin, D. A. "Japanese Quality Management." *Columbia Journal of World Business* **19**, 3 (otoño de 1984) pp. 3-12.

Gitlow, H. S., y P. T. Hertz. "Product Defects and Productivity." *Harvard Business Review* **61**, 5 (septiembre-octubre de 1983) pp. 131-141.

Gitlow, H. S., y S. Gitlow. *The Deming Guide to Archieving Quality and Competitive Position*. Englewood Cliffs, NJ: Prentice-Hall, 1987.

Grant, E. L., y R. S. Leavenworth. *Statistical Quality Control*, 6ta. ed. Nueva York: McGraw-Hill, 1988.

Leonard, F. S., y E. W. Sasser. "The Incline of Quality." *Harvard Business Review* **60**,5 (septiembre-octubre de 1982) pp. 163-171.

Messina, W. S. *Statistical Quality for Manufacturing Managers*. Nueva York: John Wiley & Sons, 1987.

Reddy, J., y A. Berger. "Three Essentials of Product Quality." *Harvard Business Review* **61**, 4 (julio-agosto de 1983) pp. 153-159.

Diseño del producto y del servicio para operaciones de clase mundial

capítulo **4**

PERFIL DEL CAPÍTULO

OBJETIVOS DE APRENDIZAJE

Cuando termine este capítulo usted podrá:

Identificar o definir:
Ciclo de vida del producto
Equipo de desarrollo del producto
Ingeniería de valor
Análisis del valor
Tecnología de grupos
Administración de la configuración
Competencia basada en el tiempo
Tiempo medio entre fallas (MTBF)

Explicar:
Análisis del producto por valor
Documentación del producto
Conceptos de confiabilidad
Diseño de calidad robusta

La base de la existencia de cualquier organización es el producto o servicio que ofrece a la sociedad. Las compañías que cumplen las necesidades de los clientes con productos o servicios atractivos, útiles, y de alta calidad encuentran clientes. Aquellas que no lo hacen no sobreviven. Así es que una de las decisiones críticas para los administradores en las empresas de clase mundial es la selección, definición y diseño de los productos. Los productos y servicios son diversos: varían desde un tostador marca GE, a una apendicectomía, a un plato de nuggets de pollo del Coronel Sanders, o un servicio de cuenta 401K de banco. El objetivo de una **decisión del producto** es la de cumplir las demandas del mercado con una ventaja competitiva.

Decisión del producto

Toda la organización debe involucrarse en las decisiones acerca de los productos, en virtud de que aquéllas la afectan en su totalidad. Y el cambio de un producto puede ser un proceso largo y costoso. Consecuentemente, el éxito del producto y la ventaja competitiva van más con la utilización de un equipo de desarrollo del producto. En este capítulo se estudia la selección efectiva y eficiente del producto, el desarrollo, y la documentación. El movimiento de un producto desde la idea hasta el mercado, es crítico para su éxito.

SELECCIÓN DEL PRODUCTO

Opciones de producto

La administración tiene opciones en cuanto a la selección, definición y diseño de los productos. En la selección de productos se elige al producto o servicio que se quiere ofrecer a los clientes. Por ejemplo, los hospitales se especializan en varios tipos de pacientes y varios tipos de procedimientos médicos. Ellos seleccionan su producto cuando deciden en qué clase de hospital se van a convertir. La administración de un hospital puede decidir entre operar un hospital general, uno de maternidad, o incluso un hospital especializado en tratamiento de hernias (tal es el caso del Shouldice Hospital de Canadá). Existen otras numerosas opciones para hospitales, así como existen para restaurantes y compañías automotrices.

Las decisiones de los productos son fundamentales y tienen unas implicaciones importantes a través de la función de operaciones.

Generación de oportunidades de un nuevo producto

La selección, definición y diseño del producto toman lugar sobre una base continua, debido a la gran cantidad de oportunidades de productos nuevos que existen.[1] Los cinco factores que influencian las oportunidades del mercado son:

1. *Cambio económico*, que trae mayores niveles o afluencia a largo plazo, pero acarrea ciclos económicos y cambios de precio a corto plazo. Por ejemplo, a largo plazo, una mayor cantidad de gente puede tener medios para un automóvil, pero a corto plazo un cambio en los precios de los combustibles pueden alterar la demanda de los automóviles.
2. *Cambios sociológicos y demográficos*, que pueden aparecer en factores tales como la disminución del tamaño de la familia. Esto altera la preferencia en el tamaño de las casas, apartamentos y automóviles.
3. *Cambio tecnológico*, que hace posible todo desde computadoras para el hogar, teléfonos móviles, hasta corazones artificiales.
4. *Cambios políticos/legales*, que traen nuevos arreglos de comercio, tarifas y requerimientos de contratos del gobierno.
5. Otros cambios, que pueden ser resultado de la *práctica del mercado, estándares profesionales, proveedores* y *distribuidores*.

Los administradores de operaciones deben estar conscientes de estos factores y ser capaces de anticipar los cambios en las oportunidades del producto, los productos en sí, el volumen de productos, y la mezcla de los productos.

[1]Véase por ejemplo un interesante artículo de Tom Peters, "All Markets Are Now Inmature," *Industry Week* (julio 3 de 1989), pp. 14-16.

La selección del producto sucede en los servicios, así como en la manufactura. Aquí se muestra el Shouldice Hospital, reconocido por su especialización de clase mundial en el tratamiento de hernias—no existe sala de emergencia, no hay sala de maternidad, no hay cirugía de corazón abierto, únicamente hernias. Shouldice se convirtió en un hospital de clase mundial, al seleccionar y después enfocar un producto (servicio) en el cual pudiera ser excelente. Mientras que otros hospitales pueden requerir de una estancia de siete días, Shouldice da de alta a sus pacientes en sólo 72 horas. Y el costo es aproximadamente de una tercera parte del de los hospitales que prestan atención general. Se utilizan anestésicos locales; los pacientes entran y salen de la sala de operaciones por sí mismos; los cuartos son austeros, para restar el ánimo a los pacientes de permanecer en cama; y todos los alimentos se sirven en un comedor común. El resultado es menor al 1% de tasa de recurrencia de hernia comparado contra el promedio de 10%. Tal como lo ha demostrado Shouldice, la selección del producto impacta todo el sistema de producción.

Vida del producto

Los productos nacen, viven y mueren. Ellos son desechados por una sociedad cambiante. Puede ser de gran ayuda, pensar que la vida de un producto se divide en cuatro fases: introducción, crecimiento, madurez y declinación.

Las fases generales del ciclo de vida del producto se mencionan en la figura 4.1. Esa figura también revela las posiciones relativas de cinco productos: televisores estéreo, teléfonos "inteligentes", computadoras para el hogar, televisores a color, y blanco y negro.

Los ciclos de vida del producto pueden ser de unas cuantas horas (un periódico), meses (modas estacionales), años (videograbadoras Betamax), o décadas (Volkswagen Sedán). Por encima de la duración del ciclo, la tarea del administrador de operaciones es

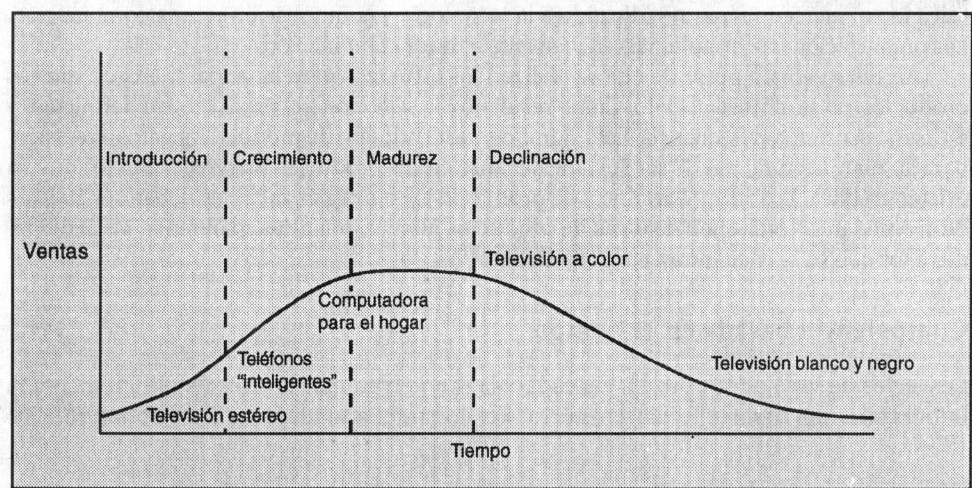

FIGURA 4.1 Ciclo de vida del producto.

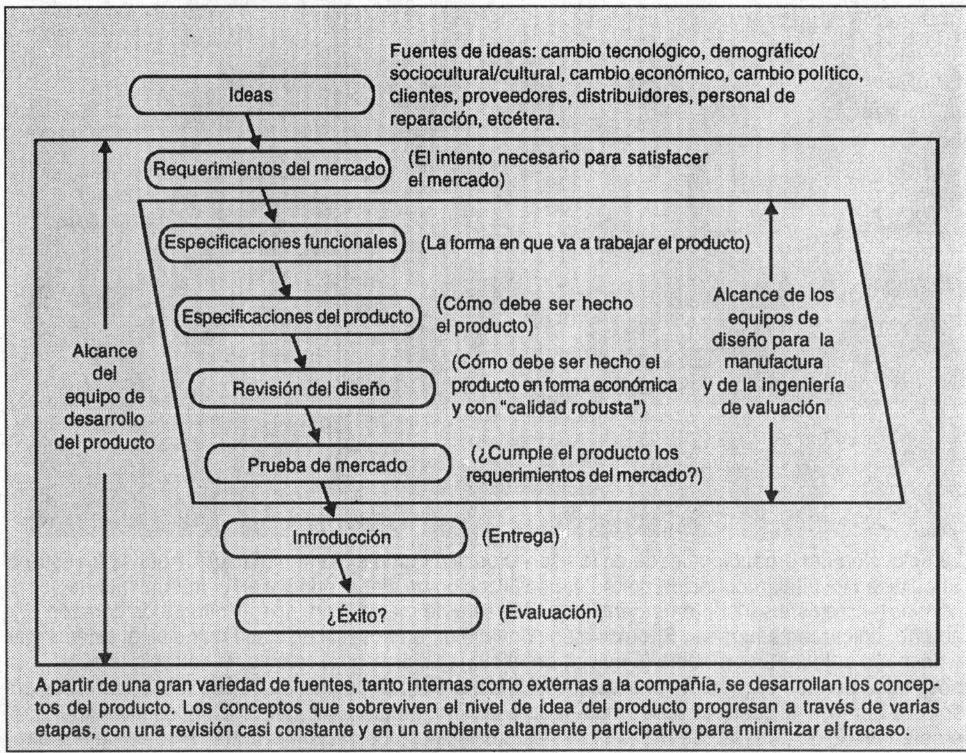

FIGURA 4.2 Etapas en el desarrollo del producto.

la misma: diseñar un sistema que ayude a lanzar al mercado de manera satisfactoria los nuevos productos. Si la función de operaciones no se puede llevar a cabo de forma efectiva en este nivel, la empresa puede estar atada con productos perdedores que no se pueden producir de manera eficiente, y tal vez de ninguna manera.

Una organización no puede sobrevivir sin el continuo lanzamiento de productos nuevos. Los productos más viejos están madurando; otros, que se encuentran en los periodos de declinación deben ser remplazados. Esto requiere de una constante renovación en la línea de productos y de la participación activa del administrador de operaciones. Las empresas exitosas han aprendido a cambiar las oportunidades en productos con éxito.

La figura 4.2 muestra que las ideas de productos que pasan a través de siete niveles, empiezan cuando éstas se generan y terminan con la introducción de un producto nuevo. Qué tan bien se administre este proceso determinará, no sólo el éxito del producto, sino también el futuro de la compañía. El énfasis en el desarrollo del producto puede ser externo (dirigido al mercado), interno (dirigido a la tecnología y la innovación) o una combinación. Las organizaciones sobresalientes encuentran la mejor combinación.

Algunas veces, a pesar de que se realizan los esfuerzos para lanzar al mercado nuevos productos, no se alcanza el éxito. Como resultado, la selección del producto, su definición, y el diseño ocurren con frecuencia. Esto significa que el número de productos sujetos a revisión, para su manufactura, puede ser sustancial; tanto en los productos nuevos, como los que ya existen en línea. Los administradores de producción y sus organizaciones deben ser capaces de acomodar este volumen de ideas de productos nuevos, mientras mantienen las actividades a los que ya se encuentran encomendados.[2]

Competencia basada en el tiempo

Los ciclos de vida de los productos cada vez se vuelven más cortos. Esto incrementa la importancia del desarrollo del producto. Por lo tanto, aquellos que desarrollan nuevos

[2] Véase una discusión de este tema en Rosabeth Moss Kanter, "Swimming in New Streams: Mastering Innovation Dilemmas," *California Management Review*, **31**,4 (verano de 1989), pp. 45-69.

productos en forma rápida, continuamente aventajan a quienes lo hacen de forma lenta[3], y obtienen así, una ventaja competitiva. A este concepto se le llama **competencia basada en el tiempo.**

Competencia basada en el tiempo

El trabajo reciente hecho por Kim Clark muestra que los fabricantes de automóviles japoneses diseñan y lanzan al mercado sus automóviles al doble de la tasa de los fabricantes estadounidenses.[4] Esto significa una serie de ventajas para quien lleva a cabo el desarrollo veloz de un producto. Aquellos que pueden introducir al mercado sus productos con más rapidez, pueden utilizar tecnología más reciente. En adición a esto, obtienen experiencia en numerosos temas inherentes al diseño, pruebas, manufactura e introducción de nuevos productos. Como resultado adquieren mayor experiencia a corto plazo. El lanzamiento rápido de los nuevos productos tiene un efecto acumulativo y positivo no sólo en el mercado sino también en el diseño innovativo, mejoramiento de la calidad, y la reducción del costo.

DESARROLLO DEL PRODUCTO

El mejor sistema de desarrollo de un producto parece ser el sistema de un equipo formal. Tales equipos se conocen de varias maneras: equipos de desarrollo del producto, equipos para el diseño de la manufactura y equipos de ingeniería de valor. Los equipos exitosos para el desarrollo del producto normalmente tienen:

1. soporte de la alta administración;
2. liderazgo calificado, con experiencia y autoridad para la toma de decisiones;
3. organización formal del grupo o equipo;
4. programas de entrenamiento para enseñar estas habilidades y técnicas de desarrollo del producto;
5. un equipo diverso, cooperativo;
6. asesoría adecuada, fondos, y asistencia de ventas.

En la tabla 4.1 se muestra el aporte de la *administración* en el desarrollo del producto.

TABLA 4.1 Desempeño del desarrollo del producto por industrias automotrices regionales.

	PRODUCTORES JAPONESES	PRINCIPALES PRODUCTORES EUROPEOS	PRODUCTORES AMERICANOS
Horas promedio de ingeniería por automóvil nuevo (millones)	1.7	2.9	3.1
Tiempo promedio de desarrollo por automóvil nuevo (en meses)	46.2	57.3	60.4
Número de empleados en el equipo del proyecto	485.0	904.0	903.0
Número de tipos de carrocerías por automóvil nuevo	2.3	2.7	1.7
Tasa promedio de partes compartidas	18%	28%	38%
Tasa de productos retrasados	1 en 6	1 en 3	1 en 2
Tiempo desde el principio de la producción hasta la primera venta (meses)	1.0	2.0	4.0
Regreso a la productividad normal después de un nuevo modelo (meses)	4.0	12.0	5.0
Regreso a la calidad normal después de un nuevo modelo(meses)	1.4	12.0	11.0

Fuente: Adaptada de James P. Womack, Daniel T. Jones y Daniel Roos, *The Machine That Changed the World*, Maxwell Macmillan International, Nueva York, 1990, p. 118. Los datos son representativos del desempeño en la mitad de la década de los ochenta. Con optimismo, la industria automotriz mundial cada vez es más competitiva.

[3]Véase la discusión relacionada con el tema, en George Stalk, Jr., "Time —The Next Source of Competitive Advantage," *Harvard Business Review* (julio-agosto de 1988), pp. 41-51; Joseph Blackburn, *Time-Based Competition: The Next Battleground in American Manufacturing* (Homewood, IL: Irwin/Business One, 1990); "Manufacturing: About Time," *Economist* (abril 11 de 1990), p. 72.
[4]Kim Clark, según se reportó en James P. Womack, Daniel T. Jones y Daniel Roos, *The Machine That Changed the World* (Nueva York: Rawson Associates, 1990), p. 111.

Equipos de desarrollo del producto

Diseño para la manufactura y equipos de ingeniería de valor

Equipos de desarrollo del producto. Su responsabilidad abarca desde la identificación de los requerimientos de mercado para el producto, hasta lograr su comercialización exitosa. Esto incluye el potencial de venta, manufactura y capacidad de servicio. Por otro lado el **diseño para la manufactura y equipos de ingeniería de valor,** tienen un cargo más estrecho. Están encargados de la mejora de los diseños y especificaciones en los niveles de investigación, desarrollo, diseño y niveles de producción del producto desarrollado.

Beneficios. Además de la obvia e inmediata mejora en reducción de costos, el diseño para la manufactura e ingeniería de valor puede producir otros beneficios. Éstos incluyen:

1. la reducción de la complejidad del producto;
2. la estandarización adicional de los componentes;
3. la mejora de los aspectos funcionales de los productos;
4. la mejora del diseño del trabajo;
5. la mejora de la seguridad del trabajo;
6. la mejora del mantenimiento (servicio) del producto;
7. el diseño con calidad robusta.

Diseño con calidad robusta

El **diseño con calidad robusta** significa que el producto está diseñado de tal forma que las pequeñas variaciones en la producción o el ensamble no afecten de manera adversa al producto. Por ejemplo, AT&T desarrolló un circuito integrado que podía utilizarse en muchos productos para amplificar la señal de voz. De acuerdo al diseño original, el circuito debía ser manufacturado de manera muy precisa para evitar las variaciones en la fuerza de la señal. La manufactura del circuito hubiera resultado muy costosa debido a los rigurosos controles de calidad durante el proceso de manufactura. Pero los ingenieros de AT&T, después de probar y analizar el diseño, se dieron cuenta de que si la resistencia del circuito se redujera —un cambio menor sin costos asociados— el circuito sería mucho menos sensible a las variaciones de la manufactura. El resultado fue un 40% de incremento de la calidad.[5]

El éxito del sistema del equipo en la corporación NCR se muestra en su nueva caja registradora electrónica 2760. En el ensamble de la caja registradora no se utilizan tornillos ni tuercas. La terminal completa consiste de únicamente 15 componentes producidos por proveedores. El número de partes se ha reducido en un 85%, el número de proveedores en 65% y el tiempo de ensamble en 25%.

Los equipos de desarrollo del producto, equipos de diseño para la manufactura y equipos de ingeniería de valor pueden ser la mejor técnica disponible de reducción de costos para los administradores de operaciones. Ellos conducen hacia la mejora del valor, al definir la(s) función(es) esencial(es) de la parte y por lograr dicha función sin reducir la calidad. Cuando los programas de ingeniería de valor se manejan en forma efectiva, normalmente disminuyen el costo entre 15% y 70% sin reducir la calidad. Algunos estudios han indicado que por cada dólar gastado en ingeniería de valor, ¡se pueden lograr ahorros de 10 a 25 dólares! La reducción del costo lograda para una ménsula específica por medio de la ingeniería de valor se muestra en la figura 4.3.

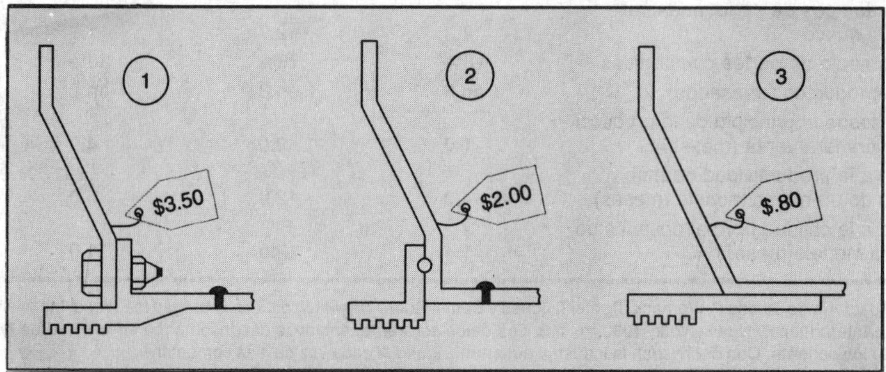

FIGURA 4.3 La reducción del costo de una ménsula por medio de la ingeniería de valor y el análisis del valor. (Adaptado de: Robert Goodell Brown, *Management Decisions for Production Operations*, Hinsdale, IL: The Dryden Press, Inc., 1971, p. 353.)

[5]John Mayo, "Process Design as Important as Product Design," *Wall Street Journal* (octubre 29 de 1984), p 32.

La ingeniería de valor se realiza cuando se selecciona y diseña el producto. Sin embargo la técnica resultante, el **análisis de valor,** se realiza durante el proceso de producción cuando es claro que el nuevo producto es un éxito. El mejoramiento puede conducir, ya sea a un mejor producto, o bien a una manufactura más económica.

Análisis de valor

PRODUCTO POR VALOR

El administrador de operaciones efectivo dirige los esfuerzos hacia la reducción de costos y la mejora de las contribuciones de aquellas partes que muestran grandes promesas. Este es el principio de Pareto aplicado a la mezcla de productos. Los recursos se invierten en los pocos críticos y no en los muchos triviales. El **análisis del producto por valor** enumera los productos en orden descendente de su contribución individual en dólares a la empresa.[6] El análisis del producto por valor también enlista la contribución *total anual*, en dólares, del producto. Una baja contribución, sobre la base unitaria del producto, puede reflejarse de manera sustancial y diferente si representa una gran parte de ventas para la compañía.

Análisis del producto por valor

Un reporte de valor por producto permite a la administración evaluar las estrategias posibles para cada producto. Éstas pueden incluir un incremento del flujo de caja (por ejemplo, incrementando la contribución al aumentar el precio de venta o bajando el costo), incrementando la cobertura de mercado (por ejemplo, al mejorar la calidad y/o reducir el costo o el precio), o reducir costos (por ejemplo, mejorando el proceso de producción). El reporte puede informar también a la administración acerca de cuáles ofertas de productos deben ser eliminadas, y cuáles fracasan al tratar de justificar mayor inversión en investigación y desarrollo o bienes de capital. El reporte enfoca la atención de la administración en oportunidades para cada producto.

CONFIABILIDAD DEL PRODUCTO

La alta confiabilidad en el producto tiene un enorme impacto positivo en la satisfacción del cliente. Si uno de los componentes falla en su desempeño, por cualquier razón, todo el sistema puede fallar. Y los componentes fallan. Por lo tanto, los administradores de operaciones desean mejorar la confiabilidad de su propio sistema de producción y de los productos que hacen para los clientes. La **confiabilidad** se expresa como la probabilidad de que un componente (o varios componentes trabajando juntos) funcionará adecuadamente para un periodo de tiempo dado. Cuando se diseñan los productos, se utilizan dos sistemas para mejorar la confiabilidad y reducir la probabilidad de falla. Estos dos sistemas son:

Confiabilidad

1. mejorar los componentes individuales, y
2. incluir redundancia.

Primero se verá la mejora en los componentes individuales y luego la inclusión de redundancia.

Mejora de los componentes individuales

La figura 4.4 ilustra un sistema de $n = 50$ partes interactivas, cada una de las cuales tiene un 99.5% de confiabilidad, y la confiabilidad global es del 78%. Si el sistema o máquina tiene 100 partes interactivas, cada una con una confiabilidad individual del 99.5%. ¡La confiabilidad global será de sólo el 60% aproximadamente!

De la figura 4.4 se observa que al incrementarse el número de componentes en una *serie* (representado por las líneas curvas marcadas $n = 50$, $n = 100$, $n = 200$, y así sucesivamente), la confiabilidad del sistema completo decae muy rápidamente (como lo prueba la escala en el eje vertical).

[6]La contribución se define como la diferencia entre el costo directo y el precio de venta. Los costos directos son la mano de obra y el material que se utiliza en el producto.

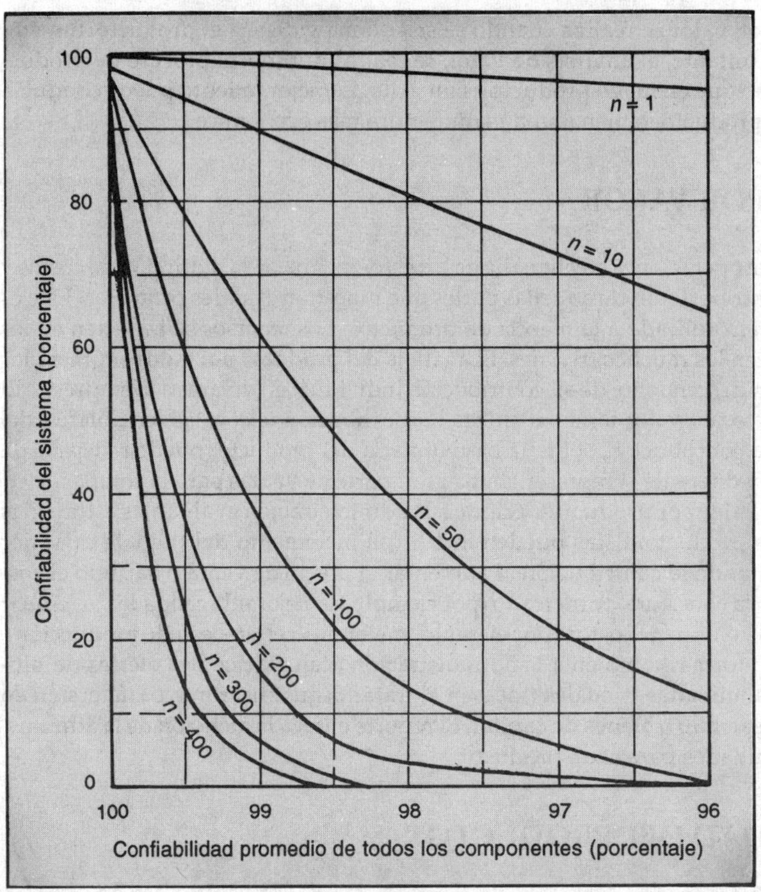

FIGURA 4.4 Confiabilidad global del sistema como una función del número de componentes y la confiabilidad de los componentes con componentes en una serie. (*Fuente:* R. Lusser, "The Notorious Unreliability of Complex Equipment," *Astronautics*, (febrero de 1958. Reimpreso bajo permiso del American Institute of Aeronautics and Astronautics, *Astronautics*, febrero de 1958.)

Para medir la confiabilidad del sistema en que cada parte individual o componente tiene su única tasa de confiabilidad, no es posible utilizar la curva de confiabilidad. Sin embargo, el método para calcular la confiabilidad de un sistema (R_s) es sencillo. Consiste en encontrar el producto de las confiabilidades individuales como sigue:

$$R_s = R_1 \times R_2 \times R_3 \times \ldots \times R_n \tag{4.1}$$

donde:

R_1 = Confiabilidad del componente 1
R_2 = Confiabilidad del componente 2

y así sucesivamente.

Esta ecuación asume que la confiabilidad de un componente individual no depende de la confiabilidad de otros componentes (esto es, que cada componente es independiente). Adicionalmente, en esta ecuación, como en todas las discusiones acerca de la confiabilidad, las confiabilidades se presentan como probabilidades. Una confiabilidad de 0.90 significa que la unidad se desempeñará como se programó el 90% de las veces. También significa que fallará 1 – 0.90 = 0.1 = 10% de las veces. Se puede utilizar este método para evaluar la confiabilidad de un producto, tal como el que se examina en el ejemplo 1.

Nels Electric de Greeley, Colorado, produce un switch relevador eléctrico que tiene tres componentes dispuestos en una serie:

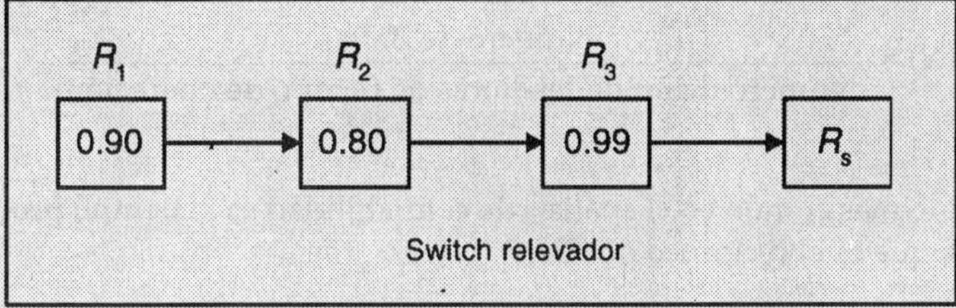

Si las confiabilidades individuales son de 0.90, 0.80, 0.99, entonces la confiabilidad del switch relevador completo es de:

$$R_s = R_1R_2R_3 = (0.90)(0.80)(0.99) = 0.713 \quad \text{o} \quad 71.3\%$$

La confiabilidad del componente es, a menudo, un tema de diseño o especificación del cual es responsable el personal de diseño de ingeniería. Sin embargo, el personal de compras puede ser capaz de mejorar los componentes de los sistemas si se mantiene al tanto de los productos del proveedor y de sus esfuerzos de investigación. El personal de compras también puede contribuir directamente a la evaluación del desempeño del proveedor.

Una **falla** es el cambio en un producto o sistema desde una condición satisfactoria de trabajo a una condición que se encuentra por debajo de un estándar aceptable. La unidad básica de medida para la confiabilidad es la tasa de falla del producto (FR). Las empresas

Falla

Se espera que los jets de hoy en día se diseñan de tal forma que la falla de un sistema no entorpezca otros automáticamente. Pero el choque en 1989 de este DC-10 de United Airlines en Sioux City, Iowa, parece indicar que los sistemas hidráulicos de los aviones McDonnell Douglas no están ofreciendo buena protección. El DC-10 tiene tres complejos separados de tuberías de media pulgada que corren a través del avión. Cada tubería está diseñada para bombear fluido continuamente para operar los dispositivos de control. Pero los investigadores federales creen que la tubería de la cola del avión fue dañada por algunas partes del motor que volaron. Entonces todo el líquido hidráulico se esparció hacia afuera causando la pérdida del control y, en última instancia, el accidente.

que producen equipo de alta tecnología, a menudo, ofrecen datos de la tasa de falla de sus productos. La tasa de falla mide el porcentaje de fallas entre el número total de productos probados, FR(%), o de un número de fallas durante un periodo de tiempo, FR(*N*):

$$FR(\%) = \frac{\text{Número de fallas}}{\text{Número de unidades probables}} \times 100\% \tag{4.2}$$

$$FR(N) = \frac{\text{Número de fallas}}{\text{Número de unidades-horas de tiempo de operación}} \tag{4.3}$$

Tiempo promedio entre fallas (MTBF)

Quizá el término más común en el análisis de confiabilidad es el **tiempo promedio entre fallas (MTBF)**, que es el recíproco de FR(*N*):

$$MTBF = \frac{1}{FR(N)}$$

En el ejemplo 2, se calculan el porcentaje de fallas FR(%), el número de fallas FR(*N*) y el tiempo promedio entre fallas (MTBF).

ejemplo 2

Veinte sistemas de aire acondicionado, que serán utilizados por astronautas de la NASA en los transbordadores, fueron operados durante 1000 horas en las instalaciones de prueba de la NASA en Huntsville, Alabama. Dos de los sistemas fallaron durante la prueba —uno después de 200 horas y el otro después de 600 horas. Para calcular el porcentaje de fallas:

$$FR(\%) = \frac{\text{Número de fallas}}{\text{Número probado}} = \frac{2}{20} \times 100\%$$
$$= 10\%$$

A continuación se calcula el número de fallas por hora de operación:

$$FR(N) = \frac{\text{Número de fallas}}{\text{Tiempo de operación}}$$

donde:

$$\text{Tiempo total} = (1000 \text{ hr})\ (20 \text{ unidades})$$
$$= 20\,000 \text{ unidades-hrs}$$

$$\text{Tiempo de no operación} = 800 \text{ hrs por } 1 \text{ falla} + 400 \text{ hrs por } 2 \text{ fallas}$$
$$= 1200 \text{ unidades-hrs}$$

$$\text{Tiempo de operación} = \text{Tiempo total} - \text{Tiempo sin operación}$$

$$FR(N) = \frac{2}{200\,000 - 1200} = \frac{2}{18\,800}$$
$$= 0.000106 \text{ fallas/unidades-hr}$$

y dado que $MTBF = \frac{1}{FR(N)}$

$$MTBF = \frac{1}{0.000106} = 9434 \text{ hr}$$

Si el viaje típico del transbordador dura 60 días, la NASA puede estar interesada en la tasa de fallas por viaje:

$$\begin{aligned} \text{Tasa de fallas} &= (\text{Fallas/unidades-hr})\ (24\ \text{hrs/día})\ (60\ \text{días/viaje}) \\ &= (0.000106)\ (24)\ (60) \\ &= 0.152\ \text{fallas/viaje} \end{aligned}$$

Dado que la tasa de falla del ejemplo 2 es demasiado alta, la NASA tendrá que incrementar la confiabilidad de los componentes individuales, y por lo tanto del sistema, o bien instalar varias unidades de respaldo de aire acondicionado en el transbordador espacial. Las unidades de respaldo incluyen redundancia.

Incluir redundancia

La redundancia se obtiene si uno de los componentes falla y el sistema puede recurrir a otro. Para incrementar la confiabilidad de los sistemas, se añade la redundancia ("respaldar" los componentes). Por ejemplo, si la confiabilidad de un componente es de 0.80, se respalda con otro componente de confiabilidad 0.80. Entonces la confiabilidad resultante es: la probabilidad del primer componente trabajando, más la probabilidad del componente de respaldo trabajando multiplicada por la probabilidad de la necesidad del componente de respaldo (1 – 0.8 = 0.2). Por lo tanto:

$$\begin{pmatrix}\text{Probabilidad}\\ \text{del primer}\\ \text{componente}\\ \text{trabajando}\end{pmatrix} + \left[\begin{pmatrix}\text{Probabilidad}\\ \text{del segundo}\\ \text{componente}\\ \text{trabajando}\end{pmatrix} \times \begin{pmatrix}\text{Probabilidad}\\ \text{de la necesidad}\\ \text{del segundo}\\ \text{componente}\end{pmatrix}\right] =$$

$$(0.8) \quad + \quad [(0.8) \quad \times \quad (1-0.8)] \quad = 0.8 + 0.16 = 0.96$$

ejemplo 3

Nels Electric está preocupada porque su relevador eléctrico tiene una confiabilidad de únicamente 0.713 (véase el ejemplo 1). Por lo tanto, Nels decide incluir redundancia para los dos componentes menos confiables. Esto tiene como consecuencia el sistema mostrado a continuación:

$$\begin{array}{ccccc} R_1 & & R_2 & & R_3 \\ \boxed{0.90} & & \boxed{0.8} & & \\ \downarrow & & \downarrow & & \\ \boxed{0.90} & \rightarrow & \boxed{0.8} & \rightarrow & \boxed{0.99} \end{array}$$

$$\begin{aligned} &= [0.9 + 0.9(1-0.9)] \times [0.8 + 0.8(1-0.8)] \times 0.99 \\ &= [0.9 + (0.9)(0.1)] \times [0.8 + (0.8)(0.2)] \times 0.99 \\ &= 0.99 \times 0.96 \times 0.99 = 0.94 \end{aligned}$$

Así que al incluir redundancia para dos componentes, Nels ha incrementado la confiabilidad del switch de 0.713 a 0.94.

Para ilustrar la forma en que AB:POM puede ser utilizada para resolver el ejemplo 3, véase el programa 4.1.

PROGRAMA 4.1 Ejemplo del módulo de confiabilidad de AB:POM. Las entradas para la confiabilidad son: **1.** *número de sistemas* (componentes) en las series (1 al 10); **2.** *número de respaldos* o componentes paralelos (1 al 12); **3.** *confiabilidad del componente.* Capturar la confiabilidad de cada componente en el conjunto de la tabla. Los datos de las series se capturan a través de la tabla y los datos de respaldo o paralelos hacia abajo de la tabla. El programa dejará de tomar en cuenta los ceros en la tabla.

```
                         Reliability                          Data Screen

Number of systems in series (1-10) 3     Max # of parallel components (1-12) 2

Par11     Par 11     Par 11
Sys 1     Sys 2      Sys 3
.9000     .8000      .0000
.9000     .8000      .9900
                                                                      Esc
Output:                  Reliability

Par11                Par11           Par11
Sys 1                Sys 2           Sys 3
.9000                .8000
.9000                .8000           .9900
.9900                .9600           .9900
System reliability = .94090
```

Nótese que las entradas de 0 fueron eliminadas. Los productos para cada columna muestran la confiabilidad de los componentes paralelos (de respaldo) combinados.

DEFINIR Y DOCUMENTAR EL PRODUCTO

Una vez que se seleccionan los nuevos productos o servicios para la introducción, se deben definir. Primero, un producto o servicio se define en términos de sus funciones, es decir, lo que debe hacer. Entonces se diseña el producto; esto es, se determina cómo deben cumplirse sus funciones. La administración normalmente tiene una variedad de opciones de la forma en que un producto va a cumplir su propósito funcional. Por ejemplo, cuando se produce un reloj con alarma, los aspectos tales como el color, tamaño o localización de los botones pueden tener diferencias sustanciales en la facilidad para manufacturar, la calidad y la aceptación del mercado.

Las especificaciones rigurosas de un producto son necesarias para asegurar la producción eficiente. El equipo, distribución y los recursos humanos no pueden ser decididos aún, sino hasta que el producto se defina, diseñe y documente. En consecuencia cada organización necesita documentos para definir sus productos. Esto es cierto para cualquier cosa desde empanadas de carne, quesos, computadoras, hasta un procedimiento médico. En realidad, las especificaciones escritas o los grados estándares existen y proporcionan la definición de varios productos. Por ejemplo, McDonald´s Corp., tiene 60 especificaciones para papas que se convertirán en las papas francesas de McDonald´s.

En el caso de una aeronave, así como en la mayoría de los productos manufacturados, un componente se define generalmente por un dibujo, usualmente referido como un dibujo de ingeniería. Un **dibujo de ingeniería** muestra las dimensiones, tolerancias, materiales y acabados de un componente. El dibujo de ingeniería será una base en la lista de materiales. En la figura 4.5 se muestra un dibujo de ingeniería, y en la figura 4.6(a) una lista de materiales para una parte manufacturada. La **lista de materiales** enumera los componentes, su descripción y la cantidad requerida de cada uno para hacer una unidad de un producto. A esa lista se le identifica a menudo con las siglas BOM. El dibujo de ingeniería describe cómo hacer una parte en la lista de materiales.

Dibujo de ingeniería

Lista de materiales (BOM)

En la industria del servicio de alimentos las listas de materiales se manifiestan en estándares de control de porciones. En la figura 4.6(b) se muestra el estándar de control de porciones para una "hamburguesa jugosa". Aun cuando los productos puedan definirse por medio de una especificación escrita, un documento de control de porciones, o una lista de materiales, también se pueden definir de otras maneras. Por ejemplo, los productos tales como los químicos, pinturas o petróleos se definen mediante fórmulas o proporciones que describen su procedimiento de manufactura.

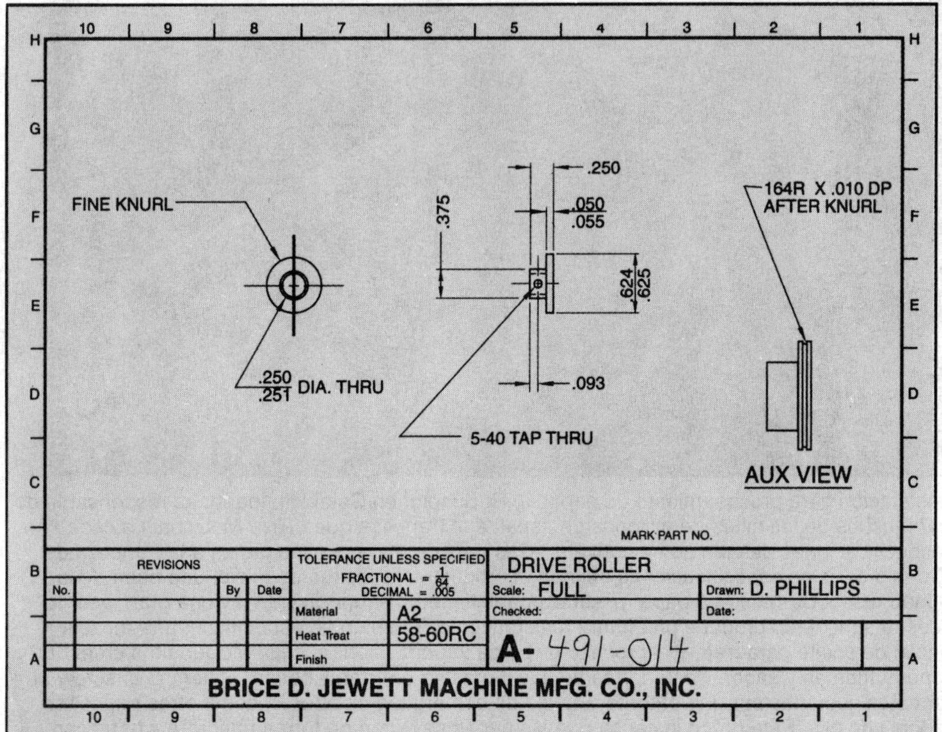

FIGURA 4.5 Dibujo de ingeniería.

(a) **Lista de materiales para la soldadura de un panel**

NÚMERO	DESCRIPCIÓN	CANTIDAD
A 60-71	SOLDADURA DE UN PANEL	1
	ENSAMBLE DEL RODILLO	
A 60-7	INFERIOR	1
R 60-17	RODILLO	1
R 60-428	PERNO	1
P 60-97	RONDANA DE BRONCE	1
O 1-97-1150	RONDANA	1
P 60-2	TUERCA DE CIERRE	1
A 60-73	GUÍA DEL ENSAMBLE DEL BASTIDOR	1
A 60-74	SOLDADURA DE SOPORTE	1
R 60-99	PLATO	1
02-50-1150	TORNILLO	1
02-50-0020	TUERCA DE CIERRE	1
11-65-3	BLOQUE TOPE	1
11-60-63	ANILLO LIMPIADOR	1

(b) **Estándar de control de porción para una hamburguesa**

PRODUCTO: Hamburguesa jugosa

DESCRIPCIÓN	CANTIDAD
Pan	1
Queso	1 rebanada
Carne	2
Rebanada de pepinillo	2
Cebollas deshidratadas	1/250 paquete
Salsa	1/137.5
Lechuga	1/26 cabeza

FIGURA 4.6 Las listas de materiales adquieren diversas formas, (a) en una planta manufacturera y (b) en un restaurante de comida rápida, pero en ambos casos se debe definir el producto.

La instalación para procesamiento de papas J. R. Simplot en Caldwell, Idaho, es responsable de hacer muchos de los miles de millones de papas a la francesa que utiliza McDonald´s cada año. 60 especificaciones definen cómo convertir esas tiras de papas en las papas a la francesa de McDonald´s. Estas especificaciones definen el producto al solicitar, de inicio, una papa de la variedad russet Burbank. La papa russet Burbank tiene un sabor distintivo y una gran tasa de sólidos al agua, esto produce una fritura más crujiente. También se especifican: una mezcla especial de aceite para freír, y el proceso único de vaporización; el cual, McDonald´s cree, que retiene nutrientes y sabor. Posteriormente, las papas se prefríen y secan; el tiempo exacto y el calor están cubiertos por una patente. En vez de sumergirse en azúcar, como otras papas, se les rocía con ella. Este proceso causa que las papas se doren en forma uniforme y parezcan más naturales. El producto se define, más aún, al requerir que el 40% de todas las papas tengan entre dos y tres pulgadas de longitud, y otro 40% tenga más de tres pulgadas de longitud. Unas cuantas más pequeñas constituyen el 20% restante.

Fabricar o comprar

Decisión de fabricar o comprar

Para muchos componentes de productos, las empresas tienen la opción de producir los componentes por sí mismas o adquirirlas de una fuente externa. La elección entre estas opciones se conoce como la decisión de fabricar o comprar. La **decisión de fabricar o comprar** distingue entre lo que la empresa puede producir y lo que puede adquirir. Muchas partes se pueden adquirir como "partes estándar", que son producidas por alguien más. Una parte estándar no requiere su lista de materiales propia o su dibujo de ingeniería porque su especificación, como una parte estándar, es suficiente. Como ejemplos están las tuercas y los tornillos estándar, enumerados en la lista de materiales que se muestra en la figura 4.6(a), para la cual existen especificaciones SAE (Society of Automotive Engineers, Sociedad de Ingenieros Automotrices). Por lo tanto, generalmente no hay necesidad de que la empresa duplique esta especificación en otro documento. Tomar la decisión de lo que se conoce como fabricar o comprar se discute en mayor detalle en el capítulo 10.

Tecnología de grupos

Tecnología de grupos

Los dibujos de ingeniería moderna también incluirán códigos para facilitar la tecnología de grupos. La **tecnología de grupos** requiere que se identifiquen los componentes por medio de un esquema de codificación, que especifica el tipo de proceso (tal como taladrado) y los parámetros del proceso (tal como el tamaño). En la figura 4.7(a) y (b) se muestra un ejemplo de cómo se pueden agrupar las familias de partes. Las máquinas entonces pueden procesar

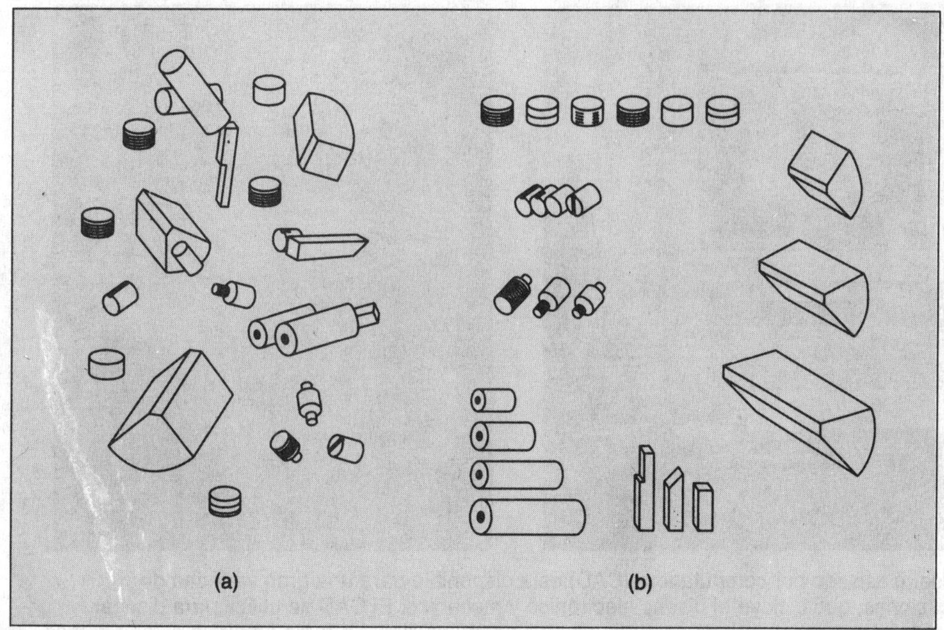

FIGURA 4.7 (a) Componentes de fábrica (no agrupados); (b) Componentes de fábrica (agrupados).

las familias de partes como un grupo, minimizando los preparativos, rutas y manejo de materiales. La aplicación satisfactoria de la tecnología de grupos conduce a:

1. diseño mejorado;
2. reducción de materia prima y compras;
3. simplificar la planeación y el control de la producción;
4. secuencia y carga de maquinaria mejorados;
5. mejoras en: tiempo de preparación de herramienta, trabajo en proceso y tiempo de producción.

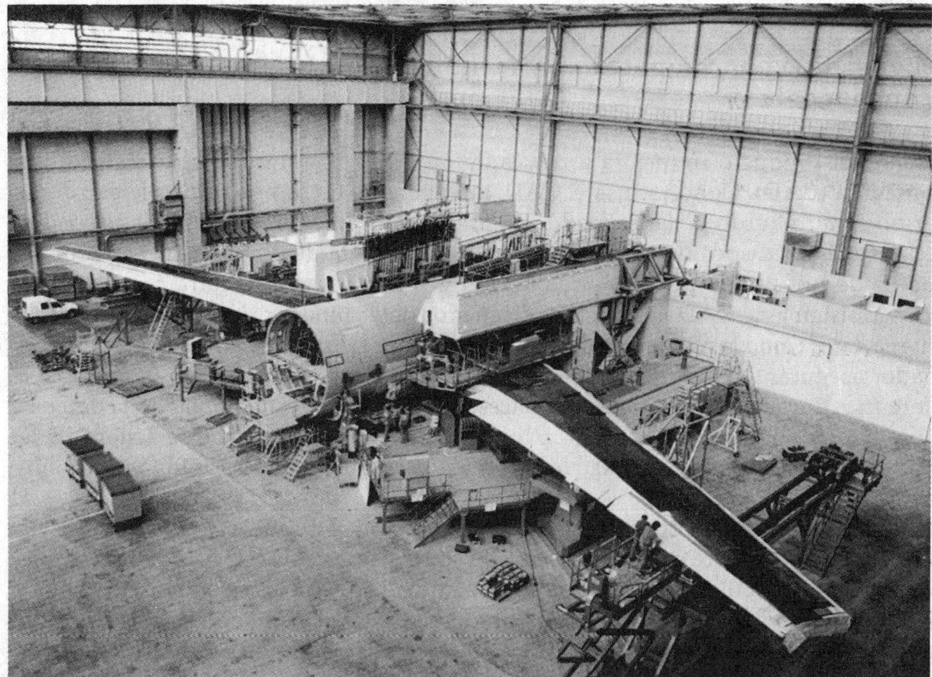

La tecnología de grupos también abre la puerta a la consideración exacta de la misma parte, para otra aplicación. Por ejemplo, en el ensamble del Airbus A340 mostrado a la izquierda, cerca de Toulouse, Francia, el ala es la misma que la utilizada en el Airbus A330. Las diferencias están limitadas a la instalación del motor. Esta coincidencia de componentes puede ahorrar una enorme cantidad de diseño y herramienta, reduciendo tanto los costos como el tiempo de desarrollo.

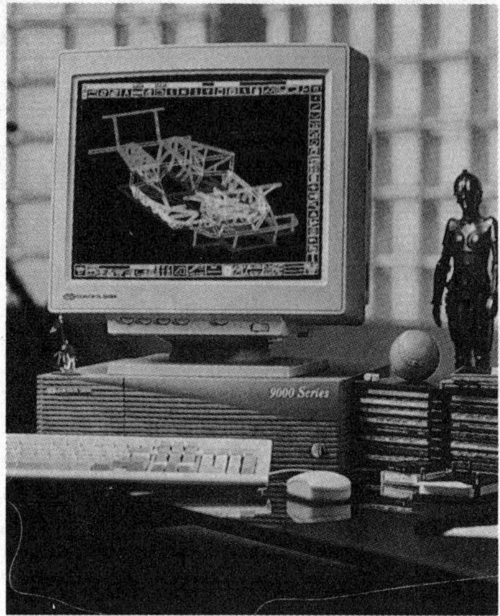

El diseño asistido por computadora (CAD) está disponible para una gran variedad de aplicaciones, que incluye el diseño electrónico y mecánico. El CAD se utiliza para diseñar circuitos integrados, tubos de pasta de dientes y automóviles. La regla empírica es que la más novedosa estación de trabajo CAD no sólo acelera el desarrollo, sino que puede aumentar la productividad de la ingeniería al 400%. Aquí, el CAD mecánico de Control Data despliega una vista en tres dimensiones del chasis del Lamborghini Diablo. El CAD de Control Data, mostrado a la izquierda, fue en realidad utilizado para desarrollar el Lamborghini Diablo que se muestra a la derecha.

Otra ventaja de la tecnología de grupo es que el personal encargado del diseño tiene una manera sistemática para revisar, por medio de los códigos tecnológicos de grupos y ver si en una familia de componentes existe alguno de ellos que sea insuficiente en el nuevo proyecto. La utilización de un componente existente tiene la ventaja de eliminar completamente todos los costos conectados con el diseño y el desarrollo de una nueva parte. Potencialmente esto es una importante reducción de costo.

Diseño asistido por computadora y manufactura asistida por computadora

Diseño asistido por computadora (CAD)

El diseño del producto se mejora a través de la utilización del **diseño asistido por computadora (CAD).** Donde se usa el CAD, un ingeniero en diseño principia por desarrollar un croquis burdo o, de un modo imaginario, únicamente una idea. El diseñador utiliza después un dispositivo gráfico, tal como una tableta de dibujo, para construir la geometría de un diseño. Cuando la definición geométrica se encuentra completa, un sofisticado sistema de CAD permitirá al diseñador determinar varios tipos de datos de ingeniería, tales como la resistencia o la transferencia de calor. CAD también permitirá al diseñador asegurar que las partes ajusten adecuadamente, de tal forma que no haya interferencias durante el ensamblaje. Entonces, si el diseñador está dibujando la defensa para un automóvil, los soportes y los panel relacionados se cambian de acuerdo a la defensa. El análisis de diseños existentes o nuevos se puede hacer rápida y económicamente.

Una vez que el diseñador se encuentra satisfecho con el diseño, este pasa a ser parte de una base de datos sobre un medio electrónico. El sistema CAD, a través de una biblioteca de símbolos y detalles, también ayuda a asegurar el apego a los estándares de dibujo.

Manufactura asistida por computadora (CAM)

El campo del diseño asistido por computadora se está relacionando con el campo de la **manufactura asistida por computadora (CAM).** La tecnología CAD actual se ha ramificado para ofrecer datos a los departamentos de herramientas, y para producir un programa de computadora para maquinaria controlada numéricamente. De esta manera se integran, el diseño asistido por computadora (CAD) y la manufactura asistida por computadora (CAM), su resultado es el CAD/CAM. De esta manera la programación inicial, generada en el nivel de diseño, puede usarse para crear un programa de computadora que será utilizado no solamente por los departamentos de dibujo, sino también por los departamentos de herramientas y de manufactura. Debido a que la información de CAD está disponible para el uso posterior por otros, el personal de diseño de herramientas y los programadores de máquinas de control numérico resultan beneficiados. Ellos, ahora, pueden proceder al diseño de herramientas y programas, con la seguridad de que disponen de los últimos dibujos y datos exactos de ingeniería.

Beneficios. Existen una serie de beneficios en los sistemas CAD/CAM:

1. *Calidad del producto.* CAD ofrece una oportunidad al diseñador de investigar más alternativas, problemas potenciales y peligros.
2. *Tiempo de diseño más corto.* Dado que el tiempo es dinero, mientras más corta sea la fase de diseño, el costo será más bajo.
3. *Reducciones del costo de producción.* Las rápidas implementaciones de cambios de ingeniería reducen los costos.
4. *Disponibilidad de bases de datos.* La consolidación de los datos del producto, de tal forma que todo mundo opere con la misma información, genera reducciones dramáticas en el costo.
5. *Nuevo rango de capacidades.* El CAD/CAM reduce sustancialmente el trabajo de detalle, permitiendo a los diseñadores concentrarse en los aspectos conceptuales e imaginativos de su trabajo. Éste es un gran beneficio del CAD/CAM.

DOCUMENTOS DE PRODUCCIÓN

Una vez que el producto se selecciona y diseña, su producción es asistida por una variedad de documentos. Brevemente se revisarán algunos de estos.

Dibujo de ensamble

Un **dibujo de ensamble** sencillamente muestra una vista desglosada del producto. Un dibujo de ensamble generalmente es un dibujo en tres dimensiones, conocido como dibujo isométrico; las localizaciones relativas de los componentes se dibujan en relación con los otros para mostrar como se ensambla la unidad (véase la figura 4.8(a)).

Diagrama de ensamble

El **diagrama de ensamble** muestra una forma esquemática del ensamblaje en un producto. En un diagrama de ensamble se pueden mostrar los componentes manufacturados, los componentes comprados, o una combinación de ambos. El diagrama de ensamble indica el punto de producción en que los componentes fluyen hacia subensambles y finalmente hacia el producto terminado. Un ejemplo de un diagrama de ensamble se muestra en la figura 4.8(b).

Hoja de ruta

La **hoja de ruta** enlista las operaciones (incluyendo el ensamble y la inspección) necesarias para producir el componente, con el material especificado en la lista de materiales. La hoja de ruta para una parte tendrá una entrada para cada operación que se deba realizar sobre esa parte. Cuando las hojas de ruta incluyen métodos específicos de operación y estándares de trabajo, se les conoce como *hojas de proceso.*

Orden de trabajo

La **orden de trabajo** es una instrucción para fabricar una cantidad establecida de una parte en particular, generalmente bajo un programa. El papel que escribe el mesero en un restaurante es una orden de trabajo. En un hospital o fábrica, la orden de trabajo es una orden más formal, que otorga la autorización para sacar varios farmacéuticos o partes de un inventario, para realizar varias funciones y para asignar el personal que lleve a cabo esas funciones.

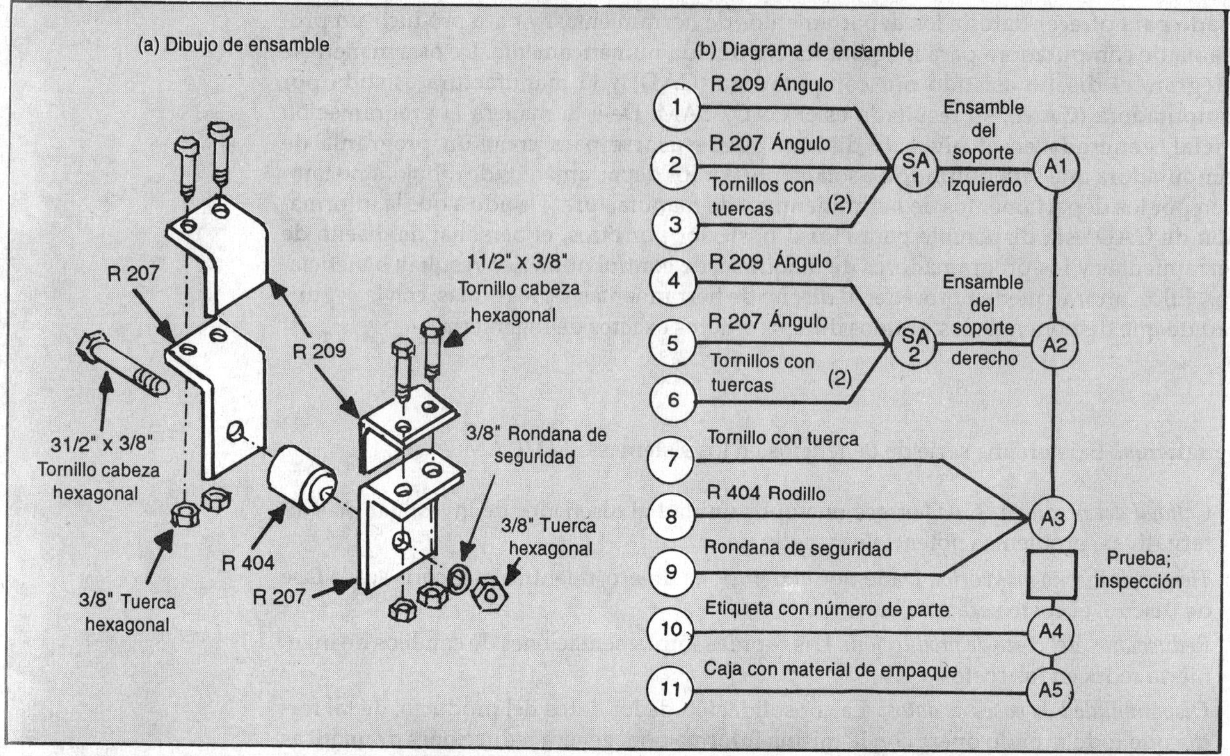

FIGURA 4.8 Dibujo de ensamble y diagrama de ensamble.

Administración de la configuración

Aviso de cambio de ingeniería (ECN)

Los **avisos de cambio de ingeniería (ECN)** cambian algún aspecto de la definición o documentación del producto, tal como un dibujo de ingeniería o una lista de materiales. Para un producto complejo que tiene un ciclo de manufactura largo, tal como el Boeing 747, los cambios pueden ser tan numerosos que no existen dos 747 construidos exactamente igual —lo cual es, en verdad, el caso. Tales cambios dinámicos de diseño han fomentado el desarrollo de una disciplina conocida como la administración de la configuración, que tiene que ver con la identificación del producto, el control, y la documentación. La **administración de la configuración** es el sistema por el cual se identifican con certeza, la configuración planeada y los cambios de un producto, también se mantienen los controles y la contabilidad de los cambios.

Administración de la configuración

ALGUNAS OBSERVACIONES SOBRE LOS SERVICIOS

La discusión hasta ahora se ha enfocado sobre lo que se pueden llamar productos tangibles, es decir, los bienes. En el otro lado de la moneda de los productos están, desde luego, los servicios. Las industrias de servicios incluyen a los intangibles tales como los bancos, las finanzas, los seguros, los transportes y la comunicación.[7] También incluyen aquellos procedimientos médicos que dejan únicamente la mínima cicatriz después de una apendicectomía, así como el shampoo y el corte en una peluquería.

[7]El *Statistical Abstract of the United States* considera los servicios como: el comercio al mayoreo y al detalle, las finanzas, los seguros, los bienes raíces y el gobierno. La mayoría de las definiciones también incluyen la educación, el cuidado de la salud, las industrias legales y del hospedaje.

La primera diferencia en un servicio, es que éste, es *generalmente intangible* (se compra un asiento vacío para viajar entre dos ciudades), justamente lo opuesto a un producto tangible.

Lo segundo es que los servicios, a menudo se *producen y consumen simultáneamente*; no hay inventario en almacén. Por ejemplo, el salón de belleza produce un corte de cabello que se consume en forma simultánea, o el doctor produce un servicio (una operación) que también, se consume de inmediato. Aún no se ha encontrado la forma de inventariar los cortes de cabello ni las apendicectomías.

La tercera parte que hace diferentes a los servicios es que mientras muchos productos se encuentran estandarizados o tienen componentes estándares, *muchos servicios son únicos*. La mezcla de cobertura financiera, que se manifiesta en inversiones y pólizas de seguros, puede no ser la misma para todos los clientes, justo como el procedimiento médico o el corte de cabello producido para una persona, nunca es exactamente igual a otro.

El cuarto aspecto que hace diferente al producto del servicio único es la *alta interacción del cliente*. A menudo es difícil estandarizar, automatizar, y ser tan eficientes como se desea debido a que la interacción del cliente requiere de una singularidad. Esta singularidad es en muchos casos el motivo por el que paga el cliente; por lo tanto, el administrador de operaciones debe asegurarse que el producto esté diseñado de tal forma, que pueda ser ofrecido de la manera singular que requiere.

La quinta parte que hace único al servicio es la *inconsistente definición del producto*. La definición del producto puede ser rigurosa, como es el caso de una póliza de seguros, o casual, como el corte de cabello. Más aún, la definición del corte de cabello no sólo varía con cada cliente, sino a menudo con cada corte, incluso para el mismo cliente. De forma similar, la póliza de seguro, aunque se encuentre definida rigurosamente, varía de acuerdo al cliente, tipo de cobertura y monto de la cobertura.

A pesar de las diferencias entre los productos y servicios, aún permanece una función de operaciones que debe ser llevada a cabo. Esto sucede cuando la compañía de seguros define el producto (por decir una póliza de seguro), el procesamiento de la transacción de compra emite declaraciones de primas, y las procesa. El mismo caso sucede con la compra-venta de acciones donde existe una "trastienda", ésta es el centro de operaciones, que maneja la transacción. Lo mismo sucede en el banco local: el centro de operaciones procesa la transacción. Así, aunque los productos de servicio son a menudo únicos, la función de operaciones continúa llevando a cabo una función de transformación, como se mostró en los organigramas del capítulo 1.

TRANSICIÓN A LA PRODUCCIÓN

Eventualmente, el producto ha sido seleccionado, diseñado y definido. El producto ha progresado de una idea, a una definición funcional, y luego a un prototipo. Ahora, la administración debe tomar una decisión: continuar más el desarrollo, producción, o bien, terminar con la idea del producto. Una de las artes de la administración moderna es conocer cuándo mover un producto del desarrollo a la producción; a este movimiento se le conoce como *transición a la producción*.

Algunas compañías señalan a un administrador del proyecto, o utilizan un equipo de desarrollo de producto continuo para asegurar que la transición de la fase de desarrollo a la producción sea un éxito. Esto es a menudo necesario, debido a la amplia gama de recursos y talentos que deben ser concentrados para sostener el aseguramiento exitoso de la manufactura del producto que aún se encuentra en flujo. Otras empresas encuentran que la integración de las organizaciones para el desarrollo del producto y la manufactura son ventajosas. Esto permite un fácil intercambio de recursos entre dos organizaciones, de acuerdo al cambio de las necesidades. El trabajo del administrador de producción es llevar a cabo la transición desde la investigación y desarrollo a la producción en forma suave y sin lagunas.

RESUMEN

La selección, diseño y definición de un producto tiene implicaciones en todas las decisiones de las operaciones subsecuentes. El administrador de operaciones debe ser imaginativo y lleno de recursos en el proceso del desarrollo del producto. Los productos se definen mediante especificaciones por escrito, listas de materiales y dibujos de ingeniería. La tecnología de grupo, el diseño asistido por computadora y la ingeniería de valor son técnicas de diseño del producto que pueden ayudar. Los dibujos de ensamble, diagramas de ensamble, hojas de ruta y las órdenes de trabajo ayudan al administrador a definir un producto para la producción. Los productos confiables son una necesidad en crecimiento. La confiabilidad de los componentes puede aumentarse y colocar a éstos en paralelo para mejorar la confiabilidad.

Una vez que el producto se encuentra en manufactura, es apropiado el análisis de valor para la calidad y la revisión de la producción. La administración de la configuración permite al administrador seguir y documentar la producción de lo que se ha fabricado.

La forma en que los productos se mueven a través de su ciclo de vida: introducción, crecimiento, madurez y declinación, tiene influencia en las opciones que el administrador de operaciones debe seguir.

TÉRMINOS CLAVE

Decisión del producto (*p. 134*)
Competencia basada en el tiempo (*p. 137*)
Equipos de desarrollo del producto (*p. 138*)
Diseño para la manufactura y equipos de ingeniería de valor (*p. 138*)
Diseño con calidad robusta (*p. 138*)
Análisis de valor (*p. 139*)
Análisis del producto por valor (*p. 139*)
Confiabilidad (*p. 139*)
Falla (*p. 141*)
Tiempo promedio entre fallas (MTBF) (*p. 142*)
Dibujo de ingeniería (*p. 144*)
Lista de materiales (BOM) (*p. 144*)
Decisión de fabricar o comprar (*p. 146*)
Tecnología de grupos (*p. 146*)
Diseño asistido por computadora (CAD) (*p. 148*)
Manufactura asistida por computadora (CAM) (*p. 148*)
Dibujo de ensamble (*p. 149*)
Diagrama de ensamble (*p. 149*)
Hoja de ruta (*p. 149*)
Orden de trabajo (*p. 149*)
Aviso de cambio de ingeniería (ECN) (*p. 150*)
Administración de la configuración (*p. 150*)

PROBLEMAS RESUELTOS

problema resuelto 4.1

El semiconductor utilizado en la calculadora Sullivan Wrist Calculator tiene cinco partes, cada una de las cuales tiene su tasa de confiabilidad propia. El componente 1 tiene una confiabilidad de 0.90; el componente 2, 0.95; el componente 3, 0.98; el componente 4, 0.90; y el componente 5, 0.99. ¿Cuál es la confiabilidad de un semiconductor?

Solución

Confiabilidad del semiconductor $R_s = R_1R_2R_3R_4R_5$

$$= (0.90)(0.95)(0.98)(0.90)(0.99)$$

$$= 0.7466$$

problema resuelto 4.2

Un cambio reciente de ingeniería en la Sullivan Wrist Calculator coloca un componente de respaldo en cada uno de los dos circuitos de transistores menos confiables. El nuevo circuito se verá así:

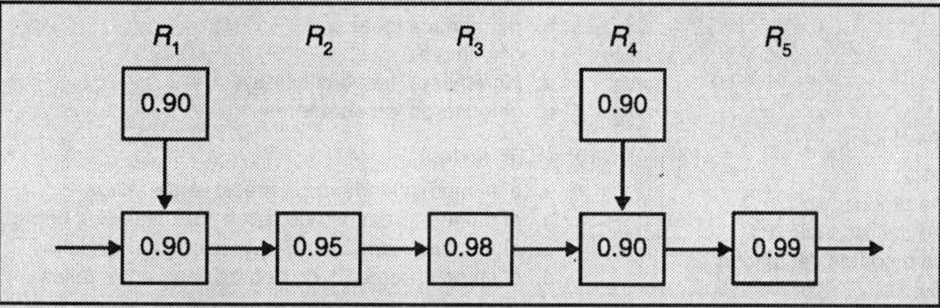

¿Cuál es la confiabilidad para el nuevo sistema?

Solución

$$\text{Confiabilidad} = [0.9 + 0.9 \times (1 - 0.9)] \times 0.95 \times 0.98 \times [0.90 + 0.9 \times (1 - 0.9)] \times 0.99$$

$$= [0.9 + 0.09] \times 0.95 \times 0.98 \times [0.90 + 0.09] \times 0.99$$

$$= 0.99 \times 0.95 \times 0.98 \times 0.99 \times 0.99$$

$$= 0.903$$

autoevaluación capítulo 4

- *Antes de iniciar la autoevaluación* refiérase a los objetivos de aprendizaje listados al principio del capítulo y a los términos clave listados al final del mismo.
- Utilice la clave al final del texto para *corregir* sus respuestas.
- *Vuelva a estudiar* las páginas correspondientes a cualquier pregunta que haya contestado erróneamente o el material en el que se sienta inseguro.

1. El ciclo de vida de un producto se divide en cuatro estados, que incluyen:
a. introducción
b. crecimiento
c. madurez
d. todos los anteriores
e. ninguno de los anteriores

2. ¿Cuál de los siguientes incisos, cree usted que estaría más en la posibilidad de causar un cambio en las oportunidades del mercado basándose en el tamaño de la familia?
a. cambio económico
b. cambio tecnológico
c. cambio político
d. cambio sociológico y demográfico
e. ninguno de los anteriores

3. El listado en orden descendente de los productos, por su contribución en dólares a la empresa, es llamado:
a. análisis del producto por valor
b. análisis de valor
c. ingeniería de valor
d. todos los anteriores
e. ninguno de los anteriores

4. Los beneficios del CAD/CAM incluyen:
a. tiempo de diseño más corto
b. reducciones en el costo de producción
c. mejoramiento de la calidad del producto
d. disponibilidad de una base de datos del diseño
e. todos los anteriores

5. Una hoja de ruta:
a. enumera las operaciones necesarias para producir el componente
b. es una instrucción para hacer una cantidad establecida de una partida en particular
c. muestra en forma esquemática la forma en que un producto es ensamblado
d. todos los anteriores
e. ninguno de los anteriores

6. Una aplicación del principio de Pareto es:
a. los primeros clientes en llegar son los primeros clientes servidos
b. la distancia más corta entre dos puntos es una línea recta
c. los recursos se invierten en los pocos críticos y no en los muchos triviales
d. las cosas buenas en la vida son gratis
e. todos los anteriores son ciertos

7. Un diagrama de ensamble es:
a. una vista desglosada del producto
b. una muestra esquemática de cómo se ensambla el producto
c. una lista de las operaciones necesarias para producir el componente
d. una instrucción para hacer una cantidad establecida de una parte en particular
e. un conjunto de instrucciones detalladas acerca de cómo llevar a cabo una tarea

8. Si un sistema tiene un componente con menos del 100% de confiabilidad, se puede hacer el sistema 100% confiable al incluir redundancia.
a. Cierto
b. Falso

9. Cuando se incrementan el número de componentes no redundantes en un sistema, mientras que todas las otras cosas permanecen igual, la confiabilidad del sistema generalmente.
a. se incrementa
b. permanece igual
c. disminuye
d. incrementa, luego disminuye
e. ninguna de las anteriores

10. MTBF mide:
a. el tiempo calendario promedio entre fallas
b. el número promedio de fallas por unidad de tiempo
c. el número promedio de operaciones entre fallas
d. el tiempo promedio de operaciones entre fallas
e. ninguna de las anteriores

11. La probabilidad de que una máquina, parte, o producto funcione apropiadamente durante un periodo de tiempo dado es llamada:
a. mantenimiento
b. control de calidad
c. confiabilidad
d. todos los anteriores
e. ninguno de los anteriores

12. Un reporte de análisis del producto por valor es ______ ______________________.

13. Los productos deben ser continuamente desarrollados porque ______________________

14. Los productos son documentados por ______________ ______________________.

PREGUNTAS PARA DISCUSIÓN

1. ¿Qué técnicas de administración pueden probar ser valiosas al hacer la transición de la investigación y desarrollo a la producción?
2. ¿Qué es necesario para documentar un producto explícitamente?
3. ¿Qué técnicas empleamos para documentar un producto?
4. ¿En qué industrias ha probado la configuración ser particularmente útil? ¿Por qué?
5. ¿Cómo ayuda el diseño asistido por computadora a otros departamentos?
6. ¿Qué es la tecnología de grupos y por qué está siendo de ayuda en nuestra búsqueda para el mejoramiento de la productividad?
7. ¿Qué ahorros pueden esperarse del diseño asistido por computadora?
8. ¿Cómo ayuda el diseño asistido por computadora a la manufactura asistida por computadora?
9. ¿Cuáles son las cuatro fases del ciclo de vida del producto?
10. ¿Cómo afectan la calidad la selección (y diseño) del producto?
11. ¿Qué técnicas puede utilizar la administración para mejorar la confiabilidad de los sistemas?

PROBLEMAS

• **4.1** Prepare una lista de materiales para un bolígrafo.

• **4.2** Dibuje un diagrama de ensamble para un bolígrafo.

• **4.3** Prepare una lista de materiales para una lámpara de mesa sencilla. Identifique las partes que usted, como fabricante de la totalidad y de los componentes relacionados, tiene posibilidades de hacer y de los que tiene probabilidad de comprar. Justifique cada una de sus decisiones.

• **4.4** Prepare un diagrama de ensamble para la lámpara de mesa del problema 4.3.

• **4.5** Como un proyecto de biblioteca, encuentre algunas series de códigos de tecnología de grupos.

•• **4.6** Dada la contribución hecha en cada uno de los tres productos a continuación, prepare un reporte producto por valor. ¿Qué le dice a usted el reporte?

Tabla para el problema 4.6

Producto	*Contribución del producto (Porcentaje del precio de venta)*	*Contribución de la compañía (Porcentaje de la contribución total anual dividida entre las ventas totales anuales)*
Computadora portátil	30%	40%
Computadora laptop	30%	50%
Calculadora manual	50%	10%

• **4.7** Usted tiene un sistema compuesto de cuatro componentes en serie. La confiabilidad de cada componente es de 0.95. ¿Cuál es la confiabilidad del sistema?

• **4.8** Usted tiene un sistema compuesto de una conexión de cuatro componentes en serie con las siguientes confiabilidades:

Componente	*Confiabilidad*
1	0.90
2	0.95
3	0.80
4	0.85

¿Cuál es la confiabilidad del sistema?

•• **4.9** Usted tiene un sistema compuesto de tres componentes en paralelo. Los componentes tienen las siguientes confiabilidades:

$$R_1 = 0.90, R_2 = 0.95, R_3 = 0.85.$$

¿Cuál es la confiabilidad del sistema?

• **4.10** Un sistema de control hidráulico tiene tres componentes en serie con confiabilidades individuales (R_1, R_2, y R_3) según se muestran:

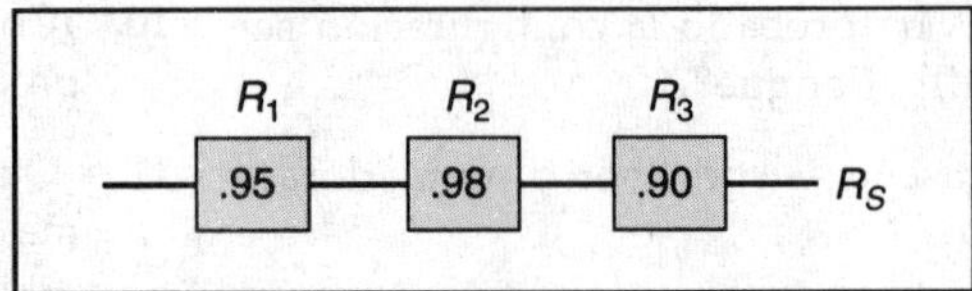

¿Cuál es la confiabilidad del sistema?

•• **4.11** ¿Cuál es la confiabilidad del sistema que se muestra a continuación?

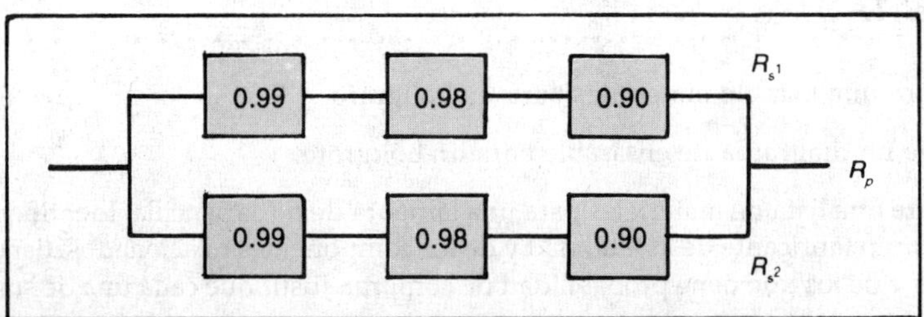

•• **4.12** ¿Cuál es el impacto en la confiabilidad si el sistema de control hidráulico mostrado en el problema 4.10 se cambia al sistema paralelo mostrado en el problema 4.11?

•• **4.13** Su equipo de diseño ha propuesto el siguiente sistema con las confiabilidades de los componentes según se indican.

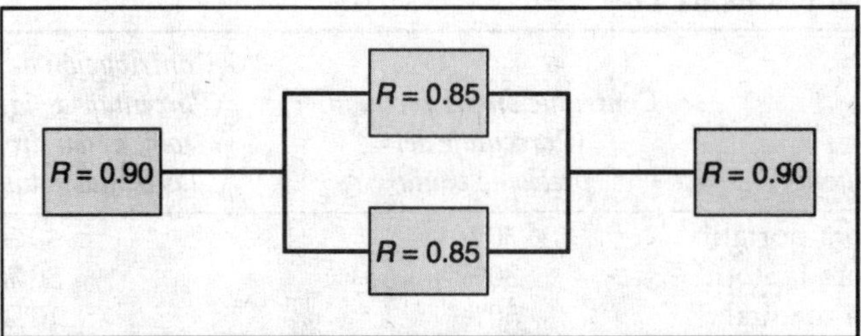

¿Cuál es la confiabilidad del sistema?

•• **4.14** Randolph Manufacturing de Lubbock, Texas, ha probado 200 unidades de un producto. Después de 2000 horas, 4 unidades han fallado; el resto funcionó durante las 4000 horas de la prueba.

a) ¿Cuál es el porcentaje de fallas?
b) ¿Cuál es el número de fallas por hora unitaria?
c) ¿Cuál es el número de fallas por año unitario?
d) Si usted vende 500 unidades, ¿cuántas tendrán la probabilidad de fallar dentro del periodo de tiempo de un año?

•• **4.15** La unidad de procesamiento electrónico de la computadora Beta II contiene 50 componentes en serie. La confiabilidad promedio de cada componente es de 99%. Utilizando la figura 4.4, determine la confiabilidad global de la unidad de proceso.

•• **4.16** Holzwart Manufacturing, un fabricante de equipo médico, ha sometido 100 marcapasos para corazón a 5000 horas de pruebas. A la mitad de la prueba, 5 de los marcapasos fallaron. ¿Cuál fue la tasa de falla en términos de:

a) ¿el porcentaje de fallas?
b) ¿el número de fallas por hora unitaria?
c) ¿el número de fallas por año unitario?
d) ¿Si 1100 personas reciben implantes de marcapasos, ¿cuántas unidades se pueden esperar que fallen durante el próximo año?

••• **4.17** Alain Prost, vendedor de Wave Soldering Systems, Inc., (WSSI), le ha ofrecido a usted una propuesta para mejórar el control de temperatura de su máquina actual. La máquina actual emplea un cuchillo de aire caliente para eliminar en forma limpia el exceso de soldadura de los circuitos integrados impresos; este es un gran concepto, pero el control de temperatura de aire caliente carece de confiabilidad. Los ingenieros de WSSI han, según dice Alain, mejorado la confiabilidad de los controles de temperatura críticos. El nuevo sistema tiene los cuatro circuitos integrados sensitivos controlando la temperatura, pero la nueva máquina tiene un respaldo para cada uno de ellos. Los cuatro circuitos integrados tienen confiabilidades de 0.90, 0.92, 0.94, y 0.96. Los cuatro circuitos de respaldo tienen todos una confiabilidad de 0.90.

a) ¿Cuál es la confiabilidad del nuevo controlador de temperatura?
b) Si usted paga un sobreprecio, Alain dice que puede mejorar todas las unidades de respaldo a 0.93. ¿Cuál es la confiabilidad de esta opción?

CASO DE ESTUDIO

Modern Optical, Inc.

Basándose en su amplio conocimiento del mercado de maquinaria óptica, George Spalding y June Hicks decidieron formar Modern Optical, Inc., la empresa iba a diseñar una máquina de bajo precio, bajo mantenimiento, la ClearLens, para ser utilizada en la manufactura de lentes de plástico y policarbón. El mercado objetivo para la ClearLens es el pequeño laboratorio y el creciente número de instalaciones ópticas de una hora, o super mercados, ya que son conocidas en ese comercio.

Estos supermercados generalmente tienen un pequeño laboratorio en la tienda donde procesan la receta del cliente, en lugar de enviarla a un laboratorio óptico tradicional para su procesamiento. Las tiendas acentúan la necesidad del equipo de bajo mantenimiento porque sus pequeños departamentos, generalmente, no incluyen personal de mantenimiento o personal entrenado en mantenimiento mecánico. La ClearLens ofrecerá una alternativa de bajo costo, efectiva sobre las máquinas de altos precios que ahora están en el mercado, y su diseño se enfoca sobre el mercado de plástico y policarbón, el cual domina ahora sobre el 70% de las recetas totales. La producción satisfactoria de una máquina de precio moderado también permitirá a Modern Optical, Inc., la participación en el mercado para equipar los laboratorios tradicionales. Una vez establecidos en este mercado, podría existir la oportunidad de producir o bien de manufacturar otro equipo y suministros. Los clientes en este mercado son receptivos a una mezcla de equipo auxiliar.

El concepto de la ClearLens es la culminación de seis años de desarrollo por parte de June y George, y representa el primer avance significativo en la refinación y pulido de lentes de anteojos desde los principios de la década de los cincuenta. El criterio de diseño para la ClearLens incluye lo siguiente:

1. La máquina incorporaría un avanzado movimiento de pulido y por lo tanto podría ofrecer una óptica superior. (El movimiento de la ClearLens está cubierto por una patente de Estados Unidos y es una patente tipo que cubre la metodología. Las patentes de método protegen los procesos básicos, son más difíciles de obtener y son por lo tanto, más defendibles que las patentes para aparato.)
2. El diseño de la máquina sería concebido para lograr una mayor durabilidad y reducir el mantenimiento, lo cual disminuiría, si no es que eliminaría, muchos de los problemas de producción causados por el tiempo perdido debido a la máquina y el tiempo de reconstrucción de la máquina, ahora común en los laboratorios ópticos.
3. La máquina tendría una construcción modular y permitiría por lo tanto el fácil remplazo de módulos y, según sea necesario, el mantenimiento de los módulos lejos del ambiente del laboratorio.

Preguntas para discusión

1. Modern Optics, Inc., sin duda tiene una gran idea, pero ¿cómo procederán June y George con la manufactura? ¿Puede señalarles un procedimiento para que ellos lo sigan?
2. ¿Qué problemas pueden esperar?
3. ¿Dónde estarán ellos en el ciclo de vida del producto contra el ciclo de vida de las máquinas establecidas y cómo afectará esto su estrategia de operaciones?

Nota: Los nombres de la empresa y sus directores han sido cambiados pero la situación y sus temas descritos son reales.

BIBLIOGRAFÍA

Berliner, C., y J. A. Brimson. *Cost Management for Today´s Advanced Manufacturing*. Boston: Harvard Business School Press, 1988.

Burt, D. N., y W. R. Soukup. "Purchasing´s Role in New Product Development." en *Harvard Business Review* **63** (septiembre-octubre de 1985), pp. 90-97.

Canton, I. D. "Learning to Love the Service Economy." *Harvard Business Review* **62** (mayo-junio de 1984), pp. 89-97.

Choi, M., y W. E. Riggs. "GT coding and Classification Systems for Manufacturing Cell Design." *Production and Inventory Management Journal* **32** (primer trimestre de 1991), p. 28.

Eppen, G. D., W. A. Hanson, y R. K. Martin. "Bundling —New Products, New Markets, Low Risk." *Sloan Management Review* **32** (verano de 1991), p. 7.

Gallagher, C. C., y W. A. Knight. *Group Technology Production Methods in Manufacturing*. Nueva York: Halsted Press (John Wiley & Sons), 1987.

Mosier, C. T., y R. E. Janaro. "Toward a Universal Classification and Coding System for Assemblies." en *Journal of Operations Management* **9** (enero de 1990), p. 44.

Niebel, B. W., y A. B. Draper. *Product Design and Process Engineering*. Nueva York: McGraw-Hill, 1974.

Smith, P. G. y D. G. Reinertsen. *Developing Products in Half the Time*. Nueva York: Van Nostrand Reinhold, 1991.

Soulder, W. E. *Managing New Product Innovations*. Lexington, MA: Lexington Books, 1987.

Takeuchi, H., e I. Nonaka. "The New Product Development Game." *Harvard Business Review* **64** (enero-febrero de 1986), pp. 137-146.

Wheelwright, S. C., y W. E. Sasser, Jr. "The New Product Development Map." *Harvard Business Review* **67** (mayo-junio de 1989), pp. 112-125.

Programación lineal

suplemento

capítulo **4**

PERFIL DEL CAPÍTULO

OBJETIVOS DE APRENDIZAJE

Cuando termine este capítulo usted podrá:

Identificar o definir:

Función objetivo

Función restricción

Solución del punto esquina

Algoritmo de Karmarkar

Explicar:

Cómo desarrollar modelos lineales

El método gráfico de programación lineal

El método simplex de programación lineal

INTRODUCCIÓN A LA PROGRAMACIÓN LINEAL

Muchas decisiones de los administradores de operaciones involucran la utilización de los recursos de una organización. Los recursos incluyen generalmente la maquinaria, mano de obra, dinero, tiempo, espacio de almacén y materias primas. Estos recursos pueden ser usados para manufacturar productos (maquinaria, mobiliario, alimentos o ropa) o servicios (programas para embarque y producción, políticas de publicidad o decisiones de inversión). La **programación lineal** es una técnica matemática ampliamente utilizada, diseñada para ayudar a los administradores de producción y operaciones en la planeación y toma de decisiones relativas a la negociación necesaria para asignar recursos.

Programación lineal (LP)

Algunos ejemplos de problemas en los que la programación lineal ha sido aplicada exitosamente en la administración de operaciones son:

1. la selección de la mezcla de productos en una fábrica, para tener el mejor uso de las horas disponibles de la maquinaria y mano de obra, mientras se *maximiza* la utilidad de la empresa;
2. la selección de diferentes mezclas de materias primas en los molinos de comida para producir combinaciones de alimentos terminados al *mínimo* costo;
3. la determinación de un sistema de distribución que *minimice* el costo total de embarque de varios almacenes a varias localizaciones de mercado;
4. el desarrollo de un programa de producción que satisfaga las demandas futuras para un producto de la compañía, y al mismo tiempo *minimice* los costos totales de producción e inventario.

Requerimientos de un problema de programación lineal

Todos los problemas de programación lineal tienen cuatro propiedades en común.

Función objetivo

Restricciones

1. Todos los problemas buscan *maximizar* o *minimizar* alguna cantidad (normalmente la utilidad o el costo). A esta propiedad se le llama la **función objetivo** de un problema de programación lineal. El principal objetivo de una empresa típica es la de maximizar las utilidades en dólares a largo plazo. En el caso de un sistema de distribución en camiones o línea aérea, el objetivo puede ser el de minimizar los costos de embarque.
2. La presencia de limitaciones, o **restricciones,** limita el grado al cual se puede lograr el objetivo. Por ejemplo, la decisión de la cantidad de unidades que se fabriquen por cada producto, en la línea de productos de una empresa, se encuentra restringida por la disponibilidad de mano de obra y maquinaria. Se desea, por lo tanto, la maximización o minimización de una cantidad (la función objetivo) sujeta a los recursos limitados (las restricciones).
3. Deben existir *caminos alternos de acción* y opciones para elección. Por ejemplo, si una compañía produce tres productos diferentes, la administración puede utilizar la programación lineal para decidir cómo asignar entre ellos sus limitados recursos de producción (de mano de obra, maquinaria, y así sucesivamente). Si no existieran alternativas de las cuales elegir, no sería necesaria la programación lineal.
4. El objetivo y las restricciones en los problemas de programación lineal deben expresarse en términos de *ecuaciones lineales* o desigualdades.

Fórmulación de problemas de programación lineal

Una de las aplicaciones más comunes de programación lineal es el *problema de la mezcla de productos*. Generalmente se producen dos o más productos utilizando recursos limitados. La compañía desearía determinar cuántas unidades de cada producto debe producir, para maximizar la utilidad global, dadas sus limitaciones de recursos. Véase el siguiente ejemplo.

Shader Electronics. La Shader Electronic Company produce dos productos: (1) el Walkman Shader, un toca cassettes con AM/FM portátil, y (2) la watch-TV Shader, un televisor blanco y negro del tamaño de un reloj de pulsera. El proceso de producción es similar para cada uno, ambos necesitan un cierto número de horas de trabajo electrónico y un número de horas en el departamento de ensamble. Cada walkman lleva cuatro horas de trabajo electrónico y dos horas en el taller de ensamble. Cada watch-TV requiere de tres horas de electrónica y una hora de ensamble. Durante el presente periodo de producción, están disponibles 240 horas de tiempo de electrónica y 100 horas del departamento de ensamble. Cada walkman aporta una utilidad de 7 dólares; cada watch-TV producida puede ser vendida para obtener una utilidad de 5 dólares.

El problema de Shader es determinar la mejor combinación posible de walkmans y watch-TV, para fabricarlos de manera que se obtenga la máxima utilidad. Esta situación de mezcla de producción puede ser formulada como un problema de programación lineal.

Se empieza reuniendo la información necesaria para poder formular y resolver adecuadamente este problema (véase la tabla S4.1). Después, se presenta alguna notación simple para utilizarla en la función objetivo y las restricciones. Por ejemplo:

X_1 = Número de walkmans que se producirán

X_2 = Número de watch-TV que se producirán

Ahora se puede crear la *función objetivo* en términos de X_1 y X_2:

$$\text{Maximizar la utilidad} = \$7X_1 + \$5X_2$$

El siguiente paso es desarrollar las relaciones matemáticas para describir las dos restricciones en este problema. Una relación general es que la cantidad de recursos *usados* debe ser menor o igual a (≤) la cantidad de recursos *disponibles*.

Primera restricción. El tiempo de electrónica utilizado es ≤ al tiempo de electrónica disponible.

$$4X_1 + 3X_2 \leq 240 \text{ (horas de tiempo de electrónica)}$$

Segunda restricción. El tiempo de ensamble utilizado es ≤ al tiempo de ensamble disponible.

$$2X_1 + 1X_2 \leq 100 \text{ (horas de tiempo de ensamble)}$$

Ambas restricciones representan las restricciones de la capacidad de producción y, desde luego, afectan la utilidad total. Por ejemplo, Shader Electronics no puede producir 70 walkmans durante el periodo de producción porque si $X_1 = 70$, ambas restricciones serían violadas. Tampoco puede hacer $X_1 = 50$ walkmans y $X_2 = 10$ watch TV. Entonces, es notorio un aspecto importante más de la programación lineal. Esto es, que existirán ciertas interacciones entre las variables. Mientras más unidades de un solo producto manufacture una empresa, menos podrá hacer de otros productos.

TABLA S4.1 Datos del problema de Shader Electronic Company.

	HORAS REQUERIDAS PARA PRODUCIR UNA UNIDAD		
DEPARTAMENTO	*(X_1) Walkmans*	*(X_2) Watch-TV*	HORAS DISPONIBLES ESTA SEMANA
Electrónica	4	3	240
Ensamble	2	1	100
Utilidad/unidad	$7	$5	

New England Apple Products, el fabricante de la línea de bebidas *Very Fine*, tiene 16 bebidas de jugo diferentes, desde el manzana-cereza al de arándano o de uva. Existe un gran número de combinaciones posibles de jugos de fruta, pero New England Apple tiene abasto limitado de cada jugo así como de ingredientes. La empresa ha utilizado la programación lineal para decidir qué combinaciones debe mercadear y cuánto hacer de cada una. La pregunta final es: "¿Qué mezcla de producto generará la mejor utilidad?" Aunque hay muchos ingredientes listados en el lado de cada botella de mezcla de jugo de fruta, la programación lineal es un ingrediente *escondido.*

SOLUCIÓN GRÁFICA A UN PROBLEMA DE PROGRAMACIÓN LINEAL

La forma más fácil para resolver un problema pequeño de programación lineal, tal como el de Shader Electronic Company es el sistema de solución gráfica. El procedimiento gráfico es útil sólo cuando existen dos variables de decisión (tales como el número de walkmans que deben producirse, X_1, y el número de watch-TV que deben producirse, X_2) en el problema. Cuando existen más de dos variables, *no* es posible graficar la solución en una gráfica de dos dimensiones, por lo tanto, se deben buscar sistemas más complejos, el tema será tratado posteriormente en este suplemento. Pero el método gráfico es invaluable al ofrecer las bases del funcionamiento en los otros sistemas.

Representación gráfica de las restricciones. Para encontrar la solución óptima a un problema de programación lineal, primero se debe identificar un conjunto o región, de soluciones factibles. El primer paso para llevarlo a cabo es graficar las restricciones del problema.

La variable X_1 (walkmans en el ejemplo) se traza generalmente como el eje horizontal de la gráfica, y la variable X_2 (watch-TV) se traza como el eje vertical. El problema completo se puede replantear como:

$$\text{Maximizar la utilidad} = \$7X_1 + \$5X_2$$

Sujeta a las restricciones:

$4X_1 + 3X_2 \leq 240$ (*restricción de electrónica*)

$2X_1 + 1X_2 \leq 100$ (*restricción de ensamble*)

$X_1 \geq 0$ (*El número de walkmans producidos es mayor o igual a 0.*)

$X_2 \geq 0$ (*El número de watch-TV producidos es mayor o igual a 0.*)

Se desean representar en forma gráfica las restricciones de este problema. El primer paso es convertir las *desigualdades* de las restricciones en *igualdades* (o ecuaciones); esto es:

$$\text{Restricción A: } 4X_1 + 3X_2 = 240$$

$$\text{Restricción B: } 2X_1 + 1X_2 = 100$$

La ecuación para la restricción A se encuentra graficada en la figura S4.1, y para la restricción B en la figura S4.2.

Para graficar la línea en la figura S4.1, todo lo que se necesita es encontrar los puntos en que la línea $4X_1 + 3X_2 = 240$ intersecta los ejes X_1 y X_2. Cuando $X_1 = 0$ (el lugar en que la línea toca el eje X_2), implica que $3X_2 = 240$ o que $X_2 = 80$. De igual manera, cuando $X_2 = 0$, se tiene que $4X_1 = 240$ y que $X_1 = 60$. Entonces la restricción A está limitada por la línea que corre desde ($X_1 = 0, X_2 = 80$) a ($X_1 = 60, X_2 = 0$). El área sombreada representa todos los puntos que satisfacen la *desigualdad* original.

La restricción B se ilustra de forma similar en la figura S4.2. Cuando $X_1 = 0$, entonces $X_2 = 100$; y cuando $X_2 = 0$, entonces $X_1 = 50$. La restricción A está limitada por la línea que entre ($X_1 = 0$, $X_2 = 100$) y ($X_1 = 50$, $X_2 = 0$). El área sombreada representa la *desigualdad* original.

La figura S4.3 muestra ambas restricciones juntas. La región sombreada es la parte que satisface ambas restricciones. La región sombreada en la figura S4.3 se llama *área de las soluciones factibles*, o simplemente *región factible*. Esta región debe satisfacer *todas* las condiciones especificadas por las restricciones del programa y es, por lo tanto, la región donde se enciman todas las restricciones. Cualquier punto en la región podría ser una *solución factible* el problema de Shader Electronic Company. Cualquier punto fuera del área sombreada representaría una *solución no factible*. Entonces, sería factible manufacturar 30 walkmans y 20 watch-TV ($X_1 = 30$, $X_2 = 20$), pero violaría las restricciones para producir 70 walkmans y 40 watch-TV. Esto se puede observar al dibujar estos puntos en la gráfica de la figura S4.3.

Método de solución de la línea iso-utilidad. Una vez que se ha graficado la región factible, se procede a encontrar la solución óptima del problema. La solución óptima es el punto que pertenece a la región factible donde se produce la máxima utilidad.

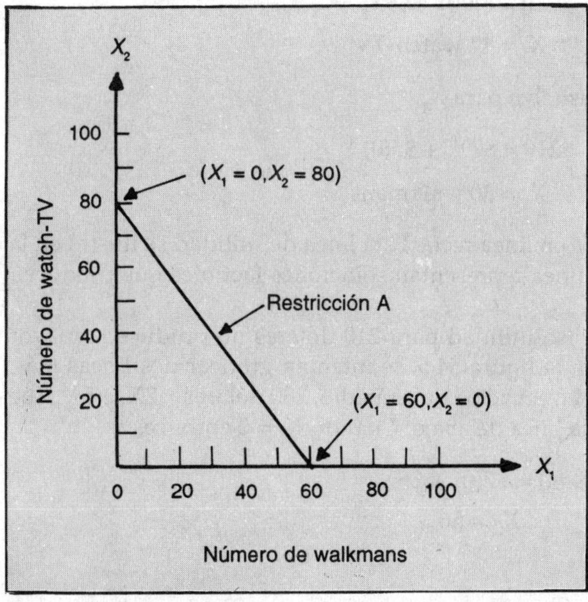

FIGURA S4.1 Restricción A.

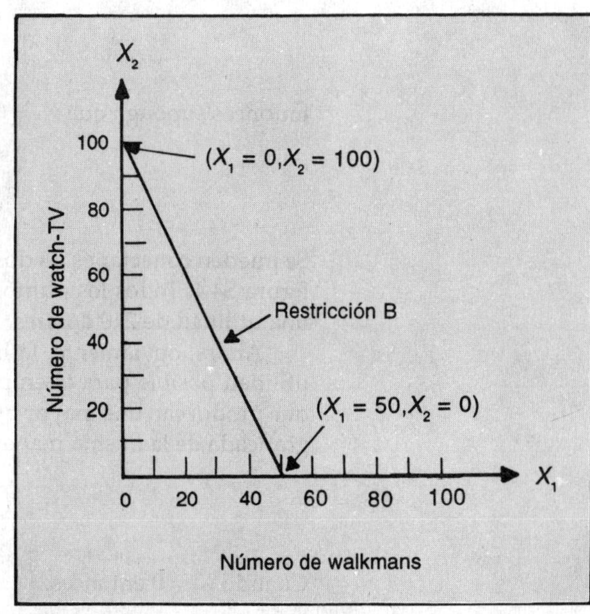

FIGURA S4.2 Restricción B.

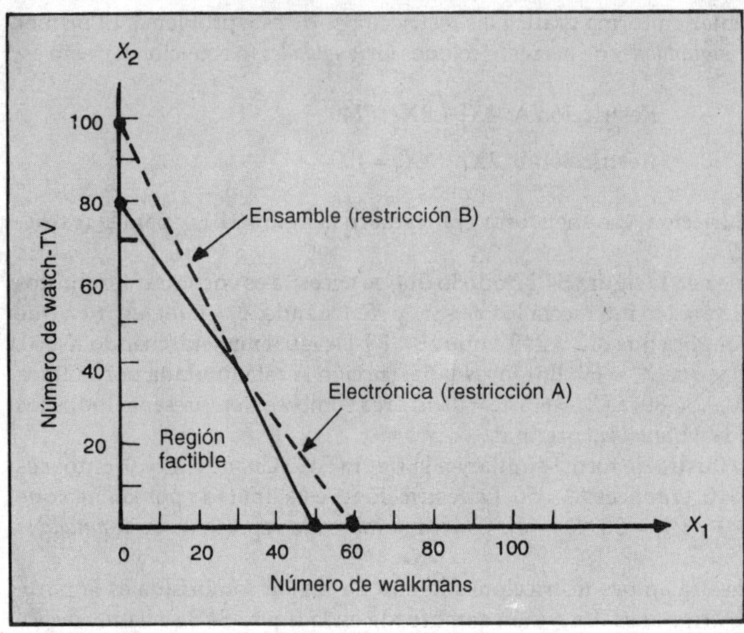

FIGURA S4.3 Región de soluciones factibles para el problema de Shader Electronic Company.

Método lineal de iso-utilidad

Toda vez que se ha establecido gráficamente la región factible, se pueden tomar varios sistemas para resolver la solución óptima. El sistema más rápido de aplicación es el llamado **método lineal de iso-utilidad.**

Se principia por establecer utilidades equivalentes a algún valor arbitrario, pero pequeño, en dólares. Para el problema de Shader Electronic se puede elegir una utilidad de 210 dólares. Este es un nivel de utilidad que se puede obtener fácilmente sin violar cualquiera de las dos restricciones. La función objetivo se puede escribir como 210 dólares = $7X_1 + 5X_2$.

Esta expresión es justamente la ecuación de una línea; se le llama *línea de iso-utilidad*. Representa todas las combinaciones (de X_1 y X_2) que producirían una utilidad de 210 dólares. Para graficar la línea de utilidad, se procede exactamente igual que cuando se graficó una línea de restricción. Primero, suponga que $X_1 = 0$ y se resuelve para el punto en que la línea cruza el eje X_2.

$$\$210 = \$7(0) + \$5X_2$$
$$X_2 = 42 \text{ watch-TV}$$

Entonces suponga que $X_2 = 0$ y se resuelve para X_1.

$$\$210 = \$7X_1 + \$5(0)$$
$$X_1 = 30 \text{ walkmans}$$

Se pueden conectar estos dos puntos en línea recta. Esta línea de utilidad se ilustra en la figura S4.4. Todos los puntos de la línea representan soluciones factibles que producen una utilidad de 210 dólares.

Ahora, obviamente, la línea de iso-utilidad para 210 dólares no produce la mayor utilidad posible para la empresa. En la figura S4.5, se intentan graficar dos líneas más, que produzcan una mayor utilidad. La ecuación de enmedio, 280 dólares = $7X_1 + 5X_2$, fue graficada de la misma manera que la línea de abajo. Cuando $X_1 = 0$ entonces:

$$\$280 = \$7(0) + \$5X_2$$
$$X_2 = 56$$

Cuando $X_2 = 0$ entonces:

$$\$280 = \$7X_1 + \$5(0)$$
$$X_1 = 40$$

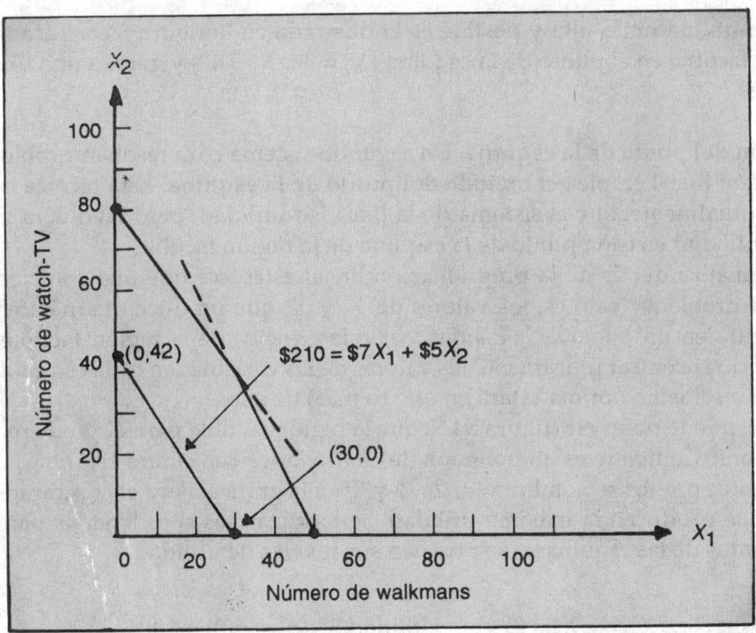

FIGURA S4.4 Una línea de utilidad de 210 dólares graficada para la Shader Electronics Company.

Una vez más, cualquier combinación de walkmans (X_1) y watch-TV (X_2) en esta línea de iso-utilidad producirá una utilidad total de 280 dólares.

Obsérvese que la tercera línea genera una utilidad de 350 dólares, aún más mejora de la utilidad. Mientras más lejos se mueva del origen 0, más alta será la utilidad. Otro punto importante es que estas líneas iso-utilidad son paralelas. Ahora se tienen dos pistas para encontrar la solución óptima del problema original. Se pueden dibujar una serie de líneas de utilidad paralelas (al mover cuidadosamente la regla sobre un plano paralelo a la primera línea de utilidad). La línea de más alta utilidad, que aún toque algún punto de la región factible, marcará la solución óptima. Nótese que la cuarta línea (420 dólares) es demasiado alta para considerarla.

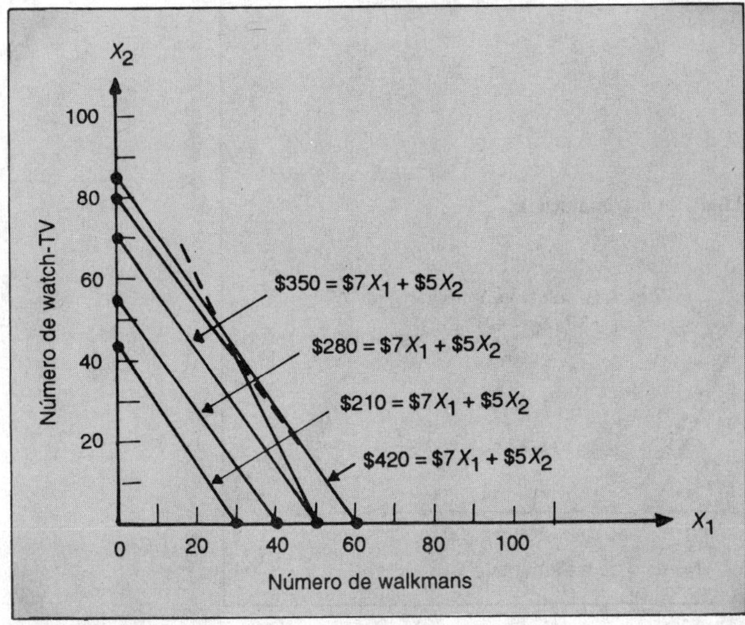

FIGURA S4.5 Cuatro líneas de iso-utilidad graficadas para la Shader Electronics Company.

La línea de iso-utilidad más alta y posible es la ilustrada en la figura S4.6. Toca la punta de la región factible en el punto de la esquina ($X_1 = 30$, $X_2 = 40$) y genera una utilidad de 410 dólares.

Método del punto de la esquina

Método de solución del punto de la esquina. Un segundo sistema para resolver problemas de programación lineal emplea el **método del punto de la esquina.** Esta técnica es más simple, conceptualmente, que el sistema de la línea iso-utilidad, pero involucra la observación de la utilidad en cada punto de la esquina de la región factible.

La teoría matemática detrás de la programación lineal establece que una solución óptima a cualquier problema (esto es, los valores de X_1 y X_2 que producen la máxima utilidad) se encuentra en un *punto de la esquina,* o *punto extremo,* de la región factible. Entonces, es necesario encontrar únicamente los valores de las variables en cada esquina; la utilidad máxima o solución óptima estará en uno (o más) de ellos.

Una vez más se puede observar (figura S4.7) que la región factible para el problema de la Shader Electronic Company es un polígono de cuatro lados con cuatro esquinas, o puntos extremos. Estos puntos se nombran ①, ②, ③ y ④ en la gráfica. Para encontrar los valores (X_1 y X_2) que producen la máxima utilidad, se localizan las coordenadas para cada uno de los puntos de las esquinas y se prueban sus niveles de utilidad.

Punto ①: ($X_1 = 0, X_2 = 0$) Utilidad \$7(0) + \$5(0) = \$0

Punto ②: ($X_1 = 0, X_2 = 80$) Utilidad \$7(0) + \$5(80) = \$400

Punto ④: ($X_1 = 50, X_2 = 0$) Utilidad \$7(50) + \$5(0) = \$350

Se omitió el punto de la esquina ③ momentáneamente porque para encontrar *exactamente* sus coordenadas, se debe resolver la intersección de las dos líneas de restricciones. Como se recordará, a partir del álgebra se puede aplicar el método de *ecuaciones simultáneas* a las dos ecuaciones de restricciones.

$$4X_1 + 3X_2 = 240 \quad \textit{(línea de electrónica)}$$

$$2X_1 + 1X_2 = 100 \quad \textit{(línea de ensamble)}$$

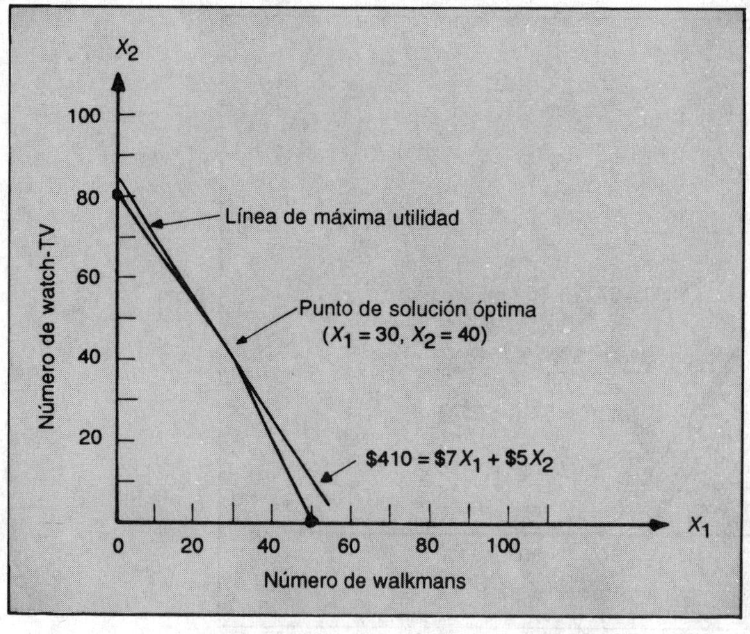

FIGURA S4.6 Solución óptima para el problema de la Shader Electronic.

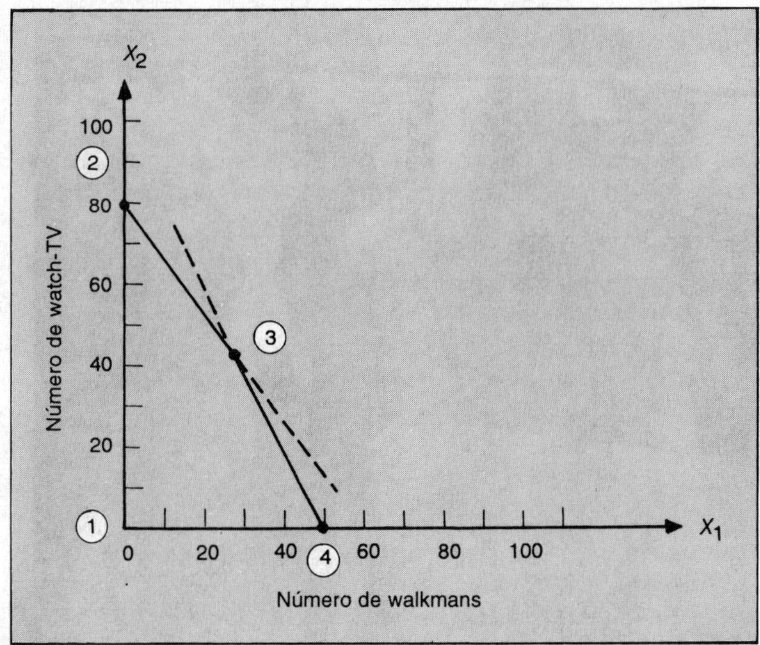

FIGURA S4.7 Los cuatro puntos de las esquinas de la región factible.

Para resolver este sistema de ecuaciones simultáneas, se multiplica la segunda ecuación por –2:

$$-2(2X_1 + 1X_2 = 100) = -4X_1 - 2X_2 = -200$$

y se suma a la primera ecuación:

$$\begin{array}{r} +4X_1 + 3X_2 = \ \ 240 \\ -4X_1 - 2X_2 = -200 \\ \hline +1X_2 = \ \ \ 40 \end{array}$$

o

$$X_2 = 40$$

Hacer esto ha permitido la eliminación de una variable, X_1, y resolver X_2. Ahora se puede sustituir 40 en lugar de X_2 en cualquiera de las ecuaciones originales y resolver X_1. Se usará la primera ecuación. Cuando $X_2 = 40$, entonces:

$$4X_1 + 3(40) = 240$$
$$4X_1 + 120 = 240$$

o

$$4X_1 = 120$$
$$X_1 = 30$$

Entonces el punto ③ tiene las coordenadas ($X_1 = 30$, $X_2 = 40$); ahora se puede calcular su nivel de utilidad para completar el análisis.

Unidad ③: ($X_1 = 30$, $X_2 = 40$) Unidad = \$7(30) + \$5(40) = \$410

Debido a que el punto ③ produce la mayor utilidad que cualquier punto de la esquina, la mezcla de producto de $X_1 = 30$ walkmans, y $X_2 = 40$ watch-TV es la solución óptima para el problema de Shader Electronic. Esta solución generará una utilidad de 410 dólares por periodo de producción, que es la misma que la obtenida utilizando el método de la línea de iso-utilidad.

Una de las primeras aplicaciones de la programación lineal es llamada el *problema de la dieta*, que fue originalmente utilizada por los hospitales para determinar la dieta más económica para los pacientes. Conocido en los círculos de la agricultura como el *problema de la mezcla de alimentos*, el problema de la dieta involucra la especificación de la combinación de ingredientes de un alimento o alimentos que satisfagan los requerimientos nutricionales a un nivel de costo mínimo. Los ganaderos lecheros encuentran que pueden utilizar programación lineal para minimizar el costo total de alimentación, ofreciendo todavía una dieta alta en proteína que incrementa la eficiencia en la producción de leche en sus vacas.

Resolución de problemas de minimización

Muchos de los problemas de programación lineal involucran *minimizar* un objetivo tal como el costo, en lugar de maximizar una función de utilidad. Un restaurante, por ejemplo, desea desarrollar un programa de trabajo para cumplir las metas de la organización, mientras minimiza el número total de empleados. Un fabricante puede buscar la distribución de sus productos desde varias fábricas hacia sus múltiples almacenes regionales, de tal forma que reduzca sus costos totales de embarque. En un hospital es necesario ofrecer un plan de alimentación diaria para los pacientes, que cumpla con ciertos estándares nutricionales y al mismo tiempo minimice los costos de adquisición de alimentos.

Iso-costo

Los problemas de minimización pueden ser resueltos de forma gráfica, primero se determina la región de soluciones factibles y después, ya sea utilizando el método de punto de la esquina, o un sistema de líneas **iso-costo** (el cual es análogo al sistema de iso-utilidad en los problemas de maximización) se localizan los valores X_1 y X_2 que generen el costo mínimo.

ejemplo S1

Cohen Chemicals, Inc., produce dos tipos de fluidos para revelado de fotografía. La manufactura del primero, un químico para película blanco y negro, le cuesta a Cohen 2500 dólares por tonelada. El segundo, un químico para película a color, le cuesta 3000 dólares por tonelada.

Con base en un análisis de los niveles de inventario actuales y órdenes pendientes, el administrador de producción de Cohen ha especificado que se deben producir durante el siguiente mes por lo menos 30 toneladas de químico para blanco y negro, y 20 toneladas para color. Adicionalmente, el administrador observa que dentro del inventario existente hay materia prima altamente perecedera que es necesaria en la manufactura de ambos químicos, y debe ser utilizada dentro de los 30 días siguientes. Con el fin de evitar el desperdicio de la costosa materia prima, Cohen debe producir un total de por lo menos 60 toneladas de químicos fotográficos en el siguiente mes.

Se puede formular esta información como un problema de minimización de programación lineal. Suponga que:

X_1 = Número de toneladas producidas de químico para película blanco y negro

X_2 = Número de toneladas producidas de químico para película a color

Sujetas a: $X_1 \geq 30$ toneladas de químico para blanco y negro

$X_2 \geq 20$ toneladas de químico para color

$X_1 + X_2 \geq 60$ tonelaje total

$X_1, X_2 \geq 0$ requerimientos de no-negatividad

Para resolver gráficamente el problema de Cohen, se construye la región factible del problema, mostrado en la figura S4.8.

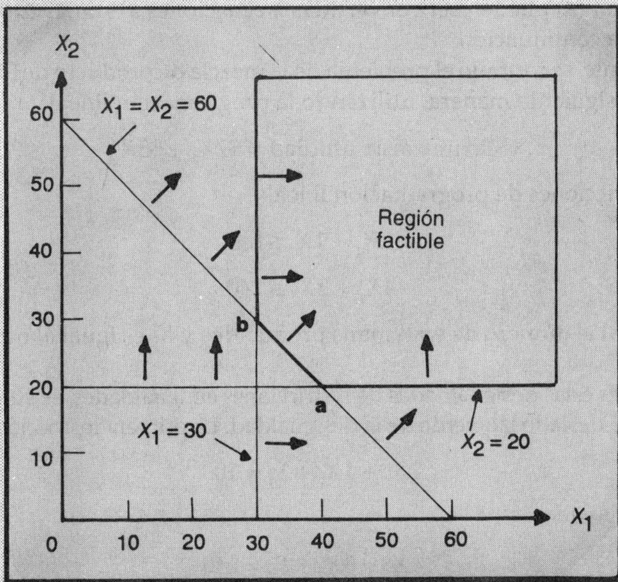

FIGURA S4.8 Región factible de Cohen Chemical.

Los problemas de minimización son frecuentemente ilimitados hacia afuera (esto es, hacia el lado derecho y hacia arriba), pero esta característica no causa problemas al resolverlos. Mientras se encuentren limitados hacia adentro (hacia el lado izquierdo y hacia abajo), se pueden establecer puntos en las esquinas. La solución óptima caerá en una de esas esquinas.

En este caso, únicamente hay dos puntos en las esquinas, **a** y **b** en la figura S4.8. Es fácil determinar que en el punto **a**, $X_1 = 40$ y $X_2 = 20$; y que en el punto **b**, $X_1 = 30$ y $X_2 = 30$. La solución óptima se encuentra en el punto que genera el costo total más bajo. Entonces:

$$\text{Costo total en } \mathbf{a} = 2500X_1 + 3000\,X_2$$
$$= 2500(40) + 3000\,(20)$$
$$= \$160\,000$$
$$\text{Costo total en } \mathbf{b} = 2500X_1 + 3000\,X_2$$
$$= 2500(30) + 3000\,(30)$$
$$= \$165\,000$$

El costo más bajo para Cohen Chemicals, Inc., es en el punto **a**. Entonces el administrador de producción debe producir 40 toneladas del químico para blanco y negro y 20 toneladas del químico para fotografía a color.

EL MÉTODO SIMPLEX DE PROGRAMACIÓN LINEAL

Método simplex

La mayoría de los problemas reales de programación lineal tienen más de dos variables y son, por ende, demasiado grandes para una solución gráfica. Un procedimiento llamado el **método simplex** puede ser utilizado para encontrar la solución óptima de los problemas con multivariables. El método simplex es en realidad un algoritmo (o un conjunto de instrucciones) con el cual se examinan los puntos en las esquinas de una manera metódica hasta conseguir la mejor solución: la mayor utilidad o el menor costo. Existen programas de computadora que resuelven problemas de programación lineal con varios miles de variables, pero es útil el entendimiento de la mecánica del algoritmo.

Conversión de restricciones a ecuaciones

El primer paso del método simplex requiere que se convierta cada desigualdad de restricción en una formulación de programación lineal dentro de una ecuación. Las restricciones menor o igual (≤) pueden ser convertidas a ecuaciones al sumar *variables de holgura*, como se ilustra a continuación.

Anteriormente, se formuló el problema de la mezcla de producto de Shader Electronic Company de la siguiente manera, utilizando la programación lineal:

$$\text{Maximizar la utilidad} = \$7X_1 + \$5X_2$$

Sujeta a las restricciones de programación lineal:

$$2X_1 + 1X_2 \leq 100$$

$$4X_1 + 3X_2 \leq 240$$

donde X_1 es igual al número de walkmans producidos y X_2 es igual al número de watch-TV producidos.

Para convertir estas desigualdades de restricciones en igualdades, se suman las variables de holgura S_1 y S_2 del lado izquierdo de la desigualdad. La primera restricción se convierte en:

$$2X_1 + 1X_2 + S_1 = 100$$

y la segunda se vuelve:

$$4X_1 + 3X_2 + S_2 = 240$$

Para incluir todas las variables en cada ecuación (un requisito del siguiente paso del simplex), se suman variables de holgura que no aparecen en cada ecuación con un coeficiente de cero. Las ecuaciones entonces aparecen como:

$$2X_1 + 1X_2 + 1S_1 + 0S_2 = 100$$

$$4X_1 + 3X_2 + 0S_1 + 1S_2 = 240$$

Dado que las variables de holgura representan los recursos no utilizados (tal como el tiempo en una máquina u horas de mano de obra disponibles), ellas no generan utilidad, pero se deben sumar a la función objetivo con coeficientes de utilidad de cero. Entonces, la función objetivo se convierte en:

$$\text{Maximizar la utilidad} = \$7X_1 + \$5X_2 + \$0S_1 + \$1S_2$$

Preparación de la primera tabla simplex

Para simplificar el manejo de las ecuaciones y de la función objetivo en un problema de programación lineal, se colocan todos los coeficientes en forma tabular. Se pueden expresar las dos ecuaciones de restricciones anteriores como:

Mezcla de solución	X_1	X_2	S_1	S_2	*Cantidad (RHS)*
S_1	2	1	1	0	100
S_2	4	3	0	1	240

Los números (2, 1, 1, 0) y (4, 3, 0, 1) representan los coeficientes de la primera y la segunda ecuación, respectivamente.

Tal como en el sistema gráfico anterior, se principia la solución en el origen, donde $X_1 = 0$, $X_2 = 0$, y la utilidad = 0. Los valores para las otras dos variables, S_1 y S_2, entonces, deben ser diferentes a cero. Dado que $2X_1 + 1X_2 + S_1 = 100$, se observa que $S_1 = 100$. De igual manera, $S_2 = 240$. Estas dos variables de holgura incluyen la mezcla solución inicial— de hecho, sus valores se encuentran en la columna de cantidad del otro lado de cada variable. Dado que X_1 y X_2 no están en la mezcla solución, sus valores iniciales se igualan automáticamente a cero.

Algunos libros de administración de operaciones-producción llaman a esta solución una *solución factible básica* y la describen en un vector, o en forma de columna, como:

$$\begin{bmatrix} X_1 \\ X_2 \\ S_1 \\ S_2 \end{bmatrix} = \begin{bmatrix} 0 \\ 0 \\ 100 \\ 240 \end{bmatrix}$$

La mezcla solución, constituye la base en la terminología de programación lineal, y a las variables que intervienen dentro de esa mezcla se les llama *variables básicas*. En este ejemplo, las variables básicas son S_1 y S_2. Las variables que no se encuentran en la mezcla solución, o base, (X_1 y X_2, en este caso) son llamadas *variables no básicas*. Desde luego, si la solución óptima a este problema de programación lineal fuera $X_1 = 30, X_2 = 40, S_1 = 0$, y $S_2 = 0$, o en forma vectorial:

$$\begin{bmatrix} X_1 \\ X_2 \\ S_1 \\ S_2 \end{bmatrix} = \begin{bmatrix} 30 \\ 40 \\ 0 \\ 0 \end{bmatrix}$$

entonces X_1 y X_2 serían las variables básicas finales, mientras que S_1 y S_2 serían las variables no básicas.

La tabla S4.2 muestra la tabla inicial de simplex completa para Shader Electronics. Los términos y renglones que no se han visto anteriormente son:

C_j: Contribución a la utilidad por unidad de cada variable. C_j se aplica tanto al primer renglón como a la primera columna. En el renglón, indica la utilidad unitaria para todas las variables en la función objetivo de programación lineal. En la columna, C_j indica la utilidad unitaria para cada variable *actualmente* en la mezcla solución.

Z_j: En la columna de cantidad, Z_j ofrece la contribución total (utilidad bruta en este caso) de una solución dada. En las otras columnas (debajo de las variables) se representa la utilidad bruta *perdida* al sumar una unidad a esta variable en la solución actual. El valor Z_j para cada columna se encuentra multiplicando la C_j del renglón por el número en ese renglón y la *j*-ésima columna y sumando.

TABLA S4.2 Tabla inicial simplex completa.

$C_j \rightarrow$ $\downarrow$		\$7	\$5	\$0	\$0	
	Mezcla solución	X_1	X_2	S_1	S_2	Cantidad (RHS)
\$0	S_1	2	1	1	0	100
\$0	S_2	4	3	0	1	240
	Z_j	\$0	\$0	\$0	\$0	\$0
	$C_j - Z_j$	\$7	\$5	\$0	\$0	(utilidad total)

Los cálculos para los valores de Z_j en la tabla S4.2 son:

$$Z_j \text{ (para la columna } X_1) = 0(2) + 0(4) = 0$$
$$Z_j \text{ (para la columna } X_2) = 0(1) + 0(3) = 0$$
$$Z_j \text{ (para la columna } S_1) = 0(1) + 0(0) = 0$$
$$Z_j \text{ (para la columna } S_2) = 0(0) + 0(1) = 0$$
$$Z_j \text{ (para la utilidad total)} = 0(100) + 0(240) = 0$$

$C_j - Z_j$: Este número representa la utilidad neta (esto es, la utilidad ganada menos la utilidad perdida), que es el resultado de introducir una unidad de cada producto (variable) en la solución. No se calcula para la columna de la cantidad. Para calcular estos números, simplemente se resta la Z_j total del valor C_j en la parte superior de la columna de cada variable.

Los cálculos para la utilidad neta por renglón unitario ($C_j - Z_j$) en este ejemplo son:

	Columna			
	X_1	X_2	S_1	S_2
C_j para la columna:	$7	$5	$0	$0
Z_j para la columna:	0	0	0	0
$C_j - Z_j$ para la columna:	$7	$5	$0	$0

Era obvio, cuando se calculó una utilidad de 0 dólares que esta solución inicial no era la óptima. Al examinar los números en el renglón $C_j - Z_j$ de la tabla S4.2, se observa que la utilidad puede incrementarse en 7 dólares por cada unidad de X_1 (walkmans), y en 5 dólares por cada unidad de X_2 (watch-TV) sumados a la mezcla solución. Un número negativo en el renglón $C_j - Z_j$ dirá que las utilidades *bajarían* si la variable correspondiente se sumara a la mezcla solución. Una solución óptima se alcanza en el método simplex cuando el renglón $C_j - Z_j$ no contenga números positivos. Tal no es el caso en la tabla inicial.

Procedimientos de soluciones simplex

Una vez que se ha completado la tabla inicial, se procede a calcular todos los números necesarios para la siguiente tabla a través de una serie de cinco pasos. Los cálculos no son difíciles, pero sí lo suficientemente complejos como para que el menor error aritmético produzca una respuesta bastante errónea.

Primero se enlistan los cinco pasos y luego se aplican al determinar la segunda y tercera tablas para los datos del ejemplo en la Shader Electronic.

1. Determinar cuáles variables formarán parte de la próxima mezcla solución. Identificar la columna, y por ende la variable, con el número positivo mayor en el renglón $C_j - Z_j$ de la tabla previa. Este paso significa que ahora se producirá parte del producto que contribuye la mayor utilidad adicional por unidad.
2. Determinar qué variable se va a remplazar. Ya que apenas se ha elegido la nueva variable que se incluirá en la mezcla solución, se debe decidir qué variable actual en la solución se debe remover para hacer espacio. Para hacerlo, se divide cada cantidad, en la columna de cantidad, entre el número correspondiente en la columna seleccionada del paso 1. El renglón, cuyo resultado del cálculo sea el *menor número no negativo*, será remplazado en la siguiente tabulación (este número menor, de paso, da el máximo número de unidades de la variable que pueden ser colocadas en la solución). Este

renglón generalmente es referido como **renglón pivote,** y la columna identificada en el paso 1 es llamada la **columna pivote.** El número en la intersección del renglón pivote y la columna pivote es el **número pivote.**

Renglón pivote
Columna pivote
Número pivote

3. Calcular los nuevos valores para el renglón pivote. Para encontrarlos, simplemente se divide cada número del renglón entre el *número pivote.*
4. Calcular los nuevos valores para los renglones restantes. (En los problemas ejemplo hay únicamente dos renglones en la tabla, pero la mayoría de los problemas más grandes tienen muchas más filas.) Todas las filas restantes se calculan de la siguiente manera:

$$\begin{pmatrix}\text{Números}\\ \text{del renglón}\\ \text{nuevo}\end{pmatrix} = \begin{pmatrix}\text{Números}\\ \text{del renglón}\\ \text{antiguo}\end{pmatrix} - \left[\begin{pmatrix}\text{Números en el}\\ \text{renglón antiguo}\\ \text{arriba o abajo}\\ \text{del número}\end{pmatrix} \times \begin{pmatrix}\text{Número correspondiente}\\ \text{en el renglón nuevo}\\ \text{esto es, el renglón}\\ \text{remplazado en el paso 3}\end{pmatrix}\right]$$

5. Calcular los renglones Z_j y $C_j - Z_j$, según se demostró en la tabla inicial. Si todos los números en el renglón $C_j - Z_j$ son ceros o negativos, se ha encontrado una solución óptima. Si éste no es el caso, se debe regresar al paso 1.

Todos estos cálculos se ilustran mejor por medio de un ejemplo —y podrán ser comprendidos con una mayor claridad por medio de varios problemas de práctica. La tabla simplex inicial calculada en la tabla S4.2 se repite a continuación. Se seguirán los cinco pasos recién presentados para alcanzar una solución óptima al problema de programación lineal.

Primera tabla

$C_j \rightarrow$ ↓		\$7	\$5	\$0	\$0		
	Mezcla solución	X_1	X_2	S_1	S_2	*Cantidad*	
\$0	S_1	(2)	1	1	0	100	← renglón pivote
\$0	S_2	4	3	0	1	240	
	Z_j	\$0	\$0	\$0	\$0	\$0	
	$C_j - Z_j$	\$7	\$5	\$0	\$0	\$0	

número pivote (2, en círculo)

↑ columna pivote (valores máximos $C_j - Z_j$)

Paso 1. La variable X_1 entrará a la próxima solución porque tiene el valor más alto de contribución al valor de utilidad $C_j - Z_j$. Su columna se convierte en la columna pivote.

Paso 2. Dividir cada número en la columna de cantidad entre el número correspondiente en la columna X_1: 100/2 = 50 para el primer renglón, y 240/4 = 60 para el segundo renglón. El menor de estos números (50) identifica el renglón pivote, el número pivote y la variable que debe ser remplazada. El renglón pivote se identifica arriba con una flecha, y el número pivote está adentro de un círculo. La variable X_1 remplaza a la variable S_1 en la columna de la mezcla solución, como se muestra en la segunda tabla.

Paso 3. Remplazar el renglón pivote al dividir cada número en él, entre el número pivote (2/2 = 1, 1/2 = 1/2, 1/2 = 1/2, 0/2 = 0, 100/2 = 50). Esta nueva versión del renglón pivote completo aparece en la página 174.

Las técnicas de programación lineal tienen un impacto directo en la eficiencia y utilidad de las líneas aéreas grandes. Thomas Cook, presidente del grupo de tecnología de decisión de American Airlines, nos dice por qué la programación lineal es tan importante para su compañía: "Encontrar soluciones rápidas a problemas de programación lineal es esencial. Un buen ejemplo es una desorganización causada por el clima. Si se tiene un paro en uno de los grandes centros, como Dallas o Chicago, entonces una cantidad de vuelos pueden ser cancelados, lo cual significa que tenemos una cantidad de tripulaciones y aviones en los lugares equivocados. Lo que necesitamos es la manera de poner toda esa operación otra vez de regreso, de tal forma que las tripulaciones y los aviones se encuentren en los lugares correctos. De esa forma, minimizamos el costo del paro y las incomodidades de los pasajeros." American también utiliza programación lineal para programar tripulaciones, hoteles y asignar aviones a los vuelos, entre otras aplicaciones.

C_j	*Mezcla solución*	X_1	X_2	S_1	S_2	*Cantidad*
$7	X_1	1	1/2	1/2	0	50

Paso 4. Calcular los nuevos valores para el renglón S_2.

Número en el renglón nuevo S_2	=	Número en el renglón viejo S_2	−	[(Número debajo del número pivote en el rengón antiguo)	×	Número correspondiente en el renglón nuevo X_1)]
0	=	4	−	[(4)	×	(1)]
1	=	3	−	[(4)	×	(1/2)]
−2	=	0	−	[(4)	×	(1/2)]
1	=	1	−	[(4)	×	(0)]
40	=	240	−	[(4)	×	(50)]

C_j	*Mezcla solución*	X_1	X_2	S_1	S_2	*Cantidad*
$7	X_1	1	1/2	1/2	0	50
0	S_1	0	1	−2	1	40

Paso 5. Calcular los renglones Z_j y $C_j - Z_j$.

Z_j (para la columna X_1) = \$7(1) + 0(0) = \$7 $\qquad C_j - Z_j$ = \$7 − \$7 = 0

Z_j (para la columna X_2) = \$7(1/2) + 0(1) = \$7/2 $\qquad C_j - Z_j$ = \$5 − \$7/2 = \$3/2

Z_j (para la columna S_1) = \$7(1/2) + 0(−2) = \$7/2 $\qquad C_j - Z_j$ = 0 − \$7/2 = −\$7/2

Z_j (para la columna S_2) = \$7(0) + 0(1) = 0 $\qquad C_j - Z_j$ = 0 − 0 = 0

Z_j (para la utilidad total) = \$7(50) + 0(40) = \$350

Segunda tabla

$C_j \rightarrow$ ↓		\$7	\$5	\$0	\$0		
	Mezcla solución	X_1	X_2	S_1	S_2	*Cantidad*	
\$7	X_1	1	1/2	1/2	0	50	← renglón pivote
\$0	S_2	0	(1) ← número pivote	−2	1	40	
	Z_j	\$7	\$7/2	\$7/2	\$0	\$350 (utilidad total)	
	$C_j - Z_j$	\$0	\$3/2	−\$7/2	\$0		
			↑ columna pivote				

Dado que no todos los números en el renglón $C_j - Z_j$ en esta última tabla son cero o negativos, la solución anterior (esto es, $X_1 = 50$, $S_2 = 40$, y $S_1 = 0$; utilidad = 350 dólares) no es óptima, se procede a una tercera tabla y la repetición de los cinco pasos.

Paso 1. La variable X_2 entrará a la solución a continuación porque tiene la característica que su $C_j - Z_j = 3/2$ es el mayor (y único) número positivo en el renglón. Entonces, por cada unidad de X_2 que se empiece a producir, la función objetivo incrementará su valor en \$3/2 dólares, o 1.50 dólares.

Paso 2. El renglón pivote se convierte en el renglón S_2 debido a que su cociente 40/1 = 40 es menor que el cociente 50/(½) = 100.

Paso 3. Remplazar el renglón pivote al dividir cada uno de sus números entre el número pivote (encerrado en un círculo). Ya que cada número se divide entre uno, no hay cambio.

Paso 4. Calcular los nuevos valores para el renglón X_1.

(Número en el renglón nuevo X_1)	=	(Número en el renglón viejo X_1)	−	[(Número arriba del número pivote)	×	(Número correspondiente en el renglón nuevo X_2)]
1	=	1	−	[(1/2)	×	(0)]
0	=	1/2	−	[(1/2)	×	(1)]
3/2	=	1/2	−	[(1/2)	×	(−2)]
−1/2	=	0	−	[(1/2)	×	(1)]
30	=	50	−	[(1/2)	×	(40)]

Paso 5. Calcular los renglones Z_j y $C_j - Z_j$.

Z_j (para la columna X_1) = \$7(1) + \$5(0) = \$7 $\quad C_j - Z_j$ = \$7 − 7 = \$0

Z_j (para la columna X_2) = \$7(0) + \$5(1) = \$5 $\quad C_j - Z_j$ = \$5 − 5 = \$0

Z_j (para la columna S_1) = \$7(3/2) + \$5(−2) = \$1/2 $\quad C_j - Z_j$ = \$0 − 1/2 = −\$1/2

Z_j (para la columna S_2) = \$7(−1/2) + \$5(1) = \$3/2 $\quad C_j - Z_j$ = \$0 − 3/2 = −\$3/2

Z_j (para la utilidad total) = \$7(30) + \$5(40) = \$410

Los resultados de la tercera tabla se encuentran en la tabla S4.3.

TABLA S4.3 Tabla tercera y última.

$C_j \rightarrow$ ↓		$7	$5	$0	$0	
	Mezcla solución	X_1	X_2	S_1	S_2	*Cantidad*
$7	X_1	1	0	3/2	–1/2	30
$5	X_2	0	1	–2	1	40
	Z_j	$7	$5	$1/2	$3/2	$410
	$C_j - Z_j$	$0	$0	–$1/2	–$3/2	

Dado que cada número en el renglón $C_j - Z_j$ de la tercera tabla son cero o negativos, se ha alcanzado una solución óptima. Esa solución es: $X_1 = 30$ (walkmans), y $X_2 = 40$ (watch-TV), $S_1 = 0$ (holgura en el primer recurso), $S_2 = 0$ (holgura en el segundo recurso); y utilidad = 410 dólares.

Análisis por computadora de AB:POM de los datos de Shader Electronics incluyendo salida opcional de las tablas.

```
Data file: SHADER                Linear Programming                    Solution
Number of constraints (2-99) 2                         Number of variables (2-99) 2
maximize

                         SHADER ELECTRONICS EXAMPLE

Options ->      Step     Cmputr  PrtOFF

              WALKMANS  WATCH-TV             RHS
Objective            7         5                  Shadow
Electronics          4         3     ≤    240.00    1.50
Assembly             2         1     ≤    100.00    0.50

Values ->     30.00     40.00            $410.00

                                   Phase  2   Iteration 3    0.38 seconds

F1 = Display solution table  F3 = Graph                  F9 = Print       Esc
Press <Esc> key to continue or highlight key or function key for options

        Iteration 1
                      WALKMAN     WATCH-TV      slk 1     slk 2        RHS
        maximize       - 7.00      - 5.00        0.00      0.00        0.00
        slk 1            2.00        1.00        1.00      0.00      100.00
        slk 2            4.00        3.00        0.00      1.00      240.00

        Iteration 2
                      WALKMAN     WATCH-TV      slk 1     slk 2        RHS
        maximize         0.00      - 1.50        3.50      0.00      350.00
        WALKMAN          1.00        0.50        0.50      0.00       50.00
        slk 2            0.00        1.00      - 2.00      1.00       40.00

        Iteration 3
                      WALKMAN     WATCH-TV      slk 1     slk 2        RHS
        maximize         0.00        0.00        0.50      1.50      410.00
        WALKMAN          1.00        0.00        1.50    - 0.50       30.00
        WATCH-TV         0.00        1.00      - 2.00      1.00       40.00
```

PROGRAMA S4.2 Salida gráfica opcional de Shader Electronics

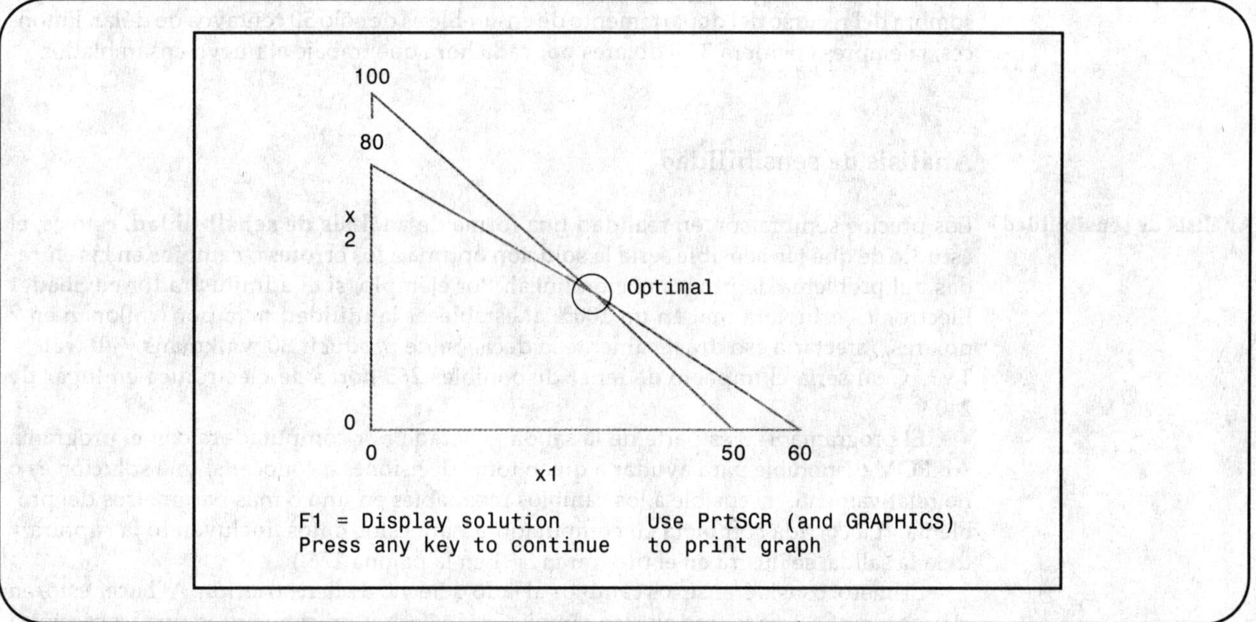

Resumen de pasos simplex para problemas de maximización

Los pasos involucrados al utilizar el método simplex para ayudar a resolver un problema de programación lineal en el cual la función objetivo debe resumirse, se pueden condensar de la siguiente manera:

1. Elegir la variable con la $C_j - Z_j$ positiva más grande que entrará a la solución.
2. Determinar el renglón que debe ser remplazado al seleccionar uno con el cociente más bajo (no negativo) de cantidad entre la columna pivote.
3. Calcular los nuevos valores para el renglón pivote.
4. Calcular los nuevos valores para los otros renglones.
5. Calcular los valores de C_j y $C_j - Z_j$ para esta tabla. Si existe algún valor mayor que cero de $C_j - Z_j$, regresar al paso 1.

Precios sombra

La tabla final de Shader Electronics lleva al tema de los precios sombra. ¿Exactamente cuánto debe estar dispuesta a pagar una compañía para hacer disponibles los recursos adicionales? ¿Vale una hora más de tiempo de máquina con un costo de 0.50, 1 o 5 dólares? ¿Vale la pena pagar a los trabajadores una cuota de tiempo extra para quedarse una hora extra cada noche, con el fin de aumentar la salida de la producción? El valor de los recursos adicionales es información valiosa para la administración.

Afortunadamente, esta información está disponible en la tabla simplex final de un problema de programación lineal. Una importante propiedad del renglón $C_j - Z_j$ es que los *negativos de los números en su variable de holgura* (S_j) ofrecen en sus columnas lo que se llaman *precios sombra*. Un **precio sombra** es el valor de una unidad adicional de un recurso en la forma de una hora más de tiempo de máquina, tiempo de mano de obra u otro escaso recurso.

Precio sombra

La tabla S4.3 indicó que la solución óptima del problema de Shader es de $X_1 = 30$ walkmans, $X_2 = 40$ watch-TV, $S_1 = 0$, $S_2 = 0$, y utilidad = 410 dólares, donde S_1 representó las horas de holgura en el departamento de electrónica y S_2 representó la holgura o tiempo del departamento de ensamble no utilizado.

Si se supone que Shader está considerando la adición de ensambladores extra con un salario de 4 dólares por hora. ¿Debe hacerlo la compañía? La respuesta es *no*, los precios sombra del recurso del departamento de ensamble es de sólo 50 centavos de dólar. Entonces, la empresa perderá 3.50 dólares por cada hora que trabaje el nuevo ensamblador.

Análisis de sensibilidad

Análisis de sensibilidad

Los precios sombra son en realidad una forma de **análisis de sensibilidad,** esto es, el estudio de qué tan sensible sería la solución óptima a los errores o cambios en las entradas del problema de programación lineal. Por ejemplo, si el administrador en Shader Electronics estuviera mal en un 100% al establecer la utilidad neta por walkman en 7 dólares, ¿afectaría eso drásticamente la decisión de producir 30 walkmans y 40 watch-TV? ¿Cuál sería el impacto de tener disponibles 265 horas de electrónica en lugar de 240?

El programa S4.3 es parte de la salida generada por computadora con el programa AB:POM disponible para ayudar a quien toma decisiones a conocer si una solución es o no relativamente insensible a los cambios razonables en uno o más parámetros del problema. (La corrida completa en computadora para estos datos, incluyendo la captura y toda la salida, se ilustra en el programa S4.1 en la página 176.)

Primero, considérense los cambios al lado derecho de la restricción. Al hacer esto, en el programa S4.3, se asume que los cambios están hechos únicamente en una restricción a la vez; la otra permanece fija en sus valores originales. El *rango de la mano derecha* indica sobre qué rangos de los valores de la mano derecha permanecerán válidos para dicha restricción. En el ejemplo de Shader, el precio sombra de 1.50 dólares para la restricción de electrónica se aplicará, aunque las 240 horas actuales caigan tan bajo como 200 o se incrementen tan alto como 300.

Este concepto de que el rango de la mano derecha limita los precios sombra es importante en el análisis de sensibilidad. Supóngase que Shader Electronics consigue horas de electrónica adicionales a un costo menor que el precio sombra. La pregunta de cuántas obtener se contesta por el límite superior en el programa S4.3, esto es, asegurar 60 horas más de las 240 horas actuales.

Ahora véanse los cambios en los coeficientes de la función objetivo. El análisis de sensibilidad ofrece para cada variable de decisión en la solución, el rango de valores de utilidad sobre el cual la respuesta será la misma. Por ejemplo, la utilidad neta de 7 dólares por walkman (X_1) en la función objetivo podría estar entre 6.67 dólares a 10 dólares sin que cambie la solución final de $X_1 = 30$, $X_2 = 40$. Desde luego, si un coeficiente de utilidad cambiara, la utilidad neta de 410 dólares cambiaría, aun si las cantidades óptimas de X_1 y X_2 no lo hicieran.

Análisis de sensibilidad para Shader Electronics utilizando AB:POM.

SHADER ELECTRONIC EXAMPLE

Solution value = 410

Constraint	Shadow Prices		Original RHS	Lower Limit	Upper Limit
ELECTRONIC	0.50		100.00	80.00	120.00
ASSEMBLY	1.50		240.00	200.00	300.00

Variable	Optimal Value	Reduced Cost	Original Coef	Lower Limit	Upper Limit
WALKMANS	30.00	0.00	7.00	6.666667	10.00
WATCH-TVS	40.00	0.00	5.00	3.50	5.25

Variables artificiales y excedentes

Las constantes en los problemas de programación lineal que se han visto de ejemplo en este suplemento, rara vez han sido de la variedad "menor o igual que" (≤). Tan comunes son las restricciones e igualdades "mayor o igual que" (≥). Para utilizar el método simplex, cada una de estas se debe convertir a una forma especial también. Si no se hace, la técnica simplex no es utilizable para establecer una solución factible inicial en la primera tabla.

ejemplo S2

Las siguientes restricciones fueron formuladas para un problema de programación lineal en la Wohl Publishing Company. Se debe convertir cada una para su utilización en el algoritmo simplex.

Restricción 1. $25X_1 + 30X_2 = 900$. Para convertir una *igualdad* simplemente se suma una variable "artificial" (A_1) a la ecuación:

$$25X_1 + 30X_2 + A_1 = 900$$

Una *variable artificial* es una variable que no tiene significado físico en términos de un problema de programación lineal del mundo real. Simplemente permite crear una solución factible básica para principiar el algoritmo simplex. A una variable artificial no se le permite aparecer en la solución final del problema.

Restricción 2. $5X_1 + 13X_2 + 8X_3 \geq 2100$. Para manejar las restricciones ≥, primero se resta una variable "excedente" (S_1) y luego se suma una variable artificial (A_2) para formar una nueva ecuación:

$$5X_1 + 13X_2 + 8X_3 - S_1 + A_1 = 2100$$

Variable excedente

Una **variable excedente** *sí* tiene un significado físico y es la cantidad arriba del nivel mínimo requerido que se establece en la mano derecha de la restricción mayor o igual que.

Cuando se suma una variable artificial o excedente a una de las restricciones, también se debe incluir en las otras ecuaciones y en la función objetivo del problema, justo como se hizo para las variables de holgura. Cada variable artificial tiene asignado un alto costo para asegurar que no aparece en la solución final. En lugar de asignar un valor real en dólares de 10 000 o 1 millón, simplemente se utiliza el símbolo $\$M$ para representar un número muy grande. Las variables excedentes, al igual que las variables de holgura, llevan un costo de cero.

ejemplo S3

La Memphis Chemical Corp., debe producir 1000 libras de una mezcla especial de fosfato y potasio para un cliente. El fosfato cuesta 5 dólares/libra y el potasio 6 dólares/libra. No se pueden utilizar más de 300 libras de fosfato, y se deben utilizar cuando menos 150 libras de potasio.

Se desea formular esto como un problema de programación lineal y convertir las restricciones y función objetivo en la forma necesaria para el algoritmo simplex. Suponga que:

X_1 = número de libras de fosfato en la mezcla

X_2 = número de libras de potasio en la mezcla

Función objetivo: minimizar costo = $\$5X_1 + \$6X_2$
Función objetivo en la forma simplex:

$$\text{Minimizar costos} = \$5X_1 + \$6X_2 + \$0S_1 + \$0S_2 + \$MA_1 + \$MA_2$$

Forma regular			*Forma Simplex*
1era restricción:	$1X_1$	$+ 1X_2 = 1000$	$1X_1 + 1X_2 \qquad + 1A_1 = 1000$
2da restricción:	$1X_1$	≤ 300	$1X_1 \qquad + 1S_1 \qquad = 300$
3era restricción:		$1X_2 \geq 150$	$1X_2 \qquad - 1S_2 \qquad + 1A_2 = 150$

Solución de problemas de minimización

Ahora que se han ilustrado algunos ejemplos de problemas de programación lineal con los tres tipos diferentes de restricciones, se puede resolver un problema de minimización utilizando el algoritmo simplex. Los problemas de minimización son bastante similares a los problemas de maximización vistos anteriormente en este suplemento. La única diferencia significativa involucra el renglón $C_j - Z_j$. Dado que el objetivo es ahora minimizar los costos, la nueva variable que participará en la solución de cada tabla (la columna pivote) será aquella con el *número negativo más grande* en el renglón $C_j - Z_j$. Entonces, se elegirá la variable que disminuya los costos lo más posible. En los problemas de minimización, se logra una solución óptima cuando todos los números en el renglón $C_j - Z_j$ son cero o *positivo*, justo lo opuesto del caso de maximización. Todos los otros pasos del método, como se ve a continuación, permanecen iguales.

1. Elegir la variable con la $C_j - Z_j$ negativa más grande que se incluirá para la solución.
2. Determinar el renglón que debe ser remplazado al seleccionar uno con el cociente más bajo (no negativo) de cantidad entre la columna pivote.
3. Calcular los nuevos valores para el renglón pivote.
4. Calcular los nuevos valores para los otros renglones.
5. Calcular los valores de $C_j - Z_j$ para esta tabla. Si existe algún valor menor que cero de $C_j - Z_j$, regresar al paso 1.

ejemplo S4

Solución a la formulación de programación lineal de Memphis Chemical del ejemplo S3 utilizando el algoritmo simplex.

La tabla inicial está establecida igual que antes. Nótese la presencia de los costos $\$M$ asociados con las variables artificiales A_1 y A_2, pero se les trata como si fueran cualquier número muy grande. Tienen el efecto de forzar a las variables artificiales fuera de la solución rápidamente debido a sus grandes costos.

$C_j \rightarrow$		\$5	\$6	\$0	\$0	\$M	\$M	
$\downarrow$	*Mezcla solución*	X_1	X_2	S_1	S_2	A_1	A_2	*Cantidad*
\$M	A_1	1	1	0	0	1	0	1000
\$0	S_1	1	0	1	0	0	0	240
\$M	A_2	0	1	0	−1	0	1	150

Como se recordará, los números en la columna Z_j se calculan multiplicando la columna C_j del lado izquierdo de la tabla por los números correspondientes en cada una de las otras columnas.

$$Z_j \text{ (para la columna } X_1) = (\$M)(1) + (\$0)(1) + (\$M)(0) = \$M$$
$$C_j - Z_j = \$5 - M = -\$M + 5$$
$$Z_j \text{ (para la columna } X_2) = (\$M)(1) + (\$0)(0) + (\$M)(1) = \$2M$$
$$C_j - Z_j = \$6 - 2M = -\$2M + 6$$
$$Z_j \text{ (para la columna } S_1) = (\$M)(0) + (\$0)(1) + (\$M)(0) = \$0$$
$$C_j - Z_j = \$0 - 0 = \$0$$
$$Z_j \text{ (para la columna } S_2) = (\$M)(0) + (\$0)(0) + (\$M)(-1) = -\$M$$
$$C_j - Z_j = \$0 - (-M) = \$M$$
$$Z_j \text{ (para la columna } A_1) = (\$M)(1) + (\$0)(0) + (\$M)(0) = \$M$$
$$C_j - Z_j = \$M - M = \$0$$
$$Z_j \text{ (para la columna } A_2) = (\$M)(0) + (\$0)(0) + (\$M)(1) = -\$M$$
$$C_j - Z_j = \$M - M = \$0$$
$$Z_j \text{ (para el costo total)} = (\$M)(1000) + (\$0)(300) + (\$M)(150) = \$1150M$$

1era tabla

$C_j \rightarrow$ ↓		\$5	\$6	\$0	\$0	\$M	\$M		
	Mezcla solución	X_1	X_2	S_1	S_2	A_1	A_2	*Cantidad*	
\$M	A_1	1	1	0	0	1	0	1000	
\$0	S_1	1	0	1	0	0	0	300	
\$M	X_2	0	①	0	–1	0	1	150	← renglón pivote
	Z_j	\$M	\$2M	\$0	–\$M	\$M	\$M	\$1150M	
	$C_j - Z_j$	–\$M + 5	–\$2M + 6	\$0	\$M	\$0	\$0	(costo total)	
			↑ columna pivote						

La variable X_2 entrará en la próxima solución, debido a que tiene el mayor número negativo $C_j - Z_j$. La variable A_2 será eliminada de la solución porque su cociente 150/1 es menor que los cocientes de la columna de la cantidad y los números correspondientes de la columna X_2 en los otros dos renglones. Esto es 150/1 (el tercero o renglón A_2) es menor que 1000/1 (el primer renglón) y menor que 300/0 (el segundo renglón). Este último cociente, dicho sea de paso, que involucra una división entre cero, se considera un número indefinido— o uno que es infinitamente grande— y por lo tanto se puede ignorar.

Los números en el renglón pivote no cambian, en este caso, porque cada uno se divide por el número pivote, encerrado en un círculo, que es 1. Los otros renglones se alteran de la siguiente forma:

Renglón A_1		*Renglón S_1*	
1 =	1 – (1)(0)	1=	1 – (0)(0)
0 =	1 – (1)(1)	0=	0 – (0)(1)
0 =	0 – (1)(0)	1=	1 – (0)(0)

Renglón A_1		*Renglón S_1*	
1 =	0 – (1)(–1)	0 =	0 – (0)(–1)
1 =	1 – (1)(0)	0 =	0 – (0)(0)
–1 =	0 – (1)(1)	0 =	0 – (0)(1)
850 =	1000 – (1)(150)	300 =	300 – (0)(150)

2da tabla

$C_j \rightarrow$ ↓	*Mezcla solución*	*\$5* X_1	*\$6* X_2	*\$0* S_1	*\$0* S_2	*\$M* A_1	*\$M* A_2	*Cantidad*
\$M	A_1	1	0	0	1	1	–1	850
\$0	S_1	1	0	1	1	0	0	300
\$6	X_2	0	1	0	–1	0	1	150
	Z_j	\$M	\$6	\$0	\$M – 6	\$M	–\$M + 6	\$850M + 900
	$C_j - Z_j$	–\$M + 5	\$0	\$0	–\$M + 6	\$0	\$2M– 6	

La solución al final de la segunda tabla es $A_1 = 850$, $S_1 = 300$, $X_2 = 150$, costo = \$850*M* + \$900 (¡No muy barato!). Esta respuesta no es la óptima debido a que no todos los números en el renglón $C_j - Z_j$ son cero o positivos. El problema S4.26 al final del capítulo ofrece la respuesta final.

ALGORITMO DE KARMARKAR

El gran cambio que tuvo lugar en el campo de las técnicas de solución de la programación lineal después de cuatro décadas fue el arribo en 1984 de una alternativa al algoritmo simplex. Desarrollado por Narendra Karmarkar, el nuevo método, llamado algoritmo de Karmarkar, a menudo toma un tiempo de computadora significativamente menor para resolver problemas de programación lineal de gran escala.[1]

Como se vio, el algoritmo simplex encuentra una solución al moverse de un punto en la esquina adyacente al siguiente, siguiendo los bordes exteriores de una región factible. La mayor diferencia es que el método Karmarkar sigue una trayectoria de puntos en el *interior* de la región factible. Tiene singular capacidad para manejar un número *extremadamente* grande de restricciones y variables, dando a los usuarios de la programación lineal la capacidad de resolver problemas que previamente no se hubieran podido resolver. Aunque el método simplex probablemente continúe siendo utilizado por muchos problemas de programación lineal, una nueva generación de software de programación lineal construido alrededor del algoritmo de Karmarkar está siendo utilizada.

SOLUCIÓN DE PROBLEMAS DE PROGRAMACIÓN LINEAL POR COMPUTADORA

Los problemas de programación lineal a gran escala, que quizá deban ser resueltos por usted algún día, podrían, con cálculos extensos y cuidadosos, ser resueltos a mano siguiendo los pasos de un algoritmo simplex. Es ciertamente importante, el entender cómo

[1]Para detalles, véase J. N. Hooker, "Karmarkar's Linear Programming Algorithm," *Interfaces*, **16**, 4 (julio-agosto de 1986), pp. 75-90.

Delta Air Lines se convirtió en la primera línea aérea comercial en utilizar el programa Karmarkar, llamado KORBX, desarrollado y vendido por AT&T. Delta encontró que facilitaba la programación mensual de 7000 pilotos que vuelan más de 400 aviones a 166 ciudades alrededor del mundo. Con la eficiencia incrementada al localizar sus recursos limitados, Delta piensa que ahorrará millones de dólares en tiempos de tripulaciones y costos relativos. Otro usuario es la U.S. Military Airlift Command (MAC). Antes de la llegada de KORBX, el problema de programación lineal de MAC era demasiado grande para correr en una computadora. Aun un problema simplificado que tenía 36 000 variables y 10 000 restricciones tomó cuatro horas en una computadora mainframe usando software de programación lineal basado en simplex. Hoy, sin embargo, los modelos que incluyen el sistema Pacific Ocean completo, previamente insalvable corre en únicamente 20 minutos en KORBX.

trabaja tal algoritmo. La única manera de dominar el algoritmo es resolviendo varios problemas manualmente. Sin embargo una vez comprendida la mecánica de la técnica simplex, no debe ser necesario batallar con el método manual otra vez.

Cada universidad y la mayoría de negocios y organizaciones gubernamentales tienen acceso a programas que son capaces de resolver grandes problemas de programación lineal. El software popular para microcomputadora capaz de manejar grandes problemas de de programación lineal incluye productos tales como LINDO, STORM, y AB:POM.

TÉRMINOS CLAVE

Programación lineal (LP) (*p. 160*)
Función objetivo (*p. 160*)
Restricciones (*p. 160*)
Método lineal de iso-utilidad (*p. 164*)
Método del punto de la esquina (*p. 166*)
Iso-costo (*p. 168*)
Método simplex (*p. 170*)
Renglón pivote (*p. 173*)
Columna pivote (*p. 173*)
Número pivote (*p. 173*)
Precio sombra (*p. 177*)
Análisis de sensibilidad (*p. 178*)
Variable excedente (*p. 179*)

PROBLEMAS RESUELTOS

problema resuelto S4.1

Smitty's, un fabricante que produce camisas y pijamas para caballero, tiene dos recursos primarios disponibles: tiempo de máquina de coser (en el departamento de costura) y tiempo de máquina cortadora (en el departamento de corte). En el próximo mes, Smitty puede programar hasta 280 horas de trabajo en las máquinas de coser y hasta 450 horas en las máquinas cortadoras. Cada camisa producida requiere de 1 hora de tiempo de costura y 1.5 horas de tiempo de corte. Elaborar cada par de pijamas requiere de 0.75 horas de tiempo de costura y 2 horas de tiempo de corte.

Al expresar las restricciones de programación lineal para este problema en forma matemática, suponga:

X_1 = Número de camisas producidas

X_2 = Número de pijamas producidas

Solución

Primera restricción: $1X_1 + 0.75X_2 \leq 280$ horas disponibles en tiempo de máquina de coser, nuestro primer recurso escaso

Segunda restricción: $1.5X_1 + (2)X_2 \leq 450$ horas disponibles de tiempo de máquina cortadora, nuestro segundo recurso escaso

Nota: Esto significa que cada par de pijamas toma 2 horas del recurso de corte.

El departamento de contabilidad de Smitty analiza datos de costos y ventas, y establece que cada camisa producida de generará una contribución de 4 dólares de utilidad y que cada par de pijamas le generará una contribución de 3 dólares de utilidad.

Esta información puede ser utilizada para crear la *función objetivo* de programación lineal para este problema:

Función objetivo: Maximizar la contribución total a la utilidad = $\$4X_1 + \$3X_2$

problema resuelto S4.2

Deseamos resolver el siguiente problema de programación lineal para Failsafe Computers utilizando el método del punto de la esquina.

$$\text{Maximizar la utilidad} = \$9X_1 + \$7X_2$$
$$2X_1 + X_2 \leq 40$$
$$X_1 + 3X_2 \leq 30$$

Solución

La figura S4.9 ilustra estas restricciones.

Punto de la esquina **a**: $(X_1 = 0, X_2 = 0)$ Unidad = 0

Punto de la esquina **b**: $(X_1 = 0, X_2 = 10)$ Unidad = 9(0) + 7(10) = \$70

Punto de la esquina **d**: $(X_1 = 20, X_2 = 0)$ Unidad = 9(20) + 7(0) = \$180

El punto de la esquina **c** se obtiene mediante la resolución del sistema de ecuaciones simultáneas $2X_1 + 1X_2 = 40$ y $X_1 + 3X_2 = 30$. Multiplique la segunda ecuación por –2 y súmela a la primera.

$$\begin{array}{r} 2X_1 + 1X_2 = \ \ 40 \\ -2X_1 - 1X_2 = -60 \\ \hline -5X_2 = -20 \end{array}$$

Por lo tanto $X_2 = 4$.

$$X_1 + 3(X_2 = 4) = 30 \quad \text{o} \quad X_1 + 12 = 30 \quad \text{o} \quad X_1 = 18$$

Punto de la esquina c: $(X_1 = 18, X_2 = 4)$ Unidad = 9(18) + 7(4) = \$190

Entonces la solución óptima es:

$$X_1 = 18 \qquad X_2 = 4 \qquad \text{Unidad} = \$190$$

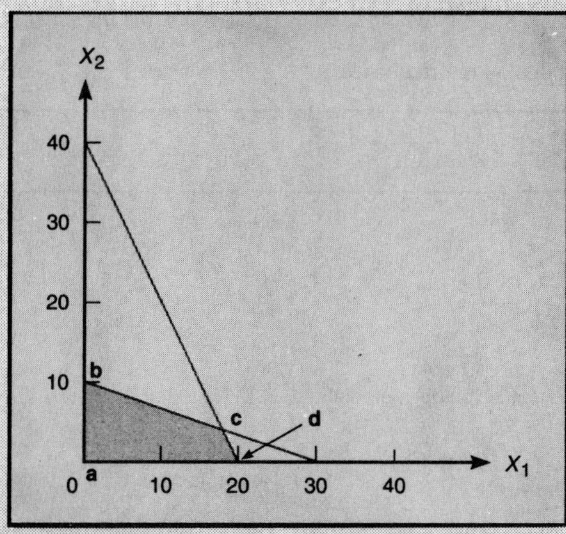

FIGURA S4.9 Región factible de Failsafe Computer Computers.

problema resuelto S4.3

El Holiday Meal Turkey Ranch está considerando la compra de dos diferentes alimentos para pavo. Cada alimento contiene, en proporciones variables, algunos o todos de los tres ingredientes nutricionales esenciales para la engorda de pavos. El alimento marca X le cuesta al rancho 0.02 dólares por libra. La marca Z cuesta 0.03 dólares por libra. El ranchero desea determinar la dieta de menor costo que cumpla el requerimiento mínimo mensual de alimentación de cada ingrediente nutricional.

La siguiente tabla contiene información relevante sobre la composición de la marca X y la marca Z, así como los requerimientos mínimos mensuales para cada ingrediente nutricional por pavo.

	Composición de cada libra de alimento		
Ingrediente	*Alimento marca X*	*Alimento marca Z*	*Requerimiento mínimo mensual*
A	5 oz	10 oz	90 oz
B	4 oz	3 oz	48 oz
C	0.5 oz	0	1.5 oz
Costo/libra	\$0.02	\$0.03	

Solución

Supóngase:

X_1 = Número de libras compradas del alimento marca X

X_2 = Número de libras compradas del alimento marca Z

entonces podemos proceder a formular este problema de programación lineal de la siguiente manera:

Minimizar el costo (en centavos) = $2X_1 + 3X_2$

sujeto a estas restricciones:

$5X_1 + 10X_2$	≥ 90 onzas	(*Restricción del ingrediente A*)
$4X_1 + 3X_2$	≥ 48 onzas	(*Restricción del ingrediente B*)
$1/2X_1$	$\geq 1\ 1/2$ onzas	(*Restricción del ingrediente C*)

La figura S4.10 ilustra estas restricciones.

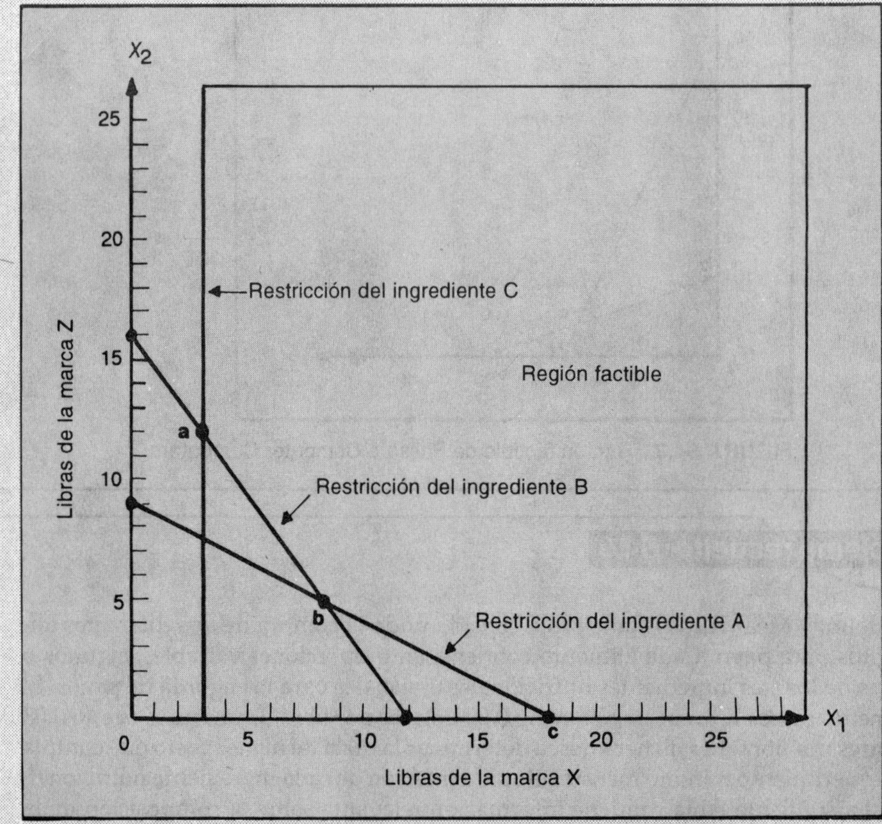

FIGURA S4.10 Región factible para el problema del Holiday Meal Turkey Ranch.

El sistema de línea iso-costo puede ser utilizado para resolver el problema de programación lineal de minimización tal como el del Holiday Meal Turkey Ranch. De la misma manera que con las líneas iso-utilidad, no es necesario calcular el costo en cada punto de la esquina, sino dibujar una serie de líneas de costo paralelas. La menor línea de costo (esto es, la más cercana al origen) que toque la región factible nos proporciona la esquina con la solución óptima.

Por ejemplo, empezamos en la figura S4.11 al dibujar una línea de costo de 54 centavos, es decir, $54 = 2X_1 + 3X_2$. Obviamente, hay muchos puntos en la región factible que generarían un costo total inferior. Procedemos a mover nuestra línea iso-costo hacia la parte izquierda baja, en un plano paralelo a la línea de solución de 54 centavos. El último punto que tocamos, mientras aún estamos en contacto con la región factible, es el mismo punto de la esquina **b** en la figura S4.10. Tiene las coordenadas ($X_1 = 8.4$, $X_2 = 4.8$) y un costo asociado de 31.2 centavos.

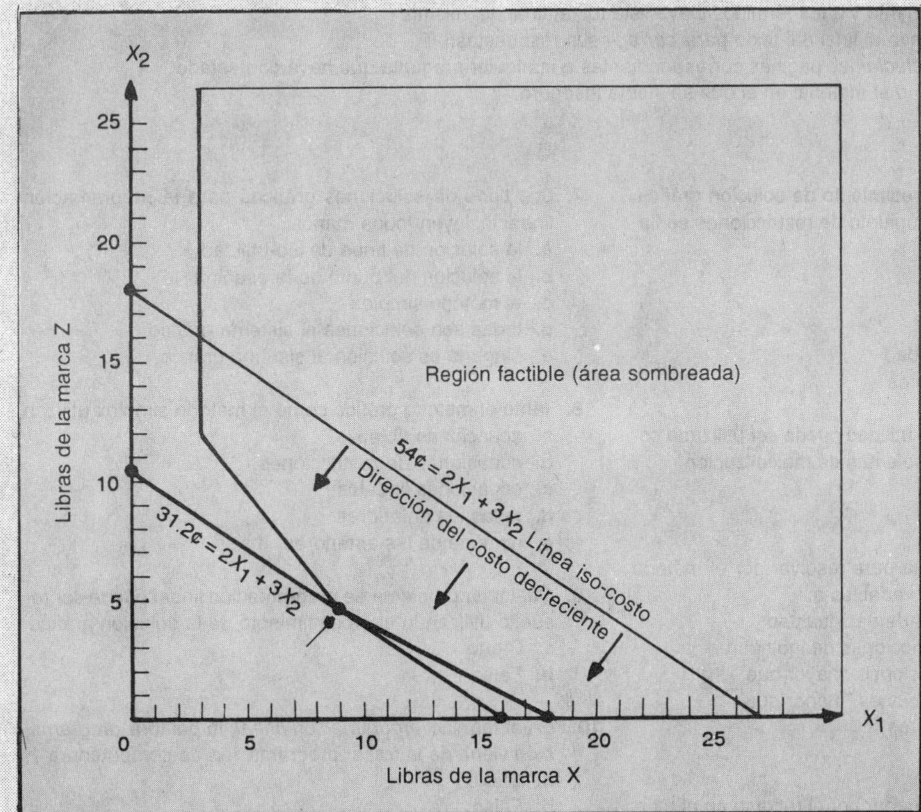

FIGURA S4.11 Solución gráfica al problema del Holiday Meal Turkey Ranch utilizando la línea iso-costo. Nótese que la última línea paralela a la línea iso-costo de 54 centavos que toca la región factible indica el punto de la esquina óptimo.

problema resuelto S4.4

Convertir las siguientes restricciones y función objetivo en la forma apropiada para ser utilizados en el método simplex.

Función objetivo: Minimizar el costo = $4X_1 + 1X_2$

Sujeto a las restricciones:

$$3X_1 + X_2 = 3$$
$$4X_1 + 3X_2 \geq 6$$
$$X_1 + 2X_2 \leq 3$$

Solución

Minimizar el costo = $4X_1 + 1X_2 + 0S_1 + 0S_2 + MA_1 + MA_2$

Sujeto a:

$$3X_1 + 1X_2 + 1A_1 = 3$$
$$4X_1 + 3X_2 + 1S_1 + 1A_2 = 6$$
$$1X_1 + 2X_2 + 1S_2 = 3$$

autoevaluación capítulo S4

- *Antes de iniciar la autoevaluación* refiérase a los objetivos de aprendizaje listados al principio del suplemento y a los términos clave listados al final del mismo.
- Utilice la clave al final del texto para *corregir* sus respuestas.
- *Vuelva a estudiar* las páginas correspondientes a cualquier pregunta que haya contestado erróneamente o el material en el que se sienta inseguro.

1. Cuando se utiliza un procedimiento de solución gráfica, la región limitada por el conjunto de restricciones se llama la:
a. solución
b. región factible
c. región no factible
d. región de máxima utilidad
e. ninguna de las anteriores

2. El método de solución iso-utilidad puede ser utilizado solamente para resolver problemas de maximización.
a. Cierto
b. Falso

3. Para formular un problema para resolver por el método simplex, se deben sumar variables a:
a. todas las restricciones de desigualdad
b. únicamente a las restricciones de igualdad
c. únicamente las restricciones "mayor que"
d. únicamente las restricciones "menor que"
e. ninguna de las anteriores

4. Un *precio sombra* es:
a. el precio que se debe pagar por el recurso en el mercado negro
b. el importe que se puede ahorrar al eliminar una unidad de recurso que se tiene en exceso
c. el importe que se puede ganar al ofrecer una unidad más de un recurso escaso
d. el incremento en utilidad si se produjera una unidad adicional de cada producto considerado en un problema
e. ninguna de las anteriores

5. Utilizando el *procedimiento de solución gráfica* para resolver un problema de maximización requiere que nosotros:
a. movamos la línea de iso-utilidad hacia arriba hasta que ya no intersecte con cualquier ecuación de restricción
b. movamos la línea de iso-utilidad hacia abajo hasta que ya no intersecte con cualquier ecuación de restricción
c. apliquemos el método de ecuaciones simultáneas para resolver las intersecciones de las restricciones
d. encontremos el valor de la función objetivo en el origen
e. ninguna de las anteriores

6. El método gráfico de la programación lineal puede manejar únicamente ______ variables de decisión.
a. 1
b. 2
c. 3
d. ninguna de las anteriores

7. Los tipos de soluciones gráficas para la programación lineal incluyen todos menos:
a. la solución de línea de iso-utilidad
b. la solución del punto de la esquina
c. el método simplex
d. todas son soluciones al sistema gráfico
e. ninguna es solución al sistema gráfico

8. Tanto el método gráfico como el método simplex utilizan
a. ecuaciones objetivo
b. ecuaciones de restricciones
c. ecuaciones lineales
d. todas las anteriores
e. ninguna de las anteriores

9. Cualquier problema de programación lineal puede ser resuelto utilizando el procedimiento de la solución gráfica.
a. Cierto
b. Falso

10. En el término *programación lineal*, la palabra *programación* viene de la frase "programación de computadora".
a. Cierto
b. Falso

11. El conjunto de puntos solución que satisfacen simultáneamente todas las restricciones de un problema de programación lineal se define como la región factible en la programación lineal gráfica.
a. Cierto
b. Falso

12. Una función objetivo es necesaria en un problema de maximización pero no se requiere en un problema de minimización.
a. Cierto
b. Falso

13. ¿Cuál de las siguientes características NO es una propiedad de todos los problemas de programación lineal?
a. la presencia de restricciones
b. la optimización de algún objetivo
c. un programa de computación
d. cursos de acción alternos de los cuales escoger
e. sólo el empleo de ecuaciones lineales y desigualdades

14. Una solución factible a un problema de programación lineal:
a. debe satisfacer todas las restricciones del problema simultáneamente
b. no necesita satisfacer todas las restricciones, solamente algunas de ellas
c. debe ser un punto de la esquina de la región factible
d. debe dar la máxima utilidad posible

PREGUNTAS PARA DISCUSIÓN

1. Discuta las similitudes y diferencias entre los problemas de minimización y maximización, utilizando los sistemas gráficos de solución de programación lineal.
2. Se ha dicho que en cada problema de programación lineal que tiene una región factible existe un número infinito de soluciones. Explíquelo.
3. El administrador de producción de una gran empresa de manufactura de Cincinnati una vez hizo la siguiente declaración "Me debería gustar el uso de la programación lineal, pero es una técnica que opera bajo condiciones de certidumbre. Mi planta no tiene esa certidumbre; es un mundo de incertidumbre. Así es que la programación lineal no puede ser utilizada aquí." ¿Usted cree que esta declaración tiene algún mérito? Explique por qué el administrador lo pudo haber dicho.
4. La gente que utilizará los resultados de un nuevo modelo cuantitativo tal como la programación lineal ¿Deberá involucrarse con los aspectos técnicos de los procedimientos de solución del problema?
5. C. W. Churchman alguna vez dijo: "las matemáticas . . . tienden a adormilar a los ingenuos haciéndoles pensar que aquel que piensa en forma elaborada piensa bien". ¿Cree usted que los mejores modelos son aquellos que son los más elaborados y matemáticamente complejos? ¿Por qué?
6. Explique el propósito y los procedimientos del método simplex.
7. ¿Cómo difieren los métodos gráfico y simplex para resolver problemas de programación lineal? ¿Bajo qué circunstancias preferiría usted el uso del sistema gráfico?
8. ¿Cuáles son las reglas simplex para seleccionar la columna pivote? ¿El renglón pivote? ¿El número pivote?
9. Un problema específico de programación lineal tiene la siguiente función objetivo:

   Maximizar la utilidad = $\$8X_1 + \$6X_2 + \$12X_1 - \$2X_1$

   ¿Cuál variable debe entrar en la segunda tabla simplex? Si la función objetivo fuera:

   Minimizar el costo = $\$2.5X_1 + \$2.9X_2 + \$4.0X_3 - \$7.9X_4$

   ¿Cuál variable sería la mejor candidata para entrar en la segunda tabla simplex?

PROBLEMAS

• **S4.1** George Bell intenta determinar cuántas unidades de teléfonos inalámbricos producir cada día. Uno de ellos es el modelo estándar; el otro, es el modelo deluxe. La utilidad por unidad en el modelo estándar es de 40 dólares mientras que la utilidad por unidad en el modelo deluxe es de 60 dólares. Cada uno de ellos requiere 30 minutos de tiempo de ensamble. Los tiempos de inspección necesarios son: en el modelo de lujo 15 minutos, mientras que en el modelo estándar 10 minutos. La compañía debe llenar una orden de 6 teléfonos deluxe. Hay 450 minutos de tiempo de ensamble y 180 minutos de tiempo de inspección disponibles cada día. ¿Cuántas unidades de cada producto deben ser fabricados para maximizar las utilidades?

• **S4.2** Resuelva el siguiente problema de programación lineal, utilizando el método del punto de la esquina.

$$\begin{aligned} \text{Maximizar} \quad & X + 10Y \\ \text{sujeto a:} \quad & 4X + 3Y \le 36 \\ & 2X + 4Y \le 40 \\ & Y \ge 3 \\ & X, Y \ge 0 \end{aligned}$$

• **S4.3** Resuelva el siguiente problema de programación lineal, utilizando el método del punto de la esquina.

$$\begin{aligned} \text{Maximizar} \quad & 3X + 5Y \\ \text{sujeto a:} \quad & 4X + 4Y \le 48 \\ & 1X + 2Y \le 20 \\ & Y \ge 2 \\ & X, Y \ge 0 \end{aligned}$$

•• **S4.4** Considere el siguiente problema de programación lineal:

$$\begin{aligned} \text{Maximizar} \quad & Z = 30X_1 + 10X_2 \\ \text{sujeto a:} \quad & 3X_1 + X_2 \le 300 \\ & X_1 + X_2 \le 200 \\ & X_1 \le 100 \\ & X_2 \ge 50 \\ & X_1 - X_2 \le 0 \\ & X_1, X_2 \ge 0 \end{aligned}$$

a) Resuelva el problema gráficamente.
b) ¿Hay más de una solución óptima? Explique.

• **S4.5** Suponga que un problema de programación lineal (maximización) se ha resuelto y que la función objetivo es de 300 dólares. Suponga que una restricción adicional se añade a este problema. Explique cómo afecta esto a cada uno de los siguientes:

a) la región factible
b) el valor óptimo de la función objetivo

•• **S4.6** La Dog Food Company de Steve Gold desea introducir una nueva marca de bisquets para perro. El nuevo producto, con sabor a hígado y pollo, cumple con ciertos requerimientos nutricionales. Los bisquets con sabor a hígado contienen 1 unidad de nutriente A y 2 unidades de nutriente B, mientras que los de sabor a pollo contienen 1 unidad de nutriente A y 4 unidades de nutriente B. De acuerdo a los requerimientos federales cada paquete de la nueva mezcla debe contener, por lo menos 40 unidades de nutriente A y 60 unidades de nutriente B. Adicionalmente, la compañía ha decidido que no puede haber más de 15 libras de bisquets con sabor a hígado en cada paquete. Si cuesta 1 centavo hacer un bisquet con sabor a hígado y 2 centavos hacer un bisquet con sabor a pollo, ¿cuál es la mezcla óptima de producto para un paquete de los bisquets con el fin de minimizar el costo de la empresa?

a) Formule esto como un problema de programación lineal.
b) Resuelva este problema gráficamente, dando los valores óptimos para todas las variables.
c) ¿Cuál es el costo total del paquete de bisquets para perro utilizando la mezcla óptima?

• **S4.7** The Electrocomp Corporation manufactura dos productos eléctricos: acondicionadores de aire y grandes ventiladores. El proceso de ensamble para cada uno es similar en que ambos requieren de una cierta cantidad de cableado y barrenado. Cada acondicionador de aire lleva tres horas de cableado y dos horas de barrenado. Cada ventilador debe pasar a través de dos horas de cableado y una hora de barrenado. Durante el siguiente periodo de producción, están disponibles 240 horas de tiempo de cableado y se pueden utilizar hasta 140 horas de tiempo de barrenado. Cada acondicionador de aire vendido genera una utilidad de 25 dólares. Cada ventilador ensamblado puede ser vendido con una utilidad de 15 dólares.

Formule y resuelva esta situación de mezcla de producción por programación lineal, y encuentre la mejor combinación de acondicionadores de aire y ventiladores que genere la utilidad más alta. Utilice el sistema gráfico del punto de la esquina.

• **S4.8** The Marriott Tub Company manufactura dos tipos de tinas de baño, llamadas Modelo A y Modelo B. Cada bañera requiere de la mezcla de ciertas cantidades de acero y cinc; la compañía tiene disponibles un total de 25 000 libras de acero y 6000 libras de cinc. Cada bañera del Modelo A requiere de una mezcla de 125 libras de acero y 20 libras de cinc, y cada una genera una utilidad a la compañía de 90 dólares. Cada bañera producida del Modelo B puede ser vendida con una utilidad de 70 dólares; a su vez requiere de 100 libras de acero y 30 libras de cinc.

Encuentre, por medio de la programación lineal gráfica, la mejor mezcla de producción de bañeras.

• **S4.9** The Outdoor Furniture Corporation produce dos productos, bancas y mesas para días de campo, para ser utilizadas en patios y parques. La empresa tiene dos recursos principales: sus carpinteros (fuerza laboral) y un lote de pino para utilizar en los muebles. Durante el próximo ciclo de producción, están disponibles 1200 horas laborales bajo un acuerdo sindical. La empresa también tiene un inventario de 3500 pies de tablas de pino de calidad. Cada banca que produce Outdoor Furniture requiere de cuatro horas laborales y 10 pies de pino; cada mesa para día de campo lleva seis horas de trabajo y 35 pies de tabla de pino. Las bancas completas generarán una utilidad de 9 dólares cada una, y las mesas tendrán una utilidad de 20 dólares cada una. ¿Cuántas bancas y mesas debe producir Outdoor Furniture con el fin de obtener la mayor utilidad posible? Utilice el sistema gráfico de programación lineal.

• **S4.10** MSA Computer Corporation manufactura dos modelos de minicomputadoras, la Alpha 4 y la Beta 5. La empresa emplea cinco técnicos, que trabajan 160 horas por mes cada uno, en su línea de ensamble. La administración insiste que el total empleo (es decir, *todas* las 160 horas de tiempo) se mantenga para cada trabajador durante las operaciones del próximo mes. Se requieren 20 horas laborales para ensamblar cada computadora Alpha 4, y 25 horas laborales para ensamblar cada modelo Beta 5. MSA desea tener por lo menos 10 unidades de Alpha 4, y 15 unidades Beta 5 producidas durante el periodo de producción. Las Alpha 4 generan una utilidad de 1200 dólares por unidad, y las Beta 5 generan 1800 dólares cada una.

Determine el número de cada modelo de minicomputadora con mayor utilidad para producir el siguiente mes.

• **S4.11** Resuelva el siguiente problema de programación lineal, utilizando el método gráfico del punto de la esquina:

$$\text{Maximizar la utilidad} = 4X_1 + 4X_2$$

$$\begin{aligned} \text{sujeto a:} \quad & 3X_1 + 5X_2 \leq 150 \\ & X_1 - 2X_2 \leq 10 \\ & 5X_1 + 3X_2 \leq 150 \\ & X_1, X_2 \geq 0 \end{aligned}$$

• **S4.12** Considere la siguiente formulación de programación lineal:

$$\text{Maximizar la utilidad} = \$1X_1 + \$2X_2$$

$$\begin{aligned} \text{sujeto a:} \quad & X_1 + 3X_2 \geq 90 \\ & 8X_1 - 2X_2 \geq 160 \\ & 3X_1 + 2X_2 \geq 120 \\ & X_2 \leq 70 \end{aligned}$$

a) Ilustre gráficamente la región factible y aplique el procedimiento de la línea iso-costo para indicar qué punto de la esquina produce la solución óptima.

b) ¿Cuál es el costo de esta solución?

• **S4.13** Desarrolle su propio conjunto de ecuaciones y desigualdades de restricciones para ilustrar gráficamente cada una de las siguientes condiciones:

a) Un problema "sin límites". Esto es, un problema que no tiene restricciones que fuercen la limitación de utilidad.

b) Un problema "sin factibilidad". Esto es, un problema que no tenga solución, pero que satisface todas las restricciones.

c) Un problema que contenga restricciones redundantes. Esto es, un problema que tiene una o más restricciones que no afectan la solución.

• **S4.14** Las siguientes relaciones matemáticas fueron formuladas por un analista de investigaciones en la Dilts Chemical Company. ¿Cuáles son inválidas para ser utilizadas en un problema de programación lineal, y por qué?

$$\text{Maximizar la utilidad} = 4X_1 + 3X_1X_2 + 5X_3$$

$$\begin{aligned} \text{sujeto a:} \quad & 2X_1X_2 + 2x_3 \leq 50 \\ & 8X_1 - 4X_2 \geq 6 \\ & 1.5X_1 + 6X_2 + 3X_3 \geq 21 \\ & 19X_2 - \tfrac{1}{3}X_3 = 17 \\ & 5X_1 + 4X_2 + 3\sqrt{X_3} \leq 80 \\ & -X_1 - X_2 + X_3 = 5 \end{aligned}$$

• • **S4.15** Dantzig Corp., hace tres productos, y tiene tres máquinas disponibles como recursos según el siguiente problema de programación lineal.

$$\text{Maximizar la utilidad} = 4X_1 + 4X_2 + 7X_3$$

$$\begin{aligned} \text{sujeto a:} \quad & 1X_1 + 7X_2 + 4X_3 \leq 100 \text{ (horas en la máquina 1)} \\ & 2X_1 + 1X_2 + 7X_3 \leq 110 \text{ (horas en la máquina 2)} \\ & 8X_1 + 4X_2 + 1X_3 \leq 100 \text{ (horas en la máquina 3)} \end{aligned}$$

a) Determine la solución óptima.

b) ¿Hay tiempo disponible no utilizado en cualquiera de las máquinas con la solución óptima?

• • **S4.16** Utilizando los datos de Dantzig Corp., en el problema S4.15, determine:

a) ¿Cuánto redituaría a la empresa tener disponible una hora adicional de la tercera máquina?

b) ¿Cuánto incrementaría la utilidad de la empresa si 100 horas extra de tiempo se tuvieran disponibles en la segunda máquina sin costo extra?

•• **S4.17** The Coppins Mfg. Corp., tiene disponibles 250 000 dólares para invertir durante 12 meses antes de la expansión de su planta. El dinero puede ser colocado en obligaciones del tesoro generando un 8% de interés, o en bonos municipales a una tasa promedio de 9%. La administración requiere que por lo menos el 50% de la inversión sea colocada en obligaciones. Debido a las fallas en los bonos municipales, está decidido que no más del 40% de la inversión sea colocada en bonos.

¿Cuánto debe invertirse en cada uno para maximizar el retorno de la inversión?

•• **S4.18** Gold Furniture manufactura dos diferentes tipos de muebles, un modelo provenzal francés y un modelo danés moderno. Cada mueble producido debe pasar a través de tres departamentos: carpintería, pintura y acabado. La tabla adjunta contiene toda la información relevante sobre los tiempos de producción por cada gabinete fabricado y la capacidad productiva de cada operación por día, además de la utilidad neta por unidad producida. La empresa tiene un contrato con un distribuidor de Indiana para producir un mínimo de 300 gabinetes de cada uno por semana (o 60 gabinetes por día.) El propietario Steve Gold desearía determinar una mezcla de producto para maximizar su utilidad diaria.

Estilo de gabinete	*Carpintería (Hrs/Gabinete)*	*Pintura (Hrs/ Gabinete)*	*Acabado (Hrs/ Gabinete)*	*Utilidad neta/ Gabinete*
Provenzal francés	3	1½	¾	$28
Danés moderno	2	1	¾	$25
Capacidad del departamento (horas)	360	200	125	

Formule esto como un problema de programación lineal.

•• **S4.19** El famoso restaurante E. S. Mann está abierto las 24 horas del día. Los meseros y ayudantes se reportan para trabajar a las 3 A.M., 7 A.M., 11 A.M., 3 P.M., 7 P.M. y 11 P.M., cada uno trabaja un turno de ocho horas. La siguiente tabla muestra el mínimo número de trabajadores necesarios durante los seis periodos en que está dividido el día.

Periodo	*Hora*	*Número requerido de meseros y ayudantes*
1	3 A.M. – 7 A.M.	3
2	7 A.M. – 11 A.M.	12
3	11 A.M. – 3 P.M.	16
4	3 P.M. – 7 P.M.	9
5	7 P.M. – 11 P.M.	11
6	11 P.M. – 3 P.M.	4

El problema de programación de Mann es la determinación de cuántos meseros y ayudantes deben reportarse al trabajo al principio de cada periodo de tiempo, con el fin de minimizar el total de empleados requerido para un día de operación: (*Pista:* X_i es igual al número de meseros y ayudantes que principian su trabajo en el periodo *i*, donde *i* = 1, 2, 3, 4, 5, 6.)

•• **S4.20** Este es el tiempo del año de holgura en JES, Inc. Esta empresa en realidad desearía cerrar la planta, pero si despide a sus empleados clave, ellos probablemente se irían a trabajar con su competidor. JES, Inc., podría mantener a sus empleados clave (tiempo completo durante todo el año) ocupados haciendo 10 000 mesas redondas por mes, o haciendo 20 000 mesas cuadradas por mes (o alguna proporción similar). JES, Inc., tiene sin embargo, un contrato con un proveedor para comprar partes superiores de mesa para un mínimo de 5000 mesas cuadradas por mes. Los costos de manejo y almacenamiento por mesa redonda serán de 10 dólares, mientras que estos costos serían de 8 dólares por mesa cuadrada.

Dibuje una gráfica, describa en forma algebraica las desigualdades de las restricciones y la función objetivo, identifique los puntos que limitan el área de solución factible, y encuentre el costo en cada punto y la solución óptima. Sea X_1 igual a los miles de mesas redondas por mes y X_2 igual a los miles de mesas cuadradas por mes.

•• **S4.21** Cada mesa para café producida por Chris Franke Designers ofrece a la empresa una utilidad neta de 9 dólares. Cada librero genera 12 dólares de utilidad. La empresa de

Franke es pequeña y sus recursos son limitados. Durante cualquier periodo de producción dado (de una semana), están disponibles 10 galones de barniz y 12 largos de pino de alta calidad. Cada mesa para café requiere aproximadamente de 1 galón de barniz y un largo de pino. Cada librero toma 1 galón de barniz y dos largos de pino.

Formule la decisión de la mezcla de producción de Franke como un problema de programación lineal y resuelva utilizando el método simplex. ¿Cuántas mesas para café y libreros deben ser producidos cada semana? ¿Cuál será la máxima utilidad?

•• **S4.22** **a)** Establezca una tabla simplex inicial, dadas las dos restricciones y función objetivo siguientes:

$$1X_1 + 4X_2 \leq 24$$

$$1X_1 + 2X_2 \leq 16$$

$$\text{Maximizar la utilidad} = \$3X_1 + \$9X_2$$

Usted deberá añadir variables de holgura.

b) Enliste brevemente los pasos iterativos necesarios para resolver el problema en la parte (a).

c) Determine la siguiente tabla a partir de la que desarrolló en la parte (a). Determine si es o no una solución óptima.

d) Si es necesario, desarrolle otra tabla y determine si es o no una solución óptima. Interprete esta tabla.

e) Empiece con la misma tabla inicial desde la parte (a) pero utilice X_1 como primera columna pivote. Repítala (un total de dos veces) hasta que alcance una solución óptima.

•• **S4.23** Resuelva gráficamente el siguiente problema de programación lineal. Luego establezca una tabla simplex y resuelva el problema, utilizando el método simplex. Indique sobre su gráfica los puntos de las esquinas generados por el simplex en cada repetición.

$$\text{Maximizar la utilidad} = \$3X_1 + \$5X_2$$

sujeto a:

$$X_2 \leq 6$$

$$3X_1 + 2X_2 \leq 18$$

$$X_1, X_2 \geq 0$$

•• **S4.24** Resuelva el siguiente problema de programación lineal, primero gráficamente y luego por el algoritmo simplex.

$$\text{Maximizar el costo} = 4X_1 + 5X_2$$

sujeto a:

$$X_1 + 2X_2 \geq 80$$

$$3X_1 + X_2 \geq 75$$

$$X_1, X_2 \geq 0$$

¿Cuáles son los valores de las variables básicas en cada iteración? ¿Cuáles son las variables no básicas en cada iteración?

•• **S4.25** Coleman Distributors empaca y distribuye productos industriales. Un embarque estándar puede ser empacado en un contenedor clase A, un contenedor clase K o un contenedor clase T. Un sólo contenedor clase A genera una utilidad de $8; un contenedor clase K, una utilidad de 6 dólares; y un contenedor clase T, una utilidad de 14 dólares. Cada embarque preparado requiere de una cierta cantidad de material de empaque y una cierta cantidad de tiempo.

Recursos necesarios por embarque estándar		
Clase de contenedor	*Material de empaque (libras)*	*Tiempo de empaque (horas)*
A	2	2
K	1	6
T	3	4
Cantidad total del recurso disponible cada semana	120 libras	240 horas

John Coleman, director de la empresa, debe decidir el número óptimo de cada clase de contenedores que deben empacarse cada semana. Él está limitado por las restricciones de recursos mencionadas previamente, pero también decide que debe mantener ocupados a sus seis empacadores de tiempo completo, las 240 horas (6 trabajadores X 40 horas) cada semana.

•• **S4.26** Complete el trabajo de resolver el ejemplo S4 aplicando el método simplex hasta que se logre una solución óptima. (*Pista:* Se requieren dos tablas más).

•• **S4.27** Establezca una tabla inicial completa para los datos (repetidos abajo) que se presentaron inicialmente en el problema resuelto S4.4.

$$\text{Maximizar el costo} = 4X_1 + 1X_2 + 0S_1 + 0S_1 + MA_1 + MA_2$$

$$\text{sujeto a:} \quad 3X_1 + 1X_2 + 1A_1 = 3$$

$$4X_1 + 3X_2 - 1S_2 + 1A_2 = 6$$

$$1X_1 + 2X_2 + 1S_2 = 3$$

a) ¿Qué variable entra a continuación en la solución?
b) ¿Qué variable saldrá de la solución?

••• **S4.28** Resuelva el problema S4.27 para la solución óptima, utilizando el método Simplex.

•• **S4.29** Utilizando los datos del problema S4.7 y software de programación lineal:

a) Determine el rango dentro de cada contribución unitaria a la utilidad que debe tener un acondicionador de aire para que la solución actual permanezca óptima.
b) Determine el precio sombra para la restricción de cableado y el rango para el cual se mantenga ese valor.

••• **S4.30** Utilizando los datos del problema S4.8 y software de programación lineal:

a) Determine el rango dentro de cada contribución unitaria a la utilidad que debe tener una bañera modelo A para que la solución actual permanezca óptima.
b) Determine en cuánto debe incrementarse la contribución unitaria a la utilidad de la bañera modelo B, antes de que sea deseable producir cualquiera de ellas.
c) Determine el precio sombra para la restricción de acero y el rango para el cual se mantenga ese valor.
d) Determine el precio sombra para la restricción de cinc y el rango para el cual se mantenga ese valor.

•• **S4.31** Utilizando los datos del problema S4.20 y software de programación lineal:

a) Determine el rango dentro de cada costo unitario que debe tener una mesa cuadrada para que la solución actual permanezca óptima.
b) Determine el precio sombra para la restricción de mano de obra y el rango para el cual se mantenga ese valor.
c) Determine el precio sombra para la restricción del contrato y el rango para el cual se mantenga ese valor.

•• **S4.32** El director de publicidad de Diversey Paint and Supply, una cadena de cuatro tiendas detallistas en el lado norte de Chicago, está considerando dos posibilidades de medios de publicidad. El primer plan es una serie de anuncios de media página en el periódico dominical *Chicago Tribune*; y el otro, tiempo de publicidad en la TV de Chicago. Las tiendas están expandiendo sus líneas de herramientas hágalo-usted-mismo, y el director de publicidad está interesado en un nivel de exposición de por lo menos 40% dentro de la cercanía de la ciudad y 60% en las áreas suburbanas del noroeste.

El tiempo de televisión que se ha considerado tiene un rango de exposición, por spot, del 5% en las casas de la ciudad y de 3% en los suburbios del noroeste. El periódico dominical tiene tasas de exposición correspondientes de 4% y de 3% por anuncio. El costo de media página de publicidad en el *Tribune* es de 925 dólares; un spot de televisión cuesta 2000 dólares.

Diversey Paint desearía seleccionar la estrategia menos costosa que cumpla con los niveles de exposición deseados. Formule y resuelva este problema de programación lineal.

••• **S4.33** Ward Moore Manufacturing tiene tres fábricas (1, 2 y 3) y tres almacenes (A, B y C). El diagrama a continuación muestra los costos de embarque entre cada fábrica y almacén, las capacidades de manufactura de las fábricas (en millares) y las capacidades de los almacenes (en millares). Escriba la función objetivo y las inecuaciones de las restricciones. Si X1A = miles de unidades embarcadas de la fábrica 1 al almacén A, etcétera.

Desde \ Hacia	A	B	C	Capacidad de producción
Fábrica 1	$ 6	$ 5	$ 3	6
Fábrica 2	$ 8	$10	$ 8	8
Fábrica 3	$11	$14	$18	10
Capacidad	7	12	5	

• • • **S4.34** Andy´s Bicycle Company (ABC) tiene los nuevos productos más novedosos en el mercado de juguetes, bicicletas para niños y niñas en colores brillantes de moda, con centros y ejes grandes, llantas de seguridad de diseño de concha, un resistente cuadro acojinado, cadenas cromadas, soportes, válvulas y manubrios antiderrapantes. Debido al mercado del vendedor de juguetes de alta calidad para la nueva generación de niños, ABC puede vender todas las bicicletas que fabrica en los siguientes precios: bicicleta para niño, 220 dólares, bicicleta para niña, 175 dólares. Éstos son los precios que se pagan al comprar las bicicletas en la planta de ABC, en Orlando.

El contador de la empresa ha determinado que los costos de mano de obra directa serán el 45% del precio que ABC reciba por el modelo para niño, y 40% del precio recibido por el modelo para niña. Los costos de producción diferentes a mano de obra, pero excluyendo la pintura y el empaque, son de 44 dólares por bicicleta para niño y 30 dólares por bicicleta para niña. La pintura y el empaque son 20 dólares por bicicleta, sin tomar en cuenta el modelo.

La capacidad total de producción de la planta de Orlando es de 390 bicicletas por día. Cada bicicleta para niño requiere de 2.5 horas de mano de obra, mientras que cada modelo para niña toma 2.4 horas para completar. ABC emplea actualmente a 120 trabajadores, que laboran días de 8 horas cada uno. La empresa no desea contratar o despedir afectando la disponibilidad de mano de obra porque cree que su fuerza de trabajo estable es uno de sus activos más grandes.

Utilizando un sistema gráfico, determine la mejor mezcla de producto para ABC.

CASO DE ESTUDIO

Wohl Landscaping and Plants, Inc.

Rick y Carmie Wohl hicieron una carrera como socios, esposo y esposa, inversionistas en bienes raíces en Washington, D.C. Cuando finalmente se retiraron a una granja de 25 acres al norte del condado Fairfax de Virginia, se convirtieron en apasionados jardineros aficionados. Rick Wohl plantó arbustos y árboles frutales, mientras que Carmie pasaba sus horas poniendo en maceta todo tipo de plantas. Cuando el volumen de arbustos y plantas alcanzó el nivel donde los Wohl empezaron a pensar de sus aficiones como una veta seria, construyeron un invernadero adyacente a su casa e instalaron sistemas de calentamiento y riego en él.

En 1984, los Wohl se dieron cuenta de que su retiro de los bienes raíces en realidad sólo los había llevado a una segunda carrera— en el negocio de las plantas y arbustos— y solicitaron una licencia de negocio en Virginia. En cuestión de meses, pidieron a su abogado que solicitara los documentos de incorporación y formaron la firma Wohl Landscaping and Plants, Inc.

Al principio de la existencia del nuevo negocio, Rick Wohl reconoció la necesidad de un fertilizante comercial de alta calidad que él mismo mezclaría, tanto para la venta como para sus propios cultivos. Su meta era mantener los costos al mínimo mientras se producía un producto de alta calidad que estaba especialmente diseñado para el clima del norte de Virginia. Trabajando con químicos de Virginia Tech University,

Wohl mezcló "Wohl-Grow". Consiste de hasta cuatro compuestos químicos, C-30, C-92, D-21, y E-11. El costo por libra de cada compuesto se indica en la siguiente tabla.

Compuesto químico	*Costo por libra*
C-30	$0.12
C-92	0.09
D-21	0.11
E-11	0.04

Las especificaciones para Wohl-Grow están establecidas como:

a. El químico E-11 debe contener por lo menos el 15% de la mezcla.
b. El C-92 y el C-30 deben juntos constituir por lo menos el 45% de la mezcla.
c. El D-21 y el C-92 pueden constituir juntos no más del 30% de la mezcla.
d. Wohl-Grow se empaca y vende en costales de 50 libras.

Preguntas para discusión

1. Formule un problema de programación lineal para determinar qué mezcla de los cuatro químicos permitirá a Wohl minimizar el costo de los costales de 50 libras del fertilizante.
2. Resuelva y encuentre la mejor solución.

Fuente: Adaptación de Barry Render y Ralph Stair, *Introduction to Management Science*, Boston: Allyn and Bacon, 1992.

BIBLIOGRAFÍA

Ferris, M. C., y A. B. Philpott. "On the Performance of Karmarkar's Algorithm." *Journal of the Operational Research Society* **39** (marzo de 1988), pp. 257-270.

Hollorann, T., y J. Byrn. "United States Stationed Manpower Planning System." *Interfaces* **16** (enero-febrero de 1986), pp. 39-50.

Leff, H. S., M. Dada, y S. C. Graves. "An LP Planning Model for a Mental Health Community Support System." *Management Science* **32** (febrero de 1986), pp. 139-155.

Oliff, M., y E. Burch. "Multiproduct Production Scheduling at Owens-Corning Fiberglass." *Interfaces* **15** (septiembre-octubre de 1985), pp. 25-34.

Render, B., y R. M. Stair. *Quantitative Analysis for Management*. 4ta. ed. Boston: Allyn and Bacon, 1991.

Render, B., y R. M. Stair. *Introduction to Management Science*. Boston: Allyn and Bacon, 1992.

Sullivan, R., y S. Secrest. "A Simple Optimization DSS for Production Planning at Dairyman's Cooperative Creamery." *Interfaces* **15** (septiembre-octubre de 1985), pp. 46-53.

Wild, W. G. "The Startling Discovery Bell Labs Kept in the Shadows." *Business Week* (septiembre 21 de 1987), pp. 69 y siguientes.

Diseño del proceso y su capacidad para operaciones de clase mundial

capítulo 5

PERFIL DEL CAPÍTULO

Tres tipos de proceso
- Enfoque en el proceso
- Enfoque en el producto
- Enfoque en la repetitividad
- Cambiando hacia un desempeño de clase mundial con producción esbelta
- Comparación de opciones de procesos
- Maquinaria, equipo y tecnología
- Control numérico
- Control del proceso
- Robots
- Vehículos guiados automáticamente (AGVs)
- Sistemas flexibles de manufactura (FMS)
- Manufactura integrada por computadora (CIM)

Elección de un proceso de servicio
- Consideraciones del sector servicio
- Contacto con el cliente y decisiones del proceso

Capacidad
- Administración de la demanda
- Administración de la capacidad
- Pronóstico de los requerimientos de capacidad
- Árboles de decisión aplicados a decisiones de capacidad

Análisis del punto de equilibrio

Realizando la inversión
- Inversiones guiadas por estrategias
- Inversión, costo variable y flujo de caja

Resumen

Términos clave

Problemas resueltos

Autoevaluación capítulo 5

Preguntas para discusión

Problemas

Caso de estudio

Bibliografía

OBJETIVOS DE APRENDIZAJE

Cuando termine este capítulo usted podrá:

Identificar o definir:
Enfoque en el proceso
Enfoque en el producto
Enfoque en la repetitividad

Explicar:
Producción esbelta
El tema de la capacidad
Análisis del punto de equilibrio
Consideraciones financieras

En el capítulo 4 se examinaron las necesidades para la selección, definición y diseño de los productos. Ahora se revisará la manufactura de estos productos. Una decisión importante para el administrador de operaciones es encontrar la mejor forma de producir. En este capítulo se analizan las formas que existen para ayudar a los administradores a diseñar un proceso.

Decisión del proceso

Una **decisión del proceso** (o transformación) es el sistema que adquiere una organización para transformar los recursos en bienes y servicios. Se utilizan ambos términos, *proceso* y *transformación*, para describir esta estrategia. El *objetivo de un diseño de proceso* es encontrar una manera de producir bienes que cumplan con los requerimientos de los clientes, las especificaciones del producto dentro de costo y otras restricciones administrativas. El proceso seleccionado tendrá un efecto a largo plazo sobre la eficiencia y la producción, así como en la flexibilidad, costo y calidad de los bienes producidos.

TRES TIPOS DE PROCESO

Enfoque en el proceso

Quizá hasta un 75% de la producción se efectúe en un conjunto de diferentes productos de muy pequeño volumen o de lotes, en lugares llamados "talleres de trabajo". Los productos de pequeño volumen pueden ser tan diversos como remolcadores oceánicos, alimentos gastronómicos franceses, trasplantes de corazón o un conjunto especial de bisagras de ornato para la puerta principal de una casa de oración. Estos procesos, de bajo volumen y gran variedad son conocidos también como **procesos intermitentes.** Las instalaciones que se encuentran organizadas alrededor del *proceso;* tienen un **enfoque en el proceso.**

Procesos intermitente
Enfoque en el proceso

En Crawfordsville, Indiana Nucor, probablemente el productor de acero más eficiente del mundo, produce acero laminado en una nueva fábrica con tecnología de punta. La selección e inversión en este proceso eliminó una cantidad sustancial de recalentamiento previo al rolado del acero en su forma final. Adicionalmente, el proceso utilizado en Crawfordsville tiene resultados de gran rendimiento y alta calidad. En la fotografía se observa un cucharón, el cual está equipado con características de dirección magnética y aspiración desgasificadora, que se abre para permitir que el acero salga hacia la fundición continua. El acero se vierte desde el cucharón por medio de una boquilla de cerámica, hacia un recipiente de medición y luego a un molde especial que puede ajustarse a las medidas de la plancha.

En 1947, como la mayoría de los restaurantes McDonald´s pagaba en forma de salarios entre el 35% y el 40% de sus entradas brutas. En diciembre de 1948, Richard y Mac McDonald cambiaron su proceso a un menú limitado y rígidamente estandarizado. El nuevo proceso estaba basado en una meticulosa atención al detalle. Los hermanos McDonald desarrollaron porciones específicas que se debían servir con cada parte del menú. Esto incluía modificaciones, como despachadores que ponían una cantidad exacta de catsup o mostaza en cada pan y recipientes de papel que remplazaban la vajilla y la cerámica. El proceso innovador reducía el desperdicio de ingredientes, movimientos y tiempos. Para 1952 le tomaba 20 segundos a McDonald´s servir a un cliente una hamburguesa, una bebida, papas fritas y helado; los costos de mano de obra habían bajado al 17% de los ingresos brutos. McDonald´s estaba en camino de llegar a ser el restaurante de comida rápida de clase mundial.

Enfoque en el producto

Enfoque en el producto
Proceso continuo

Los procesos de gran volumen y baja variedad tienen **enfoque en el producto.** Las instalaciones están organizadas alrededor de los *productos.* También son llamados **procesos continuos.** Tienen corridas muy largas de producción continua, de ahí su nombre. Productos como: vidrio, papel, hojalata, focos, tuercas y tornillos están hechos por medio de procesos continuos. Algunos productos, tal como los focos, son discretos; otros, como los rollos de papel, son no discretos. Es únicamente con la estandarización (popularizada por Eli Whitney) y el control estadístico de la calidad (concepto introducido por Walter Shewart) que las compañías han estado en posibilidad de utilizar un proceso continuo. Una empresa que produce diariamente tanto un foco como pan para hot dog puede organizarse alrededor del producto. Tal organización tiene una habilidad inherente para establecer estándares y mantener una calidad dada, en oposición a una organización que está produciendo productos únicos día tras día.

Enfoque en la repetitividad

Proceso repetitivo
Módulo

La producción no necesita encontrarse en cualquiera de los extremos del continuum del proceso, pero puede ser un proceso repetitivo que cae en algún punto intermedio. Los **procesos repetitivos** utilizan módulos. Los **módulos** son partes o componentes preparados previamente, a menudo en un proceso continuo.

La línea de proceso repetitivo es la clásica línea de ensamble. El proceso repetitivo es utilizado ampliamente, desde el ensamblaje casi total del automóvil, hasta los aditamentos del hogar. La estrategia repetitiva tiene más estructura y consecuentemente menos flexibilidad que una instalación enfocada en el proceso.

Las empresas de comida rápida son un ejemplo de un proceso repetitivo que utiliza módulos. Este tipo de producción permite más personalización que un proceso continuo; de tal forma que los módulos (por ejemplo, carne, queso, salsa, jitomates, cebollas) se ensamblan para obtener un producto semicomún, una hamburguesa con queso. De esta manera, la empresa obtiene tanto las ventajas económicas del modelo continuo (donde se preparan muchos de los módulos), como la de adaptarse al modelo de bajo volumen y gran variedad.

Cambiando hacia un desempeño de clase mundial con producción esbelta

Productores esbeltos

Productores esbeltos[1] es el término utilizado para describir a los productores repetitivos[2] que son de clase mundial. La misión de los productores esbeltos es lograr la perfección. La producción esbelta demanda aprendizaje continuo, creatividad y trabajo en equipo. Requiere del compromiso total y la aplicación de las capacidades de cada uno.

Las ventajas que tienen los productores esbeltos son espectaculares (véase la tabla 5.1). Los atributos documentados de los productores esbeltos incluyen los siguientes:

- Eliminan el desperdicio al enfocarse en la reducción de inventario. Eliminan virtualmente todo el inventario. La remoción del inventario elimina las redes de seguridad, esto permite que un producto pobre encuentre su camino a través del proceso.
- Utilizan técnicas justo a tiempo para reducir el inventario y el desperdicio que éste genera. Bajan el tiempo y el costo de cambios de producción de un producto a otro.
- Construyen sistemas que ayudan a los empleados a producir una parte perfecta cada vez. La producción esbelta no espera menos.
- Reducen los requerimientos de espacio. La técnica es la minimización de la distancia que recorre una pieza.
- Desarrollan relaciones estrechas con los proveedores; los proveedores entienden sus necesidades y las necesidades de los clientes.
- Educan a los proveedores para aceptar la responsabilidad de ayudar a cumplir las necesidades del cliente.

TABLA 5.1 Resumen del desempeño de las plantas de ensamble automotriz.

	PRODUCTORES ESBELTOS	OTROS		
	(Japoneses en Japón)	*(Japoneses en Norteamérica)*	*(Americanos en Norteamérica)*	*(Toda Europa)*
Inventarios (días por 8 partes de muestra)	0.2	1.6	2.9	2.0
Calidad (defectos de ensamble/100 vehículos)	60.0	65.0	82.3	97.0
Espacio (pies cuadrados/vehículo/año)	5.7	9.1	7.8	7.8
Proporción de ingeniería del proveedor	51%	14%	37%	32%
Fuerza de trabajo:				
Productividad (horas/vehículo)	16.8	21.2	25.1	36.2
% de fuerza de trabajo en equipos	69.3	71.3	17.3	0.6
Número de clases de trabajos	11.9	8.7	67.1	14.8
Entrenamiento de trabajadores de nueva producción (horas)	380.3	370.0	46.4	173.3
Sugerencias/empleado	61.6	1.4	0.4	0.4
Ausentismo	5.0	4.8	11.7	12.1

Fuente: Adaptación de James P. Womack, Daniel T. Jones y Daniel Roos, *The Machine That Changed the World* (Nueva York: Macmillan, 1990), pp. 92, 118.

[1]John Krafcik tiene el crédito de acuñar el término *producción esbelta*.
[2]*Manufactura sincronizada* es otro término, actualmente en boga, para describir los procesos repetitivos eficientes. General Motors ha ido más lejos al añadir el título *administrador de manufactura sincronizada* a su léxico.

- Se esfuerzan por reducir los costos continuamente al eliminar todas las actividades, a excepción de las de valor agregado. Eliminan los trabajos de manejo de material, inspección, inventario y retrabajo, porque estos no le suman valor al producto. Retienen únicamente aquellas actividades que agregan valor. Se elimina el desperdicio.
- Desarrollan la fuerza de trabajo. Constantemente mejoran el diseño del trabajo, entrenamiento, participación y compromiso del empleado, y la formación de equipos de trabajo.
- Hacen los trabajos más retadores, empujando la responsabilidad al menor límite posible. Reducen el número de clases de trabajo.

Visto en este contexto, se observa que las técnicas tradicionales de producción tienen establecidas metas *limitadas*. Por ejemplo, tradicionalmente, los administradores han aceptado la producción de un número limitado de partes defectuosas, y también un inventario de seguridad como un límite de la reducción del inventario. Los productores esbeltos, por otro lado, establecen sus miras en la perfección; sin partes malas y sin inventario. La producción esbelta requiere de un compromiso para eliminar continuamente aquellas actividades que no añaden valor al producto. Solamente cuando se lleva a cabo todo lo anterior, la organización es esbelta y de clase mundial.

Comparación de opciones de procesos

La figura 5.1 compara tres procesos. Las ventajas existen a través del continuum. Los costos unitarios serán menores, en el caso del proceso continuo, si existe un volumen alto. A pesar

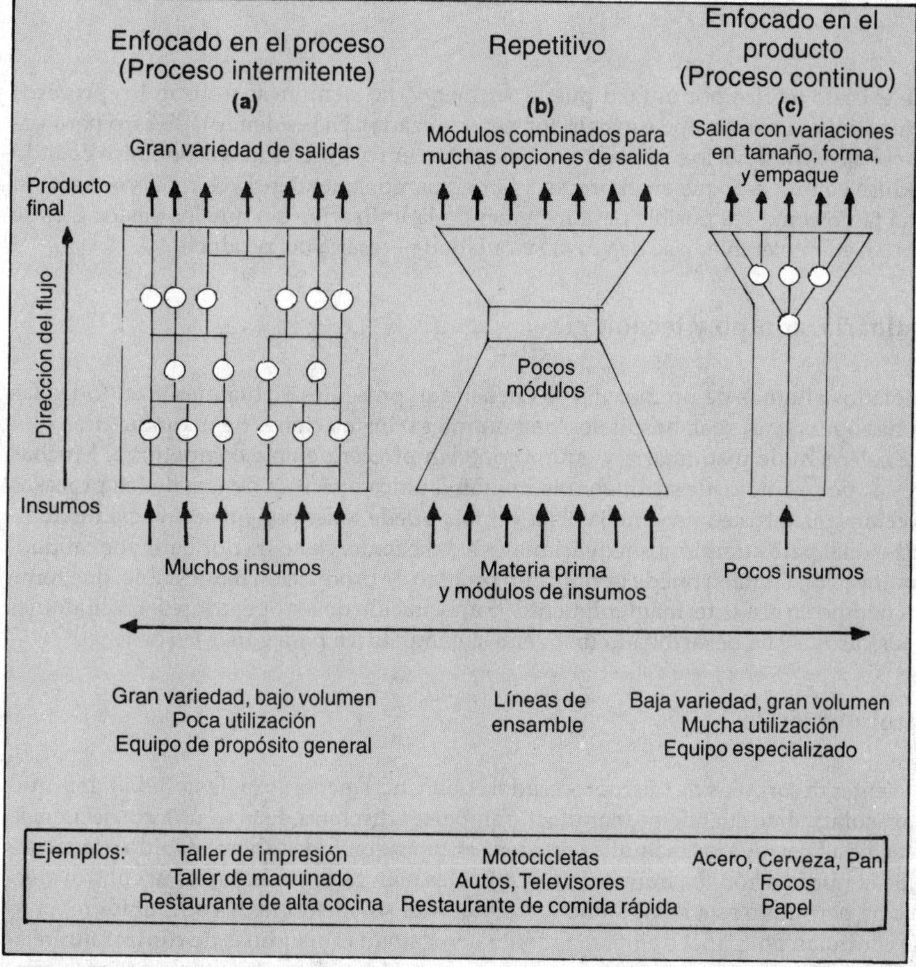

FIGURA 5.1 Comparación de opciones de procesos.

En el Red Lobster de General Mills, como en la mayoría de las grandes cadenas de restaurantes, estos son sencillamente el final de una larga línea de producción. Al principio de la línea, entra la materia prima. . . en el Red Lobster esto significa 60 millones de libras de comida de mar anualmente. La comida de mar se adquiere alrededor del mundo. El camarón llega en cajas congeladas desde Ecuador y Tailandia a la planta de procesamiento de General Mills en San. Petesburgo, Florida. El camarón se deposita en bandas transportadoras para el despellejado, desvenado, cocinado, congelado rápidamente (izquierda), clasificado (derecha), y reempacado para su envío definitivo a los restaurantes individuales.

de que el costo teórico por unidad puede ser menor, no siempre se utilizan los procesos continuos (involucran equipo e instalación especializada). Eso es demasiado caro para volúmenes bajos. Un servicio o producto de bajo volumen, o único es más económico cuando se produce con un enfoque en el proceso. Sin embargo, la tendencia es moverse hacia la derecha tanto como sea posible para incrementar la utilización sin que los gastos fijos se conviertan en intolerables o se destruya la variedad necesaria del producto.

Maquinaria, equipo y tecnología

Los métodos alternos de producción se encuentran presentes virtualmente en todas las funciones operativas, sean hospitales, restaurantes o instalaciones de manufactura.

La selección de maquinaria y equipo pueden ofrecer ventaja competitiva. Muchas empresas, por ejemplo, desarrollan una máquina única o técnica dentro de los procesos establecidos que ofrece una ventaja. Esta ventaja puede tener por consecuencia flexibilidad adicional para cumplir los requerimientos del cliente, costo menor o mayor calidad. La modificación también puede permitir un proceso de producción más estable, que tome menos tiempo en el ajuste, mantenimiento y capacitación de los operadores. En cualquiera de los casos, se ha desarrollado una ventaja competitiva para ganar las órdenes.

Control numérico

Control numérico (NC)
Control numérico por computadora (CNC)

Los recientes desarrollos de microprocesadores han incrementado la flexibilidad del equipo, particularmente cuando se manufacturan partes discretas. Esta es una consecuencia de la facilidad con que las máquinas pueden ser reprogramadas ahora, debido a la tecnología de la información. La transición de controles manuales y mecánicos al control electrónico ha permitido esta flexibilidad. Las máquinas sin memoria de computadora, pero que se controlan por papel o cinta magnética son llamadas máquinas de **control numérico (NC)**. Las máquinas que tienen su propia memoria son llamadas maquinaria de **control numérico por computadora (CNC)**. El control electrónico se lleva a cabo mediante la

El movimiento de un proceso de soldadura a un proceso de fundición invertida hizo una gran diferencia en Precision Castparts Corp. En el pasado algunas de las partes de la empresa, como el ventilador para un motor de jet de GE, estaban hechas de cientos de pequeñas piezas de acero inoxidable soldadas. Precision Castparts Corp., remplazó el sistema de soldadura tradicional con una única gran fundición de titanio. Con este proceso de fundición, los fabricantes de motores tienen un marco de menor peso y ahorros en los costos de aproximadamente el 50 por ciento.

escritura de programas de computadora para controlar una máquina. La salida de la máquina es entonces el producto. El programa de computadora se escribe de forma muy similar a un programa BASIC o COBOL para producir un cheque. Los lenguajes utilizados incluyen **APT** (Automatically Programmed Tool, Herramienta programada automáticamente) y **Compact II.**[3]

APT

Compact II

Control del proceso

Control del proceso

El **control del proceso** es la utilización de la tecnología de la información para controlar un proceso físico. Por ejemplo, el control del proceso se utiliza para medir el contenido de humedad y el grosor del papel, mientras éste viaja sobre la máquina de papel a una velocidad de mil pies por minuto. El control del proceso también se utiliza para determinar temperaturas, presiones y cantidades en las refinerías de petróleo, procesos petroquímicos, plantas cementeras, fábricas de acero, reactores nucleares y otros procesos continuos.

Robots

Robot

Cuando una máquina es flexible y tiene la habilidad de tomar, mover, y quizá "asir" partes, se tiende a utilizar la palabra **robot.** Sin embargo, a pesar de las películas, caricaturas, e historias sobre robots, no son personas mecánicas. Son dispositivos mecánicos que pueden tener algunos impulsos electrónicos almacenados en un chip semiconductor que activará motores o switches. Cuando los robots son partes de un sistema de transformación, generalmente ofrecen el movimiento de material entre las máquinas. También pueden ser usados en forma efectiva para llevar a cabo trabajos que son especialmente monótonos o peligrosos, o donde el trabajo se pueda mejorar mediante la sustitución de la mecánica en lugar del esfuerzo humano. Éste sería el caso donde la consistencia, exactitud, velocidad, fuerza suficiente o potencia pueden ser mejoradas, al sustituir a la gente por máquinas.

[3]Compact II es una marca registrada de Manufacturing Data Systems, Inc., Ann Arbor, Michigan.

Una de las grandes ventajas de los robots es que pueden ser reprogramados para hacer diferentes movimientos, con el mero cambio de las señales electrónicas que los controlan. Sin embargo, una de las limitaciones de los robots es su inhabilidad para "sentir" la fuerza o posición de la presión que se está ejerciendo cuando "toman" o "golpean" algo. En consecuencia, un esfuerzo sustancial se ha estado llevando a cabo en esta área en años recientes. Esta fotografía indica los grandes avances que se han logrado en el área mientras el robot levanta y mantiene "cuidadosamente" una pieza de ajedrez.

Vehículos guiados automáticamente (AGVs)

Vehículo guiado automáticamente (AGVs)

El manejo automatizado de materiales puede tomar la forma de monocarriles, transportadores, robots o vehículos guiados automáticamente(AGVs). Los **vehículos automáticamente guiados (AGVs)** son carros guiados y controlados electrónicamente, utilizados en la manufactura para mover partes y equipo. También son utilizados en oficinas para mover correo, y en hospitales y cárceles para repartir alimentos.

Los robots se utilizan no sólo para ahorro de mano de obra, sino, principalmente, para los trabajos peligrosos o monótonos, o que requieren consistencia, como el rociado uniforme de pintura en un automóvil.

Sistema flexible de manufactura (FMS)

En el caso sofisticado, el equipo de manejo de materiales se utiliza para complementar las máquinas de control numérico directo (DNC). El equipo de manejo de materiales puede ser: robots, máquinas de transferencia, o vehículos guiados automáticamente; mueve materiales de una estación de trabajo a otra. El equipo de manejo de materiales y la estación de trabajo deben estar conectadas a una instalación de computadora central común, que da las instrucciones para el curso de los trabajos a la estación de trabajo apropiada, así como las instrucciones para cada estación de trabajo. Tal arreglo es una célula de trabajo automatizada o, como mejor se le conoce, un **sistema flexible de manufactura (FMS).**

Sistema flexible de manufactura (FMS)

Manufactura integrada por computadora (CIM)

Un sistema de manufactura flexible puede ser extendido en forma inversa electrónicamente dentro de los departamentos de ingeniería (diseño asistido por computadora), producción y control de inventario. De esta manera, el dibujo asistido por computadora puede generar los códigos electrónicos necesarios (instrucciones) para controlar una máquina de **control numérico directo (DNC).** Si esta máquina se conecta con otras y con equipo de manejo de materiales como parte de un sistema flexible de manufactura, entonces el sistema completo sería llamado **manufactura integrada por computadora (CIM)** (figura 5.2).

Control numérico directo (DNC)

Manufactura integrada por computadora (CIM)

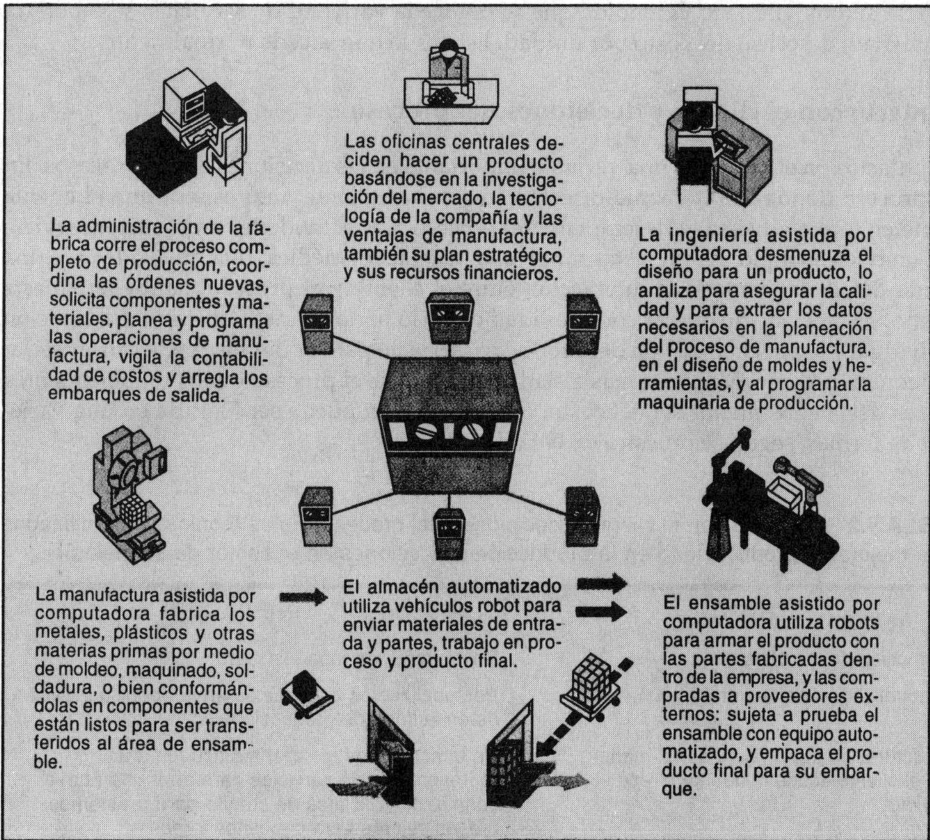

FIGURA 5.2 Enlace de **manufactura integrada por computadora (CIM), diseño asistido por computadora (CAD), manufactura asistida por computadora (CAM), sistemas flexibles de manufactura (FMS).** (*Fuente:* Adaptación del ejemplar del 6 de marzo de 1986 de *Business Week* por permiso especial, copyright © 1986 por McGraw-Hill, Inc.)

ELECCIÓN DE UN PROCESO DE SERVICIO

La figura 5.1, presentada en la página 201, puede ser aplicada tanto a los servicios como a la manufactura. Por ejemplo, la evidencia empírica sugiere que una gran parte de la industria del servicio se encuentra produciendo en lotes muy pequeños. Esto es probablemente cierto para los servicios legales, servicios médicos, servicios dentales y restaurantes. Generalmente están produciendo en lotes tan pequeños como uno. Tales organizaciones se encontrarían a la izquierda en la figura 5.1.

Consideraciones del sector servicio

Como se indica en la figura 5.1, en las instalaciones enfocadas en el proceso, la utilización del equipo es baja, quizá tan baja como un 5%. Esto es cierto no solamente en la manufactura sino también en los servicios. Una máquina de rayos-x en la oficina de un dentista y mucho del equipo en un restaurante de comida fina tiene poca utilización. Se puede esperar que los hospitales, también, se encuentren en ese rango, lo cual sugeriría el por qué sus costos son considerablemente altos. ¿Por qué esa baja utilización? Esto se debe, en parte, a que es deseable una capacidad excesiva para las cargas pico. Los administradores de los hospitales, así como de otras instalaciones de servicio, sus pacientes o clientes, esperan que haya equipo disponible cuando se necesite. Otra causa de la baja utilización es la programación deficiente (aunque se han hecho esfuerzos sustanciales para pronosticar la demanda en la industria de servicios) y la desproporción resultante en el uso de las instalaciones.

La industria del servicio se mueve hacia la derecha en la figura 5.1 al establecer restaurantes de comida rápida, clínicas legales, talleres de autolubricación, talleres de afinación de automóviles, etc. A medida que se reduce la variedad de servicios, se esperaría también un descenso del costo por unidad. Esto es lo que sucede normalmente.

Contacto con el cliente y decisiones del proceso

El contacto con el cliente es una variable importante en las decisiones de los procesos. En un proceso donde se interactúa directamente con el cliente, uno espera que el cliente afecte en forma adversa el desempeño del proceso. Las actividades en el sector servicio son un buen ejemplo. En un restaurante, una instalación médica, una oficina legal o una tienda detallista, demasiada interacción entre el cliente y el proceso mantienen, a este último, distanciado de operar con suavidad como lo haría en caso contrario. La atención individual y la personalización del producto o servicio para el cliente puede causar estragos con un proceso. Mientras más aislado pueda estar el proceso de los requerimientos únicos del cliente, menor será el costo. Esta separación puede ser lograda en una variedad de formas, según se muestra en la tabla 5.2.

TABLA 5.2 Contacto con el cliente y decisiones del proceso. Estas técnicas son utilizadas para mejorar la productividad en la producción/operaciones en el sector de servicios.

TÉCNICA	EJEMPLO
Restricción de las ofertas	Restaurante de menú limitado
Personalización en la entrega	Personalizar las camionetas en la agencia en vez de en la línea de producción
Estructuración del servicio de tal manera que el cliente acuda donde se ofrece el servicio	Un banco donde los clientes acuden a un representante de servicios para abrir una nueva cuenta, con oficiales de crédito para préstamos, o a los cajeros para depósitos y retiros
Autoservicio de tal forma que el cliente examine, compare y evalúe a su propio ritmo	Un supermercado o tienda departamental
Servicios separados que puedan prestarse a algún tipo de automatización	Cajeros automáticos

En el resto de éste capítulo se tratarán las tres perspectivas para ayudar a los administradores a elegir un proceso. La primera de estas perspectivas es el *tema de la capacidad*. En segundo lugar se introduce el *análisis del punto de equilibrio* y se aplica en la selección del proceso. Tercero, se comenta el lado de la *inversión* en las decisiones del proceso. Estas tres perspectivas ofrecen una agudeza sustancial para una exitosa decisión del proceso.

CAPACIDAD

Debido a que la determinación del tamaño de una instalación es crítica para el éxito de una compañía, ahora se investigan los conceptos y técnicas de la planeación de la capacidad. Primero, se observa cómo puede una compañía manejar su demanda, dado que existe una cierta capacidad. Luego se utiliza la regresión por mínimos cuadrados para ayudar a evaluar los requerimientos de capacidad.

Administración de la demanda

Un administrador debe tener la habilidad de alterar la demanda. En el caso en que la *demanda exceda la capacidad*, la empresa debe ser capaz de reducir la demanda sencillamente con elevar los precios, programando tiempos de entrega largos (los cuales pueden ser inevitables), y desanimando los negocios con utilidad marginal. En el caso en que la *capacidad exceda la demanda*, la empresa quizá requiera la estimulación de la demanda a través de las reducciones de precios o mercadeo agresivo, o acomodar el mercado de una mejor manera a través de los cambios de productos.

Las instalaciones no utilizadas (esto es, exceso de capacidad) significan costos fijos excesivos; y las instalaciones inadecuadas reducen la utilidad a menos de lo que es posible. Por lo tanto, existen varias tácticas para igualar la capacidad con la demanda. Los cambios internos incluyen el ajuste del proceso para un cierto volumen a través de:

1. cambios en el personal;
2. ajuste de equipos y procesos, que pueden incluir la compra de maquinaria adicional o la venta o arrendamiento de equipo existente;
3. mejoramiento de los métodos para aumentar la salida, y/o
4. el rediseño del producto para facilitar más rendimiento.

Otro tema de capacidad con el cual la administración se puede enfrentar es un patrón de demanda estacional o cíclico. En tales casos para la administración puede ser valioso el encontrar productos con patrones de demanda complementarios, esto es, productos para los cuales la demanda es opuesta. Por ejemplo, en la figura 5.3 la empresa está añadiendo, a su línea de Jet Skis, otra de motores de trineos para la nieve, para suavizar la demanda. Con los productos complementarios apropiados, quizá la utilización de las instalaciones, equipo y personal se pueda equilibrar.

Las tácticas anteriores pueden ser utilizadas para ajustar la demanda a las instalaciones existentes. El tema es, desde luego, cómo construir unas instalaciones del tamaño correcto. Por lo tanto, se tratará la forma de determinar la capacidad y decidir sobre el tamaño de las instalaciones.

Administración de la capacidad

La **capacidad** es la salida máxima de un sistema en un periodo dado. La capacidad se expresa normalmente como una tasa, tal como el número de toneladas que se puedan producir por semana, por mes o por año. Para muchas compañías, la medición de la capacidad puede ser sencilla. Es el máximo número de unidades que se pueden producir en un tiempo específico. Sin embargo, para algunas organizaciones, la medición de la capacidad puede resultar más difícil. La capacidad puede ser medida en términos de camas (un hospital), miembros activos (una iglesia), o el número de consejeros (un programa de atención a drogadictos). Otras organizaciones utilizan el tiempo de trabajo disponible como una medida de la capacidad total.

Capacidad

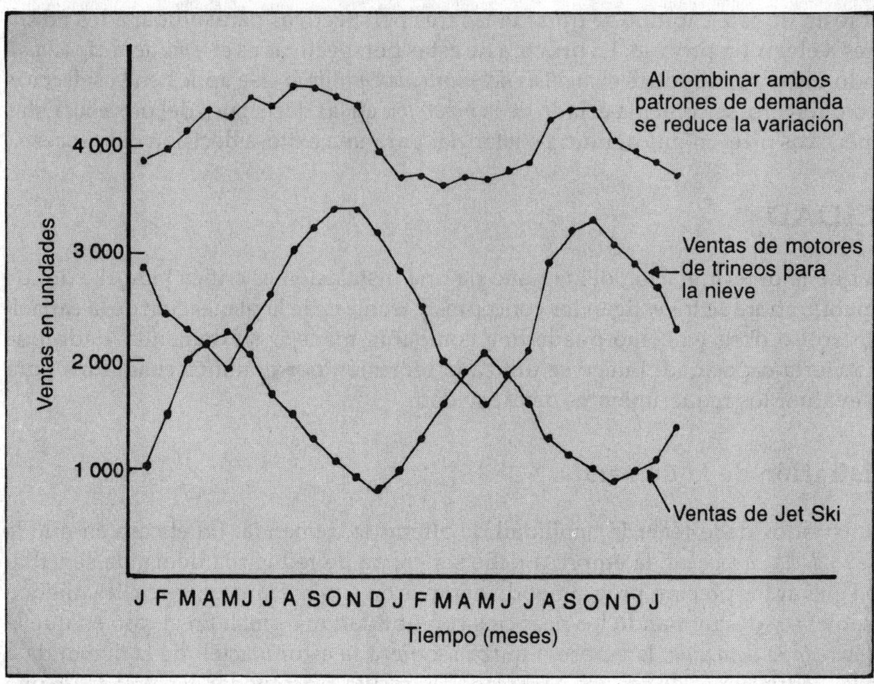

FIGURA 5.3 Al combinar productos que tienen patrones de demanda complementarios, la capacidad se puede utilizar mejor. Una demanda para ventas más suave también contribuye al mejoramiento de la programación y mejores estrategias de recursos humanos.

Capacidad diseñada

La **capacidad diseñada** de una instalación es la capacidad máxima que se puede lograr bajo condiciones ideales. La mayoría de las organizaciones operan sus instalaciones a una tasa menor que la capacidad diseñada. Hacen esto debido a que han encontrado que pueden operar más eficientemente cuando sus recursos no son estirados al límite. La capacidad esperada puede ser del 92% de la capacidad diseñada. A este concepto se le llama capacidad efectiva o utilización.

Capacidad efectiva o utilización

La **capacidad efectiva o utilización** es sencillamente el porcentaje de la capacidad diseñada realmente esperada. Puede ser calculada a partir de la siguiente fórmula:

$$\text{Capacidad efectiva o utilización} = \frac{\text{Capacidad esperada}}{\text{capacidad diseñada}}$$

La capacidad efectiva o utilización es la capacidad máxima que una compañía espera lograr dada su mezcla de productos, métodos de programación, mantenimiento y estándares de calidad.

Otra consideración es la eficiencia. Dependiendo de cómo se usen y administren las instalaciones puede ser difícil o imposible alcanzar el 100% de eficiencia. Típicamente, la **eficiencia** se expresa como un porcentaje de la capacidad efectiva. La eficiencia es una medida de salida real sobre la capacidad efectiva:

Eficiencia

$$\text{Eficiencia} = \frac{\text{Salida real}}{\text{Capacidad efectiva}}$$

Capacidad útil

La **capacidad útil** es la medida de la capacidad máxima utilizable de una instalación en particular. La capacidad útil siempre será menor o igual que la capacidad diseñada. La ecuación utilizada para calcular la capacidad útil se encuentra a continuación:

$$\text{Capacidad útil} = (\text{Capacidad diseñada})(\text{Utilización})\ (\text{Eficiencia})$$

La capacidad útil se determina en el siguiente ejemplo.

ejemplo 1

La empresa Sara James Bakery tiene una planta para el procesamiento de panecillos para desayunar. Las instalaciones tienen una eficiencia del 90%, y la utilización es del 80%. Se utilizan tres líneas de proceso para producir los panecillos. Las líneas operan siete días a la semana y tres turnos diarios de ocho horas. Cada línea se diseñó para procesar 120 panecillos estándar (esto es, sencillos) por hora. ¿Cuál es la capacidad útil?

Con el fin de calcular la capacidad útil, se multiplica la capacidad diseñada (que es igual al número de líneas por el número de horas, por el número de panecillos por hora) multiplicada por la utilización multiplicada por la eficiencia. Cada instalación se utiliza siete días a la semana, con tres turnos diarios. Por lo tanto, cada línea de proceso se utiliza por 168 horas a la semana (168 = 7 días x 3 turnos por día x 8 horas por turno). Con esta información, se puede determinar la capacidad útil. Esto se lleva a cabo a continuación.

$$\text{Capacidad útil} = (\text{Capacidad diseñada})(\text{Utilización})(\text{Eficiencia})$$
$$= [(3)(168)(120)]\,(0.8)(0.9) = 43\,546 \text{ panecillos/semana}$$

Pronóstico de los requerimientos de capacidad

La determinación de los requerimientos futuros de capacidad puede ser un procedimiento complicado, basado en gran parte en la demanda futura. Cuando la demanda de bienes y servicios se puede pronosticar con un grado razonable de precisión, la determinación de los requerimientos de capacidad puede ser directa. Normalmente requiere de dos fases. Durante la primera fase, la demanda futura se pronostica con los métodos tradicionales. Durante la segunda fase, este pronóstico se utiliza para determinar los requerimientos de capacidad.

Se utiliza el análisis de regresión como una herramienta de pronóstico (descrita a detalle en el capítulo 2). A continuación se encuentra un ejemplo.

ejemplo 2

Durante los últimos años, la demanda de panecillos de Sara James Bakery ha estado estable y predecible. Más aún, ha habido una relación directa entre los panecillos producidos y la capacidad útil que se representa en horas por semana. Esto ha permitido a los ejecutivos de Sara James Bakery el pronóstico de la capacidad útil con un aceptable grado de exactitud, utilizando una línea de regresión simple. Sara James Bakery ha recopilado la siguiente información que desearía utilizar para pronosticar la demanda futura de la capacidad útil.

Mes	*Capacidad valuada (en horas/semana)*
Enero	500
Febrero	510
Marzo	514
Abril	520
Mayo	524
Junio	529

Con los datos anteriores es posible pronosticar los requerimientos de la capacidad valuada. Se utilizará la técnica de mínimos cuadrados presentada en el capítulo 2:

$$\text{Pendiente} = b = \frac{\Sigma xy - n\overline{x}\overline{y}}{\Sigma x^2 - n\overline{x}^2}$$

$$\text{intersección } y = a = \overline{y} - b\overline{x}$$

y

$$\hat{y} = a + bx$$

Periodo de tiempo	x	y	x^2	xy
Enero	1	500	1	500
Febrero	2	510	4	1020
Marzo	3	514	9	1542
Abril	4	520	16	2080
Mayo	5	524	25	2620
Junio	6	529	36	3174
	$\Sigma x = 21$	$\Sigma y = 3097$	$\Sigma x^2 = 91$	10 936

$$\overline{x} = \frac{\Sigma x}{n} = \frac{21}{6} = 3.5 \qquad \overline{y} = \frac{\Sigma y}{n} = \frac{3\,097}{6} = 516.16$$

$$b = \frac{(10\,936) - (6)(3.5)(516.16)}{(91) - (6)(12.25)} = \frac{10\,936 - 10\,839.31}{91 - 73.50} = \frac{96.69}{17.50} = 5.5$$

$$a = 516.16 - (5.5)(3.5) = 516.16 - 19.32 = 496.84$$

Por lo tanto las necesidades de capacidad para agosto (mes $x = 8$) serán:

$$\begin{aligned} \hat{y}_8 = a + bx &= 496.84 + 5.5x \\ &= 496.84 + 5.5(8) \\ &= 496.84 + 44.0 \\ &= 540.84 \approx 541 \text{ horas/semana} \end{aligned}$$

Una vez que se ha pronosticado la capacidad valuada, el siguiente paso es determinar el tamaño incremental de cada adición a la capacidad. En este punto se hace la suposición de que la administración conoce la tecnología y el *tipo* de instalaciones que se deben utilizar para satisfacer los requerimientos de demandas futuras.

La figura 5.4 muestra la forma en que se puede planear la nueva capacidad para el crecimiento futuro de la demanda. Como se observa en la figura 5.4(a), una capacidad nueva se adquiere a partir del principio del primer año. La capacidad será suficiente para manejar el incremento de la demanda hasta el principio del segundo año. Al principio de éste, se adquiere una nueva capacidad, que permitirá a la organización cumplir con la demanda hasta el principio del tercer año. Este proceso de puede continuar indefinidamente hacia el futuro.

El plan de capacidad mostrado en la figura 5.4(a) es solamente uno, de un número casi ilimitado de planes para satisfacer la demanda futura. En esta figura, la nueva capacidad se adquirió al principio del año uno y al principio del año dos. En la figura 5.4(b), se adquiere un gran incremento de la capacidad al principio del año uno, el cual podrá satisfacer la demanda futura hasta el principio del año tres.

Las figuras 5.4(a) y 5.4(b) muestran solamente dos alternativas posibles. En algunos casos, la decisión entre las alternativas puede ser relativamente fácil. El costo total de

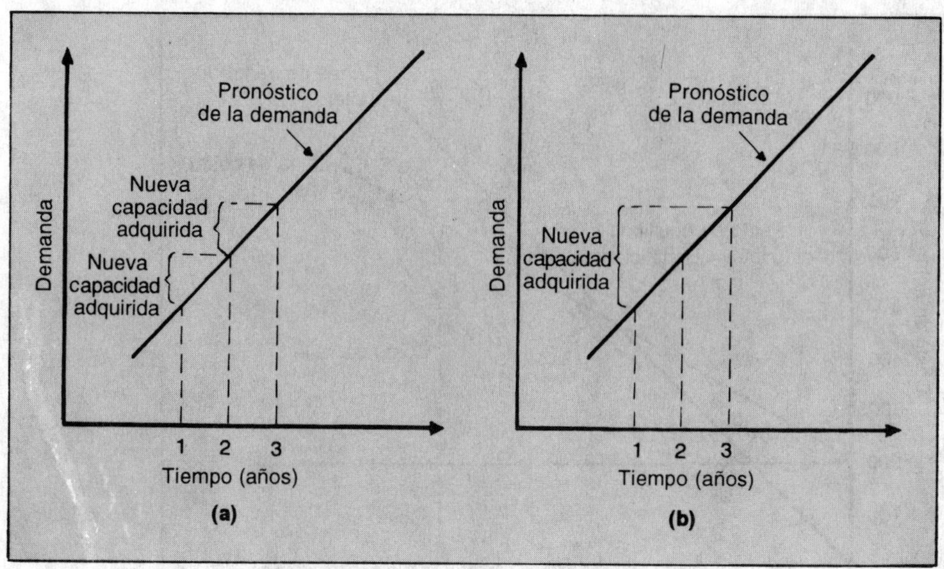

FIGURA 5.4 Adición de la capacidad

cada alternativa puede ser calculado, y se puede seleccionar la alternativa con el menor costo total. En otros casos, la determinación de la capacidad de las instalaciones futuras puede ser mucho más complicada. En la mayoría de los casos, muchos factores subjetivos son difíciles de cuantificar y medir. Estos factores incluyen: opciones tecnológicas; acciones por los competidores; restricciones de construcción; costo de capital; opciones de recursos humanos; así como leyes y regulaciones locales, estatales y federales.

Árboles de decisión aplicados a decisiones de capacidad

Los árboles de decisión pueden ser valiosos para aplicar probabilidades a las decisiones de capacidad. Para las situaciones de planeación de la capacidad, el estado de la naturaleza es generalmente la demanda futura o la favorabilidad del mercado. Al asignar valores de probabilidad a varios estados naturales, los árboles de decisión hacen posible la determinación de los valores esperados de las alternativas. La aplicación de estas técnicas se discute en el suplemento del capítulo 1.

ANÁLISIS DEL PUNTO DE EQUILIBRIO

Análisis del punto de equilibrio

El objetivo del **análisis del punto de equilibrio** es el de encontrar el punto, en dólares y unidades, en que el costo iguala los beneficios. Éste es el punto de equilibrio. El análisis de equilibrio requiere una estimación del costo fijo, costo variable y ganancias. Se empezará por definir los costos fijos y variables después la función de beneficio.

Costos fijos

Costos variables

Los **costos fijos** son los costos que continúan aunque no se produzcan unidades. Los ejemplos incluyen la depreciación, impuestos, deudas y pagos de hipotecas. Los **costos variables** son aquellos que varían con el número de unidades producidas. Los componentes más importantes de los costos variables son la mano de obra y los materiales. Sin embargo, otros costos, tales como la proporción de las instalaciones, usadas que varían con el volumen, también son costos variables.

Función de beneficio

Otro elemento en el análisis del punto de equilibrio es la **función de beneficio.** Empieza en el origen y sigue su curso hacia arriba a la derecha, incrementándose con el precio de venta de cada unidad. Esta línea de beneficio se muestra en la figura 5.5. Donde la función de beneficio cruza la línea del costo total, está el punto de equilibrio, con un

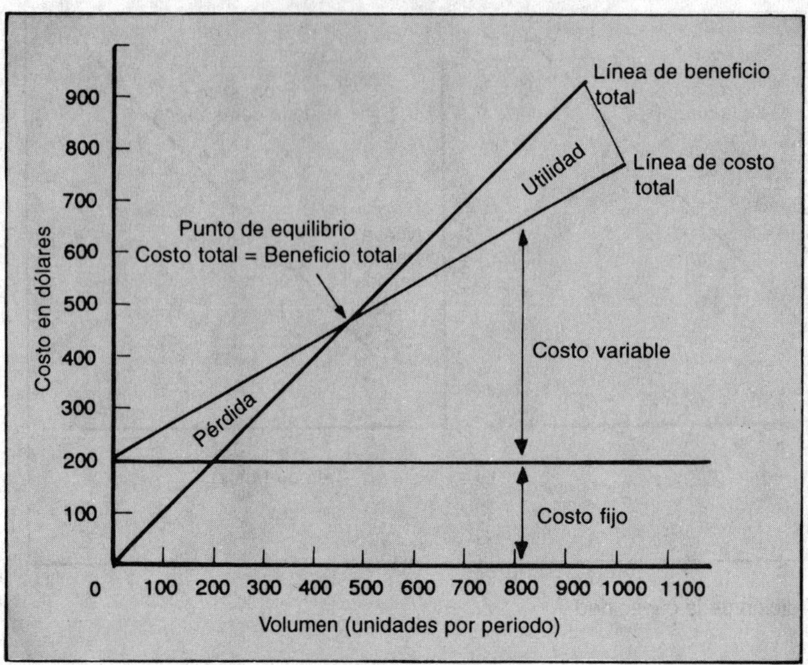

FIGURA 5.5 Punto de equilibrio básico

corredor de ganancia hacia la derecha y un corredor de pérdida hacia la izquierda. Los corredores de ganancia y de pérdida también se muestran en la figura 5.5.

Un número de suposiciones sustentan este modelo básico. Notablemente, los costos y los beneficios se muestran como líneas rectas. Se muestran para indicar linearidad, esto es, en proporción directa con el volumen de unidades que se producen. Sin embargo, ni los costos fijos ni los variables (tampoco, desde ese punto de vista, la función de beneficio) deben ser líneas rectas. Por ejemplo, los costos fijos cambian mientras se utiliza más equipo de capital o espacio de almacén; los costos de mano de obra cambian con el tiempo extra o cuando se emplean trabajadores con habilidades marginales, la función de beneficio también puede cambiar con factores tales como descuentos por volumen.

Existen dos enfoques gráficos para el análisis del punto de equilibrio. El primero consiste en definir aquellos costos que son fijos y luego sumarlos. Luego se estiman los costos variables mediante el análisis de la mano de obra, materiales y otros costos conectados con la producción de cada unidad. Los costos fijos se dibujan como una línea horizontal que principia en la cantidad de dólares en el eje vertical. Los costos variables se muestran como un costo con incremento que se origina en la intersección del costo fijo con el eje vertical y crece con cada cambio en volumen, al mismo tiempo, se mueve hacia la derecha en el eje de volumen (u horizontal). Tanto la información de costo fijo como el variable se encuentran, disponibles generalmente en el departamento de contabilidad de costos de una empresa, aunque el departamento de ingeniería industrial también mantiene la información de los costos.

La segunda manera de obtener el análisis del punto de equilibrio es la determinación de los costos totales para algunos periodos contables y luego graficar estos costos sobre el volumen respectivo. Se enlistan algunos datos de ejemplo en la tabla 5.3. Cuando estos datos se grafican, proporcionan una línea que representa el total tanto de los costos fijos como de los variables. No hay que esperar que los puntos caigan exactamente sobre una línea recta, ya que probablemente no lo harán. Sin embargo, se puede graficar una línea de regresión (o una línea recta aproximada) para mostrar los costos totales. Esto se ha hecho en la figura 5.6. Donde la línea de costo total intersecta el eje vertical se tiene una aproximación razonable del costo fijo. Éste es el punto A en la figura 5.6.

TABLA 5.3 Volumen, costo y beneficio.

	VOLUMEN (UNIDADES)	COSTO	BENEFICIO
Enero	300	$120 000	$130 000
Febrero	350	$125 000	$150 000
Marzo	500	$135 000	$200 000
Abril	550	$140 000	$220 000
Mayo	250	$110 000	$100 000
Junio	200	$100 000	$ 85 000
Julio	400	$120 000	$175 000

Las fórmulas respectivas para el punto de equilibrio en dólares y unidades se muestran a continuación:

$BEP\ (x)$ = Punto de equilibrio en unidades
$BEP\ (\$)$ = Punto de equilibrio en dólares
P = Precio por unidad (dólares recibidos por unidad después de todos los descuentos)
x = El número de unidades producidas
TR = Beneficio total = Px
F = Costos fijos
V = Costos variables por unidad
TC = Costos totales = $F + Vx$

Estableciendo el beneficio total igual a los costos totales, se obtiene:

$$TR = TC$$

o

$$Px = F + Vx$$

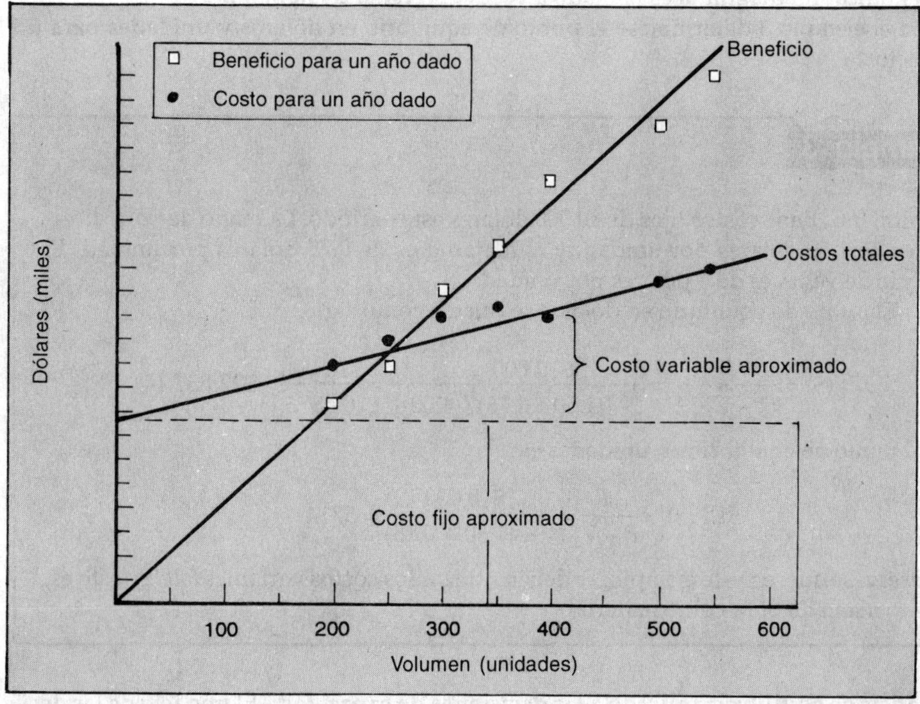

FIGURA 5.6 Gráfica de los datos de la tabla 5.3.

Resolviendo la x, se obtiene:

$$BEP(x)=\frac{F}{P-V}$$

y

$$BEP(\$)=BEP(x)P$$

$$=\frac{F}{P-V}P=\frac{F}{(P-V)/P}$$

$$=\frac{F}{1-V/P}$$

$$\text{Utilidad} = TR - TC$$

$$= Px - (F + Vx)$$

$$= Px - F - Vx$$

$$= (P - V)x - F$$

Utilizando estas ecuaciones, se puede resolver directamente el punto de equilibrio y la utilidad. Estas dos fórmulas, de interés general son:

$$\text{Equilibrio en unidades} = \frac{\text{Costo total fijo}}{\text{Precio} - \text{Costo variable}} \quad (5.1)$$

$$\text{Equilibrio en dólares} = \frac{\text{Costo fijo total}}{1 - \dfrac{\text{Costo variable}}{\text{Precio de venta}}} \quad (5.2)$$

El objeto del análisis del punto de equilibrio es auxiliar en la selección del proceso, al identificar los procesos con el menor costo total para el volumen esperado. Tal punto, desde luego, indicará el mayor corredor de utilidad; por consiguiente existe la posibilidad de analizar dos puntos: el proceso de bajo costo y la cantidad absoluta de utilidad. Solamente analizando ambos puntos simultáneamente se puede tener éxito en la decisión del proceso. La figura 5.7 muestra tres alternativas de proceso comparadas en una única gráfica. Tal diagrama es llamado a veces **diagrama traslapado.**

Diagrama traslapado

En el ejemplo 3 determínese el punto de equilibrio en dólares y unidades para un producto.

ejemplo 3

Smith, Inc., tiene costos fijos de 10 000 dólares este periodo. La mano de obra directa es de 1.50 dólares por unidad, y el material es de 0.75 dólares por unidad. El precio de venta es de 4 dólares por unidad.

El punto de equilibrio en dólares se calcula como sigue:

$$BEP(\$) = \frac{F}{(1-V/P)} = \frac{\$10\,000}{1-[(1.50+0.75)/(4.00)]} = \frac{\$10\,000}{0.4375} = \$22\,857.14$$

y el punto de equilibrio en unidades es:

$$BEP(x) = \frac{F}{P-V} = \frac{\$10\,000}{4-(1.50+0.75)} = 5714$$

Obsérvese que, en este ejemplo, se deben utilizar los costos variables *totales* (esto es, tanto mano de obra como material).

El **análisis de equilibrio aplicado a las decisiones de capacidad.** El impacto de las decisiones de capacidad puede mostrarse a través del análisis de equilibrio. Éste se muestra

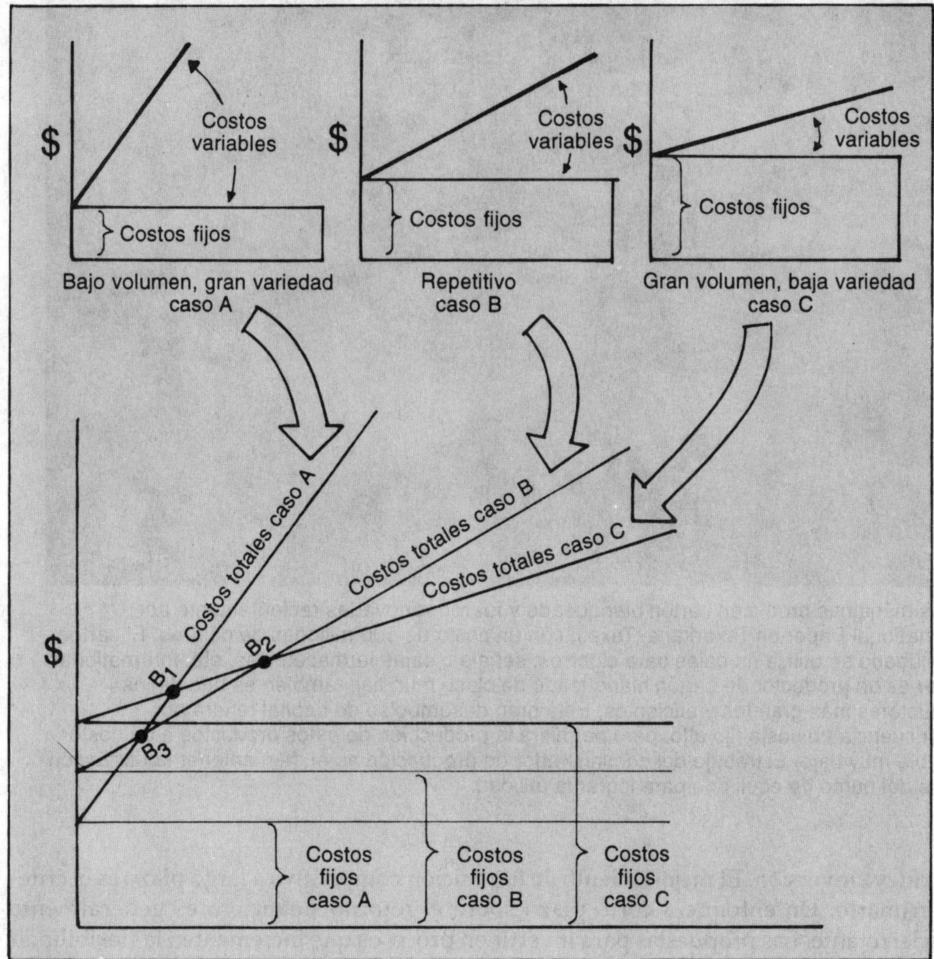

FIGURA 5.7 Diagramas traslapados. Se puede esperar que tres procesos diferentes tengan tres costos diferentes. Sin embargo, a un volumen dado, únicamente uno tendrá el menor costo.

en la figura 5.7. Si el volumen del pronóstico es menor que el volumen real, la empresa pudo haber escogido el proceso equivocado. El resultado será un mayor costo por unidad, porque la empresa está operando con el proceso erróneo, dicho de otra manera el punto B1, en lugar del punto B2 o B3. Una capacidad decidida simultáneamente a la selección del proceso es difícil de cambiar.

Adicionalmente, mientras más a la derecha del continuum (refiriéndose nuevamente a la figura 5.1), más probable es que el equipo y las unidades de proceso se conviertan en grandes y costosos "elefantes blancos". Si la demanda fluctúa o es incierta, entonces la flexibilidad del proceso puede ser particularmente importante. Una alteración capaz de influir en una estrategia orientada a la continuidad, puede significar a menudo un importante rediseño y gasto sustancial. Existe más flexibilidad a la izquierda del continuum, donde son posibles los cambios modestos.

REALIZANDO LA INVERSIÓN

Cada vez más, los administradores se percatan de que las utilidades sostenidas provienen de la construcción de ventajas competitivas, y no de un buen retorno financiero en un proceso específico.[4] Un buen retorno financiero es únicamente un criterio para

[4]Para una excelente discusión sobre las inversiones que soportan la ventaja competitiva, véase Terry Hill, *Manufacturing Strategy: Text and Cases* (Homewood, IL: Irwin, 1989). También véase "Selling Rockwell on Automation," *Business Week* (junio 6 de 1988), p. 104.

Estas máquinas producen cartón blanqueado y fueron renovadas recientemente por International Paper en Texarkana, Texas; con un costo de 500 millones de dólares. El cartón blanqueado se utiliza en cajas para cigarros, señales, cajas farmacéuticas, etc. International Paper es un productor de cartón blanqueado de clase mundial, también es uno de los productores más grandes y eficientes. Este gran desembolso de capital tendrá por consecuencia un costo fijo alto, pero permitirá la producción de estos productos a un costo variable muy bajo. El trabajo del administrador de producción es el de mantener la utilización arriba del punto de equilibrio para lograr la utilidad.

una nueva inversión. El mejoramiento de la posición competitiva a largo plazo es el criterio primario. Un enfoque a corto plazo sobre el retorno financiero es generalmente autoderrotante. Las propuestas para invertir en procesos que incrementen la flexibilidad de la producción, la calidad del producto o la holgura de la línea de producto, pueden ser difíciles de soportar si el enfoque es únicamente sobre el retorno de la inversión.

Inversiones guiadas por estrategias

Se recomienda que el enfoque tradicional de análisis de la inversión (únicamente observando los retornos financieros) sea mejorado por consideraciones estratégicas. Específicamente, las consideraciones estratégicas que se sugieren son:

1. que las inversiones sean hechas como *parte de un plan estratégico coordinado.* ¿Hacia dónde conducen a la organización estas inversiones? Las inversiones no se deben hacer como desembolsos aislados, sino como parte de un plan estratégico coordinado que pondrá a la empresa en una posición ventajosa. La pregunta que debe hacerse es: "¿Eventualmente, ganarán clientes estas inversiones?"
2. que las inversiones *generen una ventaja competitiva* (flexibilidad del proceso, velocidad de entrega, calidad, etc.).
3. que las inversiones *consideren los ciclos de vida del producto.*
4. que *se incluyan una variedad de factores de operación en el análisis del retorno financiero,* por ejemplo, como se muestra en la siguiente discusión, las reducciones de desperdicio, retrabajo, espacio de piso, e inventario incrementan el retorno. Otros factores, tales como los requerimientos de mantenimiento, entrenamiento de personal, incrementos en el inventario, gastos de instalación y valor del desperdicio, también deben ser parte del análisis.
5. que las inversiones sean *probadas a la luz de varias proyecciones de retorno* para asegurar que el potencial y los riesgos estén considerados.

Una vez que se han considerado las implicaciones de inversiones potenciales, es apropiado hacer el análisis tradicional de la inversión.

Inversión, costo variable y flujo de caja

De la misma manera que existen alternativas del proceso, también se tienen con respecto a la inversión de capital y costo variable. Los administradores deben elegir entre varias alternativas financieras diferentes, como lo hacen en la elección de un proceso. El número de opciones iniciales puede ser grande, pero el análisis de los seis factores principales (costo, volumen, restricciones de recursos humanos, tecnología, calidad y confiabilidad) generalmente reducen el número a unas cuantas. El análisis debe mostrar la inversión de capital, costo variable y flujos de caja para cada alternativa. El impacto de los flujos de caja, así como la inversión absoluta, puede influenciar la selección del proceso.

Adicionalmente a las consideraciones de capital, costo variable y flujo de caja, la administración puede considerar el valor del dinero en el tiempo cuando se evalúan las inversiones. Esto se puede llevar a cabo por medio del valor presente neto, rembolso, o la tasa interna de retorno. Se dejarán estos temas para una discusión en un texto financiero.

RESUMEN

Los procesos que utilizan los administradores de operaciones para llevar a cabo las transformaciones pueden ser tan importantes como los mismos productos. Los procesos de transformación determinan una gran parte del costo, así como la cantidad y la calidad del producto. Esta decisión del proceso puede conllevar a la selección de una tecnología de transformación que es enfocada al proceso, al producto o cualquier punto intermedio. Sin embargo, se deberá contar con la capacidad y la tecnología necesaria para ofrecer una ventaja competitiva.

Para los administradores de operaciones, son particularmente valiosos los conceptos de: un buen pronóstico, análisis del punto de equilibrio, diagramas traslapados y decisiones de capacidad, para tomar la mejor decisión del proceso.

TÉRMINOS CLAVE

Decisión del proceso *(p. 198)*
Proceso intermitente *(p. 198)*
Enfoque en el proceso *(p. 198)*
Enfoque en el producto *(p. 199)*
Proceso continuo *(p. 199)*
Proceso repetitivo *(p. 199)*
Módulo *(p. 199)*
Productores esbeltos *(p. 200)*
Control numérico (NC) *(p. 202)*
Control numérico por computadora (CNC) *(p. 202)*
APT *(p. 203)*
Compact II *(p. 203)*
Control del proceso *(p. 203)*
Robot *(p. 203)*
Vehículo guiado automáticamente (AGVs) *(p. 204)*
Sistema flexible de manufactura (FMS) *(p. 205)*
Control numérico directo (DNC) *(p. 205)*
Manufactura integrada por computadora (CIM) *(p. 205)*
Capacidad *(p. 207)*
Capacidad diseñada *(p. 208)*
Capacidad efectiva o utilización *(p. 208)*
Eficiencia *(p. 208)*
Capacidad útil *(p. 208)*
Análisis del punto de equilibrio *(p. 211)*
Costos fijos *(p. 211)*
Costos variables *(p. 211)*
Función de beneficio *(p. 211)*
Diagrama traslapado *(p. 214)*

PROBLEMAS RESUELTOS

problema resuelto 5.1

Joe Biggs trabaja medio tiempo haciendo remos para canoa en Wisconsin. Su costo anual fijo es de 10 000 dólares, la mano de obra directa es de 3.50 dólares por remo, y el material es de 4.50 dólares por remo. El precio de venta será de 12.50 dólares por remo. ¿Cuál es el punto de equilibrio en dólares? ¿ Cuál es el punto de equilibrio en unidades?

Solución

$$BEP(\$) = \frac{F}{1 - V/P} = \frac{\$10\,000}{1 - (\$8.00/\$12.50)} = \frac{\$10\,000}{0.36} = \$27\,777$$

$$BEP(x) = \frac{F}{P - V} = \frac{\$10\,000}{\$12.50 - \$8.00} = \frac{\$10\,000}{\$4.50} = 2222 \text{ unidades}$$

problema resuelto 5.2

Sara James Bakery, descrita anteriormente en los ejemplos 1 y 2, ha decidido aumentar sus instalaciones añadiendo una línea de proceso adicional. La empresa tendrá cuatro líneas de proceso, cada una trabajando siete días a la semana, tres turnos por día y ocho horas por turno. La utilización es del 90%. Adicionalmente, sin embargo, se reducirá su eficiencia total del sistema al 85%. Calcule la nueva capacidad valuada con este cambio en las instalaciones.

Solución

$$\begin{aligned}
\text{Capacidad valuada} &= \text{Capacidad diseñada} \times \text{Utilización} \times \text{Eficiencia} \\
&= [(120)(4 \times 7 \times 3 \times 8)] \times (0.9) \times (0.85) \\
&= (80\,640) \times (0.9) \times (0.85) \\
&= 61\,689 \text{ por semana} \\
&\quad \text{o} \\
&= 120 \times 4 \times 0.9 \times 0.85 \\
&= 367.2 \text{ por hora}
\end{aligned}$$

problema resuelto 5.3

La nueva tienda de Chazen Yogurt's en Demarest, New Jersey, vende varios miles de libras de yogurt cada mes. Debido a su expansión en ventas, Cynthia Chazen desearía saber cuándo programar la entrega del próximo congelador exhibidor. Ella desea tener un congelador por cada 1 000 libras vendidas al mes. Ahora ella dispone de 5 congeladores exhibidores. Utilizando la regresión de mínimos cuadrados, determine en qué mes necesitará el siguiente congelador (esto es, ¿en qué mes se excederá la capacidad de 5 000 libras?)

Las ventas para los primeros 5 meses se muestran a continuación.

1000 libras	*Mes*
4.2	1
4.1	2
4.4	3
4.6	4
4.5	5

Ahora se determina la intersección, *a*, y la pendiente, *b*.

$$\text{Pendiente} = b = \frac{\Sigma xy - n\overline{x}\overline{y}}{\Sigma x^2 - n\overline{x}^2}$$

$$\text{intersección } y = a = \overline{y} - b\overline{x}$$

y

$$\hat{y} = a + bx$$

x (Mes)	y (libras en miles)	x^2	xy
1	4.2	1	4.2
2	4.1	4	8.2
3	4.4	9	13.2
4	4.6	16	18.4
5	4.5	25	22.5
$\Sigma x = 15$	$\Sigma y = 21.8$	$\Sigma x^2 = 55$	$\Sigma xy = 66.5$

$$\overline{x} = \frac{\Sigma x}{n} = \frac{15}{5} = 3 \qquad \overline{y} = \frac{\Sigma y}{n} = \frac{21.8}{5} = 4.36$$

$$b = \frac{(66.5) - (5)(3)(4.36)}{(55) - (5)(9)} = \frac{66.5 - 65.4}{10} = \frac{1.1}{10} = 0.11 \text{ (o 110 libras de pendiente)}$$

$$a = 4.36 - (0.11)(3) = 4.36 - (0.33) = 4.03 \text{ (o 4030 libras de intersección)}$$

Ella tiene ahora capacidad para 5000 libras, lo cual es 970 libras arriba de la intersección.

Con un crecimiento mensual de 110 libras, ¿cuántos meses le llevará alcanzar las 970 libras? La respuesta es 970/110 = 8.82 meses.

Por lo tanto, durante el octavo mes la señorita Chazen necesitará su congelador adicional.

autoevaluación capítulo 5

- *Antes de iniciar la autoevaluación* refiérase a los objetivos de aprendizaje listados al principio del suplemento y a los términos clave listados al final del mismo.
- Utilice la clave al final del texto para *corregir* sus respuestas.
- *Vuelva a estudiar* las páginas correspondientes a cualquier pregunta que haya contestado erróneamente o el material en el que se sienta inseguro.

1. Los procesos de bajo volumen, alta variedad son conocidos también como:
a. procesos continuos
b. procesos intermitentes
c. procesos repetitivos
d. enfocados al producto
e. ninguno de los anteriores

2. La eficiencia está dada por:
a. la capacidad esperada dividida entre la capacidad de diseño
b. la capacidad de diseño dividida entre la utilización
c. la salida real dividida entre la capacidad efectiva
d. ninguna de las anteriores

3. Las ventajas del sistema flexible de manufactura (FMS) incluye:
a. menor costo de mano de obra directa
b. consistencia y quizá una mejor calidad
c. reducción del inventario
d. todas las anteriores
e. ninguna de las anteriores

4. La salida máxima de un sistema en un periodo dado es llamada:
a. el punto de equilibrio
b. la capacidad de diseño
c. todas las anteriores
d. ninguna de las anteriores

5. Los costos que continúan aunque no se produzcan unidades son llamados:
a. costos fijos
b. costos variables
c. costos marginales
d. todos los anteriores
e. ninguno de los anteriores

6. Los productores esbeltos eliminan el desperdicio mediante:
a. el enfoque en la reducción del inventario
b. utilizando técnicas justo a tiempo
c. reduciendo los requerimientos de espacio
d. desarrollando relaciones estrechas con los proveedores
e. todos los anteriores

7. Las líneas de procesos repetitivos:
a. utilizan módulos
b. son líneas de ensamble clásicas
c. tienen más estructura y menos flexibilidad que una distribución de taller de trabajo
d. incluyen el ensamble de básicamente todos los automóviles
e. ninguna de las anteriores es cierta

8. Mientras crece la cantidad producida y se mueve hacia la producción enfocada en el producto:
a. el costo variable por unidad se eleva
b. el costo fijo total para la operación de producción
c. la tasa de utilización del equipo disminuye
d. se utiliza más equipo de propósito general
e. todas las anteriores son ciertas

9. Las características de un proceso de producción modular incluye:
a. la utilización de técnicas de compras justo a tiempo
b. la utilización de técnicas de control de inventario justo a tiempo
c. la utilización de módulos de movimiento justo a tiempo
d. los materiales son movidos por medios tales como las transportadoras, máquinas de transferencia, y vehículos guiados automáticamente
e. todos los anteriores son ciertos

10. El lenguaje utilizado en el equipo de control numérico directo es:
a. BASIC
b. COBOL
c. APT
d. FORTRAN
e. DATABUS

11. La manufactura integrada por computadora (CIM) incluye sistemas de manufactura que tienen:
a. diseño asistido por computadora, máquinas de control numérico directo, equipo de manejo de materiales controlado por automatización
b. procesamiento de la transacción, sistemas de información administrativa y sistemas de soporte de decisiones
c. vehículos guiados automáticamente, robots y control de procesos
d. robots, vehículos guiados automáticamente y equipo de transferencia
e. ninguno de los anteriores

12. Las ventajas de los sistemas flexibles de manufactura incluyen todos los siguientes excepto:
a. costos menores de preparación
b. la habilidad de adaptación a un amplio rango de tamaños y configuraciones
c. gran utilización de las instalaciones
d. costos menores de mano de obra directa
e. todas las anteriores son ventajas
f. ninguna de las anteriores son ventajas

13. El control del proceso se utiliza para controlar los procesos físicos en:
a. instalaciones de manufactura discreta
b. instalaciones de manufactura repetitiva
c. instalaciones intermitentes
d. talleres de trabajo
e. instalaciones orientadas al producto

PREGUNTAS PARA DISCUSIÓN

1. ¿Cuáles son las ventajas de la estandarización? ¿Cómo se obtiene la variedad si se mantiene la estandarización?
2. ¿Qué tipo de proceso se utiliza para cada uno de los siguientes?
   a) cerveza
   b) tarjetas de presentación
   c) automóviles
   d) teléfonos
   e) "Big Macs"
   f) casas personalizadas
3. En una sociedad opulenta, ¿cómo se produce un gran número de opciones para productos a bajos costos?
4. ¿Qué productos esperaría hacer por medio de un proceso repetitivo?
5. ¿De dónde obtiene datos el administrador para el análisis del punto de equilibrio?
6. ¿Qué impide a los datos de los costos fijos y variables graficados caer en una línea recta?
7. ¿Qué impide a los datos de los beneficios graficados caer en una línea recta?
8. ¿Cuáles son las suposiciones del análisis del punto de equilibrio?
9. ¿Cómo se pueden aislar los procesos de producción/operaciones del cliente?
10. Identifique dos servicios localizados del lado del enfoque en el proceso del la continuidad del proceso (figura 5.1).
11. Distinga entre los sistemas flexibles de manufactura (FMS) y la manufactura integrada por computadora (CIM).

PROBLEMAS

• **5.1** River Road Medical Clinic, que tiene un laboratorio de optometría, ha sido afortunada con un crecimiento sustancial a través de la última década. Adicionalmente, fueron capaces de comprar incrementos de equipo de pulido de lentes relativamente en pequeñas unidades. El análisis previo de sus datos sugiere, que si su crecimiento ha sido uniforme y constante, el análisis de regresión es adecuado para determinar sus demandas de capacidad. Los datos de la última década se muestran en la tabla a continuación:

	Año									
	1984	*1985*	*1986*	*1987*	*1988*	*1989*	*1990*	*1991*	*1992*	*1993*
Unidades producidas (en miles)	15.0	15.5	16.25	16.75	16.9	17.24	17.5	17.3	17.75	18.1

a) Determine sus necesidades de capacidad en unidades para 1994, 1996 y 2000.
b) Si cada máquina es capaz de producir 2500 lentes, ¿cuántas máquinas deben esperar tener en 1996?

• **5.2** Asuma que River Road Medical Clinic (problema 5.1) en 1994 tiene 8 máquinas, cada una con capacidad para producir 2500 lentes anualmente. Sin embargo, la mejor y más novedosa máquina de mercado en ese entonces tiene la capacidad de producir 5000 anualmente.
a) ¿Cuál será el estado de la capacidad en la empresa en el año 2000, si compran una máquina nueva y mejor en 1994?
b) ¿Cuál será el estado de la capacidad en la empresa en el año 2000, si compran una máquina estándar más en 1994?

• **5.3** Collins Manufacturing intenta incrementar la capacidad al eliminar un cuello de botella de una operación a través de la adición de un equipo nuevo. Dos vendedores han presentado sus propuestas. Los costos fijos son: para la propuesta A, 50 000 dólares, para la propuesta B, 70 000 dólares. El costo variable para la propuesta A es de 12 dólares y para la B es de 10 dólares. El beneficio generado por cada una de estas unidades es de 20 dólares.
a) ¿Cuál es el punto de equilibrio en unidades para la propuesta A?
b) ¿Cuál es el punto de equilibrio en unidades para la propuesta B?

• **5.4** Dados los datos del problema 5.3:
a) ¿Cuál es el punto de equilibrio en dólares para la propuesta A?
b) ¿Cuál es el punto de equilibrio en dólares para la propuesta B?

• **5.5** Dados los datos del problema 5.3, ¿en qué volumen (unidades) de salida generarían las dos alternativas la misma utilidad?

• **5.6** Utilizando los mismos datos del problema 5.3:
a) Si el volumen esperado es de 8500 unidades, ¿cuál alternativa se debe elegir?
b) Si el volumen esperado es de 15 000 unidades, ¿cuál alternativa se debe elegir?

• **5.7** Un centro de trabajo opera dos turnos por día 5 días a la semana (8 horas por turno) y tiene cuatro máquinas de igual capacidad. Si las máquinas se utilizan el 80% del tiempo con una eficiencia del sistema del 95%, ¿cuál es la salida valuada en horas estándar por semana?

• **5.8** Los minutos disponibles para el siguiente trimestre de 1994 en MMU Mfg. en Waco, Texas, para cada uno de los tres departamentos se muestra a continuación. Los datos recientes en la utilización y la eficiencia también se muestran en la tabla.

Departamento	*Minutos disponibles*	*Utilización efectiva*	*Eficiencia reciente*
Diseño	93 600	0.92	0.95
Fabricación	156 000	0.95	1.03
Acabado	62 400	0.96	1.05

Calcule la capacidad esperada para el siguiente trimestre para cada departamento.

•• **5.9** Una empresa de electrónica está manufacturando actualmente una pieza que tiene un costo variable de 0.50 dólares por unidad y un precio de venta de un dólar por unidad. Los costos fijos son de 14 000 dólares. El volumen actual es de 30 000 unidades. La empresa puede aumentar sustancialmente la calidad del producto mediante la adición de una pieza nueva de equipo a un costo fijo adicional de 6000 dólares. El costo variable se incrementaría a 0.60 dólares, pero el volumen aumentaría a 50 000 unidades debido a un producto de mayor calidad. ¿Debe la compañía comprar el equipo nuevo?

•• **5.10** La empresa de electrónica del problema 5.9 está considerando ahora el equipo nuevo con un incremento en precio a 1.10 dólares por unidad. Con el producto de mayor calidad, se espera el nuevo volumen en 45 000 unidades. Bajo estas circunstancias, ¿debe la compañía comprar el equipo nuevo e incrementar el precio de venta?

•• **5.11** Dados los siguientes datos, calcule BEP(x), BEP(dólares), y la utilidad a 100 000 unidades:

$$P = 8 \text{ dólares/unidad} \quad V = 4 \text{ dólares/unidad} \quad F = 50\,000 \text{ dólares}$$

•• **5.12** Tom Miller y Jeff Vollman han abierto un servicio de copiado en Commonwealth Avenue. Estiman su costo fijo en 12 000 dólares y su costo variable por cada copia vendida en 0.01 dólares. Esperan su precio promedio de venta en 0.05 dólares.
a) ¿Cuál es su punto de equilibrio en dólares?
b) ¿Cuál es su punto de equilibrio en unidades?

•• **5.13** La Dra. Aleda Roth, una autora prolífica, está considerando empezar su propia compañía de publicaciones. La llamará DSI Publishing, Inc. Los costos estimados de DSI son:
Fijos = 250 000 dólares
Costo variable por libro = 20 dólares
Precio de venta por libro = 30 dólares

¿Cuántos libros debe vender DSI para quedar en equilibrio?

•• **5.14** Adicionalmente a los costos del problema 5.13, la Dra. Roth desea pagarse un salario de 50 000 dólares anuales.
a) ¿Cuál es ahora su punto de equilibrio en unidades?
b) ¿Cuál es su punto de equilibrio en dólares?

CASO DE ESTUDIO

H. K. Crone Enterprises

H. K. Crone Enterprises consideraba mover algo de su producción de máquinas tradicionales de control numérico a un sistema flexible de maquinado (FMS). Sus máquinas tradicionales de control numérico han estado operando de una manera intermitente con gran variedad y bajo volumen. Su utilización de maquinaria, como lo puede calcular la empresa, está ociosa el 10%. La gente de ventas de herramientas para máquinas y una empresa consultora desean poner juntas las máquinas en un FMS. Ellos creen que con una inversión de 3 000 000 de dólares en maquinaria con esas máquinas de transferencia se podrá manejar aproximadamente el 30% del trabajo de H. K. Crone. La empresa no ha incorporado todas sus partes en un sistema de tecnología de grupo consistente, pero cree que el 30% es una buena estimación. Este 30% queda muy bien en una "familia". Deberá hacerse una reducción en un gran número de piezas de maquinaria, debido al incremento en la utilización. La empresa debe estar dispuesta de ir de 15 máquinas a aproximadamente cuatro y su personal correspondiente de 15, hasta tres. En forma similar, la reducción de espacio de piso irá de 20 000 pies a cerca de 6000. El tiempo de proceso de las órdenes debe también mejorar cuando esta familia de partes se procese en uno o dos días, en lugar de los siete a 10. Se ha estimado que la reducción del inventario genere ahorros únicos de 750 000 dólares, y los ahorros anuales en mano de obra estarían cerca de los 300 000 dólares.

Mientras todas las proyecciones parecen muy positivas, un análisis del retorno de la inversión del proyecto muestra un valor entre el 10% y 15% anual. La compañía, tradicionalmente, ha tenido una expectativa de que los proyectos generen bastante arriba del 15% y se alcancen periodos de rembolso sustancialmente menores a los de cinco años.

Preguntas para discusión

1. Como administrador de producción de H. K. Crone Enterprises, ¿qué recomienda? ¿Por qué?
2. Prepare un caso hecho por un administrador de planta conservador para mantener el *status quo* hasta que los retornos sean más obvios.
3. Prepare el caso hecho por un administrador de ventas optimista para que se mueva hacia el FMS ahora.

BIBLIOGRAFÍA

Buzacott, J. A., y David D. Yao, "Flexible Manufacturing Systems: A Review of Analytical Models." *Management Science* **32** (julio de 1986).

Heizer, J. H. "Manufacturing Productivity: Japanese Techniques Not Enough." *Industrial Management* (septiembre-octubre de 1986), pp. 21-23.

Hounshell, D. A. *From the American System to Mass Production, 1800-1932*. Baltimore: Johns Hopkins University Press, 1984.

Jaikumar, R. "Postindustrial Manufacturing." *Harvard Business Review* **64** (noviembre-diciembre de 1986), pp. 69-76.

Leonard-Barton, D., y W. A. Kraus. "Implementing New Technology." *Harvard Business Review* **63** (noviembre-diciembre de 1985), pp. 102-110.

Malpas, R. "The Plant After Next." *Harvard Business Review* **61** (julio-agosto de 1983), pp. 122-130.

Morris, J. S., y R. J. Tersine. "A Simulation Analysis of Factors Influencing the Attractiveness of Group Technology Cellular Layout." *Management Science* **36** (diciembre de 1990).

Primrose, P. *Investment in Manufacturing Technology*. Nueva York: Van Nostrand Reinhold, 1991.

Russell, R. S., P. Y. Huang, y Y. Leu. "A Study of Labor Allocation Strategies in Cellular Manufacturing." *Decision Sciences* **22** (julio-agosto de 1991), p. 594.

Schonberger, R. J. "Frugal Manufacturing." *Harvard Business Review* **65** (septiembre-octubre de 1987), pp. 95-100

Selección de la localización

capítulo **6**

PERFIL DEL CAPÍTULO

OBJETIVOS DE APRENDIZAJE

Cuando termine este capítulo usted podrá:

Identificar o definir:

El objetivo de la estrategia de la localización
Puntos sobre localizaciones internacionales

Explicar:

Tres métodos para resolver el problema de la localización:

- El método de clasificación de factores
- Análisis del punto de equilibrio de la localización
- Método del centro de gravedad

Una de las decisiones de costo y beneficio más importantes a largo plazo en una compañía es la de localización de la operación. Éste es un elemento crítico para determinar los costos fijos y variables tanto para las compañías industriales como para las de servicio. Dependiendo del producto y el tipo de producción o servicio que realicen, los costos de transportación pueden alcanzar hasta el 25% del precio de venta del producto. Esto quiere decir que una cuarta parte de los ingresos totales de una empresa pueden ser necesarios para cubrir solamente los gastos de transporte de la llegada de materias primas y la salida del producto terminado. Otros costos que pueden estar influenciados por la localización incluyen los impuestos, salarios y costos de materia prima. La elección de la localización puede alterar los costos totales de producción y de distribución hasta en un 10%. Bajar el 10% de los costos totales de producción mediante la selección de la localización óptima, constituiría la forma más fácil de ahorrar ese 10 %, para la administración.

Una vez que el administrador de operaciones ha establecido la organización para una localización específica, muchos costos están fijados firmemente y son difíciles de reducir. Por ejemplo, si la nueva localización de una fábrica se encuentra en una región con altos costos de la energía, aunque exista una buena administración con una estrategia de energía sobresaliente, está principiando con una desventaja. Lo mismo sucede con una buena estrategia de recursos humanos si la mano de obra en la localización seleccionada es costosa, mal entrenada o tiene poca ética de trabajo. En consecuencia, el trabajo duro para determinar una óptima localización de las instalaciones es una buena inversión.

Este capítulo examina primero las variables del análisis de localización y después explora la eficacia de las técnicas para determinar la localización. Se estudiarán los sistemas para instalaciones de servicios, así como para plantas industriales y almacenes.

EL OBJETIVO DE LA ESTRATEGIA DE LA LOCALIZACIÓN

La mejor localización depende del tipo de compañía que se esté considerando. Las decisiones de localización industrial se enfocan a la minimización de los costos. Las organizaciones de venta al menudeo y de servicios profesionales están orientados a la maximización de sus ingresos. Por otro lado, la localización de almacenes, puede estar determinada por una combinación de costos y velocidad de entrega. El *objetivo de la estrategia de la localización* es maximizar el beneficio de la localización para la empresa.

Las plantas de ensamble que operan a lo largo del lado mexicano de la frontera, desde Texas hasta California, son llamadas *maquiladoras.* Alrededor de 1400 empresas y gigantes industriales tales como General Motors, Zenith, Hitachi y GE operan estas plantas, diseñadas para ayudar ambos lados de la empobrecida región fronteriza. Después de la devaluación del peso en 1982, el número de *maquiladoras* casi se triplicó y se cree que para el año 2000 hasta tres millones de trabajadores serán empleados en estas plantas cruzando la frontera. Los salarios mexicanos son bajos y a las tasas de cambio actuales, las compañías no ven el lejano oriente como alguna vez lo hicieron.

FACTORES QUE AFECTAN LAS DECISIONES DE LA LOCALIZACIÓN

Un número de factores impide que las decisiones de la localización puedan ser analizadas en forma objetiva y basadas únicamente en el costo. Entre estos factores se encuentran la productividad de la mano de obra, el de cambio y otros; como los cambios de actitudes con respecto a la industria, los sindicatos, el empleo, las zonas, la contaminación, impuestos, y así sucesivamente.

Productividad laboral

El atractivo de los bajos salarios a menudo ofrece una tentación para algunas localizaciones en particular, sean domésticas o internacionales. Pero un análisis dirigido a sus niveles salariales es inadecuado si no refleja también la productividad laboral. Como se discutió en el capítulo 1, existen diferencias en productividad en varios países. El verdadero interés de la administración está en la combinación de productividad y la tasa salarial. Por ejemplo, una empresa que paga 12 dólares por hora con 1.25 unidades producidas en ese tiempo, gastará menos en mano de obra que otra que pague 10 dólares por hora con una productividad de 1.0 unidades por hora.

$$\frac{\text{Costo de mano de obra por hora}}{\text{Productividad (esto es, unidades por hora)}} = \text{Costo por unidad}$$

Caso 1: $$\frac{\text{\$12 Salarios por hora}}{\text{1.25 Unidades producidas por hora}} = \frac{\$12}{1.25} = \$9.60$$

Caso 2: $$\frac{\text{\$10 Salarios por hora}}{\text{1.00 Unidades producidas por hora}} = \frac{\$10}{1.00} = \$10$$

La reparación y mantenimiento de aviones es un gran negocio. Así que cuando United Airlines anunció sus planes para desarrollar una nueva base de reparación de aviones, una inversión de mil millones de dólares que generaría 7000 empleos de sueldo alto en 1998, docenas de ciudades con ventajas hicieron cola. Orlando ofreció 154 millones de dólares en incentivos, incluyendo entrenamiento del trabajo, agua gratis, líneas de alcantarillado y un complejo de hangares a bajo costo. Louisville ofreció otorgar 300 millones de dólares en beneficios. Denver proponía cortes de impuestos, financiamiento de bonos y otros beneficios que totalizaron 335 millones de dólares. La búsqueda de dólares de United enojó al gobernador de Kentucky, Wallace Wilkinson, que asemejó la guerra de subasta de United con exprimir "cada gota de sangre de un nabo." Finalmente, la aerolínea seleccionó a Indianápolis, Indiana, como su nueva base.

Los empleados con un bajo entrenamiento, pobre educación o malos hábitos de trabajo pueden constituir una mala opción aun con bajos salarios. De la misma manera, los empleados que no pueden o no desean llegar a su lugar de trabajo tampoco son buenos para la organización, aun con bajos salarios. El costo de la mano de obra por unidad es llamada algunas veces el contenido de mano de obra del producto.

Masaki Kaneho, gerente de la planta de semiconductores integrados de Motorola en Aizu, Japón, con Jay Heizer. Como fabricante de clase mundial, Motorola ha localizado instalaciones a través del mundo. El sureste de Asia puede ser una opción donde los costos de la mano de obra son una parte significativa del costo del producto. Para otros países, tales como Japón, los tipos de cambio o una presencia local puede ser crítica. Mientras que el trabajador del sureste asiático puede cablear 120 circuitos integrados a marcos metálicos cada hora, una máquina automatizada puede hacer 640. Y un trabajador puede monitorear ocho máquinas para una producción total de 5120 en una hora. Claramente, en la producción de circuitos integrados los costos directos de mano de obra se han convertido en menos críticos, porque existen otras consideraciones relativamente más importantes.

Tipos de cambio

Tanto las tasas de salarios como la productividad pueden sugerir que la producción en una localización en el extranjero es preferible a la producción en Estados Unidos. Algunas veces los tipos de cambio permiten la exportación de un país a otro, donde la unidad de cambio es menos cara. Sin embargo, la administración necesita preguntar sobre la estabilidad de tales tipos de cambio. Por ejemplo, el valor del yen japonés se incrementó un 40% aproximadamente en relación con el dólar americano, en únicamente un año y medio, a mediados de la década de los años ochenta. En ese mismo periodo, el peso mexicano se devaluó en un 206% con relación al dólar americano. Los cambios pueden hacer que una buena localización en 1994 sea inoperante en 1998.

Costos

Se pueden dividir los costos de la localización en dos categorías, tangibles e intangibles. Los **costos tangibles** se definen como costos claramente identificables que pueden ser medidos con alguna precisión. Los costos tangibles incluyen las utilerías, mano de obra, materiales, impuestos, depreciación y otros costos que el departamento contable y la administración puedan identificar. Estos costos, así como los de transporte de materias primas, de productos o bienes terminados y la construcción del sitio, son ingredientes necesarios para el análisis del costo de la localización.

Los **costos intangibles** y los costos futuros, que son menos fáciles de cuantificar, pueden ser nombrados a través de las técnicas de ponderación que serán descritas en seguida. Estos costos incluyen la calidad de la educación, instalaciones de transporte público, actitudes de la comunidad hacia la industria y la compañía, la calidad y actitud de los prospectos de empleados, así como otras variables: el clima, instalaciones recreativas, deportes profesionales, y las que forman parte de la calidad de vida y que pueden influenciar el reclutamiento del personal.

Costo tangible
Costo intangible

Actitudes

Las actitudes de los gobiernos nacionales, estatales y locales hacia la propiedad privada, la zonificación, contaminación y la estabilidad del empleo están relacionadas en forma directa. En el momento en que se toma la decisión de la localización hay que tener en cuenta las actitudes gubernamentales, porque éstas pueden no ser duraderas. Más aún, la administración puede encontrar que estas actitudes a menudo están influenciadas por el liderazgo.

MÉTODOS PARA LA EVALUACIÓN DE ALTERNATIVAS DE LA LOCALIZACIÓN

Existen cuatro grandes métodos para la resolución de problemas de la localización: el método de clasificación de factores, análisis del punto de equilibrio de la localización, el método del centro de gravedad y el modelo de transporte. Esta sección describe dichos enfoques.

TABLA 6.1 Factores que afectan la selección de la localización.

Costos de mano de obra (incluyendo salarios, sindicalización, productividad)
Disponibilidad de mano de obra (incluyendo actitudes, edad, distribución, habilidades)
Proximidad a las materias primas y a los proveedores
Proximidad a los mercados
Políticas fiscales del gobierno estatal y local (incluyendo incentivos, impuestos, compensación por desempleo)
Reglamentos ambientales
Servicios (incluyendo gas, electricidad, agua, y sus costos)
Costos del lugar (incluyendo tierra, expansión, estacionamiento, drenaje)
Disponibilidad de transporte (incluyendo tren, aire, agua, caminos interestatales)
Calidad en los medios de vida en la comunidad (incluyendo todos los niveles de educación, costo de la vida, cuidado de la salud, deportes, actividades culturales, transporte, alojamiento, entretenimiento, instalaciones religiosas)
Tipo de cambio (incluyendo tasas, estabilidad)
Calidad de gobierno (incluyendo estabilidad, honestidad, actitudes hacia los nuevos negocios —ya sea trasnacionales o locales)

El método de clasificación de factores

Las decisiones de la localización incluyen tanto entradas cualitativas como cuantitativas, su variación está basada en la empresa y sus necesidades particulares. La tabla 6.1 enlista algunos de los muchos factores que afectan las decisiones de localización.

El **método de clasificación de factores** es una buena forma de proporcionar objetividad al proceso de identificación de costos difíciles de evaluar que están relacionados con la localización. Su popularidad se debe a una gran variedad de factores que pueden ser incluidos.

Método de clasificación de factores

Al remarcar los datos de los costos tangibles con factores intangibles tales como la calidad de la educación, instalaciones recreativas y habilidades necesarias de trabajo, la administración puede iniciar el desarrollo de una visión objetiva, al analizar las ventajas relativas de varias localidades. Los seis pasos en los métodos de ponderación son:

1. Desarrollar una lista de factores relevantes (tal como los que se encuentran en la tabla 6.1).
2. Asignar un peso a cada factor para reflejar su importancia relativa en los objetivos de la compañía.
3. Desarrollar una escala para cada factor (por ejemplo, 1-10 o 1-100 puntos).
4. Hacer que la administración califique cada localidad para cada factor, utilizando la escala del paso 3.
5. Multiplicar cada calificación por los pesos de cada factor, y totalizar la calificación para cada localidad.
6. Hacer una recomendación basada en la máxima calificación en puntaje, considerando los resultados de sistemas cuantitativos también.

ejemplo 1

Mademoiselle Linda Cosmetics, de New Hampshire, ha decidido expandir su producción de Musk Cologne abriendo una nueva localización de fábrica. La expansión se debe a la capacidad limitada en su planta existente. La hoja de valuación en la tabla 6.2 ofrece una lista de factores no fácilmente cuantificables, pero la administración ha decidido que son importantes; sus pesos y sus valores para dos posibles lugares — St. Cloud, Minnesota y Billings, Montana son mostrados.

TABLA 6.2 Pesos, calificaciones y solución.

FACTOR	PESO	CALIFICACIONES (SOBRE 100) St. Cloud	Billings	CALIFICACIONES PONDERADAS St. Cloud	Billings
Costos de mano de obra y actitud	0.25	70	60	(0.25)(70) = 17.5	(0.25)(60) = 15.0
Sistema de transporte	0.05	50	60	(0.05)(50) = 2.5	(0.05)(60) = 3.0
Educación y salud	0.10	85	80	(0.10)(85) = 8.5	(0.10)(80) = 8.0
Estructura de impuestos	0.39	75	70	(0.39)(75) = 29.3	(0.39)(70) = 27.3
Recursos y productividad	0.21	60	70	(0.21)(60) = 12.6	(0.21)(70) = 14.7
Totales	1.00			70.4	68.0

La tabla 6.2 también indica el empleo de pesos para evaluar localizaciones alternas. Dada la opción de 100 puntos asignados a cada factor, es preferible la localidad de St. Cloud. Al cambiar los puntos o pesos ligeramente en aquellos factores sobre los cuales existe alguna duda, se puede analizar la sensibilidad de la decisión. Por ejemplo, se puede ver que al cambiar las calificaciones para los costos de mano de obra y actitudes en 10 puntos puede cambiar la decisión.

Para ilustrar la forma en que AB:POM puede ser utilizado para resolver el ejemplo 1, véase el programa 6.1.

Para los casos donde una decisión es sensible a cambios menores, es apropiado realizar un análisis más profundo del peso o de los puntos asignados. Alternativamente, la administración puede concluir que estos factores intangibles no son el criterio apropiado sobre el que pueda basar una decisión de localización y, por lo tanto, colocar pesos primarios en los aspectos más cuantitativos de la decisión.

Programa 6.1 Modelo de clasificación de factores de AB:POM aplicado al ejemplo 1.

```
Plant Location                                   Solution

Number of factors (1-12)  5          Number of locations (1-6)  2

                 COSMETIC COMPANY, EXAMPLE 1

FACTORS                  Weight    city 1    city 2
LABOR                     0.25     70.00     60.00
TRANSPORT                 0.05     50.00     60.00
EDUCATION                 0.10     85.00     80.00
TAXES                     0.39     75.00     70.00
POWER                     0.21     60.00     70.00
Weighted score                     70.35     68.00
The location with the best (highest) score is city 1
```

Fred Smith, fundador y presidente de Federal Express, recibió una C en un trabajo universitario donde proponía el concepto de "central" de aviones para pequeños paquetes. Smith seleccionó Memphis y ha probado que la central ofrece un sistema de distribución único y efectivo.

Aproximadamente 100 aeronaves de Federal Express convergen, diariamente a la media noche, con más de 700 000 documentos y paquetes. La clasificación e intercambio en las instalaciones de la central (del tamaño de 33 campos de fútbol) se completa a las 4 A.M. Después, los aviones pueden salir, generalmente a su ciudad de origen.

¿Por qué una central en Memphis? Esta ciudad ofrece a Federal Express un aeropuerto descongestionado, localizado en el centro de Estados Unidos, con pocas horas de cierre debido al clima. Los transportistas competidores vuelan de aeropuertos con más problemas sustanciales de clima, y a menudo con una localización menos favorable para sus clientes. La localización puede ser un contribuyente al récord de seguridad de Federal Express, sin accidentes en 20 años.

Análisis del punto de equilibrio de la localización

Análisis del punto de equilibrio de la localización

El **análisis del punto de equilibrio de la localización** es el uso del análisis costo-volumen para hacer una comparación económica de las alternativas de localización. Al identificar y graficar costos fijos y variables para cada localización, se puede determinar cuál es la que ofrece el menor costo. El análisis del punto de equilibrio de la localización puede ser hecho matemática o gráficamente. El sistema gráfico tiene la ventaja de ofrecer un rango de volumen sobre el cual se prefiere cada localidad.

Los tres pasos para el análisis del punto de equilibrio de la localización son:

1. Determinar el costo fijo y variable para cada localidad.
2. Graficar los costos para cada localidad con los costos en el eje vertical de la gráfica y el volumen anual en el eje horizontal.
3. Seleccionar la localidad que tiene el menor costo total para el volumen de producción esperado.

ejemplo 2

Un fabricante de carburadores para automóviles está considerando tres localidades —Akron, Bowling Green y Chicago— para una nueva planta. Los estudios de costos indican que los costos fijos anuales (en dólares) en esos sitios son 30 000, 60 000 y 110 000, respectivamente; y los costos variables, también en dólares, son de 75 por unidad, 45 por unidad y 25 por unidad, respectivamente. Por cada carburador producido se espera un precio de venta de 120 dólares. La compañía desea encontrar la localidad más económica para un volumen esperado de 2000 unidades por año.

Para cada uno de los tres, se pueden graficar los costos fijos (aquellos a un volumen de cero unidades) y el costo total (costos fijos + costos variables) al volumen esperado de salida. Estas líneas se han graficado en la figura 6.1.

Para Akron:

$$\text{Costo total} = \$30\,000 + \$75(2000) = \$180\,000$$

Para Bowling Green:

$$\text{Costo total} = \$60\,000 + \$45(2000) = \$150\,000$$

Para Chicago:

$$\text{Costo total} = \$110\,000 + \$25(2000) = \$160\,000$$

Con un volumen esperado de 2000 unidades anuales, Bowling Green ofrece la localidad de menor precio. La utilidad esperada es de:

$$\text{Ingreso total} - \text{Costo total} = \$120(2000) - \$150\,000 = \$90\,000/\text{año}$$

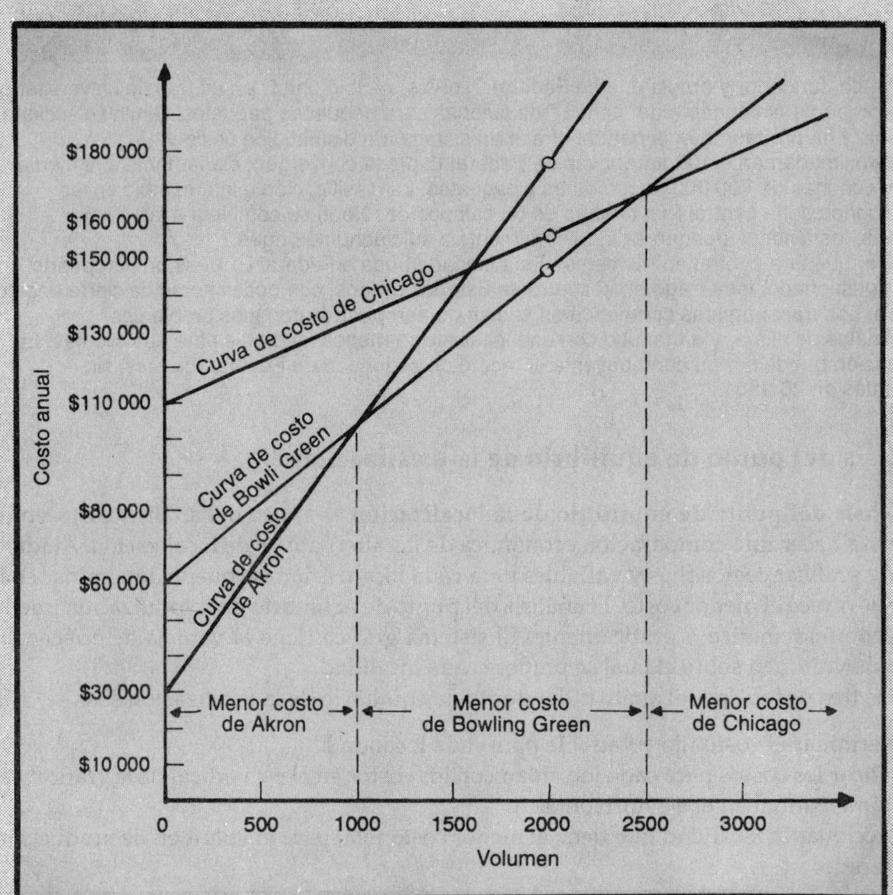

FIGURA 6.1 Diagrama traslapado para el análisis del punto de equilibrio de la localización.

La gráfica también indica que para un volumen con menos de 1000 unidades se preferiría Akron y; mientras que para un volumen de 2500, Chicago genera la mayor utilidad. Los puntos de equivalencia son 1000 y 2500.

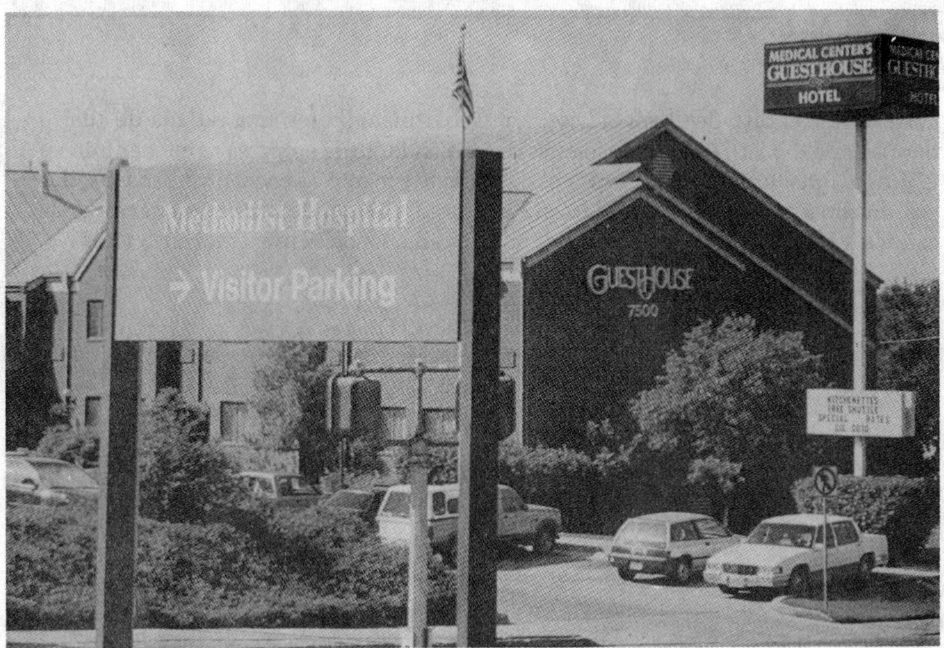

A la par con bajos beneficios de reducción de impuestos y un mercado saturado de hoteles, las oportunidades aún existen cuando las localizaciones del hotel/motel están correctas. Los buenos lugares incluyen aquellos cerca de hospitales y centros médicos. Mientras los complejos médicos en las áreas metropolitanas continúen su crecimiento, también se incrementará la necesidad de hoteles para hospedar a las familias de los pacientes. Adicionalmente, con los servicios médicos tales como el cuidado de pacientes externos, estancias más cortas en hospitales, y más pruebas de diagnóstico, crece la necesidad de hoteles cerca de los hospitales.

Método del centro de gravedad

El **método del centro de gravedad** es una técnica matemática utilizada para encontrar una localización para un almacén único que da servicio a un número de tiendas detallistas. El método toma en consideración la localización de los mercados, y los costos de embarque al encontrar la mejor localización para un almacén central.

Método del centro de gravedad

El primer paso en el método del centro de gravedad es colocar las localidades en un sistema de coordenadas. Esto se ilustrará en el ejemplo 3. El origen del sistema de coordenadas y la escala utilizada son arbitrarios, siempre y cuando las distancias relativas se encuentren representadas correctamente. Esto se puede hacer fácilmente al colocar una malla encima de un mapa común. El centro de gravedad está determinado por las ecuaciones 6.1 y 6.2.

$$C_x = \frac{\sum_i d_{ix} W_i}{\sum_i W_i} \qquad (6.1)$$

$$C_y = \frac{\sum_i d_{iy} W_i}{\sum_i W_i} \qquad (6.2)$$

donde:

C_x = coordenada x del centro de gravedad
C_y = coordenada y del centro de gravedad
d_{ix} = coordenada x de la localidad i
d_{iy} = coordenada y de la localidad i
W_i = volumen de bienes transferidos a, o desde la localidad i

Observe que las ecuaciones 6.1 y 6.2 incluyen el término W_i, que es el volumen de abasto transferido a, o desde la localidad i.

Dado que el número de contenedores embarcados cada mes afecta el costo, la distancia no debe ser únicamente el principal criterio. El método del centro de gravedad asume que el costo es directamente proporcional tanto a la distancia, como al volumen embarcado. La localización ideal es aquella que minimiza la distancia ponderada entre el almacén y sus salidas de detalle, es decir, donde la distancia está ponderada por el número de contenedores embarcados.

ejemplo 3

Considérese el caso de Quain´s Discount Department Stores, una cadena de cuatro tiendas tipo K-Mart. Las localizaciones de las tiendas de la empresa se encuentran en Chicago, Pittsburgh, Nueva York y Atlanta; actualmente se encuentran abastecidas por un almacén viejo e inadecuado en Pittsburgh, el lugar de la primera tienda de la cadena. Los datos de las tasas de demanda de cada tienda se muestran en la tabla 6.3.

TABLA 6.3 Demanda para Quain´s Discount Stores.

LOCALIZACIÓN DE LA TIENDA	NÚMERO DE CONTENEDORES EMBARCADOS POR MES
Chicago	2000
Pittsburgh	1000
Nueva York	1000
Atlanta	2000

La empresa ha decidido encontrar alguna localidad "central" en la cual construir un nuevo almacén. Las localidades actuales de las tiendas se muestran en la figura 6.2. Por ejemplo, la localidad 1 es Chicago, y a partir de la tabla 6.3 y de la figura 6.2, se tiene:

$$d_{1x} = 30$$
$$d_{1y} = 120$$
$$W_1 = 2000$$

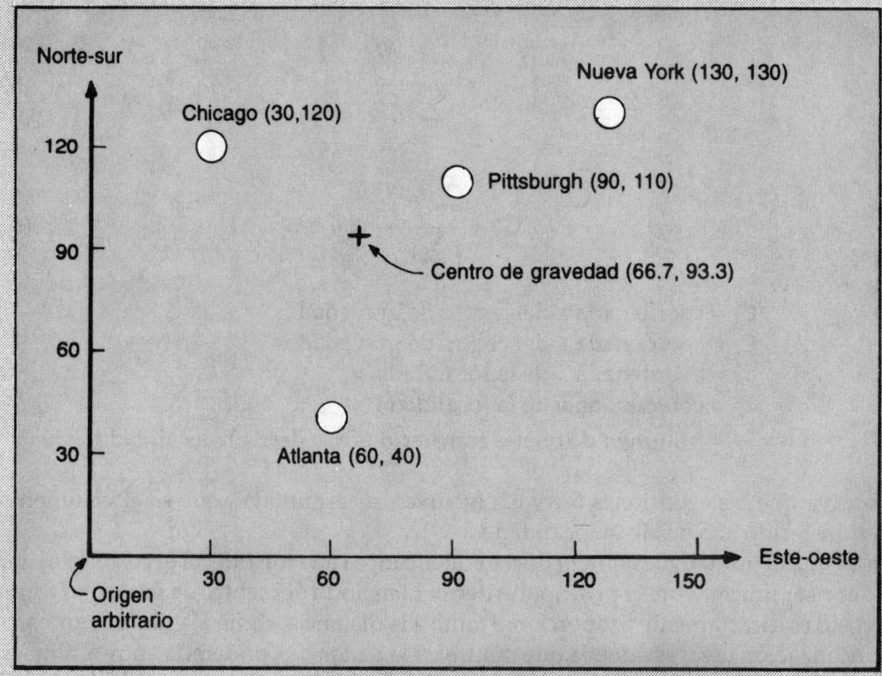

FIGURA 6.2 Coordenadas de las localizaciones de las cuatro tiendas Quain´s Department Stores.

Utilizando los datos de la tabla 6.3 y la figura 6.2 para cada una de las otras ciudades, en las ecuaciones 6.1 y 6.2, se encuentran:

$$C_x = \frac{(30)(2000)+(90)(1000)+(130)(1000)+(60)(2000)}{2000+1000+1000+2000} = \frac{400\,000}{6000}$$

$$= 66.7$$

$$C_y = \frac{(120)(2000)+(110)(1000)+(130)(1000)+(40)(2000)}{2000+1000+1000+2000} = \frac{560\,000}{6000}$$

$$= 93.3$$

Esta localización (66.7, 93.3) se muestra con la cruz en la figura 6.2. Al sobreponer un mapa de Estados Unidos en esta gráfica, se encuentra que esta localización se sitúa cerca del centro de Ohio. La empresa bien puede considerar Columbus, Ohio o alguna ciudad cercana como una localidad apropiada.

Para ilustrar de la manera en que AB:POM puede ser utilizado para resolver el ejemplo 3, véase el programa 6.2.

El modelo de transportación

Modelo de transportación

El objetivo del **modelo de transportación** es determinar el mejor patrón de embarque desde varios puntos de suministro (fuentes) a varios puntos de demanda (destinos), a fin de reducir los costos de la producción total y de transportación. Generalmente, existe una capacidad determinada de bienes para cada fuente y también, un requerimiento de bienes para cada destino. Cada empresa con una red de abasto y puntos de demanda se encara con este problema. La compleja red de abasto de Volkswagen (mostrada en la figura 6.3) ofrece una ilustración de ella.

Aunque la técnica de programación lineal (LP), presentada en el suplemento del capítulo 4 se puede utilizar para resolver este tipo de problema, también se han desarrollado algoritmos de propósitos especiales, más específicos, para la aplicación del transporte. Este modelo se aplica de igual manera que el método de programación lineal, primero encuentra una solución factible inicial, y luego hace un mejoramiento

Programa 6.2 Programa de localización de planta de AB:POM.

Plant Location — Solution

Number of sites (1-99) 4

QUAIN'S DEPARTMENT STORES

SITES	Weight/trips	x coord	y coord	WEIGHTED COORDINATES X-coord	Y-coord
CHICAGO	2000.00	30.00	120.00	60000	240000
PITTSBURGH	1000.00	90.00	110.00	90000	110000
NEW YORK	1000.00	130.00	130.00	130000	130000
ATLANTA	2000.00	60.00	40.00	120000	80000
TOTAL	6000.00	310.00	400.00	400000	560000
AVERAGE		77.50	100.00	66.6667	93.3333

The unweighted center of gravity is x = 77.5 y = 100

The weighted center of gravity is x = 66.66666 y = 93.33334

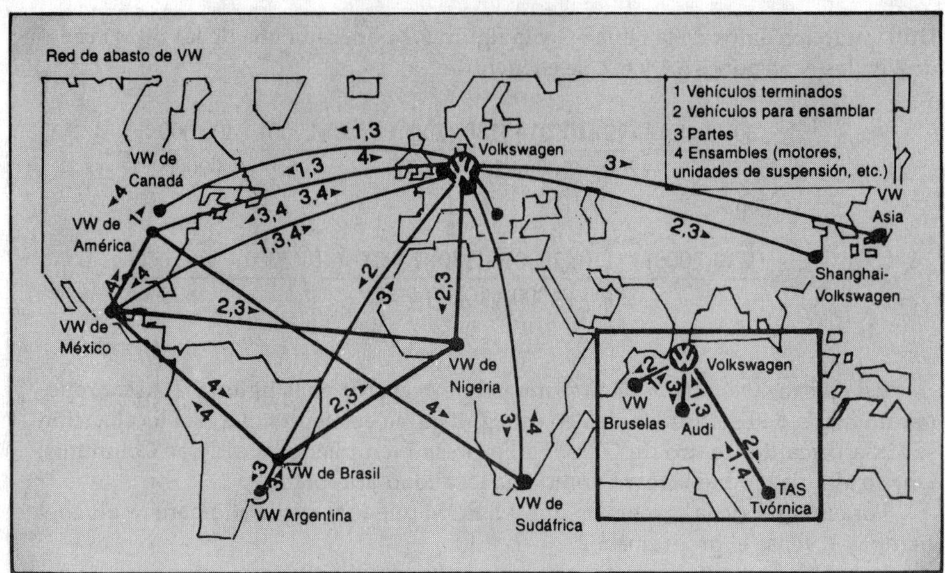

FIGURA 6.3 Distribución mundial de Volkswagen y partes. (*Fuente:* Copyright 1985, de *The Economist, Ltd.* Distribuido por The New York Times/Special Features.)

paso a paso hasta que se alcanza una solución óptima. Contrariamente al método simplex de programación lineal, el método de transportación es relativamente fácil de calcular.

En el suplemento de este capítulo se encuentran detallados, la descripción de la forma en que trabaja el modelo de transportación y los ejemplos de su utilización en las decisiones de localización.

SECTOR DE SERVICIO/DETALLISTA/PROFESIONAL

Mientras que el análisis de la localización en el sector industrial se orienta a la minimización del costo; en el sector de servicio está dirigido a la maximización de los ingresos. Esto se debe a que los costos de manufactura tienden a variar sustancialmente entre localidades; sin embargo, en las empresas de servicio los costos varían muy poco dentro del área del mercado.

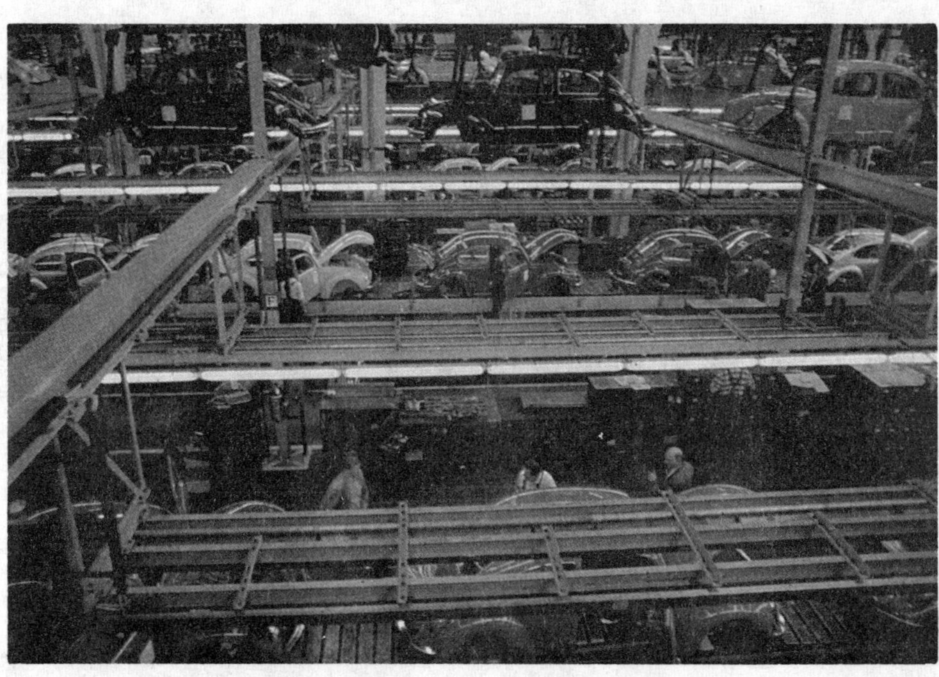

Como lo muestra la figura 6.3, Volkswagen ha encontrado mercados locales sustanciales en muchas naciones fuera de Alemania. El mercado de México o Brasil puede no ser demasiado grande para soportar una gran empresa, pero VW construyó plantas en esos lugares e invirtió fuertemente porque el mercado, el día de mañana, será de 100 millones de personas. La estrategia global de localización demanda bases que puedan alcanzar los mercados masivos del mundo.

Por lo tanto, para la empresa de servicio, una localidad específica ejerce mayor influencia en los ingresos que en los costos. Esto significa que el enfoque de la localización para las empresas de servicio debe llevarse a cabo, determinando el volumen del negocio y los ingresos. Existen ocho componentes principales de volumen e ingresos para la empresa de servicios. Estos son:

1. poder adquisitivo del área de clientes seleccionada;
2. compatibilidad de servicio e imagen con la demografía del área de clientes seleccionada;
3. competencia en el área;
4. calidad de la competencia;
5. singularidad de las localidades de la empresa y de la competencia;
6. cualidades físicas de las instalaciones y de los negocios vecinos;
7. políticas de operación de la empresa;
8. calidad de la administración.

El análisis realista de estos factores puede ofrecer una imagen razonable de los ingresos esperados. Las técnicas que se utilizan en el sector de servicios incluyen: análisis de correlación, cuentas de tráfico, análisis demográfico y análisis del poder adquisitivo.

RESUMEN

La localización puede determinar hasta el 10% del costo total de una empresa. También es un elemento crítico para determinar los ingresos en la empresa de servicios/detallista/profesional. Las empresas industriales necesitan considerar tanto los costos tangibles como los intangibles. Se mencionan los problemas típicos de localización industrial por medio de un método de clasificación de factores, el análisis del punto de equilibrio de la localización, el método del centro de gravedad y el método de transportación de programación lineal.

Para las organizaciones de servicio/detallista/profesional, el análisis está constituido, generalmente, por diversas variables que incluyen el poder adquisitivo del área seleccionada, la competencia, publicidad y promoción, cualidades o características físicas de la localización, y las políticas de operación de la organización.

TÉRMINOS CLAVE

Costo tangible *(p. 228)*
Costo intangible *(p. 228)*
Método de clasificación de factores *(p. 229)*
Análisis del punto de equilibrio de la localización *(p. 231)*
Método del centro de gravedad *(p. 233)*
Modelo de transportación *(p. 235)*

PROBLEMAS RESUELTOS

problema resuelto 6.1[1]

Así como se pueden comparar las ciudades y las comunidades para la selección de la localización por medio del modelo de ponderación de factores, visto anteriormente en este capítulo, también se puede ayudar en las decisiones de los lugares reales dentro de cada ciudad. La tabla 6.4 ilustra cuatro factores de importancia, que fueron establecidos por los oficiales de salud para abrir la primera clínica pública de SIDA, en Washington, D.C. De vital importancia (y con un peso dado de 5) fue la localización de la clínica, ya que debería ser tan accesible como fuera posible

[1]Fuente: De R. Murdick, B. Render, y R. Russell, en *Service Operations Management*. Copyright © 1990 por Allyn and Bacon. Reproducido bajo permiso.

al mayor número de pacientes. El costo anual de arrendamiento también era de alguna importancia debido al estrecho presupuesto. Una oficina en el nuevo Ayuntamiento, ubicada en las calles 14 y U, fue altamente valuada porque allí no se pagaría renta. Un viejo edificio de oficinas cerca de la estación de autobuses del centro recibió una valuación mucho menor debido al costo. De la misma importancia que el costo del arrendamiento era la confidencialidad de los pacientes y, por lo tanto, de una clínica relativamente desapercibida. Finalmente, debido a que gran parte del personal de la clínica de SIDA donarían su tiempo, la seguridad, el estacionamiento, así como la accesibilidad para cada sitio, fue también de importancia;

Solución

De las tres columnas de la extrema derecha en la tabla 6.4, se suman los valores ponderados. Parece que el área de la terminal de autobuses puede ser excluida de futuras consideraciones, pero que los otros dos lugares son prácticamente idénticos en la calificación total. La ciudad quizá pueda considerar otros factores, incluyendo los políticos, para seleccionar entre los dos sitios restantes.

TABLA 6.4 Lugares potenciales para la clínica de SIDA en Washington, D.C.

		LOCALIZACIONES POTENCIALES*			CALIFICACIONES PONDERADAS		
FACTOR	Peso de importancia	Refugio para desamparados (2da. y D, al suroeste)	Ayuntamiento (14ava. y U, al noroeste)	Área de la terminal de autobuses (7ma. y H, noroeste)	Refugio para desamparados	Ayuntamiento	Área de la terminal de autobuses
Accesibilidad para los infectados	5	9	7	7	45	35	35
Costo anual de arrendamiento	3	6	10	3	18	30	9
Discreción	3	5	2	7	15	6	21
Accesibilidad para el personal de salud	2	3	6	2	6	12	4
				Calificaciones totales:	84	83	69

*Todos los sitios están calificados sobre una base de 1 a 10, con 10 como la más alta calificación y 1 como la más baja.

problema resuelto 6.2

Chuck Bimmerle está considerando abrir una nueva fundición en Denton, Texas; Edwardsville, Illinois o Fayetteville, Arkansas, para producir miras para rifle de alta calidad. Ha recopilado los siguientes datos de costos fijos y variables:

		Costos unitarios		
Localización	*Costo fijo por año*	*Material*	*Mano de obra*	*Gastos variables*
Denton	$200 000	$0.20	$0.40	$0.40
Edwardsville	$180 000	$0.25	$0.75	$0.75
Fayetteville	$170 000	$1.00	$1.00	$1.00

a) Grafique las líneas de costo total.
b) ¿A partir de qué rango de volumen anual va a tener cada instalación una ventaja competitiva?
c) ¿Cuál es el volumen del punto de intersección entre Edwardsville y Fayetteville?

Solución

a) Una gráfica de las líneas de costo total se muestra en la figura 6.4.

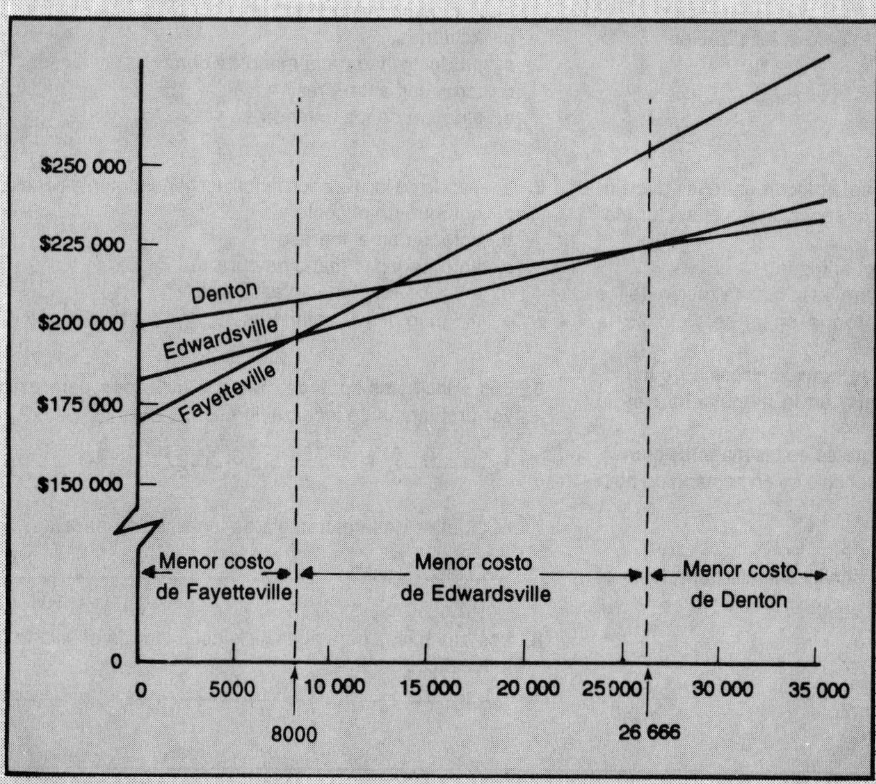

FIGURA 6.4 Gráfica de las líneas de costo total para el problema resuelto 6.2.

b) Abajo de 8000 unidades, la instalación de Fayetteville tendrá una ventaja competitiva (el menor costo); entre 8000 y 26 666 unidades, Edwardsville es superior; y Denton tiene la ventaja arriba de 26 666 piezas. En este problema, se asume que otros costos, como la entrega y los factores intangibles son constantes, independientemente de la decisión.

c) A partir de la gráfica se puede ver que la línea de costo para Fayetteville y la línea de costo para Edwardsville se intersectan cerca de 8000. Con un poco de álgebra, se puede determinar también este punto.

$$\$180\,00 + 1.75Q = \$\,170\,000 + 3.00Q$$
$$\$10\,000 = 1.25Q$$
$$8000 = Q$$

autoevaluación capítulo 6

- *Antes de iniciar la autoevaluación* refiérase a los objetivos de aprendizaje listados al principio del suplemento y a los términos clave listados al final del mismo.
- Utilice la clave al final del texto para *corregir* sus respuestas.
- *Vuelva a estudiar* las páginas correspondientes a cualquier pregunta que haya contestado erróneamente o el material en el que se sienta inseguro.

1. ¿Cuáles de los siguientes métodos consideran mejor los costos intangibles relacionados con una decisión de la localización?
a. métodos ponderados
b. análisis del punto de equilibrio de la localización
c. el método de transportación
d. el método de asignación
e. ninguno de los anteriores

2. ¿Cuál es la mayor diferencia del enfoque entre las decisiones de localización en el sector servicio y en el sector manufactura?
a. No hay una diferencia en el enfoque
b. El enfoque en la manufactura es la maximización de los ingresos, mientras el enfoque en el servicio es la minimización de los costos
c. El enfoque en el servicio es la maximización de los ingresos, mientras el enfoque en la manufactura es la minimización de los costos
d. El enfoque en la manufactura es en las materias primas, mientras el enfoque en el servicio es en la mano de obra
e. ninguna de las anteriores

3. El análisis de localización de servicio/detallista/profesional generalmente tiene un:
a. enfoque en el costo
b. enfoque en el ingreso
c. enfoque en la mano de obra
d. enfoque en el medio ambiente
e. ninguno de los anteriores

4. Los factores involucrados en las decisiones de localización incluyen:
a. intercambio con el extranjero
b. actitudes
c. productividad de la mano de obra
d. todos los anteriores
e. ninguno de los anteriores

5. El análisis de localización industrial generalmente tiene un:
a. enfoque en el costo
b. enfoque en el ingreso
c. enfoque en la mano de obra
d. enfoque en el medio ambiente
e. ninguno de los anteriores

6. Los principales tipos de métodos utilizados para resolver problemas de localización son:
1. ________ **2.** ________ **3.** ________ **4.** ________.

7. El objetivo de la estrategia de localización es la de:
____.

8. Los tres pasos para el análisis del punto de equilibrio de la localización son:
1. ________ **2.** ________ **3.** ________.

PREGUNTAS PARA DISCUSIÓN

1. En términos del objetivo estratégico, ¿cómo difieren las decisiones de localización industrial y de servicio?
2. En años recientes, el gobierno federal ha incrementado la libertad que los ferrocarriles tienen en el establecimiento de tasas, al mismo tiempo ha desregularizado mucho de la estructura de establecimiento de tasas de camiones y aerolíneas. ¿Cuál será el impacto a largo plazo de esta desregularización sobre las estrategias de localización?
3. Urban Jones, administrador de gobierno en una gran ciudad del este, respondiendo a un grupo de fabricantes que se quejaban del impacto e incremento de los impuestos, dijo que los impuestos recaudados en una ciudad no eran de consideración importante para un nuevo negocio que contemplara mudarse a esa ciudad. Si usted fuera presidente de la Cámara de Comercio Local, ¿cómo respondería usted? Si usted es una persona que está preocupada por la tasa de desempleo en el centro de la ciudad, ¿cómo respondería usted?
4. Explique las suposiciones que se encuentran atrás del método del centro de gravedad. ¿Cómo se puede utilizar este método en la localización de una instalación de servicio?
5. ¿Cómo difieren las decisiones de localización de instalaciones de servicio y las de localización industriales?

PROBLEMAS

• **6.1** Consolidated Refineries, con oficinas centrales en Houston, debe decidir entre tres sitios para la construcción de un nuevo centro de procesamiento de petróleo. La empresa ha seleccionado los seis factores siguientes como base para la evaluación, y les ha asignado, un valor en peso, de uno a cinco, para cada factor.

Número del factor	*Nombre del factor*	*Peso para valuar*
1	Proximidad a las instalaciones del puerto	5
2	Disponibilidad y costo de fuente de energía	3
3	Actitud y costo de fuerza de trabajo	4
4	Distancia de Houston	2
5	Atractivo de la comunidad	2
6	Proveedores de equipo en el área	3

La administración ha valuado cada localidad para cada factor sobre una base de 1 a 100 puntos.

Número de factor	*Localidad A*	*Localidad B*	*Localidad C*
1	100	80	80
2	80	70	100
3	30	70	70
4	10	80	60
5	90	60	80
6	50	60	90

¿Qué sitio será recomendado?

• **6.2** A continuación se muestran los costos fijos y variables en cuatro sitios potenciales, para un fabricante de equipo de esquiar.

Sitio	*Costo fijo por año*	*Costo variable por unidad*
Atlanta	$125 000	$6
Burlington	75 000	5
Cleveland	100 000	4
Denver	50 000	12

a) Grafique las líneas de costo total para los cuatro sitios potenciales.
b) ¿Sobre qué rango de volumen anual es preferible cada localidad? Tome en cuenta el costo esperado más bajo.
c) Si el volumen esperado de equipo para esquiar es de 5000 unidades, ¿qué localidad recomendaría usted?

•• **6.3** Un restaurante de mariscos de Detroit está considerando abrir una segunda instalación en el suburbio de West Bloomfield. La siguiente tabla muestra su clasificación de los cinco factores, en cada uno de los cuatro sitios potenciales. ¿Cuál sitio debe ser seleccionado?

		Sitio			
Factor	*Peso*	*1*	*2*	*3*	*4*
Afluencia de población local	10	70	60	85	90
Costo de tierra y de construcción	10	85	90	80	60
Flujo de tráfico	25	70	60	85	90
Disponibilidad de estacionamiento	20	80	90	90	80
Potencial de crecimiento	15	90	80	90	75

•• **6.4** Al ubicar una nueva clínica médica, las oficinas municipales de salud desean considerar tres sitios. Los datos pertinentes se muestran en la siguiente tabla. ¿Cuál es el mejor sitio?

		Calificaciones		
Factor de localización	*Peso*	*Centro*	*Suburbio A*	*Suburbio B*
Utilización de la instalación	9	9	7	6
Tiempo promedio por viaje de emergencia	8	6	6	8
Preferencias de los empleados	5	2	5	6
Accesibilidad a los caminos principales	5	8	4	5
Costos de terrenos	4	2	9	6

•• **6.5** La oficina de correos central en Tampa, Florida, debe ser remplazada con una instalación mucho más grande y más moderna, que pueda manejar el gran flujo de correo que ha seguido el crecimiento de la ciudad desde 1970. Actualmente todo el correo, de entrada o de salida, viaja desde siete oficinas de correo regionales en Tampa, para ser distribuida a través de la oficina de correos principal. Elegir adecuadamente su localización puede incrementar la eficiencia en la entrega global y los movimientos. Utilizando los datos de la siguiente tabla, calcule el centro de gravedad para la nueva instalación propuesta.

Oficina regional de correos	*Coordenadas x,y del mapa*	*Viajes redondos de camión por día*
Ybor City	(10, 5)	3
Davis Island	(3, 8)	3
Dale-Mabry	(4, 7)	2
Palma Ceia	(15, 10)	6
Bayshore	(13, 3)	5
Temple Terrace	(1, 12)	3
Hyde Park	(5, 5)	10

•• **6.6** Laurie Shader es la propietaria de dos tiendas de ropa exclusiva para damas en Miami. En su plan para expanderse a una tercera localidad, ella ha orientado su decisión a tres sitios: en un edificio de oficinas del centro, en un centro comercial y en una vieja casa estilo Victoriano ubicada en los suburbios de Coral Gables. Ella siente que la renta es el factor más importante que se debe considerar; mientras que el tráfico peatonal tiene un 90% de importancia con respecto a la renta. Más aún, ella cree que mientras más lejos esté la nueva tienda de las otras dos existentes, es mejor. Ella pondera que este factor tenga el 80% de la importancia que el el tráfico peatonal. Laurie desarrolló la siguiente tabla, donde calificó cada sitio con el mismo sistema que utilizó en su programa de maestría en la universidad. ¿Cuál sitio es preferible?

	Centro	*Centro comercial*	*Casa en Coral Gables*
Renta	D	C	A
Tráfico peatonal	B	A	D
Distancia de las tiendas existentes	B	A	C

•• **6.7** La siguiente tabla muestra las coordenadas del mapa y las cargas embarcadas para un conjunto de ciudades que se desean conectar a través de una "central". ¿Cerca de qué coordenadas del mapa se debe localizar dicha central?

Ciudad	*Coordenadas del mapa (x,y)*	*Carga embarcada*
A	(5, 10)	5
B	(6, 8)	10
C	(4, 9)	15
D	(9, 5)	5
E	(7, 9)	15
F	(3, 2)	10
G	(2, 6)	5

• **6.8** Sabra Horne Retailers intenta decidir sobre la localización de una nueva tienda detallista. Por el momento, tienen tres alternativas; quedarse donde están, pero agrandar las instalaciones; situarse en la calle central en el cercano Newbury, o ubicarse en el nuevo centro comercial en Hydepark. Ellos han seleccionado los cuatro factores que se listan en la siguiente tabla como base para la evaluación, y han asignado pesos, entre uno y cinco, para cada factor.

Factor	*Descripción del factor*	*Peso*
1	Ingreso promedio de la comunidad	0.30
2	Potencial de crecimiento de la comunidad	0.15
3	Disponibilidad de transporte público	0.20
4	Disponibilidad, actitud, y costo de la mano de obra	0.35

La señora Horne ha considerado cada localidad, por cada uno de los factores, en una base de 100 puntos. Las evaluaciones se muestran a continuación:

Factor	*Localización*		
	Localización actual	*Newbury*	*Hydepark*
1	40	60	50
2	20	20	80
3	30	60	50
4	80	50	50

¿Qué sitio se debe recomendar?

•• **6.9** A continuación se muestran los costos fijos y variables en tres lugares potenciales, para construir plantas destinadas a la manufactura de tejedoras de canastas.

Lugar	*Costo fijo por año*	*Costo variable por unidad*
Sitio 1	$ 500	$11
Sitio 2	1000	7
Sitio 3	1700	4

a) ¿Sobre qué rango de producción es óptima cada localidad?
b) Para una producción de 200 unidades, ¿qué sitio es el mejor?

CASO DE ESTUDIO

Southern Recreational Vehicle Company

En octubre de 1993, la alta administración de Southern Recreational Vehicle Company de St. Louis, Missouri, anunció sus planes para relocalizar sus operaciones de manufactura y ensamble mediante la construcción de una planta nueva en Ridgecrest, Mississippi. La empresa, una importante productora de campers para pickups y camiones, ha experimentado cinco años consecutivos de utilidades decrecientes como resultado de la espiral en los costos de producción. Los costos de mano de obra y materias primas se han incrementado en forma alarmante; los costos de servicios han aumentado considerablemente; los impuestos y los gastos de transportación han experimentado alzas constantes. A pesar de los incrementos en las ventas, la compañía sufrió su primera pérdida neta desde que principiaron operaciones en 1977.

Cuando la administración consideró la relocalización por primera vez, revisaron cuidadosamente varias áreas geográficas. Entre los factores de importancia primaria para la relocalización estaban la disponibilidad de instalaciones de transportación adecuadas, estructuras de impuestos estatales y municipales, un abasto adecuado de mano de obra, actitudes positivas de la comunidad, costos razonables del lugar y atractivos financieros. Aunque varias comunidades ofrecían los mismos incentivos esencialmente, la administración de Southern Recreational Vehicles Company fue gratamente impresionada por los esfuerzos de la compañía Mississippi Power and Light, para atraer una industria "limpia e intensiva en mano de obra". Los oficiales estatales y locales también demostraban entusiasmo; en forma activa buscaban reforzar la economía del estado mediante la atracción de empresas manufactureras que se establecieran dentro de sus límites.

Dos semanas antes del anuncio, la administración de Southern Recreational Vehicles Company terminó con sus planes de relocalización. Se seleccionó un edificio existente en el parque industrial de Ridgecrest (la instalación física había albergado anteriormente a un fabricante de casas móviles que había quebrado debido al financiamiento inadecuado y la mala administración). Se comenzó el reclutamiento inicial a través de la Oficina de Empleo Estatal, y se unieron esfuerzos para rentar o vender la propiedad de St. Louis. Entre los atractivos ofrecidos para que Southern Recreational Vehicles Company se mudará a Ridgecrest estaban:

1. Excensión de impuestos municipales y del condado durante cinco años;
2. Servicios de agua y alcantarillado gratis;
3. Construcción de un segundo muelle de carga —sin costo— en el lugar industrial;
4. Un acuerdo para emitir 500 000 dólares en bonos industriales para una expansión futura;
5. Entrenamiento de trabajadores, financiado por el gobierno, en la escuela comercial de la industria local.

Adicionalmente a estos atractivos, otros factores pesaron fuertemente en la decisión de ubicarse en el pequeño pueblo de Mississippi. Los costos de la mano de obra serían bastante menores que aquellos incurridos en St. Louis; no se esperaba que la mano de obra organizada fuera tan poderosa (Mississippi es un estado con derecho al trabajo no sindicalizado); y los costos de servicios e impuestos serían moderados. De principio a fin, la administración de Southern Recreational Vehicle Company sintió que su decisión fue acertada.

El 15 de octubre, en el cheque de pago de cada empleado se anexó el siguiente anuncio:

Para: Empleados de Southern Recreational Vehicle Company

De: Gerald O´Brian, Presidente

La administración de Southern Recreational Vehicle Company anuncia, con tristeza, sus planes de cesar todas sus operaciones de manufactura en St. Louis el 31 de diciembre. Debido a los crecientes costos de operación y a las demandas irrazonables del sindicato, se ha vuelto imposible operar con utilidades. Aprecio sinceramente el fino servicio que cada uno de ustedes ha otorgado a la compañía durante los últimos años. Si puedo ser de utilidad para ayudarles a encontrar empleo adecuado con otra compañía, por favor háganmelo saber. Una vez más, gracias por su cooperación y por los servicios en el pasado.

Preguntas para discusión

1. Evaluar los atractivos ofrecidos a Southern Recreational Vehicle Company por los líderes de la comunidad en Ridgecrest, Mississippi.
2. ¿Qué problemas experimentará una compañía al reubicar a sus ejecutivos de una área industrial densamente poblada a un pequeño pueblo rural?
3. Evalúe las razones citadas por Mr. O´Brian para la relocalización. ¿Son justificables?
4. ¿Qué responsabilidades tiene una empresa con sus empleados cuando se toma una decisión de parar sus operaciones?

Fuente: Escrito por el rector, Jerry Kinard, del Francis Marion College.

BIBIOGRAFÍA

Goodchild, M. F. "ILACS: A Location Allocation Model for Retail Site Selection." *Journal of Retailing* **60** (abril de 1984), pp. 84-100.

Kimes, S. E., y J. A. Fitzsimmons. "Selecting Profitable Hotel Sites at La Quinta Motor Inns." *Interfaces* **20** (marzo-abril de 1990), p. 12.

Lord, D. J., y C. D. Lynds. "The Use of Regression Models in Store Location Research." *Akron Business and Economic Review* (verano de 1981), pp. 13-14.

Murdick, R., B. Render, y R. Russell. *Service Operations Management.* Boston: Allyn and Bacon, 1990.

Reed, R. *Plant Location, Layout, and Maintenance.* Homewood, IL: Richard D. Irwin, 1967.

Render, B., y R. M. Stair. *Introduction to Management Science.* Boston: Allyn and Bacon, 1992.

Render, B., y R. M. Stair. *Quantitative Analysis for Management,* 5ta. ed. Boston: Allyn and Bacon, 1994.

Schemenner, R. W. "Look Beyond the Obvious in Plant Location." *Harvard Business Review* (enero-febrero de 1979), pp. 126-132.

Zarrillo, M. J. "Strategies for Selecting a Mixed-Use Corporate Site." *Industrial Development* (marzo-abril de 1986).

Modelos de transportación

suplemento

capítulo 6

PERFIL DEL CAPÍTULO

OBJETIVOS DE APRENDIZAJE

Cuando termine este capítulo usted podrá:

Identificar o definir:

El modelo de transporte
Análisis de localización de instalaciones

Explicar:

La regla de la esquina noroeste
El método del escalón
El método MODI
Degeneración

El propósito del modelo de transportación es encontrar los medios menos costosos para embarcar abastos desde varios orígenes hacia varios destinos. Los puntos de origen (o fuentes) pueden ser fábricas, almacenes o cualquier otro de los puntos desde donde se embarquen los bienes. Los destinos son cualquiera de los puntos que reciben bienes. Para utilizar el modelo de transportación, es necesario tener:

1. Los puntos de origen y la capacidad o abasto por periodo, para cada uno.
2. Los puntos de destino y la demanda por periodo para cada uno.
3. El costo de embarque por una unidad desde cada origen hacia cada destino.

Para ilustrar un problema de transportación, se analizará en este suplemento a una empresa llamada Arizona Plumbing, que fabrica, entre otros productos, una línea completa de tinas para baño. Los datos para las tinas de baño de Arizona Plumbing se presentan en la figura S6.1 y en la tabla S6.1. La empresa necesita decidir qué fábricas deben abastecer qué almacenes.

El primer paso en el proceso del modelo es establecer una matriz de transportación, La cual tiene como propósitos: es el de resumir en forma conveniente y concisa todos los datos relevantes, y continuar los cálculos del algoritmo. Utilizando la información de Arizona Plumbing presentada en la figura S6.1 y la tabla S6.1, se puede construir una matriz de transportación como se muestra en la figura S6.2.

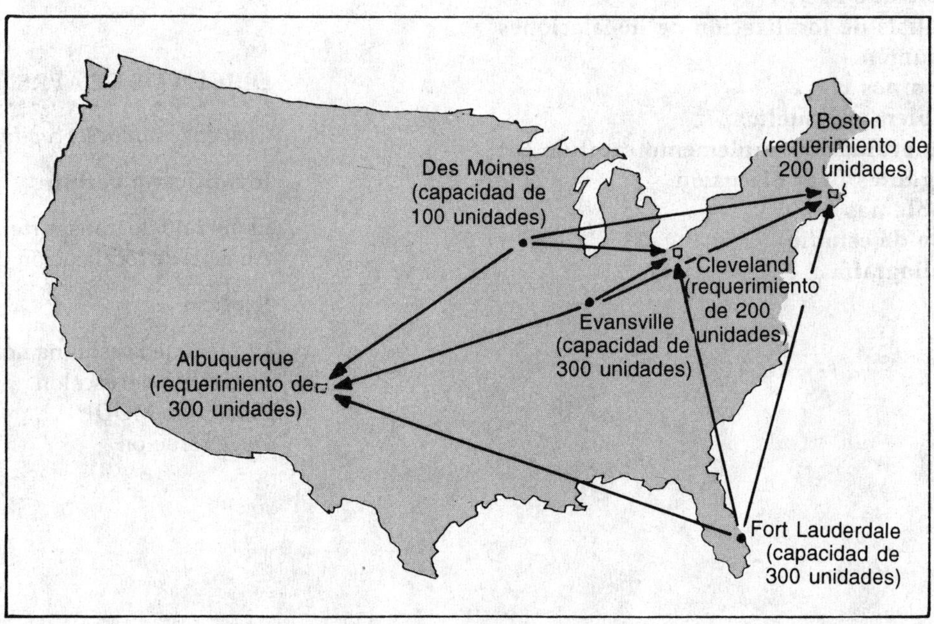

FIGURA S6.1 Problema de transporte.

TABLA S6.1 Costos de transportación por tina de baño para Arizona Plumbing.

Desde \ Hacia	Albuquerque	Boston	Cleveland
Des Moines	$5	$4	$3
Evansville	$8	$4	$3
Fort Lauderdale	$9	$7	$5

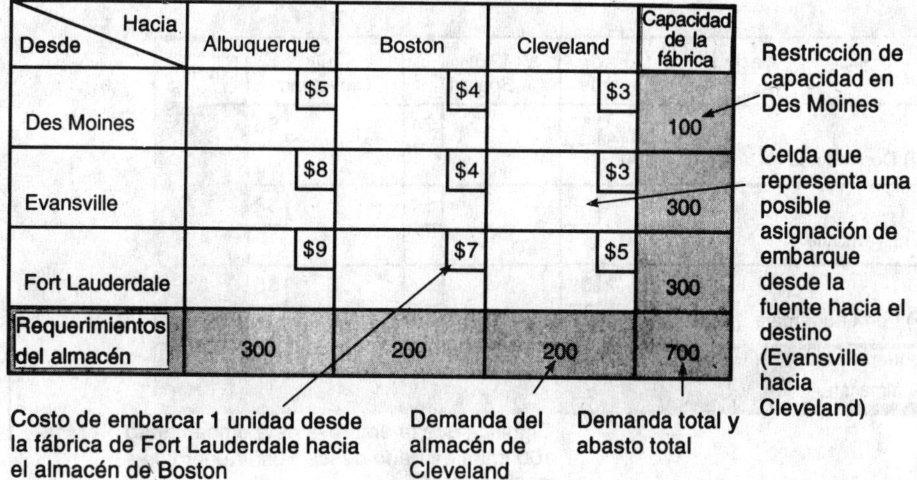

Hacia
Desde
Albuquerque
Boston
Cleveland
Capacidad de la fábrica
Des Moines
$5
$4
$3
100
Evansville
$8
$4
$3
300
Fort Lauderdale
$9
$7
$5
300
Requerimientos del almacén
300
200
200
700
Restricción de capacidad en Des Moines
Celda que representa una posible asignación de embarque desde la fuente hacia el destino (Evansville hacia Cleveland)
Costo de embarcar 1 unidad desde la fábrica de Fort Lauderdale hacia el almacén de Boston
Demanda del almacén de Cleveland
Demanda total y abasto total

FIGURA S6.2 Matriz de transportación para Arizona Plumbing.

DESARROLLO DE UNA SOLUCIÓN INICIAL—LA REGLA DE LA ESQUINA NOROESTE

Una vez que los datos se arreglaron en forma tabular, se debe establecer una solución factible inicial al problema. En un procedimiento sistemático, conocido como la **regla de la esquina noroeste**, es necesario principiar en la celda superior izquierda (o esquina noroeste de la tabla) y asignar unidades a las rutas de embarque de la siguiente manera:

Regla de la esquina noroeste

1. Terminar el abasto (capacidad de la fábrica) de cada renglón antes de moverse hacia abajo, al siguiente renglón.
2. Terminar los requerimientos (almacén) de cada columna antes de moverse a la siguiente columna, hacia la derecha.
3. Verificar que todos los abastos y las demandas se hayan cumplido.

ejemplo S1

En la figura S6.3 se utiliza la regla de la esquina noroeste para encontrar una solución factible inicial al problema de Arizona Plumbing. Se requieren cinco pasos en este ejemplo, para hacer las asignaciones iniciales de embarque:

1. Asignar 100 tinas de baño desde Des Moines hacia Albuquerque (terminando las provisiones en Des Moines).
2. Asignar 200 tinas de baño desde Evansville hacia Albuquerque (terminando la demanda de Albuquerque).
3. Asignar 100 tinas de baño desde Evansville hacia Boston (terminando las provisiones de Evansville).
4. Asignar 100 tinas de baño desde Fort Lauderdale hacia Boston (terminando la demanda de Boston).
5. Asignar 200 tinas de baño desde Fort Lauderdale hacia Cleveland (terminando la demanda de Cleveland y las provisiones de Fort Lauderdale).

Desde \ Hacia	(A) Albuquerque	(B) Boston	(C) Cleveland	Capacidad de la fábrica
(D) Des Moines	$5 100	$4	$3	100
(E) Evansville	$8 200	$4 100	$3	300
(F) Fort Lauderdale	$9	$7 100	$5 200	300
Requerimientos del almacén	300	200	200	700

Significa que la empresa está embarcando 100 tinas de baño desde Fort Lauderdale hacia Boston

FIGURA S6.3 Solución por la regla de la esquina noroeste para el problema de Arizona Plumbing.

Se puede calcular fácilmente el costo total de esta asignación de embarque como 4200 dólares (véase la tabla S6.2).

TABLA S6.2 Costo calculado de embarque.

RUTA DESDE	RUTA HACIA	TINAS DE BAÑO EMBARCADAS	COSTO POR UNIDAD	COSTO TOTAL
D	A	100	$5	$ 500
E	A	200	8	1600
E	B	100	4	400
F	B	100	7	700
F	C	200	5	1000
				Total: $4200

La solución ofrecida en el ejemplo S1 es factible, ya que satisface todas las restricciones de demanda y abasto. Sería mucha suerte si esta solución generara el costo de transportación mínimo para el problema. Sin embargo, es más probable que se deba emplear un proceso adicional para alcanzar la solución óptima.

EL MÉTODO DEL ESCALÓN

Método del escalón

El **método del escalón** es una técnica para moverse desde una solución factible inicial hacia una solución óptima. Este método se utiliza para evaluar la efectividad del costo al embarcar bienes por medio de rutas de transportación, que no se encuentran actualmente en la solución. Se prueba cada celda o cuadro no utilizado en la tabla de transportación, mediante la siguiente pregunta: "¿Qué sucedería a los costos totales de embarque, si una unidad de producto (por ejemplo, una tina de baño) tentativamente se embarcara en una ruta no utilizada?" A continuación, se muestra el desarrollo de la prueba:

1. Seleccionar un cuadro no utilizado para evaluar.
2. A partir de este cuadro, trazar una ruta cerrada de regreso al cuadro original, a través de cuadros que se estén utilizando actualmente (únicamente se permiten movimientos

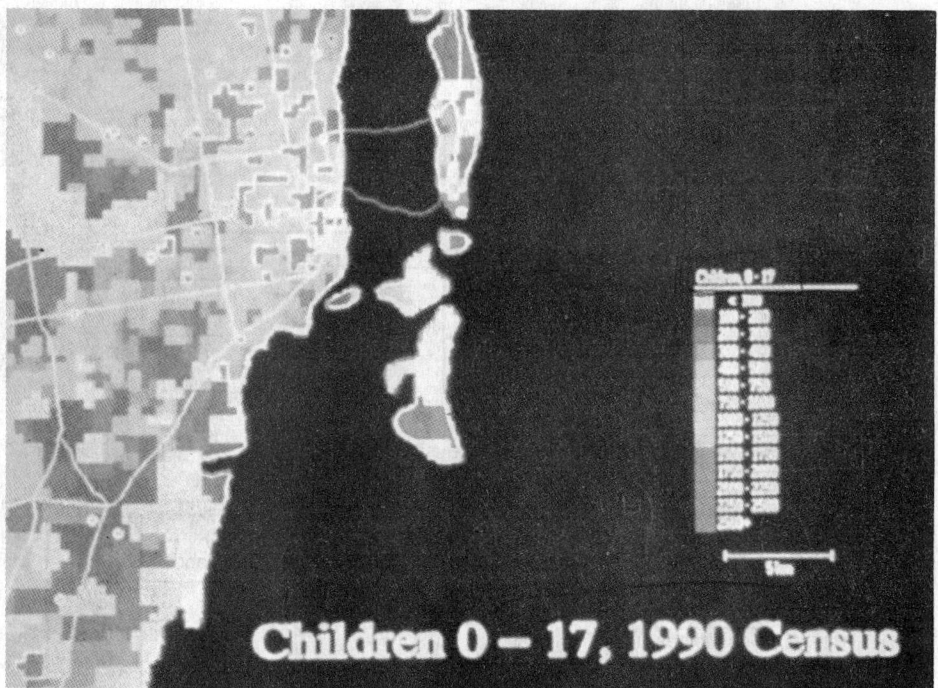

La localización de las tiendas al menudeo se ayuda por medio del análisis demográfico. Aquí, la concentración de niños entre 0 y 17 se muestra en varios tonos. Si usted fuera a abrir una tienda de ropa para niños o localizar un parque, ¿qué áreas investigaría?

horizontales y verticales). Sin embargo, se puede pasar sobre un cuadro vacío u ocupado.

3. Comenzando con un signo positivo (+) en el cuadro no utilizado, poner signos positivo y negativo, en forma alternada en cada esquina del cuadro de la ruta recién trazada.
4. Calcular el índice de mejoramiento mediante la suma de los costos unitarios que se encuentran en cada cuadro, que tiene un signo positivo, y después restar los costos unitarios de cada cuadro que tenga un signo negativo.
5. Repetir los pasos 1 al 4 hasta que se calcule un índice de mejoramiento para todos los cuadros no utilizados. Si todos los índices calculados son mayores o iguales a cero, se ha alcanzado una solución óptima. Si no, es posible mejorar la solución actual y reducir los costos totales de embarque.

ejemplo S2

Se puede aplicar el método del escalón a los datos de Arizona Plumbing de la figura S6.3, para evaluar las rutas de embarque no utilizadas. Las cuatro rutas que actualmente no se encuentran asignadas son: Des Moines hacia Boston, Des Moines hacia Cleveland, Evansville hacia Cleveland y Fort Lauderdale hacia Albuquerque. *Pasos 1 y 2.* Empezando con la ruta desde Des Moines hacia Boston, primero se traza una ruta cerrada utilizando nada más las celdas ocupadas en forma usual (véase la figura S6.4) y luego se colocan alternadamente signos positivos y negativos en las esquinas de esta ruta. Nótese, que sólo se pueden usar las celdas utilizadas para embarcar en las esquinas de la ruta que se está trazando. Luego entonces, la ruta Des Moines–Boston a Des Moines–Albuquerque a Fort Lauderdale–Albuquerque a Fort Lauderdale–Boston a Des Moines–Boston no sería aceptable ya que la celda Fort Lauderdale–Albuquerque se encuentra vacía. Resulta que *solamente existe una ruta cerrada para cada celda vacía.* Una vez que se identifica esta ruta cerrada, se puede empezar a colocar signos positivos y negativos a estas celdas dentro de la ruta.

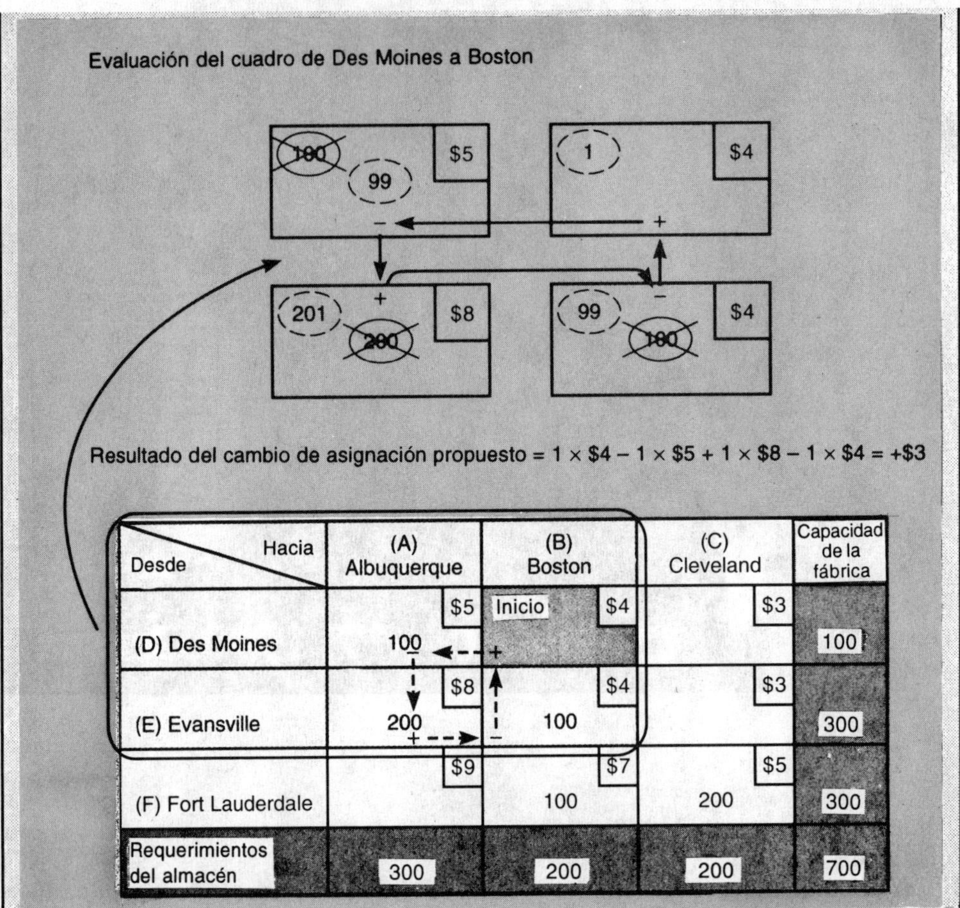

Desde \ Hacia	(A) Albuquerque	(B) Boston	(C) Cleveland	Capacidad de la fábrica
(D) Des Moines	$5 100 –	Inicio + $4	$3	100
(E) Evansville	$8 200 +	$4 100 –	$3	300
(F) Fort Lauderdale	$9	$7 100	$5 200	300
Requerimientos del almacén	300	200	200	700

FIGURA S6.4 Evaluación del escalón para rutas alternas para Arizona Plumbing.

Paso 3. ¿Cómo se decide qué celdas llevarán el signo positivo y cuáles el signo negativo? La respuesta es simple. Ya que se está probando la efectividad del costo de la ruta de embarque desde Des Moines hacia Boston, se supone que se embarca una tina de baño desde Des Moines hacia Boston. Ésta es una unidad más que se *estaría* enviando entre las dos ciudades, así que se anota el signo positivo en la celda. Pero si se envía una unidad más que antes desde Des Moines hacia Boston, se estarían enviando 101 tinas de baño desde la fábrica en Des Moines. Debido a que la capacidad de la fábrica en Des Moines es de 100 unidades solamente, se debe enviar una tina de baño menos desde Des Moines hacia Albuquerque. Este cambio evita violar la restricción del límite. Para indicar que se ha reducido el embarque desde Des Moines hacia Albuquerque, se coloca el signo negativo en esa celda. Continuando a través de la ruta cerrada, se observa que ya no se cumple el requerimiento del almacén de 300 unidades. De hecho, si se reduce el embarque desde Des Moines hacia Albuquerque a 99 unidades, se debe incrementar la carga, en una unidad, desde Evansville hacia Albuquerque; a 201 tinas de baño. Por lo tanto, se coloca un signo positivo en esa celda para indicar el incremento. También se puede observar que en todas esas celdas donde se gira (y solamente en esas celdas) se tienen signos positivos o negativos. Finalmente, obsérvese que si se asignan 201 tinas de baño a la ruta desde Evansville hacia Albuquerque, se debe reducir una unidad, es decir a 99 tinas de baño, en la ruta desde Evansville hacia Boston; con el fin de mantener la restricción de capacidad de 300 unidades en la fábrica de Evansville. Por esto se inserta el signo negativo en la celda de Evansville a Boston. Como resultado, se han balanceado las limitaciones entre las cuatro alternativas de la ruta cerrada.

Paso 4. Se calcula un índice de mejoramiento para la ruta desde Des Moines hacia Boston, al sumar los costos unitarios en las celdas con signo positivo, y restando los costos en las celdas con signos negativos. De ahí se tiene:

Índice desde Des Moines hacia Boston = \$4 – \$5 + \$8 – \$4 = + \$3

Esto significa que para cada tina de baño embarcada, a través de la ruta desde Des Moines hacia Boston, el costo total de transportación se incrementará en 3 dólares sobre su nivel actual.

Ahora se examinará la ruta inutilizada desde Des Moines hacia Cleveland, ésta será poco más difícil de trazar con una ruta cerrada. De nuevo, se observará que se gira en cada esquina únicamente en las celdas de la ruta existente. La ruta puede pasar a través de la celda Evansville a Cleveland pero no puede dar la vuelta, y no se puede colocar ahí un signo positivo o negativo. Solamente se puede utilizar una celda ocupada como escalón (véase la figura S6.5).

Índice desde Des Moines hacia Cleveland = \$3 – \$5 + \$8 – \$4 + \$7 – \$5 = + \$4

Entonces, abriendo esta ruta tampoco disminuirán los costos totales de embarque.

Las otras dos rutas que se pueden evaluar de manera similar son:

Índice desde Evansville hacia Cleveland = \$3 – \$4 + \$7 – \$5 = + \$1
(Ruta cerrada = EC –EB + FB – FC)

Índice desde Fort Lauderdale hacia Albuquerque = \$9 – \$7 + \$4 – \$8 = –\$2
(Ruta cerrada = FA – FB + EB – EA)

Debido a que este último índice es negativo, se puede obtener un ahorro en costos al utilizar la ruta de Fort Lauderdale hacia Albuquerque (actualmente sin uso).

Desde \ Hacia	(A) Albuquerque	(B) Boston	(C) Cleveland	Capacidad de la fábrica
(D) Des Moines	\$5 100 –	\$4	Start \$3 +	100
(E) Evansville	\$8 200+	\$4 – 100	\$3	300
(F) Fort Lauderdale	\$9	\$7 + 100	\$5 – 200	300
Requerimientos del almacén	300	200	200	700

FIGURA S6.5 Prueba desde Des Moines hacia Cleveland.

En el ejemplo S2 se observó que es posible una mejor solución debido a la presencia de un índice negativo de mejoramiento en una de las rutas no utilizadas. Cada índice negativo representa el importe por el que los costos totales de transportación se disminuirían, en caso de que una unidad de producto se embarcara por la combinación fuente-destino. El siguiente paso, entonces, es elegir dicha ruta (la celda no utilizada) con el índice de mejoramiento más negativo. Entonces, se pueden embarcar el máximo número de unidades permisible en esa ruta y disminuir el costo total equivalente. ¿Cuál es la máxima cantidad que se puede embarcar en la nueva ruta de ahorro de dinero? Esa cantidad se encuentra al referirse a la ruta cerrada de signos positivos y signos negativos dibujados para la misma y seleccionando el menor número encontrado en las celdas que contienen signos negativos.

Para obtener una nueva solución, se suma ese número a todas las celdas con signo positivo de la ruta cerrada y se resta de todas las celdas con signo negativo de la ruta.

Se ha completado una iteración del método del escalón. De nuevo, se debe verificar para observar si es óptima o bien si se puede llevar a cabo una siguiente mejora. Esto se hace mediante la evaluación de cada cuadro no utilizado según se describió anteriormente.

ejemplo S3

Para mejorar la solución de Arizona Plumbing, se pueden utilizar los índices mejorados que se calcularon en el ejemplo S2. El mayor (y único) índice negativo es la ruta desde Fort Lauderdale hacia Albuquerque, mostrado en la figura S6.6.

La máxima cantidad que puede ser embarcada en la ruta recién abierta (FA) es el menor número encontrado en las celdas que contengan signos negativos, en este caso, 100 unidades. ¿Por qué 100 unidades? Ya que el costo total disminuye en 2 dólares por unidad embarcada, se desea embarcar el máximo número posible de unidades. Los cálculos previos del método del escalón indican que cada unidad embarcada por la ruta FA refleja un incremento de una unidad embarcada desde E hacia B y una disminución de una unidad, tanto en la cantidad embarcada desde F hacia B (ahora de 100 unidades) como desde E hacia A (ahora de 200 unidades). Por lo tanto, el máximo que se puede embarcar sobre la ruta FA es de 100 unidades. Esta solución tiene por consecuencia que se embarquen cero unidades desde F hacia B. Ahora se adicionan 100 unidades (al cero que se embarca) a la ruta FA; luego se procede a restar 100 de la ruta FB, dejando en cero a esa celda (pero aún balanceando el total del renglón F); luego se suman 100 a la ruta EB, para generar 200; y finalmente, se resta 100 a la ruta EA, dejando 100 unidades embarcadas. Obsérvese que los nuevos números aún producen los totales requeridos en los renglones y columnas. La nueva solución se muestra en la figura S6.7.

Desde \ Hacia	(A) Albuquerque	(B) Boston	(C) Cleveland	Capacidad de la fábrica
(D) DesMoines	$5 100	$4	$3	100
(E) Evansville	$8 200 −	$4 100 +	$3	300
(F) Fort Lauderdale	$9 +	$7 100 −	$5 200	300
Requerimientos del almacén	300	200	200	700

FIGURA S6.6 tabla de transportación: ruta FA.

Desde \ Hacia	(A) Albuquerque	(B) Boston	(C) Cleveland	Capacidad de la fábrica
(D) DesMoines	$5 100	$4	$3	100
(E) Evansville	$8 100	$4 200	$3	300
(F) Fort Lauderdale	$9 100	$7	$5 200	300
Requerimientos del almacén	300	200	200	700

FIGURA S6.7 Solución de la siguiente iteración (aún no es la óptima).

El costo de embarque se ha reducido en (100 unidades) x (2 dólares ahorrados por unidad) = 200 dólares, con lo que se obtiene un costo total de 4000 dólares. Este costo, proviene de multiplicar cada costo unitario de embarque por el número de unidades transportadas en esa ruta, es decir:

$$100(\$5) + 100(\$8) + 200(\$4) + 100(\$9) + 200(\$5) = \$4000$$

Observando cuidadosamente a la figura S6.7, usted puede percatarse que esa solución tampoco es la óptima aún. La ruta EC (Evansville – Cleveland) tiene un índice negativo de mejoramiento de costo. Intente encontrar la solución por su cuenta. Los programas S6.1 y S6.2 ofrecen la solución de AB:POM.

Programa S6.1 Pantalla de captura de información para el problema de transportación en los ejemplos S1, S2, S3.

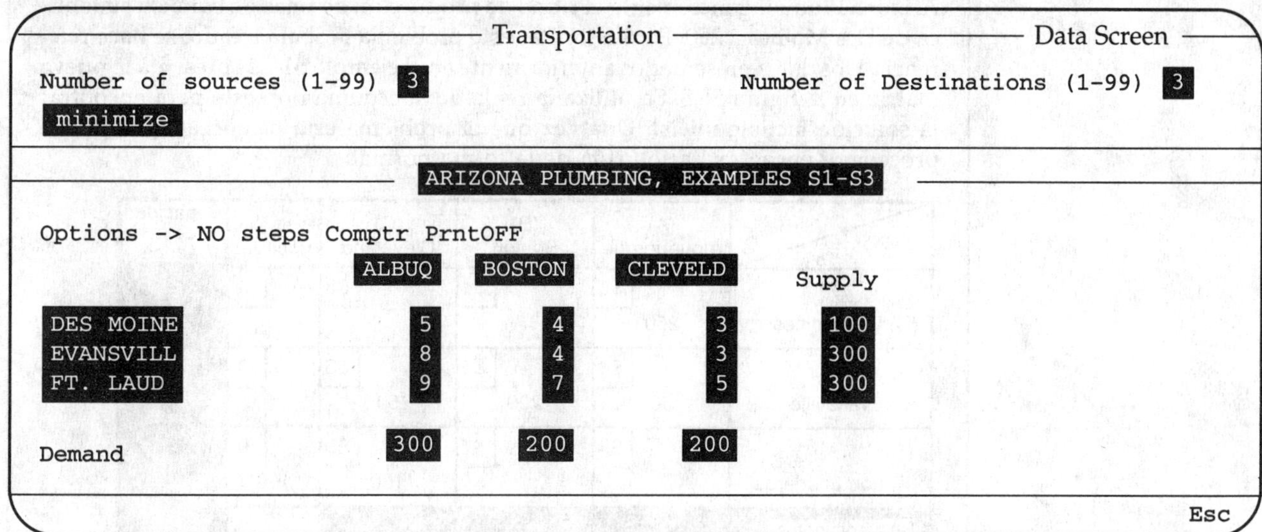

Programa S6.2 Solución de AB:POM al problema de transportación en los ejemplos S1, S2, S3. La parte (b) ilustra los índices de mejoramiento de las celdas.

(a) ARIZONA PLUMBING, EXAMPLES S1-S3

SHIPMENTS	ALBUQ	BOSTON	CLEVELD	Supply
DES MOINE	100			100
EVANSVILL		200	100	300
FT. LAUD	200		100	300
Demand	300	200	200	

The minimum total cost = $3,900

(b) ARIZONA PLUMBING, EXAMPLES S1-S3

IMPROV IND	ALBUQ	BOSTON	CLEVELD	Supply
DES MOINE		+2	+2	100
EVANSVILL	+1			300
FT. LAUD		+1		300
Demand	300	200	200	

The minimum total cost = $3,900

DEMANDA DIFERENTE A LA OFERTA

Fuente ficticia
Destino ficticio

Una situación común en los problemas de la vida real es el caso donde la demanda es diferente a la oferta. Este problema de "desequilibrio" se puede manejar de manera sencilla, con los procedimientos de solución discutidos anteriormente, si primero se introducen **fuentes ficticias** o **destinos ficticios.** En el caso de que el abasto total sea mayor que la demanda total, se crea un destino ficticio, de tal forma que la demanda iguale exactamente el excedente. Si la demanda total es mayor que el abasto total, se introduce una fuente ficticia (fábrica), con un abasto que iguale al exceso de la demanda sobre la oferta. En cada caso se asigna, a cada celda de la localización ficticia coeficientes con costos de cero, porque de hecho, estas unidades no serán embarcadas. Por lo tanto, el costo es de cero.

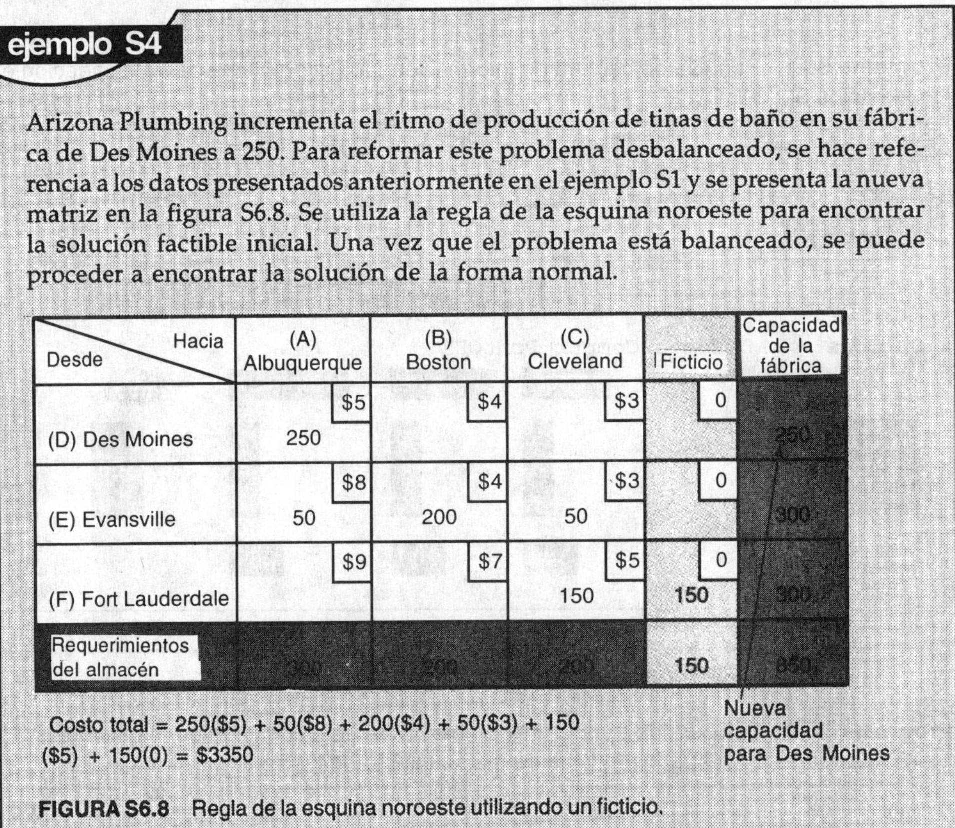

ejemplo S4

Arizona Plumbing incrementa el ritmo de producción de tinas de baño en su fábrica de Des Moines a 250. Para reformar este problema desbalanceado, se hace referencia a los datos presentados anteriormente en el ejemplo S1 y se presenta la nueva matriz en la figura S6.8. Se utiliza la regla de la esquina noroeste para encontrar la solución factible inicial. Una vez que el problema está balanceado, se puede proceder a encontrar la solución de la forma normal.

Desde \ Hacia	(A) Albuquerque	(B) Boston	(C) Cleveland	Ficticio	Capacidad de la fábrica
(D) Des Moines	\$5 — 250	\$4	\$3	0	250
(E) Evansville	\$8 — 50	\$4 — 200	\$3 — 50	0	300
(F) Fort Lauderdale	\$9	\$7	\$5 — 150	0 — 150	300
Requerimientos del almacén	300	200	200	150	850

Costo total = 250(\$5) + 50(\$8) + 200(\$4) + 50(\$3) + 150 (\$5) + 150(0) = \$3350

FIGURA S6.8 Regla de la esquina noroeste utilizando un ficticio.

DEGENERACIÓN

Con el fin de aplicar el método del escalón a un problema de transportación, se debe observar una regla con respecto al número de rutas de embarque que se estén utilizando. Esa regla se puede establecer de la siguiente manera: *el número de celdas ocupadas en cualquier solución (inicial o posterior) debe ser igual al número de renglones en la tabla, más el número de columnas, menos uno.* Las soluciones que no cumplan esta regla se llaman degeneradas.

Degeneración

La **degeneración** ocurre cuando hay menos celdas o rutas de embarque que estén siendo utilizadas. Como resultado, se vuelve imposible el trazo de una ruta cerrada, para una o más de las celdas no utilizadas. Se puede observar que ningún problema discutido hasta ahora ha sido degenerado. El problema original de Arizona Plumbing, por ejemplo, tuvo cinco rutas asignadas (tres renglones de fábricas + tres columnas de almacenes – 1). El ejemplo S4, manejando un almacén ficticio, tuvo seis rutas asignadas (3 renglones + 4 columnas – 1) y no fue degenerado tampoco.

Para manejar los problemas degenerados, se crea en forma artificial una celda ocupada; esto es, se coloca un cero o una cantidad *muy* pequeña (que represente un embarque falso) en una de las celdas no utilizadas; con esto se considera como si la celda estuviese ocupada. Se debe observar que la celda elegida debe estar en una posición tal que permita que todas las rutas del método del escalón sean cerradas.

ejemplo S5

Martin Shipping Company tiene tres almacenes desde los cuales abastece a sus tres principales clientes detallistas en San José. Los costos de embarque de Martin, los abastos de los almacenes y las demandas de los clientes se presentan en la tabla de transportación siguiente. Para hacer las asignaciones iniciales de embarque en la tabla, se aplica la regla de la esquina noroeste (véase la figura S6.9).

La solución inicial es degenerada, debido a que transgrede la regla de que el número de celdas utilizadas debe ser igual al número de renglones, más el número de columnas, menos uno. Para corregir el problema, se puede colocar un cero en la celda no utilizada, que representa la ruta de embarque desde el almacén 2 hacia el cliente 1. Ahora se pueden cerrar todas las trayectorias de escalones y calcular los índices de mejoramiento.

Desde \ Hacia	Cliente 1	Cliente 2	Cliente 3	Abasto del almacén
Almacén 1	\$8 100	\$2	\$6	100
Almacén 2	\$10 0	\$9 100	\$9 20	120
Almacén 3	\$7	\$10	\$7 80	80
Demanda del cliente	100	100	100	300

FIGURA S6.9 Regla de la esquina noroeste de Martin.

EL MÉTODO MODI

Método de distribución modificada (MODI)

El **método de distribución modificada (MODI)** permite calcular los índices de mejoramiento para cada celda no utilizada, sin tener que dibujar todas las trayectorias cerradas. Por lo tanto, puede ofrecer un considerable ahorro de tiempo sobre el método del escalón para resolver los problemas de transportación.

Al aplicar el método MODI, se principia con una solución inicial obtenida al utilizar la regla de la esquina noroeste. Se debe calcular un valor para cada renglón (llámense los valores R_1, R_2, R_3, si existen tres renglones) y para cada columna (K_1, K_2, K_3, si existen tres columnas) en la tabla de transportación. En general, sean:

R_i = valor asignado al renglón i
K_j = valor asignado a la columna j
C_{ij} = Costo en el cuadro ij (costo de embarcar desde la fuente i al destino j)

El método MODI consiste de cinco pasos:

1. Para calcular los valores para cada renglón y columna, establecer $R_i + K_j = C_{ij}$ pero solamente para aquellas celdas que actualmente estén ocupadas. Por ejemplo, si la celda en la intersección del renglón 2 y la columna 1 está ocupada, se establece $R_2 + K_1 = C_{21}$.
2. Después de que se han escrito todas las ecuaciones, hacer $R_1 = 0$.
3. Resolver el sistema de ecuaciones para todos los valores de R y de K.

4. Calcular el índice de mejoramiento para cada celda no utilizada, por medio de la fórmula:

$$\text{Índice} = C_{ij} - R_i - K_j$$

5. Seleccionar el índice negativo más grande y resolver el problema, tal como se hizo utilizando el método del escalón.

ejemplo S6

Dada la solución inicial del problema de Arizona Plumbing (ejemplo S1), se puede utilizar el método MODI para calcular un índice de mejoramiento para cada celda no utilizada. La tabla de transportación inicial se repite en la figura S6.10.

Primero se establece una ecuación para cada celda ocupada:

1. $R_1 + K_1 = 5$
2. $R_2 + K_1 = 8$
3. $R_2 + K_2 = 4$
4. $R_3 + K_2 = 7$
5. $R_3 + K_3 = 5$

Al ser $R_1 = 0$, se pueden resolver fácilmente y paso a paso, K_1, R_2, K_2, R_3, y K_3.

1. $0 + K_1 = 5 \Rightarrow K_1 = 5$
2. $R_2 + 5 = 8 \Rightarrow R_2 = 3$
3. $3 + K_2 = 4 \Rightarrow K_2 = 1$
4. $R_3 + 1 = 7 \Rightarrow R_3 = 6$
5. $6 + K_3 = 5 \Rightarrow K_3 = -1$

El índice de mejoramiento para cada celda no utilizada es $C_{ij} - R_i - K_j$:

Des Moines hacia Boston = $C_{12} - R_1 - K_2 = 4 - 0 - 1 = \$3$
Des Moines hacia Cleveland = $C_{13} - R_1 - K_3 = 3 - 0 - (-1) = \$4$
Evansville hacia Cleveland = $C_{23} - R_2 - K_3 = 3 - 3 - (-1) = \$1$
Fort Lauderdale hacia Albuquerque = $C_{31} - R_3 - K_1 = 9 - 6 - 5 = -\$2$

Obsérvese que estos índices son exactamente los mismos que se calcularon en el ejemplo S2. Ahora solamente es necesaria una ruta cerrada, desde Fort Lauderdale hacia Albuquerque, para proceder con el desarrollo de la solución por el escalón.

R_i	K_j Desde \ Hacia	K_1 Albuquerque	K_2 Boston	K_3 Cleveland	Capacidad de la fábrica
R_1	Des Moines	\$5 100	\$4	\$3	100
R_2	Evansville	\$8 200	\$4 100	\$3	300
R_3	Fort Lauderdale	\$9	\$7 100	\$5 200	300
	Requerimientos del almacén	300	200	200	700

FIGURA S6.10 Tabla de transportación.

La mayoría de los problemas de programación lineal, incluyendo este tipo especial de problemas conocidos como problemas de transportación, son resueltos en la práctica, por medio de computadoras. Se puede encontrar que la resolución de los problemas de este capítulo, utilizando AB:POM u otro software, es un ejercicio valioso.

ANÁLISIS DE LOCALIZACIÓN DE INSTALACIONES

Como se mencionó anteriormente, la localización de una nueva fábrica o almacén es un tema de gran importancia financiera para una empresa. Normalmente, varias alternativas de localizaciones se deben considerar y evaluar. Aunque se deben considerar una gran variedad de factores subjetivos, las decisiones racionales son necesarias para minimizar los costos.

Los métodos de transportación recién estudiados, resultan útiles cuando se consideran alternativas de localización de instalaciones, dentro del marco de un sistema de trabajo global de producción-distribución. Cada nueva planta o almacén potencial producirá una diferente asignación de embarques, dependiendo de su propia producción y costos de embarque y también de los costos de cada instalación existente. La elección de una nueva localización depende de cuál opción generará el menor costo para el sistema entero. Este concepto se ilustra en el ejemplo S7.

ejemplo S7

En la actualidad Williams Auto Top Carriers mantiene plantas en Atlanta y Tulsa para proveer a importantes centros de distribución en Los Ángeles y Nueva York. Debido a la creciente demanda, Williams ha decidido abrir una tercera planta y ha restringido su elección a una de dos ciudades —New Orleáns y Houston. La tabla S6.3 muestra la producción pertinente y los costos de distribución así como las capacidades de las plantas y las demandas de distribución.

La pregunta importante a la que Williams se encara es: "¿Cuál de las nuevas localizaciones generará un menor costo para la empresa, en combinación con las plantas existentes y los centros de distribución?" Para determinar la respuesta se necesitan resolver dos problemas de transportación, (uno para cada combinación posible). La localización que muestre un menor costo total de distribución y de producción al sistema existente será recomendada.

TABLA S6.3 Costos de producción, costos de distribución, capacidades de planta y demandas del mercado para Williams Auto Top Carriers.

		HACIA CENTROS DE DISTRIBUCIÓN			
	DESDE PLANTAS	Los Ángeles	Nueva York	PRODUCCIÓN NORMAL	COSTO UNITARIO DE PRODUCCIÓN
Plantas existentes	Atlanta	$8	$5	600	$6
	Tulsa	$4	$7	900	$5
Plantas propuestas	Nueva Orleáns	$5	$6	500	$4 (anticipados)
	Houston	$4	$6*	500	$3 (anticipados)
Pronóstico de demanda		800	1200	2000	

*Indica que los costos de distribución (embarque, manejo, almacenamiento) serán de 6 dólares por transportador entre Houston y Nueva York.

Se empieza por establecer una tabla de transportación que represente la apertura de una tercera planta en Nueva Orleáns (véase la figura S6.11). Se emplea el método de la esquina noroeste para encontrar una solución inicial. El costo total de la primera solución es de 23 600 dólares. Obsérvese que el costo de cada ruta individual, de "planta a centro de distribución", se encuentra al sumar los costos de distribución (en el cuerpo de la tabla S6.3). Entonces, el total del costo de producción más embarque de un transportador, para el toldo de un automóvil, desde Atlanta hacia Los Ángeles es de 14 dólares (8 dólares por embarque y de 6 dólares por producción).

Desde \ Hacia	Los Ángeles	New York	Capacidad de producción
Atlanta	$14 600	$11	600
Tulsa	$9 200	$12 700	900
New Orleans	$9	$10 500	500
Demanda	800	1200	2000

FIGURA S6.11 Tabla de transportación de Williams para la planta de Nueva Orleáns.

$$
\begin{aligned}
\text{Costo total} &= (600 \text{ unidades} \times \$14) + (200 \text{ unidades} \times \$9) \\
&\quad + (700 \text{ unidades} \times \$12) + (500 \text{ unidades} \times \$10) \\
&= \$8400 + \$1800 + \$8400 + \$5000 \\
&= \$23\,600
\end{aligned}
$$

¿Es óptima esta solución inicial? El método del escalón se puede emplear para el cálculo de los índices de mejoramiento para las rutas no utilizadas.

Índice de mejoramiento para la ruta desde Atlanta hacia Nueva York = + \$11 (Atlanta a N.Y.) – \$14 (Atlanta a L.A.) + \$9 (Tulsa a L.A.) – \$12 (Tulsa a N.Y.) = – \$6

Índice de mejoramiento para la ruta desde Nueva Orleáns hacia Los Ángeles = + \$9 (Nueva Orleáns a L.A.) – \$10 (Nueva Orleáns a N.Y.) + \$12 (Tulsa a N.Y.) – \$9 (Tulsa a L.A.) = \$2

Ya que la empresa puede ahorrar 6 dólares por cada unidad que embarque desde Atlanta hacia Nueva York, querrá mejorar la solución inicial y enviar los más posibles (600, en este caso) en esta ruta que actualmente no es empleada (véase la figura S6.12).

Usted puede confirmar que el costo total actual es de 20 000 dólares, un ahorro de 3 600 dólares sobre la solución inicial.

Ahora, se deben probar las dos rutas no utilizadas para verificar si sus índices de mejoramiento son números negativos.

Índice para Atlanta hacia Los Ángeles = \$14 – \$11 + \$12 – \$9 = \$6
Índice para Nueva Orleáns hacia Los Ángeles = \$9 – \$10 + \$12 – \$9 = \$2

Dado que ambos índices son mayores que cero, se ha logrado una solución óptima utilizando la planta de Nueva Orleáns. Si Williams elige abrir la planta de Nueva Orleáns, el costo total de producción y distribución de la compañía será de 20 000 dólares.

Desde \ Hacia	Los Ángeles	New York	Capacidad de producción
Atlanta	$14	$11 600	600
Tulsa	$9 800	$12 100	900
New Orleans	$9	$10 500	500
Demanda	800	1200	2000

FIGURA S6.12 Tabla de transportación mejorada para Williams.

El ejemplo S7, sin embargo, ofrece únicamente la mitad de la respuesta para el problema de Williams. Se debería seguir el mismo procedimiento para determinar el costo mínimo con la nueva planta en Houston. La determinación de este costo se deja como ejercicio; usted puede ayudar a proporcionar la información completa y recomendar una solución, al resolver el problema S6.4.

RESUMEN

Este suplemento presentó el modelo de transportación. Un método auxiliar de programación lineal utilizado para encontrar las soluciones menos costosas a problemas de embarque a través del sistema. Se presentaron el método de la esquina noroeste para encontrar una solución inicial factible, así como los algoritmos del escalón y MODI para encontrar soluciones. Se ilustraron los problemas de degeneración, así como de desbalanceo. Finalmente, se mostró cómo utilizar el modelo de transportación para ayudar a resolver problemas de localización de instalaciones. Este sistema es uno de los cuatro modelos de localización descritos anteriormente en el capítulo 6.

TÉRMINOS CLAVE

Regla de la esquina noroeste *(p. 247)*
Método del escalón *(p. 248)*
Fuente ficticia *(p. 254)*
Destino ficticio *(p. 254)*
Degeneración *(p. 254)*
Método de distribución modificada (MODI) *(p. 255)*

PROBLEMAS RESUELTOS

problema resuelto S6.1

Sarah Mahan, presidente de Mahan Concrete Company, tiene plantas en tres localizaciones, y está actualmente trabajando en tres grandes proyectos de construcción, ubicados en diferentes sitios. El costo del embarque por cada carga de camión de concreto, capacidades de planta y requerimientos de proyecto se muestran a continuación:

a) Formule una solución inicial factible para el problema de transportación de Mahan, utilizando la regla de la esquina noroeste.
b) Luego evalúe cada ruta de embarque no utilizada (cada celda vacía) al aplicar el método del escalón y calcule todos los índices de mejoramiento. Recuerde:
    1. verificar que la oferta y la demanda sean iguales
    2. cargar la tabla por medio del método de la esquina noroeste

3. revise que exista el número adecuado de celdas ocupadas para una solución "normal", es decir, que el número de renglones + número de columnas – 1 = número de celdas ocupadas
4. encontrar una ruta cerrada para cada celda no utilizada
5. determinar el índice para cada celda no utilizada
6. desplace tantas unidades como sea posible a la celda que ofrece la mejora óptima (si existe alguna)
7. repetir los pasos 3 a 6 hasta que no se pueda encontrar ninguna mejora

	Hacia			
Desde	*Proyecto A*	*Proyecto B*	*Proyecto C*	*Capacidad de la planta*
Planta 1	$10	$ 4	$11	70
Planta 2	$12	$ 5	$ 8	50
Planta 3	$ 9	$ 7	$ 6	30
Requerimientos del proyecto	40	50	60	150

Solución

a) Solución de la esquina noroeste

Costo inicial = 40($10) + 30($4) + 20($5) + 30($8) + 30($6) + 30($6) = $1040.

Desde \ Hacia	Proyecto A	Proyecto B	Proyecto C	Capacidad de la Planta
Planta 1	$10 40	$4 30	$11	70
Planta 2	$12	$5 20	$8 30	50
Planta 3	$9	$7	$6 30	30
Requerimientos del proyecto	40	50	60	150

b) Utilizando el método del escalón, se calculan los siguientes índices de mejoramiento:

Ruta: planta 1 hacia proyecto C = $11 – $4 + $5 – $8 = + $4
(Ruta cerrada = 1C a 1B a 2B a 2C)

Desde \ Hacia	Proyecto A	Proyecto B	Proyecto C	Capacidades de las plantas
Planta 1	10	4 –	11 +	70
Planta 2	12	5 +	8 –	50
Planta 3	9	7	6	30
Requerimientos del proyecto				

Ruta: planta 1 hacia proyecto C

Ruta: planta 2 hacia proyecto A = \$12 – \$5 + \$4 – \$10 = + \$1
(Ruta cerrada = 2A a 2B 1B a 1A)

Desde \ Hacia	Proyecto A	Proyecto B	Proyecto C	Capacidades de las plantas
Planta 1	10	4	11	70
Planta 2	12	5	8	50
Planta 3	9	7	6	30
Requerimientos del proyecto	40	50	60	150

Ruta: planta 2 hacia proyecto A

Ruta: planta 3 hacia proyecto A = \$9 – \$6 + \$8 – \$5 + \$4 – \$10 = \$0
(Ruta cerrada= 3A a 3C a 2C a 2B a 1B a 1A)

Desde \ Hacia	Proyecto A	Proyecto B	Proyecto C	Capacidades de las plantas
Planta 1	10	4	11	70
Planta 2	12	5	8	50
Planta 3	9	7	6	30
Requerimientos del proyecto	40	50	60	150

Ruta: planta 3 hacia proyecto A

Ruta: planta 3 hacia proyecto B = \$7 – \$6 + \$8 – \$5 = \$4
(Ruta cerrada = 3B a 3C a 2C a 2B)

Desde \ Hacia	Proyecto A	Proyecto B	Proyecto C	Capacidades de las plantas
Planta 1	10	4	11	70
Planta 2	12	5	8	50
Planta 3	9	7	6	30
Requerimientos del proyecto	40	50	60	150

Ruta: planta 3 hacia proyecto B

Ya que todos los índices son mayores o iguales a cero (todos son positivos o cero), esta solución inicial ofrece el programa de transportación óptimo, es decir, 40 unidades desde 1 hacia A, 30 unidades desde 1 hacia B, 20 unidades desde 2 hacia B, 30 unidades desde 2 hacia C, y 30 unidades desde 3 hacia C.

Si se llega a encontrar una ruta que permita una mejora, se moverán todas las unidades posibles a esa celda y se deberá verificar cada celda vacía de nuevo.

autoevaluación capítulo S6

- *Antes de iniciar la autoevaluación* refiérase a los objetivos de aprendizaje listados al principio del suplemento y a los términos clave listados al final del mismo.
- Utilice la clave al final del texto para *corregir* sus respuestas.
- *Vuelva a estudiar* las páginas correspondientes a cualquier pregunta que haya contestado erróneamente o el material en el que se sienta inseguro.

1. En la técnica de transportación, la solución inicial puede ser generada de cualquier forma que uno elija. La única restricción es que:

a. la solución sea óptima
b. se utilice el método de la esquina noroeste
c. las restricciones límites para la oferta y la demanda sean satisfechas
d. la solución no sea degenerada
e. ninguna de las anteriores

2. El propósito del método del escalón es:

a. desarrollar la solución inicial para un problema de transportación
b. identificar los costos relevantes en un problema de transportación
c. determinar si una solución dada es factible o no
d. trasladarse de una solución inicial factible a la solución óptima
e. ninguna de las anteriores

3. El método del escalón únicamente puede ser utilizado para resolver problemas que requieran de la maximización de algún criterio.

a. Cierto
b. Falso

4. El propósito de una *fuente ficticia* o de un *destino ficticio* en un problema de transportación es de:

a. ofrecer los medios de representar un problema ficticio
b. obtener un balance entre la oferta total y la demanda total
c. prevenir que la solución se convierta en degenerada
d. asegurarse de que el costo total no exceda algún dato especificado
e. ninguna de las anteriores

5. En un sistema de transportación, una solución degenerada significa que:

a. la solución no ofrece la solución correcta al problema real
b. es imposible trazar una sola ruta cerrada para cada celda no utilizado
c. la solución óptima tiene un costo superior al que lo que tendría en caso de que la solución no fuera degenerada
d. el abasto total y la demanda total ya no se encuentran desbalanceadas
e. ninguna de las anteriores

6. Dos beneficios del método de distribución modificada (MODI) sobre el método del escalón son que:

a. el método MODI es más eficiente en tiempo y puede ser utilizado para resolver una mayor variedad de problemas
b. el método MODI es calculado más fácilmente y es menos probable que produzca una solución óptima degenerada
c. el método MODI es más eficiente en tiempo, y es calculado más fácilmente
d. el método MODI es más eficiente en tiempo y es más probable que produzca una solución óptima mejorada
e. ninguna de las anteriores

7. La regla de la esquina noroeste es un sustituto eficiente para los métodos del escalón y MODI.

a. Cierto
b. Falso

8. La solución para la degeneración es:

a. reformular el problema
b. crear celdas ocupadas adicionales
c. resolver el problema por el método MODI
d. resolver el problema por el método de aproximación de Vogel
e. ninguna de las anteriores

9. Los tres "pasos" en la regla de la esquina noroeste son:

1. ______________________________
2. ______________________________
3. ______________________________

PREGUNTAS PARA DISCUSIÓN

1. ¿Qué es un problema de transportación *balanceado*? Describa el sistema que utilizaría para resolver un problema *desbalanceado*.
2. ¿En qué difieren los métodos MODI y del escalón?
3. Desarrolle una regla de la esquina *noreste* y describa como trabajaría. Establezca una solución inicial para el problema de la Arizona Plumbing en el ejemplo S1.
4. Explique qué sucede cuando la solución a un problema de transportación no tiene M + N – 1 celdas ocupados.
5. ¿Al resolver un problema de transportación, cuándo:
   a) es una solución óptima la esquina noroeste?
   b) es una solución óptima MODI?
6. ¿Cómo incluye el método de transportación los costos de producción adicionalmente a los costos de transportación?

PROBLEMAS

•• **S6.1** La siguiente tabla presenta los datos para un problema de transportación en la compañía de muebles de Judeth Hall. Establezca la tabla de transportación apropiada y encuentre la solución inicial, utilizando los datos de la esquina noroeste.

Desde \ Hacia	1	2	3	Capacidad
A	30	10	5	20
B	10	10	10	30
C	20	10	25	75
Abasto	40	60	55	

•• **S6.2** La siguiente tabla es el resultado de una o más iteraciones:

Desde \ Hacia	1	2	3	Capacidad
A	[30] 40	[10]	[5] 10	50
B	[10]	[10] 30	[10]	30
C	[20]	[10] 30	[25] 45	75
Demandas	40	60	55	155

a) Complete la siguiente iteración, utilizando el método del escalón.
b) Calcule el "costo total" incurrido, si su resultado se aceptara como la solución final.

•• **S6.3** Determine si la nueva tabla solución presentada en el ejemplo S3 contiene la asignación de transportación óptima para Arizona Plumbing. Si no, calcule una solución mejorada y pruébela para ver su grado óptimo.

•• **S6.4** En el ejemplo S7, Williams Auto Top Carrier propuso la apertura de una nueva planta en Nueva Orleáns o en Houston. El administrador de la empresa encontró que el costo total del sistema (de producción más distribución) sería de 20 000 dólares si eligieran el lugar de Nueva Orleáns.

¿Cuál sería el costo total si Williams abriera la planta en Houston? ¿En cuál de las dos localizaciones propuestas (Nueva Orleáns o Houston) debe Williams abrir las nuevas instalaciones?

• **S6.5** Después de una iteración del método del escalón, Kamal Hans Paint Company produjo la tabla de transportación que se encuentra a continuación.

Complete el análisis, determinando la solución óptima de embarque.

Kamal Hans Paint Company

Desde \ Hacia	Almacén 1	Almacén 2	Almacén 3	Capacidad de la fábrica
Fábrica A	\$8 / 120	\$5	\$6	120
Fábrica B	\$15	\$10 / 80	\$14	80
Fábrica C	\$3 / 30	\$9	\$10 / 50	80
Requerimientos del almacén	150	80	50	280

Costo = \$2350

•• **S6.6** La solución inicial para el problema de embarque de Hardrock Concrete Company, derivado al utilizar el método de la esquina noroeste, se presenta abajo. Aplique el método MODI para determinar si esta asignación es la óptima.

Hardrock Concrete Company

Desde \ Hacia	Proyecto A	Proyecto B	Proyecto C	Capacidades de las plantas
Planta 1	\$10 / 40	\$4 / 30	\$11	70
Planta 2	\$12	\$5 / 20	\$8 / 30	50
Planta 3	\$9	\$7	\$6 / 30	30
Requerimientos del proyecto	40	50	60	150

•• **S6.7** La JC Clothing Group es propietaria de fábricas en tres pueblos (W, Y, y Z), que distribuyen a tres tiendas detallistas de ropa de JC, en otras tres ciudades (A, B, y C). La siguiente tabla resume las disponibilidades de las fábricas, demandas proyectadas de las tiendas, y los costos unitarios de embarque.

JC Clothing Group

Desde \ Hacia	Tienda de ropa A	Tienda de ropa B	Tienda de ropa C	Disponibilidad de la fábrica
Fábrica W	\$4	\$3	\$3	35
Fábrica Y	\$6	\$7	\$6	50
Fábrica Z	\$8	\$2	\$5	50
Demanda de la tienda	30	65	40	135

a) Complete el análisis, determinando la solución óptima para embarcar en la JC Clothing Group.

b) ¿Cómo sabe si es óptima o no?

•• **S6.8** Sound Track Stereos ensambla sus sistemas estereofónicos de alta fidelidad en tres plantas y distribuye los sistemas desde tres almacenes regionales. Las capacidades de producción de cada planta, la demanda en cada almacén y los costos unitarios de embarque se presentan a continuación.

a) Establezca este problema de transportación adicionando una planta ficticia. Después utilice la regla de la esquina noroeste para encontrar una solución básica inicial factible.

b) ¿Cuál es la solución óptima?

Sound Track Stereos

Desde \ Hacia	Almacén A	Almacén B	Almacén C	Oferta de la planta
Planta W	$6	$4	$9	200
Planta X	$10	$5	$8	175
Planta Y	$12	$7	$6	75
Demanda del almacén	250	100	150	500 \ 450

•• **S6.9** Whybark Mill Works (WMW) embarca puertas tipo Francés a tres casas de abasto para edificios, desde sus fundiciones en Mountpelier, Nixon y Oak Ridge. Determine el mejor programa de embarque para WMW a partir de los datos ofrecidos por Joe Sawyer, el gerente de tráfico en WMW. Utilice el procedimiento inicial de la esquina noroeste y el método del escalón. Consulte la tabla siguiente.

Whybark Mill Works

Desde \ Hacia	Casa de abasto 1	Casa de abasto 2	Casa de abasto 3	Capacidad de fundición (tons)
Mountpelier	$3	$3	$2	25
Nixon	$4	$2	$3	40
Oak Ridge	$3	$2	$3	30
Demanda de casas de abasto (tons)	30	30	35	95

•• **S 6.10** Utilizando los datos del problema S6.8, resuelva utilizando el método MODI.

••• **S 6.11** Utilizando los datos del problema S6.9, resuelva utilizando el método MODI.

••• **S6.12** La B. Hall Real Estate Investment Corporation ha identificado cuatro pequeños edificios de departamentos en los cuales desearía invertir. La Sra. Hall se ha acercado a tres bancos con respecto al financiamiento. Debido a que la Sra. Hall ha sido buena cliente en el pasado y ha mantenido una alta valuación para crédito en la comunidad, cada banco está dispuesto a ofrecer todo o parte del préstamo hipotecario necesario en cada propiedad. Cada oficial de crédito ha establecido diferentes tasas de interés a cada propiedad (las tasas están afectadas por el vecindario del edificio de departamentos, las condiciones de la propiedad y el deseo individual de cada compañía para financiar edificios de varios tamaños), y cada banco ha establecido un tope máximo de préstamo para la Sra. Hall. Esta información se resume en la tabla de la página 266.

	Propiedad (%)				
Banco	*Hill St.*	*Banks St.*	*Park Ave.*	*Drury Lane*	*Línea máxima de crédito*
First Homestead	8	8	10	11	$80 000
Commonwealth	9	10	12	10	$100 000
Washington Federal	9	11	10	9	$120 000
Préstamo requerido para comprar el edificio	$60 000	$40 000	$130 000	$70 000	

Cada edificio de departamentos es igualmente atractivo como inversión para la Sra. Hall, así que ha decidido la compra de todos los edificios posibles al menor pago total de intereses. ¿De qué bancos debe pedir prestado para comprar qué edificios? Más de un banco puede financiar la misma propiedad.

••• **S6.13** Bruce Hearns, vicepresidente de operaciones de HHN, Inc., un fabricante de gabinetes para switches telefónicos, está restringido de alcanzar el pronóstico a cinco años por la capacidad limitada en sus tres plantas existentes. Estas tres plantas son Waterloo, Pusan y Bogotá. Usted, como su asistente capaz, ha sido informado que debido a las restricciones de capacidad existentes y al creciente mercado mundial para los gabinetes HHN, se añadirá una nueva planta a las tres existentes. El departamento de bienes raíces ha aconsejado al Sr. Hearns que dos sitios parecen particularmente buenos, debido a una situación política estable y tipo de cambio tolerable. Estas dos localizaciones aceptables son Dublín, Irlanda y Fontainebleau, Francia. El Sr. Hearns sugiere que usted es capaz de tomar los datos a continuación y determine dónde debe ser localizada la cuarta planta, sobre la base de los costos de producción y los costos de transportación. *Nota:* Este problema es degenerado con los datos para ambas localizaciones.

	Localización de la planta				
Área de mercado	*Waterloo*	*Pusan*	*Bogotá*	*Fontainebleau*	*Dublín*
Canadá					
Demanda 4000					
Costo de producción	50	30	40	50	45
Costo de transportación	10	25	20	25	25
Sudamérica					
Demanda 5000					
Costo de producción	50	30	40	50	45
Costo de transportación	20	25	10	30	30
Anillo del Pacífico					
Demanda 10 000					
Costo de producción	50	30	40	50	45
Costo de transportación	25	10	25	40	40
Europa					
Demanda 5000					
Costo de producción	50	30	40	50	45
Costo de transportación	25	40	30	10	20
Capacidad	8000	2000	5000	9000	9000

•• **S6.14** Spalding Manufacturing Company lo ha contratado para evaluar sus costos de embarque. La tabla de la página 267 muestra su demanda actual, capacidad y gastos de transportación entre cada fábrica y almacén. Encuentre el patrón de embarque con el menor costo.

Desde \ Hacia	Almacén 1	Almacén 2	Almacén 3	Almacén 4	Capacidad de la planta
Fábrica 1	4	7	10	12	2000
Fábrica 2	7	5	8	11	2500
Fábrica 3	9	8	6	9	2200
Demanda del almacén	1000	2000	2000	1200	

•• **S6.15** Cerveny Corporation está considerando añadir una planta adicional a sus tres instalaciones existentes en Decatur, Minneapolis y Carbondale. Tanto St. Louis como East St. Louis están considerados. Si se evalúan únicamente los costos unitarios de transportación, según se muestra en la tabla, ¿cuál es el mejor lugar?

	Desde las plantas existentes			
Hacia	*Decatur*	*Minneapolis*	*Carbondale*	*Demanda*
Blue Earth	$20	$17	$21	250
Ciro	25	27	20	200
Des Moines	22	25	22	350
Capacidad	300	200	150	

	Desde las plantas propuestas	
Hacia	*East St. Louis*	*St. Louis*
Blue Earth	$29	$27
Ciro	30	28
Des Moines	30	31
Capacidad	150	150

•• **S6.16** Utilizando los datos del problema S6.15, aparte de los costos de producción mostrados a continuación, ¿qué localización genera el menor costo?

Localización	*Costo de producción*
Decatur	$50
Minneapolis	60
Carbondale	70
East St. Louis	40
St. Louis	50

•• **S6.17** Encuentre el resultado de la iteración de la siguiente tabla de transportación para la cadena de tiendas de ropa de Colleen Fox.

Desde \ Hacia	1	2	3	Demanda
A	[1] 9	[6]	[7]	9
B	[2]	[5]	[3] 8	8
C	[3] 10	[2]	[4]	10
D	[6]	[3] 24	[9] 7	31
Capacidad	19	24	15	

CASO DE ESTUDIO

Fort Wayne General Hospital

Fort Wayne General, un gran hospital de Indiana, ha iniciado un nuevo procedimiento para asegurar que sus pacientes reciban sus alimentos tan calientes como sea posible. El hospital continuará preparando la comida en su cocina, pero ahora distribuirá agregadamente (no en porciones individuales) a una de sus tres nuevas estaciones de servicio en el edificio. Desde ahí, la comida será recalentada, se servirá en las charolas individuales, éstas se depositarán en un carro para ser distribuidas a varios de los pisos y alas del hospital.

Las tres nuevas estaciones de servicio están localizadas lo más eficientemente posible para llegar a varios de los corredores en el hospital. El número de charolas que cada estación puede servir se muestra a continuación:

Localización	*Capacidad (comidas)*
Estación 5A	200
Estación 3G	225
Estación 1S	275

Hay seis alas en el Fort Wayne General que deben ser atendidas. El número de pacientes en cada una de ellas es como sigue:

Ala	*Pacientes*
1	80
2	120
3	150
4	210
5	60
6	80

El propósito del nuevo procedimiento es el de incrementar la temperatura de los alimentos calientes que recibe el paciente. Por lo tanto, la cantidad de tiempo necesario para entregar una charola desde una estación de servicio, determinará la distribución apropiada de comida desde la estación de servicio hacia el ala. La tabla a continuación resume el tiempo asociado con cada ruta de distribución posible.

¿Cuál es su recomendación para el manejo de la distribución de charolas desde las tres estaciones de servicio?

	Tiempo de distribución (minutos)					
Desde \ *Hacia*	*Ala 1*	*Ala 2*	*Ala 3*	*Ala 4*	*Ala 5*	*Ala 6*
Estación 5A	12	11	8	9	6	6
Estación 3G	6	12	7	7	5	8
Estación 1S	8	9	6	6	7	9

BIBLIOGRAFÍA

Véanse las referencias al final del capítulo 6.

La gente y los sistemas de trabajo en operaciones de clase mundial

capítulo **7**

PERFIL DEL CAPÍTULO

OBJETIVOS DE APRENDIZAJE

Cuando termine este capítulo usted podrá:

Identificar o definir:

Aspectos de la gente y los sistemas de trabajo
Especialización del trabajo
Crecimiento del trabajo/enriquecimiento del trabajo
Herramientas del análisis de métodos
Ergonomía
Diseño del trabajo
Producción esbelta
Estándares de trabajo

Explicar:

Requerimientos de un buen diseño del trabajo
Requerimientos de unos buenos estándares de trabajo

A las 9 A.M. la línea de ensamble se ha movido por una hora solamente, pero la jornada ya es pesada. En la posición cinco de la línea cuatro, Annette Fullbright toma el siguiente circuito que se desliza a través de la línea. A ese paso, una tableta pasa por su estación de trabajo cada minuto y medio. Cuarenta en la cuenta, 280 pendientes hoy. En control de calidad, Ismael Hernández devuelve su pistola de soldar a su base, juega con la manga izquierda de su camisa y hecha una rápida mirada a su reloj. Faltan 30 minutos antes de su descanso para tomar café; dos horas y media para el almuerzo; siete horas y media más para la salida.[1]

Escenas como ésta se repiten mil veces diariamente en todo el mundo. ¿Por qué son así los trabajos de Annette y de Ismael? ¿Por qué las compañías tienen trabajos así? En este capítulo se examinarán estas preguntas y otras relacionadas.

El desempeño de la gente es esencial para el desarrollo de una empresa. Una organización nunca alcanzará el éxito si no cuenta con personal competente y motivado. La manera en que la gente y los sistemas de trabajo se integran determina los talentos disponibles en las operaciones. La gente es uno de los recursos más costosos. En muchas empresas la tercera parte de los costos totales son los sueldos y salarios, y dentro de la función de operaciones estos costos van desde el 8% hasta el 80%. Debido a la importancia del personal y su costo, son necesarias algunas consideraciones básicas acerca la gente y los sistemas de trabajo.

LA GENTE Y LOS SISTEMAS DE TRABAJO

Los sistemas de trabajo deben asegurar que la gente:

1. sea eficientemente utilizada dentro de las restricciones de otras acciones de la administración de operaciones;
2. tenga una razonable calidad en la vida laboral dentro de una atmósfera de compromiso y confianza mutuos.

Calidad de la vida laboral

Compromiso mutuo

Confianza mutua

Por una buena **calidad de la vida laboral** se quiere dar a entender un trabajo que no sólo sea razonablemente seguro y por el cual la paga sea equitativa, sino que también logre un nivel apropiado tanto en los requerimientos físicos como en los psicológicos. El concepto de **compromiso mutuo** se refiere a que tanto la administración como el empleado unan sus esfuerzos para cumplir objetivos comunes. Por **confianza mutua** se quiere decir que existan políticas de empleo documentadas, que sean implementadas en forma honesta y equitativa para satisfacer tanto a la administración como al empleado.[2] Cuando la administración demuestra un respeto genuino por sus empleados, y reconoce la contribución de estos hacia la empresa, el establecimiento de una calidad de vida laboral razonable y la confianza mutua se obtienen fácilmente.

Este capítulo está dedicado a la forma en que el administrador de operaciones puede lograr este objetivo.

Restricciones en la gente y sistemas de trabajo

Muchas decisiones que se toman con respecto a la gente son restringidas por otras decisiones. Primero, la mezcla de producto puede determinar la estacionalidad y estabilidad del empleo. En segundo lugar, la tecnología, equipo y procesos pueden tener implicaciones para la seguridad y el contenido del trabajo. En tercer lugar, la decisión de la localización puede tener un impacto en el medio ambiente en que trabajan los empleados. Finalmente, las decisiones con respecto a la distribución pueden dictar, en gran parte, el contenido del trabajo.

[1] Roger Thurow, "Life on the Job," *Wall Street Journal* (junio 1o., de 1981), p. 1.
[2] Con mayor frecuencia se encuentran compañías que llaman a sus empleados *asociados, contribuidores individuales* o miembros de un *equipo* específico.

Los desastres en las plantas de energía nuclear en Estados Unidos (Three Mile Island) y en Ucrania (Chernobyl) han alarmado a los reguladores federales y locales hacia un mantenimiento cada vez más estricto y de la confiabilidad de los estándares. Incluso hay una pregunta acerca de si algunas plantas nucleares en construcción en Estados Unidos serán terminadas alguna vez. Algunos expertos creen que aún existe una atención insuficiente por parte del humano hacia los sistemas de control del reactor. Ellos creen que los diseñadores no aprecian el hecho de que las plantas son sistemas hombre-máquina.

El conocimiento de la tecnología disponible, combinado con las tomas de decisiones adecuadas en la localización, la distribución, e inversión de capital pueden generar una calidad de vida laboral eficiente y tolerable, si no es que ideal. Los intercambios son difíciles. En consecuencia, corresponde a un administrador prudente el aseguramiento de que tales decisiones sean consideradas en forma simultánea. El administrador mezcla los ingredientes de tal forma que el resultado sea un sistema efectivo, eficiente donde los individuos tienen un diseño del trabajo óptimo.

Diseño del trabajo y estándares de trabajo

Ahora se verán dos aspectos diferentes del personal y sistemas de trabajo. Estos son:

1. *Diseño del trabajo.* El **diseño del trabajo** define las tareas que constituyen un trabajo para un individuo o un grupo. Un trabajo incluye varias tareas; una tarea consiste en un número de elementos; y un elemento está formado por micromovimientos. Se examinará el diseño del trabajo desde la perspectiva de cuatro componentes. Ellos son: **Diseño del trabajo**
   a) especialización y enriquecimiento del trabajo,
   b) componentes psicológicos,
   c) ergonomía y métodos de trabajo, y
   d) sistemas de motivación e incentivos.
2. *Estándares de trabajo.* Los **estándares de trabajo** especifican las actividades necesarias para niveles de producción establecidos una vez que esos trabajos se han definido. Los estándares de trabajo se establecen por medio de: **Estándares de trabajo**
   a) datos históricos,
   b) muestreo del trabajo,
   c) medición metódica del tiempo, y
   d) estándares de cronómetro.

Ahora se verán el diseño del trabajo y los estándares de trabajo.

DISEÑO DEL TRABAJO

Clasificaciones y reglas de trabajo

Quién puede hacer qué y bajo qué condiciones, está determinado por las clasificaciones y las reglas de trabajo. Parte de la tarea de un administrador de operaciones es la de manejar lo inesperado. Mientras más flexibilidad tenga una compañía cuando asesore, más eficiente puede ser. La construcción de la moral y el cumplimiento de los requerimientos de asesoría es más fácil, si los administradores tienen menos clasificaciones de puestos y restricciones de reglas de trabajo.

Especialización

Especialización del trabajo

La importancia del diseño del trabajo como una variable administrativa se debe a Adam Smith.[3] Smith sugirió que una división del trabajo, también conocida como **especialización del trabajo,** podría ayudar en la reducción de los costos del trabajo en varias maneras:

1. *desarrollo de la destreza* a través de un aprendizaje más rápido del empleado debido a la repetición,
2. *menos pérdida de tiempo* debido a que el empleado no estaría cambiando trabajos o herramientas,
3. *desarrollo de herramientas especializadas* y la reducción de la inversión debido a que cada empleado tiene solamente unas cuantas herramientas necesarias para una tarea específica.

Charles Babbage determinó que era importante una cuarta consideración para la eficiencia del trabajo.[4] Debido a que el pago tiende a seguir a la habilidad con una gran correlación, Babbage sugirió *pagar exactamente el salario necesario para la habilidad requerida en particular.* Si todo el trabajo consiste de únicamente una habilidad, entonces se pagaría por esa sola habilidad; de otra manera, existiría la tendencia a pagar por la habilidad más alta del empleado. Estas cuatro ventajas de la especialización del trabajo son válidas aún hoy en día.

Un ejemplo clásico de la especialización del trabajo es la línea de ensamble, descrito en el párrafo inicial de este capítulo. Tales sistemas son a menudo muy eficientes, aunque pueden requerir que los empleados hagan trabajos repetitivos, sin esfuerzo mental. Sin embargo, la tasa de salario para muchos de estos trabajos es muy buena. Debido a la relativa alta tasa de salario para las modestas habilidades requeridas en muchos de estos trabajos, a menudo existe una larga fila de empleados de los cuales escoger. Esta no es una consideración incidental para el administrador responsable de asesorar la función de operaciones. Se estima que del 2 al 3% de la fuerza laboral en las naciones industrializadas lleva a cabo trabajos repetitivos, muy especializados en la línea de ensamble. La manera tradicional de desarrollar y mantener el compromiso del empleado, bajo el concepto de especialización del trabajo, ha sido una buena selección (igualando la gente al trabajo), buenos salarios y sistemas de incentivos.

Crecimiento del trabajo/enriquecimiento del trabajo

Crecimiento del trabajo
Enriquecimiento del trabajo
Rotación del trabajo

En años recientes ha habido un esfuerzo para mejorar la calidad de la vida laboral al moverse de la estructura sugerida por Adam Smith y Charles Babbage hacia un diseño del trabajo más enriquecido. Esto se lleva a cabo mediante el **crecimiento del trabajo** y el **enriquecimiento del trabajo.** Un trabajo con crecimiento es aquel donde se agrupan una variedad de tareas de más o menos la misma habilidad. Como lo dijo un bromista, los trabajos con crecimiento permiten al empleado hacer varias cosas aburridas en lugar de solamente una. La **rotación del trabajo** es una versión del crecimiento del trabajo, donde el trabajo *per se* no tiene crecimiento, más bien al empleado se le permite mover de un trabajo especializado a otro. Un trabajo enriquecido es aquel que incluye algo de la planeación y control, necesarios para el cumplimiento del trabajo. A un trabajo enriquecido se le llama algunas veces *crecimiento vertical*, en oposición al crecimiento del trabajo, al que se le puede denominar de *crecimiento horizontal* (figura 7.1).

[3] Adam Smith, *On the Creation of the Wealth of Nations*, 1876.
[4] Charles Babbage, *On the Economy of Machinery and Manufacturers* (Londres, 1832), cap. 18.

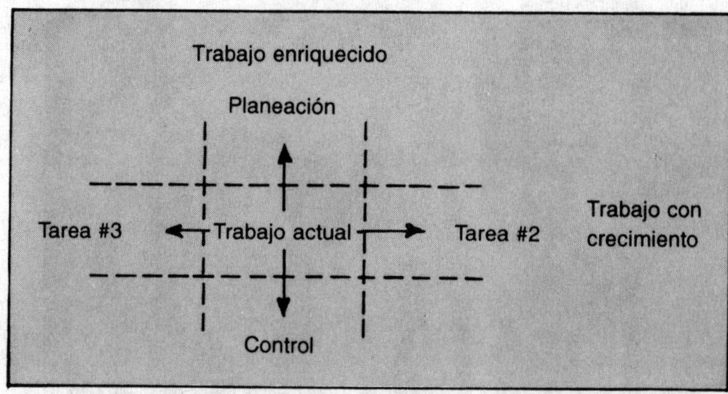

FIGURA 7.1 Crecimiento horizontal y vertical.

Los trabajos enriquecidos permiten al empleado aceptar más responsabilidad; ellos pueden **dar poder a los empleados** (empowerment). El empowerment permite al empleado asumir tanto responsabilidades administrativas como de asesoría. De los empleados que aceptan esta responsabilidad, se pueden esperar algunas mejoras en la productividad y en la calidad del producto. Entre los aspectos positivos del enriquecimiento del trabajo están:

Dar poder a los empleados "Empowerment"

1. un número reducido de remplazos;
2. retrasos y ausentismos reducidos;
3. mejoramiento de la calidad, y
4. mejoramiento de la productividad.

Los administradores que enriquecen los trabajos, dan poder a empleados y construyen sistemas de comunicación que despiertan sugerencias en las que cuenta con un potencial de eficiencia adicional.

Restricciones en el crecimiento del trabajo/enriquecimiento del trabajo. Si el crecimiento y el enriquecimiento del trabajo son tan buenos, ¿por qué no se utiliza universalmente? Se identificarán algunas de sus restricciones:

1. *Mayor costo de capital.* El crecimiento del trabajo y el enriquecimiento del trabajo requieren de instalaciones que cuestan más que una distribución convencional. Este gasto extra debe ser generado a través de ahorros (mayor eficiencia) o a través de precios mayores.
2. *Muchos individuos prefieren trabajos sencillos.* Algunos estudios indican que muchos empleados, se podría decir que la mayoría de casos, optan por trabajos menos complejos. En una discusión acerca del mejoramiento de la calidad de vida laboral, parece apropiado que no se olvide la importancia de las diferencias individuales. Cuando se diseñan los trabajos, estas diferencias ofrecen un reto para el administrador de operaciones con recursos.
3. *Son necesarias mayores tasas salariales.* La gente a menudo recibe salarios por sus habilidades mayores, no por las menores.[5] De esta manera, los trabajos con crecimiento y enriquecidos pueden muy bien requerir de una mayor tasa salarial que aquellos trabajos que no.
4. *Existe menor fuente de trabajadores.* Debido a que los trabajos con crecimiento y enriquecimiento requieren de mayor habilidad y de la aceptación de más responsabilidad, los requerimientos de trabajo se han incrementado. Dependiendo de la disponibilidad de la mano de obra, esto puede ser una restricción.
5. *Pueden ocurrir mayores tasas de accidentes.* Los trabajos con crecimiento y enriquecidos pueden contribuir a una mayor tasa de accidentes.[6] Esto indirectamente aumenta los salarios, costos de seguros, y compensación de los trabajadores.
6. *La tecnología actual puede no prestarse para el crecimiento y enriquecimiento del trabajo.* Los trabajos de desollar en el rastro, los trabajos de ensamble de computadoras en el parque de oficinas moderno y el recolector de cuotas en la caseta, son el prototipo de estos trabajos, porque se piensa que las tecnologías alternas (si existen) son inaceptables.

[5] Charles Babbage, *On the Economy of Machinery and Manufacturers* (Londres, 1832), cap. 18.
[6] J. Tsaari y J. Lahtella, "Job Enrichment: Cause of Increased Accidents?", *Industrial Engineering* (octubre de 1978), pp. 41-45.

Un equipo de empleados de Volvo ensambla un automóvil, mientras éste se mueve en una plataforma, según se muestra. Este fue un experimento maravillosamente valiente en el crecimiento del trabajo/enriquecimiento del trabajo (llamado algunas veces manufactura humanística). Pero el noble experimento se parece cada vez más a un noble fracaso. La productividad se encuentra lejos de los estándares exactos de la competencia mundial. Los estándares de clase mundial para la producción de automóviles en instalaciones de manufactura esbelta están muy por debajo de 20 horas por automóvil, mientras que las plantas de Volvo están sustancialmente por arriba —Ghent, Bélgica a 25 horas; Kalmar, Suecia a 37 horas; y Uddevalla, Suecia a 50. El diseño del trabajo hace una diferencia tanto para la gente como para la eficiencia.

Estos seis puntos dan las restricciones del crecimiento del trabajo y del enriquecimiento del trabajo. Estos elementos pueden incrementar los costos totales. Por lo tanto, para que la empresa tenga una ventaja competitiva, sus ahorros deben ser mayores que sus costos. No siempre es obvio que ese sea el caso. No hay garantía de que la productividad o la calidad se mejoren con la instalación del enriquecimiento o el crecimiento del trabajo. Aún esta decisión no es fácil.

Componentes psicológicos del diseño del trabajo

Una estrategia efectiva de recursos humanos también requiere considerar los componentes psicológicos del diseño del trabajo. Estos componentes se enfocan a mejorar la calidad de la vida laboral, la satisfacción y la motivación a través del diseño, con el fin de que los empleos cumplan con los requerimientos psicológicos mínimos. Se identificarán estos parámetros psicológicos para un buen diseño del trabajo.

Los **Estudios Hawthorne.** Los estudios Hawthorne fueron realizados a finales de la década de los años veinte, en la planta Hawthorme de la General Electric cerca de Chicago. La publicación de los resultados en 1939[7] demostró conclusivamente que existe un sistema social dinámico en el lugar de trabajo. Irónicamente, estos estudios fueron iniciados para determinar el impacto de la iluminación en la productividad. En vez de eso se encontró el sistema social y los distintos roles jugados por los empleados, un hallazgo más importante que la intensidad de la iluminación. También se encontró que las diferencias

[7] F. J. Roethlisberger y William J. Dickinson, *Management and the Workers*, Science Editions (Nueva York: John Wiley, 1964, copyright 1939, por el President & Fellows of Harvard College).

individuales pueden ser preponderantes en lo que espera un empleado del trabajo y de lo que el empleado cree que debe ser la contribución por su trabajo. Los estudios Hawthorne introdujeron la psicología al espacio laboral.

Características medulares del trabajo. Desde los estudios Hawthorne, hace más de sesenta años, han tenido lugar investigaciones posteriores relacionadas con los componentes psicológicos del diseño del trabajo. Hackman y Oldham han resumido mucho de ese trabajo.[8] La síntesis sugiere que los trabajos deben incluir:

1. *variedad de habilidades* — el trabajo debe requerir que el trabajador utilice una variedad de habilidades y talentos;
2. *identidad del trabajo* — el trabajo debe permitir al trabajador la percepción del trabajo como un todo y reconocer un principio y un final;
3. *significación del trabajo* — el trabajo debe ofrecer al empleado una sensación de que realizarlo tiene un impacto en la organización y en la sociedad;
4. *autonomía* — el trabajo debe permitir libertad, independencia, y discreción;
5. *retroalimentación* — el trabajo debe ofrecer una información clara y oportuna acerca del desempeño.

La inclusión de estos ingredientes en el diseño del trabajo es constante; se cree que el involucramiento del empleado y los equipos de trabajo son cruciales para el TQM efectivo y el desempeño de clase mundial.

La idea es utilizar los componentes psicológicos del diseño del trabajo no solamente para mejorar la calidad de la vida laboral y la satisfacción del trabajo sino también para motivar a los empleados. Los empleados deben estar tan comprometidos en alcanzar los objetivos organizacionales como la administración. Las empresas de clase mundial construyen ambientes que motivan a los empleados a contribuir, y la motivación conduce, a menudo, al involucramiento del empleado; y esto a su vez, a la participación fomentada por la acción de supervisión, los equipos, los comités *y el diseño del trabajo.*

Ergonomía y métodos de trabajo

Administración científica. Se podrá recordar de la discusión sobre la administración científica en el capítulo 1 que, en los finales de la década de 1880, Frederick W. Taylor empezó la era de la administración científica.[9] Él y sus contemporáneos empezaron a

La ergonomía y un entendimiento de la capacidad humana ofrecen una oportunidad para mejorar el desempeño. La fotografía de la izquierda muestra instrumentos y marcadores analógicos, con indicadores de aguja, que pueden presentar mucha información difícil de interpretar. En la actualidad de sustituyen por cabinas con menos confusión debido a que hay menos instrumentos, indicadores y pantallas. Estas últimas permiten imágenes e información crítica de vuelo que se proyecta en una pantalla abatible, como se muestra a la derecha, de tal forma que el piloto pueda volar correctamente. La nueva mejora en el tiempo de respuesta del piloto puede salvar vidas.

[8] Véase "Motivation Through the Design of Work", en Jay Richard Hackman y Greg R. Oldham, *Work Redesign*, Addison-Wesley Publishing Company, Inc. (Reading, MA: 1980).
[9] Frederick W. Taylor, *Scientific Management* (Nueva York: Harper & Row, 1911), p. 204.

examinar la selección del personal, los métodos de trabajo, los estándares de trabajo y la motivación. Examinaron el papel de la administración y de los empleados en el trabajo, y se interesaron en:

1. emparejar a los empleados con las tareas (diferencias individuales);
2. métodos de trabajo (mejorar el desempeño de la tarea);
3. estándares de trabajo (de tal forma que el empleado y el empresario sabrían lo que se debe hacer y lo que constituye un día de trabajo justo).

Con los fundamentos ofrecidos por Taylor y sus contemporáneos, se ha creado un cuerpo de conocimiento acerca de las capacidades y aptitudes de la gente. Este conocimiento es necesario porque el humano es un ser con ojos y manos que posee capacidades extraordinarias y algunas limitaciones. Debido a que los administradores deben diseñar trabajos que puedan ser hechos, ahora se describirán brevemente algunos puntos relacionados con las capacidades y limitaciones de la gente.

Ergonomía

El administrador de operaciones está interesado en construir una buena interface entre el humano y la máquina. Los estudios de esta interface se conocen como **ergonomía.** Ergonomía significa "el estudio del trabajo". (*Ergo* viene de la palabra griega para *trabajo*). En Estados Unidos el término *factores humanos* a menudo se sustituye por la palabra *ergonomía.*

Los adultos, varones y mujeres, entran en configuraciones limitadas. Por lo tanto, el diseño del lugar de trabajo depende de los datos biomecánicos y antropométricos. Estos datos ofrecen la información básica de fuerza y medida necesarias para diseñar herramientas y el lugar de trabajo; ambos elementos pueden hacer los trabajos fáciles o difíciles.

Ford Motor Company y el Centro para ergonomía de la Universidad de Michigan, patrocinaron un proyecto que duró cuatro años y tuvo un costo de 2.5 millones de dólares, de éste resultó un gran número de mejoras ergonométricas. A partir del estudio tanto la calidad como la ergonomía se han incrementado en las fábricas Ford. Los trabajadores también se sienten mejor en el trabajo—las mejoras ergonométricas dan como resultado una situación donde "todos ganan". La ergonomía no dicta necesariamente grandes cambios; algunas veces los pequeños ajustes de una o dos pulgadas harán el trabajo. Cambiar ligeramente las alturas de las superficies de trabajo, herramientas o aun mover las manijas a puntos más accesibles pueden reducir el esfuerzo del trabajador.

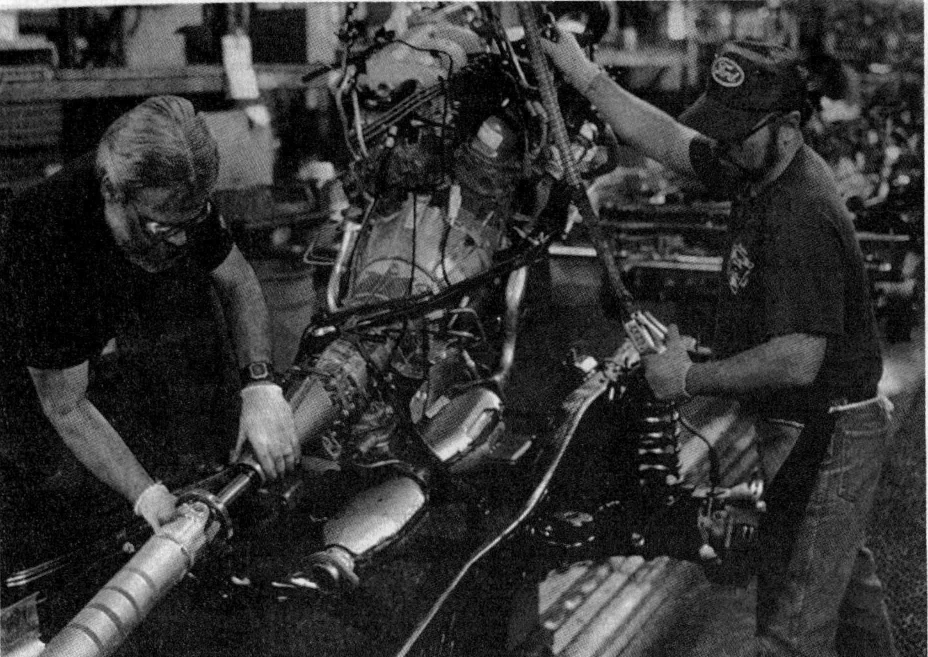

Ahora se revisará brevemente un problema que resulta de un pobre diseño ergonométrico. El teclado actual de la máquina de escribir fue arreglado a propósito para hacer lenta la escritura de los mecanógrafos. El arreglo mecánico de las palancas de las primeras máquinas de escribir se podían "atascar" cuando un mecanógrafo sobresaliente trabajara. Así que la respuesta era colocar las teclas en un arreglo difícil. El resultado es el teclado QWERTY familiar. Sin embargo, aun con un teclado difícil, el operador realizaba una variedad de actividades desde el regreso manual del carro hasta cambiar y alinear el papel. Las manos y muñecas del operador se ejercitaban. Pero con la llegada del procesador de palabras, la oportunidad para los mecanógrafos de ejercitar manos y muñecas fue severamente restringida. El resultado es un gran aumento de casos en el *síndrome de túnel del hueso carpiano,* una condición dolorosa del nervio por el uso repetitivo y anormal de la muñeca. Según se muestra en la figura 7.2, se han hecho esfuerzos para enfrentar el problema. La forma en que los administradores de operaciones diseñan el lugar de trabajo puede marcar la diferencia.

El ambiente de trabajo. El ambiente físico en el que trabaja el empleado afecta su desempeño, seguridad y calidad de su vida laboral. La iluminación, ruido y/o vibración, temperatura, humedad y calidad del aire son factores del ambiente de trabajo bajo el

Diseño del trabajo y del teclado

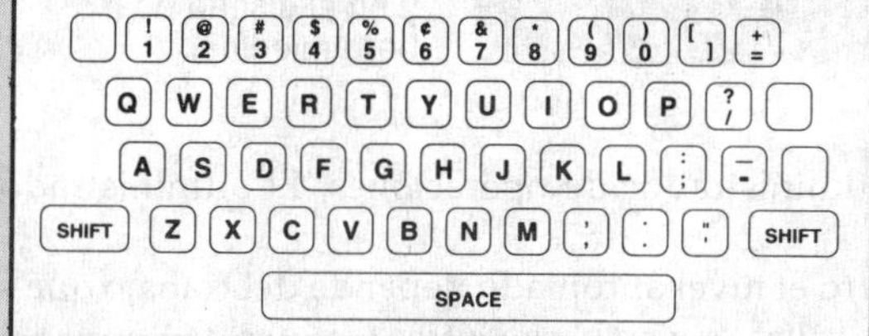

Teclado QWERTY

El familiar teclado QWERTY se hizo difícil a propósito, para detener al mecanógrafo en el uso de la máquina de escribir. Ahora la "máquina de escribir" es un procesador de palabras electrónico que permite poco cambio de ritmo, se ha resuelto el problema.

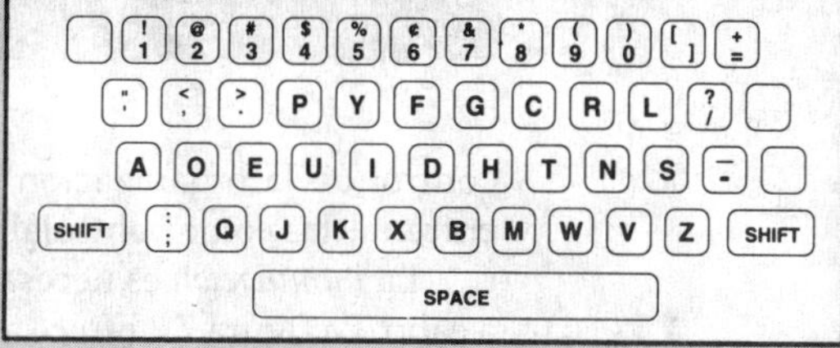

Teclado DVORAK

El teclado DVORAK por lo menos tiene las teclas en el lugar adecuado, pero probablemente llevará otras innovaciones ergonométricas tales como las mostradas abajo para que se reduzca significativamente el síndrome de túnel del hueso carpiano.

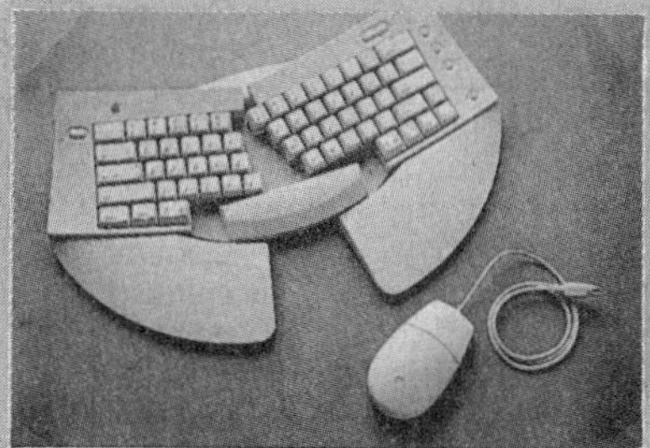

El nuevo teclado ajustable de Apple Computers está dividido en dos secciones con bisagra que pueden ser personalizados. (Apple Computers, Cupertino, California)

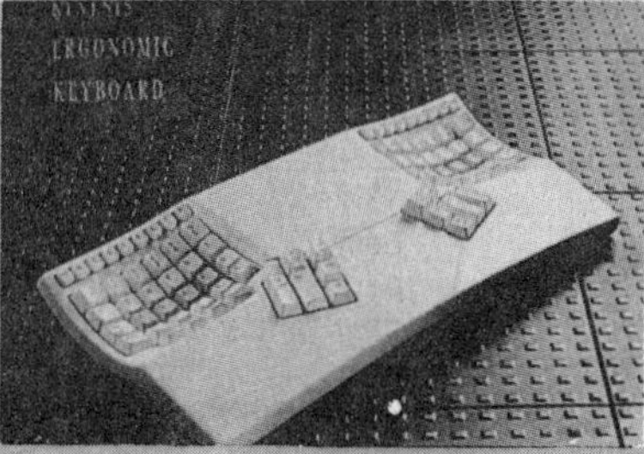

La mayoría de la distribución de letras QWERTY se ha mantenido, pero las pruebas indican que el teclado es menos demandante físicamente y más cómodo para usar que el tradicional teclado de computadora. El teclado es un ajuste más adecuado a la forma natural de la mano. (Kinesis Corp., Bellevue, WA)

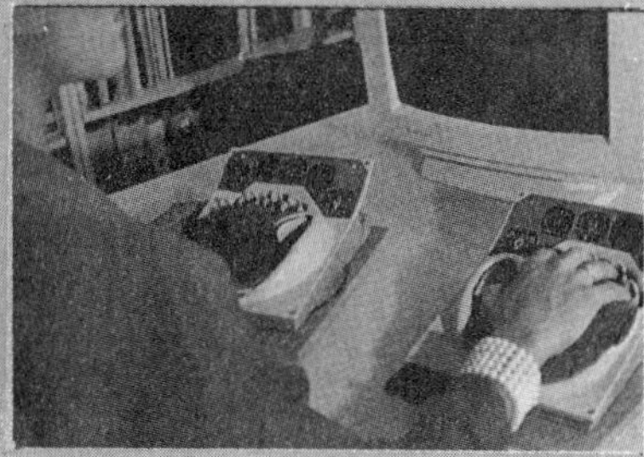

El teclado "DataHand" permite que cada mano descanse en su propio soporte con palma acojinada con forma ergonométrica. Hay cinco teclas alrededor de cada yema de dedo. (Industrial Innovations, Inc., Scottsdale, Arizona)

FIGURA 7.2 El diseño del trabajo y del teclado.

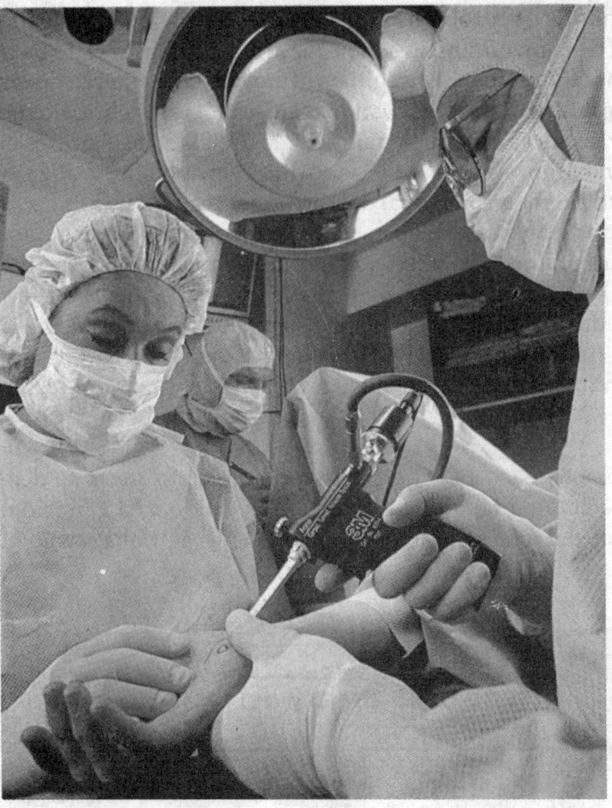

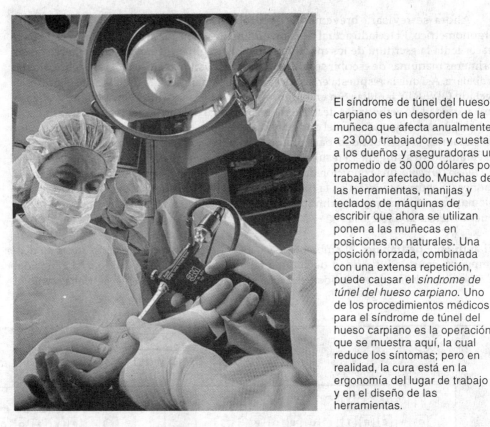

El síndrome de túnel del hueso carpiano es un desorden de la muñeca que afecta anualmente a 23 000 trabajadores y cuesta a los dueños y aseguradoras un promedio de 30 000 dólares por trabajador afectado. Muchas de las herramientas, manijas y teclados de máquinas de escribir que ahora se utilizan ponen a las muñecas en posiciones no naturales. Una posición forzada, combinada con una extensa repetición, puede causar el *síndrome de túnel del hueso carpiano*. Uno de los procedimientos médicos para el síndrome de túnel del hueso carpiano es la operación que se muestra aquí, la cual reduce los síntomas; pero en realidad, la cura está en la ergonomía del lugar de trabajo y en el diseño de las herramientas.

control de la organización y el administrador de operaciones. El administrador debe enfrentarlas como controlables.

La *iluminación* es necesaria, pero el nivel apropiado depende del trabajo que se lleva a cabo. La figura 7.3 ofrece algunas guías. Sin embargo, otros factores de iluminación son importantes. Estos otros factores incluyen la habilidad de reflejo, el contraste de la superficie de trabajo con lo que la rodea, el brillo y las sombras.

CONDICIÓN DE LA TAREA	TIPO DE TAREA O ÁREA	NIVEL DE ILUMINACIÓN (FT-C)	TIPO DE ILUMINACIÓN
Pequeño detalle, bajo contraste de brillantez, periodos prolongados, gran velocidad, extrema precisión	Costura, inspección de materiales oscuros, etcétera.	100	General más suplementaria (por ejemplo, lámpara de mesa)
Detalle normal, periodos prolongados	Lectura, ensamble de partes, trabajo general de oficina y laboratorio	20–50	General (por ejemplo, fijado en el techo)
Buen contraste, objetos razonablemente grandes	Instalaciones recreativas	5–10	General
Objetos grandes	Restaurantes, escaleras, almacenes de abastos voluminosos	2–5	General

FIGURA 7.3 Niveles de iluminación recomendados para varias condiciones de tareas. (*Fuente:* C. T. Morgan, J. S. Cook III, A. Chapanis, y M. W. Lund (eds.) *Human Engineering Guide to Equipment Design* (Nueva York: McGraw-Hill, 1963), según se presentó en Alphonse Chapanis, *Man-Machine Engineering* (Belmont, CA: Wadsworth Publishing Company, Inc., p. 57.)

Razón Sonido-Poder	Decibeles	Ruidos ambientales	Fuentes específicas de ruido	Decibeles
1 000 000 000 000	120		Despegue de jet (200 ft)	120
100 000 000 000	110	Área de movimiento de fundición	Máquina riveteadora* Sierra cortadora*	110
10 000 000 000	100	Área de horno eléctrico	Martillo de punta neumática*	100
1 000 000 000	90	Cuarto de calderas Planta de impresión	Planta de tejido textil* Tren subterráneo (20 ft)	90
100 000 000	80	Cuarto de tabulación Dentro de un automóvil deportivo (50 mph)	Taladro neumático (50 ft) Tren de carga (100 ft)	80
10 000 000	70	Carretera cercana (tráfico de automóviles) Tienda grande	Aspiradora (10 ft) Discurso (1 ft)	70
1 000 000	60	Oficina contable Oficina privada de negocios Tráfico ligero (100 ft)		60
100 000	50	Residencia promedio	Transformador grande (200 ft)	50
10 000	40	Niveles mínimos, áreas residenciales en Chicago por la noche)		40
1 000	30	Estudio (discurso)	Murmullo (5 ft)	30

*En la posición del operador

FIGURA 7.4 Niveles de decibeles (dB) y razones sonido-poder para varios sonidos. Los niveles de decibeles son niveles de sonidos A-pesados medidos con un medidor de niveles de sonido. (*Fuente:* A. P. G. Peterson y E. E. Gross, Jr., *Handbook of Noise Measurement.* 7ma. ed. New Concord, Mass., General Radio Co., según se presentó en Ernest J. McCormick, *Human Factors in Engineering and Design* (Nueva York: McGraw-Hill, 1976, p. 116.)

El *ruido* de algún tipo se encuentra presente en el área de trabajo, y muchos empleados parecen ajustarse bien. Sin embargo, los altos niveles de sonido dañarán el oído. La figura 7.4 muestra indicaciones del sonido generado por varias actividades. (Nótese que las escalas en decibeles son escalas logarítmicas, no lineales.) Se ha descubierto que los periodos largos de exposición arriba de 90dB dañan permanentemente el oído. La Occupational Safety and Health Administration (OSHA) requiere de protección de los oídos arriba de este nivel, si la exposición iguala o excede de ocho horas. Aun a bajos niveles, el ruido y la vibración pueden distraer. Por lo tanto la mayoría de los administradores hacen un esfuerzo sustancial para reducir el ruido y la vibración por medio de un buen diseño de maquinaria, aislar, o separar las fuentes de ruido y vibración.

Los parámetros de *temperatura* y *humedad* han sido bien establecidos. Los administradores con actividades que operan fuera de la zona de comodidad establecida deben esperar algún efecto adverso en el desempeño.

Control (ajuste y alimentación a la máquina). Cualquier respuesta del operador a la máquina, sea por medio de herramientas manuales, pedales, palancas o botones, necesita ser evaluada. ¿Tiene el operador la fuerza, reflejos, percepción y capacidad mental para ofrecer el control necesario?

En forma similar, la retroalimentación a los operadores se da por la *vista, sonido* y *tacto*. La forma en que se retroalimentará a los operadores no debe ser dejada a la suerte. Un gran cuerpo de investigación con respecto a las pantallas apropiadas que se utilizan bajo varias condiciones se encuentra disponible para el administrador de operaciones.[10]

[10] Henry Dreyfuss, *The Measure of Man* (Nueva York: Whitney Library of Design, 1960).

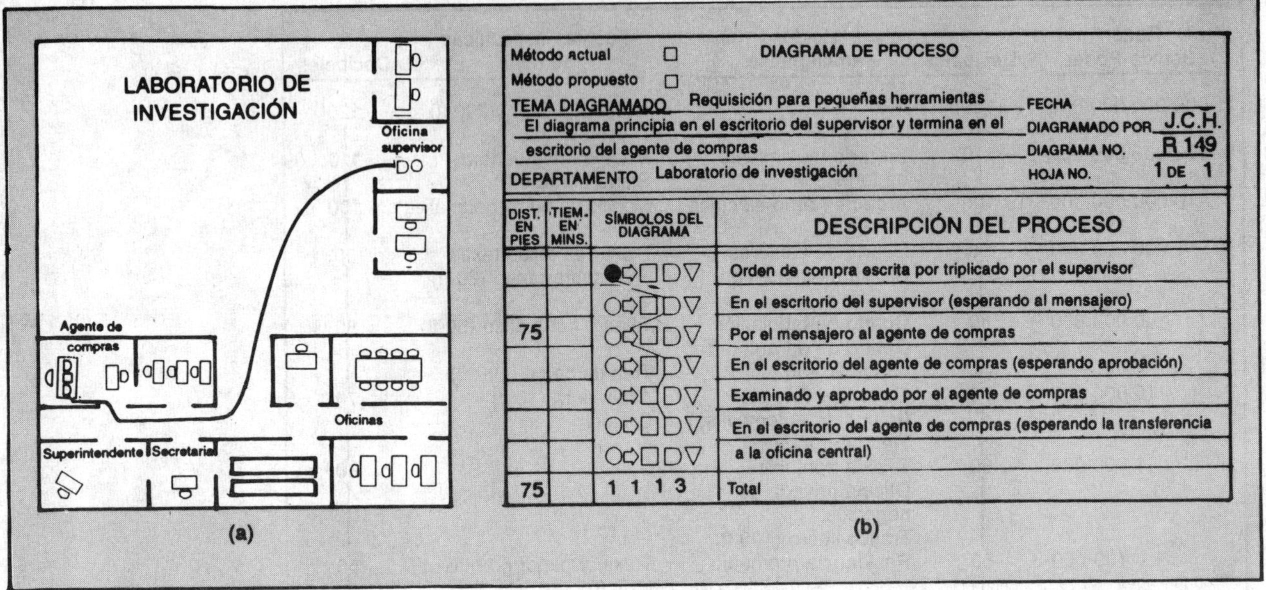

FIGURA 7.5 (a) Diagrama de flujo de un procedimiento de oficina —método propuesto. La requisición se escribe por triplicado por el supervisor y es aprobada por el agente de compras. (b) Diagrama de proceso de un procedimiento de oficina— método propuesto para el diagrama de flujo. (*Fuente:* R. M. Barnes, *Motion and Time Study* (Nueva York: John Wiley, 1968), pp. 78-79. Copyright © 1968, por John Wiley & Sons. Reimpreso con permiso.)

Análisis de métodos. El análisis de métodos se enfoca en *cómo* se realiza una tarea. Ya sea que se controle una máquina, se manufacturen o ensamblen componentes, la forma en que se haga una tarea hace la diferencia en el desarrollo, seguridad y calidad. Utilizando el conocimiento de la ergonomía y el análisis de métodos, los ingenieros de métodos están encargados de asegurar que los estándares de calidad y cantidad se logren en forma eficiente y segura. El análisis de métodos y las técnicas relacionadas son útiles en los ambientes de oficinas, así como en la fábrica. Las técnicas de métodos son utilizadas para analizar:

1. El movimiento de individuos o materiales. El análisis es llevado a cabo utilizando *diagramas de flujo* y *gráficas de flujo de proceso* con cantidades variables de detalle.

Problema de tarea 7.1

2. La actividad de humanos y máquinas y actividad del equipo. Este análisis se lleva a cabo usando *diagramas de actividad* (también conocidas como diagramas hombre-máquina y diagramas de equipo).
3. Movimiento del cuerpo (básicamente brazos y manos). Este análisis se lleva a cabo utilizando *diagramas de micro movimiento.*

Diagrama de flujo

Diagrama de proceso

Los **diagramas de flujo** son esquemas (dibujos) utilizados para investigar el movimiento de la gente o el material. Ofrecen un procedimiento esquemático para observar tareas repetitivas de ciclos largos (figura 7.5a). Los **diagramas de proceso** utilizan símbolos[11] (figura 7.5b) para ayudar a entender el movimiento de la gente o el material. De esta manera, se puede disminuir movimiento y los retrasos, y las operaciones se realizan en forma eficiente. La figura 7.5b muestra un diagrama de proceso utilizado como suplemento del diagrama de flujo mostrado en la figura 7.5a.

Diagrama de actividad

Problemas de tarea 7.2, 7.3

Los **diagramas de actividad** son utilizados para estudiar y mejorar la utilización de un operador y una máquina o una combinación de operadores (un "equipo") y máquinas. A través de la observación, el analista registra el método actual y después en un segundo diagrama, propone la mejora. (Véase la figura 7.6.)

[11] Los símbolos de procesos estándares de la American Society of Mechanical Engineers (ASME), son ○ = operación; ⇨ = transportación; □ = inspección; D = retraso; ∇= almacén.

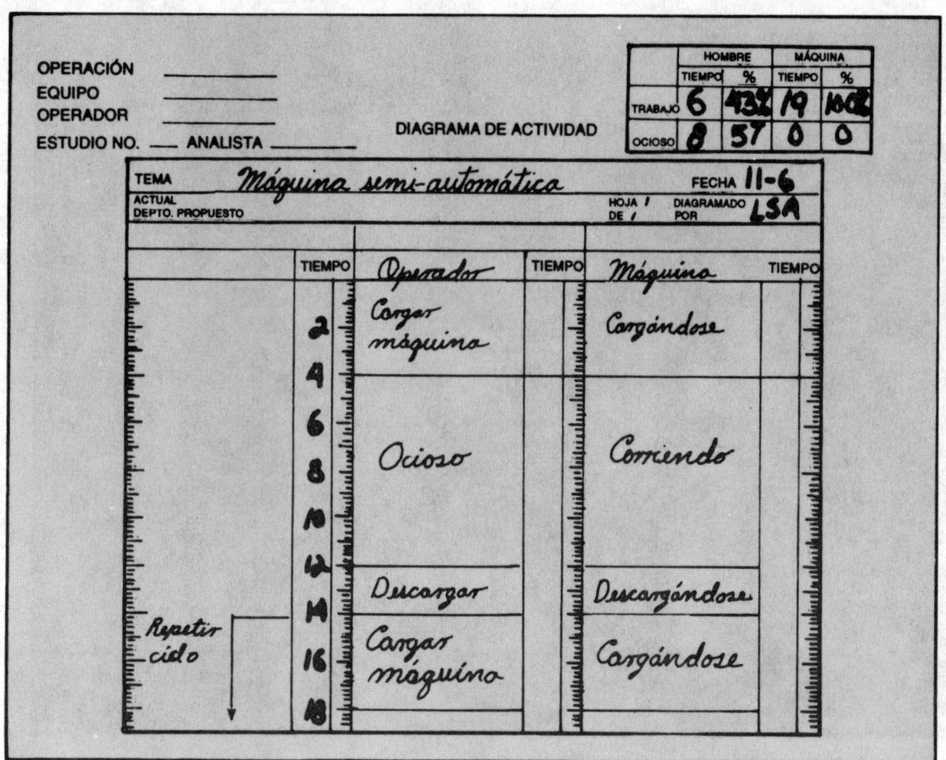

OPERACIÓN ____
EQUIPO ____
OPERADOR ____
ESTUDIO NO. ___ ANALISTA ____

DIAGRAMA DE ACTIVIDAD

	HOMBRE TIEMPO	HOMBRE %	MÁQUINA TIEMPO	MÁQUINA %
TRABAJO	6	43%	14	100%
OCIOSO	8	57	0	0

TEMA *Máquina semi-automática* FECHA 11-6
ACTUAL / DEPTO. PROPUESTO — HOJA 1 DE 1 — DIAGRAMADO POR LSA

TIEMPO	Operador	TIEMPO	Máquina
2–4	Cargar máquina		Cargándose
4–12	Ocioso		Corriendo
12–14	Descargar		Descargándose
14–18	Cargar máquina		Cargándose

Repetido

FIGURA 7.6 **Diagrama de actividad.** (*Fuente:* L. S. Aft, *Productivity and Improvement,* © 1983, pp. 67 y 76. Adaptada bajo permiso de Prentice-Hall, Inc., Englewood Cliffs, NJ.)

El movimiento del cuerpo se analiza en un **diagrama de operaciones.** Está diseñado para mostrar la economía del movimiento al señalar los movimientos desperdiciados y el tiempo ocioso (retraso). El diagrama de operaciones (conocido también como diagrama de mano derecha / mano izquierda) se muestra en la figura 7.7.

Diagrama de operaciones

Problemas de tarea 7.4, 7.5

DIAGRAMA MANO IZQUIERDA/MANO DERECHA
SOUTHERN TECHNICAL INSTITUTE
MARIETTA, GEORGIA 30060

SÍMBOLOS	ACTUAL MI	ACTUAL MD	PROPUESTO MI	PROPUESTO MD	DIFERENCIA MI	DIFERENCIA MD
○ OPERACIONES	5	10				
⇨ TRANSPORTES						
□ INSPECCIONES						
D RETRASOS	10	5				
▽ ALMACENES						
TOTALES	15	15				

PROCESO Ensamble tornillo y rondana
ESTUDIO NO:
OPERADOR SRA
ANALISTA
FECHA 11/16/94 HOJA NO. 1 DE 1
MÉTODO ACTUAL PROPUESTO
OBSERVACIONES

ACTIVIDAD MANO IZQUIERDA ACTUAL MÉTODO	DIST.	SÍMBOLOS	SÍMBOLOS	DIST.	ACTIVIDAD MANO DERECHA ACTUAL MÉTODO
1 Alcanzar el tornillo		●⇨□D▽	○⇨□◗▽		Ocioso
2 Asir el tornillo		●⇨□D▽	○⇨□◗▽		Ocioso
3 Mover el tornillo al área		●⇨□D▽	○⇨□◗▽		Ocioso
de trabajo		○⇨□D▽	○⇨□D▽		
4 Sostener el tornillo		○⇨□◗▽	○⇨□D▽		Alcanzar la rondana
5 Sostener el tornillo		○⇨□◗▽	○⇨□D▽		Asir la rondana
6 Sostener el tornillo		○⇨□◗▽	○⇨□D▽		Mover la rondana al tornillo
7 Sostener el tornillo		○⇨□◗▽	○⇨□D▽		Ensamblar la rondana en
		○⇨□◗▽	○⇨□D▽		el tornillo

FIGURA 7.7 Diagrama de operación (Diagrama mano izquierda/mano derecha) para ensamble de tornillo-rondana. (*Fuente:* Adaptada de L. S. Aft, *Productivity Measurement and Improvement,* 1983, p. 5. Reimpresa bajo permiso de Prentice-Hall, Inc., Englewood Cliffs, NJ.)

El desempeño durante una parada en pits hace la diferencia entre ganar o perder una carrera. Los diagramas de actividad son utilizados para orquestar el movimiento de un equipo de pit, el personal de una sala de operación o los operadores de máquinas en una fábrica. Los diagramas de actividad son descritos en este capítulo.

Sistemas de motivación e incentivos

Existen muchos factores psicológicos que contribuyen a la satisfacción y motivación en el trabajo. Adicionalmente a estos factores psicológicos, existen factores monetarios. El dinero es a menudo tanto un motivador psicológico como financiero. Las recompensas monetarias toman la forma de bonos, reparto de ganancias y sistemas de incentivos.

Bono
Reparto de utilidades
Sistema de incentivos
Día de trabajo medido
Destajo

Los **bonos,** generalmente en efectivo u opciones de acciones, son utilizados a menudo a niveles ejecutivos para recompensar a la administración. Las técnicas de **reparto de utilidades** recompensan a los trabajadores por su contribución en el desempeño de una organización. El más popular de estos es el plan Scanlon, donde cualquier reducción en el costo de mano de obra es compartido entre la administración y la mano de obra.[12] Los **sistemas de incentivos** basados en la productividad individual o de grupo son utilizados en cerca de la mitad de las compañías manufactureras en Estados Unidos. Estos sistemas frecuentemente están basados en el empleado o equipo que logra una producción arriba de un estándar predeterminado. El estándar se puede basar en un tiempo estándar por tarea o en la cantidad de piezas hechas. Los sistemas de tiempo estándar son llamados algunas veces **día de trabajo medido,** donde se les paga a los empleados basándose en la cantidad de tiempo estándar determinado. Un sistema de **destajo** asigna un tiempo estándar para cada pieza, y el empleado es pagado basándose en el número de piezas hechas. Ambos sistemas normalmente garantizan al empleado por lo menos una tasa base por turno.

PRODUCCIÓN ESBELTA DE CLASE MUNDIAL

Producción esbelta

Bajo la **producción esbelta,** los empleados altamente entrenados se comprometen a eliminar el desperdicio y llevar a cabo sólo aquellas actividades donde se adiciona valor. Los empleados analizan cada detalle del servicio al cliente y son cada vez más exitosos en eliminar el desperdicio. El concepto de la producción esbelta cambia sustancialmente de

[12] Fred G. Lesieur y Elbridge S. Puckett, "The Scanlon Plan Has Proved Itself," *Harvard Business Review,* **47,** 5 (septiembre-octubre de 1969), pp. 109-118.

un esfuerzo tradicional, a realizar los trabajos cada vez más simples y que requieren menos entrenamiento. En efecto, cuando se implementa correctamente, la producción esbelta utiliza tanto los atributos *mentales* del empleado como los físicos para mejorar continuamente el sistema de producción. En muchos aspectos la producción esbelta utiliza el compromiso del artesano de la industria autoempleada en la casa y el entrenamiento, conocimiento, y organización de la manufactura repetitiva (véase la figura 7.8).

Debido a una razonable calidad de vida laboral y confianza mutua, el empleado acepta el compromiso mutuo. De esta manera el proceso de producción está mejorando constantemente y se logran los niveles más altos de eficiencia. Bajo la producción esbelta el empleado no es un robot; es un miembro totalmente maduro de la organización que utiliza tanto habilidades mentales como físicas para ayudar a servir al cliente por medio de los más altos niveles de productividad.

Industria casera preindustrial 1890
Artesano llevando a cabo todos los aspectos de la tarea
Entrenamiento
Autoaprendizaje; quizá algún entrenamiento a los aprendices
Relativamente pocos artesanos entrenando a pocos aprendices
Producto
Todos los productos personalizados, poca estandarización
Variación sustancial en la calidad
Ambiente de trabajo
Independencia y discreción
Variedad de habilidades utilizada
Percepción del trabajo como un todo
Percepción del impacto del trabajo en la sociedad
Información acerca del desempeño

Manufactura esbelta 1990
Grupos de empleados generalmente trabajando en equipos
Entrenamiento
Capacitación continua y amplia
El conocimiento es tan importante como el entrenamiento
Producto
Enfoque en las necesidades del cliente aun si el "cliente" es el siguiente equipo en el proceso productivo
Varias opciones están disponibles y hay cambios más rápidos de producto debido al proceso flexible de producción
Ambiente de trabajo
Alguna independencia y discreción, pero la efectividad del grupo es más importante
"Empowerment" sustancial al trabajador (programa, desempeño, calidad)
El equipo es evaluado por su propio trabajo
Las células de trabajo permiten más percepción de una tarea terminada

Manufactura repetitiva 1940
La línea de ensamble contribuye en forma limitada a la producción total
Entrenamiento
El entrenamiento se ofrece para las pocas habilidades necesarias
Gran asesoría para tomar las decisiones del empleado
Producto
Estandarización del producto
Enfoque en el volumen, la calidad es secundario
Ambiente de trabajo
Los trabajadores obedecen a la administración
Repetitiva, a menudo un trabajo sin actividad mental
Son requeridas pocas habilidades
Poca discreción
Las pequeñas tareas simplificadas obstruyen mucho la percepción del trabajo como un todo

FIGURA 7.8 Cambios en la gente y los sistemas de trabajo.

Lincoln Electric Company de Cleveland, Ohio, es el fabricante de clase mundial de equipo de soldadura por arco y varillas. Desde 1907 Lincoln Electric ha creído que el negocio debe prosperar, para que se beneficien los empleados. Por lo tanto la compañía anima a los empleados a que obtengan acciones, y aproximadamente el 70% lo hace. Adicionalmente, el dar poder a los empleados y un sistema de incentivos basado estrictamente en las evaluaciones de mérito individual dan por resultado un producto casi sin defectos y una productividad excepcional. Las compañías de clase mundial como Lincoln Electric invierten en equipo de capital. El torno controlado por computadora que se muestra aquí es un ejemplo, pero además respetan y dan poder a su gente.

ESTÁNDARES Y MEDICIÓN DEL TRABAJO

La administración efectiva de la gente requiere del conocimiento de los estándares de trabajo. Los *estándares de trabajo* son la cantidad de tiempo requerido para llevar a cabo un trabajo o parte de un trabajo. Cada empresa tiene sus estándares de trabajo, aunque puedan variar los que se determinan por medio de métodos informales y los que se determinan por profesionales. Los estándares de trabajo son necesarios para delimitar:

1. el contenido de trabajo de las partes producidas (el costo de la mano de obra);
2. las necesidades de personal de las organizaciones (la cantidad de personal necesario para la producción requerida);
3. la estimación de los costos y el tiempo antes de la producción (para ayudar en la toma de decisiones desde el desarrollo de los estimados del costo para los clientes, hasta la decisión de fabricar o comprar);
4. el tamaño del equipo y el balance del trabajo (quién hace qué en una actividad de grupo o línea de ensamble);
5. la producción esperada (tanto el administrador como el trabajador deben conocer lo que constituye el trabajo justo de un día;
6. la base de un plan de salario-incentivo (los beneficios de un incentivo razonable);
7. la eficiencia de los empleados y la supervisión (es necesario un estándar contra el que se determine la eficiencia).

Los estándares de trabajo, establecidos en forma apropiada, representan la cantidad de tiempo que debe tomar a un empleado promedio, llevar a cabo actividades de trabajo específicas bajo condiciones de trabajo normales.

¿Cómo se establecen los estándares de trabajo, o los de producción? Existen cuatro maneras para determinarlos:

1. experiencia histórica;
2. estudio de tiempos;
3. estándares de tiempos predeterminados;
4. muestreo del trabajo.

Esta sección cubre cada una de estas técnicas.

Experiencia histórica

Los estándares de trabajo pueden estimarse, basados en la **experiencia histórica,** esto es, cuántas horas de mano de obra se requirieron para hacer una tarea la última vez que se llevó a cabo. Los estándares históricos tienen la ventaja distintiva de ser relativamente baratos y fáciles de obtener. Generalmente están disponibles en las tarjetas de tiempo de los empleados. Pero no son objetivos. Y no se conoce su exactitud. ¿Representan un ritmo de trabajo razonable o un ritmo pobre de trabajo? ¿Se incluyen los sucesos inusuales? Debido a que estas variables son desconocidas, su uso no se recomienda. En su lugar, se dará importancia a los tres métodos de medición del trabajo que son preferidos para el establecimiento de estándares de trabajo.

Experiencia histórica

Estudio de tiempos

El clásico estudio con cronómetro o estudio de tiempos, fue propuesto originalmente por Frederick W. Taylor en 1881, y aún es el método de estudio de tiempos más ampliamente utilizado. Un procedimiento de **estudio de tiempos** involucra el cronometraje de una muestra del desempeño de un trabajador y se utiliza para determinar un estándar. Una persona capacitada y experimentada puede establecer un estándar mediante el seguimiento de estos ocho pasos:

Estudio de tiempos

1. Definir la tarea que debe ser estudiada (después de haber llevado a cabo el análisis de métodos).
2. Desglosar la tarea en elementos precisos (partes de una tarea que a menudo no toman más que algunos segundos).
3. Decidir cuántas veces se medirá la tarea (el número de ciclos o muestras necesarias).
4. Cronometrar y registrar los tiempos elementales y las tasas de desempeño.
5. Calcular el tiempo de ciclo real promedio. El **tiempo de ciclo real promedio** es la media aritmética de las veces que *cada* elemento es medido, ajustado para influencias no usuales por cada elemento:

   Tiempo de ciclo real promedio

$$\text{Tiempo de ciclo real promedio} = \frac{\text{Suma de los tiempos registrados para llevar a cabo cada elemento}}{\text{Número de ciclos observados}} \tag{7.1}$$

6. Calcular el **tiempo normal** para cada elemento. Esta medida es una "evaluación del desempeño" para la observación particular del ritmo del trabajador:

   Tiempo normal

$$\text{Tiempo normal} = (\text{Tiempo de ciclo real promedio}) \times (\text{Factor de evaluación}) \tag{7.2}$$

   La evaluación del desempeño ajusta el tiempo observado a lo que se puede esperar de un trabajador normal. Por ejemplo, un trabajador normal debe ser capaz de caminar tres millas por hora. Él o ella debe también ser capaz de barajar un mazo de 52 cartas en cuatro pilas iguales en 30 segundos. Hay numerosas compañías que especifican el ritmo de trabajo sobre los cuales los profesionales están de acuerdo; y las marcas de referencia de las actividades han sido establecidas por la Society for the Advancement of Management. Sin embargo, la evaluación del desempeño tiene todavía algo de arte.
7. Sumar los tiempos normales de cada elemento para desarrollar el tiempo normal total para la tarea.
8. Calcular el **tiempo estándar.** Este ajuste al tiempo normal total permite las concesiones tales como necesidades *personales*, *retrasos* inevitables de trabajo y *fatiga* del trabajador:

   Tiempo estándar

$$\text{Tiempo estándar} = \frac{\text{Tiempo normal total}}{1 - \text{Factor de concesión}} \tag{7.3}$$

1. Concesiones constantes:
   - a) Concesión personal 5
   - b) Concesión básica por fatiga 4
2. Concesiones variables:
   - A) Concesión por estar de pie 2
   - B) Concesión por postura anormal:
     - a) Ligeramente difícil 0
     - b) Difícil (doblarse) 2
     - c) Muy difícil (tendido, estirado) 7
   - C) Empleo de la fuerza, o energía muscular, al levantar, jalar o empujar:
     - Peso levantado (libras)
     - 10 1
     - 20 3
     - 30 5
     - 40 9
     - 50 13
     - 60 17
   - D) Mala iluminación:
     - a) Ligeramente menor a la recomendada 0
     - b) Bastante menor 2
     - c) Bastante inadecuada 5
   - E) Condiciones atmosféricas (calor y humedad)
     - Variable 0–10
   - F) Atención:
     - a) Trabajo bastante fino 0
     - b) Fino o exacto 2
     - c) Muy fino o muy exacto 5
   - G) Nivel de ruido:
     - a) Continuo 0
     - b) Intermitente—fuerte 2
     - c) Intermitente—muy fuerte o lanzado muy alto 5
   - H) Esfuerzo mental:
     - a) Proceso ligeramente complejo 1
     - b) Complejo o de gran concentración de la atención 4
     - c) Muy complejo 8
   - I) Tedio:
     - a) Algo tedioso 0
     - b) Tedioso 2
     - c) Muy tedioso 5

FIGURA 7.9 Concesiones de descanso (en porcentaje) para varias clases de trabajo. (*Fuente:* Extraído de B. W. Niebel, *Motion and Time Study*, 7ma. ed. (Homewood, IL: Richard D. Irwin, 1982) p. 393. Copyright © 1982, por Richard D. Irwin, Inc.)

Las concesiones personales de tiempo se establecen a menudo en el rango del 4 al 7% del tiempo total, dependiendo de la cercanía a los sanitarios, bebederos y otras instalaciones. Los estándares de retraso a menudo se establecen como resultado de los estudios reales de los retrasos que suceden. Los estándares por fatiga se basan en nuestro creciente conocimiento del gasto de energía humana[13] bajo varias condiciones físicas y ambientales. Un ejemplo de las concesiones personales y por fatiga se muestran en la figura 7.9.

ejemplo 1

El estudio de tiempo de una operación de trabajo generó un tiempo de ciclo real promedio de 4.0 minutos. El analista evaluó al trabajador observado en 85%. Esto significa que el empleado se desempeñó al 85% de lo normal cuando se llevó a cabo el estudio. La empresa utiliza un factor de concesión del 13%. Se desea calcular el tiempo estándar.

$$\text{Tiempo real promedio} = 4.0 \text{ mn}$$

$$\text{Tiempo normal} = (\text{Tiempo de ciclo real promedio}) \times (\text{Factor de evaluación})$$

$$= (4.0)(0.85)$$

$$= 3.4 \text{ mn}$$

$$\text{Tiempo estándar} = \frac{\text{Tiempo normal}}{1 - \text{Factor de concesión}} = \frac{34}{1-0.13} = \frac{3.4}{0.87}$$

$$= 3.9 \text{ mn}$$

[13] Ernest J. McCormick, *Human Factors in Engineering and Design* (Nueva York: McGraw-Hill, 1976), pp. 171-178. También véase: Haim Gershoni, "Allowances for Heat Stress," en *Industrial Engineering* (septiembre de 1979), pp. 20-24.

Ahora se verá un ejemplo, en el cual se dan una serie de lecturas reales de cronómetro para cada elemento.

ejemplo 2

Management Science Associates promueve sus seminarios de desarrollo administrativo enviando miles de cartas escritas individualmente a varias empresas. Se ha realizado un estudio de tiempo en la tarea de preparar las cartas para el correo. Sobre la base de las observaciones que se encuentran a continuación, Management Science Associates desea desarrollar un tiempo estándar para la tarea. El factor de concesiones personal, de retraso y por fatiga de la empresa es del 15 por ciento.

Una vez que se ha recolectado la información, se sigue este procedimiento:

	Ciclo observado (en minutos)					
Elemento del trabajo	1	2	3	4	5	*Evaluación del desempeño*
(A) Escribir la carta	8	10	9	21*	11	120%
(B) Escribir la dirección del sobre	2	3	2	1	3	105%
(C) Meter la carta, poner estampilla, cerrar y clasificar los sobres	2	1	5*	2	1	110%

1. Borrar todas las observaciones inusuales o sin recurrencia tal como aquellas marcadas con un asterisco (*). (Éstas pueden deberse a una interrupción programada del negocio, una conferencia con el jefe o un error de naturaleza no común; pero no son parte del trabajo.)
2. Calcular el tiempo del ciclo promedio para cada elemento del trabajo:

$$\text{Tiempo promedio para A} = \frac{8+10+9+11}{4}$$
$$= 9.5 \text{ mn}$$

$$\text{Tiempo promedio para B} = \frac{2+3+2+1+3}{5}$$
$$= 2.2 \text{ mn}$$

$$\text{Tiempo promedio para C} = \frac{2+1+2+1}{4}$$
$$= 1.5 \text{ mn}$$

3. Calcular el tiempo normal para cada elemento del trabajo:

$$\text{Tiempo normal para A} = (\text{Tiempo real promedio}) \times (\text{Valuación})$$
$$= (9.5)(1.2)$$
$$= 11.4 \text{ mn}$$

$$\text{Tiempo normal para B} = (2.2)(1.05)$$
$$= 2.31 \text{ mn}$$

$$\text{Tiempo normal para C} = (1.5)(1.10)$$
$$= 1.65 \text{ mn}$$

Los tiempos normales se calculan para cada elemento debido a que el factor de valuación puede variar por cada elemento, lo que sucedió en este caso.

4. Sumar los tiempos normales para cada elemento y encontrar el tiempo normal total (el tiempo normal para el trabajo completo):

$$\text{Tiempo normal total} = 11.40 + 2.31 + 1.65$$
$$= 15.36 \text{ mn}$$

5. Calcular el tiempo estándar para el trabajo:

$$\text{Tiempo estándar} = \frac{\text{Tiempo normal total}}{1 - \text{factor de concesión}} = \frac{15.36}{1 - 0.15}$$
$$= 18.07 \text{ mn}$$

Entonces, 18.07 minutos es el tiempo estándar para este trabajo.

El estudio de tiempo es un proceso por muestreo, y el parámetro de error en el muestreo surge de manera natural en el tiempo de ciclo real promedio. El error, de acuerdo con las estadísticas, varía inversamente con el tamaño de la muestra. Con el fin de determinar adecuadamente la cantidad de ciclos que deben ser tomados, es necesario considerar la variabilidad de cada elemento en el estudio.

Para determinar un tamaño de muestra adecuado, deben considerarse tres variables. Éstas son:

1. ¿Qué tan exacto se desea ser (por ejemplo, ¿es el ± 5% de lo real lo suficientemente cercano?)
2. El nivel deseado de confiabilidad (por ejemplo, el valor *z*; ¿es adecuado el 95% o es necesario el 99%?)
3. ¿Qué tanta variación existe dentro de los elementos de trabajo (por ejemplo, si la variación es grande, se requerirá una muestra más grande).

Una vez que se han establecido las tres variables, se puede de aplicar la siguiente fórmula:

$$n = \left(\frac{zs}{h\bar{x}}\right)^2 \tag{7.4}$$

donde:

h = Nivel de exactitud deseado en porcentaje del elemento del trabajo, expresado como un decimal (5% = 0.05).

z = Número de desviaciones estándar requeridas por el nivel de confiabilidad deseado (90% de confiabilidad = 1.65; véase la tabla 7.1 para los valores de *z* más comunes).[14]

s = desviación estándar de la muestra inicial.

$\bar{x}$ = media de la muestra inicial

Esto se demuestra con el ejemplo 3

TABLA 7.1

NIVEL DE CONFIABILIDAD (PORCENTAJE)	VALOR *z* (DESVIACIÓN ESTÁNDAR REQUERIDA PARA EL NIVEL DE CONFIABILIDAD DESEADO)
90.0	1.65
95.0	1.96
95.4	2.00
99.0	2.58
99.7	3.00

[14] Los valores de z para cualquier nivel de confiabilidad deseado se pueden encontrar en el apéndice A, áreas de curva normal y cómo utilizar la distribución. Estos valores, en el apéndice A, representan un análisis de una cola; mientras que la tabla 7-1 es un análisis de 2 colas.

ejemplo 3

Bob Swan Mfg., le ha pedido que verifique un estándar de trabajo preparado por un analista recién retirado. Su primera tarea es determinar el tamaño de la muestra correcto. Su exactitud debe estar dentro del 5% y su nivel de confiabilidades debe ser del 95%. La desviación estándar de la muestra es de 1.0 y la media es de 3.00.

Solución:

$h = 0.05 \qquad \bar{x} = 3.00 \qquad s = 1.0$

$z = 1.96$ (de la tabla 7.1 o el apéndice A)

$$n = \left(\frac{zs}{h\bar{x}}\right)^2$$

$$n = \left(\frac{(1.96 * 1.0)}{(0.05 * 3)}\right)^2 = 170.74 \approx 171$$

Por lo tanto, usted recomienda un tamaño de muestra de 171.

Véanse ahora dos variaciones del ejemplo 3.

Primero, si h, la exactitud deseada, se expresa como una cantidad absoluta de error (diciendo que un minuto de error es aceptable) entonces sustituir e, por $h\bar{x}$. La fórmula apropiada es:

$$n = \left(\frac{zs}{e}\right)^2 \tag{7.5}$$

donde e = cantidad absoluta del error aceptable.

En segundo lugar, para aquellos casos donde la desviación estándar de la muestra s no se encuentra (lo cual es típico fuera del salón de clases), debe ser calculada. La fórmula para hacerlo es:

$$s = \sqrt{\frac{\Sigma(x_i - \bar{x})^2}{n-1}} = \sqrt{\frac{\Sigma(\text{Cada muestra observada} - \bar{x})^2}{\text{Número en la muestra} - 1}} \tag{7.6}$$

donde:

x_i es el valor de cada observación
$\bar{x}$ es la media de las observaciones
n es el número de observaciones

Un ejemplo de este cálculo se presenta en el problema resuelto 7.5.

Los estudios de tiempo ofrecen exactitud en el establecimiento de estándares de trabajo, pero tienen dos inconvenientes. Primero, requieren de una asesoría de analistas capacitados. Segundo, los estándares de trabajo no se pueden establecer antes de que el trabajo se lleve a cabo en la realidad. Esto lleva a dos técnicas alternas de medición del trabajo.

Estándares de tiempos predeterminados

Una tercera forma para establecer estándares de producción es la utilización de **estándares de tiempos predeterminados.** Estos estándares dividen el trabajo manual en pequeños elementos básicos que tienen tiempos establecidos (basados en grandes muestras de trabajadores). Al estimar el tiempo para una tarea en particular, se suman los factores de tiempo para cada elemento básico de la tarea. Para cualquier empresa, el desarrollo de un sistema apropiado de estándares de tiempos predeterminados puede resultar prohibitivamente caro. En consecuencia, una cantidad de sistemas está comercialmente disponible.

Estándares de tiempos predeterminados

El estándar de tiempo predeterminado más común es la *medición del tiempo de los métodos* (MTM), el cual es un producto de la MTM Association.[15] Los estándares de tiempos predeterminados son una consecuencia de los movimientos básicos llamados "therbligs". El término *therblig* fue acuñado por Frank Gilbreth (*Gilbreth* deletreado hacia atrás con la *t* y la *h* intercambiadas). Los therbligs incluyen actividades como seleccionar, asir, posicionar, ensamblar, alcanzar, sostener, descansar e inspeccionar. Estas actividades se establecen en términos de unidades de medición de tiempo (TMUs), las cuales son iguales a únicamente 0.00001 por hora o 0.0006 minutos. Los valores MTM para varios therbligs se especifican en tablas muy detalladas. La figura 7.10 de la página 291 ofrece, como ejemplo, el conjunto de estándares de tiempo para el movimiento ALCANZAR. Nótese que alcanzar una parte a 4 pulgadas tendrá un TMU muy diferente que alcanzarla a 12 pulgadas.

ejemplo 4

Ribetear una tarjeta de transistor en un proceso de ensamble tiene asignado un valor MTM de 70.0 TMU, basándose en los estándares de los datos industriales. Antes de ribetear, un trabajador debe alcanzar una pequeña pieza a 16 pulgadas (17.0 TMU), asir la parte (9.1 TMU), mover la parte al ensamble (27.0 TMU), y posicionar el transistor (32.3 TMU).

Esta pequeña tarea, que consiste de cinco elementos, toma un total de 155.4 TMU (17.0 + 9.1 + 27.0 + 32.3 + 70.0). Traducirlo a minutos involucra multiplicar 155.4 TMU x 0.0006 minutos = 0.0932 minutos = 5.6 segundos.

Los estándares de tiempos predeterminados tienen varias ventajas con respecto a los estudios de tiempos directos. Primero, pueden ser establecidos en un ambiente de laboratorio, es decir no trastornará las actividades de producción (lo cual tienden a hacer los estudios de tiempos). Segundo, el estándar se puede establecer antes de que la tarea sea llevada a cabo y puede ser utilizado en la planeación. Adicionalmente, no son necesarias las evaluaciones del desempeño — y el método es ampliamente aceptado por los sindicatos como un medio justo para el establecimiento de estándares. Los estándares de tiempos predeterminados son particularmente efectivos en las empresas que elaboran cantidades sustanciales de estudios, donde las tareas son similares. Algunas empresas utilizan tanto los estudios de tiempos como los estándares de tiempos predeterminados para asegurar estándares de trabajo exactos.

Muestreo del trabajo

El cuarto método para desarrollar estándares de trabajo o de producción, es el muestreo del trabajo. Fue desarrollado por un inglés, L. Tippet, en la década de los años treinta. El **muestreo del trabajo** estima el porcentaje del tiempo en el que un empleado realiza varias tareas. El método involucra observaciones al azar para registrar la actividad que está desarrollando el empleado.

Muestreo del trabajo

El muestreo del trabajo se utiliza en:

1. *Estudios de tasa de retraso.* Estos estiman el porcentaje de tiempo que los empleados gastan en retrasos inevitables. Los resultados son utilizados para investigar los métodos de trabajo, para estimar los costos de la actividad y para permitir concesiones en los estándares de trabajo.
2. *Establecimiento de estándares de trabajo.* Al establecer tiempos estándar de las tareas, el observador debe ser lo suficientemente experimentado para calificar el desempeño del trabajador.
3. *Medición del desempeño del trabajador.* El muestreo puede desarrollar un índice de desempeño para los trabajadores, que proporciona información en sus evaluaciones periódicas.

El procedimiento del muestreo del trabajo se puede resumir en siete pasos:

1. Tomar una muestra preliminar, para obtener un estimado del valor del parámetro (tal como el porcentaje del tiempo en que el trabajador está ocupado).

[15]MTM es en realidad una familia de productos disponibles de la Methods Time Measurement Association.

DISTANCIA MOVIDA EN PULGADAS	TIEMPO EN TMUS				MANO EN MOVIMIENTO	
	A	B	C o D	E	A	B
¾ o menos	2.0	2.0	2.0	2.0	1.6	1.6
1	2.5	2.5	3.6	2.4	2.3	2.3
2	4.0	4.0	5.9	3.8	3.5	2.7
3	5.3	5.3	7.3	5.3	4.5	3.6
4	6.1	6.4	8.4	6.8	4.9	4.3
5	6.5	7.8	9.4	7.4	5.3	5.0
6	7.0	8.6	10.1	8.0	5.7	5.7
7	7.4	9.3	10.8	8.7	6.1	6.5
8	7.9	10.1	11.5	9.3	6.5	7.2
9	8.3	10.8	12.2	9.9	6.9	7.9
10	8.7	11.5	12.9	10.5	7.3	8.6
12	9.6	12.9	14.2	11.8	8.1	10.1
14	10.5	14.4	15.6	13.0	8.9	11.5
16	11.4	15.8	17.0	14.2	9.7	12.9
18	12.3	17.2	18.4	15.5	10.5	14.4
20	13.1	18.6	19.8	16.7	11.3	15.8

Caso y descripción

A Alcanzar un objeto en una localización fija o a un objeto en la otra mano, o en el cual descansa la mano.
B Alcanzar un objeto único en una localización que puede variar ligeramente entre ciclo y ciclo.
C Alcanzar un objeto mezclado con otros en un grupo, de tal forma que sucedan la búsqueda y la selección.
D Alcanzar un objeto muy pequeño o donde se requiere agarrarlo exactamente.
E Alcanzar una localización indefinida para poner la mano en posición en donde exista equilibrio del cuerpo, para el siguiente movimiento o para no estorbar.

Fuente: Registrado con Copyright por la MTM Association for Standards and Research. No se permite la reimpresión sin permiso expreso de la MTM Association, 16–01 Broadway, Fair Lawn, NJ, 07410.

FIGURA 7.10 Datos de la medición del tiempo de los métodos para el movimiento ALCANZAR.

2. Calcular el tamaño requerido de la muestra.
3. Preparar un programa para observar al trabajador en las partes apropiadas. El concepto de números aleatorios (discutidos en el suplemento al capítulo 11) se utiliza para ofrecer observaciones al azar.
4. Observar y registrar las actividades del trabajador; valuar el desempeño del trabajador.
5. Registrar el número de unidades producidas durante la porción aplicable del estudio.
6. Calcular el tiempo normal por parte.
7. Calcular el tiempo estándar por parte.

Para determinar el número de observaciones necesarias, la administración debe señalar el nivel de confiabilidad y la exactitud deseados. Pero antes, el analista de trabajo debe seleccionar un valor preliminar del parámetro estudiado (paso 1 arriba). La elección está basada generalmente en una pequeña muestra de quizá 50 observaciones. La siguiente fórmula proporciona entonces, el tamaño de la muestra para la confiabilidad y exactitud deseados.

$$n = \frac{Z^2 p(1-p)}{h^2} \tag{7.7}$$

donde:

n = Tamaño requerido de la muestra
Z = Desviación normal estándar para el nivel de confiabilidad deseado ($Z = 1$ para una confiabilidad del 68%, $Z = 2$ para el 95.45% de confiabilidad, y $Z = 3$ para el 99.7% de confiabilidad). Estos valores se obtienen de la tabla 7.1 o de la tabla normal en el apéndice A
p = Valor estimado de la proporción de la muestra (o tiempo en que el trabajador observado está ocupado u ocioso)
h = Nivel de exactitud deseado, en porcentaje

ejemplo 5

El jefe de una gran fila de mecanógrafos estima que estos empleados están ociosos el 25% del tiempo. El supervisor desearía tomar una muestra de trabajo que tuviera una exactitud dentro del 3%, y obtener una confiabilidad del 95.45% en los resultados

Con el fin de determinar cuántas observaciones se deben tomar, el supervisor aplica la ecuación:

$$n = \frac{Z^2 p(1-p)}{h^2}$$

donde:

n = Tamaño de la muestra requerido
Z = 2 para un nivel de confiabilidad del 95.45%
p = Estimado de la proporción ociosa = 25% = 0.25
h = Exactitud deseada del 3% = 0.03

Se encuentra que:

$$n = \frac{(2)^2(0.25)(0.75)}{(0.03)^2} = 833 \text{ observaciones}$$

Por lo tanto, se deben tomar 833 observaciones. Si el porcentaje de tiempo ocioso se observa diferente al 25% según avance el estudio, entonces el número de observaciones puede recalcularse, y aumentarlo o disminuirlo según sea necesario.

El muestreo del trabajo se utiliza para establecer estándares de trabajo de una manera similar a la utilizada en los estudios de tiempo. Sin embargo, el analista solamente anota si el trabajador se encuentra ocupado u ocioso durante la observación. Después de que se han registrado todas las observaciones, calificado al trabajador y contado las unidades producidas (pasos 4 y 5), se puede determinar el tiempo normal por medio de la fórmula:

$$\text{Tiempo normal} = \frac{\begin{pmatrix}\text{Tiempo}\\ \text{total del}\\ \text{estudio}\end{pmatrix} \times \begin{pmatrix}\text{Porcentaje del tiempo}\\ \text{en que el empeado fue}\\ \text{observado trabajando}\end{pmatrix} \times \begin{pmatrix}\text{Factor de}\\ \text{evaluación del}\\ \text{desempeño}\end{pmatrix}}{\text{Número de piezas producidas}}$$

El tiempo estándar es el tiempo normal ajustado por el factor de concesión, calculado como:

$$\text{Tiempo estándar} = \frac{\text{Tiempo normal}}{1 - \text{Factor de concesión}}$$

ejemplo 3

Un estudio de muestreo de trabajo, conducido durante 80 horas (o 4800 minutos) en un periodo de dos semanas, generó los siguientes datos. El número de partes producidas por un operador fue de 225, su evaluación del desempeño fue del 100%. El tiempo ocioso del operador fue del 20%, y las concesiones totales otorgadas por la compañía para esta tarea son del 25 por ciento.

$$\text{Tiempo normal} = \frac{\begin{pmatrix}\text{Tiempo}\\ \text{total}\end{pmatrix} \times \begin{pmatrix}\text{Porcentaje del tiempo}\\ \text{trabajando}\end{pmatrix} \times \begin{pmatrix}\text{Factor de}\\ \text{evaluación}\end{pmatrix}}{\text{Número de unidades terminadas}}$$

$$= \frac{(4800\ \text{mn})(0.80)(1.00)}{225} = 17.07\ \text{mn/parte}$$

$$\text{Tiempo estándar} = \frac{\text{Tiempo normal}}{\text{Factor de concesión}}$$

$$= \frac{17.07}{1 - 0.25} = 22.76\ \text{mn/parte}$$

El muestreo del trabajo ofrece varias ventajas sobre los métodos de estudio de tiempo. Primero, es menos caro, ya que un observador es suficiente para monitorear a varios trabajadores en forma simultánea. Segundo, los observadores generalmente no requieren de mucho entrenamiento y no se necesitan dispositivos de cronometraje. Tercero, el estudio puede retrasarse de forma temporal, en cualquier momento con poco impacto sobre los resultados. Y cuarto, debido a que el muestreo del trabajo utiliza observaciones instantáneas en un periodo largo, el trabajador tiene poca oportunidad de afectar los resultados del estudio.

Las desventajas del muestreo del trabajo son: (1) no desglosa los elementos del trabajo tan completamente como lo hacen los estudios de tiempos, (2) puede generar resultados parciales o incorrectos si el observador no sigue rutas aleatorias para viajar y observar, y (3) es menos efectiva que los estudios de tiempos, cuando los tiempos de los ciclos son cortos.

RESUMEN

La eficiencia en el manejo de los recursos humanos, en una empresa, es determinante para alcanzar su éxito. La actividad de administración de operaciones generalmente tiene un gran papel para lograr los objetivos de los recursos humanos. El primer objetivo es lograr el uso eficiente de los recursos humanos dentro de la función de operaciones. Esto, a menudo, es una meta importante de la empresa porque las operaciones involucran a la función con el costo de mano de obra más alto, y la mano de obra es con frecuencia una gran parte del costo total del producto. El segundo objetivo es el diseño de trabajos que son efectivos, seguros, y ofrecen una razonable calidad de vida laboral para el empleado, dentro de una atmósfera de mutuo respeto.

Los estándares de trabajo se requieren para un sistema de operaciones eficiente, son necesarios para la planeación de la producción, planeación de la mano de obra, costeo y la evaluación del desempeño. También pueden ser utilizados como base para los sistemas de incentivos, tanto en la fábrica como en la oficina. Los estándares pueden ser establecidos por medio de datos históricos, estudios de tiempos, estándares de tiempos predeterminados y muestreo del trabajo.

TÉRMINOS CLAVE

Calidad de la vida laboral *(p. 270)*
Compromiso mutuo *(p. 270)*
Confianza mutua *(p. 270)*
Diseño del trabajo *(p. 271)*
Estándares de trabajo *(p. 271)*
Especialización del trabajo *(p. 272)*
Crecimiento del trabajo *(p. 272)*
Enriquecimiento del trabajo *(p. 272)*
Rotación del trabajo *(p. 272)*
Dar poder a los empleados "Empowerment" *(p. 273)*
Ergonomía *(p. 276)*
Diagrama de flujo *(p. 280)*
Diagrama de proceso *(p. 280)*
Diagrama de actividad *(p. 280)*
Diagrama de operaciones *(p. 281)*
Bono *(p. 282)*
Reparto de utilidades *(p. 282)*
Sistema de incentivos *(p. 282)*

Día de trabajo medido *(p. 282)*
Destajo *(p. 282)*
Producción esbelta *(p. 282)*
Experiencia histórica *(p. 285)*
Estudio de tiempos *(p. 285)*
Tiempo de ciclo real promedio *(p. 285)*
Tiempo normal *(p. 285)*
Tiempo estándar *(p. 285)*
Estándares de tiempos predeterminados *(p. 289)*
Muestreo del trabajo *(p. 290)*

PROBLEMAS RESUELTOS

problema resuelto 7.1

Una operación de trabajo que consiste de tres elementos ha sido sujeta a un estudio de tiempos con cronómetro. Las observaciones registradas se muestran a continuación. Debido al contrato con el sindicato, el tiempo de concesión para el tiempo personal del operador es del 5%, con retraso del 5%, y fatiga del 10%. Determinar el tiempo estándar para la operación de trabajo.

Elemento del trabajo	*Observaciones del ciclo (en minutos)* 1	2	3	4	5	6	*Valuación del desempeño*
A	0.1	0.3	0.2	0.9	0.2	0.1	90%
B	0.8	0.6	0.8	0.5	3.2	0.7	110%
C	0.5	0.5	0.4	0.5	0.6	0.5	80%

Solución

Primero, borrar las dos observaciones que aparecen como muy inusuales (0.9 minutos para el elemento A del trabajo y 3.2 minutos para el elemento B del trabajo). Entonces:

$$\text{Tiempo del ciclo promedio de A} = \frac{0.1+0.3+0.2+0.2+0.1}{5} = 0.18 \text{ mn}$$

$$\text{Tiempo del ciclo promedio de B} = \frac{0.8+0.6+0.8+0.5+0.7}{5} = 0.68 \text{ mn}$$

$$\text{Tiempo del ciclo promedio de C} = \frac{0.5+0.5+0.4+0.5+0.6+0.5}{6} = 0.50 \text{ mn}$$

$$\text{Tiempo normal de A} = (0.18)(0.90) = 0.16 \text{ mn}$$

$$\text{Tiempo normal de B} = (0.68)(1.10) = 0.75 \text{ mn}$$

$$\text{Tiempo normal de C} = (0.50)(0.80) = 0.40 \text{ mn}$$

$$\text{Tiempo normal para el trabajo} = 0.16 + 0.75 + 0.40 = 1.31 \text{ mn}$$

$$\text{Tiempo estándar} = \frac{1.31}{1-0.20} = 1.64 \text{ mn}$$

problema resuelto 7.2

Una muestra de trabajo preliminar de una operación indica lo siguiente:

Número de veces que el operador trabajaba	60
Número de veces que el operador estaba ocioso	40
Número total de observaciones preliminares	100

¿Cuál es el tamaño de muestra requerido para un nivel de confiabilidad del 99.7% con una precisión de ± 4%?

Solución

$$n = \frac{Z^2\, p(1-p)}{h^2} = \frac{(3)^2(0.6)(0.4)}{(0.04)^2} = 1350 \text{ tamaño de la muestra}$$

problema resuelto 7.3

Cada circuito impreso en Maggard Micro Manufacturing, Inc. (3M), lleva un semiconductor prensado en agujeros pretaladrados. Los movimientos elementales para el tiempo normal utilizado por 3M son:

Alcanzar el semiconductor a 6 pulgadas	10.5 TMU
Asir el semiconductor	8.0 TMU
Mover el semiconductor a la tarjeta de circuito impreso	9.5 TMU
Posicionar el semiconductor	20.1 TMU
Presionar el semiconductor en los agujeros	20.3 TMU
Mover la tarjeta a un lado	15.8 TMU

(Cada unidad de medición del tiempo es igual a 0.0006 mn) Determinar el tiempo normal para esta operación en minutos y en segundos.

Solución

Sumar las unidades de medición del tiempo:

$10.5 + 8.0 + 9.5 + 20.1 + 20.3 + 15.8 = 84.2$

Tiempo en minutos = (84.2)(0.0006 mn) = 0.05052 mn

Tiempo en segundos = (0.05052)(60 s) = 3.0312 s

problema resuelto 7.4

Un administrador divide un día normal de trabajo en 480 minutos, para obtener la muestra aleatoria necesaria durante un muestreo del trabajo,. Utilizando una tabla de números aleatorios decide a qué hora deberá ir a un área para muestrear las ocurrencias de trabajo, el administrador registra las observaciones en una hoja de anotaciones tal como la que se presenta a continuación.

Estado	*Anotaciones*	*Frecuencia*
Trabajando productivamente	~~IIII~~ ~~IIII~~ ~~IIII~~ I	16
Ocioso	IIII	4

Solución

En este caso, el supervisor hizo 20 observaciones y encontró que los empleados estaban trabajando el 80% del tiempo. De esa manera, de los 480 minutos de un día de trabajo de la oficina; el 20% o 96 minutos, fue tiempo ocioso, y 356 minutos fueron productivos. Nótese que este procedimiento describe lo que el trabajador *está* haciendo, y no necesariamente lo que él o ella *debe* estar haciendo.

problema resuelto 7.5

Amor Manufacturing Co., de San Diego, California, recién ha estudiado un trabajo en su laboratorio en anticipación a su implementación en la fábrica. Ellos desean una buena exactitud para el pronóstico del costeo y la mano de obra. Específicamente, ellos desean que usted ofrezca un nivel de confiabilidad del 99% y un tiempo del ciclo que se mantenga dentro del 3% de su valor real. ¿Cuántas observaciones deben hacer? Los datos recolectados hasta ahora se encuentran a continuación.

Observación	*Tiempo del ciclo*
1	1.7
2	1.6
3	1.4
4	1.4
5	1.4

Solución

Primero resolver la media, $\overline{x}$, y la desviación estándar de la muestra, s.

$$s = \sqrt{\frac{\Sigma(\text{Observación de cada muestra} - \overline{x})^2}{\text{Número en la muestra} - 1}}$$

Observación	x_i	$\overline{x}$	$x_i - \overline{x}$	$(x_i - \overline{x})^2$
1	1.7	1.5	0.2	0.04
2	1.6	1.5	0.1	0.01
3	1.4	1.5	–0.1	0.01
4	1.4	1.5	–0.1	0.01
5	1.4	1.5	–0.1	0.01
	$\overline{x} = 1.5$	7.5		$0.08 = \Sigma(x_i - \overline{x})^2$

$$s = \sqrt{\frac{0.08}{n-1}} = \sqrt{\frac{0.08}{4}} = 0.141$$

Luego, resolver para $n = \left(\frac{zs}{h\overline{x}}\right)^2 = \left[\frac{(2.58)(0.141)}{(0.03)(1.5)}\right]^2 = 65.3$

donde $\overline{x} = 1.5$
$s = 0.141$
$z = 2.58$
$h = 0.03$

Por lo tanto usted recomienda 65 observaciones.

autoevaluación capítulo 7

- *Antes de iniciar la autoevaluación* refiérase a los objetivos de aprendizaje listados al principio del capítulo y a los términos clave listados al final del mismo.
- Utilice la clave al final del texto para *corregir* sus respuestas.
- *Vuelva a estudiar* las páginas correspondientes a cualquier pregunta que haya contestado erróneamente o el material en el que se sienta inseguro.

1. Las técnicas de análisis de métodos son utilizadas para analizar:
a. movimiento de individuos y materiales
b. actividad del hombre y la máquina y actividad del equipo
c. movimiento del cuerpo
d. todos los anteriores
e. ninguno de los anteriores

2. Los micromovimientos inventados por Frank y Lillian Gilbreth son:
a. diagramas de flujo
b. diagramas de actividad
c. therbligs
d. estándares SAE
e. todos los anteriores
f. ninguno de los anteriores

3. Cuando la demanda de su producto fluctúa y aún así desea mantener un nivel constante de empleo, algunos de sus ahorros en costos pueden incluir:
a. la reducción en los costos de contratación
b. la reducción en los costos de separación y costos de seguro de desempleo
c. no pagar remuneraciones adicionales al salario base para hacer que los trabajadores acepten un empleo inestable
d. tener una fuerza de trabajo entrenada, en lugar de tener que volver a entrenar a empleados nuevos cada vez que usted contrata por una alza en la demanda
e. todos los anteriores son ciertos

4. El enriquecimiento del trabajo:
a. incluye el crecimiento del trabajo
b. incluye un incremento modesto en el pago
c. es un concepto promovido por Adam Smith y Charles Babbage en los libros que escribieron
d. incluye algo de la planeación y control necesarios para el cumplimiento del trabajo
e. todos los anteriores son ciertos

5. La diferencia entre el *enriquecimiento del trabajo* y el *crecimiento del trabajo* es que:
a. los trabajos con crecimiento contienen un mayor número de tareas similares, mientras que los trabajos con enriquecimiento incluyen algo de la planeación y control necesarios para el cumplimiento del trabajo
b. los trabajos con enriquecimiento contienen un mayor número de tareas similares, mientras que los trabajos con crecimiento incluyen algo de la planeación y control necesarios para el cumplimiento del trabajo
c. los trabajos con enriquecimiento permiten al empleado hacer varios trabajos aburridos en lugar de sólo uno
d. todos los anteriores
e. ninguno de los anteriores

6. La ergonomía es el estudio de:
a. ergos
b. la administración de la tecnología
c. la interface hombre/máquina
d. la utilización de la automatización en una organización de manufactura

7. El *análisis de métodos* se enfoca en:
a. el diseño de las máquinas utilizadas para llevar a cabo una tarea
b. *cómo* se logra una tarea
c. las materias primas que se consumen al llevar a cabo una tarea
d. la reducción del número de pasos requeridos para llevar a cabo una tarea

8. El plan Scanlon es un plan para recompensar las mejoras hechas en el desempeño de una organización, en el cual:
a. únicamente los empleados notan la ganancia del incremento de la productividad
b. tanto los empleados como la administración comparten la ganancia de la mejora en la productividad
c. únicamente la administración nota la ganancia del incremento de la productividad
d. los empleados, sobre una base individual solamente, notan la ganancia del incremento de la productividad

9. La diferencia entre el *tiempo estándar* o el sistema de *medición por día de trabajo* y el sistema de *destajo* es:
a. no hay diferencia
b. en general, el empleado haría menos dinero bajo el sistema de tiempo estándar que bajo el sistema de destajo
c. son fundamentalmente lo mismo, pero el esfuerzo requerido para cambiar las tasas por hora al sistema de destajo es mayor, que bajo el sistema del tiempo estándar
d. en general, el empleado haría menos dinero bajo el sistema de destajo que bajo el sistema de tiempo estándar

10. ¿Son necesarios los estándares de trabajo para determinar alguno de los siguientes incisos?
a. los pasos necesarios para llevar a cabo una tarea
b. las estimaciones de tiempo y costo antes de la producción
c. la cantidad de materia prima que se consumirá en el proceso
d. las máquinas requeridas por el proceso
e. ninguno de las anteriores

11. El método menos usado para el establecimiento de los estándares de trabajo es:
a. estudios de tiempos
b. muestreo del trabajo
c. experiencia histórica
d. estándares de tiempos predeterminados

PREGUNTAS PARA DISCUSIÓN

1. ¿Cuáles son algunos de los peores trabajos que conoce? ¿Por qué son malos trabajos? ¿Por qué la gente desea estos trabajos?
2. Si usted estuviera rediseñando el trabajo descrito en la pregunta 1, ¿qué cambios haría? ¿Son realistas sus cambios? ¿Aumentarían la productividad (no únicamente la producción, sino la productividad)?
3. ¿Cómo definiría usted una "buena calidad de vida laboral"?
4. ¿Cuáles son las diferencias entre el enriquecimiento del trabajo, crecimiento del trabajo, rotación del trabajo y especialización del trabajo?
5. ¿Conoce usted algún trabajo que empuja la interface hombre-máquina a los límites de la capacidad humana?
6. ¿Por qué preparar diagramas de flujo y diagramas de proceso para tareas que están hechas pobremente?
7. ¿Cuáles son las características básicas de un buen diseño del trabajo?
8. ¿Por qué necesitan los administradores de operaciones de estándares de trabajo?
9. ¿Cómo se establece un día de trabajo justo?
10. ¿Es un ritmo "normal" lo mismo que un ritmo al 100%?
11. ¿Cuál es la diferencia entre el tiempo "normal" y "estándar"?
12. ¿Qué tipo de ritmo de trabajo esperaría usted de un empleado durante un estudio de tiempos? ¿Por qué?
13. Como nuevo ingeniero de estudio de tiempos en su planta, está encargado de estudiar a un empleado que opera un taladro. Para su sorpresa, una de las primeras cosas que usted observa es que el operador del taladro hace muchas operaciones aparte de solamente taladrar agujeros. Su problema es qué incluir en su estudio de tiempos. De los siguientes ejemplos, indique cómo los manejaría si usted fuera el responsable individual de los estándares de trabajo en su planta.

   a) Cada cierto tiempo, quizá cada 50 unidades más o menos, el operador del taladro le hace una revisión muy larga a la pieza, la cual aparentemente está fuera de forma, y luego generalmente la tira al barril del desperdicio.
   b) Aproximadamente 1 de cada 100 unidades tiene un filo áspero y no embona adecuadamente; por lo tanto, el operador del taladro toma la pieza, golpea al filo inferior derecho con una lima unas cuantas veces, deja la lima y regresa a la operación normal.
   c) Cada hora más o menos, el operador del taladro suspende su tarea para cambiar el barreno de la máquina, aun si se encuentra a la mitad del trabajo. (Se puede asumir que el barreno se ha quedado desafilado.)
   d) Entre cada trabajo y algunas veces a la mitad del mismo, el operador del taladro apaga la máquina y va por inventario.
   e) El operador del taladro está ocioso durante algunos minutos, al principio de cada trabajo, esperando a que el encargado de la preparación termine su labor. Parte del tiempo de preparación se utiliza para ir por inventario, pero generalmente el operador del taladro regresa con inventario antes de que el encargado de la preparación haya terminado.
   f) El operador se detiene para hablar con usted.
   g) El operador prende un cigarrillo.
   h) El operador abre su lonchera (no es hora del *lunch*), saca una manzana, y ocasionalmente la muerde.
   i) El operador tira una parte, y usted la levanta para dársela. ¿Hace una diferencia en el estudio de tiempos? ¿Cómo?

PROBLEMAS

• **7.1** Haga una gráfica de flujo de proceso para ir de la sala a la cocina por un vaso, después al refrigerador por leche y a la alacena de la cocina por galletas. Haga una distribución de su propuesta. ¿Cómo puede hacer la tarea de forma más eficiente? Esto es, en menos tiempo o menos pasos.

• **7.2** Dibuje un diagrama de actividades para un operador de maquinaria con la siguiente operación. Los tiempos relevantes son:

Preparar el molino para cargar (limpiarlo, aceitarlo, y demás)	0.50 mn
Cargar el molino	1.75 mn
Operar el molino (cortando material)	2.25 mn
Descargar el molino	0.75 mn

••• **7.3** Dibuje un diagrama de actividades (un diagrama de actividades múltiples) para un concierto (por ejemplo, Phil Collins, Neil Diamond, Grateful Dead, Bruce Springsteen) y determine cómo ensamblar el concierto de tal forma que la estrella tenga descansos razonables. Por ejemplo, ¿en qué punto hay un número instrumental, un efecto visual, un dueto o un momento de baile, que permita a la estrella hacer una pausa y descansar físicamente, o por lo menos descansar su voz? ¿Tienen los otros miembros del show momentos de pausa o descanso?

• **7.4** Haga un diagrama de operaciones para una de las siguientes actividades:

a) poner una goma nueva a un lápiz
b) poner un clip en dos hojas de papel
c) poner papel en una máquina de escribir

• **7.5** Después de hacer el diagrama de operaciones del problema 7.4, le dijeron que debe hacer la tarea 10 000 veces, ¿cómo mejoraría el procedimiento? Prepare un diagrama de operaciones de la tarea mejorada. ¿Qué movimiento, tiempo y esfuerzo ha ahorrado en la vida de la tarea mediante su rediseño?

• **7.6** Para un trabajo que usted haya tenido, califique cada característica básica de trabajo de Hackman y Oldham sobre una escala del 1 al 10. ¿Cuál es su calificación total? ¿De qué forma se habría de cambiar el trabajo para que usted se inclinara a darle una mejor calificación?

• **7.7** El tiempo del ciclo para llevar a cabo cierta tarea fue medido en 10 minutos. La evaluación del desempeño del trabajador cronometrado se estimó en el 110%. La práctica común en este departamento permite 5 minutos de tiempo personal y 3 minutos de tiempo por fatiga cada hora. Adicionalmente, se estima que debe haber una concesión extra de 2 minutos por hora.

a) Encuentre el tiempo normal de la operación.
b) Calcule el factor de concesión y el tiempo estándar de la operación.

•• **7.8** Un estudio de tiempos reveló un tiempo de ciclo promedio de 5 minutos, con una desviación estándar de 1.25 minutos. Estos cálculos se basaron en una muestra de 75 ciclos. ¿Es la muestra lo suficientemente grande como para tener el 99% de confianza de que el tiempo estándar esté dentro del 5% de su valor real?

•• **7.9** Los datos de la siguiente tabla representan las observaciones del estudio de tiempos para un proceso de ensamble. Sobre la base de estas observaciones, encuentre el tiempo estándar para el proceso. Asuma un factor de concesión del 10%.

	Tasa de	*Observación (minutos por ciclo)*				
Elemento	*desempeño*	1	2	3	4	5
1	100%	1.5	1.6	1.4	1.5	1.5
2	90%	2.3	2.5	2.1	2.2	2.4
3	115%	1.7	1.9	1.9	1.4	1.6
4	100%	3.5	3.6	3.6	3.6	3.2

•• **7.10** Los siguientes datos representan las observaciones del tiempo del ciclo de un proceso de ensamble. ¿Cuántos ciclos tendría que realizar el observador para tener el 99% de confianza y asegurarse de que el tiempo del ciclo esté dentro del 5% de su valor real?

Observación (en minutos)				
1	2	3	4	5
1.5	1.6	1.4	1.5	1.5

(Sugerencia: calcule la desviación estándar de la muestra según se mostró en el problema resuelto 7.5)

•• **7.11** Una muestra de trabajo tomada sobre un mes de trabajo de 100 horas produjo los siguientes resultados:

Unidades producidas	200
Tiempo ocioso	25%
Tasa de desempeño	110%
Tiempo de concesión	15%

¿Cuál es el tiempo estándar para el trabajo?

• **7.12** Un analista cronometró el tiempo del ciclo para soldar una parte a las puertas de camión en 5.3 minutos. La calificación del desempeño del trabajador cronometrado se estimó en el 105%. Encuentre el tiempo normal para esta operación.

De acuerdo con el contrato del sindicato local, a cada soldador se le permiten 3 minutos de tiempo personal por hora y 2 minutos de tiempo por fatiga por hora. Más aún, se estima que debe haber una concesión promedio por retraso de 1 minuto por hora. Calcule el factor de concesión y luego encuentre el tiempo estándar para esta operación de soldadura.

•• **7.13** Un estudio de tiempos de un trabajador en una fábrica reveló un tiempo del ciclo promedio de 3.2 minutos, con una desviación estándar de 1.28 minutos. Estos números se basaron sobre una muestra de 45 ciclos observados.

¿Es adecuada la muestra en tamaño para que la empresa tenga 99% de seguridad de que el tiempo estándar se encuentre dentro del 5% de su valor real? Si no, ¿cuál debe ser el número apropiado de observaciones?

•• **7.14** Los datos en la siguiente tabla representan las observaciones del estudio de tiempos para un proceso de trabajo metálico. Sobre la base de estas observaciones, encuentre el tiempo estándar para el proceso, asumiendo un 25% de factor de concesión.

		Observación (minutos por ciclo)						
Elemento	*Tasa de desempeño*	*1*	*2*	*3*	*4*	*5*	*6*	*7*
1	90%	1.80	1.70	1.66	1.91	1.85	1.77	1.60
2	100%	6.9	7.3	6.8	7.1	15.3*	7.0	6.4
3	115%	3.0	9.0*	9.5*	3.8	2.9	3.1	3.2
4	90%	10.1	11.1	12.3	9.9	12.0	11.9	12.0

*No tomar en cuenta – observación no usual.

•• **7.15** Basado en un cuidadoso estudio de tiempos en la Smith and Johnson Company, se observaron los resultados mostrados en la siguiente tabla:

	Ciclo (en minutos)					
Elemento	*1*	*2*	*3*	*4*	*5*	*Tasa de desempeño*
Preparar los reportes diarios	35	40	33	42	39	120%
Resultados de las fotocopias	12	10	36*	15	13	110%
Etiquetar y empacar los reportes	3	3	5	5	4	90%
Distribuir los reportes	15	18	21	17	45†	85%

*Máquina fotocopiadora descompuesta.
†Falla de energía.

a) Calcular el tiempo normal para cada elemento de trabajo.
b) Si la concesión para este tipo de trabajo es del 15%, ¿cuál es el tiempo estándar?
c) ¿Cuántas observaciones son necesarias para un nivel de confiabilidad del 95% dentro de un 5% de exactitud? (*Sugerencia:* calcule el tamaño de la muestra de cada elemento.)

•• **7.16** La División de Educación Contínua en el Virginia College promueve una amplia variedad de cursos de entrenamiento para ejecutivos para su directorio de compañías en la región de Arlington, Virginia. La directora de la división cree que las cartas mecanografiadas individualmente le dan un toque personal al mercadeo. Para preparar las cartas para el correo, ella lleva a cabo un estudio de tiempos de sus secretarias. Sobre la base de las observaciones mostradas en la tabla a continuación, desea desarrollar un tiempo estándar para todo el trabajo.

La universidad tiene un factor de concesión del 12%. La directora decide eliminar todas las observaciones inusuales del estudio de tiempos.

	Ciclo observado (en minutos)						
Elemento	*1*	*2*	*3*	*4*	*5*	*6*	*Tasa de desempeño*
Mecanografiar la carta	2.5	3.5	2.8	2.1	2.6	3.3	85%
Mecanografiar el sobre	0.8	0.8	0.6	0.8	3.1	0.7	100%
Meter la carta en el sobre	0.4	0.5	1.9	0.3	0.6	0.5	95%
Sellar, clasificar	1.0	2.9	0.9	1.0	4.4	0.9	125%

••• **7.17** Un estudio de tiempos en una compañía telefónica observó un trabajo que contenía tres elementos. Los tiempos y las calificaciones para 10 ciclos se muestran en la siguiente tabla.

Elemento	*Tasa de desempeño*	*Observación (minutos por ciclo)* 1	2	3	4	5	6	7	8	9	10
1	85%	0.40	0.45	0.39	0.48	0.41	0.50	0.45	0.39	0.50	0.40
2	88%	1.5	1.7	1.9	1.7	1.8	1.6	1.8	1.8	2.0	2.1
3	90%	3.8	3.4	3.0	4.8	4.0	4.2	3.5	3.6	3.7	4.3

a) Encontrar el tiempo del ciclo promedio para cada elemento.
b) Encontrar el tiempo normal para cada elemento.
c) Asumiendo un factor de concesión del 20% del tiempo del trabajo, determinar el tiempo estándar para este trabajo.
d) ¿Cuántos ciclos son necesarios para ofrecer un 80% de nivel de confiabilidad (dentro del 5% de exactitud)?

•• **7.18** La compañía Dubuque Cement empaca costales de 80 libras de mezcla de concreto. Los datos del estudio de tiempos para la actividad de llenado se muestran en la siguiente tabla.

La política de la compañía es de un 20% de concesión para los trabajadores. Calcular el tiempo estándar para esta tarea del trabajo. ¿Cuántos ciclos son necesarios para una confiabilidad del 99%, dentro del 5% de exactitud?

Elemento	*Tiempo del ciclo (segundos por ciclo)* 1	2	3	4	5	*Tasa de desempeño*
Asir y colocar el costal	8	9	8	11	7	110%
Llenar el costal	36	41	39	35	112*	85%
Sellar el costal	15	17	13	20	18	105%
Colocar el costal en la banda transportadora	8	6	9	30†	35†	90%

*Se rompe el costal.
†Se atasca la banda transportadora.

•• **7.19** Un oficinista es cronometrado llevando a cabo tres elementos de trabajo, con los resultados mostrados en la siguiente tabla. La concesión, para tareas como ésta, es del 15%.

Elemento	*Minutos por ciclo* 1	2	3	4	5	6	*Tasa de desempeño*
1	13	11	14	16	51	15	100%
2	68	21	25	73	26	23	110%
3	3.0	3.3	3.1	2.9	3.4	2.8	100%

a) Encontrar el tiempo normal.
b) Encontrar el tiempo estándar.

•• **7.20** La instalación de mofles en el Ross Garage en Queens, Nueva York, involucra cinco elementos de trabajo. Richard Ross cronometra a los trabajadores desarrollando estas tareas siete veces, cuyos resultados se muestran en la siguiente tabla.

	Observaciones del ciclo (minutos)							
Elemento del trabajo	*1*	*2*	*3*	*4*	*5*	*6*	*7*	*Tasa de desempeño*
1. Seleccionar los mofles correctos	4	5	4	6	4	15	4	110%
2. Quitar el mofle viejo	6	8	7	6	7	6	7	90%
3. Soldar/instalar un mofle nuevo	15	14	14	12	15	16	13	105%
4. Revisar/inspeccionar el trabajo	3	4	24	5	4	3	18	100%
5. Completar el papeleo	5	6	8	—	7	6	7	130%

Por acuerdo con sus trabajadores, Ross permite un factor por fatiga del 10% y un factor de tiempo personal del 10%. Al calcular el tiempo estándar para la operación de trabajo, Ross excluye todas las operaciones que parezcan ser inusuales o no recurrentes. Él no desea un error de más del 5%.

a) ¿Cuál es el tiempo estándar para la tarea?
b) ¿Cuántos ciclos son necesarios para asegurar un nivel de confiabilidad del 95%?

•• **7.21** Las muestras observadas de un trabajador de la línea de ensamble, realizadas en una semana de 40 horas de trabajo, revelaron que el trabajador produjo un total de 320 partes completas. La tasa de desempeño fue del 125%. La muestra también mostró que el trabajador estaba ocupado ensamblando las partes el 80% del tiempo. Las concesiones para el trabajo en la línea de ensamble totalizan el 10%. Encuentre el tiempo normal y el tiempo estándar para esta tarea.

• **7.22** Un banco desea determinar el porcentaje del tiempo que sus cajeros están trabajando y el tiempo en que están ociosos. Decide utilizar el muestreo del trabajo, y su estimado inicial es que sus cajeros están ociosos el 30% del tiempo. ¿Cuántas observaciones se deben tomar, para tener una seguridad del 95.45% de que los resultados no se encuentren arriba del 5% del resultado verdadero?

•• **7.23** Una muestra de trabajo tomada a partir de un mes de trabajo de 160 horas produjo los siguientes resultados. ¿Cuál es el tiempo estándar para el trabajo?

Unidades manufacturadas	220
Tiempo ocioso	20%
Tasa de desempeño	90%
Tiempo de concesión	10%

• **7.24** El afilado de su lápiz es una operación que se puede desglosar en ocho pequeños movimientos elementales. En términos de MTM, a cada elemento se le puede asignar un cierto número de TMUs, según se muestra a continuación.

Alcanzar el lápiz a cuatro pulgadas	6 TMU
Asir el lápiz	2 TMU
Mover el lápiz seis pulgadas	10 TMU
Posicionar el lápiz	20 TMU
Insertar el lápiz en el sacapuntas	4 TMU
Afilar el lápiz	120 TMU
Sacar el lápiz	10 TMU
Mover el lápiz seis pulgadas	10 TMU

¿Cuál es el tiempo normal para afilar un lápiz? Convierta este tiempo a minutos y a segundos.

CASO DE ESTUDIO

La flota que juega

Bill Southard dirige la Southard Truck Lines. Recientemente adquirió 10 tractores nuevos para su operación de ARC Trucks. Sus relaciones con los choferes han sido históricamente excelentes, pero a ellos no les gustan los nuevos tractores. La queja es que los nuevos tractores son difíciles de controlar en carretera; ellos "juegan". Cuando los choferes tienen la oportunidad, escogen los tractores viejos. El Sr. Southard, después de numerosas discusiones con los choferes, concluye que los tractores nuevos tienen en efecto, un problema. Ellos obtienen mejor rendimiento de gasolina por kilometraje, deben tener menores costos de mantenimiento y tienen los últimos frenos antibloqueo. Debido a que cada tractor cuesta cerca de 50 000 dólares, el Sr. Southard tiene una inversión total de casi 500 000 dólares en la nueva flota. Él está intentando mejorar el desempeño de su flota mediante la reducción del mantenimiento y el costo del combustible. Esto no ha sucedido. Adicionalmente, desea tener contentos a sus choferes. Esto tampoco ha sucedido. En consecuencia, Southard tiene una conversación bastante seria con el fabricante de los camiones.

El fabricante, ARC Truck de Canyon, Texas, rediseñó la suspensión delantera para este modelo de tractores. La empresa le dice que el nuevo frente es excelente. Bill Southard averigua, sin embargo, que han habido pequeños cambios en algunas de las partes de la suspensión delantera en el modelo desde que el adquirió los camiones.

ARC Trucks se niega a hacer algún cambio en los camiones que compró el Sr. Southard. Nadie ha sugerido que exista un problema de seguridad, pero los choferes están obstinados en que deben trabajar más duro para mantener los tractores nuevos sobre el pavimento. El Sr. Southard tiene tractores nuevos que pasan mucho de su tiempo esperando en los patios, mientras los choferes utilizan los tractores viejos. Sus costos, por lo tanto, son más altos de lo que deberían ser. Él está considerando alguna acción legal, y sus consejeros legales le recomiendan que documente su reclamación.

Preguntas para discusión

1. ¿Qué sugerencias tiene usted para el Sr. Southard?
2. Habiendo sido expuesto a material introductorio acerca de la ergonomía, ¿puede imaginar un intento analítico para documentar los problemas reportados por los choferes?

BIBLIOGRAFÍA

Aft, L. S. *Productivity Measurement and Improvement*. Reston, VA: Reston Publishing, 1983.

Barnes, R. M. *Motion and Time Study*. Nueva York: John Wiley & Sons, 1980.

Chapman, A. *Man-Machine Engineering*. Belmont, CA: Wadsworth Publishing Co., 1965.

Davis, L. E., y J. C. Taylor, eds. *Design of Jobs*. Santa Monica, CA: Goodyear Publishing Co., 1979.

Dreyfuss, H. *The Measure of Man*. Nueva York: Whitney Library of Design, 1970.

Gershoni, H. "Allowances for Heat Stress." Technion-Israel, Institute of Technology, Haifa, Israel, *Industrial Engineering* (septiembre de 1979), pp. 20-24.

Hackman, J. R. "Work Redesign and Motivation." *Current Issues in Personnel Management*. Boston: Allyn & Bacon, 1986.

Karger, D. W. *Advanced Work Measurement*. Nueva York: Industrial Press, 1982.

Konz, S. *Work Design*. Columbia, OH: Grid, Inc., 1979.

McCormick, E. J. *Human Factors in Engineering and Design*, 4ta ed. Nueva York: McGraw-Hill, 1976.

Nadler, G. *Work Design: The Systems Concept*. Homewood, IL: Richard D. Darwin, Inc., 1970.

Niebel, B. W. *Motion and Time Study*. Homewood, IL: Irwin, 1976.

Curvas de aprendizaje

suplemento

capítulo 7

PERFIL DEL CAPÍTULO

OBJETIVOS DE APRENDIZAJE

Cuando termine este capítulo usted podrá:

Identificar o definir:

La curva de aprendizaje y su aplicación en la administración de operaciones

Explicar:

Cómo aplicar las curvas de aprendizaje en la producción y en las compras

Curvas de aprendizaje

En 1936, T. P. Wright, de la Curtis-Wright Corporation, publicó el primer reporte de las **curvas de aprendizaje** aplicadas a la industria.[1] Las curvas de aprendizaje, o como las llaman algunas veces, las curvas de experiencia, se basan en la premisa de que las organizaciones, así como la gente, mejoran en sus tareas de acuerdo con la repetitividad de la misma. Una gráfica de horas de trabajo contra el número de unidades producidas normalmente tiene la forma de la distribución exponencial negativa ilustrada en la figura S7.1.

La curva de aprendizaje se basa en una duplicación de la productividad. Esto es, cuando la productividad se duplica, la disminución en tiempo por unidad afecta la tasa de la curva de aprendizaje. De esta manera, si la curva de aprendizaje es una tasa del 80%, la segunda unidad toma el 80% de tiempo que la primera unidad, la cuarta unidad toma el 80% del tiempo de la segunda unidad, la octava unidad toma el 80% del tiempo de la cuarta unidad, y así sucesivamente. Esto se muestra como:

$$Y \times L^n = \text{Tiempo requerido para enésima unidad} \qquad \text{(S7.1)}$$

donde:

Y = Costo unitario o tiempo unitario

L = Tasa de la curva de aprendizaje

n = Número de veces que se dobla la Y

De este modo, si la primera unidad de un producto en particular tomó 10 horas de mano de obra, y si se tiene un 70% de curva de aprendizaje, las horas que tomará la cuarta unidad requerirán duplicarse dos veces; de 1 a 2 y luego a 4. Por lo tanto la fórmula es:

$$\text{Horas requeridas para la unidad } 4 = 10 \times 0.7^2 = 4.9 \text{ horas}$$

Diferentes organizaciones y diferentes productos tienen diferentes curvas de aprendizaje. La tasa del aprendizaje varía, dependiendo de la calidad de la administración y el potencial del proceso y del producto. *Cualquier cambio en el proceso, el producto o el personal, rompe la curva de aprendizaje.* Por lo tanto, se debe ser cuidadoso al asumir que la curva de aprendizaje es continua y permanente. Las curvas de aprendizaje de la industria varían ampliamente según se muestra en la tabla S7.1. Mientras menor sea el número, tal como

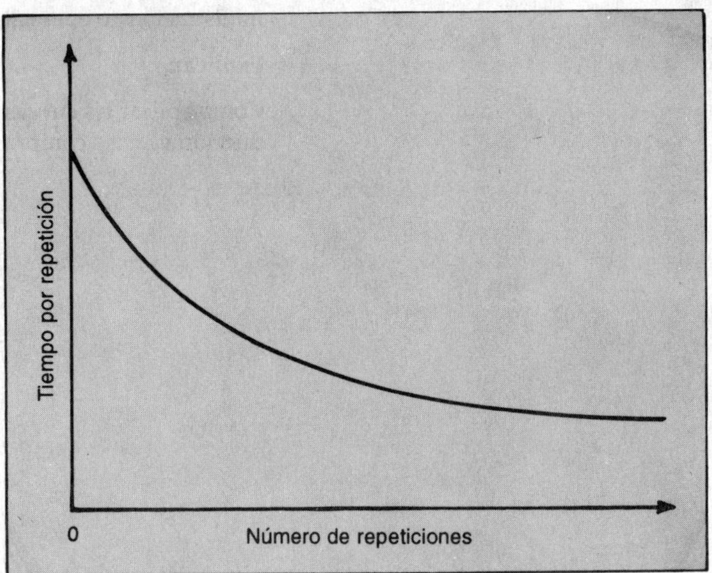

FIGURA S7.1 El efecto de la curva de aprendizaje establece que el tiempo por repetición se reduce mientras se incrementa el número de repeticiones. Esto significa que *toma menos tiempo completar cada unidad adicional que produce una empresa.* Pero los ahorros en tiempo al completar cada unidad disminuyen con cada unidad adicional. Éstas son las implicaciones más importantes del efecto de la curva de aprendizaje.

[1] T. P. Wright, "Factors Affecting the Cost of Airplanes", *Journal of the Aeronautical Sciences* (febrero de 1936).

TABLA S7.1 Ejemplos de los efectos de la curva de aprendizaje en la industria de Estados Unidos.

EJEMPLO	PARÁMETRO DE MEJORA	PARÁMETRO DE APRENDIZAJE	PENDIENTE DE LA CURVA DE PORCENTAJE ACUMULACIÓN	MARCO DE TIEMPO
1. Producción del Ford modelo T	Precio	Unidades producidas	86	1910-1926
2. Ensamble de avión	Horas de mano de obra directa por unidad	Unidades producidas	80	1925-1957
3. Mantenimiento de equipo en GE	Tiempo promedio para remplazar un grupo de partes	Número de remplazos	76	Alrededor de 1957
4. Producción de acero	Horas de mano de obra de un trabajador de producción por unidad producida	Unidades producidas	79	1920-1955
5. Circuitos integrados	Precio promedio por unidad	Unidades producidas	72*	1964-1972
6. Calculadora de mano	Precio de fábrica de venta promedio	Unidades producidas	74	1975-1978
7. Drives de memoria en disco	Precio promedio por bit	Número de bits	76	1975-1978

*Dólares constantes.
Fuente: James A. Cunningham, "Using the Learning Curve as a Management Tool", *IEEE Spectrum*, junio de 1980, p. 45. © 1980 IEEE.

el 60% comparado contra el 90%, mayor será la inclinación de la pendiente y mayor la reducción en los costos. Los procesos y productos estables, estandarizados, intensivos en mano de obra, tienden a que sus costos reduzcan más rápidamente que otros.

Las curvas de aprendizaje son útiles para una variedad de aplicaciones. Éstas incluyen:

1. pronóstico interno de la mano de obra, producción, programación, establecimiento de costos y presupuestos;
2. compras externas y subcontratación de partes (véase el caso STM al final de este suplemento);
3. evaluación estratégica de la compañía y del desempeño de la industria.

APLICACIÓN DE LA CURVA DE APRENDIZAJE

Una relación matemática permite expresar el tiempo que toma producir una cierta unidad. Esta relación es una función de cuántas unidades han sido producidas antes, y cuánto tiempo se tomó para producirlas. Aunque este procedimiento determina el periodo de tiempo que se toma para producir una unidad dada, las consecuencias de este análisis son de mayor alcance. Los costos caen y la eficiencia sube individualmente para las compañías y para la industria. Ocurren graves problemas en la programación si las operaciones no se ajustan a las implicaciones de la curva de aprendizaje. El mejoramiento de la curva de aprendizaje puede causar que las instalaciones productivas y la mano de obra estén ociosas una parte del tiempo, incrementando los costos innecesariamente. Más aún, las empresas pueden negarse a otros proyectos o trabajos debido a que no consideran el efecto del aprendizaje. Las anteriores son solamente unas cuantas de las ramificaciones cuando no se considera el efecto del aprendizaje. Los efectos de la curva de aprendizaje suceden en la mercadotecnia y la planeación financiera. Desde una perspectiva de compras, nuestro interés está enfocado al juicio de lo que debe ser el costo del proveedor para una mayor producción.

Existe un método simple que hace práctica y utilizable la técnica de la curva de aprendizaje. Esta técnica está sintetizada en la tabla S7.2 y en la siguiente ecuación:

$$Y_N = Y_B C \qquad \text{(S7.2)}$$

donde:

Y_N = Número de horas de mano de obra requeridas para producir la enésima unidad
Y_B = Número de horas de mano de obra requeridas para producir la unidad base (B)
C = Un coeficiente de la curva de aprendizaje

TABLA S7.2 Coeficientes de la curva de aprendizaje.

% BASE	70%	80%	82%	84%	86%	88%	90%
2	7.4860	3.5230	3.0650	2.6750	2.3430	2.0580	1.8120
5	4.6720	2.6230	2.3580	2.1250	1.9190	1.7380	1.5770
10	3.2700	2.0980	1.9330	1.7850	1.6510	1.5290	1.4190
20	2.2900	1.6740	1.5850	1.4990	1.4200	1.3460	1.2770
30	1.8580	1.4730	1.4120	1.3540	1.3000	1.2490	1.2010
40	1.6020	1.3430	1.3000	1.2590	1.2210	1.1840	1.1490
50	1.4290	1.2500	1.2200	1.1900	1.1630	1.1360	1.1110
60	1.3000	1.1780	1.1580	1.1370	1.1180	1.0990	1.0810
70	1.2010	1.1210	1.1080	1.0940	1.0810	1.0880	1.0560
80	1.1220	1.0740	1.0660	1.0580	1.0500	1.0420	1.0340
90	1.0560	1.0340	1.0310	1.0270	1.0230	1.0200	1.0160
100	1.0000	1.0000	1.0000	1.0000	1.0000	1.0000	1.0000
110	0.9521	0.9696	0.9731	0.9764	0.9796	0.9827	0.9855
120	0.9105	0.9428	0.9492	0.9551	0.9610	0.9670	0.9726
125	0.8915	0.9307	0.9381	0.9454	0.9526	0.9552	0.9667
130	0.8737	0.9200	0.9279	0.9359	0.9447	0.9528	0.9609
140	0.8410	0.8974	0.9084	0.9188	0.9294	0.9399	0.9501
150	0.8117	0.8776	0.8905	0.9029	0.9156	0.9280	0.9402
160	0.7852	0.8595	0.8744	0.8885	0.9028	0.9170	0.9309
170	0.7611	0.8428	0.8591	0.8752	0.8910	0.9067	0.9225
175	0.7498	0.8352	0.8520	0.8687	0.8854	0.9020	0.9185
180	0.7390	0.8274	0.8452	0.8624	0.8798	0.8974	0.9144
190	0.7187	0.8133	0.8322	0.8510	0.8698	0.8885	0.9070
200	0.7000	0.8000	0.8200	0.8400	0.8600	0.8800	0.9000
220	0.6665	0.7759	0.7981	0.8201	0.8423	0.8646	0.8870
240	0.6373	0.7543	0.7783	0.8022	0.8265	0.8508	0.8754
260	0.6116	0.7349	0.7607	0.7863	0.8123	0.8384	0.8649
280	0.5887	0.7177	0.7447	0.7717	0.7992	0.8270	0.8550
300	0.5682	0.7019	0.7301	0.7586	0.7875	0.8161	0.8492
400	0.4900	0.6400	0.6724	0.7056	0.7396	0.7744	0.8100
500	0.4368	0.5956	0.6308	0.6671	0.7045	0.7432	0.7830
600	0.3977	0.5617	0.5987	0.6372	0.6771	0.7187	0.7616
700	0.3674	0.5345	0.5729	0.6129	0.6548	0.6985	0.7440
800	0.3430	0.5120	0.5514	0.5927	0.6361	0.6815	0.7290
900	0.3228	0.4929	0.5331	0.5754	0.6200	0.6668	0.7161
1000	0.3058	0.4765	0.5172	0.5604	0.6059	0.6540	0.7047

Fuente: R. W. Conway y Andrew Schultz, Jr., "The Manufacturing Progress Function" *Journal of Industrial Engineering*, **10**, 1, enero-febrero de 1959, pp. 39-54, © Institute of Industrial Engineers, 25 Technology Park/Atlanta, Norcross, Georgia, 30092; y Thomas E. Vollman, *Operations Management*, Reading, Mass.: Addison-Wesley Publishing Co., 1973, pp. 381-384. Reproducido bajo permiso de la AIIE y Addison-Wesley.

El coeficiente de la curva de aprendizaje, *C*, es una función del porcentaje de la enésima unidad dividida entre la unidad base. Se necesitará conocer el factor de aprendizaje, *L*, con el fin de utilizar la técnica.

El siguiente ejemplo utiliza la ecuación anterior y la tabla S7.2 para calcular los efectos de la curva de aprendizaje.

ejemplo S1

Se tomaron 125 000 horas para producir el primero de varios botes remolcadores que usted espera adquirir para su compañía naviera, Great Lakes Services, Inc. Los botes dos y tres han sido producidos con un factor de aprendizaje del 86%. A 40 dólares por hora, ¿cuánto esperaría pagar usted, como agente de compras, por la cuarta unidad?

Primero, calcule la tasa de la unidad deseada sobre el porcentaje de la base:

$$\% \text{ base} = \frac{\text{Unidad } 4}{\text{Unidad } 1} = 400\%$$

Luego, busque en la tabla S7.2 para una base de porcentaje de 400% y un factor de aprendizaje de 86%. El coeficiente de la curva de aprendizaje, C, es de 0.7396. Para producir la cuarta unidad, se requiere, entonces:

$$Y_N = Y_B C$$
$$Y_4 = (125\,000 \text{ horas})(0.7396)$$
$$= 92\,450 \text{ horas}$$

Para encontrar el costo, multiplique por 40 dólares:

$$92\,450 \text{ horas} \times \$40/\text{horas} = \$3\,698\,000$$

Para una ilustración de cómo se puede utilizar AB:POM para resolver el ejemplo S1, véase el programa S7.1.

Programa S7.1 Módulo de la curva de aprendizaje de AB:POM aplicado al ejemplo S1. El programa tiene capacidad gráfica y también puede calcular la tasa de aprendizaje si se capturan los tiempos para dos unidades.

Experience (learning) Curves — Solution

Great Lakes Services, Inc.

Unit Number	Production Time	Cumulative Time
1	125000.00	125000.000
2	107500.00	232500.000
3	98422.078	330922.063
4	92450.000	423372.063

Labor time for first unit, Y1 125000.0
Unit number of last unit, N 4
Learning coefficient 0.860

F1 = Display graph F2 = Other graph F9 = Print Esc
Press <Esc> key to edit data or highlighted key or function key for options

RESUMEN

La curva de aprendizaje es una herramienta poderosa para el administrador de operaciones. Esta herramienta puede ayudar a los administradores de operaciones a determinar los estándares futuros de los costos tanto para artículos producidos como para los adquiridos. Adicionalmente, la curva de aprendizaje puede ayudar a entender el desempeño de la compañía y de la industria.

TÉRMINO CLAVE

Curvas de aprendizaje *(p. 306)*

PROBLEMAS RESUELTOS

problema resuelto S7.1

Southern Telecom produce un nuevo sistema de switcheo telefónico (llamado PBX). Su curva de aprendizaje es del 80%.

a) ¿Cuánto tiempo tarda Southern Telecom para manufacturar el undécimo sistema de ramificación telefónico cuando el décimo le tomó 26 686 horas?

b) Como agente de compras de una de las 1000 compañías de Fortune, usted espera adquirir las unidades 10 a 12 del nuevo sistema de ramificación. ¿Cuál sería su costo estimado para las unidades si el fabricante cobra 30 dólares por cada hora de mano de obra?

Solución

a)
$$\%\text{base} = \frac{\text{PBX}_{11}}{\text{PBX}_{10}} = \frac{11}{10} = 110\%$$

Se encuentra C a partir de la tabla S7.2 en la intersección del % base (110), y el factor de aprendizaje (80%):

$$Y_N = Y_B C$$
$$Y_{11} = (26\,686 \text{ horas})(0.9696) = 25\,874 \text{ horas}$$

b)
$$Y_{10} = 26\,686 \text{ horas}_{10} \text{ [de la parte (a) anterior]}$$
$$Y_{11} = 25\,874 \text{ horas}_{11} \text{ [de la parte (a) anterior]}$$

Para Y_{12}:

$$\%\text{ base} = \frac{12}{10} = 120\%$$

Luego, a partir de la tabla S7.2 (la intersección de 80% y 120), se tiene C = 0.9428. Por lo tanto:

$$Y_{12} = (26\,686)(0.9428) = 25\,160$$
$$\text{Total de horas para todas las unidades} = 26\,686 + 25\,874 + 25\,160 = 77\,720$$
$$\text{Costo total} = \text{horas} \times \text{dólares}$$
$$= 77\,720 \times \$30 = 2\,331\,600$$

problema resuelto S7.2

Si la primera vez que usted lleva a cabo un trabajo toma 60 minutos, ¿cuánto tiempo tardará el octavo si usted está con una curva de aprendizaje del 80%?

Solución

Tres duplicaciones de 1 a 2 a 4 a 8 implica 8^3. Por lo tanto se tiene:

$$60 \times 0.8^3 = 60 \times 0.512 = 30.72 \text{ minutos}$$

o, utilizando la tabla S7.2, se tiene 8/1 = 800%. La intersección de 800 y 80% es 0.5120. Por lo tanto:

$$60 \times 0.512 = 30.72 \text{ minutos}$$

autoevaluación capítulo S7

- *Antes de iniciar la autoevaluación* refiérase a los objetivos de aprendizaje listados al principio del suplemento y a los términos clave listados al final del mismo.
- Utilice la clave al final del texto para *corregir* sus respuestas.
- *Vuelva a estudiar* las páginas correspondientes a cualquier pregunta que haya contestado erróneamente o el material en el que se sienta inseguro.

1. Una curva de aprendizaje describe:
a. la tasa con la cual una organización adquiere nueva información
b. la cantidad de tiempo de producción por unidad según se incremente el número total de unidades producidas
c. la disminución del tiempo de producción por unidad de acuerdo con el incremento del número total de unidades producidas
d. el incremento en el número de unidades producidas por unidad de tiempo, de acuerdo con el incremento del número total de unidades producidas
e. ninguna de las anteriores

2. Las limitaciones del sistema de la curva de aprendizaje incluyen:
a. las curvas de aprendizaje son válidas únicamente cuando se consideran procesos productivos relativamente simples
b. las curvas de aprendizaje son válidas únicamente cuando el número total de unidades producidas es relativamente pequeño
c. las curvas de aprendizaje deben ser rediseñadas cuando el producto o el proceso de producción se modifican
d. las curvas de aprendizaje son aplicables únicamente cuando se considera un proceso de producción altamente automatizado.
e. ninguna de las anteriores

3. Otro nombre para la curva de aprendizaje es:
a. una curva de producción
b. una curva de experiencia
c. una curva exponencial
d. todas las anteriores
e. ninguna de las anteriores

4. Las curvas de aprendizaje tienen diferentes tasas debido a:
a. la tecnología industrial
b. los cambios en el producto
c. la cantidad de experiencia compartida
d. todas las anteriores
e. ninguna de las anteriores

5. Las aplicaciones de las curvas de aprendizaje incluyen:
1) __________ 2) __________ 3) __________ .

PREGUNTAS PARA DISCUSIÓN

1. ¿Cuáles son algunas de las limitaciones del uso de las curvas de aprendizaje?
2. ¿Qué técnicas puede utilizar una empresa para moverse a una curva de aprendizaje con mayor pendiente?
3. ¿Cuáles son los sistemas para resolver los problemas de curvas de aprendizaje?
4. ¿Cuáles son las implicaciones para Great Lakes Services Inc., del ejemplo 1, si el departamento de ingeniería desea cambiar el motor en el tercero y los subsecuentes botes remolcadores que adquiere la empresa?

PROBLEMAS

•• **S7.1** Como agente de compras de Boating Services, Inc., usted está interesado en determinar lo que espera pagar por el bote remolcador número cuatro, si el tercer bote se llevó 20 000 horas en producir. ¿Cuánto puede esperar pagar por el bote remolcador número cinco? ¿Número seis? Utilice una curva de aprendizaje del 86% y un cargo de 40 dólares por hora de mano de obra.

•• **S7.2** Utilizando los datos del problema S7.1 y del ejemplo S1, ¿cuánto tiempo tardará completar el duodécimo bote? ¿Cuánto tiempo tardará completar el décimoquinto bote? ¿Cuánto tiempo tardará completar del bote 12 al 15, inclusive? A 40 dólares por hora, ¿cuánto espera pagar usted, como agente de compras, por los cuatro botes?

• **S7.3** Si toma 80 000 horas producir el primer motor jet en la división aeroespacial de T. R. y el factor de aprendizaje es del 90%, ¿cuánto tiempo toma producir el octavo motor?

•• **S7.4** Toma 28 718 horas para producir la octava locomotora en una gran empresa manufacturera francesa. Si el factor de aprendizaje es del 80%, ¿cuánto toma producir la décima locomotora?

•• **S7.5** Si en una corrida de producción, la primera unidad toma una hora y la empresa está sobre una curva de aprendizaje del 80%, ¿cuánto tomará la unidad 100? (Sugerencia: aplicar dos veces el coeficiente de la tabla S7.2).

••• **S7.6** Como estimador para Umble Enterprises, su trabajo es preparar una estimación para un contrato de servicio potencial de un cliente. El contrato potencial es para el servicio de cabezas de cilindro de locomotoras diesel. El taller ha hecho algunas de estas unidades en el pasado, sobre una base esporádica. El tiempo para cada cabeza de cilindro ha sido exactamente de cuatro horas y el trabajo similar se ha completado con una curva de aprendizaje del 86%. El cliente desea que usted le cotice en lotes de 12 y de 20 unidades.

a) Prepare la cotización.

b) Después de preparar la cotización, usted encuentra una tarjeta de mano de obra para este cliente por cinco cabezas de cilindro de locomotora. A partir de varias anotaciones en la tarjeta de mano de obra, estima que la quinta unidad tomó 2.5 horas. ¿A qué conclusión llega acerca de la curva de aprendizaje y de su cotización?

CASO DE ESTUDIO

Negociación de SMT con IBM

SMT y otra compañía mucho más grande fueron invitados por IBM para hacer una oferta sobre 85 unidades más de un producto particular para computadora. La RFQ solicitó que la oferta total se desglosara para mostrar la tasa por hora, las partes y materiales componentes en el precio, y cualquier cargo por servicios subcontratados. SMT cotizó 1.62 millones de dólares y proporcionó el desglose del costo de acuerdo con la solicitud. La segunda compañía mandó únicamente un gran total, 5.0 millones dólares , sin desglose de los costos. La decisión fue la de hacer la negociación con SMT.

El equipo de negociación de IBM incluyó a dos gerentes de compras y dos ingenieros de costos. Un ingeniero de costos había desarrollado estimados de costos de manufactura para cada componente, trabajando a partir de planos de ingeniería y libros de datos de costos basados en experiencias pasadas y que además contenían factores de tiempos, tanto de preparación como de corrida, para una gran variedad de operaciones. Él estimó los costos de materiales al trabajar, tanto con los datos adquiridos por el IBM Corporate Purchasing Staff como con los diarios de compras. Visitó las instalaciones de SMT para ver el herramental disponible, de tal forma que pudiera saber qué procesos eran utilizados. Asumió que habría condiciones perfectas y operadores entrenados, y desarrolló estimaciones de costos para la unidad número 158(las órdenes previas fueron por 25, 15 y 38 unidades). Adicionó 5%, por pérdidas en desperdicio y desgaste; el 2% para permitir el empleo de herramientas temporales, utensilios e instalaciones; 5% por control de calidad; y 9% para cargos de compras. Después, utilizando una curva de aprendizaje del 85%, recalculó sus costos para obtener un estimado para la primera unidad. Luego verificó los datos en horas y materiales para las unidades 25, 15 y 38 ya manufacturadas y encontró que su estimado para la primera unidad estaba dentro del 4% del costo real. Su verificación, sin embargo, había indicado un efecto de una curva de aprendizaje del 90% en las horas por unidad.

En las negociaciones, SMT fue representada por uno de los dos socios del negocio, dos ingenieros y un estimador de costos. La sesión abrió con una discusión acerca de las curvas de aprendizaje. El estimador de costos de IBM demostró que SMT había estado operando con una curva de aprendizaje del 90%. Pero, él discutía, que debería ser posible moverse a una curva del 85%, dadas las grandes corridas, tiempo de preparación reducido y la creciente continuidad de los empleados en el trabajo, esto sería posible con una orden de 80 unidades. El dueño estuvo de acuerdo con el análisis y estaba dispuesto a reducir su precio en un 4 por ciento.

Sin embargo, conforme se iba discutiendo cada operación en el proceso de manufactura, se hacía evidente que algunos estimados de costos de IBM eran demasiado bajos debido a la omisión de algunos gastos de embalaje y embarque. Estas omisiones eran menores, no obstante, en las siguientes discusiones llegaron a un común entendimiento sobre las especificaciones y a convenios sobre los costos en cada operación de manufactura.

En este punto, los representantes de SMT expresaron una gran preocupación acerca de la posibilidad de inflación en los costos de materiales. Los negociantes de IBM accedieron a incluir una forma de escalación de precios en el contrato, según habían acordado entre ellos previamente. Los representantes de IBM sugirieron que si los costos totales de materiales cambiaban más del 10%, el precio se podría ajustar de acuerdo con el cambio. Sin embargo, si una parte tomaba la iniciativa de revisar el precio, la otra podría solicitar un análisis de *todas* las partes y facturas de materiales para llegar al nuevo precio.

Otra preocupación de los representantes de SMT era que se requeriría una gran cantidad de tiempo extra y de subcontratación para cumplir el programa de entregas especificado por IBM. Los negociantes de IBM pensaron que un relajamiento en el programa de entregas sería posible, si se obtuviera una concesión en el precio. En respuesta el equipo de SMT ofreció un descuento del 5%, y se aceptó. Como resultado de estas negociaciones el precio de SMT se redujo casi un 20% abajo de su precio de oferta original.

En una junta subsecuente convocada para negociar los precios de ciertas tuberías que se utilizarían en el sistema, se hizo aparente para un estimador de costos de IBM que los representantes de SMT habían subestimado seriamente sus costos. Él remarcó este aparente error, ya no podía entender por qué SMT había cotizado una cantidad tan baja. Deseaba asegurarse de que SMT estaba utilizando el proceso de manufactura correcto. En cualquier caso, si los estimadores de SMT habían cometido un error debía ser notado. Era una política de IBM la búsqueda de un precio justo tanto para sí misma como para sus proveedores. Los gerentes de abastecimiento de IBM creían que si un proveedor estaba perdiendo dinero en un trabajo, habría una tendencia a demeritar el acabado de los trabajos. Adicionalmente, el negociador de IBM sintió que al mencionar el error, generaría alguna buena voluntad que podría ayudar en las sesiones futuras.

Preguntas para discusión

1. ¿Cuáles son las ventajas y desventajas para IBM y SMT por este procedimiento?
2. ¿Cómo se compara la curva de aprendizaje propuesta de SMT con la de otras compañías?

Fuente: Adaptación de E. Raymond Corey, *Procurement Management: Strategy, Organization and Decision Making,* Van Nostrand Reinhold, N. Y., N. Y.

BIBLIOGRAFÍA

Abernathy, W. J., y K. Wayne. "Limits of the Learning Curve." *Harvard Business Review* **52** (septiembre-octubre de 1974), pp. 109-119.

Hall, G., y S. Howell. "The Experience Curve from the Economist´s Perspective." *Strategic Management Journal* (julio-septiembre de 1985), pp. 197-210.

Heizer, J., y B. Render. *Production and Operations Management.* 3era. edición. Boston: Allyn and Bacon, 1993.

Distribución física para operaciones de clase mundial

capítulo **8**

PERFIL DEL CAPÍTULO

Distribución física de posición fija
Distribución física orientada al proceso
Celdas de trabajo
Centro de trabajo enfocado y la fábrica enfocada
Distribución física de la oficina
Distribución física de detallista/servicio
Distribución física del almacén
Distribución física orientada al producto
Balanceo de la línea de ensamble
Una perspectiva japonesa sobre la distribución física
Resumen
Términos clave
Problemas resueltos
Autoevaluación capítulo 8
Preguntas para discusión
Problemas
Caso de estudio
Bibliografía

OBJETIVOS DE APRENDIZAJE

Cuando termine este capítulo usted podrá:

Identificar o definir:

Distribución física de posición fija
Distribución física orientada al proceso
Celdas de trabajo
Centro de trabajo enfocado
Fábrica enfocada
Distribución física de detallista / servicio
Distribución física del almacén
Distribución física orientada al producto
Fábrica de línea de ensamble

Explicar:

Cómo lograr una buena distribución física para el caso del proceso
Cómo balancear el flujo de producción en una instalación repetitiva u orientada al producto

La distribución física es una de las decisiones que determinará la eficiencia de las operaciones, a largo plazo. El *objetivo de la decisión de la distribución física* es desarrollar una distribución económica que cumplirá los requerimientos de:

1. el diseño del producto y el volumen
2. el equipo de proceso y la capacidad
3. la calidad de la vida laboral
4. restricciones de lugares y construcción

Una distribución física especifica el arreglo de los procesos (tales como soldadura, molido y pintura), el equipo relacionado y las áreas de trabajo, incluyendo servicio al cliente y las áreas de almacenamiento. Una distribución física efectiva también facilita el flujo de materiales y de gente adentro y entre las áreas. La meta de la administración es arreglar (distribuir) el sistema de forma que opere con efectividad y eficiencia pico. Las decisiones acerca de la distribución física incluyen la localización más adecuada de las máquinas (en una estructura de producción), oficinas y escritorios (en una estructura de oficina), o los centros de servicio (en estructuras tales como hospitales o tiendas departamentales). Para lograr estos objetivos de distribución física, se han desarrollado una variedad de sistemas. Entre ellos hay seis que se discutirán en este capítulo.

Distribución física de posición fija
Distribución física orientada al proceso
Distribución física de la oficina
Distribución física de detallista/servicio
Distribución física del almacén
Distribución física orientada al producto

1. La **distribución física de posición fija**—señala los requerimientos de distribución de proyectos grandes, voluminosos, tal como barcos y edificios.
2. La **distribución física orientada al proceso**—tiene que ver con la producción de bajo volumen y gran variedad (también es llamada "taller de trabajo" o producción intermitente).
3. La **distribución física de la oficina**—ubica estratégicamente a los trabajadores, su equipo y los espacios/oficinas para ofrecer movimiento de la información.
4. La **distribución física de detallista/servicio**—asigna espacio de anaquel y responde a la conducta del consumidor.
5. La **distribución física del almacén**—señala los intercambios entre el espacio y el manejo de materiales.
6. La **distribución física orientada al producto**—busca la mejor utilización del personal y la maquinaria en los procesos repetitivos o continuos.

Los ejemplos para cada tipo de problemas de distribución física están anotados en la tabla 8.1.

De estas seis estrategias de distribución, únicamente algunas han sido sometidas a un extenso análisis matemático. La distribución y el diseño de las instalaciones físicas son aún, tanto un arte como una ciencia. Se presenta en este capítulo algo del arte así como algo de la ciencia para la distribución física efectiva y eficiente.

DISTRIBUCIÓN FÍSICA DE POSICIÓN FIJA

Una *distribución física de posición fija* es aquella en la cual el proyecto permanece estacionario y requiere que los trabajadores y el equipo se desplacen al área de trabajo. Los ejemplos de este tipo de proyecto son un barco, una carretera, un puente, una casa y un pozo quemador de crudo.

Las técnicas para señalar la distribución de posición fija no están bien desarrolladas. Los lugares de construcción y los astilleros marcan este punto sobre una base *ad hoc*. La industria de la construcción generalmente tiene una "junta de coordinación" para asignar espacios en varios periodos de tiempo. Como se podrá sospechar, esto genera, con frecuencia, menos que una solución óptima, mientras que la discusión puede ser más política que analítica. Por otro lado los astilleros tienen áreas de carga llamadas "plataformas" adyacentes al barco, las cuales son asignadas por un departamento de programación.

La distribución de posición fija se complica por tres factores:

1. Existe espacio limitado en prácticamente todos los lugares.
2. En diferentes etapas, en el proceso de construcción, se necesitan diferentes materiales; en consecuencia, los diversos componentes llegan a convertirse en críticos, conforme se desarrolla el proyecto. Esto aumenta la dinámica de la programación al problema de la distribución física.

TABLA 8.1 Estrategias de distribución.

PROYECTO (POSICIÓN FIJA)	TRABAJO DE TALLER (ORIENTADO AL PROCESO)	OFICINA	DETALLISTA (SERVICIO/ DETALLISTA)	ALMACÉN (ALMACENAJE)	REPETITIVO/ CONTINUO (ORIENTADO AL PRODUCTO)
Ejemplo:					
Construcción de barcos	La mayoría de los hospitales	Compañías de seguros	Tiendas de comestibles	Distribuidores	línea de ensamble de Televisores
Construcción	Cocina	Casa de software	Farmacia	Almacenaje	Empacador de carnes
Constructor de caminos	Taller de máquinas		Tienda departamental	Instalaciones de añejamiento	Fabricante de automóviles
Problema:					
Mover el material a las áreas de almacenaje limitadas alrededor del lugar	El flujo de material varía de acuerdo con cada producto	Localizar cerca uno de otro a los trabajadores que requieran contacto frecuente	Acercar al cliente a los productos de alto margen de utilidad	Almacenaje de bajo costo con manejo de materiales de bajo costo	Balanceo del flujo del producto de una estación de trabajo a la siguiente

3. El volumen de los materiales necesarios es dinámico. Por ejemplo, la tasa de la utilización de paneles de acero para el casco del barco cambia según progresa el proyecto.

Debido a que la distribución de posición fija es tan difícil de resolver bien en el sitio, se puede utilizar una estrategia alterna, que consiste en completar el proyecto, cuanto sea posible, fuera del sitio. Este sistema es utilizado en la industria de la fabricación de barcos cuando las unidades estándar, por ejemplo ménsulas para sostén de tuberías, son ensambladas en un proceso de línea de ensamble en las cercanías (una instalación orientada al proceso). Ingall Ship Building Corporation ha construido secciones similares de un barco (módulos) o la misma sección de varios barcos similares, en una línea orientada al producto.

Una casa construida mediante la distribución de posición fija tradicional sería construida en el sitio, con equipo, materiales y trabajadores traídos a ese sitio. Sin embargo, las soluciones imaginativas de POM permiten que esta casa se construya a mucho menor costo. La casa se construye en dos módulos movibles (mostrados juntos aquí) en una fábrica donde el equipo y el manejo de materiales son expeditos. El ambiente de trabajo al interior significa que no hay retrasos por el clima y no hay ladrones nocturnos. El andamiaje de trabajo precolocado y los ascensores montados en el techo de la fábrica hacen al trabajo más fácil, rápido y barato.

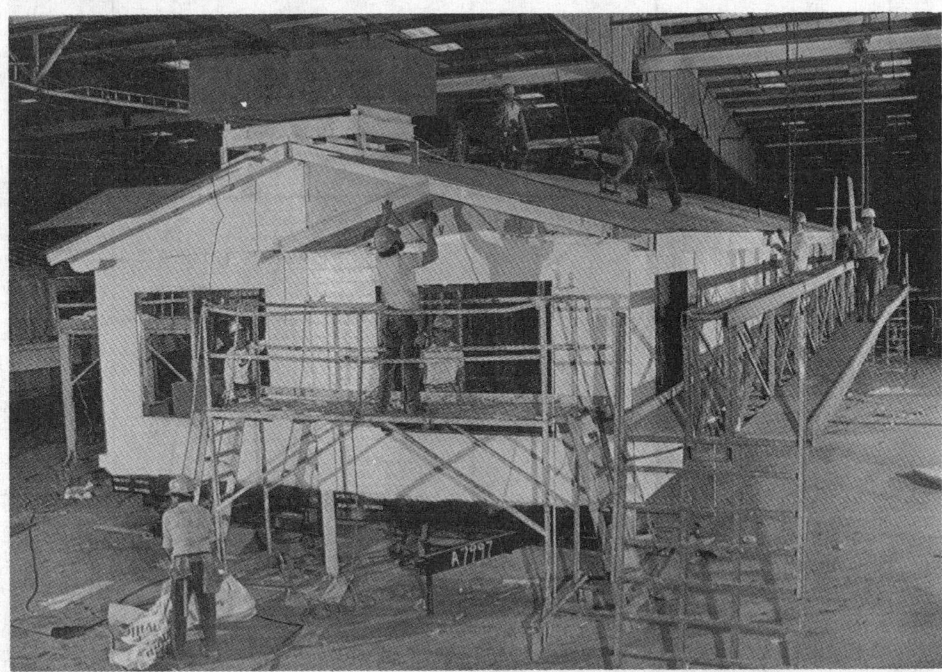

Ésta es su estrategia para traer eficiencia adicional a la construcción de barcos. Similarmente, otras empresas armadoras de barcos están experimentando con tecnología de grupos (véase el capítulo 4) para producir componentes.

DISTRIBUCIÓN FÍSICA ORIENTADA AL PROCESO

La *distribución física orientada al proceso* puede manejar simultáneamente una amplia variedad de productos o servicios. De hecho, es la más eficiente cuando se fabrican productos que tienen diferentes requerimientos o cuando se manejan clientes que tienen diferentes necesidades. Una distribución orientada al proceso es la estrategia típica de bajo volumen y gran variedad, discutida en el capítulo 5. En este ambiente de taller de trabajo, cada producto o cada pequeño grupo de productos tiene una diferente secuencia de operaciones. Un producto u orden pequeños se manufacturan al moverlos de un departamento a otro en la secuencia requerida por ese producto. La figura 8.1 ilustra este proceso para dos productos, A y B. Un buen ejemplo de la distribución física orientada al producto es un hospital o clínica. Un flujo de entrada continuo de pacientes, cada uno con su propia solicitud, requiere ser enviado a través de áreas de registros, admisiones, laboratorios, salas de operación, área de cuidados intensivos, farmacias, estaciones de enfermeras, y así sucesivamente.

Una gran ventaja de la distribución física orientada al proceso es su flexibilidad en el equipo y las asignaciones de mano de obra. La descompostura de una máquina, por ejemplo, no necesita detener el proceso totalmente; el trabajo puede ser transferido a otras máquinas en el departamento. La distribución física orientada al proceso es especialmente adecuada para manejar la manufactura de partes en lotes pequeños, o **lotes de trabajo**, y para la producción de una amplia variedad de partes de diferentes tamaños o formas.

Lotes de trabajo

Las desventajas de la distribución física orientada al producto vienen de la utilización del equipo para propósitos generales. Las órdenes toman más tiempo y dinero para moverse a través del sistema, debido a la dificultad de la programación, preparación y manejo de materiales. Adicionalmente, los requerimientos de habilidades de trabajo y los inventarios del trabajo en proceso son más altos debido a los mayores desbalances en el proceso de producción. Las altas habilidades de los trabajadores necesarias aumentan el nivel requerido de entrenamiento y experiencia; el gran trabajo en proceso incrementa la inversión de capital.

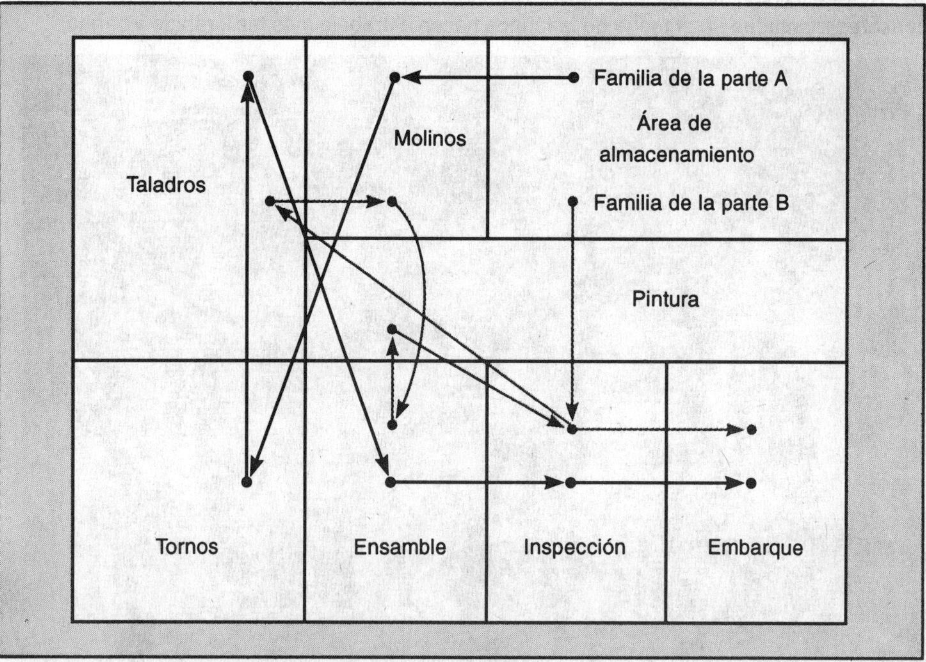

FIGURA 8.1 Una distribución física del proceso mostrando las rutas para dos familias de partes.

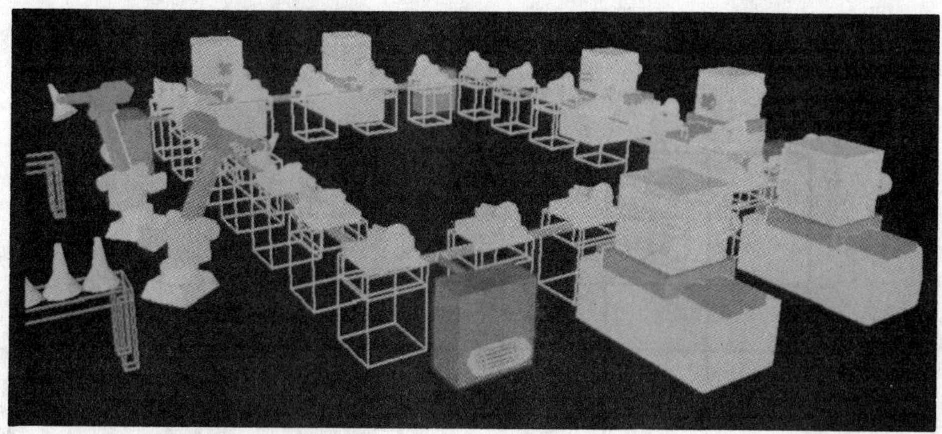

Históricamente, los modelos físicos de tres dimensiones fueron construidos a menudo para señalar el problema de la distribución. Ahora se utilizan modelos de computadora tridimensionales para lograr el mismo resultado pero a un costo bastante reducido. Aquí se muestra una línea de ensamble de transmisiones utilizando el programa AutoMod II.

En la planeación de la distribución física del proceso, la táctica más común es acomodar los departamentos o centros de trabajo en las localidades más económicas. En muchas instalaciones, la colocación óptima en la localidad más económica significa la minimización de los costos de manejo de materiales.

La planeación de la distribución física del proceso vincula la ubicación adyacente entre los departamentos con mayores flujos interdepartamentales de partes o de gente. Los costos de manejo de materiales en este sistema dependen de: (1) el número de cargas (o gente) que debe moverse durante algún periodo de tiempo entre dos departamentos (i y j) y (2) los costos relacionados con la distancia entre departamentos. El costo puede ser una función de la distancia entre departamentos. *El objetivo se puede expresar como sigue:*

$$\text{Costo minimizado} = \sum_{i=1}^{n} \sum_{j=1}^{n} X_{ij} C_{ij}$$

donde:

n = Número total de centros de trabajo o departamentos
i, j = Departamentos individuales
X_{ij} = Número de cargas movidas del departamento i al departamento j
C_{ij} = Costo de mover una carga entre el departamento i y el departamento j

Las instalaciones orientadas al proceso (y también las distribuciones físicas de posición fija) tienden a minimizar el producto de las cargas (o viajes) multiplicadas por los costos relativos a la distancia. El término C_{ij} combina la distancia y un factor de ponderación dentro de un solo factor. Esto asume no sólo que la dificultad del movimiento es igual sino que los costos de recoger y dejar son constantes. Aunque no es siempre el caso, por el momento se resumirán estos datos (costo, dificultad, y costos de recoger y dejar) en ésta única variable. La mejor manera para entender los pasos de la distribución del proceso es revisando un ejemplo.

ejemplo 1

La administración de la Walters Company desea arreglar los seis departamentos de su fábrica de manera que se reduzcan los costos de manejo de materiales interdepartamentalmente. Ellos hacen la suposición inicial (para simplificar el problema) de que cada departamento es de 20 x 20 pies y de que el edificio es de 60 pies de largo y de 40 pies de ancho. El procedimiento de la distribución del proceso que ellos siguen involucra seis pasos.

Paso 1. *Construir una "matriz desde-hacia"* mostrando el flujo de partes o materiales desde un departamento hacia otro departamento (figura 8.2).

Paso 2. *Determinar los requerimientos de espacio* para cada departamento. La figura 8.3 muestra el espacio de planta disponible.

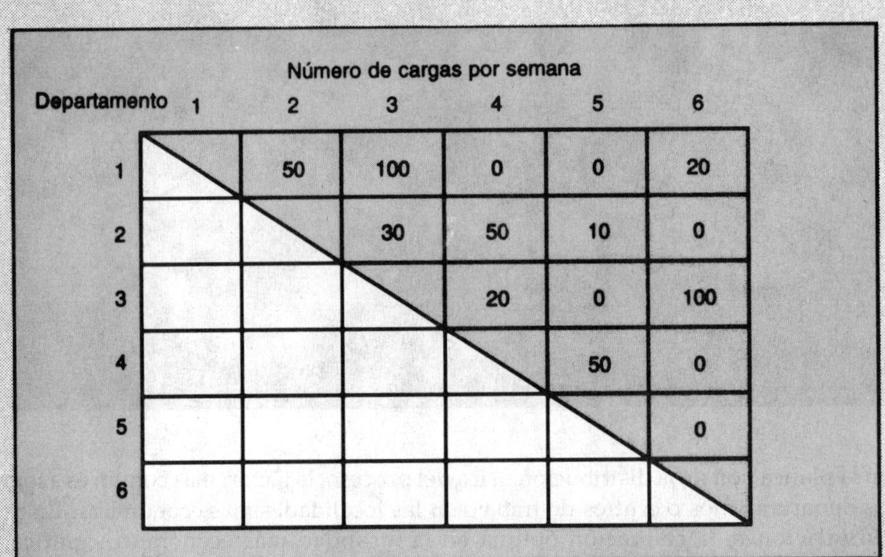

Número de cargas por semana

Departamento	1	2	3	4	5	6
1		50	100	0	0	20
2			30	50	10	0
3				20	0	100
4					50	0
5						0
6						

FIGURA 8.2 Flujo interdepartamental de partes. Los flujos altos entre 1 y 3, y 3 y 6 son visibles inmediatamente. Los departamentos 1, 3 y 6, por lo tanto, deben estar cercanos entre ellos.

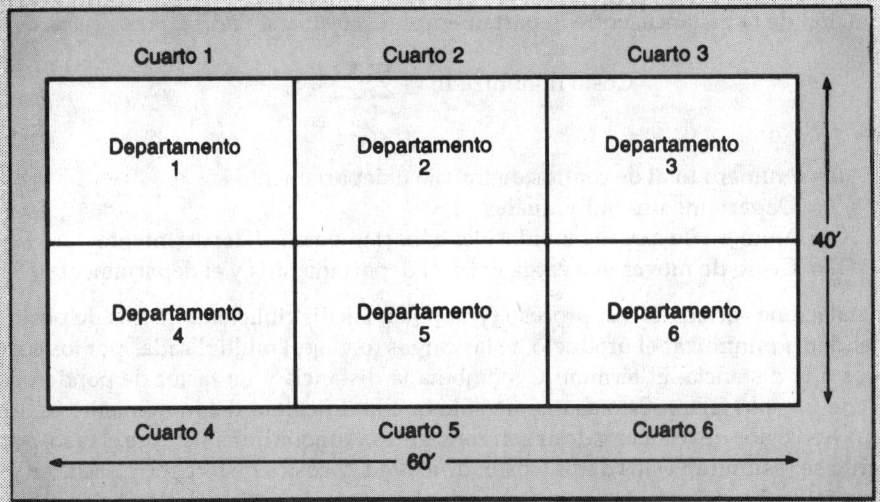

FIGURA 8.3 Dimensiones de la edificación y una posible distribución de departamentos.

Paso 3. *Desarrollar un diagrama esquemático inicial* mostrando la secuencia de departamentos a través de los cuales las partes se tendrán que desplazar. Intentar colocar los departamentos con un flujo pesado de materiales o partes a continuación uno de otro. (Véase la figura 8.4).

Paso 4. *Determinar el costo* de esta distribución mediante la utilización de la ecuación de costo por manejo de materiales mostrada anteriormente; es decir:

$$\text{Costo} = \sum_{i}^{n} \sum_{j}^{n} X_{ij}\, C_{ij}$$

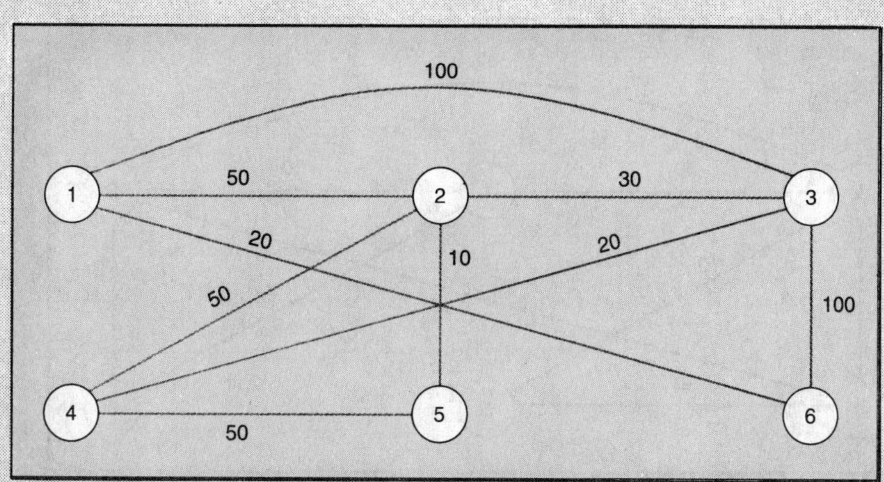

FIGURA 8.4 Diagrama de flujo interdepartamental que muestra el número de cargas semanales.

Para este problema, la Walters Company asume que un montacarga lleva todas las cargas interdepartamentales. El costo de mover una carga entre departamentos adyacentes está estimada en 1 dólar. Mover la carga entre departamentos no adyacentes cuesta 2 dólares. Por lo tanto, el costo de manejo (en dólares) entre los departamentos 1 y 2 es de \$50 (\$1 × 50 cargas), \$200 entre los departamentos 1 y 3 (\$2 × 100 cargas), \$40 entre los departamentos 1 y 6 (\$2 × 20 cargas), y así sucesivamente. El costo total para la distribución mostrada en la figura 8.4 es, entonces:

$$
\begin{aligned}
\text{Costo} = &\ \underset{(1\text{ y }2)}{\$50} + \underset{(1\text{ y }3)}{\$200} + \underset{(1\text{ y }6)}{\$40} + \underset{(2\text{ y }3)}{\$30} + \underset{(2\text{ y }4)}{\$50} \\
&+ \underset{(2\text{ y }5)}{\$10} + \underset{(3\text{ y }4)}{\$40} + \underset{(3\text{ y }6)}{\$100} + \underset{(4\text{ y }5)}{\$50} \\
= &\ \$570
\end{aligned}
$$

Paso 5. Mediante prueba y error (o por algún sistema de programación de computadora más sofisticado que será discutido en breve), *intentar mejorar esta distribución* para establecer un arreglo adecuado de los departamentos.

Observando tanto la gráfica de flujo como los cálculos de costos, parece conveniente acercar a los departamentos 1 y 3. Actualmente no son adyacentes, y el alto volumen de flujo entre ellos provoca un gran costo de manejo. Revisando la situación, se necesita evaluar las consecuencias de cambio entre ambos departamentos, porque existe la posibilidad de que los gastos totales experimenten un incremento, en lugar de una disminución.

Una posibilidad es cambiar los departamentos 1 y 2. Este intercambio produce la segunda gráfica de flujo de departamentos (figura 8.5), la cual muestra que es posible reducir el costo a 480 dólares, con un ahorro en manejo de materiales de 90 dólares.

$$
\begin{aligned}
\text{Costo} = &\ \underset{(1\text{ y }2)}{\$50} + \underset{(1\text{ y }3)}{\$100} + \underset{(1\text{ y }6)}{\$20} + \underset{(2\text{ y }3)}{\$60} + \underset{(2\text{ y }4)}{\$50} \\
&+ \underset{(2\text{ y }5)}{\$10} + \underset{(3\text{ y }4)}{\$40} + \underset{(3\text{ y }6)}{\$100} + \underset{(4\text{ y }5)}{\$50} \\
= &\ \$480
\end{aligned}
$$

Pero ésta es únicamente, una de las alternativas de la gran cantidad de cambios posibles. ¡Para un problema de seis departamentos existen en realidad 720 arreglos

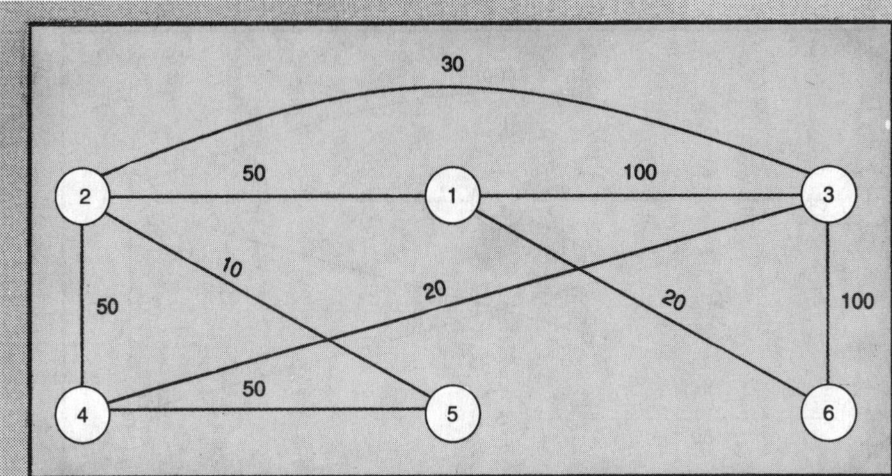

FIGURA 8.5 Segundo diagrama de flujo interdepartamental.

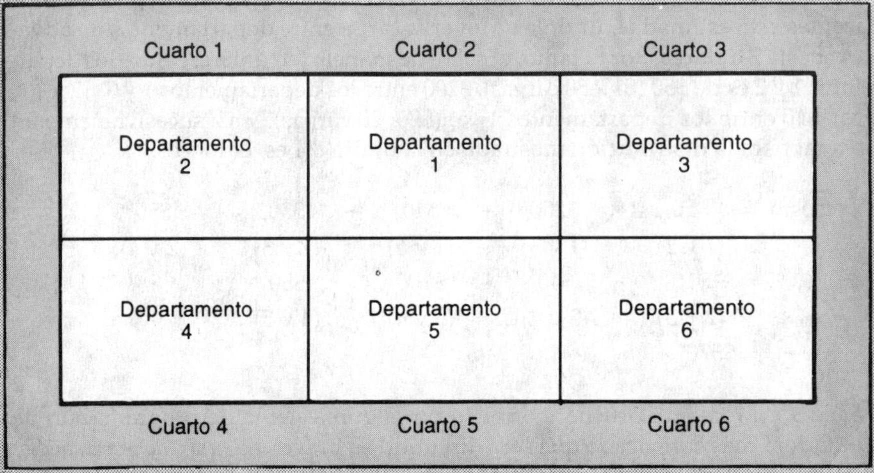

Cuarto 1	Cuarto 2	Cuarto 3
Departamento 2	Departamento 1	Departamento 3
Departamento 4	Departamento 5	Departamento 6
Cuarto 4	Cuarto 5	Cuarto 6

FIGURA 8.6 Una disposición factible para la Walters Company.

potenciales. Es decir $6! = 6 \times 5 \times 4 \times 3 \times 2 \times 1$. En los problemas de distribución, rara vez se logra una solución óptima y se debe estar satisfecho con una "razonable"; lograda después de algunos intentos. Supóngase que la Walters Company está satisfecha con el cálculo del costo de 480 dólares y el diagrama de flujo de la figura 8.5. El problema puede no estar resuelto aún. A menudo es necesario un sexto paso.

Paso 6. *Preparar un plan detallado* considerando el espacio o los requerimientos de tamaño de cada departamento; esto es, reubicar los departamentos para llenar la forma del edificio y sus áreas no movibles (tales como el muelle de carga, sanitarios y escaleras). A menudo este paso involucra asegurarse de que el plan final puede ser acomodado por el sistema eléctrico, cargas de piso, estética y otros factores.

En el caso de la Walters Company, los requerimientos de espacio son un asunto fácil de resolver (véase la figura 8.6).

Para una ilustración de la manera en que se puede utilizar AB:POM para resolver el ejemplo 1, véase el programa 8.1.

Programa 8.1 Programa de distribución de instalaciones de AB:POM aplicado a los datos de Walters Company. El programa realiza comparaciones por pares, intercambiando departamentos hasta que ningún cambio reduzca el importe total del movimiento. Los departamentos pueden tener nombre. Típicamente la matriz de distancia será simétrica. De no ser así, se deben hacer todas las entradas. La solución aparece del lado derecho de la impresión.

Data file: WALTERS — Operations Layout — Solution

Number of departments (1-6) 6

WALTERS COMPANY, EXAMPLE 1

Flow matrix

	Dept 1	Dept 2	Dept 3	Dept 4	Dept 5	Dept 6
Dept 1	0	50	100	0	0	20
Dept 2	0	0	30	50	10	0
Dept 3	0	0	0	20	0	100
Dept 4	0	0	0	0	50	0
Dept 5	0	0	0	0	0	0
Dept 6	0	0	0	0	0	0

Department	in	Room
Dept 1	in	Room 3
Dept 2	in	Room 5
Dept 3	in	Room 2
Dept 4	in	Room 4
Dept 5	in	Room 1
Dept 6	in	Room 6

Distance Matrix

	Room 1	Room 2	Room 3	Room 4	Room 5	Room 6
Room 1	0	1	2	1	1	2
Room 2	1	0	1	1	1	1
Room 3	2	1	0	2	1	1
Room 4	1	1	2	0	1	2
Room 5	1	1	1	1	0	1
Room 6	2	1	1	2	1	0

The total movement is 430

El sistema gráfico que se ha discutido es adecuado para los problemas pequeños.[1] Sin embargo, este método no es satisfactorio para los problemas más grandes. Cuando se involucran 20 departamentos en un problema de distribución, son posibles más de *600 trillones* diferentes de configuraciones de departamentos. Afortunadamente, se han desarrollado programas de computadora para manejar distribuciones de hasta 40 departamentos. El más conocido de estos es **CRAFT** (por sus siglas en inglés Computerized Relative Allocation of Facilities Technique: Técnica computarizada de asignación relativa de instalaciones)[2], un programa que produce soluciones "buenas", aunque no siempre "óptimas". CRAFT es una técnica de búsqueda que examina sistemáticamente rearreglos departamentales alternos para reducir el costo total de manejo de materiales. CRAFT tiene la ventaja adicional de permitir no solamente la carga y la distancia que debe ser examinada, sino también la introducción de un tercer factor, un índice de dificultad.

CRAFT

Las técnicas computarizadas se han desarrollado tanto para los casos de dos dimensiones, como para los de tres dimensiones—el caso de dos dimensiones, la instalación de un piso es tratada con éxito por CRAFT. El caso de tres dimensiones es una instalación de varios pisos y es tratada por **SPACECRAFT.**[3] Como se ha discutido, existen tanto técnicas manuales como por computadora.

SPACECRAFT

[1] Véase también Richard Muther, *Systematic Layout Planning*, 2da. ed. (Boston: Cahners, 1976) para un sistema similar al que el autor llama planeación simplificada de la distribución.

[2] E. S. Buffa, G. S. Armor, y T. E. Vollman, "Allocating Facilities with CRAFT", *Harvard Business Review* **42**, 2, (marzo-abril de 1964), pp. 136-159.

[3] R. V. Johnson, "SPACECRAFT for Multi-Floor Layout Planning", *Management Science* **28**, 4 (1982), pp. 407-417. Está disponible una discusión de CRAFT, COFAD, PLANET, CORELAP y AIDED en James M. Moore y James A. Tompkins, *Computer Aided Layout: A User´s Guide*, Publicación número 1 en la serie de mono-grafías, *Facilities Planning and Design Division*, American Institute of Industrial Engineers, Inc., 77-1.

Celdas de trabajo

Celda de trabajo

Un caso especial de distribución orientada al proceso es la celda de trabajo. Una **celda de trabajo** emplea máquinas que ordinariamente estarían dispersas en varios departamentos de proceso y las acomoda en un pequeño grupo de tal forma que las ventajas de los sistemas orientados al producto puedan ser logradas para soportar un lote en particular o una familia de lotes (figura 8.7). La celda de trabajo se construye alrededor del producto. Las ventajas de las celdas de trabajo son:

1. *Inventario reducido de trabajo en proceso*, porque la celda de trabajo se establece para ofrecer un flujo balanceado entre máquina y máquina.
2. Se requiere *menor espacio en piso*, porque al acomodar el inventario de trabajo en proceso, se necesita menos espacio entre las máquinas distribuidas en el área.
3. *Inventarios reducidos de materias primas y de bienes terminados*, porque el menor trabajo en el proceso permite un movimiento más rápido de materiales a través de la celda de trabajo.
4. *Costo reducido de mano de obra directa* debido a un mejor flujo de materiales y una programación mejorada. El tiempo para moverse desde una pieza a la otra y desde un lote dentro de la familia a otro se reduce sustancialmente.
5. *Gran sentimiento de participación del empleado* en la organización y en el producto, porque los empleados aceptan mayor responsabilidad para la calidad, y porque los problemas de calidad ya se han identificado con la celda de trabajo y el empleado.
6. *Mayor utilización del equipo y de la maquinaria* debido a la mejor programación y el flujo de materiales más acelerado.
7. *Inversión reducida en maquinaria y equipo* debido a que una buena utilización de las instalaciones reduce el número de máquinas y la cantidad de equipo y herramientas.

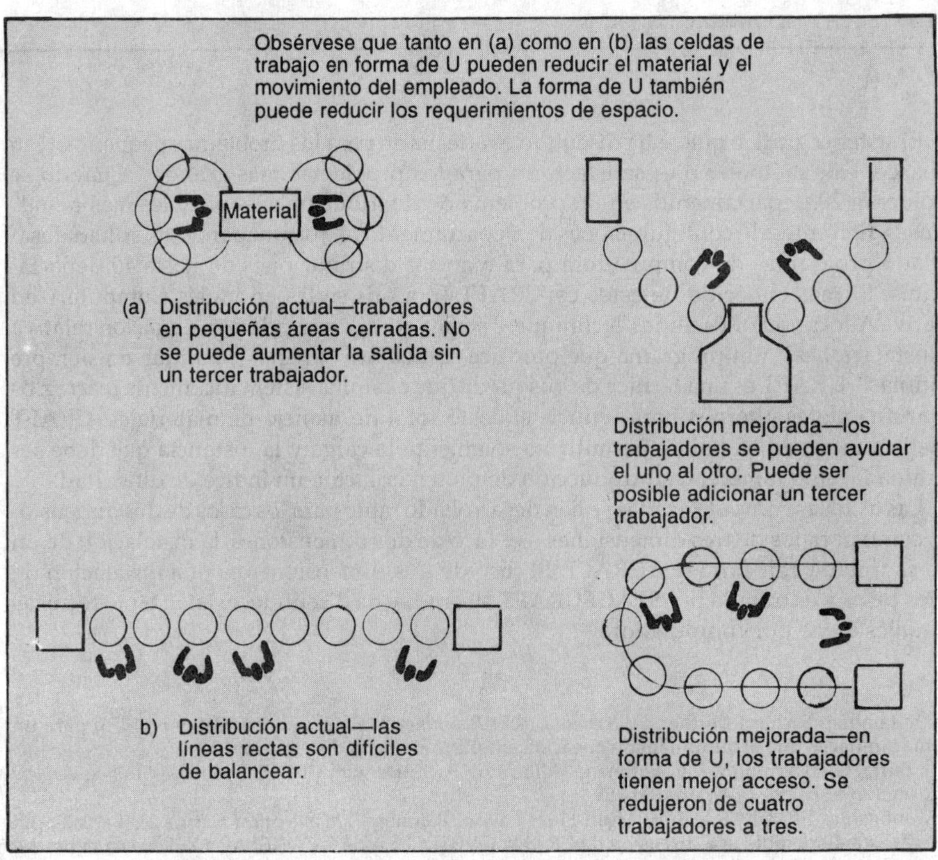

FIGURA 8.7 Mejora de la distribución al moverse hacia el concepto de celda de trabajo.

TABLA 8.2 Celdas de trabajo, celdas de trabajo enfocadas y la fábrica enfocada.

CELDA DE TRABAJO	CENTRO DE TRABAJO ENFOCADO	FÁBRICA ENFOCADA
Una celda de trabajo es un arreglo temporal de máquinas y personal orientados al producto en lo que generalmente es una instalación orientada al proceso. *Ejemplo:* un taller de trabajo con maquinaria y personal reacomodado para producir 30 paneles de control únicos.	Un centro de trabajo enfocado es un arreglo permanente de máquinas y personal orientados al producto en lo que normalmente es una instalación orientada al proceso. *Ejemplo:* manufactura de ménsulas para tubería en un astillero.	Una fábrica enfocada es una instalación permanente, donde se producen bienes o componentes en una instalación orientada al producto. Muchas de las fábricas enfocadas, que actualmente se construyen en Estados Unidos, fueron originalmente parte de una instalación enfocada al proceso. *Ejemplo:* una planta para producir mecanismos de ventanas para automóviles.

Los requerimientos para la producción celular incluyen:

1. códigos de tecnología de grupo o su equivalente;
2. un alto nivel de entrenamiento y flexibilidad de parte de los empleados;
3. ya sea soporte de asesoría o bien, empleados flexibles, con imaginación para establecer, desde el inicio las celdas de trabajo.

Se describen varias formas de celdas de trabajo en la tabla 8.2.

Centro de trabajo enfocado y la fábrica enfocada

Cuando una empresa ha *identificado una gran familia de productos semejantes, y que el pronóstico de un volumen adecuado es estable,* se puede organizar un centro de trabajo enfocado. Un **centro de trabajo enfocado** mueve la producción de una instalación de propósito general, orientada al proceso, a una gran celda de trabajo. La gran celda de trabajo puede ser una parte de la planta existente, en cuyo caso se puede llamar un centro de trabajo enfocado. O se puede separar y ser llamada una **fábrica enfocada.** Un restaurante de comida rápida es una fábrica enfocada. Burger King, por ejemplo, cambia el número de personal y las asignaciones de tareas, en lugar de mover las máquinas y el equipo. De esta manera, balancean la línea de ensamble para cumplir con las variaciones de la demanda de producción. En efecto, la "distribución" cambia numerosas veces cada día.

Centro de trabajo enfocado

Fábrica enfocada

El término *fábricas enfocadas* también se puede referir a las instalaciones que están encauzadas de forma distinta a la línea de producto o distribución. Por ejemplo, una instalación puede estar enfocada al cumplimiento de la calidad, la introducción de un producto nuevo o los requerimientos de flexibilidad.[4]

Las instalaciones enfocadas en la manufactura y en los servicios parecen estar más capacitadas para mantenerse en armonía con los clientes, producir bienes de calidad u operar con márgenes más altos. Esto es cierto ya sea que se trate de pequeñas fundiciones de acero tales como SMI, Nucor o Chaparral, o restaurantes tales como McDonald´s y Burger King.

DISTRIBUCIÓN FÍSICA DE LA OFICINA

Los criterios que se toman para un sistema racional en la distribución física de la oficina, en términos de flujo de trabajo, son los mismos que para la manufactura de bienes tangibles. Es decir, se pueden organizar tanto alrededor de procesos, como de productos. En la mayoría de las organizaciones, sin embargo, existe un terreno en medio donde, por ejemplo, el departamento de cuentas por cobrar maneja los cobros, el departamento de órdenes maneja las órdenes que entran y el departamento de cuentas por pagar maneja los resultados de las compras y otras cuentas. El terreno medio se correlaciona con las organizaciones celulares arregladas y rearregladas, como procedimientos de trabajo y cambios de volumen. El rearreglo frecuente de las oficinas es testigo de la flexibilidad de esta relación celular.

[4] Véase, por ejemplo, Wickham Skinner, "The Focused Factory", *Harvard Business Review* **52,** 3 (mayo-junio de 1974), pp. 113-121.

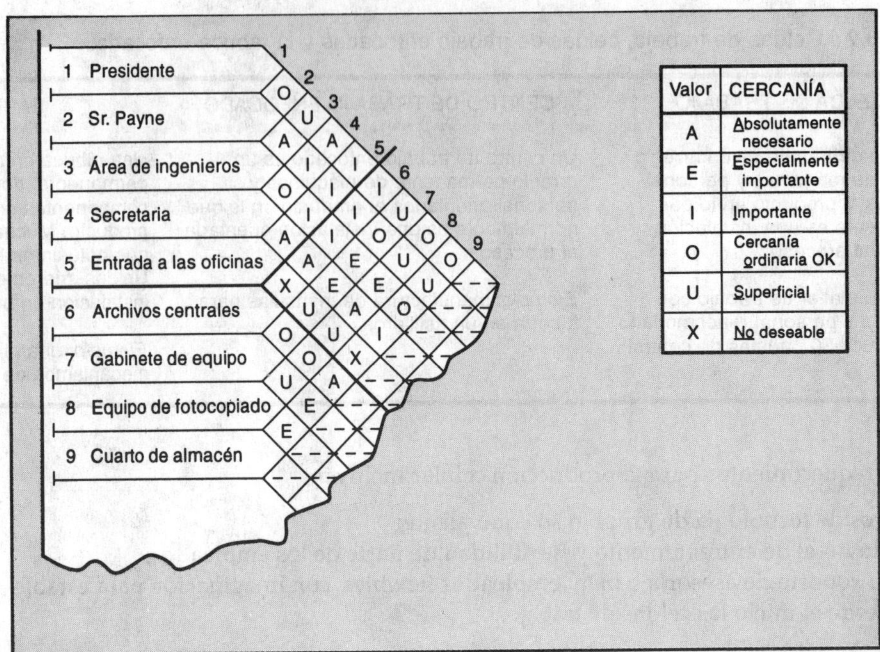

FIGURA 8.8 Gráfica de relación en la oficina. (*Fuente:* Adaptación de Richard Muther, *Systematic Layout Planning*, 2da. ed. Boston: Cahners Publishing Company, 1973. Utilizada bajo permiso del editor.)

La figura 8.8 muestra una gráfica de relación. Es una forma extremadamente efectiva para planear las actividades de la oficina. Esta gráfica, preparada para una oficina de ingenieros consultores, indica que el Sr. Payne debe estar (1) cerca del área de ingenieros, (2) menos cerca de la secretaria y los archivos centrales y (3) nada cercano de la fotocopiadora o del cuarto de almacén.

Existen consideraciones de distribución física adicionales (algunas de las cuales se aplican tanto a una fábrica como a una oficina). Estas son consideraciones relacionadas con el trabajo en grupo, la autoridad y el estatus. ¿Debe tener aire acondicionado toda o solamente parte del área de trabajo? ¿Deben utilizar todos los empleados la misma entrada, sanitarios, casilleros y cafetería? Como se mencionó anteriormente, las decisiones de la distribución son parte arte y parte ciencia. El lado de la ciencia, como el flujo de papel en una oficina, se puede analizar de la misma manera que el flujo de partes en una distribución por proceso.

DISTRIBUCIÓN FÍSICA DE DETALLISTA/SERVICIO

Una hipótesis que ha sido ampliamente aceptada para el caso de los detallistas es que las ventas varían directamente con la exposición del cliente a los productos. Consecuentemente, un requisito para la buena utilidad es la exposición de los clientes a tantos productos como sea posible. Los estudios muestran que mientras más alta sea la tasa de exposición, mayores serán las ventas; en consecuencia, un mayor retorno sobre la inversión. El administrador de operaciones tiene que manipular dos diferentes variables. Ellas son:

1. el arreglo total o el patrón de flujo para la tienda;
2. La distribución del espacio dentro de ese arreglo de varios productos.

Son útiles cinco ideas para determinar el arreglo global de muchas tiendas.

1. Localizar los productos que generan altas ventas alrededor de la periferia de la tienda. Entonces, se tiende a encontrar productos lácteos en un lado del supermercado, y pan y productos de pastelería en otro.
2. Utilizar localizaciones prominentes para productos de alto impulso y de gran margen tales como artículos domésticos, productos de belleza y champú.

3. Distribuir lo que se conoce como "artículos poderosos" (productos que pueden dominar un viaje de compras) a ambos lados del pasillo, y dispersarlos para incrementar la vista de otros artículos.
4. Utilizar las localizaciones al final de los pasillos porque tienen un muy alto grado de exposición.
5. Transmitir la imagen de la tienda mediante la cuidadosa selección en la ubicación del departamento líder. Algunas tiendas localizarán la pastelería y salchichonería al frente para atraer a los clientes orientados a la comodidad que desean para preparar alimentos.

Federal Mogul, un gran fabricante de partes de motor de automóvil, hizo un cambio radical a la distribución de su moderno centro de distribución en Alabama. Con más de 50 000 artículos diferentes de inventario que deben ser almacenados, recobrados, tomados, empacados y embarcados, un sistema no automatizado simplemente no hubiera trabajado. La solución fue un sistema de almacenamiento y recuperación automatizado de 70 pies de altura por siete millas, con 26 pasillos y un riel de 24 pies de altura con un sistema de vehículo de recolección guiado, y una dosis generosa de control por computadora.

Con estas cinco ideas en la mente, se puede pasar a la segunda fase de la distribución física de las tiendas detallistas, la cual es la asignación del espacio para los varios productos.

El *objetivo de la distribución física detallista es maximizar la utilidad por pie cuadrado de espacio en el estante.* Los criterios pueden ser modificados, de acuerdo con las necesidades de la línea de producto mediante el empleo del pie lineal de espacio del estante, en lugar del pie cuadrado en el espacio de estante. Los artículos de lujo o costosos, pueden generar una venta mayor en dólares, pero la utilidad por pie cuadrado puede ser menor. Existe una cantidad de programas computarizados que pueden ayudar a los administradores a evaluar la utilidad de varias mercancías. Uno, el SLIM (por sus siglas en inglés Store Labor and Inventory Management: Administración de mano de obra e inventario para tienda), puede ayudar a los administradores de tiendas a determinar cuándo es adecuado el espacio en el anaquel para acomodar otra caja completa.

Otro paquete de software es COSMOS (por sus siglas en inglés Computerized Optimization and Simulation Modeling for Operating Supermarkets: Modelo computarizado de optimización y simulación para la operación de supermercados), el cual iguala el espacio de anaquel con programas de entrega, asignando espacio suficiente para minimizar la falta de inventario entre cargas.

DISTRIBUCIÓN FÍSICA DEL ALMACÉN

El objetivo de la *distribución física del almacén* es encontrar el intercambio óptimo entre los costos de manejo y el espacio en almacén. Consecuentemente, la administración debe optimizar la utilización del "cubo" total del almacén; utilizar el volumen completo, mientras se mantienen bajos los costos de manejo de materiales. Se definen los costos de manejo de materiales como todos los costos relacionados con el transporte de entrada, almacenamiento y transporte de salida de material. Estos costos incluyen el equipo, la gente, material, supervisión, seguro y depreciación. La distribución física efectiva de almacén debe, desde luego, también minimizar el daño y maltrato del material dentro del almacén. La administración reduce la suma de los recursos que se gastan en encontrar y mover el material, más el deterioro y daño del material mismo. La variedad de artículos almacenados y el número de artículos "levantados" tiene relación directa sobre la distribución óptima. Un almacén que guarda unos cuantos artículos se presta a mayor densidad que un almacén que guarda una variedad de artículos. La administración del almacén moderno es, en muchos casos, un procedimiento automatizado que emplea grúas automáticas de apilamiento, bandas transportadoras y controles sofisticados que manejan el flujo de materiales.

DISTRIBUCIÓN FÍSICA ORIENTADA AL PRODUCTO

Las *distribuciones físicas orientadas al producto* están organizadas alrededor de un producto o de una familia de bienes similares de gran volumen y baja variedad. Las suposiciones son:

1. El volumen es adecuado para la utilización de gran equipo.
2. La demanda del producto es lo suficientemente estable para satisfacer la gran inversión en equipo especializado.
3. El producto se ha estandarizado o alcanzó una fase en su ciclo de vida, que justifica la inversión en equipo especializado.

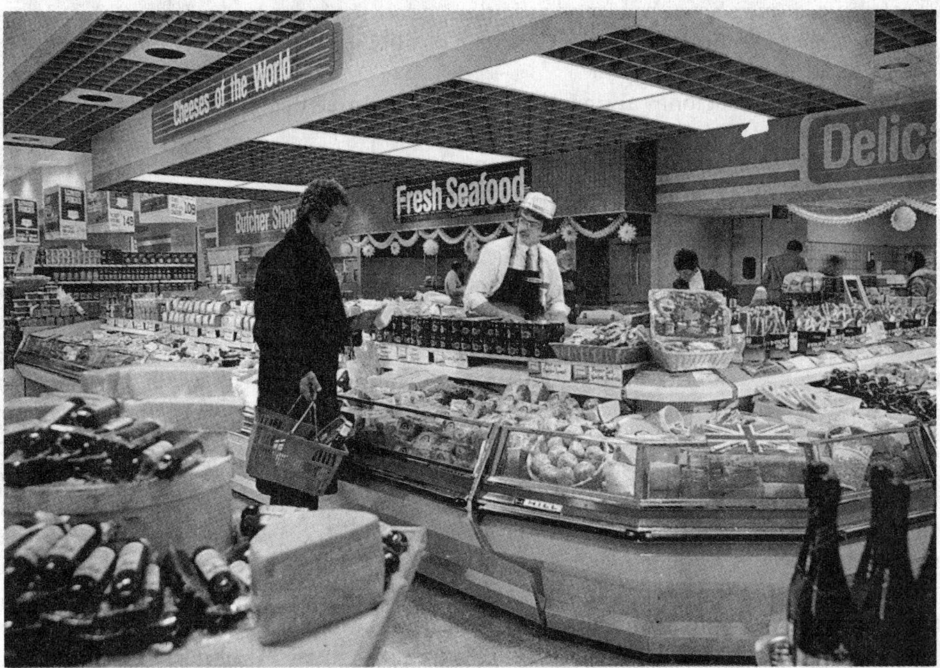

La demografía y los patrones de compra están causando a la industria de supermercados replantear el concepto de distribución de la tienda. En forma creciente, el supermercado tiene que competir, por cada dólar del consumidor, contra los restaurantes que venden comida para llevar y los de comida rápida. El supermercado contemporáneo puede incluir ahora un restaurante de comida rápida, una salchichonería, un laboratorio fotográfico, una tienda de videos y un lugar para hacer sus operaciones de banco y pagar sus cuentas. Los artículos de gran demanda, tales como la carne, lácteos, pastelería y verduras, pueden mantenerse en el extremo lejano de la tienda, pero los artículos de alto margen como las carnes frías, alimentos de gourmet, la farmacia, la vinatería, y los cosméticos están localizados en lugares donde exista una máxima exposición. Y una variedad de otros servicios se han adicionado para atraer clientes.

4. Las provisiones de materia prima y componentes son adecuadas y de calidad uniforme (estandarizadas) para garantizar que trabajarán en forma apropiada con el equipo especializado.

Línea de fabricación

Línea de ensamble

Una versión de una distribución orientada al producto es una línea de fabricación; otra es una línea de ensamble. La **línea de fabricación** construye componentes, tales como llantas para automóvil o partes metálicas para un refrigerador, en una serie de máquinas. Una **línea de ensamble** junta las partes fabricadas en una serie de estaciones de trabajo. Ambas pertenecen a los procesos repetitivos discutidos en el capítulo 5, y en ambos casos la línea debe estar balanceada. Es decir, el trabajo llevado a cabo en una máquina debe balancear el trabajo realizado en la siguiente máquina en la línea de fabricación, de la misma manera en que se debe balancear la actividad realizada por un empleado en una estación de trabajo, dentro de una línea de ensamble, esto mismo debe llevarse a cabo con el trabajo hecho en la siguiente estación de trabajo por el siguiente empleado.

Las líneas de fabricación tienden a estar acompasadas por la máquina, y requieren cambios mecánicos y de ingeniería para facilitar el balanceo. Por otro lado las líneas de ensamble tienden a ser acompasadas por tareas de trabajo asignadas a individuos o a estaciones de trabajo. Las líneas de ensamble, por lo tanto, pueden ser balanceadas moviendo las tareas de un individuo a otro. De esta manera, la cantidad de *tiempo* requerido por cada individuo o estación se iguala.

El problema central en la planeación de la distribución orientada al producto es balancear la salida de cada estación de trabajo en la línea de producción, de tal forma que sea casi igual, mientras se obtiene la cantidad de salida deseada. La meta de la administración es crear un flujo continuo suave sobre la línea de ensamble, con un mínimo de tiempo ocioso en cada estación de trabajo de la persona. Una línea de ensamble bien balanceada tiene la ventaja de la gran utilización del personal, y de la instalación *y* equidad entre las cargas de trabajo de los empleados. Algunos contratos de sindicatos incluyen un requerimiento, las cargas de trabajo serán casi iguales entre aquellos en la misma línea de ensamble. El término más frecuentemente utilizado para describir este proceso es el **balanceo de la línea de ensamble.** En realidad el *objetivo de la distribución orientada al producto es minimizar el desbalance en la línea de fabricación o ensamble.*

Balanceo de la línea de ensamble

La ventaja principal de la distribución física orientada al producto es el bajo costo variable por unidad, generalmente asociado con los productos estandarizados y de gran volumen. La distribución física orientada al producto también mantiene bajos los costos de manejo de materiales, reduce los inventarios de trabajo en proceso, y facilita el entrenamiento y la supervisión. Estas ventajas a menudo superan las desventajas de la distribución por producto, principalmente:

1. Se requieren altos volúmenes debido a la gran inversión necesaria para establecer el proceso.
2. La detención del trabajo, en cualquier punto, restringe la operación completamente.
3. Existe poca flexibilidad en las tasas de producción o cuando se manufactura una variedad de productos.

Ya que los problemas de las líneas de fabricación y las líneas de ensamble son similares, se entablará la discusión en términos de una línea de ensamble. En una línea de ensamble, el producto generalmente se mueve vía medios automatizados, tal como una

Boeing, el empleador más grande de Seattle y el fabricante de jets comerciales más grande del mundo, emplea una construcción modular para el ensamblaje del jet en sus "partes": cola, sección de cuerpo de popa, sección central del cuerpo, alas, cuerpo frontal y nariz, se unen en una distribución de posición fija. Los trabajadores juntan las secciones del cuerpo "poco a poco", midiéndolas y nivelándolas para un ensamble perfecto. El tren de aterrizaje se instala y el avión está listo para la primera de sus cinco operaciones finales de líneas de ensamble.

En la primera posición de la línea de ensamble, se instalan los hidráulicos, alas y aire acondicionado. Después, los cables son enganchados a los alerones, tablillas, puertas y tren de aterrizaje. En la posición 3, se instalan los interiores (cocinas, baños, videos, rampas de seguridad). Luego se instalan los asientos, compartimientos superiores y las particiones. En la siguiente etapa se instala la aviónica de la cabina junto con los motores jet.

En la estación final de línea de ensamble, se perfeccionan los interiores y las conexiones del motor, y se realizan las pruebas de vibración. El avión se mueve entonces a otro edificio para un trabajo de pintura que lleva tres días.

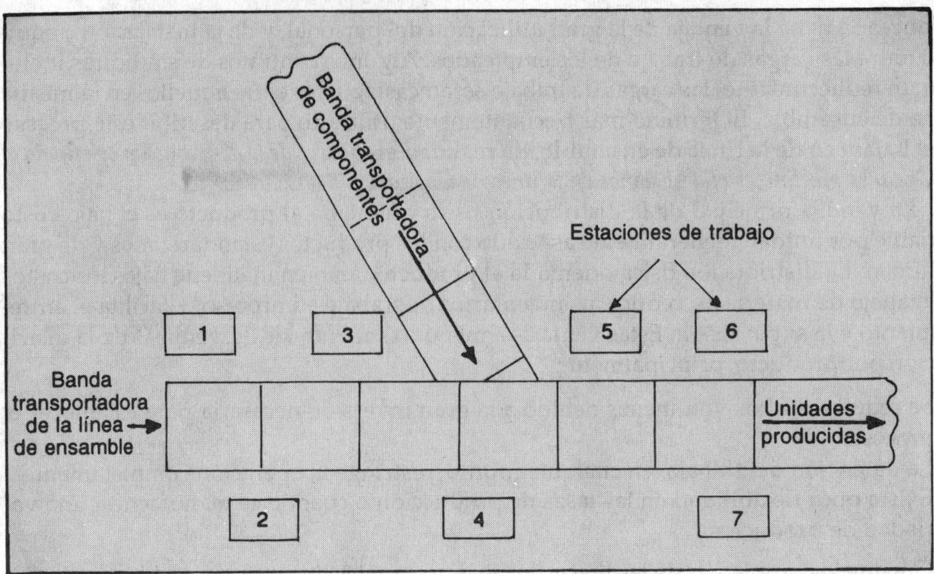

Figura 8.9 Una distribución de una línea de ensamble.

banda de transportación, a través de una serie de estaciones de trabajo hasta que se complete (figura 8.9). Esta es la manera en que se ensamblan los automóviles, y se producen los aparatos de televisión y los hornos, o las hamburguesas de comida rápida. La distribución física orientada al producto utiliza más equipo automatizado y diseñado especialmente, que la distribución física por proceso.

Balanceo de la línea de ensamble

El balanceo de la línea generalmente se lleva a cabo para minimizar el desbalance entre las máquinas o el personal, mientras se logra la salida requerida de la línea. Con el fin de producir a una tasa específica, la administración debe conocer las herramientas, equipo y métodos de trabajo utilizados. Después, se deben determinar los requerimientos de tiempo para cada tarea de ensamble (tal como barrenar un agujero, apretar una tuerca o pintar con aerosol una parte). La administración también debe conocer la relación precedente entre las actividades, esto es, la secuencia en que se necesitan desarrollar todas las tareas. Se construirá una gráfica de precedencia para los datos de las tareas presentadas en el ejemplo 2.

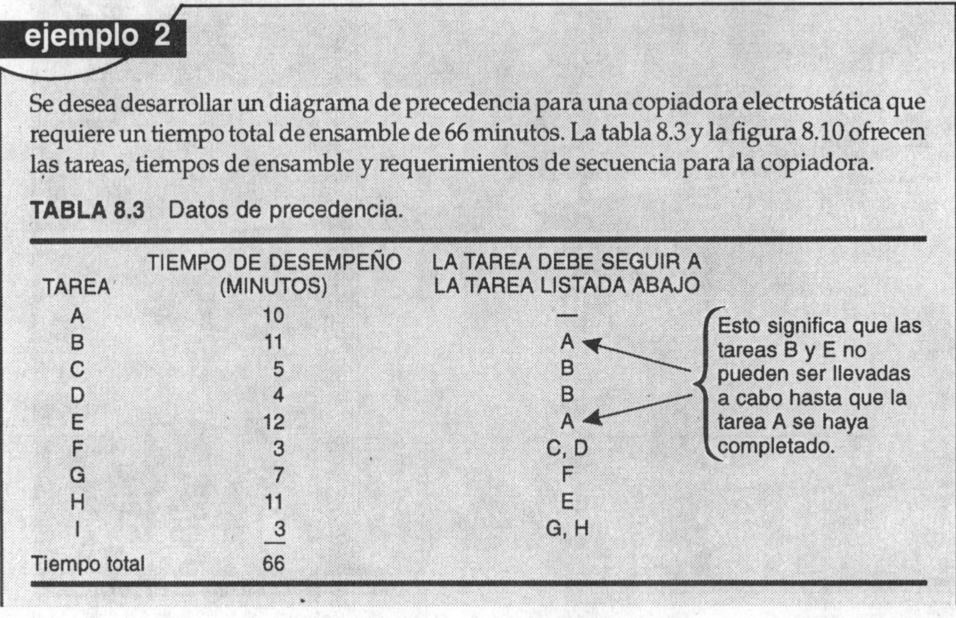

ejemplo 2

Se desea desarrollar un diagrama de precedencia para una copiadora electrostática que requiere un tiempo total de ensamble de 66 minutos. La tabla 8.3 y la figura 8.10 ofrecen las tareas, tiempos de ensamble y requerimientos de secuencia para la copiadora.

TABLA 8.3 Datos de precedencia.

TAREA	TIEMPO DE DESEMPEÑO (MINUTOS)	LA TAREA DEBE SEGUIR A LA TAREA LISTADA ABAJO
A	10	—
B	11	A
C	5	B
D	4	B
E	12	A
F	3	C, D
G	7	F
H	11	E
I	3	G, H
Tiempo total	66	

Esto significa que las tareas B y E no pueden ser llevadas a cabo hasta que la tarea A se haya completado.

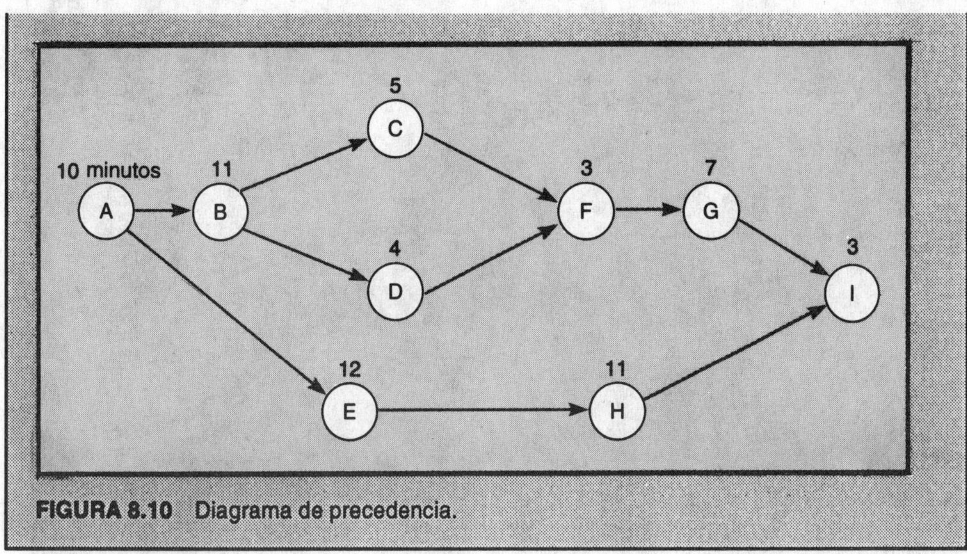

FIGURA 8.10 Diagrama de precedencia.

Una vez que se ha construido un diagrama de precedencia que resume las secuencias y los tiempos de desempeño, se puede pasar a la labor de agrupar las tareas en estaciones de trabajo para cumplir las tasas de producción especificadas. Este proceso involucra tres pasos:

Tiempo del ciclo

1. Tomar la demanda (o tasa de producción) por día y dividirla entre el tiempo productivo por día (en minutos o segundos). Esta operación genera lo que se llama el **tiempo del ciclo,** es decir, el tiempo en que el producto está disponible en cada estación de trabajo:

$$\text{Tiempo del ciclo} = \frac{\text{Tiempo de producción disponible por día}}{\text{Demanda por día o tasa de producción por día}}$$

2. Calcular el número teórico mínimo de estaciones de trabajo. Éste es el tiempo total de duración de la tarea, dividido entre el tiempo del ciclo. Las fracciones se redondean al siguiente número entero superior.

$$\text{Número mínimo de estaciones de trabajo} = \frac{\sum_{i=1}^{m} \text{Tiempo para la tarea } i}{\text{Tiempo del ciclo}}$$

   donde m es el número de tareas de ensamble.

3. Llevar a cabo el balanceo de la línea, al asignar tareas de ensamble específicas para cada estación de trabajo. Un balance eficiente es aquel que completará el ensamble requerido, seguir la secuencia especificada y mantener el mínimo tiempo ocioso en cada estación de trabajo. Un procedimiento formal para llevar a cabo este punto es:

   a) Identificar una lista maestra de elementos de trabajo.
   b) Eliminar aquellos elementos de trabajo que han sido asignados.
   c) Eliminar aquellos elementos de trabajo cuya relación precedente no ha sido todavía satisfecha.
   d) Eliminar aquellos elementos para los cuales hay un tiempo disponible inadecuado en la estación de trabajo.
   e) Identificar una unidad de trabajo que pueda ser asignada, tal como la primera unidad de trabajo en la lista, la última unidad de trabajo en la lista, la unidad de trabajo con el tiempo más corto, la unidad de trabajo con el tiempo más largo, una unidad de trabajo seleccionada aleatoriamente, o con algún otro criterio.
   f) Repetir (regresar al paso *a*) hasta que todos los elementos hayan sido asignados.

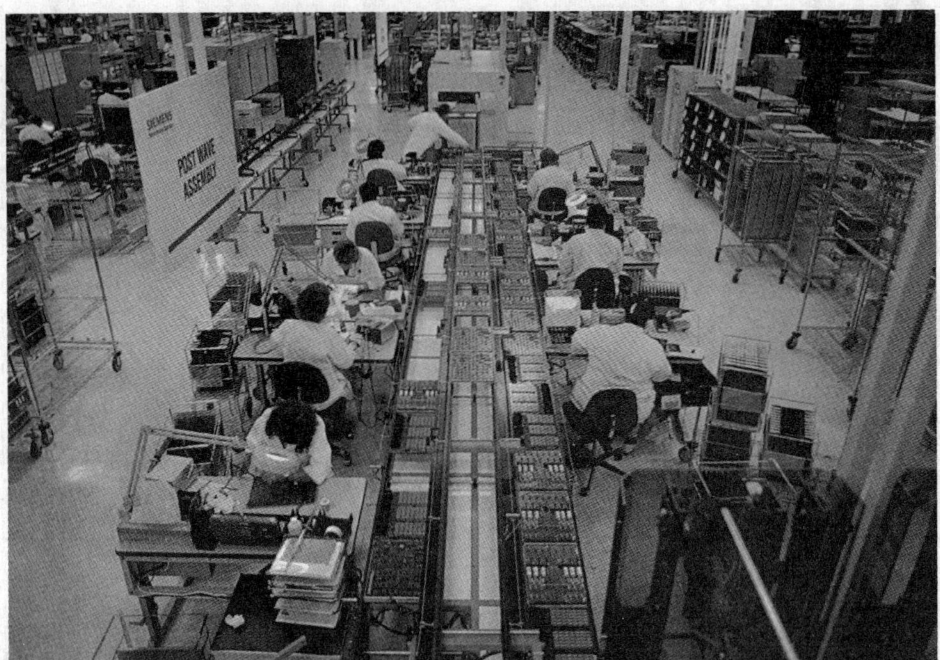

Siemens, el gigante electrónico de 46 mil millones de dólares anuales, es la corporación más grande de Alemania y la segunda en tamaño a nivel mundial, después de la General Motors. Este manufacturador de clase mundial es un líder en los sistemas de switcheo telefónico, el cual permite a los solicitantes comunicarse a través de grandes tableros de switches en las centrales. 32 de estos sistemas de switcheo de Siemens son ensamblados en esta línea, totalmente automatizada, con manufactura integrada por computadora (CIM). Cerca de otros 700 productos se procesan en líneas semiautomatizadas controladas por computadoras.

El ejemplo 3 ilustra un procedimiento simple de balanceo de línea.

ejemplo 3

Sobre la base del diagrama de precedencia y los tiempos de actividad dados en el ejemplo 2, la empresa determina que hay 480 minutos productivos de trabajo disponible por día. Más aún, el programa de producción requiere que se terminen 40 unidades, como rendimiento de la línea de ensamble por día. Por lo tanto:

$$\text{Tiempo del ciclo (en minutos)} = \frac{480 \text{ minutos}}{40 \text{ unidades}}$$

$$= 12 \text{ minutos/unidad}$$

$$\text{Número mínimo de estaciones de trabajo} = \frac{\text{tiempo total de la tarea}}{\text{tiempo del ciclo}} = \frac{66}{12}$$

$$= 5.5 \text{ o } 6 \text{ estaciones}$$

La figura 8.11 muestra una solución que no viola los requerimientos de secuencia y en la cual las tareas se agrupan en seis estaciones. Para obtener la solución, las actividades apropiadas se movieron hacia las estaciones de trabajo que utilizan los 12 minutos establecidos en el ciclo, tanto como sea posible. La primera estación de trabajo consume 10 minutos y tiene un tiempo de descanso de 2 minutos.

La segunda estación de trabajo utiliza 11 minutos, y la tercera consume los 12 minutos totalmente. La cuarta estación de trabajo agrupa tres pequeñas tareas y las

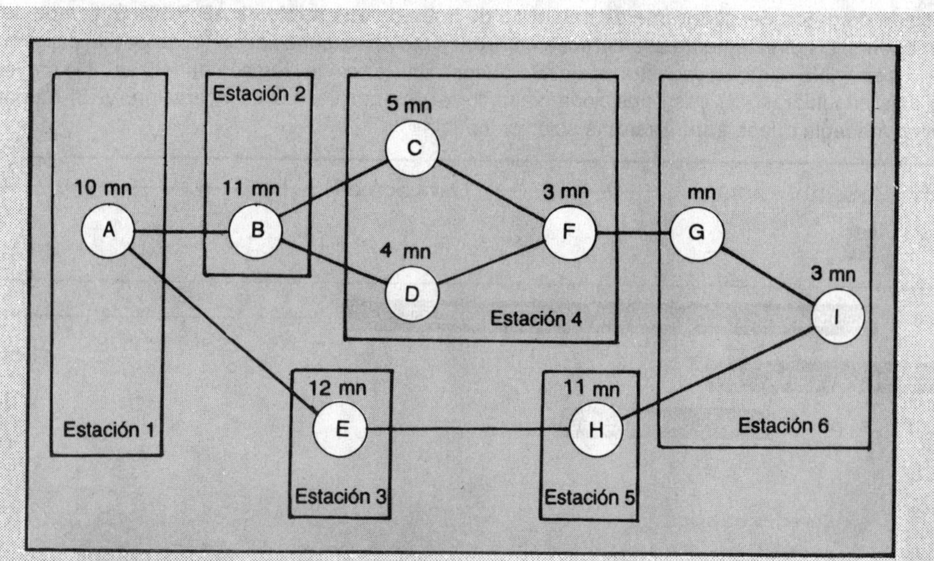

FIGURA 8.11 Una solución de seis estaciones para el problema del balanceo de línea.

balancea perfectamente en 12 minutos. La quinta tiene 1 minuto de tiempo ocioso; la sexta (consistente en las tareas G e I) tiene 2 minutos de tiempo ocioso por ciclo. El tiempo ocioso total para esta solución es de seis minutos por ciclo.

Para una ilustración de cómo se puede utilizar AB:POM para resolver el ejemplo 3, véanse los programas 8.2 y 8.3.

Se puede calcular la eficiencia de un balanceo de línea, al dividir el tiempo total de las tareas entre el producto del número de estaciones de trabajo, multiplicado por el tiempo asignado del ciclo.

$$\text{Eficiencia} = \frac{\sum \text{Tiempos de las tareas}}{(\text{Número de estaciones de trabajo}) \times (\text{Tiempo asignado del ciclo})}$$

La administración compara a menudo diferentes niveles de eficiencia para varios números de estaciones de trabajo. De esta manera, la empresa puede determinar la sensibilidad de la línea a los cambios, en la tasa de producción y las asignaciones de las estaciones de trabajo.

ejemplo 4

Se puede calcular la eficiencia del balanceo para el ejemplo 3 de la siguiente manera:

$$\text{Eficiencia} = \frac{66 \text{ minutos}}{(6 \text{ estaciones}) \times (12 \text{ minutos})} = \frac{66}{72} = 91.7\ \%$$

La apertura de una séptima estación de trabajo, por cualquier motivo, disminuiría la eficiencia del balanceo al 78.6%:

$$\text{Eficiencia} = \frac{66 \text{ minutos}}{(7 \text{ estaciones}) \times (12 \text{ minutos})} = 78.6\ \%$$

Los problemas de balanceo de línea a gran escala, tales como los problemas importantes de distribución física por proceso, a menudo son resueltos por computadoras. Se

Programa 8.2 Pantalla de entrada de datos del programa de balanceo de línea de ensamble de AB:POM. El tiempo del ciclo se puede capturar de dos maneras: (1) directamente a la derecha de "cycle time" si es conocido, o (2) se puede capturar la tasa de demanda con el tiempo disponible como se muestra abajo. Se pueden utilizar cinco "reglas heurísticas": (1) mayor tiempo de operación (2) tareas más seguidoras, (3) peso posicional valuado, (4) menor tiempo de operación, y (5) menor número de tareas que siguen. Ninguna regla puede garantizar una solución óptima.

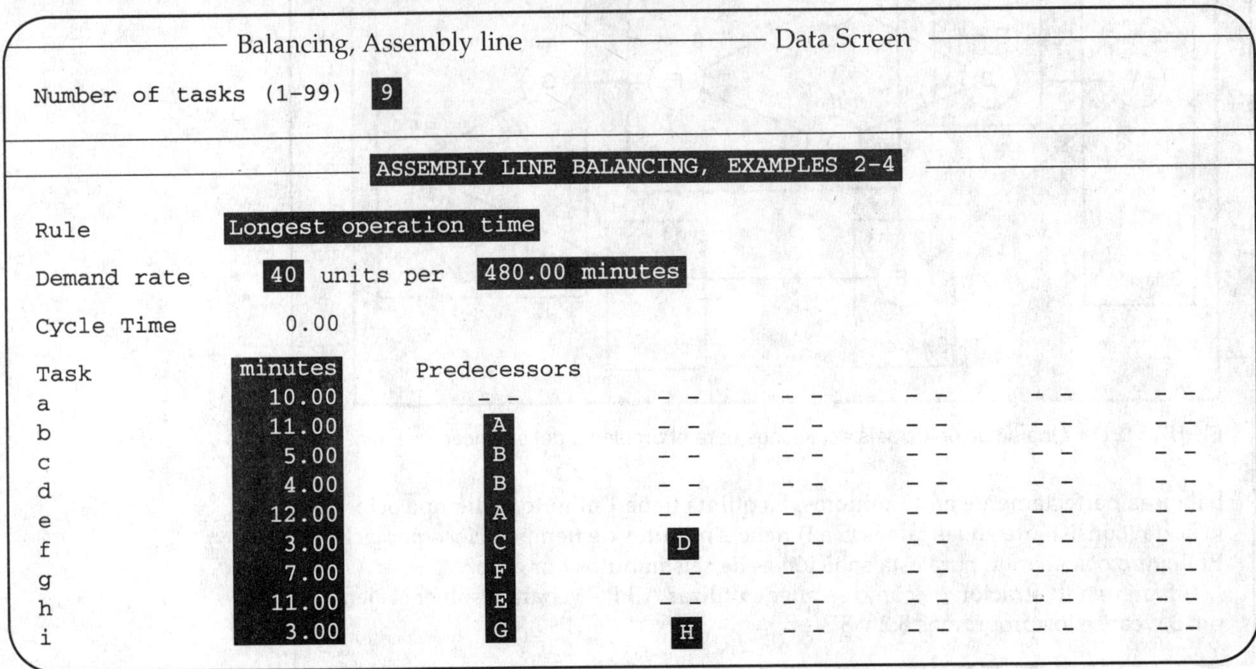

```
Balancing, Assembly line                Data Screen

Number of tasks (1-99)  9

        ASSEMBLY LINE BALANCING, EXAMPLES 2-4

Rule            Longest operation time
Demand rate     40 units per   480.00 minutes
Cycle Time      0.00

Task            minutes      Predecessors
a                10.00       - -   - -   - -   - -   - -   - -
b                11.00        A    - -   - -   - -   - -   - -
c                 5.00        B    - -   - -   - -   - -   - -
d                 4.00        B    - -   - -   - -   - -   - -
e                12.00        A    - -   - -   - -   - -   - -
f                 3.00        C     D    - -   - -   - -   - -
g                 7.00        F    - -   - -   - -   - -   - -
h                11.00        E    - -   - -   - -   - -   - -
i                 3.00        G     H    - -   - -   - -   - -
```

Programa 8.3 Salida para los ejemplos 2-4 del balanceo de línea de ensamble de AB:POM. Obsérvese que el "mayor tiempo de operación" heurístico ofrece una solución diferente a la que se encontró en la figura 8.11.

```
                  ASSEMBLY LINE BALANCING, EXAMPLES 2–4

Longest operation time               Cycle time = 12 minutes
Station     Task       Time      Time left ready tasks
                                           a
   1         a         10.00       2.00 b, e
   2         e         12.00       0.00 b, h
   3         b         11.00       1.00 h, c, d
   4         h         11.00       1.00 c, d
   5         c          5.00       7.00 d
             d          4.00       3.00 f
             f          3.00       0.00 g
   6         g          7.00       5.00 i
             i          3.00       2.00
Time allocated (cyc*sta) =    72.00; Min (theoretical) # of stations = 6
Time needed (sum task)   =    66.00; EFFICIENCY = 91.67%;
Idle time (alloc-needed) =     6.00 minutes per cycle
```

encuentran disponibles varios programas de computadora, para manejar la asignación de estaciones de trabajo en las líneas de ensamble con 100 (o más) actividades de trabajo individuales. Tanto la rutina de computación llamada COMSOAL (por sus siglas en inglés Computer Method for Sequencing Operations for Assembly Lines: Método por computadora para la secuencia de operaciones para líneas de ensamble) y ASYBL (programa de configuración de línea de ensamble de General Electric) son ampliamente utilizados en los problemas más grandes para evaluar los miles o millones de posibles combinaciones de estaciones de trabajo, mucho más eficientemente que lo que se pudiera lograr si se hiciera a mano.

En el caso de las operaciones en rastros, la línea de ensamble es en realidad una línea de desensamble. Los procedimientos del balanceo de línea descritos en este capítulo son los mismos que para una línea de ensamble. La planta procesadora de pollos mostrada aquí debe balancear el trabajo de varios cientos de empleados. La división de la mano de obra produce eficiencia. Debido a que las habilidades del empleado se desarrollan con la repetición, existe menos tiempo perdido en el cambio de herramientas, y se desarrollan herramientas especializadas. El contenido total de mano de obra en cada uno de los pollos procesados es de unos cuantos minutos. ¿Cuánto le llevaría a usted procesar un pollo por sí mismo?

Una perspectiva japonesa sobre la distribución física

Antes de cerrar este capítulo, se desea señalar el impacto que ha tenido Japón en el replanteo de la distribución de las instalaciones. Sus ideas acerca del mejoramiento continuo y la simplificación del trabajo han afectado no únicamente la distribución *física*, sino también las consideraciones de comportamiento como el involucramiento del empleado.

Por ejemplo, en las instalaciones tradicionales, cuando la falla del equipo causaba la detención de la línea de ensamble, los trabajadores esperaban a los supervisores, personal de mantenimiento o a los administradores para que repararan las cosas. Sin embargo, cada vez es más frecuente que los empleados sigan el modelo japonés, y que cuando se detiene una línea, *todos* actúan para resolver el problema. La cultura japonesa fomenta tal trabajo en equipo. Y los supervisores tienden a desarrollar habilidades en la coordinación de grupos de trabajadores.

Los japoneses también tienden a fomentar las líneas de ensamble en forma de U (mostradas anteriormente en la figura 8.7) sobre las líneas rectas. Esto ayuda de cinco maneras: (1) las tareas son agrupadas de tal manera que la inspección es inmediata; (2) se necesitan menos trabajadores; (3) los trabajadores pueden alcanzar más pies lineales de la línea; (4) la línea puede ser balanceada más eficientemente; y (5) se fomenta la comunicación.

RESUMEN

Las buenas distribuciones físicas hacen una diferencia sustancial en la eficiencia de las operaciones. Las seis clásicas situaciones de distribución física son: (1) de posición fija, (2) orientada al proceso, (3) de oficina, (4) de detallista, (5) de almacén, y (6) orientada al producto. Se han desarrollado una variedad de técnicas en intentos para resolver estos problemas de distribución física. Las empresas industriales se enfocan en la reducción de movimiento de material y el balanceo de la línea de ensamble. Las empresas detallistas se enfocan en la exposición del producto. Las distribuciones de almacenamiento se enfocan en el óptimo intercambio entre los costos de almacenamiento y los costos de manejo de materiales.

A menudo, las variables en el problema de la distribución son de tan amplio rango y tan numerosas como para impedir el encontrar una solución óptima. Por esta razón, las decisiones con respecto a la distribución física, aunque hayan recibido un esfuerzo sustancial de investigación, permanecen de alguna forma como un arte.

TÉRMINOS CLAVE

Distribución física de posición fija *(p. 316)*
Distribución física orientada al proceso *(p. 316)*
Distribución física de la oficina *(p. 316)*
Distribución física de detallista/servicio *(p. 316)*
Distribución física del almacén *(p. 316)*
Distribución física orientada al producto *(p. 316)*
Lotes de trabajo *(p. 318)*
CRAFT *(p. 323)*
SPACECRAFT *(p. 323)*
Celda de trabajo *(p. 324)*
Centro de trabajo enfocado *(p. 325)*
Fábrica enfocada *(p. 325)*
Línea de fabricación *(p. 328)*
Línea de ensamble *(p. 328)*
Balanceo de la línea de ensamble *(p. 329)*
Tiempo del ciclo *(p. 331)*

PROBLEMAS RESUELTOS

problema resuelto 8.1

El Snow-Bird Hospital es una pequeña instalación orientada a las emergencias, durante la temporada de ski, en una popular área de descanso, en el norte de Michigan. Mary Lord su nueva administradora, decide reorganizar el hospital, utilizando el método de distribución física por proceso que estudió en la escuela de administración. La distribución actual de los ocho departamentos de Snow-Bird se muestran en la figura 8.12

La única restricción física percibida por la Srita. Lord es la necesidad de mantener la entrada y el cuarto de atención inicial en su lugar actual. Todos los otros departamentos o salas (cada una de 10 pies por 10 pies) se puede mover, si el análisis de la distribuciòn indica que sería beneficioso.

El primer paso de Mary es analizar los registros con el fin de determinar el número de viajes hechos por pacientes entre los departamentos en un mes promedio. Los datos son mostrados en la figura 8.13. El objetivo, decide la Srita. Lord, es distribuir las salas de tal manera que se minimice la distancia total caminada por los pacientes que entran a tratamiento. Ella escribe su objetivo como:

$$\text{Minimizar el movimiento de pacientes} = \sum_{i=1}^{8}\sum_{j=1}^{8} X_{ij}C_{ij}$$

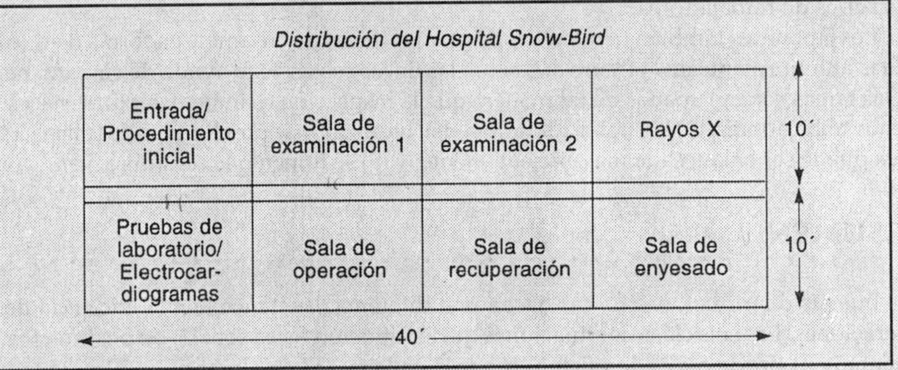

FIGURA 8.12 Distribución del Hospital Snow-Bird.

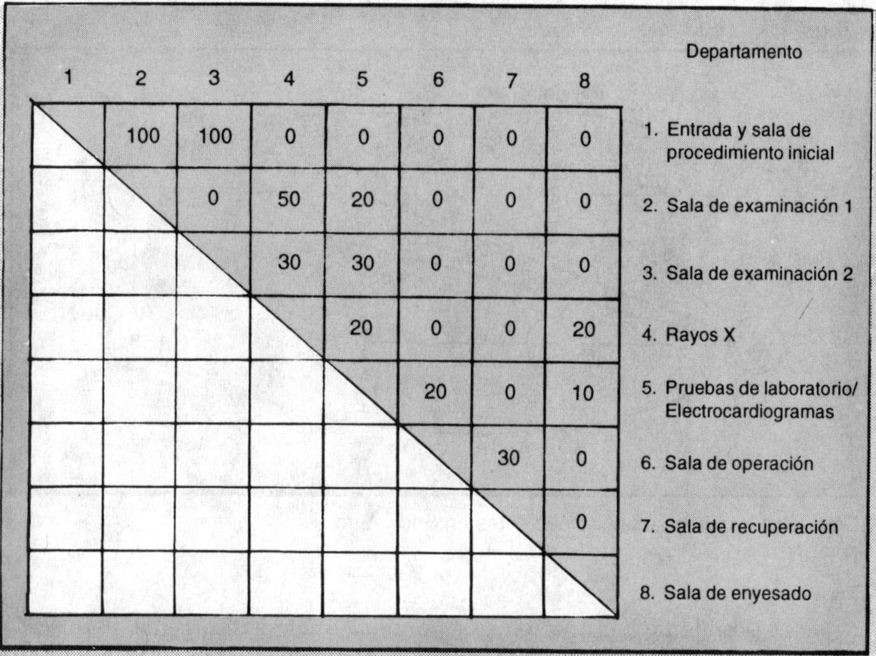

Departamento	1	2	3	4	5	6	7	8
1. Entrada y sala de procedimiento inicial		100	100	0	0	0	0	0
2. Sala de examinación 1			0	50	20	0	0	0
3. Sala de examinación 2				30	30	0	0	0
4. Rayos X					20	0	0	20
5. Pruebas de laboratorio/ Electrocardiogramas						20	0	10
6. Sala de operación							30	0
7. Sala de recuperación								0
8. Sala de enyesado								

FIGURA 8.13 Número de pacientes que se mueven entre los departamentos en un mes.

donde:

X_{ij} = Número de pacientes por mes (cargas o viajes) con movimiento del departamento i al departamento j.

C_{ij} = Distancia en pies entre los departamentos i y j (el cual, en este caso, es el equivalente del costo por carga o movimiento entre los departamentos)

Obsérvese que ésta es únicamente una ligera modificación de la ecuación de objetivo del costo mostrada anteriormente en este capítulo.

Se asume que los departamentos contiguos uno al otro, tales como la entrada y la sala de examinación 1, tienen una distancia de 10 pies caminando. Los departamentos en diagonal también se consideran adyacentes y tienen una distancia asignada de 10 pies. Los departamentos no adyacentes, tales como la entrada y la sala de examinación 2, o la entrada y la sala de recuperación están separados 20 pies, en tanto que los no adyacentes como las entradas y la sala de rayos-X deben estar a 30 pies. (Por lo tanto, 10 pies se consideran 10 unidades de costo, 20 pies son 20 unidades de costo y 30 pies son 30 unidades de costo.)

Dada la información anterior, se debe rehacer la distribución del Hospital Snow-Bird para mejorar su eficiencia en términos del flujo de pacientes.

Solución

Primero, establecer la distribución actual de Snow-Bird, como se muestra en la figura 8.14. Utilizando la distribución actual de Snow-Bird, se puede calcular el movimiento de los pacientes.

$$
\begin{aligned}
\text{Movimiento total} &= \underset{1\text{ a }2}{(100 \times 10')} + \underset{1\text{ a }3}{(100 \times 20')} + \underset{2\text{ a }4}{(50 \times 20')} + \underset{2\text{ a }5}{(20 \times 10')} \\
&+ \underset{3\text{ a }4}{(30 \times 10')} + \underset{3\text{ a }5}{(30 \times 20')} + \underset{4\text{ a }5}{(20 \times 30')} + \underset{4\text{ a }8}{(20 \times 10')} \\
&+ \underset{5\text{ a }6}{(20 \times 10')} + \underset{5\text{ a }8}{(10 \times 30')} + \underset{6\text{ a }7}{(30 \times 10')} \\
&= 1000 + 2000 + 1000 + 200 + 300 + 600 + 600 \\
&+ 200 + 200 + 300 + 300 \\
&= 6700 \text{ pies}
\end{aligned}
$$

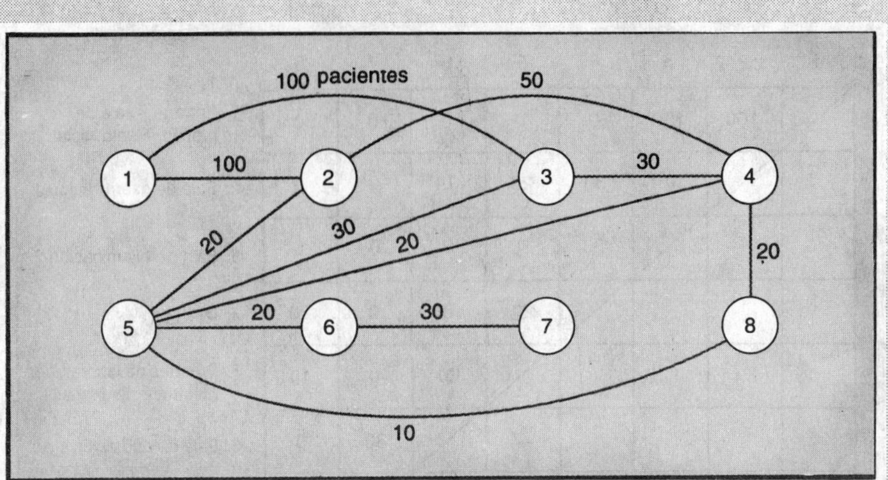

FIGURA 8.14 Flujo actual de pacientes en Snow-Bird.

No es posible probar una solución "óptima" matemáticamente, pero se debe ser capaz de proponer una nueva distribución que reduzca el cálculo actual de 6700 pies. Dos cambios útiles, por ejemplo, son intercambiar las salas 3 y 5 y las salas 4 y 6. Este cambio se observará en el esquema mostrado en la figura 8.15.

$$
\begin{array}{lcccc}
\text{Movimiento total} = & (100 \times 10') + & (100 \times 10') + & (50 \times 10') + & (20 \times 10') \\
 & 1 \text{ a } 2 & 1 \text{ a } 3 & 2 \text{ a } 4 & 2 \text{ a } 5 \\
 & + (30 \times 10') + & (30 \times 20') + & (20 \times 10') + & (20 \times 20') \\
 & 3 \text{ a } 4 & 3 \text{ a } 5 & 4 \text{ a } 5 & 4 \text{ a } 8 \\
 & + (20 \times 10') + & (10 \times 10') + & (30 \times 10') & \\
 & 5 \text{ a } 6 & 5 \text{ a } 8 & 6 \text{ a } 7 &
\end{array}
$$

$$
\begin{aligned}
&= 1000 + 1000 + 500 + 200 + 300 + 600 + 200 + 400 \\
&\quad + 200 + 100 + 300 \\
&= 4800 \text{ pies}
\end{aligned}
$$

¿Se observa cualquier sala para un mejoramiento más? (Véase el problema 8.2.)

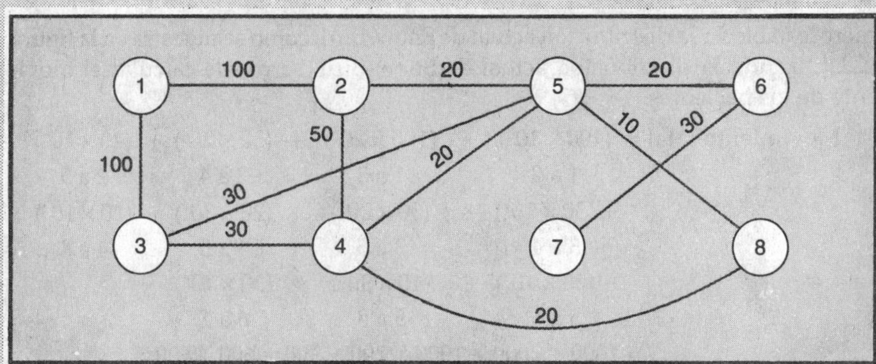

FIGURA 8.15 Distribución mejorada.

problema resuelto 8.2

Una línea de ensamble, cuyas actividades se muestran en la figura 8.16, tiene un tiempo del ciclo de ocho minutos. Dibujar el diagrama de precedencia y encontrar el número mínimo de estaciones de trabajo. Luego arreglar las actividades de trabajo en las estaciones de trabajo, con el fin de balancear la línea. ¿Cuál es la eficiencia de este balanceo de línea?

Tarea	*Tiempo de desempeño (minutos)*	*La tarea que debe seguir a esta tarea*
A	5	—
B	3	A
C	4	B
D	3	B
E	6	C
F	1	C
G	4	D,E,F
H	2	G
	28	

Solución

El número teórico, de las estaciones de trabajo, es:

$$\frac{\sum t_i}{\text{Tiempo del ciclo}} = \frac{28 \text{ minutos}}{8 \text{ minutos}} = 3.5 \text{ o } 4 \text{ estaciones}$$

El diagrama de precedencia y una buena distribución se muestran en la figura 8.16.

$$\text{Eficiencia} = \frac{\text{Tiempo total de las tareas}}{(\text{Número de estaciones de trabajo}) \times (\text{Tiempo del ciclo})} = \frac{28}{(4)(8)} = 87.5\ \%$$

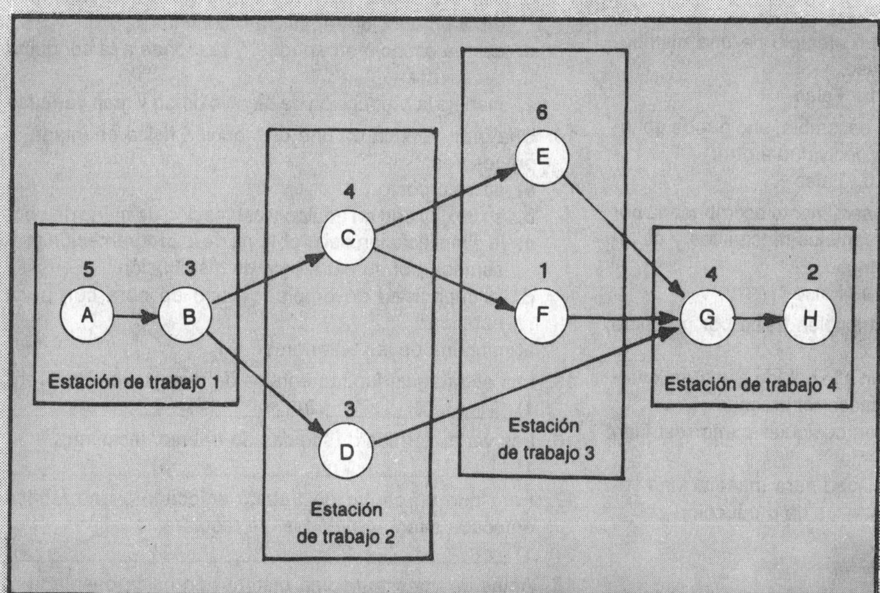

FIGURA 8.16 Una solución de cuatro estaciones para el problema del balanceo de la línea.

autoevaluación capítulo 8

- *Antes de iniciar la autoevaluación* refiérase a los objetivos de aprendizaje listados al principio del capítulo y a los términos clave listados al final del mismo.
- Utilice la clave al final del texto para *corregir* sus respuestas.
- *Vuelva a estudiar* las páginas correspondientes a cualquier pregunta que haya contestado erróneamente o el material en el que se sienta inseguro.

1. En las distribuciones físicas orientadas al proceso y de posición fija, es importante minimizar los costos de:
a. la materia prima
b. el manejo de materiales
c. la maquinaria de propósito especial
d. la mano de obra con habilidad
e. ninguna de las anteriores

2. Los mismos procesos fundamentales se aplican, tanto en la distribución física de una oficina como en un proceso de manufactura.
a. Cierto **b.** Falso

3. En la distribución física de tiendas detallistas, el administrador tiene dos variables fundamentales que puede manipular; el arreglo global o el patrón de flujo a través de la tienda, y la asignación de espacio a los productos individuales.
a. Cierto **b.** Falso

4. El objetivo de una distribución física de almacén es la de encontrar la relación óptima entre los costos de manejo y los costos unitarios del artículo.
a. Cierto **b.** Falso

5. ¿En cuál de los siguientes tipos de distribución física es importante justificar una suposición, sobre la estabilidad de la demanda?
a. distribución física del producto
b. distribución física del proceso
c. distribución física de posición fija
d. todas las anteriores
e. ninguna de las anteriores

6. Una línea de ensamble es un ejemplo de una distribución física orientada al proceso.
a. Cierto **b.** Falso

7. Para balancear una línea de ensamble, uno puede generalmente mover tareas de un individuo a otro.
a. Cierto **b.** Falso

8. Una línea de ensamble es generalmente acompasada por las máquinas y requiere de cambios mecánicos y de ingeniería para facilitar el balanceo.
a. Cierto **b.** Falso

9. Las *desventajas* de una distribución física por producto incluyen:
a. se necesita de un volumen alto debido a la gran inversión requerida para establecer el proceso
b. la detención del trabajo en cualquier punto restringe la operación completamente
c. existe una falta de flexibilidad para manejar una variedad de productos o de tasas de producción
d. todas las anteriores
e. ninguna de las anteriores

10. Raras veces somos capaces de balancear una línea de ensamble de tal manera que opere al 100% de eficiencia.
a. Cierto **b.** Falso

11. Una distribución física de posición fija:
a. agrupa a trabajadores, su equipo y espacios/oficinas, para ofrecer el movimiento de la información
b. atiende los requerimientos de distribución física de proyectos grandes o voluminosos tales como barcos y edificios
c. busca el mejor personal y utilización de maquinaria en la producción repetitiva o continua
d. asigna espacio en anaquel y responde a la conducta del cliente
e. maneja la producción de bajo volumen y gran variedad

12. Una distribución orientada al proceso:
a. agrupa a trabajadores, su equipo y espacios/oficinas, para ofrecer el movimiento de la información
b. atiende los requerimientos de distribución de proyectos grandes o voluminosos tales como barcos y edificios
c. busca el mejor personal y utilización de maquinaria en la producción repetitiva o continua
d. asigna espacio en anaquel y responde a la conducta del cliente
e. maneja la producción de bajo volumen y gran variedad

13. Una distribución física orientada al producto:
a. agrupa a trabajadores, su equipo y espacios/oficinas, para ofrecer el movimiento de la información
b. atiende los requerimientos de distribución de proyectos grandes o voluminosos tales como barcos y edificios
c. busca el mejor personal y utilización de maquinaria en la producción repetitiva o continua
d. asigna espacio en anaquel y responde a la conducta del cliente
e. maneja la producción de bajo volumen y gran variedad

14. Una gran ventaja de una distribución física orientada al proceso es:
a. su bajo costo
b. su flexibilidad en equipo y asignación de mano de obra
c. la simplificación del problema de la programación presentada por su estrategia de distribución
d. la capacidad de emplear mano de obra con poca habilidad
e. ninguna de las anteriores

15. Las estrategias fundamentales de distribución incluyen:
1)______ 2)______ 3)______ 4)______ 5)______.

16. Las varias formas de "celdas de trabajo" incluyen:
1)________ 2)________ 3)________.

17. Para que un centro de trabajo enfocado o una fábrica enfocada sean apropiados, se requiere:
1)________ 2)________ 3)________.

18. Antes de considerar una distribución física orientada al producto, debemos estar seguros que:
1)______ 2)______ 3)______ 4)______.

PREGUNTAS PARA DISCUSIÓN

1. ¿Cuál es la estrategia de distribución física para una imprenta local?
2. ¿Qué haría usted para recolectar datos y ayudar a un pequeño negocio, por decir un taller de imprenta, en la mejora de su distribución?
3. ¿Cuáles son las seis estrategias de distribución presentadas en este capítulo?
4. ¿Cuáles son las ventajas y desventajas de la distribución física por producto?
5. ¿Cuáles son las ventajas y desventajas de la distribución física por proceso?
6. ¿Cuáles son las ventajas y desventajas de las celdas de trabajo?
7. ¿Qué innovaciones en la distribución ha observado recientemente en los establecimientos detallistas?
8. ¿Qué técnicas pueden ser utilizadas para sobreponerse a los problemas inherentes de la distribución física de posición fija?
9. ¿Qué variables de distribución física se pueden considerar como particularmente importantes en la distribución de una oficina donde se escriben programas de computadora?

PROBLEMAS

•• **8.1** Dadas las siguientes matrices de flujo y de distancia en el taller de trabajo de Bob Dillman, ¿cuál es la distribución física apropiada?

Matriz de flujo

	Depto. A	*Depto. B*	*Depto. C*	*Depto. D*	*Depto. E*	*Depto. F*
Departamento A	0	100	50	0	0	50
Departamento B	25	0	0	50	0	0
Departamento C	25	0	0	0	50	0
Departamento D	0	25	0	0	20	0
Departamento E	50	0	100	0	0	0
Departamento F	10	0	20	0	0	0

Matriz de distancia

	Depto. A	*Depto. B*	*Depto. C*	*Depto. D*	*Depto. E*	*Depto. F*
Departamento A	0	1	2	3	4	5
Departamento B	1	0	5	4	3	2
Departamento C	2	5	0	6	7	6
Departamento D	3	4	6	0	4	3
Departamento E	4	3	7	4	0	5
Departamento F	5	2	6	3	5	0

••• **8.2** En el problema resuelto 8.1 se mejoró la distribución de Snow-Bird a 4800 pies de movimiento. ¿Es posible una distribución mejor? ¿Cuál es?

•• **8.3** El periodo de registro en la Southeastern University siempre ha sido una época de emoción, conmoción y filas. Los estudiantes se deben de mover entre cuatro estaciones para completar el proceso semestral. El registro del semestre anterior, desarrollado en las oficinas, se describe en la figura 8.17. Por ejemplo, se puede observar, que 450 estudiantes se movieron de la estación de papeleo (A) a la asesoría (B), mientras que 550 fueron directamente de (A) a recoger sus tarjetas de clases (C). Los estudiantes graduados, que en su mayoría se habían preinscrito, procedieron directamente de (A) a la estación donde se verifica el registro y se recolecta el pago (D). La distribución utilizada el último semestre también se muestra en la figura 8.17. El registrador se está preparando para establecer sus estaciones de este semestre y está anticipando números similares.

a) ¿Cuál es la "carga por distancia," o costo, de la distribución mostrada?
b) Ofrezca una distribución mejorada y calcule su costo.

Mezcla de actividades interestacionales

	Recoger papelería y formas (A)	Estación de asesoría (B)	Recoger tarjetas de clases (C)	Verificación del estado y pago (D)
Papelería/formas (A)	---	450	550	50
Asesoría (B)	200	---	200	0
Tarjetas de clases (C)	0	0	---	750
Verificación/pago (D)	0	0	0	---

Distribución existente

A	B	C	D

|——30'——|——30'——|——30'——|

FIGURA 8.17 Flujo del registro de estudiantes.

••• 8.4 Usted acaba de ser contratado como Director de Operaciones en Bellas Chocolates, en Blacksburg, Virginia, un proveedor de chocolates excepcionalmente finos. Bella Chocolates tiene dos distribuciones físicas de cocina bajo consideración para la fabricación de sus recetas y el departamento de pruebas. La estrategia es ofrecer la mejor distribución física de cocina posible, de tal forma que los científicos de alimentación puedan dedicar su tiempo y energía hacia el mejoramiento del producto, y no desperdiciar el esfuerzo en la cocina. A usted se le ha pedido la evaluación de estas dos distribuciones físicas de cocina y preparar una recomendación para su jefe, el Sr. Bellas, de tal forma que él pueda proceder a colocar el contrato de construcción de las cocinas de prueba. (Véase la figura 8.18.)

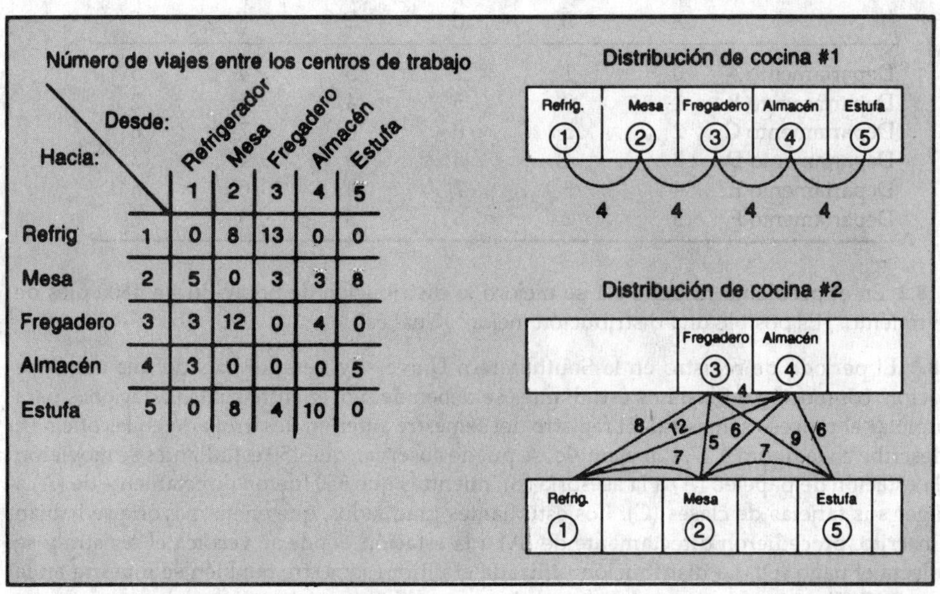

FIGURA 8.18 Opciones de distribución.

•• 8.5 La Bellas Chocolates (véase el problema 8.4) está considerando una tercera distribución, según se muestra en la página 343. Evalúe su efectividad en distancia de viaje en pies.

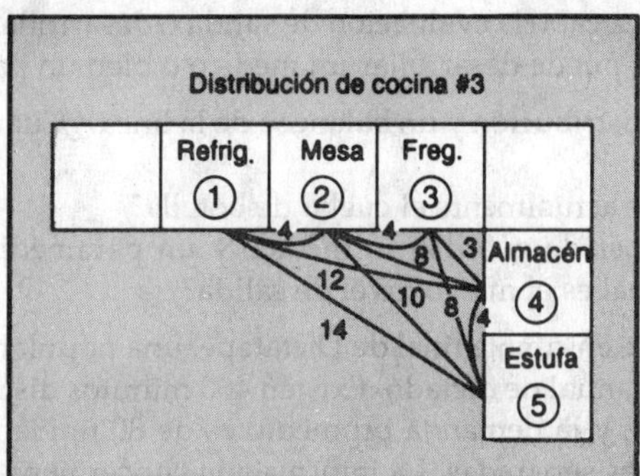

•• **8.6** Bellas Chocolates (véanse los problemas 8.4 y 8.5) tiene aún una cuarta distribución que considerar. La distribución #4 se muestra a continuación. ¿Cuál es la "distancia por viajes" total?

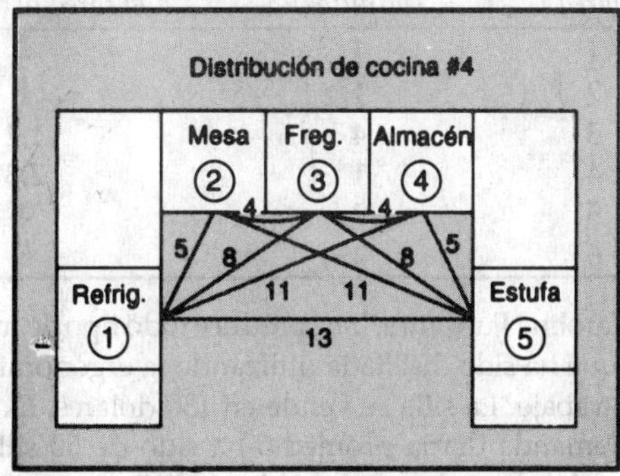

•• **8.7** Dadas las siguientes tareas, tiempos y secuencia, desarrolle una línea balanceada capaz de operar con 10 minutos de tiempo por ciclo, en la compañía de John Coleman. ¿Cuál es la eficiencia de esa línea?

Elemento de trabajo	*Tiempo (minutos)*	*Elemento precedente*
A	3	—
B	5	A
C	7	B
D	5	—
E	3	C
F	3	B,D
G	5	D
H	6	G

•• **8.8** El examen físico de preinducción ofrecido por la U.S. Army incluye las siete actividades siguientes:

Actividad	*Tiempo promedio (minutos)*
Historia clínica	10
Pruebas de sangre	8
Examen de la vista	5
Mediciones (*i.e.*, peso, estatura, presión de la sangre)	7
Examen médico	16
Entrevista psicológica	12
Evaluación médica final	10

Estas actividades se pueden llevar a cabo en cualquier orden, con dos excepciones: la historia clínica debe ser tomada al principio, y la evaluación médica es el paso final. Por el momento hay tres paramédicos y dos médicos de guardia en cada turno. Únicamente un médico puede llevar a cabo la evaluación de salida o desarrollar la entrevista psicológica. Las otras actividades las puede desarrollar un médico o bien un paramédico.

a) Desarrollar una distribución y un balanceo de la línea. ¿Cuánta gente puede ser procesada por hora?
b) ¿Qué actividad es actualmente el cuello de botella?
c) Si se pueden poner de guardia un médico y un paramédico más, ¿cómo redibujaría la distribución? ¿Cuál es el nuevo nivel de salida?

•• **8.9** Una planta de ensamble final de Dictatape, una popular empresa de dictado, produce la DT, una unidad manual de dictado. Existen 400 minutos disponibles para la DT en la planta de ensamble final, y la demanda promedio es de 80 unidades por día. El ensamble final requiere de seis tareas separadas. La información concerniente a estas tareas está registrada en la siguiente tabla. ¿Qué tareas deben ser asignadas a las varias estaciones de trabajo, y cuál es la eficiencia total de la línea de ensamble?

Tarea	*Tiempo de desempeño (minutos)*	*La tarea debe seguir a la tarea listada abajo*
1	1	—
2	1	1
3	4	1,2
4	1	2,3
5	2	4
6	4	5

•• **8.10** SCFI, South Carolina Furniture, Inc., produce todo tipo de muebles de oficina. La Executive Secretary es una silla que ha sido diseñada utilizando la ergonomía para ofrecer comodidad durante largas horas de trabajo. La silla se vende en 130 dólares. Existen 480 minutos disponibles durante el día, y la demanda diaria promedio ha sido de 50 sillas. Hay ocho tareas. Dada la información a continuación, resuelva este problema de balanceo de la línea de ensamble.

Tarea	*Tiempo de desempeño (minutos)*	*La tarea debe seguir a la tarea listada abajo*
1	4	—
2	7	1
3	6	1,2
4	5	2,3
5	6	4
6	7	5
7	8	5
8	6	6,7

•• **8.11** Tailwind, Inc., produce zapatos de entrenamiento para corredores. Los zapatos Tailwind, poseen gran calidad pero son caros, se venden en 110 dólares. Contiene tanto compartimientos llenos de gas como de líquido, para ofrecer más estabilidad y mejor protección contra las lesiones de rodilla, pie y espalda. La manufactura del zapato requiere de 10 tareas separadas. ¿Cómo se pueden agrupar estas tareas en estaciones de trabajo? Existen 400 minutos disponibles para la manufactura del zapato en la planta diariamente. La demanda diaria es de 60. La información de las tareas es como sigue:

Tarea	*Tiempo de desempeño (minutos)*	*La tarea debe seguir a la tarea listada abajo*
1	1	—
2	3	1
3	2	2
4	4	2
5	1	3,4
6	3	1
7	2	6
8	5	7
9	1	5,8
10	3	9

•• **8.12** Mach 10 es un velero, para una persona, diseñado para ser empleado en el océano. Manufacturado por Creative Leisure, Mach 10 puede manejar vientos de hasta 40 mph y olas de más de 10 pies. La planta de ensamble final para Creative Leisure se localiza en Cupertino, California. En este momento, están disponibles 200 minutos diarios para manufacturar el Mach 10. La demanda diaria es de 60 botes. Con la siguiente información, ¿cuántas estaciones de trabajo recomendaría usted?

Tarea	*Tiempo de desempeño (minutos)*	*La tarea debe seguir a la tarea listada abajo*
1	1	—
2	1	1
3	2	1
4	1	3
5	3	3
6	1	3
7	1	4,5,6
8	2	2
9	1	7,8

•• **8.13** Debido a la alta demanda esperada para el Mach 10, Creative Leisure ha decidido incrementar el tiempo de manufactura disponible para producir el Mach 10 (véase el problema 8.12). ¿Qué impacto tendrían 300 minutos disponibles diariamente en la línea de ensamble? ¿Qué impacto tendrían 400 minutos?

•• **8.14** Nearbeer Products, Inc., manufactura bebidas que tienen el mismo sabor que una buena cerveza de barril, pero que no contienen alcohol. Con cambios en las leyes sobre bebidas y la demografía, ha habido un creciente interés en la Nearbeer Lite. Nearbeer Lite tiene menos calorías que la cerveza regular, llena menos y tiene muy buen sabor. La operación de empaque final de Nearbeer Lite requiere de 13 tareas. La empresa embotella Nearbeer Lite durante cinco horas diariamente, cinco días a la semana. Cada semana existe una demanda de 3000 botellas de Nearbeer Lite. Dada la siguiente información, resuelva este problema de balanceo de la línea de ensamble.

Datos para los problemas 8.14 y 8.15

Tarea	*Tiempo de desempeño (minutos)*	*La tarea debe seguir a la tarea listada abajo*
1	0.1	—
2	0.1	1
3	0.1	2
4	0.2	2
5	0.1	2
6	0.2	3,4,5
7	0.1	1
8	0.1	7
9	0.2	7,8
10	0.1	9
11	0.2	6
12	0.2	10,11
13	0.1	12

•• **8.15** El presidente de Nearbeer, Bob Swan, cree que la demanda de Nearbeer Lite puede explotar (véase el problema 8.14). ¿Qué sucedería si se duplicara la demanda?

•• **8.16** Suponga que los requerimientos de producción del problema resuelto 8.2 se incrementen y se necesite una reducción del tiempo del ciclo de ocho minutos a siete minutos. Balancear esta línea, una vez más, utilizando el nuevo tiempo del ciclo. Obsérvese que no es posible combinar los tiempos de las tareas como para agruparlas en un número mínimo de estaciones de trabajo. Esta condición sucede en los problemas reales de balanceo bastante a menudo.

•• **8.17** Annie Engstrom, administradora de operaciones en Nesa Electronics, está orgullosa de sí misma por el excelente balanceo de la línea de ensamble. A ella le han dicho que la empresa necesita 1400 relevadores electrónicos terminados diariamente. Hay 420 minutos de tiempo productivo en cada día de trabajo (el cual es equivalente a 25 200 segundos). Agrupe las actividades de la línea de ensamble, que aparecen a continuación en estaciones de trabajo apropiadas y calcule la eficiencia del balance.

Tarea	*Tiempo (segundos)*	*Debe seguir a la tarea*	*Tarea*	*Tiempo (segundos)*	*Debe seguir a la tarea*
A	13	—	G	5	E
B	4	A	H	6	F,G
C	10	B	I	7	H
D	10	—	J	5	H
E	6	D	K	4	I,J
F	12	E	L	15	C,K

•• **8.18** Dados los siguientes datos que describen un problema del balanceo de la línea, en la compañía de Doug Brauer, desarrolle una solución que permita un tiempo del ciclo de 3 minutos. ¿Cuál es la eficiencia de esa línea?

Elemento de trabajo	*Tiempo (minutos)*	*Elemento precedente*
A	1	—
B	1	A
C	2	B
D	1	B
E	3	C,D
F	1	A
G	1	F
H	2	G
I	1	E,H

CASO DE ESTUDIO

Renovación estatal de licencias para conducir

Henry Coupe, un administrador de una sucursal metropolitana del Department of Motor Vehicles estatal, intentó llevar a cabo un análisis de las operaciones de renovación de la licencia de conducir de chofer. Se debían realizar varios pasos en el proceso. Después de examinar el proceso de renovación de licencias, él identificó los pasos y los tiempos asociados requeridos para llevar a cabo cada paso, según se muestra en la siguiente tabla:

Tiempo de procesamiento de la renovación estatal de licencias para conducir.

Paso	*Tiempo promedio para llevarse a cabo (segundos)*
1. Revisión de la solicitud de renovación para verificar que esté correcta	15
2. Procesar y registrar el pago	30
3. Verificar el archivo para infracciones y restricciones	60
4. Llevar a cabo el examen de la vista	40
5. Fotografiar al solicitante	20
6. Emitir la licencia temporal	30

Coupe encontró que cada paso fue asignado a una persona diferente. Cada solicitud consistía en un proceso independiente, en la secuencia mostrada anteriormente. Coupe determinó que su oficina debería estar preparada para acomodar la máxima demanda de procesamiento de 120 solicitudes de renovación por hora.

Él observó que el trabajo se encontraba dividido en forma desigual entre los empleados, y que la empleada responsable de checar las infracciones tendía a reducir su trabajo para mantenerse al parejo con los otros empleados. Se hacen largas filas durante los periodos de máxima demanda.

Coupe también encontró que los trabajos 1, 2, 3 y 4 eran manejados por empleados generales, a quienes se les pagaba 6.00 dólares por hora, a cada uno. El trabajo 5 era llevado a cabo por un fotógrafo al que se le pagaban 8 dólares por hora. Se requería que el trabajo 6, la emisión de la licencia temporal, fuera manejado por un oficial uniformado de vehículos motorizados, conforme la política estatal. A los oficiales se les pagaban 9.00 dólares por hora, pero se les podía asignar a cualquier trabajo menos a la fotografía.

Una revisión de los trabajos indicó que el trabajo 1, la revisión de la solicitud para que ésta estuviera correcta, debía ser llevada a cabo antes de que se pudiera hacer cualquier otro paso. En forma similar, el trabajo 6, la emisión de la licencia temporal, no podía ser llevada a cabo hasta que todos los otros pasos estuvieran completos.

Se les cobraba 5 dólares por hora a las oficinas sucursales, por cada cámara para hacer la fotografía.

Henry Coupe estaba bajo una gran presión para aumentar la productividad y reducir los costos, pero también le había dicho el director regional del Department of Motor Vehicles que acomodara la demanda para las renovaciones. De modo contrario, "rodarían cabezas".

Preguntas para discusión

1. ¿Cuál es el número máximo de solicitudes por hora que se pueden manejar actualmente por la configuración actual del proceso?
2. ¿Cuántas solicitudes se pueden procesar por hora, si se adiciona un segundo empleado en la verificación de infracciones?
3. Si se asume la adición de un empleado más, ¿cuál es el número máximo de solicitudes que puede manejar el proceso?
4. ¿Cómo sugeriría usted que se modificara el proceso con el fin de acomodar 120 solicitudes por hora?

Fuente: De W. Earl Sasser, Paul R. Olson, y D. Daryl Wyckoff, *Management of Services Operations: Text, Cases and Readings*, Boston: Allyn & Bacon, Inc., 1978. Reimpreso bajo permiso.

BIBLIOGRAFÍA

Ackerman, K. B., y B. J. La Londe. "Making Warehousing More Efficient." *Harvard Business Review* **58** (marzo-abril de 1980), pp. 94-102.

Baybars, Y. "A Survey of Exact Algorithms for the Simple Assembly Line Balancing Problem." *Management Science* **32** (agosto de 1986), pp. 909-932.

Buffa, E. S., G. S. Armor, y T. E. Vollman. "Allocating Facilities with CRAFT." *Harvard Business Review* **42** (marzo-abril de 1984), pp. 136-159.

Francis, R. L., y J. A. White. *Facility Layout and Location: An Analytical Approach*. Englewood Cliffs, NJ: Prentice-Hall, 1974.

Huang, P. Y., y B. L. W. Houck. "Cellular Manufacturing: An Overview and Bibliography." *Production and Inventory Management* **26** (cuarto trimestre de 1985), pp. 83-92.

Murdick, R., B. Render, y B. Russell. *Service Operations Management*. Boston: Allyn & Bacon, 1990.

Modelos de colas y líneas de espera

suplemento

capítulo 8

PERFIL DEL CAPÍTULO

OBJETIVOS DE APRENDIZAJE

Cuando termine este suplemento usted podrá:

Identificar o definir:

Las suposiciones de los cuatro modelos básicos de colas

Explicar:

Cómo aplicar los modelos de colas

Teoría de colas
Línea de espera

El conjunto de conocimientos acerca de las líneas de espera, llamada a menudo **teoría de colas,** es una parte importante de la administración de producción/operaciones y una herramienta valiosa para el administrador de operaciones. Las **líneas de espera** son una situación común — pueden, por ejemplo, tomar la forma de automóviles esperando una reparación en un centro de servicio automotriz, trabajos de impresión esperando ser terminados en una imprenta o estudiantes esperando una asesoría con su profesor.

El análisis de colas en términos de longitud de la línea de espera, tiempo promedio de espera y otros factores, nos ayudan a entender los sistemas de servicio (tales como las estaciones de cajeros de banco), actividades de servicio (para reparar maquinaria descompuesta), y tareas de control en el piso del taller. De hecho, los pacientes que aguardan al médico en su consultorio y los taladros descompuestos que esperan en una instalación de reparaciones tienen mucho en común desde una perspectiva de P/OM. Ambas utilizan recursos humanos y recursos de equipos para mantener los valiosos activos de producción (gente y máquinas) en buenas condiciones.

Los administradores de operaciones reconocen el trueque que se lleva a cabo entre el costo de ofrecer un buen servicio y el costo del tiempo de espera del cliente o la máquina. Los administradores desean que las filas de espera sean lo suficientemente cortas, de tal forma que los clientes no se sientan descontentos y se vayan sin comprar, o que compren pero nunca regresen. Sin embargo, los administradores están dispuestos a permitir alguna espera, si ésta es proporcional a un ahorro significativo en los costos del servicio.

Una forma de evaluar una instalación de servicio es observar el costo total esperado, que se ilustra en la figura S8.1. El costo total es la suma de los costos del servicio esperados más los costos de esperar.

Cuando la empresa intenta elevar su nivel de servicio, se observa un incremento en los costos. En *algunos* centros de servicio, los administradores pueden variar su capacidad al contar con una reserva de personal y maquinaria que se pueden asignar a estaciones de servicio específicas, para prevenir o acortar las líneas excesivamente largas. En las tiendas de abarrotes, los administradores y los empleados de almacén pueden operar cajas de salida extras cuando sea necesario. En los puntos de verificación de bancos y aeropuertos se puede recurrir a los trabajadores de medio tiempo para que auxilien en las tareas. A medida que mejora el servicio (es decir, se acelera) disminuye el costo del tiempo en la línea de espera. El costo de la espera puede reflejar baja productividad de trabajadores, mientras ellos aguardan la reparación de sus herramientas o maquinarias; también puede ser simplemente una estimación del costo de los clientes perdidos debido a una fila larga por un servicio deficiente. En algunos sistemas de servicio (por ejemplo, el servicio de ambulancias de emergencia), el costo de las largas líneas de espera puede ser intolerablemente alto.

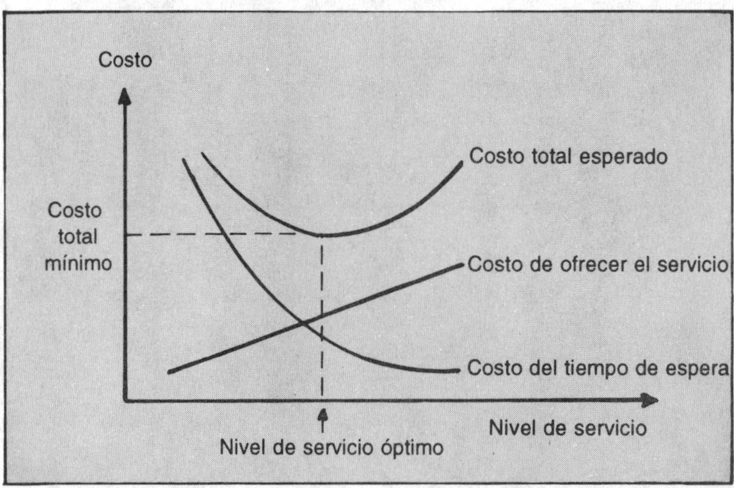

FIGURA S8.1 El intercambio entre los costos de espera y los costos del servicio.

CARACTERÍSTICAS DE UN SISTEMA DE LÍNEAS DE ESPERA

En esta sección, se revisarán las tres partes de un sistema de línea de espera o de colas:

1. llegadas o entradas al sistema;
2. disciplina de la cola o línea de espera;
3. instalación de servicio.

Estos tres componentes tienen ciertas características que deben ser examinadas antes de que se puedan desarrollar modelos matemáticos de colas.

Características de las llegadas

La fuente de entrada que genera las llegadas o clientes para el sistema de servicio tiene tres características principales. Estas tres características importantes son el tamaño de la *población de llegada*, el *patrón* de llegada al sistema de colas y el *comportamiento* de las llegadas.

Tamaño de la población fuente. Los tamaños de la población pueden ser ilimitados (esencialmente infinitos) o limitados (finitos). Cuando el número de clientes o de llegadas disponibles en cualquier momento dado es únicamente una pequeña porción de las llegadas potenciales, se considera a la población de llegada como **ilimitada** o **infinita.** Para propósitos prácticos, los ejemplos de poblaciones ilimitadas incluyen la llegada de automóviles a las casetas de pago en las carreteras, los compradores que llegan a un supermercado y los estudiantes que llegan a registrarse para las clases en una universidad grande. Un ejemplo de una población **limitada** o **finita,** es una tienda de copiado con únicamente ocho máquinas copiadoras, las cuales se pueden descomponer y requerir servicio de reparación.

Población ilimitada o infinita

Población limitada o finita

Patrón de llegadas al sistema. Los clientes llegan, o bien a una instalación de servicio de acuerdo a algún programa (por ejemplo, un paciente cada quince minutos o un estudiante para asesoría cada media hora) o bien *aleatoriamente*. Las llegadas se consideran aleatorias cuando son independientes una de la otra y su ocurrencia no puede ser predicha con exactitud. Frecuentemente en los problemas de colas, el número de llegadas por unidad de tiempo se puede estimar por una distribución de probabilidades conocida como **distribución de Poisson.**

Distribución de Poisson

La figura S8.2 ilustra la distribución de Poisson para $\lambda = 2$ y $\lambda = 4$. Esto significa que si la tasa promedio de llegada es de $\lambda = 2$ clientes por hora, la probabilidad de que 0 clientes lleguen en cualquier hora aleatoria es de aproximadamente 13%, la probabilidad de 1 cliente es del 27%, 2 clientes el 27%, 3 clientes el 18%, 4 clientes el 9%, y así sucesivamente. Las posibilidades de que lleguen 9 o más son virtualmente nulas. Las llegadas, desde luego, no son siempre Poisson (pueden seguir alguna otra distribución) y se deben examinar para asegurarse de que la aproximación es adecuada y corresponde a la distribución de Poisson, antes de aplicarla.

Comportamiento de las llegadas. La mayoría de los modelos de colas asumen que un cliente que llega es un cliente tolerante. Los clientes tolerantes son gente o máquinas que esperan su turno para recibir el servicio y no se intercambian entre las líneas. Desafortunadamente, la vida se complica por el hecho de que se sabe que la gente se frustra o deserta. Los clientes que se *frustran* se niegan a unirse a la línea de espera debido a que es demasiado larga y no se adapta a sus necesidades o intereses. Los clientes *desertores* son aquellos que entran a la fila pero se vuelven impacientes y la dejan sin completar su transacción. En realidad, ambas situaciones únicamente sirven para acentuar la necesidad de la teoría de colas y el análisis de las líneas de espera.

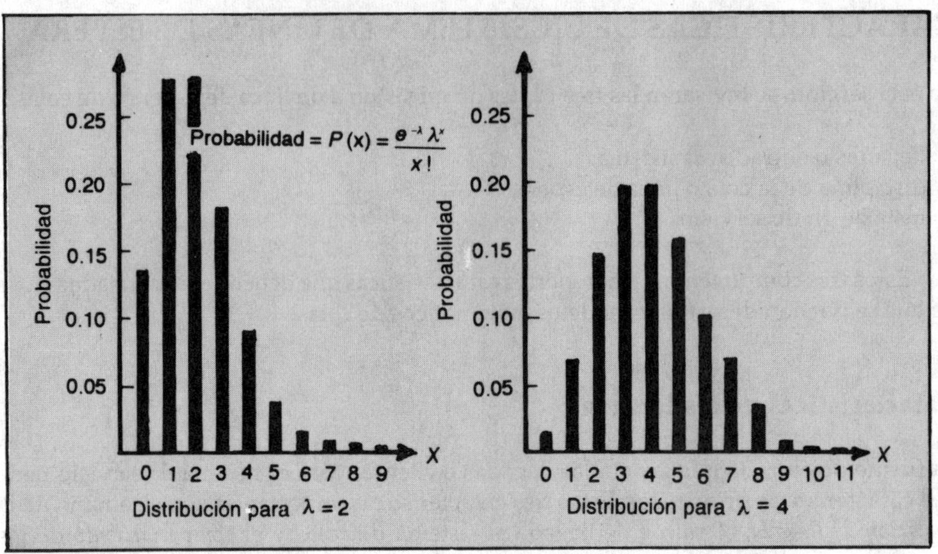

FIGURA S8.2 Dos ejemplos de distribución de Poisson para tiempos de llegada.

Características de la línea de espera

La línea de espera por sí misma es el segundo componente de un sistema de colas. La longitud de una línea puede ser o limitada o ilimitada. Una cola es *limitada* cuando no puede, por leyes o restricciones físicas, crecer a una longitud infinita. Este puede ser el caso en una pequeña peluquería que tiene únicamente un número limitado de sillones de espera. Los modelos de colas analíticos son tratados en este capítulo bajo la suposición de que son colas de longitud *ilimitadas*. Se dice que una cola es *ilimitada* cuando su tamaño no está restringido, tal como es el caso de la caseta de cobro que sirve a los automóviles que llegan.

Un P_3 de 0.0625 significa que la posibilidad de tener más de tres clientes en una línea de registro de un aeropuerto, en un cierto momento del día, es una probabilidad de uno en 16. Si esta oficina de British Airways en Barbados puede vivir con cuatro o más pasajeros en línea aproximadamente el 6% del tiempo, un agente de servicio será suficiente. Si no, se deben sumar más puestos de registro y personal.

Otra característica de la línea de espera tiene que ver con la *disciplina de la cola*. Esto se refiere a la regla por la cual los clientes en una línea deben ser atendidos. La mayoría de los sistemas utilizan una disciplina de colas conocida como **primero en entrar, primero en salir (FIFO)** (por sus siglas en inglés: First-In, First-Out;). En una sala de emergencia de un hospital o en una línea de salida express en un supermercado, sin embargo, varias prioridades asignadas pueden ser preferentes a FIFO. Los pacientes que se encuentran con lesiones críticas se adelantarán en prioridad de atención sobre los pacientes con dedos o narices rotas. Los compradores con menos de 10 artículos son permitidos en la entrada de la cola de salida express (pero son atendidos *después* como primera entrada, primer servicio). Las corridas de programas son otro ejemplo de los sistemas de colas que operan bajo programas de prioridad. Por ejemplo en la mayoría de las grandes compañías, cuando se deben hacer los cheques producidos por computadora en una fecha específica, el programa de nómina tiene la prioridad más alta sobre otras corridas.

Primero en entrar, primero en salir (FIFO)

Características de las instalaciones de servicio

La tercera parte de cualquier sistema de colas es la instalación de servicio. Son importantes dos propiedades básicas: (1) la configuración del sistema de servicio y (2) el patrón de los tiempos de servicio.

Configuraciones básicas del sistema de colas. Los sistemas de servicio están clasificados generalmente en términos de sus números de canales (como el número de servidores) y el número de fases (el número de detenciones de servicio que se deben hacer). Un **sistema de colas de canal sencillo,** con un servidor, es tipificado por el auto-banco que tiene abierto únicamente un cajero, o por el servicio en auto de un restaurante de comida rápida. Por otro lado, si el banco tuviera varios cajeros de guardia y cada cliente esperara en una línea común para el primer cajero disponible, entonces se tendría un **sistema de colas multicanales** trabajando. La mayoría de los bancos hoy en día son sistemas de servicio multicanales, así como la mayoría de las peluquerías grandes, mostradores de boletos de aerolíneas y oficinas de correos.

Sistema de colas de canal sencillo

Sistema de colas multicanales

Un **sistema de colas de fase sencilla** es aquel donde el cliente recibe el servicio de una sola estación y después abandona el sistema. En un restaurante de comida rápida la persona que toma la orden también trae la comida y toma el dinero, éste es un sistema de una sola fase; así como lo es una agencia de licencias de conducir, donde la persona que toma la solicitud también califica el examen y recolecta el pago de la licencia. Pero si el restaurante requiere que se coloque la orden en una estación, se pague en la segunda y se recoja la comida en una tercera parada de servicio, se convierte un **sistema multifase**; De la misma manera, si la agencia de licencias para conducir es grande o está ocupada, probablemente se tendrá que esperar en una línea para completar la solicitud (la primera parada de servicio), luego hacer la cola una vez más para obtener la calificación del examen (la segunda parada de servicio), y finalmente ir a un tercer mostrador de servicio para pagar los derechos. Para ayudar a relacionar los conceptos de canales y fases, la figura S8.3 presenta cuatro configuraciones posibles.

Sistema de fase sencilla

Sistema multifase

Distribución del tiempo de servicio. Los patrones de servicio son como los patrones de llegada, pueden ser constantes o aleatorios. Si el tiempo de servicio es constante, toma la misma cantidad de tiempo atender a cada cliente. Este es el caso en una operación de servicio realizada por una máquina, tal como en un lavado automático de automóviles. Con mayor frecuencia, los tiempos de los servicios están distribuidos aleatoriamente. En muchos casos, se puede asumir que los tiempos aleatorios de los servicios están descritos por la **distribución de probabilidad exponencial negativa.**

Distribución de probabilidad exponencial negativa

La figura S8.4 ilustra que si los *tiempos de servicio* siguen una distribución exponencial, la probabilidad de permanecer en la instalación un tiempo de servicio muy largo es baja. Por ejemplo, cuando un tiempo promedio de servicio es de 20 minutos, rara vez, si no es que nunca, un cliente requerirá de más de 90 minutos en las instalaciones de servicio. Si el tiempo medio de servicio es de una hora, la probabilidad de requerir más de 180 minutos en el servicio es virtualmente cero.

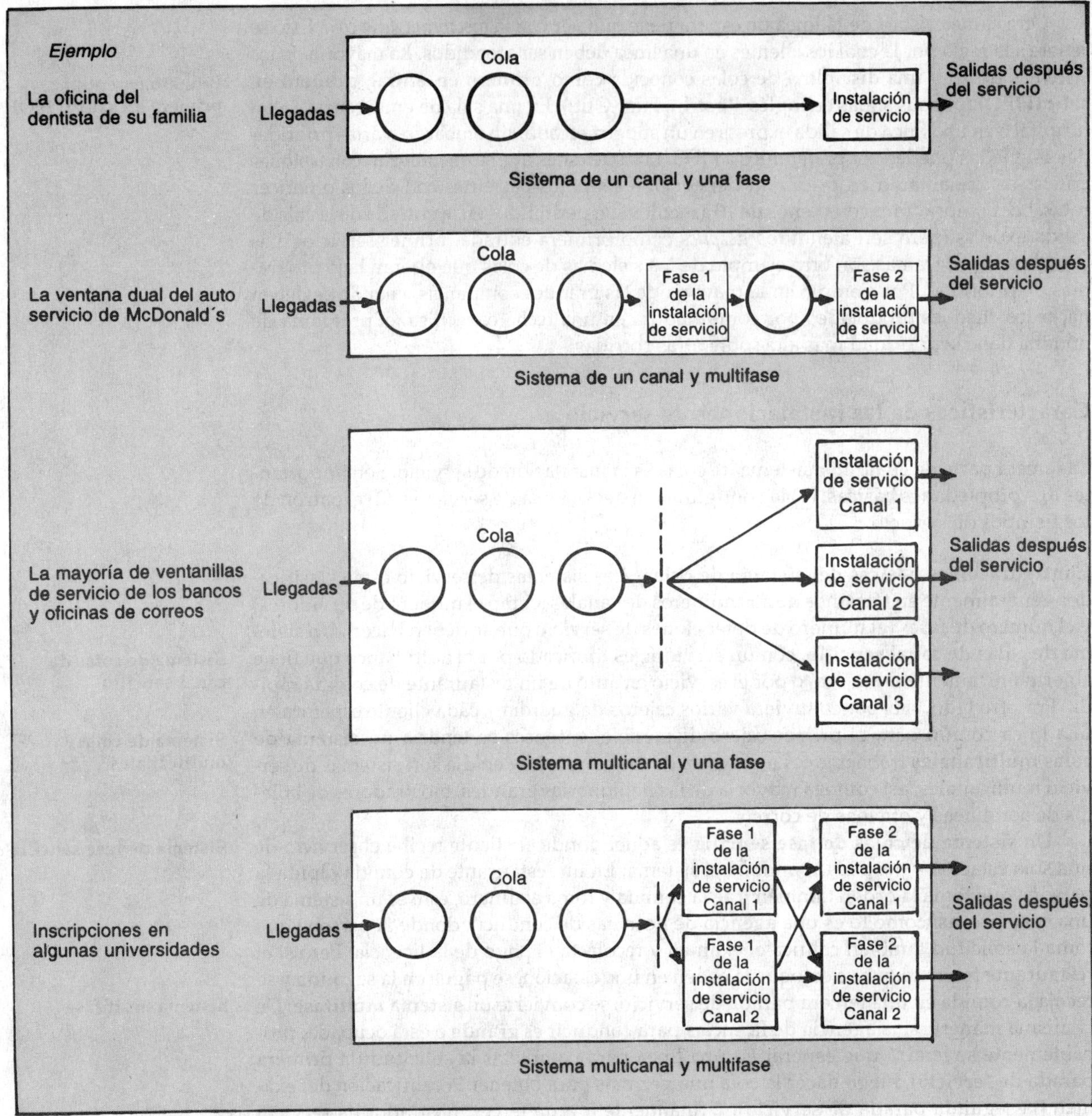

FIGURA S8.3 Configuraciones básicas del sistema de colas.

Medición del rendimiento en el sistema de la cola

Los modelos de colas ayudan a los administradores que toman decisiones a balancear los costos deseables de los servicios con los costos de espera de la línea. En un análisis de colas se obtienen comúnmente varias medidas del rendimiento en el sistema de línea de espera; a continuación se describen algunas de ellas:

1. el tiempo promedio que cada cliente u objeto pasa en la cola;
2. la longitud promedio de la cola;
3. el tiempo promedio que cada cliente pasa en el sistema (el tiempo de espera más el tiempo de servicio);
4. el número promedio de clientes en el sistema;
5. la probabilidad de que la instalación de servicio esté ociosa;
6. el factor de utilización del sistema;
7. la probabilidad de un número específico de clientes en el sistema.

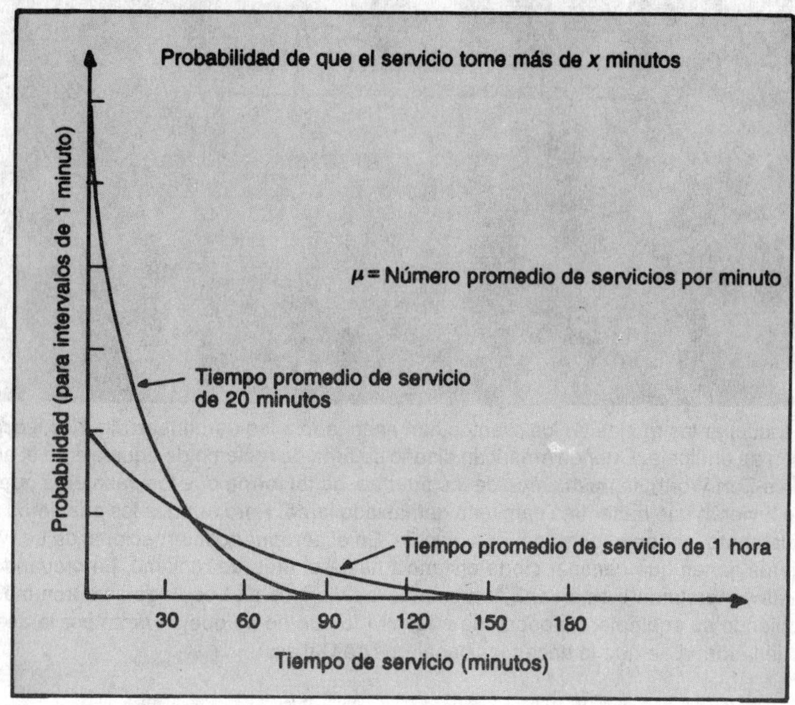

FIGURA S8.4 Dos ejemplos de la distribución exponencial negativa para tiempos de servicio.

LA VARIEDAD DE LOS MODELOS DE COLAS

Se puede aplicar una amplia variedad de modelos de colas en la administración de operaciones. Sin embargo, en vez de ir al detalle acerca de todos ellos, se presentarán los cuatro modelos utilizados más ampliamente. Éstos se delinean en la tabla S8.1, y los ejemplos de cada uno de ellos continúan en las próximas secciones. Los modelos más complejos se describen en los libros de texto[1] de teoría de colas, también se pueden desarrollar a través del uso de la simulación, la cual será estudiada en el suplemento del capítulo 11. Obsérvese que los cuatro modelos de colas se enlistan en la tabla S8.1 — el sistema

TABLA S8.1 Modelos de colas descritos en este capítulo.

MODELO	NOMBRE (CON EL NOMBRE TÉCNICO ENTRE PARÉNTESIS)	EJEMPLO	NÚMERO DE CANALES	NÚMERO DE FASES	PATRÓN DE TASA DE LLEGADA	PATRÓN DEL TIEMPO DE SERVICIO	TAMAÑO DE POBLACIÓN	DISCIPLINA DE LA COLA
A	Sistema simple (M/M/1)	Mostrador de información en una tienda departamental	Sencillo	Sencillo	Poisson	Exponencial	Ilimitado	FIFO
B	Multicanal (M/M/S)	Mostrador de boletos de una aerolínea	Multicanal	Sencillo	Poisson	Exponencial	Ilimitado	FIFO
C	Servicio constante (M/D/1)	Lavado automático de automóviles	Sencillo	Sencillo	Poisson	Constante	Ilimitado	FIFO
D	Población limitada (población finita)	Taller con sólo una docena de máquinas que se puedan descomponer	Sencillo	Sencillo	Poisson	Exponencial	Limitado	FIFO

[1]Véase, por ejemplo, W. Griffin, *Queuing: Basic Theory and Applications* (Columbus: Grid Publishing, 1978); o R. B. Cooper, *Introduction to Queuing Theory*, 2da. ed. (Nueva York: Elsevier-North Holland, 1980).

Años de escuchar las quejas de los clientes han enseñado a las aerolíneas algunas lecciones de recolección de equipaje. Cuando American diseño su área de reclamo de equipaje en el aeropuerto de Dallas-Fort Worth, la puso cerca de las puertas, de tal forma que los pasajeros que desembarcan no tuvieran que hacer una caminata demasiado larga. Pero aunque los pasajeros llegan al área rápidamente, deben esperar por su equipaje. En el aeropuerto internacional de Los Ángeles, los pasajeros tienen que caminar cierta distancia hasta el área de reclamo, pero cuando llegan, sus maletas generalmente están ahí. Aun cuando los viajeros de Los Ángeles duren más tiempo total recogiendo su equipaje, American ha encontrado que no se quejan tanto por la demora del equipaje de la forma en que lo hacen los pasajeros de Dallas.

simple, el multicanal, el de servicio constante y el de población limitada — tienen tres características en común. Todos suponen:

1. las llegadas con distribución Poisson;
2. la disciplina de FIFO;
3. una fase de servicio única.

Adicionalmente, describen los sistemas de servicios que operan bajo condiciones estables, hacia adelante. Esto significa que la llegada y las tasas de servicio permanecen estables durante el análisis.

Modelo A: Modelo de colas de canal sencillo con llegadas de Poisson y tiempos exponenciales de servicio

El caso más común de los problemas de colas involucra el *canal sencillo* o línea de espera con un servidor sencillo. En esta situación, las llegadas desde una sola línea se deben servir desde una estación sencilla (figura S8.3). Se asume que existen las siguientes condiciones en este tipo de sistema:

1. Las llegadas son atendidas sobre la base de primero en entrar, primero en salir (FIFO), y cada una espera el servicio, haciendo caso omiso de la longitud de la línea o cola.
2. Cada entrada es independiente de la anterior, pero el número promedio de llegadas (tasa de llegadas) no cambia a través del tiempo.
3. Las llegadas son descritas por una distribución de probabilidades de Poisson y provienen de una población infinita (o muy grande).
4. Los tiempos de servicio varían de un cliente al siguiente y son independientes unos de los otros, pero la tasa promedio se conoce.
5. Los tiempos de servicio ocurren de acuerdo con la distribución de probabilidad exponencial negativa.
6. La tasa de servicio es más rápida que la tasa de llegada.

Cuando se cumplen estas condiciones, se pueden desarrollar las series de ecuaciones mostradas en la tabla S8.2. Los ejemplos 1 y 2 ilustran cómo se puede utilizar el modelo A (el cual en las revistas técnicas es conocido como el modelo M/M/1).

TABLA S8.2 Fórmulas para colas para el Modelo A - Sistema, simple también llamado M/M/1.

λ = Número medio de llegadas por periodo de tiempo

μ = Número medio de gente o artículos servidos por periodo de tiempo

L_s = Número promedio de unidades (clientes) en el sistema

$$= \frac{\lambda}{\mu - \lambda}$$

W_s = Tiempo promedio que tarda una unidad en el sistema (tiempo de espera más tiempo de servicio)

$$= \frac{1}{\mu - \lambda}$$

L_q = Número promedio de unidades en la cola

$$= \frac{\lambda^2}{\mu(\mu - \lambda)}$$

W_q = Tiempo promedio que tarda una unidad esperando en la cola

$$= \frac{\lambda}{\mu(\mu - \lambda)}$$

ρ = Factor de utilización por el sistema

$$= \frac{\lambda}{\mu}$$

P_0 = Probabilidad de 0 unidades en el sistema (esto es, la unidad de servicio está ociosa)

$$= 1 - \frac{\lambda}{\mu}$$

$P_{n>k}$ = Probabilidad de más de k unidades en el sistema, donde n es el número de unidades en el sistema de k unidades

$$= \left(\frac{\lambda}{\mu}\right)^{k+1}$$

ejemplo 1

Jones, el mecánico en Golden Muffler Shop, es capaz de instalar mofles nuevos a una tasa promedio de tres por hora (aproximadamente uno cada 20 minutos), de acuerdo con una distribución de probabilidad exponencial negativa. Los clientes que buscan este servicio llegan al taller a un promedio de dos por hora, siguiendo una distribución de Poisson. Los clientes son atendidos sobre una base de primero en entrar, primero en salir, y proceden de una población muy grande (casi infinita) de posibles compradores.

A partir de esta descripción, existe la posibilidad de obtener las características de operación del sistema de colas de Golden Muffler's:

λ = llegada de 2 automóviles por hora

μ = 3 automóviles servidos por hora

$$L_s = \frac{\lambda}{\mu - \lambda} = \frac{2}{3-2} = \frac{2}{1}$$

= 2 automóviles en el sistema, como promedio

$$W_s = \frac{1}{\mu - \lambda} = \frac{1}{3-2} = 1$$

= 1 hora de tiempo de espera en el sistema

$$L_q = \frac{\lambda^2}{\mu(\mu - \lambda)} = \frac{2^2}{3(3-2)} = \frac{4}{3(1)} = \frac{4}{3}$$

= 1.33 automóviles en promedio esperan en la línea

$$W_q = \frac{\lambda}{\mu(\mu - \lambda)} = \frac{2}{3(3-2)} = \frac{2}{3} \text{ horas}$$

= 40 minutos de tiempo promedio de espera por automóvil

$$\rho = \frac{\lambda}{\mu} = \frac{2}{3}$$

= El mecánico está ocupado el 66.6% del tiempo

$$P_0 = 1 - \frac{\lambda}{\mu} = 1 - \frac{2}{3}$$

= 0.33 de probabilidad de que haya cero automóviles en el sistema

Probabilidad de más *k* automóviles en el sistema

k	$P_{n>k} = (2/3)^{k+1}$	
0	0.667	← Obsérvese que es igual a $1 - P_0 = 1 - 0.33 = 0.667$
1	0.444	
2	0.296	
3	0.198	← Implica que hay un 19.8% de posibilidad de que haya más de tres automóviles en el sistema
4	0.132	
5	0.088	
6	0.058	
7	0.039	

Una vez que se han calculado las características de operación de un sistema de colas, es importante hacer un estudio económico de su impacto. El modelo de línea de espera descrito anteriormente es valioso para predecir los tiempos potenciales de espera, las longitudes de las colas, los tiempos ociosos, y así sucesivamente; sin embargo, este modelo no identifica las decisiones óptimas ni tampoco considera los factores de costo. Como se estableció anteriormente, la solución de un problema de colas puede requerir que la administración equilibre entre el incremento del costo al ofrecer un mejor servicio y la disminución de los costos por la espera, ambos se derivan al ofrecer ese servicio. Considérense los costos involucrados en el ejemplo 1.

ejemplo 2

El dueño del Golden Muffler Shop estima que el costo del tiempo de espera del cliente, en términos de la insatisfacción y la pérdida de la buena voluntad, es de 10 dólares por hora de tiempo que pasan *esperando* en la línea. Dado que el automóvil promedio tiene una espera de 2/3 horas (W_q) se atiende un promedio aproximado de 16 automóviles por día (dos por hora, en una jornada de 8 horas diariamente), el número total de horas que los clientes esperan, mientras se instalan los mofles del auto es:

$$\frac{2}{3}(16) = \frac{32}{2} = 10\frac{2}{3} \text{ horas}$$

Por lo tanto, en este caso:

$$\text{Costo de tiempo de espera del cliente} = \$10\left(10\frac{2}{3}\right) = 107 \text{ dólares por día}$$

El único costo importante que el dueño de Golden puede identificar en la situación de colas es el salario de Jones, el mecánico, que gana 7 dólares por hora, o 56 dólares por día. Entonces:

$$\text{Costos totales esperados} = \$107 + \$56$$
$$= \$163 \text{ por día}$$

Este enfoque será útil en el problema resuelto S8.2.

Modelo B: Modelo de colas multicanales

El siguiente paso lógico es revisar un sistema de colas con múltiples canales, en el cual dos o más servidores están disponibles para manejar a los clientes que llegan. Si se sigue asumiendo que los clientes esperan el servicio desde una sola línea y después acuden al primer servidor disponible. Este ejemplo de línea de espera multicanal, de fase sencilla, se encuentra en muchos bancos hoy en día. Una línea común se forma y el cliente a la cabeza de la línea acude al primer cajero disponible. (Refiérase a la figura S8.3 para una configuración multicanal típica.)

El sistema multicanal, presentado nuevamente asume que las llegadas siguen una distribución de probabilidad de Poisson y que los tiempos de servicio son exponencialmente distribuidos. El servicio es primera entrada, primer servicio, y se supone que todos los servidores se desempeñan a la misma tasa. Otras suposiciones enlistadas anteriormente para el modelo de canal sencillo se aplican de la misma manera.

El Epcot Center y Disney World en Orlando, Disneyland en California, EuroDisney cerca de París y Disney Japan cerca de Tokyo tienen una característica en común: las largas filas y las esperas que parecen no tener fin. Pero Disney es una de las compañías líderes en el análisis científico de la teoría de colas; analiza los comportamientos de las colas y puede predecir qué juegos atraerán a qué cantidades de multitud. Para mantener contentos a los visitantes, Disney hace tres cosas: (1) hace que las líneas parezcan que avanzan en forma constante; (2) entretiene a la gente mientras espera; y (3) pone señales diciendo a los visitantes a cuántos minutos de lejanía están de cada juego. De esa manera los padres pueden decidir si una espera de 20 minutos para el Small World vale más la pena que una espera de 30 minutos para Mr. Frog´s Wild Ride.

TABLA S8.3 Fórmulas de la teoría de colas para el modelo B — sistema multicanal, también llamado M/M/S.

M = Número de canales abiertos

λ = Tasa promedio de llegada

μ = Tasa promedio de servicio en cada canal

La probabilidad de que haya cero gente o unidades en el sistema es:

$$P_0 = \frac{1}{\left[\sum_{n=0}^{M-1} \frac{1}{n!}\left(\frac{\lambda}{\mu}\right)^n\right] + \frac{1}{M!}\left(\frac{\lambda}{\mu}\right)^M \frac{M\mu}{M\mu - \lambda}} \text{ para } M\mu > \lambda$$

El número promedio de gente o unidades en el sistema es:

$$L_s = \frac{\lambda\mu(\lambda/\mu)^M}{(M-1)!(M\mu-\lambda)^2} P_0 + \frac{\lambda}{\mu}$$

El tiempo promedio que tarda una unidad esperando en la línea para ser atendida (es decir, en el sistema) es:

$$W_s = \frac{\mu(\lambda/\mu)^M}{(M-1)!(M\mu-\lambda)^2} P_0 + \frac{1}{\mu} = \frac{L_s}{\lambda}$$

El número promedio de gente o unidades en la línea de espera para servicio es:

$$L_q = L_s - \frac{\lambda}{\mu}$$

El tiempo promedio que una persona o unidad pasa esperando en la cola por el servicio es:

$$W_q = W_s - \frac{1}{\mu} = \frac{L_q}{\lambda}$$

Las ecuaciones de la teoría de colas para el Modelo B (el cual también tiene el nombre técnico de M/M/S) se muestran en la figura S8.3. Estas ecuaciones son obviamente más complejas que aquellas utilizadas en el modelo de canal sencillo; no obstante, son utilizadas exactamente en la misma manera y ofrecen el mismo tipo de información que el modelo más simple. El software de computadora AB:POM descrito en la página 361 demuestra su utilidad en la solución de problemas de colas multicanales, así como otros.

ejemplo 3

La Golden Muffler Shop ha decidido abrir un segundo puesto de garage y de contratar a un segundo mecánico que maneje la instalación de mofles. Los clientes, que llegan a una tasa de aproximadamente $\lambda = 2$ por hora, esperan en una sola línea hasta que uno de los dos mecánicos está libre. Cada mecánico instala mofles a la tasa de aproximadamente $\mu = 3$ por hora.

Para encontrar la comparación entre este sistema y el sistema de línea de espera de canal sencillo, se calcularán varias características de operación para el sistema de canales $M = 2$; posteriormente se deberán comparar contra los resultados del ejemplo 1.

$$P_0 = \frac{1}{\left[\sum_{n=0}^{1} \frac{1}{n!}\left(\frac{2}{3}\right)^n\right] + \frac{1}{2!}\left(\frac{2}{3}\right)^2 \frac{2(3)}{2(3)-2}}$$

$$= \frac{1}{1 + \frac{2}{3} + \frac{1}{2}\left(\frac{4}{9}\right)\left(\frac{6}{6-2}\right)} = \frac{1}{1 + \frac{2}{3} + \frac{1}{3}} = \frac{1}{2}$$

= 0.5 de probabilidad de cero automóviles en el sistema.

Entonces:

$$L_s = \frac{(2)(3)(2/3)^2}{1![2(3)-2]^2}\left(\frac{1}{2}\right)+\frac{2}{3}=\frac{8/3}{16}\left(\frac{1}{2}\right)+\frac{2}{3}=\frac{3}{4}$$

= 0.75 el número promedio de automóviles en el sistema

$$W_s = \frac{L_s}{\lambda}=\frac{3/4}{2}=\frac{3}{8} \text{ horas}$$

= 22.5 minutos es el tiempo promedio que un automóvil pasa en el sistema

$$L_q = L_s - \frac{\lambda}{\mu}=\frac{3}{4}-\frac{2}{3}=\frac{1}{12}$$

= 0.083 el número promedio de automóviles en la cola

$$W_q = \frac{L_q}{\lambda}=\frac{.083}{2} = .0415 \text{ horas}$$

= 2.5 minutos de tiempo promedio que un automóvil pasa en la cola

Estas características se pueden resumir y comparar con las del modelo de canal sencillo de la siguiente manera:

	Canal sencillo	*Dos canales*
P_0	0.33	0.5
L_s	2 automóviles	0.75 automóviles
W_s	60 minutos	22.5 minutos
L_q	1.33 automóviles	0.083 automóviles
W_q	40 minutos	2.5 minutos

El incremento en el servicio tiene un efecto dramático en casi todas las características. En particular, el tiempo que transcurre esperando en la línea, desciende de 40 minutos a solo 2.5 minutos.

Para una ilustración de cómo se aplica AB:POM en la solución del ejemplo 3, véase el programa S8.1.

Programa S8.1 Programa de colas de AB:POM utilizando los datos del ejemplo 3 con conversión opcional de tiempos en minutos. AB:POM también puede manejar otros tres modelos de colas en este suplemento, y es capaz de llevar a cabo análisis de costos económicos sobre cada modelo. Como una opción más, la tecla de funciones F2 puede ser utilizada para desplegar las probabilidades de varios números de gente/artículos en el sistema.

```
Waiting Line Models                                   Solution
Multiple Channel
                    GOLDEN MUFFLER SHOP, EXAMPLE 3

arrival rate (lambda) 2.00   Average server utilization              .3333333
service rate (mu)     3.00   Average number in the queue (Lq)        0.083333
number of servers        2   Average number in the system (Ls)         0.7500

                             Average time in the queue (Wq)          0.041667
                                  Answer * 60                            2.50
                             Average time in the system (Ws)           0.3750
                                  Answer * 60                           22.50

F1 = Multiply wait and sys times by 60 F2 = Display Probabilities  F9 = Print  Esc
Press <Esc> key to continue or highlighted key or function key for options
```

Modelo C: Modelo de tiempo constante de servicio

Algunos sistemas de servicio tienen tiempos constantes de servicio en lugar de tiempos distribuidos exponencialmente. Cuando los clientes o el equipo son procesados de acuerdo con un ciclo fijo, tal como es el caso de un lavado automático de automóviles o un viaje en un parque de diversiones, son adecuados los tiempos constantes de servicio. Debido a que las tasas constantes son seguras, los valores para L_q, W_q, L_s y W_s, son siempre menores de lo que serían en el modelo A, el cual tiene tasas variables de servicio. De hecho, tanto la longitud promedio de la cola como el tiempo promedio de espera en la misma son la mitad del modelo C. Las fórmulas para el modelo de servicio constante están dadas en la tabla S8.4. El modelo C también tiene el nombre técnico de M/D/1 en la literatura de teoría de colas.

ejemplo 4

Garcia-Golding Recycling, Inc., recolecta y compacta latas de aluminio y botellas de vidrio en la ciudad de Nueva York. Sus choferes de camiones, que llegan a descargar estos materiales para su reciclaje, normalmente esperan un promedio de 15 minutos antes de vaciar sus cargas. El costo del chofer y el tiempo del camión, mientras permanecen en la cola, está valuado en 60 dólares por hora. Se puede adquirir un nuevo compactador automatizado que procesará las cargas de camión a una tasa constante de 12 camiones por hora (esto es, 5 minutos por camión). Los camiones llegan de acuerdo con la distribución de Poisson a una tasa promedio de 8 por hora. Si el nuevo compactador se pone en práctica, su costo será amortizado a razón de 3 dólares por camión descargado. La empresa contrata a un estudiante universitario para que lleve a cabo el siguiente análisis y evalúe los costos contra los beneficios de la compra:

Costo actual de la espera/viaje = (1/4 horas de espera ahora) ($60/costo por hora) = $15/viaje

Sistema nuevo: $\lambda = 8$ camiones/hora de llegada $\mu = 12$ camiones/hora de servicio

Tiempo promedio de espera en la cola = $W_q = \dfrac{\lambda}{2\mu(\mu-\lambda)} = \dfrac{8}{2(12)(12-8)} = \dfrac{1}{12}$ horas

Costo de espera/viaje con el nuevo compactador = (1/12 horas de espera)($60/costo por hora) = $5/viaje

Ahorros con el equipo nuevo = $15(sistema actual) – $5(sistema nuevo) = $10/viaje
Costo de la amortización del equipo nuevo = $ 3/viaje
Ahorros netos = $ 7/viaje

TABLA S8.4 Fórmulas de teoría de colas para el modelo C—servicio constante, también llamado modelo M/D/1.

Longitud promedio de la cola: $L_q = \dfrac{\lambda^2}{2\mu(\mu-\lambda)}$

Tiempo promedio de espera en la cola: $W_q = \dfrac{\lambda}{2\mu(\mu-\lambda)}$

Número promedio de clientes en el sistema: $L_s = L_q + \dfrac{\lambda}{\mu}$

Tiempo promedio de espera en el sistema: $W_s = W_q + \dfrac{1}{\mu}$

Una manera de eliminar la inquietud de la espera es entretener a los clientes. Algunos bancos ofrecen entretenimientos en vivo tales como pianistas y organistas durante las agitadas horas del medio día. Para hacer atractiva la espera en la línea, el Republic National Bank de la ciudad de Nueva York programa eventos tales como la exhibición de los perros ganadores del premio Best in Show, del espectáculo anual de perros del Westminster Kennel Club.

Modelo D: Modelo de población limitada

Cuando hay una población limitada de los clientes potenciales para una instalación de servicio, se necesita considerar un modelo diferente de colas. Este modelo sería utilizado, por ejemplo, si se estuviera considerando la reparación de equipo en una fábrica que tiene cinco máquinas, y se estuviera a cargo del mantenimiento de una flota de 10 aviones para vuelos cortos, o si se administrara una sala de hospital que tiene 20 camas. El modelo de población limitada permite que se considere cualquier cantidad de gente de mantenimiento (servidores).

La razón por la que este modelo difiere de los tres anteriores modelos de colas es que ahora hay una relación *dependiente,* entre la longitud de la cola y la tasa de llegada. Para ilustrar la situación extrema, si la fábrica tiene cinco máquinas y todas estuvieran descompuestas y esperando a ser reparadas, la tasa de llegada descendería a cero. En general, a medida que crece la línea de espera en el modelo de población limitada, la tasa de llegada de clientes o máquinas disminuye.

La tabla S8.5 despliega las fórmulas de la teoría de colas para el modelo de población limitada. Obsérvese que se emplea una notación diferente al que se usó en los modelos A, B, y C. Para simplificar y reducir el tiempo en los cálculos se han desarrollado las tablas de colas finitas, en las que se puede determinar D y F. D representa la probabilidad de que una máquina necesite reparación y tenga que esperar en la línea. F es el factor de eficiencia del tiempo de espera. D y F son necesarios para calcular la mayoría de las fórmulas de los otros modelos finitos.

Una pequeña parte de las tablas de colas finitas publicadas se muestra en esta sección. Se ofrece la tabla S8.6 para una población de $N = 5$.[2]

[2] Las tablas de colas limitadas o finitas, están disponibles para manejar poblaciones de hasta 250 llegadas. Aunque no hay un número definido que pueda utilizarse para separar las poblaciones limitadas de las ilimitadas, la regla básica general es ésta: si el número en la cola es una proporción significativa de la población, se utiliza un modelo de población limitada. Para un conjunto completo de valores de N, véase *Finite Queuing Tables*, por Peck y Hazelwood (John Wiley & Sons, 1958).

TABLA S8.5 Fórmulas de teoría de colas y notación para el modelo D — población limitada.

FÓRMULAS	
Factor de servicio	$X = \frac{T}{T+U}$
Número promedio de espera	$L = N(1 - F)$
Tiempo promedio de espera	$W = \frac{L(T+U)}{N-L} = \frac{T(1-F)}{XF}$
Número promedio corriendo	$J = NF(1 - X)$
Número promedio que está siendo atendido	$H = FNX$
Número de la población	$N = J + L + H$

NOTACIÓN

D = Probabilidad de que una unidad tendrá que esperar en la cola
F = Factor de eficiencia
H = Número promedio de unidades que están siendo atendidas
J = Número promedio de unidades que no están en la cola o en la estación de servicio
L = Número promedio de unidades que están esperando servicio
M = Número de canales de servicio
N = Número de clientes potenciales
T = Tiempo promedio de servicio
U = Tiempo promedio entre requerimientos de servicio de las unidades
W = Tiempo promedio que una unidad espera en la línea
X = Factor de servicio

Fuente: L. G. Peck y R. N. Hazelwood, *Finite Queuing Tables*, Nueva York: John Wiley & Sons, 1958.

Para utilizar la tabla S8.6, se llevan a cabo los siguientes cuatros pasos:

1. Calcular X (el factor de servicio, donde $X = T / (T + U)$.
2. Encontrar el valor de X en la tabla, y encontrar después la línea para M (donde M es el número de canales de servicio).
3. Anotar los valores correspondientes a D y F.
4. Calcular L, W, J, H, o el que sea necesario para medir el desempeño del sistema de servicio.

ejemplo 5

Los registros anteriores indican que cada una de las cinco impresoras láser para computadora en el U.S. Department of Energy, en Washington, D.C., necesita reparación después de aproximadamente 20 horas de uso. Se ha determinado que las descomposturas corresponden a una distribución de Poisson. El único técnico en turno puede dar servicio a una impresora en un tiempo promedio de dos horas, siguiendo una distribución exponencial. El tiempo de descompostura cuesta 120 dólares por hora. A los técnicos se les paga 25 dólares por hora. ¿Debe contratar el DOE a un segundo técnico?

Suponiendo que el segundo técnico pueda reparar una impresora en un tiempo promedio de dos horas, se puede utilizar la tabla S8.6 (en esta población limitada, se tiene $n = 5$ máquinas) para comparar los costos de un solo técnico contra dos.

1. Primero, se observa que $T = 2$ horas y $U = 20$ horas.
2. Luego, $X = \frac{T}{T+U} = \frac{2}{2+20} = \frac{2}{20} = 0.091$ (cerca de 0.090).
3. Para: $M = 1$ servidor, $D = 0.350$ y $F = 0.960$.

4. Para $M = 2$ servidores, $D = 0.044$ y $F = 0.998$.
5. El número promedio de impresoras *trabajando* es $J = NF(1 - X)$.
   Para $M = 1$, éste es $J = (5)(0.960)(1 - 0.091) = 4.36$
   Para $M = 2$, éste es $J = (5)(0.998)(1 - 0.091) = 4.54$
6. Sigue el análisis de costos:

Número de técnicos	*Número promedio de impresoras descompuestas (N–J)*	*Costo/hora promedio para el tiempo de descompostura (N–J)($120/hora)*	*Costo/hora de los técnicos (a 25 dólares/hora)*	*Costo total/hora*
1	0.64	$76.80	$25.00	$101.80
2	0.46	$55.20	$50.00	$105.20

Este análisis sugiere que teniendo solamente un técnico en servicio ahorrará unos cuantos dólares por hora ($105.20 – $101.80 = 3.40 dólares).

TABLA S8.6 Tablas para colas finitas para una población de $n = 5$.

X	M	D	F	X	M	D	F	X	M	D	F	X	M	D	F	X	M	D	F
				0.100	1	0.386	0.950	0.200	2	0.194	0.976	0.330	4	0.012	0.999	0.520	2	0.779	0.728
				0.105	2	0.059	0.997		1	0.689	0.801		3	0.112	0.986		1	0.988	0.384
0.012	1	0.048	0.999		1	0.404	0.945	0.210	3	0.032	0.998		2	0.442	0.904	0.540	4	0.085	0.989
0.019	1	0.076	0.998	0.110	2	0.065	0.996		2	0.211	0.973		1	0.902	0.583		3	0.392	0.917
0.025	1	0.100	0.997		1	0.421	0.938		1	0.713	0.783	0.340	4	0.013	0.999		2	0.806	0.708
0.030	1	0.120	0.996	0.115	2	0.071	0.995	0.220	3	0.036	0.997		3	0.121	0.985		1	0.991	0.370
0.034	1	0.135	0.995		1	0.439	0.933		2	0.229	0.969		2	0.462	0.896	0.560	4	0.098	0.986
0.036	1	0.143	0.994	0.120	2	0.076	0.995		1	0.735	0.765		1	0.911	0.569		3	0.426	0.906
0.040	1	0.159	0.993		1	0.456	0.927	0.230	3	0.041	0.997	0.360	4	0.017	0.998		2	0.831	0.689
0.042	1	0.167	0.992	0.125	2	0.082	0.994		2	0.247	0.965		3	0.141	0.981		1	0.993	0.357
0.044	1	0.175	0.991		1	0.473	0.920		1	0.756	0.747		2	0.501	0.880	0.580	4	0.113	0.984
0.046	1	0.183	0.990	0.130	2	0.089	0.933	0.240	3	0.046	0.996		1	0.927	0.542		3	0.461	0.895
0.050	1	0.198	0.989		1	0.489	0.914		2	0.265	0.960	0.380	4	0.021	0.998		2	0.854	0.670
0.052	1	0.206	0.988	0.135	2	0.095	0.993		1	0.775	0.730		3	0.163	0.976		1	0.994	0.345
0.054	1	0.214	0.987		1	0.505	0.907	0.250	3	0.052	0.995		2	0.540	0.863	0.600	4	0.130	0.981
0.056	2	0.018	0.999	0.140	2	0.102	0.992		2	0.284	0.955		1	0.941	0.516		3	0.497	0.883
	1	0.222	0.985		1	0.521	0.900		1	0.794	0.712	0.400	4	0.026	0.977		2	0.875	0.652
0.058	2	0.019	0.999	0.145	3	0.011	0.999	0.260	3	0.058	0.944		3	0.186	0.972		1	0.996	0.333
	1	0.229	0.984		2	0.109	0.991		2	0.303	0.950		2	0.579	0.845	0.650	4	0.179	0.972
0.060	2	0.020	0.999		1	0.537	0.892		1	0.811	0.695		1	0.952	0.493		3	0.588	0.850
	1	0.237	0.983	0.150	3	0.012	0.999	0.270	3	0.064	0.994	0.420	4	0.031	0.997		2	0.918	0.608
0.062	2	0.022	0.999		2	0.115	0.990		2	0.323	0.944		3	0.211	0.966		1	0.998	0.308
	1	0.245	0.982		1	0.553	0.885		1	0.827	0.677		2	0.616	0.826	0.700	4	0.240	0.960
0.064	2	0.023	0.999	0.155	3	0.013	0.999	0.280	3	0.071	0.993		1	0.961	0.471		3	0.678	0.815
	1	0.253	0.981		2	0.123	0.989		2	0.342	0.938	0.440	4	0.037	0.996		2	0.950	0.568
0.066	2	0.024	0.999		1	0.568	0.877		1	0.842	0.661		3	0.238	0.960		1	0.999	0.286
	1	0.260	0.979	0.160	3	0.015	0.999	0.290	4	0.007	0.999		2	0.652	0.807	0.750	4	0.316	0.944
0.068	2	0.026	0.999		2	0.130	0.988		3	0.079	0.992		1	0.969	0.451		3	0.763	0.777
	1	0.268	0.978		1	0.582	0.869		2	0.362	0.932	0.460	4	0.045	0.995		2	0.972	0.532
0.070	2	0.027	0.999	0.165	3	0.016	0.999		1	0.856	0.644		3	0.266	0.953	0.800	4	0.410	0.924
	1	0.275	0.977		2	0.137	0.987	0.300	4	0.008	0.999		2	0.686	0.787		3	0.841	0.739
0.075	2	0.031	0.999		1	0.597	0.861		3	0.086	0.990		1	0.975	0.432		2	0.987	0.500
	1	0.294	0.973	0.170	3	0.017	0.999		2	0.382	0.926	0.480	4	0.053	0.994	0.850	4	0.522	0.900
0.080	2	0.035	0.998		2	0.145	0.985		1	0.869	0.628		3	0.296	0.945		3	0.907	0.702
	1	0.313	0.969		1	0.611	0.853	0.310	4	0.009	0.999		2	0.719	0.767		2	0.995	0.470
0.085	2	0.040	0.998	0.180	3	0.021	0.999		3	0.094	0.989		1	0.980	0.415	0.900	4	0.656	0.871
	1	0.332	0.965		2	0.161	0.983		2	0.402	0.919	0.500	4	0.063	0.992		3	0.957	0.666
0.090	2	0.044	0.998		1	0.638	0.836		1	0.881	0.613		3	0.327	0.936		2	0.998	0.444
	1	0.350	0.960	0.190	3	0.024	0.998	0.320	4	0.010	0.999		2	0.750	0.748	0.950	4	0.815	0.838
0.095	2	0.049	0.997		2	0.117	0.980		3	0.103	0.988		1	0.985	0.399		3	0.989	0.631
	1	0.368	0.955		1	0.665	0.819		2	0.422	0.912	0.520	4	0.073	0.991				
0.100	2	0.054	0.997	0.200	3	0.028	0.998		1	0.892	0.597		3	0.359	0.927				

Fuente: De L. G. Peck y R. N. Hazelwood, *Finite Queuing Tables*, Nueva York: John Wiley & Sons, 1958, p. 4 © 1985, John Wiley & Sons, Inc.

En los edificios de oficinas y hoteles, los espejos cercanos a los elevadores parecen hacer más contentos a la gente que espera. La gente peina su cabello; verifican su ropa. Un estudio mostró que los huéspedes en los hoteles con espejos pensaban que los elevadores eran más rápidos en llegar, que en los hoteles donde no había espejos cerca de los elevadores. La *realidad* era que los elevadores tardan exactamente lo mismo—la única diferencia fue la *percepción.*

OTROS SISTEMAS DE COLAS

Muchos problemas prácticos de líneas de espera que ocurren en los sistemas de servicio de producción y operaciones, tienen características como los cuatros modelos matemáticos descritos anteriormente. Sin embargo, con frecuencia se pueden encontrar *variaciones* de este caso específico en un análisis. Los tiempos de servicio en un taller de reparación de automóviles, por ejemplo, tienden a seguir la distribución normal de probabilidad en lugar de la exponencial. El sistema de registro en una universidad donde los estudiantes más antiguos tienen la prioridad de elegir cursos y horas sobre todos los demás estudiantes, es un ejemplo de un modelo de primera entrada, primer servicio, prioridad característica de disciplina en la teoría de colas. Un examen médico para reclutas militares es un ejemplo de un sistema con multifases; éste difiere de los modelos de fase sencilla discutidos en este capítulo. Un recluta primero se forma para una muestra de sangre en la primera estación, luego espera para tomar un examen de la vista en la siguiente estación; platica con el psiquiatra en la tercera y es examinado por un médico para problemas generales en la cuarta. En cada fase, el recluta debe entrar en otra cola y esperar su turno. Muchos modelos, algunos muy complejos, se han desarrollado para manejar situaciones como éstas.

RESUMEN

Las colas son una parte importante del mundo de la administración de operaciones. En este capítulo se han descrito sistemas comunes de colas y se presentaron modelos matemáticos para analizarlos.

Los modelos ilustrados fueron el Modelo A, el sistema básico, con canal sencillo y una fase sencilla, con llegadas de distribución Poisson y tiempos exponenciales de servicio; el Modelo B, el equivalente multicanal del Modelo A; el Modelo C, un modelo con tasa constante de servicio; y el Modelo D, un sistema de población limitada. Estos cuatro modelos permitieron llegadas con distribución Poisson; servicio de primero en entrar, primero en salir, y una sola fase de servicio. Las características de operación analizadas incluyen el tiempo promedio que se pasa esperando en la cola y en el sistema, el número promedio de clientes en la cola y en el sistema, el tiempo ocioso y la tasa de utilización.

Se enfatizó que existen una variedad de modelos de colas para los cuales no se necesitan cumplir todas las suposiciones de los modelos tradicionales. En estos casos, se utilizan modelos matemáticos más complejos o se vuelve a una técnica llamada simulación Monte Carlo. La aplicación de la simulación a los problemas se describe en el suplemento del capítulo 11.

TÉRMINOS CLAVE

Teoría de colas *(p. 350)*
Línea de espera *(p. 350)*
Población ilimitada o infinita *(p. 351)*
Población limitada o finita *(p. 351)*
Distribución de Poisson *(p. 351)*
Primero en entrar, primero en salir (FIFO) *(p. 353)*
Sistema de colas de canal sencillo *(p. 353)*
Sistema de colas multicanales *(p. 353)*
Sistema de fase sencilla *(p. 353)*
Sistema multifase *(p. 353)*
Distribución de probabilidad exponencial negativa*(p. 353)*

PROBLEMAS RESUELTOS

problema resuelto S8.1

Sid Das and Sons Brick Distributors actualmente emplean a un trabajador cuya tarea consiste en estibar los ladrillos que salen de la compañía en un camión. Un promedio de 24 camiones por día o 3 por hora, llegan a la puerta de carga, de acuerdo con la distribución de Poisson. El trabajador los estiba a una tasa de 4 camiones por hora, siguiendo aproximadamente la distribución exponencial en sus tiempos de servicio.

Das cree que añadiendo un segundo estibador de ladrillos mejorará sustancialmente la productividad de la empresa. Él estima que una brigada de dos personas en la puerta de carga doblará la tasa de carga, de cuatro camiones por hora a ocho camiones por hora. Analice el efecto de este cambio en la línea de espera y compare los resultados con aquellos encontrados para un trabajador. ¿Cuál es la probabilidad de que hayan más de tres camiones recibiendo la carga o esperando?

Solución

	Número de cargadores de ladrillos	
	1	*2*
Tasa de llegada de camiones (λ)	3/hora	3/hora
Tasa de carga (μ)	4/hora	8/hora
Número promedio en el sistema (L_s)	3 camiones	0.6 camiones
Tiempo promedio en el sistema (W_s)	1 hora	0.2 horas
Número promedio en la cola (L_q)	2.25 camiones	0.225 camiones
Tiempo promedio en la cola (W_q)	$^3/_4$ hora	0.075 horas
Tasa de utilización (ρ)	0.75	0.375
Probabilidad de que el sistema este vacío (P_0)	0.25	0.625

Probabilidad de que haya más de *k* camiones en el sistema

	Probabilidad n > k	
k	*Un cargador*	*Dos cargadores*
0	0.75	0.375
1	0.56	0.141
2	0.42	0.053
3	0.32	0.020

Estos resultados indican que solamente cuando se ha empleado un cargador, el camión promedio debe esperar tres cuartos de hora para ser cargado. Más aún, hay un promedio de 2.25 camiones en la línea que deben ser cargados. Esta situación puede ser inaceptable para la administración. Obsérvese la reducción en el tamaño de la cola, después de la adición de un segundo estibador.

problema resuelto S8.2

Los choferes de los camiones que trabajan para Sid Das and Sons (véase el problema resuelto S8.1) ganan como promedio 10 dólares por hora. Los estibadores de ladrillos reciben aproximadamente 6 dólares por hora. Los choferes de los camiones que esperan *en la cola o en la puerta de carga* están recibiendo un salario pero están productivamente ociosos e incapaces de generar ingresos durante ese tiempo. ¿Cuáles serían los ahorros *por hora* en los costos, para la empresa asociada, empleando dos cargadores en lugar de uno?

Refiriéndose a los datos en el problema resuelto S8.1, se observa que el número promedio de camiones *en el sistema* es de 3, cuando únicamente hay un cargador y 0.6 cuando hay dos cargadores.

Solución

	Número de cargadores	
	1	2
Costos del tiempo ocioso de los choferes de los camiones		
[(Número promedio de camiones) × (Tasa por hora)] = (3)($10) =	$30	$ 6 = (0.6)($10)
Costos de estiba	6	12 = (2)($6)
Costo total esperado por hora	$36	$18

La empresa ahorrará 18 dólares por hora al añadir al segundo cargador.

problema resuelto S8.3

Sid Das and Sons Brick Distributors está considerando la construcción de una segunda plataforma o puerta para acelerar el proceso de la estiba en sus camiones de ladrillos. Este sistema, según ellos, será aún más eficiente que contratar otro cargador para ayudar en la primera plataforma (como en el problema resuelto S8.1).

Supóngase que los trabajadores de cada plataforma podrán ser capaces de cargar cuatro camiones por hora cada uno, y que los camiones continuarán llegando a una tasa de tres por hora. Después, aplique las ecuaciones apropiadas para encontrar las condiciones de operación de la nueva línea de espera. ¿Es acaso este nuevo sistema más rápido que los otros dos que se consideraron?

Solución

$$P_0 = \frac{1}{\left[\sum_{n=0}^{1} \frac{1}{n!}\left(\frac{3}{4}\right)^n\right] + \frac{1}{2!}\left(\frac{3}{4}\right)^2 \frac{2(4)}{2(4)-3}}$$

$$= \frac{1}{1+\frac{3}{4}+\frac{1}{2}\left(\frac{3}{4}\right)^2\left(\frac{8}{8-3}\right)} = 0.454$$

$$L_s = \frac{3(4)(3/4)^2}{(1)!(8-3)^2}(0.4545) + \frac{3}{4} = 0.873$$

$$W_s = \frac{0.873}{3} = 0.291 \text{ horas}$$

$$L_q = 0.873 - 3/4 = 0.123$$

$$W_q = \frac{0.123}{3} = 0.041 \text{ horas}$$

Revisando el problema resuelto S8.1, se observa que aunque la longitud de la *cola* y el tiempo promedio en ella son los menores que cuando se abre una segunda plataforma, el número promedio de camiones en el *sistema* y el tiempo promedio que se pasa esperando en el sistema son los menores cuando se emplean dos trabajadores estibando en una *sola* plataforma. Por lo tanto, probablemente se recomiende no construir una segunda puerta.

problema resuelto S8.4

La Unidad de Atención Cardiaca (CCU, por sus siglas en inglés) del hospital de Beth Israel tiene cinco camas, las que están ocupadas la mayor parte del tiempo por pacientes que han sido sometidos a cirugía cardiaca mayor. Dos enfermeras registradas están de guardia en la CCU, en cada uno de los tres turnos de ocho horas. Aproximadamente cada dos horas (siguiendo una distribución de Poisson) cada uno de los pacientes requiere de la atención de una enfermera. La enfermera pasará un promedio de 30 minutos (exponencialmente distribuidos) atendiendo al paciente y actualizando los registros médicos con respecto al problema y el cuidado otorgado.

Debido a que el servicio inmediato es crítico para los cinco pacientes, dos preguntas importantes son: ¿Cuál es el número promedio de pacientes que son atendidos por las enfermeras, y cuál es el tiempo promedio que espera el paciente para que la enfermera llegue junto a su cama?

$$N = 5 \text{ pacientes}$$

$$M = 2 \text{ enfermeras}$$

$$T = 30 \text{ minutos}$$

$$U = 120 \text{ minutos}$$

$$X = \frac{T}{T+U} = \frac{30}{30+120} = 0.20$$

De la tabla S8.6, con $X = 0.20$ y $M = 2$, se observa que:

$$F = 0.976$$

$$H = \text{Número promedio que está siendo atendido} = FNX$$

$$= (0.976)(5)(0.20) = 0.98 \approx \text{un paciente en cualquier momento dado}$$

$$W = \text{Tiempo promedio de espera por una enfermera} = \frac{T(1-F)}{XF}$$

$$= \frac{30(1-0.976)}{(0.20)(0.976)} = 3.69$$

autoevaluación capítulo S8

- *Antes de iniciar la autoevaluación* refiérase a los objetivos de aprendizaje listados al principio del suplemento y a los términos clave listados al final del mismo.
- Utilice la clave al final del texto para *corregir* sus respuestas.
- *Vuelva a estudiar* las páginas correspondientes a cualquier pregunta que haya contestado erróneamente o el material en el que se sienta inseguro.

1. La mayoría de los sistemas utilizan la disciplina de colas conocida como la regla de primero en entrar, primero en salir

a. Cierto **b.** Falso

2. Antes de utilizar las distribuciones exponenciales para construir modelos de colas, el analista de operaciones debe determinar si los datos del tiempo de servicio encajan en la distribución.

a. Cierto **b.** Falso

3. En un sistema de colas multicanal, de fase sencilla, el que llega pasará por lo menos, a través de dos instalaciones de servicio diferentes.

a. Cierto **b.** Falso

4. ¿Cuál de las siguientes **NO** es una suposición en los modelos matemáticos de colas comunes?

a. las llegadas provienen de una población infinita o muy grande
b. las llegadas son distribuciones de Poisson
c. las llegadas son tratadas sobre una base de primera entrada, primera salida, y no se frustran ni desertan
d. los tiempos de servicio siguen la distribución exponencial
e. la tasa promedio de llegada es más rápida que la tasa promedio de servicio

5. ¿Cuál de las siguientes **NO** es una característica de operación clave para un sistema de colas?

a. la tasa de utilización
b. el porcentaje del tiempo ocioso
c. el tiempo promedio que se pasa esperando en el sistema y en la cola
d. el número promedio de clientes en el sistema y en la cola
e. ninguno de los anteriores

6. Tres partes de un sistema de colas son:

a. las entradas, la cola, y la instalación de servicio
b. la población solicitante, la cola y la instalación de servicio
c. la población solicitante, la línea de espera y la instalación de servicio
d. todas las anteriores

7. El factor de utilización para un sistema se define como:

a. el número promedio de gente servida dividido entre el número promedio de llegadas por periodo de tiempo
b. el tiempo promedio que un cliente pasa esperando en una cola
c. la proporción de tiempo en que las instalaciones de servicio están en uso
d. el porcentaje de tiempo ocioso
e. ninguna de las anteriores

8. Si todo lo demás permanece constante, incluyendo la tasa media de llegadas y la tasa de servicio, excepto que el tiempo de servicio se vuelve constante en lugar de exponencial:

a. la longitud promedio de la cola se reducirá a la mitad
b. el tiempo promedio de espera será el doble
c. la longitud promedio de la cola se incrementará
d. ninguna de las anteriores

9. Los clientes entran a una línea de espera en una cafetería sobre una base de primera entrada, primer servicio. La tasa de llegada sigue una distribución de Poisson, mientras que el tiempo de servicio sigue una distribución exponencial. Si el número promedio de llegadas es de 6 por minuto y la tasa promedio de servicio de un sólo servidor es de 10 por minuto, ¿cuál es el número promedio de clientes en el sistema?

a. 0.6
b. 0.9
c. 1.5
d. 0.25
e. ninguno de los anteriores

PREGUNTAS PARA DISCUSIÓN

1. ¿Cuál es el problema de la línea de espera? ¿Cuáles son los componentes en un sistema de línea de espera?
2. ¿Cuáles son las suposiciones en que se basan los modelos de colas descritos en este capítulo?
3. Describa las características de operación importantes de un sistema de colas.
4. ¿Por qué debe ser la tasa de servicio mayor que la tasa de llegadas en un sistema de colas de canal sencillo?
5. Describa brevemente tres situaciones en las cuales la regla de disciplina de primero en entrar, primero en salir (FIFO) no se aplica en el análisis de colas.
6. Ofrezca ejemplos de cuatro situaciones en las cuales hay una línea de espera limitada o finita.
7. ¿Cuáles son los componentes de los sistemas de colas siguientes? Grafíquelos y explique la configuración de cada uno.
   a) Peluquería
   b) Lavado de automóviles
   c) Lavandería automática
   d) Pequeña tienda de comestibles
8. ¿Tienen generalmente las oficinas de los doctores tasas aleatorias de llegadas de pacientes? ¿Son aleatorios los tiempos de servicio? ¿Bajo qué circunstancias pueden ser constantes los tiempos de servicio?
9. ¿Cree usted que la distribución de Poisson, la cual asume llegadas independientes, es una buena estimación de las tasas de llegadas en los siguientes sistemas de colas? Defienda su posición en cada caso.
   a) Cafetería de su escuela
   b) Peluquería
   c) Tienda de hardware
   d) Oficina de dentista
   e) Salón de clase de universidad
   f) Cine

PROBLEMAS

• **S8.1** Debido a un reciente incremento en el negocio, una secretaria de una cierta empresa legal tiene que mecanografiar 20 cartas por día en promedio (asuma una distribución de Poisson). A ella le toma aproximadamente 20 minutos mecanografiar cada carta (asuma una distribución exponencial). Suponiendo que la secretaria trabaja ocho horas al día:

a) ¿Cuál es la tasa de utilización de la secretaria?
b) ¿Cuál es el tiempo promedio de espera antes de que la secretaria mecanografíe una carta?
c) ¿Cuál es el número promedio de cartas que esperan ser mecanografiadas?
d) ¿Cuál es la probabilidad de que la secretaria tenga más de cinco cartas que mecanografiar?

• **S8.2** Sam el veterinario maneja una clínica de vacunación antirrábica para perros, en la preparatoria local. Sam puede vacunar un perro cada tres minutos. Se estima que los perros llegarán independiente y aleatoriamente en el transcurso del día, en un rango de un perro cada seis minutos, de acuerdo con una distribución de Poisson. También suponga que los tiempos de vacunación de Sam están distribuidos exponencialmente. Encuentre:

a) la probabilidad de que Sam esté ocioso
b) la proporción de tiempo en que Sam está ocupado
c) el número promedio de perros que están siendo vacunados y que esperan a ser vacunados
d) el número promedio de perros que esperan a ser vacunados
e) el tiempo promedio que espera un perro antes de ser vacunado
f) la cantidad promedio (media) de tiempo que un perro pasa entre esperar en la línea y ser vacunado

• **S8.3** Refiérase al problema S8.2. Resulta que los perros llegan a una tasa de un perro cada cuatro minutos (*no* cada seis minutos). Recalcule sus respuestas del inciso *a* al *f* en el problema S8.2.

• **S8.4** Las llamadas llegan al conmutador del hotel de Kevin Duffy a una tasa de dos por minuto. El tiempo promedio para manejar cada una de éstas es de 20 segundos. Actualmente, sólo hay un operador del conmutador. Las distribuciones de Poisson y exponencial parecen ser relevantes en esta situación.

a) ¿Cuál es la probabilidad de que el operador esté ocupado?
b) ¿Cuál es el tiempo promedio que debe esperar una llamada antes de ser tomada por el operador?
c) ¿Cuál es el número promedio de llamadas que esperan ser contestadas?

• **S8.5** Al principio de la temporada de fútbol, la oficina de boletos se ocupa mucho el día anterior al primer juego. Los clientes llegan a una tasa de cuatro cada 10 minutos, y el tiempo promedio para realizar la transacción es de dos minutos.

a) ¿Cuál es el número promedio de gente en línea?
b) ¿Cuál es el tiempo promedio que una persona pasaría en la oficina de boletos?
c) ¿Cuál es la proporción de tiempo que el servidor está ocupado?

• **S8.6** La R. Dillman Electronics Corporation retiene una brigada de servicio para reparar descomposturas de máquinas que ocurren con un promedio de λ = tres por día (aproximadamente de naturaleza Poisson). La brigada puede servir a un promedio de μ = ocho máquinas por día, con una distribución del tiempo de reparación que asemeja la distribución exponencial.

a) ¿Cuál es la tasa de utilización de este sistema de servicio?
b) ¿Cuál es el tiempo promedio de descompostura para cada máquina que está descompuesta?
c) ¿Cuántas máquinas están esperando a ser reparadas en cualquier momento dado?
d) ¿Cuál es la probabilidad de que haya más de una máquina en el sistema? ¿Cuál la probabilidad de que haya más de dos descompuestas y esperando a ser reparadas o siendo reparadas? ¿Más de tres? ¿Más de cuatro?

•• **S8.7** El Barry´s Car Wash está abierto seis días a la semana, pero el día de negocio más pesado es siempre el sábado. A partir de datos históricos, Barry estima que los coches sucios llegan a una tasa de 20 por hora, todo el día sábado. Con una brigada completa trabajando la línea de lavado a mano, él calcula que los automóviles se pueden limpiar a una tasa de uno cada dos minutos. En este ejemplo de una línea de espera de canal sencillo, los automóviles se lavan de uno en uno.

Suponiendo llegadas Poisson y tiempos exponenciales de servicio, encontrar:

a) el número promedio de automóviles en la línea
b) el tiempo promedio que un automóvil espera antes de ser lavado
c) el tiempo promedio que un automóvil pasa en el sistema de servicio
d) la tasa de utilización del lavado de automóviles
e) la probabilidad de que no haya automóviles en el sistema
f) Barry está pensando en cambiar a un lavado de automóviles totalmente automatizado que no utiliza brigadas. El equipo bajo estudio lava un automóvil cada minuto a una tasa constante. ¿Cómo cambiarán sus respuestas **(a)** y **(b)** con el sistema nuevo?

•• **S8.8** Jenine Duffey administra un gran complejo de cines llamados Cinema I, II, III y IV en Montgomery, Alabama. Cada uno de los cuatro auditorios proyecta una película diferente; el programa se estableció de tal forma que las horas de las funciones se encuentran escalonadas para evitar las multitudes que ocurrirían si los cuatro cines comenzaran a la misma hora. El cine tiene una sola taquilla y un cajero que puede mantener una tasa promedio de servicio de 280 clientes por hora. Se supone que los tiempos de servicio siguen una distribución exponencial. Las llegadas en un día de actividad normal son distribuciones Poisson y promedian 210 por hora.

Con el fin de determinar la eficiencia de su operación de boletos, Jenine desea examinar varias características de operación de las colas.

a) Encontrar el número promedio de cinéfilos esperando en línea para adquirir un boleto.
b) ¿Qué porcentaje del tiempo está ocupado el cajero?
c) ¿Cuál es el tiempo promedio que pasa un cliente en el sistema?
d) ¿Cuál es el tiempo promedio que pasa esperando en línea para llegar a la taquilla?
e) ¿Cuál es la probabilidad de que haya más de dos personas en el sistema? ¿Más de tres personas? ¿Más de cuatro?

•• **S8.9** Una línea de la cafetería universitaria en el centro de estudiantes es una instalación de autoservicio donde el estudiante selecciona los artículos alimenticios que desea, luego hace una sola línea para pagar al cajero. Los estudiantes llegan a una tasa de aproximadamente cuatro por minuto, de acuerdo con una distribución Poisson. El único cajero toma cerca de 12 segundos por cliente, siguiendo una distribución exponencial.

a) ¿Cuál es la probabilidad de que haya más de dos estudiantes en el sistema? ¿Más de tres estudiantes? ¿Más de cuatro?
b) ¿Cuál es la probabilidad de que el sistema esté vacío?
c) ¿Cuánto tiempo tendrá que esperar el estudiante promedio antes de llegar al cajero?
d) ¿Cuál es el número esperado de estudiantes en la cola?
e) ¿Cuál es el número promedio?

f) Si se añade un segundo cajero (que trabaja al mismo ritmo), ¿cómo cambiarán las características de operación calculadas en **(b)**, **(c)**, **(d)**, y **(e)**? Suponga que los clientes esperan en una sola línea y se dirigen al primer cajero disponible.

••• S8.10 La temporada de cosecha de trigo en el medio oeste norteamericano es corta, y los granjeros envían sus cargas de trigo a un silo central gigante, en un transcurso de dos semanas. Debido a esto, los camiones llenos de trigo que esperan ser descargados y regresar a los campos se tienen que formar aproximadamente a una cuadra en los silos receptores. El silo central pertenece a la cooperativa, y cada granjero se beneficia si realiza el proceso de descarga/almacenamiento en forma eficiente. El costo del deterioro del grano causado por las demoras en la descarga, y el costo de la renta de camiones y el tiempo ocioso del chofer son preocupaciones significativas para los miembros de la cooperativa. Aunque los granjeros tienen dificultades cuantificando los daños de la cosecha, es fácil asignar el costo de espera y descarga en un camión y el chofer en 18 dólares por hora. El silo de almacenamiento opera 16 horas al día toda la semana, por un lapso de dos semanas, durante la estación de cosecha y es capaz de descargar 35 camiones por hora de acuerdo a una distribución exponencial. Los camiones llenos llegan durante todo el día (durante las horas en que el silo permanece abierto) a una tasa de aproximadamente 30 por hora, siguiendo un patrón tipo Poisson.

Para ayudar a la cooperativa a tomar el manejo del problema de la pérdida de tiempo, mientras los camiones esperan en línea o descargando en el silo, encontrar:

a) el número promedio de camiones en el sistema de descarga
b) el tiempo promedio por camión en el sistema
c) la tasa de utilización en el área de silos
d) la probabilidad de que haya más de tres camiones en el sistema en cualquier momento dado
e) el costo diario total que implica, para los granjeros, tener sus camiones atados en el proceso de descarga
f) La cooperativa, como se mencionó, utiliza el silo de almacenamiento fuertemente sólo durante dos semanas al año. Los granjeros estiman que agrandar el silo cortaría los costos de descarga en 50% el año próximo. Costará 9000 dólares hacer eso fuera de temporada. ¿Valdría la pena agrandar el área de almacenamiento?

••• S8.11 Kamal´s Department Store en Dubuque, Iowa, mantiene satisfactoriamente un departamento de ventas por catálogo en el cual un empleado toma órdenes por teléfono. Si el empleado está ocupado en una línea, las llamadas telefónicas que entran al departamento de catálogo son contestadas automáticamente por una grabadora y solicita esperar. Tan pronto como el empleado está libre, se comunica con el cliente que ha esperado más. Las llamadas llegan a una tasa de aproximadamente 12 por hora. El empleado es capaz de tomar una orden en un promedio de cuatro minutos. Las llamadas tienden a seguir una distribución Poisson y los tiempos de servicio tienden a ser exponenciales.

Al empleado se le pagan 5 dólares por hora, pero debido a la buena voluntad perdida y a las ventas, Kamal´s pierde aproximadamente 25 dólares por hora de tiempo que el cliente pasa esperando para que el empleado tome la orden.

a) ¿Cuál es el tiempo promedio que los clientes de catálogo deben esperar, antes de que sus llamadas sean transferidas al empleado que recibe las órdenes?
b) ¿Cuál es el número promedio de llamadores que esperan para colocar una orden?
c) Kamal´s está considerando añadir un segundo empleado para tomar llamadas. La tienda le puede pagar a esa persona los mismos 5 dólares por hora. ¿Debe contratar otro empleado? Explíquese.

• S8.12 Los clientes llegan a una máquina automática vendedora de café a una tasa de cuatro por minuto, siguiendo una distribución de Poisson. La máquina de café sirve una taza de café a una tasa constante de 10 segundos.

a) ¿Cuál es el número promedio de gente esperando en línea?
b) ¿Cuál es el número promedio en el sistema?
c) ¿Cuánto tiempo espera una persona promedio en la línea antes de recibir servicio?

•• S8.13 La peluquería de Jack McCanna es una popular peluquería y salón de estilista cerca del campo de la Universidad de New Haven. Cuatro peluqueros trabajan tiempo completo y pasan un promedio de 15 minutos con cada cliente. Los clientes llegan durante todo el día a una tasa promedio de 12 por hora. Las llegadas tienden a seguir la distribución de Poisson y los tiempos de servicio están exponencialmente distribuidos. El software descrito en este capítulo se puede utilizar para contestar estas preguntas.

a) ¿Cuál es la probabilidad de que la peluquería se encuentre vacía?
b) ¿Cuál es el número promedio de clientes en la peluquería?
c) ¿Cuál es el tiempo promedio que se pasa en la peluquería?
d) ¿Cuál es el tiempo promedio que espera un cliente para ser llamado al sillón del peluquero?
e) ¿Cuál es el número promedio que espera a ser servido?
f) ¿Cuál es el factor de utilización de la peluquería?
g) Jack está pensando en añadir un quinto peluquero. ¿Cómo afectará esto la tasa de utilización?

••• **S8.14** El administrador de una sala de emergencia de un gran hospital encara el problema de ofrecer tratamiento a los pacientes que llegan a diferentes tasas durante el día. Hay cuatro médicos disponibles para tratar a los pacientes cuando se necesita. Si no se necesita, ellos pueden estar asignados a otras responsabilidades (por ejemplo, pruebas de laboratorio, reportes, diagnósticos de rayos-x) o de otra forma reprogramados para trabajar a otras horas.

Es importante otorgar un tratamiento rápido y responsable, y el administrador siente, que como promedio, los pacientes no deben estar sentados en el área de espera por más de cinco minutos antes de ser vistos por un médico. Los pacientes son tratados sobre la base de primera entrada, primer servicio, y consultar al primer médico disponible después de esperar en la cola. El patrón de llegada para un día típico es:

Tiempo	*Tasa de llegada*
9 A.M.-3 P.M.	6 pacientes/hora
3 P.M.-8 P.M.	4 pacientes/hora
8 p.m.-medianoche	12 pacientes/hora

Estas llegadas siguen una distribución de Poisson, y los tiempos de tratamiento, 12 minutos en promedio, siguen el patrón exponencial.

¿Cuántos médicos debe haber de guardia durante cada periodo con el fin de mantener el nivel esperado de cuidado de los pacientes? *Sugerencia:* Utilice el software para computadora descrito en este capítulo.

••• **S8.15** Un mecánico ofrece cinco taladros a un fabricante de láminas de acero. Las máquinas se descomponen en un promedio de una vez cada seis días de trabajo, y las descomposturas tienden a seguir una distribución de Poisson. El mecánico puede manejar un promedio de un trabajo de reparación por día. Las reparaciones siguen una distribución exponencial.

a) ¿Cuántas máquinas esperan el servicio, en promedio?
b) ¿Cuántos taladros se encuentran trabajando, en promedio?
c) ¿Cuánto tiempo se reduciría el tiempo de espera si se contratara un segundo mecánico?

••• **S8.16** Dos técnicos monitorean un grupo de cinco computadoras que controlan una instalación de manufactura automatizada. Toma un promedio de 15 minutos (distribuidos exponencialmente) ajustar una computadora que presenta un problema. Las computadoras trabajan un promedio de 85 minutos (distribuidos por Poisson) sin requerir ajustes.

a) ¿Cuál es el número promedio de computadoras que esperan ser ajustadas?
b) ¿Cuál es el número promedio que está siendo ajustado?
c) ¿Cuál es el número promedio de computadoras que no están en estado de trabajar?

•• **S8.17** La Kahn Department Store tiene aproximadamente 300 clientes comprando en su tienda entre las 9 A.M. y las 5 P.M. los sábados. Para decidir cuántos cajeros mantener abiertos cada sábado, Renee Kahn, la dueña, considera dos factores: el tiempo de espera del cliente (y el costo asociado de esperar) y los costos del servicio al emplear cajeros adicionales. Los empleados cajeros son pagados a un promedio de 4 dólares por hora. Cuando sólo uno está de guardia, el tiempo de espera por cliente es de aproximadamente 10 minutos (o 1/6 de una hora); cuando dos empleados están en servicio, el tiempo promedio de registro es de 6 minutos por persona; 4 minutos cuando tres empleados están trabajando; y 3 minutos cuando 4 empleados se encuentran de guardia.

La Srita. Kahn ha conducido encuestas de satisfacción del cliente y ha sido capaz de estimar que la tienda sufre aproximadamente 5 dólares en ventas y confianza perdidas por cada *hora* de tiempo que el cliente pasa esperando en las líneas de salida. Utilizando la información anterior, determine el número óptimo de cajeros que se deben tener en servicio cada sábado, con el fin de minimizar el costo esperado total de la tienda.

CASO DE ESTUDIO

El Gator Land Hotel

Terry Gets fue nombrado gerente general del Gator Land Hotel en Gainesville, Florida, en enero de 1994. Con una licenciatura en Administración Hotelera de la Universidad Central de Florida, Gets también cuenta con seis años de experiencia como gerente de recepción y asistente del gerente general en una cadena de hoteles muy conocida, antes de mudarse a Gainesville.

De la experiencia de Gets, la satisfacción de los huéspedes empezaba con la espera para registrarse. Si se formaba una fila larga debido a la falta de personal en la zona de registro, los huéspedes no parecían frustrarse o desertar ese día, pero estarían vocalmente descontentos, y podrían elegir otro hotel la próxima vez que estuvieran en la ciudad. En su trabajo previo, Gets había establecido un "registro ejecutivo" para participantes del programa de huéspedes frecuentes y esto había ayudado a servir muy bien a esa clientela en particular.

Ahora, él está considerando la forma de restructurar el área de recepción del Gator Land para alcanzar un nivel óptimo de eficiencia del personal y servicio al huésped. Actualmente, el hotel tiene cinco empleados en servicio, cada uno con una línea de espera separada durante las horas pico del registro de entrada de 3:00 P.M. a 5:00 P.M. La observación de las entradas durante este tiempo muestra que un promedio de 90 huéspedes llegan cada hora (aunque no hay límite superior en el número que puede llegar en cualquier momento dado). Toma un promedio de tres minutos para que el empleado de recepción registre a cada huésped.

El Sr. Gets está considerando dos planes para mejorar el servicio a huéspedes mediante la reducción de las longitudes de tiempo que los huéspedes pasan esperando en la línea. La primera propuesta designaría a un empleado como el empleado de servicio rápido para huéspedes que se registren bajo cuentas corporativas, un segmento de mercado que llena aproximadamente el 30% de todos los cuartos ocupados de Gator Land. Ya que los huéspedes corporativos se preregistran, su registro requiere únicamente de dos minutos. Con estos huéspedes separados del resto de la clientela, el tiempo promedio para registrar un huésped típico podría subir a 3.4 minutos. Bajo el plan uno, los huéspedes no corporativos podrían escoger cualquiera de las cuatro líneas restantes.

El segundo plan es la implementación de un sistema de una sola línea. Todos los huéspedes se podrían formar en una sola línea de espera para ser atendidos por cualquiera de los cinco empleados que se encontrara disponible. Esta opción requeriría de suficiente espacio en el lobby para lo que pudiera ser una cola sustancial.

Pregunta para discusión

1. ¿Cuál de los dos planes parece ser mejor? ¿Por qué?

BIBLIOGRAFÍA

Byrd, J. "The Value of Queuing Theory." *Interfaces* **8**, 3 (mayo de 1978), pp. 22-26.

Cooper, R. B. *Introduction to Queuing Theory*. Nueva York: MacMillan Co., 1972.

Cox, D. R., y W. L. Smith. *Queues*. Nueva York: John Wiley & Sons, 1965.

Morse, P. M. *Queues, Inventories and Maintenance*. Nueva York: John Wiley & Sons, 1958.

Panico, J. A. *Queuing Theory: A Study of Waiting Lines for Business, Economics and Sciences*. Englewood Cliffs, NJ: Prentice-Hall, 1969.

Render, B., y R. M. Stair. *Introduction to Management Science*. Boston: Allyn & Bacon, 1992.

Render, B., y R. M. Stair. *Quantitative Analysis for Management*. 5ta. ed. Boston: Allyn & Bacon, 1994.

ADMINISTRACIÓN DE LAS OPERACIONES DE CLASE MUNDIAL

parte tres

Las organizaciones de clase mundial tienen las siguientes características:

PROGRAMACIÓN DE CLASE MUNDIAL

En la empresa de clase mundial:

Los procesos son detenidos cuando no existe demanda
Se incrementa la utilización de la instalación y el capital por medio de la programación efectiva
Se desarrollan programas de producción (requerimientos) estables
Se mantiene la flexibilidad en la programación de la producción para cumplir la demanda del cliente

COMPRAS DE CLASE MUNDIAL

En la empresa de clase mundial:

Los proveedores son evaluados y luego desarrollados en realizadores de clase mundial
Los proveedores están integrados en el sistema de producción y los requerimientos del cliente final
Los proveedores desarrollan técnicas justo a tiempo

INVENTARIO DE CLASE MUNDIAL

En la empresa de clase mundial:

Se minimiza la inversión en inventario
Se utilizan técnicas JIT para minimizar el inventario del trabajo en proceso
Utiliza conteo cíclico, no inventarios físicos anuales

MANTENIMIENTO DE CLASE MUNDIAL

En la empresa de clase mundial:

El mantenimiento preventivo es excelente, reduciendo la variabilidad en el rendimiento económico
Los empleados de operación están entrenados para hacer inspección del equipo y el proceso, y hacer mantenimiento preventivo menor

Tácticas de la planeación agregada

capítulo **9**

PERFIL DEL CAPÍTULO

OBJETIVOS DE APRENDIZAJE

Cuando termine este capítulo usted podrá:

Identificar o definir:

Planeación agregada
Programación táctica
Técnica gráfica para la planeación agregada
Técnicas matemáticas para la planeación

Explicar:

Cómo hacer planeación agregada

Planeación agregada

La planeación es una de las funciones principales de un director. La **planeación agregada** está relacionada con la determinación de la cantidad y el tiempo de la producción para el futuro inmediato, a menudo de 3 a 18 meses de anticipación. Los administradores de operaciones intentan determinar la mejor manera de cumplir con la demanda pronosticada al ajustar las tasa de producción, los niveles de mano de obra, los niveles de inventario, el trabajo extra, las tasas de subcontratación y otras variables controlables. El *objetivo del proceso es el de minimizar los costos sobre el periodo de planeación*. Otros objetivos pueden ser el de minimizar la fluctuación en la fuerza de trabajo o los niveles de inventario, u obtener un cierto estándar en el desempeño del servicio.

Propósitos del capítulo son describir la naturaleza de la decisión de la planeación agregada, mostrar cómo encaja el plan agregado en el proceso global de planeación y describir varias técnicas que los administradores emplean en el desarrollo de un plan. Se da importancia tanto a las empresas de manufactura como a las del sector servicio.

EL PROCESO DE LA PLANEACIÓN

En el capítulo 2, se vio que el pronóstico de la demanda puede señalar problemas de corto, mediano y largo plazo. Los pronósticos a largo plazo ayudan a los administradores a tratar con temas de capacidad y estratégicos, que son responsabilidad de la alta administración. La administración formula preguntas relacionadas con las políticas, como la localización de las instalaciones y su expansión, el desarrollo de un producto nuevo, los fondos para la investigación y la inversión sobre un periodo de varios años.

La planeación a mediano plazo principia una vez que se han tomado las decisiones de capacidad a largo plazo. Éste es el trabajo del administrador de operaciones. Las **decisiones de programación** incluyen la planeación mensual o trimestral, con el fin de sincronizar la productividad con las demandas fluctuantes. Todos estos planes necesitan ser consistentes con la estrategia a largo plazo establecida por la administración, y trabajar dentro de los recursos asignados por decisiones estratégicas anteriores. El corazón del plan a mediano plazo (o "intermedio") es el plan de producción agregada.

Decisiones de programación

La planeación a corto plazo se extiende hasta a un año, pero generalmente es a menos de tres meses. Este plan es también responsabilidad del personal de operaciones, que trabaja con supervisores y mandos medios, para "disgregar" el plan intermedio en programas semanales, diarios y por hora. Las tácticas que se manejan, en forma conjunta, con la planeación a corto plazo e involucran la carga, la secuencia, la expedición, el envío y otros temas son discutidos en el capítulo 13.

La figura 9.1 ilustra los horizontes de tiempo y las características de la planeación a corto, mediano y largo plazo.

LA NATURALEZA DE LA PLANEACIÓN AGREGADA

Un plan *agregado* involucra la combinación de los recursos apropiados en términos generales o globales. Una vez que se determinan el pronóstico de la demanda, la capacidad de las instalaciones, los niveles totales de inventario, el tamaño de la fuerza de trabajo y los insumos relativos, el planeador debe pronosticar la tasa de salida para las instalaciones en los próximos 3 a 18 meses. El plan puede ser para empresas de manufactura, hospitales, universidades o para la editorial que imprimió y encuadernó este libro de texto.

Tómese, por ejemplo, una compañía que produce cuatro modelos diferentes de microcomputadoras como su negocio principal. Estas son: (1) laptops, (2) desktops, (3) máquinas de tecnología avanzada con chips de alta velocidad, y (4) PCs orientadas al uso en la casa y los juegos. El plan agregado para esta compañía puede tener la siguiente salida (en unidades de producción) para esta familia de microcomputadoras mensualmente, en los siguientes tres trimestres:

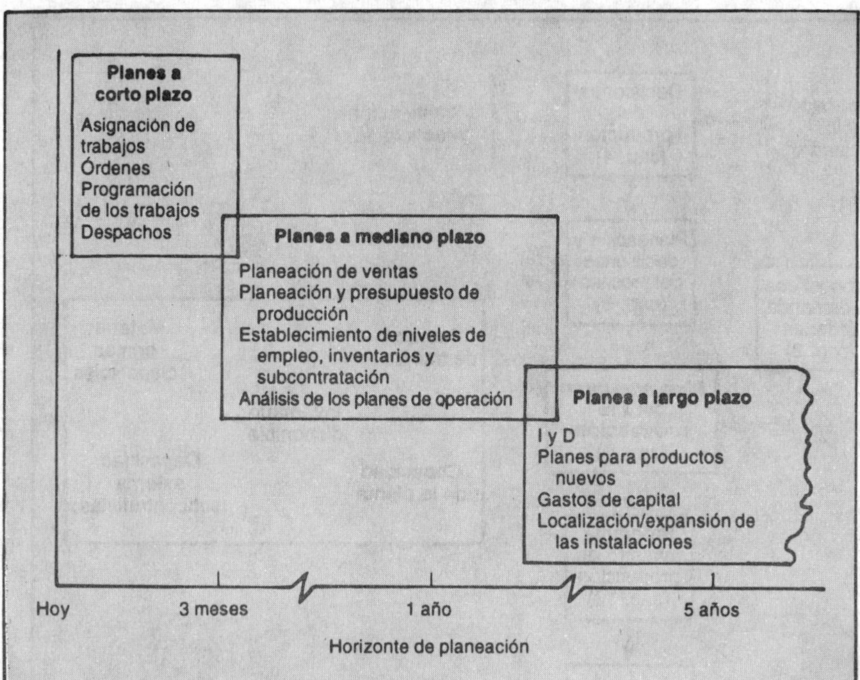

FIGURA 9.1 Horizontes de planeación.

Trimestre 1			*Trimestre 2*			*Trimestre 3*		
Ene.	*Feb.*	*Mar.*	*Abr.*	*May.*	*Jun.*	*Jul.*	*Ago.*	*Sep.*
1500	1200	1100	1000	1300	1500	1800	1500	1400

La inmensa flota de aviones de Federal Express es utilizada casi a su capacidad para la entrega nocturna de paquetes, pero está ociosa el resto del día. En un intento para utilizar mejor su capacidad (y apalancar sus activos), Federal consideró dos servicios con patrones de demanda opuestos o de ciclos encontrados para su servicio nocturno — servicio conmutador de pasajeros y servicio charter de pasajeros. Sin embargo, después de un extenso análisis de estos nuevos servicios, del 12 al 13% de retorno sobre la inversión, fue juzgado insuficiente para los riesgos involucrados.

Una compañía *orientada al servicio* que contrata a otra para ofrecer entrenamiento en microcomputadoras a los administradores es un segundo ejemplo. La empresa ofrece cursos de Lotus, dBase, Harvard Graphics, Word Perfect, y una amplia variedad de otros temas, emplea varios instructores para cumplir con la demanda tanto en el sector privado como del gobierno. La demanda para entrenamiento tiende a ser muy baja durante las temporadas de vacaciones y durante el verano, cuando mucha gente toma sus vacaciones. Para cumplir las necesidades fluctuantes de estos cursos, la compañía puede quizá contratar y despedir instructores, anunciarse para aumentar la demanda en las estaciones lentas o subcontratar los servicios de otras agencias de entrenamiento durante los periodos pico. Sin embargo, la subcontratación puede abrir la puerta a la competencia y el riesgo de perder un cliente.

Obsérvese que aun en las dos compañías anteriores, el planeador de operaciones toma decisiones acerca de la capacidad a mediano plazo sin entrar en detalles de productos específicos, partes o gente.

La planeación agregada es sólo una parte del sistema de planeación de la producción más grande; por lo tanto, es necesario el entendimiento de las interfases entre el plan y los factores internos y externos. La figura 9.2 muestra que el administrador de operaciones no sólo recibe entradas del pronóstico de demanda del departamento de mercadotecnia, sino que tiene que ver con los datos financieros, personal, capacidad y la disponibilidad de materia prima también. En el entorno de la manufactura el programa maestro de producción resultante ofrece entrada a los sistemas de planeación de requerimientos de materiales (MRP por sus siglas en inglés, Material Requirements Planning, Planeación de requerimientos de material). Estos sistemas programan la adquisición o producción de componentes necesarios para hacer el producto final. Los programas detallados de trabajo para la gente y la programación de prioridades para los productos son resultado del último paso del sistema de planeación de producción.

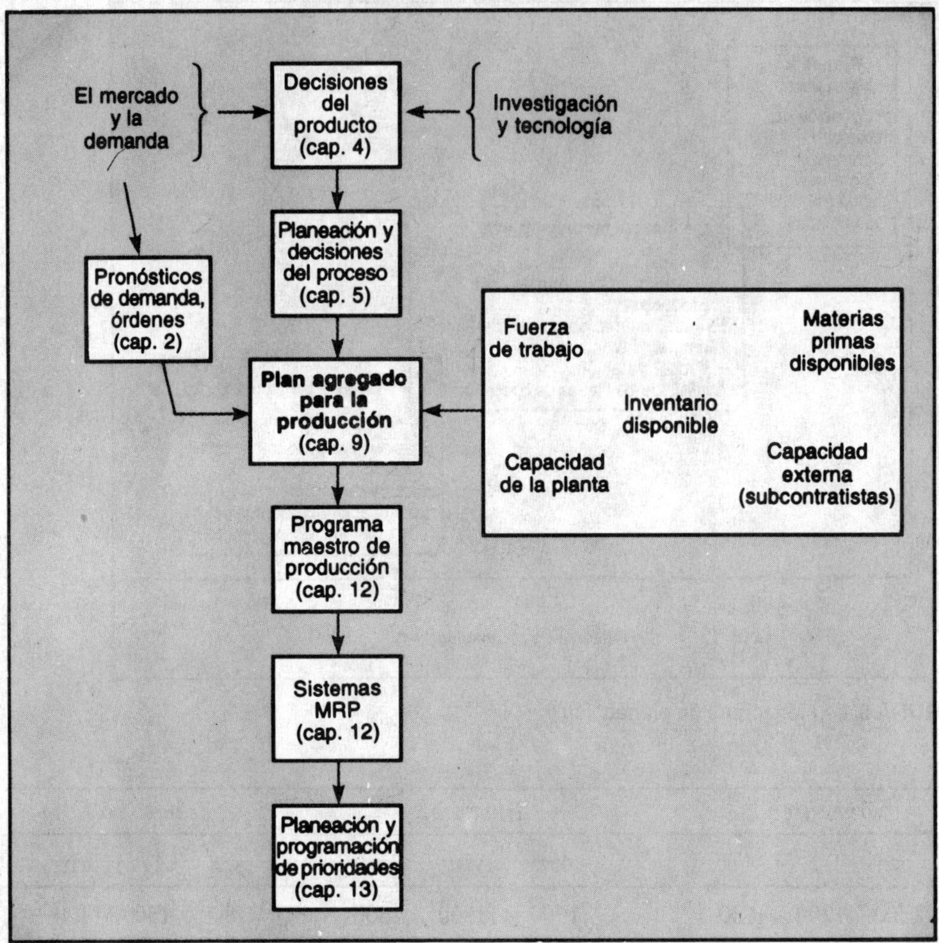

FIGURA 9.2 Relaciones del plan agregado.

ESTRATEGIAS DE LA PLANEACIÓN AGREGADA

Hay varias preguntas que el administrador de operaciones debe contestar cuando genere un plan agregado:

1. ¿Deben utilizarse los inventarios para absorber los cambios en la demanda durante el periodo de planeación?
2. ¿Deben acomodarse los cambios mediante la variación del tamaño de la fuerza de trabajo?
3. ¿Deben utilizarse los trabajadores de medio tiempo, o deben absorber las fluctuaciones el tiempo extra y el tiempo ocioso?
4. ¿Deben ser utilizados los subcontratistas en las órdenes fluctuantes para mantener la fuerza de trabajo estable?
5. ¿Deben cambiarse los precios u otros factores para influenciar la demanda?

Todas estas son estrategias legítimas de planeación disponibles para los administradores. Estas involucran el manejo del inventario, tasas de producción, niveles de mano de obra, capacidad y otras variables controlables. Ahora se examinarán ocho opciones en forma detallada. Las primeras cinco se llaman *opciones de capacidad* porque no intentan cambiar la demanda, sino absorber las fluctuaciones en ella. Las tres últimas son las *opciones de demanda* a través de las cuales, las empresas intentan influenciar el patrón de demanda para suavizar sus cambios sobre el periodo de planeación.

Opciones de capacidad

Las opciones básicas de capacidad (oferta) que una empresa puede elegir son:

1. *Cambio de niveles de inventario.* Los administradores pueden incrementar el inventario, durante periodos de baja demanda, para cumplir con la alta demanda en los periodos futuros. Si se selecciona únicamente esta estrategia, se incrementarán los costos asociados del almacenamiento, seguros, manejo, obsolescencia, hurtos y capital invertido; los rangos típicos de estos costos anualmente son del 15 al 50% del valor de un artículo. Por otro lado, cuando la empresa entra a un periodo de demanda creciente, la escasez puede producir pérdidas en ventas debido a los tiempos de entrega potencialmente mayores y a un deficiente servicio al cliente.
2. *Variando el tamaño de la fuerza de trabajo mediante la contratación o el despido.* Una forma de cumplir la demanda es contratando o despidiendo trabajadores de producción para igualar las tasas de producción. Pero a menudo los nuevos empleados necesitan ser entrenados y la productividad promedio desciende en forma temporal mientras son absorbidos en la empresa. Los ceses o despidos tienen el inconveniente de bajar la moral de todos los trabajadores y pueden conducir a una productividad más baja.
3. *Variando las tasas de producción mediante el tiempo extra o el tiempo ocioso.* Es posible mantener algunas veces una fuerza de trabajo constante, pero variando las horas de trabajo. Cuando la demanda está en ascenso, existe un límite en el cual el tiempo extra es buena opción. El pago del tiempo extra requiere de más dinero, y demasiado tiempo extra puede cansar a los trabajadores al punto de que la productividad global caiga. El tiempo extra también implica el incremento de los gastos fijos asociados con el mantenimiento de las instalaciones, que permanecen abiertas fuera del horario normal. Por otro lado, cuando hay un periodo de demanda decreciente, la compañía debe absorber, de alguna manera, el tiempo ocioso de los trabajadores; éste es generalmente un proceso difícil.
4. *Subcontratando.* Una empresa también puede adquirir capacidad temporal mediante la subcontratación de otra empresa para cumplir con el trabajo durante los periodos picos de demanda. La subcontratación, sin embargo, tiene varios peligros. Primero, es costosa; segundo, se arriesga abrir la puerta del cliente a la competencia; y tercero, a menudo es difícil encontrar el proveedor subcontratista perfecto, uno que siempre entregue el producto de calidad a tiempo.
5. *Utilizando trabajadores de medio tiempo.* Especialmente en el sector servicio, los trabajadores de medio tiempo pueden ocuparse para las necesidades de mano de obra no calificada. Esto se observa en los restaurantes de comida rápida, las tiendas detallistas, y los supermercados.

Opciones de demanda

Las opciones básicas de demanda son las siguientes:

1. *Influenciando la demanda.* Cuando la demanda es baja, una compañía puede intentar el crecimiento en la demanda a través de la publicidad, la promoción, aumentando el personal de ventas y los cortes a los precios. Las aerolíneas y los hoteles han ofrecido descuentos de fin de semana y tasas de temporada baja desde hace mucho; las empresas telefónicas cobran menos en la noche; algunas universidades ofrecen descuentos a estudiantes de edad para llenar los salones; y los acondicionadores de aire son más baratos en invierno. Sin embargo, la publicidad especial, las promociones, ventas y los precios no son siempre capaces de balancear la demanda con la capacidad de producción.
2. *Órdenes pendientes durante los periodos de demanda alta.* Las órdenes pendientes son órdenes para bienes o servicios que acepta una compañía, pero no cuenta con la capacidad necesaria para cumplir al momento (ya sea por suerte o deliberadamente). Si los clientes están dispuestos a esperar sin perder su confianza u orden, las órdenes pendientes son una estrategia posible. Muchos distribuidores de automóviles manejan las órdenes pendientes a propósito, pero el sistema es a menudo inaceptable en la venta de muchos bienes de consumo.

John Deere and Company, el "abuelo" de los fabricantes de equipo agrícola, utiliza incentivos en ventas para suavizar la demanda. Durante las estaciones bajas de otoño e invierno, las ventas son ayudadas con rebajas en los precios y otros estímulos. Cerca del 70% de las grandes máquinas son ordenadas con anticipación al uso de la temporada; esto es cerca del doble de la tasa de la industria. Los incentivos disminuyen los márgenes, pero Deere mantiene su participación en el mercado y controla los costos por medio de una producción más uniforme a través de todo el año.

3. *Mezcla de productos contraestacionales.* Una técnica de suavización activa ampliamente utilizada entre los fabricantes es el desarrollo de una mezcla de productos de artículos contraestacionales. Los ejemplos incluyen compañías que hacen tanto hornos como acondicionadores de aire, o podadoras de césped y sopladores de nieve. Por ese motivo las compañías de servicio y también los manufactureros siguen este sistema, sin embargo, pueden encontrarse involucrados en servicios o productos más allá de su área de experiencia o más allá de su objetivo de mercado.

Mezcla de opciones para el desarrollo de un plan

Estrategia mixta

Aunque cada una de las opciones de capacidad y las tres opciones de demanda antes descritas, pueden producir un plan agregado efectivo en costo, a menudo funciona mejor una combinación de ellas (llamada **estrategia mixta**). Las estrategias mixtas involucran la combinación de dos o más variables controlables para establecer un plan factible de producción. Por ejemplo, una empresa puede utilizar una combinación de tiempo extra, subcontratación y niveles de inventario, como su estrategia. Debido a que puede haber una gran combinación de estrategias posibles, mezcladas en forma diferente, los administradores encuentran que la planeación agregada puede ser una tarea relativamente retadora. Encontrar el plan agregado "óptimo" no siempre es posible.

La mezcla de las opciones de estrategia serán diferentes para las empresas de servicio, ya que ellas no pueden almacenar inventario. La subcontratación, según se observó anteriormente, es peligrosa porque puede permitir al subcontratista "robarse" al cliente. En consecuencia, las empresas de servicio generalmente marcan la planeación agregada por medio de cambios en el personal. El entrenamiento cruzado y la rotación de personal, el cambio en los programas de trabajo y la contratación de personal de medio tiempo son algunas de las tácticas utilizadas.

Programación nivelada

La programación nivelada o planeación del nivel de capacidad, es una estrategia popularizada por los japoneses. La **programación nivelada** involucra los planes agregados, en los cuales las capacidades diarias son uniformes de mes a mes. En efecto, las empresas como Toyota y Nissan mantienen sus sistemas de producción en niveles uniformes y pueden dejar que su inventario de bienes terminados de automóviles suba o baje para limar la diferencia entre la demanda mensual y el nivel de producción, o encontrar trabajo alterno para los empleados de producción. Su filosofía es que el empleo estable conduce a mejorar la calidad de los automóviles, menos rotación, menos ausentismo y más compromiso del empleado hacia las metas corporativas.

Programación nivelada

La programación nivelada generalmente provoca un mayor descenso en costos de producción que las otras estrategias. Los trabajadores tienden a ser más experimentados, de tal forma que la supervisión es más fácil, los costos de contratar/despedir y el tiempo extra son minimizados, y la operación es más suave con menos arranques y paradas dramáticas.

MÉTODOS PARA LA PLANEACIÓN AGREGADA

En el resto de este capítulo se describirán varias técnicas que los administradores utilizan en la planeación agregada. Ellas van desde lo que se llama un método "intuitivo", hasta el método gráfico o diagramas ampliamente utilizado, o una serie de sistemas matemáticos más formales, incluyendo el método de transportación de programación lineal. Las técnicas serán mencionadas en este orden:

1. enfoque intuitivo
2. método gráfico y de diagramas
3. métodos matemáticos
   a) método de transportación de programación lineal
   b) reglas lineales de decisión
   c) modelo de coeficiente administrativo
   d) simulación

Enfoque intuitivo

Quizá se comienza con el método menos deseable para la planeación, un enfoque intuitivo no cuantitativo. Los conflictos entre los departamentos en las grandes organizaciones son comunes. Por ejemplo, los gerentes de mercadotecnia desean tener una amplia línea de productos para vender y mucho inventario en almacén para cumplir las demandas de sus clientes. Los gerentes financieros prefieren minimizar el inventario para reducir los costos de su mantenimiento. El trabajo de los gerentes de manufactura es más fácil cuando hay pocos productos que manufacturar. Debido a conflictos como éstos, la planeación y las políticas pueden basarse en el individuo más fuerte, más que en el mejor plan.

En otras compañías que no han formalizado su proceso de planeación agregada, la administración algunas veces utiliza el mismo plan año tras año y lo ajusta hacia arriba o hacia abajo, únicamente lo suficiente para cumplir la nueva demanda. Si el plan viejo no estaba cercano al óptimo, la empresa se encierra a sí misma en una serie de decisiones con mucho desperdicio.

Métodos gráficos y de diagramas

Los **métodos gráficos y de diagramas** son populares debido a que son fáciles de entender y de utilizar. Básicamente, estos planes trabajan con unas cuantas variables a la vez, permitiendo a los planeadores comparar la demanda proyectada con la capacidad existente. Son sistemas de prueba y error que no garantizan un plan de producción óptimo, pero tienen la ventaja de utilizar solamente algunos cálculos sencillos, que pueden ser realizados por el personal administrativo de oficina.

Método gráfico y de diagramas

La cerveza es producida en instalaciones enfocadas al producto donde la alta utilización es crítica, debido a su alto costo fijo. El personal de operaciones debe igualar la capacidad para que cumpla la demanda a largo, mediano y corto plazo. También debe llevar a cabo el mantenimiento en forma efectiva entre los lotes para asegurar que se mantenga el programa. La capacidad no utilizada es costosa y la capacidad inadecuada reduce el segmento de mercado. En la fotografía de la izquierda se muestran los tanques para fabricar cerveza donde la malta, que más tarde se convierte en cerveza, es hervida y se le añade lúpulo. La línea de enlatado, mostrada a la derecha, imprime en cada lata un código que identifica el día, año y periodo de 15 minutos de producción, así como la planta en la cual el producto fue hecho y empacado.

En general, se siguen cinco pasos en el método gráfico.

1. Determinar la demanda de cada periodo.
2. Determinar cuál es la capacidad para el tiempo regular, tiempo extra y la subcontratación en cada periodo.
3. Encontrar los costos de la mano de obra, los costos de contratar y despedir, y los costos de mantenimiento del inventario.
4. Considerar políticas de la compañía que se puedan aplicar a los trabajadores o a los niveles de inventario.
5. Desarrollar planes alternativos y examinar sus costos totales.

Estos pasos están ilustrados en los ejemplos del 1 al 4.

ejemplo 1

Un fabricante de abastos para techos de Charlotte ha desarrollado pronósticos mensuales destinados a un importante producto y presentó el periodo de enero a junio en la tabla 9.1.

TABLA 9.1

MES	DEMANDA ESPERADA	DÍAS DE PRODUCCIÓN	DEMANDA POR DÍA (CALCULADA)
Enero	900	22	41
Febrero	700	18	39
Marzo	800	21	38
Abril	1200	21	57
Mayo	1500	22	68
Junio	1100	20	55
	6200	124	

La demanda por día se calcula simplemente dividiendo la demanda esperada, entre el número de días laborables de cada mes.

Para ilustrar la naturaleza del problema de planeación agregada, la empresa también genera una gráfica (figura 9.3) que grafica la demanda diaria cada mes. La línea punteada a través de la gráfica representa la tasa de producción que se requiere para cumplir la demanda promedio. Se calcula por:

$$\text{Requerimiento promedio} = \frac{\text{Demanda total promedio}}{\text{Número de días de produccion}} = \frac{6200}{124} \text{ 50 unidades/día}$$

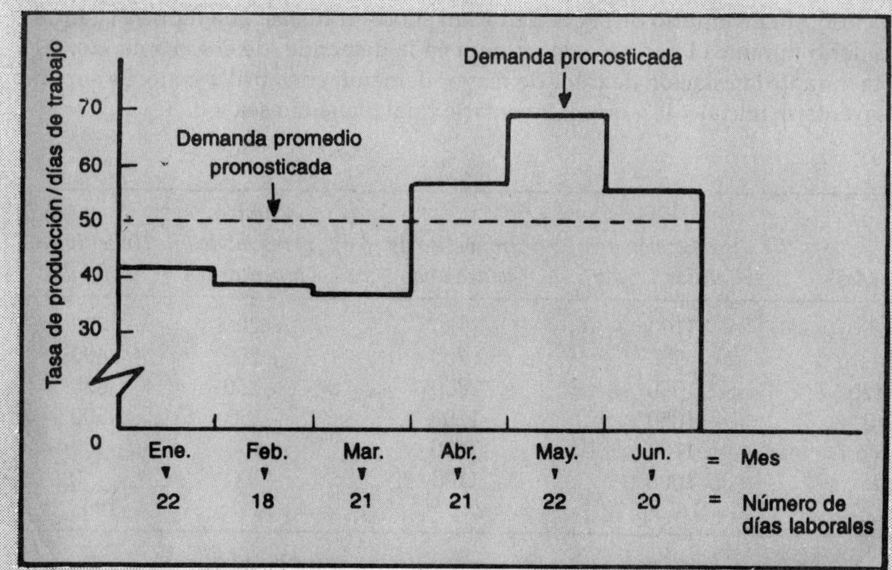

FIGURA 9.3 Gráfica de la demanda pronosticada y demanda promedio pronosticada.

La gráfica en la figura 9.3 ilustra la diferencia entre el pronóstico y la demanda promedio. Algunas estrategias para cumplir el pronóstico se presentaron anteriormente. La empresa, por ejemplo, puede tomar personal para generar una tasa de producción que cumpla con la demanda promedio (como se indica en la línea punteada). O puede producir una tasa estable de, por ejemplo, 30 unidades y después subcontratar la demanda excedente a otros proveedores de artículos para techos. Un tercer plan puede ser combinar el tiempo extra con alguna subcontratación para absorber la demanda. Los ejemplos, del 2 al 4, ilustran tres tácticas posibles.

ejemplo 2

Una estrategia posible (o plan 1) para el fabricante descrito en el ejemplo 1 es mantener una fuerza de trabajo constante, a través del periodo de seis meses. Un segundo plan mantiene una fuerza de trabajo constante a un nivel necesario para el mes de la demanda más baja (marzo) y cumplir la demanda sobre este nivel por subcontratación. Aun un tercer plan, es contratar y despedir trabajadores según sea necesario para producir exactamente los requerimientos mensuales. La tabla 9.2 ofrece la información necesaria sobre los costos para el análisis.

TABLA 9.2 Información de costos.

Costo de manejar el inventario	$5/unidad/mes
Costo de subcontratación (costo marginal por unidad sobre el costo de manufacturarse en nuestra planta)	$10/unidad
Tasa promedio de pago	$5/hora($40/día)
Tasa de pago de tiempo extra	$7/hora (sobre 8 horas)
Horas de mano de obra necesarias para producir una unidad	1.6 horas/unidad
Costo de incrementar la tasa de producción (entrenamiento y contratación)	$10/unidad
Costo de disminuir la tasa de producción (despidos)	$15/unidad

Análisis del plan 1. Al analizar este intento, el cual asume que se producen 50 unidades por día, se tiene una fuerza de trabajo constante, sin tiempo extra ni tiempo ocioso, sin inventario de seguridad y sin subcontratistas. La empresa acumula inventario durante el periodo con holgura en la demanda, de enero a marzo, y lo agota durante la estación de calor de mayor demanda, de abril a junio. Se supone un inventario inicial = 0, y que el inventario final planeado sea = 0.

Mes	*Producción a 50 unidades/día*	*Pronóstico de la demanda*	*Cambio mensual del inventario*	*Inventario final*
Enero	1100	900	+ 200	200
Febrero	900	700	+ 200	400
Marzo	1050	800	+ 250	650
Abril	1050	1200	–150	500
Mayo	1100	1500	–400	100
Junio	1000	1100	–100	0
				1850

Total de unidades llevadas en el consecutivo mensual = 1850 unidades
Fuerza de trabajo requerida para producir 50 unidades/día = 10 trabajadores

(Debido a que cada unidad requiere de 1.6 horas de mano de obra para producirse, cada trabajador puede hacer 5 unidades en un día de ocho horas. Por lo tanto para producir 50 unidades, son necesarios 10 trabajadores.)

Los costos del plan 1 se calculan de la siguiente manera:

Costos	*Cálculos*
Llevar el inventario	$ 9250 (= 1850 unidades llevadas × $5/unidad)
Mano de obra de tiempo regular	49 600 (= 10 trabajadores × $40/día × 124 días)
Otros costos (tiempo extra, contratación, despidos, subcontratación)	0
Costo total	$58 850

Véanse los problemas 9.1 y 9.2, para una ilustración de la forma en que se utiliza AB:POM en la solución del ejemplo 2.

Programa 9.1 Programa de planeación agregada de AB:POM, con menú de opciones y pantalla de captura de datos para el plan 1 del ejemplo 2. Obsérvese que en el lado izquierdo de la tabla, se capturan las capacidades, mientras que en la mano derecha, se capturan los costos. Se eligió el método "User defined" para este análisis.

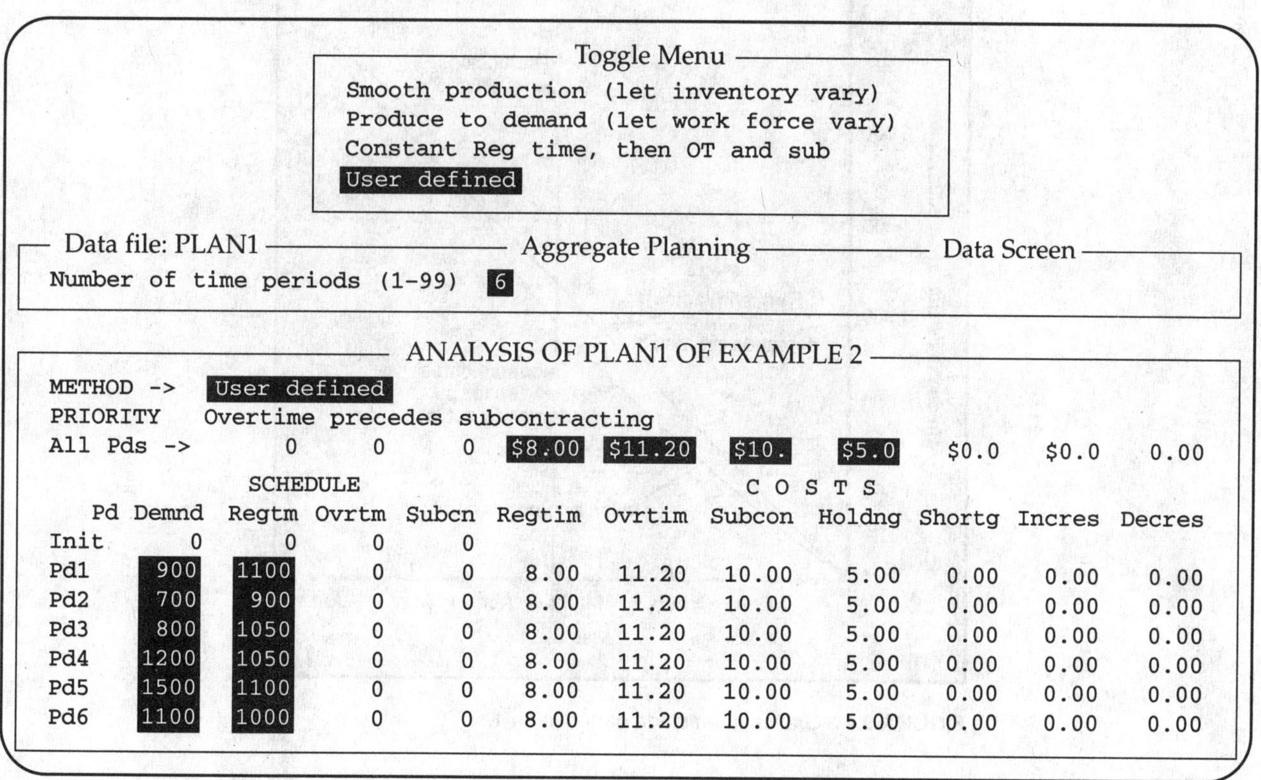

Toggle Menu

Smooth production (let inventory vary)
Produce to demand (let work force vary)
Constant Reg time, then OT and sub
User defined

Data file: PLAN1 — Aggregate Planning — Data Screen

Number of time periods (1-99) 6

ANALYSIS OF PLAN1 OF EXAMPLE 2

METHOD -> User defined
PRIORITY Overtime precedes subcontracting

		SCHEDULE					C O S T S				
All Pds ->		0	0	0	$8.00	$11.20	$10.	$5.0	$0.0	$0.0	0.00
Pd	Demnd	Regtm	Ovrtm	Subcn	Regtim	Ovrtim	Subcon	Holdng	Shortg	Incres	Decres
Init	0	0	0	0							
Pd1	900	1100	0	0	8.00	11.20	10.00	5.00	0.00	0.00	0.00
Pd2	700	900	0	0	8.00	11.20	10.00	5.00	0.00	0.00	0.00
Pd3	800	1050	0	0	8.00	11.20	10.00	5.00	0.00	0.00	0.00
Pd4	1200	1050	0	0	8.00	11.20	10.00	5.00	0.00	0.00	0.00
Pd5	1500	1100	0	0	8.00	11.20	10.00	5.00	0.00	0.00	0.00
Pd6	1100	1000	0	0	8.00	11.20	10.00	5.00	0.00	0.00	0.00

Programa 9.2 Salida del análisis de planeación agregada del plan 1 de AB:POM.

ANALYSIS OF PLAN1 OF EXAMPLE 2

METHOD -> User defined
PRIORITY Overtime precedes subcontracting

		SCHEDULE					U N I T S				
All Pds ->		0	0	0	8.00	11.20	10.00	5.00	$0.0	$0.0	0.00
Pd	Demnd	Regtm	Ovrtm	Subcn	Regtim	Ovrtim	Subcon	Holdng	Shortg	Incres	Decres
Init	0	0	0	0							
Pd1	900	1100	0	0	1100	0	0	200	0	1100	0
Pd2	700	900	0	0	900	0	0	400	0	0	200
Pd3	800	1050	0	0	1050	0	0	650	0	150	0
Pd4	1200	1050	0	0	1050	0	0	500	0	0	0
Pd5	1500	1100	0	0	1100	0	0	100	0	50	0
Pd6	1100	1000	0	0	1000	0	0	0	0	0	100
TOTL	6200	6200	0	0	6200	0	0	1850	0	1300	300
		SUBTOTAL COSTS->			49600	0	0	9250	0	0	0

TOTAL COST = 58850

El histograma para el ejemplo 2 se mostró en la figura 9.3. Algunos planificadores prefieren una gráfica acumulada para desplegar visualmente la forma en que el pronóstico se desvía de los requerimientos promedio. Tal gráfica se ofrece en la figura 9.4.

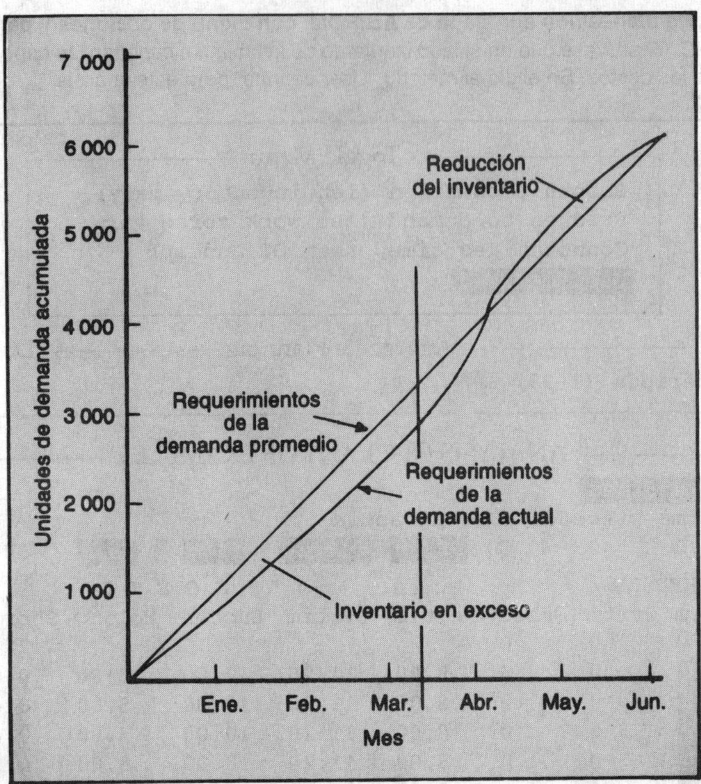

FIGURA 9.4 Gráfica acumulada para el plan 1.

ejemplo 3

Una fuerza de trabajo constante también se mantiene en el plan 2, pero establecida lo suficientemente abajo como para cumplir la demanda en marzo, el mes más bajo. Para producir 38 unidades por día internamente, se necesitan 7.6 trabajadores. Todo el resto de la demanda se cumple mediante subcontratación (se puede pensar en 7 trabajadores de tiempo completo y 1 trabajador de medio tiempo). Entonces, la subcontratación se requiere cada mes. En el plan 2 no se incurren en costos de mantenimiento de inventario.

Debido a que se requieren 6200 unidades durante el periodo del plan agregado, se deben calcular cuántas se pueden hacer por medio de la empresa y cuántas se deben subcontratar:

$$\text{Producción interna} = 38 \text{ unidades/día} \times 124 \text{ días de producción}$$
$$= 4712 \text{ unidades}$$
$$\text{Unidades subcontratadas} = 6200 - 4712 = 1488 \text{ unidades}$$

Los costos del plan 2 son:

Costos	*Cálculos*
Mano de obra de tiempo regular	\$37 696 (= 7.6 trabajadores × \$40/día × 124 días)
Subcontratación	14 880 (= 1488 unidades × \$10/unidad)
Costo total	\$52 576

ejemplo 4

La estrategia final, el plan 3, involucra una variación en la fuerza de trabajo mediante la contratación y el despido de acuerdo con los requerimientos. La tasa de producción será igual a la demanda. La tabla 9.3 muestra los cálculos y el costo total del plan 3. Recuérdese que al reducir el nivel de producción del mes anterior, la unidad fabricada tiene un costo de 15 dólares; y 10 dólares adicionales por unidad, al incrementar la producción mediante la contratación.

TABLA 9.3 Cálculos de costos para el plan 3.

MES	PRONÓSTICO (UNIDADES)	COSTO BÁSICO DE PRODUCCIÓN (DEMANDA × 1.6 HORAS/UNIDAD × $5/HORA)	COSTO EXTRA PARA AUMENTAR LA PRODUCCIÓN (COSTO DE CONTRATACIÓN)	COSTO EXTRA PARA DISMINUIR LA PRODUCCIÓN (COSTO DE DESPIDO)	COSTO TOTAL
Enero	900	$ 7200	—	—	$ 7200
Febrero	700	5600	—	$3000 (= 200 × $15)	8600
Marzo	800	6400	$1000 (= 100 × $10)	—	7400
Abril	1200	9600	4000 (= 400 × $10)	—	13 600
Mayo	1500	12 000	3000 (= 300 × $10)	—	15 000
Junio	1100	8800	—	$6000 (= 400 × $15)	14 800
		$49 600	$8000	$9000	$66 600

El paso final en el método gráfico es comparar los costos de cada plan propuesto y elegir la alternativa con el costo total menor. Un análisis resumido se encuentra en la tabla 9.4.

TABLA 9.4 Comparación de los tres planes.

COSTO	PLAN 1 (FUERZA DE TRABAJO CONSTANTE DE 10 TRABAJADORES)	PLAN 2 (FUERZA DE TRABAJO DE 7.6 TRABAJADORES MÁS SUBCONTRATACIÓN)	PLAN 3 (CONTRATACIÓN Y DESPIDO PARA CUMPLIR CON LA DEMANDA)
Manejo de inventario	$ 9250	$ 0	$ 0
Mano de obra regular	49 600	37 696	49 600
Mano de obra extra	0	0	0
Contratación	0	0	8000
Despidos	0	0	9000
Subcontratación	0	14 880	0
Costo total	$58 850	$52 576	$66 600

Desde luego, se pueden considerar varias estrategias factibles en un problema como este, incluyendo algunas combinaciones que utilizan algún tiempo extra. Aunque las gráficas y los diagramas son una herramienta administrativa popular, su ayuda predominante radica en la evaluación de estrategias, más no en su generación. Se necesita un enfoque sistemático que considere todos los costos y produzca una solución efectiva. La programación lineal es lo más cercano a esto.

Métodos matemáticos para la planeación

Esta sección describe brevemente algunos de los intentos matemáticos para la planeación agregada, que han sido desarrollados a través de los últimos 30 años.

Método de transporte de programación lineal

El método de transporte de programación lineal. Cuando un problema de planeación agregada está referido a la asignación de capacidad de operación para cumplir la demanda del pronóstico, éste se puede formular en un formato de programación lineal. El **método de transporte de programación lineal** (discutido en el suplemento del capítulo 6) no es un método de prueba y error como el método gráfico, sino que produce un plan óptimo para minimizar los costos. También cuenta con la flexibilidad necesaria para especificar la producción regular y el tiempo extra en cada periodo de tiempo, el número de unidades que se deben subcontratar, los turnos extra y el movimiento de inventario de periodo a periodo.

En el ejemplo 5, el abasto consiste en el inventario en disponible y las unidades producidas durante el tiempo regular, extra y la subcontratación. Los costos que se encuentran en la esquina superior derecha de cada celda de la matriz, se relacionan con las unidades producidas en un periodo dado o las unidades llevadas en inventario desde un periodo anterior.

ejemplo 5

Farnsworth Tire Company desarrolló datos que relacionan la producción, la demanda, capacidad y los costos en su planta de West Virginia, como se muestra en la página 391. La tabla 9.5 ilustra la estructura de la tabla de transportación y su solución factible inicial.

TABLA 9.5

ABASTO DE		DEMANDA PARA				CAPACIDAD TOTAL DISPONIBLE (OFERTA)
		Periodo 1 (Marzo)	*Periodo 2 (Abril)*	*Periodo 3 (Mayo)*	*Capacidad no utilizada (colchón)*	
Inventario inicial		0 100	2	4	0	100
Periodo 1	Tiempo regular	40 700	42	44	0	700
	Tiempo extra	50	52 50	54	0	50
	Subcontratación	70	72 150	74	0	150
Periodo 2	Tiempo regular		40 700	42	0	700
	Tiempo extra		50 50	52	0	50
	Subcontratación		70 50	72	0 100	150
Periodo 3	Tiempo regular			40 700	0	700
	Tiempo extra			50 50	0	50
	Subcontratación			70	0 130	130
DEMANDA TOTAL		800	1000	750	230	2780

Se debe observar lo siguiente:

1. Los costos de transportación son de 2 dólares por llanta por mes. Debido a que el costo de mantenimiento es lineal, éste se incrementará a 4 dólares en dos meses.
2. Los problemas de transportación requieren que la oferta sea igual a la demanda. Por lo tanto, se ha añadido una columna colchón llamada "capacidad no utilizada". Los costos de no utilizar la capacidad son de cero.
3. Las cantidades en cada columna son los niveles de inventario necesarios para cumplir los requerimientos de la demanda. Se observa que la demanda de 800 llantas en marzo es cumplida mediante la utilización de 100 llantas a partir del inventario inicial y 700 llantas de tiempo regular.

	Periodo de ventas		
	Marzo	*Abril*	*Mayo*
Demanda	800	1000	750
Capacidad:			
Regular	700	700	700
Tiempo extra	50	50	50
Subcontratación	150	150	130
Inventario inicial	100 llantas		

	Costos
Tiempo regular	$40/llanta
Tiempo extra	$50/llanta
Subcontratación	$70/llanta
Costo de transportación	$2/llanta/mes

El problema de transporte de programación lineal descrito aquí fue formulado originalmente por E. H. Bowman en 1956.[1] Aunque funciona adecuadamente para analizar los efectos de mantener inventarios, utilizar tiempo extra y subcontratar; no es conveniente su aplicación si se incluyen más variables. Así, cuando se introducen otros parámetros como las contrataciones y despidos, se debe utilizar el método simplex más general de programación lineal, estudiado en el suplemento del capítulo 4.

Resolución de problemas de planeación agregada con el módulo de transporte de programación lineal de AB:POM. El módulo del modelo de transportación de AB:POM se introdujo inicialmente, como una herramienta para la localización de instalaciones en el suplemento del capítulo 6. Al utilizar el programa de programación lineal de transportación, también se pueden observar los "orígenes" como fuentes de oferta y los "destinos" como periodos, usualmente meses o trimestres. Entonces, el programa puede utilizarse para resolver el ejemplo 5 (Farnsworth Tire Company) y otros problemas. Los nombres de los orígenes y los destinos se deben editar para reflejar el plan agregado. A las celdas que claramente no son factibles para el plan (principalmente, aquellas que requieren de órdenes pendientes) se les deben dar costos *muy* altos. Esto forzará a la computadora a evitar producir en esas fuentes. Para los detalles acerca de la utilización de este enfoque, refiérase a los programas S6.1 y S6.2.

[1]Véase E. H. Bowman, "Production Planning by the Transportation Method of Linear Programming," *Operations Research*, **4**, 1 (febrero de 1956), pp. 100-103.

Regla de decisión lineal (LDR)

Regla de decisión lineal.[2] La **regla de decisión lineal** (**LDR,** por sus siglas en inglés: Linear Decision Rule), es un modelo de planeación agregada que intenta especificar una tasa óptima de producción y el nivel de fuerza de trabajo sobre un periodo específico. Minimiza los costos totales de la nómina, contratación, despidos, tiempo extra e inventario a través de una serie de curvas cuadráticas de costo.

Modelo de coeficientes de administración

Modelo de coeficientes de administración. El **modelo de coeficientes de administración**[3] de E. H. Bowman construye un modelo de decisión formal alrededor de la experiencia y el desempeño del administrador. La teoría es que el desempeño anterior del administrador es muy bueno, así que puede ser utilizado como base para decisiones futuras. La técnica utiliza un análisis de regresión detallado de las decisiones que tomaron los administradores, anteriormente, con respecto a la producción. La línea de regresión ofrece la correspondencia entre variables (por decir, demanda y mano de obra) para decisiones futuras. De acuerdo con Bowman, las deficiencias de los administradores fueron, en su mayoría, inconsistencias en la toma de decisiones.

Programación por simulación

Simulación. Un modelo por computadora llamado **programación por simulación** fue desarrollado en 1966 por R.C. Vergin.[4] Este intento de simulación empleaba un procedimiento de búsqueda para encontrar la combinación de valores con costo mínimo relacionado con tamaño de la fuerza de trabajo y la tasa de producción.

Comparación de los métodos de la planeación agregada

Aunque la regla de decisión de búsqueda y otros modelos matemáticos han sido encontrados durante la investigación continua para mejorar las condiciones de trabajo y la programación lineal ha encontrado alguna aceptación en la industria, el hecho es que la mayoría de los modelos de planeación sofisticados no se utilizan ampliamente. ¿Por qué es éste el caso? Quizá refleja la actitud del administrador promedio acerca de lo que observa como modelos extremadamente complejos. Los planificadores, como todos, gustan de entender cómo y por qué funcionan los modelos en los que basan decisiones tan importantes. Esto puede explicar el por qué un sistema más simple de gráficas y diagramación es el más aceptado generalmente.

DISGREGACIÓN

La salida del proceso de planeación agregada es generalmente un programa de producción para agrupar a los productos por familias. Le indica a un fabricante de automóviles cuántos automóviles construir, pero no cuántos deben ser de dos puertas contra cuatro puertas, o el color rojo contra el verde. Le dice a un fabricante de acero cuántas toneladas de acero producir pero no discrimina entre cuál fabricar, si el acero en rollo o el acero laminado.

Como se vio, los detalles y parámetros que resultan de un plan incluyen el personal, la subcontratación, la acumulación de inventario y los niveles de producción semanales o mensuales. Pero aunque esta es una información importante, la empresa necesita más para operar con fluidez. Lo que necesita es un plan que maneje productos específicos: ¿Qué cantidades de cada uno se deben producir, y para qué fecha? El proceso de romper el plan agregado en mayor detalle se llama **disgregación.**

Disgregación

Programa maestro de producción (MPS)

La disgregación da como resultado un **programa maestro de producción (MPS,** por sus siglas en inglés: Master Production Schedule). El MPS, se describe en forma detallada en el capítulo 12, planeación de requerimientos de materiales, especifica:

[2] Debido a que LDR fue desarrollado por Charles C. Holt, Franco Modigliani, John F. Muth y el ganador del Premio Nobel Herbert Simon, se conoce popularmente como la regla HMMS. Para detalles, véase C. C. Holt, *et al., Production Planning, Inventories, and Work Force* (Englewood Cliffs, NJ: Prentice-Hall, 1960).
[3] E. H. Bowman, "Consistency and Optimality in Managerial Decision Making", *Management Science*, **9,** 2 (enero de 1963), pp. 310-321.
[4] R. C. Vergin, "Production Scheduling under Seasonal Demand", *Journal of Industrial Engineering*, **17,** 5 (mayo de 1966), pp. 260-266.

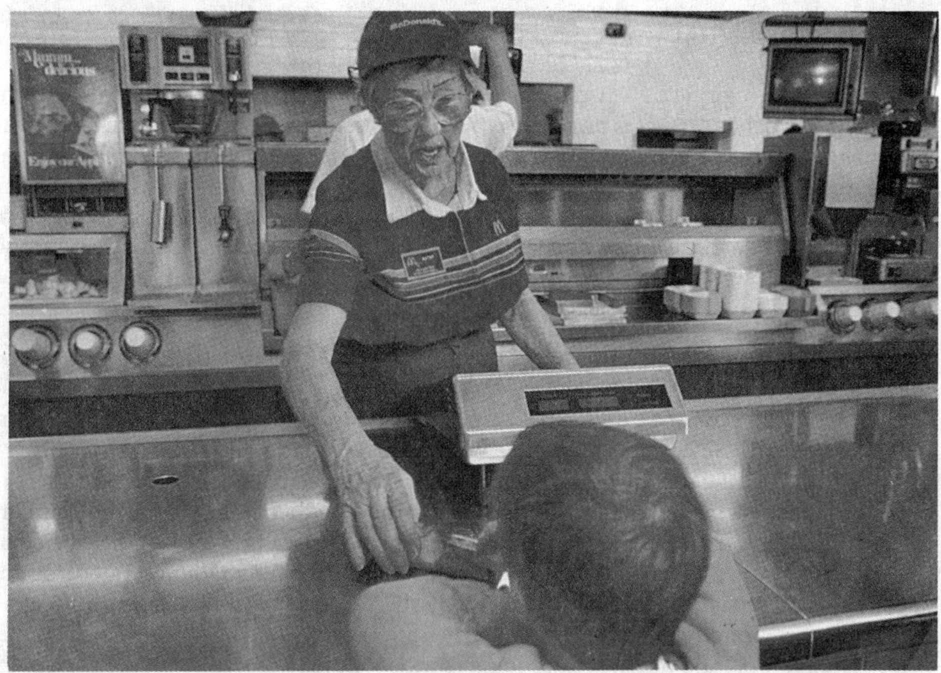

Los trabajadores de tiempo parcial son una táctica probada de planeación de recursos, especialmente en restaurantes y supermercados. McDonald's, por ejemplo, ha encontrado que la contratación de trabajadores retirados para empleos de tiempo parcial da buen resultado. Los trabajadores de más edad son trabajadores efectivos y leales cuyas tasas de ausentismo son generalmente más bajas que aquellas de sus compañeros adolescentes.

1. el tamaño y tiempo de las cantidades de producción de un artículo específico;
2. el tamaño y tiempo de los componentes manufacturados o adquiridos;
3. la secuencia de las órdenes o trabajos individuales;
4. la asignación de recursos a corto plazo de operaciones individuales.

PLANEACIÓN AGREGADA EN LOS SERVICIOS

Algunas organizaciones de servicios conducen la planeación agregada de la misma manera que se hizo en los ejemplos 1 al 5 en este capítulo. La mayoría de los servicios siguen una combinación de las ocho opciones de capacidad y demanda discutidas anteriormente, y ofrecen como resultado una estrategia de planeación agregada *mixta* para cumplir con la demanda. En realidad, en algunas empresas, tales como los bancos, las transportistas y las de comida rápida, la planeación agregada puede ser incluso más fácil que en la manufactura.

Los enfoques para la planeación agregada difieren por el tipo de servicio ofrecido. Aquí hay cuatro escenarios de servicio.[5]

Restaurantes

La planeación agregada en el caso de un negocio de salida de producto de gran volumen, tal como un restaurante, se encamina hacia: (1) la suavización de la tasa de producción, (2) encontrar el tamaño de la fuerza de trabajo que se debe emplear, y (3) intentar administrar la demanda para mantener trabajando al equipo y a los empleados. El intento generalmente requiere la acumulación de inventario durante los periodos de holgura y deshacerse del inventario durante los periodos pico.

Debido a que es muy similar a la manufactura, los métodos tradicionales de planeación agregada también se pueden aplicar a los servicios tangibles de gran volumen. Una diferencia que debe ser observada es que en los servicios, el inventario puede ser perecedero. Adicionalmente, las unidades de tiempo relevantes pueden ser mucho menores que en la manufactura. Por ejemplo, en los restaurantes de comida rápida, los periodos pico y de holgura se pueden medir en horas y el "producto" se puede inventariar únicamente 10 minutos aproximadamente.

[5] Estos cuatro escenarios y su discusión son extraídos de R. Murdick, B. Render y R. Russell, *Service Operations Management* (Boston: Allyn & Bacon, 1990), pp. 219-221.

Servicios en general

La mayoría de los servicios "en general", como los financieros, de hospitalidad, de transportación, y muchos servicios de comunicaciones y recreativos ofrecen una salida de alto volumen, pero intangible. La planeación agregada para estos servicios descansa principalmente en la planeación de los requerimientos de recursos humanos y la administración de la demanda. El objetivo es nivelar la demanda pico y el diseño de métodos para la utilización total de los recursos de mano de obra, durante los periodos donde se pronostica una baja demanda.

Cadenas nacionales de empresas de pequeños servicios

Con la llegada de cadenas de negocios nacionales, de pequeños servicios, tales como funerarias, locales de comida rápida, centros de fotocopiado e impresión, y centros de cómputo, la pregunta que ha llegado a convertirse en un tema de discusión se refiere a si es mejor la planeación agregada o la planeación independiente en cada establecimiento del negocio. Un componente de la planeación agregada para una cadena de servicios es la compra centralizada, la cual tiene muchas ventajas. La salida también puede ser planeada centralmente cuando la demanda puede ser influenciada a través de promociones especiales. Este enfoque cuenta con ventajas porque reduce los costos de publicidad y ayuda a regular el flujo de caja en los lugares independientes.

Industria de aviación comercial

Un ejemplo final de servicio se puede encontrar en la industria aviación comercial. Considérese una línea aérea que tiene sus oficinas centrales en Nueva York, dos centrales en ciudades tales como Atlanta y Dallas, y 150 oficinas en aeropuertos a través del país. La planeación agregada consiste en tablas o programas de:

1. los números de vuelos de llegada y de salida de cada central;
2. los números de vuelos en todas las rutas;
3. el número de pasajeros que deben ser atendidos en todos los vuelos;
4. el número de personal de vuelo y personal en tierra requerido en cada central y aeropuerto.

RESUMEN

El plan agregado establece niveles de inventario, producción, subcontratación y empleo sobre un rango intermedio de tiempo, usualmente de 3 a 18 meses. Este capítulo describe técnicas de planeación agregada, que van desde el popular método por gráficas hasta una variedad de modelos matemáticos y orientados a la computadora tal como la programación lineal.

Este plan agregado es una responsabilidad importante del administrador de operaciones y una llave para suavizar la producción. La salida de un plan agregado conduce a un programa maestro de producción más detallado, que constituye la base para la disgregación, la programación de los trabajos y los sistemas MRP.

Aunque la discusión en la primera parte de este capítulo trató principalmente con el ambiente de manufactura, se acaba de ver que los planes agregados para los sistemas de servicio son similares. Tanto los bancos como los restaurantes, aerolíneas y las instalaciones de reparación de automóviles son sistemas de servicio que pueden emplear los conceptos desarrollados aquí. Sin importar la industria o el método de planeación, el punto más importante es la aplicación del plan. Los administradores parecen estar más cómodos con los intentos de planeación menos complicados y menos matemáticos; esto se debe a menudo, a la falta de entrenamiento en el uso de los métodos cuantitativos.

TÉRMINOS CLAVE

Planeación agregada *(p. 378)*
Decisiones de programación *(p. 378)*
Estrategia mixta *(p. 382)*
Programación nivelada *(p. 383)*
Método gráfico y de diagramas *(p. 383)*
Método de transporte de programación lineal *(p. 390)*
Regla de decisión lineal (LDR) *(p. 392)*
Modelo de coeficientes de administración *(p. 392)*
Programación por simulación *(p. 392)*
Disgregación *(p. 392)*
Programa maestro de producción (MPS) *(p. 392)*

PROBLEMAS RESUELTOS

problema resuelto 9.1

El fabricante de techos descrito en los ejemplos 1 al 4 desea considerar aún una cuarta estrategia de planeación (plan 4). Este mantiene una fuerza de trabajo constante de ocho personas y considera el utilizar tiempo extra cuando sea necesario para cumplir con la demanda. Se debe utilizar la información de costos en la tabla 9.2. Una vez más, supóngase que los inventarios inicial y final son iguales a cero.

Solución
Emplear 8 trabajadores y utilizar tiempo extra cuando sea necesario. Los costos de manejo se encuentran ahora.

Mes	*Producción a 40 unidades/día*	*Inventario al principio del mes*	*Demanda pronosticada este mes*	*Producción con tiempo extra necesaria*	*Inventario final*
Ene.	880	—	900	20	0
Feb.	720	0	700	0	20
Mar.	840	20	800	0	60
Abr.	840	60	1200	300	0
May.	880	0	1500	620	0
Jun.	800	0	1100	300	0
				1240 unidades	80 unidades

Costos totales de manejo = 80 unidades x $5/unidad/mes = $400
Para producir 1240 unidades a tasa de tiempo extra (de $7/hora) requiere 1984 horas.
Pago del tiempo extra = $7/hora × 1984 horas = $13 888
Pago regular: 8 trabajadores × $40/día × 124 días = $39 680

Costos	*Plan 4 (fuerza de trabajo de 8 personas más tiempo extra)*
Costo de mantener	$ 400 (80 unidades manejadas × $5/unidad)
Mano de obra regular	39 680 (8 trabajadores × $40/día × 124 días)
Tiempo extra	13 888 (1984 horas × $7/hora)
Contratar o despedir	0
Subcontratar	0
Costos totales	$53 968

problema resuelto 9.2

Una planta en Dover, Delaware ha desarrollado los datos relativos a oferta, demanda, costo e inventario. La empresa tiene una fuerza de trabajo constante y cumple con todas sus demandas. Asignar la capacidad de producción para satisfacer la demanda a un costo mínimo. ¿Cuál es el costo de este plan? (Véase la solución en la siguiente página.)

Capacidad de oferta disponible (en unidades)

Periodo	*Tiempo regular*	*Tiempo extra*	*Subcontrato*
1	300	50	200
2	400	50	200
3	450	50	200

Pronóstico de la demanda

Periodo	*Demanda (unidades)*
1	450
2	550
3	750

Otros datos

Inventario inicial 50 unidades
Costo por unidad de tiempo regular \$50
Costo por unidad de tiempo extra \$65
Costo por unidad de subcontratación \$80
Costo por unidad en un periodo por manejo \$1

OFERTA DE		DEMANDA PARA Periodo 1	Periodo 2	Periodo 3	*Capacidad no utilizada (colchón)*	CAPACIDAD TOTAL DISPONIBLE (OFERTA)
Inventario inicial		(0) 50	(1)	(2)	(0)	50
Periodo 1	Tiempo regular	(50) 300	(51)	(52)	(0)	300
	Tiempo extra	(65) 50	(66)	(67)	(0)	50
	Subcontratación	(80) 50	(81)	(82)	(0) 150	200
Periodo 2	Tiempo regular		(50) 400	(51)	(0)	400
	Tiempo extra		(65) 50	(66)	(0)	50
	Subcontratación		(80) 100	(81) 50	(0) 50	200
Periodo 3	Tiempo regular			(50) 450	(0)	450
	Tiempo extra			(65) 50	(0)	50
	Subcontratación			(80) 200	(0)	200
Total	DEMANDA	450	550	750	200	1950

Costo del plan:

Periodo 1: 50($0) + 300($50) + 50($65) + 50($80) = $22 250

Periodo 2: 400($50) + 50($65) + 100($80) = $31 250

Periodo 3: 50($81) + 450($50) + 50($65) + 200($80) = $45 800

Costo total $99 300

autoevaluación capítulo 9

- *Antes de iniciar la autoevaluación* refiérase a los objetivos de aprendizaje listados al principio del capítulo y a los términos clave listados al final del mismo.
- Utilice la clave al final del texto para *corregir* sus respuestas.
- *Vuelva a estudiar* las páginas correspondientes a cualquier pregunta que haya contestado erróneamente o el material en el que se sienta inseguro.

1. La planeación agregada está relacionada con la determinación de la cantidad y el momento de producir a
   a. corto plazo
   b. mediano plazo
   c. largo plazo
   d. todas las anteriores
   e. ninguna de las anteriores

2. En general, la meta del proceso de la planeación agregada es minimizar los costos sobre el periodo planeado.
   a. Cierto **b.** Falso

3. La planeación agregada generalmente involucra tomar un buen número de decisiones estratégicas.
   a. Cierto **b.** Falso

4. Los métodos gráficos de la planeación agregada, aunque se basan en la prueba y el error, son útiles, porque requieren únicamente de cálculos limitados y generalmente conducen a soluciones óptimas.
   a. Cierto **b.** Falso

5. Uno de los problemas encontrados al utilizar el algoritmo de transportación para la planeación agregada, es que este método no trabaja bien cuando uno intenta incluir el efecto de la contratación y el despido en el modelo.
   a. Cierto **b.** Falso

6. Los administradores típicamente no utilizan modelos de planeación sofisticados porque:
   a. estos modelos no ofrecen información pertinente sobre la decisión a la mano
   b. ellos miran estos modelos como excesivamente complejos y no los entienden completamente
   c. la investigación ha demostrado que tales modelos rara vez trabajan bien
   d. los periodos de tiempo manejados por tales modelos son demasiado largos
   e. ninguna de las anteriores

7. ¿Cuál de las siguientes estrategias de planeación agregada requiere la utilización de personal relativamente incapacitado para ser más efectiva?
   a. la variación de las tasas de producción mediante el tiempo extra o el tiempo ocioso
   b. la utilización de trabajadores de tiempo parcial
   c. con órdenes pendientes durante los periodos de demanda alta
   d. subcontratando
   e. ninguna de las anteriores

8. ¿Cuál de las siguientes estrategias de planeación agregada parece tener el *menor* impacto sobre la calidad?
   a. utilizar trabajadores de tiempo parcial
   b. cambiar el nivel del inventario
   c. subcontratar
   d. variar las tasas de producción mediante el tiempo extra o el tiempo ocioso
   e. ninguna de las anteriores

9. ¿Cuál de las siguientes desventajas tienen en común las estrategias, al variar el nivel del inventario y tener órdenes abiertas durante los periodos de demanda alta?
   a. los clientes se pueden ir a otro lado
   b. los costos de manejar inventarios
   c. la calidad de la salida puede sufrir
   d. es difícil igualar exactamente la oferta con la demanda
   e. ninguna de las anteriores

10. La programación nivelada generalmente da por resultado los ______________ costos de producción que otras estrategias.
   a. mayores
   b. iguales
   c. menores
   d. ninguna de las anteriores

11. Los sistemas para la planeación agregada en el sector de servicio difieren basándose en la naturaleza del servicio ofrecido.
   a. Cierto **b.** Falso

12. En el sector de servicios la planeación agregada para la producción de salida intangible de alto volumen está dirigida hacia:
   a. la suavización de la tasa de producción
   b. encontrar el tamaño de la fuerza de trabajo que se debe emplear
   c. intentar administrar la demanda para mantener trabajando el equipo y los empleados
   d. planear los requerimientos de los recursos humanos y administrar la demanda
   e. ninguna de las anteriores

13. Las estrategias de la planeación agregada incluyen:

(1) __________, (2) __________, (3) __________,

(4) __________, (5) __________, (6) __________,

(7) __________.

PREGUNTAS PARA DISCUSIÓN

1. ¿Cuál es el propósito de la planeación agregada? Describa algunas opciones de demanda y capacidad para la implementación de planes.
2. ¿Cuál es la diferencia entre las estrategias mixtas de planeación de producción y esas ocho opciones de demanda y capacidad que no son mixtas? Nombre cuatro estrategias que no son mixtas.
3. ¿Por qué no son utilizados los modelos matemáticos más ampliamente en la planeación agregada?
4. ¿Cuáles son las ventajas y desventajas al cambiar el tamaño de la fuerza de trabajo para cumplir los requerimientos de la demanda de cada periodo?
5. ¿Por qué deben algunas compañías tener horizontes de planeación más largos que otras?
6. ¿Cuál es la relación entre el plan agregado y el MPS?
7. Describa brevemente cuatro enfoques matemáticos de planeación agregada.
8. ¿Cómo difiere la planeación agregada entre los servicios y la manufactura?

PROBLEMAS

•• **9.1** Desarrolle otro plan para el manufacturista de techos descrito en los ejemplos 1 al 4 y el problema resuelto 9.1. Para el plan 5, la empresa desea mantener una fuerza de trabajo constante de seis personas y pagar tiempo extra para cumplir con la demanda. ¿Es preferible este plan?

•• **9.2** La empresa fabricante de techos de los ejemplos 1 al 4 y el problema resuelto 9.1 tiene todavía un sexto plan. Se selecciona una fuerza de trabajo constante de siete y el resto de la demanda se llena por subcontratación. ¿Es este un mejor plan?

••• **9.3** La presidente de Daves Enterprises, Carla Daves, proyecta los requerimientos de la demanda agregada de la empresa sobre los siguientes ocho meses de la siguiente manera:

Ene.	1400	Mayo	2200
Feb.	1600	Jun.	2200
Mar.	1800	Jul.	1800
Abr.	1800	Ago.	1400

Su administrador de operaciones está considerando un nuevo plan, el cual empieza en enero con 200 unidades en mano. Quedarse sin inventario ocasiona pérdidas en ventas de 100 dólares por unidad. El costo de mantener el inventario es de 20 dólares por unidad por mes. Ignore cualquier costo por el tiempo ocioso. Este plan se llama el plan A.

Plan A — Variar el nivel de la fuerza de trabajo para cumplir exactamente con los requerimientos de la demanda. La tasa de producción de diciembre es de 1600 unidades por mes. El costo de contratar trabajadores adicionales es de 5000 dólares por cada 100 unidades. El costo de cesar a los trabajadores es de 7500 dólares por cada 100 unidades.

Evalúe este plan.

•• **9.4** Refiérase al problema 9.3. Daves Enterprises está revisando el plan B, que se plantea a continuación. Los inventarios iniciales, costos de quedarse sin inventario y los costos de mantener el mismo se dieron en el problema 9.3.

Plan B — Producir a una tasa constante de 1400 unidades por mes (la cual cumplirá con las demandas mínimas). Después subcontratar las unidades adicionales a un precio especial de 75 dólares por unidad.

•• **9.5** Refiérase al problema 9.3. El plan C se plantea a continuación. Los inventarios iniciales, costos de quedarse sin inventario y los costos de mantener el mismo se dieron en el problema 9.3.

Plan C — Mantener una fuerza de trabajo estable al mantener una tasa de producción igual a los requerimientos promedio y mediante la variación de los niveles de inventario. Grafique la demanda con un histograma que también muestre los requerimientos promedio.

••• **9.6** El administrador de operaciones de Daves (revise los problemas 9.3 al 9.5) está considerando también estas dos estrategias mixtas:

Plan D — Mantener estable la fuerza de trabajo actual en 1600 unidades por mes. Permitir un máximo del 20% de tiempo extra a un costo adicional de 50 dólares por unidad. Un almacén restringe el máximo inventario en mano permisible a 400 unidades o menos.

Plan E — Mantener la fuerza de trabajo actual, la cual está produciendo 1600 unidades por mes y subcontratar para cumplir el resto de la demanda.

••• **9.7** Certo and Herbert es un fabricante de VCR (videocaseteras) con la necesidad de un plan agregado para julio-diciembre. La compañía ha recolectado los siguientes datos:

Costos	
Costo de manejo	\$8/VCR/mes
Subcontratar	\$80/VCR
Tiempo regular de mano de obra	\$10/hora
Tiempo extra de mano de obra	\$16 hora/8 horas/trabajador/día
Costo de contratar	\$40/trabajador
Costo de despido	\$80/trabajador

Demanda	
Julio	400
Agosto	500
Septiembre	550
Octubre	700
Noviembre	800
Diciembre	700

Otros datos	
Fuerza de trabajo actual	8 personas
Horas de mano de obra/VCR	4 horas
Días de trabajo/mes	20 días
Inventario inicial	150 VCR

¿Cuánto costarán las dos estrategias siguientes?

a) Variar la fuerza de trabajo para tener la producción exacta y poder cumplir la demanda pronosticada. Empezar con ocho trabajadores a finales de junio.

b) Variar únicamente el tiempo extra y utilizar una fuerza de trabajo constante de ocho.

•• **9.8** Desarrolle su propio plan agregado para Certo and Herbert (véase el problema 9.7). Justifique su enfoque.

••• **9.9** Sue Badger, la administradora de operaciones en Kimball Furniture, ha recibido las siguientes estimaciones de requerimientos de demanda.

Abr.	*May.*	*Jun.*	*Jul.*	*Ago.*	*Sep.*
1000	1200	1400	1800	1800	1600

Asumiendo que la falta de inventario por ventas perdidas cuesta 100 dólares y los costos de mantener el inventario son de 25 dólares/unidad/mes, evalúe estos dos planes sobre una base de costo *incremental*.

Plan A — Producir a una tasa estable (igual a los requerimientos mínimos) de 1000 unidades por mes y subcontratar las unidades adicionales a un costo especial de 60 dólares por unidad.

Plan B — Variar la fuerza de trabajo, la cual se encuentra a un nivel de producción de 1300 unidades por mes. El costo de contratar trabajadores adicionales es de 3000 dólares por 100 unidades producidas. El costo de despedirlos es de 6000 dólares por 100 unidades.

••• **9.10** Sue Badger (véase el problema 9.9) está considerando dos estrategias mixtas más. Utilizando la información anterior, compare los planes C y D con los anteriores y haga una recomendación.

Plan C — Mantener estable la fuerza de trabajo actual a un nivel de producción de 1300 unidades por mes. Subcontratar el remanente para cumplir la demanda. Supóngase que sobran 300 unidades desde marzo que se encuentran disponibles en abril.

Plan D — Mantener la fuerza de trabajo actual a un nivel capaz de producir 1300 unidades por mes. Permitir un máximo del 20% de tiempo extra a un costo adicional de 40 dólares por unidad. Suponga que las limitaciones del almacén no permiten más de 180 unidades remanentes de mes a mes. Esto significa que en cualquier momento que los inventarios alcancen 180, la planta se mantiene ociosa. El tiempo ocioso por unidad es 60 dólares. Cualquier necesidad adicional se subcontrata a un costo de 60 dólares por unidad incrementada.

• **9.11** Considere el siguiente problema de planeación agregada para un trimestre.

	Tiempo regular	*Tiempo extra*	*Subcontratación*
Producción capacidad/mes	1000	200	150
Producción costo/unidad	$5	$7	$8

Suponga que no hay inventario inicial y que hay una demanda pronosticada de 1250 unidades en cada uno de los tres meses. El costo de llevar el inventario es de 1 dólar por unidad por mes. Resuelva este problema de planeación agregada.

•• **9.12** La empresa de Mary Butler-Pearce desarrolló los siguientes datos de oferta, demanda, costo y datos de inventario. Asigne la capacidad de producción que cumpla la demanda a un costo mínimo. ¿Cuál es el costo?

	Oferta disponible			
Periodo	*Tiempo regular*	*Tiempo extra*	*Subcontratación de la demanda*	*Pronóstico*
1	30	10	5	40
2	35	12	5	50
3	30	10	5	40

Inventario inicial	20 unidades
Costo por unidad del tiempo regular	$100
Costo por unidad del tiempo extra	$150
Costo por unidad de la subcontratación	$200
Costo de inventario por unidad por mes	$4

•• **9.13** El periodo de la planeación de producción de tarjetas de 10 megabytes de RAM para computadoras personales CDM es de cuatro meses. Los datos de los costos se enlistan a continuación:

Costo por tarjeta del tiempo regular	$70
Costo por tarjeta del tiempo extra	$110
Costo por tarjeta de la subcontratación	$120
Costo de inventario por tarjeta por mes	$4

La capacidad y la demanda para las tarjetas de RAM para cada uno de los cuatro meses son:

	Periodo			
	Mes 1	*Mes 2*	*Mes 3**	*Mes 4*
Demanda	2000	2500	1500	2100
Capacidad				
Tiempo regular	1500	1600	750	1600
Tiempo extra	400	400	200	400
Subcontratación	600	600	600	600

*La fábrica cierra dos semanas por vacaciones.

CDM espera empezar el periodo de la planeación con 500 tarjetas RAM en inventario. No se permiten las órdenes pendientes (que significa, por ejemplo, que las tarjetas producidas en el segundo mes no se pueden utilizar en el primer mes). Establezca un plan de producción para minimizar los costos.

•• **9.14** Haifa Instruments, un productor israelí de unidades portátiles de diálisis de riñón y de otros productos médicos, desarrolla un plan agregado para cuatro meses. La demanda y la capacidad (en unidades) están pronosticadas de la siguiente manera:

Fuente de capacidad	*Mes 1*	*Mes 2*	*Mes 3*	*Mes 4*
Mano de obra				
Tiempo regular	235	255	290	300
Tiempo extra	20	24	26	24
Subcontratación	12	15	15	17
Demanda	255	294	321	301

El costo de producir cada unidad de diálisis es de 985 dólares en tiempo regular, 1310 dólares en tiempo extra y 1500 dólares por subcontratación. El costo de inventario es de 100 dólares por unidad por mes. No hay inventario inicial ni inventario final en existencia. Establezca un plan de producción que reduzca el costo.

•• **9.15** Una fundición en Birmingham, Alabama, produce lingotes de hierro colado de acuerdo a un plan con capacidad a tres meses. El costo de la mano de obra promedia 100 dólares por hora de turno regular y 140 dólares por hora de tiempo extra. Se cree que el costo de llevar el inventario es de 4 dólares por hora de mano de obra del inventario llevado. Hay 50 horas de mano de obra directa de inventario sobrante en marzo. Para los siguientes tres meses, la demanda y la capacidad (en horas de mano de obra) se enumeran a continuación:

	Capacidad		
Mes	*Horas de mano de obra regular*	*Horas de mano de obra de tiempo extra*	*Demanda*
Abril	2880	355	3000
Mayo	2780	315	2750
Junio	2760	305	2950

Desarrolle un plan agregado para el periodo de tres meses.

••• **9.16** Un gran molino de alimentos en Omaha prepara su plan agregado para seis meses mediante el pronóstico de la demanda en costales de 50 libras de alimento para ganado de la siguiente manera: enero, 1000 costales; febrero, 1200; marzo, 1250; abril, 1450; mayo, 1400; y junio, 1400. El molino pretende empezar el año sin inventario sobrante del año anterior. Proyecta que la capacidad de producción (durante las horas regulares) permanecerá constante en 800 costales de alimento hasta el final de abril y después se incrementará a 1100 costales mensuales cuando se complete una expansión planeada para el primer día de mayo. La capacidad del tiempo extra quedó establecida en 300 costales por mes hasta la expansión, tiempo en el cual se incrementará a 400 costales por mes. Un competidor amigo en Sioux City, Iowa, también está disponible como una fuente de respaldo para cumplir con la demanda — pero insiste en un contrato en firme y únicamente puede ofrecer 500 costales totales durante el periodo de seis meses.
Los datos de los costos son como sigue:

Costo del tiempo regular por costal (hasta el 30 de abril)	$12
Costo del tiempo regular por costal (después del 1° de mayo)	$11
Costo del tiempo extra por costal (durante todo el periodo)	$16
Costo de la adquisición externa por costal	$18.50
Costo por mes de inventario por costal	$1

Desarrolle un plan de producción de seis meses para el molino.

••• **9.17** La Kelly Chemical Supply Company manufactura y empaca costosas ampolletas de mercurio. Dada la información que se acompaña sobre la demanda, oferta, costo e inventario, asigne la capacidad de producción para cumplir la demanda a un costo mínimo. Se espera una fuerza constante de trabajo y no se admiten órdenes pendientes.

	Capacidad de abasto (en unidades)			
Periodo	*Tiempo regular*	*Tiempo extra*	*Subcontratación*	*Demanda (en unidades)*
1	25	5	6	32
2	28	4	6	32
3	30	8	6	40
4	29	6	7	40

Otros datos	
Inventario inicial	4 unidades
Inventario final deseado	3 unidades
Costo del tiempo regular por unidad	$2000
Costo del tiempo extra por unidad	$2475
Costo de la subcontratación por unidad	$3200
Costo de inventario por unidad por periodo	$200

••• **9.18** Dada la siguiente información, resuelva para el plan con el mínimo costo:

	Periodo					
	1	*2*	*3*	*4*	*5*	Subcontratación
Demanda	150	160	130	200	210	100 unidades disponibles sobre
Capacidad						un periodo de cinco meses
Regular	150	150	150	150	150	Inventario inicial: 0 unidades
Tiempo extra	20	20	10	10	10	Inventario final requerido: 20 unidades

Costo	
Costo del tiempo regular por unidad	$100
Costo del tiempo extra por unidad	$125
Costo de la subcontratación por unidad	$135
Costo del inventario por unidad por periodo	$3

Suponga que no se permiten las órdenes pendientes.

CASO DE ESTUDIO

Southwestern State College

El jefe de policía del campus en Southwestern State College está intentando desarrollar un plan de dos años para el departamento, que involucra una solicitud para recursos adicionales.

El departamento tiene actualmente 26 oficiales. El tamaño de la fuerza no ha variado en los últimos 15 años, pero los siguientes cambios han impulsado al jefe a buscar más recursos.

- La universidad se ha expandido geográficamente, con algunas instalaciones a varias millas de su campus principal.
- El tráfico y los problemas de estacionamiento se han incrementado.
- El número de computadoras costosas y portátiles, susceptibles a ser robadas, se ha incrementado a través del campus.
- Se han incrementado los problemas del alcohol y de las drogas.
- Se ha incrementado el tamaño del programa atlético.
- El tamaño de la comunidad vecina se ha duplicado.
- La policía necesita pasar más tiempo en educación y en programas de prevención.

La universidad está localizada en un pequeño pueblo. Durante los meses de verano, la población estudiantil es de aproximadamente 5000. Este número se infla a 30 000 durante los semestres de primavera y otoño. Por lo tanto la demanda para la policía y otros servicios es significativamente menor durante los meses del verano. También hay una fluctuación en la demanda del servicio de policía por:

— la hora del día (el tiempo pico entre las 10 P.M. y las 2 A.M.)
— el día de la semana (los fines de semana son los más ocupados)
— el fin de semana del año (en fines de semana de fútbol, vienen al campus 50 000 personas extra)
— eventos especiales (entradas, salidas, inauguración)

Los fines de semana de fútbol son especialmente difíciles para el personal. Los servicios extra de policía son necesitados generalmente desde las 8:00 A.M. hasta las 5:00 P.M. en cinco sábados de fúbol. Todos los 26 oficiales son llamados para trabajar turnos dobles. También se pide apoyo a más de 40 oficiales de las localidades vecinas y se les paga por venir en su tiempo libre, y una docena de policías estatales prestados sin cargo (cuando están disponibles). A 25 estudiantes y residentes locales se les paga para trabajar en el tráfico y el estacionamiento. Durante el último año académico (un periodo de nueve meses), los pagos por tiempo extra a oficiales de policía del campus totalizaron más de 30 000 dólares.

Otra información relevante incluye lo siguiente:

- El salario promedio inicial para un oficial de policía es de 18 000 dólares.
- A los estudiantes que estudian y trabajan, a los estudiantes de tiempo parcial, y a los residentes locales que ayudan con el tráfico y el estacionamiento se les paga 4.50 dólares por hora.
- El tiempo extra que se les paga a los oficiales de policía que trabajan más de 40 horas a la semana está a una tasa de 13.00 dólares por hora. Los oficiales extra que son contratados medio tiempo de agencias externas también ganan 13.00 dólares por hora.
- Parece que existe un número ilimitado de oferta de oficiales que trabajarán para la universidad cuando se les necesite en eventos especiales.
- Con los días sin trabajo, las vacaciones y el nivel promedio de enfermedad considerado, le toma a cinco personas cubrir *una* posición de 24 horas, 7 días a la semana.

El programa de los oficiales durante los semestres de primavera y otoño son :

	Días entre semana	*Fines de semana*
Primer turno (7 A.M.–3 P.M.)	5	4
Segundo turno (3 A.M.–11 P.M.)	5	6
Tercer turno (11 P.M.–7 A.M.)	6	8

El personal para los fines de semana de fúbol y los eventos especiales es *adicional al* programa precedente. El personal para verano es, en promedio, la mitad del mostrado arriba.

El jefe de policía siente que su personal actual está utilizado al máximo. Los oficiales fatigados son un problema potencial para el departamento y la comunidad. Adicionalmente, no se ha apartado ni tiempo ni personal para programas de prevención del crimen, seguridad o salud. Las interacciones entre los oficiales de policía con los estudiantes, profesores y personal son mínimas y generalmente negativas por naturaleza. En atención a estos problemas, el jefe desearía solicitar fondos para cuatro oficiales adicionales, dos asignados a nuevos programas y dos para aliviar la sobrecarga de su personal actual. Él también desearía empezar a limitar el tiempo extra a 10 horas por semana para cada oficial.

Preguntas para discusión

1. ¿Qué variaciones en las demandas de servicio de la policía se deben considerar en un plan agregado para los recursos? ¿Qué variaciones se pueden hacer con ajustes a corto plazo en el programa?
2. Evalúe el plan actual de personal. ¿Cuánto cuesta? ¿Son suficientes 26 oficiales para manejar la carga normal de trabajo?
3. ¿Cuál sería el costo adicional de la propuesta del jefe? ¿Cómo sugeriría usted que el jefe justificara su solicitud?
4. ¿Cuánto cuesta actualmente a la universidad otorgar los servicios de la policía para los juegos de fútbol? ¿Cuáles serían los pros y las contras de subcontratar completamente este trabajo a agencias externas de seguridad?
5. Proponga otras alternativas.

Fuente: De R. Murdick, Barry Render y R. Russell, *Service Operations Management.* Copyright © 1990. Boston: Allyn & Bacon. Adaptado bajo permiso.

BIBLIOGRAFÍA

Leone, R. A., y J. R. Meyer. "Capacity Strategies for the 1980's" *Harvard Business Review* **58** (noviembre-diciembre de 1980), p. 133.

Levitt, T. "Production Line Approach to Service." *Harvard Business Review* **50** (septiembre-octubre de 1972), pp. 41-52.

Lovelock, C. H. *Services Marketing.* Englewood Cliffs, NJ: Prentice-Hall, 1984.

McLeavey, D. W., y S. L. Narasimham. *Production Planning and Inventory Control.* Boston: Allyn & Bacon, 1985.

Murdick, R., B. Render, y R. Russell. *Service Operations Management.* Boston: Allyn & Bacon, 1990.

Northcraft, G. B., y R. B. Chase. "Managing Service Demand at the Point of Delivery." *Academy of Management Review* **10** (enero de 1985), pp. 66-75.

Sasser, W. E., R. P. Olsen, y D. D. Wycoff. *Management of Service Operations: Text, Cases and Readings.* Boston: Allyn & Bacon, 1978.

Sasser, W. E., "Match Supply and Demand in Service Industries." *Harvard Business Review* **54** (noviembre-diciembre de 1976), pp. 133-140.

Vollman, T. E., W. L. Berry, y D. C. Whybark. *Manufacturing Planning and Control Systems.* Homewood, IL.: R. D. Irwin Co., 1984.

Sistemas justo-a-tiempo y administración de compras

capítulo **10**

PERFIL DEL CAPÍTULO

OBJETIVOS DE APRENDIZAJE

Cuando termine este capítulo usted podrá:

Identificar o definir:

Compras
Integración vertical
Administración de materiales

Explicar:

Compras justo-a-tiempo
Decisiones de fabricar o comprar

Ninguna organización encuentra económico fabricar todo el material que utiliza. Las ventajas de la especialización son demasiado absorbentes. En consecuencia, algunos artículos son comprados a otros fabricantes. La función de compras a menudo gasta más dinero que cualquier otra función en el negocio. El costo de comprar es esencial en el valor del embarque, tanto en empresas de manufactura como en las de servicios. Para muchas empresas las compras son mayores al 50% de las ventas. La compra efectiva ofrece una importante oportunidad para reducir los costos e incrementar los márgenes de utilidad.

Esto conduce a la creación de la función de compras y al papel del agente de compras. Comprar es la adquisición de bienes y servicios.

Compras

La actividad de **compras:**

1. ayuda a identificar los productos y servicios que mejor se pueden obtener en forma externa;
2. desarrolla, evalúa y determina el mejor proveedor, precio, y entrega para esos productos y servicios.

COMPRAS

Ambiente de operaciones

Agente de compras

En el ambiente de las operaciones, la función de compras es generalmente manejada por un **agente de compras,** quien posee la autoridad legal para ejecutar contratos en nombre de la empresa. En una empresa grande, el agente de compras puede también tener personal que incluye compradores y despachadores. Los primeros representan a la compañía y llevan a cabo todas las actividades del departamento de compras, excepto la firma de los contratos. Los despachadores ayudan a los compradores en el seguimiento de las compras, para asegurar entregas puntuales. En las empresas de *manufactura,* la función de las compras está soportada por planos de ingeniería del producto y especificaciones, documentos de control de calidad y actividades de pruebas, que evalúan los artículos comprados.

Ambiente de servicio

En muchos ambientes de *servicio* el rol de compras está disminuido porque el producto final es intelectual. En las organizaciones legales y médicas, por ejemplo, los principales artículos que se deben procurar son instalaciones de oficinas, mobiliario y equipo, automóviles y abastos. Sin embargo, en los servicios tales como transportación y restaurantes, la función de compras es crítica. Una mala selección del proveedor o del producto, por parte del área de compras, puede impactar y causar problemas a la organización entera, por ejemplo, una aerolínea que compra aviones ineficientes para su estructura de rutas o un restaurante que vende cortes finos de carne, y no sabe comprar carne. Para asegurar que la compra sea dirigida en forma competente, se deben invertir recursos en proporcionar entrenamiento a los compradores.

En el segmento de servicios mayorista o detallista, las compras se realizan a través de un *comprador* que es responsable de la venta y los márgenes de utilidad sobre la mercancía comprada que será revendida. Los compradores en este ambiente pueden tener poco soporte además del comportamiento histórico del cliente y las clasificaciones estándares. Por ejemplo, una clasificación USDA (tales como huevos AA o U.S. *choice meat*, que es carne de calidad de Estados Unidos), una mezcla o estándar textil, o tamaños estándar pueden tomar el lugar de los planos de ingeniería y los documentos de control de calidad que se encuentran en los ambientes de manufactura.

Fabricar o comprar

Un mayorista o detallista compra todo lo que vende; una operación de manufactura difícilmente lo hace. Los fabricantes, restaurantes y los ensambladores de productos compran componentes y subensambles que van en los productos finales. Como se discutió en el capítulo 4, la elección de los productos y servicios que pueden obtenerse externamente

TABLA 10.1 Consideraciones para la decisión de fabricar o comprar.

RAZONES PARA FABRICAR	RAZONES PARA COMPRAR
1. Menor costo de producción	1. Menor costo de adquisición
2. Proveedores no adecuados	2. Mantener el compromiso del proveedor
3. Asegurar el abasto adecuado (cantidad o entrega)	3. Obtener habilidad técnica o administrativa
4. Utilizar las instalaciones de trabajo excedentes y hacer una contribución marginal	4. Capacidad inadecuada
5. Obtener la calidad deseada	5. Reducir costos de inventario
6. Evitar corrupción de proveedores	6. Asegurar la flexibilidad así como las fuentes alternas del abasto
7. Obtener un producto único que acarrearía un compromiso prohibitivo para el proveedor	7. Las mejoras del producto pueden ser difíciles porque es una actividad incidental; se requiere diseño adicional o recursos para el proceso de investigación y desarrollo
8. Mantener los talentos organizacionales y proteger al personal de un despido	8. Reciprocidad
9. Proteger el diseño patentado o la calidad	9. El artículo se encuentra protegido por una patente o secreto industrial
10. Incrementar o mantener el tamaño de la compañía (preferencia de la administración)	10. La contratación de servicios (limpieza, seguridad, etc.) elimina una actividad de soporte y libera a la administración para trabajar en su negocio primario

con ventajas opuestas a los producidos internamente se conoce como la **decisión de fabricar o comprar.** El papel del departamento de compras es el de evaluar a los proveedores para ofrecer datos actuales, exactos y completos que son relevantes para la alternativa de compra. La tabla 10.1 enlista una amplia variedad de consideraciones en la decisión de fabricar o comprar.

Decisión de fabricar o comprar

Independientemente de la decisión, ésta se debe revisar en forma periódica. La competencia de los vendedores y los costos son parámetros en constante cambio, así como las capacidades de producción y los costos dentro de la empresa.

INTEGRACIÓN VERTICAL

Las compras se pueden modificar para tomar la forma de integración vertical. Por **integración vertical** se entiende el desarrollo de habilidades para producir bienes y servicios comprados previamente, o en realidad comprados a un proveedor o a un distribuidor. La integración vertical puede tomar la forma de integración hacia adelante o hacia atrás, como se muestra en la figura 10.1.

Integración vertical

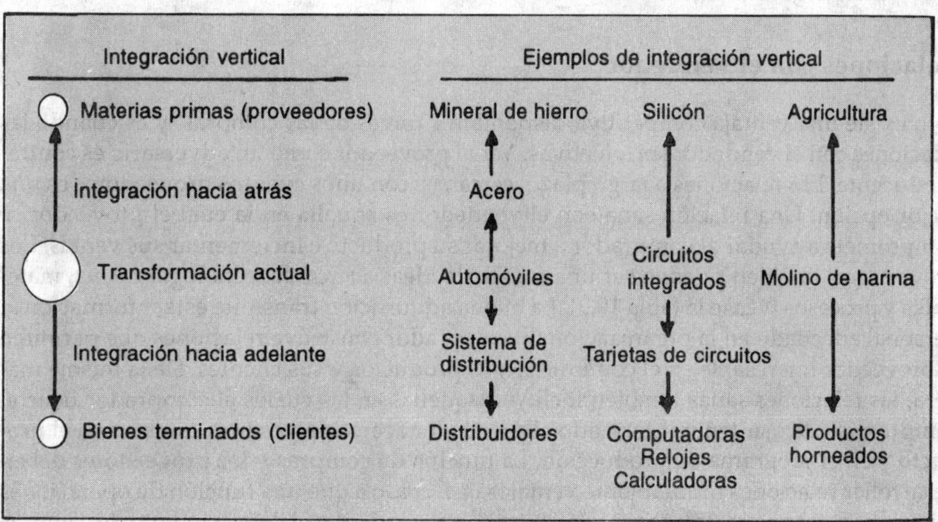

FIGURA 10.1 La integración vertical puede tomar una gran variedad de formas.

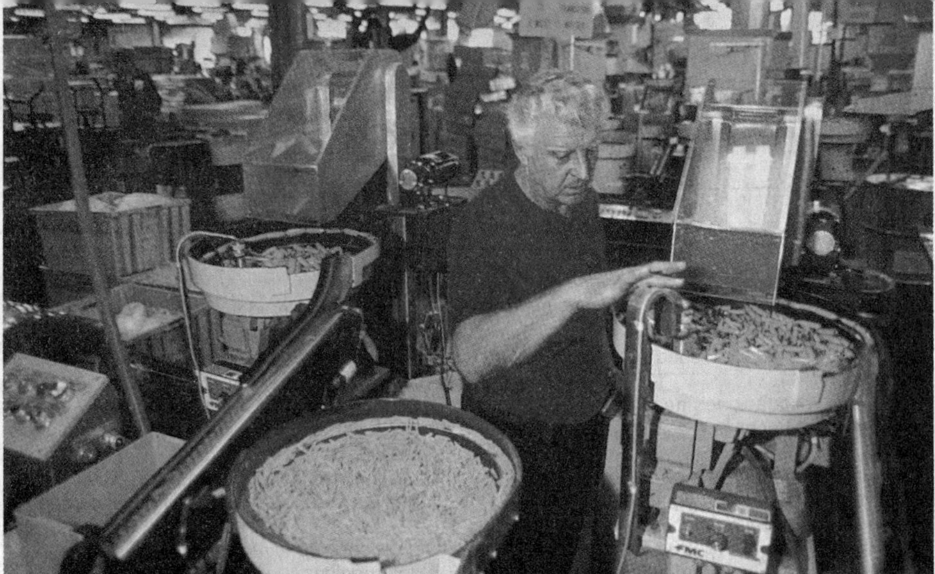

Sanford Corporation es uno de los productores de plumones y marcadores más grandes de América. Sanford está integrado verticalmente, prepara sus propias tintas, esto le proporciona un desarrollo en investigaciones, calidad y una ventaja en la flexibilidad del producto.

La integración vertical ofrece una oportunidad estratégica al administrador de operaciones. Esta modificación permite oportunidades sustanciales para reducir el costo, en aquellas empresas cuyos análisis internos sugieran que tienen el capital necesario, talento administrativo, la demanda requerida y la integración vertical. Se pueden aumentar otras ventajas en la reducción y programación del inventario en la compañía, que administre efectivamente la integración vertical o establezca relaciones benéficas mutuas con los proveedores.

ADMINISTRACIÓN DE LAS COMPRAS

Una empresa que decide comprar materiales en vez de fabricarlos o integrar verticalmente debe administrar una función de compras. Ahora se discutirán algunos aspectos importantes en la administración de adquisiciones.

Administración de las compras

La tarea del departamento de compras está enfocada al costo del inventario y la transportación, la disponibilidad del abasto y la calidad de los proveedores. Ésta es la **administración de las compras.**

Administración de los materiales

Las compras pueden estar combinadas con varias actividades de almacén y de inventarios para formar un sistema de **administración de los materiales.** El propósito de la administración de materiales es obtener una mayor eficiencia en las operaciones a través de la integración total de la adquisición de materiales, el movimiento y las actividades de almacenamiento en la empresa. Cuando los costos de transportación e inventarios son esenciales y existen tanto en la entrada como en la salida del proceso de producción, lo más aconsejable es hacer un énfasis en la administración de materiales. El potencial para la ventaja competitiva se puede encontrar ya sea por medio de los costos reducidos como a través del mejoramiento del servicio al cliente.

Relaciones con el vendedor

Sólo existe una ventaja competitiva disponible a través de las compras, y es cuando las relaciones con el vendedor son efectivas. Ver al proveedor como un adversario es contraproducente. Las relaciones a largo plazo, cercanas, con unos cuantos proveedores es una mejor opción. Una relación sana con el vendedor es aquella en la cual el proveedor se compromete a ayudar al comprador a mejorar su producto e incrementar sus ventas. Los proveedores también pueden ser una fuente de ideas acerca de tecnología nueva, materiales y procesos (véase la tabla 10.2). La buena adquisición transmite esta información al personal adecuado en la organización. El comprador construye relaciones que permiten al proveedor interesarse en el comprador, sus productos y sus clientes. De la misma manera, las relaciones sanas también incluyen aquellas en las cuales el comprador tiene el compromiso de mantener informado al proveedor acerca de posibles cambios en el producto y en el programa de producción. La función de compras y los proveedores deben desarrollar relaciones mutuamente ventajosas. Debido a que una función de operaciones sobresaliente requiere de buenas relaciones con el vendedor, el departamento de compras lleva a cabo un proceso de tres fases.

TABLA 10.2 El esfuerzo de reducción del costo de proveedores de Chrysler (SCORE) (por sus siglas en inglés, Supplier Cost Reduction Effort) ha producido ahorros por 161 millones de dólares en dos años.

PROVEEDOR	SUGERENCIA	MODELO	AHORROS ANUALES
Rockwell	Utilizar seguros de puertas de automóvil de pasajeros en los camiones Dodge de 1991	Camiones Dodge	$280 000
Rockwell	Simplificar el diseño y sustituir materiales en los sistemas reguladores manuales de ventanas	Varios	$300 000
3M	Cambiar el herramental para los paneles de madera para permitir que se hicieran tres partes en un molde en lugar de dos	Caravan, Voyager	$1 500 000
Trico	Cambiar las especificaciones de la cuchilla del limpiador del parabrisas para eliminar la cubierta desechable de plástico que se utiliza durante el ensamble y el embarque	Varios	$140 000
Leslie Metal Arts	Sugerencias sobre iluminación exterior	Varios	$1 500 000

Fuente: James Welch, Laddie Cook y Joseph Blackburn, "The Bridge to Competitiveness, Building Supplier-Customer Linkages", *Target* (noviembre-diciembre de 1992), pp. 17-29. Reimpreso para *Target* bajo permiso de la Association for Manufacturing Excellence, 380 West Palatine Road, Wheeling, IL (708) 520-3282. Para un artículo más completo de los mismos autores, véase el número de abril de 1992 de *International Motor Business*, publicado por The Economist Group.

Evaluación del vendedor. La primera fase, *la evaluación del vendedor,* involucra encontrar vendedores potenciales y determinar la posibilidad de convertirse en buenos proveedores. Esta fase requiere del desarrollo de criterios de evaluación. Los estándares señalados en la figura 10.2 representan tales criterios. Tanto los criterios como los pesos dependen directamente de las necesidades de la organización. La selección de proveedores competentes es crítica. Si no se seleccionan buenos proveedores, entonces todos los demás esfuerzos de compras están desperdiciados. A medida que las empresas avancen hacia un plan con menos proveedores a largo plazo, los temas de la fuerza financiera, la calidad,

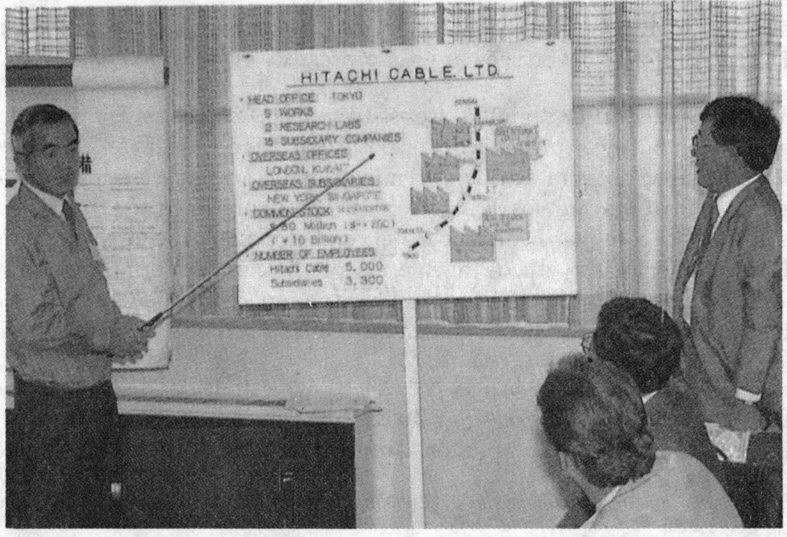

AT&T como compañía de telecomunicaciones de clase mundial tiene una agresiva evaluación de proveedores y un programa de mejoramiento de calidad. Parte de su programa requiere que los vendedores ofrezcan información del perfil de la compañía y su capacidad. Esta información se proporciona a menudo en presentaciones formales, de la forma en que Hitachi Cable Ltd., lo hace en la foto. Una vez que los proveedores son aprobados y las órdenes colocadas, AT&T da seguimiento a las variables del proveedor, tales como tiempo del ciclo de la orden y la generación de calidad para determinar la efectividad del programa.

REPORTE DE CALIFICACIÓN DEL VENDEDOR — J. M. HUBER CORPORATION

COMPAÑÍA — CALIFICACIÓN TOTAL

Compañía	Excelente (4)	Bien (3)	Regular (2)	Pobre (1)
Tamaño y/o capacidad	4			
Capacidad financiera		3		
Utilidad operativa		3		
Rango de manufactura	4			
Instalaciones de investigación			2	
Servicio técnico		3		
Localizaciones geográficas	4			
Administración		3		
Relaciones laborales		3		
Relaciones comerciales		3		
Total 32	12	18	2	
0.63 x Total = 20.16				
Servicio				
Entregas a tiempo	4			
Condición de llegada		3		
Instrucciones de seguimiento		3		
Número de rechazos	4			
Manejo de las reclamaciones		3		
Asistencia técnica			2	
Ayuda de emergencia		3		
Provisión de catálogos actualizados, etc.				1
Ofrecer cambios rápidos en precios	4			
Total 27	12	12	2	1
0.69 x Total = 18.63				

Productos	Excelente (4)	Bien (3)	Regular (2)	Pobre (1)
Calidad	4			
Precio		3		
Empaque	4			
Uniformidad		3		
Garantía	4			
Total 18	12	6		
1.25 x Total = 22.50				
Personal de ventas				
1. Conocimiento				
Su compañía		3		
Su producto	4			
Nuestra industria		3		
Nuestra compañía		3		
2. Llamadas de ventas				
Espaciadas adecuadamente	4			
Por cita		3		
Planeadas y preparadas		3		
Mutuamente productivas	4			
3. Ventas-servicio				
Obtener información		3		
Elaboración rápida de cotizaciones	4			
Seguimiento de órdenes		3		
Entrega rápida		3		
Manejo de reclamaciones		3		
Total 43	16	27		
0.48 x Total = 20.64				

FIGURA 10.2 Formato para calificación del vendedor utilizada por J. M. Huber Corporation. Las categorías de evaluación se pesan de acuerdo con la importancia (por ejemplo, la categoría "producto" tiene un peso de 1.25; "servicio" sigue con 0.69). Los factores individuales (por ejemplo, calidad, entrega y así sucesivamente) tienen valores descendentes, a partir de cuatro puntos para excelente hasta un punto para pobre. El total de puntos en cada categoría se multiplica por el peso para esa categoría. *Fuente:* Stuart F. Heinritz y Paul V. Farrell, *Purchasing: Principles and Applications,* (Englewood Cliffs, NJ: Prentice-Hall, 1981) p. 239.

administración, investigación y habilidad técnica, juegan un papel de importancia creciente. Estos atributos se deben señalar en el proceso de evaluación.

Desarrollo del vendedor. La segunda fase es el *desarrollo del vendedor.* Suponiendo que una empresa desea continuar con un vendedor en particular, ¿cómo integra a este vendedor en su sistema? Compras se asegura de que el vendedor tenga una apreciación de los requerimientos de la calidad, los cambios de ingeniería, los programas y entregas, el sistema de pagos y las políticas de compras. El desarrollo del vendedor puede incluir varios puntos clave como el entrenamiento, la ayuda de ingeniería y producción, los formatos para la transferencia electrónica de la información. Las políticas de adquisición pueden incluir temas tales como el porcentaje de negocio hecho con un proveedor o con negocios minoritarios.

Estrategias de negociación

Negociaciones. La tercera fase son las *negociaciones.*[1] Las **estrategias de negociación** se clasifican en tres tipos. Primero está el *modelo del precio basado en el costo.* Este modelo requiere que el proveedor abra sus libros al comprador. El precio contratado se fija entonces en el tiempo

[1] E. Raymond Cory, *Procurement Management: Strategy, Organization, and Decision-Making,* (Boston: CBI Publishing Co., 1978).

y en los materiales, o en un costo fijo con una cláusula de escalación para acomodar los cambios en la mano de obra del vendedor y los costos de los materiales. En segundo lugar está el *modelo del precio basado en el mercado*. Aquí, el precio se fija sobre la base de un índice publicado. En tercer lugar, se puede derivar un precio basado en la *cotización competitiva*. Estas cotizaciones suelen ser las más apropiadas en casos donde los proveedores no están dispuestos a discutir los costos o donde no existen los mercados casi perfectos. Es una política que utilizan muchas empresas para la mayoría de sus compras. Sin embargo, la cotización competida puede postergar las técnicas justo a tiempo que serán discutidas en breve.

Una cuarta técnica de negociación puede ser una *combinación* de los tres sistemas anteriores. El proveedor y el comprador pueden estar de acuerdo en revisar ciertos datos de los costos o aceptar de alguna forma, los precios que ha establecido el mercado para materia prima o acordar que el proveedor deberá "permanecer competitivo".

El resultado neto de una buena relación con el proveedor será aquel en que ambas partes establezcan un grado de confianza mutua y una creencia en la competencia de cada uno de ellos.

Técnicas de compra

Órdenes abiertas. Las órdenes abiertas son órdenes sin llenar con un vendedor.[2] Una orden abierta es un contrato para comprar ciertos artículos del vendedor. No es una autorización para embarcar algo. El embarque se hace sobre la recepción de un documento acordado, que puede ser una requisición de embarque o una liberación de embarque.

Compra sin remisión. La compra sin remisión es una extensión de unas buenas relaciones cliente/proveedor. En un ambiente de compras sin remisión, hay generalmente un proveedor de todas las unidades de un producto en particular. Si el proveedor entrega las cuatro llantas de una podadora de césped producida, entonces la administración sabe cuántas llantas se adquirieron. Únicamente multiplica la cantidad de podadoras de césped producidas por cuatro y elabora un cheque para el proveedor por dicha cantidad.

Órdenes electrónicas y transferencia de fondos. Las órdenes electrónicas y las transferencias de fondos reducen las transacciones en papel. Las transacciones en papel consisten en una orden de compra, una salida de compra, un documento de recepción, la autorización para pagar una factura (la cual se iguala con el reporte aprobado de recepción), y finalmente la elaboración de un cheque. Los departamentos de compras pueden reducir esta barrera de trabajo de papel mediante las órdenes electrónicas, la aceptación de las partes como 100% buenas y la transferencia electrónica de fondos para pagar las unidades recibidas. Se espera que General Motors ahorre miles de millones de dólares en unos cuantos años, justamente a través de este tipo de transacción electrónica.[3]

Las transacciones entre las empresas se hacen cada vez más por medio del intercambio electrónico de datos. El **intercambio electrónico de datos** (**EDI**, por sus siglas en inglés, Electronic Data Interchange) es un formato estandarizado de transferencia de información para la intercomunicación por computadoras entre las organizaciones. EDI ofrece la transferencia de datos para casi cualquier aplicación de negocios, incluyendo las compras. El emisor transmite los datos directamente por medios electrónicos a través de una tercera parte (usualmente la compañía telefónica) a otro medio electrónico del receptor. No sólo se puede reducir el trabajo en papel, sino que también agiliza el ciclo de adquisición, generalmente muy largo.

Intercambio electrónico de datos (EDI)

Compras sin inventario. El término *compras sin inventario* ha llegado a significar que el proveedor mantiene el inventario en lugar del comprador. Si el proveedor puede mantener el nivel de inventario para una variedad de clientes que utilizan el mismo producto o cuyas diferencias son bastante menores, por decir en el proceso de empaque, ahí se pueden generar ahorros netos. Los inventarios a consignación, discutidos en breve, son una opción relacionada.

[2] Las órdenes sin llenar también son referidas como órdenes "abiertas" o "incompletas".

[3] Véase Jeffrey G. Miller y Thomas E. Vollman, "The Hidden Factory", *Harvard Business Review* **63**, 5 (septiembre-octubre de 1985), pp. 142-150.

Estandarización. El departamento de compras debe hacer esfuerzos especiales para incrementar los niveles de estandarización. Esto es, en lugar de obtener una variedad de componentes muy similares con etiquetas, colores, empaque o incluso, especificaciones de ingeniería ligeramente diferentes, el agente de compras debe esforzarse en estandarizar aquellos componentes.

COMPRAS JUSTO A TIEMPO (JIT)

Compras justo a tiempo (JIT)

En el flujo tradicional de materiales a través del proceso de transformación, el material que entra se retrasa en la recepción y en la inspección de entrada; el trabajo en proceso se detiene en numerosas estaciones de trabajo; y los productos terminados se almacenan en el inventario de bienes terminados. Las **compras justo a tiempo (JIT)** están enfocadas a la reducción del desperdicio que se presenta en la recepción y en la inspección de entrada; también reduce el exceso de inventario, la calidad baja y los retrasos. El desperdicio está presente en virtualmente todos los procesos de producción — y una buena adquisición es una función vital en la eliminación del desperdicio cuando se trabaja con la técnica JIT. Por cada momento que se guarda el material debe añadirse valor. Y a cada movimiento de material se le debe añadir valor.

La tabla 10.3 muestra las características de las adquisiciones JIT.

Metas de las compras justo a tiempo

Las metas de las compras JIT son:

1. *La eliminación de las actividades innecesarias.* Por ejemplo, la actividad de recepción y la actividad de la inspección de entrada son innecesarias bajo el justo a tiempo. Si el personal de compras ha sido efectivo en la selección y desarrollo de los proveedores, los artículos comprados se pueden recibir sin un conteo formal, inspección y los procedimientos de pruebas. Para hacer bien este trabajo, el personal de compras requiere del soporte

Los asientos de automóviles hechos hace dos horas se están entregando en la fábrica de Chrysler en Sterling Heights, Michigan. Los asientos son rápidamente transferidos, en la secuencia apropiada, a la línea de ensamble para la instalación JIT.

TABLA 10.3 Características de las compras justo a tiempo.

PROVEEDORES
Pocos proveedores
Proveedores cercanos
Repetir negocios con los mismos proveedores
Uso activo del análisis para permitir que los proveedores deseables puedan ser/permanezcan competitivos en los precios
Grupos de proveedores remotos
Los concursos de cotizaciones limitadas, en su mayoría, a los nuevos números de parte
La planta compradora se resiste a la integración vertical y a la subsecuente eliminación de proveedores
Los proveedores son motivados, a su vez, a extender sus compras justo a tiempo a *sus* proveedores
CANTIDADES
Tasa de salida constante (un prerequisito deseable)
Entregas frecuentes en lotes pequeños
Acuerdos contractuales a largo plazo
Papeleo mínimo
Las cantidades entregadas varían de entrega a entrega pero están fijas para el término total del contrato
Poco o ningún permiso de rebasar o disminuir las cantidades recibidas
Se motiva a los proveedores a empacar en cantidades exactas
Se motiva a los proveedores a reducir sus tamaños de lotes de producción (o almacenar material no liberado)
CALIDAD
Mínimas especificaciones del producto impuestas al proveedor
Los proveedores auxiliares deben cumplir los requerimientos de calidad
Relaciones cercanas entre la gente de aseguramiento de calidad del comprador y del proveedor
Se motiva a los proveedores a utilizar diagramas de control del proceso en lugar de inspección de lotes por muestreo
EMBARQUE
Programación de la carga de entrada
Ganar control mediante el empleo de embarque propio de la compañía o contratado, almacenamiento y trailer para la consolidación/almacén de la carga donde sea posible — en lugar de utilizar transportistas comunes.

Fuente: Richard J. Schonberger y James P. Gilbert, "Just-in-Time Purchasing: A Challenge for U.S. Industry". Copyright 1983 por The Regents of the University of California. Reimpreso de la *California Management Review*, vol. 26, núm. 1. Bajo permiso de The Regents.

de otros sectores de la función de operaciones. Producción puede contribuir si proporciona programas exactos, estables, tiempos de entrega adecuados para los cambios de ingeniería que se deben realizar, y tiempo para desarrollar proveedores éticos.

2. *Eliminación del inventario en planta.* Virtualmente no es necesario el inventario de materias primas si los materiales que cumplen los estándares de calidad se entregan donde y cuando son necesarios. El inventario de materias primas es necesario únicamente si hay un motivo para creer que el abasto no es confiable. De la misma manera, las partes o los componentes para procesar en algún nivel intermedio deben enviarse en lotes pequeños directamente al departamento que los utiliza, de acuerdo a las necesidades. La reducción o la eliminación del inventario permite que los problemas con otros aspectos en el proceso productivo se observen y se corrijan. El inventario tiende a esconder los problemas.
3. *Eliminación del inventario en tránsito.* General Motors estimó una vez que en cualquier momento dado, más de la mitad de su inventario está en tránsito. Los departamentos modernos de compra señalan que el inventario en tránsito se puede reducir mediante la estimulación de sus proveedores y de los que son prospecto a localizarse cerca de la planta. Mientras más corto sea el flujo de material y dinero en la "tubería" de los recursos, se requerirá menos inventario (véase la figura 10.3). Otra forma de

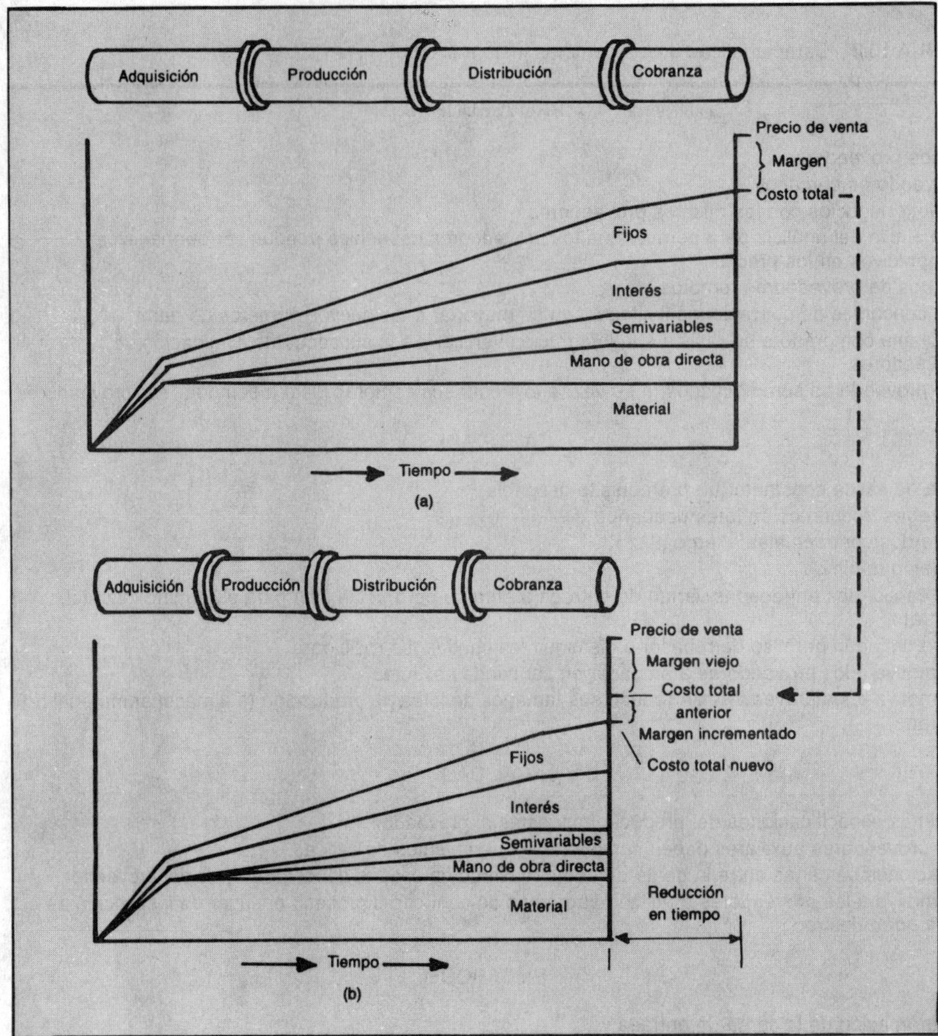

FIGURA 10.3 El tiempo de proceso más corto disminuye los costos.

Inventario a consignación

reducir el inventario en tránsito es contar con un **inventario a consignación.** Bajo un convenio de asignación, el proveedor mantiene la propiedad del inventario. Por ejemplo, una planta de ensamble puede encontrar un proveedor de ferretería que esté dispuesto a localizar su almacén donde el usuario tiene normalmente su almacén de inventario. De esta manera, cuando se necesite la ferretería, no está más lejos que el almacén de inventario. Y el proveedor puede hacer embarques a otros compradores, quizá menores, desde el "almacén de inventario." El proveedor cobra mediante un recibo firmado por el usuario, al momento en que recibe las unidades embarcadas.

4. *Mejora de la calidad y la confiabilidad.* Hay una mejora al reducir el número de proveedores y al incrementar las responsabilidades a largo plazo en los mismos. Para obtener un mejoramiento en la calidad y en la confiabilidad, los vendedores y los compradores deben tener un entendimiento y confianza mutuos. Para lograr entregas sólo cuando sean necesarias y en las cantidades exactas, también se requiere de calidad perfecta — o como se le conoce, de cero defectos. Y desde luego, tanto el proveedor como el sistema de entregas deben ser excelentes.

Preocupaciones del proveedor

El área de adquisición trabaja con el personal de producción y los proveedores para construir una organización que soporte el JIT y se sobreponga a las inquietudes que puedan

Los motores Harley-Davidson son producidos en Milwaukee y embarcados a York, Pennsylvania. En las instalaciones de producción de York, tanto los proveedores como los departamentos de producción envían a la línea de ensamble sobre una base justo a tiempo. Las tácticas justo a tiempo (JIT) obligan a los administradores de operaciones a marcar mejoras prácticamente en cada área. En Harley-Davidson esto significó mejoras del producto y del proceso, en el inventario JIT, y una multitud de otros métodos modernos de manufactura. Pero más que nada significó un programa de control de calidad total manejado por JIT.

tener los proveedores acerca del JIT. Una ejecución satisfactoria de las compras JIT requiere que estas preocupaciones se resuelvan. Estas preocupaciones del proveedor incluyen:[4]

1. *Deseo de diversificación.* Muchos proveedores no desean atarse a contratos de largo plazo con un solo cliente. La percepción de los proveedores es que existe un menor riesgo al tener varios clientes.
2. *Programación pobre del cliente.* Muchos proveedores tienen poca fe en la habilidad del comprador para reducir las órdenes y poder alcanzar una suave programación coordinada.
3. *Cambios de ingeniería.* Los frecuentes cambios de ingeniería con tiempos de entrega demasiado cercanos para que los proveedores preparen el herramental y realicen cambios en los procesos causan estragos en el JIT. El personal de compras debe encontrar caminos para aislar a sus prospectos de proveedores en el sistema JIT de estos cambios.
4. *Aseguramiento de la calidad.* La producción "cero defectos" no se considera realista por muchos proveedores.
5. *Tamaños de lote pequeños.* Los proveedores a menudo tienen procesos que están diseñados para tamaños de lote grandes, y ven en la entrega frecuente al cliente de pequeños lotes una forma de transmitir los costos del mantenimiento de inventario al proveedor.
6. *Proximidad.* Dependiendo de la localización del cliente, las entregas frecuentes del proveedor en pequeños lotes se pueden ver como económicamente prohibitivas.

El departamento de compras puede tener que conseguir apoyo de su propio personal de producción para ayudar a los proveedores a rebasar las objeciones mencionadas arriba, pero no hay duda de que aquellas empresas que aún no desarrollan proveedores justo a tiempo pronto tendrán una desventaja distintiva tanto doméstica como internacionalmente. Para aquellos que permanecen escépticos del empleo del JIT, se puede mencionar que prácticamente cada restaurante en el mundo lleva cabo el JIT, con el mínimo soporte del personal.

[4] Este resumen se basa en un estudio de Tom Schmitt y Mary Connors, "A Survey of Suppliers' Attitudes Toward the Establishment of JIT", *Operations Management Review* 3, 4 (verano de 1985), p. 36.

Es evidente el poco inventario de esta línea de ensamble de Toyota, debido a que el inventario es desperdicio y Toyota trabaja agresivamente con los proveedores para reducir el desperdicio. Toyota y sus proveedores comparten información completa acerca de sus operaciones, incluyendo los costos y los niveles de calidad. *Cooperación* es la palabra que describe la relación entre el fabricante y el proveedor, debido a que ambos desean una relación estable a largo plazo.

RESUMEN

El departamento de compras es responsable de una porción sustancial del costo de muchas empresas, incluyendo la mayoría de las compañías manufactureras, restaurantes, mayoristas y tiendas detallistas. Consecuentemente, este departamento ofrece una gran oportunidad a tales empresas para desarrollar una ventaja competitiva. El desarrollo de relaciones cercanas, a largo plazo con proveedores íntegros es, en muchas organizaciones, un prerequisito que conduce a la eficiencia en las operaciones. En muchas compañías, las compras justo a tiempo son otra contribución que el departamento de compras puede hacer para obtener una ventaja competitiva.

TÉRMINOS CLAVE

Compras *(p. 406)*
Agente de compras *(p. 406)*
Decisión de fabricar o comprar *(p. 407)*
Integración vertical *(p. 407)*
Administración de las compras *(p. 408)*
Administración de los materiales *(p. 408)*
Estrategias de negociación *(p. 410)*
Intercambio electrónico de datos (EDI) *(p. 411)*
Compras justo a tiempo (JIT) *(p. 412)*
Inventario a consignación *(p. 414)*

PREGUNTAS PARA DISCUSIÓN

1. ¿Bajo qué condiciones puede decidirse una empresa a organizar la función de compras como una función de administración de los materiales?
2. ¿Qué puede hacer el departemento de compras para implementar las técnicas justo a tiempo con sus proveedores?
3. ¿Qué información recibe el departamento de compras de otras áreas funcionales de la empresa?
4. ¿Cómo puede cambiar una relación tradicionalmente adversa con los proveedores cuando una empresa toma una decisión de moverse a las entregas justo a tiempo?
5. ¿Cuáles son los tres sistemas básicos para las negociaciones?
6. ¿Cuáles son las características de las compras JIT?
7. ¿Qué reservas tienen los proveedores acerca de las compras JIT?

autoevaluación capítulo 10

- *Antes de iniciar la autoevaluación* refiérase a los objetivos de aprendizaje listados al principio del capítulo y a los términos clave listados al final del mismo.
- Utilice la clave al final del texto para *corregir* sus respuestas.
- *Vuelva a estudiar* las páginas correspondientes a cualquier pregunta que haya contestado erróneamente o el material en el que se sienta inseguro.

1. Los tipos clásicos de estrategias de negociación incluyen:
a. el modelo del precio basado en el costo
b. el modelo del precio basado en el mercado
c. la cotización competitiva
d. todas las anteriores
e. ninguna de las anteriores

2. Las órdenes sin llenar con un vendedor son el resultado de:
a. las órdenes en blanco
b. las compras sin remisión
c. las órdenes electrónicas y la transferencia de fondos
d. las compras sin inventario
e. todas las anteriores

3. Las personas que ayudan a los compradores a dar seguimiento a las compras para asegurar las entregas puntuales se conocen como:
a. agentes de compras
b. despachadores
c. asistentes de compras
d. todas las anteriores
e. ninguna de las anteriores

4. Las metas de compras justo a tiempo incluyen:
a. la eliminación de actividades innecesarias
b. la eliminación del inventario en planta
c. la eliminación del inventario en tránsito
d. todas las anteriores
e. ninguna de las anteriores

5. Las características de las compras justo a tiempo no incluyen:
a. la programación de los embarques de entrada
b. los acuerdos a corto plazo de los contratos
c. pocos proveedores
d. mínima salida de trabajo en papel
e. el comprador en realidad ayuda al proveedor a cumplir los requerimientos de calidad

6. En un ambiente de producción, la función de compras es administrada normalmente por:
a. un despachador
b. un comprador
c. un agente de compras
d. un abogado
e. ninguna de las anteriores

7. Con respecto a la estrategia de negociación del *modelo del precio basado en el costo*, ¿cuál de las siguientes es cierta?
a. cada uno de los vendedores potenciales entrega sus cotizaciones con precio, entrega, etcétera.
b. los precios se basan de alguna manera en los estándares del mercado acordados tanto por el vendedor como por el comprador
c. los precios se basan en los costos del proveedor
d. todas las anteriores
e. ninguna de las anteriores

8. Las *compras sin remisión* y las *compras sin inventario:*
a. significan lo mismo
b. ambas conducen a los costos de compra totales ampliamente reducidos
c. ambas tienden a reducir el papeleo involucrado en la transacción
d. ambas requieren de una multiplicidad de proveedores
e. ninguna de las anteriores

9. El propósito del despachador es:
a. dar seguimiento a una orden para asegurar la entrega a tiempo
b. ayudar al agente de compras a seleccionar el artículo que debe ser comprado
c. probar la calidad de la orden entrante
d. recopilar los documentos de ingeniería, etc., necesarios para describir el artículo que debe ser comprado
e. ninguna de las anteriores

10. El término *integración vertical* significa:
a. desarrollar la habilidad de producir productos que complementan o suplen el producto original
b. producir bienes y servicios previamente comprados
c. desarrollar la habilidad para producir los bienes especificados más eficientemente
d. todas las anteriores
e. ninguna de las anteriores

11. El objetivo de la función de compras es: ______________________.

12. Las compras justo a tiempo (JIT) están dirigidas hacia: ______________________.

13. Cinco técnicas para el mejoramiento de la eficiencia de compras son: ______, ______, ______, ______, ______.

14. La integración vertical es: ______________________.

PROBLEMAS

• **10.1** Como agente de compras para Woolsey Enterprises en Golden, Colorado, usted le pide a su agente de compras que le otorgue una calificación de "excelente," "bien," "regular" o "pobre" para una variedad de características de dos vendedores potenciales. Usted sugiere que las calificaciones sean consistentes con la forma de evaluación de vendedores mostrada en la figura 10.2. El comprador ha devuelto las calificaciones mostradas abajo.

¿Cómo calificaría a estos clientes potenciales? (Sugerencia: la figura 10.2 ofrece un sistema excelente.)

	CALIFICACIÓN DE VENDEDOR PARA							
	DONNA INC.				KAY CORP.			
Compañía	Excelente (4)	Bien (3)	Regular (2)	Pobre (1)	Excelente (4)	Bien (3)	Regular (2)	Pobre (1)
Tamaño y/o capacidad			✓			✓		
Capacidad financiera				✓			✓	
Utilidad operativa				✓			✓	
Rango de manufactura			✓				✓	
Instalaciones de investigación			✓		✓			
Servicio técnico			✓			✓		
Localizaciones geográficas			✓			✓		
Administración			✓			✓		
Relaciones laborales				✓			✓	
Relaciones comerciales			✓				✓	
Servicio								
Entregas a tiempo		✓				✓		
Condición a la llegada		✓				✓		
Instrucciones de seguimiento			✓					✓
Número de rechazos				✓				✓
Manejo de las reclamaciones		✓				✓		
Asistencia técnica			✓			✓		
Ayuda de emergencia				✓				✓
Suministro de catálogos actualizados, etc.				✓				✓
Enviar cambios en precios rápidamente				✓				✓
Productos								
Calidad	✓				✓			
Precio			✓				✓	
Empaque			✓				✓	
Uniformidad			✓				✓	
Garantía			✓				✓	
Personal de ventas								
1. Conocimiento								
Su compañía			✓					✓
Su producto				✓			✓	
Nuestra industria			✓				✓	
Nuestra compañía				✓			✓	
2. Llamadas de ventas								
Espaciadas adecuadamente			✓					✓
Por cita				✓				✓
Planeadas y preparadas				✓			✓	
Mutuamente productivas				✓			✓	
3. Ventas-servicio								
Obtener información			✓					✓
Elaboración rápida de cotizaciones				✓		✓		
Seguimiento de órdenes			✓					✓
Entrega rápida				✓			✓	
Manejo de reclamaciones		✓				✓		

CASO DE ESTUDIO

Hahn and Pinto Manufacturing

Como administrador de compras del departamento de compras consolidadas de Hahn and Pinto, usted ha decidido utilizar técnicas del árboles de decisión para evaluar el costo de (1) un contrato abierto de su oficina matriz, (2) grandes contratos individuales de su oficina matriz, o (3) órdenes colocadas directamente por las tres plantas de la compañía. Sin importar cómo se colocan las órdenes, usted espera que la cantidad total comprada sea de 100 000 pies lineales de cable multitrenzado. Usted estima el costo y la probabilidad relativa para cada una de las tres alternativas de la siguiente manera:

	Probabilidad	*Costo*
Órdenes individuales colocadas	0.50	$0.71
por la oficina central	0.25	$0.68
	0.25	$0.74
Órdenes individuales colocadas	0.40	$0.82
por cada planta	0.50	$0.65
	0.10	$0.70
Orden abierta	1.0	$0.70

a) Analice las alternativas mediante un árbol de decisión utilizando el valor monetario esperado como un criterio de decisión. (Sugerencia: Revise el suplemento del capítulo 1 para ejemplos y explicaciones de los árboles de decisión.)

b) Como agente de compras, ¿cuál es su recomendación para la compra?

c) ¿Cuál será el costo total esperado para la empresa el próximo año si se sigue su recomendación?

BIBLIOGRAFÍA

Ansarl, A., y B. Modarress. "Just-in-Time Purchasing: Problems and Solutions." *Journal of Purchasing and Materials* **22** (verano de 1986), pp. 11-15.

Blumenfeld, D. E., L. D. Burns, C. F. Daganzo, M. C. Frick, y R. W. Hall. "Reducing Logistics Costs at General Motors." *Interfaces* **17** (enero-febrero de 1987), pp. 26-47.

Burt, D. N., y W. R. Soukup. "Purchasing's Role in New Product Development." *Harvard Business Review* **63** (septiembre-octubre de 1985), pp. 90-97.

Chapman, S. N., y P. L. Carter. "Supplier/Customer Inventory Relationships under JIT." *Decision Sciences* (invierno de 1990).

Freeland, J. R. "A Survey of Just-in-Time Purchasing Practices in the United States." *Production and Inventory Management Journal* **32** (segundo trimestre de 1991), p. 43.

Helper, S. "How Much Has Really Changed Between U.S. Automakers and Their Suppliers?" *Sloan Management Review* **32** (verano de 1991), p. 15.

Schneider, L. M. "New Era in Transportation Strategy." *Harvard Business Review* **63** (marzo-abril de 1985), pp. 118-126.

Schorr, J. E., y T. F. Wallace. *High Performance Purchasing*. Williston, VT: Oliver Wight Limited Publications, Inc., 1986.

Schapiro, Roy D. "Get Leverage from Logistics." *Harvard Business Review* **62** (mayo-junio de 1984), pp. 119-126.

Walleigh, R. C. "Getting Things Done: What's Your Excuse for Not Using JIT?" *Harvard Business Review* **64** (marzo-abril de 1986), pp. 39-54.

Administración de inventarios

capítulo **11**

PERFIL DEL CAPÍTULO

OBJETIVOS DE APRENDIZAJE

Cuando termine este capítulo usted podrá:

Identificar o definir:

Análisis ABC
Conteo cíclico
Kanban
Costos de mantenimiento, orden y preparación
Demanda independiente y dependiente
Inventario justo a tiempo
Exactitud de los registros

Explicar:

Las funciones del inventario y de los modelos básicos de inventario

El inventario es uno de los activos más caros de muchas compañías, puede llegar a representar tanto como un 40% del capital total invertido. Los administradores de operaciones han reconocido desde hace mucho tiempo que el buen control del inventario es crucial en la organización. Por un lado, una empresa puede intentar la reducción de los costos mediante la reducción de los niveles de inventario en mano. Por otro lado, los clientes se sienten insatisfechos cuando ocurren faltas frecuentes de inventario (llamado inventario agotado). Entonces, las compañías deben intentar un equilibrio entre la inversión en inventario y los niveles de servicio al cliente. La minimización del costo es una importante función que se obtiene como resultado de este delicado equilibrio.

El inventario es cualquier recurso almacenado que se utiliza para satisfacer una necesidad actual o futura. Las materias primas, el trabajo en proceso y los bienes terminados son ejemplos de inventario.

Todas las organizaciones tienen algún tipo de sistema de planeación de inventario y de control. Un banco tiene métodos para controlar su inventario de efectivo. Un hospital tiene métodos para controlar los abastos de sangre y medicamentos. Las agencias de gobierno, las escuelas y, desde luego, cualquier organización de manufactura y producción están preocupadas con la planeación y control de inventarios.

En los casos de los productos físicos, la organización debe determinar si producir o adquirir los bienes. Una vez que esto se ha determinado, el siguiente paso es pronosticar la demanda como se discutió en el capítulo 2. Posteriormente los administradores de operaciones determinan el inventario que se requiere para dar servicio a esa demanda. En *este* capítulo se discute la administración del inventario. Las dos preguntas básicas que se deben contestar son *cuánto ordenar* y *cuándo ordenar.*

FUNCIONES DEL INVENTARIO

El inventario puede servir para varias funciones importantes que añaden flexibilidad a la operación de una compañía.

Seis usos del inventario son:

1. Ofrecer un almacenamiento de bienes para *cumplir la demanda anticipada* de los clientes.
2. *Separar* los procesos de *producción* y *distribución.* Por ejemplo, si la demanda del producto es alta sólo durante el verano, una empresa puede hacerse de inventario durante el invierno, de este modo se eliminan los costos de la escasez y la falta de inventario durante el verano. En forma similar, si los suministros de una empresa fluctúan, se pueden necesitar las materias primas extra del inventario para "separar" los procesos de producción.
3. Tomar ventaja de los *descuentos por cantidad*, debido a que los compradores de grandes cantidades pueden reducir sustancialmente el costo de los bienes.
4. *Protegerse de la inflación* y los cambios de precios.
5. *Protegerse contra el inventario agotado* que puede ocurrir debido al clima, la escasez de los proveedores, los problemas de calidad o las entregas mal efectuadas. Los "inventarios de seguridad," principalmente los bienes extra en mano, pueden reducir el riesgo de que se agote el inventario.
6. *Permitir que las operaciones continúen con suavidad*, con el empleo del inventario del "trabajo en proceso". Esto se debe a que la manufactura de bienes toma algún tiempo y se almacena una cantidad de inventarios a través del proceso.

PUNTOS SOBRE LA ADMINISTRACIÓN DEL INVENTARIO

Los administradores de operaciones establecen los sistemas para el manejo del inventario. En esta sección se examinan en forma breve los ingredientes de tales sistemas: (1) cómo se pueden clasificar los artículos del inventario (llamado análisis ABC) y (2) cómo se pueden mantener los registros de inventario de manera exacta. Después se revisarán los tópicos del inventario justo a tiempo y Kanban.

Análisis ABC

Análisis ABC

El **análisis ABC** divide el inventario en mano en tres clasificaciones basadas en el volumen anual en dólares.[1] El análisis ABC es una aplicación del inventario de lo que se conoce como el principio de Pareto. El principio de Pareto establece que hay unos cuantos críticos y muchos triviales.[2] El objetivo es enfocar los recursos en los pocos críticos y no en los muchos triviales.

Para determinar el volumen anual en dólares del análisis ABC, se mide la *demanda anual* para cada artículo del inventario multiplicado por el *costo por unidad*. Los artículos clase A son aquellos en los que el volumen anual en dólares es alto. Tales artículos pueden representar aproximadamente el 15% de la totalidad del inventario, pero representan del 70 al 80% del costo total del inventario. Los artículos de clase B son aquellos artículos del inventario con un volumen anual en dólares mediano. Estos artículos pueden representar aproximadamente el 30% del inventario total, y representan del 15 al 25% del valor total del inventario. Aquellos artículos con un bajo volumen anual en dólares son la clase C, la cual representa sólo el 5% del volumen anual en dólares pero aproximadamente el 55% de los artículos totales.

En forma gráfica, el inventario de muchas organizaciones podría aparecer como se presenta en la figura 11.1. Un ejemplo del uso del análisis ABC se muestra en el ejemplo 1.

ejemplo 1

Silicon Chips, Inc., que hace chips super rápidos de 1 mega, ha organizado sus 10 artículos de inventario sobre una base del volumen anual en dólares. Abajo se muestran los artículos, su demanda anual, costo unitario, volumen anual en dólares y el porcentaje que cada uno representa del total. A la derecha de la tabla, se muestran estos artículos agrupados en clasificaciones ABC.

Cálculo ABC

Número de artículo del inventario	*Porcentaje del número de artículos en el inventario*	*Volumen anual (unidades)*	*Costo unitario*	*Volumen anual en dólares*	*Porcentaje del volumen anual en dólares*		*Clase*
#10286	20%	1000	$ 90.00	$ 90 000	38.8%	72%	A
#11526		500	154.00	77 000	33.2%		A
#12760	30%	1550	17.00	26 350	11.4%	23%	B
#10867		350	42.86	15 001	6.5%		B
#10500		1000	12.50	12 500	5.4%		B
#12572	50%	600	$ 14.17	8 502	3.7%	5%	C
#14075		2000	0.60	1 200	0.5%		C
#01036		100	8.50	850	0.4%		C
#01307		1200	0.42	504	0.2%		C
#10572		250	0.60	150	0.1%		C
		8550		$232 057	100.0%		

[1] H. Ford Dickie, *Modern Manufacturing* (originalmente *Factory Management and Maintenance*) (julio de 1951).
[2] Vilfredo Pareto, economista italiano del siglo XIX.

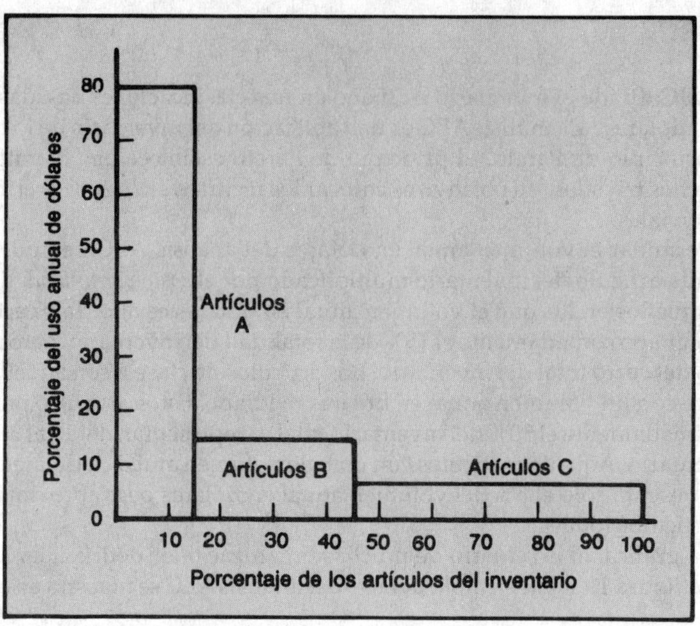

FIGURA 11.1 Representación gráfica del análisis ABC.

Se pueden utilizar otros criterios diferentes al volumen anual en dólares para determinar la clasificación de los artículos. Por ejemplo, los cambios anticipados de ingeniería, los problemas de las entregas, los problemas de calidad o los costos unitarios altos pueden hacer que los artículos cambien a una clasificación más alta. La ventaja de dividir los artículos del inventario en clases permite que se establezcan políticas y controles para cada clase.

Las políticas que se basan en el análisis ABC incluyen lo siguiente:

1. Los recursos de compras gastados en el desarrollo del proveedor deben ser mucho más altos para los artículos individuales A que para los artículos C.
2. Los artículos A en oposición a los artículos B y C, deben tener un control más estricto de inventario; quizá pertenecen a un área más restringida, y quizá la exactitud de los registros de inventario para los artículos A deben ser verificados con mayor frecuencia.
3. El pronóstico de los artículos A puede requerir mayor cuidado que el de los otros artículos.

El mejor pronóstico, control físico, confiabilidad del proveedor y una reducción final en el inventario de seguridad pueden ser el resultado de las técnicas de administración del inventario, una de las cuales es el análisis ABC.

Exactitud de los registros

Las buenas políticas en los inventarios no significan nada si la administración desconoce qué inventario está en mano. La exactitud de los registros es un ingrediente crítico en la producción y en los sistemas de inventarios. Permite a las organizaciones alejarse de la frase "algo de todo" está en el inventario, para enfocarse sólo en aquellos artículos que son necesarios. Únicamente cuando una organización puede determinar con certeza lo que tiene en mano puede tomar decisiones precisas acerca de las órdenes, la programación y los embarques.

Conteo cíclico

Aunque una organización haya hecho esfuerzos sustanciales para registrar el inventario con exactitud, se deben verificar estos registros por medio de una auditoría continua. Tales auditorías se conocen como **conteos cíclicos.** Históricamente, muchas empresas toman inventarios físicos anuales. Esto significa a menudo el cierre de las instalaciones y tener gente sin experiencia contando las partes y el material. Los registros de inventario deben

Conteo cíclico

Siemens, el gigante electrónico de la industria alemana, fabrica sistemas de comunicaciones para empresas telefónicas en su planta de Lake Mary, Florida. Cuando entran al almacén, desde sus plataformas de recepción, las 20 000 piezas que se requieren para la producción deben dirigirse al sistema de almacenamiento y retiro de Siemens. Esta mezcla de 3 millones de dólares de modernas computadoras, robótica y mecánica, transporta los componentes desde la recepción al departamento de pruebas, después al almacén y a las *estaciones de trabajo* encargadas de recogerlas. Observar esto es como estar dentro de una gigantesca máquina vendedora mientras que el intenso zumbido de la maquinaria retira el artículo seleccionado y lo presenta. El sistema automatizado de almacenamiento: (1) libera 30 000 pies cuadrados de espacio de almacén, (2) reduce el tiempo para recibir materiales en un 50% y (3) mantiene un inventario exacto.

ser verificados por medio de los conteos físicos. El conteo cíclico utiliza las clasificaciones del inventario desarrolladas a través del análisis ABC. Con los procedimientos de los conteos físicos, se cuentan los artículos, se verifican los registros y las inexactitudes son documentadas en forma periódica. Luego se rastrean las causas de las inexactitudes y se toma una acción correctiva de acuerdo a la clasificación del artículo. Los artículos A serán contados con frecuencia, quizá una vez al mes; los artículos B serán contados con menor frecuencia, quizá una vez cada trimestre y los artículos C serán contados quizá cada seis meses.

Tipos de inventario

Los inventarios en los sistemas de producción y distribución a menudo existen "únicamente en el caso" de que algo falle; esto es, sólo en el caso en que ocurra algún cambio en el plan de producción. Bajo tal concepto, el inventario existe entre todos los segmentos de la producción y la distribución. Se sugiere que una buena táctica de inventario no solamente opere en estos casos, sino que se establezca un inventario "justo a tiempo" (JIT). El **inventario justo a tiempo** es el inventario mínimo necesario para mantener a un sistema trabajando. Con el inventario justo a tiempo, llega la cantidad exacta de bienes en el momento en que estos se necesitan, ni un minuto antes ni un minuto después. Se analizará esta idea.

Inventario justo a tiempo

Para lograr un inventario justo a tiempo, los administradores *reducen la variabilidad causada tanto por elementos internos como externos.* Si hay inventario en existencia debido a la variabilidad en el proceso, los administradores deben eliminar la variabilidad. El inventario esconde la variabilidad, ésta es una frase amable para el problema real. Si los administradores pueden lograr deshacerse de la variabilidad, necesitarán muy poco inventario.

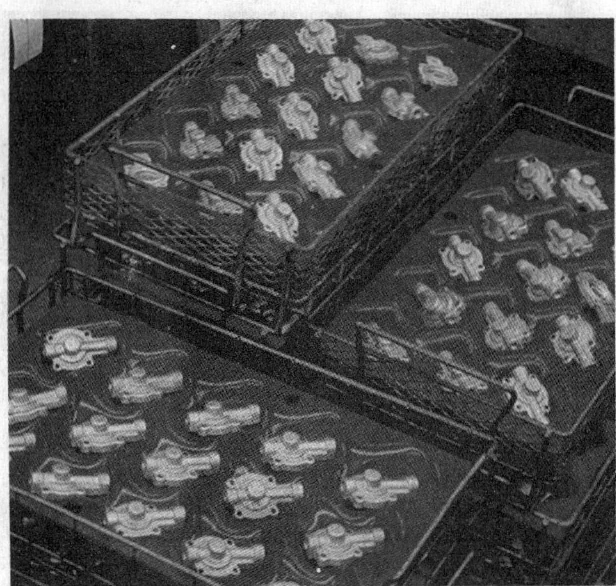

Estos contenedores en Harley-Davidson, como en la mayoría de los ambientes JIT, están hechos especialmente para partes individuales. Los contenedores juegan un papel importante en la reducción de los inventarios; los contenedores son el único lugar donde se almacena el inventario en la línea de ensamble, de tal forma que sirven como señal para abastecer de nuevas partes a la línea. Después de que todas las piezas se han retirado, el contenedor se devuelve a la célula que la origina para señalar al trabajador que hay que construir más.

La variabilidad puede requerir que una empresa mantenga varios tipos de inventarios. Dentro de estos se incluyen el *inventario de materias primas*, el *inventario de trabajo en proceso, el inventario para operación (MRO)* y el *inventario de productos terminados*.

Inventario de materia prima

Los **inventarios de materia prima** se pueden utilizar para separar a los proveedores del proceso de producción. Sin embargo, el método preferido es la eliminación de la variabilidad en la calidad, la cantidad o el tiempo de entrega del proveedor. Puede existir algún **inventario de trabajo en proceso** debido al tiempo que toma fabricar un producto (llamado tiempo del ciclo). La reducción del tiempo del ciclo reduce el inventario. Esto no es difícil de lograr. La mayor parte del tiempo en que se fabrica un producto, en realidad está ocioso. El tiempo de trabajo real o tiempo de la "corrida" es una pequeña proporción del tiempo de flujo de materiales, quizá tan bajo como un 5 por ciento.

Inventario de trabajo en proceso

Inventario de operación (MRO)

Inventario de bienes terminados

Los **inventarios de operación** existen debido a que se desconoce la necesidad y el tiempo para algún mantenimiento o reparación de equipo. Mientras que la demanda de algunos inventarios MRO es una función de los programas de mantenimiento, no obstante se deben pronosticar otras demandas MRO. En forma similar, los **bienes terminados** se deben inventariar debido a que se pueden desconocer las demandas del cliente para un cierto periodo.

Por las razones anteriores, existe el inventario. El sistema de administración de inventarios para "únicamente en el caso" maneja la variabilidad debido a la separación de varios pasos del proceso. Esta separación se lleva a cabo al incrementar el inventario hasta que sea el adecuado para permitir toda la variabilidad. Si la variabilidad es grande, la administración termina con grandes cantidades de inventario.

Sin embargo, lo mejor es deshacerse de la variabilidad y sus problemas. La figura 11.2 muestra una corriente llena de rocas. El agua en la corriente representa el flujo de inventarios, y las rocas representan problemas tales como las entregas tardías, descompostura de maquinaria y el bajo desempeño de los empleados. El nivel del agua en la corriente esconde tanto la variabilidad como los problemas. Estos se ocultan en el inventario, es por eso que algunas veces son difíciles de encontrar.

Por lo tanto, para lograr el inventario justo a tiempo, la administración debe comenzar por reducirlo. Al reducir el inventario se descubren las rocas que representan la variabilidad y los problemas que se toleran en la actualidad. Con el inventario reducido, la administración desmenuza los problemas expuestos hasta que la corriente está limpia, y después hace cortes adicionales al mismo, despejando al siguiente nivel de problemas expuestos. Al terminar, prácticamente no existirán ni el inventario ni problemas (variabilidad).

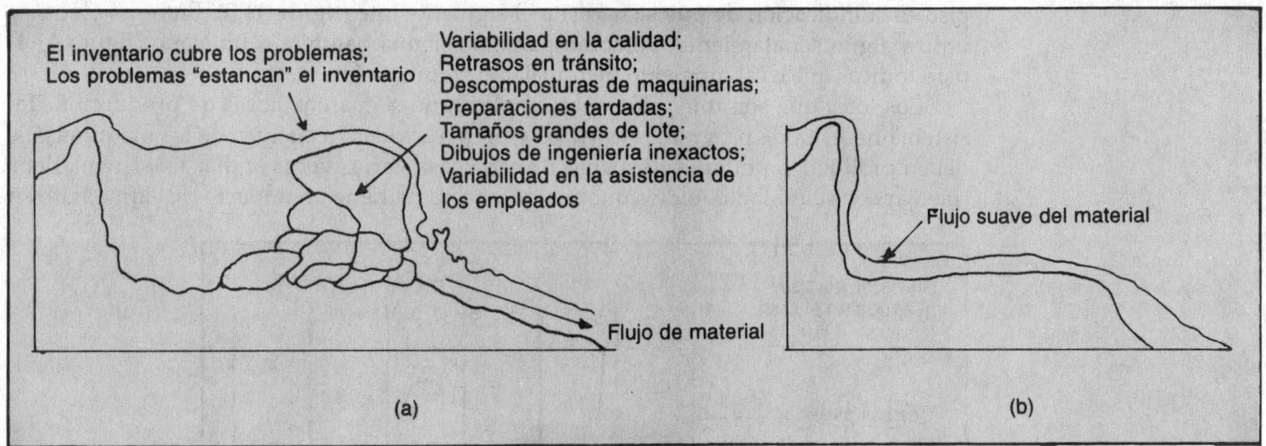

FIGURA 11.2 El inventario esconde los problemas, de la misma manera en que el agua de una corriente esconde las rocas. (a) Reducir el inventario de tal forma que se puedan encontrar los problemas; después reducir el inventario nuevamente. En forma eventual, el material debe fluir con suavidad (b).

Quizá el administrador que dijo: "El inventario es la raíz del demonio en la administración de operaciones" no estaba lejos de la verdad. Si el inventario no es un demonio, tiende a esconder al demonio del gran costo.

Producción justo a tiempo

La producción justo a tiempo ha venido a significar la eliminación del desperdicio, la manufactura sincrónica y un inventario bajo. La clave del JIT radica en estandarizar la producción de lotes de tamaño pequeño. La reducción del tamaño de los lotes puede ser una herramienta para reducir los inventarios y sus costos. Cuando la utilización del inventario es constante, su nivel promedio es la suma del inventario máximo, más el inventario mínimo, dividido entre dos. Para expresar el nivel promedio del inventario en forma algebraica, se tiene:

$$\text{Nivel promedio del inventario} = \frac{\text{Inventario máximo} + \text{Inventario mínimo}}{2}$$

El inventario promedio desciende cuando la cantidad de reorden del inventario disminuye porque el nivel máximo del inventario también se reduce. Más aún, de acuerdo con la observación anterior, mientras más pequeño es el tamaño del lote, quedan escondidos menos problemas. Únicamente cuando se identifican los problemas se pueden resolver y la organización se vuelve más eficiente. Por lo tanto, la meta es disminuir el inventario total y los tamaños del lote. Una de las maneras para lograr tamaños de lote pequeños es midiendo el inventario a través del taller sólo cuando se necesita, en lugar de empujarlo a la siguiente estación de trabajo, estén listos o no. Si el inventario se mueve sólo cuando es necesario, entonces es referido como un sistema que *jala,* y el tamaño ideal del lote ideal es de uno. Los japoneses llaman a este sistema *Kanban.*

Kanban

Kanban

Kanban es una palabra japonesa que significa "tarjeta". En su esfuerzo por reducir el inventario, los japoneses utilizan sistemas que "jalan" el inventario a través del taller. A menudo se utiliza una tarjeta para señalar el requerimiento de más material, de ahí el nombre de Kanban. La necesidad del siguiente lote de material puede señalar la necesidad de mover el inventario existente de una estación de trabajo a la siguiente o la necesidad de producir partes, subensambles o ensambles. La tarjeta es la autorización para el siguiente lote. El sistema se ha modificado en muchas instalaciones de tal forma que, aunque sea llamado Kanban, la tarjeta no existe. En algunos casos, una posición vacía en el piso es la indicación de que se necesita el siguiente lote (figura 11.3). En otros casos, se utiliza algún señalamiento, tal como pueden ser una bandera o un trapo (figura 11.4) para indicar que es el momento de trabajar el siguiente lote.

Los lotes que son muy pequeños, implican unas cuantas horas de producción. Tal sistema necesita de programas estrictos y preparaciones frecuentes de las máquinas. Se deben producir cantidades pequeñas de cada cosa varias veces al día. Tal sistema debe trabajar con suavidad debido a que cualquier escasez tiene un impacto casi inmediato en

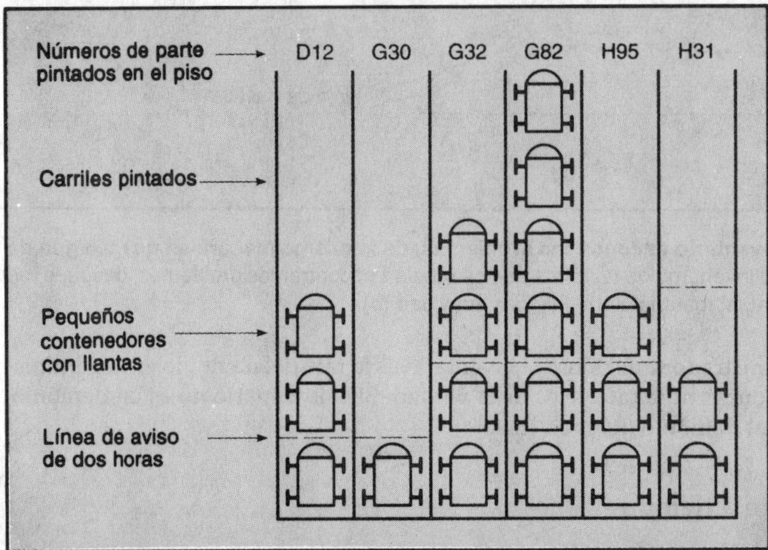

FIGURA 11.3 Diagrama de carriles de puntos de inventario en el taller de troquelado de Tachikawa Spring Co. A partir de la situación mostrada en el diagrama, el carril se acaba de llenar con la parte G82; es posible que se encuentren trabajando en la parte H31 y preparándose para la parte G30, pero eso depende de las señales para jalar. (*Fuente:* Robert W. Hall, *Zero Inventories*, Homewood, IL: Dow-Jones-Irwin, 1983, p. 51. Utilizado bajo permiso.)

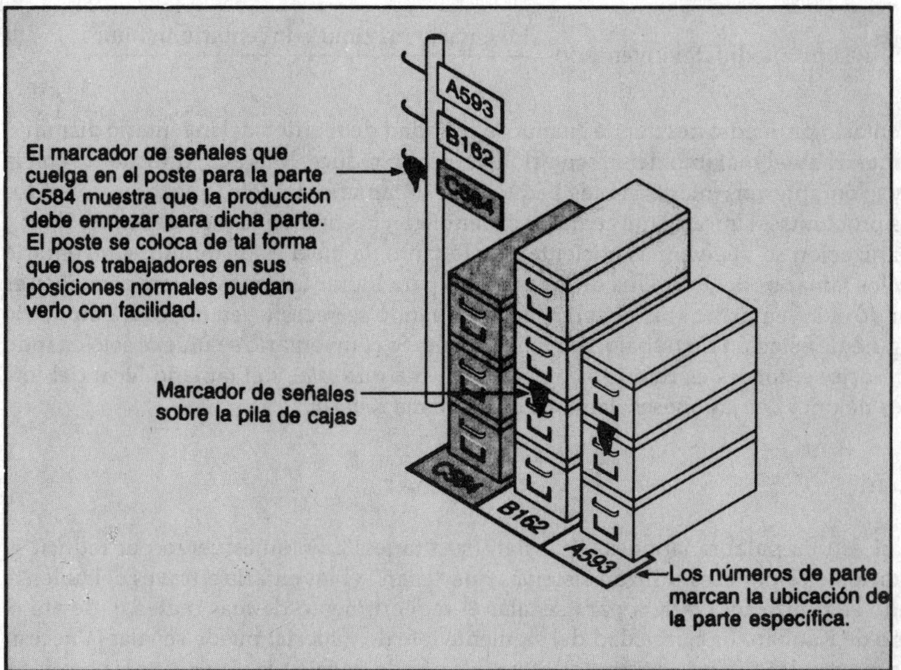

FIGURA 11.4 Diagrama del punto de inventario de salida con señales de aviso. (*Fuente:* Robert W. Hall, *Zero Inventories*, Homewood, IL: Dow-Jones-Irwin, 1983, p. 51. Utilizado bajo permiso.)

todo el sistema. Kanban le añade un énfasis al cumplimiento en los programas, a la reducción del tiempo y los costos necesarios en las preparaciones.

Se llame Kanban o no, las ventajas de un inventario pequeño son significativas. Por ejemplo, los lotes pequeños permiten la acumulación de una cantidad limitada de material defectuoso. Muchos aspectos del inventario son malos, pero uno de ellos es bueno, la disponibilidad. Entre los inconvenientes se encuentran la baja calidad, la obsolescencia, el daño, el espacio ocupado, los activos destinados al inventario, el alto aseguramiento, el creciente manejo de los materiales y los crecientes accidentes. Estos costos son llamados costos de mantenimiento o de llevar el inventario.

Costos de manejo, orden y preparación

Los **costos de manejo** son los costos asociados al manejo o "almacenaje" del inventario a través del tiempo. Los costos de almacenamiento incluyen: los seguros, el personal extra, los intereses y así sucesivamente. La tabla 11.1 muestra los tipos de costos que necesitan evaluarse para determinar los costos de manejo; sin embargo, muchas empresas encuentran difícil y poco real la evaluación de estos costos, en consecuencia, generalmente son subestimados.

Costo de manejo

Las órdenes de cantidades pequeñas requieren, como se verá a continuación, bajos costos para cada orden. Los **costos de ordenar** incluyen los costos de los suministros, los formatos, el procesamiento de las órdenes, el apoyo administrativo, y demás. Cuando las órdenes están siendo fabricadas, también existen los costos de ordenar, pero se conocen como costos de preparación.

Costo de ordenar

El **costo de preparación** es el costo que involucra la disposición de una máquina o proceso para fabricar una orden. Antes de realizar la programación de las órdenes el administrador de operaciones debe hacer un esfuerzo para reducir los costos de la orden. Esto se puede llevar a cabo a través de procedimientos eficientes tales como el ordenamiento y pago electrónico (como se discutió en el capítulo 10) y mediante la reducción de los costos de preparación. En muchos entornos ese costo está altamente relacionado con el **tiempo de preparación.** Cualquiera que sea el tiempo de preparación, es probablemente mayor a lo que los administradores innovativos deben aceptar. Las preparaciones requieren generalmente de una cantidad sustancial de trabajo antes de que la operación real se realice en el centro de trabajo. Gran parte de la preparación necesaria se puede llevar a cabo antes de apagar la máquina o el proceso.

Costo de preparación

Tiempo de preparación

Anteriormente, el proceso de preparación de máquinas para la operación se llevaba horas, pero en la actualidad, con los fabricantes de clase mundial este proceso se realiza en menos de un minuto. La disminución en los tiempos de preparación contribuye en forma directa a la reducción en la inversión sobre inventarios y también mejora la productividad.

TABLA 11.1 Determinación de los costos de manejo del inventario.

CATEGORÍA	COSTO COMO UN PORCENTAJE DEL VALOR DEL INVENTARIO
Costos de almacenamiento, tales como la renta del edificio, depreciación, costo de operación, impuestos, seguros	6% (3 a 10%)
Costos de manejo de materiales, que incluyen el equipo, el arrendamiento o depreciación, energía eléctrica, costo de operación	3% (1 a 3.5%)
Costos de mano de obra por el manejo extra	3% (3 a 5%)
Costos de inversión, tales como los costos de los préstamos, impuestos y los seguros sobre los inventarios	11% (6 a 24%)
Hurtos, desperdicio y obsolescencia	3% (2 a 5%)
Costo global de mover el inventario	26%

Nota: Todos los datos son aproximados, debido a que varían sustancialmente dependiendo de la naturaleza del negocio, la ubicación y las tasas actuales de interés. Cualquier costo del inventario menor al 15% es sospechoso, pero los costos anuales del inventario a menudo se acercan al 40% del valor del inventario.

Blue Bell Company, fabricante de los jeans Wrangler, tenía graves problemas de desbalanceo del inventario. Los comerciantes reportaban varios meses de abasto de algunos estilos, mientras que otros se habían agotado. Se implementó el modelo EOQ. Al diseñar, probar y ofrecer un nuevo procedimiento a la planeación de la producción, se redujeron los inventarios más del 31% sin una caída en las ventas ni en el servicio al cliente. El nuevo procedimiento también redujo los costos de manufactura en cerca de 1 millón de dólares.

MODELOS DE INVENTARIO

Demanda independiente *vs.* dependiente

Los modelos de control de inventarios asumen que la demanda para un producto puede ser dependiente o independiente de la demanda de otros productos. Por ejemplo, la demanda de refrigeradores es independiente de la demanda de hornos tostadores. Sin embargo muchos problemas de inventario están interrelacionados; la demanda de un producto es dependiente de la demanda de otro producto. Considérese un fabricante de podadoras pequeñas para césped. Las demandas para las llantas de la podadora de césped y las bujías son dependientes de la demanda de las podadoras de césped. Se necesitan cuatro llantas y una bujía para cada podadora terminada. Generalmente cuando la demanda para diferentes artículos es dependiente, la relación entre los artículos es conocida y consistente. Luego, la administración programa la producción basándose en la demanda de los productos finales y calcula los requerimientos para los componentes. Este capítulo se enfoca a la administración de artículos de demanda *independiente*. El capítulo 12 presenta el tema de la demanda *dependiente*.

Tipos de modelos de inventario

En esta sección se presentan modelos de inventario que ayudan a contestar dos preguntas importantes que se aplican a cada producto en el inventario:

1. cuándo colocar una orden para un artículo;
2. cuánto ordenar de un artículo.

Se considerarán estos tres modelos de demanda independiente:

1. modelo del tamaño del lote económico (EOQ) ;
2. modelo de cantidad de orden de producción;
3. modelo de descuento por volumen.

Modelo del tamaño del lote económico básico (EOQ)

El tamaño del lote económico (EOQ) es una de las técnicas de control de inventario más antiguas y conocidas. La investigación de su utilización se remonta a una publicación de

1915 por Ford W. Harris. EOQ todavía es utilizado por un gran número de organizaciones en la actualidad. Esta técnica es relativamente fácil de utilizar, pero hace una gran cantidad de suposiciones. Las más importantes son:

1. La demanda es conocida y constante.
2. El tiempo de entrega, esto es, el tiempo entre la colocación de la orden y la recepción del pedido, se conoce y es constante.
3. La recepción del inventario es instantánea. En otras palabras, el inventario de una orden llega en un lote, en un mismo momento.
4. Los descuentos por cantidad no son posibles.
5. Los únicos costos variables son el costo de preparación o de colocación de una orden (costos de preparación) y el costo del manejo o almacenamiento del inventario a través del tiempo (costo de manejo). Estos costos fueron discutidos en la sección anterior.
6. Las faltas de inventario (faltantes) se pueden evitar en forma completa, si las órdenes se colocan en el momento adecuado.

Con estas suposiciones, la gráfica de la utilización del inventario a través del tiempo tiene la forma de dientes de serrucho como en la figura 11.5. En ésta, la letra Q representa la cantidad que se está ordenando. Si la cantidad es de 500 vestidos, todos llegan en el mismo momento (cuando se recibe una orden). Por lo tanto, el nivel del inventario salta de 0 a 500 vestidos. En general, un nivel de inventario crece de 0 a Q unidades cuando llega la orden.

Si la demanda es constante en un rango de tiempo, el inventario cae en una tasa uniforme a través del tiempo. (Refiérase a la línea con pendiente en la figura 11.5.) Cuando un nivel de inventario llega a 0, se coloca una nueva orden y se recibe, y el nivel del inventario vuelve a saltar a unidades Q (representadas por las líneas verticales). Este proceso continúa en forma indefinida a través del tiempo.

Costos del inventario. El objetivo de la mayoría de los modelos de inventario es minimizar los costos totales. Con las suposiciones recién dadas, los costos significativos son el costo de preparación (orden) y el costo de manejo (almacenaje). Todos los demás costos, tal como el costo del inventario por sí mismo, son constantes. Por lo tanto, si se reduce la suma de los costos de preparación y de manejo, se estarán minimizando también los costos totales. Para ayudar a visualizar este punto, en la figura 11.6 se grafican los costos totales como una función de la cantidad ordenada, Q. El tamaño óptimo de la orden, Q^*, será la cantidad que minimiza los costos totales. Cuando se incrementa la cantidad ordenada, se disminuye el número total de órdenes colocadas anualmente. Por lo tanto, a medida que se incrementa la cantidad ordenada, se reduce el costo anual de preparar u ordenar. Pero si se incrementa la cantidad ordenada, el costo de manejo se eleva debido a que se deben mantener mayores inventarios en promedio.

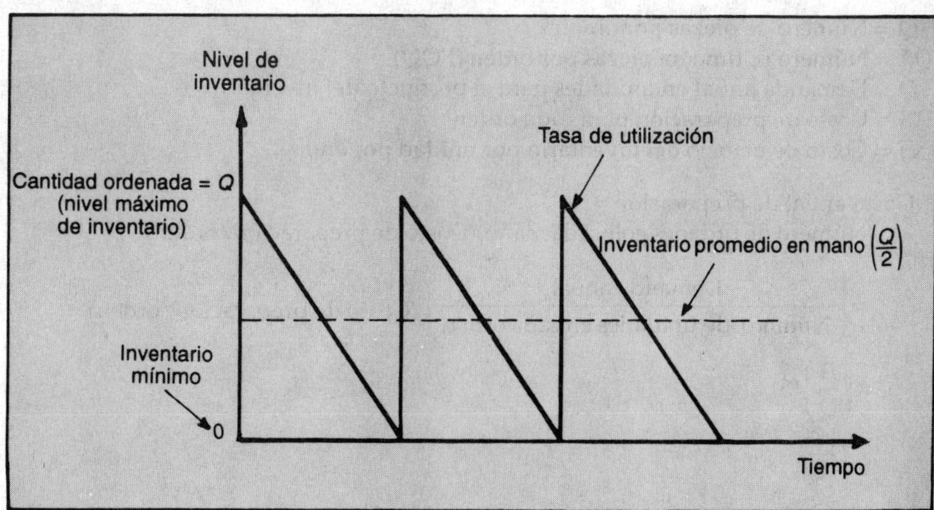

FIGURA 11.5 Utilización del inventario a través del tiempo

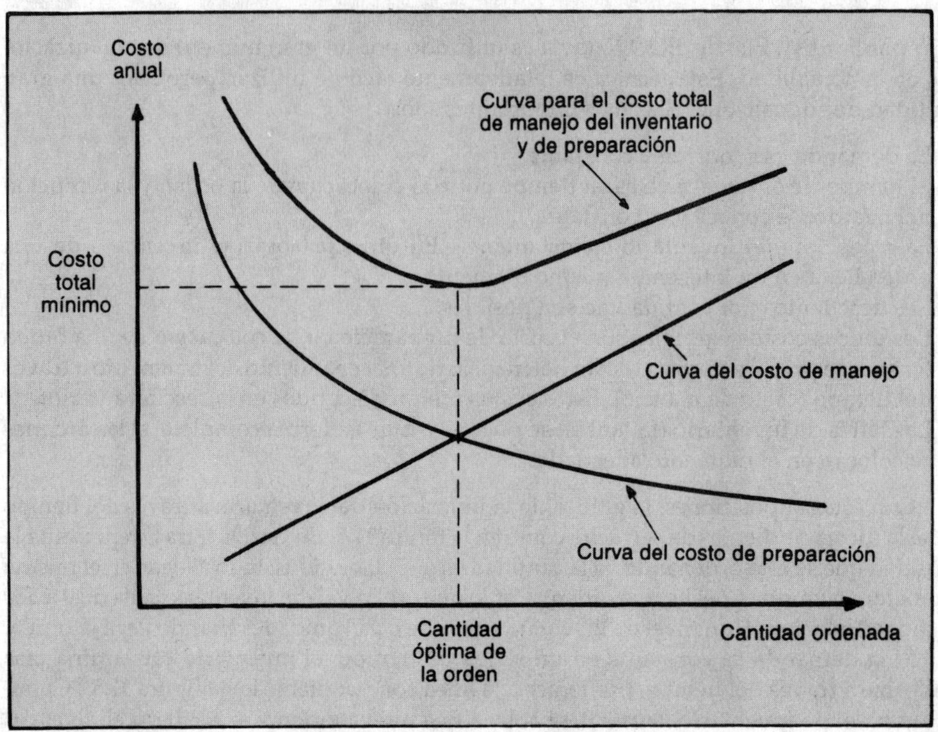

FIGURA 11.6 El costo total como una función de la cantidad ordenada.

Se debe observar que en la figura 11.6 la cantidad óptima de la orden ocurrió en el punto donde se intersectaron la curva del costo de ordenar y la curva del costo de almacenar el inventario. Esto no se debió a la suerte. Con el modelo EOQ la cantidad óptima en la orden ocurre en el punto donde el costo total de preparación es igual al costo total de manejo.[3] Se utiliza este hecho para desarrollar las ecuaciones que resuelven directamente a $Q^\star$. Los pasos necesarios son:

1. Desarrollar una expresión para el costo de preparación (orden).
2. Desarrollar una expresión para el costo de manejo (almacenamiento).
3. Igualar el costo de preparación y el costo de manejo.
4. Resolver la ecuación para la cantidad óptima a ordenar.

Utilizando las siguientes variables se pueden determinar los costos de preparación y manejo para resolver $Q^\star$:

Q = Número de piezas por orden
$Q^\star$ = Número óptimo de piezas por orden (EOQ)
D = Demanda anual en unidades para el producto del inventario
S = Costo de preparación para cada orden
H = Costo de manejo del inventario por unidad por año

1. Costo anual de preparación =
(Número de órdenes colocadas/año)(Costo de preparación/orden)

$$= \left(\frac{\text{Demanda anual}}{\text{Número de unidades en cada orden}}\right)(\text{Costo de preparación/orden})$$

$$= \left(\frac{D}{Q}\right)(S)$$

$$= \frac{D}{Q}S$$

[3]El costo total mínimo ocurre debido a que la pendiente de la curva del costo total es cero.

2. Costo anual de manejo =
(Nivel promedio de inventario)(Costo de manejo/unidad/año)

$$= \left(\frac{\text{Cantidad ordenada}}{2}\right)(\text{Costo de manejo/unidad/año})$$

$$= \left(\frac{Q}{2}\right)(H)$$

$$= \frac{Q}{2}H$$

3. La cantidad óptima de la orden se encuentra cuando el costo anual de preparación es igual al costo anual de manejo, es decir:

$$\frac{D}{Q}S = \frac{Q}{2}H$$

4. Para resolver $Q^\star$, sencillamente se multiplican los términos, el denominador por el numerador del miembro contrario y se despeja Q a la izquierda del signo de igual.

$$2DS = Q^2H$$

$$Q^2 = \frac{2DS}{H}$$

$$Q^\star = \sqrt{\frac{2DS}{H}} \qquad (11.1)$$

Ahora que se han derivado las ecuaciones para la cantidad óptima de la orden, $Q^\star$; es posible resolver los problemas del inventario en forma directa, como se hizo en el ejemplo 2.

ejemplo 2

Sharp, Inc., una empresa que comercializa las agujas hipodérmicas indoloras en los hospitales, desea reducir sus costos de inventario mediante la determinación del número de agujas hipodérmicas que debe obtener en cada orden. La demanda anual es de 1000 unidades; el costo de preparación o de ordenar es de 10 dólares por orden; y el costo de manejo por unidad por año es de 50 centavos de dólar. Utilizando estos datos, se puede calcular el número óptimo de unidades por orden:

1. $Q^\star = \sqrt{\frac{2DS}{H}}$

2. $Q^\star = \sqrt{\frac{2(1000)(10)}{0.50}}$

2. $Q^\star = \sqrt{40\,000}$

2. $Q^\star = 200$ unidades

También se puede determinar el número esperado de órdenes colocadas durante el año (N) y el tiempo transcurrido entre las órdenes (T) de la siguiente manera:

$$\text{Número esperado de órdenes} = N = \frac{\text{Demanda}}{\text{Cantidad ordenada}} = \frac{D}{Q^\star} \qquad (11.2)$$

$$\text{Tiempo esperado entre las órdenes} = T = \frac{\text{Número de días laborales/año}}{N} \qquad (11.3)$$

ejemplo 3

Utilizando los datos de Sharp, Inc., del ejemplo 2, y un año laboral de 250 días, se encuentra el número de órdenes (N) y el tiempo transcurrido entre las órdenes (T) como:

$$N = \frac{\text{Demanda}}{\text{Cantidad de la orden}}$$

$$= \frac{1000}{200} = 5 \text{ órdenes por año}$$

$$T = \frac{\text{Número de días laborales/año}}{\text{Número esperado de órdenes}}$$

$$= \frac{250 \text{ días laborales/año}}{5 \text{ órdenes}} \quad 50 \text{ días entre órdenes}$$

Como se mencionó con anterioridad en esta sección, el costo total anual del inventario es la suma de los costos de preparación y de manejo:

$$\text{Costo total anual} = \text{Costo de preparación} + \text{Costo de manejo} \qquad (11.4)$$

En términos de las variables en el modelo, se puede expresar el costo total TC como:

$$TC = \frac{D}{Q}S + \frac{Q}{2}H \qquad (11.5)$$

ejemplo 4

Utilizando una vez más los datos de Sharp, Inc., (ejemplos 2 y 3), se puede determinar que los costos totales anuales del inventario son:

$$TC = \frac{D}{Q}S + \frac{Q}{2}H$$

$$= \frac{1000}{200}(\$10) + \frac{200}{2}(\$0.50)$$

$$= (5)(\$10) + (100)(\$0.50)$$

$$= \$50 + \$50 = \$100$$

A menudo la expresión del costo total del inventario está escrita para incluir el costo real del material comprado. Si se asume que la demanda anual y el precio por aguja hipodérmica son valores conocidos (por ejemplo, 1000 hipodérmicas por año con $P = 10$ dólares), el costo total anual debe incluir el costo de la compra. El costo del material no depende de que la política de la orden sea óptima en particular, ya que a pesar de la cantidad de unidades que se ordenan cada vez, se incurre en un costo anual de materiales de $D \times P = (1000)$ (10 dólares) = 10 000 dólares. (En breve, se discutirá el caso donde esto no se cumple, principalmente, cuando está disponible un descuento por volumen al cliente que ordena una cierta cantidad cada vez.)

El modelo EOQ tiene otra distinción importante; es un modelo robusto. El **modelo robusto** se refiere a que éste proporciona respuestas satisfactorias aun con variaciones sustanciales en los parámetros. Como se ha observado, la determinación exacta de los costos de preparación y manejo es a menudo difícil. En consecuencia, un modelo robusto es ventajoso. El costo total del EOQ cambia poco en las cercanías del mínimo. Esto significa que los costos de preparación, los costos de manejo, la demanda, y aun el EOQ representan pequeñas diferencias en el costo total.

Modelo robusto

ejemplo 5

Para ilustrar, se utilizan los datos del ejemplo 4. Si la administración subestima la demanda total anual en un 50% (por decir, que en realidad sea de 1500 unidades en lugar de las 1000 unidades) mientras que se utiliza la misma Q, el costo anual del inventario se incrementa sólo en 25 dólares (100 dólares contra 125 dólares) o 25%, como se muestra abajo. En forma similar, si la administración recorta el tamaño de la orden en un 50% de 200 a 100, el costo se incrementa en 25 dólares (100 dólares contra 125 dólares) o 25 por ciento.

a) Si la demanda del ejemplo 4 es en realidad de 1500 en lugar de 1000, pero la administración utiliza una EOQ de $Q = 200$ (cuando debe ser $Q = 244.9$ basándose en $D = 1500$), el costo total se incrementa en 25 por ciento:

$$\text{Costo anual} = \frac{D}{Q}S + \frac{Q}{2}H$$

$$= \frac{1500}{200}(\$10) + \frac{200}{2}(\$0.50)$$

$$= \$75.00 + \$50.00 = \$125.00$$

b) Si el tamaño de la orden se reduce de 200 a 100, pero todos los demás parámetros permanecen constantes, el costo también se incrementa el 25 por ciento:

$$\text{Costo anual} = \frac{1000}{100}(\$10) + \frac{100}{2}(\$0.50)$$

$$= \$100.00 + \$25.00 = \$125.00$$

Puntos de reorden

Ahora que se ha decidido cuánto ordenar, se debe observar la segunda pregunta del inventario, cuándo ordenar. Los modelos sencillos de inventario suponen que la recepción de una orden es instantánea. En otras palabras, suponen que una empresa tendrá que esperar hasta que su nivel de inventario sea de cero antes de colocar una orden, y que recibirá los artículos inmediatamente. Sin embargo, el tiempo entre la colocación y la recepción de una orden, llamado **tiempo de entrega,** puede ir desde unas cuantas horas hasta varios meses. Por lo tanto, la decisión de cuándo ordenar está expresada en términos de un punto de reorden, que es el nivel de inventario en el cual se debe colocar una orden. Véase la figura 11.7.

Tiempo de entrega

El **punto de reorden (ROP)** (por sus siglas en inglés, Reorder Point) se da como:

Punto de reorden (ROP)

$$\begin{aligned}\text{ROP} &= (\text{Demanda diaria})(\text{ Tiempo de entrega para una orden nueva, en días}) \quad (11.6)\\ &= d \times L\end{aligned}$$

Esta ecuación para ROP *supone que la demanda es uniforme y constante.* Cuando éste no sea el caso, se debe añadir el inventario extra, llamado frecuentemente **inventario de seguridad.**

Inventario de seguridad

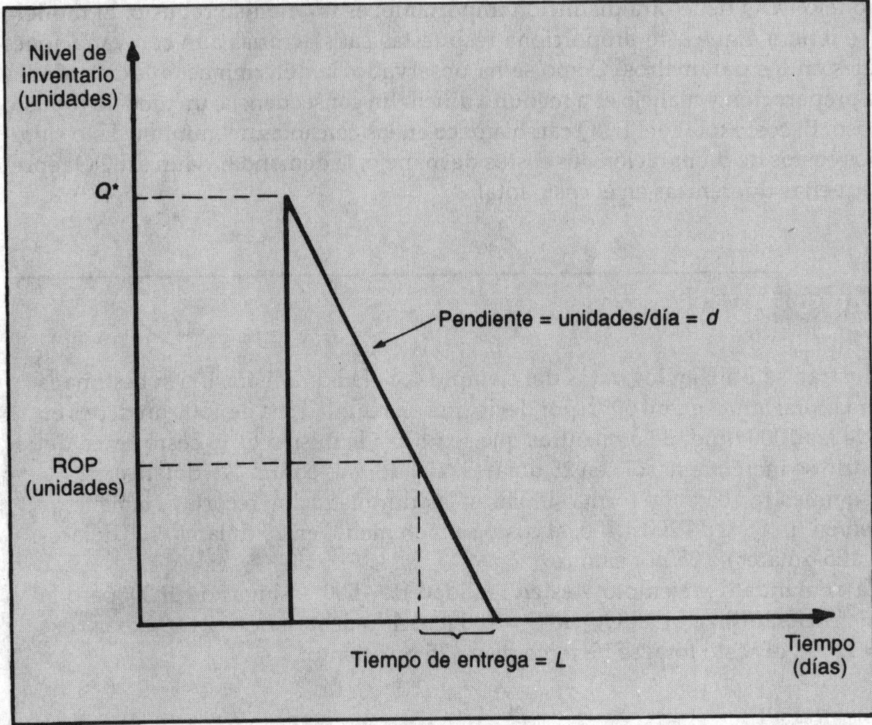

FIGURA 11.7 La curva del punto de reorden (ROP).

La demanda diaria, d, se encuentra al dividir la demanda anual, D, entre el número de días laborales en un año:

$$d = \frac{D}{\text{Número de días laborales en un año}}$$

El cálculo del punto de reorden está demostrado en el ejemplo 6.

ejemplo 6

Electronic Assembler, Inc., tiene una demanda anual de 8,000 semiconductores TX512. La empresa opera un año de 200 días laborales. En promedio, la entrega de una orden toma tres días laborales. Se calcula el punto de reorden de la siguiente manera:

$$d = \text{Demanda diaria} = \frac{D}{\text{Número de días laborales en un año}} = \frac{8000}{200}$$

$$= 40$$

$$\text{ROP} = \text{Punto de reorden} = d \times L = 40 \text{ unidades/día} \times 3 \text{ días}$$

$$= 120 \text{ unidades}$$

Por lo tanto, cuando el inventario cae a 120, de debe colocar una orden. La orden llegará tres días más tarde, justo cuando el inventario de la empresa se ha agotado.

Se han eliminado los inventarios de las piezas grandes con sus problemas inherentes y sus altos costos en Harley-Davidson.

La administración insiste en la entrega de pequeñas cantidades de partes sin defectos a la línea de ensamble. Este concepto se aplica tanto a los proveedores como a la producción interna de Harley-Davidson.

Aquí las Harleys terminadas están dejando la línea de ensamble en preparación para una serie de 28 pruebas e inspecciones.

Modelo de cantidad de orden de producción

El modelo de inventario anterior supone que toda la orden de inventario se recibe al mismo tiempo. Sin embargo, hay veces, en que la empresa recibe su inventario a través de un periodo de tiempo. En tales casos se necesita un modelo diferente, uno que no requiera la suposición de la recepción instantánea. Este modelo es aplicable cuando el inventario fluye continuamente o se construye a través de un periodo de tiempo después de que una orden se ha colocado o cuando la producción y la venta de las unidades se da en forma simultánea. Bajo estas circunstancias, se toma en consideración la tasa de producción diaria (o flujo de inventario) y la tasa de demanda diaria. La figura 11.8 muestra los niveles de inventario como una función del tiempo.

Debido a que este modelo es especialmente adecuado para el ambiente de producción, comúnmente se le llama **modelo de cantidad de orden de producción** Éste se útil cuando el inventario se alimenta en forma continua a través del tiempo y las suposiciones tradicionales de la cantidad económica de la orden son válidas. Este modelo se deriva al

Modelo de cantidad de orden de producción

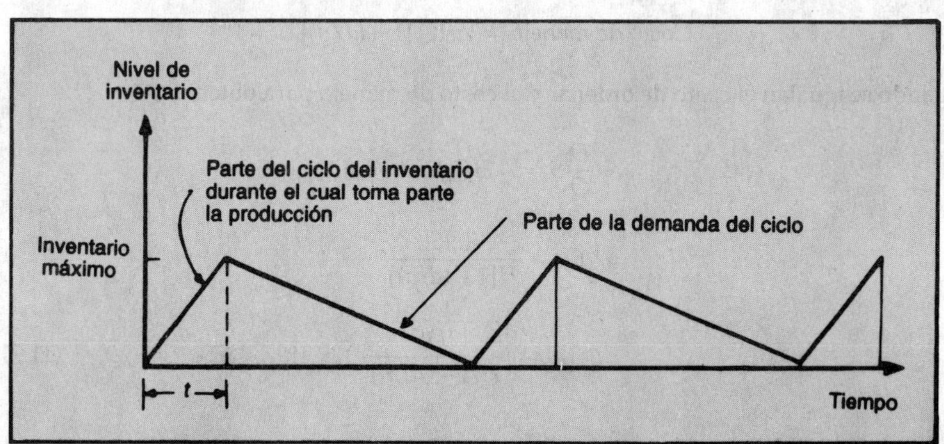

FIGURA 11.8 Cambio en los niveles de inventario a través del tiempo para el modelo de producción.

establecer los costos de preparación iguales a los costos de manejo, y resolviendo Q^*. Al utilizar los siguientes símbolos, se puede determinar la expresión para el costo de manejo del inventario anual para el modelo de corrida de producción:

Q = Número de piezas por orden
H = Costo de manejo por pieza por año
p = Tasa de producción diaria
d = Tasa de demanda diaria o tasa de utilización
t = Duración de la corrida de producción en días

1. $$\begin{pmatrix}\text{Costo de manejo}\\ \text{anual del inventario}\end{pmatrix} = (\text{Nivel promedio de inventario}) \times \begin{pmatrix}\text{Costo de manejo}\\ \text{por unidad por año}\end{pmatrix}$$
$$= (\text{Nivel promedio de inventario}) \times H$$

2. $$\begin{pmatrix}\text{Nivel promedio}\\ \text{de inventario}\end{pmatrix} = (\text{Nivel máximo de inventario})/2$$

3. $$\begin{pmatrix}\text{Nivel máximo}\\ \text{de inventario}\end{pmatrix} = \begin{pmatrix}\text{Total producido durante la}\\ \text{corrida de producción}\end{pmatrix} - \begin{pmatrix}\text{Total utilizado durante la}\\ \text{corrida de producción}\end{pmatrix}$$
$$= pt - dt$$

Pero Q = total producido = pt, y por lo tanto $t = Q/p$. Entonces:

$$\text{Nivel máximo de inventario} = p\left(\frac{Q}{p}\right) - d\left(\frac{Q}{p}\right)$$
$$= Q - \frac{d}{p}Q$$
$$= Q\left(1 - \frac{d}{p}\right)$$

4. El costo de manejo anual del inventario (o simplemente el costo de manejo)

$$= \frac{\text{Nivel máximo de inventario}}{2}(H) = \frac{Q}{2}\left[1 - \left(\frac{d}{p}\right)\right]H$$

Utilizando la expresión anterior para el costo de manejo y la expresión para el costo de preparación que se desarrolló en el modelo básico de EOQ, se resuelve para el número óptimo de piezas por orden al igualar el costo de preparación y el costo de manejo:

$$\text{Costo de preparación} = (D/Q)S$$
$$\text{Costo de manejo} = \tfrac{1}{2}HQ\,[1 - (d/p)]$$

Cuando se igualan el costo de ordenar y el costo de manejo para obtener Q^*:

$$\frac{D}{Q}S = \tfrac{1}{2}\,HQ[1 - (d/p)]$$

$$Q^2 = \frac{2DS}{H[1 - (d/p)]}$$

$$Q_p^* = \sqrt{\frac{2DS}{H[1 - (d/p)]}} \qquad (11.7)$$

Se puede utilizar la ecuación anterior, Q_p^*, para resolver la orden óptima o la cantidad de producción cuando se consuma el inventario mientras se lleva a cabo la manufactura.

ejemplo 7

Dados los siguientes valores, resuélvase el número óptimo de unidades por orden.

Demanda anual = D = 1000 unidades
Costo de preparación = S = \$10
Costo de manejo = H = \$0.50 por unidad por año
Tasa de producción diaria = p = 8 unidades diarias
Tasa de demanda diaria = d = 6 unidades diarias

1. $$Q_p^\star = \sqrt{\frac{2DS}{H[1-(d/p)]}}$$

2. $$Q_p^\star = \sqrt{\frac{2(1000)(10)}{0.50[1-(6/8)]}}$$

$$= \sqrt{\frac{20\,000}{0.50(1/4)}} = \sqrt{160\,000}$$

$$= 400 \text{ unidades}$$

Para una ilustración de cómo puede aplicarse AB:POM para resolver el ejemplo 7, véase el programa 11.1.

Puede ser deseable comparar esta solución con la respuesta del ejemplo 2. Al eliminar la suposición de la recepción instantánea, donde $p = 8$ y $d = 6$, el resultado es un incremento de 200 a 400 en $Q^\star$, en el ejemplo 2. También obsérvese que:

$$d = \frac{D}{\text{Número de días en que la planta está operando}}$$

Programa 11.1 Módulo de corrida de producción de AB:POM. Obsérvese que el costo de manejo (H) puede ser capturado en dólares o como un porcentaje del precio del artículo (al teclear el porcentaje con el signo de %). El *costo de manejo* (H) y la *tasa de demanda* (D) deben ser ambas en la misma unidad de tiempo, ya sea diaria, anual, etcétera.

Los *días por año* pueden variar dependiendo de la *tasa de demanda diaria* (d). Si la *tasa de producción* (p) y la *tasa de demanda diaria* se capturan, entonces la entrada de *días por año* se calcula en forma automática y se dará por omisión el valor apropiado. Si la *tasa de producción* (p) está en días, pero la entrada de la *tasa de demanda* (D) es anual, se deben capturar los *días por año*.

```
                              Example 7
Model                   Production order quantity model
Demand Rate (D)          1000.00  Optimal order quantity (Q*)              400.00
Setup costs (S)            10.00  Maximum inventory level (Imax)           100.00
Holding costs (H)           0.50
Production Rate (p)         8.00  Inventory $$ (Hold, Setup, Short)        $50.00
Days per year           166.6667  Unit costs (pD)                       $1,000.00
  or
Daily demand rate (d)       6.00  Total cost                            $1,050.00
Unit cost                   1.00
```

Si una orden de talla 30-32 de Levis tarda cuatro semanas en llegar y la tienda vende 10 pares cada semana, entonces el punto de reorden debe ocurrir cuando hay 40 pares restantes.

También se puede calcular $Q_p^\star$ cuando están disponibles los datos anuales. Al utilizar los datos anuales, se puede expresar $Q_p^\star$ como:

$$Q_p^\star = \sqrt{\frac{2DS}{H[1-(D/P)]}} \qquad (11.8)$$

donde:

D = Tasa de demanda anual
P = Tasa de producción anual

Modelos de descuento por volumen

Descuento por volumen

Para incrementar las ventas, muchas compañías ofrecen descuentos por volumen a sus clientes. Un **descuento por volumen,** es sencillamente un precio reducido (P) por el producto cuando éste es comprado en cantidades más grandes. No es poco frecuente tener un programa de descuento con varios de estos para las órdenes grandes. En la tabla 11.2 aparece un programa típico de descuentos por volumen.

Como se puede observar en la tabla, el precio normal para un artículo es 5 dólares. Cuando se ordenan al mismo tiempo entre 1000 y 1999 unidades, entonces el precio por unidad cae a 4.80 dólares; y cuando la cantidad ordenada es de 2000 unidades o más, el precio es de 4.75 dólares por unidad. Como siempre, la administración debe decidir cuándo y cuánto ordenar. Pero con los descuentos por volumen, ¿cómo llega a estas decisiones el administrador de operaciones?

De la misma manera en que se han discutido otros modelos de inventario hasta ahora, el objetivo global será disminuir el costo total. Debido a que el tercer descuento en la tabla 11.2 es el menor, usted estará tentado a ordenar 2000 unidades o más para tomar ventaja del bajo costo del producto. Sin embargo, puede ser que el costo total del inventario no se reduzca al colocar una orden por esa cantidad, con el mayor descuento en el precio. A medida que se incrementa la cantidad descontada, el costo del producto dismi-

TABLA 11.2 Un programa de descuentos por volumen

NÚMERO DE DESCUENTO	CANTIDAD DEL DESCUENTO	DESCUENTO (%)	PRECIO DEL DESCUENTO (P)
1	0 a 999	0	\$5.00
2	1000 a 1999	4	\$4.80
3	2000 y más	5	\$4.75

nuye, pero se incrementa el costo del manejo del inventario debido a que las órdenes son grandes. Por lo tanto, la negociación más importante a considerar en los descuentos por volumen se lleva a cabo entre la reducción del costo del producto y el aumento del costo del manejo. Cuando se incluye el costo del producto, la ecuación para el costo anual total del inventario se convierte en:

Costo total = Costo de preparación + Costo de manejo + Costo del producto

o

$$T_c = \frac{D}{Q}S + \frac{QH}{2} + PD \tag{11.9}$$

donde:

D = Demanda anual en unidades
S = Costo de ordenar o de preparación, por orden o por preparación
P = Precio por unidad
H = Costo de manejo por unidad por año

Ahora, se tiene que determinar la cantidad que minimizará el costo total anual del inventario. Este proceso involucra cuatro pasos, debido a que hay varios descuentos:

1. Calcular un valor para Q^*, para cada descuento utilizando la siguiente ecuación:

$$Q^* = \sqrt{\frac{2DS}{IP}} \tag{11.10}$$

   Se debe observar que el costo de manejo es IP en lugar de H. Porque el precio del artículo es un factor en el costo anual de manejo, no se puede suponer ese costo como una constante, ya que el precio por unidad cambia en cada descuento por volumen. Por lo tanto, es común expresar el costo de manejo (I) como un porcentaje del precio unitario (P), en lugar de hacerlo como un costo constante por unidad al año, H.
2. Si la cantidad ordenada es demasiado baja como para merecer el descuento, se incrementa la cantidad en la orden, hasta el rango mínimo con el que se pueda obtener descuento. Por ejemplo, si el valor de Q^* para el descuento 2 en la tabla 11.2 fueran 500 unidades, éste se ajustaría hacia arriba a 1000 unidades. Obsérvese el segundo descuento en la tabla 11.2. Las cantidades ordenadas entre 1000 y 1999 calificarán para el 4% de descuento. Entonces, se ajustará la orden a 1000 unidades si Q^* está por abajo de 1000 unidades.

   El razonamiento para el paso 2 puede no ser obvio. Si la cantidad en la orden es menor al rango de cantidad que calificaría para un descuento, una cantidad dentro de este rango todavía puede dar como resultado un más bajo costo total.

   Como se muestra en la figura 11.9, la curva del costo total está fraccionada en tres diferentes curvas de costo total. Hay una curva para el primer descuento ($0 \leq Q \leq 999$); el segundo ($1000 \leq Q \leq 1999$), y el tercero ($2000 \leq Q$). Al observar la curva del costo total (T_c) para el descuento 2, Q^* es menor que el rango de descuento permitido, el cual va de 1000 a 1999 unidades. Como se muestra en la figura, la menor cantidad permitida en este rango, es de 1000 unidades, ésta es la que puede disminuir el costo total. Entonces, es necesario el segundo paso para asegurar que no se está descartando una cantidad de orden que puede producir el costo mínimo. Nótese que puede llegar a descartarse una cantidad de orden calculada en el paso 1, que sea mayor que el rango para calificar en el descuento.
3. Utilizando la ecuación anterior del costo total, se calcula el costo total para cada Q^*, determinada en los pasos 1 y 2. Si se tuviera que ajustar Q^* hacia arriba, por no alcanzar el rango permisible de cantidad, se debe asegurar que se utilizará el valor ajustado de Q^*.
4. Seleccione aquella Q^* que tenga el menor costo total calculado en el paso 3. Ésta es la cantidad que reducirá el costo total del inventario.

Ahora se verá la aplicación de este proceso con un ejemplo.

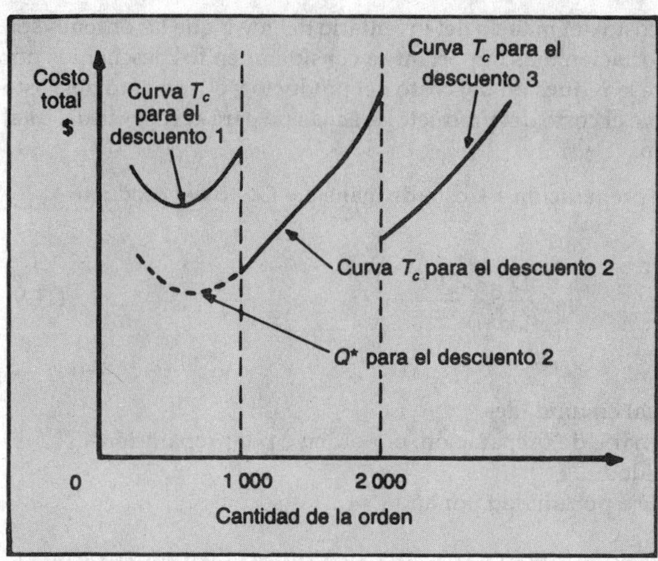

FIGURA 11.9 Curva del costo total para el modelo de descuento por volumen.

ejemplo 8

Wohl's Discount Store almacena carritos de carreras de juguete. Recientemente, han estado otorgando un programa de descuento por volumen para los automóviles. Este programa de cantidades se mostró en la tabla 11.2. Entonces, el costo normal para los carritos de carreras de juguete es de 5 dólares. Para las órdenes entre 1000 y 1999 unidades, el costo unitario es de 4.80 dólares; y para las de 2000 o más unidades, el costo unitario es 4.75 dólares. Más aún, el costo por orden es de 49 dólares, la demanda anual es de 5000 carritos de carreras, y el costo de llevar el inventario como porcentaje del costo, *I*, es del 20% o 0.2. ¿Cuál es la cantidad de la orden que minimizará el costo total del inventario?

El primer paso consiste en calcular $Q^\star$ para cada descuento de la tabla 11.2, de la siguiente manera:

$$Q_1^\star = \sqrt{\frac{2(5000)(49)}{(0.2)(5.00)}} = 700 \text{ carritos en la orden}$$

$$Q_2^\star = \sqrt{\frac{2(5000)(49)}{(0.2)(4.80)}} = 714 \text{ carritos en la orden}$$

$$Q_3^\star = \sqrt{\frac{2(5000)(49)}{(0.2)(4.75)}} = 718 \text{ carritos en la orden}$$

El segundo paso consiste en ajustar aquellos valores de $Q^\star$ que se encuentran por debajo del rango permisible de descuento. Debido a que $Q_1^\star$ se encuentra entre 0 y 999, no tiene que ser ajustado. $Q_2^\star$ está por debajo del rango permisible de 1000 a 1999 y por lo tanto, se debe incrementar a 1000 unidades. Lo mismo sucede para $Q_3^\star$, la cual experimentará un aumento a 2000 unidades. Después de este paso, se deben probar las siguientes cantidades de las órdenes en la ecuación del costo total.

$$Q_1^\star = 700$$
$$Q_2^\star = 1000 \text{ ajustado}$$
$$Q_3^\star = 3000 \text{ ajustado}$$

El tercer paso es utilizar la ecuación del costo total y calcular ese costo para cada una de las cantidades ordenadas. Esto se lleva a cabo con la ayuda de la tabla 11.3.

TABLA 11.3 Cálculos del costo total para Wohl's Discount Store.

NÚMERO DE DESCUENTO	PRECIO UNITARIO	CANTIDAD DE LA ORDEN	COSTO ANUAL DEL PRODUCTO	COSTO ANUAL DE ORDENAR	COSTO ANUAL DE MANEJO	TOTAL
1	$5.00	700	$25 000	$350	$350	$25 700
2	$4.80	1000	$24 000	$245	$480	$24 725
3	$4.75	2000	$23 750	$122.5	$950	$24 822.5

El paso cuatro consiste en seleccionar aquella cantidad de orden con el costo total más bajo. Al ver la tabla 11.3, podrá observar que una cantidad de orden de 1000 carritos de carreras de juguete reducirá al mínimo el costo total. No obstante, es pertinente reconocer que el costo total de ordenar 2000 carritos es sólo un poco mayor que el costo total de ordenar 1000. Por consiguiente, si el tercer costo de descuento se reduce, por ejemplo, a $4.65, entonces esta cantidad de orden quizá sea la que minimice el costo total de inventario.

Para una ilustración de cómo se puede utilizar AB:POM para resolver el ejemplo 8, véase el programa 11.2.

Programa 11.2 Módulo de descuento por volumen de AB:POM. Se deben capturar los valores iniciales y finales para cada rango de precio. La captura se muestra a la izquierda del programa 11.2 y las respuestas a la derecha.

```
                              Wohl's Discount Store
Model                     EOQ with quantity discount

Demand Rate (D)            5000.00   Optimal order quantity (Q*)          1000.00
Setup cost (S)               49.00   Maximum inventory level (Imax)       1000.00
Holding cost (H)             20.00%
Price Ranges                         Inventory $$ (Hold, Setup, Short)    $725.00
 From      To            Price       Unit costs (PD)                    $24,000.00
    1      999            5.00       Total Cost                         $24,725.00
 1000     1999            4.80
 2000   999999            4.75
```

MODELOS PROBABILÍSTICOS CON TIEMPOS DE ENTREGA CONSTANTE

Todos los modelos de inventario que se han discutido hasta el momento suponen que la demanda para un producto es constante y uniforme. Ahora se relaja esta suposición. Los siguientes modelos de inventario se aplican cuando la demanda de un producto no es conocida, pero se puede especificar por medio de una distribución de probabilidad. Estos tipos de modelos son llamados **modelos probabilísticos.**

Modelos probabilísticos

Una preocupación importante de la administración es el mantenimiento de un nivel adecuado de servicio al encarar una demanda incierta. El **nivel de servicio** es el complemento de la probabilidad de un faltante. Por ejemplo, si la probabilidad de un faltante es de 0.05, entonces el nivel de servicio es de 0.95. La incertidumbre de la demanda incrementa la posibilidad de un faltante. Un método para reducir el faltante es manteniendo unidades extra en el inventario para evitar esta posibilidad. A éste se le refiere como inventario de seguridad. Involucra la suma de un número de unidades de inventario de seguridad, que son respaldo al punto de reorden. Recuérdese el planteamiento discutido anteriormente:

Nivel de servicio

$$\text{Punto de reorden} = \text{ROP} = d \times L$$

d = Demanda diaria

L = Tiempo de entrega de la orden o el número de días laborales que se tarda una orden en ser entregada

La inclusión de un inventario de seguridad (*ss*) modifica la expresión a:

$$\text{ROP} = d \times L + ss \tag{11.11}$$

La cantidad del inventario de seguridad depende del costo de incurrir en un faltante y del costo de manejo en el inventario extra. El ejemplo 9 muestra la aplicación para AMP, Inc.

ejemplo 9

AMP, Inc., ha determinado que su punto de reorden es de 50 ($d \times L$) unidades. Su costo de llevar inventarios por unidad por año es de 5 dólares, y su costo de faltante es de 40 dólares por unidad. AMP ha experimentado la siguiente distribución de probabilidad para la demanda de inventario durante el periodo de reorden. El número óptimo de órdenes por año es de seis.

Número de unidades	*Probabilidad*
30	0.2
40	0.2
ROP → 50	0.3
60	0.2
70	0.1
	1.0

¿Cuánto inventario de seguridad debe mantener AMP en mano?

El objetivo es encontrar el inventario de seguridad que disminuya los costos totales adicionales de manejo en el inventario y de faltante sobre una base anual. El costo anual de manejo es, sencillamente, el costo de manejo multiplicado por las unidades adicionales al ROP. Por ejemplo, un inventario de seguridad de 20 unidades, implica que el nuevo ROP, es de 70 (= 50 + 20) y eleva el costo anual de manejo en $5(20) = $100.

El costo del faltante es más difícil de calcular. Para cualquier nivel de inventario de seguridad, ese costo es el esperado al quedarse sin inventario. Se le puede calcular mediante la multiplicación del número de unidades faltantes, por la probabilidad del costo de quedarse sin inventario, multiplicado por el número de veces al año que puede ocurrir el faltante (o el número de órdenes por año). Después se suman los costos de la falta de inventario por cada nivel de faltante posible, para un ROP dado. En un inventario de seguridad de cero, sucederá un faltante de 10 unidades si la demanda es de 60, y un faltante de 20 unidades si la demanda es de 70. Por lo tanto los costos de faltante para el inventario de seguridad de cero son:

(10 unidades menos)(0.2)($40/falta de inventario)(6 faltas posibles de inventario por año)
+ (20 unidades menos) (0.1)($40)(6) = $960

La siguiente tabla resume los costos totales para cada alternativa.

Inventario de seguridad	*Costo adicional de manejo*	*Costo de escasez de inventario*	*Costo total*
20	(20)($5) = $100	$0	$100
10	(10)($5) = $50	(10)(0.1)($40)(6) = $240	$290
0	0	(10)(0.2)($40)(6) + (20)(0.1)($40)(6) = $960	$960

El inventario de seguridad con el menor costo total es de 20 unidades. Este inventario cambia el punto de reorden a 50 + 20 = 70 unidades.

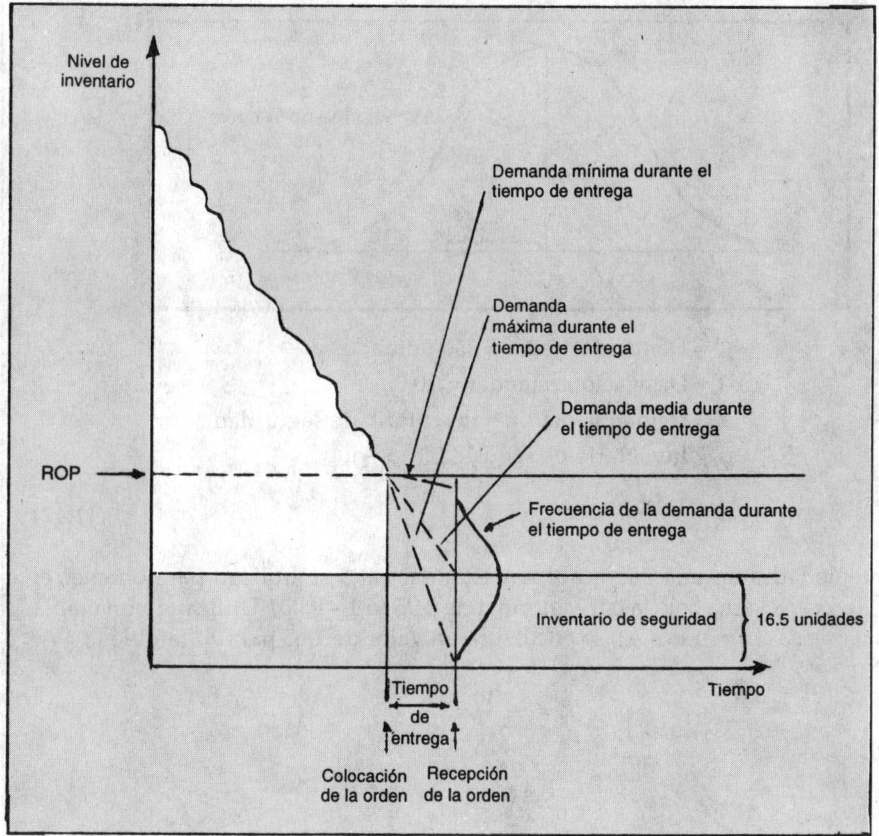

FIGURA 11.10 Demanda probabilística.

Cuando es difícil o imposible determinar el costo de quedarse sin inventario, el administrador puede seguir la política de guardar suficiente inventario de seguridad en mano, para cumplir con un nivel previamente establecido de servicio al cliente. Por ejemplo, la figura 11.10 muestra la utilización del inventario de seguridad cuando la demanda es probabilística. Se observa que el inventario de seguridad, *ss*, en la figura 11.10 es de 16.5, y el punto de reorden también está incrementado en 16.5.

El administrador quizá necesite definir el nivel de servicio como el cumplimiento del 95% de la demanda (o recíprocamente, teniendo faltante de inventario el 5% del tiempo). Suponiendo que la demanda durante el tiempo de entrega (el periodo de reorden) siga una curva normal, sólo se necesitan la media y la desviación estándar para definir los requerimientos del inventario en cualquier nivel del servicio. Los datos de las ventas son generalmente adecuados para calcular la media y la desviación estándar. En el siguiente ejemplo se utiliza una curva normal, con una media (μ) y desviación estándar (σ) conocidas, para determinar el inventario de seguridad necesario para un nivel de servicio del 95%.

ejemplo 10

La M. Payne Company lleva un producto en inventario que tiene una demanda de distribución normal durante el periodo de reorden. La demanda media (promedio) durante el punto de reorden es de 350 unidades y la desviación estándar es de 10. Payne desea seguir una política cuyos resultados tengan un faltante de inventario el 5% del tiempo. ¿Cuánto inventario de seguridad debe mantener la empresa? La siguiente figura puede ayudar a visualizar el ejemplo:

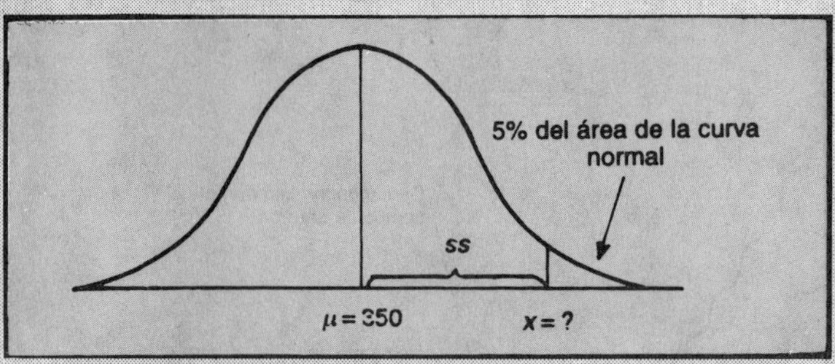

μ = Demanda media = 350 unidades

σ = Desviación estándar = 10

x = Demanda media + Inventario de seguridad

ss = Inventario de seguridad = $x - \mu$

$$Z = \frac{x - \mu}{\sigma} \qquad (11.12)$$

Las propiedades de una curva normal estandarizada se utilizan para obtener el valor de Z, en el área bajo la curva normal de 0.95 (o 1 – 0.05). Utilizando una tabla normal (véase el apéndice A), se encuentra un valor de 1.65 para Z. También:

$$Z = \frac{x - \mu}{\sigma} = \frac{ss}{\sigma}$$

$$= 1.65 = \frac{ss}{\sigma}$$

La solución para el inventario de seguridad da como resultado:

$$ss = 1.65(10) = 16.5 \text{ unidades}$$

Ésta fue la situación ilustrada en la figura 11.10.

SISTEMAS DE PERIODOS FIJOS

Los modelos de inventario que se han considerado hasta el momento en este capítulo caen dentro de la clase llamada *sistemas de cantidad fija*. Esto significa, que la misma cantidad fija se añade al inventario cada vez que se coloca una orden para un producto. Se observó que las órdenes son eventos disparados y un punto de reorden es el gatillo que se acciona en cualquier momento.

Sistema de periodo fijo

Por otro lado, en un **sistema de periodo fijo,** el nivel de inventario se verifica sobre la base de una frecuencia uniforme de tiempo. Es disparada por el tiempo, con el resurtimiento del inventario que sucede al paso de un lapso de tiempo. Por lo tanto, no se lleva la cuenta del saldo a mano de un artículo cuando se realiza un retiro. El inventario a mano se cuenta sólo cuando llega la fecha para ordenar. La cantidad ordenada es la cantidad necesaria para regresar el nivel de inventario hacia el nivel del objetivo predeterminado. La figura 11.11 ilustra este concepto.

La ventaja de un sistema de periodo fijo es que no hay conteo físico de los productos del inventario después de que hay un retiro de algún producto, esto sucede sólo cuando llega el momento para la siguiente revisión. Este procedimiento también es conveniente para la administración, en especial si el control del inventario figura entre varias responsabilidades de un empleado.

Este tipo de sistema de control del inventario y la colocación de las órdenes sobre una base periódica son adecuados cuando los vendedores hacen visitas rutinarias (esto es, con un intervalo fijo de tiempo) a los clientes para tomar órdenes nuevas, o cuando los clientes desean combinar las órdenes para ahorrar los costos de ordenar y de transportación (por lo tanto, tendrán el mismo periodo de revisión para productos similares del inventario).

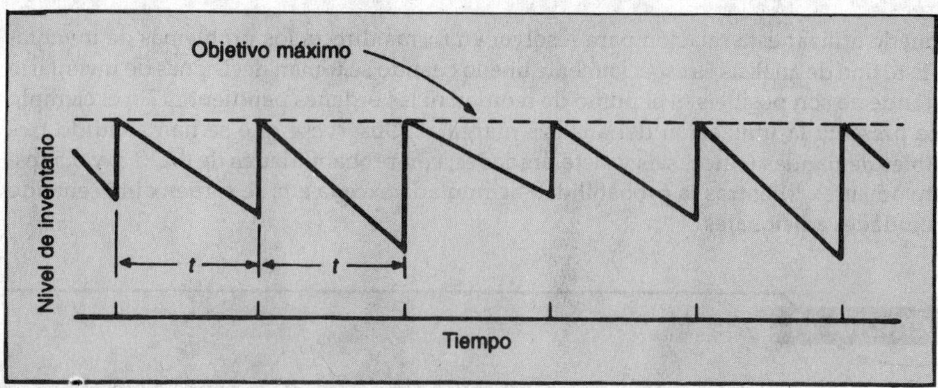

FIGURA 11.11 Nivel de inventario en un sistema de periodo fijo.

La desventaja de este sistema es que al no llevarse un control del inventario durante el periodo de revisión, existe la posibilidad de que una orden de gran tamaño baje el nivel del inventario a cero, inmediatamente después de que se colocó una orden. Por lo tanto, se necesita mantener un nivel más alto de inventario de seguridad (comparado contra un sistema de cantidad fija) para ofrecer protección contra la falta de inventario, tanto durante el periodo de revisión como durante el tiempo requerido para que se reciba una orden nueva.

ANÁLISIS MARGINAL

Para muchos modelos de inventario, la mejor política de almacenamiento se puede determinar a través del **análisis marginal,** el cual toma en consideración la utilidad marginal (MP, por sus siglas en inglés, Marginal Profit), y la pérdida marginal (ML, por sus siglas en inglés, Marginal Loss). Al establecer cualquier nivel de inventario, se añade una unidad adicional a este nivel sólo si se espera que su utilidad marginal iguale o exceda su pérdida marginal esperada. Esta relación se expresa en forma simbólica a continuación. Primero, sean:

Análisis marginal

$\hat{p}$ = Probabilidad de que la demanda sea mayor o igual a una oferta dada (o la probabilidad de vender por lo menos una unidad adicional)

$1 - \hat{p}$ = Probabilidad de que la demanda sea menor que la oferta

La utilidad marginal esperada se encuentra después mediante la multiplicación de la probabilidad de que una determinada unidad será vendida por la utilidad marginal, p(MP). De la misma manera, la pérdida marginal esperada es la probabilidad de no vender la unidad multiplicada por la pérdida marginal, o $(1 - \hat{p})$(ML). La regla de decisión es:

$$\hat{p}(\text{MP}) \geqslant (1 - \hat{p})(\text{ML})$$

Con algunas manipulaciones básicas de matemáticas, se puede determinar el nivel de p que ayudará a resolver algunos problemas de inventario:

$$\hat{p}(\text{MP}) \geqslant \text{ML} - \hat{p}(\text{ML})$$

o

$$\hat{p}(\text{MP}) + \hat{p}(\text{ML}) \geqslant \text{ML}$$

o

$$\hat{p}(\text{MP} + \text{ML}) \geqslant \text{ML}$$

o

$$\hat{p} \geqslant \frac{\text{ML}}{\text{MP} + \text{ML}} \tag{11.13}$$

Se puede utilizar esta relación para resolver en forma directa los problemas de inventario. Este tipo de análisis es especialmente bueno cuando se toman decisiones de inventario en donde no son posibles ni el punto de reorden ni las órdenes pendientes. En el ejemplo 11 se presenta la utilización del análisis marginal. Obsérvese que se han añadido tres posibles demandas (cinco, seis y siete unidades, con probabilidades de 0.2, 0.3, y 0.5 respectivamente). Mientras la probabilidad acumulada exceda a p, se siguen almacenando las unidades adicionales.

ejemplo 11

Las cajas de pañuelos de papel desechable se venden a 6 dólares cada una. El costo por caja es de 3 dólares, y las cajas no vendidas pueden ser devueltas al proveedor, quien repondrá el costo por cada caja devuelta menos 1 dólares por manejo y almacenamiento de la caja. La distribución de la probabilidad de la demanda es como sigue:

Demanda	*Probabilidad de que la demanda será a este nivel*
5	0.2
6	0.3
7	0.5

1. A partir de la relación desarrollada previamente (ecuación 11.13), se conoce que:

$$\hat{p} \geq \frac{ML}{MP + ML}$$

2. El siguiente paso es determinar $\hat{p}$. Como se recordará, $\hat{p}$ es la probabilidad de que la demanda será igual o mayor a este nivel. Se puede calcular esta probabilidad *acumulada* de la siguiente manera:

Demanda	*Probabilidad de que la demanda será a este nivel*	*Probabilidad de que la demanda será igual o más grande que este nivel*
5	0.2	$1.0 \geq 0.25$
6	0.3	$0.8 \geq 0.25$
7	0.5	$0.5 \geq 0.25$

$$ML = \text{Pérdida marginal} = \$1$$
$$MP = \text{Utilidad marginal} = \$6 - \$3 = \$3$$

Por lo tanto:

$$\hat{p} \geq \frac{1}{3+1} \geq 0.25$$

3. Se siguen sumando cajas adicionales mientras se mantenga la relación $\hat{p} \geq ML/(MP + ML)$. Si se almacenan siete cajas, la utilidad marginal será mayor que la pérdida marginal:

$$\hat{p} \text{ en 7 cajas} \geq \frac{ML}{MP + ML}$$

Por lo tanto la mejor política es almacenar siete cajas de pañuelos de papel.

RESUMEN

El inventario representa una inversión importante en la mayoría de las empresas. Frecuentemente, la inversión es mayor a lo esperado porque las empresas encuentran más fácil tener inventarios "únicamente en el caso" de que algo ocurra en lugar de inventarios "justo a tiempo". Los inventarios son de cuatro tipos:

1. materia prima y componentes comprados;
2. trabajo en proceso;
3. de operación;
2. trabajo en proceso;
3. de operación;
4. bienes terminados.

En este capítulo se discutieron el inventario independiente, el análisis ABC, la exactitud de los registros y los modelos de inventario que se utilizan para controlar los inventarios independientes. El modelo EOQ, el modelo de corrida de producción y el modelo de descuento por volumen pueden ser resueltos utilizando el software para microcomputadora que se explica en este texto. Un resumen de los modelos de inventario presentados en este capítulo se muestran el la tabla 11.4.

TABLA 11.4 Resumen de los modelos estadísticos para demanda independiente

Q = Número de piezas por orden	P = Precio
EOQ = Cantidad óptima de orden	I = Costo anual de manejar el inventario como un porcentaje del precio
ROP = Punto de reorden	
D = Demanda anual en unidades	$\hat{p}$ = Probabilidad
S = Costo de preparación o para cada orden	MP = Utilidad marginal
H = Costo de manejo del inventario por unidad por año en dólares	ML = Pérdida marginal
	μ = Demanda media
p = Tasa de producción diaria	σ = Desviación estándar
d = Tasa de demanda diaria	x = Demanda media + inventario de seguridad
t = Duración de la corrida de producción en días	
T_c = Costo total = Costo de ordenar + costo de manejar + costo de producir	ss = Inventario de seguridad
	Z = Valor estandarizado bajo la curva normal

EOQ

$$Q^\star = \sqrt{\frac{2DS}{H}} \qquad (11.1)$$

Modelo de corrida de producción EOQ

$$Q^\star = \sqrt{\frac{2DS}{H[1-(d/p)]}} \qquad (11.7)$$

Costo total

$$T_c = \text{Costo total} = \text{Costo de preparación} + \text{costo de manejo} + \text{costo del producto} = \frac{D}{Q}S + \frac{QH}{2} + PD \qquad (11.9)$$

Modelo EOQ de descuento por volumen

$$Q^\star = \sqrt{\frac{2DS}{IP}} \qquad (11.10)$$

Modelo probabilístico

$$z = \frac{x-\mu}{\sigma} = \frac{ss}{\sigma} \qquad (11.12)$$

Análisis marginal

$$\hat{p} \geq \frac{\text{ML}}{\text{MP}+\text{ML}} \qquad (11.13)$$

TÉRMINOS CLAVE

Análisis ABC (*p. 423*)
Conteo cíclico (*p. 424*)
Inventario justo a tiempo (*p. 425*)
Inventario de materia prima (*p. 426*)
Inventario de trabajo en proceso (*p. 426*)
Inventario de operación (MRO) (*p. 426*)
Inventario de bienes terminados (*p. 426*)
Kanban (*p. 427*)
Costos de manejo (*p. 429*)
Costo de ordenar (*p. 429*)
Costo de preparación (*p. 429*)
Tiempo de preparación (*p. 429*)
Modelo robusto (*p. 435*)
Tiempo de entrega (*p. 435*)
Punto de reorden (ROP) (*p. 435*)
Inventario de seguridad (*p. 435*)
Modelo de cantidad de orden de producción (*p. 437*)
Descuento por volumen (*p. 440*)
Modelos probabilísticos (*p. 443*)
Nivel de servicio (*p. 443*)
Sistema de periodo fijo (*p. 446*)
Análisis marginal (*p. 447*)

PROBLEMAS RESUELTOS

problema resuelto 11.1

La D. Saelens Computer Corporation adquiere 8000 transistores cada año para utilizarlos en las microcomputadoras que fabrica. El costo unitario por transistor es de 10 dólares, y el costo individual por manejarlos en el inventario durante un año es 3 dólares. Cada orden cuesta 30 dólares.

¿Cuál es la cantidad óptima de la orden, el número esperado de órdenes colocadas cada año y el tiempo esperado entre las órdenes? Suponga que Saelens opera un año laboral de 200 días.

Solución

$$Q^{\star} = \sqrt{\frac{2DS}{H}} = \sqrt{\frac{2(8000)(30)}{3}} = 400 \text{ unidades}$$

$$N = \frac{D}{Q^{\star}} = \frac{8000}{400} = 20 \text{ órdenes}$$

$$\text{Tiempo entre órdenes} = T = \frac{\text{Número de días laborales}}{N} = \frac{200}{20} = 10 \text{ días laborales}$$

Por lo tanto, cada 10 días se emite una orden de 400 transistores. Entonces se presume que se colocan 20 órdenes cada año.

problema resuelto 11.2

La demanda anual para las encuadernadoras de libretas en Crone´s Stationery Shop es de 10 000 unidades. Heather Crone opera su negocio 300 días al año, y las entregas de su proveedor generalmente tardan cinco días laborales. Calcule el punto de reorden para las encuadernadoras que se almacenan.

Solución

$$d = \frac{10\,000}{300} = 33.3 \text{ unidades/día}$$

$$\text{ROP} = d\,(33.3 \text{ unidades/día})(5 \text{ días}) = 166.7 \text{ unidades}$$

Entonces, Heather debe reordenar cuando su inventario de encuadernadoras sea de 167.

problema resuelto 11.3

S. Gold, Inc. tiene una tasa de demanda anual de 1,000 unidades, pero puede producir a una tasa anual de producción de 2,000 unidades. El costo de preparación es 10 dólares, y el de manejo es de un dólar. ¿Cuál es el número óptimo de unidades que se deben producir cada vez?

Solución

$$Q^{\star} = \sqrt{\frac{2DS}{H[1-(D/P)]}}$$

$$= \sqrt{\frac{2(1000)(10)}{1[1-(1000/2000)]}} = \sqrt{\frac{20\,000}{1/2}} = \sqrt{40\,000}$$

$$= 200 \text{ unidades}$$

problema resuelto 11.4

¿Qué inventario de seguridad debe mantener J. Ruppel Corporation? Si su promedio de ventas es de 80 durante el periodo de reorden, la desviación estándar es 7, y Ruppel puede tolerar un faltante del inventario el 10% del tiempo

Solución

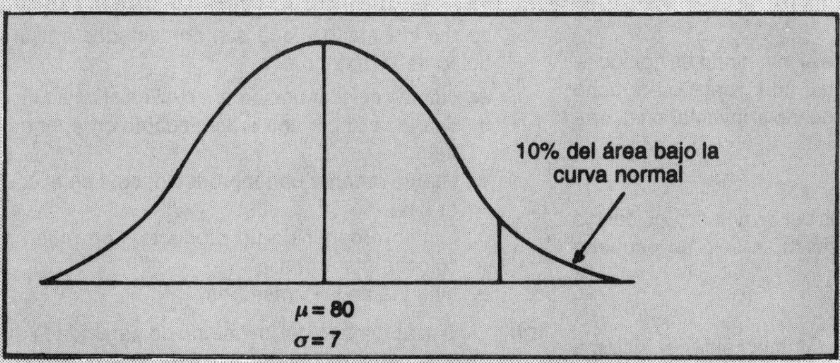

Del apéndice A, Z tiene un área de 0.9 (o 1 − 0.10) = 1.28

$$Z = 1.28 = \frac{x - \mu}{\sigma} = \frac{ss}{\sigma}$$

$$ss = 1.28\sigma$$

$$= 1.28(7) = 8.96 \text{ unidades o } 9 \text{ unidades}$$

autoevaluación capítulo 11

- *Antes de iniciar la autoevaluación* refiérase a los objetivos de aprendizaje listados al principio del capítulo y a los términos clave listados al final del mismo.
- Utilice la clave al final del texto para *corregir* sus respuestas.
- *Vuelva a estudiar* las páginas correspondientes a cualquier pregunta que haya contestado erróneamente o el material en el que se sienta inseguro.

1. Una utilización del inventario es:
- **a.** la separación de los procesos de producción y de distribución
- **b.** ofrecer un muro contra la inflación
- **c.** permitir a una organización para que tome ventaja de los descuentos por volumen
- **d.** todas las anteriores
- **e.** ninguna de las anteriores

2. El análisis ABC divide el inventario en mano en tres categorías basándose en:
- **a.** el precio unitario
- **b.** el número de unidades a mano
- **c.** la demanda anual
- **d.** los valores anuales en dólares
- **e.** ninguna de las anteriores

3. El conteo cíclico:
- **a.** ofrece una medida para dar la vuelta al inventario
- **b.** supone que todos los registros del inventario se deben verificar con la misma frecuencia
- **c.** es un proceso por el cual los registros del inventario se verifican en forma periódica
- **d.** todas las anteriores
- **e.** ninguna de las anteriores

4. La clave de la producción justo a tiempo es:
- **a.** la eliminación de todos los inventarios
- **b.** apoyarse en forma muy fuerte en los productos comprados más que en la producción interna
- **c.** la producción en grandes tamaños de lote
- **d.** la eliminación de todas o la mayoría de las opciones de los productos
- **e.** ninguna de las anteriores

5. Un sistema de producción donde el inventario es "jalado" a través del taller tiende a necesitar un inventario en mano más grande, que en un sistema donde el inventario es "empujado" por el taller.

a. Cierto **b.** Falso

6. Para la mayoría de los productos del inventario, los costos anuales de mantenimiento representan sólo un pequeño porcentaje del costo unitario.

a. Cierto **b.** Falso

7. Cuando los japoneses intentaron implementar el sistema "Kanban", encontraron que el tiempo/costo de preparación era muy difícil de reducir.

a. Cierto **b.** Falso

8. Los modelos de inventario bajo las condiciones de demanda dependiente son muy diferentes con respecto a aquellos cuyas condiciones son de demanda independiente.

a. Cierto **b.** Falso

9. En un modelo EOQ, el punto de reorden está determinado por la demanda promedio durante el tiempo de entrega.

a. Cierto **b.** Falso

10. La(s) diferencia(s) entre el modelo EOQ básico y el modelo de cantidad de orden de producción es (son) que:
- **a.** el modelo de cantidad de orden de producción no necesita suponer que la demanda es conocida y constante
- **b.** el modelo EOQ no necesita suponer que el tiempo de entrega es despreciable:
- **c.** el modelo de cantidad de orden de producción no necesita asumir que la entrega es instantánea
- **d.** todas las anteriores

11. Las unidades extra que se mantienen en el inventario, para reducir la escasez del mismo, son llamadas:
- **a.** punto de reorden
- **b.** inventario de seguridad
- **c.** inventario justo a tiempo
- **d.** todas las anteriores
- **e.** ninguna de las anteriores

12. La principal ventaja de un sistema de inventario justo a tiempo radica en:
- **a.** la reducción del valor global del inventario
- **b.** posibilidad de incrementar las tasas de producción
- **c.** la utilización de un sistema de inventario que "jala" en lugar del que "empuja"
- **d.** la exposición de los problemas en el sistema de producción/distribución
- **e.** ninguna de las anteriores

13. Las dos preguntas más importantes que se hacen acerca del inventario y que son contestadas por el modelo típico de inventario son:
- **a.** cuándo colocar una orden; cuál es el costo de la orden
- **b.** cuándo colocar una orden; cuánto ordenar de un producto
- **c.** cuánto ordenar de un producto; cuál es el costo de la orden
- **d.** cuánto ordenar de un producto; con quién se debe colocar una orden
- **e.** ninguna de las anteriores

14. El nivel apropiado del inventario de seguridad está determinado generalmente por:
- **a.** la disminución del costo de faltante esperado en el inventario
- **b.** la elección del nivel del inventario de seguridad que asegure un nivel de servicio dado
- **c.** Contar con el suficiente inventario de seguridad como para eliminar todas las faltantes del inventario
- **d.** ninguna de las anteriores

PREGUNTAS PARA DISCUSIÓN

1. Con la llegada de la computación a bajo costo, ¿cree usted que existan alternativas a las populares clasificaciones ABC?
2. ¿Cuál es la diferencia entre el modelo EOQ estándar y el modelo de inventario de producción?
3. ¿Cuáles son las principales razones por las que una organización tiene inventario?
4. Describa los costos que están asociados con las órdenes y el manejo del inventario.
5. ¿Cuáles son las suposiciones del modelo EOQ?
6. ¿Qué tan sensible es el EOQ a las variaciones en la demanda o en los costos?
7. ¿Generan el modelo de producción o el modelo EOQ estándar una mayor EOQ si los costos de preparación y de manejo son iguales? ¿Por qué?
8. ¿Cuándo es buen momento para que el personal de conteo cíclico proceda a auditar un producto en especial?
9. ¿Qué impacto tiene en la EOQ, una disminución en el tiempo de preparación?
10. ¿Cuál es el significado del nivel de servicio?
11. ¿Cómo haría una empresa para determinar un nivel de servicio?
12. ¿Qué le sucede a los costos totales del inventario (y la EOQ) si los costos de manejo del inventario por unidad se incrementan al aumentar el inventario (esto es, se incrementan a una tasa creciente)?
13. ¿Qué le sucede a los costos totales del inventario (y la EOQ) si hay un costo fijo asociado con los costos de manejo del inventario (por ejemplo, el arrendamiento del almacén)?
14. Describa la diferencia entre un sistema de inventario de cantidad fija y de periodo fijo.

PROBLEMAS

• **11.1** La compañía de Trish Connor ha compilado los siguientes datos acerca de un pequeño grupo de productos:

SKU	*Demanda anual*	*Costo unitario*
A	100	$250
B	75	$100
C	50	$50
D	200	$150
E	150	$75

Utilice sus datos para ilustrar un análisis ABC.

• **11.2** Bell Enterprises tiene 10 productos en el inventario. Greg Bell le pide a usted, recién graduado en P/OM, que divida estos productos en las clasificaciones ABC. ¿Qué le reporta al Sr. Bell?

Producto	*Demanda anual*	*Costo/unidad*
A2	3000	$ 50
B8	4000	12
C7	1500	45
D1	6000	10
E9	1000	20
F3	500	500
G2	300	1500
H2	600	20
I5	1750	10
J8	2500	5

• **11.3** Sarita Uribe abrió una tienda detallista de productos de belleza. Hay una gran cantidad de productos en inventario, y Sarita sabe que existen costos asociados con el inventario. Sin embargo, su tiempo está limitado de tal forma que no puede evaluar con cuidado la política de inventarios para todos los productos. Sarita quiere clasificar los artículos de acuerdo a los dólares invertidos en ellos. La siguiente tabla ofrece información referente a los 10 artículos que ella maneja:

Número de producto	*Costo unitario*	*Demanda (unidades)*
E102	$4.00	800
D23	8.00	1200
D27	3.00	700
R02	2.00	1000
R19	8.00	200
S107	6.00	500
S123	1.00	1200
U11	7.00	800
U23	1.00	1500
V75	4.00	1500

Utilice el análisis ABC para clasificar estos productos en categorías A, B y C.

• **11.4** Toma aproximadamente dos semanas (14 días) para que una orden de tornillos de acero llegue, una vez que la orden se ha colocado.

La demanda para los tornillos es casi constante. La administradora ha observado que la tienda de ferretería vende, en promedio, 500 de estos tornillos cada día. Debido a que la demanda es más o menos constante, ella supone que puede evitar completamente el faltante de inventario si ordena los tornillos en el momento correcto. ¿Cuál es el punto de reorden?

• **11.5** El tiempo de entrega para uno de los productos de más movimiento es de 21 días. La demanda durante este periodo promedia 100 unidades por día. ¿Cuál sería un punto de reorden apropiado?

•• **11.6** Nancy Birdsong está intentando llevar a cabo un análisis de inventario en uno de sus productos más populares. La demanda anual para este producto es de 5,000 unidades; el costo unitario es de 200 dólares; el costo de manejo del inventario se considera aproximadamente el 25% del costo unitario. El costo por cada orden es de 30 dólares y el tiempo de entrega tiene un promedio de 10 días. Suponga un año de 50 semanas.

a) ¿Cuál es la cantidad económica de la orden?
b) ¿Cuál es el punto de reorden?
c) ¿Cuál es el costo total del inventario más el costo de ordenar?
d) ¿Cuál es el número óptimo de órdenes por año?
e) ¿Cuál es el número óptimo de días entre las órdenes? (suponga que hay 200 días laborales por año).

• **11.7** Cynthia Chazen es el agente de compras para Central Valve Company, la cual vende válvulas industriales y dispositivos de control de fluidos. Una de sus válvulas más populares es la Western, la cual tiene una demanda anual de 4000 unidades. El costo de cada válvula es de 90 dólares, y el costo de llevar el inventario está estimado en un 10% del costo de cada válvula. Cynthia ha hecho un estudio de los costos involucrados en la colocación de una orden para cualquiera de las válvulas que Central Valve almacena, y ha concluido que el costo promedio por cada orden es de 25 dólares. Más aún, toma cerca de 8 días para que una orden llegue de su proveedor. Durante este tiempo, la demanda semanal para las válvulas de Central Valve es de aproximadamente 80.

a) ¿Cuál es la cantidad económica de la orden?
b) ¿Cuál es el punto de reorden?
c) ¿Cuál es el costo total anual del inventario (costo de manejar el inventario más costo de ordenar)?
d) ¿Cuál es el número óptimo de órdenes por año?
e) ¿Cuál es el número óptimo de días entre dos órdenes cualesquiera, suponiendo que hay 200 días laborales por año?

•• **11.8** Happy Pet, Inc., es una gran tienda de mascotas situada en Long Beach Mall. Aunque la tienda se especializa en perros, también vende productos para peces, tortugas y pájaros. Everlast Leader, una correa de piel para perros, le cuesta a Happy Pet 7 dólares cada una. Existe una demanda anual de 6000 Everlast Leaders. El administrador de Happy Pets ha determinado que el costo de cada orden es de 20 dólares y que el costo de manejar el inventario, como un porcentaje del costo unitario, es del 15%. Happy Pet está considerando ahora a un nuevo proveedor de Everlast Leaders. Cada correa costaría únicamente 6.65 dólares; pero para que se obtenga este descuento, Happy Pet debería de comprar embarques de 3000 a la vez. ¿Debe utilizar Happy Pet al nuevo proveedor para tomar este descuento sobre su compra por volumen?

• **11.9** Doug Brauer utiliza 1500 piezas por año de un cierto subensamble que tiene un costo anual de manejo de inventario de 45 dólares por unidad. Cada orden que coloca le cuesta 150 dólares a Doug. Doug opera 300 días por año y ha encontrado que una orden se debe colocar con su proveedor seis días laborales antes de que pueda esperar la recepción de esa orden. Para este subensamble, encuentre:

a) la cantidad económica de la orden
b) el costo anual de manejo
c) el costo anual de ordenar
d) el punto de reorden

•• **11.10** Christina Reilly, de Reilly Plumbing, utiliza 1200 piezas de una parte suelta que cuesta 25 dólares por cada orden y el costo anual por manejo es de 24 dólares. Calcule el costo total para tamaños de orden de 25, 40, 50, 60 y 100. Identifique la cantidad económica de la orden y considere las implicaciones de cometer un error en el cálculo de la cantidad económica de la orden.

• **11.11** La Dream Store de Judy Shaw vende camas de agua y partes variadas. La cama de mejor venta en la tienda tiene una demanda anual de 400 unidades. El costo de ordenar es de 40 dólares; el costo de manejo es de 5 dólares por unidad al año. Hay 250 días laborables en un año y el tiempo de entrega es de 6 días.

a) Para minimizar el costo total, ¿cuántas unidades se deben ordenar cada vez que se coloca una orden?
b) Si el costo de manejo por unidad fuera de 6 dólares en lugar de 5 dólares, ¿cuál sería la cantidad óptima de la orden?

•• **11.12** Norris Harrell's Computer Store en Houston vende una impresora en 200 dólares. La demanda de ésta es constante durante el año, y la demanda anual está pronosticada en 600 unidades. El costo de manejo es de 20 dólares por unidad al año, mientras que el costo por orden es de 60 dólares. Actualmente, la compañía ordena 12 veces al año (50 unidades cada vez). Hay 250 días laborales al año y el tiempo de entrega es de 10 días.

a) Dada la actual política de ordenar 50 unidades a la vez, ¿cuál es el total del costo anual de ordenar y el costo anual de manejo?
b) Si la compañía utilizara la mejor política de inventarios, ¿cuáles serían los costos totales de ordenar y de manejo?
c) ¿Cuál es el punto de reorden?

•• **11.13** Jan Kottas es el propietario de una pequeña compañía que produce cuchillos eléctricos que se utilizan para el corte de telas. La demanda anual es de 8000 cuchillos, y Jan produce los cuchillos en lotes. En promedio, Jan puede producir 150 cuchillos diariamente; durante el proceso de producción, la demanda de cuchillos ha sido de cerca de 40 cuchillos por día. El costo para preparar el proceso de producción es de 100 dólares, y le cuesta a Jan 80 centavos de dólar manejar el inventario de un cuchillo durante un año. ¿Cuántos cuchillos debe producir Jan en cada lote?

•• **11.14** Don Williams, gerente de control de inventario para Cal-Tex, recibe chumaceras para ruedas de Wheel-Rite, un pequeño fabricante de partes metálicas. Wheel-Rite puede producir sólo 500 chumaceras al día. Cal-Tex recibe 10 000 chumaceras de Wheel-Rite anualmente. Debido a que Cal-Tex opera 200 días laborales al año, la demanda diaria de chumaceras por parte de Cal-Tex es de 50. El costo de ordenar para Cal-Tex es de 40 dólares por orden, y el costo de manejar el inventario es de 60 centavos de dólar por chumacera al año. ¿Cuántas chumaceras debe ordenar Cal-Tex de Wheel-Rite cada vez? Wheel-Rite ha acordado embarcar el máximo número de chumaceras que produce diariamente a Cal-Tex una vez que se reciba la orden.

•• **11.15** McLeavey Manufacturing tiene una demanda de 1000 bombas cada año. Cada bomba tiene un costo de 50 dólares. Le cuesta 40 dólares el colocar una orden, y el costo de manejar el inventario es de 25% del costo unitario. Si las bombas se ordenan en cantidades de 200, McLeavey Manufacturing puede conseguir un descuento del 3% sobre el costo de las bombas. ¿Debe ordenar 200 bombas al mismo tiempo y tomar el 3% de descuento?

•• **11.16** Jack McCanna Products ofrece el siguiente programa de descuentos para sus hojas de 4´ × 8´ de triplay de calidad.

Orden	*Costo unitario*
9 hojas o menos	$18.00
10 a 50 hojas	$17.50
Más de 50 hojas	$17.25

Home Sweet Home Company ordena triplay de McCanna Products. Home Sweet Home tiene un costo de 45 dólares por cada orden. El costo de manejar el inventario es del 20%, y la demanda anual es de 100 hojas. ¿Qué recomienda usted?

•• **11.17** Con los siguientes datos de un artículo de ferretería almacenado por la Niles Brothers Paint Store. ¿Se debe tomar el descuento por volumen?

$$D = 2000 \text{ unidades}$$
$$S = \$10$$
$$H = \$1$$
$$P = \$1$$
$$\text{Precio de descuento} = \$\,0.75$$
$$\begin{pmatrix}\text{Cantidad necesaria para}\\ \text{obtener el descuento}\end{pmatrix} = 2000 \text{ unidades}$$

•• **11.18** El precio regular por unidad para un componente de cintas es de 20 dólares. Sobre órdenes de 75 unidades o más, hay una reducción en el precio a 18.50 dólares. En las órdenes de 100 unidades o más, el precio de descuento es de 15.75 dólares. Hoy en día, Sound Business, Inc., un fabricante de componentes para estéreos, tiene un costo del 5% por unidad que mantiene en el inventario durante un año, y el costo por orden es de 10 dólares. La demanda anual es de 45 componentes. ¿Qué debe hacer Sound Business, Inc.?

••• **11.19** Un producto se ordena una vez al año, y el punto de reorden sin inventario de seguridad (*dL*) es de 100 unidades. El costo de manejar el inventario es de 10 dólares por unidad al año, y el costo del faltante de inventario es de 50 dólares por unidad al año. Dadas las siguientes probabilidades de demanda durante el periodo del reorden, ¿cuánto inventario de seguridad se debe manejar?

	Demanda durante el periodo de reorden	*Probabilidad*
	0	0.1
	50	0.2
ROP →	100	0.4
	150	0.2
	200	0.1
		1.0

•• **11.20** Para un producto dado, ML = 4 dólares y MP = 1 dólar. ¿Qué política de almacenamiento se debe recomendar en función de la siguiente distribución de la demanda?

Demanda (en unidades)	*Probabilidad de que la demanda sea a este nivel*	*Demanda (en unidades)*	*Probabilidad de que la demanda sea a este nivel*
0	0.05	7	0.10
1	0.05	8	0.05
2	0.05	9	0.05
3	0.1	10	0.03
4	0.15	11	0.02
5	0.15		1.00
6	0.20		

••• **11.21** Lori Smith, Inc., una organización que vende equipos de arte para niños, tiene un costo de 40 dólares por orden para el equipo BB-1. El costo de manejar el inventario del BB-1 es de 5 dólares por equipo al año. Con el fin de cumplir con la demanda, Lori Smith ordena grandes cantidades de BB-1 siete veces al año. El costo del faltante del inventario para el BB-1 está estimado en 50 dólares por equipo. En el curso de los últimos años, Lori Smith ha observado la siguiente demanda durante el tiempo de entrega del BB-1.

Demanda durante el tiempo de entrega	*Probabilidad*
40	0.1
50	0.2
60	0.2
70	0.2
80	0.2
90	0.1
	1.0

El punto de reorden para el BB-1 es de 60 unidades. ¿Qué nivel de inventario de seguridad se debe mantener para el BB-1?

•• **11.22** La compañía de Yvette Angel manufactura un producto para el cual la demanda anual es de 10 000 piezas. La producción promedio es de 200 por día, mientras que la demanda es cercana a 50 piezas por día. El costo de manejo del inventario es de un dólar por unidad al año; los costos de preparación son de 200 dólares. Si usted desea fabricar este producto en lotes, ¿qué tamaño de lote se debe utilizar?

•• **11.23** Para un producto dado, ML = 5 dólares y MP = 2 dólares. ¿Qué política de almacenamiento se debe recomendar en función de la siguiente distribución de la demanda?

Demanda (en unidades)	*Probabilidad de que la demanda sea a este nivel (p)*	*Probabilidad de que la demanda sea a este nivel o mayor (P)*
0	0.1	1.0
1	0.1	0.9
2	0.2	0.8
3	0.2	0.6
4	0.3	0.4
5	0.1	0.1

••• **11.24** Un producto se entrega a la compañía de Malcom Ward una vez por año. El punto de reorden, sin inventario de seguridad, es de 200 unidades. El costo de manejar el inventario es de 15 dólares por unidad al año y el costo de un faltante del inventario es de 70 dólares por unidad al año. Dadas las siguientes distribuciones de probabilidad durante el periodo de reorden, ¿cuánto inventario de seguridad se debe llevar?

Demanda durante el periodo de reorden	*Probabilidad*
0	0.1
100	0.1
200	0.2
300	0.2
400	0.2

CASO DE ESTUDIO

Conteo cíclico en O´Connor and Martin

A Mary Ann Caffrey, la gerente de materiales en O´Connor and Martin Manufacturing, se le ha solicitado que prepare un reporte evaluando un cambio a conteo cíclico en los tres almacenes de la compañía. En los tres almacenes se guardan 25 mil productos (algunos con ubicaciones múltiples). El valor promedio del inventario es de 10 millones de dólares. El mantenimiento de los registros del inventario está computarizado y utiliza tarjetas como documentos de salida y de recepción. Para la función de almacén están asignadas 15 personas y tres supervisores. Si el desempeño es satisfactorio, el auditor de la compañía ha acordado eliminar el conteo físico anual del inventario.

Preguntas para discusión

1. ¿Cuáles serían los beneficios de cambiar al conteo cíclico?
2. ¿Quién debe estar asignado al equipo para realizar el proyecto?
3. ¿Cuáles son algunos de los problemas que usted debe resolver? ¿Cuáles son las soluciones a ésos problemas?

CASO DE ESTUDIO

LaPlace Power and Light

La división sureste de LaPlace Power and Light Company es responsable de ofrecer un servicio eléctrico confiable a sus clientes, dentro y alrededor de las áreas de Metairie, Kenner, Destrehan, LaPlace, Lutcher, Hammond, Pontchatoula, Amite y Bogalusa, Louisiana. Un material extensamente utilizado para ofrecer este servicio es el cable triplex de aluminio 1/0 AWG, el cual conduce la electricidad del poste de distribución al medidor de la casa.

El almacén de la división sureste adquiere el cable que utilizará esta división. Para el año siguiente, esta división necesitará 499 500 pies de este cable de servicio. Ya que este cable es utilizado sólo en trabajo de servicio de rutina, prácticamente todo es instalado durante los cinco días normales de trabajo. El costo actual de este cable es de 41.4 centavos por pie. Bajo el acuerdo actual con el proveedor, el almacén del sureste debe tomar un doceavo de su demanda anual cada mes. Este acuerdo fue logrado con el fin de reducir el tiempo de entrega y también para que LaPlace asegure un punto regular en el programa de producción del proveedor. Sin este acuerdo, el tiempo de entrega sería de aproximadamente 12 semanas. No se ofrecen descuentos por volumen en este cable; sin embargo, el proveedor requiere que haya un mínimo de 15 000 pies en una orden. El almacén sureste tiene el espacio para almacenar un máximo de 300 000 pies de cable de aluminio 1/0 AWG.

Asociado con cada embarque están los costos de ordenar, que consisten en 50 dólares, los cuales incluyen todos los costos desde hacer las requisiciones de compra hasta la emisión de un cheque para el pago. Adicionalmente, los costos de manejar el inventario (incluyendo los impuestos) de todos los artículos en los almacenes se consideran como el 10% del precio de compra por unidad al año.

Debido a que la compañía está regulada por el gobierno y es una instalación propiedad del inversionista, tanto la Louisiana Public Service Commission como sus accionistas vigilan de cerca la efectividad con la que se maneja, incluyendo la administración del inventario.

Pregunta para discusión

1. Evalúe la efectividad del sistema actual para ordenar. ¿Se puede mejorar?

BIBLIOGRAFÍA

Brown, R. G. *Decision Rules for Inventory Management*. Nueva York: Holt, Rinehart & Winston, 1967.

Hall, R. *Zero Inventories*. Homewood, IL: Dow Jones-Irwin, 1983.

Heizer, Jay, y Barry Render. *Production and Operations Management*, 3era. ed. Boston: Allyn and Bacon, 1993.

Hirano, H. *JIT Factory Revolution*. Cambridge, MA: Productivity Press, 1989.

Jinchiro, N., y R. Hall. "Management Specs for Stockless Production." *Harvard Business Review* **63** (mayo-junio de 1983), pp. 89-91.

Schniederjans, Marc. *Topics in Just-in-Time Management*. Boston: Allyn and Bacon, 1993.

Shingo, S. *A Revolution in Manufacturing: The SMED System*. Cambridge, MA: Productivity Press, 1986.

Vollmann, T. E., W. L. Berry, y D. C. Whybark. *Manufacturing Planning and Control Systems*. Homewood, IL: Irwin, 1988.

Wight, O. W. *Production and Inventory Management in the Computer Age*. Boston: Cahmers, 1974.

Simulación

suplemento

capítulo **11**

PERFIL DEL CAPÍTULO

OBJETIVOS DE APRENDIZAJE

Cuando termine este capítulo usted podrá:

Identificar o definir:

Simulación
Modelo Monte Carlo
Número aleatorio

Explicar:

Cómo llevar a cabo una simulación manual
Las ventajas y desventajas de la simulación

Los modelos de simulación abundan en el mundo. Boeing Aircraft los utiliza para probar la aerodinámica de los jets propuestos; la armada de EE.UU., simula juegos de guerra en las computadoras; los estudiantes de administración utilizan juegos administrativos para simular la competencia real en los negocios; y miles de organizaciones desarrollan modelos de simulación como herramienta en la toma de decisiones de operación. Se estima que los modelos de simulación están siendo utilizados en más de la mitad de las grandes compañías manufactureras en Estados Unidos.

DEFINICIÓN DE SIMULACIÓN

Simulación

La **simulación** es el intento de duplicar los aspectos, la apariencia, y las características de un sistema real. En este suplemento, se mostrará cómo simular parte de un sistema de administración de operaciones mediante la construcción de un modelo matemático que sea lo más parecido a la representación de la realidad. El modelo será luego utilizado para estimar los efectos de varias acciones. La idea detrás de la simulación es (1) imitar matemáticamente una situación del mundo real, (2) después estudiar sus propiedades y características de operación y (3) finalmente llegar a conclusiones en la toma de decisiones para instrumentar acciones basadas en los resultados de una simulación. De esta manera, se garantiza que el sistema en la vida real no sea tocado hasta que se midan las ventajas y desventajas del modelo del sistema, lo que puede ser una importante medida.

Para utilizar la simulación, un administrador de P/OM debe:

1. definir el problema;
2. introducir las variables importantes asociadas con el problema;
3. construir un modelo numérico;
4. establecer los posibles cursos de acción para hacer pruebas;
5. hacer el experimento;
6. considerar los resultados (posiblemente modificar el modelo o cambiar los datos de entrada);
7. decidir qué curso de acción tomar.

Los problemas que se atacan por medio de la simulación pueden variar desde los muy sencillos a los extremadamente complejos, desde filas de cajeros de banco hasta un análisis de la economía de Estados Unidos. Aunque muy pequeñas simulaciones se pueden realizar manualmente, el empleo efectivo de esta técnica requiere de algunos medios automatizados de cálculo, principalmente, una computadora. Aun los modelos a gran escala, que quizá simulan años de decisiones de negocios, se pueden manejar en un lapso de tiempo razonable con una computadora.

En este suplemento, se examinan los principios básicos de la simulación y luego se atacan algunos problemas del área del control de inventarios. ¿Por qué se utiliza la simulación en esta área cuando los modelos matemáticos descritos en el capítulo previo pueden resolver los problemas? La respuesta es que esa simulación ofrece un sistema alternativo. Puede manejar, por ejemplo, problemas de inventario en los cuales la demanda o el tiempo de entrega no son constantes.

VENTAJAS Y DESVENTAJAS DE LA SIMULACIÓN

La simulación es una herramienta que es ampliamente utilizada por los administradores. Las *ventajas* principales de la simulación son:

1. La simulación es relativamente directa y flexible.
2. La simulación se puede utilizar para analizar situaciones grandes y complejas del mundo real que no pueden ser resueltas por modelos de administración de operaciones convencionales.
3. La simulación permite la inclusión de complicaciones del mundo real que la mayoría de los modelos P/OM no permiten. La simulación puede utilizar *cualquier* distribución de probabilidad que defina el usuario; no requiere de distribuciones estándar.

4. Con la simulación es posible la "compresión del tiempo". Los efectos de las políticas P/OM sobre varios meses o años se pueden obtener a través de la simulación por computadora rápidamente.
5. La simulación permite el tipo de preguntas ¿"Qué sucede si"?. A los administradores les gusta saber qué opciones serán más atractivas. Con un modelo computarizado, un administrador puede intentar varias decisiones sobre políticas en cuestión de minutos.
6. Las simulaciones no interfieren con los sistemas del mundo real. Por ejemplo, puede ser contraproducente la experimentación real con las nuevas políticas o ideas en un hospital, escuela o planta manufacturera.
7. La simulación permite estudiar el efecto interactivo de los componentes individuales o las variables con el fin de determinar cuáles son importantes.

Las principales *desventajas* de la simulación son:

1. Los buenos modelos de simulación pueden ser muy caros y tomar varios años para desarrollarse.
2. La simulación no genera soluciones óptimas a los problemas de la misma forma que la programación lineal. Es un sistema de ensayo y error que puede producir soluciones diferentes en corridas repetidas.
3. Los administradores deben generar todas las condiciones y restricciones para las soluciones que desean examinar. El modelo de simulación no produce respuestas por sí mismo.
4. Cada modelo de simulación es único. Sus soluciones e inferencias no son transferibles usualmente a otros problemas.

SIMULACIÓN MONTE CARLO

Cuando un sistema contiene elementos que muestran la suerte en su comportamiento, se puede aplicar el **método Monte Carlo** de simulación. La base de la simulación Monte Carlo es la experimentación sobre los elementos posibles (o *probabilísticos*) a través del muestreo aleatorio.

Método Monte Carlo

La técnica se desglosa en cinco sencillos pasos:

1. Establecer una distribución de probabilidad para las variables importantes;
2. Construir una distribución acumulada de probabilidad para cada variable;

Los modelos de simulación por computadora han sido desarrollados para enfrentar una variedad de temas de producción en Burger King. En uno, se simuló la distancia ideal entre la estación del autoservicio para ordenar y la ventana de entrega. Una distancia mayor reducía el tiempo de espera, y por consecuencia, se podían atender de 12 a 13 clientes adicionales por hora, un beneficio de más de 10 000 dólares en ventas extra por restaurante. En una segunda simulación, se consideró una segunda ventanilla de autoservicio. Esta ventanilla se colocaría en serie con la primera, en lugar de una configuración de doble carril. El modelo de simulación predijo un aumento del 15% en las ventas durante las horas más ocupadas del *lunch* o un incremento en ventas de 13 000 dólares por año por restaurante.

3. Establecer un intervalo de números aleatorios para cada variable;
4. Generar números aleatorios;
5. Simular una serie de ensayos.

En esta sección se examinarán cada uno de estos pasos en detalle.

Paso 1. Establecer distribuciones de probabilidad. La idea básica en la simulación Monte Carlo es la generación de valores para las variables que componen el modelo que se está estudiando. Hay una gran cantidad de variables en los sistemas del mundo real que son probabilísticas por naturaleza, y que se desean simular. Por nombrar sólo a algunas:

1. la demanda del inventario sobre una base diaria o semanal;
2. el tiempo de entrega para la llegada de las órdenes de inventario;
3. los tiempos entre las descomposturas de las máquinas;
4. los tiempos entre las llegadas a unas instalaciones de servicio;
5. los tiempos de servicio;
6. los tiempos para completar las actividades del proyecto;
7. el número de empleados ausentes del trabajo diariamente.

Una manera común de establecer una *distribución de probabilidad* para una variable dada es mediante el examen de los resultados históricos. La probabilidad o frecuencia relativa, para cada resultado posible de una variable se encuentra al dividir la frecuencia de la observación entre el número total de observaciones. Considérese el siguiente ejemplo.

La demanda diaria de llantas radiales en Barry´s Auto Tire en los pasados 200 días se muestra en las columnas 1 y 2 de la tabla S11.1. Esta demanda se puede convertir en una distribución de probabilidad (si se asume que las tasas de llegada pasadas se mantendrán en el futuro) mediante la división de cada frecuencia de demanda, entre la demanda total, 200; el resultado se muestra en la columna 3.

Paso 2. Construir una distribución de probabilidad acumulada para cada variable. La conversión de una distribución de probabilidad regular, tal como la que aparece en la columna 3 de la tabla S11.1, a una **distribución de probabilidad acumulada** es un trabajo sencillo. En la columna 4 se observa que la probabilidad acumulada para cada nivel de demanda es una suma del número en la columna de la probabilidad (columna 3) agregada a la probabilidad acumulada anterior.

Distribución de probabilidad acumulada

Paso 3. Establecer intervalos de números aleatorios. Una vez que se ha establecido una distribución de probabilidad acumulada para cada variable que se incluye en la simulación, se debe asignar un conjunto de números que represente a cada valor o resultado posible. Estos están referidos como **intervalos de números aleatorios** (por decir dos dígitos del 01, 02, ..., 98, 99, 00) que han sido seleccionados por un proceso totalmente aleatorio.

Intervalos de números aleatorios

Número aleatorio

Si existe un 5% de posibilidades de que la demanda para un producto (tal como las llantas radiales de Barry) sea de 0 unidades por día, entonces se deseará que el 5% de los números aleatorios disponibles correspondan a una demanda de 0 unidades. Si se utiliza un total de 100 números de dos dígitos en la simulación, se podría asignar una demanda de 0 unidades a los

TABLA S11.1 Demanda para las llantas para automóvil de Barry.

(1) DEMANDA DE LLANTAS	(2) FRECUENCIA	(3) PROBABILIDAD DE OCURRENCIA	(4) PROBABILIDAD ACUMULADA
0	10	$^{10}/_{200} = 0.05$	0.05
1	20	$^{20}/_{200} = 0.10$	0.15
2	40	$^{40}/_{200} = 0.20$	0.35
3	60	$^{60}/_{200} = 0.30$	0.65
4	40	$^{40}/_{200} = 0.20$	0.85
5	30	$^{30}/_{200} = 0.15$	1.00
	200 días	$^{200}/_{200} = 1.00$	

primeros cinco números aleatorios: 01, 02, 03, 04 y 05.[1] Después se puede crear una demanda simulada de 0 unidades cada vez que se elija uno de los números 01 a 05. Si también hay una posibilidad del 10% de que la demanda para el mismo producto sea de una unidad por día, se puede permitir que los siguientes 10 números aleatorios (06, 07, 08, 09, 10, 11, 12, 13, 14 y 15) representen esa demanda, y así sucesivamente para los otros niveles de demanda.

En forma similar, en la tabla S11.2 se puede observar que la longitud de cada intervalo a la derecha corresponde a la probabilidad en cada una de las posibles demandas diarias. Por lo tanto, al asignar números aleatorios a la demanda diaria para tres llantas radiales, el rango del intervalo de números aleatorios (36 a 65) corresponde *exactamente* a la probabilidad (o proporción) de ese resultado. Una demanda diaria de tres llantas radiales sucede el 30% de las veces. Cualquiera de los 30 números aleatorios mayores que 35 incluyendo 65 están asignados a ese evento.

Paso 4. Generación de números aleatorios. Los números aleatorios, es decir, los números escogidos de tal forma que cada dígito (del 0 al 9) tiene una oportunidad igual de ser elegido, se pueden generar de dos maneras para los problemas de simulación. Si el problema es muy grande y el proceso que se está estudiando involucra miles de ensayos de simulación, existen programas de computación disponibles para generar los números aleatorios necesarios. Si la simulación se hace a mano, los números se pueden seleccionar a partir de una tabla de números aleatorios.

Paso 5. Simular el experimento. Se pueden simular los resultados de un experimento mediante la simple selección de los números aleatorios de la tabla S11.3. Empezando en cualquier lugar en la tabla, se observa el intervalo en la tabla S11.2 en que cae cada número. Por ejemplo, si el número aleatorio que se eligió es el 81, y el intervalo de 65 a 85 representa una demanda diaria de cuatro llantas, entonces se selecciona una demanda de cuatro llantas.

TABLA S11.2 La asignación de intervalos de números aleatorios para las llantas de automóvil de Barry.

DEMANDA DIARIA	PROBABILIDAD	PROBABILIDAD ACUMULADA	INTERVALO DE NÚMEROS ALEATORIOS
0	0.05	0.05	01 al 05
1	0.10	0.15	06 al 15
2	0.20	0.35	16 al 35
3	0.30	0.65	36 al 65
4	0.20	0.85	66 al 85
5	0.15	1.00	86 al 00

TABLA S11.3 Tabla de números aleatorios.

52	06	50	88	53	30	10	47	99	37	66	91	35	32	00	84	57	07
37	63	28	02	74	35	24	03	29	60	74	85	90	73	59	55	17	60
82	57	68	28	05	94	03	11	27	79	90	87	92	41	09	25	36	77
69	02	36	49	71	99	32	10	75	21	95	90	94	38	97	71	72	49
98	94	90	36	06	78	23	67	89	85	29	21	25	73	69	34	85	76
96	52	62	87	49	56	59	23	78	71	72	90	57	01	98	57	31	95
33	69	27	21	11	60	95	89	68	48	17	89	34	09	93	50	44	51
50	33	50	95	13	44	34	62	64	39	55	29	30	64	49	44	30	16
88	32	18	50	62	57	34	56	62	31	15	40	90	34	51	95	26	14
90	30	36	24	69	82	51	74	30	35	36	85	01	55	92	64	09	85
50	48	61	18	85	23	08	54	17	12	80	69	24	84	92	16	49	59
27	88	21	62	69	64	48	31	12	73	02	68	00	16	16	46	13	85
45	14	46	32	13	49	66	62	74	41	86	98	92	98	84	54	33	40
81	02	01	78	82	74	97	37	45	31	94	99	42	49	27	64	89	42
66	83	14	74	27	76	03	33	11	97	59	81	72	00	64	61	13	52

Fuente: Reimpresa de *A Million Random Digits with 100,000 Normal Deviates*, Rand (Nueva York: The Free Press, 1995). Utilizado bajo permiso.

[1] En forma alterna, se pudieron asignar los números 00, 01, 02, 03, 04 para representar una demanda de 0 unidades. Los dos dígitos 00 se pueden pensar como 0 o bien como 100. Mientras que esos cinco números se encuentren en el intervalo de 100 y estén asignados a la demanda de 0, no importa cuáles cinco son.

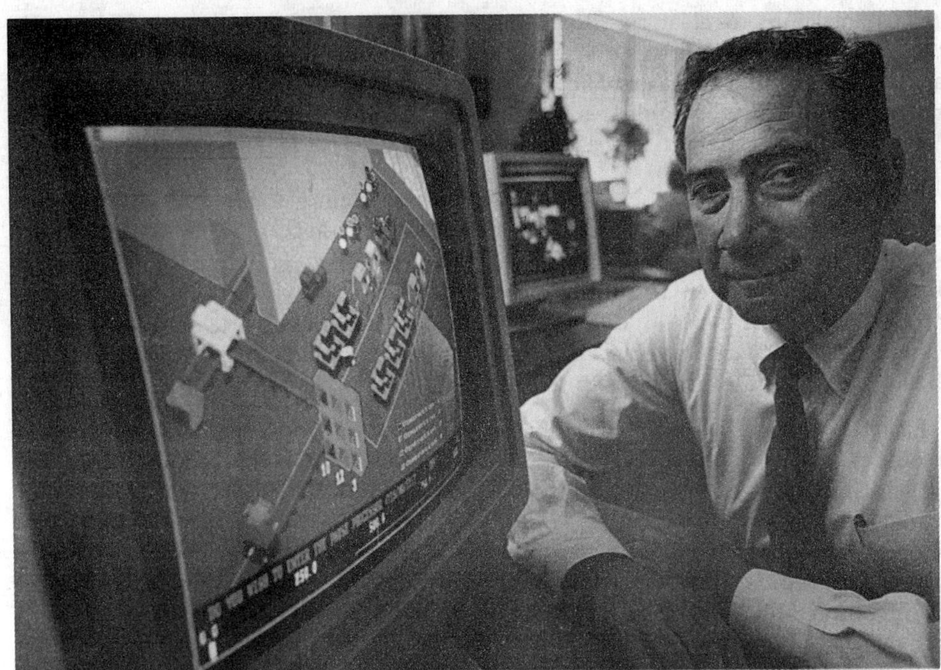

En el pasado, la mayoría de las simulaciones eran hechas por expertos matemáticos, que desarrollaban largas y complejas impresiones por computadora. Pero con el despliegue gráfico, la simulación se puede jugar en la misma pantalla, paso a paso, para que los usuarios la observen. "La animación le da a los administradores confianza en los resultados", dice el pionero de la simulación y creador de SLAM, Alan B. Pritsker. Dicho software puede hacer una contribución importante a la productividad, convirtiendo a Estados Unidos en el líder mundial en el desarrollo de programas "amistosos con el usuario" en todas las fases de la operación de manufactura.

ejemplo S1

Se ilustrará aún más el concepto mediante la simulación de 10 días de demanda para las llantas radiales en Barry´s Auto Tire (véase la tabla S11.2). Se seleccionan los números aleatorios necesarios de la tabla S11.3, empezando en la esquina superior izquierda de la tabla y continuando abajo de la primera columna.

Número de día	*Número aleatorio*	*Demanda diaria simulada*	
1	52	3	
2	37	3	
3	82	4	
4	69	4	
5	98	5	
6	96	5	
7	33	2	
8	50	3	
9	88	5	
10	90	5	
		39	Total de la demanda de 10 días
		39/10 = 3.9	= Demanda promedio diaria de llantas

Es interesante observar que la demanda promedio de 3.9 llantas en esta simulación de 10 días difiere significativamente de la demanda diaria *esperada*, la cual se puede calcular a partir de los datos de la tabla S11.2:

$$\text{Demanda esperada} = \sum_{i=1}^{5} (\text{probabilidad de unidades } i) \times (\text{demanda de unidades } i)$$

$$= (0.05)(0) + (0.10)(1) + (0.20)(2) + (0.30)(3) + (0.40)(4) + (0.15)(5)$$

$$= 0 + 0.1 + 0.4 + 0.9 + 0.8 + 0.75$$

$$= 2.95 \text{ llantas}$$

Sin embargo, si esta simulación se repitiera cientos o miles de veces, la demanda promedio *simulada* sería casi la misma que la demanda *esperada*.

Naturalmente que sería muy arriesgado llegar a una conclusión en forma rápida con respecto a la operación de la empresa sólo con una pequeña simulación. También es poco probable que alguien haga un gran esfuerzo de simulación con un modelo tan simple que contiene únicamente una variable. Sin embargo, la simulación a mano demuestra los principios involucrados y puede ser útil en los estudios de poca escala. Como es de esperar, la computadora puede ser una herramienta muy útil para llevar a cabo el trabajo tedioso en los trabajos más grandes de simulación.

LA SIMULACIÓN Y EL ANÁLISIS DEL INVENTARIO

En el capítulo 11 se presentó el tema de los modelos de inventario. Estos modelos de utilización frecuente suponen que tanto la demanda del producto como el tiempo de resurtido son conocidos y sus valores son constantes. En la mayoría de las situaciones de inventario, en realidad, la demanda y el tiempo de entrega son variables, y el análisis exacto se vuelve extremadamente difícil de manejar por cualquier otro medio diferente a la simulación.

En esta sección se presentará un problema de inventario con dos variables de decisión y dos componentes probabilísticos. El propietario de una ferretería, la cual estamos a punto de describir, desea establecer algunas decisiones acerca de la *cantidad de la orden* y del *punto de reorden* para un producto en particular que tiene una demanda diaria y un tiempo de entrega de la reorden probabilístico (con incertidumbre). Él desea hacer una serie de corridas de simulación, intentando varias cantidades de la orden y varios puntos de reorden, con el fin de minimizar su costo total de inventario para el producto. Los costos del inventario incluirán en este caso los costos de ordenar, manejar y de faltante del inventario.

ejemplo S2

Simkin´s Hardware vende el taladro eléctrico modelo Ace. La demanda diaria para el taladro es relativamente baja pero está sujeta a cierta variabilidad. En los últimos 300 días, Simkin ha observado las ventas mostradas en la columna 2 de la tabla S11.4. Él convierte esta frecuencia histórica en una distribución de probabilidad para la demanda diaria variable (columna 3). Una distribución de probabilidad acumulada se genera en la columna 4 de la tabla S11.4. Finalmente, Simkin establece un intervalo de números aleatorios para representar cada demanda diaria posible (columna 5).

Cuando Simkin coloca una orden para resurtir su inventario de taladros eléctricos Ace, hay un retraso en la entrega que va de uno a tres días. Esto significa que el tiempo de entrega también se puede considerar como una variable probabilística.

TABLA S11.4 Probabilidades e intervalos de números aleatorios para la demanda diaria de taladros Ace.

(1) DEMANDA PARA EL TALADRO ACE	(2) FRECUENCIA	(3) PROBABILIDAD	(4) PROBABILIDAD ACUMULADA	(5) INTERVALO DE NÚMEROS ALEATORIOS
0	15	0.05	0.05	01 al 05
1	30	0.10	0.15	06 al 15
2	60	0.20	0.35	16 al 35
3	120	0.40	0.75	36 al 75
4	45	0.15	0.90	76 al 90
5	30	0.10	1.00	91 al 00
	300 días	1.00		

El número de días que se tomaron para recibir las últimas 50 órdenes se presenta en la tabla S11.5. Parecida hasta cierto punto a la variable de la demanda, Simkin establece una distribución de probabilidad para la variable del tiempo de entrega (columna 3 de la tabla S11.5), calcula la distribución acumulada (columna 4) y le asigna intervalos de números aleatorios para cada tiempo posible (columna 5).

TABLA S11.5 Probabilidades e intervalos de números aleatorios para el tiempo de entrega de la reorden.

(1) TIEMPO DE ENTREGA (DÍAS)	(2) FRECUENCIA	(3) PROBABILIDAD	(4) PROBABILIDAD ACUMULADA	(5) INTERVALO DE NÚMEROS ALEATORIOS
1	10	0.20	0.20	01 al 20
2	25	0.50	0.70	21 al 70
3	15	0.30	1.00	71 al 00
	50 órdenes	1.00		

La primera política de inventario que Simkin´s Hardware quiere simular es una cantidad de orden de 10 con un punto de reorden de 5. Es decir, cada vez que el inventario en mano al final del día sea de cinco o menos, Simkin llamará a su proveedor y colocará una orden para 10 taladros más. Si el tiempo de entrega es de un día, por cierto, la orden no llegará la mañana siguiente, sino al tercer día en que se colocó el pedido.

El proceso entero está simulado a continuación para un periodo de 10 días. Se supone que el inventario inicial es de 10 unidades al primer día. Se tomaron los números aleatorios de la columna 2 de la tabla S11.3.

La tabla S11.6 se llenó calculando un día (o línea) a la vez, trabajando de izquierda a derecha. Fue un proceso de cuatro pasos:

1. Principiar cada día de la simulación verificando si había llegado algún inventario ordenado. Si había llegado, incrementar el inventario actual con la cantidad ordenada (10 unidades, en este caso).
2. Generar una demanda diaria desde la distribución de probabilidad de la demanda mediante la selección de un número aleatorio.
3. Calcular el inventario final = inventario inicial menos la demanda. Si el inventario en mano es insuficiente para cumplir la demanda del día, satisfacer la demanda lo más posible y anotar el número de ventas perdidas.

4. Determinar si el inventario al final del día ha alcanzado el punto de reorden (cinco unidades). Si lo ha hecho, y no hay órdenes sobresalientes, colocar una orden. El tiempo de entrega para una nueva orden se simula al elegir un número aleatorio y utilizando la distribución en la tabla S11.5.

La primera simulación de inventario de Simkin genera algunos resultados interesantes. El inventario promedio al final del día es:

$$\text{Inventario final promedio} = \frac{41 \text{ unidades totales}}{10 \text{ días}} = 4.1 \text{ unidades/día}$$

También se observan las ventas promedio perdidas y el número de órdenes colocadas por día:

$$\text{Ventas perdidas promedio} = \frac{2 \text{ ventas perdidas}}{10 \text{ días}} = 0.2 \text{ unidades/día}$$

$$\text{Número promedio de órdenes colocadas} = \frac{3 \text{ órdenes}}{10 \text{ días}} = 0.3 \text{ órdenes/día}$$

TABLA S11.6 Primera simulación del inventario de la ferretería de Simkin. La cantidad de la orden = 10 unidades; el punto de reorden = 5 unidades.

(1) Día	(2) Unidades recibidas	(3) Inventario inicial	(4) Número aleatorio	(5) Demanda	(6) Inventario final	(7) Ventas perdidas	(8) ¿Orden?	(9) Número aleatorio	(10) Tiempo de entrega
1		10	06	1	9	0	No		
2	0	9	63	3	6	0	No		
3	0	6	57	3	(3)[1]	0	Sí	(02)[2]	1
4	0	3	(94)[3]	5	0	2	No[4]		
5	(10)[5]	10	52	3	7	0	No		
6	0	7	69	3	4	0	Sí	33	2
7	0	4	32	2	2	0	No		
8	0	2	30	2	0	0	No		
9	(10)[6]	10	48	3	7	0	No		
10	0	7	88	4	3	0	Sí	14	1
				Totales:	41	2			

1. Esta es la primera vez que cayó el inventario al punto de reorden de cinco taladros. Debido a que no se tenía ninguna orden previa, se coloca una orden.
2. El número aleatorio 02 se genera para representar el primer tiempo de entrega. Fue extraído de la columna 2 de la tabla S11.3 como el siguiente número de la lista que se está usando. También era posible utilizar una columna por separado desde donde se podrían elegir los números aleatorios, pero en este ejemplo no se hizo.
3. De nuevo, se observa que los dígitos aleatorios 02 se utilizaron para el tiempo de entrega (véase la nota 2 al pie de la tabla). Así que el siguiente número en la columna es el 94.
4. No se coloca ninguna orden en el día 4 porque existe una orden pendiente del día anterior y que todavía no se ha recibido.
5. El tiempo de entrega para la primera orden colocada es de un día, pero como se observó en el texto, una orden no llega la mañana siguiente, sino más bien al principio del tercer día en que se solicitó el pedido. Por lo tanto, la primera orden llega al principio del día 5.
6. Ésta es la llegada de la orden colocada al cierre del sexto día. Afortunadamente para Simkin, no ocurrieron pérdidas de ventas durante el tiempo de entrega de dos días hasta que llegó la orden.

Estos datos son muy útiles para estudiar los costos de los inventarios, dentro de la política que se está simulando.

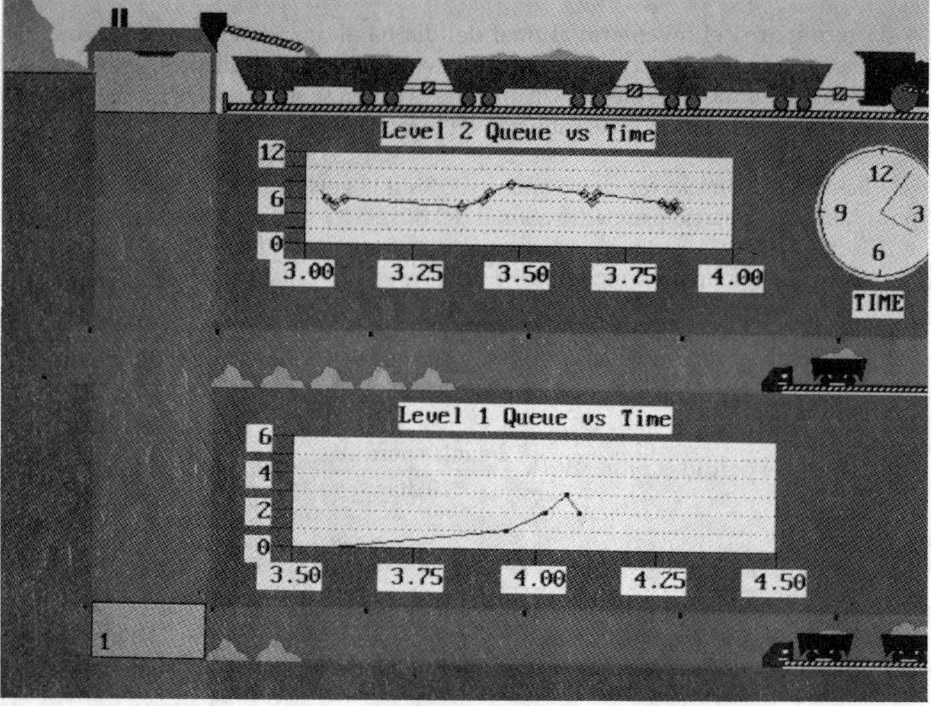

SIMSCRIPT, uno de los lenguajes utilizados más ampliamente para el propósito especial de la simulación, tiene capacidades gráficas que incluyen la animación de los sistemas que se están simulando. El software permite simulaciones especializadas de aplicaciones tan diversas como los sistemas de telecomunicaciones, fábricas y cambios del clima.

ejemplo S3

Simkin estima que el costo de colocar cada orden de taladros Ace es de 10 dólares, el costo de manejo del inventario por taladro almacenado al final de cada día es de 50 centavos de dólar, y el costo de cada venta perdida es de 8 dólares. Esta información permite calcular el costo diario del inventario para la política simulada en el ejemplo S2. Se examinarán los tres componentes del costo:

Costo diario de la orden = (Costo de colocar una orden)
× (Número de órdenes colocadas por día)
= $10 por orden × 0.3 órdenes por día= $3

Costo diario de manejo = (Costo de manejar una unidad por día)
× (Inventario final promedio)
= 50¢ por unidad por día × 4.1 unidades por día = $2.05

Costo de faltante diario = (Costo por venta perdida)
× (Número promedio de ventas perdidas por día)
= $8 por venta perdida × 0.2 ventas perdidas por día
= $1.60

Costo diario total del inventario = Costo diario de la orden + Costo diario de manejo
+ Costo diario de faltante = $6.65

Una vez más se desea enfatizar algo muy importante. Esta simulación se debe de extender por varios días antes de llegar a cualquier conclusión, tal como la política del costo de la orden que se está probando. Si se pretende realizar una simulación manual, 100 días pueden proporcionar una mejor representación. Si los cálculos los estuviera haciendo una computadora, con 1000 días se lograrían estimaciones más exactas de los costos.[2]

[2]Más aún, incluso con una simulación de 1000 días, la distribución generada se debe comparar con la distribución deseada para asegurar resultados válidos.

Supóngase que Simkin *si* completó una simulación de 1000 días acerca de la política anterior (cantidad de la orden = 10 taladros, punto de reorden = 5 taladros). ¿Esto completa el análisis? La respuesta es no, ¡éste es sólo el principio! Simkin debe comparar *esta* estrategia potencial con otras posibilidades. Por ejemplo, ¿qué tal una cantidad de la orden = 10 y un punto de reorden = 4; o una cantidad en la orden = 12 y un punto de reorden = 6; o una cantidad en la orden = 14 y un punto de reorden = 5? Quizá se deba simular cada combinación de valores en la cantidad de la orden de 6 a 20 taladros, con un punto de reorden de 3 a 10. Después de simular todas las combinaciones razonables de cantidades en la orden y de puntos de reorden, Simkin podría seleccionar la combinación que genera el menor costo total de inventario. El problema S11.4 ofrece una oportunidad para ayudar a Simkin a empezar esta serie de comparaciones.

EL PAPEL DE LAS COMPUTADORAS EN LA SIMULACIÓN

Las computadoras son críticas en la simulación de tareas complejas. Pueden generar números aleatorios, simular miles de periodos de tiempo en cuestión de segundos o minutos, y ofrecen a la administración reportes que hacen más fácil la toma de decisiones. De hecho, el enfoque con computadora es casi una necesidad, ya que permite conclusiones válidas derivadas de una simulación. Debido a que se requieren un gran número de simulaciones, sería muy agobiante confiar únicamente en lápiz y papel.

Hay disponibles dos tipos de lenguajes de programación para ayudar al proceso de simulación. El primero, los *lenguajes de propósito general*, incluye al FORTRAN, BASIC, COBOL, PL/1 y PASCAL. Si se ha tomado un curso introductorio de computación, indudablemente se ha estado expuesto a uno o más de estos.

El segundo tipo de lenguajes de programación disponible son: los *lenguajes cuyo propósito especial es la simulación.* Estos han sido desarrollados especialmente para manejar los problemas de simulación y tienen tres ventajas: (1) requieren de menor tiempo de programación para manejar grandes simulaciones, (2) son generalmente más eficientes y fáciles en la verificación de los errores y (3) tienen generadores de números aleatorios interconstruidos en sus rutinas. Los lenguajes de propósito especial más importantes son GPSS (por sus siglas en inglés, General Purpose System Simulator, Sistema simulador de

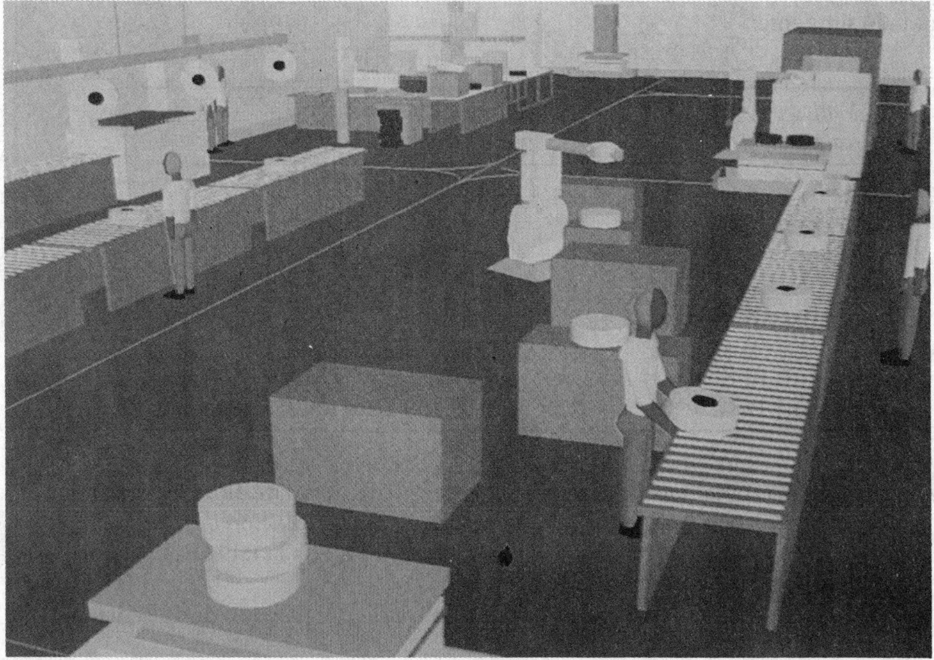

El software de simulación AutoMod, diseñado por AutoSimulations Inc., en Utah, es un sistema gráfico que permite a los usuarios modelar y analizar una variedad de problemas de manufactura con un conocimiento mínimo de programación. Las características de AutoMod incluyen plano con diseño asistido por computadora (CAD) en tres dimensiones, y gráficas interactivas y animadas. Aquí se observa el modelo 3D de una transmisión de línea de ensamble.

propósitos generales, desarrollado por IBM), SIMSCRIPT (creado por la Rand Corporation), DYNAMO (desarrollado en el MIT), y GASP (por sus siglas en inglés, General Activity Simulation Package, Paquete de simulación de actividades generales, también de IBM).

También están disponibles los programas comerciales de simulación previamente descritos. Algunos son generalizados para manejar una amplia variedad de situaciones con rangos que van desde la teoría de colas hasta el inventario. Los nombres de algunos de estos programas son: Witness, Xcell, MAP/1, Slam II y SIMFACTORY.

El software de hojas de cálculo, tal como el Lotus 1-2-3, también se puede utilizar para desarrollar simulaciones en forma rápida y fácil. Tales paquetes tienen generadores de números aleatorios interconstruidos y desarrollan salidas a través de sus comandos para el registro de datos en tablas.

TÉRMINOS CLAVE

Simulación *(p. 460)*
Método Monte Carlo *(p. 461)*
Distribución de probabilidad acumulada *(p. 462)*
Intervalos de números aleatorios *(p. 462)*
Número aleatorio *(p. 462)*

PROBLEMAS RESUELTOS

problema resuelto S11.1

Higgins Plumbing and Heating mantiene un inventario de calentadores de agua con capacidad para 30 galones, que vende e instala a los propietarios de casas. Al propietario, Jerry Higgins, le gusta la idea de tener un gran abasto en mano para cumplir la demanda de cualquier cliente. Pero también reconoce que esto es costoso. Él examina las ventas de calentadores de agua durante las últimas 50 semanas y anota lo siguiente:

Ventas por semana de calentadores de agua	*Número de semanas en que se vendió este número*
4	6
5	5
6	9
7	12
8	8
9	7
10	3
	50 Dato total en semanas

a) Si Higgins mantiene una oferta constante de calentadores de agua en cualquier semana, ¿cuántas veces tendrá faltante durante una simulación de 10 semanas? Se usan los números aleatorios de la séptima columna de la tabla S11.3, comenzando con los dígitos aleatorios 10.
b) ¿Cuál es el promedio de ventas por semana a través del periodo de 10 semanas?

c) Utilizando una técnica analítica y no simulación, ¿cuál es el número esperado de ventas por semana? ¿Cómo se compara esto con la respuesta en (b)?

Solución

Ventas de calentadores	*Probabilidad*	*Intervalos de números aleatorios*
4	0.12	01 al 12
5	0.10	13 al 22
6	0.18	23 al 40
7	0.24	41 al 64
8	0.16	65 al 80
9	0.14	81 al 94
10	0.06	95 al 00
	1.00	

a)

Semana	*Número aleatorio*	*Ventas simuladas*
1	10	4
2	24	6
3	03	4
4	32	6
5	23	6
6	59	7
7	95	10
8	34	6
9	34	6
10	51	7

Con una oferta de ocho calentadores, Higgins tendrá faltante una vez durante el periodo de 10 semanas (en la semana 7).

b) Las ventas promedio por simulación = ventas totales / 10 semanas = 62/10 = 6.20 por semana

c) Utilizando los valores esperados:

$$\begin{aligned} \text{E (Ventas simuladas)} &= 0.12\ (4\ \text{calentadores}) + 0.10\ (5) \\ &+ 0.18\ (6) + 0.24\ (7) + 0.16\ (8) \\ &+ 0.14\ (9) + 0.06\ (10) = 6.88\ \text{calentadores} \end{aligned}$$

Con una simulación más larga, estos dos métodos conducirán a resultados aún más cercanos.

problema resuelto S11.2

Los números aleatorios se pueden utilizar para simular distribuciones continuas. Como un ejemplo sencillo, supóngase que el costo fijo = 300 dólares, la contribución a la utilidad es de 10 dólares por artículo vendido, y se espera una posibilidad igualmente parecida de que 0 a 99 unidades sean vendidas. Es decir, la utilidad es igual a –\$300 + \$10X, donde X = el número vendido. El promedio de ventas esperado es de 49.5 unidades.

a) Calcular el valor esperado.
b) Simular la venta de 10 artículos, utilizando los siguientes números aleatorios de dos dígitos: 37, 77, 13, 10, 02, 18, 31, 19, 32 y 85.
c) Calcular el valor esperado de (b) arriba, y comparar con los resultados de (a) arriba.

Solución

a) valor esperado = –300 + 10(49.5) = \$195

b) –300 + \$10(37) = \$70

–300 + \$10(77) = \$470

–300 + \$10(13) = –\$170

–300 + \$10(10) = –\$200

–300 + \$10(02) = –\$280

–300 + \$10(18) = –\$120

–300 + \$10(31) = –\$10

–300 + \$10(19) = –\$110

–300 + \$10(32) = \$20

–300 + \$10(85) = \$550

c) La media para estas ventas simuladas es de 240 dólares. Si el tamaño de la muestra fuera más grande se podría esperar un mayor parecido en los dos valores.

autoevaluación capítulo S11

- *Antes de iniciar la autoevaluación* refiérase a los objetivos de aprendizaje listados al principio del suplemento y a los términos clave listados al final del mismo.
- Utilice la clave al final del texto para *corregir* sus respuestas.
- *Vuelva a estudiar* las páginas correspondientes a cualquier pregunta que haya contestado erróneamente o el material en el que se sienta inseguro.

1. La simulación es una técnica generalmente reservada para estudiar sólo los problemas más simples y fáciles.
a. Cierto **b.** Falso

2. Un modelo de simulación está diseñado para llegar a un resultado numérico único y específico para un cierto problema dado.
a. Cierto **b.** Falso

3. La simulación generalmente requiere de familiaridad con la estadística a fin de evaluar los resultados.
a. Cierto **b.** Falso

4. Con respecto a los problemas de inventario, una razón para utilizar la simulación en lugar de un modelo analítico es que el modelo de simulación es capaz de manejar la demanda y el tiempo de entrega probabilísticos.
a. Cierto **b.** Falso

5. Se piensa en la simulación más como una técnica para:
a. dar respuestas numéricas concretas
b. incrementar el entendimiento de un problema
c. ofrecer soluciones rápidas a problemas relativamente simples
d. ofrecer soluciones óptimas a problemas complejos

6. Los lenguajes de computación especializados han sido desarrollados para facilitar al usuario la simulación rápida de cierto tipo de problemas específicos.
a. Cierto **b.** Falso

7. La simulación es quizá la única técnica que se puede aplicar al estudio de, virtualmente, *cualquier* problema.
a. Cierto **b.** Falso

8. Los siete pasos que un administrador de P/OM debe llevar a cabo para utilizar la simulación en el análisis de un problema son:
(1)____, (2)____, (3)____, (4)____, (5)____, (6)____, (7)____.

9. Los cinco pasos requeridos para implementar la técnica de simulación Monte Carlo son:
(1)______, (2)______, (3)______, (4)______, (5)______.

10. Las ventajas de la simulación incluyen:
(1)____, (2)____, (3)____, (4)____, (5)____, (6)____, (7)____.

11. Las desventajas de la simulación incluyen:
(1)_______, (2)_______, (3)_______, (4)_______.

12. Cuando se simula el experimento Monte Carlo, la demanda promedio simulada a largo plazo debe aproximar la:
a. demanda real **b.** demanda por muestra
c. demanda esperada **d.** demanda diaria

13. La idea detrás de la simulación consiste en:
a. imitar una situación real
b. estudiar las propiedades y características de operación de una situación del mundo real
c. sacar conclusiones y tomar acciones de decisión basadas en los resultados de la simulación
d. todas las anteriores

14. Emplear la simulación para un problema de teoría de colas:
a. sería raro en una situación realista
b. es una alternativa sin razón si la tasa de llegada no está distribuida por Poisson, pero se puede graficar en una curva
c. no es apropiada si el tiempo de servicio no es exponencial o constante
d. todas las anteriores

15. Los lenguajes especiales cuyo propósito es la simulación incluyen:
a. FORTRAN
b. BASIC
c. GPSS
d. PL/1
e. todas las anteriores

16. Para asignar los números aleatorios en la simulación Monte Carlo:
a. es importante desarrollar una distribución de probabilidad acumulada
b. no es importante asignar el rango exacto del intervalo de números aleatorios como la probabilidad
c. es importante asignar los números aleatorios particularmente apropiados
d. todas las anteriores

17. En una simulación Monte Carlo, una variable que deseamos simular es:
a. el tiempo de entrega para la llegada de las órdenes de inventario
b. los tiempos entre las descomposturas de las máquinas
c. los tiempos entre llegadas en unas instalaciones de servicio
d. el número de empleados ausentes del trabajo cada día
e. todas las anteriores

18. Utilice los siguientes números aleatorios para simular las respuestas *sí* y *no* a 10 preguntas, empezar, en la primera *fila* y permitir que:
a. los números de doble dígito 00 a 49 representan *sí* y 50 a 99 representan *no.*
b. los números pares de doble dígito representan *sí* y los números nones representan *no.*

NÚMEROS ALEATORIOS: 52, 06, 50, 88, 53, 30, 10, 47, 99, 37, 66, 91, 35, 32, 00, 84, 57, 00

PREGUNTAS PARA DISCUSIÓN

1. ¿Cuáles son las ventajas y limitaciones en los modelos de simulación?
2. ¿Por qué se puede ver forzado un administrador a utilizar la simulación en lugar de un modelo analítico al tratar con un problema de?:
   a) política de orden de inventario
   b) barcos llegando a un puerto para desembarcar
   c) las ventanas de servicio de cajeros en un banco
   d) la economía de Estados Unidos
3. ¿Qué tipo de problemas de administración se pueden resolver más fácilmente por otras técnicas que no sean la simulación?
4. ¿Cuáles son los pasos principales en el proceso de simulación?
5. ¿Cuál es la simulación Monte Carlo? ¿En qué principios se basa su utilización, y que pasos se siguen en su aplicación?
6. En la simulación de la política de órdenes para los taladros en la ferretería de Simkin, ¿cambiarían los resultados (de la tabla S11.6) si se simulara un periodo más largo? ¿Por qué es válido o inválido el periodo de simulación de 10 días?
7. ¿Por qué es necesaria una computadora para llevar a cabo una simulación de la vida real?
8. ¿Cree que la aplicación de la simulación se incrementará fuertemente en los próximos 10 años? ¿Por qué?
9. ¿Por qué un analista preferirá siempre un lenguaje de propósito general tal como el FORTRAN o el BASIC en una simulación cuando están las ventajas de utilizar lenguajes de propósito especial tal como el GPSS o el SIMSCRIPT?

PROBLEMAS

Los siguientes problemas involucran simulaciones que se deben hacer manualmente. Usted está enterado de que se deben simular largos periodos con el fin de obtener resultados significativos y exactos. Esto es generalmente manejado por computadora. Si usted puede programar algunos de los problemas en un lenguaje con el cual esté familiarizado, se le sugiere que lo intente. Si no, las simulaciones manuales le ayudarán de cualquier forma a entender el proceso de la simulación.

• **S11.1** Bauman Property Management es responsable del mantenimiento, renta y operación diaria de un gran complejo de departamentos al oriente de New Brunswick. Gerald Bauman está especialmente preocupado por las proyecciones del costo para remplazar los compresores de aire acondicionado. A él le gustaría simular el número de fallas de los compresores cada año durante los próximos 20 años. Utilizando datos de un edificio de departamentos similar que administra en un suburbio de New Brunswick, Bauman establece una tabla de frecuencia relativa de fallas durante un año de la siguiente manera:

Número de fallas de compresores de aire acondicionado	*Probabilidad (frecuencia relativa)*
0	0.06
1	0.13
2	0.25
3	0.28
4	0.20
5	0.07
6	0.01

Él decide simular un periodo de 20 años al seleccionar números aleatorios de dos dígitos de la columna 3 en la tabla S11.3 (empezando con el número aleatorio 50).

Lleve a cabo la simulación de Bauman. ¿Es común tener tres o más años consecutivos de operación con dos o menos fallas de compresor por año?

• **S11.2** El número de automóviles que llegan a Doug Hinchey´s Car Wash durante las últimas 200 horas de operación se observan como sigue:

Número de automóviles que llegan	*Frecuencia*
2 o menos	0
4	20
5	30
6	50
7	60
8	40
9 o más	0
	200

a) Establecer una probabilidad y distribución de probabilidad acumulada para la variable de las llegadas de automóviles.

b) Establecer intervalos de números aleatorios para la variable.

c) Simular 15 horas de llegadas de automóviles y calcular el número promedio de llegadas por automóvil. Seleccionar los números aleatorios necesarios de la columna 1, tabla S11.3, empezando con el dígito 52.

• **S11.3** La demanda diaria de periódicos en una máquina en particular puede ser cualquiera de estos números 20, 21, 22 o 23 con probabilidades de 0.4, 0.3, 0.2 o 0.1 respectivamente. Supóngase que se han generado los siguientes números aleatorios: 08, 54, 74, 66, 52, 58, 03, 22, 89 y 85. Utilizando estos números, genere las ventas diarias de periódico para 10 días.

•• **S11.4** Simkin´s Hardware Store simuló una política de órdenes de inventario para los taladros eléctricos Ace, que involucró una cantidad de 10 taladros en la orden, con un punto de reorden de 5. Este primer intento para desarrollar una estrategia efectiva en costos se ilustró en la tabla S11.6 del ejemplo S2. La pequeña simulación dio como resultado un costo total diario del inventario de 6.65 dólares.

Simkin desearía comparar ahora esta estrategia con otra en la cual ordena 12 taladros, con un punto de reorden de 6. Lleve a cabo una simulación de 10 días y discuta las implicaciones en los costos.

•• **S11.5** Andrea Iorio, una estudiante de doctorado en la Northern Virginia University, ha tenido problemas con el saldo de su chequera. Su ingreso mensual se deriva de una asistencia de investigación para los graduados; sin embargo, ella también gana dinero extra en la mayoría de los meses al impartir un curso de análisis cuantitativo a los estudiantes de licenciatura. Sus posibilidades de varios niveles de ingresos se muestran aquí.

*Ingreso mensual**	*Probabilidad*
$350	0.40
$400	0.20
$450	0.30
$500	0.10

*Suponga que este ingreso se recibe al principio de cada mes.

Los gastos de Iorio también varían de mes a mes, y ella estima que seguirán esta distribución:

Gastos mensuales	*Probabilidad*
$350	0.10
$400	0.45
$500	0.30
$600	0.15

Ella empieza su último año con 600 dólares en su cuenta de cheques. Simule el año entero (12 meses) y discuta el panorama financiero de Iorio.

• **S11.6** Refiérase a los datos del problema resuelto S11.1, el cual tiene que ver con Higgins Plumbing and Heating. Higgins ha recopilado ahora 100 semanas de datos y encuentra la siguiente distribución para las ventas.

Ventas semanales de calentadores de agua	*Número de semanas en que este número se vendió*
3	2
4	9
5	10
6	15
7	25
8	21
9	12
10	10
11	5
	100

a) Vuelva a simular el número de fallas en el inventario que ocurren en un periodo de 20 semanas (suponiendo que Higgins mantenga un abasto constante de 8 calentadores).

b) Lleve a cabo esta simulación de 20 semanas dos veces más y compare sus resultados con los del inciso a. ¿Cambiaron en forma significativa? ¿Por qué sí o por qué no?

c) ¿Cuál es el nuevo número esperado de ventas por semana?

• **S11.7** El número de fallas de máquinas en un día en la fábrica de Mary Beth Chesbrough puede ser 0, 1 o 2, con probabilidades de 0.5, 0.3 y 0.2 respectivamente. Se han generado los siguientes números aleatorios: 13, 14, 02, 18, 31, 19, 32, 85, 31, 94. Utilice estos números para generar el número de fallas durante 10 días consecutivos. ¿Qué proporción de estos días tiene por lo menos una falla?

• **S11.8** El número de automóviles que llegan a la estación de autoservicio de gasolina de Joe Murray durante las últimas 50 horas de operación tienen el siguiente patrón:

Número de automóviles que llegan	*Frecuencia*
6	10
7	12
8	20
9	8

Los siguientes números aleatorios han sido generados: 44, 30, 26, 09, 49, 13, 33, 89, 13, 37. Simule 10 horas de llegadas a esta estación. ¿Cuál es el número promedio de llegadas durante este periodo?

• **S11.9** Chris Knetsche tiene un puesto de periódicos donde vende periódicos a 35 centavos de dólar. A ella le cuestan 25 centavos, esto le proporciona una utilidad de 10 centavos por cada uno que venda. A partir de su experiencia anterior Chris sabe que:

el 20% del tiempo vende 100 periódicos
el 20% del tiempo vende 150 periódicos
el 30% del tiempo vende 200 periódicos
el 30% del tiempo vende 250 periódicos

Chris piensa que el costo de una venta perdida es de 5 centavos de dólar, y que cada periódico no vendido le cuesta 25 centavos de dólar, simule su panorama de utilidad durante 5 días si ella ordena 200 periódicos para cada uno de los cinco días. Utilice los siguientes números aleatorios: 52, 06, 50, 88 y 53.

• **S11.10** Refiérase al problema S11.9. La nueva estrategia de Chris es ordenar 175 periódicos para cada uno de los cinco días. Utilice los mismos números aleatorios y simule la utilidad de Chris. ¿Cuál es la utilidad promedio cada día?

•• **S11.11** La tienda de abarrotes de Katrina Kohanowich ha observado los siguientes datos con respecto al número de gente que llega a las tres cajas de salida de la tienda para pagar y el tiempo que les lleva hacer este proceso individualmente.

Llegadas/minuto	*Frecuencia*
0	0.3
1	0.5
2	0.2

Tiempo del servicio en minutos	*Frecuencia*
1	0.1
2	0.3
3	0.4
4	0.2

Simule la tasa de utilización de las tres cajas de salida durante 5 minutos, usando los siguientes números aleatorios: 07, 60, 77, 49, 76, 95, 51, 16. Observe los resultados después del periodo de cinco minutos.

• • **S11.12** Las ventas diarias promedio de un producto en la tienda de Heather Crone es de 8 unidades. El número real de ventas de cada día es de 7, 8 o 9 con probabilidades de 0.3, 0.4 y 0.3 respectivamente. El tiempo de entrega para los envíos promedia 4 días, aunque el tiempo puede ser de 3, 4 o 5 días con probabilidades de 0.2, 0.6 y 0.2 respectivamente. La compañía planea colocar una orden cuando el nivel de inventario caiga a 32 unidades (basada en la demanda promedio y el tiempo promedio de entrega). Se han generado los siguientes números aleatorios:

60, 87, 46, 63 (conjunto 1)
52, 78, 13, 06, 99, 98, 80, 09, 67, 89, 45 (conjunto 2)

Utilice el conjunto 1 para generar los tiempos de espera y el conjunto 2 para simular la demanda diaria. Simule dos periodos de órdenes y determine la frecuencia en que la compañía queda con faltante de inventario antes de que llegue el embarque.

• • **S11.13** El tiempo entre llegadas en una ventana de auto servicio en el restaurante de comida rápida de Sheila Berger sigue la distribución que está a continuación. La distribución del tiempo de servicio está dada también en la siguiente tabla. Utilice los números aleatorios presentados abajo para simular la actividad de las primeras cinco llegadas. Asuma que la ventana abre a las 11:00 A.M. y la primera llegada es después de esta hora, basándose en el primer tiempo entre llegadas que se genera.

Tiempo entre llegadas	*Probabilidad*	*Tiempo del servicio*	*Probabilidad*
1	0.2	1	0.3
2	0.3	2	0.5
3	0.3	3	0.2
4	0.2		

Números aleatorios para llegadas: 14, 74, 27, 03
Números aleatorios para tiempos de servicio: 88, 32, 36, 24

¿A qué hora deja el sistema el cuarto cliente?

• **S11.14** Julia Walters es propietaria y opera una de las más grandes distribuidoras de automóviles Mercedes-Benz en Washington, D.C. En los últimos 36 meses sus ventas del automóvil de lujo han variado de una baja de 6 automóviles nuevos a una alta de 12 automóviles nuevos, como se refleja en la siguiente tabla:

Ventas de automóviles nuevos/mes	*Frecuencia*
6	3
7	4
8	6
9	12
10	9
11	1
12	1
	36 meses

Ella cree que las ventas continuarán, durante los próximos 24 meses, aproximadamente iguales a las tasas históricas, y que los tiempos de entrega también continuarán este mismo ritmo (establecido en forma de probabilidad):

Tiempo de entrega (en meses)	*Probabilidad*
1	0.44
2	0.33
3	0.16
4	0.07
	1.00

La política actual de Walters es ordenar 14 automóviles a la vez (dos cargas completas camión de remolque, con 7 automóviles en cada remolque), y colocar una nueva orden cuando el inventario en mano llega a 12 automóviles. ¿Cuáles son los resultados de esta política cuando se simula el próximo periodo de dos años?

•• **S11.15** Refiérase al problema S11.14. Julia Walters establece los siguientes costos relevantes. (1) el costo de mantener el inventario por Mercedes al mes es de 600 dólares; (2) el costo promedio de una venta perdida es de 4350 dólares; y (3) el costo de colocar una orden es de 570 dólares. ¿Cuál es el costo total del inventario en la política simulada del problema S11.14?

••• **S11.16** Julia Walters (véanse los problemas S11.14 y S11.15) desea intentar una nueva política en simulación, solicitando 21 automóviles por orden, con un punto de reorden de 10 automóviles. ¿Cuál política es mejor, ésta o la formulada en los problemas S11.14 y S11.15?

••• **S11.17** La Eichler Corporation es el mayor fabricante de lavadoras industriales de la nación. Un ingrediente principal en el proceso de producción son las hojas de acero inoxidable de 8 por 10 pies. El acero se utiliza tanto para los tambores interiores de lavado como para las cubiertas exteriores.

El acero es adquirido semanalmente sobre una base contractual con la RTT Foundry, la cual, debido a su disponibilidad limitada y sus tamaños de lote, puede embarcar ya sean 8000 u 11000 pies cuadrados de acero inoxidable cada semana. Cuando se coloca la orden semanal de Eichler, hay una probabilidad del 45% de que lleguen 8000 pies cuadrados, y una posibilidad del 55% de recibir la orden con el mayor tamaño.

Eichler utiliza el acero inoxidable sobre una base irregular. Las probabilidades de la demanda de cada semana son:

Acero necesario por semana (pies cuadrados)	*Probabilidad*
6 000	0.05
7 000	0.15
8 000	0.20
9 000	0.30
10 000	0.20
11 000	0.10

Eichler tiene una capacidad para almacenar hasta 25 000 pies cuadrados de acero en cualquier momento. Debido al contrato, las órdenes se *deben* colocar cada semana a pesar del inventario en mano.

a) Simule las llegadas de las órdenes de acero inoxidable y su utilización durante 20 semanas. (Empiece con un inventario inicial de 0 acero inoxidable.) Si un inventario de fin de semana es negativo alguna vez, suponga que se permiten las órdenes pendientes y llene la demanda con la siguiente orden que entra.

b) ¿Debe Eichler agrandar el área de almacenamiento? De ser así, ¿cuánto? Si no, comente el sistema.

••• **S11.18** Montgomery, el hospital general de Alabama tiene una sala de emergencia que está dividida en seis departamentos: (1) la estación de examen inicial para tratar problemas menores o para hacer diagnósticos; (2) un departamento de rayos-x; (3) una sala de operaciones; (4) una sala de enyesado; (5) una sala de observación (para recuperación y observación general antes del diagnóstico final o el alta); y (6) un departamento de procesamiento de la salida (donde los empleados atienden a los pacientes y arreglan sus formas de pago o de seguro).

Las probabilidades de que un paciente vaya de un departamento a otro se presentan en la tabla adjunta.

a) Simule la ruta seguida por 10 pacientes de la sala de emergencias. Proceda, con un paciente a la vez, desde su admisión en la estación de examen inicial hasta su proceso de salida. Usted debe estar enterado de que un paciente puede entrar al mismo departamento más de una vez.

b) Utilizando sus datos de la simulación, ¿cuáles son las posibilidades de que un paciente entre a la sala de rayos-x dos veces?

De	*A*	*Probabilidad*
Examen inicial en la entrada de la sala de emergencia	Departamento de rayos-x	0.45
	Sala de operación	0.15
	Sala de observación	0.10
	Empleado para el proceso de salida	0.30
Departamento de rayos-x	Sala de operación	0.10
	Sala de enyesado	0.25
	Sala de observación	0.35
	Empleado para el proceso de salida	0.30
Sala de operaciones	Sala de enyesado	0.25
	Sala de observación	0.70
	Empleado para el proceso de salida	0.05
Sala de enyesado	Sala de observación	0.55
	Departamento de rayos-x	0.05
	Empleado para el proceso de salida	0.40
Sala de observación	Sala de operaciones	0.15
	Departamento de rayos-x	0.15
	Empleado para el proceso de salida	0.70

CASO DE ESTUDIO

Biales Waste Disposal, GmbH

Biales Waste Disposal, GmbH, cuyas oficinas centrales están en Dusseldorf, Alemania, opera siete camiones semiremolcadores de construcción especial para el transporte comercial material radioactivo de desperdicio, durante largos recorridos. Cada camión promedia una carga completa por semana, recogiendo los contenedores radioactivos de compañías químicas y otros fabricantes en Europa central. Las cargas son cuidadosamente llevadas a un tiradero del gobierno cerca de Dresden, el cual era hasta la reunificación un centro manufacturero en Alemania del Este. Actualmente, las recolecciones se hacen en ocho países: Italia, Alemania, Austria, Francia, Bélgica, Holanda, Dinamarca y Polonia.

Biales mantiene una oficina en la capital de cada país en que da servicio. El personal no sólo incluye un administrador y una secretaria en cada oficina nacional, sino un gestionador/abogado de tiempo parcial para ayudar en muchos temas políticos, culturales, fronterizos y legales que surgen en la industria del depósito de desechos nucleares.

Sybil Biales, propietario de la empresa, está considerando seriamente eliminar a Italia como una fuente de negocios. El año pasado, sólo se manejaron ahí 25 cargas de camión con desperdicios. Debido a que los fabricantes textiles del norte de Italia son la fuente primaria de los transportes de Biales, el tamaño y los ingresos de esos embarques determinarán si es rentable mantener una oficina y hacer negocio en ese país.

Para analizar el mercado italiano, Biales recopila datos sobre los embarques e ingresos del año anterior. Cada uno de los 25 camiones que fueron cargados en Italia el año pasado transportó entre 26 y 50 barriles de desperdicio. El ingreso generado por cada barril difirió significativamente (con un rango de 50 a 80 marcos alemanes o DMs) basado en el tipo de material radioactivo que se cargó y el peso de los barriles que se embarcaron. (Véase la tabla adjunta para los detalles.)

Datos italianos de Biales

Número de barriles de desperdicio cargados	*Número de veces que el camión transportó este tamaño de carga el año pasado*	*Ingresos por barril (DMs)*	*Número de viajes con este ingreso*
26-30	3	50	5
31-35	4	60	11
36-40	6	70	7
41-45	9	80	2
46-50	3		
	25		25

Biales decidió que si la tabla simulara 25 cargas de camión saliendo de Italia podría determinar la rentabilidad de la operación el siguiente año. Ésta estima que cada embarque al tiradero de Dresden cuesta 900 marcos alemanes, incluyendo al chofer y los gastos del camión; otros costos del embarque, y la carga y descarga promedian 120 marcos alemanes por embarque. Adicionalmente, cuesta 41 000 marcos operar la oficina italiana. Esto incluye salarios y costos fijos indirectos que son asignados desde la oficina central en Dusseldorf

Pregunta para discusión

1. ¿Generarán los embarques italianos del año próximo los suficientes ingresos para cubrir los costos de Biales en ese país?

BIBLIOGRAFÍA

Ernshoff, J. R., y R. L. Sisson. *Computer Simulation Models.* Nueva York: Macmillan Co., 1970.

Gordon, G. *System Simulation.* Englewood Cliffs, NJ: Prentice-Hall, 1969.

Law, A. M. "Introduction to Simulation." *Industrial Engineering* (mayo de 1986), pp. 46-63.

Mize, J. H., y J. G. Cox. *Essentials of Simulation.* Englewood Cliffs, NJ: Prentice-Hall, 1968.

Render, B., y R. M. Stair. *Introduction to Management Science.* Boston: Allyn & Bacon, 1992.

Render, B., y R. M. Stair. *Quantitative Analysis for Management,* 5ta. ed. Boston: Allyn & Bacon, 1994.

Shannon, R. E. *Systems Simulation: The Art and Science.* Englewood Cliffs, NJ: Prentice-Hall, 1975.

Solomon, S. L. *Simulation of Waiting Lines.* Englewood Cliffs, NJ: Prentice-Hall, 1983.

Trunk, C. "Simulation for Success in the Automated Factory." *Material Handling Engineering* (mayo de 1989), pp. 64-76.

Watson, H. J. *Computer Simulation in Business.* Nueva York: John Wiley & Sons, 1981.

Planeación de los requerimientos de materiales (MRP)

capítulo **12**

PERFIL DEL CAPÍTULO

Requerimientos del modelo de inventario dependiente
- Programa maestro de producción
- Especificaciones o listas de materiales
- Registros precisos de inventario
- Órdenes de compra pendientes
- Tiempos de preparación para cada componente

Beneficios del MRP
Estructura del MRP
Regeneración y cambio neto
Técnicas de determinación del tamaño de los lotes
MRP de ciclo cerrado, planeación de la capacidad y planeación de los requerimientos de materiales II (MRP II)
Resumen
Términos clave
Problemas resueltos
Autoevaluación capítulo 12
Preguntas para discusión
Problemas
Caso de estudio
Bibliografía

OBJETIVOS DE APRENDIZAJE

Cuando termine este capítulo usted podrá:

Identificar o definir:

Determinación del tamaño de los lotes
Codificación de nivel bajo
Planeación de las listas, seudo listas y conjuntos de componentes
Listas fantasma

Explicar:

Planeación de los requerimientos de materiales
Planeación de los requerimientos de distribución

Los modelos de inventario que se discutieron en el capítulo 11 suponen que la demanda para un producto es independiente de la demanda de otro. Por ejemplo, la demanda de refrigeradores puede ser *independiente* de la demanda de las lavadoras de platos. Más aún, la demanda de hoy tiene poco, si no es que nada, que ver con la demanda de mañana.

Sin embargo, la demanda de muchos productos puede ser dependiente. Por *dependiente*, se quiere decir que la demanda de un producto está relacionada con la demanda de otro producto. Considérese un fabricante de automóviles. La demanda de llantas de automóvil y de radiadores del fabricante de automóviles depende de la producción de automóviles. En cada automóvil terminado van cuatro llantas y un radiador. La demanda de los artículos es *dependiente* cuando se puede determinar la relación entre los artículos. Por lo tanto, una vez que la administración puede hacer un pronóstico de la demanda para el producto final, se pueden calcular las cantidades requeridas para todos los componentes, porque todos ellos son artículos *dependientes*. Por ejemplo, el administrador de operaciones de la Boeing Aircraft que programa la producción de un avión por semana, conoce los requerimientos hacia abajo hasta el último ribete. Para cualquier producto, todos sus componentes son productos con demanda *dependiente. En forma más general, para cualquier producto en el que se pueda establecer un programa, se deben utilizar las técnicas dependientes.*

Las técnicas dependientes, cuando se pueden utilizar, son preferibles a los modelos del capítulo 11. Esto se cumple para todas las partes de los componentes, subensambles, y provisiones cuando se conoce un programa. Es cierto no sólo para los fabricantes y las distribuidoras, sino también para una amplia gama de empresas que van desde los restaurantes[1] hasta los hospitales.[2] Cuando las técnicas dependientes son utilizadas en un ambiente productivo, son llamadas **planeación de los requerimientos de materiales** (MRP, por sus siglas en inglés, Material Requirements Planning).

Planeación de los requerimientos de materiales (MRP)

REQUERIMIENTOS DEL MODELO DE INVENTARIO DEPENDIENTE

En este capítulo se examinan los requerimientos de los modelos de inventario dependiente. Después se analiza la aplicación de estos modelos. La utilización efectiva de los modelos de inventarios dependientes requieren que el administrador de operaciones conozca:

1. el programa maestro de producción (qué se necesita hacer y cuándo);
2. las especificaciones o lista de materiales (cómo hacer el producto);
3. la disponibilidad del inventario (qué hay en el almacén);
4. las órdenes de compra pendientes (qué está ordenado);
5. los tiempos de entrega (cuánto tiempo se tarda en obtener los componentes).

En este capítulo se discutirá cada uno de estos requerimientos en el contexto de la planeación de los requerimientos de materiales (MRP).

Programa maestro de producción

Programa maestro de producción

Un **programa maestro de producción** especifica lo que se debe fabricar y cuándo se debe fabricar. El programa debe estar de acuerdo con un plan de producción. Esta planeación se deriva de las técnicas de planeación agregadas del capítulo 9. Tales planes incluyen una variedad de entradas, las cuales involucran también a los planes financieros, la demanda del cliente, las posibilidades de ingeniería, la disponibilidad de la mano de obra, las fluctuaciones del inventario, el desempeño de los proveedores y otras conside-

[1] John G. Wacker, "Effective Planning and Cost Control for Restaurants: Making Resource Requirements Planning Work", *Production and Inventory Management* **26** (primer trimestre de 1985), pp. 55-70.
[2] David W. Pentico, "Material Requirements Planning: A New Tool for Controlling Hospital Inventories", en *Hospital Topics* **57** (mayo-junio de 1979), pp. 40-43.

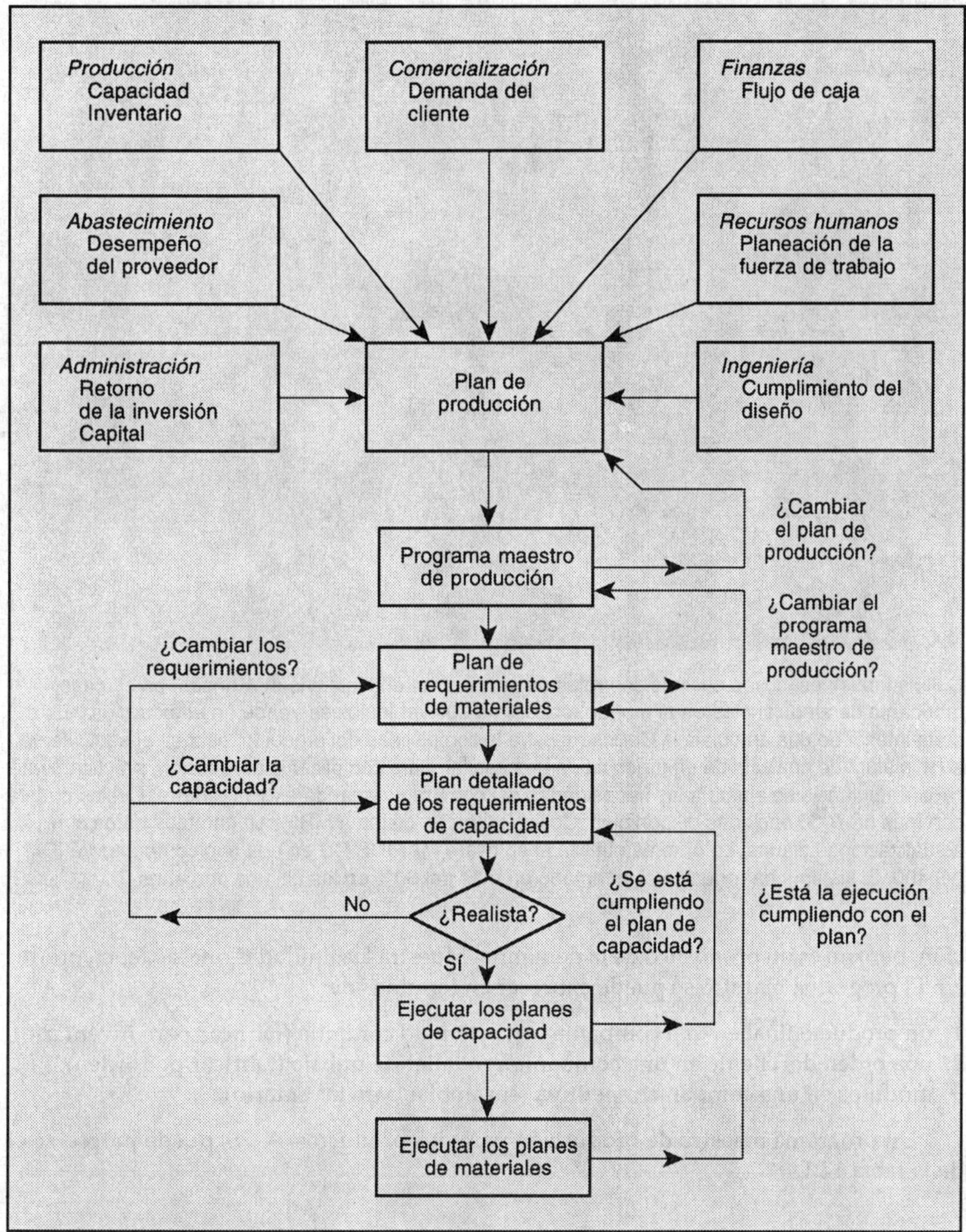

FIGURA 12.1 El proceso de planeación.

raciones. Cada uno contribuye de manera propia al plan de producción, como se muestra en la figura 12.1, la cual muestra el proceso de planeación desde el plan de producción hasta la ejecución. Cada uno de los planes a menor nivel deben ser factibles. Cuando no lo son, se debe realimentar al siguiente nivel superior para hacer los ajustes necesarios. Uno de los principales poderes del MRP es su habilidad para determinar con precisión la factibilidad de un programa dentro de las restricciones de capacidad. El plan de producción establece los límites superior e inferior del programa maestro de producción.

El plan maestro de producción indica los requerimientos para satisfacer la demanda y cumplir con el plan de producción. Este programa establece qué productos fabricar y cuándo. Muchas organizaciones establecen un programa maestro de producción y después "fijan" la porción a corto plazo del plan. La porción fija del programa es conocida como el programa "fijo", "firme" o "congelado". Sólo se permiten los cambios después del programa fijo establecido. El programa maestro de producción determina la produc-

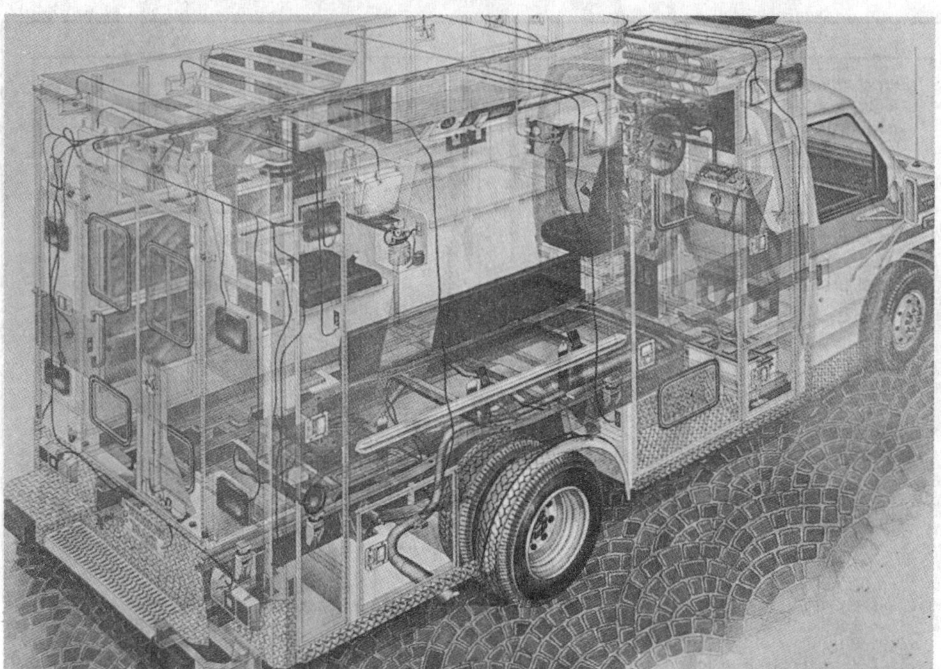

Collins Industries, cuyas oficinas centrales se encuentran en Hutchinson, Kansas, es el mayor fabricante de ambulancias en el mundo, el 20% de sus vehículos se vende en el extranjero. Este corte interior de una ambulancia Collins muestra la complejidad del producto, ésta es el equivalente en miniatura de una sala de emergencia de un hospital. Para complicar la producción, prácticamente cada ambulancia se ajusta a las necesidades del comprador cuando éste la ordena; Collins cuenta con más de 7000 opciones disponibles. Collins utiliza un sistema MRP con cambios netos con actualizaciones diarias. La empresa utiliza el software MAPICS DB en una minicomputadora IBM AS 400. El sistema ha reducido el inventario en más del 30% en los últimos dos años.

ción, pero no es un pronóstico de la demanda. Muestra las unidades que se deben producir. El programa maestro se puede expresar en términos de:

1. un producto final en una compañía con actividad continua (fabricar para inventario);
2. una orden del cliente en una compañía con taller de trabajo (fabricar por orden);
3. módulos en una compañía repetitiva (ensamblar para inventario).

Un programa maestro de producción para dos productos, A y S, puede parecerse al de la tabla 12.1.

Especificaciones o listas de materiales

Lista de materiales (BOM)

Las unidades que se deben producir están a menudo especificadas por medio de una lista de materiales, la cual se presentó en el capítulo 4. Una **lista de materiales** (**BOM**, por sus siglas en inglés, Bill of materials) es una lista de las cantidades de los componentes, ingre-

TABLA 12.1 Programa maestro de producción para los productos A y S.

REQUERIMIENTOS BRUTOS PARA EL PRODUCTO A										
Semana	6	7	8	9	10	11	12	13	14	y así sucesivamente
Cantidad	50		100	47	60		110	75		

REQUERIMIENTOS BRUTOS PARA EL PRODUCTO S											
Semana	7	8	9	10	11	12	13	14	15	16	y así sucesivamente
Cantidad	100	200	150			60	75		100		

dientes y materiales requeridos para fabricar un producto. Tanto una receta de comida casera que especifica los ingredientes y el equipo, como un conjunto completo de planos para construir un avión son listas de materiales (aunque sus objetivos sean diferentes). Una lista de materiales para el producto A en el ejemplo 1 consiste de las partes B y C. Los productos arriba de cualquier nivel son llamados *padres;* los productos debajo de cualquier nivel son llamados *componentes* o *hijos.* Una lista de materiales ofrece la estructura del producto. El siguiente ejemplo muestra el desarrollo de la estructura del producto y la forma de "explotarla" para revelar los requerimientos de cada componente.

ejemplo 1

La demanda de Fun Lawn para su producto A es de 50 unidades. Cada unidad de A requiere de dos unidades de B y tres unidades C. Cada unidad B requiere de dos unidades D y tres unidades E. Más aún, cada unidad C requiere de una unidad E y dos unidades F. Y cada unidad F requiere de una unidad G y dos unidades D. Por lo tanto la demanda de B, C, D, E, F y G es completamente dependiente de la demanda de A. Con esta información, se puede construir una estructura de producto para los productos de inventario relacionados:

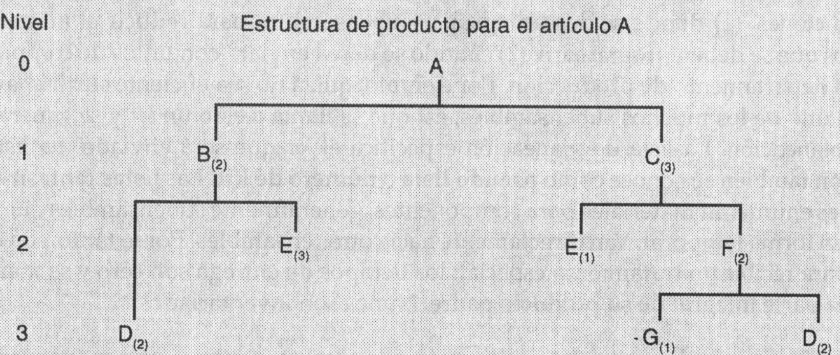

La estructura tiene cuatro niveles: 0, 1, 2 y 3. Hay cuatro padres: A, B, C y F. Cada producto padre tiene por lo menos un nivel hacia abajo. Los productos B, C, D, E, F y G son componentes porque cada producto tiene por lo menos un nivel hacia arriba. En esta estructura, B, C y F son padres y componentes. El número en el paréntesis indica cuántas unidades de ese producto en particular, son necesarias para fabricar el producto inmediatamente arriba de él. Por lo tanto $B_{(2)}$ significa que se necesitan dos unidades de B para cada unidad de A, y $F_{(2)}$ significa que se requieren dos unidades de F para cada unidad de C.

Una vez que se ha desarrollado la estructura del producto, se puede determinar el número de unidades que requiere cada producto para satisfacer la demanda. Esta información se despliega en la siguiente tabla:

Parte B:	2 × número de As =	(2)(50) =	100
Parte C:	3 × número de As =	(3)(50) =	150
Parte D:	2 × número de Bs + 2 × número de Fs =	(2)(100) + (2)(300) =	800
Parte E:	3 × número de Bs + 1 × número de Cs =	(3)(100) + (1)(150) =	450
Parte F:	2 × número de Cs =	(2)(150) =	300
Parte G:	1 × número de Fs =	(1)(300) =	300

Entonces para 50 unidades A, se necesitarán 100 unidades B, 150 unidades C, 800 unidades D, 450 unidades E, 300 unidades F y 300 unidades G.

Las listas de materiales no sólo especifican los requerimientos, sino también son muy valiosas para costear, y pueden servir como una lista de los productos que se deben enviar al personal de producción o de ensamble. Cuando las listas de materiales (BOM) se utilizan de esta manera, generalmente se les conoce como *listas de acopio.*

Listas modulares

Listas modulares. Las listas de materiales pueden estar organizadas alrededor de los módulos de productos (véase el capítulo 4). Los módulos no son productos finales que serán vendidos, sino artículos que se pueden producir y ensamblar en unidades. Pueden ser componentes principales del producto final u opciones del producto. Las listas de materiales para estos módulos son llamadas **listas modulares.** Las listas de materiales son organizadas algunas veces en módulos (más que como parte de un producto final) porque el programa de producción y la producción en sí se facilitan al organizarse alrededor de relativamente pocos módulos, en lugar de una multitud de ensambles finales. Por ejemplo, una empresa puede fabricar 138 000 productos finales diferentes, pero es probable que tenga únicamente 40 módulos que se mezclan y juntan para producir los 138 000 productos finales.[3] La empresa pronostica, prepara su programa maestro de producción y construye los 40 módulos, mas no las 138 000 configuraciones del producto final. Los cuarenta módulos se pueden ensamblar para órdenes específicas durante el ensamble final.

Listas de planeación

Seudo lista

Número de kit

Listas fantasma de materiales

Listas de planeación y listas fantasma. Existen otros tipos especiales de listas de materiales. Estas incluyen las listas de planeación y las listas fantasma. Las **listas de planeación** se crean con el fin de asignar un padre artificial a la lista de materiales. Esto es ventajoso, bajo dos condiciones: (1) donde se desean agrupar subensambles para reducir el número de productos que se deben programar y (2) cuando se desea enviar "conjuntos de componentes *kit*" al departamento de producción. Por ejemplo, quizá no sea eficiente surtir chavetas con cada uno de los muchos subensambles, así que se llama a esto un *kit* y se genera una lista de planeación. La lista de planeación especifica el *kit* que será enviado. La lista de planeación también se conoce como **pseudo lista** o **número de kit.** Las **listas fantasmas de materiales** enumeran materiales para componentes, generalmente subensambles que existen sólo en forma temporal. Van directamente hacia otros ensambles. Por lo tanto, son codificados para recibir un tratamiento especial; los tiempos de entrega son cero y se manejan como una parte integral de su producto padre. Nunca son inventariados.

Codificación por nivel menor

Codificación por nivel menor. La codificación por nivel menor para un producto en una BOM es necesaria cuando existen productos idénticos en varios niveles de la BOM. La **codificación por nivel menor** significa que el producto se codifica en el nivel más bajo en que existe. Por ejemplo, el producto D en el ejemplo 1 está codificado en el nivel más bajo en que se utiliza. El producto D se puede codificar como parte de B y estar en el nivel 2. Pero D también es parte de F, y F está en el nivel 2, el producto D se convierte en un producto de nivel 3. La codificación por nivel menor permite el cálculo fácil de los requerimientos para un producto. Cuando la BOM tiene miles de productos y los requerimientos son recalculados con frecuencia, la facilidad y la velocidad de los cálculos se convierten en una de las principales preocupaciones.

Registros precisos de inventario

El conocimiento de lo que se encuentra en el almacén es el resultado de una buena administración del inventario, según se comentó en el capítulo 11. La buena administración del inventario es una necesidad absoluta para que trabaje un sistema MRP. Si la empresa aún no logra por lo menos el 99% de la precisión en los registros, entonces la planeación de los requerimientos de los materiales no funcionará adecuadamente.

Órdenes de compra pendientes

Es importante resaltar que las órdenes pendientes deben existir como un subproducto de la buena administración en el departamento de compras y control de inventarios.

[3]Dave Garwood, "Stop Before You Use the Bill Processor ..." *American Production and Inventory Control Society* (segundo trimestre de 1970), pp. 73-75.

TABLA 12.2 Tiempos de entrega para el producto A.

COMPONENTE	TIEMPO DE ENTREGA
A	1 semana
B	2 semanas
C	1 semana
D	1 semana
E	2 semanas
F	3 semanas
G	2 semanas

Cuando las órdenes de compra son ejecutadas, la fecha programada de entrega debe ser adecuada para el personal de producción. Los administradores sólo pueden preparar buenos planes de producción y ejecutar en forma efectiva un sistema de MRP, cuando son realimentados con información oportuna del área de compras.

Tiempos de entrega para cada componente

La administración debe determinar cuándo son necesarios los productos. Sólo en ese momento se puede determinar cuándo comprar, producir o ensamblar. Esto significa que el personal de operaciones determina los tiempos de espera, movimiento, fila, preparación y corrida para cada componente. Cuando se agrupan juntos, estos tiempos se llaman **tiempos de entrega.** Cuando la lista de materiales para el producto A (ejemplo 1) se deja a un lado y los tiempos de entrega (véase la tabla 12.2) se añaden a cada componente (el tiempo en el eje horizontal), entonces se tiene una estructura de producto con fases de tiempo. Esto se muestra en la figura 12.2.

Tiempos de entrega

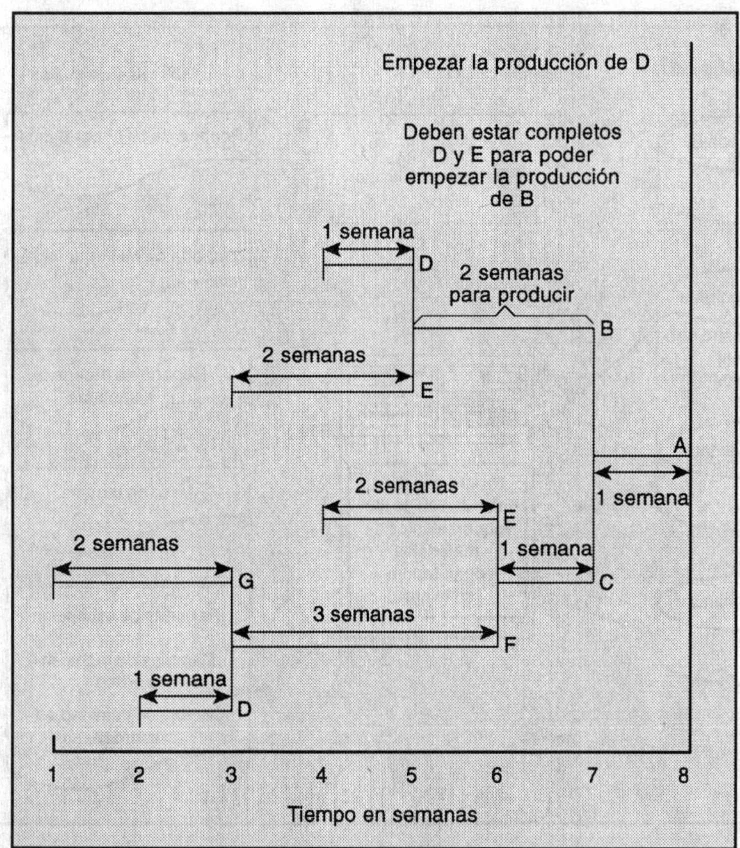

FIGURA 12.2 Estructura del producto con fases de tiempo.

BENEFICIOS DEL MRP

En los modelos de inventario del capítulo 11, las preguntas que se contestaron fueron cuánto y cuándo ordenar. Es cierto que la demanda dependiente hace la programación y la planeación del inventario más compleja, sin embargo, también se obtienen beneficios. Algunos son:

1. un mayor servicio y satisfacción del cliente;
2. una mayor utilización de las instalaciones y la mano de obra;
3. una mejor planeación y programación del inventario;
4. una respuesta más rápida a los cambios del mercado y los turnos;
5. niveles de inventario reducidos sin disminuir el servicio al cliente.

Cuando se aplican a la manufactura repetitiva, los sistemas más sobresalientes de MRP pueden generar una rotación del inventario de 150 veces por año.

ESTRUCTURA DEL MRP

Aunque la mayor parte de los sistemas MRP son computarizados, el análisis es directo y similar de un sistema computarizado al siguiente. Un programa maestro de producción, una lista de materiales, los registros de inventario y de compras, y los tiempos de entrega para cada producto son ingredientes de un sistema de planeación de los requerimientos de materiales (véase la figura 12.3).

Plan bruto de los requerimientos de materiales

El siguiente paso es la elaboración de un plan bruto de los requerimientos de materiales. El **plan bruto de los requerimientos de materiales** es un programa que combina el plan maestro de producción (tabla 12.1) con el programa de fases de tiempo (figura 12.2). Muestra cuándo se debe ordenar un producto a los proveedores o cuándo se debe

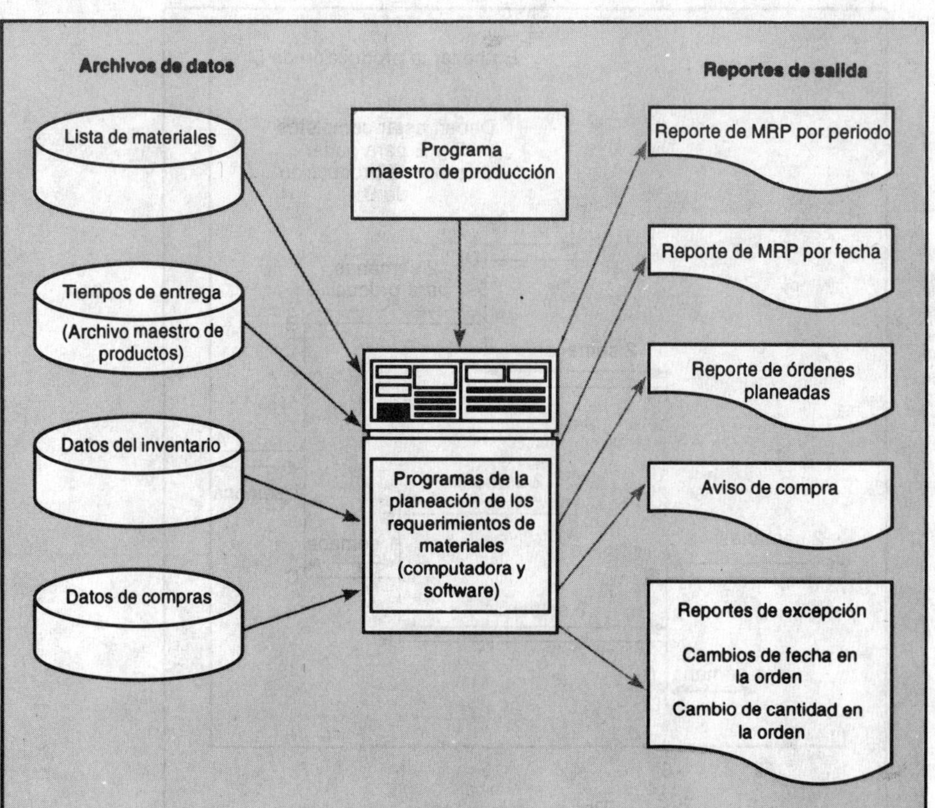

FIGURA 12.3 Estructura del sistema MRP.

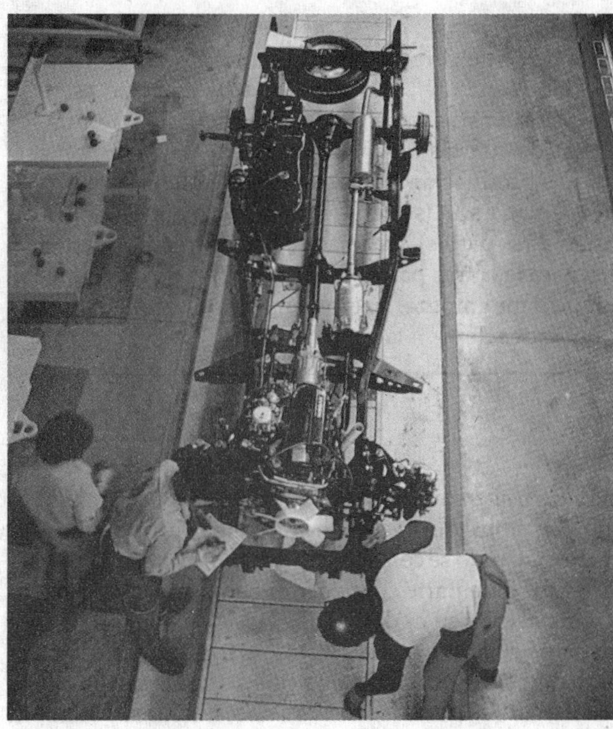

Esta línea de ensamble de los camiones pick-up Nissan en Smyrna, Tennessee, tiene poco inventario porque Nissan programa al filo de la navaja. En las plantas de Nissan Motor Company, el MRP ayuda a reducir el inventario para lograr estándares de clase mundial. El ensamble de automóviles de clase mundial requiere que las partes adquiridas tengan una rotación de un poco más de un día, así la rotación global se aproxima a 150 veces por año.

empezar la producción del producto, con el fin de satisfacer la demanda del producto terminado en una fecha particular.

ejemplo 2

Fun Laws, Inc., (del ejemplo 1), produce todas las partes del producto A. Los tiempos de entrega se muestran en la tabla 12.2. Utilizando esta información, se elabora el plan bruto de los requerimientos de material y se desarrolla el programa de producción que cumplirá con la demanda de 50 unidades de A para la semana ocho, como se muestra en la tabla 12.3.

TABLA 12.3 Plan bruto de los requerimientos de material para 50 unidades de A.

	SEMANA								
	1	2	3	4	5	6	7	8	TIEMPO DE ENTREGA
A. Fecha requerida								50	
Liberación de órdenes							50		1 semana
B. Fecha requerida							100		
Liberación de órdenes					100				2 semanas
C. Fecha requerida							150		
Liberación de órdenes						150			1 semana
D. Fecha requerida					200				
Liberación de órdenes				200					1 semana
E. Fecha requerida					300	150			
Liberación de órdenes			300	150					2 semanas
F. Fecha requerida						300			
Liberación de órdenes			300						3 semanas
D. Fecha requerida			600						
Liberación de órdenes		600							1 semana
G. Fecha requerida			300						
Liberación de órdenes	300								2 semanas

La interpretación de los requerimientos brutos de material es de la siguiente manera: si se desean 50 unidades de A en la semana ocho, se debe empezar a ensamblar A en la semana siete. Entonces, en la semana siete se necesitarán 100 unidades de B y 150 unidades de C. Estas dos partes toman dos semanas y una semana, respectivamente, para producirse. La producción de B debe comenzar en la semana cinco y la producción de C en la semana seis (se resta el tiempo de entrega de la fecha de liberación de la orden para estas partes). Trabajando hacia atrás, se pueden llevar a cabo los mismos cálculos para las otras partes. El plan gráfico de los requerimientos de material revela cuándo debe empezar y terminar la producción de una parte, con el objeto de tener 50 unidades de A en la semana ocho.

Hasta ahora, se han considerado los *requerimientos brutos de material,* los cuales suponen que no hay inventario en mano. Sin embargo, cuando hay inventario disponible, se realiza un plan de requerimientos netos. Cuando se considera el inventario en mano, se debe tomar en cuenta que muchas partes del inventario contienen subensambles o partes. Si el requerimiento bruto para podadoras de césped es de 100 unidades y existen 20 disponibles, el requerimiento neto para este artículo es de 80 (esto es, 100 – 20). Pero cada podadora de césped en mano contiene cuatro llantas y una bujía. Como resultado, el requerimiento para llantas cae en 80 llantas (20 podadoras en mano x 4 llantas/podadora de césped), y el requerimiento de bujías cae por 20 (20 x 1). Por lo tanto, si existe inventario en mano para un producto padre, los requerimientos para el producto padre y *todos sus componentes disminuyen* debido a que cada podadora contiene los componentes para las partes de menor nivel.

ejemplo 3

En el ejemplo 1 se desarrolló una estructura de producto a partir de una BOM, y en el ejemplo 2 se desarrolló un plan de los requerimientos de materiales. Con el siguiente inventario en mano, se elaborará un plan de los requerimientos netos.

Parte	*En mano*	*Parte*	*En mano*
A	10	E	10
B	15	F	5
C	20	G	0
D	10		

Un plan de los requerimientos netos de materiales incluye los requerimientos brutos, el inventario en mano, los requerimientos netos, la recepción planeada de la orden y la liberación planeada de la orden para cada parte. Se empieza con A y se trabaja hacia atrás, a través de los componentes. En la tabla de la página 491 se muestra el plan de los requerimientos netos de material para el producto A.

La elaboración de un plan de los requerimientos netos es similar a la elaboración del plan bruto de los requerimientos. Empezando con la parte A, se trabaja hacia atrás para determinar los requerimientos netos de todas las partes. Para llevar a cabo estos cálculos se hace referencia a la estructura del producto, al inventario en mano y a los tiempos de entrega. El requerimiento bruto para A es de 50 unidades en la semana ocho. Existen 10 artículos disponibles; por lo tanto los requerimientos

Tamaño del lote	Tiempo de entrega (semanas)	En mano	Inventario de seguridad	Asignados	Código de nivel menor	Identificación del componente			Semana							
									1	2	3	4	5	6	7	8
Lote por lote	1	10	—	—	0	A	Requerimientos brutos									50
							Recepciones programadas									
							Proyectado en mano	10	10	10	10	10	10	10	10	10
							Requerimientos netos									40
							Recepciones de órdenes planeadas									40
							Liberaciones de órdenes planeadas								40	
Lote por lote	2	15	—	—	1	B	Requerimientos brutos								80[A]	
							Recepciones programadas									
							Proyectado en mano	15	15	15	15	15	15	15	15	
							Requerimientos netos								65	
							Recepciones de órdenes planeadas								65	
							Liberaciones de órdenes planeadas						65			
Lote por lote	1	20	—	—	1	C	Requerimientos brutos								120[A]	
							Recepciones programadas									
							Proyectado en mano	20	20	20	20	20	20	20	20	
							Requerimientos netos								100	
							Recepciones de órdenes planeadas								100	
							Liberaciones de órdenes planeadas							100		
Lote por lote	2	10	—	—	2	E	Requerimientos brutos						195[B]	100[C]		
							Recepciones programadas									
							Proyectado en mano	10	10	10	10	10	10			
							Requerimientos netos						185	100		
							Recepciones de órdenes planeadas						185	100		
							Liberaciones de órdenes planeadas				185	100				
Lote por lote	3	5	—	—	2	F	Requerimientos brutos							200[C]		
							Recepciones programadas									
							Proyectado en mano	5	5	5	5	5	5	5		
							Requerimientos netos							195		
							Recepciones de órdenes planeadas							195		
							Liberaciones de órdenes planeadas				195					
Lote por lote	1	10	—	—	3	D	Requerimientos brutos				390[F]		130[B]			
							Recepciones programadas									
							Proyectado en mano	10	10	10	10					
							Requerimientos netos				380		130			
							Recepciones de órdenes planeadas				380		130			
							Liberaciones de órdenes planeadas			380		130				
Lote por lote	2	0	—	—	3	G	Requerimientos brutos				195[F]					
							Recepciones programadas									
							Proyectado en mano				0					
							Requerimientos netos				195					
							Recepciones de órdenes planeadas				195					
							Liberaciones de órdenes planeadas		195							
							Requerimientos brutos									
							Recepciones programadas									
							Proyectado en mano									
							Requerimientos netos									
							Recepciones de órdenes planeadas									
							Liberaciones de órdenes planeadas									

Plan de los requerimientos netos de materiales para el producto A (véase el ejemplo 3).

netos y la recepción planeada de la orden es para ambos de 40 artículos en la semana ocho. Debido a que hay un tiempo de entrega de una semana, la liberación planeada de la orden es de 40 partes en la semana siete (véase la flecha que conecta la recepción de la orden y la liberación de la misma). Refiriéndose a la semana siete y a la estructura del producto en el ejemplo 1, vemos que 80 (2 × 40) partes de B y 120 (3 × 40) partes de C son requeridas en la semana siete con el fin de disponer de 50 partes de A, en la semana ocho. La letra *A* situada a la derecha del número bruto para las partes B y C se generó como resultado de la demanda del padre, A. Llevando a cabo el mismo tipo de análisis para B y C, se generan los requerimientos netos para D, E, F y G. Obsérvese que el inventario en mano del renglón E en la semana seis, es de cero. Esto se debe a que el inventario disponible (10 unidades) se utilizó para fabricar B en la columna 5. De manera similar, el inventario para D se utilizó para fabricar F. (Véase el programa 12.1).

Los ejemplos 2 y 3 consideraron sólo el producto A y su terminación en la semana ocho. Se requirieron 50 unidades de A en la semana ocho. Generalmente hay una demanda para varios productos. Cuando existen varios programas de productos, contribuyen a un programa maestro de producción y a un plan de los requerimientos netos de material como se muestra en la figura 12.4.

Programa 12.1 Módulo MRP de AB:POM aplicado a los ejemplos 1, 2 y 3. El módulo de planeación de los requerimientos de material (MRP) de AB:POM se puede utilizar para llevar a cabo un análisis MRP hasta de 18 periodos. La pantalla de datos que se muestra abajo se genera al indicar el número de líneas en la lista de materiales. En el problema muestra se generó una BOM con 7 partes, pero con 9 líneas. Aquí está la captura:

1. *Nombres de las partes.* Los nombres de las partes se capturan en la columna izquierda. El mismo nombre aparecerá en más de un renglón si la parte se utiliza en dos productos padres. Cada parte debe seguir a sus padres como se muestra en el programa 12.1.
2. *Nivel de la parte* (Lvl). El nivel en la BOM con sangría se debe dar aquí. La parte *no se puede* colocar más de un nivel abajo de la parte inmediata superior.
3. *Tiempo de entrega* (ldtm). El tiempo de entrega para una parte se captura aquí. La entrada por omisión es de una semana.
4. *Número* (#per). El número de unidades de este ensamble necesarios por su padre se captura aquí. La entrada por omisión es de uno.
5. *En mano* (nhnd). Lista del inventario actual en mano una vez, aun si el subensamble se enlista dos veces.
6. *Tamaño del lote* (Lot). El tamaño del lote se puede especificar aquí. Un 0 o 1 llevará a cabo la orden lote por lote. Si se coloca aquí otro número, entonces todas las órdenes para ese artículo serán cantidades múltiplos enteros de ese número.
7. *Demandas* (capturadas en el primer renglón). Las demandas son capturadas en el último renglón del artículo en el periodo en que se demandan estas partes.
8. *Recepciones programadas.* Si las unidades están programadas para ser recibidas en el futuro, deben estar enlistadas en el periodo de tiempo apropiado (columna) y en la parte apropiada (renglón). Una captura aquí, en el nivel uno significa que se trata de una demanda; en todos los demás niveles equivalen a recepciones.

Data file:hrex3 — Material Requirements Planning — Data Screen

Number of BOM lines (1-37) 9 Number of demand periods (1-18) 8

Item	Lvl	ldtm	#per	nhnd	Lot	pd1	pd2	pd3	pd4	pd5	pd6	pd7	pd8
a	0	1	0	10	0	0	0	0	0	0	0	0	50
b	1	2	2	15	0	0	0	0	0	0	0	0	0
d	2	1	2	10	0	0	0	0	0	0	0	0	0
e	2	2	3	10	0	0	0	0	0	0	0	0	0
c	1	1	3	20	0	0	0	0	0	0	0	0	0
e	2	2	1	0	0	0	0	0	0	0	0	0	0
f	2	3	2	5	0	0	0	0	0	0	0	0	0
g	3	2	1	0	0	0	0	0	0	0	0	0	0
d	3	1	2	0	0	0	0	0	0	0	0	0	0

Programa 12.2 Solución impresa para la corrida de MRP en los datos de los ejemplos 1, 2 y 3. La solución impresa para las partes a, b y d en los ejemplos 1, 2 y 3 se muestra en este programa, que es la salida del programa 12.1. El significado de cada parte de la columna izquierda de la salida impresa (programa 12.2) está explicada a continuación, del 1 al 5.

1. *Total requerido.* El número total de unidades requeridas por semana se muestra en el primer renglón. Para la última parte, el primer renglón contiene el programa de demanda que fue capturado en la pantalla de datos (programa 12.1). Están calculados otros requerimientos.
2. *En mano.* El número en mano está se encuentra enlistado aquí. La cantidad en mano comienza como captura en la pantalla de datos y se reduce de acuerdo a las necesidades.
3. *Recepción de órdenes.* La cantidad que se programó en la pantalla original de datos aparece aquí.
4. *Requerimiento neto.* La cantidad neta requerida es la cantidad necesaria después de que se utiliza el inventario en mano.
5. *Liberación de órdenes.* La liberación de las órdenes es la cantidad neta que se requiere, y se encuentra desplazada por el tiempo de entrega.

Item a

	Week 1	Week 2	Week 3	Week 4	Week 5	Week 6	Week 7	Week 8
TOT. REQ.	0	0	0	0	0	0	0	50
ON HAND	10	10	10	10	10	10	10	10
ORD REC.	0	0	0	0	0	0	0	0
NET REQ.	0	0	0	0	0	0	0	40
ORD REL.	0	0	0	0	0	0	40	0

Item b

	Week 1	Week 2	Week 3	Week 4	Week 5	Week 6	Week 7	Week 8
TOT. REQ.	0	0	0	0	0	0	80	0
ON HAND	15	15	15	15	15	15	15	0
ORD REC.	0	0	0	0	0	0	0	0
NET REQ.	0	0	0	0	0	0	65	0
ORD REL.	0	0	0	0	65	0	0	0

Item d

	Week 1	Week 2	Week 3	Week 4	Week 5	Week 6	Week 7	Week 8
TOT. REQ.	0	0	390	0	130	0	0	0
ON HAND	10	10	10	0	0	0	0	0
ORD REC.	0	0	0	0	0	0	0	0
NET REQ.	0	0	380	0	130	0	0	0
ORD REL.	0	380	0	130	0	0	0	0

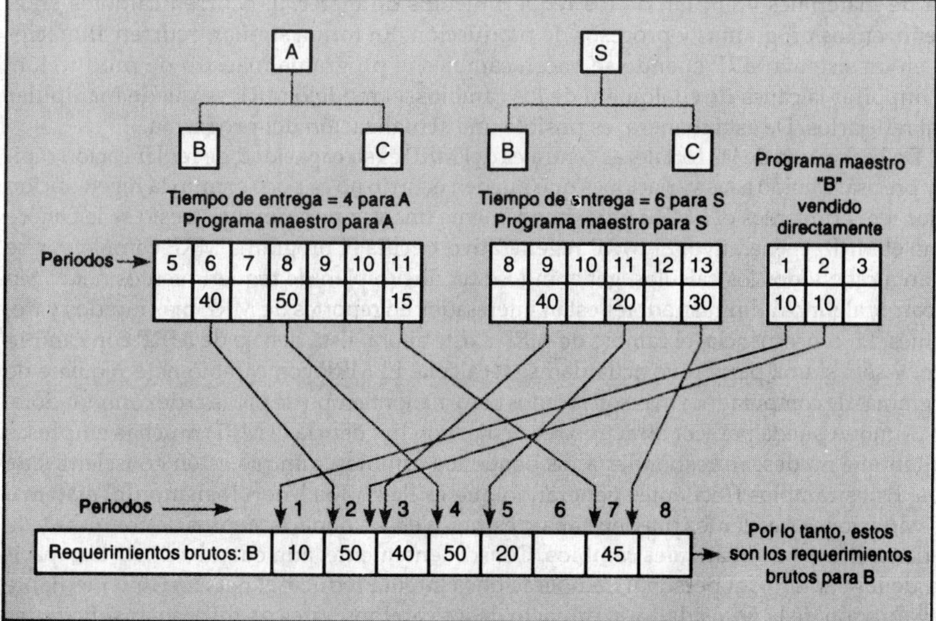

FIGURA 12.4 Varios programas que contribuyen al programa de requerimientos brutos para B. Una "B" está en cada A y una "B" en cada S, y 10 Bs se venden directamente en la semana uno, y 10 más se venden directamente en la semana dos.

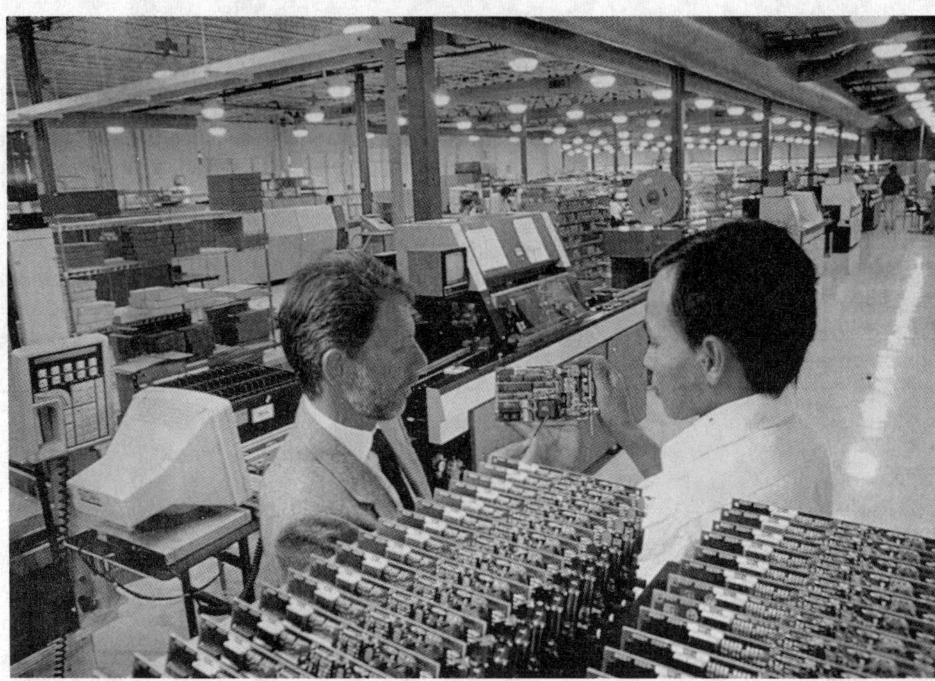

3COM Corporation, con sus oficinas centrales en Santa Clara, California, es un fabricante de sistemas de redes locales y amplias de computadoras. 3COM utiliza el MRP II para administrar su producción de tablillas de circuitos impresos. La información a tiempo y precisa que se obtiene del sistema es enviada a los proveedores que entregan partes y material directamente a la línea sobre una base justo a tiempo (JIT). El sistema MRP II de 3COM les permite mantener bajos los niveles de inventario y rastrear el desempeño de los vendedores.

REGENERACIÓN Y CAMBIO NETO

Un plan de los requerimientos de materiales no es estático. Una vez que se establecen la lista de materiales y el plan de los requerimientos de material, ocurren cambios en el diseño, en los programas y procesos de producción. En forma similar, ocurren alteraciones en un sistema MRP cuando se hacen cambios al programa maestro de producción. Sin importar la causa de cualquiera de los cambios, el modelo MRP se puede manipular para reflejarlos. De esta manera, es posible una actualización del programa.

De hecho, una de las fortalezas centrales del MRP es su capacidad de replaneación rápida y precisa. Debido a las variaciones que pueden ocurrir, no es poco común la regeneración de los requerimientos del MRP, aproximadamente una vez por semana. A esto se le conoce como el MRP regenerativo. El **MRP regenerativo** ejecuta el programa MRP completo, y se llevan a cabo todos los cálculos, generándose un nuevo plan de requerimientos netos. Sin embargo, algunos administradores están interesados en reportes de MRP más rápidos y frecuentes. En consecuencia, el cambio de MRP existe ahora. Está debajo de **MRP con cambio neto,** y sólo si una parte tuvo actividad se recalcula. El MRP con cambio neto requiere de programas de computadora más sofisticados pero menor tiempo de proceso de computadora.

MRP regenerativo

MRP con cambio neto

Aunque pueda parecer atractivo recalcular con frecuencia el MRP, muchas empresas sienten que no desean responder a los pequeños cambios, aunque estén conscientes de ellos. Estos cambios frecuentes generan lo que es llamado el **nerviosismo del sistema.** Las variaciones frecuentes pueden causar estragos en los departamentos de compras y de producción si se realizan tales cambios. Consecuentemente, aun cuando exista la capacidad de los cambios, el personal de operaciones intenta reducir el nerviosismo mediante la evaluación de la necesidad y el impacto de los cambios antes de diseminar solicitudes a otros departamentos.

Nerviosismo del sistema

El personal de operaciones dispone de dos herramientas adicionales para reducir el nerviosismo del sistema. La primera es el establecimiento de paredes de tiempo. Las

paredes de tiempo permiten que un segmento del plan maestro sea designado como "no reprogramable". Este segmento del plan maestro no está sujeto a cambios durante el periodo de regeneración de programas. La segunda herramienta disponible es la referencia de utilización. La **referencia de utilización** significa el rastreo hacia arriba, en la BOM, a partir del componente y hacia el producto padre. Mediante la referencia de utilización hacia arriba, el planificador de la producción puede determinar la causa para el requerimiento y establecer un juicio acerca de la necesidad del cambio en el programa.

Paredes de tiempo

Referencia de utilización

Con MRP, el administrador de operaciones *puede* reaccionar a la dinámica del mundo real. La frecuencia con que el administrador desea imponer aquellos cambios en la empresa requiere de un juicio profesional.

TÉCNICAS DE DETERMINACIÓN DEL TAMAÑO DE LOS LOTES

Hasta ahora en la discusión del MRP se ha utilizado lo que se conoce como una determinación *lote por lote* en las unidades de producción. Esto se hace evidente en la liberación planeada de las órdenes en el ejemplo 3, donde se produjo lo que se necesitó, y no se fabricó ni más ni menos. El objetivo de un sistema MRP es producir unidades sólo cuando se necesitan, sin inventario de seguridad y sin anticipación de órdenes futuras. Tal procedimiento es consistente con los lotes de tamaño pequeño, órdenes frecuentes, un bajo inventario justo a tiempo y demanda dependiente. Sin embargo, en aquellos casos en que los costos de preparación son significativos, o cuando la administración no ha podido implementar una filosofía del justo a tiempo, la técnica lote por lote puede resultar demasiado costosa. Como se vio en el capítulo 11, existen formas alternas para determinar el tamaño del lote, principalmente la cantidad económica de la orden (EOQ). De hecho, existen varias formas para determinar los tamaños del lote en los sistemas MRP. Muchos de los sistemas MRP que están disponibles en el mercado incluyen la opción de una gran variedad de técnicas para la medición de los lotes. A continuación se revisarán algunas de estas técnicas.

Lote por lote. Como se mencionó, el ejemplo 3 utilizó una técnica para medición de lotes llamada **lote por lote**, donde se produjo exactamente lo que se requería. El ejemplo 4 utiliza un criterio lote por lote y determina también su costo.

Lote por lote

ejemplo 4

Jet-Ski, Inc., desea calcular su costo de ordenar y de llevar el inventario sobre un criterio lote por lote. La empresa ha determinado que su modelo profesional tiene un costo de preparación de 200 dólares y que su costo de manejar el inventario es de 5 dólares por periodo. El programa de producción, reflejado en los requerimientos netos, se muestra a continuación:

Problema de MRP de medición del lote: técnica lote por lote.

		1	2	3	4	5	6
Requerimientos brutos		35	30	40	0	10	40
Recepciones programadas							
Proyectado en mano	35	0	0	0	0	0	0
Requerimientos netos		0	30	40	0	10	40
Recepciones de órdenes planeadas			30	40		10	40
Liberaciones de órdenes planeadas			30	40		10	40

Costos de manejo = 5 dólares / unidad / semana; costo de preparación = 200 dólares; requerimientos brutos por semana = 25.8; tiempo de entrega = 0 (entrega inmediata)

Se mostró la solución para el tamaño del lote utilizando la técnica lote por lote y su costo. El costo de manejo del inventario es cero, pero cuatro costos de preparación por separado generan un costo total de 800 dólares.

Cantidad económica de la orden. Como se discutió en el capítulo 11, la EOQ se puede utilizar como una técnica de medición del lote. Pero también se indicó que, la EOQ es preferible donde existe demanda independiente relativamente constante, y no donde se conoce la demanda. La suposición del procedimiento MRP, recuérdese, es que la demanda dependiente se encuentra presente. Los administradores de operaciones deben tomar ventaja de esta información, en lugar de asumir una demanda constante. La fórmula para EOQ *promedia* la demanda sobre un gran horizonte de tiempo. La EOQ se examina en el ejemplo 5.

ejemplo 5

Jet Ski, Inc., con un costo de preparación de 200 dólares y un costo de manejo del inventario de 5 dólares, examina su costo con tamaños de lote basados en el criterio de la EOQ. Los requerimientos netos y los tamaños del lote utilizaron los mismos requerimientos que el ejemplo 4 como se muestra a continuación:

Problema de MRP de medición del lote: técnica EOQ.

		1	2	3	4	5	6	7*
Requerimientos brutos		35	30	40	0	10	40	
Recepciones programadas								
Proyectado en mano	35	35	0	15	20	20	10	15*
Requerimientos netos		0	30	0	0	0	30	
Recepciones de órdenes planeadas			45	45			45	
Liberaciones de órdenes planeadas			45	45			45	

Costos de manejo = 5 dólares / unidad / semana; costo de preparación = 200 dólares; requerimientos brutos por semana = 25.8; tiempo de entrega = 0 (entrega inmediata). *Se mantuvieron 15 unidades en inventario de la semana 6 a la semana 7.

La utilización durante seis semanas es igual a 155 unidades; por lo tanto la utilización semanal es igual a 25.8, y la utilización anual (52 semanas) es igual a 1343 unidades. A partir del capítulo 11 el modelo EOQ es:

$$Q^{\star} = \sqrt{\frac{2DS}{H}}$$

donde:

D = Utilización anual = 1343
S = Costo de preparación = \$200
H = Costo de manejo, sobre una base anual por unidad
= \$5 × 52 semanas = \$260

$$
\begin{aligned}
Q^{\star} &= 45 \text{ unidades}\\
\text{Preparaciones} &= 1343/45 \approx 30 \text{ por año}\\
\text{Costo de preparación} &= 30 \times \$200 = \$6000\\
\text{Costo de manejo} &= \frac{45}{2} \times (\$5 \times 52 \text{ semanas}) = \$5850\\
\text{Costo de preparación} + \text{Costo de manejo} &= \$6000 + \$5850 = \$11\,850
\end{aligned}
$$

La EOQ genera un costo calculado para seis semanas de \$1367 [\$11 850 x (6 semanas/52 semanas) = \$1367].

Obsérvese que el costo de manejo real de Jet Ski cambiará el cálculo de 1367 dólares, dependiendo de la tasa real de utilización. A partir de la tabla anterior, se puede observar que en el ejemplo de seis semanas los costos son en realidad de 600 dólares para tres preparaciones, más un costo de manejo de 80 unidades a 5 dólares por semana para un costo total de manejo del inventario de 400 dólares. Debido a que la utilización no fue constante, el costo real fue menor que la EOQ teórica (1367 dólares), pero mayor que la regla de lote por lote (800 dólares). Si hubiera existido algún faltante en el inventario, estos costos también se deberían añadir a la EOQ real de 1000 dólares.

Para una ilustración de cómo se puede aplicar AB:POM para resolver el ejemplo 5, véase el programa 12.3.

Balance parte-periodo. El **balance parte-periodo (PPB,** por sus siglas en inglés, Part Period Balancing) es un enfoque más dinámico para balancear el costo de preparación y el de manejo. PPB utiliza información adicional mediante el cambio del tamaño del lote para reflejar los requerimientos del siguiente tamaño del lote en el futuro. PPB intenta balancear los costos de preparación y de manejo para demandas conocidas. Este balance desarrolla un **periodo-parte económica (EEP,** por sus siglas en inglés, Economic Part Period), el cual es el cociente del costo de preparación entre el costo de manejo. Para Jet Ski, EPP = \$200/\$5 = 40 unidades. Por lo tanto, mantener 40 unidades durante un periodo costaría 200 dólares, exactamente el costo de una preparación. En forma similar, mantener 20 unidades durante dos periodos también costaría \$200 (2 periodos x \$5 x 20 unidades). PPB únicamente suma los requerimientos hasta que el número de partes, multiplicado por los periodos, se aproxima al EPP, en este caso 40. El módulo de medición de lotes de AB:POM incluye un algoritmo parte-periodo, el cual genera un costo neto de 800 dólares cuando se utiliza para resolver el problema para los datos que se encuentran en los ejemplos 4 y 5.

Balance parte-periodo (PPB)

Periodo-parte económica (EPP)

Algoritmo Wagner-Whitin. El **procedimiento Wagner-Whitin** es un modelo de programación dinámico que añade alguna complejidad a los cálculos de tamaño del lote. Supone que existe un horizonte finito de tiempo detrás del cual no hay requerimientos netos adicionales. Sin embargo, genera buenos resultados. Esta técnica se utiliza raras veces en la realidad, pero esto puede cambiar debido al creciente entendimiento y a la sofisticación del software. El módulo de medición de lotes de AB:POM incluye el algoritmo Wagner-Whitin. Si se utiliza para resolver los datos de los ejemplos 4 y 5, el módulo generaría un costo de 700 dólares.

Procedimiento Wagner-Whitin

Programa 12.3 Solución del ejemplo 5 con el módulo de medición de lotes de AB:POM. La pantalla de datos para la medición de lotes se empieza indicando el número de periodos sobre los cuales se debe llevar a cabo la medición de los lotes. En este ejemplo se utilizan 6 periodos.

El módulo de medición de los lotes desarrollará la medición de los lotes para disminuir los costos totales de manejo del inventario y de preparación cuando las demandas en cada periodo no son iguales. Se puede capturar un programa propio de órdenes o bien utilizar la *cantidad económica de la orden* (EOQ), *lote por lote, balance parte-periodo* o *Wagner-Whitin.* Se utiliza el menú correspondiente para seleccionar la opción deseada.

```
                                Sizing, Lot                    Solution
Number of time periods (1-98)  6

METHOD ->  Economic Order Quantity
Holding cost                  5.00          EOQ = 45
Setup cost                  200.00
Initial inventory            35.00
```

PERIOD	DEMAND	PRODUCE	Inventory	Holding \$	Setup \$
Period 1	35	0	0	0.00	
Period 2	30	45	15	75.00	200.00
Period 3	40	45	20	100.00	200.00
Period 4	0	0	20	100.00	
Period 5	10	0	10	50.00	
Period 6	40	45	15	75.00	200.00
Totals	155	135	80	\$400.00	\$600.00
			Total cost =		\$1000.00

Resumen de la determinación del tamaño de los lotes. Estos ejemplos no deben conducir al personal de operaciones hacia conclusiones precipitadas acerca de la técnica de determinación del tamaño de lotes preferida. En primer lugar, el costo se puede alterar al cambiar los requerimientos programados. Es posible que los costos resultantes no sigan el patrón de estos ejemplos. En segundo lugar, en teoría un nuevo tamaño de lote se debe calcular después de cualquier cambio en la jerarquía MRP. En la práctica, esta continua inestabilidad en la programación planeada de las órdenes es poco deseable. El resultado neto es que todos los tamaños de lotes son erróneos debido a que es muy difícil que el sistema de producción responda en forma adecuada a los cambios tan frecuentes. Tales cambios causan el nerviosismo del sistema al que se hizo referencia anteriormente, al principio de este capítulo.

En general el enfoque lote por lote se debe utilizar donde resulte económico. El lote por lote es la meta. Los lotes se pueden modificar mientras sea necesario para permitir tolerancias por los desperdicios, restricciones del proceso (por ejemplo, un proceso de tratamiento de calor puede requerir un lote de cierto tamaño dado), o los lotes de compra de materia prima (por ejemplo, una carga de camión de químicos puede estar disponible solamente en un tamaño de lote). Sin embargo, se debe tener precaución antes de cualquier modificación del tamaño del lote porque la modificación puede causar una distorsión sustancial de los requerimientos reales en los niveles menores de la jerarquía MRP. Cuando los costos de preparación son significativos y la demanda *no* es particularmente abultada, el balance parte-periodo (PPB), Wagner-Whitin o incluso EOQ pueden ofrecer resultados satisfactorios. Si se tiene demasiada preocupación con respecto a los tamaños de los lotes se puede generar una falsa exactitud debido a la dinámica del MRP. Un tamaño de lote correcto se puede determinar únicamente después de los hechos, basándose en lo que sucedió en realidad en términos de los requerimientos.

MRP DE CICLO CERRADO, PLANEACIÓN DE LA CAPACIDAD Y PLANEACIÓN DE LOS REQUERIMIENTOS DE MATERIALES II (MRP II)

Planeación de los requerimientos de materiales de ciclo cerrado. La planeación de los requerimientos de materiales de ciclo cerrado implica un sistema MRP que ofrezca retroalimentación a la programación a partir de los sistemas de control del inventario. Específicamente, un **sistema MRP de ciclo cerrado** ofrece la retroalimentación al plan de capacidad, al programa maestro de producción y finalmente, al plan de producción. Estos ciclos de realimentación se mostraron anteriormente en la figura 12.1 de este capítulo. Generalmente todos los nuevos y sofisticados sistemas MRP son de ciclo cerrado.

Sistema MRP de ciclo cerrado

Planeación de la capacidad. Para mantenerse de acuerdo con la definición del MRP de ciclo cerrado, se requieren los reportes de carga para cada centro de trabajo. Los **reportes de carga** muestran los requerimientos de los recursos para el desempeño asignado actualmente a un centro de trabajo para todo el trabajo planeado y las órdenes esperadas. La figura 12.5 muestra que la carga inicial en el centro de fresado excede su capacidad en la semana cuatro y en la semana seis. Los sistemas MRP de ciclo cerrado permiten a los planificadores de la producción la movilidad del trabajo entre periodos de tiempo, para suavizar la carga o por lo menos conservarla dentro de sus límites de capacidad. El sistema MRP de ciclo cerrado puede reprogramar después todos los productos en el plan neto de requerimientos. Las tácticas para suavizar la carga y minimizar el impacto del cambio del tiempo de entrega incluyen las siguientes:

Reportes de carga

1. *Traslapar*, lo cual reduce el tiempo de entrega, significa conducir algunas piezas para la segunda operación antes de que el lote completo se haya terminado en la primera operación.
2. La *separación de las operaciones* envía el lote a dos máquinas diferentes para la misma operación. Esto involucra una preparación adicional, pero da como resultado tiempos de duración más cortos, debido a que sólo una parte del lote es procesado en cada máquina.
3. La *separación de los lotes* significa romper con la secuencia de orden y correr parte del lote anticipándose al programa.

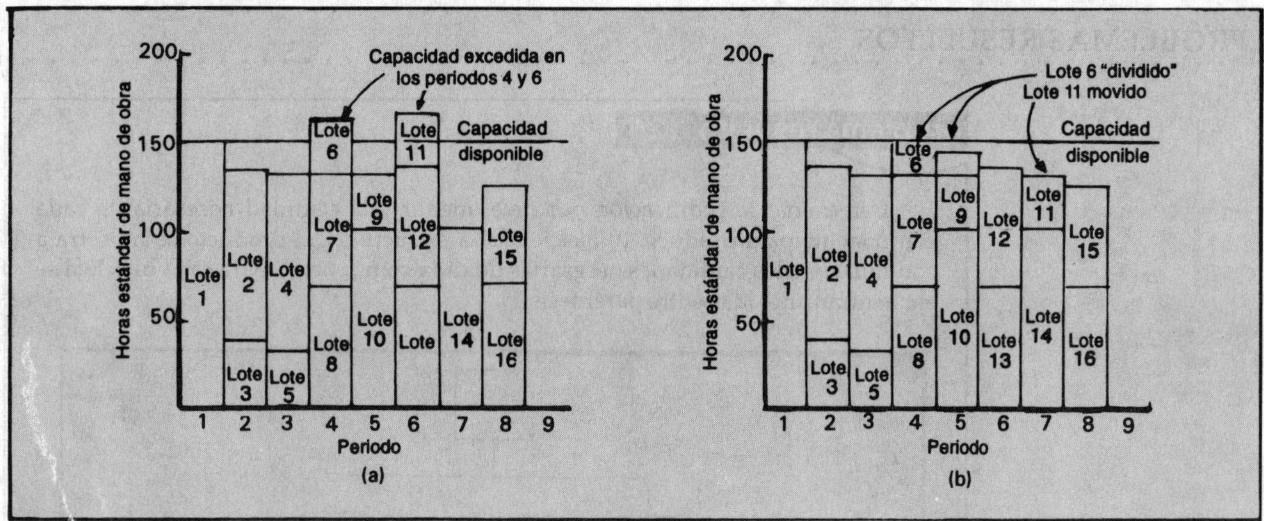

Figura 12.5 (a) Perfil inicial de requerimientos de recursos para un molino. (b) Perfil suavizado de requerimiento de recursos para un molino.

Planeación de los requerimientos de materiales II (MRP II). La **planeación de los requerimientos de materiales II (MRP II)** tiene aplicaciones importantes más allá de la programación y de la administración del inventario. Es una técnica extremadamente poderosa. Una vez que una empresa tiene el MRP instalado correctamente, los datos del inventario se pueden enriquecer con las horas de mano de obra, por el costo de los materiales (no sólo con la cantidad de materiales), por el costo del capital o prácticamente por cualquier variable que sea recurso. Cuando el MRP es utilizado de esta manera, generalmente se le refiere como MRP II, y el término *recurso* usualmente sustituye al término *requerimientos*. En consecuencia MRP quiere decir planeación de los *recursos* materiales.

Planeación de los requerimientos de materiales II (MRP II)

RESUMEN

La planeación de los requerimientos de materiales (MRP) es la manera preferida de programar la producción y el inventario cuando la demanda es dependiente. Para que MRP trabaje, la administración debe tener un programa maestro, los requerimientos concretos para todos los componentes, tanto un inventario como registros de compra con información precisa y tiempos de entrega exactos. En un sistema MRP la producción debe ser a menudo lote por lote, dadas las restricciones de los costos de ordenar y de transporte. El MRP, cuando se implementa adecuadamente, puede contribuir de manera importante a la reducción del inventario mientras que en forma simultánea mejora los niveles de servicio al cliente.

TÉRMINOS CLAVE

Planeación de los requerimientos de materiales (MRP) *(p. 482)*
Programa maestro de producción *(p. 482)*
Lista de materiales (BOM) *(p. 484)*
Listas modulares *(p. 486)*
Listas de planeación *(p. 486)*
Seudo listas *(p. 486)*
Número de kit *(p. 486)*
Listas fantasma de materiales *(p. 486)*
Codificación por nivel menor *(p. 486)*
Tiempos de entrega *(p. 487)*
Plan bruto de los requerimientos de materiales *(p. 488)*
MRP regenerativo *(p. 494)*
MRP con cambio neto *(p. 494)*
Nerviosismo del sistema *(p. 494)*
Paredes de tiempo *(p. 495)*
Referencia de utilización *(p. 495)*
Lote por lote *(p. 495)*
Balance parte-periodo (PPB) *(p. 497)*
Periodo-parte económica (EPP) *(p. 497)*
Procedimiento Wagner-Whitin *(p. 497)*
Sistema MRP de ciclo cerrado *(p. 498)*
Reportes de carga *(p. 498)*
Planeación de los requerimientos de materiales II (MRP II) *(p. 499)*

PROBLEMAS RESUELTOS

problema resuelto 12.1

Determinar la codificación por nivel menor y la cantidad necesaria de cada componente para producir 10 bicicletas. La estructura del producto se muestra a continuación, las cantidades necesarias de cada componente para cada bicicleta se encuentran anotadas entre paréntesis.

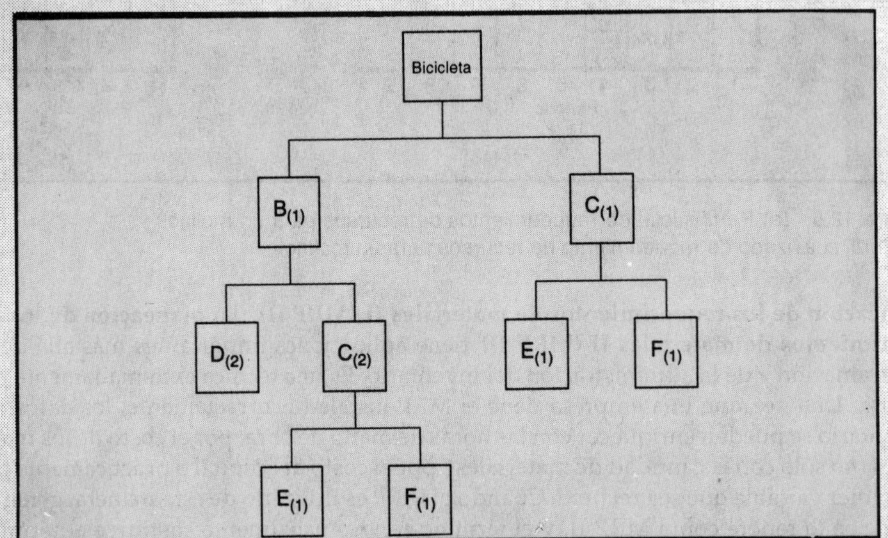

Solución

Redibujar la estructura del producto con la codificación por nivel menor. Después multiplicar hacia abajo de la estructura hasta que se determinen los requerimientos de cada rama. Luego sumar a través de la estructura hasta que se determine el total de cada rama.

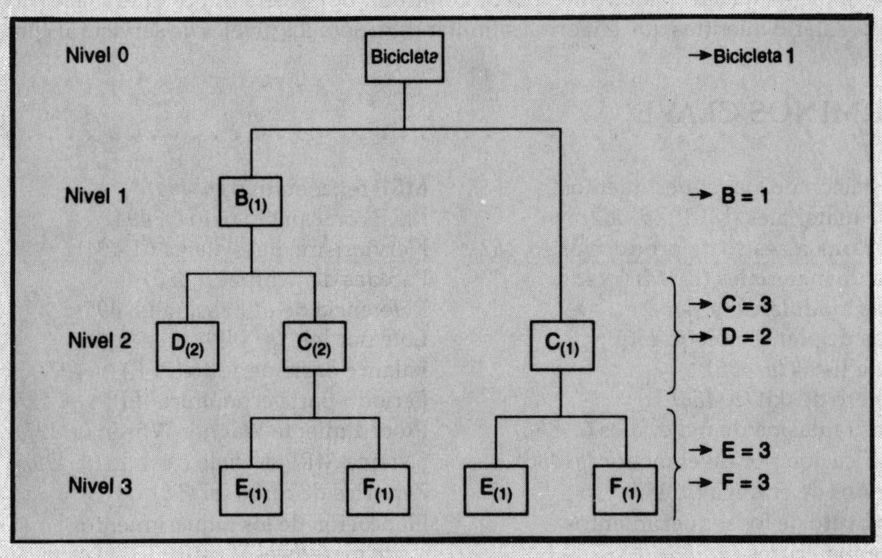

E es requerida para la rama izquierda:

$$(1_{\text{bicicleta}} \times 1_B \times 2_C \times 1_E) = 2$$

más E es requerida para la rama derecha:

$$(1_{\text{bicicleta}} \times 1_C \times 1_E) = \frac{1}{3} \text{ E es requerida}$$

Después "explotar" los requerimientos al multiplicar cada uno por 10 como se muestra en la siguiente tabla.

Nivel	*Parte*	*Cantidad por unidad*	*Total de requerimientos para 10 bicicletas*
0	*Bicicleta*	1	10
1	B	1	10
2	C	3	30
2	D	2	20
3	E	3	30
3	F	3	30

problema resuelto 12.2

Utilizando la estructura del producto para la bicicleta del problema resuelto 12.1, y los tiempos de entrega, cantidades en mano y el programa maestro de producción mostrados a continuación, preparar una tabla de MRP neto para las bicicletas.

Parte	*Tiempo de entrega*	*Cantidad en mano*
Bicicleta	1	10
B	2	20
C	3	0
D	1	100
E	1	10
F	1	50

Programa maestro de producción para las bicicletas

Periodo	6	7	8	9	10	11	12	13
Requerimientos brutos			50			50		100

Véase la tabla de la página 502.

Plan de los requerimientos netos de materiales para las bicicletas. (Obsérvese que la letra en el paréntesis (A) es la fuente de la demanda).

Tamaño del lote	Tiempo de entrega (# de periodos)	En mano	Inventario de seguridad	Asig- nados	Código de nivel menor	Identifica- ción de la parte			Periodo (semana, día) 1	2	3	4	5	6	7	8	9	10	11	12	13
Lote por lote	1	10	—	—	0	Bicicleta (A)	Requerimientos brutos								50			50		100
							Recepciones programadas													
							Proyectado en mano	10							10			—		—
							Requerimientos netos								40			50		100
							Recepciones de órdenes planeadas													
							Liberaciones de órdenes planeadas							40			50		100	
Lote por lote	2	20	—	—	1	B	Requerimientos brutos							40(A)			50(A)		100(A)	
							Recepciones programadas													
							Proyectado en mano	20						20			—		—	
							Requerimientos netos							20			50		100	
							Recepciones de órdenes planeadas							20			50		100	
							Liberaciones de órdenes planeadas					20			50		100			
Lote por lote	3	0	—	—	2	C	Requerimientos brutos					40(B)		40(A)	100(B)		200(B) + 50(A)		100(A)	
							Recepciones programadas													
							Proyectado en mano	0				—			—		—		—	
							Requerimientos netos					40		40	100		250		100	
							Recepciones de órdenes planeadas					40		40	100		250		100	
							Liberaciones de órdenes planeadas			40		40	100		250		100			
Lote por lote	1	100	—	—	2	D	Requerimientos brutos					40(B)			100(B)		200(B)			
							Recepciones programadas													
							Proyectado en mano	100				100			60		—			
							Requerimientos netos					0			40		200			
							Recepciones de órdenes planeadas					0			40		200			
							Liberaciones de órdenes planeadas				0			40		200				
Lote por lote	1	10	—	—	3	E	Requerimientos brutos			40(C)		40(C)	100(C)		250(C)		100(C)			
							Recepciones programadas													
							Proyectado en mano	10		10		—	—		—		—			
							Requerimientos netos			30		40	100		250		100			
							Recepciones de órdenes planeadas			30		40	100		250		100			
							Liberaciones de órdenes planeadas		30		40	100		250		100				
Lote por lote	1	50	—	—	3	F	Requerimientos brutos			40(C)		40(C)	100(C)		250(C)		100(C)			
							Recepciones programadas													
							Proyectado en mano	50		50		10	—		—		—			
							Requerimientos netos			0		30	100		250		100			
							Recepciones de órdenes planeadas					30	100		250		100			
							Liberaciones de órdenes planeadas		—		30	100		250		100				

autoevaluación capítulo 12

- *Antes de iniciar la autoevaluación* refiérase a los objetivos de aprendizaje listados al principio del capítulo y a los términos clave listados al final del mismo.
- Utilice la clave al final del texto para *corregir* sus respuestas.
- *Vuelva a estudiar* las páginas correspondientes a cualquier pregunta que haya contestado erróneamente o el material en el que se sienta inseguro.

1. Los beneficios del MRP incluyen:
   a. un mayor servicio y satisfacción al cliente
   b. mejor planeación y programación del inventario
   c. niveles reducidos de inventario sin disminución de servicio al cliente
   d. todas las anteriores
2. La lista de las cantidades de los componentes, los ingredientes y los materiales requeridos para fabricar un producto es:
   a. la lista de materiales
   b. la notificación de un cambio de ingeniería
   c. la orden de compra
   d. todas las anteriores
3. ________ permite que un segmento del programa maestro sea designado como "no reprogramable".
   a. MRP regenerativo
   b. nerviosismo del sistema
   c. referencia de utilización
   d. todas las anteriores
   e. ninguna de las anteriores
4. Un procedimiento de medición de lotes que supone un horizonte de tiempo finito detrás del cual no hay requerimientos netos adicionales es:
   a. el algoritmo Wagner-Whitin
   b. el balance parte-periodo
   c. la cantidad económica de la orden
   d. todas las anteriores
5. El romper la orden y correr parte del lote adelantándose al programa se conoce como:
   a. traslapar
   b. separación de operaciones
   c. separación de lotes
   d. todos los anteriores
6. En un diagrama de estructura de producto:
   a. los padres sólo se encuentran en el nivel superior del diagrama
   b. los padres se encuentran en cada nivel del diagrama
   c. los hijos se encuentran en cada nivel del diagrama excepto en el nivel superior
   d. todas las partes en los diagramas son tanto padres como hijos
   e. todas las anteriores son ciertas
7. La diferencia entre un plan de los requerimientos brutos de materiales (MRP bruto) y un plan de los requerimientos netos de materiales (MRP neto) es:
   a. el MRP bruto puede no estar computarizado pero el MRP neto debe estar computarizado
   b. el MRP bruto incluye la consideración del inventario en mano mientras que el MRP neto no incluye la consideración del inventario
   c. el MRP neto incluye la consideración del inventario en mano mientras que el MRP bruto no incluye la consideración del inventario
   d. el MRP bruto no toma en cuenta los impuestos mientras que el MRP neto si toma en cuenta las consideraciones de los impuestos
   e. el MRP neto es solamente una estimación mientras que el MRP bruto se utiliza para la programación real de la producción
8. Para utilizar de una manera efectiva los modelos de inventario dependiente, el administrador de operaciones debe conocer:
   a. el programa maestro de producción (el cual dice qué se debe hacer y cuándo)
   b. las especificaciones de la lista de materiales (la cual dice cómo fabricar el producto)
   c. las órdenes pendientes de compra (las cuales dicen lo que está ordenado)
   d. los tiempos de entrega (o cuánto se tarda para conseguir varios componentes)
   e. todas las anteriores
9. Una lista fantasma de materiales es una lista de materiales desarrollada para
   a. un producto final para el cual la producción debe descontinuarse
   b. un subensamble que únicamente existe en forma temporal
   c. un módulo que es un componente importante o un producto final
   d. el propósito de agrupar subensambles cuando se desean generar *kits* para su posterior utilización
10. ¿Cuál de las siguientes técnicas de medición de lotes parece confirmar que es la más compleja para ser utilizada?
    a. cantidad económica de la orden (EOQ)
    b. cantidad constante de orden
    c. lote por lote
    d. el algoritmo Wagner-Whitin
    e. balance parte-periodo (PPB)
11. Cuando se utiliza una lista de materiales con el fin de asignar un padre artificial a una lista de materiales, generalmente se le llama
    a. lista modular de materiales
    b. lista para recoger
    c. lista fantasma de materiales
    d. lista de planeación de material
12. Los cinco requisitos para un modelo efectivo de inventario dependiente (MRP) son:
    1.________, 2.________, 3.________, 4.________, 5.________.
13. Un plan de los requerimientos netos de materiales difiere de un plan de los requerimientos brutos de materiales porque aquel incluye________________________.
14. La diferencia entre el MRP regenerativo y el MRP de cambio neto es________________________.
15. Si es económica, la mejor técnica para la medición del lote que debe ser utilizada por el MRP es____________.

PREGUNTAS PARA DISCUSIÓN

1. ¿Por qué puede preferir una empresa el MRP regenerativo sobre el MRP con cambio neto?
2. Una vez que se ha establecido el plan de los requerimientos de materiales (MRP), ¿qué otras aplicaciones administrativas se pueden encontrar para dicha técnica?
3. ¿En qué difiere el MRP II del MRP?
4. ¿Cuál es la mejor política para la medición del lote para las organizaciones de manufactura?
5. ¿Qué significa MRP *de ciclo cerrado*?

PROBLEMAS

• **12.1** La estructura de producto para un artículo que se fabrica, llamado Alpha, se muestra a continuación. Se necesitan 10 unidades de Alpha en la semana seis. Se requieren tres unidades de D y dos unidades de F para cada Alpha. El tiempo de entrega de Alpha es de una semana. No se tienen unidades de Alpha, D o F en mano. El tiempo de entrega para D es de una semana y el tiempo de entrega para F es de dos semanas. Utilizando el formato que está a continuación, prepare un plan neto y bruto de los requerimientos de material para Alpha. (*Sugerencia:* para este y otros problemas dentro del capítulo puede ser útil una copia de la forma que se encuentra a continuación).

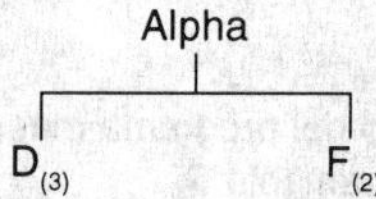

Tamaño del lote	Tiempo de entrega (# de periodos)	En mano	Inventario de seguridad	Asignados	Código de nivel menor	Identificación de la parte		Periodo (semana, día)							
								1	2	3	4	5	6	7	8
							Requerimientos brutos								
							Recepciones programadas								
							Proyectado en mano								
							Requerimientos netos								
							Recepciones de órdenes planeadas								
							Liberaciones de órdenes planeadas								
							Requerimientos brutos								
							Recepciones programadas								
							Proyectado en mano								
							Requerimientos netos								
							Recepciones de órdenes planeadas								
							Liberaciones de órdenes planeadas								
							Requerimientos brutos								
							Recepciones programadas								
							Proyectado en mano								
							Requerimientos netos								
							Recepciones de órdenes planeadas								
							Liberaciones de órdenes planeadas								
							Requerimientos brutos								
							Recepciones programadas								
							Proyectado en mano								
							Requerimientos netos								
							Recepciones de órdenes planeadas								
							Liberaciones de órdenes planeadas								
							Requerimientos brutos								
							Recepciones programadas								
							Proyectado en mano								
							Requerimientos netos								
							Recepciones de órdenes planeadas								
							Liberaciones de órdenes planeadas								

•• **12.2** La demanda para el subensamble S es de 100 unidades en la semana siete. Cada unidad de S requiere de una unidad de T y 0.5 unidades de U. Cada unidad de T requiere de una unidad V, de dos unidades W y de una unidad X. Finalmente, cada unidad de U requiere de 0.5 unidades de Y y tres unidades de Z. Una empresa fabrica todas las partes. Toma dos semanas fabricar S, una semana para fabricar T, dos semanas para U, dos semanas para V, tres semanas para X, dos semanas para Y y una semana para fabricar Z.

a) Construir una estructura de producto y un plan de los requerimientos brutos del material para las partes dependientes del inventario. Identificar todos los niveles, los padres y los componentes.

b) Construir un plan neto de los requerimientos de material a partir de la estructura de producto y siguiendo el inventario en mano.

Parte	*Inventario en mano*	*Parte*	*Inventario en mano*
S	20	W	30
T	20	X	25
U	10	Y	15
V	30	Z	10

•• **12.3** Adicionalmente a las 100 unidades de S (de acuerdo al problema 12.2), también existe una demanda para 20 unidades de U, que es un componente de S. Las 20 unidades de U son necesarias una semana antes de la manufactura de S, en la semana seis. Modifique los planes bruto y neto de los requerimientos de materiales para reflejar este cambio.

••• **12.4** Con la siguiente lista de materiales, el programa maestro de producción y el estado del inventario, desarrollar: (a) un plan bruto de los requerimientos para todas las partes y (b) el plan neto de los requerimientos (liberación de la orden planeada) para todas las partes.

Programa maestro de producción: X1

Periodo	7	8	9	10	11	12
Requerimientos brutos		50		20		100

Parte	*Tiempo de entrega*	*En mano*	*Parte*	*Tiempo de entrega*	*En mano*
X1	1	50	C	3	10
B1	2	20	D	1	0
B2	2	20	E	1	0
A1	1	5			

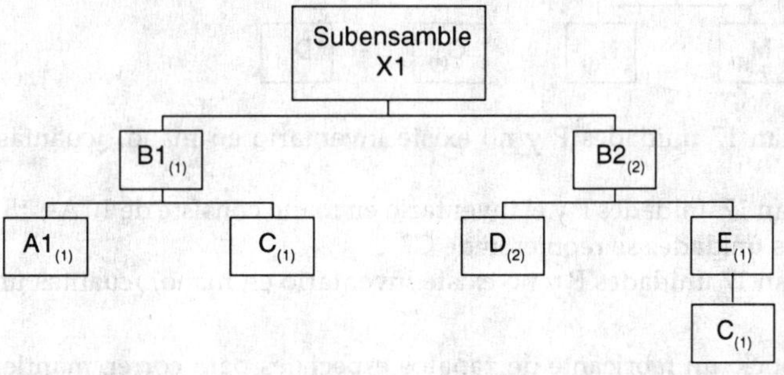

Los problemas 12.5 y 12.6 utilizan los datos mostrados en la parte superior de la página 506.

•• **12.5** Con la siguiente lista de materiales, el programa maestro de producción y el estado del inventario mostrados anteriormente, desarrollar: (a) un plan bruto de los requerimientos para C y (b) una liberación de la orden planeada para C.

Datos para los problemas 12.5 y 12.6

Periodo	*8*	*9*	*10*	*11*	*12*
Requerimientos brutos: A	100		50		150
Requerimientos brutos: H		100		50	

Parte	*En mano*	*Tiempo de entrega*	*Parte*	*En mano*	*Tiempo de entrega*
A	0	1	F	75	2
B	100	2	G	75	1
C	50	2	H	0	1
D	50	1	J	100	2
E	75	2	K	100	2

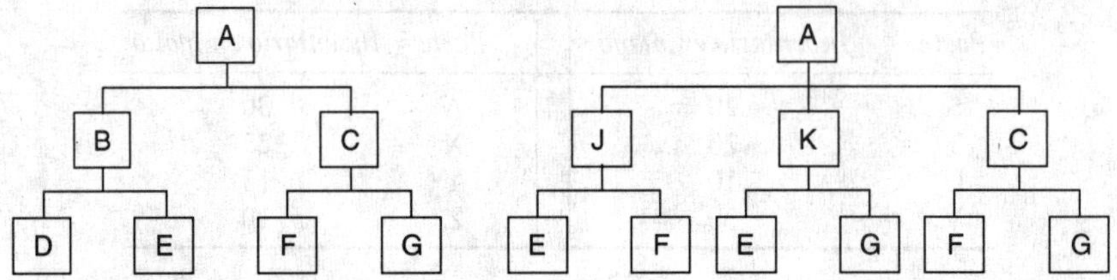

••• **12.6** Basándose en los datos anteriores, completar un programa neto de liberaciones de las órdenes planeadas (10 programas en total).

Los problemas 12.7 y 12.8 se basan en una parte que tiene los requerimientos brutos que se muestran en la siguiente tabla y en un inventario inicial de 40 unidades.

Datos para los problemas 12.7 y 12.8

Periodo	*1*	*2*	*3*	*4*	*5*	*6*	*7*	*8*	*9*	*10*	*11*	*12*
Requerimientos brutos	30		40		30	70	20		10	80		50

El costo de manejo del inventario = 2.50 dólares/unidad/semana; el costo de preparación = 150 dólares; el tiempo de entrega = 1 semana.

••• **12.7** Desarrollar una solución lote por lote y calcular todos los costos relevantes.

••• **12.8** **a)** Desarrollar una solución EOQ y calcular todos los costos relevantes. Los costos de la falta de inventario son de 10 dólares por unidad.

b) Resolver el problema 12.8(a) con un tiempo de entrega = 0.

••• **12.9** Dado el siguiente árbol de producto:

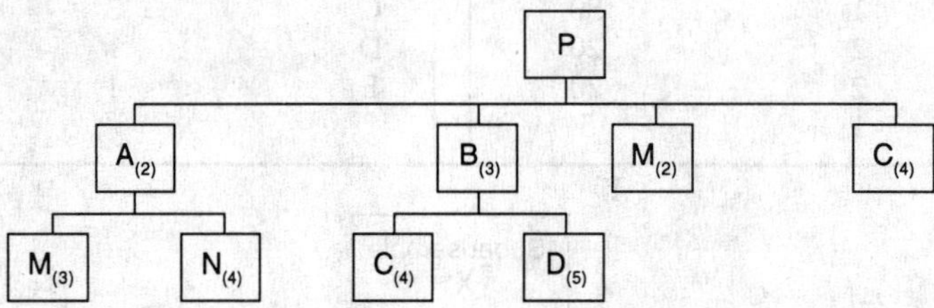

a) Si se necesitan 17 unidades P y no existe inventario en mano, ¿cuántas unidades C se requieren?

b) Si se necesitan 17 unidades P y el inventario en mano consiste de 10 As, 15 Bs, 20 Cs, 12 Ms y 5 Ns, ¿cuántas unidades se requieren de C?

c) Si se necesitan 17 unidades P y no existe inventario en mano, ¿cuántas unidades de M se requieren?

••• **12.10** Keebock, un fabricante de zapatos especiales para correr, mantiene las suelas de sus zapatos de correr talla 13 en inventario a un costo de 25 centavos de dólar por unidad por periodo. Los costos de preparación son de 50 dólares. El inventario inicial es de cero y el tiempo de entrega es de una semana; el costo del faltante del inventario es de 5 dólares por unidad. En la siguiente tabla se muestran los requerimientos netos por periodo. Determine el costo de Keebock basándose en:

a) EOQ
b) Lote por lote

Datos para el problema 12.10

Periodo	*0*	*1*	*2*	*3*	*4*	*5*	*6*	*7*	*8*	*9*	*10*
Requerimientos netos		*35*	*30*	*45*	*0*	*10*	*40*	*30*	*0*	*30*	*55*

Antecedentes para los problemas 12.11 a 12.14

Los problemas 12.11 a 12.14 están basados en los datos que se muestran en la siguiente tabla. El producto padre tiene un tiempo de entrega de una semana, y se utiliza la regla lote por lote. El inventario inicial es de 20 unidades. El producto padre tiene un componente cuyo tiempo de entrega también es de una semana y su inventario inicial es de 30 unidades. Al nivel de componente, la producción se lleva a cabo en tamaños de lote para cubrir tres periodos de requerimientos netos.

Datos para los problemas 12.11 a 12.14

Periodo	*1*	*2*	*3*	*4*	*5*	*6*	*7*	*8*	*9*	*10*
Requerimientos netos	*0*	*40*	*30*	*40*	*10*	*70*	*40*	*10*	*30*	*60*

•• **12.11** Desarrollar las tablas MRP para el padre y el componente con el fin de mostrar las posiciones iniciales planeadas.

•• **12.12** Al nivel del padre, se cancelan los requerimientos brutos para el periodo dos. Desarrolle las tablas MRP netas para el padre y el componente con el fin de mostrar el efecto neto de esta cancelación.

••• **12.13** Con los requerimientos brutos cancelados al nivel del padre para el periodo dos, ¿cuál es el efecto en la cantidad de inventario, los costos de preparación y los costos de manejo del inventario?

••• **12.14** Al nivel del componente, hay capacidad suficiente para producir 75 unidades en el periodo uno. Los requerimientos brutos al nivel del padre aumentan de 40 a 50 unidades en el periodo dos. ¿Qué problema surge? ¿Qué solución recomendaría usted?

••• **12.15** A continuación se muestran una estructura de parte, el tiempo de entrega (semanas) y las cantidades en mano para el producto A.

Datos para los problemas 12.15, 12.16 y 12.17

Parte	*Inventario en mano*
A	0
B	2
C	10
D	5
E	4
F	5
G	1
H	10

Árbol de estructura de la parte

A partir de la información que se mostró, genere:

a) una lista de materiales con sangría para el producto A (véase la figura 4.6).

b) una lista de materiales que muestre la cantidad requerida de cada parte para manufacturar un producto A.

c) una explosión de lista de materiales que muestre la cantidad necesaria de cada parte para producir 10 As.

d) los requerimientos netos de cada parte para producir 10 As en la semana ocho, utilizando lote por lote.

(Sugerencia: el AB:POM puede auxiliar con **b** y con **c**, pero no puede producir una salida diferente al formato MRP).

••• **12.16** Usted es el planificador para el producto A (en el problema 12.15). El gerente de servicio en campo, el "veloz" Senna, le acaba de telefonear diciéndole que los requerimientos para B y F se deben incrementar en 10 unidades para sus necesidades de reparaciones en el campo.

a) Prepare una explosión de lista de materiales que muestre la cantidad de cada parte necesaria para producir los requerimientos del gerente de servicio *y* la solicitud de producción de 10.

b) ¿Cuáles son los requerimientos netos (es decir, una explosión de lista de materiales) menos el inventario en mano?

c) Prepare un plan neto de requerimientos por fecha para los nuevos requerimientos (la producción y el servicio en el campo), suponiendo que el gerente de servicio en campo necesita 10 unidades en la semana ocho y la producción de unidades todavía se debe para la semana 10.

••• **12.17** Usted acaba de ser notificado vía fax que el tiempo de entrega del componente G del producto A (problema 12.16) acaba de ser incrementado a cuatro semanas.

a) ¿Qué partes han cambiado y por qué?

b) ¿Cuáles son las consecuencias para el plan de producción?

c) Como planificador de la producción, ¿qué puede hacer usted?

CASO DE ESTUDIO

Service, Inc.

Service, Inc., es un distribuidor de refacciones para automóviles. Sin capacidad de fabricación, todos los productos que vende son comprados, ensamblados y vueltos a empacar. Service, Inc., tiene un extenso inventario así como instalaciones para el ensamble final. Entre sus productos está un carburador con su marca y equipos de ignición. La compañía ha tenido problemas durante los dos últimos años. En primer lugar, las utilidades han caído en forma considerable. En segundo lugar, los niveles del servicio al cliente han descendido con la entrega tardía, que ahora supera al 25% de las órdenes. En tercer lugar, los rechazos del cliente han ascendido en una tasa del 3% mensual.

Bob Hass, vicepresidente de ventas, supone que la mayor parte del problema recae en el departamento de ensamble. Él dice que dicho departamento no está produciendo una mezcla adecuada de productos, que tienen un control de calidad pobre, que su productividad ha disminuido y que sus costos son demasiado altos.

Dick Houser, el tesorero, cree que los problemas han surgido debido a una mala inversión en los inventarios. Él piensa que el mercado tiene demasiadas opciones y productos. Dick también cree que los compradores del departamento de compras han limitado sus inventarios y requerimientos con otros compromisos.

John Burnham, gerente de ensamble, dice: "El síntoma es que tenemos muchas partes en el inventario, pero no hay espacio para su ensamble en el programa de producción." Un comentario adicional de Jones fue, "Cuando contamos con la parte correcta, no es muy buena, pero de cualquier manera la utilizamos para cumplir el programa."

Freddy Fearon, gerente de compras, ha tomado la postura de que este departamento no ha dejado desamparada a Service, Inc. Él tiene una buena relación con sus proveedores antiguos, utilizó datos históricos para determinar los requerimientos, mantuvo lo que él observa como precios excelentes de sus proveedores y evaluó nuevas fuentes de abastecimiento con la meta de reducir los costos. Hasta donde fue posible, Freddy reaccionó a la reciente presión por la utilidad mediante el énfasis de un bajo costo y entregas tempranas.

Usted es el presidente de Service, Inc., y debe conducir a la empresa hacia un escenario con una rentabilidad mejorada.

Preguntas para discusión

1. Identifique tanto los síntomas como los problemas en Service, Inc.
2. ¿Qué cambios específicos implementaría usted?

BIBLIOGRAFÍA

Berry, W. L. "Lot Sizing Procedures for Requirements Planning Systems: A Framework for Analysis." *Production and Inventory Management* **13,** 2 (1972).

Cerveny, R. P. y L. W. Scott. "A Survey of MRP Implementation." *Production and Inventory Management* **30,** 3 (tercer trimestre de 1989), pp. 31-34.

Dolinsky, L. R., T. E. Vollmann, y M. J. Maggard. "Adjusting Replenishment Orders to Reflect Learning in a Material Requirements Planning Environment." *Managerial Science* **36** (diciembre de 1990), pp. 1532-1547.

Freeland, J. R., J. P. Leschke, y E. N. Weiss. "Guidelines for Setup Cost Reduction Programs to Achieve Zero Inventory." *Journal of Operations Management* **9** (enero de 1990), p. 85.

Haddock, J. y D. E. Hubicki. "Which Lot-Sizing Techniques Are Used in Material Requirements Planning?" *Production and Inventory Management* **30,** (tercer trimestre de 1989), p. 57.

Karmarkar, U. "Getting Control of Just-in-Time." *Harvard Business Review* **71,** 5 (septiembre-octubre de 1989), pp. 122-133.

Martin, A. J. *DRP: Distribution Resource Planning*. Englewood Cliffs, NJ: Prentice-Hall, 1983.

St. John, R. "The Evils of Lot Sizing in MRP." *Production and Inventory Management* **25** (cuarto trimestre de 1984), pp. 75-85.

Wagner, H. M., y T. M. Whitin. "Dynamic Version of the Economic Lot Size Model." *Management Science* **5,** 1 (1958).

Programación a corto plazo

capítulo **13**

PERFIL DEL CAPÍTULO

OBJETIVOS DE APRENDIZAJE

Cuando termine este capítulo usted podrá:

Identificar o definir:

Diagramas de Gantt
El método de asignación
Reglas de secuenciación
Regla de Johnson

Explicar:

Carga del taller
Secuenciación
Programación

La programación interviene en los tiempos de las operaciones. La tabla 13.1 ilustra las decisiones de programación enfocadas a cuatro organizaciones. La programación comienza con la planeación de la *capacidad*, la cual involucra la adquisición de instalaciones y equipo (discutidas en el capítulo 5). En la fase de la planeación agregada (capítulo 9), se toman decisiones con respecto a la *utilización* de las instalaciones, el inventario, la gente y los contratistas externos. Después el programa maestro (capítulo 12) descompone el plan agregado y desarrolla un programa *global* para los productos. Este programa traduce las decisiones acerca de la capacidad, la planeación intermedia y el plan maestro con asignaciones específicas a corto plazo de personal, materiales y maquinaria. En este capítulo se describe la estrecha emisión de la programación de bienes y servicios a *corto plazo* (sobre una base semanal, diaria o por hora).

Los objetivos de la programación a corto plazo son:

1. minimizar el tiempo de espera del cliente;
2. disminuir el tiempo del proceso;
3. mantener bajos los niveles de inventario;
4. utilizar en forma efectiva el personal y el equipo.

Los buenos enfoques de programación deben ser simples, claros, flexibles, realistas, fáciles de entender y de llevarse a cabo.

Este capítulo examina la programación en talleres de trabajo, en la producción repetitiva y en el sector servicios.

LTV Aircraft Products Group, en Dallas, mantiene su operación de clase mundial al automatizar la programación de la gente, las máquinas y las herramientas. Su computadora principal descarga las partes programadas en una terminal instalada dentro del sistema flexible de máquinas FMS (por sus siglas en inglés Flexible Machine System), que se muestra en la fotografía. La intervención manual del programador en turno determina el trabajo que se debe procesar a continuación. La pantalla de computadora, situada a la izquierda, auxilia al operador al desplegar un diagrama gráfico de la posición correcta del material que se encuentra en el elevador (el cual sostiene las partes). El cuarto de control del segundo piso se encuentra en la parte de atrás y le ofrece retroalimentación visual al programador. La flexibilidad de la programación reduce el tiempo de entrega y da como resultado una ventaja competitiva a LTV.

TABLA 13.1 Decisiones de programación.

ORGANIZACIÓN	EL ADMINISTRADOR DEBE PROGRAMAR:
Hospital	La utilización de las salas de operación para cirugía La admisión de pacientes Personal de enfermería, seguridad, mantenimiento Citas para tratamientos de pacientes externos
Universidad	Salones de clase Instructores Cursos de licenciatura y posgrado Horarios para estudiantes Equipo audiovisual
Fábrica	Producción de bienes Sincronización de compras de materiales Trabajadores
Aerolínea	Mantenimiento de los aviones Tripulaciones de vuelo; abastecimiento Horarios de salidas Personal en salas y boletaje

PROGRAMACIÓN DE LOS TRABAJOS EN EL TALLER

Taller de trabajo

El **taller de trabajo** es un sistema de gran variedad y bajo volumen, que se encuentra en forma común en las organizaciones de manufactura y de servicio. Es un sistema de producción en el cual los productos se manufacturan de acuerdo a la orden. Las órdenes del taller de trabajo generalmente difieren en forma considerable en términos de los materiales utilizados, la orden del proceso, los requerimientos del mismo, así como su duración y los requerimientos de preparación. Debido a estas diferencias, la programación de las tareas en los talleres puede ser algo complejo.

El objetivo de la programación es la optimización de la utilización de los recursos de tal forma que se cumplan los objetivos globales de la producción. En general, la programación involucra la asignación de fechas de entrega de los trabajos específicos. Muchos trabajos compiten por los recursos en forma simultánea. Las descomposturas de la maquinaria, el ausentismo, los problemas de calidad, los faltantes y otros factores, pueden generar una variabilidad que complica el ambiente de manufactura. En consecuencia, la asignación de una fecha no asegura que el trabajo será desarrollado de acuerdo al programa. Cuando la gente confía y utiliza estas reglas, la programación se convierte en un medio de comunicación seguro y formal.

Se pueden usar muchas técnicas de programación. La técnica que se utilice depende del volumen de las órdenes, la naturaleza de las operaciones y la complejidad global de los trabajos. La selección de la técnica también depende del grado de control que se requiere en el trabajo mientras que este se procesa. Por ejemplo, se podría intentar minimizar o eliminar el tiempo ocioso en las operaciones costosas de las máquinas, y al mismo tiempo la disminución del costo de los inventarios del trabajo en proceso.

CARGA DEL TALLER

Carga

La **carga** significa la asignación de labores hacia los centros de trabajo o de proceso. Los administradores de operaciones comprometen los centros de trabajo de tal forma que los costos, el tiempo ocioso o los tiempos de terminación se mantengan en un mínimo. La carga del taller toma dos formas. Una está orientada a la capacidad del taller; la segunda está relacionada con la asignación de trabajos específicos a los centros de trabajo. A continuación se presentan dos enfoques utilizados para la carga, los *diagramas de Gantt* y el *método de asignamiento* de programación lineal.

Diagramas de Gantt

Diagramas de Gantt

Los **diagramas de Gantt** consisten en ayudas visuales que son útiles en la carga y programación de las operaciones del taller. Su nombre se deriva de Henry Gantt, quien desarrolló el concepto a finales del siglo XIX. El diagrama ayuda a describir la utilización de los recursos, tales como los centros de trabajo y el tiempo extra.

Cuando se utilizan en la *carga*, los diagramas de Gantt muestran el tiempo de la carga y el tiempo ocioso de varios departamentos, máquinas o instalaciones. Éste muestra las cargas de trabajo relativas en el sistema. Por ejemplo, cuando existe una sobrecarga en algún centro de trabajo, se pueden transferir empleados de otro centro de trabajo con poca carga, en forma temporal, para incrementar la fuerza de trabajo. O en el caso de los trabajos sin concluir, éstos se pueden procesar en centros de trabajo diferentes, de manera que algunos de los trabajos que se realizan en centros con mucha carga sean transferidos a centros con carga baja. El equipo versátil también puede ser reubicado entre los centros. El ejemplo 1 ilustra un sencillo diagrama de Gantt para la carga.

ejemplo 1

Un fabricante de lavadoras de Nueva Orleáns acepta órdenes especiales de lavadoras que serán utilizadas en ciertas instalaciones especiales tales como submarinos, hospitales y grandes lavanderías industriales. La producción de cada lavadora requiere de tareas y duraciones diferentes. La figura 13.1 muestra el diagrama de carga para la semana del 8 de marzo.

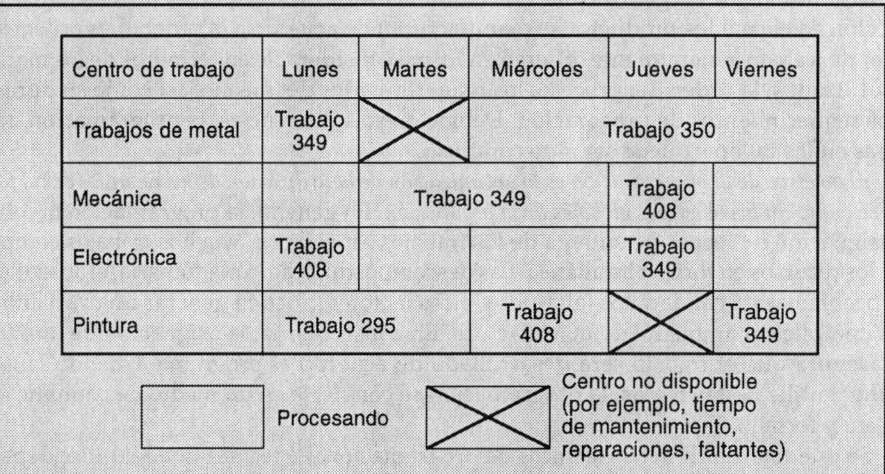

FIGURA 13.1 Diagrama de carga de Gantt para la semana del 8 de marzo.

Los cuatro centros procesan varios trabajos durante la semana. Este diagrama en particular indica que los centros de trabajos de metal y de pintura se encuentran totalmente cargados durante toda la semana. Los centros de mecánica y electrónica tienen algún tiempo ocioso diseminado durante la semana. También se puede observar que el centro de trabajos en metal no está disponible el martes, quizá debido a mantenimiento preventivo.

El *diagrama de carga* de Gantt tiene algunas limitaciones importantes. Por un lado, no toma en cuenta la variabilidad de la producción tal como las inesperadas descomposturas o los errores humanos que conducen a una repetición del trabajo. El diagrama también debe ser actualizado en forma regular para tomar en cuenta los trabajos nuevos y revisar las estimaciones de tiempos.

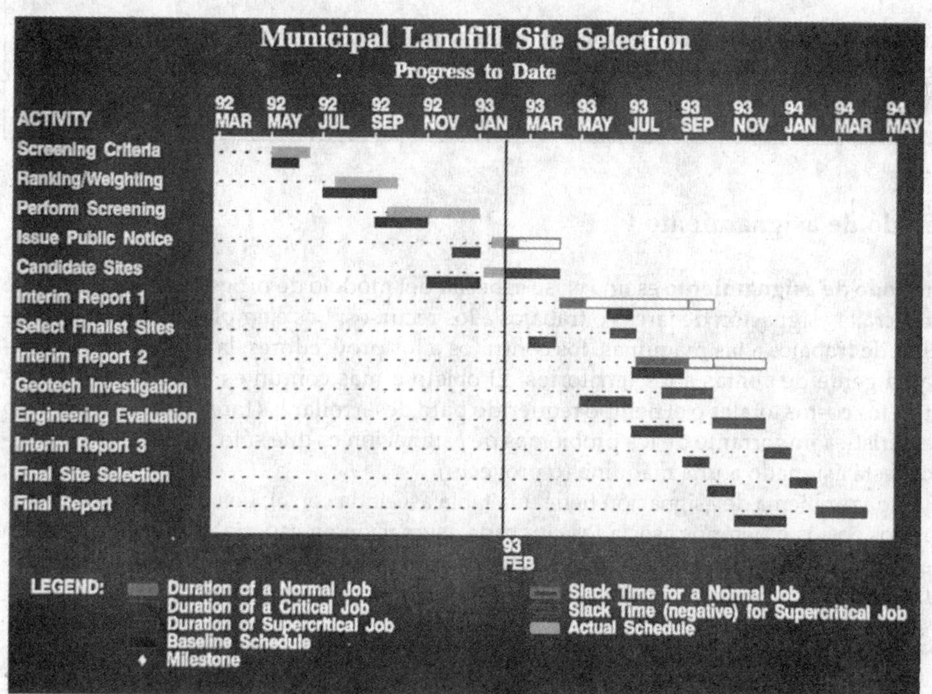

El software del diagrama de Gantt, tal como este de SAS Institute Inc., en Cary, N.C., ayuda a los administradores a programar fácilmente sus proyectos. Las restricciones de tiempo, recursos, y procedimientos también se pueden incluir para seguir el desarrollo del proyecto. Aquí se muestra la forma en que el diagrama de Gantt de SAS da seguimiento al proceso de selección para elegir el lugar de un aeropuerto municipal.

Un *diagrama de programa* de Gantt se utiliza para dar seguimiento a los trabajos que se están desarrollando. Indica los trabajos que están en el programa y su avance o retroceso dentro del mismo. En la práctica, se encuentran muchas versiones del diagrama. El que se presenta en el ejemplo 2 sitúa los trabajos en desarrollo en el eje vertical y el tiempo en el eje horizontal.

ejemplo 2

JH Products Corporation utiliza el diagrama de Gantt en la figura 13.2 para visualizar la programación de tres órdenes, los trabajos A, B y C. Cada par de corchetes, en el eje del tiempo, significan una estimación del principio y terminación de un trabajo contenido dentro de él. Las barras sólidas reflejan el estado real o el progreso del

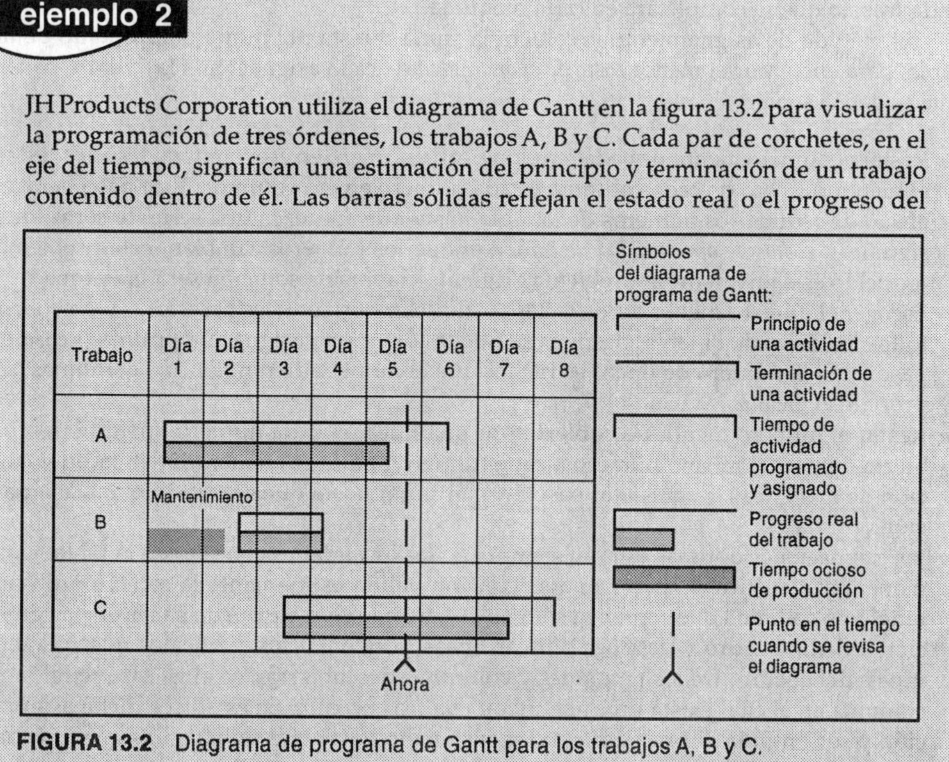

FIGURA 13.2 Diagrama de programa de Gantt para los trabajos A, B y C.

trabajo. El trabajo A, por ejemplo, se encuentra retrasado un día y medio del programa al final del día 5. El trabajo B se completó después de un retraso debido al mantenimiento de equipo. El trabajo C se encuentra adelante del programa.

Método de asignamiento

Método de asignamiento

El **método de asignamiento** es una clase especial del modelo de programación lineal que involucra la asignación de tareas o trabajos a los recursos. Los ejemplos incluyen la asignación de trabajos a las máquinas, los contratos a los proveedores, la gente a los proyectos y la gente de ventas a los territorios. El objetivo más común es la reducción de los costos, los costos totales o el tiempo requerido para desarrollar las tareas inmediatas. Una característica importante de los problemas de asignación es que sólo un trabajo (o trabajador) está asignado a una máquina (o proyecto).

Cada problema de asignación tiene una tabla asociada con él. Los números en la tabla serán los costos o tiempos asociados con cada asignación en especial. Por ejemplo, si un taller tiene tres máquinas disponibles (A, B y C) y tres trabajos nuevos que se deben completar, esta tabla pu^de parecerse a la que se muestra a continuación.

TRABAJO \ MÁQUINA	A	B	C
R-34	$11	$14	$6
S-66	$8	$10	$11
T-50	$9	$12	$7

Las entradas en dinero representan la estimación de la empresa acerca del costo de cada trabajo que se completará en cada máquina.

El método de asignamiento involucra la suma y resta del número apropiado de la tabla, para encontrar el menor *costo de oportunidad* de cada asignación. Hay cuatro pasos que se deben seguir:

1. Restar el número menor de cada renglón a cada número en ese renglón, después restar el menor número de cada columna a cada número en esa columna. Este paso tiene el efecto de reducir los números de la tabla hasta que aparezca una serie de ceros, que significan *costos de oportunidad de cero.* Aunque los números cambian, este problema reducido es equivalente al problema original, y la misma solución será la óptima.
2. Escoger el número menor de las rectas verticales y horizontales necesarias para cubrir todos los ceros de la tabla, después se puede tomar una asignación óptima (véase el paso 4). Si el número de líneas es menor que el número de renglones o columnas, se procede al paso 3.
3. Restar el número menor no cubierto por una línea de cada número que esté descubierto. Sumar el mismo número a cada número(s) que se encuentren en la intersección de dos líneas. Regresar al paso 2 y continuar hasta que sea posible una asignación óptima.
4. Las asignaciones óptimas estarán siempre en las localidades con cero en la tabla. Una manera sistemática de hacer una asignación válida es mediante la selección de un renglón o columna que contenga sólo un cuadro con cero. Se puede hacer una asignación a dicho cuadro y después dibujar líneas horizontales y verticales que pasen a través del cuadro. De los renglones y columnas descubiertos, se elige otro renglón o columna en el cual exista únicamente un cuadro con cero. Se establece dicha asignación y se continúa el procedimiento mencionado hasta que se hayan asignado cada persona o máquina a una tarea.

ejemplo 3

A continuación se repite la tabla de costos mostrada al principio del tema. Se encuentra el costo total mínimo de la asignación de los trabajos a las máquinas al aplicar los pasos 1 a 4.

TRABAJO \ MÁQUINA	A	B	C
R-34	$11	$14	$6
S-66	$8	$10	$11
T-50	$9	$12	$7

Paso 1a. Utilizando la tabla previa, restar el número menor en cada renglón a cada número en el renglón. El resultado se muestra a continuación.

TRABAJO \ MÁQUINA	A	B	C
R-34	5	8	0
S-66	0	2	3
T-50	2	5	0

Paso 1b. Utilizando la tabla previa, restar el número menor en cada columna a cada número en la columna. El resultado se muestra a continuación.

TRABAJO \ MÁQUINA	A	B	C
R-34	5	6	0
S-66	0	0	3
T-50	2	3	0

Paso 2. Trazar el número mínimo de líneas rectas necesarias para cubrir todos los ceros. Ya que dos líneas lo satisfacen, la solución no es óptima.

TRABAJO \ MÁQUINA	A	B	C
R-34	5	6	0
S-66	0	0	3
T-50	(2)	3	0

Menor número descubierto

Paso 3. Restar el menor número descubierto (2 en esta tabla) de todos los números descubiertos y sumarlo a los números que se encuentran en la intersección de dos rectas.

MÁQUINA / TRABAJO	A	B	C
R-34	3	4	0
S-66	0	0	5
T-50	0	1	0

Regresar al paso 2. Cubrir los ceros con líneas rectas una vez más.

MÁQUINA / TRABAJO	A	B	C
R-34	3	4	0
S-66	0	0	5
T-50	0	1	0

Debido a que son necesarias tres líneas, se puede establecer una asignación óptima (véase el paso 4 en la página 514). Asignar R-34 a la máquina C, S-66 a la máquina B y T-50 a la máquina A.

$$\begin{pmatrix}\text{Costo}\\ \text{mínimo}\end{pmatrix} = \$6 + \$10 + \$9 = \$25$$

(*Nota:* Si se tuviera a S-66 asignado a la máquina A, no se podría asignar T-50 a una localidad cero.)

En los programas 13.1 y 13.2 se muestra la aplicación de AB:POM en la solución del ejemplo 3.

Programa 13.1 Programa del modelo de asignamiento de AB:POM utilizando los datos del ejemplo 3 como entrada.

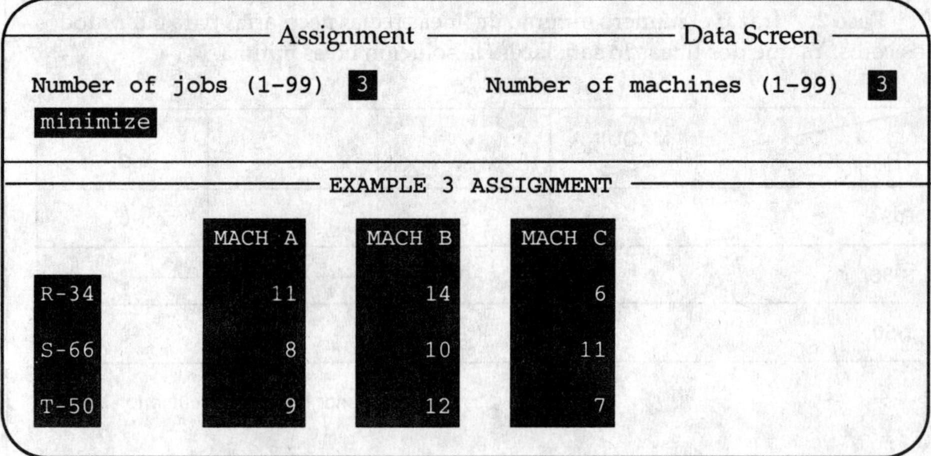

Assignment — Data Screen

Number of jobs (1-99) 3   Number of machines (1-99) 3

minimize

EXAMPLE 3 ASSIGNMENT

	MACH A	MACH B	MACH C
R-34	11	14	6
S-66	8	10	11
T-50	9	12	7

Programa 13.2 Salida del programa de asignamiento con datos del ejemplo 3.

```
                         EXAMPLE 3 ASSIGNMENT

SHIPMENTS        MACH A        MACH B        MACH C

R-34                                          1

S-66                             1

T-50               1

The minimum total cost =                         $25

                          NOTE: alternate optimal solutions exist
```

Algunos problemas de asignación enlazan la *maximización* de la utilidad, la efectividad o los resultados de una asignación de gente a las tareas o la asignación de los trabajos a las máquinas. Es fácil obtener un problema equivalente de minimización al convertir cada número de la tabla en una *pérdida de oportunidad*. Para llevar a cabo esta conversión, se resta cada número en la tabla de resultados del mayor número de esa tabla. Resulta que la minimización de la pérdida de oportunidad produce la misma solución de asignamiento que el problema original de maximización.

El problema de programar los equipos de *umpires* de la Liga Americana de una serie de juegos a la siguiente se complica con muchas restricciones de viajes, tales como los cambios de horarios de las diferentes costas, los programas de vuelos de las aerolíneas y los juegos nocturnos que se extienden bastante.

Hay dos objetivos principales que la liga intenta cumplir: (1) balancear las asignaciones de los equipos de *umpires* en forma relativamente pareja entre todos los equipos a través de una temporada, y (2) minimizar los costos de los viajes. Estos objetivos son conflictivos por naturaleza, ya que al intentar el balanceo de las asignaciones de los *umpires* se requiere una cantidad considerable de viajes por avión así como movimiento de equipo, lo que acarrea costos de viaje mayores. Utilizando la fórmulación del problema de asignamiento, se ha disminuido en forma significativa el tiempo que le toma a la liga la programación de un calendario. Y la calidad del mismo ha mejorado.

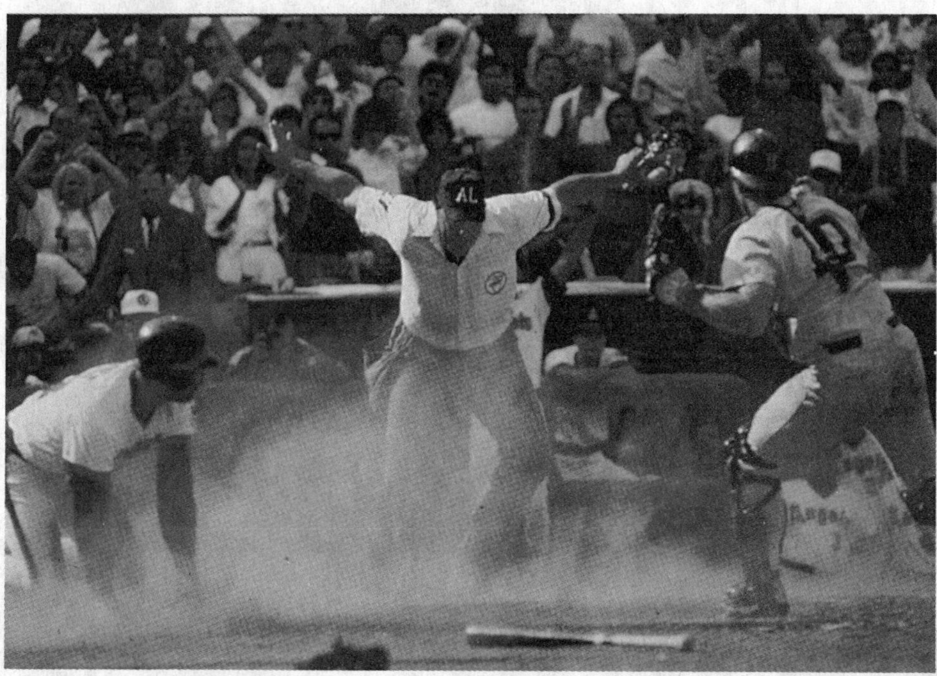

SECUENCIACIÓN

Secuenciación

La programación ofrece una base para el asignamiento de trabajos a los centros correspondientes. La carga de las máquinas es una técnica de control de la capacidad que señala tanto las sobrecargas como las cargas bajas. La **secuenciación** especifica el orden en que los trabajos se deben llevar a cabo en cada centro. Por ejemplo, supóngase que 10 pacientes están asignados a una clínica médica para su tratamiento. ¿En qué orden deben ser tratados? ¿Se debe dar preferencia al primer paciente que llegó o a aquel que necesita un tratamiento de emergencia? Los métodos para establecer la secuencia ofrecen información detallada. A estos métodos se les conoce como reglas para efectuar trabajos en los centros de trabajo.

Reglas de prioridad para efectuar trabajos

Regla de prioridad

Las **reglas de prioridad** son ampliamente utilizadas para preparar las listas de programación de los trabajos o lotes en los talleres. Las reglas de prioridad ofrecen lineamientos para la secuencia con la que se deben de llevar a cabo los trabajos. Se han desarrollado numerosas reglas; algunas son estáticas y otras son dinámicas. Las reglas son especialmente aplicables para los procesos intermitentes o en lotes con demandas independientes. Las reglas de prioridad intentan disminuir el tiempo medio del flujo, el tiempo medio de terminación y el tiempo medio de espera, así como la maximización del flujo de valor (throughput). Se han llevado a cabo varios experimentos de simulación para comparar el desempeño de las reglas de prioridad.[1] En esta sección, se discutirán algunas de las reglas más conocidas así como su efectividad.

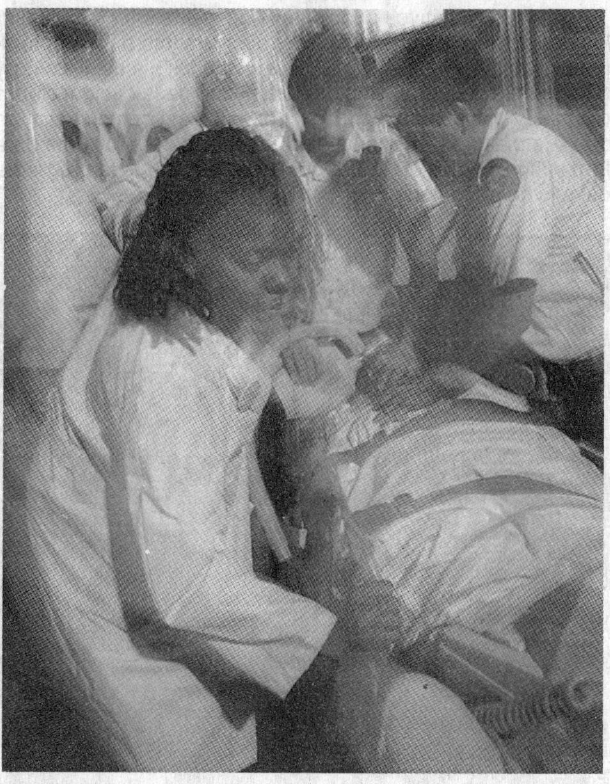

Su doctor puede utilizar una regla de prioridad de primera entrada primer servicio en forma satisfactoria. Sin embargo, tal regla puede ser menos que óptima para esta sala de emergencia. ¿Qué regla de prioridad puede ser mejor y por qué? ¿Qué regla de prioridad se utiliza a menudo en el programa de televisión *M*A*S*H*?

[1] Véase R. W. Conway, W. L. Maxwell, y L. W. Miller, *Theory of Scheduling* (Reading, MA: Addison-Wesley, 1976).

Las reglas de prioridad más populares son:

FCFS (por sus siglas en inglés, First Come, First Served): Primera entrada, primer servicio. El primer trabajo en llegar a un centro de trabajo será procesado en primer lugar. **FCFS**

EDD (por sus siglas en inglés, Earliest Due Date): Fecha de terminación más temprana. El trabajo con la fecha de terminación más temprana se selecciona en primer lugar. **EDD**

SPT (por sus siglas en inglés, Shortest Processing Time): Tiempo de procesamiento más corto. Los trabajos más cortos o rápidos se manejan primero para quitarlos del camino. **SPT**

LPT (por sus siglas en inglés, Longest Processing Time): Tiempo de procesamiento más largo. Los trabajos más largos, grandes o de mayor duración, son a menudo muy importantes y se seleccionan primero. **LPT**

Se pueden comparar estas reglas por medio del ejemplo 4.

ejemplo 4

Cinco trabajos de metal están esperando para ser asignados en el centro de trabajo de Ajax Company, en Long Beach. Sus tiempos de proceso y fechas de entrega se muestran a continuación. Se desea determinar la secuencia de procesamiento de acuerdo a las reglas: (1) FCFS, (2) SPT, (3) EDD, y (4) LPT. A los trabajos se les asignó una letra en el orden en que llegaron.

Trabajo	*Tiempo de procesamiento del trabajo en días*	*Fecha de entrega del trabajo (días)*	*Trabajo*	*Tiempo de procesamiento del trabajo en días*	*Fecha de entrega del trabajo (días)*
A	6	8	D	3	15
B	2	6	E	9	23
C	8	18			

1. La secuencia *FCFS* es simplemente A-B-C-D-E. El "tiempo de flujo" en el sistema, para esta secuencia, mide el tiempo que cada trabajo pasa esperando, más su tiempo de proceso. Por ejemplo, el trabajo B, espera seis días mientras se está procesando el trabajo A, y luego el trabajo B toma dos días más de operación por sí mismo; así que será completado en ocho días, lo cual es dos días más tarde que su fecha de terminación requerida.

Secuencia de los trabajos	*Tiempo de procesamiento*	*Flujo de tiempo*	*Fecha de terminación requerida*	*Retraso del trabajo*
A	6	6	8	0
B	2	8	6	2
C	8	16	18	0
D	3	19	15	4
E	9	28	23	5
	28	77		11

La regla de primera entrada, primer servicio da como resultado las siguientes medidas de efectividad:

a) Tiempo promedio de terminación $= \dfrac{\text{Suma de los flujos de tiempo totales}}{\text{Número de trabajos}}$

$$= \frac{77 \text{ días}}{5} = 15.4 \text{ días}$$

b) Número promedio de trabajos en el sistema $= \dfrac{\text{Suma de los tiempos totales de flujo}}{\text{Tiempo total de procesamiento}}$

$$= \frac{77 \text{ días}}{28 \text{ días}} = 2.75 \text{ trabajos}$$

c) Retraso promedio del trabajo $= \dfrac{\text{Días totales de retraso}}{\text{Número de trabajos}} = \dfrac{11}{5} = 2.2$ días

2. La regla *SPT* da como resultado la secuencia B-D-A-C-E (véase a continuación). A las órdenes se les da una secuencia de acuerdo al tiempo de procesamiento, con la prioridad más alta otorgada al trabajo más corto.

Secuencia de los trabajos	*Tiempo de procesamiento*	*Flujo de tiempo*	*Fecha de terminación requerida*	*Retraso del trabajo*
B	2	2	6	0
D	3	5	15	0
A	6	11	8	3
C	8	19	18	1
E	9	28	23	5
	28	65		9

Las mediciones para la efectividad de STP son:

a) Tiempo promedio de terminación $= \dfrac{65}{5} = 13$ días

b) Promedio del número de trabajos en el sistema $= \dfrac{65}{28} = 2.32$

c) Retraso promedio del trabajo $= \dfrac{9}{5} = 1.8$ días

3. La regla *EDD* da la secuencia B-A-D-C-E. Obsérvese que los trabajos se encuentran ordenados por su fecha de terminación requerida.

Secuencia de los trabajos	*Tiempo de procesamiento*	*Flujo de tiempo*	*Fecha de terminación requerida*	*Retraso del trabajo*
B	2	2	6	0
A	6	8	8	0
D	3	11	15	0
C	8	19	18	1
E	9	28	23	5
	28	68		6

Las mediciones para la efectividad de EDD son:

a) Tiempo de terminación promedio $= \dfrac{68}{5} = 13.6$ días

b) Número de trabajos promedio en el sistema $= \dfrac{68}{28} = 2.42$

c) Retraso del trabajo promedio $= \dfrac{6}{5} = 1.2$ días

4. *LPT* da como resultado el orden E-C-A-D-B.

Secuencia de los trabajos	*Tiempo de procesamiento*	*Flujo de tiempo*	*Fecha de terminación requerida*	*Retraso del trabajo*
E	9	9	23	0
C	8	17	18	0
A	6	23	8	15
D	3	26	15	11
B	2	28	6	22
	28	103		48

Las mediciones de la efectividad para el enfoque con el mayor tiempo de procesamiento son:

a) Tiempo promedio de terminación = 20.6 días

b) Número de trabajos en el sistema promedio = 3.68

c) Retraso del trabajo promedio = 9.6 días

Los resultados de estas cuatro reglas se muestran a continuación.

Regla	*Tiempo de terminación promedio (días)*	*Número de trabajos en el sistema promedio*	*Retraso del trabajo promedio (días)*
FCFS	15.4	2.75	2.2
SPT	13.0	2.32	1.8
EDD	13.6	2.42	1.2
LPT	20.6	3.68	9.6

El programa 13.3 ilustra la aplicación de AB:POM en la solución del ejemplo 4.

Programa 13.3 Con AB:POM se programa el trabajo de taller, utilizando los datos del ejemplo 4. Las reglas de prioridad disponibles incluyen SPT, FCFS, EDD y LPT. Cada una de ellas se puede examinar por turno una vez que toda la información ha sido capturada.

Job Shop Sequencing — Solution

Number of jobs (1-14) 5 Number of machines (1-2) 1

AJAX COMPANY, EXAMPLE 4

SPT	mach. 1	Due Dat	EXTRA	Order	Flow tm	Tardy
JOB A	6	8	0	third	11	3
JOB B	2	6	0	first	2	0
JOB C	8	18	0	fourth	19	1
JOB D	3	15	0	second	5	0
JOB E	9	23	0	fifth	28	5
Average # of jobs in system = 2.32				TOTAL	65	9
SEQUENCE				AVERAGE	13.00	1.80

JOB B, JOB D, JOB A, JOB C, JOB E

Como se puede observar en el ejemplo 4, LPT es la medida de secuenciación menos efectiva para la Ajax Company. SPT es superior en dos mediciones y EDD en la tercera (retraso promedio). Esto también es cierto en la vida real. Más aún, se encuentra que ninguna regla de secuenciación es siempre la mejor en todos los criterios. La experiencia indica que:

1. El menor tiempo de procesamiento es generalmente la mejor técnica para minimizar el flujo de trabajo y para minimizar el número promedio de trabajos en el sistema. Su mayor desventaja es que los trabajos con larga duración son continuamente relegados y la prioridad favorece a los de corta duración. Los clientes pueden ver esto como algo oscuro, y se deben hacer ajustes periódicos para que los trabajos más largos se puedan llevar a cabo.
2. La regla de primera entrada, primer servicio no da buenas calificaciones bajo la mayor parte de los criterios (aunque tampoco tiene calificaciones particularmente pobres). Tiene la ventaja, sin embargo, de aparecer justa entre los clientes, lo cual resulta importante en los sistemas de servicio.
3. El índice crítico, la técnica que será presentada a continuación, se desempeña bien sobre el criterio de retraso promedio de los trabajos.

Índice crítico

Índice crítico

Otro tipo de regla de secuenciación es el **índice crítico.** El índice crítico (CR, por sus siglas en inglés, Critical Ratio) es un número de índice que se calcula al dividir el tiempo restante hasta la fecha de entrega requerida, entre el tiempo de trabajo restante. En oposición a las reglas de prioridad, el índice crítico es dinámico. Se puede actualizar con frecuencia y es útil en la programación por adelantado.

El índice crítico le da prioridad a los trabajos que se deben realizar para mantener los embarques sobre programa. Un trabajo con un índice crítico bajo (menos de 1.0) es aquel que está cayendo detrás del programa. Si el CR es exactamente 1.0, el trabajo está sobre el programa. Un CR mayor que 1.0 significa que el trabajo está adelante del programa y que dispone de cierta holgura.

La fórmula para el índice crítico es:

$$\text{CR} = \frac{\text{Tiempo remanente}}{\text{Días de trabajo remanentes}} = \frac{\text{Fecha requerida} - \text{Fecha de hoy}}{\text{Tiempo de trabajo (para entregar) remanente}}$$

ejemplo 5

Hoy es el día 25 en el programa de producción de Carlson Food. Existen tres trabajos en orden, como se indica a continuación:

Trabajo	*Fecha requerida*	*Días de trabajo remanentes*
A	30	4
B	28	5
C	27	2

Se calculan los índices críticos, utilizando la fórmula para CR.

Trabajo	*Índice crítico*	*Orden de prioridad*
A	(30 – 25)/4 = 1.25	3
B	(28 – 25)/5 = 0.60	1
C	(27 – 25)/2 = 1.00	2

El trabajo B tiene un índice crítico menor que uno, lo cual significa que estará retrasado a menos que se acelere; de tal forma que tiene la prioridad más alta. El trabajo C está a tiempo y el trabajo A tiene algo de holgura.

La regla del índice crítico puede ayudar en la mayoría de los sistemas de programación de producción a:

1. determinar el estado de un trabajo específico;
2. establecer una prioridad relativa entre los trabajos sobre una base común;
3. relacionar tanto los trabajos en almacén como los que se deben fabricar sobre una base común;
4. ajustar las prioridades (y revisar programas) en forma automática para los cambios, tanto en la demanda como en el desarrollo de los trabajos;
5. rastrear en forma dinámica el desarrollo y localización de los trabajos.

Regla de Johnson: Programar *N* trabajos en dos máquinas

El siguiente paso en complejidad en los talleres, es el caso donde *N* trabajos (donde *N* es igual a dos o más) deben pasar a través de dos máquinas o centros de trabajo en el mismo orden. A esto se le ha llamado el problema *N* / 2.

Regla de Johnson

La **regla de Johnson** se puede utilizar para minimizar el tiempo de procesamiento para colocar en secuencia un grupo de trabajos a través de dos instalaciones.[2] También minimiza el tiempo ocioso total en las máquinas.

La programación de máquinas y gente para ofrecer los servicios en que confiamos es una parte importante de la administración de operaciones. Las estaciones de TV tales como la que se muestra en la fotografía utilizan algoritmos que se manejan con la programación de las máquinas editoras de cinta. El trabajo más grande del departamento de noticias es la toma de varias horas de video diariamente para editarlos en siete u ocho videoclips de uno o dos minutos, además de una presentación de cuatro minutos, con todo en su lugar para el momento límite del noticiero de la tarde. La programación de recursos limitados es un trabajo crítico. A menudo es atacado por personal de operaciones mediante el empleo de las técnicas de este capítulo.

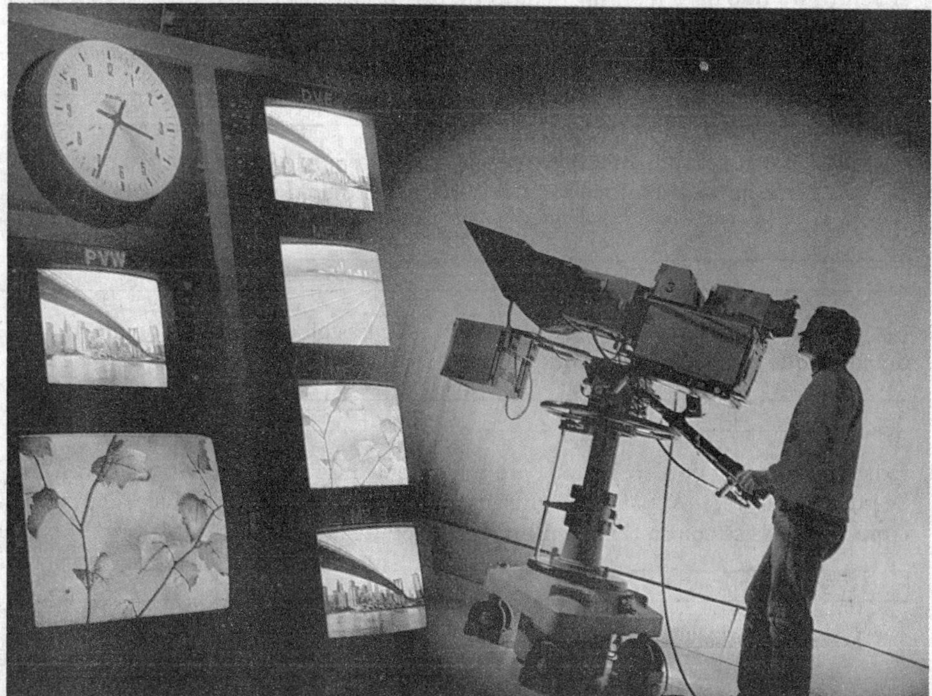

[2] S. M. Johnson, "Optimal Two and Three Stage Production Schedules with Set-Up Times Included", *Naval Research Logistics Quarterly* **1,** 1 (marzo de 1954), pp. 61-68.

La *regla de Johnson* involucra cuatro pasos:

1. Todos los trabajos se deben registrar en una lista, así como el tiempo que requiere cada uno en cada máquina.
2. Se selecciona el trabajo con el menor tiempo de actividad. Si el menor tiempo cae con la primera máquina, el trabajo se programa primero. Si el menor tiempo cae con la segunda máquina, el trabajo se programa al final. Los empates se pueden romper en forma arbitraria.
3. Una vez que el trabajo está programado, se debe eliminar.
4. Aplicar los pasos 2 y 3 para los trabajos remanentes, trabajando hacia el centro de la secuencia.

ejemplo 6

En un taller de herramientas y dados en Fredonia, Nueva York, se deben procesar cinco trabajos específicos a través de dos centros de trabajo (taladro y torno). El tiempo para procesar cada trabajo se muestra a continuación.

Tiempo de procesamiento (en horas) para los trabajos

Trabajo	*Centro de trabajo 1 (taladro)*	*Centro de trabajo 2 (torno)*
A	5	2
B	3	6
C	8	4
D	10	7
E	7	12

1. Se desea establecer la secuencia que minimizará el tiempo total de procesamiento para los cinco trabajos. El trabajo con el tiempo de proceso más corto es A, en el centro de trabajo 2 (con un tiempo de dos horas). Debido a que está en el segundo centro, A se programa al final. Se elimina de cualquier consideración posterior.

				A

2. El trabajo B tiene el siguiente tiempo más corto. Debido a que está en el primer centro de trabajo, se programa al principio y se elimina de cualquier consideración posterior.

B				A

3. El siguiente trabajo con el tiempo más corto es C. Se coloca lo más tarde posible, debido a que estaba en la segunda máquina.

B			C	A

4. Existe un empate (de siete horas) para el siguiente trabajo remanente más corto. Se puede colocar E, el cual se encontraba en el primer centro de trabajo, al principio. Después se coloca D en la última posición de la secuencia.

B	E	D	C	A

Los tiempos secuenciales son:

Centro de trabajo 1	3	7	10	8	5
Centro de trabajo 2	6	12	7	4	2

El flujo con fases de tiempo para esta secuencia de trabajo se ilustra mejor en forma gráfica:

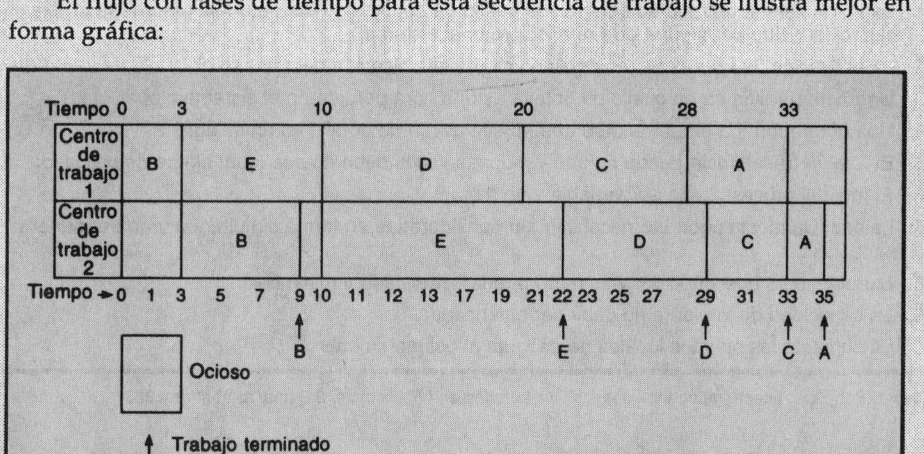

Entonces, los cinco trabajos se completan en 35 horas. El segundo centro de trabajo tendrá que esperar tres horas para su primer trabajo, y también tendrá que esperar 1 hora después de completar el trabajo B.

OPT Y CONTROL-Q

Debido a que la programación del taller es un problema difícil para los administradores de operaciones, se han desarrollado una variedad de programas de computadora para ofrecer programas a los centros de trabajo. Un paquete de software que se ha mantenido durante mucho tiempo es el General Job Shop Scheduler (Programador general de talleres de trabajo) de General Electric. Utilizado para determinar las demandas de capacidad o para programar los trabajos, este paquete desarrolla dos reportes: (1) un reporte de programa de trabajos que asigna los trabajos por máquina, día, hora y operador, y (2) un reporte de carga de centro de máquina que indica el tiempo ocioso en cada centro de trabajo.

Tecnología de producción optimizada (OPT)

Control-Q

Dos sistemas por computadora que se han ganado un amplio reconocimiento son la **Tecnología de producción optimizada** (**OPT,** por su nombre en inglés Optimized Production Technology) y **Control-Q**. Ambos son sistemas registrados cuyos algoritmos no están disponibles para su análisis por el momento.

Cuello de botella

Una característica importante del OPT y de Control-Q es que dirigen su atención a las operaciones que son cuellos de botella. Un **cuello de botella** es una operación que limita la salida en la secuencia de producción. Puede ocurrir debido a las limitaciones de equipo o a un faltante de gente, material o instalaciones.

OPT localiza los cuellos de botella al desarrollar programas de carga para todos los centros de trabajo. Su filosofía es que los cuellos de botella son críticos y deben ser identificados y optimizados. Se simulan los programas globales y se selecciona el mejor sobre la base de simulaciones.[3] Los diez mandamientos de OPT para la correcta programación ofrecen un interesante conjunto de ideas para ser consideradas por el administrador de operaciones cuando luche con problemas de programación (véase la tabla 13.2).

El Control-Q tiene varias similitudes con OPT y parece que trabaja bien en ambientes de talleres complejos.[4] Su diseñador, William Sandman, estudió a más de 600 talleres. Encontró que el tiempo que un trabajo típico permanece en el taller es mucho más largo (por un factor de hasta 30 veces) que el tiempo real requerido para dicho trabajo. El tiempo tan largo que un

[3] Para mayores detalles, véanse estos tres artículos por Robert E. Fox: "MRP, Kanban, or OPT?" *Inventories and Production Magazine* **2,** 4 (julio-agosto de 1982); "OPT *vs.* MRP: Thoughtware *vs.* Software", *Inventories and Production Magazine* **3,** 6 (noviembre-diciembre de 1983); y "OPT —An Answer for America, Part II", *Inventories and Production Magazine* **2,** 6 (noviembre-diciembre de 1982).

[4] Refiérase al libro de W. E. Sandman, *How to Win Productivity in Manufacturing* (Dresher, PA: *Yellow Book of Pennsylvania* 1980), para mayor información.

Para administrar sus cientos de expendios al menudeo de galletas, Debbi Fields decidió capturar su experiencia en un "sistema experto" donde cualquier tienda se pudiera accesar en cualquier momento. Su Sistema Inteligente de Operación al Detalle (ROIS, por sus siglas en inglés, Retail Operations Intelligence System) toma ventaja de la experiencia de las oficinas centrales al programar empleados con salarios bajos, los cuales son la ayuda predominante en el mostrador. El software elabora un programa de trabajo, el cual incluye los descansos, para utilizar de la mejor manera el tiempo de los empleados. ROIS también genera una proyección de un día completo de la cantidad de pasta que se debe procesar y diagrama el desarrollo y las ventas sobre la base de hora por hora. Incluso le indica al personal cuándo reducir la producción y comenzar a ofrecer muestras gratis a los clientes que pasan.

TABLA 13.2 Los 10 mandamientos para una programación correcta

1. La utilización de un recurso que no sea cuello de botella no está determinada por su propia capacidad, sino por alguna otra restricción en el sistema,
2. La activación de un recurso no es sinónimo de la utilización del recurso.
3. Una hora perdida en un cuello de botella es una hora perdida en el sistema global.
4. Una hora ahorrada en un recurso que no sea cuello de botella es un milagro.
5. El lote de transferecia puede no ser, y muchas veces debe no ser, igual al lote de proceso.
6. El lote del proceso debe ser variable y no fijo.
7. La capacidad y la prioridad necesitan ser consideradas en forma simultánea y no de manera secuencial.
8. Murphy no es desconocido, y su daño puede ser aislado y minimizado.
9. La capacidad de la planta no debe ser balanceada.
10. La suma de los óptimos locales no es igual al óptimo global.

Fuente: Bob Fox, "Leapfrogging the Japanes", *Inventories and Production*, 3.2 (marzo-abril de 1983).

trabajo pasa en una fila para su proceso es, para Sandman un indicativo de que el trabajo en proceso de la compañía y su flujo de caja no están siendo administrados de cerca.

El enfoque del Control-Q es la simulación de las operaciones del taller cada noche para detectar los lugares donde es posible que se desarrollen los cuellos de botella el día siguiente. Después se produce un programa que maximiza el flujo de trabajo a través de las operaciones con cuello de botella. Sandman explica que el Control-Q da como resultado un promedio del doble de los "turnos" de trabajo en proceso, mientras que el tiempo para completar una orden y el tiempo ocioso del trabajo en proceso se reducen a la mitad. Una vez más, debido a que el Control-Q utiliza un código secreto de software, existe una limitación de información disponible actualmente sobre sus procesos internos.

MANUFACTURA REPETITIVA

Las metas de la programación de acuerdo a la forma en que se definieron al principio de este capítulo también son apropiadas para la producción repetitiva. Se podrá recordar del capítulo 5 que los productores repetitivos son aquellos que fabrican productos estándar desde módulos. Los productores repetitivos desean satisfacer las demandas del cliente, reducir la inversión en inventario, reducir el tamaño del lote, y utilizar el equipo y los procesos. La forma para dirigirse hacia estas metas es moviéndose a un programa de uso nivelado de material. El **uso nivelado de material** significa el empleo de lotes frecuentes, de tamaño pequeño y de alta calidad, que contribuyen a la producción justo a tiempo. La producción justo a tiempo y Kanban son técnicas que contribuyen al bajo inventario y al uso nivelado de material; se discutieron en los capítulos 10 y 11. Las ventajas del uso nivelado de material son:

1. niveles más bajos de inventario, esto libera al capital para otros usos;
2. procesos más rápidos de los productos (esto es, menores tiempos de entrega);
3. calidad mejorada de los componentes y por ende calidad mejorada de los productos;
4. reducción de los requerimientos de espacio en piso;
5. mejor comunicación entre los empleados debido a que están más cerca [lo cual puede dar como resultado un mejor trabajo de equipo y *esprit de corps* (espíritu de cooperación)];
6. un proceso de producción más suave porque los lotes grandes no han escondido los problemas.

Supóngase a un productor repetitivo que corre grandes lotes mensuales. Con un programa de uso nivelado de material, la administración se podría mover hacia la reducción de este ciclo mensual. La administración podría correr este ciclo cada semana, día u hora.

Uso nivelado de material

Una manera de desarrollar el programa de uso nivelado de material es determinar primero el tamaño mínimo del lote que mantendrá en movimiento el proceso de producción. De manera ideal, esta es la unidad que se mueve de un proceso adyacente al siguiente. En forma más realista, el análisis del proceso, el tiempo de transportación y los contenedores utilizados para éste son considerados cuando se determina el tamaño del lote. Tal análisis generalmente da como resultado un tamaño pequeño de lote, pero mayor a uno. Una vez que se ha determinado el tamaño del lote, el modelo de producción-corrida EOQ se puede modificar para determinar el tiempo de preparación deseado. En el capítulo 11 se observó que el modelo de producción-corrida toma la siguiente forma:

$$Q^{\star} = \sqrt{\frac{2DS}{H[1-(d/p)]}}$$

donde:

D = Demanda anual
S = Costo de preparación
H = Costo de manejo del inventario
d = Demanda diaria
p = Producción diaria

A continuación se examinará, en el ejemplo 7, la forma en que Create Furniture, Inc., una empresa que produce muebles rústicos, se dirige hacia un programa de uso adecuado del material.

ejemplo 7

La analista de producción de Create Furniture, Roberta Russell, determinó que un ciclo de producción de dos horas sería aceptable entre dos departamentos. Más aún, ella concluyó que se podría lograr un tiempo de preparación que acomodara el tiempo del ciclo en dos horas. Roberta desarrolló los siguientes datos y procedimientos para determinar de forma analítica tal tiempo óptimo de preparación.

D = Demanda anual = 400 000 unidades
d = Demanda diaria = 400 000/250 días = 1600 por día
p = Tasa de producción diaria = 4000
Q = EOQ deseada = 400 (la cual es la demanda de dos horas, es decir, 1600 por día/4 periodos de dos horas)
H = Costo de manejo = \$20 por unidad por año
S = Costo de preparación (por ser determinado)

Roberta determina que el costo, por hora, para preparar el equipo es de 30 dólares. Incluso, ella calcula que el costo por cada preparación debe ser establecido por:

$$Q^{\star} = \sqrt{\frac{2DS}{H[1-(d/p)]}}$$

$$Q^2 = \frac{2DS}{H[1-(d/p)]}$$

$$S = \frac{(Q^2)(H)(1-d/p)}{2D}$$

$$S = \frac{(400)^2(20)(1-1600/4000)}{2(400\,000)}$$

$$= \frac{(3\,200\,000)(0.6)}{800\,000} = \$2.40$$

o

Tiempo de preparación = \$2.40/Tasa por hora de mano de obra
= \$2.40/\$30 por hora
= 0.08 horas o 4.8 minutos

Ahora, en lugar de producir componentes en lotes grandes, Crane Furniture puede producir en ciclos de dos horas con la ventaja de una rotación de inventario de cuatro veces *por día*. Algunos fabricantes repetitivos están logrando rotaciones de inventario de más de 150 veces por año en *todo* su inventario. Sólo se requieren dos cambios para que este tipo de flujo de material trabaje. Primero es la reducción radical en los tiempos de preparación, el cual normalmente no es difícil desde un punto de vista técnico. En segundo lugar, es necesario hacer cambios para mejorar el manejo de los materiales. Con ciclos de producción cortos puede haber poco tiempo de espera.

PROGRAMACIÓN DE PERSONAL PARA SERVICIOS

La programación de los sistemas de servicio difieren de la programación de los sistemas de manufactura en varios aspectos. Primero, en la manufactura, el énfasis del administrador de operaciones está en los materiales, los servicios, los niveles de personal y los programas de trabajo. En segundo lugar, los sistemas de servicio no almacenan inventarios o servicios. En tercer lugar, los servicios son intensivos en mano de obra y la demanda para esta mano de obra puede tener mucha variabilidad o ser aleatoria por naturaleza.

Un hospital es un ejemplo de una instalación de servicio que puede utilizar un sistema de programación tan complejo como el que se puede encontrar en un taller. Los hospitales no utilizan un sistema de prioridades como el taller de máquinas tal como el de primera entrada, primer servicio (FCFS) para tratar a los pacientes con casos de emergencia. Sin embargo producen bienes para necesidades especiales (tales como cirugías) justo como un taller de trabajo, aunque no se pueden mantener productos terminados en el inventario y las capacidades deben contemplar un amplio grado de variaciones en la demanda.

Los sistemas de servicio intentan igualar la demanda fluctuante del cliente con la capacidad de cumplir esa demanda. En algunos negocios, tales como las oficinas de médicos y abogados, el programa es un *sistema de citas*. En las tiendas al detalle, una oficina postal o un restaurante de comida rápida, será satisfactoria la regla *primera entrada, primer servicio* para servir a los clientes. La programación en estos negocios se maneja al traer trabajadores extra, a menudo de tiempo parcial, para ayudar durante los periodos pico. Los *sistemas de reservaciones* funcionan bien en las agencias de renta de automóviles, salas sinfónicas, aerolíneas, hoteles y algunos restaurantes, como un medio para minimizar el tiempo de espera del cliente y para evitar la decepción acerca de un servicio no recibido.

RESUMEN

La programación incluye la medición del tiempo de las operaciones para lograr el movimiento eficiente de las unidades a través del sistema. Este capítulo señala los puntos de la programación a corto plazo en un taller de trabajo, en la manufactura repetitiva y en el ambiente de servicios. Se observó que los talleres de trabajo son sistemas de producción, en los cuales los productos se hacen de acuerdo a la orden, y que la programación de las tareas en ellos se puede convertir en algo complicado. Se presentaron varios aspectos y métodos para programar, cargar y darle secuencia a los trabajos. El análisis abarcó desde los diagramas de Gantt y el método de asignamiento para programar hasta una serie de reglas de prioridad, la regla del índice crítico y la regla de Johnson para dar secuencias. También se examinó el uso del nivel de flujo adecuado en ambientes de manufactura repetitiva.

Los sistemas de servicio difieren generalmente de los sistemas de manufactura. Esto conduce al empleo de sistemas de citas, sistemas de primera llegada, primer servicio y sistemas de reservación, así como algunos enfoques heurísticos y de programación matemática para darle servicio a los clientes.

Paso 3. Calcular el costo del mantenimiento preventivo.

Paso 4. Comparar las dos opciones y seleccionar aquella con el menor costo.

1.

Número de descomposturas	*Frecuencia*	*Número de descomposturas*	*Frecuencia*
0	4/20 = 0.2	2	6/20 = 0.3
1	8/20 = 0.4	3	2/20 = 0.1

$$\begin{pmatrix}\text{Número esperado}\\ \text{de descomposturas}\end{pmatrix} = \sum \begin{pmatrix}\text{Número de}\\ \text{descomposturas}\end{pmatrix} \times \begin{pmatrix}\text{Frecuencia}\\ \text{correspondiente}\end{pmatrix}$$

$$= (0)(0.2) + (1)(0.4) + (2)(0.3) + (3)(0.1)$$

$$= 0 + .4 + .6 + .3$$

$$= 1.3 \text{ descomposturas/mes}$$

2. $\text{Costo esperado de las descomposturas} = \begin{pmatrix}\text{Número esperado}\\ \text{de descomposturas}\end{pmatrix} \times \begin{pmatrix}\text{Costo por}\\ \text{descompostura}\end{pmatrix}$

$$= (1.3)(\$300)$$

$$= \$380/\text{mes}$$

3. $\begin{matrix}\text{Costo del}\\ \text{mantenimiento}\\ \text{preventivo}\end{matrix} = \begin{pmatrix}\text{Costo de las descomposturas}\\ \text{esperadas si se firma}\\ \text{el contrato de mantenimiento}\end{pmatrix} + \begin{pmatrix}\text{Costo del contrato}\\ \text{de servicio}\end{pmatrix}$

$$= (1 \text{ descompostura/mes})(\$300) + \$220/\text{mes}$$

$$= \$520/\text{mes}$$

4. Debido a que resulta menos costoso sufrir las descomposturas *sin* un contrato de servicio de mantenimiento (390 dólares) que uno con contrato (520 dólares), la empresa debe continuar con su política establecida.

Modelos de simulación para una política de mantenimiento

Las técnicas de simulación pueden ser utilizadas para evaluar el impacto de varias políticas de mantenimiento (tales como el tamaño de las instalaciones) antes de implementar la política. El personal de operaciones puede decidir si se añaden más recursos humanos de mantenimiento sobre la base del equilibrio entre los costos de la descompostura de la maquinaria y los costos de la mano de obra adicional. La administración también puede simular el remplazo de las partes que todavía no han fallado como una medida de prevención de las descomposturas en el futuro. Muchas compañías utilizan modelos de simulación en el mantenimiento para decidir si es posible y cuándo podrán detener las operaciones totalmente para las actividades de mantenimiento. Para un repaso acerca de la simulación, refiérase al suplemento del capítulo 11.

TÉRMINOS CLAVE

Mantenimiento *(p. 542)*
Mantenimiento preventivo *(p. 542)*
Mantenimiento correctivo *(p. 542)*
Defecto de fábrica *(p. 542)*
Tiempo promedio entre fallas (MTBF) *(p. 542)*

autoevaluación capítulo S13

- *Antes de iniciar la autoevaluación* refiérase a los objetivos de aprendizaje listados al principio del suplemento y a los términos clave listados al final del mismo.
- Utilice la clave al final del texto para *corregir* sus respuestas.
- *Vuelva a estudiar* las páginas correspondientes a cualquier pregunta que haya contestado erróneamente o el material en el que se sienta inseguro.

1. Es cierto que la política de mantenimiento apropiada se desarrolla al equilibrar los costos del mantenimiento preventivo y los costos del mantenimiento correctivo. El problema es que:

a. Los costos del mantenimiento preventivo son muy difíciles de identificar
b. Los costos totales de la descompostura rara vez son considerados
c. Se debe llevar a cabo el mantenimiento preventivo a pesar del costo
d. Se debe llevar a cabo el mantenimiento correctivo a pesar del costo
e. ninguna de las anteriores

2. El mantenimiento periódico es en realidad una forma del mantenimiento preventivo.

a. Cierto **b.** Falso

3. El mantenimiento puede ser mejorado:

a. agrandando los equipos de reparación
b. Incrementando las capacidades de reparación
c. ofreciendo mayor inventario de partes para remplazo
d. todas las anteriores
e. ninguna de las anteriores

4. Siempre resulta más barato implementar un programa de mantenimiento preventivo en lugar de reparar cuando se presenta la falla.

a. Cierto **b.** Falso

5. El proceso que tiene por objetivo encontrar las fallas potenciales y hacer cambios o reparaciones se conoce con el nombre de:

a. mantenimiento correctivo
b. mantenimiento de fallas
c. mantenimiento preventivo
d. todas las anteriores
e. ninguna de las anteriores

6. Los resultados indeseables de la falla y tiempo muerto del sistema incluyen:

a. no producir dentro de los estándares de calidad
b. no producir con el volumen adecuado
c. los excesivos costos para sobreponerse a los problemas
d. todas las anteriores
e. ninguna de las anteriores

7. Los defectos de fábrica:

a. son un fenómeno muy raro en la vida de los productos
b. se encuentran generalmente en la tasa MTBF (tiempo promedio entre fallas)
c. a menudo se deben a una utilización impropia
d. pueden ser eliminados por el mantenimiento correctivo
e. ninguna de las anteriores es cierta

PREGUNTAS PARA DISCUSIÓN

1. ¿Bajo qué condiciones parece ser adecuado el mantenimiento preventivo?
2. ¿Por qué la simulación es a menudo una técnica adecuada para los problemas de mantenimiento?
3. ¿Cómo puede el administrador evaluar la efectividad de la función de mantenimiento?

PROBLEMAS

• **S13.1** Dadas las siguientes probabilidades para el taller de máquinas de Bill Tomlinson, encuentre el costo esperado de las descomposturas.

Número de descomposturas	*Frecuencia diaria*
0	0.3
1	0.2
2	0.2
3	0.3
	1.0

El costo por descompostura es de 10 dólares.

••• **S13.2** Loucks Manufacturing Company opera sus 23 grandes y costosas máquinas pulidoras y torneadoras de 7 A.M. a 11 P.M., siete días a la semana. Durante el año pasado, la empresa ha estado bajo contrato con Simkin and Sons para un mantenimiento preventivo diario (lubricación, limpieza, inspección, etc.). El equipo de Simkin trabaja entre las 11 P.M. y las 2 A.M. de tal forma que no interfiera el mantenimiento con el equipo diario de fabricación. Simkin cobra 645 dólares a la semana por su servicio. Desde la firma del contrato de servicio, Loucks Manufacturing ha observado un promedio de solamente tres descomposturas por semana. Cuando un cepillo o un torno *sí* se descompone durante un turno de trabajo, le cuesta a Loucks aproximadamente 250 dólares en producción perdida y costos de reparación.

Después de revisar los registros de las descomposturas anteriores (para el periodo anterior a la firma de un contrato de mantenimiento preventivo con Simkin and Sons), el administrador de producción de Loucks Manufacturing resumió los patrones que se muestran a continuación.

El administrador de producción no está seguro de que el contrato para el mantenimiento preventivo con Simkin sea del mejor interés financiero de Loucks Manufacturing. Él reconoce que mucha de su información sobre descomposturas es antigua pero lo suficientemente verdadera como para considerarse representativa del cuadro presente.

¿Cuál es el análisis de usted de esta situación y qué recomendaciones cree que debe hacer el administrador de producción?

Número de descomposturas por semana	*Número de semanas en las cuales ocurrieron descomposturas*
0	1
1	1
2	3
3	5
4	9
5	11
6	7
7	8
8	5
Total de semanas con datos históricos:	50

BIBLIOGRAFÍA

Armine, H. T., J. A. Ritchey, O. S. Hulley. *Manufacturing Organization and Management*. Englewood Cliffs, NJ: Prentice-Hall, 1975.

Blanchard, B. S., Jr., y E. E. Lowery. *Maintainability*. Nueva York: McGraw-Hill, 1969.

Hayes, R. H. y K. B. Clarck. "Why Some Factories Are More Productive than Others." *Harvard Business Review* **64,** 5 (septiembre-octubre de 1986), pp. 66-73.

Joshi, S., y R. Gupta. "Scheduling of Routine Maintenance Using Production Schedules and Equipment Failure History." *Computers and Industrial Engineering* **10,** 1 (1986), pp. 11-20.

Mann, L., Jr. *Maintenance Management*. Lexington, MA: Lexington Books, 1983.

Administración de proyectos

capítulo **14**

PERFIL DEL CAPÍTULO

OBJETIVOS DE APRENDIZAJE

Cuando termine este capítulo usted podrá:

Identificar o definir:

Actividad
Evento
Ruta crítica
PERT/Costo
Actividad ficticia

Explicar:

Método de ruta crítica (CPM)
Técnica de evaluación y revisión del programa (PERT)
Apresurar un proyecto

En un momento u otro casi cualquier empresa tomará un proyecto grande y complejo. Una compañía constructora debe completar miles de costosas actividades al construir un edificio de oficinas o una carretera. Una agencia de gobierno que instale y prepare una costosa computadora se lleva varios meses en la preparación de los detalles para una conversión a un equipo nuevo realizada con suavidad. Un astillero en Maine requiere de varios miles de pasos para construir un remolcador oceánico. Una refinería de petróleo que deba cerrar para un proyecto mayor de mantenimiento encara costos astronómicos, si por alguna razón esta difícil tarea se ve retrasada. Casi todas las industrias se preocupan de el manejo efectivo de los grandes proyectos.

Los grandes proyectos, que a menudo son únicos, resultan retos difíciles para los administradores de operaciones. Los riesgos son altos. Se han perdido millones de dólares en reprocesos costosos a causa de una pobre planeación en los proyectos; retrasos innecesarios originados por una programación deficiente; y algunas compañías han ido a la bancarrota debido a los controles deficientes.

Los proyectos especiales que toman meses o años en completarse se desarrollan normalmente fuera del sistema normal de producción. Se establecen grupos enfocados al proyecto dentro de las organizaciones para manejar tales trabajos, estos grupos a menudo se desintegran cuando se termina el proyecto. La administración de grandes proyectos involucra tres fases:

1. *Planeación.* Incluye el establecimiento de las metas, la definición del proyecto y la organización en equipo.
2. *Programación.* Relaciona a la gente, el dinero y los suministros para las actividades específicas y relaciona unas actividades con las otras.
3. *Control.* Aquí la empresa da seguimiento a los recursos, los costos, la calidad y los presupuestos. También revisa y cambia los planes y mueve los recursos para cumplir con los requerimientos de tiempo y costo.

Este capítulo inicia con un pequeño panorama de estas funciones. También se describen tres populares técnicas que permiten a los administradores planear, programar y controlar: los diagramas de Gantt, el PERT y el CPM.

PLANEACIÓN DE PROYECTOS

Los proyectos se pueden definir generalmente como una serie de tareas relacionadas en forma directa hacia un resultado importante. Una nueva forma de organización, desarrollada para asegurarse que los programas continúen su evolución con suavidad sobre una base diaria, mientras los proyectos nuevos se completan satisfactoriamente, se conoce como **organización de proyectos.**

Organización de proyectos

La organización de proyectos es una manera efectiva de ubicar a la gente y a los recursos físicos necesarios durante un tiempo limitado para completar un proyecto o meta específico. Básicamente es una estructura temporal de organización diseñada para lograr resultados mediante la utilización de especialistas de todos los puntos de la empresa. Durante muchos años, la NASA utilizó en forma muy satisfactoria el enfoque de proyectos para alcanzar sus metas.

La organización de proyectos funciona mejor cuando:

1. el trabajo se puede definir con una meta específica y con una fecha límite;
2. el trabajo es único o de alguna forma poco familiar para la organización existente;
3. el trabajo contiene tareas complejas interrelacionadas que requieren de habilidades especializadas;
4. el proyecto es temporal, pero crítico para la organización.

Los miembros del equipo están asignados en forma temporal a un proyecto y reportan al administrador encargado. El administrador que encabeza el proyecto coordina sus actividades con otros departamentos y le reporta directamente a la administración superior, a menudo al presidente, de una organización. Los administradores de proyectos reciben amplia visibilidad en una empresa y son un elemento clave en la planeación y control de las actividades del proyecto.

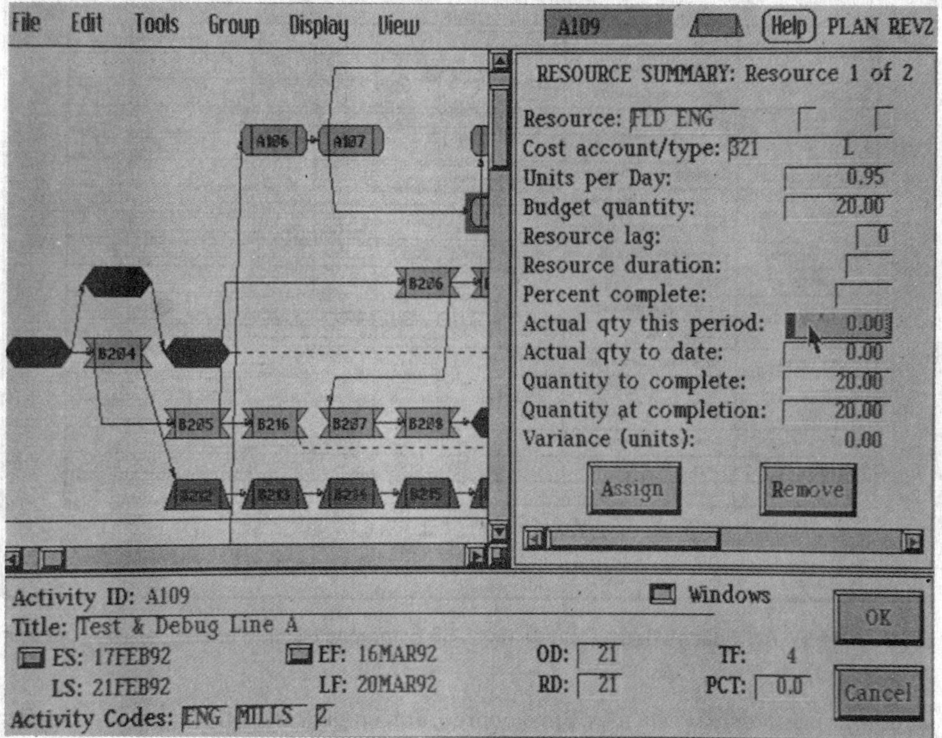

Para ser capaces de utilizar un potente paquete de software en la administración de proyectos tal como el programa Primavera (mostrado aquí), el primer requisito es comprender los principios de PERT Y CPM. En un medio ambiente de competencia, un egresado que tiene experiencia en alguno de los populares programas se encontrará como un miembro valioso de cualquier organización involucrada en la planeación de proyectos.

El equipo de administración de proyectos empieza su tarea con bastante anterioridad, de tal forma que se pueda desarrollar un plan. Uno de sus primeros pasos es el cuidadoso establecimiento de los objetivos del proyecto, para después definirlo y fraccionarlo en un conjunto de actividades y costos relativos. Los requerimientos brutos de personal, suministros y equipo, también se estiman dentro de la fase de planeación.

PROGRAMACIÓN DE PROYECTOS

La programación de proyectos es la determinación de las actividades de cada proyecto y la secuencia de tiempo en que éstas se deben llevar a cabo. Los recursos necesarios en cada fase de producción se calculan en este momento, y también se establece el tiempo de duración de cada actividad. Se planean por separado los programas para el personal necesario por tipo de habilidad (administración, ingeniería o colocación del concreto, por ejemplo). También se pueden desarrollar los diagramas para la programación de materiales.

Diagrama de Gantt

Un sistema popular para la programación de proyectos es el **diagrama de Gantt** (cuyo nombre se debe a Henry Gantt, a quien se mencionó en el capítulo 13). Los diagramas de Gantt son medios de bajo costo que ayudan a los administradores a cerciorarse de que: (1) se planean todas las actividades, (2) se considera su orden de realización, (3) se registran las estimaciones de duración para la actividad, y (4) se desarrolla el tiempo global del proyecto.

Los diagramas de programación se pueden utilizar sólo en proyectos simples. Permiten a los administradores observar el progreso de cada actividad y aislar y atacar las áreas problemáticas. Sin embargo, los diagramas de Gantt no se actualizan fácilmente, y lo más importante, no ilustran de manera adecuada las interrelaciones entre las actividades y los recursos.

Un ejemplo del diagrama de Gantt se muestra en la figura 14.1. Esta ilustración de un servicio rutinario en un avión comercial durante una escala de 40 minutos muestra que los diagramas de Gantt pueden ser utilizados para ayudar a señalar los retrasos potenciales.

El PERT y el CPM, dos técnicas de redes ampliamente utilizadas que serán discutidas a continuación, *sí* tienen la capacidad de considerar los diagramas de precedencia y la interdependencia de las actividades. En proyectos complejos, cuya programación es casi siempre por computadora, PERT y CPM mantienen una ventaja sobre los diagramas de

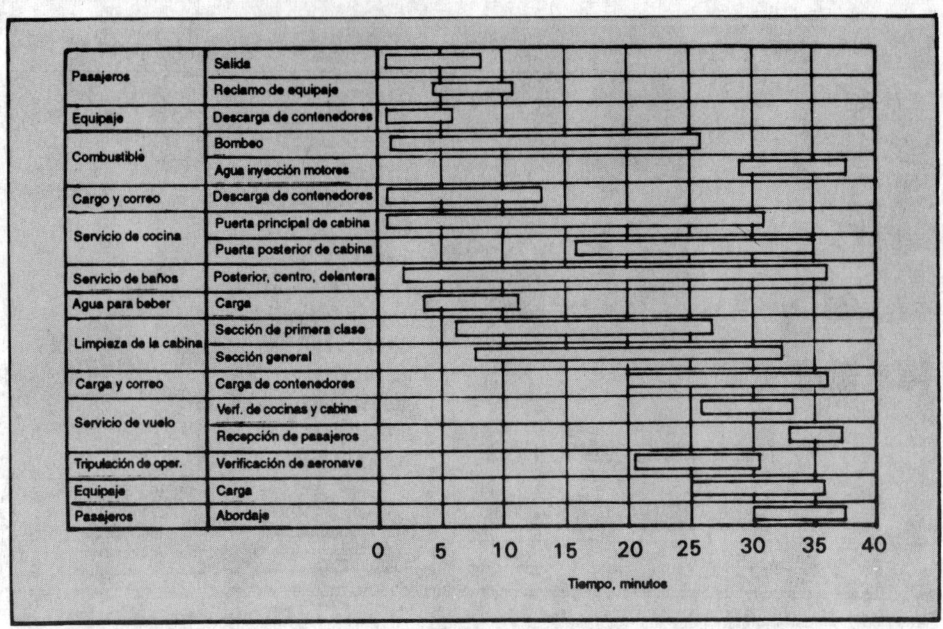

FIGURA 14.1 Actividades de servicio de un avión comercial durante una escala de 40 minutos.

Gantt que resultan más sencillos. Sin embargo, aun en proyectos colosales, los diagramas de Gantt se pueden utilizar como resumen del estado del proyecto y pueden complementar los otros sistemas de redes.

Para resumir, cualquiera que sea el sistema tomado por un administrador de proyectos, la programación de proyectos sirve para varios propósitos.

1. Muestra la relación de cada actividad con las otras y con todo el proyecto.
2. Identifica las relaciones de precedencia entre las actividades.
3. Promueve el establecimiento de tiempos y estimaciones de costos realistas para cada actividad.
4. Ayuda a hacer mejor uso de gente, dinero, y recursos materiales, al identificar los cuellos de botella críticos en el proyecto.

CONTROL DE PROYECTOS

El control de los proyectos grandes, tal como el control de cualquier sistema administrativo, involucra un seguimiento cercano de los recursos, los costos, la calidad y los presupuestos. El control también significa un ciclo de realimentación para revisar el plan del proyecto y contar con la capacidad de mover los recursos al lugar en que más se necesiten. Los reportes computarizados de PERT / CPM y los diagramas se encuentran disponibles hoy en día para minicomputadoras y microcomputadoras. Algunos de estos programas más populares son: Harvard Total Project Manager, Primavera, Project, MacProject, Pertmaster, VisiSchedule y Time Line.

Estos programas producen una amplia variedad de reportes que incluyen: (1) desglose detallado de los costos para cada tarea, (2) curvas de mano de obra para el programa completo, (3) tablas de distribución de costos, (4) resúmenes funcionales de costos y duraciones, (5) pronósticos de uso de materias primas y gastos, (6) reportes de variaciones, (7) reportes de análisis de tiempos, y (8) reportes de situación de los trabajos.

TÉCNICAS DE ADMINISTRACIÓN DE PROYECTOS: PERT Y CPM

Técnica de evaluación y revisión del programa (PERT)

Método de ruta crítica (CPM)

La **técnica de evaluación y revisión del programa** (**PERT,** por sus siglas en inglés, Program Evaluation and Review Technique) y el **método de ruta crítica** (**CPM,** por sus siglas en inglés, Critical Path Method) fueron desarrolladas en la década de 1950 para ayudar a los administradores en la programación, seguimiento, y control de proyectos grandes y complejos. El CPM llegó primero, en 1957, como una herramienta desarrollada por J. E. Kelly de Remington Rand y por M. R. Walker de duPont para ayudar en la construcción y mantenimiento de las plantas químicas en duPont. En forma independiente, el PERT fue desarrollado en 1958 por la U.S. Navy.

La estructura del PERT y el CPM

Seis pasos son comunes tanto para PERT como para CPM. El procedimiento es como sigue:

1. Definir el proyecto y todas sus tareas o actividades significativas.
2. Desarrollar las relaciones entre las actividades. Decidir cuáles actividades deben preceder y cuáles deben seguir a otras.
3. Dibujar la red que conecta a todas las actividades.
4. Asignar las estimaciones de duración y/o costo para cada actividad.
5. Calcular la trayectoria de mayor duración a través de la red; a ésta se le llama la **ruta crítica.**
6. Utilizar la red para ayudar a planear, programar, seguir y controlar el proyecto.

Ruta crítica

El paso 5, encontrar la ruta crítica, es una parte importante del control de un proyecto. Las actividades de la ruta crítica representan las tareas que pueden retrasar el proyecto completo si dichas tareas, a su vez se retrasan. Los administradores logran flexibilidad al identificar actividades no críticas y replanear, reprogramar y reasignar los recursos tales como la mano de obra y los financieros.

Aunque el PERT y el CPM difieren de alguna manera en la terminología y en la construcción de la red, sus objetivos son los mismos. Más aún, el análisis utilizado en ambas técnicas es muy similar. La diferencia más importante es que el PERT utiliza tres estimaciones de duración para cada actividad. Cada estimación tiene una probabilidad de ocurrencia asociada, la cual, a su vez, se utiliza para calcular los valores esperados y las desviaciones estándar para las duraciones de las actividades. CPM hace la suposición de que las duraciones de las actividades se conocen con certeza, y por lo tanto sólo se da un factor de duración para cada actividad.

Para propósitos de ilustración, esta parte del capítulo se concentra en una discusión de PERT y PERT/Costo. PERT/Costo es una técnica que combina los beneficios tanto de

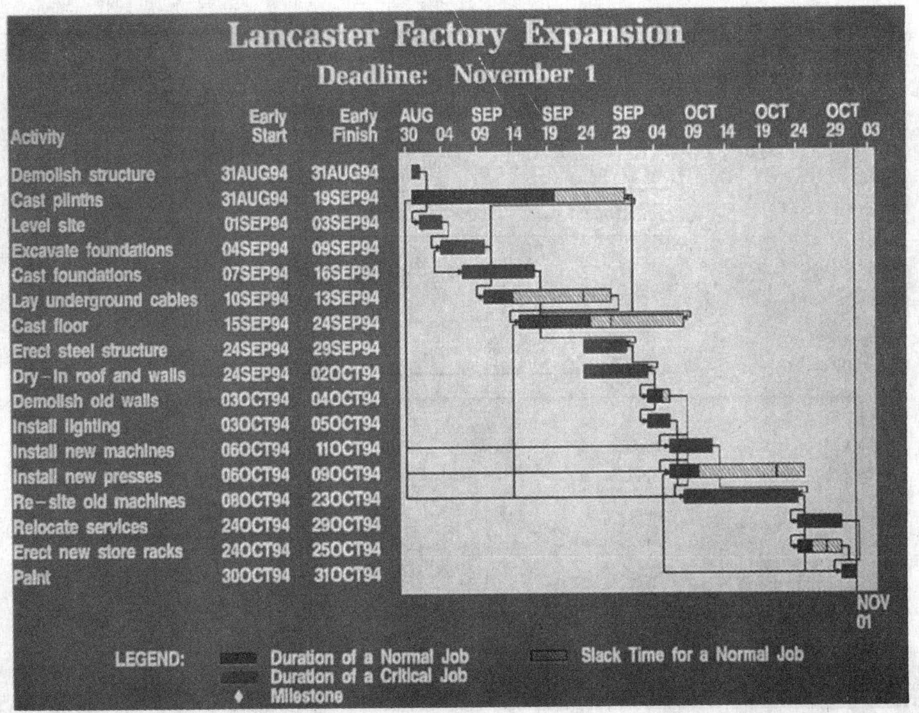

El software para PERT también se encuentra disponible por parte de SAS Institute, Inc. Aquí se indican los tiempos de principios tempranos, las terminaciones tempranas, las tareas normales, las tareas críticas y los tiempos de holgura, para un proyecto de expansión para una fábrica en Lancaster, PA.

el PERT como del CPM. La mayoría de los comentarios y procedimientos descritos, sin embargo, se aplican también al CPM.

PERT, PERT/Costo y CPM son importantes debido a que pueden ayudar a contestar preguntas tales como las siguientes, acerca de proyectos con miles de actividades:

1. ¿Cuándo se terminará el proyecto en su totalidad?
2. ¿Cuáles son las actividades o tareas críticas en el proyecto, esto es, aquellas que retrasarán el proyecto en su totalidad si se retrasan?
3. ¿Cuáles son las actividades no críticas, esto es, aquellas que se pueden retrasar sin afectar la terminación del proyecto en su totalidad?
4. ¿Cuál es la probabilidad de que el proyecto esté terminado en una fecha específica?
5. En una fecha en particular, ¿se encuentra a tiempo el proyecto, retrasado con respecto al programa o adelantado al programa?
6. En una fecha dada, ¿es igual, mayor o menor el dinero gastado que el importe presupuestado?
7. ¿Existen los recursos disponibles suficientes para terminar a tiempo el proyecto?
8. Si el proyecto se debe terminar en un periodo menor de tiempo, ¿cuál es la mejor manera de llevar esto a cabo con el menor costo?

Actividades, eventos y redes

Evento
Actividad

El primer paso en PERT es dividir el proyecto completo en eventos y actividades. Un **evento** marca el principio o terminación de una tarea o actividad en particular. Una **actividad,** por otro lado, es una tarea o subproyecto que ocurre entre dos eventos. La tabla 14.1 vuelve a establecer estas definiciones y muestra los símbolos que se utilizan para representar los eventos y las actividades.

Este sistema es el más común para dibujar las redes y también se le refiere como la convención actividad en flecha (AOA, por sus siglas en inglés, Activity-On-Arrow). La segunda convención, misma que no se emplea en este capítulo para evitar confusiones, es llamada actividad en nodo (AON, por sus siglas en inglés, Activity-On-Node). En AON, los nodos son utilizados para designar las actividades.

Red

Cualquier proyecto que puede ser descrito en actividades y eventos se puede analizar por medio de **red** PERT.

ejemplo 1

Con la siguiente información, desarrollar una red.

Actividad	*Predecesor(es) inmediato(s)*
A	—
B	—
C	A
D	B

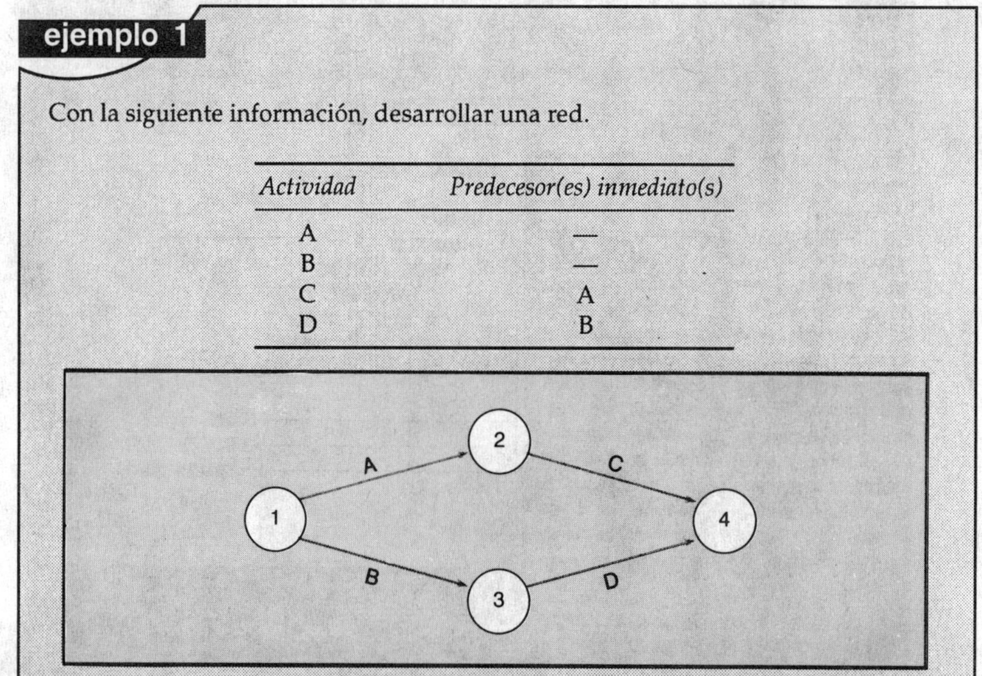

TABLA 14.1 Eventos y actividades.

NOMBRE	SÍMBOLO	DESCRIPCIÓN
Evento	O (nodo)	Un punto en el tiempo, generalmente una fecha de terminación o una fecha de inicio.
Actividad	→ (flecha)	Un flujo sobre el tiempo, generalmente una tarea o subproyecto.

Obsérvese que cada evento tiene un número asignado. Como se verá más tarde, es posible identificar cada actividad con un evento o nodo de principio y de terminación. Si se analiza el ejemplo 1, la actividad A es la tarea que principia con el evento 1 y termina con el nodo o evento 2. En general, los nodos se numeran de izquierda a derecha. El nodo o evento del principio del proyecto global es el número 1, mientras que el último nodo, o evento, en el proyecto total es el número más grande. En el ejemplo 1 el último nodo muestra el número 4.

También se pueden especificar redes por los eventos y actividades que sucedan entre los eventos. El siguiente ejemplo muestra la manera de desarrollar una red basándose en este tipo de especificación esquemática.

ejemplo 2

Con la siguiente información, desarrollar una red.

Evento inicial	*Evento final*	*Actividad*
1	2	1–2
1	3	1–3
2	4	2–4
3	4	3–4
3	5	3–5
4	6	4–6
5	6	5–6

En lugar de utilizar una red para definir las actividades y sus actividades precedentes, se pueden especificar las actividades por medio de sus nodos inicial y final. Empezando con la actividad que principia con el evento 1 y termina en el evento 2, se puede construir la siguiente red.

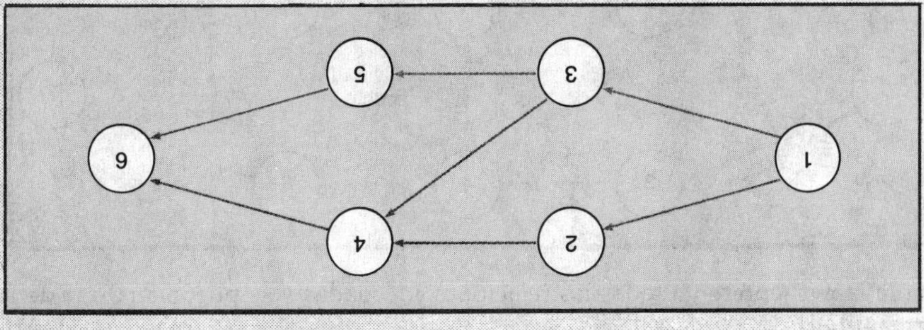

Todo lo que se necesita para construir una red es el evento inicial y final para cada actividad.

Actividades y eventos ficticios

Actividades ficticias

Se puede encontrar una red que tiene dos actividades con eventos iniciales y finales idénticos. Los eventos y **actividades ficticias** se pueden insertar en la red para manejar este problema. La utilización de eventos y actividades ficticias es especialmente importante cuando se van a utilizar programas de computadora para determinar la ruta crítica, el tiempo de terminación del proyecto, la variación del proyecto, etc. Las actividades y eventos ficticios también pueden asegurar que la red refleje adecuadamente el proyecto que se está considerando. El siguiente ejemplo ilustra el procedimiento.

ejemplo 3

Desarrollar una red basándose en la siguiente información:

Actividad	*Predecesor(es) inmediato(s)*	*Actividad*	*Predecesor(es) inmediato(s)*
A	—	E	C, D
B	—	F	D
C	A	G	E
D	B	H	F

Dada esta información, se puede desarrollar la siguiente red.

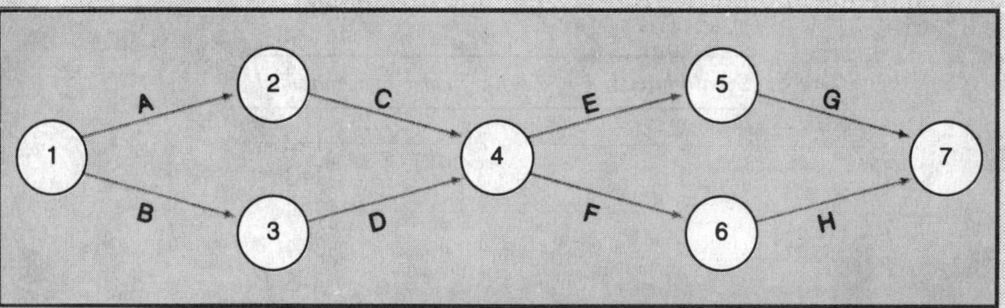

Obsérvese la actividad F. De acuerdo con la red, tanto las actividades C como D deben ser terminadas antes de principiar F, pero en realidad sólo la actividad D se debe terminar (véase la tabla). Entonces la red no está correcta. La adición de una actividad ficticia y de un evento ficticio pueden resolver este problema.

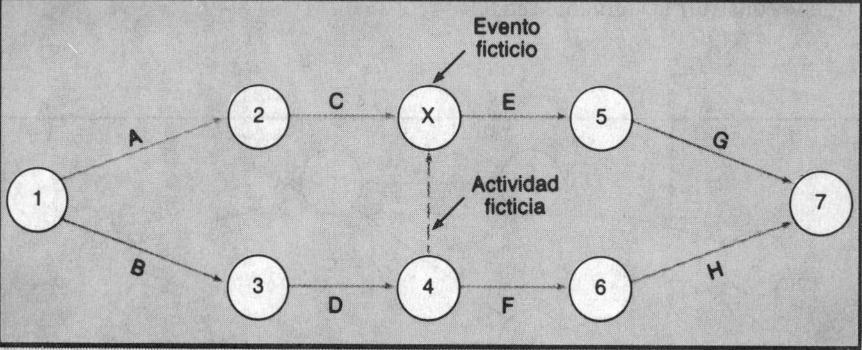

Ahora la red representa todas las relaciones adecuadas y se puede analizar de la forma usual.

Una actividad ficticia tiene un tiempo de terminación, t, de cero.

PERT y tiempos estimados de las actividades

Como se mencionó anteriormente, una diferencia importante que distingue a PERT y CPM es la utilización de tres **tiempos estimados de la actividad** para cada tarea en la técnica PERT. En CPM sólo se da un factor de tiempo para cada actividad.

Tiempos estimados de la actividad

Para cada actividad en PERT, se deben especificar un estimado de **tiempo optimista,** de **tiempo probable** (más probable o con mayor posibilidad), y de **tiempo pesimista.** Se utilizan estas tres estimaciones de duración para calcular el tiempo esperado de terminación y la varianza para cada actividad. Si se supone, de la misma forma en que lo hacen muchos investigadores, que los tiempos de duración de las actividades siguen una **distribución de probabilidad beta,** se puede utilizar la fórmula:

Tiempo optimista
Tiempo probable
Tiempo pesimista

Distribución de probabilidad beta

$$t = \frac{a + 4m + b}{6} \text{ y } v = \left(\frac{b - a}{6}\right)^2 \qquad (14.1)$$

donde:

a = Tiempo optimista para la terminación de la actividad
b = Tiempo pesimista para la terminación de la actividad
m = Tiempo más probable para la terminación de la actividad
t = Tiempo esperado para la terminación de la actividad
v = Varianza del tiempo de terminación de la actividad

En un acto final de devastación, Saddam Hussein prendió fuego a los pozos petroleros de Kuwait. Cuando aterrizaron en Kuwait los primeros tres miembros de avanzada del equipo Bechtel, a unos cuantos días de la terminación de la guerra llamada: Tormenta del Desierto, el panorama de destrucción quitaba la respiración. Aun para Bechtel, cuya ventaja competitiva es la administración de proyectos, éste era un problema logístico único, a nivel mundial, por su tipo de complejidad. El número de eventos específicos del proyecto que eran necesarios identificar y llevar a cabo, eran inmensos. El equipo de administración del proyecto de Bechtel tenía que adquirir, embarcar y desplegar 125 000 toneladas de equipo y suministros, incluyendo aproximadamente 4000 piezas de equipo de operación, que iban desde equipo pesado hasta ambulancias. El equipo también administró una fuerza de trabajo de 9000 y tendió cerca de 150 kilómetros de tubería, capaz de surtir 20 millones de galones de agua diariamente en el lugar del incendio.

En PERT, después de que se ha desarrollado la red, se calculan los tiempos esperados y las varianzas para cada actividad.

ejemplo 4

Calcular los tiempos esperados y las varianzas de la terminación para cada actividad basándose en las siguientes estimaciones de los tiempos:

Actividad	*a*	*m*	*b*
1–2	3	4	5
1–3	1	3	5
2–4	5	6	7
3–4	6	7	8

Actividad	$a + 4m + b$	t	$\frac{b-a}{6}$	v
1–2	24	4	2/6	4/36
1–3	18	3	4/6	16/36
2–4	36	6	2/6	4/36
3–4	42	7	2/6	4/36

Análisis de la ruta crítica

Análisis de la ruta crítica

El objetivo del **análisis de la ruta crítica** es la determinación de las siguientes cantidades para cada actividad:

ES—Tiempo de principio temprano de la actividad (por sus siglas en inglés, Earliest Start). *Todas las actividades precedentes* deben haberse terminado antes de que una nueva actividad se pueda comenzar. Éste es el tiempo más temprano en que se puede iniciar una actividad.

LS—Tiempo de principio tardío de la actividad (por sus siglas en inglés, Latest Start). *Todas las actividades siguientes* deben haberse completado sin retrasar el proyecto en su totalidad. Éste es el mayor lapso de tiempo en el que se puede iniciar una actividad sin retrasar la terminación del proyecto en su totalidad.

EF—Tiempo de terminación temprana de la actividad (por sus siglas en inglés, Earliest Finish).

LF—Tiempo de terminación tardía de la actividad (por sus siglas en inglés, Latest Finish).

Tiempo de holgura

S—**Tiempo de holgura** (por su sigla en inglés, Slack) de la actividad, la cual es igual a (LS – ES) o (LF – EF).

Para cualquier actividad, si se pueden calcular ES y LS, entonces se pueden encontrar las otras tres cantidades de la siguiente manera:

$$EF = ES + t$$
$$LF = LS + t$$
$$S = LS - ES$$

o

$$S = LF - EF$$

Una vez que se conocen estas tres cantidades para cada actividad se puede analizar el proyecto globalmente. Normalmente este análisis incluye:

1. La ruta critica —el grupo de actividades en el proyecto que tienen un tiempo de holgura de cero. Esta ruta es *crítica* porque un retraso en cualquier actividad a lo largo de esta ruta retrasaría el proyecto en su totalidad.
2. T —el tiempo total de terminación del proyecto, el cual se calcula sumando los valores del tiempo esperado (t) de aquellas actividades que se encuentran en la ruta crítica.
3. V —la varianza de la ruta crítica, la cual se calcula al sumar la varianza (v) individual de las actividades que se encuentran en la ruta crítica.

El análisis de la ruta crítica empieza normalmente con la determinación de ES y de EF. El siguiente ejemplo ilustra dicho procedimiento.

ejemplo 5

Con la siguiente información, determinar ES y EF para cada actividad.

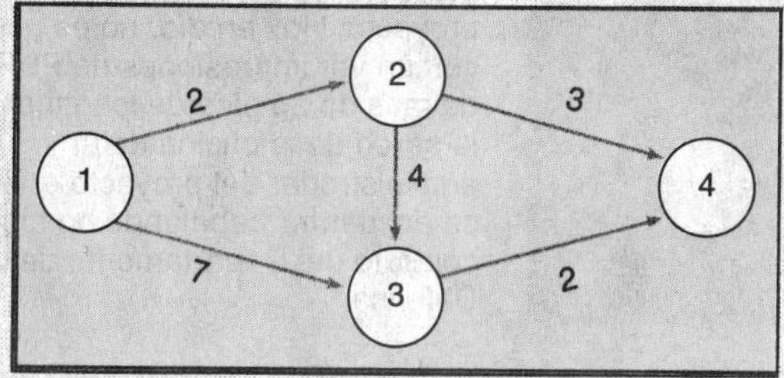

Actividad	*t*
1–2	2
1–3	7
2–3	4
2–4	3
3–4	2

Se encuentra ES al moverse a partir de las actividades iniciales del proyecto hacia las actividades finales del proyecto. Para las actividades iniciales, ES puede ser cero o bien la fecha inicial del proyecto, por decir, 1o. de Agosto. Para las actividades 1–2 y 1–3, ES equivale a cero. (Por convención, todos los proyectos empiezan en el tiempo cero.)

Existe una regla básica. Antes de que pueda iniciar una actividad, *todas* sus actividades precedentes deben haberse terminado. En otras palabras, se busca la ruta *más larga* que conduzca a una actividad para determinar su tiempo ES. Para la actividad 2–3, ES equivale a 2. Su única actividad precedente es 1–2, la cual tiene una $t = 2$. Mediante el mismo razonamiento, ES para la actividad 2–4 también es igual a 2. Sin embargo, para la actividad 3–4, ES equivale a 7. Tiene dos rutas precedentes: la actividad 1–3 con $t = 7$ y las actividades 1–2 y 2–3 con un tiempo total esperado de 6 (o 2 + 4). Por lo tanto, ES para la actividad 3–4 es 7 porque la actividad 1–3 debe haberse terminado antes de que la actividad 3–4 pueda dar principio. Después se calcula EF al sumar t a ES para cada actividad.

Véase la siguiente tabla:

Actividad	*ES*	*EF*
1–2	0	2
1–3	0	7
2–3	2	6
2–4	2	5
3–4	7	9

El siguiente paso consiste en calcular LS, el tiempo de principio tardío para cada actividad. Se comienza con las últimas actividades y las primeras actividades se desplazan hacia atrás. El procedimiento consiste en trabajar hacia atrás desde las últimas actividades con el fin de determinar el tiempo de principio tardío (LS) más tarde posible sin incrementar el tiempo temprano de terminación (EF). Esta tarea parece algo más difícil de lo que en realidad es.

La U.S. Navy, trabajando con Booz, Allen y Hamilton, idearon el PERT para ayudar a planear y controlar el programa de misiles Polaris para los submarinos. Dicho proyecto involucró la coordinación de miles de contratistas, al PERT se le acreditó la reducción de 18 meses en la duración del proyecto. Hoy en día, no es poco común ver impresiones de PERT de más de 20 pies de longitud en la pared de la oficina de un administrador del proyecto que se encuentra trabajando en algún contrato del Departamento de la Defensa.

ejemplo 6

Determinar LS, LF y S (la holgura) para cada actividad, basándose en la siguiente información:

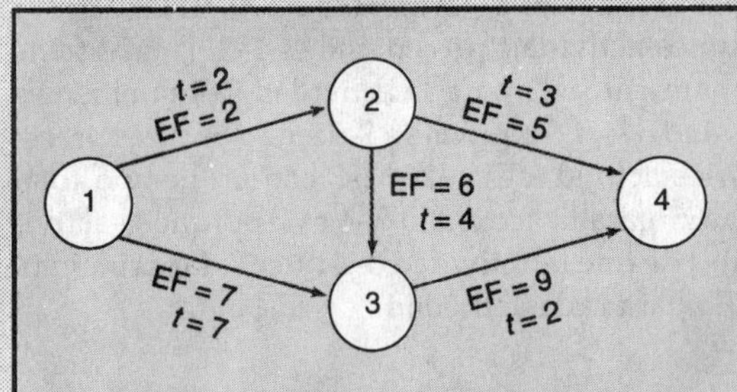

Actividad	*t*	*ES*	*EF*
1–2	2	0	2
1–3	7	0	7
2–3	4	2	6
2–4	3	2	5
3–4	2	7	9

El tiempo más temprano en el cual se puede terminar el proyecto es 9, porque *ambas* actividades 2–4 (EF = 5) y 3–4 (EF = 9) deben haberse terminado. Utilizando el 9 como la base, ahora se trabaja hacia atrás restando a 9 los valores apropiados de *t*.

El tiempo más tarde en que se puede empezar la actividad 3–4 es en el tiempo 7 (o 9 – 2) con el fin de que aún se complete el proyecto en el periodo 9 de tiempo. Por lo tanto, LS para la actividad 3–4 es de 7. Utilizando el mismo razonamiento, LS para la actividad 2–4 es de 6 (o 9 – 3). Si se empieza la actividad 2–4 en 6 y toma 3 unidades de tiempo la terminación de dicha actividad, aún se puede terminar en 9 unidades de tiempo. Lo más tarde que se puede empezar la actividad 2–3 es 3 (o 9 – 2 – 4). Si se empieza la actividad 2–3 en 3 y toman 2 y 4 unidades de tiempo las actividades 2–3 y 3–4, respectivamente, aún se puede terminar a tiempo. Por lo tanto, el LS para la actividad 2–3 es de 3. Utilizando el mismo razonamiento, LS para la actividad 1–3 es de 0 (o 9 – 2 –7). El análisis de la actividad 1–2 es más difícil porque hay dos rutas. Ambas deben ser terminadas en 9 unidades de tiempo.

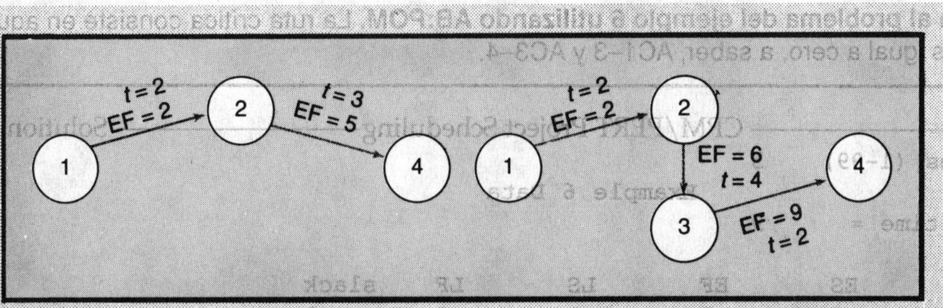

Dado que ambas rutas se deben completar, LS para la actividad 1–2 se calcula a partir de la ruta más lenta. Por lo tanto, el LS para la actividad 1–2 es de 1 (o 9 – 2 – 4 – 2) y *no* 4 (o 9 – 3 – 2). Observando las relaciones de precedencia se puede construir una tabla que resuma los resultados.

$$LF = LS + t$$
$$S = LF - EF$$

o

$$S = LS - ES$$

Actividad	*ES*	*EF*	*LS*	*LF*	*S*
1–2	0	2	1	3	1
1–3	0	7	0	7	0
2–3	2	6	3	7	1
2–4	2	5	6	9	4
3–4	7	9	7	9	0

Para una ilustración de cómo se puede utilizar AB:POM para resolver el ejemplo 6, véanse los programas 14.1 y 14.2.

Programa 14.1 Módulo CPM/PERT de AB:POM, con dos pantallas para la captura de los datos. La primera selecciona el número de las estimaciones de los tiempos; la segunda permite nombrar las tareas y la captura de las duraciones y los precedentes.

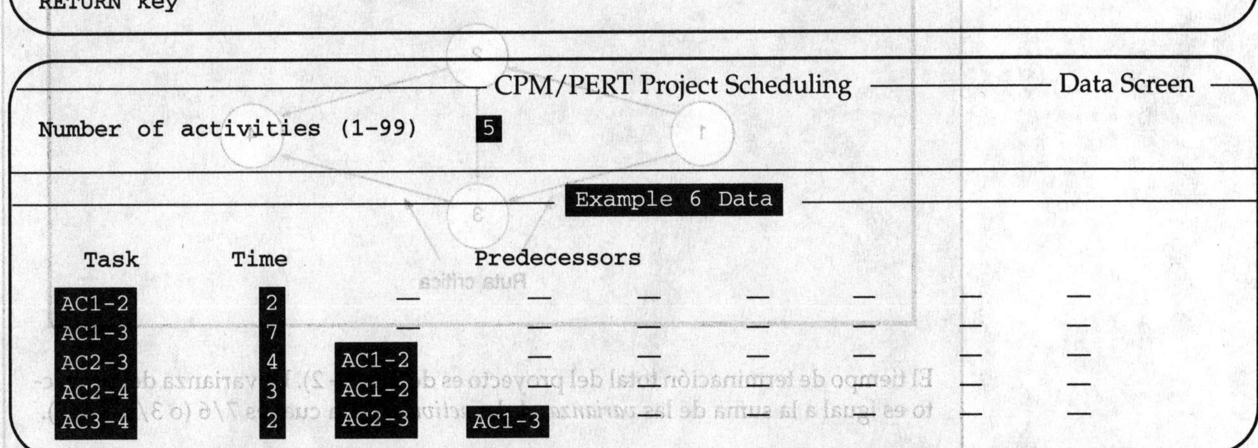

Project Time Specification

```
Single time estimate

Triple time estimate

Return

Select menu option by highlighted letter or point with arrow keys and then press
RETURN key
```

CPM/PERT Project Scheduling — Data Screen

```
Number of activities (1-99)   5

Example 6 Data

Task      Time     Predecessors
AC1-2     2        _      _      _      _      _      _      _
AC1-3     7        _      _      _      _      _      _      _
AC2-3     4        AC1-2  _      _      _      _      _      _
AC2-4     3        AC1-2  _      _      _      _      _      _
AC3-4     2        AC2-3  AC1-3  _      _      _      _      _
```

Programa 14.2 Solución al problema del ejemplo 6 utilizando AB:POM. La ruta crítica consiste en aquellas actividades cuya holgura es igual a cero, a saber, AC1–3 y AC3–4.

CPM/PERT Project Scheduling — Solution

```
Number of activities (1-99)     5
                                      Example 6 Data
Project completion time =       9

 Task        Time      ES      EF      LS      LF    slack
AC1-2           2       0       2       1       3       1
AC1-3           7       0       7       0       7       0
AC2-3           4       2       6       3       7       1
AC2-4           3       2       5       6       9       4
AC3-4           2       7       9       7       9       0
```

Una vez que se han calculado ES, EF, LS, LF y S, se puede analizar el proyecto en su totalidad. El análisis incluye la determinación de la ruta crítica, el tiempo de terminación del proyecto y la varianza del proyecto. Considérese el siguiente ejemplo.

ejemplo 7

¿Cuál es la ruta crítica, el tiempo de terminación del proyecto *T*, y la varianza *V* de la siguiente red?

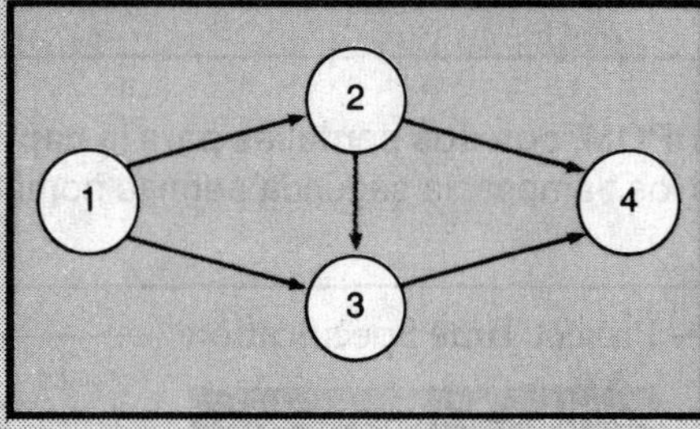

Actividad	*t*	*v*	*ES*	*EF*	*LS*	*LF*	*S*
1–2	2	2/6	0	2	1	3	1
1–3	7	3/6	0	7	0	7	0
2–3	4	1/6	2	6	3	7	1
2–4	3	2/6	2	5	6	9	4
3–4	2	4/6	7	9	7	9	0

La ruta crítica consiste de aquellas actividades con una holgura igual a cero. Éstas son las actividades 1–3 y 3–4.

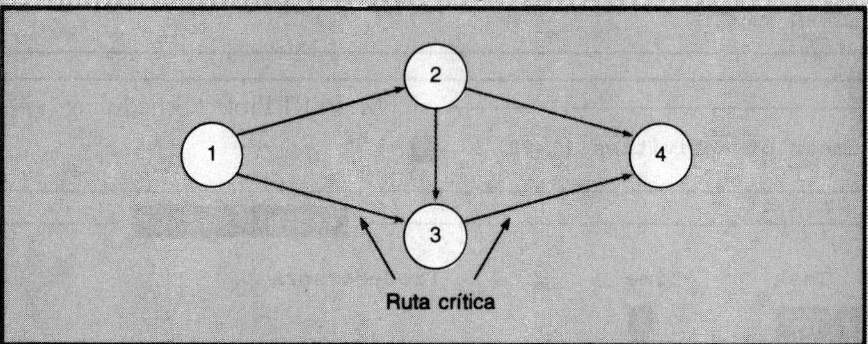

El tiempo de terminación total del proyecto es de 9 (o 7 + 2). La varianza del proyecto es igual a la suma de las *varianzas de las actividades,* la cual es 7/6 (o 3/6 + 4/6).

Conociendo una red y los valores de los tiempos de las actividades y sus varianzas (t y v) es posible llevar a cabo un análisis completo de la ruta crítica, incluyendo la determinación de ES, EF, LS, LF y S para cada actividad, así como la ruta crítica, T, y V para el proyecto en su totalidad.

Probabilidad de la terminación del proyecto

Una vez que se han calculado el tiempo esperado de la terminación T y la varianza de la terminación V, es posible determinar la probabilidad de que el proyecto sea terminado en una fecha específica. Si se asume que la distribución de las fechas de terminación sigue una curva normal, se puede calcular la probabilidad de la terminación como en el siguiente ejemplo.

ejemplo 8

Si el tiempo esperado de terminación del proyecto T es de 20 semanas y la varianza del proyecto V es de 100, ¿cuál es la probabilidad de que el proyecto sea terminado en o antes de la semana 25?

$$T = 20$$
$$V = 100$$
$$\sigma = \text{Desviación estándar} = \sqrt{\text{Varianza del proyecto}} = \sqrt{V}$$
$$= \sqrt{100} = 10$$
$$C = \text{fecha deseada de terminación}$$
$$= 25 \text{ semanas}$$

La curva normal se mostraría de la siguiente manera:

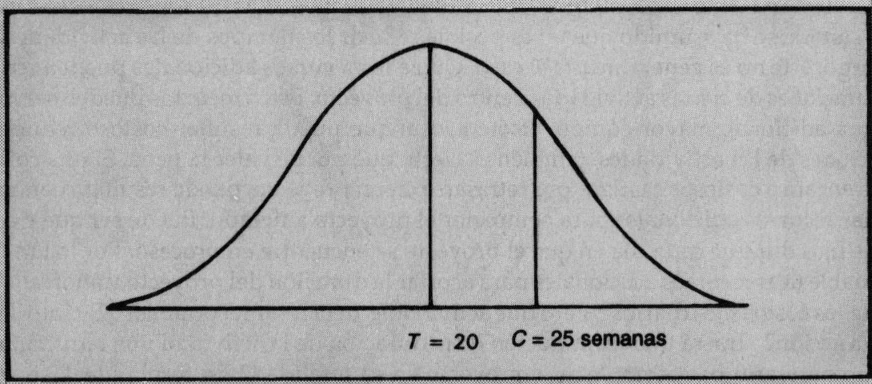

$$Z = \frac{C - T}{\sigma} = \frac{25 - 20}{10} = 0.5$$

donde Z es igual al número de desviaciones estándar de la media. El área bajo la curva para $Z = 0.5$ es de 0.6915. Véase la tabla para la curva normal en el apéndice A. Por lo tanto, la probabilidad de terminar el proyecto en 25 semanas es aproximadamente 0.69 o 69 por ciento.

Se debe señalar que el siguiente análisis debe ser hecho con mucho cuidado. Si una actividad de una ruta no crítica tiene una varianza muy grande, es posible que ésta se

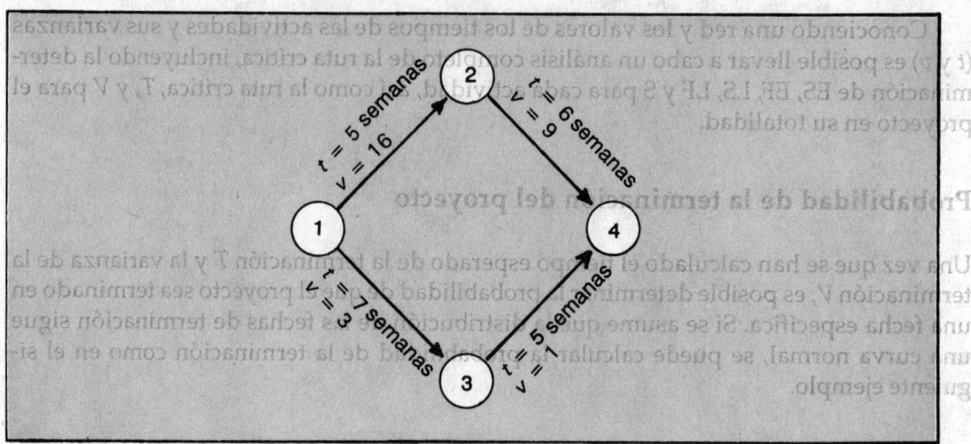

FIGURA 14.2 Análisis de la ruta crítica.

convierta en una actividad de ruta crítica. Esta posibilidad puede causar que el análisis sea erróneo. Considérese la red marcada en la figura 14.2. La ruta crítica es 1–3 y 3–4 con $T = 12$ y $V = 4$. Si la fecha deseada de terminación es 14, el valor de Z es de 1 [o $(14 - 12)/\sqrt{4}$]. La posibilidad de terminación es de 84% a partir de la distribución normal en el apéndice. ¿Qué sucedería si las actividades 1–2 y 2–4 se convierten en ruta crítica? Debido a su alta varianza, este evento no es poco probable. Con los mismos valores para C y T, Z se convierte en 0.4 [o $(14 - 12)/\sqrt{25}$]. Observando la distribución normal, se ve que la posibilidad de terminar el proyecto es de 66%. Si las actividades 1–2 y 2–4 se convierten en ruta crítica, la posibilidad de terminar el proyecto se reducirá en forma significativa debido a la gran varianza total (25 = 16 + 9) de estas actividades. Una simulación del proyecto podría ofrecer mejores datos.

PERT/COSTO

Hasta ahora, se ha asumido que no es posible reducir los tiempos de las actividades. Sin embargo, éste no es generalmente el caso. Quizá los recursos adicionales pueden reducir las duraciones de ciertas actividades dentro del proyecto. Estos recursos pueden ser mano de obra adicional, mayor equipo, etcétera. Aunque pueda resultar costoso reducir las duraciones de las actividades, también es cierto que puede valer la pena. Si una compañía se encara a costosos castigos por retrasarse en un proyecto, puede resultar económico utilizar recursos adicionales para completar el proyecto a tiempo. Puede ser que existan costos fijos durante cada día en que el proyecto se encuentre en proceso. Por lo tanto, es redituable usar recursos adicionales para acortar la duración del proyecto y ahorrar algunos de los costos fijos diarios. ¿Pero qué actividades deben ser recortadas? ¿Cuánto costará esta acción? ¿Traerá una disminución de la duración de la actividad una reducción del tiempo necesario para completar el proyecto en su totalidad? En forma ideal, se desea encontrar el método menos costoso para reducir el tiempo proyecto en su totalidad. Éste es el propósito del **PERT / Costo**.

PERT/Costo

Adicionalmente a la duración, el administrador de operaciones está preocupado normalmente con el costo del proyecto. Generalmente es posible reducir las duraciones de las actividades al asignar recursos adicionales al proyecto. La figura 14.3 muestra las curvas costo-tiempo para dos actividades. Para la actividad 5–6, cuesta 300 dólares completar la actividad en 8 semanas, 400 dólares para 7 semanas, y 600 dólares para 6 semanas. La actividad 2–4 requiere de 3000 dólares de recursos adicionales si es terminada en 12 semanas y 1000 dólares para 14 semanas. Las curvas o relaciones costo-tiempo similares pueden ser desarrolladas normalmente para todas las actividades de la red.

El objetivo de PERT/Costo es la reducción de la duración del proyecto en su totalidad, al menor costo. Aunque existen varios programas de computadora eficientes que

Transformar la imagen corporativa de un línea aérea internacional es una inmensa tarea. Se necesitan cambiar las aeronaves, los mostradores para verificación de boletos, las salas de descanso, las tiendas, los vehículos en tierra, los materiales impresos, incluyendo la papelería, horarios, boletos, etiquetas para equipaje, y, desde luego, los uniformes. Para ayudar a British Airways (BA) a planear los cambios, se utilizó un paquete computarizado de administración de proyectos, PertMaster. PertMaster utiliza los mismos conceptos que se presentaron en este capítulo. Al entender y utilizar estos conceptos, British Airways fue capaz de lograr que los requerimientos del proyecto se cumplan a tiempo.

llevan a cabo el PERT/Costo, es muy útil entender cómo se completa este proceso a mano. Para lograr este objetivo, se deben presentar unas cuantas variables más. Para cada actividad, existirá una reducción de la duración y un costo incurrido para esa disminución de tiempo. La ecuación 14.2 las correlaciona:

M_i = Máxima reducción de tiempo para la actividad i

C_i = Costo adicional asociado con la reducción de tiempo de la actividad para la actividad i

K_i = Costo de la reducción de tiempo de la actividad, por una unidad de tiempo, para la actividad i

$$K_i = \frac{C_i}{M_i} \tag{14.2}$$

Con esta información es posible determinar el costo más bajo al reducir la fecha de terminación del proyecto.

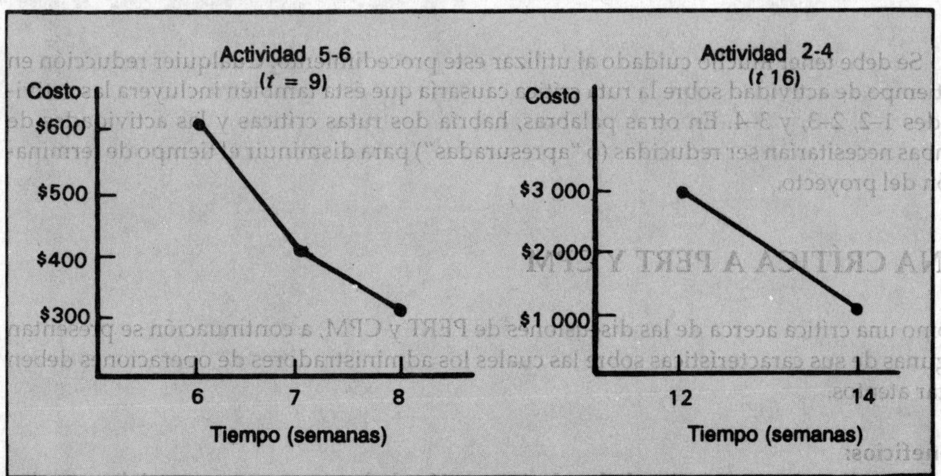

FIGURA 14.3 Curvas costo-tiempo utilizadas en el análisis PERT/Costo.

ejemplo 9

Con la siguiente información, determinar el menor costo para la reducción del tiempo de terminación del proyecto en una semana.

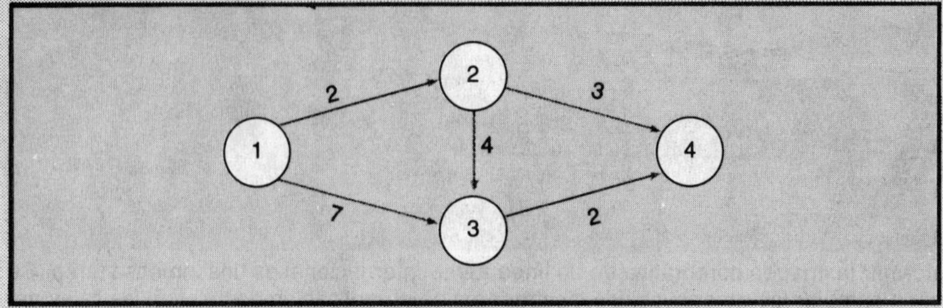

Actividad	*t (Semanas)*	*M (Semanas)*	*C*
1–2	2	1	$ 300
1–3	7	4	2000
2–3	4	2	2000
2–4	3	2	4000
3–4	2	1	2000

Actividad	*ES*	*EF*	*LS*	*LF*	*S*
1–2	0	2	1	3	1
1–3	0	7	0	7	0
2–3	2	6	3	7	1
2–4	2	5	6	9	4
3–4	7	9	7	9	0

El primer paso consiste en calcular el valor de *K* para cada actividad:

Actividad	*M*	*C*	*K*	*Ruta crítica*
1–2	1	$ 300	$ 300	No
1–3	4	2000	500	Si
2–3	2	2000	1000	No
2–4	2	4000	2000	No
3–4	1	2000	2000	Si

El segundo paso consiste en localizar aquella actividad de la ruta crítica con el menor valor de K_i. La ruta crítica consiste en las actividades 1–3 y 3–4. Debido a que la actividad 1–3 tiene el menor valor de K_i, se puede reducir la terminación del proyecto en una semana, a ocho semanas, si se incurre en un costo adicional de 500 dólares.

Se debe tener mucho cuidado al utilizar este procedimiento. Cualquier reducción en el tiempo de actividad sobre la ruta crítica causaría que ésta también incluyera las actividades 1–2, 2–3, y 3–4. En otras palabras, habría dos rutas críticas y las actividades de ambas necesitarían ser reducidas (o "apresuradas") para disminuir el tiempo de terminación del proyecto.

UNA CRÍTICA A PERT Y CPM

Como una crítica acerca de las discusiones de PERT y CPM, a continuación se presentan algunas de sus características sobre las cuales los administradores de operaciones deben estar atentos.

Beneficios:

1. Muy útil en varios niveles de la administración de los proyectos, especialmente durante la programación y el control de proyectos grandes.

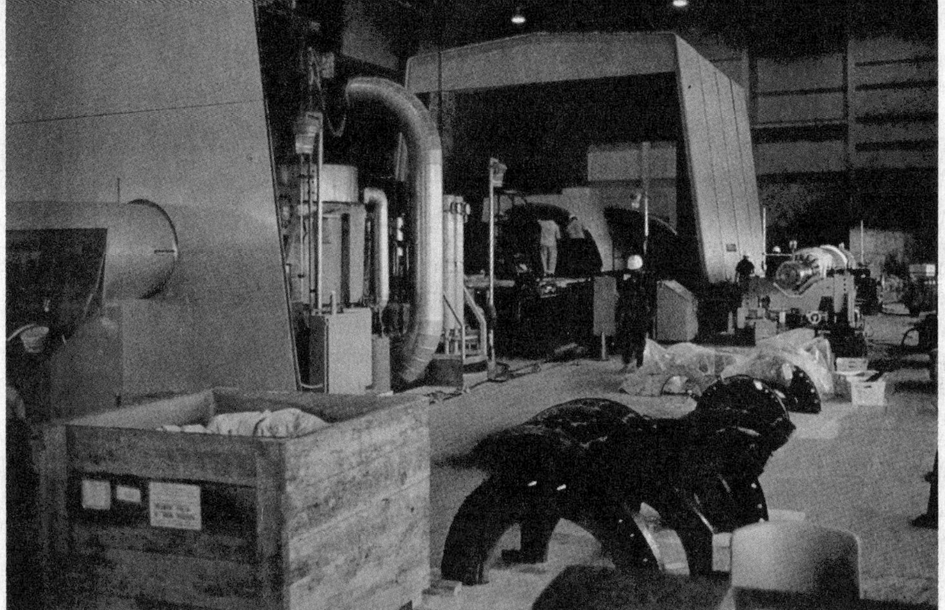

La Orlando Utilities Commission (OUC) saca fuera de línea una de sus grandes unidades generadoras de vapor cada tres años para una revisión completa y una inspección de la turbina. Estas inspecciones duran de 6 a 8 semanas y no son proyectos fáciles de administrar, pues cada uno tiene 1800 áreas distintas y requiere de 72 000 horas de mano de obra. Pero es muy claro el valor de la herramienta de administración de proyectos presentada en este capítulo. Cada día que está parada por mantenimiento una planta de energía, OUC pierde aproximadamente 55 000 dólares por el concepto de costos extra.

2. Simple en su concepto y no es complejo matemáticamente hablando.
3. Los despliegues gráficos que utilizan redes ayudan a percibir con rapidez las relaciones entre las actividades del proyecto.
4. El análisis de la ruta crítica y los tiempos de holgura ayudan a señalar aquellas actividades que necesitan ser observadas en forma más cercana.
5. Las redes generadas ofrecen documentación valiosa del proyecto y señalan gráficamente quién es responsable de varias actividades.
6. Es aplicable a una amplia variedad de proyectos e industrias.
7. Es muy útil para dar seguimiento no sólo a los programas, sino también a los costos.

Limitaciones:

1. Las actividades del proyecto deben estar claramente definidas, ser independientes entre sí y estables en sus relaciones.
2. Las relaciones de precedencia deben estar especificadas y deben estar en la misma red.
3. Los tiempos estimados tienden a ser subjetivos, y además están sujetos a ser distorsionados por administradores que temen los peligros de mostrarse extremadamente optimistas o no lo suficientemente pesimistas.
4. Existe el peligro inherente de hacer demasiado énfasis en la ruta más larga, o en la ruta crítica. Las rutas cercanas a las críticas deben monitorearse también en forma estrecha.

RESUMEN

PERT, CPM y otras técnicas de programación han probado ser herramientas valiosas para el control de proyectos grandes y complejos. Se encuentra disponible una amplia variedad de paquetes de software para ayudar a los administradores a manejar los problemas de modelos de redes tanto en computadoras grandes como pequeñas.

Sin embargo, PERT, CPM y PERT/Costo no resuelven todos los problemas de programación y administración de los proyectos en empresas y gobierno. Las buenas prácticas administrativas, las responsabilidades claras para las tareas, y los sistemas de reportes simples y puntuales y también son necesarios. Es importante recordar que los modelos descritos en este capítulo son únicamente herramientas para ayudar a los administradores a tomar mejores decisiones.

TÉRMINOS CLAVE

Organización de proyectos *(p. 550)*
Diagrama de Gantt *(p. 551)*
Técnica de evaluación y revisión del programa (PERT) *(p. 552)*
Método de ruta crítica (CPM) *(p. 552)*
Ruta crítica *(p. 553)*
Evento *(p. 554)*
Actividad *(p. 554)*
Red *(p. 554)*
Actividades ficticias *(p. 556)*
Tiempos estimados de la actividad *(p. 557)*
Tiempo optimista *(p. 557)*
Tiempo probable *(p. 557)*
Tiempo pesimista *(p. 557)*
Distribución de probabilidad beta *(p. 557)*
Análisis de la ruta crítica *(p. 558)*
Tiempo de holgura *(p. 558)*
PERT/Costo *(p. 564)*

PROBLEMAS RESUELTOS

problema resuelto 14.1

Construir una red basada en la siguiente información.

Actividad			
1–2	1–4	3–5	5–7
1–3	2–5	4–6	6–7

Solución

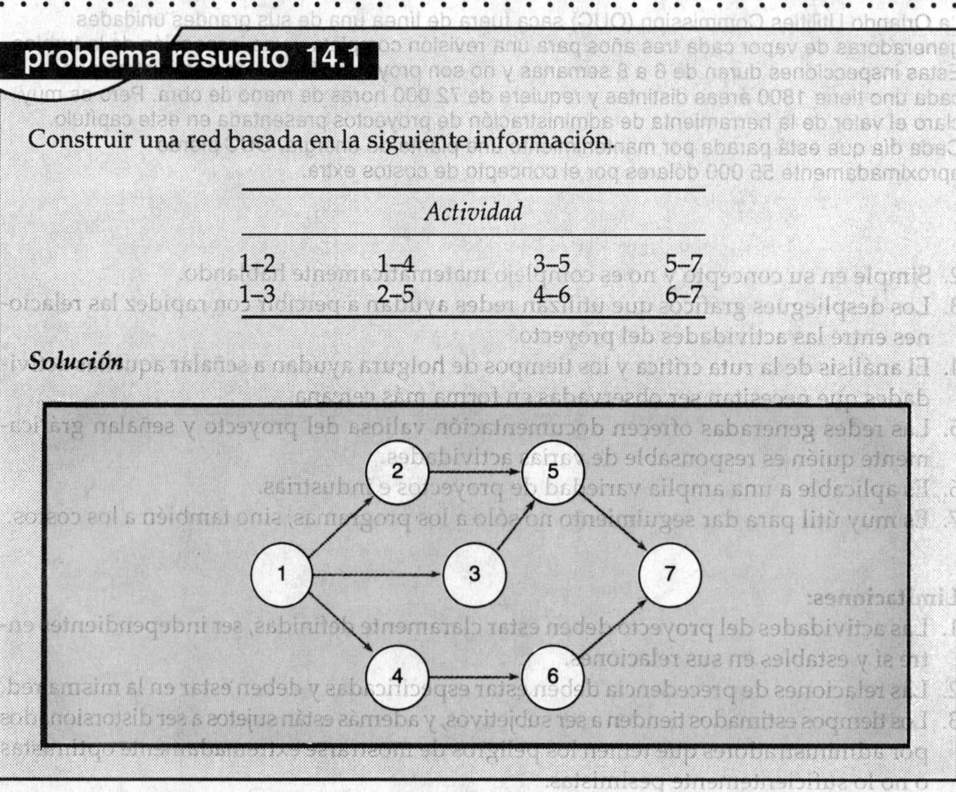

problema resuelto 14.2

Insertar actividades y eventos ficticios para corregir la siguiente red:

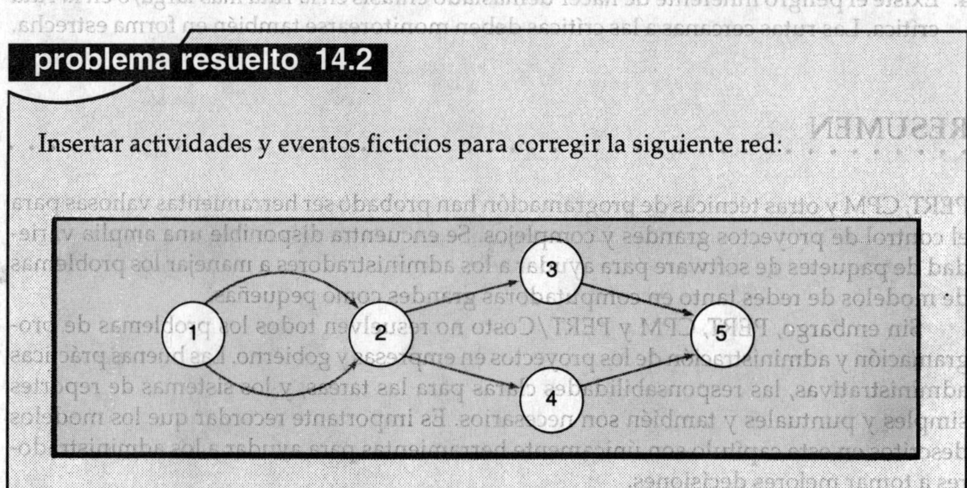

Solución
Se puede añadir la siguiente actividad ficticia y evento ficticio para obtener la red correcta.

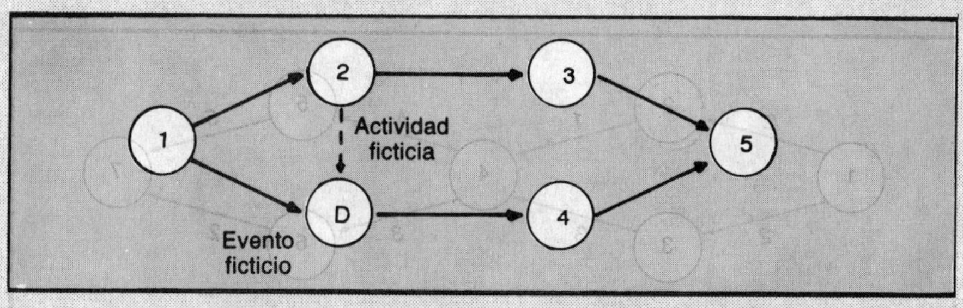

problema resuelto 14.3

Calcular la ruta crítica, el tiempo de terminación T y la varianza V basándose en la siguiente información.

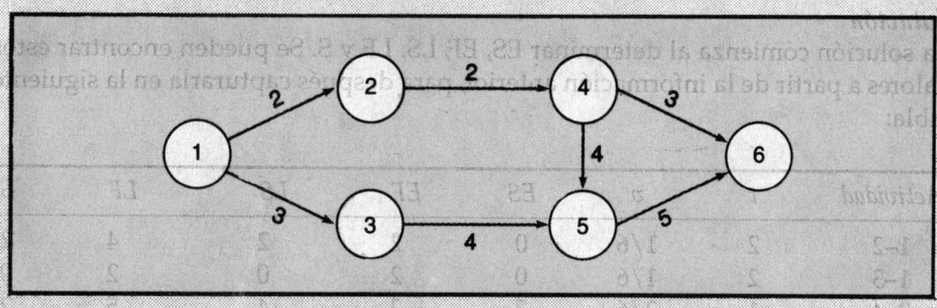

Actividad	*t*	*v*	*ES*	*EF*	*LS*	*LF*	*S*
1–2	2	2/6	0	2	0	2	0
1–3	3	2/6	0	3	1	4	1
2–4	2	4/6	2	4	2	4	0
3–5	4	4/6	3	7	4	8	1
4–5	4	2/6	4	8	4	8	0
4–6	3	1/6	4	7	10	13	6
5–6	5	1/6	8	13	8	13	0

Solución
Se concluye que la ruta crítica es $1 \rightarrow 2 \rightarrow 4 \rightarrow 5 \rightarrow 6$.

$$T = 2 + 2 + 4 + 5 = 13$$

y

$$V = \frac{2}{6} + \frac{4}{6} + \frac{2}{6} + \frac{1}{6} = \frac{9}{6} = 1.5$$

problema resuelto 14.4

Dada la siguiente información, realizar un análisis de la ruta crítica.

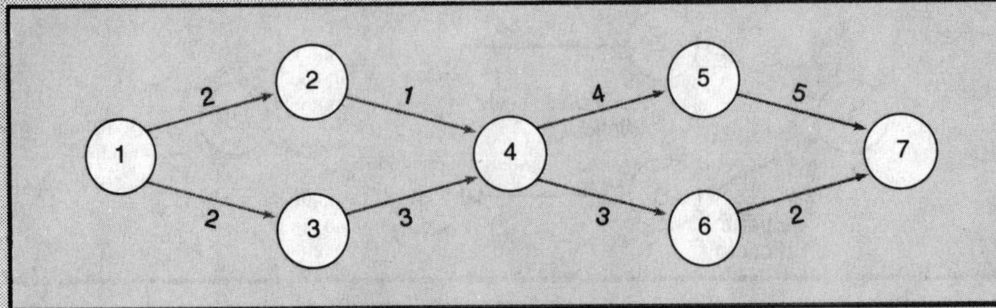

Actividad	t	v	Actividad	t	v
1–2	2	1/6	4–5	4	4/6
1–3	2	1/6	4–6	3	2/6
2–4	1	2/6	5–7	5	1/6
3–4	3	2/6	6–7	2	2/6

Solución

La solución comienza al determinar ES, EF, LS, LF y S. Se pueden encontrar estos valores a partir de la información anterior, para después capturarla en la siguiente tabla:

Actividad	*t*	*v*	*ES*	*EF*	*LS*	*LF*	*S*
1–2	2	1/6	0	2	2	4	2
1–3	2	1/6	0	2	0	2	0
2–4	1	2/6	2	3	4	5	2
3–4	3	2/6	2	5	2	5	0
4–5	4	4/6	5	9	5	9	0
4–6	3	2/6	5	8	9	12	4
5–7	5	1/6	9	14	9	14	0
6–7	2	2/6	8	10	12	14	4

Luego se puede encontrar la ruta crítica, *T* y *V*. La ruta crítica resulta ser 1–3, 3–4, 4–5, 5–7.

$$T = 2 + 3 + 4 + 5 = 14 \quad \text{y} \quad V = \frac{1}{6} + \frac{2}{6} + \frac{4}{6} + \frac{1}{6} = \frac{8}{6}$$

problema resuelto 14.5

La siguiente información ha sido calculada a partir de un proyecto:

$$T = 62 \text{ semanas}$$
$$V = 81$$

¿Cuál es la probabilidad de que el proyecto se termine 18 semanas *antes* de su fecha esperada de terminación?

Solución

La fecha deseada de terminación es 18 semanas antes del tiempo esperado de terminación, que son 62 semanas. La fecha deseada de terminación es de 44 (o 62 – 18) semanas.

$$Z = \frac{C - T}{\sigma} = \frac{44 - 62}{9} = \frac{-18}{9} = -2.0$$

La curva normal aparece de la siguiente forma:

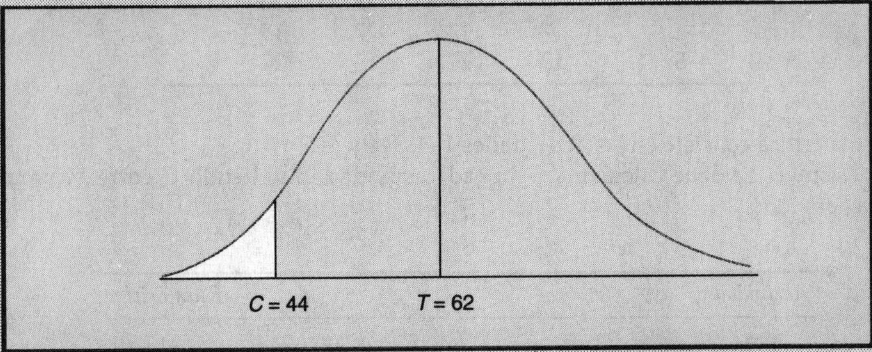

Debido a que la curva normal es simétrica y los valores de la tabla se calculan para valores positivos de Z, el área deseada es igual a 1 – (valor de la tabla). Para Z = + 2.0, el área de la tabla es de 0.97725. Por lo tanto el área correspondiente a un valor Z de – 2.0, es de 0.02275 (o 1 – 0.97725). De ahí que la probabilidad de terminar el proyecto 18 semanas antes de la fecha esperada de terminación es de aproximadamente 0.02, o 2 por ciento.

problema resuelto 14.6

Determinar el menor costo de la reducción del tiempo de terminación del proyecto en tres meses, basándose en la siguiente información:

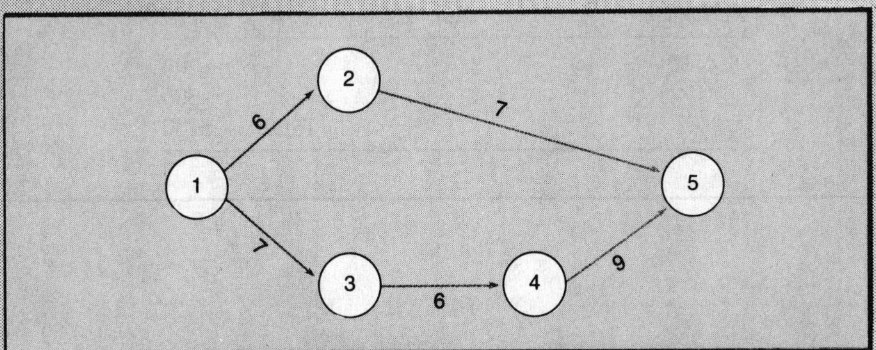

Actividad	*t (Meses)*	*M (Meses)*	C
1–2	6	2	$400
1–3	7	2	500
2–5	7	1	300
3–4	6	2	600
4–5	9	1	200

Solución

El primer paso en este problema es el cálculo de ES, EF, LS, LF y S para cada actividad:

Actividad	*ES*	*EF*	*LS*	*LF*	*S*
1–2	0	6	9	15	9
1–3	0	7	0	7	0
2–5	6	13	15	22	9
3–4	7	13	7	13	0
4–5	13	22	13	22	0

La ruta crítica consiste en las actividades 1–3, 3–4 y 4–5.

Después, se debe calcular *K* para cada actividad, dividiendo *C* entre *M* para cada actividad.

Actividad	*M*	*C*	*K*	*¿Ruta crítica?*
1–2	2	$400	$200/mes	No
1–3	2	500	250/mes	Si
2–5	1	300	300/mes	No
3–4	2	600	300/mes	Si
4–5	1	200	200/mes	Si

Finalmente, se selecciona la actividad en la ruta crítica con el menor valor K_i. Esta actividad es 4–5. Por lo tanto se puede reducir en un mes la fecha total de terminación del proyecto (porque $M = 1$ mes) por un costo adicional de 200 dólares. Aún se necesita reducir dos meses más la fecha de terminación del proyecto en su totalidad. Esta disminución será lograda al menor costo en la ruta crítica al reducir 3 meses en la actividad 1–3 con un costo adicional de 500 dólares. Esta solución se resume en la siguiente tabla:

Actividad	*Meses reducidos*	*Costo*
4–5	1	$200
1–3	2	500
	Total:	$700

autoevaluación capítulo 14

- *Antes de iniciar la autoevaluación* refiérase a los objetivos de aprendizaje listados al principio del capítulo y a los términos clave listados al final del mismo.
- Utilice la clave al final del texto para *corregir* sus respuestas.
- *Vuelva a estudiar* las páginas correspondientes a cualquier pregunta que haya contestado erróneamente o el material en el que se sienta inseguro.

1. Para cada actividad, el análisis PERT requiere:
a. un tiempo optimista
b. un tiempo más probable
c. un tiempo pesimista
d. todas las anteriores
e. ninguna de las anteriores

2. Las tres fases involucradas en la administración de proyectos grandes son:
a. planeación, programación, evaluación
b. programación, operación, evaluación
c. programación, diseño, operación
d. planeación, programación, control
e. ninguna de las anteriores

3. Los métodos populares para la programación de proyectos incluyen:
a. Diagramas de Gantt
b. PERT
c. CPM
d. todas las anteriores
e. ninguna de las anteriores

4. Con respecto a PERT/CPM, un evento:
a. marca el principio o la terminación de una tarea
b. es una tarea o subproyecto que debe estar terminado
c. es la cantidad de tiempo que una tarea puede ser retrasada sin afectar cualquier otra tarea en la red
d. es la cantidad de tiempo que una tarea puede ser retrasada sin cambiar el tiempo de terminación del proyecto en su totalidad
e. ninguna de las anteriores

5. Con respecto a PERT/CPM, el tiempo de holgura libre:
a. marca el principio o la terminación de una tarea
b. es una tarea o subproyecto que debe estar terminado
c. es la cantidad de tiempo que una tarea puede ser retrasada sin afectar cualquier otra tarea en la red
d. es la cantidad de tiempo que una tarea se puede posponer sin cambiar el tiempo de terminación del proyecto en su totalidad
e. ninguna de las anteriores

6. Una actividad ficticia se requiere cuando:
a. la red contiene dos o más actividades que tienen idénticos eventos de inicio y de terminación
b. dos o más actividades tienen los mismos eventos de inicio
c. dos o más actividades tienen los mismos eventos de terminación
d. todas las anteriores
e. ninguna de las anteriores

7. ¿Cuál de las siguientes no es una suposición básica del PERT?
a. ninguna actividad en la red puede estar repetida
b. cada actividad en la red debe ser llevada a cabo
c. los tiempos de terminación de las actividades están descritos por las distribuciones de probabilidad beta
d. todas las actividades tienen relaciones específicas de precedencia
e. ninguna de las anteriores

8. PERT requiere de tres estimaciones de tiempos de terminación de la actividad, mientras que el CPM requiere únicamente de una estimación.
a. Cierto **b.** Falso

9. El análisis del PERT calcula la varianza del tiempo de terminación del proyecto en su totalidad como:
a. la suma de las varianzas de todas las actividades en el proyecto
b. la suma de las varianzas de todas las actividades de la ruta crítica
c. la suma de las varianzas de todas las actividades que no están en la ruta crítica
d. la varianza de la actividad final del proyecto
e. ninguna de las anteriores

10. El análisis de la ruta crítica se utiliza para determinar:
a. el tiempo más temprano de principio de la actividad
b. el tiempo más tardío para iniciar la actividad
c. el tiempo de holgura de la actividad
d. todas las anteriores
e. ninguna de las anteriores

11. Un evento es un punto en el tiempo que marca el principio o la terminación de una actividad
a. Cierto **b.** Falso

12. Una red es un despliegue gráfico de un proyecto que contiene tanto las actividades como los eventos
a. Cierto **b.** Falso

13. El tiempo optimista es la mayor cantidad de tiempo que puede ser necesario para completar una actividad
a. Cierto **b.** Falso

14. La ruta crítica de una red es:
a. la ruta más rápida a través de la red
b. la ruta con la menor cantidad de actividades
c. la ruta con la mayor cantidad de actividades
d. la ruta con el tiempo más largo a través de la red
e. ninguna de las anteriores

15. El tiempo esperado de terminación de un proyecto PERT es la suma de los tiempos más probables de las actividades que se encuentran en la ruta crítica.
a. Cierto **b.** Falso

PREGUNTAS PARA DISCUSIÓN

1. ¿Cuáles son algunas de las preguntas que se pueden contestar con PERT y con CPM?
2. ¿Qué es una actividad? ¿Qué es un evento? ¿Qué es un predecesor inmediato?
3. Describa cómo se pueden calcular los tiempos esperados de las actividades y las varianzas en una red PERT.
4. Diga brevemente lo que significa el análisis de la ruta crítica. ¿Cuáles son las actividades de la ruta crítica y por qué son importantes estas actividades?
5. ¿Cuáles son el tiempo temprano de principio de la actividad y el tiempo tardío de principio de la actividad y cómo se calculan?
6. Describa el significado de holgura y describa brevemente cómo se puede determinar.
7. ¿Cómo se puede determinar la probabilidad de que un proyecto sea terminado para una fecha dada? ¿Qué suposiciones se hacen en este cálculo?
8. Describa brevemente el PERT/Costo y la forma en que éste se utiliza.
9. ¿Qué es apresurar y cómo se lleva a cabo manualmente?

PROBLEMAS

• **14.1** Dibuje la red PERT asociada con las siguientes actividades para el siguiente proyecto de tarea de Tracey Read.

Actividad	*Precedente(s) inmediato(s)*
A	—
B	A
C	A
D	B
E	B
F	C
G	D
H	E, F

• **14.2** Dadas las actividades cuya secuencia se describe en la siguiente tabla:

Actividad	*Precedente(s) inmediato(s)*
A	—
B	A
C	A
D	B
E	B
F	C
G	E, F
H	D
I	G, H

Dibuje el diagrama PERT apropiado.

• **14.3** La siguiente tabla representa las actividades en el proyecto de la compañía constructora de Trang Pham. Dibuje la red que representa esta situación.

Actividad	*Precedente(s) inmediato(s)*
A	—
B	—
C	A
D	B
E	B
F	C,E
G	D
H	F, G

• **14.4** Sarah Mahan es la directora de personal de Babson and Willcount, una compañía que se especializa en consultoría e investigación. Uno de los programas de entrenamiento que Sarah está considerando para los administradores de nivel medio de Babson and Willcount es el entrenamiento en liderazgo. Sarah tiene enlistadas un número de actividades que se deben completar antes de que se lleve a cabo un programa de esta naturaleza. Las actividades y los precedentes inmediatos aparecen el la siguiente tabla.

Actividad	*Precedente(s) inmediato(s)*	*Actividad*	*Precedente(s) inmediato(s)*
A	—	E	A, D
B	—	F	C
C	—	G	E, F
D	B		

Desarrolle una red para este problema.

• **14.5** Sarah Mahan fue capaz de determinar los tiempos de las actividades para el programa de entrenamiento en liderazgo. Ella desearía determinar el tiempo de terminación del proyecto en su totalidad y la ruta crítica. Los tiempos de las actividades aparecen en la tabla anexa. Véase el problema 14.4.

Actividad	*Tiempo (días)*
A	2
B	5
C	1
D	10
E	3
F	6
G	8
Total	35 *días*

• **14.6** Entriken Machinery se especializa en el desarrollo de equipo para la cosecha de hierba que se utiliza para limpiar de hierba pequeños lagos. Dick Entriken, presidente de Entriken Machinery, está convencido de que es mucho mejor cortar las hierbas en lugar de utilizar químicos para matarlas. Los químicos causan contaminación, y la hierba parece crecer más rápido después de que se han utilizado los químicos. Dick está contemplando la construcción de una máquina que puede cortar hierba en los ríos angostos y las vías de agua. Las actividades que son necesarias para fabricar una de estas máquinas cortadoras de hierba experimentales se enlistan en la tabla anexa. Construya una red para estas actividades.

Actividad	*Precedente(s) inmediato(s)*
A	—
B	—
C	A
D	A
E	B
F	B
G	C, E
H	D, F

• **14.7** Después de consultar con Tim Collins, Dick Entriken fue capaz de determinar los tiempos de las actividades para la fabricación de una máquina cortadora de hierba experimental que será utilizada en los ríos angostos. Dick desea determinar ES, EF, LS, LF y el tiempo de holgura para cada actividad. También se deben determinar el tiempo de terminación del proyecto en su totalidad y la ruta crítica. Véase el problema 14.6 para los detalles. A continuación se presentan los tiempos de las actividades:

Actividad	*Tiempo semanas*
A	6
B	5
C	3
D	2
E	4
F	6
G	10
H	7

• **14.8** Zuckerman Wiring and Electric es una compañía que instala cable y partes eléctricas en construcciones residenciales. Jane Zuckerman ha estado muy preocupada con la cantidad de tiempo que lleva completar los trabajos de cableado. Algunos de sus trabajadores son muy poco confiables. A continuación se presenta una tabla con la lista de las actividades y su tiempo optimista de terminación, su tiempo pesimista de terminación y su tiempo más probable de terminación (todos ellos en días).

Determine el tiempo esperado de terminación y la varianza para cada actividad.

Actividad	*a*	*m*	*b*	*Precedente(s) inmediato(s)*
A	3	6	8	—
B	2	4	4	—
C	1	2	3	—
D	6	7	8	C
E	2	4	6	B, D
F	6	10	14	A, E
G	1	2	4	A, E
H	3	6	9	F
I	10	11	12	G
J	14	16	20	C
K	2	8	10	H, I

•• **14.9** Jane Zuckerman desearía determinar el tiempo de terminación del proyecto en su totalidad y la ruta crítica para la instalación del cableado eléctrico y del equipo en las casas residenciales. Véase el problema 14.8 para los detalles. Adicionalmente, determine ES, EF, LS, LF y el tiempo de holgura para cada actividad.

•• **14.10** ¿Cuál es la probabilidad de que Zuckerman termine el proyecto descrito en los problemas 14.8 y 14.9 en 40 días o menos?

• **14.11** Con las actividades descritas en la siguiente tabla para la Courtney Corporation:

Actividad	*Precedente(s) inmediato(s)*	*Tiempo*
A	—	9
B	A	7
C	B	3
D	A, C	6
E	D, B	9
F	E	4
G	F	6
H	D, G	5
I	H	3

a) Dibuje el diagrama PERT apropiado para el equipo de administración de Ralph Courtney.
b) Encuentre la ruta crítica.

•• **14.12** Un pequeño proyecto de desarrollo de software en la empresa de Jim Ruppel tiene cuatro actividades importantes. Los tiempos están estimados y se presentan en la siguiente tabla. Encuentre el tiempo esperado de terminación del proyecto de Ruppel.

Actividad	*Precedente(s) inmediato(s)*	*a*	*m*	*b*
A	—	2	5	8
B	—	3	6	9
C	A	4	7	10
D	B	2	5	14
E	C	3	3	3

a) ¿Cuál es el tiempo esperado de terminación para este proyecto?
b) ¿Qué varianza se debe utilizar para encontrar las probabilidades de terminar en un cierto tiempo?

•• **14.13** Con las actividades descritas en la siguiente tabla:

Actividad	*Tiempo esperado*	*Desviación estándar del tiempo esperado*	*Precedente(s) inmediato(s)*
A	7	2	—
B	3	1	A
C	9	3	A
D	4	1	B, C
E	5	1	B, C
F	8	2	E
G	8	1	D, F
H	6	2	G

a) Dibuje el diagrama PERT apropiado.
b) Encuentre la ruta crítica y el tiempo de terminación del proyecto.
c) Encuentre la probabilidad de que el proyecto tome más de 49 periodos de tiempo en completarse.

••• **14.14** La oficina de software de Cynthia Chazen está considerando el desarrollo de una nueva versión de lujo de un producto de software en particular. Las actividades necesarias para la terminación de éste se encuentran enlistadas en la siguiente tabla.

Actividad	*Tiempo normal*	*Tiempo apresurado*	*Costo normal*	*Costo apresurado*	*Precedente(s) inmediato(s)*
A	4	3	2000	2600	—
B	2	1	2200	2800	—
C	3	3	500	500	—
D	8	4	2300	2600	A
E	6	3	900	1200	B
F	3	2	3000	4200	C
G	4	2	1400	2000	D, E

a) ¿Cuál es la fecha de terminación del proyecto en su totalidad?
b) ¿Cuál es el costo total requerido para completar este proyecto en un tiempo normal?
c) Si usted desea reducir el tiempo requerido para terminar este proyecto en una semana, ¿cuál actividad debe ser apresurada, y cuánto se incrementará el costo total?

••• **14.15** Un proyecto en la compañía de Julie Schmit tiene un tiempo esperado de terminación de 40 semanas y una desviación estándar de 5 semanas. Se supone que el tiempo de terminación del proyecto tiene una distribución normal.

a) ¿Cuál es la probabilidad de terminar el proyecto en 50 semanas o menos?
b) ¿Cuál es la probabilidad de terminar el proyecto en 38 semanas o menos?
c) La fecha comprometida de terminación se estableció de tal manera que hay un 90% de probabilidad de que el proyecto esté terminado para esta fecha. ¿Cuál es la fecha límite de entrega?

•• **14.16** B&R Manufacturing produce dispositivos de control de contaminación hechos a la medida para fundiciones de acero de tamaño medio. El proyecto más reciente tomado por B&R requiere de 14 actividades diferentes. Los administradores de B&R desearían determinar el tiempo de terminación del proyecto en su totalidad y aquellas actividades que se encuentran en la ruta crítica. Los datos apropiados se muestran en la siguiente tabla.

Actividad	*Precedente(s) inmediato(s)*	*Tiempo optimista*	*Tiempo más probable*	*Tiempo pesimista*
A	—	4	6	7
B	—	1	2	3
C	A	6	6	6
D	A	5	8	11
E	B, C	1	9	18
F	D	2	3	6
G	D	1	7	8
H	E, F	4	4	6
I	G, H	1	6	8
J	I	2	5	7
K	I	8	9	11
L	J	2	4	6
M	K	1	2	3
N	L, M	6	8	10

••• **14.17** Bill Trigiero, director de personal de Trigiero Resources, Inc., se encuentra en el proceso de diseño de un programa que sus clientes puedan utilizar para conseguir empleo. Algunas de las actividades incluyen la preparación del currículum vitae, la escritura de cartas, el establecimiento de citas para ver prospectos de empleadores, la investigación de compañías e industrias, etc. Alguna de la información de dichas actividades aparece en la siguiente tabla.

	Tiempo (días)			
Actividad	*a*	*m*	*b*	*Precedente(s) inmediato(s)*
A	8	10	12	—
B	6	7	9	—
C	3	3	4	—
D	10	20	30	A
E	6	7	8	C
F	9	10	11	B, D, E
G	6	7	10	B, D, E
H	14	15	16	F
I	10	11	13	F
J	6	7	8	G, H
K	4	7	8	I, J
L	1	2	4	G, H

a) Construya una red para este problema.
b) Determine los tiempos esperados y las varianzas para cada actividad.
c) Determine ES, EF, LS, LF y el tiempo de holgura para cada actividad.
d) Determine la ruta crítica y el tiempo de terminación del proyecto en su totalidad.
e) Determine la probabilidad de que el proyecto esté terminado en 70 días.
f) Determine la probabilidad de que el proyecto se termine en 80 días.
g) Determine la probabilidad de que el proyecto se concluya en 90 días.

•• **14.18** Utilizando PERT, Jan Ross fue capaz de determinar que el tiempo esperado de terminación del proyecto en su totalidad para la construcción de un yate de placer es de 21 meses, y que la varianza del proyecto es de 4 meses.

a) ¿Cuál es la probabilidad de que el proyecto se termine en 17 meses?
b) ¿Cuál es la probabilidad de que el proyecto concluya en 20 meses?
c) ¿Cuál es la probabilidad de que el proyecto se termine en 23 meses?
d) ¿Cuál es la probabilidad de que el proyecto concluya en 25 meses?

••• **14.19** Obtener un título de una universidad puede resultar una tarea larga y difícil. Algunos cursos deben terminarse antes que otros cursos puedan ser tomados. Desarrolle un diagrama de red, donde cada actividad es un curso en particular que debe ser tomado para un cierto programa de estudios. Los predecesores inmediatos serán cursos de prerrequisitos, no olvide incluir todos los requisitos de la universidad y el departamento. Luego intente agrupar estos cursos en semestres o trimestres para su escuela en particular. ¿Cuánto cree que le tome a usted graduarse? ¿Qué cursos, si no se toman en la secuencia apropiada, pueden retrasar su graduación?

••• **14.20** Stone Builders construye cobertizos de uso comercial para almacenamiento de acero. Kevin Stone, presidente de Stone Builders, está contemplando la producción de cobertizos para uso doméstico. Las actividades necesarias para construir un modelo experimental y los datos relativos se encuentran en la siguiente tabla.

Actividad	*Tiempo normal*	*Tiempo apresurado*	*Costo normal*	*Costo apresurado*	*Precedente(s) inmediato(s)*
A	3	2	1600	1600	—
B	2	1	2700	2700	—
C	1	0	300	600	—
D	7	3	1300	1600	A
E	6	3	850	1000	B
F	2	1	4000	5000	C
G	4	2	1500	2000	D, E

a) ¿Cuál es la fecha de terminación del proyecto en su totalidad?
b) Colapse el proyecto a 10 semanas y el menor costo.

CASO DE ESTUDIO

Reporte de operaciones de Masson: Departamentos de servicio

Masson Agricultural Chemical Co., opera una planta química de mediano tamaño en Gramin, Louisiana. En los últimos cinco años la planta se ha duplicado en tamaño, y con la expansión ha llegado la necesidad de reportes más precisos y puntuales acerca de la información financiera. En un esfuerzo para satisfacer esta demanda, se ha iniciado un nuevo sistema de reportes para compilar y diseminar la información pertinente de los cierres mensuales. El nuevo sistema de reportes se ha titulado: "El reporte mensual de operaciones". Varios miembros del personal de contabilidad de la planta son responsables de secciones específicas del reporte y se espera que el reporte pueda ser enviado al personal de manufactura a medio día del cuarto día laboral.

Una sección del reporte de operaciones es el área de departamentos de servicio. Los departamentos de servicio son aquellos departamentos que apoyan las operaciones de producción pero no se encuentran directamente involucrados en el proceso de manufactura. La sección de departamentos de servicio incluirá copias de los reportes de costos de cada departamento de servicio, copias de los reportes de costos del grupo de departamentos de servicio (agrupados por supervisor y por superintendente con responsabilidad en los costos de los departamentos de servicio) así como una copia del reporte del resumen por departamentos de servicio a planta. Ambos tipos de reportes de costos son reportes generados por computadora durante el cierre mensual. El reporte del resumen se produce manualmente a partir de los reportes de costos.

El contador del departamento de materias primas y servicios ha analizado las actividades involucradas en el cierre mensual a partir de los inventarios físicos, a través de los reportes de generación de costos. Las estimaciones se han hecho de los tiempos optimistas *(a)*, más probables *(m)*, y pesimistas *(b)* de cada actividad. La figura 1 muestra el diagrama PERT así como las estimaciones de los tiempos. Con estos datos, ¿cuál es la probabilidad de que las secciones asignadas al departamento de servicio estén completas a mediodía del cuarto día laboral?

Suponga (1) que los inventarios físicos se toman desde la media noche hasta las 8 A.M. del primer día de trabajo; (2) el día de trabajo es de ocho horas de duración; y (3) se trabajan cuatro horas de tiempo extra en el segundo día de trabajo.

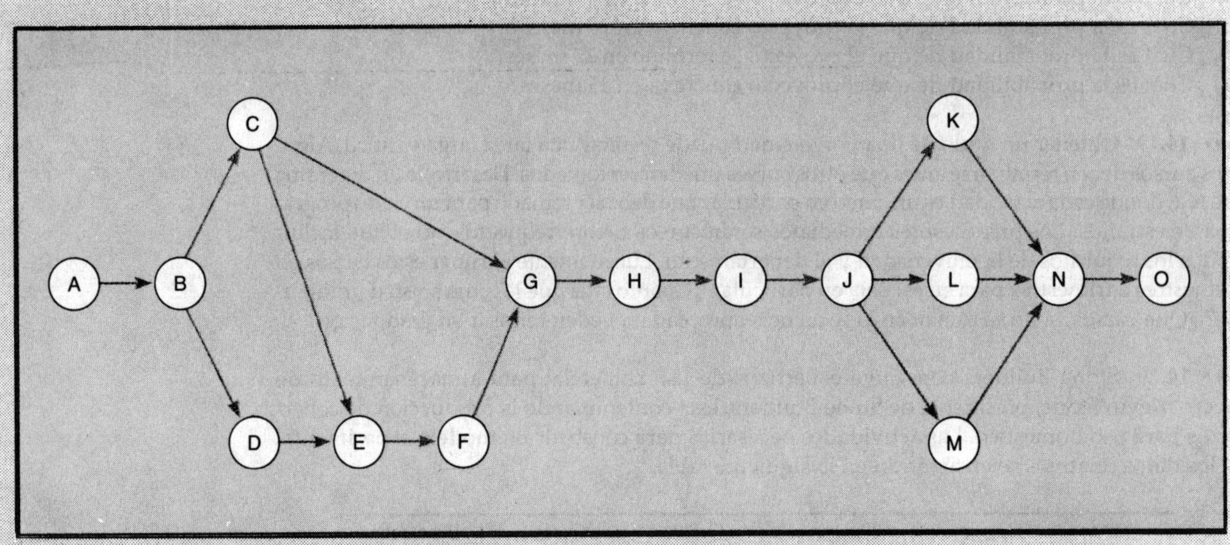

	Actividad	*a*	*m*	*b*
AB	Inventario físico	6	8	10
BC	Cierre de bienes en proceso	5	6	8
BD	Cierre de materias primas	5	6	8
DE	Corrida preliminar de la contabilidad de las materias primas	4	5	7
EF	Corrida de la contabilidad de las materias primas	4	5	7
CG	Enviar correcciones de bienes en proceso, distribución en utilerías y servicios, capacidades de producción, etcétera.	5	6	7
GH	Corrida preliminar de la contabilidad de los bienes en proceso	2	3	5
HI	Hacer correcciones finales y corrida final de la contabilidad de los bienes en proceso	5	6	8
IJ	Correr los reportes de costos de los departamentos de servicio	0.5	1	2
JK	Preparar el resumen mensual de los departamentos de servicio de la planta	1	1.5	2
JL	Reportes de costos del departamento de servicio de copiado	0.5	1	2
JM	Corrida de reportes de costos por grupo	0.5	1	2
KN	Escribir el resumen mensual de los departamentos de servicio de la planta	0.5	1	2
NO	Colocar los reportes escritos del resumen de los departamentos de servicio de la planta, los reportes de costos de los departamentos de servicio y los reportes de costo por grupo, copiar y enviar	1	3	4
CE	Corregir desembolsos a los bienes en proceso	0	0.5	1

FIGURA 1 Reporte de operaciones de Masson.

BIBLIOGRAFÍA

Cleland, D. I. y W. R. King. *Project Management Handbook.* Nueva York: Van Nostrand Reinhold, 1984.

Dusenberry, W. "CPM for New Product Introductions." *Harvard Business Review* (julio-agosto de 1967).

Kerzner, H., y H. Thamhain. *Project Management for Small and Medium Size Business.* Nueva York: Van Nostrand Reinhold, 1984.

Levy, F., A. Thompson, y S. Wiest. "The ABC's of Critical Path Method." *Harvard Business Review* **41** (septiembre-octubre de 1963), pp. 98-108.

Moder, J., y C. Phillips. *Project Management with CPM and PERT.* Nueva York: Van Nostrand Reinhold, 1970.

Render, B., y R. M. Stair. *Introduction to Management Science.* Boston: Allyn & Bacon, 1992.

Render, B., y R. M. Stair. *Quantitative Analysis for Management,* 5ta. ed., Boston: Allyn & Bacon, 1994.

Apéndices

APÉNDICE A
ÁREAS DE LA CURVA NORMAL Y USO DE LA DISTRIBUCIÓN NORMAL

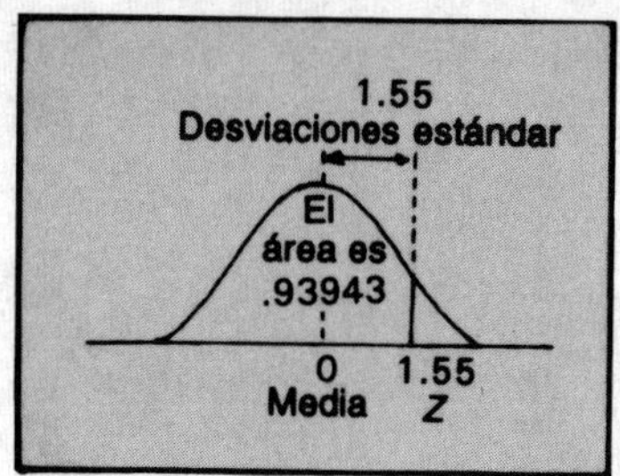

Para encontrar el área bajo la curva normal, se debe conocer a cuantas desviaciones estándar (o sigmas, σ) hacia la derecha de la media está situado el punto. Luego, el área bajo la curva normal puede leerse directamente de la tabla normal. Por ejemplo, el área total bajo la curva normal para un punto que se encuentra situado 1.55 desviaciones estándar hacia la derecha de la media es .93943.

	.00	.01	.02	.03	.04	.05	.06	.07	.08	.09
.0	.50000	.50399	.50798	.51197	.51595	.51994	.52392	.52790	.53188	.53586
.1	.53983	.54380	.54776	.55172	.55567	.55962	.56356	.56749	.57142	.57535
.2	.57926	.58317	.58706	.59095	.59483	.59871	.60257	.60642	.61026	.61409
.3	.61791	.62172	.62552	.62930	.63307	.63683	.64058	.64431	.64803	.65173
.4	.65542	.65910	.66276	.66640	.67003	.67364	.67724	.68082	.68439	.68793
.5	.69146	.69497	.69847	.70194	.70540	.70884	.71226	.71566	.71904	.72240
.6	.72575	.72907	.73237	.73536	.73891	.74215	.74537	.74857	.75175	.75490
.7	.75804	.76115	.76424	.76730	.77035	.77337	.77637	.77935	.78230	.78524
.8	.78814	.79103	.79389	.79673	.79955	.80234	.80511	.80785	.81057	.81327
.9	.81594	.81859	.82121	.82381	.82639	.82894	.83147	.83398	.83646	.83891
1.0	.84134	.84375	.84614	.84849	.85083	.85314	.85543	.85769	.85993	.86214
1.1	.86433	.86650	.86864	.87076	.87286	.87493	.87698	.87900	.88100	.88298
1.2	.88493	.88686	.88877	.89065	.89251	.89435	.89617	.89796	.89973	.90147
1.3	.90320	.90490	.90658	.90824	.90988	.91149	.91309	.91466	.91621	.91774
1.4	.91924	.92073	.92220	.92364	.92507	.92647	.92785	.92922	.93056	.93189
1.5	.93319	.93448	.93574	.93699	.93822	.93943	.94062	.94179	.94295	.94408
1.6	.94520	.94630	.94738	.94845	.94950	.95053	.95154	.95254	.95352	.95449
1.7	.95543	.95637	.95728	.95818	.95907	.95994	.96080	.96164	.96246	.96327
1.8	.96407	.96485	.96562	.96638	.96712	.96784	.96856	.96926	.96995	.97062
1.9	.97128	.97193	.97257	.97320	.97381	.97441	.97500	.97558	.97615	.97670
2.0	.97725	.97784	.97831	.97882	.97932	.97982	.98030	.98077	.98124	.98169
2.1	.98214	.98257	.98300	.98341	.98382	.98422	.98461	.98500	.98537	.98574
2.2	.98610	.98645	.98679	.98713	.98745	.98778	.98809	.98840	.98870	.98899
2.3	.98928	.98956	.98983	.99010	.99036	.99061	.99086	.99111	.99134	.99158
2.4	.99180	.99202	.99224	.99245	.99266	.99286	.99305	.99324	.99343	.99361
2.5	.99379	.99396	.99413	.99430	.99446	.99461	.99477	.99492	.99506	.99520
2.6	.99534	.99547	.99560	.99573	.99585	.99598	.99609	.99621	.99632	.99643
2.7	.99653	.99664	.99674	.99683	.99693	.99702	.99711	.99720	.99728	.99736
2.8	.99744	.99752	.99760	.99767	.99774	.99781	.99788	.99795	.99801	.99807
2.9	.99813	.99819	.99825	.99831	.99836	.99841	.99846	.99851	.99856	.99861
3.0	.99865	.99869	.99874	.99878	.99882	.99886	.99899	.99893	.99896	.99900
3.1	.99903	.99906	.99910	.99913	.99916	.99918	.99921	.99924	.99926	.99929
3.2	.99931	.99934	.99936	.99938	.99940	.99942	.99944	.99946	.99948	.99950
3.3	.99952	.99953	.99955	.99957	.99958	.99960	.99961	.99962	.99964	.99965
3.4	.99966	.99968	.99969	.99970	.99971	.99972	.99973	.99974	.99975	.99976
3.5	.99977	.99978	.99978	.99979	.99980	.99981	.99981	.99982	.99983	.99983
3.6	.99984	.99985	.99985	.99986	.99986	.99987	.99987	.99988	.99988	.99989
3.7	.99989	.99990	.99990	.99990	.99991	.99991	.99992	.99992	.99992	.99992
3.8	.99993	.99993	.99993	.99994	.99994	.99994	.99994	.99995	.99995	.99995
3.9	.99995	.99995	.99996	.99996	.99996	.99996	.99996	.99996	.99997	.99997

USO DE LA DISTRIBUCIÓN NORMAL

Una de las distribuciones continuas de probabilidad más populares y valiosas es la distribución normal, la cual se caracteriza por una curva en forma de campana. La distribución normal está completamente especificada cuando se conocen los valores de la media, μ, y la desviación estándar, σ.

El área bajo la curva normal

Debido a que la distribución normal es simétrica, su punto medio (y punto más alto, a la vez) se encuentra en la media. Los valores del eje x se miden en términos de la cantidad de desviaciones estándar que se encuentran separados de la media.

El área bajo la curva (en una distribución continua) describe la probabilidad de que una variable tenga un valor en el intervalo especificado. Por ejemplo, la figura A.1 ilustra tres relaciones usadas con frecuencia que se han derivado de la tabla estándar normal que se encuentra anexa. En el primer dibujo el área del punto a al punto b representa la probabilidad, 68%, de que la variable se encuentre dentro de una desviación estándar de la media. En la gráfica de enmedio, se observa que aproximadamente el 95.4% del área queda dentro de más menos dos desviaciones estándar de la media. La tercera figura muestra que el 99.7% permanece dentro de $\pm 3\sigma$.

Traducido a una aplicación, la figura A.1 implica que si la vida esperada de un chip de computadora es $\mu = 100$ días, y si la desviación estándar es de $\sigma = 15$ días, se pueden hacer las siguientes aseveraciones:

1. El 68% de la población de chips de computadora estudiado tiene una vida entre 85 y 115 días (es decir, $\pm 1\sigma$).
2. El 95.4% de los chips tienen vidas entre 70 y 130 días ($\pm 2\sigma$).
3. El 99.7% de los chips de computadora tienen vidas que van desde 55 a 145 días ($\pm 3\sigma$).
4. Únicamente el 16% de los chips de computadora tienen vidas mayores a los 115 días (de la primera gráfica, el área a la derecha de $+ 1\sigma$).

Uso de la tabla estándar normal

Para utilizar una tabla en la localización de valores de la probabilidad normal, se siguen dos pasos:

Paso 1. Convertir la distribución normal a lo que se llama una *distribución estándar normal*. Una distribución estándar normal es aquella que tiene una media de cero y una desviación estándar de uno. Todas las tablas normales están diseñadas para manejar variables con $\mu = 0$ y $\sigma = 1$. Sin una distribución estándar normal, sería necesaria una tabla

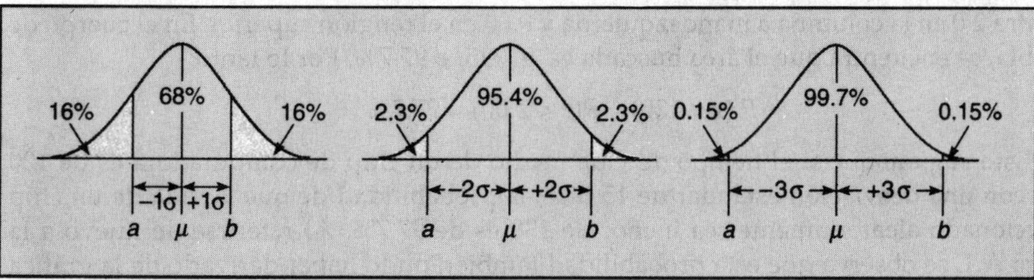

FIGURA A.1 Tres áreas comunes bajo las curvas normales.

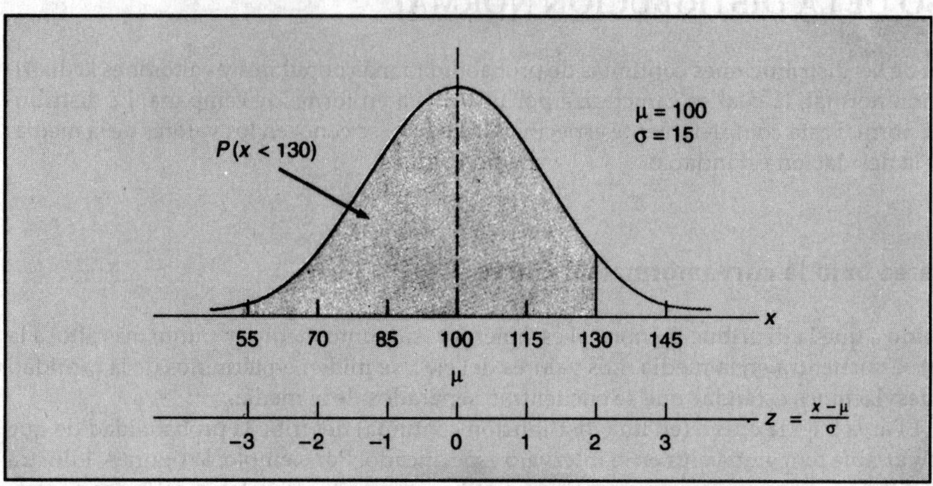

FIGURA A.2 Distribución normal que muestra la relación entre los valores de z y los valores de x.

diferente para cada valor de μ y σ. A la nueva variable estándar se le conoce como z. El valor de z para cualquier distribución normal se calcula por medio de la siguiente ecuación:

$$z = \frac{x - \mu}{\sigma}$$

donde:

x = el valor de la variable que se desea medir
μ = la media de la distribución
σ = la desviación estándar de la distribución
z = el número de desviaciones estándar desde x hasta la media, μ

Por ejemplo, si $\mu = 100$, $\sigma = 15$, y se está interesado en encontrar la probabilidad de que la variable x sea menos que 130, entonces se desea $P(x < 130)$.

$$z = \frac{x - \mu}{\sigma} = \frac{130 - 100}{15} = \frac{30}{15} = 2 \text{ desviaciones estándar}$$

Esto significa que el punto x se encuentra 2.0 desviaciones estándar a la derecha de la media. Esto se muestra en la figura A.2.

Paso 2. Buscar la probabilidad en la tabla de las áreas de la curva normal. Ésta se ha establecido para ofrecer el área bajo la curva a la izquierda para cualquier valor especificado de z.

Ahora se verá cómo se puede utilizar la tabla en este apéndice. La columna a la izquierda enlista los valores de z, apareciendo el segundo punto decimal de z en el renglón superior. Por ejemplo, para un valor de $z = 2.00$ como se acaba de calcular, se encuentra 2.0 en la columna a mano izquierda y 0.00 en el renglón superior. En el cuerpo de la tabla, se encuentra que el área buscada es .97725, o 97.7%. Por lo tanto:

$$P(x < 130) = P(z < 2.00) = 97.7\%$$

Esto sugiere que si el tiempo de vida medio de un chip de computadora es de 100 días con una desviación estándar de 15 días, la probabilidad de que la vida de un chip seleccionado aleatoriamente sea menor de 130 es de 97.7%. Al referirse de nuevo a la figura A.1, se observa que esta probabilidad también pudo haber derivado de la gráfica que se encuentra enmedio. Obsérvese que 1.0 – .977 = .023 = 2.3%, el cual es el área en la cola de del lado derecho de la curva.

APÉNDICE B
USO DE AB:POM

Este apéndice técnico ofrece detalles adicionales en la forma de utilizar el AB:POM. Los módulos específicos del programa, tal como el pronóstico o el inventario, se ilustran en sus respectivos capítulos. La intención de este apéndice es discutir las operaciones del programa en su totalidad y describir en forma específica cómo correr este sistema en su computadora.

En este apéndice, primero se discuten (1) los requerimientos de hardware, después (2) el menú principal de AB:POM, (3) las pantallas de submenú del módulo, (4) la captura y edición de datos, y (5) el arranque. Este programa es tan amigable que, dependiendo de su experiencia y habilidades en computación, puede desear dirigirse directamente a la sección de arranque y proceder al párrafo llamado "arranque normal".

REQUERIMIENTOS DE HARDWARE

AB:POM trabajará en cualquier máquina IBM PC, XT, AT, PS/2, o compatible. Los programas por sí mismos requieren de menos de 256K de memoria disponible.

El sistema tiene dos diskettes de 5.25 pulgadas o un diskette de 3.5 pulgadas. Es posible correr el sistema de diskette de 5.25 pulgadas con sólo un dispositivo de disco, pero un segundo dispositivo eliminará la necesidad de cambiar diskettes. Si se tiene un dispositivo de diskette de 5.25 pulgadas, generalmente estará disponible un segundo dispositivo. Los programas también se podrán cargar al disco duro y correrlos desde ahí.

No se requiere de una impresora para correr AB:POM. Desde luego, si se desea una impresión, es necesario tener asignada una impresora. No se requieren características, instalaciones o impresoras especiales. Es posible imprimir las gráficas de la curva de aprendizaje y de programación lineal corriendo el programa en DOS llamado GRAPHICS.EXE antes de arrancar el AB:POM y presionando después la tecla **Prt Scn.**

MAIN MENU (MENÚ PRINCIPAL)

El programa B.1 muestra el menú principal de AB:POM, el cual consiste de 18 programas de aplicaciones individuales más un comando **Help** y un comando **Exit to DOS**. Las selecciones de este menú se pueden hacer al teclear la primera letra (o la letra resaltada) de cada comando en la pantalla, o al mover el cursor al programa que se desea y presionando después la tecla de enter.

Programa B.1 El menú principal de AB:POM

```
                          Main Menu

Help                             Aggregate Planning
Decision Tables                  Inventory
Linear Programming               Material Requirements Planning
Forecasting                      Sizing, Lot
Waiting Line Models              Job Shop Sequencing
Plant Location                   Assignment
Transportation                   CPM/PERT Project Scheduling
Operations Layout                Quality Control
Balancing, Assembly line         Reliability
Experience (learning) Curves     Exit to DOS

       Select menu option by highlighting letter or
     point with arrow keys and then press RETURN key
```

Programa B.2 Pantalla opcional de ayuda para funciones clave.

```
                    SUBMENU OPTIONS

The submenu options will appear on the next to last line of
the data screen, after a module is chosen. The options are
chosen by pressing the highlighted letter. While you are
editing data the only option available is Esc. When you press
the Esc. key, the submenu options will become available. It
is also possible to access the submenu options by using the
function keys which are listed below. All options are not
listed on the bottom of the data screen since there is not
enough room.

 F1-Help-Creates this screen
 F2-New-Use this to start a new problem
 F3-Load-Use this to load a file from disk
 F4-Main-This returns to the module menu
 F5-Util-Customize colors, toggle sound, print to file
*F6-Quit-Exit AB:POM and go to DOS
 F7-Save-Save a problem/file on a diskette
*F8-Title-Change the problem title
 F9-Prnt-Print the data or solution to a printer (or file)
 F10-Run-Start the solution procedure
*not listed at the bottom of data screen but always available

Options may be chosen either by the function key or by
pressing the ESC key followed by the (first) highlighted
letter
```

Si se solicita ayuda (Help) desde este Menú principal (Main Menu), se podrán observar cuatro pantallas detalladas de ayuda. El programa B.2 demuestra los comandos del programa y la manera en que se pueden utilizar estas teclas de funciones.

LA PANTALLA DE MÓDULO DE SUBMENÚS

El módulo de submenús aparecerá después de haber elegido el módulo.

Opciones del submenú

Cada submenú tendrá las siguientes seis opciones, las cuales se pueden seleccionar al teclear la letra resaltada (primera) o la tecla de función correspondiente como se muestra en el programa B.2.

Help (F1)

Esta opción presentará una breve descripción del módulo, los datos necesarios para la captura, los resultados de salida y las opciones disponibles. Vale la pena estudiar esta pantalla, por lo menos, una vez con el fin de asegurarse que no existen diferencias entre las suposiciones del usuario y las suposiciones del programa. La misma pantalla de ayuda también puede ser accesada desde la pantalla de datos, donde quizá resulta ser más útil, porque se estará trabajando con la información a la cual se refiere la pantalla de ayuda. Se puede examinar la pantalla de ayuda en cualquier momento; la pantalla aparece en forma instantánea y toma poco tiempo su lectura.

Crear un conjunto de datos nuevos (F2)

La creación de un conjunto de datos nuevos será una opción elegida con frecuencia. Después de que se elige la opción de creación, aparecerá una de tres pantallas posibles, dependiendo del módulo. Para algunos módulos (análisis de decisión, pronósticos, localización de la planta, programación de proyectos y control de calidad), un submenú modelo aparecerá, indicando que existen diferentes programas disponibles dentro del amplio contexto del módulo. La elección deseada se hace de la manera normal, al teclear la primera letra o la tecla de enter. Después de seleccionar un modelo, será posible darle un nombre al problema.

Carga de un conjunto de datos desde el disco (F3)

Si se tiene información previamente almacenada en un disco, es posible cargar dicha información en memoria. Si se elige la opción de carga de datos, aparecerá una pantalla que contiene el nombre del dispositivo, el nombre del subdirectorio (si existe alguno), y una lista de los archivos disponibles.

Para cargar un archivo, simplemente teclee su nombre y después presione la tecla **Return.** Son válidos los nombres estándares de archivos en DOS *sin* extensión. En otras palabras, se pueden teclear hasta ocho caracteres, pero un punto es inválido. Se puede anteceder el nombre del archivo con una letra del dispositivo en que se encuentra (con sus dos puntos). Algunos ejemplos de nombres válidos de archivos son **sample, test, b:sample, problem 1.** No importa si se utilizan caracteres escritos en mayúscula o en minúscula. DOS maneja todos los caracteres como mayúsculas. Se pueden teclear en mayúscula, minúscula o una combinación. Los siguientes son algunos ejemplos de nombres inválidos de archivos.

sample.1p El programa no permite teclear el punto.
abcdefghij El nombre es demasiado largo; el programa emite un mensaje de error.
lpt1 Ésta es una palabra reservada del DOS.

Después de que se carga un archivo, se colocará en la pantalla de datos y se pueden editar los datos.

Regresar al Menú Principal (F4)

La siguiente opción en la lista del submenú en el programa B.2 es el retorno al menú principal. Esta opción no es necesaria si todos los problemas vienen del mismo módulo. Sin embargo, si se tienen problemas de tareas de más de un módulo, ésta es una forma de comunicarse entre módulo y módulo.

Accesorios o "utilerías" (F5)

Si se elige la opción de utilerías, aparecerá un nuevo submenú. Las opciones del submenú son elegidas una vez más de la manera normal.

CUSTOMIZE COLORS (Personalizar colores): La primera opción permite la creación de un archivo de colores personalizados. Se pueden cambiar los colores de 13 diferentes partes (cambiadas de la manera normal). Por ejemplo, para cambiar el color de los cuadros en AB:POM, se mantiene presionada **b** hasta que esté satisfecho con el color. Los colores de los dos cuadros de la pantalla cambian cada vez que se presiona **b.**

Si se trata de un monitor monocromático, puede tomar ocho pulsaciones de una tecla con el fin de que cambien las sombras. Se debe ser paciente.

Después de que se han realizado todos los cambios de color deseados, se disponen de algunas opciones más. Por ejemplo, se debe decidir si se desea guardar o no un archivo permanente de estos colores; si se desean guardar estos colores, se selecciona la opción save colors (guardar colores). Una vez guardados, se pueden utilizar estos colores arrancando el programa con **pom u.** Si se piensa utilizar estos colores un sola vez, se selecciona la opción quit (salir). Si se desean cancelar los cambios y regresar a los colores con los que arrancó el programa, se selecciona la opción restore initial colors (restaurar los colores originales).

DELETE A FILE (borrar un archivo): Esta opción se puede utilizar para borrar archivos del diskette. Si se elige esta opción, aparecerá una lista de archivos utilizados en dicho momento en el módulo, además de una solicitud del nombre del archivo que se desea borrar. Para borrar un archivo, simplemente se teclea el nombre. Esta opción se debe utilizar cuando se presenten problemas al guardar algún archivo, debido a que el diskette se ha llenado. Obviamente, una opción que borra los archivos se debe utilizar con mucho cuidado.

PRINT TO DISK FILE OR PRINTER TOGGLE SWITCH (Imprimir en un archivo en disco o switch de cambio de impresión): Es posible enviar la salida a un archivo en lugar de enviarla a la impresora. Si se elige esta opción, el programa solicitará un nombre para el archivo de salida. Todas las salidas serán enviadas al archivo hasta que esta opción se cambie de regreso a la impresora.

TOGGLE FIX FORMAT ON (Cambio a formato fijo activo): Para la mayoría de los módulos, se puede fijar el número de posiciones decimales que se despliegan en la salida al activar el cambio para el número de posiciones decimales fijas. Esta opción debe ser utilizada con cuidado. (Posteriormente, en esta sección, se demuestra esta opción).

ERROR BEEPS/SOUND OFF (Sonido de error/sonido inactivo): Se utiliza este switch para desactivar o activar el sonido que alerta cuando ha ocurrido algún error.

FUNCTION KEY DISPLAY OFF/ON (Despliegue de teclas de funciones desactivado/activado): Se utiliza este switch para desactivar o activar el despliegue de las teclas de funciones en el último renglón de la pantalla de datos. Las teclas de las funciones trabajan aunque éstas no se encuentren desplegadas.

Salida (F6)

La última opción de la pantalla de submenú es la opción de salida. Esta es la opción que se selecciona cuando se ha completado todo el trabajo. Esta opción de salida devuelve el control al DOS. Si se desea regresar a AB:POM a partir de DOS después de seleccionar esta opción, se debe reiniciar el sistema de la forma normal, tecleando **pom** con cualquier opción(es) deseada(s).

[NOTA: Si el DOS no se encuentra en el diskette, la computadora envía un mensaje estableciendo que falta el COMMAND.COM. Si se desea continuar trabajando, se debe insertar un diskette que contenga el DOS; de otra forma, simplemente se apaga la computadora].

CAPTURA Y EDICIÓN DE DATOS

Datos alfanuméricos y datos numéricos

Cuando se capturan datos y números, simplemente se teclea el nombre o el número y después de presiona alguna de las teclas de dirección, la tecla de enter o una tecla de función. Si se comete un error durante la edición, existen otras dos teclas de dirección que se deben considerar: **Back Space** y **Del**, ambas borran el último carácter tecleado.

Un sonido indica que se ha tecleado una tecla inválida mientras se capturan datos. Aparecerá cualquiera de los siguientes mensajes.

- Typing a character when a number is required. (Se tecleó un carácter donde se requiere un número.)
- Trying to enter a number larger than permitted. (Se intentó capturar un número mayor al permitido.)
- Trying to enter a name longer than permitted. (Se intentó capturar un nombre mayor que el permitido.)
- Trying to enter more digits after the decimal than permitted. (Se intentó capturar más dígitos que los permitidos después del punto.)
- Trying to enter a character that is not permitted for this entry. (Se intentó capturar un carácter que no se permite para esta entrada.)

[NOTA: El formato de los desplegados numéricos es manejado por el programa. Más aún, cualquier número menor que .00001 se despliega como 0].

Entradas con opciones

Como se mencionó previamente, no siempre se capturan datos. Algunas entradas se presentan con opciones, esto es, las entradas permisibles se han establecido con anterioridad. Por ejemplo, en el balanceo de la línea de ensamble la unidad de tiempo puede permitir opciones. Se puede cambiar de segundos a minutos, a horas y regresar a segundos nuevamente al mover el cursor a la parte superior de la celda de la columna con ceros y presionando la barra espaciadora tres veces. La unidad de tiempo cambiará cada vez que se oprima la barra espaciadora. De tal forma que cuando aparezca la unidad deseada, simplemente se continúa en la siguiente celda. De manera alterna, se puede llamar un menú con todas las opciones disponibles al presionar la tecla **Enter.**

Mientras se editan los datos, las teclas de las funciones que se muestran en el renglón inferior de la pantalla de datos están disponibles. El programa B.2 indica lo que hace cada función. Obsérvese que las teclas de funciones **F1** a **F6** corresponden exactamente a las opciones del menú desde el submenú. Ahora se explicarán las cuatro opciones que aún no se han discutido.

Guardar **(F7):** esta opción es similar a la opción de cargar un archivo de datos. Cuando se elige esta opción, aparecerá una pantalla con los nombres de los archivos de datos, y se solicitará el nombre bajo el cual guardar la información.

Si se le da al archivo el nombre de uno existente, se avisará sobre el remplazo de un archivo existente. El archivo existente será remplazado por el más reciente si se presiona **(y),** (o Y) o **Return.** Después de escribir el nombre, se presiona **Return** para guardar los datos. Igual que con anterioridad, es posible cambiar el dispositivo al utilizar la opción de la tecla **F1.** También es posible utilizar la opción "shell" en la opción set utilities (establecer utilerías) de la pantalla de datos para cambiar el dispositivo o el directorio.

Título **(F8):** cuando se presiona **F8,** el renglón superior de información solicita que se capture un nuevo título. Se permite capturar un título de hasta 37 caracteres de longitud. El título se captura de la forma normal, y aparecerá en la parte superior de los datos después de que se oprima el **Return,** una tecla de dirección o una tecla de función.

Prnt **(F9)** (Impresión): esta opción imprimirá los contenidos de los datos o la pantalla de soluciones. Las líneas inferiores y la caja exterior no será impresa. (Es posible tener todo impreso, carácter por carácter; utilizando **Shift-PrtScn**). El programa imprime al archivo LPT1, el archivo estándar de impresión. Si la impresora no está asignada a LPT1 (si, por ejemplo, se tiene una impresora en serie), se necesita utilizar la instrucción DOS MODE para redireccionar la salida al lugar apropiado); véase el manual de MS-DOS para instrucciones más detalladas. En uno o dos casos (más notablemente, programación lineal y MRP) la salida no será exactamente igual a la forma en que aparece la pantalla. Se han hecho algunos cambios para presentar más de una pantalla de datos en la impresora.

Si se ha utilizado la opción de utilerías, se puede imprimir en un archivo. Posteriormente, se puede utilizar un procesador de palabras para editar este archivo. En la mayoría de los casos, una o dos cosas sucederán si se presiona el **F9** y la computadora no se encuentra asignada a una impresora o si esta última no se encuentra encendida; o se obtiene un mensaje de error o el programa supondrá que está imprimiendo cuando no lo está, lo cual no causa daño alguno al programa. También es posible que la impresora esté intentando imprimir cada treinta segundos más o menos. Se puede suspender esto al presionar la tecla **Esc.**

Ejecutar **(F10):** después de que se ha capturado toda la información, se puede presionar **F10** para resolver el problema. Las respuestas aparecerán ya sea en forma adicional a la información o en lugar de los datos. En cualquier caso, cambiará la barra de las teclas de funciones de la parte inferior de la pantalla. En todos los módulos, **F9** se encontrará disponible para imprimir la solución. En algunos módulos, serán definidas algunas teclas adicionales de funciones para poder desplegar más información. Estas definiciones aparecen en los capítulos donde se tratan dichos módulos. Después de observar o imprimir la solución, se presiona cualquier tecla para regresar a la pantalla de datos.

Formatos para los datos

Todos los formatos para la captura de datos se encuentran determinados por el programa. En general, el valor máximo que puede ser capturado para un dato está determinado por el ancho del campo en que aparece el número. Por ejemplo, el mayor número posible en un campo de seis lugares es 999 999. El ancho del campo también determina el número de lugares después del punto decimal. En la mayoría de los casos, esto no representará un problema. Sin embargo, habrá ocasiones en que el número de posiciones después del punto decimal varía dentro de una columna, aunque la pantalla podría aparecer ordenada si no hubieran variaciones.

Existe una situación delicada en el empleo de esta opción: con el fin de obtener columnas ordenadas, se deben expresar los datos en números redondos. En muchos casos, el redondeo no representa problema alguno, pero se sugiere que se utilice la opción **format** con gran cuidado. Obsérvese el final de la página 591 para ver más detalles.

ARRANQUE INICIAL

Sin importar la configuración del sistema, se debe principiar por realizar una copia de respaldo de AB:POM. Debido a que AB:POM no se encuentra protegido contra la copia, es muy fácil copiar con el comando **copy *.*** o **diskcopy** del MS-DOS.

Arranque normal

Con el fin de ejecutar AB:POM, simplemente se debe seguir el procedimiento que se describe a continuación. La siguiente descripción supone que se está utilizando un sistema estándar con uno o dos dispositivos de disco y que no se está utilizando un disco duro.

1. Insertar un diskette con DOS en el dispositivo a: (generalmente el dispositivo que se encuentra en la parte superior o del lado izquierdo).
2. Encender la computadora.
3. Cuando aparezca la señal A> en la pantalla, insertar el diskette AB:POM-1 en el dispositivo a: . Si se tiene un segundo dispositivo de disco, se inserta el diskette AB:POM-2 en el dispositivo b: .
4. Teclear **pom** con cualquier opción (de las que se describen en la siguiente sección).

Si se tiene cualquier problema durante el arranque, se intenta escribir **go** (con cualquier opción) en lugar de **pom**.

[NOTA: Si se utiliza una versión de DOS menor a DOS 3.00, aparecerá una señal después de teclear **pom.** La computadora solicitará que se capture por la ruta del módulo ejecución-tiempo].

Con el fin de ejecutar el sistema, se debe teclear una diagonal inversa (\) o el nombre del dispositivo en el cual se encuentra ejecutando AB:POM-1 (generalmente el dispositivo a:). Cuando AB:POM-1 se encuentra en el dispositivo a: , la respuesta apropiada a la señal es teclear **a:** seguido por **Return** o **Enter.**

Obsérvese que el tercer carácter es una diagonal inversa, no una diagonal. En algunas máquinas no se requiere la diagonal inversa. De manera alterna, es posible dar principio al programa tecleando **path = ** antes de teclear **pom.** El archivo GO.BAT hará esto en lugar del usuario.

[NOTA: Si se tiene un sistema de dos discos y se utiliza DOS 4.x, entonces no es posible crear un diskette AB:POM-1 con arranque incluido ("bootable"). Después de arrancar, se retira el DOS y se inserta AB:POM-1 en el dispositivo a:, y después se debe teclear **POM**].

A continuación se presentan otras ideas para arrancar el programa.

Opciones de arranque

El programa arranca con el comando POM (o el comando GO). Se pueden añadir las siguientes opciones.

Dispositivo de disco para datos. Las letras a, b, c, d, y e se pueden utilizar para especificar el dispositivo que contiene datos. (Esto también se puede cambiar desde el programa).

ejemplo

POM B indicará al programa que los archivos de datos se pueden encontrar en el dispositivo b: . El dispositivo por omisión es el dispositivo desde el que se arrancó AB:POM.

Opciones de color/monitor. La letra **m** puede ser utilizada para indicar que el monitor es monocromático (monitor de un solo color). El número 1 se puede utilizar para indicar que el monitor es un monitor de color, que se deben utilizar los colores, y que el color del fondo debe ser negro. El número 2 indica un monitor de color y un color de fondo que permita las sombras. La letra u indica que se debe utilizar un archivo de colores del usuario llamado COLOR.POM. (Este archivo puede ser creado y/o actualizado desde el menú de utilerías dentro de AB:POM.) Si no se elige una opción de color en el renglón de comandos, el programa solicitará alguno.

ejemplo

POM M o POM m, utilizará un monitor momocromático.
POM 1, utilizará los colores por omisión que incluyen un fondo negro.
POM 2, utilizará los colores por omisión que incluyen un fondo azul y un efecto de sombra.
POM U, buscará el archivo llamado COLOR.POM y utilizará esos colores.

Número de renglones en la pantalla. El número usual de renglones es de 25 y éste es el mejor arreglo. Sin embargo, si se utiliza la opción H (resolución más alta) entonces se utilizarán 43 renglones (si el monitor lo permite), y si se utiliza la opción V (para VGA) entonces se utilizarán 50 renglones si el monitor lo permite.

Cambio de sonido. Si se arranca el programa con la letra S, entonces los sonidos que se generan cuando suceden errores serán silenciados. Esto se puede cambiar desde el programa, recurriendo a la opción de utilerías.

Combinación de opciones. Se pueden combinar las opciones.

ejemplo

POM smb
apagará los sonidos, desplegará todo en negro/blanco y buscará datos en el dispositivo b: .

Procedimientos de formateo. POM F cambiará el procedimiento de formateo de AB:POM. Generalmente, AB:POM permite nueve espacios para números y puntos decimales. Si se elige esta opción, se fija el número de decimales. Esto hace un despliegue en pantalla más adecuado, pero puede conducir a problemas redondeados. Como se explicó en la sección anterior acerca del formateo, esta opción se debe utilizar con gran cuidado.

La tabla B.1 resume las opciones de arranque que han sido cubiertas en esta sección. Una vez más, se puede elegir más de una opción. En segundo lugar, no importa el orden en que se teclean las opciones. Por ejemplo, **pom mc** (o **pom cm**) arranca el programa, utiliza un monitor monocromático, y almacena y accesa datos en el dispositivo c: .

TABLA B.1 Resumen de opciones de arranque.

CÓDIGO	SIGNIFICADO
m	monocromático (para ser utilizado con monitores de un solo color)
1	Despliegue de colores 1
2	Despliegue de colores 2
u	Colores definidos por el usuario
h	43 renglones disponibles en la pantalla
v	50 renglones disponibles en la pantalla
f	Número fijo de dígitos después del punto decimal
a, b, c, d, o **e**	Dispositivo para almacenaje de datos

Creación de discos con arranque incluido "bootables"

2 dispositivos de disco de 5.25"

1. Arrancar (bootear) el sistema, utilizando DOS.
2. Teclear
   FORMAT b:/s (seguido por la tecla ENTER).
3. DOS solicitará la inserción de un diskette en el dispositivo b:. Insértese un diskette en blanco y se presiona la tecla ENTER.
4. DOS preguntará si se desea formatear otro diskette. Se responde con N.
5. Teclear
   COPY COMMAND.COM b: (seguido por la tecla ENTER).
   [NOTA: Con algunas versiones de DOS este paso no es necesario, aunque no genera ningún daño].
6. Insertar AB:POM-1 en el dispositivo a: y teclear
   COPY *.* b:
7. Escribir AB:POM-1 BOOTABLE en una etiqueta de diskette y colocar la etiqueta en el diskette que se encuentra en el dispositivo b:. Ahora se encuentra listo para ser ejecutado. (Véanse los pasos de arranque). Se puede arrancar el sistema con el diskette recién creado.
   Para trabajar en forma segura se debe copiar el diskette AB:POM-2 también.
8. Colocar DOS en el dispositivo a: y teclear
   DISKCOPY a: b:
9. Cuando sea solicitado, colocar AB:POM-2 en el dispositivo a: y un diskette en blanco en el dispositivo b: y teclear ENTER.
10. Escribir AB:POM-2 en una etiqueta e identificar con ella el diskette colocado en el dispositivo b.

1 dispositivo de disco de 3.5".

1. Arrancar el sistema, utilizando DOS.
2. Teclear
   FORMAT b:/s (seguido por la tecla ENTER).
3. DOS solicitará la inserción de un diskette en el dispositivo b:. Insértese un diskette en blanco y se presiona la tecla ENTER.
4. DOS preguntará si se desea formatear otro diskette. Se responde con N.
5. Teclear
   COPY COMMAND.COM b: (seguido por la tecla ENTER).
   [NOTA: Con algunas versiones de DOS este paso no es necesario, aunque no genera ningún daño].
6. Insertar el único diskette AB:POM-1,2 en el dispositivo a: y teclear
   COPY *.* b:
7. Escribir AB:POM BOOTABLE en una etiqueta de diskette e identificar con ella el diskette que se encuentra en el dispositivo b: . Ahora se encuentra listo para ser ejecutado. Véanse los pasos de arranque. Se puede arrancar el sistema con el diskette recién creado.

Disco duro. En el caso de discos duros, se sugiere consultar el manual de hardware para la máquina.

APÉNDICE C
RESPUESTAS A LAS AUTOEVALUACIONES

Capítulo 1

1.1 c
1.2 d
1.3 d
1.4 b
1.5 b
1.6 c
1.7 a
1.8 c
1.9 a
1.10 d
1.11 a
1.12 c
1.13 d
1.14 d
1.15 La producción es la *creación de bienes y servicios.*
1.16 Las tres funciones fundamentales de cualquier negocio son *comercialización, contabilidad y producción/operaciones.*
1.17 La administración de producción y operaciones dirige y controla *el proceso de transformación, creando bienes y servicios.*

Suplemento del capítulo 1

S1.1 a
S1.2 d
S1.3 b
S1.4 c
S1.5 d
S1.6 b
S1.7 b
S1.8 c
S1.9 b
S1.10 b
S1.11 a
S1.12 d
S1.13 b
S1.14

1. Definir el problema
2. Estructurar o dibujar el árbol de decisión.
3. Asignar probabilidades a los estados de la naturaleza
4. Estimar resultados para cada combinación de alternativas y estados de la naturaleza posibles
5. Resolver el problema mediante el cálculo de EMV para cada nodo de *estado de la naturaleza*

S1.15

1. Definir el problema y los factores que tienen influencia sobre él
2. Establecer criterios de decisión y metas
3. Formular un modelo o relación entre las metas y las variables
4. Identificar y evaluar las alternativas
5. Seleccionar la mejor alternativa
6. Implementar la decisión

Capítulo 2

2.1 d
2.2 c
2.3 d
2.4 b
2.5 b
2.6 b
2.7 b
2.8 a
2.9 d
2.10 b
2.11 b
2.12 a
2.13 a
2.14 a
2.15 a
2.16 Se dice que la variable independiente es la que causa las variaciones en la variable dependiente

2.17 (1) primera aproximación, (2) promedios móviles, (3) suavización exponencial, (4) proyección de la tendencia, (5) regresión lineal
2.18 Tendencia, estacionalidad, ciclos, variación aleatoria
2.19

(1) jurado de opinión ejecutiva
(2) compuesto de fuerza de ventas
(3) método Delphi
(4) encuesta de mercado de consumidores

2.20 Alertar al usuario de una herramienta de pronóstico de los periodos en los cuales el pronóstico tuvo un error significativo

2.21 La suavización exponencial es un modelo de promedio móvil ponderado en el cual todos los valores anteriores son ponderados con un conjunto de pesos que se reducen exponencialmente

Capítulo 3

3.1 e
3.2 d
3.3 a
3.4 f
3.5 d
3.6 c
3.7 d
3.8 e

3.9 Las seis herramientas de TQM son *la casa de calidad del despliegue de la función de calidad, las técnicas Taguchi, los diagramas de Pareto, los diagramas de flujo del proceso, los diagramas de causa y efecto* y *el control estadístico del proceso.*

3.10 Adicionalmente al producto por sí mismo, la calidad tiene implicaciones importantes para una compañía. Entre estas implicaciones están *la reputación de la compañía, la participación del costo y del mercado, el riesgo del producto* y *la balanza de pagos internacional.*

3.11 El trabajo de Genichi Taguchi está dedicado principalmente al desarrollo de las *calidades robustas.*

3.12 La calidad no puede ser inspeccionada *hacia adentro* de un producto.

3.13 Los cinco conceptos básicos de TQM son *mejoramiento continuo, involucramiento del empleado, benchmarking, justo a tiempo* y *el conocimiento de las herramientas TQM.*

Suplemento del capítulo 3

S3.1 d
S3.2 b
S3.3 e
S3.4 a
S3.5 a
S3.6 a
S3.7 b
S3.8 e

S3.9 El riesgo del *productor* es la probabilidad de que un lote sea rechazado a pesar de que el nivel de calidad exceda o iguale el *nivel aceptable de calidad, AQL.*

S3.10 Si se desea un nivel de confiabilidad del 95.5%, los límites del diagrama-*x* serán establecidos en más o menos *dos desviaciones estándar.*

S3.11 Las dos técnicas discutidas para encontrar y resolver las variaciones asignables en el control del proceso son el *diagrama-x* y *el diagrama-R.*

S3.12 La inspección por *atributos* se utiliza para separar las partes buenas de las defectuosas, mientras que la inspección de las *variables* mide en realidad los valores de las dimensiones de las partes inspeccionadas.

Capítulo 4

4.1 d
4.2 d
4.3 a
4.4 e
4.5 a
4.6 c
4.7 b
4.8 Falso
4.9 c
4.10 d
4.11 c

4.12 Un reporte del análisis producto por valor es *una lista de productos en orden descendente de su contribución económica individual a la empresa.*

4.13 Los productos deben estar continuamente en desarrollo porque *todos ellos tienen una vida finita.*

4.14 Los productos se encuentran documentados por *planos de ingeniería y listas de materiales o especificaciones por escrito.*

Suplemento del capítulo 4

S4.1 b
S4.2 b
S4.3 d
S4.4 c
S4.5 a
S4.6 b
S4.7 c
S4.8 d
S4.9 b
S4.10 b
S4.11 a
S4.12 b
S4.13 c
S4.14 a

Capítulo 5

5.1 b
5.2 c
5.3 d
5.4 b
5.5 a
5.6 e
5.7 e
5.8 b
5.9 e
5.10 c
5.11 a
5.12 b
5.13 e

Capítulo 6

6.1 a
6.2 c
6.3 b
6.4 d
6.5 a

6.6
1. Método de calificación por factores
2. Métodos de localización del punto de equilibrio
3. Métodos del centro de gravedad
4. El método de transportación

6.7 Maximizar el beneficio en la localización para la compañía

6.8
1. Determinar los costos fijos y variables para cada localización
2. Graficar los costos para cada localización, con los costos en el eje vertical de la gráfica y el volumen anual en el eje horizontal
3. Seleccionar la localización que tiene el menor costo total para el volumen esperado de producción

Suplemento del capítulo 6

S6.1 c
S6.2 d
S6.3 b
S6.4 b
S6.5 b
S6.6 c
S6.7 b
S6.8 b
S6.9
1. Terminar la oferta de cada renglón antes de moverse hacia abajo al siguiente renglón.
2. Terminar los requerimientos de demanda de cada columna antes de moverse hacia la derecha a la siguiente columna.
3. Verificar que todas las restricciones de oferta y demanda se hayan cumplido.

Capítulo 7

7.1 d
7.2 c
7.3 e
7.4 d
7.5 a
7.6 c
7.7 b
7.8 b
7.9 c
7.10 b
7.11 c

Suplemento del capítulo 7

S7.1 b
S7.2 c
S7.3 b
S7.4 d
S7.5
1. Internos: pronóstico de la fuerza de trabajo, programación de la producción, establecimiento de los costos y presupuestos
2. Externos: compras y subcontratación de algunos artículos
3. Evaluación estratégica de la compañía y el desempeño de la industria

Capítulo 8

8.1 b
8.2 a
8.3 a
8.4 b
8.5 a
8.6 b
8.7 a
8.8 b
8.9 d
8.10 a
8.11 b
8.12 e
8.13 c
8.14 b
8.15
1. Distribución física de posición fija: para productos grandes y voluminosos tales como barcos y edificios
2. Distribución física orientada al proceso: para producción de bajo volumen y gran variedad
3. Distribución física orientada al producto: líneas de ensamble
4. Distribución física para detallista-servicio: asigna espacio en estantes y responde al comportamiento del cliente
5. Distribución física de almacenes: señala el equilibrio entre el espacio y el manejo de materiales

8.16
1. Celdas de trabajo
2. Centro de trabajo enfocado
3. Fábrica enfocada

8.17
1. La identificación de una gran familia de productos similares
2. Un pronóstico de demanda estable
3. Volumen adecuado

8.18
1. El volumen es adecuado para una alta utilización del equipo
2. La demanda del producto es lo suficientemente estable como para justificar una gran inversión en equipo especializado
3. El producto está estandarizado o alcanzando una fase de su ciclo de vida el cual justifica la inversión de equipo especializado
4. La oferta de materia prima y componentes son adecuados y de una calidad uniforme para asegurar que trabajarán con el equipo especializado

Suplemento del capítulo 8

S8.1 a
S8.2 a
S8.3 b

S8.4 e
S8.5 e
S8.6 c
S8.7 a
S8.8 c
S8.9 c

Capítulo 9

9.1 b
9.2 a
9.3 b
9.4 b
9.5 a
9.6 b
9.7 b
9.8 b
9.9 a
9.10 c
9.11 a
9.12 d
9.13

1. Cambiando los niveles de inventario
2. Variando el tamaño de la fuerza de trabajo mediante la contratación y el despido
3. Variando la tasa de producción a través del tiempo extra o el tiempo ocioso
4. Subcontratando
5. Influenciando la demanda
6. Con órdenes pendientes durante los periodos de demanda alta
7. Mezclando productos de estacionalidad contraria

Capítulo 10

10.1 d
10.2 a
10.3 b
10.4 d
10.5 b
10.6 c
10.7 c
10.8 e
10.9 a
10.10 b

10.11 El objetivo de la función de adquisición es el de *ayudar a identificar los productos y servicios que pueden obtener más fácilmente en forma externa y desarrollar, evaluar y determinar el mejor proveedor, precio y entrega para aquellos productos o servicios.*

10.12 La compra justo a tiempo (JIT) está dirigida a *la reducción del desperdicio que existe en el embarque, recepción, inspección de entrada, inventario en exceso, baja calidad y largos retrasos.*

10.13 Las cinco técnicas para mejorar la eficiencia de la adquisición son *las órdenes abiertas, compras sin facturas, órdenes y transferencias de fondos electrónicas, compras sin inventarios, y la estandarización.*

10.14 La integración vertical significa *el desarrollo de la habilidad para producir bienes o servicios que anteriormente eran comprados.*

Capítulo 11

11.1 d
11.2 d
11.3 c
11.4 e
11.5 b
11.6 b
11.7 b
11.8 a
11.9 a
11.10 c
11.11 b
11.12 d
11.13 b
11.14 b

Suplemento del capítulo 11

S11.1 b
S11.2 b
S11.3 a
S11.4 a
S11.5 b
S11.6 a
S11.7 b
S11.8

1. Definir el problema
2. Introducir las variables importantes asociadas con el problema
3. Construir un modelo numérico
4. Establecer posibles cursos de acción para las pruebas
5. Correr el experimento
6. Considerar los resultados
7. Decidir que curso de acción tomar

S11.9

1. Establecer una distribución de probabilidad para cada una de las variables importantes
2. Construir una distribución acumulada de probabilidad para cada una de las variables importantes
3. Establecer un intervalo de números aleatorios para cada variable
4. Generar conjuntos de números aleatorios
5. Simular en realidad un conjunto de ensayos

S11.10

1. Es relativamente sencillo y flexible
2. Puede ser utilizado para analizar situaciones grandes y complejas de la vida real que no se pueden resolver por medio de modelos convencionales de administración de operaciones
3. Permite la inclusión de complicaciones de la vida real que la mayoría de los modelos de administración de operaciones no permiten

4. Permite la "compresión del tiempo"
5. Permite al usuario hacer preguntas del tipo "¿Qué pasa si ...? y puede experimentar con varias representaciones del problema
6. No interfiere con el sistema real
7. Permite estudiar el efecto interactivo de los componentes o variables individuales con el fin de determinar cuáles son importantes

S11.11

1. Puede ser muy complicado y costoso
2. No genera soluciones óptimas a los problemas
3. Los administradores deben de generar aquellas condiciones y restricciones para las soluciones que desean examinar
4. El entendimiento de los resultados de una simulación requiere de un amplio y profundo conocimiento sobre estadística

S11.12 b
S11.13 d
S11.14 c
S11.15 c
S11.16 a
S11.17 e
S11.18 a) no si no no no si si si no si
b) no si si si no si si si no no

Capítulo 12

12.1 d
12.2 a
12.3 e
12.4 a
12.5 c
12.6 c
12.7 c
12.8 e
12.9 b
12.10 d
12.11 d
12.12 Los cinco requisitos para un modelo de inventario dependiente y confiable (MRP) son: a) *el programa maestro de producción,* b) *la lista de especificaciones o las listas de materiales,* c) *la disponibilidad del inventario,* d) *las órdenes pendientes de compras,* e) *los tiempos de entrega*
12.13 Un plan de requerimiento neto de materiales difiere de un plan de requerimiento bruto porque incluye: a) *el inventario en mano,* b) *los requerimientos netos,* c) *las recepciones planeadas de las órdenes,* y d) *la liberación planeada de las órdenes para cada parte*
12.14 La diferencia entre el MRP regenerativo y el MRP con cambio neto es que *la regeneración ejecuta el programa MRP en su totalidad, mientras que los cambios netos ejecuta únicamente aquellas partes que han tenido actividad.*
12.15 Si es económica, la mejor técnica para la medición de lotes que se debe utilizar para MRP *es lote por lote.*

Capítulo 13

13.1 e
13.2 c
13.3 a
13.4 a
13.5 d
13.6 b
13.7 c
13.8 b
13.9 Los trabajos de larga duración pueden ser empujados de manera continua hacia atrás en la prioridad en favor de los trabajos de corta duración.
13.10

1. FCFS: Primera entrada, primer servicio.
2. EDD: Primera fecha de vencimiento.
3. SPT: Tiempo más corto de procesamiento.
4. LPT: Tiempo más largo de procesamiento.
5. CR: Índice crítico.

13.11 c
13.12 a
13.13 b

Suplemento del capítulo 13

S13.1 b
S13.2 a
S13.3 d
S13.4 b
S13.5 c
S13.6 d
S13.7 e

Capítulo 14

14.1 d
14.2 d
14.3 d
14.4 a
14.5 c
14.6 a
14.7 e
14.8 a
14.9 b
14.10 d
14.11 a
14.12 a
14.13 b
14.14 d
14.15 b

APÉNDICE D
RESPUESTAS A LOS PROBLEMAS PARES

Capítulo 1

1.2 a) 20 ornamentos/hora
b) 26 ornamentos/hora
c) 3.0%

1.4

	Año anterior	*Este año*	*% de cambio*
Mano de obra	4.29	4.62	$\frac{0.33}{4.29} = 7.7\%$
Capital	0.01	0.08	$\frac{-0.02}{0.1} = -20\%$
Energía	0.50	0.55	$\frac{-0.5}{0.50} = 10\%$

La productividad del capital descendió, la productividad de la mano de obra se incrementó al igual que le sucedió a la energía (pero sólo el 10%, no el 15%).

Suplemento del capítulo 1

S1.2 Expansión importante; EMV = 250 000 dólares
S1.4 8 casos.
S1.6 a)

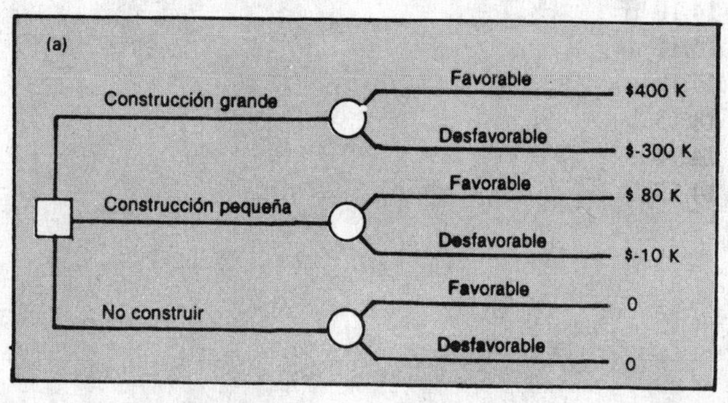

b) Planta pequeña con EMV = 26 000 dólares
c) EVPI = $134 000

S1.8 a) Máx EMV = 11 700 dólares
b) EVPI = $13 200 – $11 700 = $1500

S1.10

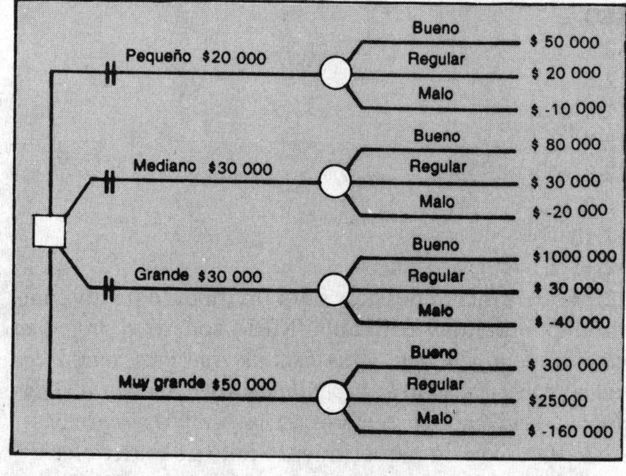

S1.12

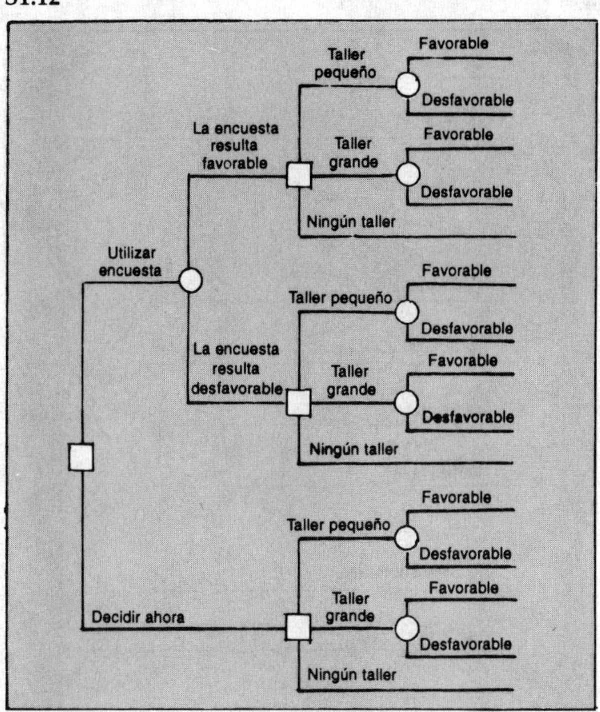

S1.14 Ninguna información y una gran construcción; 4500 dólares

Capítulo 2

2.2 18.67, 18.67, 14, 14.33, 15.33, 17, 18.33, 19.33, 20.33, 21.33
2.4 a) 337; b) 380; c) 423
2.6 2do. año: 5, 5, 4.5, 7.5, 9.0, 7.5, 8.0, 10.5, 13.0
4to. año: 4.75, 6.25, 6.75, 7.50, 8.50, 9.00, 10.50
2.8 MAD promedio móvil ponderado = 2312
MAD suavizado exponencialmente = 2581
2.10 MAD (α = 0.3) = 74.6
MAD (α = 0.6) = 51.8
MAD (α = 0.9) = 38.1 (el mejor)
2.12 y = 522 + 33.6x = 623
2.14 a) 43.4, 47.4, 50.2, 53.7, 56.3 para α = 0.6, 44.6, 49.5, 51.8, 55.6, 57.8, para α = 0.9
b) 49, 52.7,55.3
c) 45.8, 49.0, 52.2, 55.4, 58.6, 61.8
d) Tendencia con MAD = 0.6
2.16 5, 5.4, 6.12, 5.90, 6.52, 7.82
2.18 y = 5.26 + 1.11x
Demanda del periodo 7 = 13.03
2.20 a) El pronóstico para febrero por promedio móvil es 13.6667
b) El pronóstico para febrero por promedio móvil ponderado es 13.16
c) MAD para promedio móvil es 2.2
MAD para promedio ponderado es 2.7
d) estacionalidad, variables causales tales como el presupuesto para publicidad
2.22 a) $\hat{y}$ = 1 + 1x; r = 0.45
b) S_{yx} = 3.65
2.24 y = 0.972 + 0.0035 x; r^2 = 0.479; x = 350;
y = 2.197; x = 800; y = 3.77
2.26 131.2 → 72.7 pacientes; 90.6 → 50.6 pacientes
2.28 Otoño = 270; invierno = 390; primavera = 189; verano = 351
2.30 a) 1785; b) 1560
2.32 a) 17.00; 17.80; 18.04; 19.03; 18.83, 18.26: 18.61; 18.49; 19.19; 19.35; 18.48
b) 2.60
c) No, la señal de rastreo excede de 5 sigmas durante la semana 10
2.34 a, b)

Semana	*pronóstico* a = *0.1*	*pronóstico* a = *0.6*
1	50	50
2	50	50
3	48.5	41.0
4	46.2	31.4
5	45.5	36.6
6	45.5	41.6
7	44.4	37.6
8	42.0	27.1
9	40.8	28.8
10	40.2	32.5
11	38.2	25.0
12	35.9	19.0
13	36.3	31.6
14	38.2	45.6
15	37.8	39.3
16	36.6	30.7
17	38.4	45.3
18	40.1	51.1
19	40.1	44.4
20	39.5	38.8
21	41.6	51.5
22	44.9	65.6
23	45.4	56.2
24	44.9	46.5
25	46.9	57.6

c) Sobre la base del pronóstico y el error estándar del estimado, α = 0.6 es mejor. Pero se deben probar otras α.
2.36 0.709, 1.037, 1.553, 0.700

Capítulo 3

3.2 Respuesta individual
3.4 a)

8′	↓	ir a la cajuela
	○	abrir la cajuela
	○	aflojar llanta y gato
	○	retirar llanta y gato
8′	↓	mover la llanta y el gato a la rueda
	○	posicionar el gato
	□	inspeccionar
	○	aflojar las tuercas de la rueda
	○	subir el automóvil
	○	retirar las tuercas de la rueda
	○	retirar rueda
	○	colocar la rueda en buen estado
	○	apretar tuercas
	○	bajar el automóvil
	○	terminar de apretar las tuercas
	□	inspeccionar
8′	↓	mover la llanta y el gato a la cajuela
	○	colocar llanta y gato
	○	cerrar la cajuela
8′	↓	colocarse en el asiento del conductor

Suplemento del capítulo 3

S3.2 $UCL_{\bar{x}} = 52.308$
$LCL_{\bar{x}} = 47.692$
$UCL_R = 8.456$
$LCL_R = 0.0$

S3.4 $UCL_{\bar{x}} = 46.966$
$LCL_{\bar{x}} = 45.034$
$UCL_R = 4.008$
$LCL_R = 0$

S3.6 $UCL_{\bar{x}} = 17.187$
$LCL_{\bar{x}} = 16.814$
$UCL_R = 0.932$
$LCL_R = 0.068$

S3.8 $UCL_{\bar{x}} = 3.728$
$LCL_{\bar{x}} = 2.236$
$UCL_R = 2.29$
$LCL_R = 0.0$
El proceso está bajo control

S3.10 $UCL_p = 0.0596$
$LCL_p = 0.0104$

S3.12 $UCL_p = 0.0311$ a $= 0.1636$
$LCL_p = 0.0$ a 0.0364

S3.14 $UCL_{\bar{x}} = 64.54$
$LCL_{\bar{x}} = 62.36$
$UCL_R = 3.423$
$LCL_R = 0$

S3.16 $UCL_p = 0.0581$
$LCL_p = 0$

S3.18 $UCL_c = 33.4$
$LCL_c = 7$

Capítulo 4

4.2 Diagrama de ensamble para un bolígrafo.

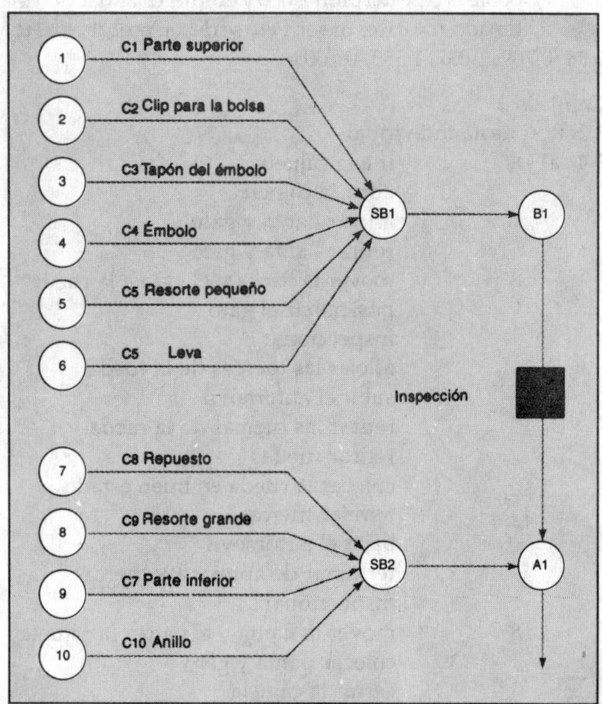

4.4

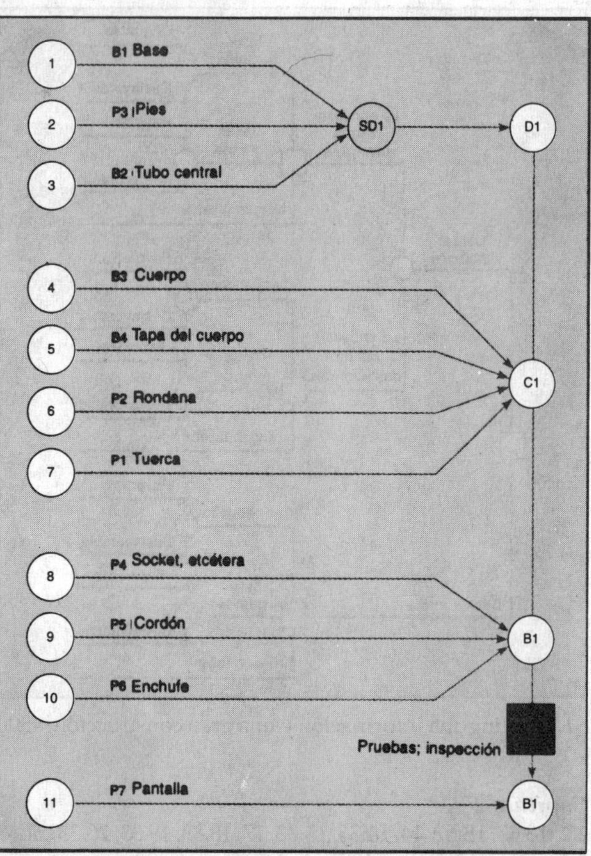

4.6 La computadora laptop ha contribuido el 30%, pero las ventas son sustanciales, se genera un 40% de la contribución total; recíprocamente, la calculadora manual tiene una alta contribución individual, pero sólo contribuye al 10% de la contribución total de la compañía

4.8 $R_s = 0.58$

4.10 $R_s = 0.84$

4.12 La confiabilidad se incrementa de 0.84 a 0.9895

4.14 a) F(%) = 2; b) FR(N) = 0.00000505
c) FR(N) = 0.0461 d) FR(N) para 500 unidades = 23.04

4.16 a) 5.0%
b) 0.00001025 fallas por hora
c) 0.08979
d) 98.77

Suplemento del capítulo 4

S4.2 100 = utilidad en x = 0, y = 0

S4.4 a) P = \$3000 en $x_1 = 75$, $x_2 = 75$, *o* $x_1 = 50$, $x_2 = 150$
b) Las dos soluciones generan la misma utilidad

S4.6 a) Minimizar $x_1 + 2x_2$
$x_1 + x_2 \geq 40$
$2x_1 + 4x_2 \geq 60$
$x_1 \leq 15$
b) Costo = 65¢ en $x_1 = 15$, $x_2 = 25$
c) 65¢

S4.8 $x_1 = 200$, $x_2 = 0$, P = 18 000 dólares

S4.10 10 Alphas, 24 Betas, P = 55 200 dólares

S4.12 a) $x_1 = 25.71$, $x_2 = 21.43$
b) Costo = 68.57 dólares

S4.14 La función objetivo y la 5ta. restricción

S4.16 a) 26¢
b) $7.86

S4.18 $x_1 = 60$, $x_2 = 90$, P = 3930 dólares

S4.20 7500 redondas, 5000 cuadradas, costo = 115, 000 dólares

S4.22 e) $x_1 = 8$, $x_2 = 4$, P = 60 dólares

S4.24 Base para la primera tabla:
$A_1 = 80$
$A_2 = 75$
Base para la segunda tabla:
$A_1 = 55$
$x_1 = 25$
Base para la tercera tabla:
$x_1 = 14$
$x_2 = 33$
En la solución óptima el costo = 221

S4.26 $x_1 = 300$, $x_2 = 700$, $s_2 = 550$
Costo = 5700 dólares

S4.28 $x_1 = 0.6$, $x_2 = 1.2$, costo = 3.6

S4.30 a) 87.50 dólares al infinito
b) Se debe incrementar en 2 dólares
c) El precio sombra es de 72 centavos dentro del rango de 0-50 000 libras
d) El precio sombra es de 0 dólares dentro del rango de 4000-12 000 libras

S4.32 Minimizar el costo = $\$925x_1 + \$2000x_2$
$0.04\,x_1 + 0.05x_2 \geq 0.40$
$0.03\,x_1 + 0.05x_2 \geq 0.60$
Comprar 20 anuncios del periódico del domingo (x_1)
Comprar 0 anuncios de televisión
Esto tiene un costo de 18 500 dólares

S4.34 Los puntos de las esquinas son:
$x_1 = 384$, $x_2 = 0$, utilidad = 21 888 dólares
$x_1 = 0$, $x_2 = 390$, utilidad = 21 450 dólares
$x_1 = 240$, $x_2 = 150$, utilidad = 21 930 dólares
La sensibilidad del RHS y la eficiencia del costo son importantes

Capítulo 5

5.2 a) 5000 arriba de la capacidad
b) 2500 arriba de la capacidad

5.4 a) $BEP_\$ = \$125\,000$
b) $BEP_\$ = \$140\,000$

5.6 a) La propuesta A es la mejor; a = $18 000; b = $15 000
b) La propuesta B es la mejor; a = $70 000; b = $80 000

5.8 Diseño = 81 806
Fabricación = 152 646
Acabado = 62 899

5.10 Equipo actual = 1000 dólares
Equipo nuevo = 2500 dólares

5.12 a) $BEP_S = \$\ 15\,000$
b) $BEP_u = 300\,000$

5.14 a) $BEP_S = \$900\,000$
b) $BEP_u =$ `30 000

Capítulo 6

6.2 b) Denver, 0–3570 unidades; Burlington, 3571–24 999 unidades; Cleveland, más de 25 000 unidades.
c) Burlington

6.4 la calificación del suburbio B = 6.35 aunque todas son similares

6.6 lo mejor en el centro comercial

6.8 Hydepark con 54.5 puntos

Suplemento del capítulo 6

S6.2 a) A-1, 10; B-1, 30; C-2, 60; A-3, 40; C-3, 15.
b) $1775

S6.4 Houston, 19 500 dólares

S6.6 La solución es la óptima

S6.8 a) La solución inicial es degenerada
b) Costo = 2750 dólares

S6.10 W-A, 200; X-B, 100; X-C, 75; Y-C, 75; Ficticia-A, 50

S6.12 28 300 dólares de interés a una tasa promedio de 9.43%. Existen opciones alternas de solución.

S6.14 F1-W1, 1000; F1-W4, 500; F2-W2, 2000; F2-W3, 500; F3- W3, 1500; F3-W4, 700; costo = 39 300 dólares.

S6.16 60 900 dólares con East St. Louis; 62 250 dólares con St. Louis

Capítulo 7

7.2

Tiempo	Operador	Tiempo	Máquina	Tiempo
	Preparar el molino		Ocioso	
1	Cargar el molino	1		1
2		2		2
3	Ocioso	3	Operar molino (Corte de material)	3
4		4		4
5	Descargar el molino	5	Ocioso	5
6		6		6

7.4 Los primeros 10 pasos se muestran a continuación. Los 10 pasos restantes son similares.

DIAGRAMA DE OPERACIONES	RESUMEN						
PROCESO: CAMBIAR BORRADOR	SÍMBOLO	ACTUAL				DIF	
ANALISTA:		LH	RH	LH	RH	LH	RH
FECHA:	○ OPERACIONES	1	8				
HOJA: 1 de 2	⇨ TRANSPORTES	3	8				
MÉTODO: ACTUAL PROPUESTO	□ INSPECCIONES	1					
OBSERVACIONES:	D RETRASOS	15	4				
	▽ ALMACÉN						
	TOTALES	20	20				

MANO IZQUIERDA	DIST.	SÍMB.	SÍMB.	DIST.	MANO DERECHA
1 Alcanzar el lápiz		⇨	D		Ociosa
2 Asir el lápiz		○	D		Ociosa
3 Mover al área de trabajo		⇨	⇨		Mover a la parte superior del lápiz
4 Sostener el lápiz		D	○		Asir la parte superior del lápiz
5 Sostener el lápiz		D	○		Quitar la parte superior del lápiz
6 Sostener el lápiz		D	⇨		Apartar la parte superior del lápiz
7 Sostener el lápiz		D	⇨		Alcanzar el borrador viejo
8 Sostener el lápiz		D	○		Asir el borrador viejo
9 Sostener el lápiz		D	○		Quitar el borrador viejo
10 Sostener el lápiz		D	⇨		Apartar el borrador viejo

7.6 Solución individual

7.8 Se requiere un tamaño de la muestra de 166

7.10 Se requieren 6 observaciones

7.12 Tiempo normal = 5.565 minutos
Concesión = 10%
Tiempo estándar = 6.183

7.14 29.8 minutos

7.16 5.4 o 6.67 dependiendo de la observación eliminada

7.18 82.35 segundos, 106 muestras
7.20 a) 47.55 minutos
b) se requieren 60 observaciones para el elemento 4
7.22 336
7.24 0.1092 minutos o 6.55 segundos.

Suplemento del capítulo 7

S7.2 14 792 para el decimosegundo;
14 089 para el decimotercero; el costo de los cuatro botes es 2 308 578 dólares
S7.4 26 727 horas
S7.6 a) 33.8 horas, 50.8 horas
b) la propuesta inicial es alta

Capítulo 8

8.2 Sí, con AB:POM movimiento de pacientes = 4500 pies
8.4 Distribución #1, distancia = 600
Distribución #2, distancia = 602
8.6 Distribución #4, distancia = 609
8.8 a) Flujo de 3.75 personas/hora posible
b) Examen médico, 16 minutos
c) Por lo menos 5 por hora actualmente.
8.10 Tiempo del ciclo = 9.6 minutos; son posibles ocho estaciones con 63.8% de eficiencia.
8.12 Estación #1, tareas 1,3; #2, tarea 5; #3, tareas 2,4; #4, tareas 6,8; #5, tareas 7,9. Eficiencia = 78%.
8.14 Tiempo del ciclo = 0.5 minutos/botella. Las asignaciones posibles con 4 estaciones de trabajo generan una eficiencia = 90%.
8.16 Mínimo (teórico) = 4 estaciones; eficiencia = 80% con 5 estaciones. Son posibles varias asignaciones con 5.
8.18 Hay 3 alternativas cada una con una eficiencia = 86.67%.

Suplemento del capítulo 8

S8.2 a) 0.5
b) 0.5
c) 1
d) 0.5
e) 0.05 horas
f) 0.1 horas
S8.4 a) 0.667
b) 0.0667 minutos
c) 1.33
S8.6 a) 0.375
b) 1.6 horas
c) 0.225
S8.8 a) 0.225
b) 0.75
c) 0.857 minutos
d) 0.64 minutos
e) 42%, 32%, 24%
S8.10 a) 6
b) 12 minutos
c) 0.857
d) 54%
e) 1728 dólares/día
f) Sí, ahorrar 3096 dólares
S8.12 a) 0.666
b) 1.33
c) 10 segundos
S8.14 3, 2, 4 médicos respectivamente
S8.16 a) 0.05
b) 0.743
c) 0.795

Capítulo 9

9.2 Costo = 68 200 dólares
No, el plan 2 es mejor
9.4 Costo = 214 000 dólares para el plan B
9.6 Plan D; 122 000 dólares
9.8 Cada respuesta que sea desarrollada será diferente
9.10 Plan C, 92 000 dólares; Plan D, 82 300 dólares si se asume un inventario inicial = 0
9.12 $11 790
9.14 $1 186 810
9.16 $100 750
9.12 $88 150

Capítulo 10

No hay problemas de número par

Capítulo 11

11.2 La parte A es G2
La parte B es F3
Todas las demás son C
11.4 7000 unidades
11.6 a) 78
b) 250
c) $3873
d) 64
e) 3.125 días
11.8 Descuento por cantidad: costo = 41 436.25 dólares
11.10 Q = 25, C = $1500; Q = 40, C = $1230; Q = 50, C = $1200; Q = 60, C = $1220; Q = 100, C = $1500
11.12 a) $1220
b) 1200 dólares con Q = 60
c) 24 unidades
11.14 1217 unidades
11.16 51 unidades; 1 901.22 dólares
11.18 735 dólares en 34 unidades
11.20 Inventario para una demanda de 3
11.22 2309 unidades
11.24 100 unidades

Suplemento del capítulo 11

S11.2 a, b)

Número de automóviles	*Probabilidad*	*Probabilidad acumulada*	*I.N.aleatorio*
3 o menos	0	0	—
4	0.10	0.10	10–10
5	0.15	0.25	11–25
6	0.25	0.50	26–50
7	0.30	0.80	51–80
8	0.20	1.00	81–00
9 o más	0	—	—

c) Promedio del número de llegadas/hora = 105/15 = 7 automóviles
S11.4 Cada simulación será diferente. Utilizando los números aleatorios de la columna derecha de la tabla S11.3,

leyéndolos de arriba hacia abajo, en el orden acostumbrado, da como resultado un costo de 9.20 dólares. Esto es mayor que el 6.65 dólares del ejemplo S3.

S11.6 a) 5 veces
b) 6.95 veces, sí
c) 7.16 calentadores

S11.8 7, 7, 7, 6, 8, 6, 7, 9, 6, 7

S11.10 Utilidad promedio = 12.75 dólares

S11.12 Periodo de la primera orden – demanda durante el tiempo de entrega = 31; no hay faltante
Periodo de la segunda orden – demanda = 42; si existe faltante

S11.14 La demanda promedio es aproximadamente 8.75, el tiempo de entrega promedio es 1.86, inventario final promedio = 6.50, ventas perdidas promedio = 4.04.

S11.16 El inventario final = 8.90; ventas perdidas promedio = 3.41; costo total = $488 568 o $20 357/mes. Esta nueva política parece preferible

S11.18 A continuación se presentan los intervalos de números aleatorios para los primeros dos departamentos:

De	*A*	*I.N. aleatorios*
Examen inicial	rayos-x	01–45
	Sala de operación	46–60
	Sala de observación	61–70
	Proceso de salida	71–00

De	*A*	*I.N.aleatorios*
Rayos-x	Sala de operación	01–10
	Sala de enyesado	11–35
	Sala de observación	36–70
	Proceso de salida	71–00

Cada simulación producirá resultados diferentes. Algunos incluso mostrarán a alguna persona que entre dos veces a rayos-x.

Capítulo 12

12.2

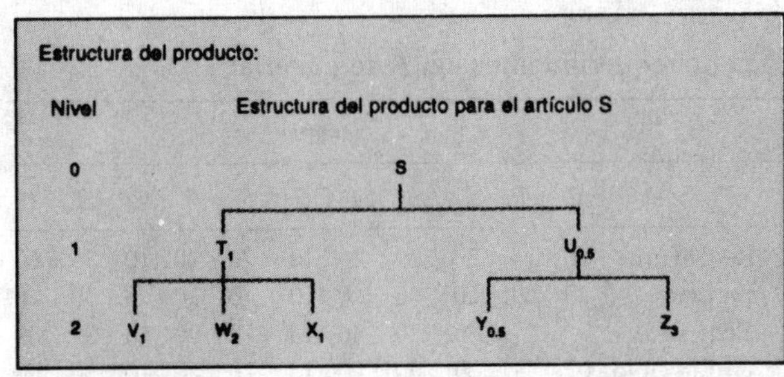

Artículo		*Semana 1*	*2*	*3*	*4*	*5*	*6*	*7*	*8*	*Tiempo de entrega (semanas)*
S	Fecha requerida							100		
	Liberación de la orden					100				2
T	Fecha requerida					100				
	Liberación de la orden				100					1
U	Fecha requerida					50				
	Liberación de la orden			50						2
V	Fecha requerida				100					
	Liberación de la orden	100								2

Artículo		*Semana 1*	*2*	*3*	*4*	*5*	*6*	*7*	*8*	*Tiempo de entrega (semanas)*
W	Fecha requerida				200					
	Liberación de la orden	200								3
X	Fecha requerida				100					
	Liberación de la orden			100						1
Y	Fecha requerida			25						
	Liberación de la orden	25								2
Z	Fecha requerida			150						
	Liberación de la orden		150							1

12.4 (a) Estructura modificada del producto:
Si un artículo, en este caso C, se utiliza en varios puntos dentro del producto, se debe mostrar en la estructura del producto en su nivel *más bajo*.

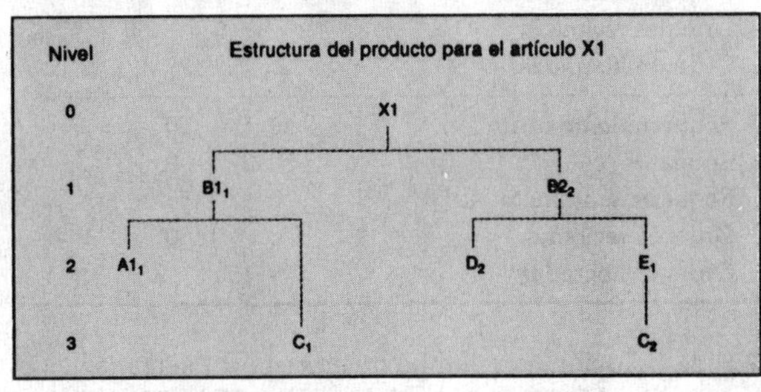

b) Programa maestro de producción:

	Semana 1	*2*	*3*	*4*	*5*	*6*	*7*	*8*	*9*	*10*	*11*	*12*
X1 Requerimiento bruto								50		20		100

12.6 Plan de requerimientos netos de material:

		Semana 1	*2*	*3*	*4*	*5*	*6*	*7*	*8*	*9*	*10*	*11*	*12*
A	Requerimiento bruto								100		50		150
	En mano								0		0		0
	Requerimiento neto								100		50		150
	Órdenes recibidas								100		50		150
	Órdenes liberadas							100		50		150	
H	Requerimiento bruto									100		50	
	En mano									0		0	
	Requerimiento neto									100		50	
	Órdenes recibidas									100		50	
	Órdenes liberadas								100		50		
B	Requerimiento bruto							100		50		150	
	En mano							100		0		0	
	Requerimiento neto							0		50		150	
	Órdenes recibidas							0		50		150	
	Órdenes liberadas							50		150			

	Semana											
	1	2	3	4	5	6	7	8	9	10	11	12
C Requerimiento bruto							100	100	50	50	150	
En mano							50	0	0	0	0	
Requerimiento neto							50	100	50	50	150	
Órdenes recibidas							50	100	50	50	150	
Órdenes liberadas					50	100	50	50	150			
J Requerimiento bruto								100		50		
En mano								100		0		
Requerimiento neto								0		50		
Órdenes recibidas								0		50		
Órdenes liberadas								50				
K Requerimiento bruto								100		50		
En mano								100		0		
Requerimiento neto								0		50		
Órdenes recibidas								0		50		
Órdenes liberadas								50				
D Requerimiento bruto							50		150			
En mano							50		0			
Requerimiento neto							0		150			
Órdenes recibidas							0		150			
Órdenes liberadas								150				

12.8 a) Solución con tiempo de entrega = 1 semana:
Cantidad económica de la orden = 57.4 o 57 unidades
Costo total teórico = 1 723.42 dólares
Costo total real = 2 362.50 dólares
b) Solución con tiempo de entrega = 0:
Cantidad económica de la orden = 57.4 o 57 unidades
Costo total teórico = 1 723.42 dólares
Costo total real = 1 810.00 dólares

12.10 a) Cantidad económica de la orden = 104.9 o 105 unidades
Costo teórico = 262.20 dólares
Costo real = 1 992.50 dólares
b) Lote por lote:
Costo total = 400.00 dólares

12.12
Programa maestro de producción:

	Semana										
	0	1	2	3	4	5	6	7	8	9	10
P Req. bruto		0	0	30	40	10	70	40	10	30	60

Plan de requerimientos brutos de material:

	Semana										
	0	1	2	3	4	5	6	7	8	9	10
P Fecha requerida				30	40	10	70	40	10	30	60
Órdenes recibidas			30	40	10	70	40	10	30	60	
C Fecha req.			30	40	10	70	40	10	30	60	
Órd. rec.		80			120			90			

Plan de requerimientos netos de material:

	Semana										
	0	1	2	3	4	5	6	7	8	9	10
P Req. bruto	0	0	0	30	40	10	70	40	10	30	60
En mano	20	20	20	20	0	0	0	0	0	0	0
Req. neto				10	40	10	70	40	10	30	60
Órd. recibidas				10	40	10	70	40	10	30	60
Órd. liberadas			10	40	10	70	40	10	30	60	
C Req. bruto			10	40	10	70	40	10	30	60	
En mano	30	30	30	20			0			0	
Req. neto	0	0	0	100			80			60	
Órd. recibidas				100			80			60	
Órd. liberadas			100			80			60		

12.14
Programa maestro de producción:

	Semana										
	0	1	2	3	4	5	6	7	8	9	10
P Req. bruto	0	50	30	40	10	70	40	10	30	60	

Plan de requerimiento bruto de materiales:

	Semana										
	0	1	2	3	4	5	6	7	8	9	10
P Fecha requerida			50	30	40	10	70	40	10	30	60
Órdenes recibidas		50	30	40	10	70	40	10	30	60	
C Fecha requerida		50	30	40	10	70	40	10	30	60	
Órdenes recibidas				120			100				

Plan de requerimientos netos de material:

	Semana										
	0	1	2	3	4	5	6	7	8	9	10
P Req. bruto	0	0	50	30	40	10	70	40	10	30	60
En mano	20	20	20	0	0	0	0	0	0	0	0
Req. neto			30	30	40	10	70	40	10	30	60
Órd. recibidas			30	30	40	10	70	40	10	30	60
Órd. liberadas		30	30	40	10	70	40	10	30	60	
C Req. bruto	0	100			120			100			
En mano	30	30			0			0			
Req. neto		70			120			100			
Órd. recibidas		70			120			100			
Órd. lib.	70			120			120				

En la semana 3 y 6 los lotes de 120 unidades exceden la capacidad del taller; una solución es reprogramar 45 unidades de la orden una semana antes.

12.16 a) Se requieren 10 unidades para producción y 10 para reparación en servicio en campo

Componentes	*Cantidad*
A	20
B	20
C	40
D	20
E	40
F	20
G	20
H	20

b)

Componentes	*Cantidad*
A	20
B	18
C	18
D	13
E	30
F	15
G	14
H	10

c)

Tamaño del lote	*Tiempo de entrega*	*En mano*	*Inventario de seguridad*	*Asignados*	*Código de nivel bajo*	*Identificación del artículo*		*Periodo (semana)* 1	2	3	4	5	6	7	8
Lote por lote	1	0	—	—	0	A	Requerimientos brutos						10		10
							Recepciones programadas								
							Proyectado en mano	0	0	0	0	0	0	0	10
							Requerimientos netos						10		10
							Recepciones planeadas						10		10
							Liberaciones planeadas					10		10	
Lote por lote	1	2	—	—	1	B	Requerimientos brutos					10^A		10^A	
							Recepciones programadas								
							Proyectado en mano	2	2	2	2	2	0	0	0
							Requerimientos netos					8		10	
							Recepciones planeadas					8		10	
							Liberaciones planeadas				8		10		
Lote por lote	1	5	—	—	1	F	Requerimientos brutos					10^A		10^A	
							Recepciones programadas								
							Proyectado en mano	5	5	5	5	5	0	10	0
							Requerimientos netos					5		10	
							Recepciones planeadas					5		10	
							Liberaciones planeadas				5		10		
Lote por lote	1	5	—	—	2	D	Requerimientos brutos				8^B		10^B		
							Recepciones programadas								
							Proyectado en mano	5	5	5	5	0	0	0	0
							Requerimientos netos				3		10		
							Recepciones planeadas				3		10		
							Liberaciones planeadas			3		10			
Lote por lote	3	1	—	—	2	G	Requerimientos brutos				5^F	10^F			
							Recepciones programadas								
							Proyectado en mano	1	1	1	15	0	0	0	0
							Requerimientos netos				4		10		
							Recepciones planeadas				4		10		
							Liberaciones planeadas	4		10					

Tamaño del lote	*Tiempo de entrega*	*En mano*	*Inventario de seguridad*	*Asignados*	*Código de nivel bajo*	*Identificación del artículo*		*Periodo (semana)* 1	2	3	4	5	6	7	8
Lote por lote	1	10	—	—	2	H	Requerimientos brutos				5^F		10^F		
							Recepciones programadas								
							Proyectado en mano	10	10	10	10	5	5	0	0
							Requerimientos netos				0		5		
							Recepciones planeadas				0		5		
							Liberaciones planeadas			0		5			
Lote por lote	1	10	—	—	3	C	Requerimientos brutos				8^B	5^H	10^B		
							Recepciones programadas								
							Proyectado en mano	10	10	10	10	2	10	0	0
							Requerimientos netos				0	3	10		
							Recepciones planeadas					3	10		
							Liberaciones planeadas			3	10				
Lote por lote	1	4	—	—	3	E	Requerimientos brutos			3^H		$15^{H, D}$			
							Recepciones programadas								
							Proyectado en mano	4	4	4	1	1	0	0	0
							Requerimientos netos			0	0	14			
							Recepciones planeadas			0	0	14			
							Liberaciones planeadas		0	0	14				

Capítulo 13

13.2 a) 1-D, 2-A, 3-C, 4-B
b) 40

13.4

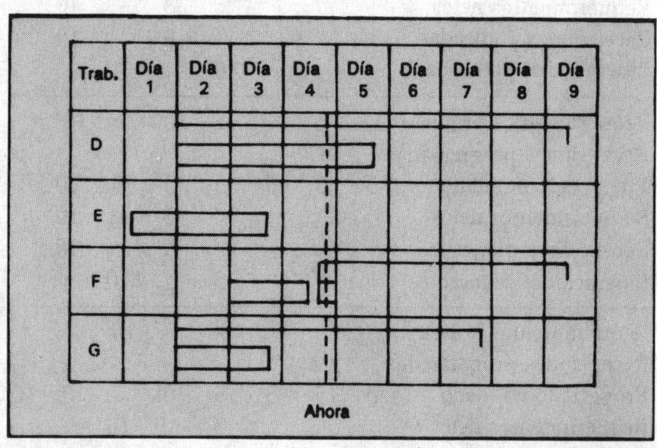

13.6 A-61 a 4; A-60 a 1; A-53 a 3; A-56 a 5; A-52 a 2; A-59 a 6; 150 horas

13.8 1-2 pm en A; 2-3 pm en C; 3-4 pm en B; 4-5 pm en independiente; calificación 75.5

13.10 a) ABCDE
b) BADEC
c) EDABC
d) CBADE
SPT es mejor

13.12 Secuencia DCAB

13.14 a) A, B, C, D, E
b) C, A, B, E, D
c) C, D, E, A, B
d) B, A, E, D, C
EDD es la mejor en tardanza,
SPT en las otras dos medidas

13.16 D, B, A, C

13.18 7.26 minutos/preparación

13.20 3.67 minutos/preparación

Suplemento del capítulo 13

S13.2 Sin contrato, 1255 dólares/semana.
Con contrato, 1395 dólares/semana.

Capítulo 14

14.2

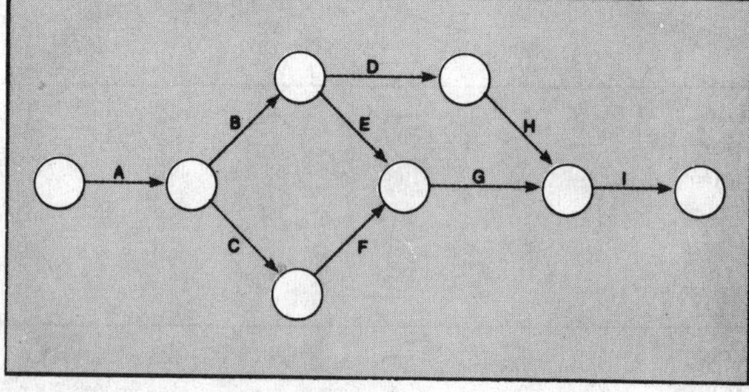

14.4

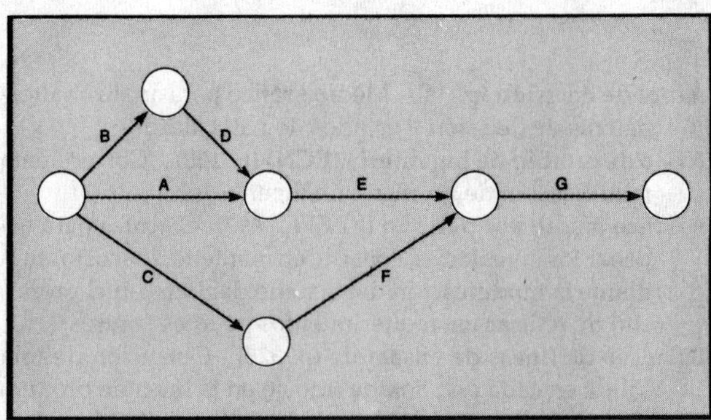

14.6

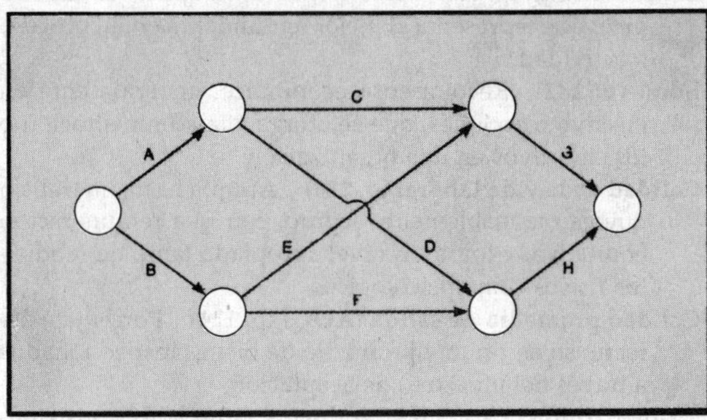

14.8 A, 5.83, 0.69
B, 3.67, 0.11
C, 2.00, 0.11
D, 7.00, 0.11
E, 4.00, 0.44
F, 10.00, 1.78
G, 2.17, 0.25
H, 6.00, 1.00
I, 11.00, 0.11
J, 16.33, 1.00
K, 7.33, 1.78

14.10 0.9463

14.12 a) 15 (A, C, E)
b) 2

14.14 a) 16 (A, D, G)
b) $12 300
c) D, 1 semana por 75 dólares

14.16 A, C, E, H, I, K, M, N; 50 semanas

14.18 a) 0.0228
b) 0.3085
c) 0.8413
d) 0.9772

14.20 a) 14
b) Costos totales apresurados = 275 dólares.
Colapsar la ruta A-D-G cuesta 225 dólares (A cae de 3 a 2; D de 7 a 4).
La ruta crítica paralela B-E-G cuesta 50 dólares (B cae de 2 a 1; E de 6 a 5).

Glosario

Actividad (p. 554) Tarea o subproyecto en una red de CPM o PERT que ocurre entre dos eventos; un flujo sobre el tiempo.

Actividad falsa (p. 556) Actividad sin tiempo, insertada en la red para mantener la lógica de ésta.

Administración de la calidad total (TQM) (p. 94) Administración de toda la organización, de forma que supere en todos los aspectos los productos y servicios que son importantes para el cliente.

Administración de la configuración (p. 150) Sistema por el cual se planea un producto y, los cambios en sus componentes, se identifican con exactitud para lo cual se mantienen la contabilidad y el control de los cambios.

Administración de las compras (p. 408) Administración del inventario, transporte, disponibilidad de los suministros y la calidad de los proveedores.

Administración de materiales (p. 408) Enfoque que busca la eficiencia de las operaciones a través de todas las actividades de adquisición, movimiento y almacenamiento de materiales en la empresa.

Administración de producción y operaciones (P/OM) (p. 4) Actividades relacionadas en la creación de bienes y servicios a través de la transformación de insumos en productos.

Agente de compras (p. 406) Persona con autorización legal para llevar a cabo contratos de compra en nombre de la empresa.

Análisis ABC (p. 423) Método para dividir el inventario en mano, en tres diferentes clasificaciones basadas en el volumen anual en dinero.

Análisis de la ruta crítica (p. 558) Modelo de red para encontrar la programación más corta posible en una serie de actividades. Usualmente utiliza PERT o CPM.

Análisis de punto de equilibrio de la localización (p. 231) Análisis de costo-volumen para hacer una comparación matemática de alternativas de localización.

Análisis de regresión lineal (p. 63) Modelo matemático de línea recta para describir las relaciones funcionales entre variables dependientes e independientes; modelo común de pronóstico causal cuantitativo.

Análisis de sensibilidad (p. 178) Análisis que proyecta cuánto puede cambiar una solución si existen cambios en las variables o datos de entrada.

Análisis de valor (p. 139) Una revisión de productos con un ciclo de vida muy largo que toma lugar durante un proceso de producción.

Análisis del punto de equilibrio (p. 211) Método para encontrar, la equivalencia en dinero y unidades, donde los costos igualan los ingresos.

Análisis marginal (p. 447) Cuando se refiere al inventario, es una técnica que determina una política de existencia óptima al tomar en cuenta la utilidad marginal (MP) y la pérdida marginal (ML).

Análisis del producto por valor (p. 139) Lista de productos en orden descendente en su contribución por unidad monetaria a la empresa, así como la cantidad total de la contribución monetaria del producto.

APT o herramienta programada automáticamente (p. 203) Lenguaje de programación de computadoras empleado en las máquinas controladas por control numérico.

Árbol de decisión (p. 34) Medio gráfico para analizar alternativas de decisión y estados de naturaleza.

Aviso de cambio de ingeniería (ECN) (p. 150) Corrección o modificación de un plano de ingeniería.

Balance medio por periodo (PPB) (p. 497) Técnica para ordenar los inventarios, consiste en mantener los costos mediante la modificación del tamaño del lote con el propósito de reflejar los requerimientos de lotes futuros.

Balanceo de líneas de ensamble (p. 328) Obtención de una salida en cada estación de trabajo en la línea de producción para que la carga de trabajo se distribuya de manera uniforme.

Benchmarking (p. 96) Selección de un estándar de desempeño que representa el mejor rendimiento en un proceso o actividad.

Bono (p. 282) Recompensa económica, generalmente en efectivo o acciones, que se otorga a la administración o los ejecutivos en una organización.

Calidad de la vida laboral (p. 270) Apunta hacia un trabajo que es razonablemente seguro, con una remuneración equitativa, y logra un nivel apropiado tanto de requisitos físicos como psicológicos.

Calidad promedio de salida (AOQ) (p. 124) Porcentaje defectuoso en un lote promedio de bienes inspeccionados a través del muestreo de aceptación.

Calidad robusta (p. 98) Productos fabricados consistentemente que cumplen especificaciones a pesar de presentarse condiciones adversas.

Capacidad (p. 207) Producción máxima que alcanza un sistema en un periodo dado.

Capacidad diseñada (p. 208) Capacidad máxima de una instalación que puede ser alcanzada bajo condiciones ideales.

Capacidad límite (p. 208) Medida de la capacidad máxima utilizable en una instalación particular.

Capacidad real o utilización (p. 208) Máxima capacidad que una empresa espera alcanzar dada su mezcla de productos, métodos de programación, mantenimiento y estándares de calidad.

Carga (p. 511) Asignación de trabajos pendientes o de centros de proceso.

Casa de calidad (p. 97) Una parte de la función que despliega el proceso de calidad. Utiliza una matriz de planeación para relacionar lo que el cliente "quiere" y el "cómo" la empresa va a satisfacer esas "demandas".

Celda de trabajo (p. 324) Arreglo temporal de máquinas y personal orientado al producto en lo que normalmente es una instalación orientada al proceso.

Centro de trabajo enfocado (p. 325) Un arreglo de máquinas y personal permanente orientados hacia el producto en lo que comúnmente es una instalación orientada al proceso.

Ciencia de la administración (p. 5) Enfoque sistemático para la formulación y solución de los problemas, mediante la utilización de talentos interdisciplinarios, donde se aplican habilidades matemáticas, de comportamiento y computacionales.

Ciencias de la información (p. 5) Proceso sistemático de datos para producir información.

Ciencias físicas (p. 5) Los campos de la física, química, biología, y otras ciencias relacionadas.

Círculo de calidad (p. 95) Un grupo de trabajadores que se reúnen periódicamente con un coordinador para resolver problemas de trabajo en su área; iniciado por los japoneses en la década de los setenta.

Clavado (p. 495) En sistemas de planeación de requerimiento de materiales, el seguimiento hacia arriba en la lista de materiales (BOM) desde un componente hasta sus artículos básicos.

Codificación de bajo nivel (p. 486) Sistema en una lista de materiales en que una partida se codifica en el nivel más bajo que aparezca.

Coeficiente de correlación (p. 67) Medida numérica, entre –1 y +1, que proviene de la relación estadística entre variables.

Columna pivote (p. 173) La columna en una tabla simplex de programación lineal que indica qué variable será la próxima en entrar a la solución.

Compact II (p. 203) Lenguaje de programación de computadoras empleado en el manejo de las máquinas de control numérico.

Competencia basada en el tiempo (p. 136) Es la competencia basada en la oportunidad; puede tomar la forma de productos de rápido desarrollo y su promoción en el mercado, o la entrega rápida de productos o de servicios.

Composición de la fuerza de ventas (p. 48) Técnica de pronóstico basada en los estimados de ventas esperadas de los vendedores.

Compras (p. 406) La adquisición de bienes y servicios.

Compras justo-a-tiempo (JIT) (p. 412) Método de adquisiciones que reducen los desperdicios que se presentan tanto al recibir como en la inspección de entrada; también reducen el inventario, la baja calidad y las demoras.

Compromiso mutuo (p. 270) Concepto que define que tanto la administración como los trabajadores hacen lo posible para cumplir los objetivos comunes.

Confiabilidad (p. 139) La probabilidad de que una parte de maquinaria o producto funcione adecuadamente durante un lapso razonablemente largo.

Confianza a empleados

Confianza mutua (p. 270) Atmósfera en la cual tanto la administración como los trabajadores operan con políticas razonables y documentadas que están honesta y equilibradamente instrumentadas.

Constante de suavizamiento (p. 54) Factor de peso utilizado en un pronóstico de suavizamiento exponencial; un número entre 0 y 1.

Conteo cíclico (p. 424) Auditoría continua de los registros del inventario.

Control del proceso (p. 203) El uso de la tecnología de la información para controlar un proceso físico.

Control numérico (NC) (p. 202) Control de las máquinas por medio de programas de computadora en papel o cinta magnética.

Control numérico directo (DNC) (p. 205) Máquina que está conectada directamente a una computadora de control que suministra instrucciones y controles electrónicos.

Control numérico por computadora (CNC) (p. 202) Control de las máquinas por medio de su propia computadora.

Control-Q (p. 525) Sistema computarizado patentado para la programación del taller de trabajo; desarrollado por Sandman.

Costo de almacenamiento (p. 429) El costo por guardar o tener el inventario en existencia.

Costo de ordenar (p. 429) Costo del proceso de ordenar abastos y personal.

Costo de preparación (p. 429) El costo de preparar una máquina o proceso para manufacturar una orden.

Costos fijos (p. 211) Los costos que continúan aun si no se producen unidades.

Costos intangibles (p. 228) Categoría en la clasificación de costos en la cual pueden ser evaluados mediante técnicas de ponderación.

Costos tangibles (p. 228) Costos fácilmente detectables que pueden ser medidos con cierta precisión.

Costos variables (p. 211) Costos que varían de acuerdo al volumen de unidades producidas; también se les conoce como costos directos.

CRAFT (Técnica para localización relativa de instalaciones por computadora) (p. 323) Programa de computadora que examina sistemáticamente arreglos departamentales alternativos para reducir el costo total de manejo de materiales.

Crecimiento del trabajo (272) Agrupación de una variedad de tareas del mismo nivel de habilidad necesaria; crecimiento horizontal.

Cuello de botella (p. 525) Operación que limita la salida en la secuencia productiva.

Curva de característica de operación (OC) (p. 123) Gráfica que describe qué tan bien discrimina un plan de aceptación los lotes buenos y malos.

Curvas de aprendizaje (p. 306) Premisa que considera que la gente y las empresas mejoran en su trabajo con la repetición del mismo; en ocasiones se les llama curvas de experiencia.

Decisión de fabricar o comprar (pp. 146; 407) Elección entre la producción de un componente o un servicio y la compra a una fuente externa.

Decisión del proceso (o de transformación) (p.198) Acercamiento que toma una organización para transformar los recursos en bienes y servicios.

Decisión del producto (p. 134) Selección, definición y diseño de los productos.

Decisiones de programación (p. 378) Hacer planes que igualen la producción para cambios en la demanda.

Degeneración (p. 254) Situación en los modelos de transportación donde existen pocos cuadros o rutas de embarque, de tal forma que el seguimiento de una ruta cerrada para cada cuadro no utilizado resulta imposible. La degeneración existe cuando el número de renglones, más el número de columnas, menos uno, no es igual al número de celdas ocupadas.

Desarrollo de la función de calidad (QFD) (p. 97) Proceso para determinar los requerimientos del cliente ("deseos" del cliente) y traducirlos a los atributos ("cómo") que cada área funcional puede entender y actuar en consecuencia.

Descuento por volumen (p. 440) Descuento por compras a gran escala.

Destino ficticio (p. 254) Puntos artificiales de destino originados en un método de transporte de programación lineal cuando el abasto total es mayor que la demanda total; sirven para igualar la demanda total y el abasto.

Desviación media absoluta (MAD) (p. 56) Medida del pronóstico total para un modelo; se calcula por la suma de los errores individuales en los pronósticos y se divide entre el número de periodos de datos (n).

Día de trabajo medido (p. 282) Sistema de tiempo estándar por el cual a los trabajadores se les paga de acuerdo a la cantidad de tiempo estándar cubierto.

Diagrama de causa y efecto (p. 101) Técnica esquemática para descubrir posibles focos de problemas que pueden afectar la calidad en la manufactura; también se le conoce como diagrama Ishikawa o diagrama de esqueleto de pescado.

Diagrama de control (pp. 103; 112) Presentación gráfica de la información del proceso a través del tiempo.

Diagrama de ensamble (p. 149) Método para identificar los puntos en donde los componentes fluyen hacia subensambles y posteriormente hacia un producto final.

Diagrama de flujo (p. 280) Dibujo que se emplea para analizar los movimientos de gente o de material.

Diagrama de hueso de pescado (p. 101) *Véase* **diagrama de causa y efecto.**

Diagrama de Ishikawa (p. 101) *Véase* **diagrama de causa y efecto.**

Diagrama de operaciones (p. 280) Gráfica que interpreta los movimientos de la mano derecha e izquierda.

Diagrama de proceso (p. 280) Diagrama que utiliza símbolos para analizar el movimiento de la gente o del material.

Diagrama encimado (p. 214) Diagrama que muestra más de un proceso con sus costos para los posibles volúmenes.

Diagrama-c (p. 122) Diagrama de control de calidad empleado para controlar el número de defectos por unidad de salida.

Diagramas de actividad (p. 280) Manera de describir estudios y sugerencias resultantes para la mejora en el rendimiento de un operador y una máquina, o alguna combinación de operadores (una cuadrilla) y máquinas.

Diagramas de Gantt (pp. 512; 551) Diagramas de planificación utilizados en la programación de recursos y asignación de tiempos; desarrollados por Henry. L. Gantt a finales del siglo XIX.

Dibujo de ensamble (p. 149) Vista detallada del producto, generalmente a través de un dibujo tridimensional o isométrico.

Diseño asistido por computadora (CAD) (p. 148) Uso de la computadora para desarrollar la geometría de un diseño.

Diseño de calidad robusta (p. 138) Diseño que produce un buen producto a pesar de las pequeñas variaciones en el proceso productivo.

Diseño del trabajo (p. 271) Grafique de las tareas específicas que constituyen el trabajo individual o en grupo.

Diseño para la manufacturabilidad y equipos de ingeniería de valuación (p. 138) Equipos encargados de las mejoras en los diseños y especificaciones en los estados de investigación, desarrollo, diseño y producción del desarrollo de un producto.

Disgregación (p. 392) Proceso de desglose de un plan agregado en mayor detalle.

Disposición de posición fija (p. 316) Señala los requerimientos de disposición de proyectos estacionarios o proyectos grandes o voluminosos (como barcos o edificios).

Disposición física al detalle/servicio (p. 316) Enfoque (por lo regular computarizado) que asigna espacio en anaqueles y responde a la conducta del cliente.

Distribución de Poisson (p. 351) Importante distribución de probabilidad discreta que a menudo describe la tasa de llegada en una teoría de colas; derivada por Simeon Poisson en 1837.

Distribución de probabilidad acumulada (p. 462) Acumulado de probabilidades individuales en una distribución.

Distribución de probabilidad beta (p. 557) Distribución matemática que describe la distribución de tiempos estimados de la actividad en una red PERT.

Distribución de probabilidad de exponenciación negativa (p. 353) Distribución de probabilidad continua que se utiliza con frecuencia para describir el tiempo de servicio en un sistema de colas.

Distribución física de la oficina (p. 316) Agrupamiento de trabajadores, su equipo, y espacios/oficinas para ofrecer comodidad, seguridad y movimiento de la información.

Distribución física del almacén (p. 316) Diseño que intenta minimizar el costo total mediante el juego de espacio y manejo de materiales.

Distribución normal (p. 583) Distribución continua de probabilidad caracterizada por una curva en forma de campana; sus parámetros son la media y la desviación estándar.

Distribución orientada al proceso (p. 316) Una distribución relacionada con una producción de bajo volumen y gran variedad; proceso intermitente; forma en que se agrupan las máquinas y las herramientas por rechazar un lote.

Distribución orientada al producto (p. 316) Proceso de producción elaborado alrededor de un producto que busca la mejor utilización del personal y la maquinaria, por medio de la producción repetitiva o continua.

Eficiencia (p. 208) Medida de salida real sobre la capacidad efectiva.

Dar responsabilidad a empleados (p. 95) empowerment Aumento en las actividades de los empleados de tal forma que la responsabilidad incrementada y la autoridad se delegan al nivel jerárquico más bajo dentro de la organización. La autorización permite al empleado asumir tanto responsabilidades administrativas como de *staff*.

Enfoque al proceso (p. 198) Un proceso de bajo volumen y gran variedad.

Enfoque al producto (p. 199) Proceso orientado al producto, de alto volumen y baja variedad.

Enfoque simplista (p. 51) Técnica de pronóstico que asume que la demanda en el próximo periodo es igual a la demanda en el periodo más reciente.

Enriquecimiento del trabajo (p. 272) Método para dar al empleado mayor responsabilidad, que incluye algo de la planeación y control necesarios para el cumplimiento de un trabajo; crecimiento vertical.

Equipos de desarrollo de producto (p. 138) Equipos encargados de trasladar los requerimientos del mercado a un producto para conseguir el éxito del mismo.

Ergonomía (p. 276) Estudio del trabajo; en Estados Unidos a menudo se le conoce como *ingeniería del factor humano.*

Error estándar del estimado (p. 65) Una distribución dentro de la cual se espera que caigan las muestras del proceso.

Error medio cuadrado (MSE) (p. 57) El promedio de las diferencias al cuadrado entre los valores pronosticados y observados.

Error porcentual medio absoluto (MAPE) (p. 57) Diferencia absoluta entre los valores pronosticados y observados, como un porcentaje de los valores observados.

Error Tipo I (p. 124) En estadística, la probabilidad de rechazar un lote bueno.

Error Tipo II (p. 124) En estadística, la probabilidad de aceptar un lote malo.

Especialización del trabajo (p. 272) División del trabajo en tareas únicas ("especiales").

Estándares de tiempo predeterminado (p. 289) Un acercamiento que divide el trabajo manual en pequeños elementos básicos que tienen tiempos establecidos y ampliamente aceptados.

Estándares de trabajo (p. 271) Cantidad de tiempo requerido para realizar un trabajo o parte de éste.

Estrategia (p. 15) Manera en que una organización espera cumplir con su misión y sus metas.

Estrategia mixta (p. 382) Estrategia de planeación que utiliza dos o más variables controladas para establecer un plan factible de producción.

Estrategias de negociación (p. 410) Acercamientos hechos por el personal de compras para desarrollar relaciones contractuales con los proveedores.

Estudio del mercado de clientes (p. 48) Método de pronóstico que requiere de información, por parte de los clientes o clientes potenciales, acerca de sus planes de compras futuras.

Evento (p. 554) Punto en el tiempo que marca el principio o terminación de una tarea o actividad en una red.

Experiencia histórica (p. 285) Estimación del tiempo requerido para hacer una tarea basada en la última vez que se realizó.

Fábrica enfocada (p. 325) Instalación permanente para producir un producto o componente en una instalación orientada al producto.

Falla (p. 141) Cambio en un producto o sistema, de una condición de trabajo satisfactoria a una condición que se encuentra abajo del estándar aceptable.

Fecha temprana de terminación (EDD) (p. 519) Regla de programación de prioridades que significa que el trabajo con la menor fecha temprana de terminación se realiza primero.

Fuentes ficticias (p. 254) Puntos fuente de embarque artificiales creados en el método de transportación cuando la demanda total es mayor al abasto total para afectar un abasto igual al exceso de la demanda sobre el abasto.

Función de beneficio (p. 211) Elemento en el análisis de punto de equilibrio que se incrementa por el precio de venta de cada unidad.

Función de pérdida de calidad (p. 99) Función matemática que identifica todos los costos relacionados con la baja calidad y muestra su incremento como resultado de la mejora en la calidad del producto, a partir de lo que el cliente desea.

Función objetivo (p. 160) Expresión matemática en la programación lineal que maximiza o minimiza alguna cantidad (normalmente la utilidad o el costo).

Función P/OM de clase mundial (p. 19) *Véase* **Operaciones de clase mundial.**

Gráfica de flujo de proceso (p. 101) Representación gráfica que muestra la secuencia de pasos en un proceso, identifica las operaciones discontinuas, retrasos, inspecciones, almacenamientos, traslados y distancias del proceso.

Gráfica de Pareto (p. 100) Basada en el concepto de enfocarse en los pocos críticos contra los muchos triviales, desarrollada por Vilfredo Pareto, economista Italiano. El concepto se manifiesta en una gráfica en orden descendente desde el suceso más frecuente hasta el menos frecuente.

Gráfica-*x* (barra-*x*) (p. 114) Gráfica de control de calidad para variables que indica cuándo se producen los cambios en la tendencia central de un proceso de producción.

Gráfica-*p* (p. 119) Gráfica de control de calidad que se utiliza para controlar atributos.

Gráfica-*R* (p. 114) Gráfica de control de procesos que sigue el "rango" dentro de una muestra; indica que ha ocurrido una ganancia o pérdida en la uniformidad de un proceso productivo.

Hoja de ruta (p. 149) Listado de las operaciones necesarias para producir un componente con el material especificado en la lista de materiales.

Igualmente parecidos (p. 31) Criterio para la toma de decisiones bajo certeza que asigna igual probabilidad a cada estado de natural.

Índice crítico (CR) (p. 522) Regla de secuencia, esto es, un índice resultado de la división del tiempo restante hasta la fecha de entrega entre el tiempo laborable remanente.

Ingeniería industrial (p. 5) Técnicas analíticas aplicadas a la mejora de la productividad tanto en la manufactura como en los sectores de servicio.

Inspección (p. 103) Medio para asegurarse que la producción se lleva a cabo con el nivel de calidad esperado.

Inspección por atributos (p. 105) Método de inspección que clasifica a las partidas como buenas o defectuosas sin tener en cuenta el grado.

Inspección por variables (p. 105) En contraposición con la inspección por atributos, las clasificaciones de partidas inspeccionadas como una escala continua como dimensiones o resistencia.

Integración vertical (p. 407) El desarrollo de la habilidad de producir bienes o servicios previamente adquiridos por la compra a un proveedor o distribuidor.

Intercambio electrónico de datos (EDI) (p. 411) Formato estandarizado de intercambio de información para comunicación por computadora entre organizaciones.

Intervalos de números aleatorios (p. 462) Conjunto de números que representan cada valor posible, o resultado de en una simulación por computadora.

Inventario a consignación (p. 413) Convenio donde el proveedor mantiene la propiedad del inventario.

Inventario de bienes terminados (p. 426) Artículo terminado listo para ser vendido, pero que se encuentra aún como activo fijo en los libros de la compañía.

Inventario de materia prima (p. 426) Materiales comprados pero que aún no se incorporan al proceso de manufactura.

Inventario de seguridad (p. 435) Inventario extra para permitir una demanda no uniforme; un *buffer*.

Inventario de trabajo en proceso (WIP) (p. 426) Productos incompletos o componentes de productos a los que no se les considera materia prima, pero que se deben convertir en producto terminado.

Inventario justo-a-tiempo (p. 425) El inventario mínimo necesario para mantener en movimiento un sistema perfecto.

ISO 9000 (p. 93) Grupo de estándares de calidad desarrollado por la Comunidad Europea.

Iso-costo (p. 168) Técnica para resolver en forma gráfica un problema de minimización en programación lineal.

Jurado de opinión ejecutiva (p. 48) Técnica de pronóstico que toma la opinión de un pequeño grupo de gerentes, a menudo en combinación con modelos estadísticos, y genera un estimado del grupo en cuanto a la demanda. Es la más empleada en las propuestas de pronóstico.

Kaizen (p. 95) Palabra japonesa que refiere un proceso continuo en el incremento de las mejoras.

Kanban o sistema Kanban (p. 427) Palabra japonesa para *tarjeta* que ha llegado a significar "señal"; un sistema

Kanban mueve partes a través de la producción mediante el "accionado" de una señal.

Línea de ensamble (p. 328) Enfoque de análisis que une las partes fabricadas en una serie de estaciones de trabajo; se emplea en procesos repetitivos.

Línea de fabricación (p. 328) Instalación orientada al producto, cuya maquinaria está organizada, para la producción de componentes.

Líneas de espera (p. 350) Colas; partidas o personas en una fila esperando un servicio.

Lista de materiales (BOM) (pp. 144; 484) Lista de componentes, su descripción y cantidad que se requiere de cada uno para manufacturar una unidad de producto.

Lista de planeación (p. 486) Hoja de trabajo creada con el fin de asignar un origen simulado a la lista de materiales. Es un grupo simulado de componentes que se emiten juntos para facilitar la producción sin que sea aún un subensamble completo; también se conoce como "caja" o "seudo lista".

Lista fantasma de materiales (p. 486) Listas de materiales para componentes, generalmente ensambles, que existen sólo en forma temporal; nunca son inventariados.

Listas modulares (p. 486) Listas de materiales organizadas por subensambles mayores o por opciones de productos.

Lote de trabajo (p. 318) Grupo o serie de partes que se procesan juntas.

Lote-por-lote (p. 495) Técnica de cuantificación de lotes para producir exactamente la cantidad requerida.

Mantenimiento (p. 542) Todas las actividades involucradas para conservar el equipo de un sistema en buen estado de trabajo.

Mantenimiento correctivo (p. 542) Mantenimiento de reparación que ocurre cuando el equipo se descompone y debe ser reparado mediante una base de emergencia o prioridad.

Mantenimiento preventivo (p. 542) Plan que involucra inspecciones de rutina, servicios y conservación de las instalaciones en buen estado para prevenir fallas.

Manufactura asistida por computadora (CAM) (p. 148) El empleo de la tecnología informativa para controlar la maquinaria.

Manufactura integrada por computadora (CIM) (p. 205) Sistema de manufactura en el cual la maquinaria controlada electrónicamente se integra con robots, máquinas de transformación o vehículos guiados automáticamente para crear un sistema completo de manufactura.

Maximax (p. 31) Criterio para la toma de decisiones bajo incertidumbre que encuentra una alternativa que maximiza la consecuencia o salida más grande; de aquí que se trata de un criterio optimista.

Maximin (p. 31) Criterio para la toma de decisiones bajo incertidumbre que encuentra una alternativa que maximiza la consecuencia o salida más pequeña; de aquí que se trata de un criterio pesimista.

Método de asignamiento (p. 514) Clase especial de modelos de programación lineal que involucra la asignación de tareas o trabajos a los recursos.

Método de calificación de factores (p. 229) Método de localización que fija la objetividad en el proceso de identificación de costos difíciles de evaluar.

Método de distribución modificada (MODI) (p. 255) Método que calcula los índices de mejora para cada cuadro no utilizado sin dibujar todas las trayectorias cerradas en un sistema de transportación.

Método de ruta crítica (p. 552) Técnica de red que utiliza sólo un factor de tiempo por actividad; permite a los gerentes programar, monitorear, y controlar grandes y complejos proyectos.

Método de transportación (p. 235) Técnica de programación lineal que determina el mejor patrón de embarque desde varios puntos de demanda a varios destinos para minimizar la producción total y los costos de transportación.

Método de transporte de programación lineal (p. 390) Técnica heurística para resolver una clase de problemas de programación lineal.

Método del centro de gravedad (p. 233) Técnica matemática para encontrar la mejor localización desde un solo punto de distribución que pueda surtir o proveer a varias tiendas o áreas.

Método del escalón (p. 248) Técnica iterativa para moverse desde una solución posible a una solución óptima; en el modelo de transportación se utiliza para evaluar la efectividad del costo del embarque de bienes por medio de rutas de transporte que actualmente no están en el sistema.

Método del punto de la esquina (p. 166) Método para resolver problemas de programación lineal gráficos.

Método Delphi (p. 48) Técnica de pronóstico que utiliza un grupo involucrado en el proceso y que permite a los expertos hacer pronósticos.

Método lineal de iso-utilidad (p. 164) Técnica para resolver en forma gráfica un problema de maximización en programación lineal.

Método Monte Carlo (p. 461) Técnica de simulación que utiliza elementos al azar cuando existe la casualidad en su comportamiento. La base de este método es la experimentación de los elementos casuales a través del muestreo al azar.

Método simplex (p. 170) Algoritmo desarrollado por Dantzig para resolver problemas de programación lineal de cualquier tamaño.

Método Taguchi (p. 98) Técnica de control de calidad que se orienta al mejoramiento del producto en la fase de diseño.

Misión (p. 15) El propósito o razón para la actividad de una empresa.

Modelo (p. 26) Una representación de la realidad; puede ser gráfica, física, o matemática.

Modelo de cantidad de orden de producción (p. 437) Técnica de cuantificación, de orden económica, aplicada a las órdenes de producción.

Modelo de coeficientes de administración (p. 392) Modelo formal de planeación construido alrededor de la experiencia y desempeño del administrador; también se le conoce como coeficiente de Bowman.

Modelo probabilístico (p. 443) Modelo estadístico aplicable cuando la demanda de producto o cualquier otra variable no es conocida, pero que puede ser especificada por medio de una distribución de probabilidad.

Modelo robusto (p. 435) Modelo que ofrece respuestas satisfactorias, aun con modificaciones sustanciales en los parámetros.

Módulos (p. 199) Partes o componentes de un producto preparado con anterioridad, a menudo en un proceso continuo.

Mortalidad infantil (p. 542) Tasa de fallecimientos en la vida inicial de un producto o servicio.

MRO (p. 426) Sistemas de mantenimiento, reparación y operación.

MRP con cambio neto (p. 494) Sistema de MRP que recalcula únicamente partidas con actividad.

MRP regenerativo (p. 494) Es la regeneración de los requerimientos de MRP a través de todas las listas de materiales que conducen a un nuevo plan de requerimientos netos.

Muestreo de aceptación (p. 122) Método para medir muestras al azar en lotes o grupos de productos contra estándares predeterminados.

Muestreo del trabajo (p. 290) Un estimado, por medio de muestreo, del porcentaje del tiempo que el trabajador utiliza para realizar varias tareas.

Nerviosismo del sistema (p. 494) Situación generada por los frecuentes cambios en el sistema MRP.

Nivel aceptable de calidad (AQL) (p. 124) Nivel de calidad de un lote que se considera bueno.

Nivel de servicio (p. 443) Porcentaje de la demanda satisfecha a través del embarque inmediato del servicio o producto. (Un nivel de servicio de 95% significa que el 95% de la demanda se satisface inmediatamente.)

Número aleatorio (p. 462) Serie de dígitos seleccionados por un proceso totalmente al azar; todos los dígitos tienen la misma probabilidad de ocurrencia.

Número de caja (p. 486) Véase **lista de programación.**

Número pivote (p. 173) El número que se encuentra en la intersección del renglón pivote y la columna pivote en una tabla simplex de programación lineal.

Operaciones de clase mundial (pp. 88; 376) Un enfoque estratégico y táctico para acercarse a la función P/OM que produce continuas mejoras; satisface los requerimientos del cliente a través de la excelencia en procesos de transformación.

Orden de trabajo (p. 149) Instrucción para elaborar una cantidad específica de un producto en particular, generalmente sujeto a un programa dado.

Organización del proyecto (p. 550) Organización formada para asegurar que los programas (proyectos) reciban la adecuada administración y atención.

Paredes de tiempo (p. 494) Una forma de permitir que un segmento del programa maestro sea designado como "no debe ser reprogramado".

Periodo de parte económica (p. 497) Periodo de tiempo cuando el cociente del costo específico de preparación y el costo de mantenimiento son iguales.

PERT/Costo (p. 564) Técnica en red que encuentra el método menos caro de acortar el proyecto completo.

Plan de requerimientos de materia bruta (p. 488) Programa que muestra la demanda total para una partida (antes de la resta del inventario disponible y de recibos programados) y cuándo debe ser ordenada a los proveedores o cuándo debe principiar la producción con el fin de cumplir su demanda en una fecha específica.

Planeación agregada (p. 378) Acercamiento para determinar la cantidad y el tiempo de producción en un futuro inmediato (generalmente de 3 a 18 meses de anticipación).

Planeación de recursos de manufactura II (MRP II) (p. 498) Un sistema que permite, con el MRP en su lugar, que los datos del inventario aumenten con otras variables de los recursos; en este caso, MRP se convierte en planeación de recursos de materiales.

Planeación de requerimiento de materiales (MRP) (p. 482) Técnica de demanda dependiente que utilizaba listas de materiales, inventarios, recepciones esperadas y programas maestros de producción para determinar los requerimientos de materiales.

Plano de ingeniería (p. 144) Dibujo que muestra las dimensiones, tolerancias, materiales y acabados de un componente.

Población ilimitada o infinita (p. 351) Una situación de espera en la cual un número virtualmente ilimitado de personas o partidas pudieran solicitar los servicios, o el número de clientes o llegadas en cualquier momento; es únicamente una porción muy pequeña de las llegadas potenciales.

Población limitada, o finita (p. 351) Sistema de colas en el cual únicamente existe un número limitado de usuarios potenciales del servicio.

Poka-yoke (p. 104) Literalmente traducido, como "a prueba de bobos"; su nuevo significado es un dispositivo o técnica que asegura la producción de una unidad de producto cada vez.

Precio sombra (p. 177) El valor de una unidad adicional de un recurso como una hora más de tiempo de máquina, o tiempo de mano de obra u otro recurso escaso en programación lineal.

Primero en entrar, primero en salir (FIFO) (p. 353) Método de colas por el cual los primeros clientes en la fila reciben el primer servicio; o en un sistema de inventarios, el primer inventario recibido es el primer inventario usado.

Primera entrada, primer servicio (FCFS) (p. 519) Regla de prioridad en la programación de un trabajo mediante la cual los trabajos se completan en el orden en que llegaron.

Procedimiento Wagner-Whitin (p. 497) Modelo de programación para el cómputo del tamaño de lote que asume un horizonte de tiempo finito después del cual no existen requerimientos netos adicionales.

Proceso administrativo (p. 9) Aplicación de la planeación, organización, *staff*, liderazgo y control para el logro de los objetivos.

Proceso continuo (p. 199) Proceso orientado hacia el producto, con gran volumen y poca variedad.

Proceso intermitente (p. 198) Proceso bajo en volumen y con gran variedad; también se le conoce como proceso autoorientado.

Proceso repetitivo (p. 199) Proceso productivo orientado al producto que utiliza módulos.

Producción (p. 4) La creación de bienes y servicios.

Producción esbelta/manufactura esbelta (p. 282) Trabajadores comprometidos con cualquier responsabilidad en un esfuerzo por lograr el desperdicio cero, con el 100% de producto satisfactorio, entregado a tiempo todas las veces. El concepto implica la expansión de cada trabajo del empleado a un máximo con énfasis en la responsabilidad de cada trabajador. Es el opuesto de cierta manufactura repetitiva, que impide la responsabilidad y la reflexión de un trabajo para simplificarlo al máximo.

Producción sincronizada (p. 200) Término acuñado en General Motors que se utiliza cuando las técnicas justo a tiempo se emplean para suavizar la producción en un ambiente de producción repetitiva.

Productividad (p. 10) El aumento al proceso de producción que resulta en una comparación favorable de la cantidad de recursos utilizados (insumos) a la cantidad de bienes y servicios producidos (salidas).

Productores esbeltos (p. 200) Productores repetitivos que son de clase mundial.

Programación lineal (LP) (p. 160) Técnica matemática diseñada para ayudar a los gerentes de producción y de operaciones en la planeación y la toma de decisiones, relacionadas con el acomodo necesario para la asignación de recursos.

Programación maestra de producción (MPS) (pp. 392; 482) Tablero de tiempos que representa lo que se debe hacer y cuándo se debe hacer.

Programación nivelada (programación nivelada de materiales) (p. 383) Mezcla de productos realizada de tal manera que la producción pueda satisfacer la demanda diaria. (Las corridas de producción grandes y largas para el mismo producto del inventario no están permitidas.)

Programación por simulación (p. 392) Modelo por computadora que sirve para encontrar la combinación de un costo mínimo de la fuerza de trabajo en relación con su nivel de producción.

Promedios móviles (p. 51) Método de pronóstico que emplea un promedio de los *n* periodos de datos más recientes para pronosticar el próximo periodo.

Pronóstico (p. 46) El arte y la ciencia de pronosticar eventos futuros.

Pronóstico cuantitativo (p. 48) Enfoque que utiliza uno o más modelos matemáticos que emplean datos históricos, y/o variables causales o ambos, para pronosticar la demanda.

Pronóstico de la demanda (p. 48) Proyección de las ventas de una compañía para cada periodo de tiempo en el horizonte de la planeación.

Pronósticos cualitativos (p. 48) Pronósticos que incorporan factores importantes como la intuición en la toma de decisiones, emociones, experiencias personales y sistema de valuación.

Pronósticos económicos (p. 48) Indicadores de la planeación, que a menudo se ofrecen mediante servicios de pronósticos. Estos indicadores son valiosos para ayudar a las organizaciones en la preparación de pronósticos a mediano y largo plazo.

Pronósticos tecnológicos (p. 48) Pronósticos a largo plazo con las tasas de progreso tecnológico; tales pronósticos son críticos en empresas de alta tecnología; por lo regular los llevan a cabo expertos en cada campo en particular.

Proyección de la tendencia (p. 58) Método de pronóstico a través de series de tiempo que ajusta una curva de tendencia a una serie de puntos de datos históricos, que luego proyecta la curva para futuros pronósticos.

Punto de reorden (p. 435) El nivel de inventario (punto) en el cual se toma una acción para resurtir la partida.

Red (p. 554) Secuencia de actividades definida por eventos de inicio y terminación, y las actividades que ocurren entre ellas.

Regla de decisión lineal (LDR) (p. 392) Modelo de planeación agregada que intenta especificar una tasa óptima de producción y nivel de fuerza de trabajo sobre un periodo específico.

Regla de Johnson (p. 523) Enfoque destinado a reducir el tiempo de proceso en la secuencia de un grupo de tareas, que deben realizarse en dos instalaciones con lo que se minimizan los tiempos ociosos.

Regla de la esquina noroeste (p. 247) Procedimiento sistemático en el modelo de transportación donde uno principia en la celda superior izquierda de la tabla (esto es, la esquina noroeste) y sistemáticamente asigna unidades a las rutas de embarque.

Reglas de prioridad (p. 518) Reglas utilizadas para determinar la secuencia de trabajos en instalaciones orientadas al proceso.

Regresión múltiple (p. 68) Método de pronóstico causal con más de una variable independiente.

Renglón pivote (p. 173) El renglón en una tabla simplex de programación lineal que indica qué variable será la próxima en entrar a la solución.

Reparto de beneficios (p. 282) Sistema de recompensas financieras a los empleados por sus contribuciones al mejoramiento en el desempeño de una organización.

Reportes de carga (p. 498) Reporte que muestra los requerimientos de recursos en un centro de trabajo para todo trabajo asignado a ese centro, así como todas las órdenes planeadas y esperadas.

Restricciones (p. 160) Limitaciones que afectan el grado en que un administrador puede conseguir un objetivo.

Riesgo del cliente (p. 123) Error en la aceptación por un cliente de un lote malo no rechazado mediante muestreo (un error tipo II).

Riesgo del productor (p. 123) El error que se presenta por rechazar un lote de productos buenos a través del muestreo (un error Tipo I).

Robot (p. 203) Una máquina flexible con la habilidad de sostener, mover o asir objetos que funciona a través de impulsos que activan motores o interruptores.

Rotación de trabajo (p. 272) Sistema en que el trabajador se mueve de un trabajo especializado a otro.

Ruta crítica (p. 553) La(s) ruta(s) con el mayor tiempo medido que se encuentra(n) dentro de una red.

Sector de servicios (p. 11) Aquel segmento de fuerza laboral que incluye comercio, finanzas, educación, legal, medicina y otras ocupaciones profesionales.

Secuenciación (p. 518) Determinación del orden en que los trabajos deben realizarse en cada centro de trabajo.

Señal de rastreo (p. 70) Medida que muestra qué tan bien el pronóstico predice los valores reales.

Series de tiempo (p. 49) Técnica de pronóstico que utiliza una serie de puntos de datos pasados para hacer el pronóstico.

Seudo lista (p. 486) Véase **Lista de planeación**.

Simulación (p. 460) Intento de duplicar las características, apariencia, y aspectos de un sistema real, con un modelo de computadora.

Sistema de colas de canal sencillo (p. 353) Sistema de servicio con una línea y un servidor; esto es, un banco con una sola caja.

Sistema de colas de fase sencilla (p. 353) Un sistema tal que el cliente recibe servicio desde una sola estación y posteriormente sale del sistema.

Sistema de colas multicanal (p. 353) Sistema de servicio con una línea de espera pero con varios servidores.

Sistema de colas multifases (p. 353) Sistema en el cual el cliente recibe los servicios de varias estaciones antes de salir del sistema.

Sistema de incentivos (p. 282) Sistema de recompensa para los empleados basado en la productividad individual o de grupo.

Sistema de periodos fijos (p. 446) Sistema que emite las órdenes de inventario con una frecuencia uniforme en el tiempo.

Sistema MRP de ciclo cerrado (p. 498) Sistema que provee de realimentación al plan de capacidad, programa maestro de producción y al programa de producción.

Sistemas flexibles de manufactura (FMS) (p. 205) Sistema que emplea una celda de trabajo automatizada mediante señales electrónicas desde una instalación común de computadoras centralizadas.

Sociedad de conocimiento (p. 13) Sociedad en la cual mucha de la fuerza laboral ha emigrado del trabajo manual al trabajo basado en los conocimientos.

SPACECRAFT (p. 323) Sistema de disposición en tres dimensiones para minimizar el costo de desplazar trabajadores y materiales.

Suavización exponencial (p. 54) Técnica de pronóstico de promedio ponderado movible en el cual los puntos de información están ponderados por una función exponencial.

Suavizado adaptable (p. 71) Acercamiento al prónostico por suavizado exponencial en el cual la constante de suavización varía automáticamente para reducir los errores a un mínimo.

Tabla de decisión (p. 30) Medio tabular para analizar alternativas de decisión y estados de naturaleza.

Taller de trabajo (p. 511) Sistema de gran variedad y bajo volumen; proceso intermitente.

Tasa por pieza (p. 282) Sistema de trabajo que asigna un tiempo estándar para cada pieza producida; al trabajador se le paga de acuerdo al número de piezas hechas.

Técnica de evaluación y revisión del programa (PERT) (p. 552) Técnica que permite a los administradores la programación, seguimiento y control de proyectos grandes y complejos mediante el empleo de tres estimaciones de tiempos para cada actividad.

Técnica de graficar/diagramar (p. 383) Técnica de planeación agregada que trabaja con unas cuantas variables para permitir a los planificadores la comparación de la capacidad proyectada con la capacidad existente.

Tecnología de grupos (p. 146) Sistema que requiere que los componentes sean identificados mediante un sistema de codificación que especifica el tipo de proceso y los parámetros del proceso; permite que los productos similares se procesen juntos.

Tecnología de producción optimizada (OPT) (p. 525) Programa de computación patentado para la programación de trabajos en el taller, que planifica alrededor de las operaciones del "cuello de botella"; desarrollado por Goldratt.

Teorema del límite central (p. 115) Fundamento teórico para los diagramas-x que establece que, independientemente de la distribución de la población, de todas las partes o servicios, la distribución de las x tenderá a seguir una curva normal mientras crece el número de muestras.

Teoría de colas (p. 350) Conjunto de conocimientos acerca de las líneas de espera.

Tiempo de ciclo real promedio (p. 285) Media aritmética de los tiempos para cada elemento medido, ajustado para influencias inusuales para cada elemento.

Tiempo de entrega (pp. 435; 487) En sistemas de compras, el tiempo entre la colocación de una orden y su recepción; en sistemas de producción, el tiempo de espera, movimiento, hacer fila, preparación, y corrida para cada uno de los componentes producidos.

Tiempo de holgura (p. 558) La cantidad de tiempo que una actividad individual, en una red de administración de proyecto puede ser retrasada sin afectar el proyecto completo.

Tiempo de preparación (p. 429) Tiempo requerido para preparar una máquina o proceso para manufacturar una orden.

Tiempo de proceso más corto (SPT) (p. 519) Regla de programación de prioridad en trabajos que asigna primero el trabajo de menor tiempo.

Tiempo de proceso más largo (LTP) (p. 519) Regla de prioridad que asigna la mayor prioridad a aquellos trabajos con el tiempo de proceso más grande.

Tiempo del ciclo (p. 331) Tiempo de disponibilidad del producto en cada estación de trabajo en el balanceo de líneas de ensamble.

Tiempo estándar (p. 285) Un ajuste al tiempo normal total en el estudio de tiempos; el ajuste provee tolerancia para las necesidades del personal, retrasos inevitables del trabajo y fatiga del trabajador.

Tiempo estimado de la actividad (p. 557) Tiempo que toma completar una actividad en una red de CPM o PERT.

Tiempo normal (p. 285) El tiempo, ajustado para el desempeño, para cumplir una tarea observada durante un estudio de tiempo.

Tiempo optimista (p. 557) El "mejor" tiempo de terminación de una actividad que puede ser obtenido en un plan en red.

Tiempo pesimista (p. 557) El "peor" tiempo de la actividad que se puede esperar en una actividad en la red.

Tiempo probable (p. 557) El tiempo más esperado para completar una actividad en una red PERT.

Tiempo promedio entre fallas (MTBF) (pp. 142; 542) El tiempo esperado entre una reparación y la próxima falla de un componente, máquina, proceso o producto.

Tolerancia del porcentaje defectuoso en un lote (LTPD) (p. 124) El nivel de cantidad de un lote considerado defectuoso.

Uso nivelado de material (p. 526) Empleo de tamaños de lotes pequeños, frecuentes, de alta calidad que contribuyen a la producción justo a tiempo.

Valor esperado (p. 33) Medida de tendencia central y promedio ponderado de los valores de una variable.

Valor esperado bajo certeza (p. 33) Retorno esperado o promedio.

Valor esperado de la información perfecta (EVPI) (p. 33) Diferencia entre el pago bajo certeza y riesgo.

Valor meta (p. 99) Filosofía de mejoramiento continuo para producir productos que están exactamente en la meta.

Valor monetario esperado (EMV) (p. 31) El pago o valor esperado de una variable que tiene varios estados de naturaleza, cada uno con su probabilidad asociada.

Variable de holgura (p. 179) Cantidad mayor o menor al nivel mínimo requerido. Colocado en el lado derecho de la constante mayor o igual que en un problema de programación lineal.

Variables de la productividad (p. 12) Los tres factores críticos para el mejoramiento de la productividad —mano de obra, capital y la ciencia y el arte de la administración.

Variación asignable (p. 114) Variación en el proceso productivo que puede ser rastreado por sus causas específicas.

Variaciones naturales (p. 113) Variabilidades que afectan a casi todos los procesos de producción en algún grado y que deben ser contempladas; también se les conoce como causas comunes.

Vehículo guiado automáticamente (AGV) (p. 204) Carros guiados y controlados automáticamente que se emplean para mover materiales.

Ventaja competitiva (p. 19) La creación de una ventaja única sobre la competencia.

Índice

Créditos de Fotografías

CAPÍTULO 1: p. 13, Charles Moore/Black Star; p.14, cortesía de Fiat Corporation; p. 15, Kevin Horan; p. 18, cortesía de Cummins Engine Corporation; p. 18 cortesía de Caterpillar, Inc.
CAPÍTULO S1: p. 29, cortesía de Amaco; p. 35, cortesía de Applied Decision Analysis; p. 27, cortesía de NASA.
CAPÍTULO 2: p. 47, Ted Horowitz/cortesía de Bristol-Meyers Squibb; p. 49, cortesía de Arco Corporation; p. 62, cortesía de The Glidden Paint Company; p. 69, Ed Kashi.
CAPÍTULO 3: p. 92 cortesía de Velcro Corporation; p. 94, (a) cortesía de Barry Render, (b) cortesía de J. M. Juran, (c) cortesía de Philip B. Crosby; p. 93, cortesía de Northrup; p. 102, Ovak Arslanian/Liaison International; p. 105, Tony Stone Images.
CAPÍTULO S3: p. 116, cortesía de Motorola, Inc.; p. 118, cortesía de New United Motors, Inc.; p. 123, cortesía de TRW, Inc.
CAPÍTULO 4: p. 135, cortesía de Shouldice Hospital Ltd.; p. 138, cortesía de NCR Corporation; p. 141, Michael Springer/Liaison International; p. 146, cortesía de Simplot; p. 147, cortesía de Airbus Standard Parts; p. 148, cortesía de Control Data Systems, Inc.
CAPÍTULO S4: p. 162, Richard Pasley; p. 168, cortesía de American Holstein Association; p. 174, Chris Sorenson; p. 178 cortesía de Delta Air Lines.
CAPÍTULO 5: p. 198, cortesía de Nucor Corporation; p. 199, Robert Frerck, Woodfin Camp & Associates; p. 202, ambas de Mark Lawrence; p. 203, cortesía de Precision Castparts; p. 204, figura 5.12, James Wilson/Woodfin Camp; p. 204, figura 5.14, Andrew Sacks/Tony Stone Images; p. 216 copyright © 1991, John Madere para International Paper.
CAPÍTULO 6: p. 226, A. Tannenbaum/Sygma; p. 228, cortesía de Jay Heizer; p. 228, Peter Menzel/Stock Boston; p. 231, cortesía de Federal Express Corporation; p. 236, Bruce Thomas/The Stock Market.
CAPÍTULO S6: p. 249, cortesía de Tydac Technologies.
CAPÍTULO 7: p. 271, Sygma; p. 274, cortesía de Volvo North America, Inc.; p. 275, (izquierda) Chris Sorenson, (derecha) cortesía de Flight Dynamics, Inc.; Figura 7.16, cortesía de Ford Motor Company; p. 277, Handykey Corporation; p. 278, cortesía de 3M Corporation; p. 282, Don Grossman; p. 284, cortesía de Lincoln Electric.
CAPÍTULO 8: p. 316, Michael Grecco/Stock Boston; p. 319, cortesía de AutoSimulation; p. 327, cortesía de Federal-Mogul Corporation; p. 328, Kip Brundage/Liaison International; p. 329, cortesía de Boeing Corporation; p. 332, cortesía de Siemens Corporation; p. 335, cortesía de Tyson Corporation.
CAPÍTULO S8: p. 351, George Hunter/Tony Stone Worldwide; p. 356, Martin Rogers/Stock Boston; p. 359, Paul Damien/Tony Stone Worldwide; p. 363, cortesía de Republic National Bank of New York; p. 366, cortesía de Barry Render.
CAPÍTULO 9: p. 379, Chris Sorenson; p. 382, cortesía de John Deere and Company; p. 384, cortesía de Anheuser-Busch; p. 393, Kevin Horan/Picture Group.
CAPÍTULO 10: p. 408, Michael Abramson; p. 409, Louis Grimes; p. 412, Michael Abramson/Woodfin Camp and Associates; p. 415, cortesía de Harley Davidson Corporation; p. 416, cortesía de Toyota Motor Manufacturing, U.S.A., Inc.
CAPÍTULO 11: p. 425, cortesía de Siemens Corporation; p. 426, cortesía de Harley-Davidson, Inc.; p. 430, cortesía de Wrangler; p. 437, cortesía de Harley-Davidson, Inc.; p. 440, cortesía de Levi Strauss Corporation.
CAPÍTULO S11: p. 461, Lester Sloan, Woodfin Camp and Associates; p. 464, Michael Abranson/Woodfin Camp and Associates; p. 468, cortesía de CACI Corporation; p. 469, cortesía de AutoSimulations, Inc.
CAPÍTULO 12: p. 484, cortesía de Collins Industries; p. 489, William Strode/Woodfin Camp & Associates; p. 494, cortesía de 3Com Corporation.
CAPÍTULO 13: p. 510, cortesía de LTV Aerospace and Defense Company; p. 513, cortesía de SAS Institute; p. 517, David Madison/Duomo; p. 518, Van Antwerp/Stock Market; p. 523, cortesía de DuPont Corporation; p. 526, Jeff Aronson.
CAPÍTULO S13: p. 543, cortesía de Orlando Utilities.
CAPÍTULO 14: p. 551, cortesía de Primavera; p. 553, cortesía de SAS Institute; p. 557, cortesía de Bechtel Corporation; p. 560, Photri; p. 565m cortesía de British Airways; p. 567, cortesía de Orlando Utilities.